U1069980

临澧县青山水轮泵站工程全景

临澧风景

临澧经济开发区一角

新合垸大堤

道水安福大堤

临澧风景

县官亭水库一角

县烽火水轮泵站

1966年修青山水轮泵工程一角

临澧县青山工程大坝

临澧风景

临澧道水大桥全景

减灾安居工程户

安福镇敬老院全景

临澧风景

临澧县经济开发区全景

临澧县太平新村

临澧风景

县迎宾路夜景

县丁玲广场夜景

县朝阳广场全景

临澧风景

县步行商贸城一角

县博物馆

林伯渠故居

丁玲广场

政府部门

中共临澧县委

县人民代表大会常务委员会

县人民政府

政协临澧县委员会

县人民武装部

政府部门

县民政局

县自然灾害救助中心

县人民医院

县水利局

县疾控中心

县农业局

县卫生局

县中医院

政府部门

县电信局

县水文局

县电力局

县移动公司

县畜牧局

县环保局

政府部门

县气象局

县公安局交通警察大队

县财政局

县林业局

县妇幼保健医院

县武警消防大队

县国土资源局

前 言

2003年10月10日，在民政部、省民政厅、市民政局指导下，临澧县民政局与长沙易新科技有限公司开发了《灾害管理信息系统》。该系统演练以民政信息平台和视频为依托，以应急预案为依据，以澧水流域2003年7月7日至13日暴雨洪水过程为实例，综合展示灾害预警、紧急转移、应急救援、灾后救助的全过程。

民政部救灾司司长王振耀指导救灾演练

省、市民政领导指导救灾演练

民政部救灾司领导指导系统开发

救灾司副司长邹铭审定系统开发

临澧县民政局一班人

临澧县位于湖南省的西北部，属常德市辖区。总面积1210平方公里，耕地面积80万亩，18个乡镇（区），341个村（居）委会，总人口43.88万。临澧县委、县人民政府高度重视民政工作，将民政事业纳入社会发展规划。民政局历届班子锐意进取，开拓创新，民政事业发展迅速，成绩突出，连续三次被评为全国民政工作先进县，两次被评为全国村民自治模范县。

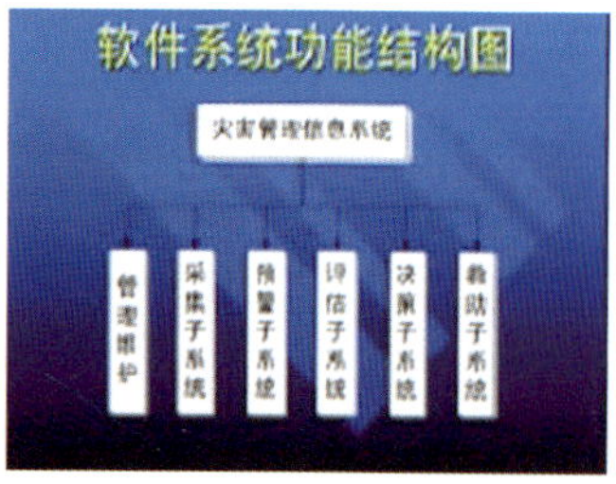

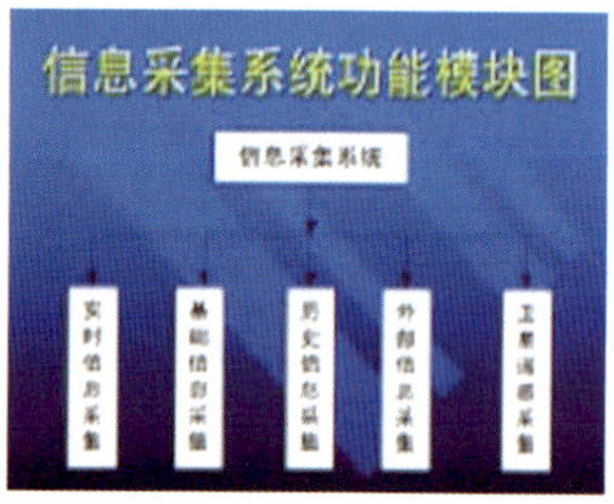

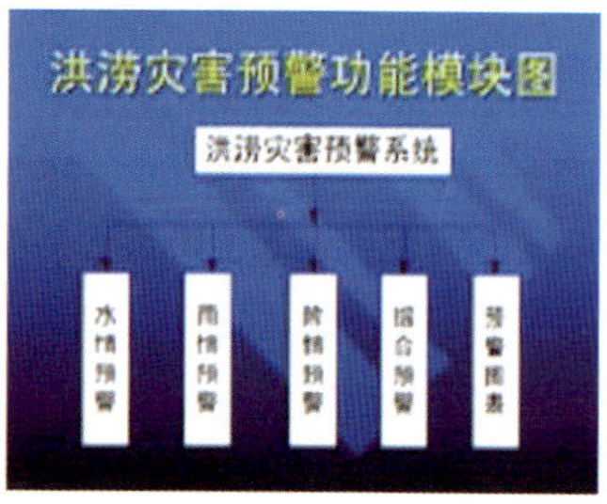

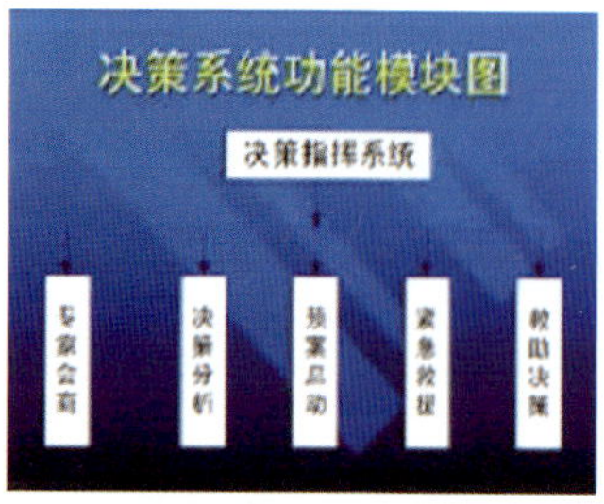

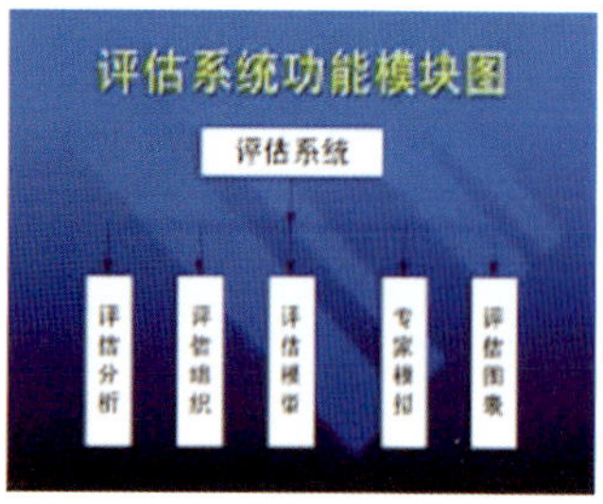

救灾演练

中国国家减灾委、民政部在湖南省临澧县举行中国湖南洪涝灾害救灾演练。观摩的代表有：国务院五个部委；15个省市民政厅副厅长、救灾处长；湖南省人民政府领导；湖南省各州市民政局长；常德市委、市政府主要领导；常德市各区县民政局长；中央电视台、湖南卫视、中国社会报、湖南日报等18家新闻媒体记者共200余人。

湖南省副省长杨泰波致词

民政部救灾救济司司长
王振耀主持

常德市市长陈君文致词

灾害预警

中国湖南洪涝灾害救灾演练在临澧县自然灾害救助中心举行，这次演练模拟的是2003年7月7日上午11时30分，湘西北地区普降大到特大暴雨，临澧澧水流域洪水流量已达16000立方米/秒，救助中心工作人员正在值班。

值班员叶晓英向李振炎副主任报告灾情

王承荣副指挥长向政委、指挥长汇报灾情

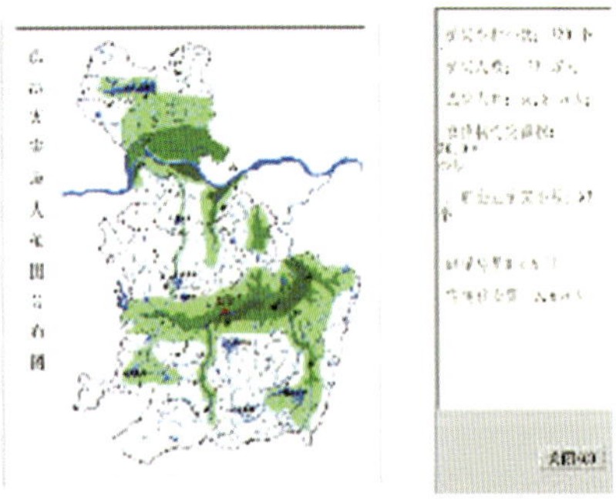

全县洪涝灾害损失分布图

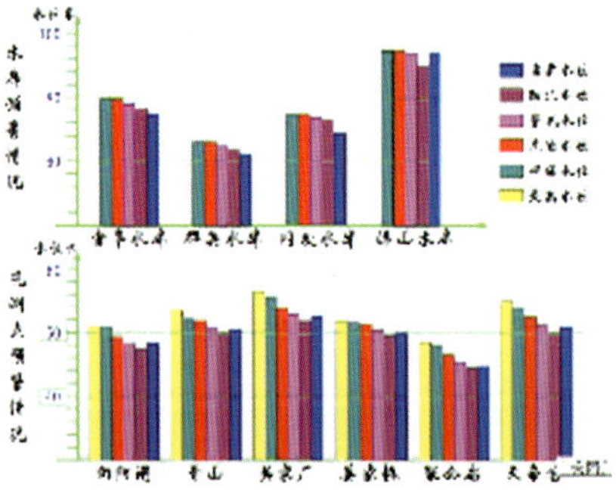

澧水流域、全县水库水位图

民政局局长于乾华汇报灾情

气象、水利部门汇报灾情

救灾办李振炎副主任汇报灾情

水利专家评估灾情

救灾演练

省民政厅进行灾情会商

吴昂平指挥长通过视频
向市、省申请救援

省民政厅副厅长祝青云指挥救灾

市民政局副局长李巨开指挥救灾

吴友云政委指示启动一级响应

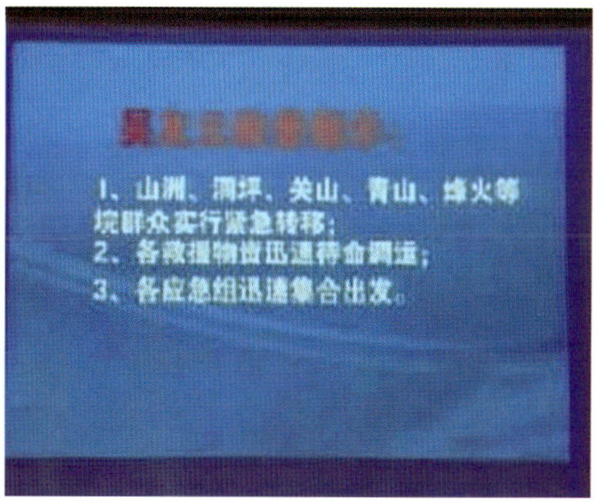

政委指示

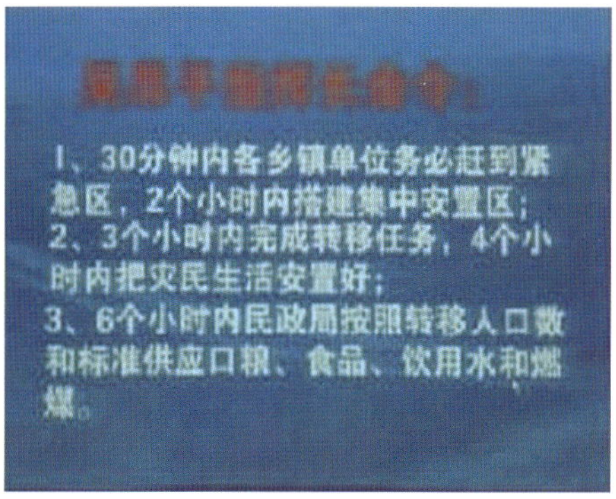

指挥长命令

吴昂平指挥长发布一级响应命令

紧急转移

临澧县灾害应急指挥部指挥长吴昂平发布启动一级响应应急预案命令后，澧水、道水流域的停弦渡镇等乡镇人民政府立即启动一级响应措施，紧急转移安置垸内群众。

停弦渡镇程方南政委主持会议

县委宣传部部长黄小明指示

停弦渡镇陈勇指挥长发布命令，部署一级响应方案

指挥部下设机构

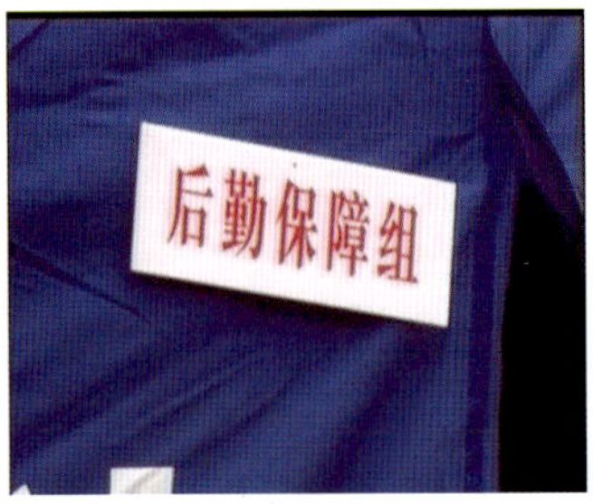

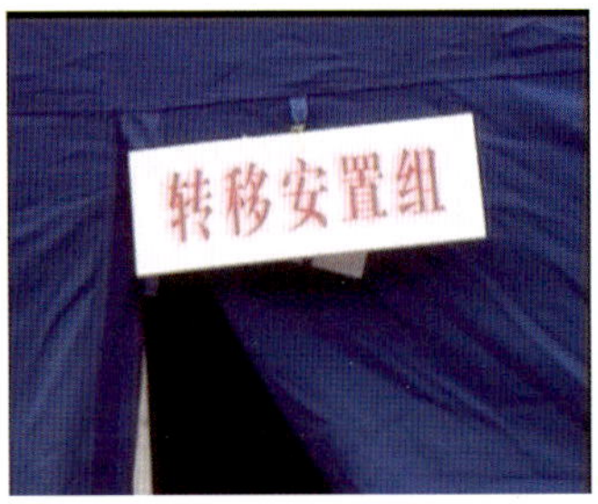

有线广播

燃放花炮

警车鸣笛

救灾演练

山洲村紧急转移场景(一)

山洲村紧急转移场景(二)

山洲村紧急转移场景(三)

途中协助队指挥转移方向

巡查搜索队检查转移情况

治安维护队维护社会治安

转移安置区全景

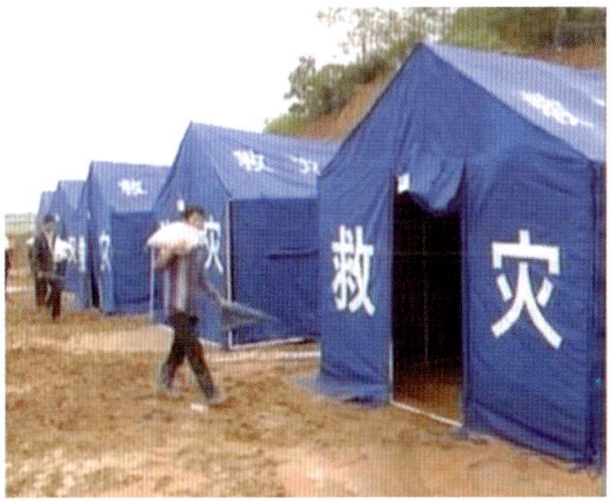

灾民安置点

治安值班室

卫生防疫

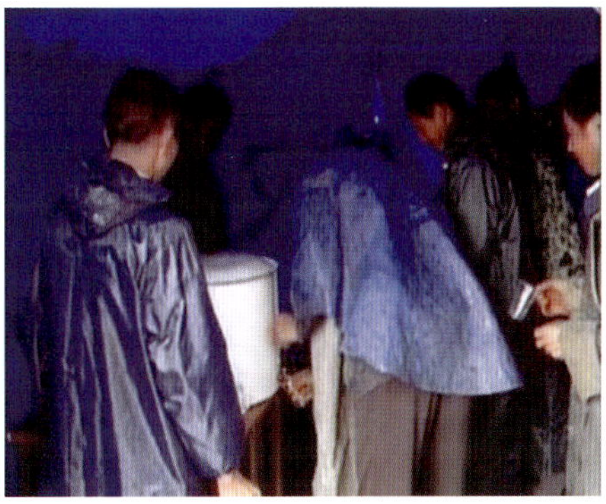

饮水供应站

发放救灾物资

应急救援

山州、关山、洞坪垸全面漫溃

澧水流域持续降特大暴雨，受长江水位顶托，澧水水位迅猛上涨。7月7日15时10分，停弦渡镇境内的山洲垸、停氮公路2700米洪水已全线开始漫溃，部队和救援分队开始应急救援抢险和解救受困群众。

吴昂平指挥长向市局、省厅请求紧急救援

省民政厅副厅长祝青云、市民政局副局长李巨开指挥救灾

武警官兵和群众紧张抢险

省民政厅调运救灾物资运往灾区

救灾演练

市、县级领导指挥救援

专家会商

救援受困群众(一)

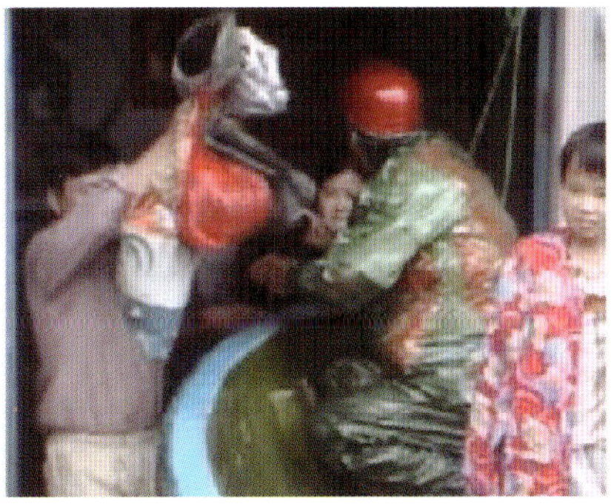

救援受困群众(二)

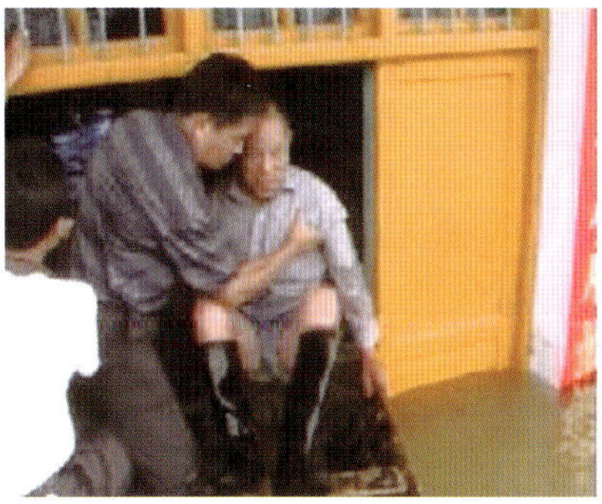

救援受困群众(三)

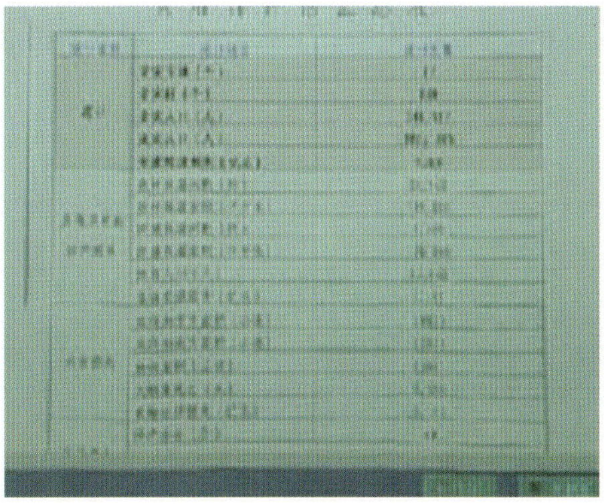

救灾管理信息系统评估灾中损失

救助中心进行灾情评估

救灾物资运达灾区

灾后救助

民政部部长李学举视察灾区

灾害发生后，中央及省、市各级领导高度重视，先后到重灾区视察、慰问灾民，指导抗灾救灾，极大地鼓舞了全县人民抗灾救灾重建家园的信心和决心。县委、县政府组织抢修公路、水利设施、电力和通信，广泛开展救灾义演和募捐，动员社会各界支援灾区，开展生产自救、恢复生产、重建家园。

湖南省委书记杨正午视察灾区

湖南省代省长
周伯华视察灾区

湖南省人大副主任
庞道沐视察灾区

常德市市委书记
程海波视察灾区

常德市市长
陈君文视察灾区

常德市副市长
刘春林视察灾区

农作物补种改种

抢修电力电信设施

恢复水毁工程

救灾演练

民政部副部长杨衍银和省、市领导与救助中心全体工作人员合影

开展全县募捐

募捐现场

赈灾义演场景

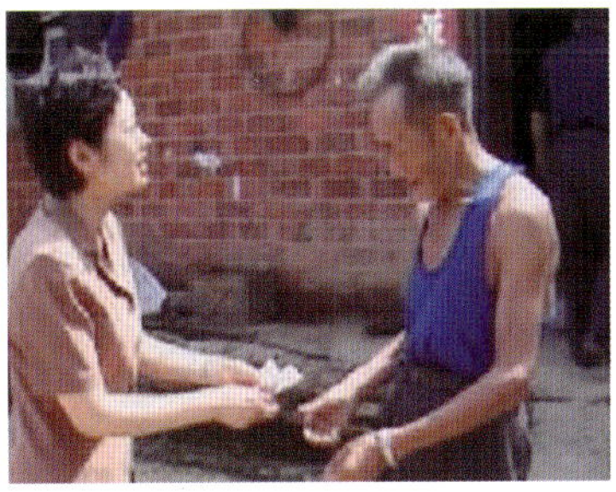

县委领导慰问灾民

民政局工作人员在查灾

灾后重建

卫生防疫

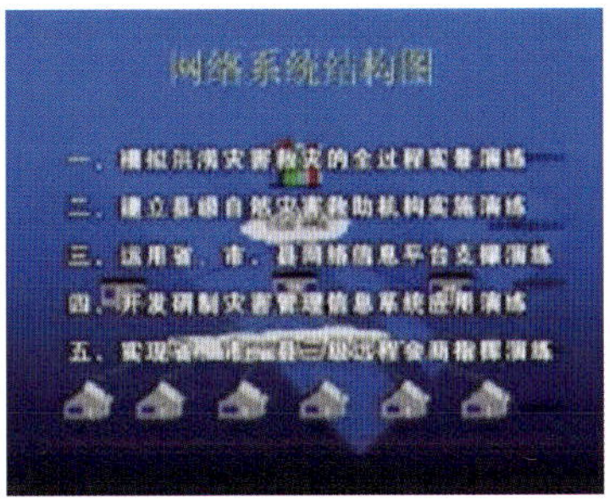

演练的五大特点

演练的五大成果

历史灾害

1980年5月洪涝灾害倒房情景(一)

1983年6月洪涝灾害倒房情景(一)

1980年5月洪涝灾害倒房情景(二)

1983年6月洪涝灾害倒房情景(二)

1980年5月洪涝灾害农作物受淹情景

1983年6月洪涝灾害中抢修新安金坑水库情景

历史灾害

1983年6月洪涝灾害中县人大常委会主任孟保生，地区交通局局长左维教看望灾民的情景

1983年6月洪涝灾害中县团委捐款慰问灾民的情景

1983年6月洪涝灾害中停弦关山垸受灾情景

1991年7月洪涝灾害中受灾的情景

1991年7月洪涝灾害中县领导慰问灾民的情景

历史灾害

2003年7月常德市预役二团及临澧武警激战新合垸

1998年6月临澧境内普降暴雨

2003年7月洪水中的停弦山洲小学

2003年7月新安垌坪受灾情形

2003年7月洪水中的停弦童洲小学

历史灾害

2003年7月洪涝灾害中严重受损的山洲垸内堤

2003年7月新安水泥厂受灾情景

2003年7月洪涝灾害中军民死守新合垸

2003年7月洪涝灾害倒房情景

历史灾害

2007年10月县武警消防部队在
临岗公路扑灭火灾现场

2007年12月县武警消防部队在
太平中泰公司扑救火灾现场

2008年1月大雪冰冻灾害导致
临澧收费站倒塌

2008年1月县武警消防部队在
临澧收费站救援现场

2008年1月县武警消防部队除冰雪情景

2008年5月23日组织抗震救灾募捐场景

临澧县行政区划图

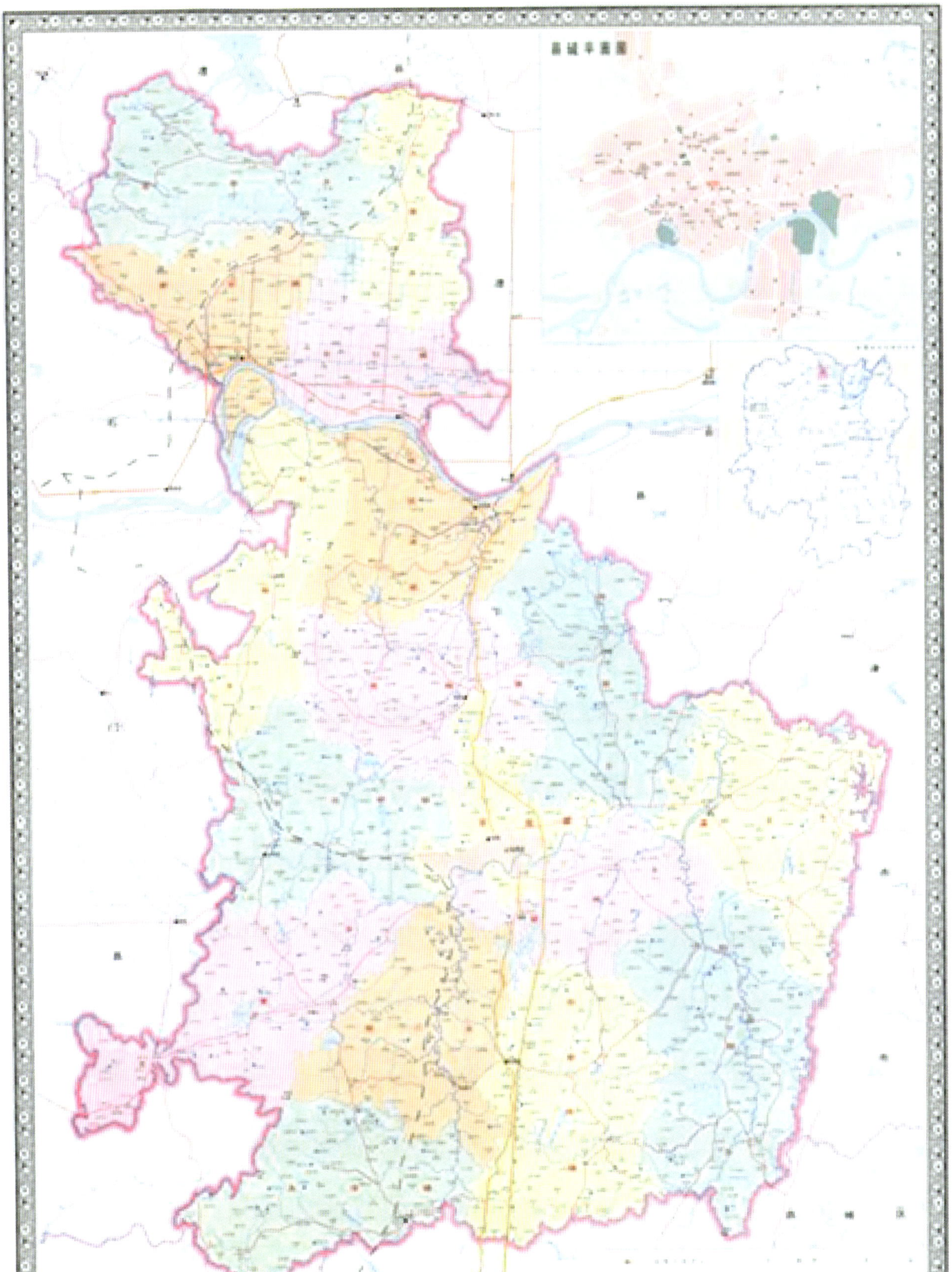

临澧县交通图

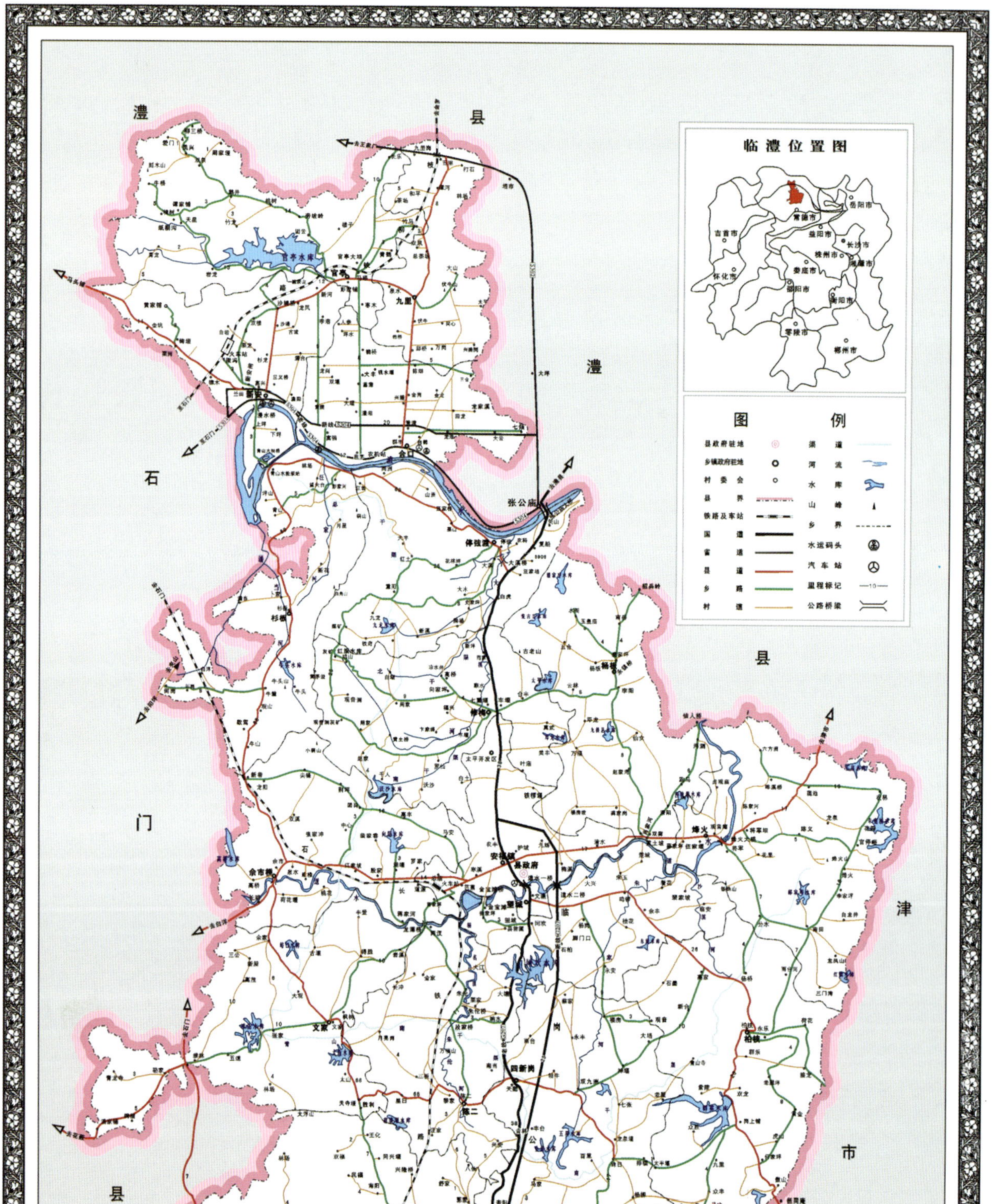
临澧位置图
岳阳市
常德市
吉首市
益阳市
长沙市
株洲市
湘潭市
娄底市
怀化市
邵阳市
衡阳市
零陵市
郴州市
图例
县政府驻地
乡镇政府驻地
村委会
县界
铁路及车站
国道
省道
县道
乡路
村道
渠道
河流
水库
山峰
乡界
水运码头
汽车站
里程标记
公路桥梁
澧县
石门县
桃源县
鼎城区
津市
官亭水库
张公庙
县政府
安福镇

临澧县灾害志

1729—2008

临澧县灾害志编纂委员会

中国社会出版社

图书在版编目(CIP)数据

临澧县灾害志/临澧县灾害志编纂委员会编. —北京:中国社会出版社,2009.1

ISBN 978-7-5087-2495-9

Ⅰ. 临… Ⅱ. 临… Ⅲ. 自然灾害—史料—临澧县—1729～2008 Ⅳ. X432.644

中国版本图书馆 CIP 数据核字(2008)第 206231 号

书　　名:临澧县灾害志

编　　者:临澧县灾害志编纂委员会

责任编辑:王秀梅　杨春岩

出版发行:中国社会出版社　　邮政编码:100032

通联方法:北京市西城区二龙路甲 33 号新龙大厦

电　话:(010)66080300　　(010)66083600

(010)66085300　　(010)66063678

邮购部:(010)66060275　电　传:(010)66051713

网　　址:www.shcbs.com.cn

经　　销:各地新华书店

印刷装订:中国电影出版社印刷厂

开　　本:210mm×285mm　1/16

印　　张:37.75

字　　数:938 千字

版　　次:2009 年 2 月第 1 版

印　　次:2009 年 2 月第 1 次印刷

定　　价:298.00 元

临澧县灾害志编纂委员会名单

名 誉 主 任：黄清宇

主　　　任：谭本仲

顾　　　问：王振耀　余长明　邹　铭　庞陈敏　王杰秀
闫志壮　方志勇　唐白玉　李保俊　张晓宁
高玉成　张学权　孙浩荃　王国利　来红州
陈自力　滕明友　卜功元　王正军　刘素荣
李巨开　侯建文　王宏忠　李振湘　杨绪穆
张荣锦

副 主 任：董　岚　黎卫平　涂绪德　杨天生　杨华桥
徐学英　刘开新　曾　莉　朱泽欣　李宏秋
朱金平　刘爱军　刘家建　林宜泉　张方才
龚金宏

委　　　员：王先进　章兴桂　纪义明　熊　成　黄宏枝
宁秀元　王焕平　王尚春　于乾华　黄新春
张远贵　汪建华　林德新　王卫红　夏妍枝
刘正雄　江时宜　唐世浩　陈仲喜　程方南
陈和平　王云才　张文广　胡建喜　黄玉忠
刘朝年　邵国超　王治佐　詹克益

总　　　纂：朱泽欣

编辑部主任：于乾华

编辑部副主任：王先进　章兴桂　纪义明　熊　成　宁秀元
黄秋云　江时宜

责 任 编 辑：李振炎

编　　　辑：刘　刚　刘宏波　刘小波　傅冠元　王慕荣
林泽泉　于　华　刘宗武　程　涛　邹　卉
吉　辉　李　维　涂炎杰　余　琼　翟凌云
欧华兰　汤秀玲　裴小兵　李　芸　李　捷

杨　迅　钟定安　张德平　曾菊芳

撰　稿　人： 肖建民　黄开俊　李德树　舒洪祥　吴玉书
汪永泉　刘光炎　于乾挑　雷建华　林明国
郝诗海　颜家银　蒋祖玲　朱恒志　宁　杰
赵建平　冉承林　罗海明　刘　峰　詹海燕
曹巧明　傅祖华　乔玉平　谭德解　杨基辉
吴悦山　苏　鸿　卢业枝　李显清　刘　潭
乔正年　罗摘星　朱昱睿　刘桂平　阳秋波
陈铁林　金　炎　方家敏　彭　瑛　胡　饶
徐旭芳　徐联峰　彭东南　黄元章　熊承武
王尚春　周　辉　覃爱国　田治平　杨　帆
徐明刚　滕永梅　朱海云　张桂凡　肖进军
陈海彬　刘祖惠　刘进新　张传林　黄　勇
刘爱国　刘桃玲　乔玉华　杨兴智　杨业新
周　宏　叶小平　薛　颖　杨小兵

审 稿 成 员： 陈国华　滕明友　俞鸿钧　周　波　颜学祥
纪义明　刘祖云

序　　言

临澧是荆楚文化的重要传承地，襟湖带川，控山锁河。巍巍太浮山岳，雄观古今，滔滔澧道两水横贯西东，良田美地，稻棉丰稔，山岳湖泊，财源不断，历为兵家必争之地、商贾流通孔道。

远古洪荒，先民及在此繁衍生息10多万年。自清雍正七年（1729）建县以来，境内人文、经济渐次发育，山川之灵气，物产之富饶，人物之毓秀，不绝于书。临澧还是湘鄂黔川革命根据地的一部分，为推翻三座大山，无数先烈在此浴血奋斗，英雄事迹流传千古。新中国建立，临澧揭开了崭新篇章，特别是十一届三中全会以来，江山更添锦绣，大地更放异彩。经济飞跃，社会和谐，人民康乐，交通便捷。辉煌成就，人民有目共睹。盛世伟业，史家振笔而书。

以铜为镜，可以正衣冠，以人为镜，可以明得失，以史为镜，可以知兴衰。临澧历代志书众多，或囿于阶级立场或因为条件制约，所记灾异无不疏漏，所叙灾损有失偏颇，无翔实灾害志书。借国家建立应急管理体制、建立国家、省、市、县四级灾害应急指挥体系之时，编纂《临澧县灾害志》，实有鉴古知今、继往开来之深远意义。

《临澧灾害志》力图洞察古今，去伪存真，忠于史而不拘于史，详于事而不囿于事；高屋建瓴，叙论有志，俾人开卷有益。该志书，上承1729年，下迄2008年，探本溯源，彰明因果，真实记录临澧自然地理概况；客观记叙社会经济发展状况；科学揭示自然灾害发生的时空及规律；如实记载境内人文灾害事件和损失；全面展示临澧防灾抗灾救灾成果；彰显历代抗灾救灾英模人物。综观《临澧县灾害志》，可知临澧灾异与长江中下游灾害链相关，灾异与区域降雨和流域水位紧密相联，可知优势在水，祸患在水，临澧县情则水情。县境处武陵余端，洞庭尾闾，地势复杂，雨量多而不匀。水量充沛，则有灌溉之利，航运之便；分布不匀，则易旱易涝。自西周至中华民国，各类自然灾害绵延不断，历代主临之明事者，无不以此寝食难安。新中国成立后，临澧人民在历届党组织领导下，披荆斩棘，艰苦奋斗，兴修农田水利，取得了巨大成果，然而由于工程浩繁，不可一蹴而就；再者，沧桑之变，乃是自然界永恒规律，水利建设不可一劳永逸。水旱为患，乃时有发生，有时竟十分惨烈。1778年赤地千里，1849年禾稼失收，1909年堤垸崩溃，1931年蛟水横流，1935年百年洪灾，1945年稻禾无收，1954年洪涝滔滔，1960年溪水断流，1980年暴雨洪涝，1991年漫溃堤垸，1998年特大洪灾，2003年罕见洪涝灾害，2008年重特大冰雪灾害，犹宛然在目。凡此种种，说明扬水之利、避水之害，任务十分艰巨，令人须臾不可懈怠。

治天下者，以史为鉴；治郡国者，以志为鉴。丁亥之春，喜见灾害志编纂有序进行，鸿篇巨制，凡百万言；纵横百年，披阵古今，不失为庞大的社会系统工程，利在当代，功在千秋。编辑者的劳动，堪称创造性劳动。所成硕果，理应受到社会尊重。全县各级组织、各机关团体，务必统一认识，协调配合，引导全体干群读好灾害志，用好灾害志，提高全民防灾抗灾意识，提高基层组织和政府应对灾害的应急救助能力，充分发挥灾害志在全面建设小康社会中不可替代的作用，加快推动临澧经济和社会又好又快发展！

中共临澧县委书记

临澧县人民政府县长

2008年6月8日

凡　　例

一、本志以邓小平理论、“三个代表”重要思想和科学发展观为指导，坚持实事求是，寓论于事。

二、本志记事一般上起清雍正七年(1729)建县，下至2007年，个别地方适当上溯至公元前37年，下延至2008年。

三、本志结构，采用首列总述、大事记为经；中列建置、自然地理、社会经济、气象灾害、农业生物灾害、地质灾害、疫病灾害、战争灾害、交通事故、火灾、生产性事故、防灾减灾、灾害救助、人物各章为纬；末为附录。

四、本志采用志、记、传、图、表、录诸体，以志体为主，总述、夹叙夹议、叙议结合；大事记以编年体为主，与记事本末体相结合；人物传用传记体；其余文字，皆采用语体文记述体。

五、本志一般按事物类别设章、节、目，横排竖写。横排事物时不受行政管理系统和不同政体的制约，同一事物汇入同一章、节、目中。

六、本志的称谓、时代、地名均按习惯称谓书写。中华民国以前的时间，按习惯称谓书写朝代，后注公元年号；中华民国时期，除首次用全称外，余皆称民国；中华人民共和国时期，首次使用全称后，余皆用"新中国建立后"称，概用公元年号纪年。人物一般直书其姓名，少量的冠以职务。

七、本志所有度量衡为亩、万亩；毫米、厘米、米、千米；公里，万公里；吨、万吨。币值除解放初期使用过的旧人民币和各期工农业总产值已经折算外，概为当时币值。各种数据，多采用县统计局的资料，县统计局数字经核对确有差错的采用对口单位的有关数据。县财政收支数，以财政年度决算数为准。

八、本志入志人物，以正面人物为主，本籍人物为主，对历史有显著影响的人物为主，人物排列，以志事先后为序。

九、本志所用资料，皆经过考证校核，以各种文字资料为主，口碑资料、金石资料为辅。为节省篇幅，引用资料不注明出处，个别的加注脚。

十、本志其他行文规定，按《湖南省志编写行文通则》实施。

目 录
Catalogue

总 述 …… 1
Overview
大事记 …… 7
Memorabilia

第一章 建 置
Chapter 1 Organizational System
第一节 建置沿革 …… 25
Section 1 Historical Evolution of Organizational System
第二节 行政区划 …… 28
Section 2 Administrative Divisions
第三节 乡、镇、经济开发区 …… 32
Section 3 Township and Economic Development Zone

第二章 自然地理
Chapter 2 Physical Geography
第一节 地质 地貌 …… 56
Section 1 Geology and Landform
第二节 气 候 …… 64
Section 2 Climate
第三节 水资源 …… 68
Section 3 Water Resources
第四节 土地资源 …… 72
Section 4 Land Resources
第五节 矿藏资源 …… 74
Section 5 Mineral Resources

第三章 社会经济

Chapter 3 Socio－economy

第一节 概 况 …… 76
Section 1 Basic Profiles
第二节 人 口 …… 78
Section 2 Population
第三节 农 业 …… 84
Section 3 Agriculture
第四节 工 业 …… 95
Section 4 Industry
第五节 贸 易 …… 100
Section 5 Trade
第六节 财税、金融 …… 102
Section 6 Finance，Taxation and Banking
第七节 交通、电信、电力 …… 110
Section 7 Transportation，Telecom and Electric Power
第八节 科技、教育、卫生 …… 116
Section 8 Science & Technology，Education and Sanitation

第四章 气象灾害

Chapter 4 Meteorological Disasters

第一节 旱 灾 …… 126
Section 1 Drought Disaster
第二节 洪涝灾害 …… 139
Section 2 Flood Disaster
第三节 风 灾 …… 160
Section 3 Windstorm
第四节 冰 雹 …… 166
Section 4 Hail Disaster
第五节 大雪冰冻害 …… 171
Section 5 Catastrophic Snowstorm and Frost Disaster

第五章 农业生物灾害

Chapter 5 Agricultural Biological Disasters

第一节 农作物病虫害 …… 177
Section 1 Planting Pests
第二节 畜禽疫病害 …… 187
Section 2 Epidemic Disease of Breeding Industry

第三节　水产疫病害 …… 192
Section 3 Epidemic Disease of Aquaculture
第四节　森林虫害 …… 193
Section 4 Forest Pests

第六章　地质灾害
Chapter 6 Geological Disaster
第一节　泥石流 …… 198
Section 1 Mud－rock Flows
第二节　滑　坡 …… 198
Section 2 Landslide
第三节　崩　塌 …… 201
Section 3 Landslip
第四节　地　震 …… 206
Section 4 Earthquake

第七章　疫病灾害
Chapter 7 Epidemic Disease Disaster
第一节　传染病 …… 207
Section 1 Infectious Disease
第二节　寄生虫病 …… 208
Section 2 Verminosis
第三节　地方病 …… 209
Section 3 Endemic

第八章　战争灾害
Chapter 8 War
第一节　封建王朝镇压农民运动 …… 210
Section 1 Feudal Dynasty Suppressed the Peasant Movements
第二节　军阀混战 …… 210
Section 2 Scuffle of Warlords
第三节　国民党反动武装"围剿"革命根据地和红军 …… 211
Section 3 Kuomintang Reactionary Forces Encircled Revolutionary Base Area and the Red Army
第四节　日军进犯临澧 …… 212
Section 4 Japanese Troops Invaded Linli
第五节　匪患匪害 …… 212
Section 5 Banditry and Harm of Gangs

第九章　交通事故
Chapter 9 Traffic Accident
第一节　道路交通事故 …… 216
Section 1 Road Traffic Accident
第二节　海损事故 …… 219
Section 2 GA Accident
第三节　铁路交通事故 …… 221
Section 3 Railway Traffic Accident

第十章　火　灾
Chapter 10 Fire Disaster
第一节　房屋火灾 …… 222
Section 1 House Fire Disaster
第二节　车辆火灾 …… 223
Section 2 Vehicle Fire Disaster
第三节　其他火灾 …… 223
Section 3 Other Fire Disasters
第四节　森林火灾 …… 224
Section 4 Forest Fire Disaster

第十一章　生产性事故
Chapter 11 Production Accident
第一节　农业生产事故 …… 227
Section 1 Agricultural Production Accident
第二节　工业生产事故 …… 229
Section 2 Industrial Production Accident

第十二章　防灾减灾
Chapter 12 Disaster Prevention and Mitigation
第一节　管理机构 …… 232
Section 1 Management Organizations
第二节　气象灾害预测与服务 …… 258
Section 2 Meteorological Disaster Forecast and Service
第三节　旱涝灾害防灾减灾 …… 264
Section 3 Drought and Flood Disaster Prevention and Mitigation
第四节　农作物灾害防灾减灾 …… 290
Section 4 Planting Disaster Prevention and Mitigation
第五节　畜禽水产疫病防灾减灾 …… 295
Section 5 Disaster Prevention and Mitigation of Epidemic Diseases of Breeding Industry and Aquaculture

第六节　森林虫害防灾减灾 …… 299
Section 6 Disaster Prevention and Mitigation of Forest Pests
第七节　火灾防灾减灾 …… 302
Section 7 Fire Disaster Prevention and Mitigation
第八节　疫病灾害防治 …… 307
Section 8 Epidemic Disaster Prevention
第九节　科学技术防灾减灾 …… 321
Section 9 Disaster Prevention and Mitigation of Science and Technology
第十节　地震灾害防灾 …… 326
Section 10 Earthquake Disaster Prevention
第十一节　环境灾害预防 …… 329
Section 11 Environmental Disaster Prevention
第十二节　生产事故预防与处置 …… 341
Section 12 Work Accidents Prevention and Disposal
第十三节　地质灾害防灾减灾 …… 345
Section 13 Geological Disaster Prevention and Mitigation
第十四节　部队民兵参加重大抗灾减灾活动 …… 348
Section 14 Army and Militia′s Participation in Major Disaster Resistance and Reduction Actions
第十五节　特大冰雪灾害防灾减灾 …… 352
Section 15 Disaster Prevention and Mitigation of Catastrophic Ice—snow Storm

第十三章　灾害救助
Chapter 13 Disaster Relief
第一节　政府救济 …… 357
Section 1 Governmental Relief
第二节　社会互助 …… 376
Section 2 Social Mutual Aid
第三节　生产自救 …… 409
Section 3 Production and Self—reliance
第四节　恢复重建 …… 413
Section 4 Recovery and Reconstruction

第十四章　人　物
Chapter 14 Personage
一、　人物简介 …… 439
Section 1 Brief Introduction of Personage
二、　人物表 …… 447
Section 2 Personage List

三、 革命烈士名录 …… 449
Section 3 List of Revolutionary Martyrs

第十五章 附 录
Chapter 15 Appendix
一、 临澧县灾害年表编制说明 …… 464
Section 1 Disaster Chronology of Linli County
二、 临澧县 1949～2008 年自然灾害灾情数据统计表 …… 496
Section 2 Statistics of Natural Disasters Information during 1949～2008 of Linli County
三、 临澧县 2003～2013 年减灾规划 …… 528
Section 3 Plan of Disaster Reduction during 2003～2013 of Linli County
四、 临澧县突发公共事件总体应急预案 …… 532
Section 4 General Contingency Plan for Unexpected Public Events of Linli County
五、 临澧县自然灾害救助应急预案 …… 546
Section 5 Contingency Plan for Natural Disaster Relief of Linli County
六、 临澧县防汛应急预案 …… 555
Section 6 Contingency Plan for Flood Prevention of Linli County
七、 临澧县地质灾害应急预案 …… 561
Section 7 Contingency Plan for Geological Disasters of Linli County
八、 临澧县破坏性地震灾害应急预案 …… 572
Section 8 Contingency Plan for Earthquake Disasters of Linli County
九、 临澧县重特大安全事故应急处理预案 …… 576
Section 9 Contingency Disposal Plan for Specific and Major Work Safety Accidents of Linli County
十、 临澧县重大动物疫情应急预案 …… 579
Section 10 Contingency Plan for Major Animal Epidemic Diseases of Linli County
十一、 防灾抗灾救灾诗选 …… 584
Section 11 Selected Poems of Disaster Prevention, Resistance and Relief

后 记 …… 590
Postscript

总 述

（一）

临澧县古属荆楚之地，雍正七年（1729）建县，始称安福，中华民国3年（1914）改称临澧县至今。县辖17个乡镇，1个经济开发区，339个村（居）委会，4039个村（居）民小组，人口43.98万。

县境位于湖南省常德市北部，介于东经111°49′～129°46′、北纬29°25′～29°46′之间，东、北与津市、澧县交界，南靠常德市，西抵石门县，西南与桃源县相邻。全县南北长57.5公里，东西宽32.5公里，总面积1209.58平方公里，耕地62.1万亩，林业用地54.37万亩，水域29.6万亩。

县境地势西高东低，向东北倾斜，地貌以微丘、平原为主，间有山岳。东、西、南三面环山，西南太浮山海拔604.5米，为县境之巅；杨板乡的沔泗洼，海拔仅34米，为县境之洼。广大腹地形成若干山间盆地及沿溪小平原，澧北平原为全县最大平原区，属淞澧平原，包括合口镇全部、新安镇大部及官亭乡、九里乡一部分，一马平川。澧水、道水横穿县境，自西向东流淌。枝柳铁路、207国道、长石铁路从北、中、南贯通。

县境处于亚热带季风气候区，四季分明，气候湿润温和，热量（指温度）丰富，年平均日照时间为1630.4小时；雨水充沛，多年平均降雨量为1260.54毫米；农作物生长期长，无霜期平均为268天，土壤肥沃多系水稻土、红壤、潮土，涵养水分，富有机质。光照充足，为综合开发农林渔牧业提供了良好的客观条件。

境内各类资源亦较丰富。矿产资源20余种，其中石膏矿储量达10.3亿吨，位居亚洲之首。生物资源中，农作物达270种，树木317种，花卉181种，畜禽11种，鱼类101余种。水能资源年蕴藏量达17.3万千瓦。太浮山挺拔多姿，林荫蔽日。官亭境内多溶洞美境，石笋林立，阴河幽长。澧水两岸，不乏名胜古迹与自然景观。

临澧历史文化底蕴深厚。早在十万年以前，这里就有人群生息繁衍。境内共发掘旧石器、新石器时期文化遗址5处。春秋战国时，北有申鸣古城，南有宋玉城池。澧水北岸的合口镇，春秋战国时就形成集镇，清雍正时称合口市。道水中游佘市桥镇，元代地称龙潭桥集镇，桥称道源桥，道是湘鄂川黔官道要津，桥乃湘鄂川黔边界一绝。

在这片土地上，孕育了楚大夫申鸣，与屈原齐名的诗人宋玉，晋代尚书车胤，唐代诗人李群玉，明代工、兵部尚书李充嗣，工、户部尚书李如圭，四川总兵赠左都督李应祥，清代河南、四川按察使赠荣禄大夫蒋光业，福建鹿港厅（台湾）同知陈盛韶，诗人黄道让等一大批名臣武将和文人志士。特别是近代以来，临澧先后涌现出孙中山大元帅府代理参军长林修梅，新中国开国功臣、无产阶级革命家、党和国家领导人林伯渠，著名生物学家、古农学家、教育家辛树帜，著名女作家、“斯大林文学奖”获得者丁玲，著名法学家黄佑昌，宇航电器专家徐明镇，著名光纤微波专家黄宏嘉、中国科学院院士沈绪榜等一大批杰出人物。

临澧经济，向以农业为主，春秋战国时，即有“饭稻羹鱼”的美誉，清时为全省25个有漕粮任务县之一。然而，由于长期受落后封建生产关系的束缚，经济发展较为缓慢，人民饱受贫困之苦。临澧解放后，全县人民在中国共产党和人民政府的领导下，在社会主义革命、社会主义建设的道路上，充分发挥自己的聪明才智，战天斗地，临澧经济社会等各项事业快速发展，尤其是党的十一届三中全会以来，临澧人民乘着改革开放的春风，开拓创新，克难奋进，开创了县域经济发展的新局面，取得了令人瞩目的成就。2006年，全县实现地区生产总值43.3亿元，全社会固定资产投资7.04亿元，财政总收入2.28亿元，城镇居民人均可支配收入8720元，农民人均年纯收入3672元。

农村经济稳步发展。1950年后，改革耕作制度，兴修农田水利，改善农业生产条件，大力推进农业科技和优良品种，促进了农业的稳产高产。实行家庭联产承包责任制后，农村生产力得到了极大的解放，在稳定粮、棉、油等大宗农产品生产的基础上，畜牧水产、养殖业、林业等得到了长足发展。2006年全县粮食总产28.78万吨，皮棉5656吨，油料总产40313吨，生猪饲养量79.75万头，家禽2444万羽，蛋40810吨，鲜鱼14950吨，成为湖南省商品粮、棉油基地。20世纪90年代以来，全县积极调整农业产业结构，发展农村经济。重点发展畜禽、果蔬、杨树三大产业。完成了12万亩退耕还林的荒山改造，建成了优质稻、杂柑、杨树、清水鸭等八大特色产业基地；发展了金健精米、申华纺织等8家农产品加工龙头企业；组建了鸭业合作社、果树协会等44个农民专业经济合作组织，百味美牌植物油、中华牌脆蜜桃等6个农产品获国家绿色产品标志，取得了仙桃牌土鸡蛋等37个无公害农产品认证，先后被列为全省绿色食品示范基地县，第二批全国创建无公害农产品示范基地县。

工业强县成效明显。工业从无到有，从弱到强，现已初具规模。20世纪50年代，始有国营工业。年均产值404.6万元，60年代年均产值720.7万元，70年代年均产值3415.5万元。80年代至90年代，临澧抓住改革开放和新一轮经济大发展的有利时机，大力发展乡镇企业，新安、太平等地一大批乡镇企业不断涌现，极大促进了全县工业的发展，成就了当时享誉全国的“临澧现象”。90年代，全县年均工业总产值达122882.4万元。进入“十五”期间后，县委、县政府大力实施工业强县发展战略，通过深入企业改革转换机制，招商引资上项目，增加投入促扩改，优化环境抓服务，工业企业增多，经济总量扩大，效益增加。到2006年，全县规模口径企业发展到50家，形成了水泥、化工、石膏、烟花、机械、纺织等支柱产业，涌现出了安福气门、新厦建材、胜芝化工、中泰特种装备、临玻玻璃、腾飞实业、湘福建材、汇鑫铜业、恒璋瓷业、宏澧化工等骨干企业，其中23家企业税收过100万元，中泰特装、安福气门、新厦水泥、龙凤水泥4家企业税收突破520万元。2006年，全县实现工业总产值35亿元，工业增加值10.5亿元，工业入库税金8000万元。

基础设施与日俱增。至2006年，建成公路256条2405.6公里，通车里程2320.6公里。其中水泥路337.1公里，柏油路71.3公里。澧水通航23.5公里。年货运周转量285190万吨公里，客运周转量30214.8万人次。枝柳铁路、长石铁路、207国道贯穿县境，初步形成国道、省道、县、乡村道纵横交错，水运、汽运、铁运交通运输网络。电信通讯日益现代化。交换机容量85000门，主干电缆长度5600皮长公里，光缆线路长度600芯对公里。固定电话用户83800户，移动用户70001户，宽带网用户6205户，小灵通用户1.5万户。城镇建设大发展。1951年，城关、合口、新安三镇城区面积为3.04平方公里，街巷长7678米，城镇人口9440人。到2006年，建制镇增加到7个，城镇人口、街巷长度、城区建设面积分别比1951年增长13.5倍、42.3倍、8.7倍。合口镇成为全国小城镇建设示范镇之一。

社会事业蓬勃发展。经济的发展，促进了科技、文化、教育、社会保障等各项事业的繁荣。到2006年，全县推广各类科技成果1.56万项，获县以上科技成果奖2890项。全县有各类学校114所，其中普通高中3所，九年制义务教育学校109所，职业高中1所，在校学生46693人，在职教师4399

人，学龄儿童入学率达100%。有县级医疗机构4个，乡镇卫生院17所，316家村卫生室，卫生技术人员1415人，病床773张，从2005年起建立了农村新型合作医疗制度，参合率达78%，2006年达83%。人口出生率9.17‰，自然增长率为3.9‰，连续15年评为省级先进县。各类社会保险覆盖面不断扩大，养老、医疗、失业、工伤保险参保达6.85万人次，城乡最低生活保障制度每月救助10600人。有博物馆、图书馆、广播电视台、电视差转台、新华书店、电影院和剧院等文化场所和设施。全县先后获得全国民政工作先进县、计划生育工作先进县，科普示范县、村民自治模范县、群众体育先进县等荣誉称号。

（二）

临澧县是自然灾害多发地区，自有记载以来，各类自然灾害频繁发生，给人民生命财产造成极大危害和损失，严重影响经济和社会发展。

灾害种类多。据灾害年表统计，境内自然灾害以干旱灾害、洪涝灾害、大风灾害、冰雹灾害、大雪冰冻灾害、农业生物灾害、疫病灾害等7大类灾害为主。其中农业生物灾害包括农作物病虫害、畜禽疫病、水产养殖病害、森林虫害，种植业和林业中的水稻、棉花、小麦、油菜、柑橘、蔬菜病虫害及鼠害、松毛虫等各类灾害上百种；畜禽疫病害有炭疽、狂犬病、口蹄疫、猪瘟、猪链球菌病、猪盛耳病、鸡新城疫、鸡传染性代囊病、禽流感、鸭瘟、鸭传染性浆膜炎、羊瘟、羊传染性胸膜肺炎、羊口症、牛传染热、牛出败等种类疫病灾害30多种；还有血吸虫病、钩虫病、脊髓灰质炎病等传染疫病和地方性甲状腺肿、地方性克汀病、低血钾软病、烧热病等4种病危害人民生命健康。

灾害频率高。境内以西周（公元前986年）至2008年6月，共发生干旱、洪涝、大风、冰雹、雪冻害、生物灾害、疫病等5192次，其中干旱灾害992次，洪涝1288次，大风灾害479次，冰雹灾害470次，大雪冰冻害176次，生物灾害519次，地震灾害588次，地质灾害35次，疫病灾害241次，饥荒404次，各类灾害总计发生频率为173.1%。其中1729～2008年6月，发生干旱灾害72次，灾害发生频率为25.8%，一般干旱3年一遇，重大旱灾12年一遇，重特大旱灾14年一遇；发生洪涝灾害89次，灾害发生频率为31.2%。一般洪涝灾害3年一遇，重大洪涝灾害5年一遇，重特大洪涝灾害10年一遇；发生大风灾害35次，灾害发生频率为12.5%；发生冰雹灾害13次，灾害发生频率为4.6%；发生大雪冰冻害25次，灾害发生频率8.9%；发生生物灾害109次，灾害发生频率39%；发生疫病灾害36次，灾害发生频率为12.9%。

灾害损失重。每次自然灾害都不同程度地造成一定的经济损失和人员伤亡，重特大灾害损失更为惨重，尤水、旱、风等灾害为最，且灾害损失不断增长。据统计，从1949～2008年6月，境内各类灾害直接经济损失31.77亿元，农业直接经济损失20.99亿元，农业损失占灾害损失66%。其中20世纪50年代直接经济损失0.95亿元，60年代直接经济损失1.91亿元，70年代直接经济损失1.24亿元，80年代直接经济损失3.49亿元，90年代直接经济损失10.1亿元，21世纪前9年直接经济损失14.08亿元。因干旱造成受灾面积640.85万亩，成灾面积450.46万亩，平均每次受灾面积17.31万亩，平均每次成灾面积12.1万亩，直接经济损失73518.2万元。其中50年代平均每次损失254.25万元，60年代平均每次损失1344万元，70年代平均每次损失达742.8万元，80年代平均每次损失达1522万元，90年代平均每次损失达3571万元，21世纪平均每次损失达5290万元。洪涝灾害受灾面积863.5万亩，成灾面积622.13万亩，平均每次受灾面积23.99万亩，平均每次成灾面积17.2万亩，粮食减产73.07

万吨，平均每次损失粮食2.03万吨，损坏房屋12.4万户29.6万间，直接经济损失16.52亿元，平均每次直接经济损失4593.8万元，其中50年代平均每次损失840万元，60年代平均每次损失1401万元，70年代平均每次损失603万元，80年代平均每次损失3466万元，90年代平均每次6170万元，21世纪平均每次损失1.7亿元。

除自然灾害外，境内多次发生各类人为灾害。自建县以来，境内先后经历了封建王朝镇压农民运动、军阀混战、国民党发动武装围剿革命根据地和红军、日军进犯临澧、匪患匪害。据历史资料记载，抗日战争伤亡3489人，其中死亡1486人，物资损失751.91亿元。1840～2007年有革命烈士415人，伤残人员217人。另外，1974～2007年发生道路交通事故3284起，海损事故340起，铁路交通事故死亡12人以上。1986年以来发生火灾282起，发生森林火灾41起。1950～2007年发生各类生产性事故254起。

（三）

新中国成立后，县委、县政府坚持预防为主、防抗结合的方针，建立“政府领导、分级管理、部门负责”的灾害管理体制，按照“统筹兼顾、突出重点、兼顾一般”的原则，实施防灾、抗灾、救灾、减灾综合措施，保证灾民的基本生产和生活，维护社会稳定，促进国民经济健康、稳定、持续发展发挥了重要作用。

加强灾害管理。建立健全各类防灾、抗灾、救灾决策指挥机构。先后成立县防汛抗旱指挥部、森林防火指挥部、森林病虫害防治领导小组、高致病性禽流感防治指挥部、防震减灾工作领导小组、救灾防病指挥部、地质灾害防治工作领导小组、防火安全委员会、安全生产监督管理委员会等机构，明确工作职责，加强各类灾害管理。2003年，根据《中华人民共和国（1998～2010）减灾规划》的规定，成立县减灾委员会，具体负责协调全县防灾、抗灾、救灾工作。不断强化灾害管理部门职责，对县发展计划、民政、农业、林业、水利、国土、环保、地震、建设、烟花、安监、卫生、气象、水文、海事、畜牧、消防等灾害管理部门的职责任务进行明确分工，各司其职，加强协调配合。建立500平方米救灾物资储备仓库，落实救灾物资储备制度。加强灾害应急管理，成立各类灾害应急指挥部，制定防汛抗旱、地震灾害、森林防火、消防安全、自然灾害、公共卫生、高致病性禽流感、地质灾害、生产性事故、农业生物灾害等专业应急预案，开展洪涝灾害、地质灾害、救灾防病、防火等救灾演练，提高了灾害应急管理水平和应急救助能力。2003年，根据国家防灾减灾工作要求，成立县自然灾害救助中心，负责全县的防灾抗灾救灾工作。制定《临澧县2003～2013年减灾规划》，确定十年减灾目标，建立灾害信息报告、灾情核定、灾情会商、信息发布制度，制定自然灾害管理办法、灾害应急救助、灾民房屋重建救助、灾民生活救助工作规程。2006年开始建立自然灾害应急救援基地，形成了救灾决策机构健全、灾害应急预案完善、灾害管理职责规范、救灾资源保障有力的灾害管理体制。

兴修农田水利设施。新中国成立以来，大力开展农田水利工程建设防灾减灾。1950年10月，县人民政府建立县塘坝委员会，开始有组织、有计划地兴修塘坝、水库等水利工程建设。从1950～2006年共兴建整修塘坝27549处，到2006年有塘坝48484处，蓄水9796.2万立方米，灌溉8.31万亩。从1954年修建下龙口水库开始，至2006年，全县共修水库151座，库容22189万方，灌溉面积40.4万亩。其中中型水库5座，小Ⅰ型水库28座，小Ⅱ型水库118个，共修渠道907条1227.1公里。1953年起建有机械排灌内燃机4619台，40924马力，电力排灌机械396处装机410台，11551千瓦，灌溉面积18.69万亩。排渍机械6处12台，1190千瓦，排渍面积1.8万亩。1966年9月～1972年修建青山水轮泵站。青山工程投资除按农业人口计算，人均集资181元，口粮300斤外，工程投资3699.63万元，受益面积达35万亩。1970年先后投入68万元资金兴建清水水轮泵站。1975年先后投入271.26万元资金兴建金宝滩水轮泵站。1976年先后投入110.42万元资金兴建烽火水轮泵站。三处电站投资450万元，从此，澧、道低水，按人们意志上山岗，灌溉农田。从1990年起投入1890万元资金，先后对官亭、群英、同欢等21座病险水库进行除险保安建设。加强堤垸工程建设，投入10271.6万元资金，先后对新合垸、烽火垸等堤垸进行加固，提高了防洪能力。2005～2006年投入2350万元资金，兴建安福垸，结束了临澧县城无防洪大堤的历史。1998年国家投入3335.2万元平垸行洪资金，移民建镇2021户6776人。1999年起投入6105万元资金续建青山配套节水改造工程。由于境内水利工程不断完善，到2006年，灌溉面积达52.16万亩，有效灌溉面积50.22万亩，旱涝保收面积36.09万亩。同时，开展沟渠建设和农田改造。1964～1966年，改造"三沟（撇洪、排灌、排浸）一吉"农田61230亩。1969～1977年，投工1317.77万个，投入1270.92万元资金，实施澧北平原园田化改造，完成干渠8条62.6公里；支渠8条65.6公里；斗渠40条195公里；小型排渠11条37.8公里；平整农田5万亩；改造山区农田11万亩。1975～1981年改造农田10.6亩；1996～2006年，改造农田15.65万亩，建U型砼渠130公里，修改渠道1038.38公里。

积极开展抗灾救灾。20世纪50年代以来，境内共发生各类自然灾害259次，在37次干旱灾害中，尤以1959年、1960年、1961年、1963年、1966年、1972年、1988年、1991年、1995年、1997年、2001年灾害为最重。县政府在组织人工降雨的同时，严格管理和调度水源，组织乡、村、组劳力进行抗旱保苗，及时改种农作物，降低了灾害损失程度。在36次洪涝灾害中，尤以1949年、1950年、1954年、1968年、1980年、1988年、1989年、1991年、1993年、1998年、2003年灾害最为惨重。在23次的大风灾害中，尤以1979年、1983年、1990年、1992年、1994年、1998年、2007年为最重。特别是1979年罕见大风灾害，死亡13人，受伤620人，直接经济损失1461万元。在县委县政府的正确领导下，各有关部门通力合作和社会各界共同参与，中国人民解放军指战员、武警官员、公安干警和民兵预备役部队努力拼搏，转移国家和群众的财产，最大限度地抢救受威胁人员，减少了灾害造成的直接经济损失。在历次洪涝灾害发生后，卫生部门组织医疗工作队到灾区防病治病，控制灾区疫情，出色地完成了1998年抗"疫病"和2003年"非典"防治的任务。据统计，1949～2008年6月，全县受灾人口3016.17万人次，转移安置灾民33.97万人次，抢救转移群众和国家财产超过2亿元。在抗灾过程中，实行集中领导指挥救灾，集中物资保证抗灾，集中人员投入抗灾，全面动员支援抗灾，全线防守突击抗灾，一切服务于抗灾，一切服从于抗灾，一切为了抗灾，取得了抗灾救灾的胜利。

大力开展灾害救助。每次灾害发生后，县委、县政府按照救灾工作"不饿死人、不冻死人、不发生大的疫情、不出现灾民大批外流"的基本要求，大力开展灾害救助，取得了巨大成绩。据统计，1949～2008年6月，政府安排救灾资金9936.26万元，解决了10.17万人（次）因灾缺粮困难；为3万多人（次）提供寒衣寒被；为6.35万人（次）因灾引起疾病提供救治；累计恢复重建房屋3万户6.9万间。此外，政府每年（次）向灾区安排低息生产贷款，这些资金，有效保障了受灾群众的吃、穿、住、医的基本生活。灾区生产得到及时恢复。据统计，1949～2008年，灾区农业绝收改种面积401万亩，调拨种子812.2吨，组织帮工164.1万个，增加收入14.53亿元。灾区工业恢复房屋5504间，设备1025台，恢复水毁水利工程36286处，其中堤垸1189处，水库590处，堰塘30680处，机埠915处，排灌渠

1018.4公里。恢复道路桥涵3528处，投入5174万元，及时恢复输电、供电和通信设施。恢复学校房屋19599间，教学设备150台。恢复重建乡镇敬老院18所，建筑面积27531平方米。从1987年开展救灾保险试点工作以来，下发劳动力意外伤害、农民住房、使役耕牛、水稻理赔款1711万元用于救助，使灾区生产得到及时恢复，安定了人心，维护了正常生产、生活秩序，为维护灾区社会稳定发挥了重要作用。

50多年来，临澧人民以气吞山河的气概和改天换地不怕牺牲的精神，与各类灾害顽强斗争，取得了一次又一次防灾抗灾的胜利，谱写了一曲曲可歌可泣的篇章，积累了许多有益的经验。过去已属历史，未来需要开拓。在新的历史时期，临澧人民将在县委、县政府的正确领导下，贯彻落实科学发展观，坚持科学减灾、防灾、抗灾、救灾，进一步创新机制，探索举措，夯实基础，有效预防各类灾害的发生，减少灾害造成的损失，努力实现人与自然和谐相处，不断推进和谐临澧建设。

大 事 记

雍正七年建县至宣统三年（1729～1911）

雍正七年（1729）

升澧州为直隶州，裁九、永二卫。析九溪卫6里、永定卫5里和澧州之申进、长乐、十都、十一都6里，共17里之地，置安福县。

是年，发生秋旱，大饥。

雍正八年（1730）

安福县署设立，王功任第一任知县。

新安设巡检司，驻兵2500人。

雍正十年（1732）

4月，大水。

雍正十二年（1934）

发生夏旱，晚禾失收。

雍正十三年（1735）

6月，发生大水灾。

乾隆元年（1736年）

安福发生水灾，安福等地春淫雨损苗。

乾隆二年（1737）

牛瘟大作，弥岁不休。

乾隆三年（1738）

6月，全县大旱，部分水田改种木棉。

乾隆七年（1742）

夏季，大水，淹没田庐、禾稼，人民困苦。

乾隆九年（1744）

安福等发生春夏连旱，6月方雨。

乾隆十三年（1748）

春夏淫雨损麦，6月大水，县城城墙多倾圮。

是年牛瘟。

乾隆十四年（1749）

3月，大雨，发生大水灾。

乾隆十八年（1753）

5月，大水，禾苗毁损。

乾隆三十四年（1769）

6月，疫病。

乾隆三十八年（1773）

安福地微震。

乾隆四十年（1775）

知县杨鲲捐薪征买民房10间，设立育婴堂。

乾隆四十三年（1778）

夏秋大旱，饥荒惨重。

乾隆四十四年（1779）

上年大旱，全县大饥。

乾隆五十年（1785）

春夏不雨，禾失收，民饥。

10月13日未时，地震，屋瓦有声。

乾隆五十一年（1786）

7月，安福大水成灾。

乾隆五十五年（1790）

6月，澧州大水。

乾隆五十六年（1791）

县城南失火，左右延烧百余家。

嘉庆七年（1802）

夏秋连旱，田禾失收。

嘉庆九年（1804）

5月，全县大水。

嘉庆十年（1805）

4～6月，澧州大水。

嘉庆十二年（1807）

4～7月，不雨大旱，大疫。

嘉庆十六年（1811）

4月28日至8月16日，大旱，禾稻无收。

嘉庆十八年（1813）

夏秋连旱，高低失收。

嘉庆十九年（1814）

澧州等地山洪暴发。

道光元年（1821）

安福夏旱，秋虫食粟。

道光六年（1826）

5月25日夜，发生地震。

夏，山洪暴发，山崩桥毁。

道光九年（1829）

6月大水灾，大旱、疫。

道光十一年（1831）

澧水涨，全县大水。入冬大雪冻。

道光十二年（1832）

大饥，瘟疫大作。

道光十五年（1835）

5～7月，大旱。6月蝗虫害。

道光十六年（1836）

春，大雨，冰雹数10里。3、4月蝻蹻遍野伤稼。

道光十七年（1837）

3月6日卯时，地震，瓦屋有声。全县大风。

道光十八年（1838）

7月，全县大水，蝻蹻遍野。

道光十九年（1839）

7月，全县大水。

道光二十年（1840）

7月，全县大水。

道光二十二年（1842）

2月19日午时，地震，未时，又震，池水倾斜。8月连月寒雨。

道光二十三年（1843）

2月29日，地震。

道光二十四年（1844）

夏，安福大水。

道光二十六年（1846）

4月，大风，毁房拔树。

道光二十八年（1848）

春，冰冻，竹木多折；夏，大水，入秋不止。

道光二十九年（1849）

3～5月，淫雨成灾，禾稼无收，谷价腾贵，灾延及次年春天，居民多以草根、树皮、观音土为食，饿毙和疫死者难以数计。

道光三十年（1850）

7月，地震有声。

冬，大雪，冰冻逾旬始解。

咸丰一年（1851）

7月，发生严重水灾。

咸丰二年（1852）

秋，邑人趁太平军兴起，纷纷结党拜会，啸聚山符，威震清廷。

安福守御千总蒋明晋，训练乡勇千人防守县城，太平军攻城未克。

是年，发生旱灾。

咸丰四年（1854）

春夏，大饥。

6月9日，太平军秋官又正丞相曾天养率军自荆州、宜昌袭取澧州，攻克安福，会师常德。安福人民门前悬挂“顺天太平”四字，贡纳银钱谷米，以迎太平军。

咸丰五年（1855）

7月，大风，损禾。

咸丰六年（1856）

咸丰四至六年，澧州暴发穷团起义，竖立“忠义团”旗帜，以“减田租，省典息”号召群众，从者数千人，贾竹林系安福首领之一。公安、松滋各团及斋团响应，澧州牧集合清兵和乡团数万“围剿”，起义失败，转入地下，伺机再起。

是年，旱灾。

咸丰七年（1857）

夏旱，9月，飞蝗蔽天。8～9月霪雨。

咸丰八年（1858）

冬，大冰雪，溪河冰坚可渡人车，树木鸟兽多有冻死。

咸丰十年（1860）

6月，大水。

冬，大雪冰冻。

咸丰十一年（1861）

5月，原“忠义团”首领联合公（安）、松（滋）、石（门）、鹤（峰）等处教团，封仁、义、礼、智、信五王（贾竹林系五王之一）、两帅，会合太平军首领石达开，大举起事，澧州牧廷桂重整团练，广筹军饷，处处设防，镇压起义，至翌年5月，五王、两帅全部遇难。

7月，大风损稼。

12月，大冰冻，树折无数。

同治元年（1862）

6月，山洪暴发，桥崩屋损。风雹损稼。

同知蒋明章独捐巨资，令子蒋锡瑞督修被洪水冲毁的佘市桥。

同治二年（1863）

安福夏旱。

同治三年（1864）

6月，大水，是年虫灾。

同治五年（1866）

7月，大风损禾。

同治七年（1868）

5～6月，虫食松毛，尽槁；8～9月，霪雨伤稼。9月后大旱。

同治八年（1869）

7月，全县大水，山裂水溢，沙石堆积成洲。

同治九年（1870）

2月，大风雨雹。6月旱灾。7月水灾。

同治十年（1871）

3月，冰雹如卵。大者如砖，损屋毁苗。

光绪二年（1876）

夏，全县大水，饥。

光绪三年（1877）

4～7月，不雨大旱，冬大冰冻。

光绪四年（1878）

8月大水，晚稻无收。

光绪二十二年（1896）

是年，合口曹邦福、蔡昌显组织哥弟会。二十四年春，率众起义，攻新安不范，后由叛徒告密被捕；9月，被害于澧州。

光绪二十四年（1898）

夏秋连旱。

光绪三十年（1904）

严冬，出现大冰冻，树木折断无数。

光绪三十一年（1905）

夏，安福大水灾。

光绪三十二年（1906）

安福大水。

上年腊月～正月初，暴雨倾盆，阴雨延至4月。

光绪三十四年（1908）

夏，大水，道、澧沿岸多遭水淹。

宣统元年（1909）

6月中旬，大水灾。沅、澧二水同时猛涨，洞庭水位剧升。水势至8月下旬仍未消退，邑民遭受巨灾，饥民以草根、树皮为食，外出逃荒者众。

宣统二年（1910）

3月，每担米价由常年二、三千文骤涨到七千余文，各地饥民爆发抢米运动。

4月，澧州、安福等地群众纷纷“聚众焚署毁关，或传习神拳，竖旗倡乱”，反对清廷。

宣统三年（1911）

3月，大风，折断树木。夏季发生大

水灾。

武昌起义胜利后12天，驻湖南省新军占领长沙，宣布建立湖南革命政权。10月30日，常德光复，安福亦悬挂“汉”字白旗。

民国时期
(1912～1949.7)

民国1年（1912）

饥荒，梅溪蒋家赈饥3日。

废清代户房，始设民政科，司民治、警政、地政、礼俗、统计等工作。

民国3年（1914）

1月，因安福县名与江西省之安福同名，更名为临澧县，隶属武陵道。

秋季，发生牛流行热病。

民国4年（1915）

7月，大水，溺死者众，饥殍盈野。

民国5年（1916）

是年，民饥。

民国6年（1917）

1月23～24日，地震，室内器具摇动。

民国7年（1918）

6月，渍灾空前，受灾10万人。

民国8年（1919）

春末，林伯渠因母病逝，乘快轮赶回，举行新式葬礼。

5～7月，大水灾。

民国10年（1921）

7～9月，大旱。

10月15日，孙中山大元帅府代理参军长、临澧县人林修梅病逝于广州。孙中山命令追赠林修梅为陆军上将，举行国葬。

民国11年（1922）

入夏，临澧山洪暴发，为以往20年内所未有。6月14日，道水洪水陡涨丈余，佘市桥被冲毁，县城大部进水。

民国12年（1923）

8月，龙卷风害。

民国13年（1924）

是年，发生旱灾。

县政府组织开挖新安澧水河道，修理县城街道，修整奎星楼。

民国14年（1925）

自夏至秋，久旱不雨，谷米腾贵。

民国15年（1926）

7月，建国军第一师师长贺龙进军临澧，击溃直系军阀吴佩孚部门炳岳师。建国军旋即改为国民革命军第九军，贺龙仍为一师师长。15日，该师第2旅旅长贺敦武率四、六团，第二独立团暨骑兵团次第进入临澧，农民用粥饭劳军，北军、护湘军狼狈逃窜。

7月，发生水灾，旱灾和虫害。

民国17年（1928）

中共湖南军委书记黄鳌从长沙越狱回临澧，与地下党领导、驻军第四师的故旧及湘西特委精心设计，趁5月7日举行国耻纪念大会，智除“五害”。

7月10～16日，敌第五师二团团长夏南熏率部配合教导师，分两路进攻太浮山。湘西革命军第四支队经过顽强抵抗，因敌悬殊过大，向观国山退走。

7月底，敌调动正规军和石、临、常、桃、慈5县地主武装进行围攻。敌人捕杀游击队员和无辜群众120余人，烧毁民房数百间，群众财物被抢劫一空，余部突围加入贺龙红军。

是年，发生旱灾。

民国18年（1929）

6月，洪水泛滥，全县受灾人口逾16.8万人。同月，旱、风、虫交袭，灾情惨重。

民国19年（1930）

6月9日，开办临澧赈灾平民工厂，由省发赈灾款1.4万元，分染织、缝纫、织袜、石印等科目，收徒工80人。

11月21日，贺龙率领红军在夹山寺击

溃敌新军十一师。次日，进军佘市桥，遭大股敌军阻击。23日击溃敌军，进抵县城，休整两日后，撤至合口、新安一带驻扎，在合口举行前敌委员会议。

民国20年（1931）

夏，大雨成灾，受灾民众逾10万，损失财物250余万元。

民国21年（1932）

6月，旱灾禾稼损失七成半。

民国23年（1934）

夏秋，大旱，受灾田地21万亩，损失七成半，春饥饿死数百人。

民国24年（1935）

因上年大旱，加春荒严重，饥民齐集太浮山挖葛根充饥，第四区数月内毙命数百人。

5月，道水、澧水洪水陡涨，冲毁县城房屋33栋，冲垮合口防洪土堤，毁房300余间。

7月5日，澧水浊浪滔天，两岸尽成泽国，冲垮新安天乙宫至牌楼坊一带防洪堤，毁民房1000余间，天乙宫、关帝庙、文庙、城隍庙毁于水。

7～8月，大旱。

8月下旬，红二、六军团从石门分南、中、北三路进入临澧，驻扎一个月，帮助建立县人民政权——县革命委员会和12支游击队。这次有550余人参加红军，还为红军赶制军服7000余件，筹借银元两万余块。

是年，发生牛炭疽。

民国25年（1936）

5月，全省划分四个行政督察区，临澧属第二行政督察区。

是年，饥，县内灾民，流离失所，非赈不生。

民国26年（1937）

1月6日上午10点半，合口上河街失火，延烧300余家。

4月，查禁私发纸币，调查全县实发纸币17种，多系石、慈、澧、临四县印发，但有查无禁。

6月，松毛虫大暴发。

12月，中央陆军通讯兵学校2000余人，由武汉移驻临澧县城周围。次年9月迁往广西兴安。

民国27年（1938）

3月，“军统”特务训练班由长沙迁来临澧，简称“临训班”，戴笠兼班主任，下设教务、政训、总务3处，共有学生1100余人。该班向学生系统进行特务基本技术训练，包括情报、行动、侦察、化装、秘密通讯、毒物使用、爆破等；工作范围包括逮捕、绑票、刑讯、暗杀、纵火、偷盗等。上旬，正式上课。7月，增设电讯，会计两项专业。同年冬结业。后因战事关系．特训班迁黔阳。

4月1日，县城河街洪家鞭炮铺失火，延烧房屋80多间。

民国29年（1940）

3月，合口刘庆太纸烟铺失火，延烧龙灯桥至当铺街房200多间。

6月，虫旱交加，粮食歉收。

11月22日，三架日机在县城低空飞行，用机枪射伤2人，县政府迁保宁桥临时办公。

临澧列为省政府推广黄金籼、万利籼、胜利籼、南特号等水稻良种重点县之一，共贷放种粮312吨。

民国30年（1941）

2月1日，在梅溪桥先农坛成立县农林场，租用水田30余亩、旱地20亩、荒地100亩。

5月，受甲等水灾。

6月，为纪念林修梅将军，将赵家乡改为修梅乡。

7～9月，久晴不雨，粮食仅收二成。上年征购军谷6000吨，大米6千大包；是年又强索勒取，征购粮食720吨，军米4.2千大包，强行发行战时公债。

冬，县城正街田荣记百货铺失火，延烧上胜街、德正街、东兴街房屋百余间。

是年，全县各地奉命犁田蓄水、破坏道路，将所有乡村大道削窄1市尺宽，阻止日寇犯境。

是年，发生31例天花病者，死亡19人。

民国31年（1942）

9月，湘西防疫处派队长马植培携带西药来临防治霍乱。治疗12例霍乱、11例赤痢、1例伤寒。

是年，以抗战为名，在第六战区的“督导”下，全县划分南、北两区，大量构筑工事，共交拨军粮5000多吨。

民国32年（1943）

19年6月开办的县平民工厂，5月转为民生工厂。

5月8日，日本侵略军由津澧进犯临澧澧水北岸的合口、新安、团山3乡，沦陷21天。在沦陷期间，敌机两次12架次轰炸县城，共投弹74枚。

11月，日军分四路入侵临澧全境。18日，县城沦陷；12月12日，收复县城。

县城沦陷后，县长齐德修率领县级机关及各公法团撤至安化城西门外，租夏明鸿住宅临时办公，历时月余，于12月25日返回县城。

12月16日，败退到新安、合口一线的日本残敌被围歼。围困在牛头山、夹山寺、鸡山、万家嘴4处的敌军，亦于19日晨大部被歼灭。

因抗战吃紧，交通切断，食盐输入少，盐价陡涨，担谷斤盐，有不少人数月未吃盐。

在11～12月历时20天的常德大会战中，临澧有陈富吾、马林之等5人阵亡。

民国33年（1944）

1月1日，县政府成立寇灾救济委员会，讨论开展救济工作。

4月19日，县政府下达构筑太浮山、龙凤山两处工事令。太浮山工事由保文、王化、陈二等9乡承担，每乡筹款5万元，木材在太浮山附近征购，由修梅、佘市两乡征购石灰50.5吨；澧北3乡负责龙凤山工事的材料筹集。

是年，筹集银元5万元，重修城河桥，建成一座墩10拱平板石桥。

民国34年（1945）

8月15日，日本宣布无条件投降。9月18日，全县放假庆祝抗战胜利。上午，县城举行“各界人民庆祝抗战胜利大会”。会后，举行火炬游行。

夏秋大旱，全县饿死90余人。县政府派请愿代表去专署、省城，要求赈济救灾；田赋奉命豁免，赈济法币49.8万元。

是年，发生虫害。

民国35年（1946）

因连续两年春雨、夏旱，加之病虫灾害，物价飞涨，民不聊生。

4～7月，大旱。8月初，发生大水灾。狂风暴雨，佘市桥被冲毁，古树拔起，饥民成群结队，背着米袋、饭锅“吃大户”。

民国36年（1947）

春，中国人民解放军江南纵队司令员兼政委张才千、副政委李人林，率部自大庸经慈利进入石门，因药物奇缺，派人求陈采夫接济，由临澧卫生院院长刘禄德，送去药物4担。

惊蛰后发生虫灾，专食竹木，棕树，杂粮。

入夏，疟病流行。5月9日，县卫生院向各乡、镇分发疟涤片1万片，并介绍服用方法。

是年发生农业虫害。

民国37年（1948）

5～6月，全县发生水灾，7月澧南各乡蝗虫危害较重。

是年全县发生牛炭疽病。

民国38年（1949）

5月上旬至6月上旬，湖南大水，发生重特大洪涝灾害，特别是6月初5日晚，暴雨倾注，四水上游，山洪暴发，波涛漫野，人畜漂流。

临澧解放至2008年
(1949.7～2008)

1949年

7月24日晚，38军114师分3路进入县城。县长袁平凡、国民党县党部书记蒋保炯、警察局长候方宇等率部起义，宣告临澧和平解放。

8月4日，南下140人员到达临澧，6～21日完成和平交接工作。

9月上旬，全县筹粮3000多吨，开展抗灾和生产生活自救。

10月6日，县城举行庆祝共和国胜利诞生和国际和平斗争日大会。

10月，供应过境和驻境部队大米1177吨、柴草3069吨，完成秋征任务2045吨。

1950年

5～7月，普降暴雨发生重特大洪涝灾害。

7月，发生稻苞虫灾害。

12月初，连续20天冰冻。

1951年

7月18日，澧水陡涨2米，发生重大洪涝灾害。

7～8月，久旱无雨发生旱灾。

8月，全县为抗美援朝捐款购买飞机、大炮，共捐款20亿元（旧币），超过分配任务的2.6倍。

1952年

夏季，澧水两岸暴发牛气肿疽。

7月，连日大雨，澧水猛涨，发生3次重大洪涝灾害。

12月，全县组织四千多民工参加整修南洞庭湖工程，翌年3月22日竣工。

是年，夏至秋季发生农业病虫害。

是年，发生两次大旱。

是年，为促进农业生产发展，由银行贷款，购买万利籼良种15.3吨，加上农民自换种，共插9000余亩，产量普遍提高，最高亩产达300公斤。

1953年

4月，发生风雹灾害。

7～8月，发生50天夏秋连旱。继而山洪、风雹袭击成灾。

是年，全县有40万人次种牛痘，宣布为全省消灭天花县份之一。

是年，四、五、六区发生牛气肿疽。

1954年

5～6月，境内澧水、道水、澹水流域普降暴雨，洪水猛涨，达历史最高水位。发生重特大洪涝灾害。

冬季，发生特大冰冻，月余解冻。

12月，建立洞庭湖修复工程临澧总队，下辖11个大队，担负从林家滩至冲天湖工段57华里修复任务。郑庆振、王明江分任总队长和政委。2.5万名民工分批到达西洞庭修复区。翌年3月竣工。

1955年

2月，县成立反对使用原子武器签名运动委员会，县长肖宗荣兼任主任委员，全县共有18.2万多人签名。

4月，省血防领导小组派钟光华等7人来临澧，在六区新安乡樟木岗发现钉螺，粪检52人有32人感染血吸虫病，确定临澧为疫区县。全县疟疾病流行，患病人数8649人，对患者免费治病，使疫情得到控制。

5月下旬至6月初，中共中央政治局委员，人大常委会副委员长林伯渠回故乡进行5天视察。

7～8月，普降大雨，发生洪涝灾害。

9～10月，发生旱灾。

是年，夏至秋季发生农业虫害。

是年，全县推广青森5号粳稻1万亩，因该品种不适应本地生长特性，亩产仅几十斤，由省弥补损失1.8万元。

1956年

3月，成立中共临澧县委防治血吸虫病领导小组，下设专门办事机构。

6～8月，发生旱灾。

11～12月，发生越冬代松毛虫灾害。

是年，全县兴修水利2.8万多处，其中水库18座，用工比上年增长8倍多。造林1.98余万亩，扩种双季稻18万亩，推广水稻良种43万多亩。

冬，临澧由副县长谢世久、县纪检副书记赵志平，带领300民工参加安乡张九台堤垸建设，历时3个月完成。

1957年

春，临澧县被列为全省棉花良种繁育基地。

7月29～30日，澧、道、澹水猛涨，发生洪涝灾害。

8～9月，秋旱月余，发生旱灾。

9月19日，县成立同欢水库修建指挥部，县长吴兰波、望城乡总支书记徐大振分任正、副指挥。11月8日破土动工；次年2月竣工，可蓄水500多万立方。

是年，常澧公路临澧段38.5公里路基由宽6.5米拓宽到8.5米。

1958年

10月1日，动工修建官亭水库，成立由王明江任政委、李志新任指挥的工程修建指挥部。全县有12500多民工参加工程建设。10月27日，南方13省水利施工现场观摩会在官亭水库工地召开，来自各省的代表共170名，中央水利部副部长何基丰、省农业厅副厅长崔强、水利厅副厅长史杰等领导参加会议。次年3月，水库竣工，可蓄水5600万立方米、灌田9.25万亩，并安装有720千瓦的发电机组。

是年，先后建成群英、高桥、五星、沃沙、九龙等中、小型水库31座。

是年，全县插双季稻34万亩，占水稻面积的60％。

是年，全县新修公路7条、总长102公里，疏通河道54公里。邮电事业发展较快，实现队队通电话、通邮路。

1959年

4月，棉地发生地老虎虫灾。

6月30日，陡降雨量156.5毫米，发生重大洪涝灾害。

7月1日至10月4日，发生重大旱灾。

1960年

1月8～30日，进行全县第一次土壤普查，共挖土壤剖面1980个，并写出《临澧县土壤普查报告书》。

8～10月，发生100日重特大旱灾。

是年，全县建立12个公社病虫测报站、108个大队测报点，设1000多个病虫情报员。

1961年

3～7月，新安、官亭、九里、杉板、停弦等公社发生红蜘蛛和松毛虫害。

6～7月，早稻抽穗期连续干旱，发生重大旱灾。

因三年自然灾害加“五风”危害，人均月口粮仅10公斤左右，全县有1.87万余人患水肿病。为控制病情，公社成立中心疗养院，大队设疗养院，为病人配发定量营养品。经营养治疗，到6月底，有80％的病人康复。

1962年

2月底，县人民武装委员会和县武装部、公安局分别发出反空投、反暴乱演习实施方案。3月初，在太浮山地区组织1次反空投、防暴乱演习。

7月14～16日，普降暴雨，发生洪涝灾害。

1963年

5月8日，发生冰雹灾害。

5～6月，发生重大洪涝灾害。6月2日，道水河上的佘市公路桥被冲毁。

7～9月，久晴无雨，发生重特大旱灾。

1964年

2月2～10日，全县大冰冻。

6月24～30日，全县降雨388.2毫米。发生重大洪涝灾害。临澧城河南桥被冲毁。

8～9月，久旱无雨，发生干旱灾害。

1965 年

6～7 月，发生第二代松毛虫灾害。

是年，种植早稻推广矮脚南特号、南陆矮等矮秆品种数万亩；种植晚稻积极引进矮秆粳稻农垦 58，以代替高秆晚籼。

1966 年

6 月下旬，澧水上游连降暴雨，全县发生重大洪涝灾害，县城东河水漫街，道水河公路被淹。

6 月底至 10 初，近 100 日久晴不雨。道水干涸，发生重特大旱灾。

8 月 13～15 日，县委专题讨论兴建青山水轮泵站工程，并整理《讨论纪要》上报省、地委被及时批准；18～23 日，召开贫下中农代表和三级干部大会，统一对修建青山水轮泵站工程的思想认识，并以县委文件印发《关于兴建青山水轮泵站工程的决定》。

10 月 20 日，县委成立临澧县青山水轮泵站工程指挥部，谢世久任政委，陈芳柏任指挥长，并组成“中共临澧县青山水轮泵站工程委员会”，分两批上 5 万民工。到翌年 4 月，初步建成拦河主坝、水轮泵机房、发电站机房、船闸及副坝两端滚水段，并开挖 26 公里总干渠。

1967 年

3 月下旬，发生麦蚜虫害。

5 月，青山工程指挥班子被打乱，由支左人员、“造反派”代表组成立“抓革命，促生产”领导小组，实行停工闹革命，工程受到严重干扰。

8 月 9 日，县“造反派”在同欢堰水库开枪致死 3 人。11 日，县“有理派”开枪致死 1 人。13 日学生因枪走火致死 1 人。22 日，县“无理派”围攻县城与“有理派”发生武斗，共死亡 11 人，重伤多人。

8 月下旬，津市造反派（红铁军）在新安桥头与临澧“无理派”发生武斗，死亡 2 人。

9 月 12 日，县“有理派”请津市造反派（红铁军）支援临澧，在停弦公社大木岗大队与县“无理派”机械连发生武斗，共死亡 14 人。

1968 年

7 月 16 日晚，山洪暴发，澧水猛涨，发生重特大洪涝灾害，青山工程大坝冲垮。

1969 年

2 月 14～21 日，发生大雪冰冻灾害，柑橘类果树多被冻死。

去秋以来，临澧先后组织十余人到数十人的代表团，分别到山西省的大寨、湖南的洛塔、野鸡坪及常德地区的安乡参观学习，发动群众掀起大搞治山改土的群众运动。10 月，成立澧北农田基本建设指挥部，投工 250 多万个，建设园田 2 万余亩。

3 月，发生小麦霉赤病。

6 月 23 日至 8 月 11 日，连续 7 次普降暴雨，降雨量在 800 毫米以上，发生洪涝灾害。

1970 年

5 月 1～2 日，省革委会代主任华国锋、省军区政委卜占亚和副司令员刘善福等，视察临澧青山水轮泵站工程，盛赞“临澧人民有志气”。

6 月 20 日，省革委会祝贺临澧县基本消灭血吸虫病。

7 月，青山水轮泵站的 BSl00－8 型水轮泵 15 台，到 6 月底安装完毕；7 月 1 日试机提水成功。

7～9 月全县发生松毛虫灾害。

9 月，望城公社在修建青山工程中，发生生产事故。

9 月，临澧承担枝柳铁路从县境彭家铺至梁冯村 6.25 公里地段的修建任务，于 9 月动工，到次年冬基本完成。

10 月 1 日，青山电站第 1 台 650 千瓦发电机组正式投产发电。

10 月 19 日，青山船闸正式剪彩通航。

1971 年

1 月 25 日下午，青山船闸南闸墙倒塌。

7～9 月，久旱无雨，发生重大旱灾。

从 9 月开始，调集各社、镇 10.7 万民工，开展开挖南干渠的战斗，经过110天战斗，完成500多万土石方，开挖71公里南干渠，并完成渠线的附属建筑。

11月，为充分利用青山坝上拦蓄余水灌田，地委决定在副坝上游左岸，修1座过18个流量的引水闸，经石门、穿澧北到澧县，计长17公里的总干渠，设计自流灌溉澧阳平原20万亩农田。

12月下旬，发生大雪冰冻灾害。

冬，官亭、九里、新安三社向荒山进军，建设高等梯田式茶园4387亩。

1972年

2月1～12日，全县发生大雪冰冻灾害。

5月21日下午，连接总干渠与南干渠的江家坡道水渡槽竣工，全长1200米，距地面最高44米，有7个大跨拱，工期历时20个月。

5月下旬至9月底，夏秋连旱122天，发生重特大旱灾。

5～10月全县10.6万亩水稻发生青黄矮病。

6月，县农业局分别在望城梅溪大队（稻区）、新合富强大队（棉区），安装30千瓦黑光灯60余盏，诱蛾灭虫。

7月，临澧抽调900民工，赴石门参加修建泥大（泥市至大庸）公路。工程任务为两公里路面和60米跨度的江坪大桥。至12月全部竣工。

8月8日，青山水轮泵站实现全线通水，灌溉效益过30万亩。6月中、下旬，开机提水灌溉道水北岸各社；7月15日凌晨，渠水飞过道水大渡槽；8月8日，渠水通过牯牛坝倒虹吸管，实现全线通水101公里。

10月1日，发生1次地质灾害。

是年，全县有236个大队建立农科队，3339个生产队建立科研组，共配有病虫测报员等“五员”3.5万余人。

1973年

1月30日，撤销原青山工程指挥部，成立“临澧县青山水轮泵站管理局”。

春，县供销合作社为加强生产培植，正式成立生产培植股，各基层供销社分别设有生产培植员，形成生产培植系统。

6月，县革命委员会撤销办事组、政工组、人保组、生产指挥组，恢复县委办公室、组织部、宣传部、公安局、法院，成立农村办、工交办、财贸办、计委会，并撤销原有各站，分别设局。

6月，发生稻飞虱虫害。

7月23日零时，澧北区域雷雨、大风，冰雹灾害。

8月14日15时许，杨板公社南岳、五合、云林等大队发生龙卷风灾害。

6～9月，发生松毛虫害。

11月，撤销民政组，成立临澧县革命委员会民政局。

1974年

4月12日16时13分，九里公社泉水至打石大队一带遭受龙卷风和冰雹袭击。

7月10日，常德农药厂从石门运4吨五硫化二磷（P_2S_5）至停弦公社白虎山大队六、七队间，翻车入塘，发生特大交通事故。

8～9月，连续干旱，发生旱灾。

1975年

1月，召开有800多人参加的全县四级农科网经验交流大会。

7～9月，发生旱灾。

1976年

历时33天，有6780余人参加的全县第二次土壤普查，到1月14日结束。全县土壤成分状况基本弄清，并对症提出改土措施。

7月20日，发生龙卷风灾害。

7～9月，发生松毛虫害。

8～9月，久晴无雨，发生旱灾。

10月4日，县委成立临澧青山岩渠建设大会战指挥部，分三期上足10万民工，实行五定包干制，开展社自为战，奋战一秋冬，完成南干渠55公里防渗岩渠。

12月13日，临澧1.3万民工在指挥长周瑛、政委张理觉的带领下，分两批开往慈利县境，投入修筑枝柳铁路的建设。次年2月完成北段苗市954米一段工程；1976年10月27日至次年3月，完成南段柳林铺4934.2米一段工程。

冬季发生大雪冰冻灾害。

1977年

1月，发生低温冻害。

2月16日，发生1次地质灾害。

8～9月，久晴不雨，发生旱灾。

是年，全县粪检14386人，发现1例血吸虫病人。

1978年

3月22日，中央水电部部长钱正英来青山视察整个枢纽设施，以及正在施工扩建的新电站。她指出："要充分利用水资源和加强造林绿化。"

4月13日，陈二公社农机站货车在四新岗镇公社路段，发生特大交通事故。

7～9月，久晴无雨，发生重大旱灾。

10月29日，官亭茶场附设鞭炮厂，因拌药引起爆炸，发生工业生产事故。

冬，县农科所、县原种场上海南岛繁育余赤231-8种79.6亩，共收种2.3吨。

12月，临澧九里公社的涔南、五一大队划归澧县管辖，澧县大坪公社的新龙、三合大队划归临澧管辖。

12月18日，在修梅公社境内，发生重大交通事故。

1979年

2月18日凌时25分，临澧县发生里氏3.8级地震。

4月17日16～17时，珠日等6个乡镇发生重特大龙卷风和冰雹灾害。

6月下旬，澧水上游普降大暴雨，导致山洪暴发，发生洪涝灾害。

9月下旬至12月上旬，发生重大旱灾。

1980年

4月，发生"毒麦"虫害，7～9月发生棉花"枯黄萎病"，8～10月发生水稻"百叶枯病、毒麦"。

5月31日至6月2日、6月24～26日、7月17～20日、7月30日至8月3日、8月3～5日，全县出现5次特大暴雨，澧水5次洪峰都超过13000立方米/秒，8月2日达18500立方米/秒。洞坪、山州、关山复船三垸溃决，发生重特大洪涝灾害。灾后，毛致用、孙国治等省委和各厅主要领导，亲临重灾社、队视察灾情，慰问灾民，帮助恢复重建。

9月，经农业区划水产组考察，全县计有各种鱼类74种，分属9目、16科。原澧水河的细鳞斜颌鲴，通过水轮泵提水经主干渠引入结瓜水库及骨干塘，已形成群体。引进的日本白鲫与埋头鲤杂交，体肥味美。

12月，临澧县革命委员会民政局改为临澧县民政局。

12月12日，修梅公社冬修民工在檀山岩炸岩中，发生特大生产事故。

是年，发生虫灾。

是年，宣布临澧县为无钉螺区。

1981年

4月17日，修梅石灰厂1号煤井冒水，发生特大工业生产事故。

6月27日，大暴雨，降水117毫米，发生洪涝灾害。

7月，青山扩建的新电站落成，安装的第1台2500千瓦机组，于7月1日试机运行，8月并网发电。

7月1日至9月9日，仅降雨36.8毫米，发生69天夏秋连旱灾害。

1982年

1月28～31日，发生大雪冰冻灾害。

5月26～27日，6月19～21日，全县出现2次降雨过程，发生重大洪涝灾害。

10月27～30日，临澧籍著名女作家丁玲（蒋冰之）回到阔别60年故乡访问。

1983年

1～3月，畜疫流行。

3～4月，发生菌核病害。

4月15日，5月14日18时至15日13时，发生3次风灾。最大风速23米/秒。杉板、停弦渡、新安等公社受灾。

6月26日零时至28日，平均降雨119.4毫米，澧水水位达53.8米。发生重大洪涝灾害。

7～8月，发生松毛虫害。

8月7日下午5时至5时40分，珠日桥发生雷雨、冰雹灾害。

是年，太浮公社被评为县扶贫先进单位。

1984年

3月5日上午，青山管理局办公楼配电开关板短路发生火灾。

3月初，全县普遍实施政企分设，人民公社改称乡，大队改称村，生产队改称村民小组。

6月，原太浮、珠日、停弦、佘市等乡，经省政府批准扩建为镇，其中太浮、珠日改名为衍嗣庵镇、四新岗镇。

7～8月，久晴不雨，发生旱灾。

7～9月，发生油菜叶锋、松针蜡介病害。

7月25日，湘运68车队客车在新安境内发生特大交通事故。

是年，常德行署授予临澧县扶贫工作先进单位。

是年，民政局在朝阳东街征地12.5亩，修建民政局大院。

1985年

7月7日至9月12日，发生旱灾。

8月31日，新合乡并入合口镇，洞坪乡与新安乡的梁冯、樟木两村并入新安镇。

冬，新安镇集资101.79万元，动工修建澧水漫水桥，桥全长340米、宽7.3米；翌年建成通车。

是年，全县共引进水稻、棉花、油菜、小麦、柑橘等新品种21个，鸡、鸭、兔等畜禽良种7个；引进种植、养殖新技术20项。

是年，常德市民政局授予临澧县乡办敬老院先进单位称号。

1986年

4～5月，连续干旱，发生旱灾。

7月17～18日，全县连降暴雨，发生洪涝灾害。

7月11～13日，地区烟草公司在临澧县城举办伪劣香烟、冒牌烟、手工烟实物的图片展览，参观者逾万人，当众烧毁伪劣、冒牌烟1300余条。

9月6日，九里茶场鞭炮厂发生火药爆炸事故。

11月18～24日，县委副书记易湘域作为“全国双扶工作先进县”的代表参加全国“双扶”工作经验交流暨表彰大会。

12月6日，国家民政部批准临澧县为全国农村救灾合作保险7个试点县之一。

12月，临澧县民政局驻地从人民街迁至朝阳东街13号。

1987年

1月11日，召开全县农村救灾合作保险理事会成立大会，唐生孝（副县长）兼任理事长，钟朝来（民政局局长）任副理事长，卜功元（民政局副局长）任秘书长，理事由民政、农行、财政、保险、农业、水电、卫生、公安、粮食、广播等部门负责人组成，办公地点设民政局院内，工作人员24名。

2月，民政部和省民政厅拨垫底资金100万元，开展农村劳动力意外伤害、农民住房、耕牛、水稻四项救灾保险试点工作。

2月下旬至3月上旬，县农村合作保险基金会组织乡镇民政助理在修梅乡进行救灾保险投保试点。

3月9日，民政部救灾司贺同兴、韩国栋副处长、省民政厅救灾处赵勇副处长、市民政局樊长富副局长参加全县农村救灾合作保险试点工作会。

4月10日，陈二等乡镇发生冰雹灾害。

1988年

2～5月，发生重特大旱灾。

4月25日至8月，官亭岩龙村发生伤寒、痢疾病例。

7月3日下午5时15～36分，发生雷

雨、大风、冰雹灾害，风力达10级。

8月25日至9月9日，全县平均降雨638毫米，发生重特大洪涝灾害。

1989年

6月，发生卷叶蝗虫害。

8月12日22时至13日5时，9月2日1时～18时，全县发生重特大暴雨洪涝灾害。

9月7日，省长陈邦柱、副省长卓康林在陈彰嘉、蔡长松、颜允盛等市领导陪同下，视察秋洪灾情。对临澧防汛、抗灾、救灾所取得的成绩予以充分肯定。

9月28日，召开“临澧县人民保险秋洪受损理赔兑现大会”，由县保险公司对全县9月2日水灾受损的107个投保户，赔款130.2万元。

1990年

2月19日至6月14日，连续发生3次重大洪涝灾害。

4～6月，发生森林虫害。

6月26日至8月7日，连续3次雷雨大风灾害。

7月2日至9月21日，发生重大旱灾。

7月17日，省民政厅正式批复认定临澧为革命老区县。

8月，发生水稻蚊枯病害。

10月2日，县物资局开发公司采购员蒋小峰在骗得该公司1.7万元巨款后，劫持厦门至广洲的班机企图潜逃国外，造成机毁人亡的重大事故。

11月26日，临澧县举行老革命根据地的庆祝大会。

是年，发生牲畜焦虫病。

是年，发生道路交通事故23起。

1991年

3月1日至5月15日，发生低温阴雨，倒春寒。

6月，发生稻飞虱虫害。

7月1～11日，境内发生重特大洪涝灾害。

7月6日下午5时，停弦观山、覆船两村受淹，副省长王克英、水利水电厅厅长王明湘，副市长钦时中、军分区副司令张家界到受淹区段视察。

7月8日，省委副书记孙文盛，省人民代表大会常委主任刘夫生等，分赴烽火，停弦、合口、新安察看灾情，慰问灾民。

7月11日，省长陈邦柱一行直赴重灾区烽火乡慰问灾民，听取灾情汇报。晚上，又赶赴停弦等地视察，并委托王克英再赴烽火灾区，具体研究治理道水河道问题。

8月25日，发生大风灾害。

7月11日至12月23日，连续166天的夏秋冬重特大旱灾。

9月18日，中共中央委员、民政部部长崔乃夫一行来临澧指导灾后重建工作。

11月1～18日，完成烽火堤垸主体工程。共新修防洪大堤15.5公里，开挖撇洪渠6.45公里，移动土石方140万方，围堤垸3个。省委书记熊清泉，市委书记庞道沐，副书记吴定宪，副市长钦时中等先后到工地视察和慰问，这是全县人民以工代赈，支援灾区的社会主义协作工程。

11月，修梅镇罗仙村在修建烽火堤垸工程中，发生重大生产事故。

12月25日至29日，发生低温冰冻害。

是年，县公安局被公安部评为抗洪抢险先进单位，授予集体一等功。县民政局局长卜功元被评为全国救灾工作先进个人，参加全国表彰会议。

1992年

4月20日21时30分，6个乡镇，发生风雹灾害。

4月28日19时30分至20时30分，7月19日13时15～45分，10乡镇发生冰雹灾害，风力10级。

7月上旬至8月中旬，久旱不雨。发生旱灾。

8月，撤销临澧县救灾合作保险互济会，成立临澧县农村救灾社会养老保险办公室，为副科级自收自支事业单位，定编11名。

是年，临澧县被民政部评为全国农村社

会养老保险工作先进县，县农村救灾社会养老保险办公室主任李振炎，到江苏省张家港市参加全国农村社会养老保险工作暨表彰大会。

10月，农村救灾社会养老保险办公室在城关镇龙溪村陈家组征地9.18亩，修建社会保障大院。

11月，望城乡楚城村鞭炮厂炸药爆炸，发生特大工业生产事故。

1993年

2月7～9日，全省各地州市民政局长会议在临澧召开。会议期间，省民政厅厅长许岳松驱车到烽火堤垸工程考察。

3月5日，省民政厅救灾处处长曹玉华一行，来临澧官亭、九里乡调查了解春荒情况。

3月27日2时15分，合口、新安、九里、官亭、杉板等乡镇遭受冰雹灾害。

4月23日，县审计局人员在修梅镇境内发生特大车祸事故。

4月26日，湘鄂川黔四省十地州市民政局长协调会在临澧召开。

4月28日，零点10分至35分，合口、停弦、杉板、文家等乡镇遭受冰雹灾害。

7月23日，澧水上游连降大暴雨，造成山洪暴发。发生重特大洪涝灾害。

8月3日，省长陈邦柱一行到临澧停弦、合口等地察看受灾情况。

11月14日晨，发生1次地质灾害。

1994年

3月8日，四新岗镇境内发生特大交通事故。

5月下旬至7月中旬，久晴无雨，发生重大旱灾。

7月9日上午9时，中共中央政治局常委、全国政协主席李瑞环一行，在省委书记王茂林、省长陈邦柱、省政协主席刘正及庞道沐、吴定宪、韩林安等陪同下，到临澧太平集团公司视察。

7月11日16时12分至17时，全县发生特大龙卷风灾害，风力达11级。

9月上旬至10月下旬，连续40天阴雨天气，发生洪涝灾害，

11月14日，合口苍蒲鞭引厂军工硝爆炸，发生特大工业生产事故。

12月15日上午，中共中央政治局常委、国委院总理李鹏和夫人朱琳，国务院副秘书长何椿林、首长办公室主任姜云宝等一行45人，在省委书记王茂林，省委常委、省委秘书长胡彪等陪同下，到太平村进行视察。

是年，临澧获全国民政工作先进县、全国经济林建设先进县称号。

1995年

1月1日，合口镇城区陈某非法鞭炮厂爆炸，发生重大工业生产事故。

1～5月，陈二乡、四新岗境内发生3起特大交通事故。

3月16日晚，太平村遭受7级以上大风灾害。

3月25日上午9点30分，中共中央总书记、国家主席、中央军委主席江泽民，中央军委委员、解放军总政治部主任于永波上将，中共中央办公厅主任曾庆红、广州军区政委史玉孝上将等，在省委书记王茂林，省委常委、省委秘书长胡彪，省委常委、常务副省长王克英，副省长庞道沐暨市委书记吴定宪等陪同下，来到临澧太平视察。3月26日上午到合口镇十里鸭廊进行实地考察。

4月，动工修建1200平方米社会保障大楼，12月竣工，县农村救灾社会养老保险办公室迁安福西路89号处。

5月31日至6月3日20时、6月13日20时至15日6时、6月21～22日，全县3次普降大暴雨，共降雨350.8毫米。使河水猛涨，发生洪涝灾害。

6月，发生水稻蚊枯病。

6月11日至7月17日，发生2次地质灾害。

7月10日至10月20日，100日久晴不雨，发生重特大旱灾。

9月11日3时16分35秒和8时58分41秒，柏枝乡（东经111.9度，北纬29.3

度）发生里氏3.1和里氏2.6级地震。

1996年

5月29日至7月17日，发生2次地质灾害。

6月14～16日，发生洪涝灾害。

7月20日9时45分至10时15分，望城等3个乡境内发生大风灾害。

8月，民政局党组副书记李振炎，参加民政部范宝俊副部长在浙江省召开的全国救灾和养老保险工作座谈会。

1997年

1～7月下旬，全县仅降雨743.2毫米，发生重特大旱灾。

4月9日，国家卫生部地病司司长王环增，来临澧考察血防工作。

5月26日至8月8日，发生3次地质灾害。

7月1～11日，全县普降大到特大暴雨，平均降雨达416.7毫米。发生重大洪涝灾害。

10月6日，湖南临澧青山水电有限责任公司成立。水电部长江水利委员会计划处处长吴益根、水利部湖南省澧水流域水电综合开发公司副总经理曾广略、总会计师李爱梅及市电力、水电局负责人参加成立庆典仪式。

1998年

3月19～26日，临澧县遭受寒潮、冰雹和倒春寒灾害。

4月23日16时15～50分，发生龙卷风暴雨灾害。

5～9月，停弦渡镇、官亭乡、四新岗镇内发生3起重大交通事故。

5月7日至9月22日，发生8次地质灾害。

6月22～24日，发生重特大洪涝灾害。

7月28日，召开全县抗洪救灾工作会议，部署抗灾补损工作。

7月30日，全市生产自救现场会在临澧召开。县长吴生元、县委副书记张方才汇报全县农作物受损和生产自救情况。

8月，发生蝗虫、棉铃虫害。

8月，新安发现1例霍乱患者。8月8日，省卫生厅副厅长彭涛一行来临澧灾区检查卫生防疫工作。28日，省卫生厅厅长曾繁友在副市长刘春林陪同下，来临澧检查指导卫生防疫工作。

9月1日，县委副书记、县长吴生元，县委副书记杨翠志、县人大常委主任刘德亮、县政协主席杜敦来、县纪委书记涂绪德，县委常委、县妇联主任黎卫平等，前往停弦山洲村将第一批救灾资金发放到灾民手中。

9月2日，省委副书记郑培民、副省长庞道沐、省军区副司令员蔡家作，在副市长刘本之、刘春林陪同下，到临澧烽火乡察看灾情、慰问灾民。

9月18日，国家水利部专题组一行17人，来临澧考察青山水利工程水毁情况。

10月30日，召开全县抗洪救灾表彰暨水利冬修动员大会。

是年，新安镇派出所被评为省级抗洪抢险先进单位。

1999年

1月18日，临澧县慈善总会成立。

2月6日，省委副书记郑培民率省直有关部门负责人，在吴定宪、程海波、李少甫、曹儒国等市领导陪同下，到临澧烽火乡慰问灾民，察看灾民新村建设情况。

9月25日至10月10日，发生3次地质灾害。

4～7月，发生松毛虫害。

6月25～29日，澧水流域普降暴雨，发生洪涝灾害。

7月，发生水稻蝗虫、棉铃虫害。

9～10月，连续干旱，发生旱灾。

2000年

3～4月，发生松毛虫害。

5月，发生2次地质灾害。

6～7月16日，全县久晴不雨，发生重大旱灾。

6月，发生水稻蝗虫、甜菜夜蛾虫害。

10月22日，官亭乡马路村3组个体鞭炮生产户刘某违反操作规程，造成鞭炮爆炸事故。

2001年

4月上旬，陈二乡、太浮镇、四新岗镇、文家乡、柏枝乡等乡镇发生冰雹灾害。

9月，发生1次地质灾害。

6月17日下午，九里乡岩桥村非法生产烟花爆竹的个体作坊发生爆炸事故。

6月中旬至9月初，久晴不雨，发生重特大旱灾。

7月11日，投资1.45亿元，由加拿大魁北克国际水电公司（30%）、中国水利电力对外公司（24%）、水利部湖南省澧水流域水利水电综合开发公司（23%）和临澧县青山水电站（23%）合资建设的中加电站1号机组并网发电。

11月5日，合口镇楠桥村发生因非法操作、违法生产烟花爆竹爆炸事故。

2002年

3月26日上午，位于县老正街烟草局和一市场之间的红灯笼酒吧因电线老化短路引起火灾。

4月24日至5月13日，7月23～25日，普降特大暴雨，发生洪涝灾害。

4～5月发生松毛虫害。

4月30日21时至22时40分，全县发生大风灾害，风力为7.5级。

5月14日19时至5月16日18时，发生冰雹灾害，风力达8级以上。

7～8月28日，发生2次地质灾害。

8月，发生蝗虫、棉铃虫害。

8月24日，财政部驻宁夏专员办事处，对全县2001～2002年7月救灾资金分配使用情况进行专项检查。

是年，被评为全省血吸虫病防治先进县。

2003年

1月18日，合口镇凯丽花炮厂发生特大烟花爆炸事故。

3月31日下午6时30分，九里富民花炮厂发生重大花炮爆炸事故。

3月12日，在停弦渡镇境内发生1起特大交通事故。

4月1日凌晨，县文化大世界发生火灾。

4～9月，修建400平方米自然灾害应急指挥中心，筹备全国洪涝灾害救灾演练。

5月8～15日，全县抽调730名干部进驻农村，宣传有关防治“非典”的法律法规和预防“非典”的知识，协助抓好“三外”人员的监控。

5月12日，柏枝中学120多名学生引发流感。

5月14日，新安镇潘台村苏某家非法鞭引作坊发生特大爆炸事故。

6月16日至8月12日，发生3次地质灾害。

7月7～13日，发生重特大洪涝灾害。6月23～27日，全县出现第1次强降雨过程，全县累计降雨比同期多278毫米；7月7～11日，全县降雨量300毫米以上。从7月8日下午2时至9日下午6点30分，澧水合口向阳闸水位从42米涨到51.28米，超历史水位，10日凌晨2时达到51.96米，之后持续时间长达49个小时，新安垸出现溃垸性大险3处。洞坪垸、山洲垸、关山垸漫溃。

7月22日，民政部部长李学举、民政部救灾司司长王振耀，省委副书记、代省长周伯华，副省长杨泰波来临澧视察合口镇、新合垸灾情。

7月中旬至8月30日，全县降雨仅38.2毫米，发生旱灾。

7月25日，在文化大世界举办“心系灾区、情系灾民”赈灾义演晚会。

7月，撤销县农村救灾社会养老保险办公室，成立临澧县自然灾害救助中心。

是年全县干部群众、企业、工商业主及临澧籍在外工作人士纷纷为灾区群众捐资捐物，到月底，共募集救灾资金354万元，棉被468套，衣服20083件。

10月10日，民政部党组副书记、常务副部长杨衍银，救灾司司长王振耀，救灾司副司长邹铭，国家减灾委、农业部、财政部、气象局、水利部、总参谋部等七部委领导以及省、市领导杨泰波、李国章、余长明、程海波、陈君文、刘春林及广东、广西、湖北、江西、海南、四川、河南、浙江、福建、内蒙古、山东、江苏、陕西、重庆等省、市民政部门负责人来临澧，在县自然灾害救助中心观摩中国湖南洪涝灾害救灾演练。

11 月 1 日 12 时左右，烽火乡将军山发生森林火灾。

12 月 10 日，县委书记吴友云、民政局局长于乾华、民政局副局长李振炎在北京参加中国灾害管理信息系统建设和应用国际研讨会。

是年，发生稻飞虱、棉铃虫害。

是年，发生松毛虫害。

2004 年

年初，高致病性禽流感疫情在我国部分省（区）、市发生流行。2 月初，启动临澧县禽流感应急预案，落实防疫检疫措施，实现了禽流感疫情零发病的工作目标。

2 月 10 日，杉板乡发生森林火灾，大火于 2 月 11 日 5 时扑灭。

3 月 11 日，省民政厅副厅长唐白玉来县考察救灾救济和农村敬老院建设和村民自治工作。

5～10 月，发生 2 次地质灾害。

5 月 9～10 日，省人民代表大会常委会委员彭孟芝、市人民代表大会常委会委员吴承云率检查组来县检查《水污染防治法》、《环境影响评价法》、《排污费征收使用管理条例》、《医疗废物管理条例》落实情况。

6 月 23 日 12 时至 24 日 12 时，全县普降暴雨，平均降雨量 141 毫米，最大降雨点官亭水库区达 265 毫米，发生洪涝灾害。

6 月 29 日，青山新星水泥厂发生特大喷炉事故。

7 月 8 日，九里乡、官亭乡遭受龙卷风灾害。

8 月，湖南省民政厅举办的岳阳市江阴县、华容县，益阳市南县、沅江县，常德市澧县、津市市、安乡县、汉寿县、鼎城区救灾管理信息系统培训班，在临澧县自然灾害救助中心举办。

10 月 27 日，官亭乡马路花炮厂成品仓库发生爆炸事故。

12 月 14 日，省消防总队副总队长钱耀明来县检查消防安全工作。

是年，发生畜禽疫病害。

是年底，县疾控中心总投资 125 万元、修建筑面积 1655 平方米实验楼竣工。

是年底，县人民医院投资 156 万元，建筑面积 892 平方米，床位 20 张，传染病区项目建设竣工。

2005 年

1 月，经国务院批准，省血防办发文恢复临澧县办血吸虫病“未控制区”。

2～8 月，在新安镇漫水桥、安福镇农丰村，各发生 1 起特大交通事故。

2 月 3 日下午，省水利厅厅长王孝忠在市领导徐万发、洪明祥陪同下，来县考察移民安置工作，并慰问了部分移民户。

3 月 6 日上午，省水利厅洞庭湖工程管理局局长刘光耀，省水利厅水土保持处有关负责人，来县检查指导防汛准备工作。

3～9 月，在全县开展为印度海啸灾害、常德市桥南市场火灾社会捐赠。共募集资金 40.3 万元，用于救灾和社会捐赠。

3 月 16 日，全市民政系统救灾救济暨农村敬老院改扩建工作会议在县自然灾害救助中心召开。

3 月 23 日，全市人民代表大会城市环保工作联系会议在县召开。

4 月 4 日上午，省长周伯华、副省长杨泰波来县考察安福垸堤垸工程建设。

4 月 20 日，农业部农作物管理司经济作物处处长周普园一行，来县安福镇清水、文塘村现场考察了解县无公害蔬菜基地建设情况。

4 月 26 日上午，市委常委、宣传部长覃清香带领市水利局工程技术员，检查县防汛准备工作。

4月27日，省农开办副主任张宝明、项目处处长郭照光一行，考察县农田水利配套设施建设情况。

4月28日，省地震局局长全德辉到合口镇检查农村抗震安居工程。

5月18日，临澧水文局新址落成。

6月12日至10月16日，发生2次地质灾害。

6月15日，市委副书记载军勇考察四新岗镇、陈二乡、柏枝乡、新安镇的敬老院改扩建工程。

6月中旬，全县普降大雨，发生洪涝灾害。

7月，县委县人民政府确定农村敬老院“一乡一院”的建设目标，是年有太浮镇、文家乡、烽火乡、望城乡、杨板乡、修梅镇、官亭乡、九里乡共建敬老院8所，合口镇敬老院在原有基础上进行改扩建，是年实现“一乡一院”工作目标。

7～11月，建“减灾安居工程”98户。

8月，发生稻飞虱，卷叶螟虫害。

8～10月，久旱无雨，发生旱灾。

2006年

3月，在合口镇黄陵村、富强村、芭茅村澧水外滩“潘家洲”等地发现阳性钉螺面积225亩。

5月5日凌晨1时16分，望城乡、安福镇、佘市桥镇等乡镇发生龙卷风灾害。

8～9月，久晴无雨，发生旱灾。

6月11日，国家安监局检查组一行来临澧县对高危企业的安全生产培训情况进行专项督导和调研。

7月，发生稻飞虱虫害。

9月18日，发生1次地质灾害。

10月21日，四新岗镇境内发生1起特大交通事故。

11月，为支援郴州灾区，全县开展“一日捐”活动，共募集资金642322元，棉被120床。

是年，发生畜禽疫病。

2007年

1月15～16日，发生雪灾。

3月30日，民政部救灾救济司柳丙法专员、省民政厅副厅长唐白玉来临澧进行灾害应急救助工作调研。

5月、10月，分别发生畜禽疫病。

7月27日零时至零时30分，杉板乡、新安镇、合口镇、九里乡、官亭乡发生龙卷风灾害。

8月24日，发生1次地质灾害。

11月26日，九里、杉板乡分别发生花炮爆炸事故。

是年，建“减灾安居工程”66户。

2008年

1月12～31日，发生特大冰雪灾害，全县普降四次大雪，平均积雪25厘米，最深积雪30厘米，最低气温零度5℃以下。

1月29日，常德市抗冰雪灾害现场会在临澧召开。

是年，建“减灾安居工程”111户。

5月12日14时28分，受四川汶川地震灾害波及死亡1人。

6月3日21时43分，发生龙卷风冰雹灾害。

第一章 建 置

第一节 建置沿革

一、沿 革

雍正七年（1729），裁九溪卫、永定卫和澧州地一部始设县，取安福旧所名为安福县，县城设裴家河（今安福镇地）。民国3年（1914）1月，因与江西省安福县同名，乃取壤联澧水之意，改称临澧县，废府州，隶武陵道。民国5年（1916），撤武陵道，改隶湘江道。民国11年（1922）废道，仅存省、县二级。民国25年（1936）5月，临澧划入第二行政督察专员公署（署治慈利）。民国29年（1940）4月，湖南省设十个行政督察区，隶第四行政督察区（区治常德）。1949年7月24日，临澧和平解放，隶常德地区行政公署（中称专员公署）。1988年4月撤常德地区行政公署建常德市人民政府，临澧隶之。

二、县域变迁

建县时，因“改土归流”，原永定卫、九溪卫所辖的僻壤地，均划归安福县管理，县域从东到西，境域长二百余里，西界茅冈的司街、温塘等地。

雍正十三年（1735），增设永定县时，司街、温塘、槟榔坪、青竿坪、神常坪、罗水、虾溪、白竹坪、鹅公溪、罗塔坪、苦竹河、窑湾、逼龙等十三处归永定县（今永定区），析金藏关、龙伏关、九沅关、大坪关、马脑坡隘、安福所、添平所、七星寨等关隘归桑植、石门等县。安福县域，东界打石桥、白马观、清化驿、安梓桥；南界敖山铺、毛花界、白云观（今常德县瓦屋垱乡）、汤家坪（今澧县白衣乡）；西界马宗岭、栗山坡、官斗桥、夹山寺（今石门县蒙泉区）、军望咀（今石门县白洋）；北界刻木山、袁家坪、打石桥、九里岗（今澧县大堰垱乡九里村）、草堰角、石公桥、白塘堰（今澧县大坪乡白塘村）、八角庙、城头山。

民国6年（1917），全县境域共1272平方公里，县北至今澧县中武乡的袁家坪、草堰角、鸽子岗；西至今石门的二都坪；东至今澧县道河乡部分地；东南至今澧县的石板滩安梓桥；西南至今石门盘石乡和白洋乡的保宁桥、六合垭。

1949年末，县境东界清化驿、王家冈；南界岳山坪、敖山铺、毛花界；西界新安厂、马宗岭、周思庵、保宁桥、吴家厂；北界江西桥、刻木山、九里冈、草堰角。

1950～1954年，县界几次调整。划出佘市乡一、二保，王化乡八保，保文乡一保，新安乡十一保，吴家乡西二保，三区临东、南斯、金鸡、南望、荷花、春湖、六区九王、草堰等乡及团山、澹阳、蛇形乡各一部，划进澧县福松乡、复船乡、丰白乡、真武乡、石门易市乡七保、槐山乡大部及岳山乡、长乐乡、黄木乡、枞阳乡五个村的部分地。

1959年，划出文家公社五道大队第九生产队归石门。

1965年，划出新合公社龙池大队六、七、十四生产队归澧县。

1978年，划出九里公社的涔南大队、五一大队归澧县，从澧县划进大坪公社的兴隆大队、三合大队归九里公社、新合公社管辖。

1981年，划进澧县张公庙公社胜利大队一、二生产队归合口镇管辖。

2006年，县境东界清化驿、朱亮桥、蜘蛛弯；南界敖山铺、七姑山、毛花界；西界高公桥、潘家铺、川岗、雷打岩；北界刻木山、羊古山、九里岗。东西宽32.5公里，南北长57.5公里，境域总面积为1209.58平方公里。

清时安福县地图

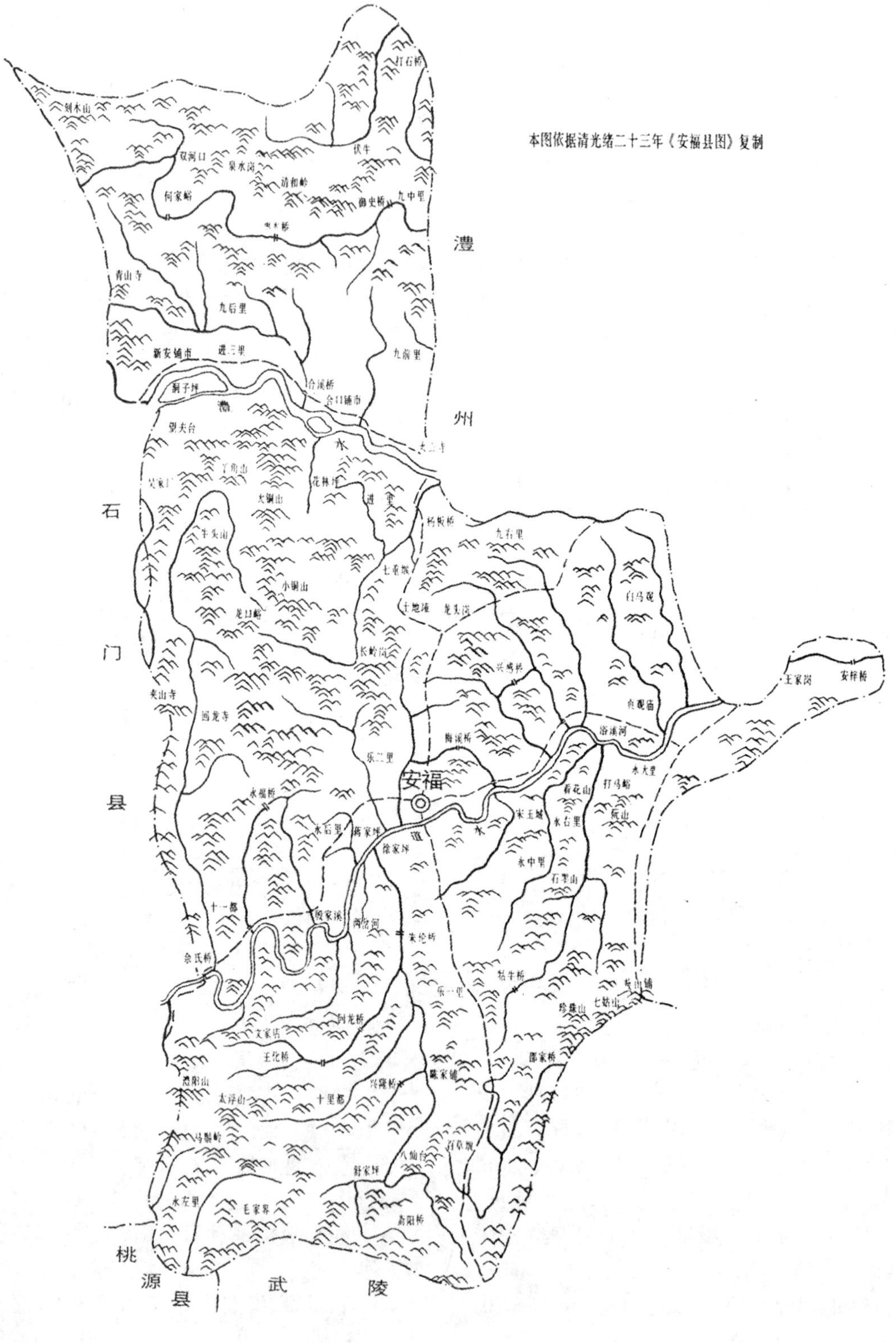
本图依据清光绪二十三年《安福县图》复制
澧
州
石
门
县
桃
源
县
武
陵
安福
澧
水
道
打石桥
双河口
泉水岗
清和岭
九中里
何家峪
青山寺
九后里
新安铺市
进三里
合溪桥
合口铺市
望夫台
大铜山
花林坪
牛头山
九右里
小铜山
白马观
龙口峪
长岭岗
王家岗
安梓桥
回龙寺
梅溪桥
浴溪河
乐二里
水大里
打马峪
永福桥
宋玉城
永右里
永中里
十一都
佘氏桥
乐一里
七姑山
文家店
王化桥
回龙桥
澧阳山
太浮山
十里都
马鬃岭
八仙台
舒家坪
永左里
毛家界
寿阳桥

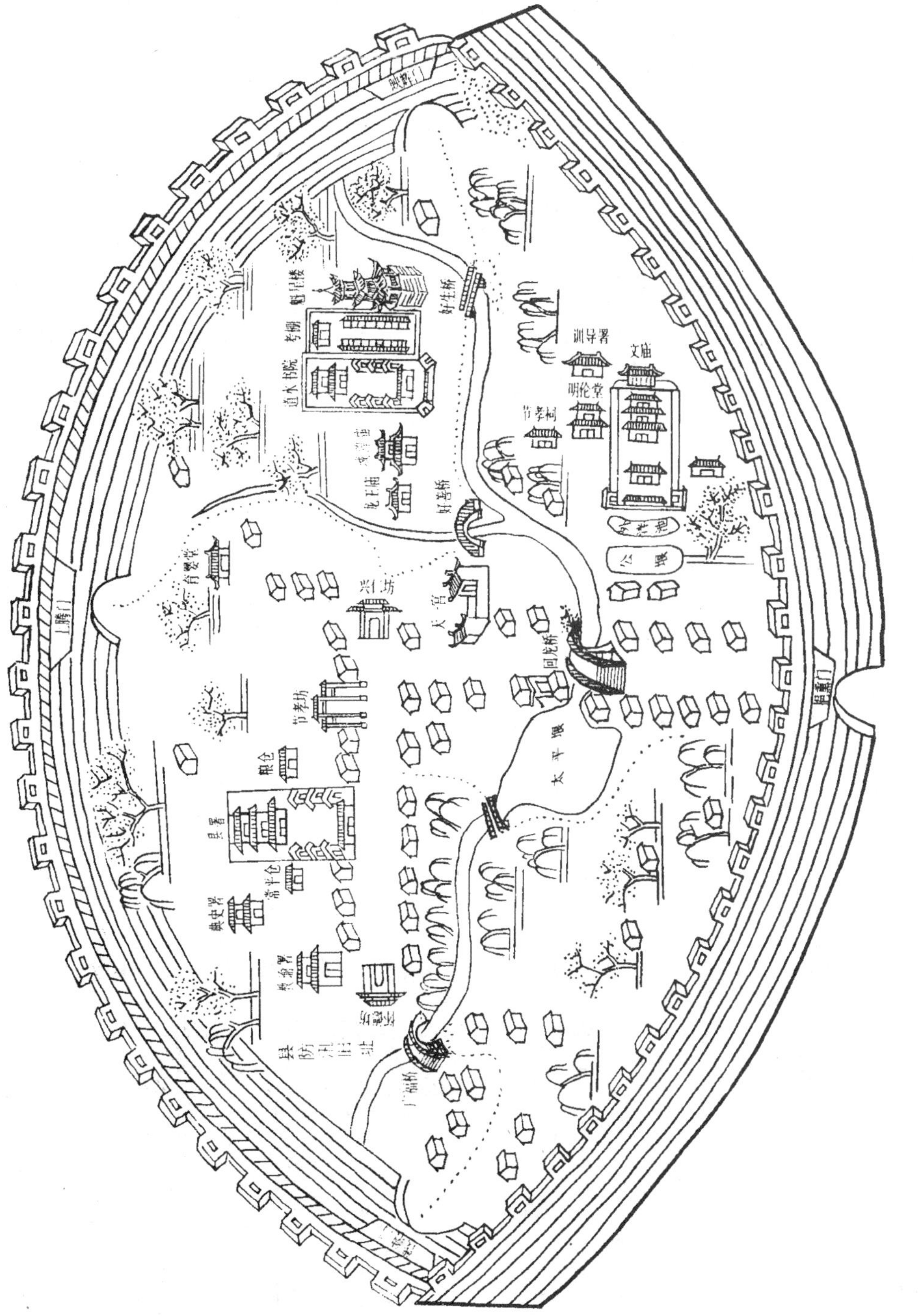

清时安福县城全图

第二节 行政区划

一、清 代

清雍正七年（1729）置安福县后，县下设里、区。雍正十三年（1735），全县在划出司街等13处归永定县，析金藏关等8处关隘归桑植、石门等县。此后辖17里，160区。计：永右里、永左里、永中里、永大里、永后里，各里分辖10区：九右里（辖8区）、九左里（辖9区）、九中里（辖6区）、九前里（辖2区）、九后里（辖10区）、九安里（辖7区）；乐一里（辖11区）、乐二里（辖13区）；进一里（辖13区）、进三里（辖10区）；十都里（辖7区）、十一都里（辖14区）。

二、民国时期

民国5年（1916），废清代里、区建制，县下设区、保，全县共辖13区，138保（缺中区保数未计）。其中，东路、3区、28保：杨板区（辖5保）、观音区（辖13保）、敖山区（辖10保）；南路、3区、27保：陈二区（辖10保）、王化区（辖8保）、保宁区（辖9保）；西路、3区、38保：佘市区（辖15保）、赵家区（辖15保）、吴家区（辖8保）；北路，3区45保：合口区（辖18保）、新安区（辖11保）、团山区（辖16保）；中路，辖中区1区，缺保数。

民国10年（1921），撤销区建制，全县设13乡，乡下设保。乡为杨板、观音、敖山、陈二、王化、保宁、盘石、佘市、赵家、吴家、合口、新安、团山乡。

民国15年（1926），改乡为区，区下设乡，乡下设保。全县共13区。

民国21年（1932），全县划为6个区，设146保：一区（24保）、二区（19保）、三区（26保）、四区（28保）、五区（27保）、六区（22保）。

民国24年（1935），奉令编组保甲，辖51乡、3镇，乡镇下辖保，保下辖甲。

民国30年（1941）2月，全县缩编为12乡1镇，123保，2301甲，见《临澧县民国30年乡保机构统计表》（表1—2—1）。

民国34年（1945），调整保甲规模，保数扩大，甲数减少，全县计12乡1镇，151保、2050甲。

民国35年（1946）保甲又恢复至30年时的建制，直至1949年7月新中国成立。

表1—2—1　　临澧县民国30年乡保机构统计表

单位：个

乡名	保数	乡址	乡名	保数	乡址	乡名	保数	乡址
护城镇	7	县　城	保文乡	8	贾氏祠	新安乡	11	新安市
泰山乡	6	杨板桥	吴家乡	7	西引寺	团山乡	7	彭家铺
柏枝乡	12	柏枝台	王化乡	8	王化桥	佘市乡	8	佘市桥
将军乡	13	宋玉城	陈二乡	12	陈二铺			
修梅乡	11	汪家庙	合口乡	13	合口市	合计	123	

三、新中国成立后

1949年8月，县下划分6区，13乡，123保。

1950年7月，县下设区、乡、村。全县共辖6区、104乡，见《临澧县1950年区、乡机构统计表》（表1—2—2）。

表 1—2—2　　临澧县 1950 年区、乡机构统计表

单位：个

区名	乡（个）	乡　　名
一区	19	龙溪、灵泉、吉祥、梅溪、清水、高桥、启祥、殷家、道源、总庙、陈泗、歇驾、官岭、桃花、石岩、得胜、文家、彰家桥、潘骆
二区	18	朱伦、朱陈、望城、兴隆、联三、南阳、龙潭、高公、临南、兴庵、青云、吴城、永兴、毛花、青田、浮东、王化、普兴
三区	16	楚城、太平、同文、牌楼、永安、石墨、永乐、哗溪、观音、青阳、高家、临安、长安、柏枝、将军、蛇形
四区	16	团岗、赵家、安乐、仙人、叶庙、古峰、柏子、花林、修梅、雷家、仙女、永镇、南岳、岳楼、万福、保卫
五区	17	山洲、童洲、横山、芭茅、砚水、金鸡、管渡、回龙、龙溪、同心、楠樟、枣木、伏牛、太平、九王、杉板、坪山
六区	18	澹阳、黄陵、潘台、古城、白岩、金坑、兰田、林家桥、团山营、彭市、上洞坪、下洞坪、刻木、澹津、青鹤、九里岗、涔南、草堰
合计	104	

1950 年 1 月，划出九里岗至楠木岭一带归澧县；4 月，划出二区王化乡八保（马宗岭一带）归桃源县；划进石门县易市乡第七保（今上洞坪村）；划出佘市乡一、二保（统称周思庵地区，今石门官渡镇东周、西周村全部，官渡镇、杨坪乡、三板乡属的汉阳、新桥、两河、昂头、桂花村一部），保文乡一保一甲、二保一甲，新安乡十一保（今石门县易市乡双河村全部，军垱村半部、书房村、双桥村、共和村一部），吴家乡二保（今石门二都乡高桥村、镇龙村全部，青龙村一部）；7 月，划出团山乡 1102 户、4632 人，7076 亩耕地归澧县；划入澧县老鸦冲约两个甲范围。

1951 年 1 月，增设城关（原护城乡一、二、三保地）、合口（原合口乡一、二、三保地）、新安三镇。城关镇为县直属镇，合口镇、新安镇分属五、六区。

1951 年 11 月 1 日，增设第七区；划进一区龙溪、灵泉、吉祥、梅溪、清水，二区的望城，三区的同文、长安、太平、永安、楚城、临安、青阳、观音、华溪、蛇形等 16 个乡。

1953 年春，县以下设区、镇、乡、村。全县辖 7 区、2 个县属镇、121 乡、5 个乡级镇。

6 月，划入澧县福松、贞武、丰白、复船乡全部，槐山乡大部，及岳山乡朝阳，见龙两村，长乐乡玉皇村，黄木乡老鸦村，枞阳乡双泉村的部分地，计 3548 户，12921 人，32482 亩耕地；划出南望、金鸡、南斯、荷花、临东、春湖 6 乡及菱角桥、朱亮桥、清化驿、伍家铺等小集镇，九王乡、草堰乡及涔水河流中心以北的边缘地，澹水乡熊家湾，蛇形乡管家村地归澧县，计 4416 户、16829 人，51017 亩耕地。

1954 年 8 月，划出九里乡地入澧县（今澧县大堰垱镇永官村、联富村、九口堰村全部）。

1956 年 5 月，全县撤区并乡，乡下为农业生产合作社。全县共辖 3 镇、17 乡、268 个农业生产合作社。

1957 年 1 月，划入澧县灵泉乡关山农业合作社 1 队 28 户、107 人，355 亩耕地，属停弦渡乡；8 月 21 日，划入澧县道河乡新联、高桥两个农业生产合作社，共 472 户、1666 人，4672 亩耕地属杨板乡。

1958 年 9 月，全县实现人民公社化，政

社合一。县辖人民公社，公社辖生产大队，大队辖生产小队（后称生产队），是时，县辖3镇、12个人民公社、113个生产大队、347个生产队。

1959年6月，划出文家公社五道大队第九生产队归石门（今石门白洋乡保宁村九组）。

1961年8月，全县对人民公社、生产大队、生产队进行调整。调整后，全县共辖3镇、16个人民公社、317个生产大队、3169个生产队，见《临澧县1961年人民公社（镇）大队、生产队机构统计表》（表1—2—3）。

表1—2—3　　临澧县1961年人民公社（镇）大队生产队机构统计表

单位：个

公社名	大队数	生产队数	公社名	大队数	生产队数	公社名	大队数	生产队数
城关镇			停弦人民公社	19	173	珠日人民公社	23	208
合口镇			修梅人民公社	26	236	烽火人民公社	16	161
新安镇			佘市人民公社	21	192	柏枝人民公社	22	234
九里人民公社	15	166	杉板人民公社	15	112	杨板人民公社	20	279
官亭人民公社	20	216	文家人民公社	17	134	望城人民公社	22	276
新安人民公社	21	232	陈二人民公社	19	167			
新合人民公社	23	238	太浮人民公社	18	145	合计	317	3169

1965年10月，划出新合公社龙池大队六、七、十一3个生产队归澧县。

1970年12月27日，望城公社龙溪大队四季红生产队划归城关镇管辖；新合公社白鹤大队第一生产队划归合口镇管辖；新安公社兰田大队第十一生产队划归新安镇管辖。

1978年12月24日，九里公社的涔南、五一两大队741户、3131人，2977亩耕地划归澧县大堰垱公社管辖；划入澧县的大坪公社新龙大队、三合大队计884户、3302人，5649亩耕地分别归九里公社、新合公社管辖；新合公社的万岗大队划归九里公社管辖。

1979年10月，上、下洞坪大队组建成洞坪棉花良种场。1981年9月，改称洞坪人民公社。

1981年4月，澧县张公庙公社胜利大队一、二生产队的118人，229亩耕地归合口镇属。

1983年6月22日，珠日桥人民公社办政企分设试点，改称乡，设乡政府；大队改称村，设村民委员会；生产队改称村民小组。

1984年3月初，全县普遍实施政企分设，各人民公社一律改称为乡。

同年6月19日，为适应小城镇发展的需要，将停弦渡、佘市桥、珠日桥、太浮4乡改为镇，其中珠日桥改称四新岗镇，太浮改称衔嗣庵镇。

1985年3月，原新合乡并入合口镇。

1985年8月31日，将原洞坪乡全部和新安梁冯、樟木两个村，24个村民小组并入新安镇，新合乡并入合口镇。

同年11月13日，原望城乡的龙溪、护

城两村，32 个村民小组，773 户、2997 人，2978 亩耕地全部划归城关镇管辖。

1987 年 10 月，九姊村、农丰村、清水村、护城村由望城乡划入城关镇管辖。是年 12 月，城关镇成立八方楼、四季红居委会。

1990 年 2 月，合口镇三元口村裁出 4 个村民小组，组建为三元口居委会，下辖 4 个居民小组，该村余下 3 个村民小组增设定名为合口镇郊区村委会，下设 3 个村民小组。

1991 年 8 月，省民政厅批复，撤销修梅乡，改设修梅镇。

1991 年 9 月，县人民政府批准撤销修梅镇土地垭村，建立太平居委会。

1991 年 9 月，从修梅镇七重堰村裁出 6 个村民小组，建立南江居委会，辖 7 个居民小组。

1992 年 9 月，撤销新安镇北郊 1 个村民小组建立北区居委会。新安镇上坪、中坪、下坪、南坪、北坪 5 村委会合并，恢复上坪村委会，辖 26 个村民小组，下坪村委会辖 35 个村民小组。裁梁冯村 7 个村民小组建立新安镇新冯居委会。10 月，撤销南闸村委会建立新安镇南闸居委会。

1992 年 6 月，经湖南省人民政府批准，成立临澧县太平工业经济开发区。从南江居委会裁出枫树、聚宝 2 个村民小组，铁罗堰村裁出双丰、双木、范家 3 个村民小组，叶庙村裁出上楼、泥堰、长堰、丁家 4 个村民小组，车堰村裁出杨家、新堰 2 个村民小组计 11 个村民小组与太平居委会 10 个居民小组合并为太平工业经济开发区。

1994 年 2 月，太平经济开发区原 21 个居民小组调整为 12 个居民小组。

1995 年 6 月，湖南省民政厅发文批准衍嗣庵镇更名为太浮镇。

1997 年 12 月，撤销城关镇龙溪村，组建安福路居委会，下设 17 个居民小组。

2003 年 11 月 25 日，省民政厅批复修梅镇铁锣堰村、太平社区居委会，佘市桥镇的芭蕉村、总庙村，望城乡的望城村、文塘村划归城关镇管辖。望城乡人民政府驻地由文塘迁移至同欢。城关镇更名为安福镇。

2006 年，全县共辖 8 镇 9 乡 1 区，24 个居委会，315 个村民委员会，166 个居民小组，3873 万个村民小组。

附：临澧县行政区划异动年表（表 1—2—4）。

表 1—2—4 临澧县行政区划异动年表

单位：个

年份	区	乡	镇	村	组	年份	区	乡	镇	村	组
1916	13			140	1975			16	3	324	3678
1935	6	51	3			1976		16	3	330	3664
1938		20		273	2567	1977		16	3	320	3658
1948		13		123	1574	1978		16	3	318	362
1949	6	118	2			1979		16	3	322	3695
1950	6	118	3			1981		17	3	323	4186
1954	7	118	4			1982		17	3	324	4198
1957		17	3			1983		17	3	324	4124
1958		12	3	122	1226	1984		17	3	328	3737
1959		12	3	118	851	1985		11	7	338	3943

续表

年份	区	乡	镇	村	组	年份	区	乡	镇	村	组
1960		12	3	118	847	1986		10	7	338	3958
1961		16	3	323	3507	1987		10	7	336	3953
1962		16	3	323	3871	1988		10	7	333	4140
1963		16	3	324	3899	1990		10	7	339	4085
1964		16	3	324	3879	1991		9	8	340	4097
1965		16	3	321	3818	1992		9	8	341	4043
1966		16	3	318	3763	1993	1	9	8	341	4043
1967		16	3	318	3726	1994	1	9	8	341	4104
1968		16	3	318	3673	1995	1	9	8	341	4097
1969		16	3	319	3612	1997	1	9	8	341	4101
1970		16	3	319	3559	1999	1	9	8	340	4070
1971		16	3	317	3567	2001	1	9	8	339	4035
1972		16	3	321	3636	2004	1	9	8	339	4038
1973		16	3	321	3666	2006	1	9	8	339	4039
1974		16	3	337	3667						

注：1950 年 7 月设区、乡、村；1958 年 9 月全县实行人民公社化，政社合一，乡改称人民公社、村改称大队、大队辖生产队；1984 年 3 月实行政企分设，人民公社改称乡、大队改称村、生产队改称村民小组。

第三节　乡、镇、经济开发区

安　福　镇

安福镇原名城关镇，位于县境中部，道水北岸，东与杨板乡太山等村接壤，南邻望城乡楚城，与陈二乡两岔河等村相连，西抵佘市桥镇蒋家等村，北连修梅镇叶庙等村，地貌以江河平原为主，东北边缘有少许丘岗。镇区地势平坦，土壤肥沃。有 6 座水库串联。青山干渠环绕于丘岗间；东、西两条撇洪渠发挥了防汛排灌作用；道水河自西向东穿城而过；480 口堰塘镶嵌在原野，灌溉渠道密如蛛网。207 国道穿过农丰，护城等五个村；长石铁路穿越总庙、芭蕉社区，连接常德、长沙和枝柳铁路。临澧火车站建在芭蕉社区境内。辖区总面积 44 平方公里，有水田 12285 亩，旱地 1515 亩，山林 12169 亩，可养殖水面 10116 亩。

全镇辖 8 个郊区村，10 个居委会，102 个村民小组、84 个居民小组，30205 户 68575 人，其中男性 34319 人，非农业人口 49060 人。

安福镇历史文化悠久，楚文化遗址梅溪村、清代的道水书院，八方楼、城隍庙、文庙和九姊楚墓群等都是很好的见证。古为军事要地，是府州军旅、邮递通衢。明至清初，为永定卫屯。清雍正七年裁卫、所，置安福县时即为县治，镇郊有楚文化遗址，战国墓葬群；城内有安福蒋家大财主的假山旧迹。1935年改名护城镇，1951～2003年定名城关镇。镇内2大广场，3大专业市场，4大农贸市场，4所县办中学，4所小学，2所县办医院，1所镇办卫生院，影剧院、博物馆各1座，县、镇办福利院、敬老院各1个，有大中小型企业23家，农业形成清水鸭养殖、蔬菜生产、家畜饲养三大基地。“清水鸭”享誉省内外，蔬菜中七种主要产品被农业部评为无公害蔬菜。

安福镇解放前后均是县府所在地，中共临澧县委员会、临澧县人大常委会、临澧县人民政府、中国人民政治协商会议临澧县委员会、临澧县人民武装部、党、政、军领导机关的驻地。是全县政治、经济、文化中心，交通方便。南达常德、长沙，距中共常德市委驻地武陵区57公里，距省会长沙240公里，北通沙市、武汉。1991年11月镇政府机关由文化街迁址到原龙溪村葵红组，安福西路47号，2003年11月经批准城关镇更名为安福镇。

2006年实现社会总产值101618万元，其中农业总产值9850万元，工业总产值28246万元。粮食总产7121吨，食用油料200吨，瓜果2400吨。财政收入1770万元，农民人均纯收入3550元。

新 安 镇

新安镇位于澧水中下游、澧阳平原西部，临澧县境西部，距县城36.5公里。西与石门县新铺乡、易家渡镇接界；北与龙凤山、官亭乡接壤；东与合口镇相邻；南临澧水，与杉板乡隔河相望。镇西北部为丘岗地形，其余皆属澧水冲积平原。境内煤炭、铁矿石储量可观；石灰石矿床裸露而且十分丰富，石膏矿储量大，品质上乘。辖区总面积57.2平方公里，有耕地35877亩（水田19525亩，旱地11927亩），山林23605亩，水面4600亩。

全镇辖22个村，5个居委会，311个村民小组，22个居民小组，18615户47452人，其中男性23872人，非农业人口10202人。

新安镇交通方便，基础设施齐全。南临澧水河，水路交通方便，枝柳铁路穿越南北，省道S304横跨东西，距207国道不足10公里，境内火车站、汽车站、货运码头齐全。有水库3座，堰塘310处，机埠11处，装机容量450千瓦，官亭水库灌区主渠道10.5公里，年储水量560万立方米，有效灌溉面积2.5万亩。2006年镇区面积4.5公里，城镇人口1.1万人，有4条东西走向，6条南北走向，8个交叉十字路口的主要街道，镇区建成了2个大型综合市场，7个大型商业超市，城区铺设水泥路35公里，柏油路面23公里，街道硬化率达98%，绿化率达80%，农村道路铺设率达95%，城区供水普及率达100%，全镇供电比例达100%。全镇有线电视覆盖率达80%以上，有各类工业企业544家，安置从业人员2万人。

2006年实现社会总产值8.6亿元，其中农业总产值1.8亿元，工业总产值6.8亿元。粮食13139吨，食用油料1350吨，甘蔗130吨，瓜果2150吨。财政总收入3985万元，缴纳税金2050万元，农民年人均纯收入2838元。

合 口 镇

合口镇位于澧水中下游，湘西北、澧阳平原西北部，距县城28.5公里。东与澧县207国道相连；南靠澧水和停弦渡镇，与杉板乡隔水相望；西与新安镇接壤；北抵官亭乡、九里乡连接枝柳铁路。合口镇地势平坦属澧水冲积平原。境内资源丰富，石膏储量达47488万吨，属亚洲之最。全镇东西长7公里，南北宽6公里，总面积47.34平方公里，有耕地41814亩（水田23450亩，旱地18364亩），水面13369亩。

全镇24个村，3个居委会，277个村民小组，22个居民小组，17661户，47213人，其中男性24006人，非农业人口10720人。

合口镇水陆交通发达。东临207国道，

省道S304横贯全镇，镇内汽车站，货运码头俱全。水利设施齐全，有堰塘102处，机埠58处，官亭水库灌区渠道12.5公里，有效灌溉面积3.5万亩。

合口镇镇区面积2.5公里，城镇人口1.39万人，1993年以来，新建了人民路、澧阳路、腾飞路、滨河路、合心路、青年路、楚中路等10条，全长12.3公里。街道路灯亮化率达100%，人行道铺装率达85%，道路绿化率达100%，人均绿化面积达15平方米，城区居民饮用自来水率达100%；全镇用电率达100%，程控电话入户率达80%，城区有线电视入户率达100%，农村有线电视入户率达68%以上，成为国家建设部小城镇建设试点镇。有中小学15所，其中中学2所、中心小学5所。村卫生室27所，有乡村医务人员30人。电影院1座，文化活动中心1所，镇敬老院1所。

全镇工业企业32家，已形成纺织印染，建筑建材，烟花鞭炮，珍珠系列，造纸包装，风味食品等六大支柱产业，产值过百万元以上有32家，产值高达2亿元，年纳税金1000万元，安置从业人员1600人。农业建成了2.2万亩优质油菜、1.8万亩优质棉花、1.6万亩优质水稻、5000亩无公害蔬菜、2000亩淡水珍珠养殖及鲜鱼立体混养、200万羽土鸡等六大特色经济规模板块。

2006年实现社会总产值7.5亿元，其中农业总产值1.2亿元，工业总产值5.4亿元。粮食产量1.4万吨，油菜3400吨，棉花1700吨，出栏生猪10000头、牛1600头、羊500头、鸡16万羽。财政收入1180万元，缴纳税960万元，农民人均年纯收入3500元。

停弦渡镇

停弦渡镇位于澧水下游南岸，县城以北15.5公里处。东与杨板乡交界；南与修梅镇接壤、西邻杉板乡；北抵澧水。三面环山，一面靠水，地貌以平原为主，间有山丘。总面积67.3平方公里，有耕地26047亩（水田21500亩，旱地4547亩），山林43952亩，水面7278亩。镇内有大溪河等澧水支流4条，大小水库5座，青山灌渠穿境而过。

全镇19个村，1个居委会，229个村民小组，4个居民小组，6645户，20461人，其中男性10472人，非农业人口916人。

停弦渡镇水陆交通方便，207国道贯穿南北，临澧至青山到石门的公路贯穿东西，澧水航运经洞庭湖连接长江。境内有陶土、煤、石灰石、石膏等地下矿藏，资源十分丰富。制陶工业在宋代发达，机制砖瓦工业发展快，陶器产品在鄂南、湘北一带市场畅销。

2006年全镇已有陶瓷、烟花、化工、建材、粮油加工等企业18家，安置从业人员2127人。街道主干线基本实现了亮化、绿化、美化、净化。实现社会总产值45600万元，其中农业总产值13273万元，工业总产值24320万元。粮食产量14145吨，食用油料1450吨。财政年收入207万元，缴纳税金156万元，农民人年均纯收入2550元。

修梅镇

修梅镇居县境中部，澧水以南，道水以北，距县城7.5公里。东与杨板乡接壤；西与杉板乡相邻；南抵佘市镇；北接停弦渡镇。地势东南高，西北低，东有海拔250.7米的古老山，西有海拔350.18米的铜山，南北岗峦起伏，属丘陵地区，系澧水流域。地貌以微丘、平原为主。辖区自然资源丰富，有石灰石、红岩、煤、陶土、油茶，还有相传为清代贡品的“大红炮”辣椒。境内东西长12.5公里，南北宽7公里，总面积77.67平方公里。有耕地39586亩（水田34688亩，旱地4898亩），山林49985亩，水面985亩。

全镇22个村，两个居委会，258个村民小组，12个居民小组，6816户，18937人，非农业人口2690人。

修梅镇是老一辈无产阶级革命家林伯渠

的故乡，1886年林伯渠就出生在该镇凉水井村。民主革命的著名将领、孙中山总统府的代理参军长林修梅上将也是凉水井人。1941年为纪念林修梅改赵家乡为修梅乡。1991年改为修梅镇至今。镇政府坐落在离县城8公里处的207国道一侧，离县火车站9公里，交通方便。该镇有水库15座，堰塘2560处，年蓄水量1642万亿立方米。电灌机埠7处，青山主干渠道5公里，支渠11条47公里，灌溉渠道250公里，有效灌溉面积25000亩。

2006年全镇有工业企业16家，其中万吨膨润大企业3家、矿山开采企业4家、石煤开采企业1家、烟花企业3家，安置从业人员700人。城镇建设不断配套完善，建立了3个集贸市场，硬化了主街道1000米。实现工业农业总产值9300万元，其中粮食产量20000吨，棉花126吨，食用油料1800吨。牛存栏1890头，猪存栏6800头，羊存栏6800头。财政年收入290万元，缴纳税金45万元，农民人年均纯收入2450元。

佘市桥镇

佘市桥镇位于道水中游，县境西部，以佘市桥得名，距县城12.5公里。东与安福镇接壤；西与石门县蒙泉镇、夹山镇交界；南靠文家乡；北接杉板乡、修梅镇。全镇大部分属丘岗山地，西、南、北三面岗峦起伏，地势较高，东南临道水流域，地势稍低，中部是一狭长平原。辖区总面积为77.3平方公里，有耕地37820亩（水田32637亩，旱地5183亩），山林40085亩，水面9182亩。石膏矿产储藏量大，资源丰富。

全镇有20个村，1个社区居民委员会，222个村民小组，10个居民小组，21224人，其中男性12097人，非农业人口3412人。

佘市桥镇交通发达，石长铁路贯穿8个村，境内临澧至石门、慈利的沥青公路，文家至佘市的砂石公路，佘市至杉板的水泥公路构成交通要道。镇区有水库8座，机埠7处8台，总装机容量535千瓦，堰塘1026处，年蓄水量0.3亿立方米。青山水利灌溉主渠道穿越境内，群英渡槽南北飞架，有效灌溉面积15000亩。

全镇有企业610家，其中集体企业5家，股份合作企业6家，有限责任公司18家，个体私营企业581家，企业总产值2.85亿元，安置从业人员3434人。镇区面积30公顷，街道主干线长4000米，其中1800米主街道实现亮化、绿化、美化、净化。

2006年实现社会总产值4.85亿元，其中农业总产值1.47亿元，工业总产值2.85亿元，其他产业总产值0.53亿元。全年生产粮食21480吨，食用油料141.25吨，棉花300吨，西瓜320吨，烟叶3460担。财政总收入670万元，缴纳税金560万元，农民人年均纯收3261元。

四新岗镇

四新岗镇位于县境最南端，距县城10.5公里。东与柏枝乡接壤；南与常德市鼎城区双桥坪、雷公庙乡相邻；西抵陈二乡、太浮镇；北邻望城乡。该镇地处沅澧流域的分水岭，整个地形呈龟形，除了斋阳大坪、永丰大坪、楼房大坪的冲积平原区外，其余均为丘陵山区，地貌以丘岗为主，海拔高程54.4米至144.3米，地坡10°至12°，有道水三级支流四条，不能通航。地势西南高，东北低。总面积94.04平方公里，有耕地36840亩（水田28800亩，旱地8040亩），山林62035亩，水面11933亩。

全镇22个村，1个居委会，245个村民小组，6个居民小组，5879户21123人，其中男性10873人，非农业人口781人。

四新岗镇交通便捷，基础设施完善，境内公路286公里。原207国道和临岗高等级公路分别平行贯穿10个村28公里，有县道7.6公里，乡道28公里，实现了村村组组通公路。全镇有水库12座，堰塘1549处，年蓄水量2830万立方米。机埠17处，装机容量1150千瓦，青山主干渠9.4公里，全镇旱涝保收面积16900亩。

镇区建设不断发展，硬化“十字”街道2公里道路，兴建2280平方米集贸市场，亮化、美化和深化了镇区街道。有工业企业9家，工业企业产值9650万元，安置从业人员800人。农业产品结构不断优化，在巩固粮食、棉花产品基础上，发展烟叶生产，种植优质和杂交稻，并发展山羊、肉兔、牛蛙等特色养殖。

2006年实现社会总产值17769万元，其中农业总产值9215万元，工业总产值3820万元，其他产业总产值4734万元。生产粮食16060吨，棉花200吨，烟叶300吨。饲养牛850头，羊25000只。财政年收入270万元，农民人均纯收入2353元。

太浮镇

太浮镇原名衔嗣庵，位于县境西南太浮山南麓，距县城17.7公里。东与四新岗镇交界；南与桃源县盘塘乡、鼎城区雷公庙乡接壤；西抵石门县蒙泉镇、盘石乡；北邻陈二、文家乡，是临澧、鼎城区、桃源、石门四县（区）交界处。该镇地属山丘，地貌以微丘和岗地为主，间有少量溪谷平原，境内太浮山是临澧最高峰。自然资源丰富，有茂密的森林，肥沃的良田；有储量丰富的石英砂、石灰石、大理石、磷矿石等多种矿藏；阳光充足，雨量充沛，无霜期长，冰冻时间短，气候适宜，主产粮食、棉花、柑橘、烤烟、油菜，是全县桃、李、梨等多种水果的主要产区，境内太浮山是中华猕猴桃的产地。全镇总面积74.04平方公里，有耕地26755亩（水田24750亩、旱地2005亩），山林58937亩，水面7076亩。

全镇18个村，1个居委会，181个村民小组，5个居民小组。共有5499户15422人，其中男性8040人，非农业人口576人。

太浮镇交通便利，镇政府距县城22公里，距常德市35公里，与207国道擦境而过，省道1848线横贯全镇，石长铁路在镇区设有衔嗣站，县道斋牌线，乡路太胜线和环镇公路形成环形贯通，实现了村村通公路的目标。全镇有水库16座，堰塘1557处。机埠6处，装机容量310千瓦，年蓄水0.15亿立方米，有效灌溉面积达17000亩。

2006年，基本形成烤烟、香菇、林果和养殖业四大支柱产业。实现社会生产总值7935万元，其中农业生产总值5760万元，工业生产总值2175万元。生产粮食9484吨，棉花375吨，烤烟450吨，香菇900吨，林果1885吨。牛1127头，猪19000头，羊13011头。财政年收入211万元，缴纳税金25万元，农民人均年纯收入2730元。

杉板乡

杉板乡位于县境西部，澧水南岸，距县城26公里。东与修梅镇、停弦渡镇接壤；南与佘市桥镇、石门三板乡交界；西与石门县夹山镇、三板乡相连；北与新安镇、合口镇以澧水为界，隔水相望。地貌以岗为主，山、丘、平并存，地形呈长条带状分布于铜山、牛头山麓，海拔在200米以上。地貌以微丘为主，间有平原。境内自然资源丰富，地下矿藏主要以石膏、陶土为主，特别是石膏储量丰富，居全县之首。全乡总面积76.8平方公里，有耕地面积24104亩（水田21000亩，旱地2175亩），山林53370亩，水面5295亩，还拥有5万亩草场。

全乡有15个村，167个村民小组，4429户14885人，其中男性7774人，非农业人口1367人。

杉板乡交通方便，县道佘市至杉板、杉板至青山、新安、停弦渡镇环线13公里，修梅镇鸡山、石门县夹山镇等12公里，贯穿全乡各村。全乡水利设施完善，有水库12座，堰塘1812处。有机埠7处，安装432千瓦，年蓄水量870万立方米，青山主干渠6公里贯穿5个村，有效灌溉面积5100亩。

2006年实现社会总产值13280万元，其中农业总产值4100万元，工业总产值5200万元。上缴税金230万元，农民年人均纯收入2341元。

文 家 乡

文家乡位于县境西南，太浮山北麓，距县城12.2公里。东邻陈二乡；南连太浮镇、石门县盘石、蒙泉镇等地；北与佘市桥镇接壤；西与石门县蒙泉、白洋、花薮相连。地势南高北低，南部、中部分别为太浮山脉和李阳山，大观山海拔高度95米为以上，最高处太浮山主峰海拔604.5米，为全县第一峰。地貌属典型的丘岗型，境内自然资源丰富，为全县生物资源物种库。植物种类达64科，145属，2006种。其中乔木98种，主要灌木45种，藤木17种。动物物种有华南虎、穿山甲、白鹭等40余种，其中国家省级重点保护物种23种。2001年10月，太浮山被命名为市级森林公园。全乡总面积为81.05平方公里，水田30025亩，旱地3300亩，山林67330亩，水面7688亩。

全乡17个村193个村民小组，5283户16392人，其中男性8388人，非农业人口492人。

文家乡交通方便，全乡境内公路总长87公里，实现了村村、组组通公路。兴修水库、堰塘、机埠和水利工程灌渠工程。有水库10座，堰塘149处。有机埠16处，装机容量524千瓦，年储水量达1797万立方米，有效灌溉面积2.8万亩。乡域经济以传统农业、林果业为主，工业企业、民营企业为辅，全乡5000亩以上果业园两个，10000亩以上林场3个。工业企业两个，安置从业人员100人。

2006年实现社会总产值1.09亿元，其中农业总产值3584万元，工业总产值6890万元。全年产粮10410吨，棉花150吨，烟叶120吨，食用油料2140吨。财政年收入347万元，上缴税金18万元，农民人年均纯收入2465元。

陈 二 乡

陈二乡位于县境西南部太浮山脚下，道水河上游，距县城14公里。东与四新岗镇相邻；西接文家乡；南与太浮镇接壤；北与望城乡和佘市桥镇交界。该乡属山丘区，地貌以微丘和溪谷平原为主，道水河主要支流杨梅溪由南向东北纵贯全乡，在两岔河汇入道水。境内西部为太浮山至武陵山余脉，整个山体在其境内呈扇形。境内自然资源丰富，植被资料种类有200多种，地下矿藏、石灰储量丰富，可露天开采。总面积78.26平方公里，耕地面积32000亩，山林55000亩，水面10291亩。

全乡19个村，199个村民小组，4559户15242人，其中男性7939人，非农业人口568人。

石长铁路纵穿全乡7个村11公里。境内公路150公里，实现了村村、组组通公路。建水库9座，堰塘1570处。有机埠15处，装机容量537千瓦，年蓄水量1980万立方，青山主干渠10.5公里，有效灌溉面积2.4万亩。实施农村电网改造，农户供电率100%，程控电话入户率70%，有线电视和数字电视入户率达50%以上。有中小学8所，乡卫生院1所，中心卫生所4所，村卫生室9个，乡村医务人员35人。兴建敬老院1所，供养58人。乡域经济以农业为主，主产水稻、油菜、油茶、烟叶、棉花、花生、甘蔗、蔬菜、柑橘。工业企业10个，年产值9800万元，安置从业人员1300人。

2006年实现社会总产值17067万元，其中农业总产值9577万元，工业总产值7490万元，（产粮14436吨，棉花1550吨，食用油料3846吨，花生1300吨，甘蔗2500吨，柑橘2000吨，烟叶160吨，玉米饲料5500吨），其他总产值收入1000万元。财政年收入16万元，上缴税金12万元，农民年人均纯收入2293元。

柏 枝 乡

柏枝乡位于县城东南，处于道水河中下游，距县城15公里。东与津市市棠华乡相连；南与鼎城区双桥坪乡抵界；西邻四新岗镇；北抵望城乡。境内有七姑山，海拔354.1米。沙溪河全长30公里，贯穿12个村，属丘陵山区。地貌以平原为主，丘陵次之。境内自然资源丰富，有蜂子山的瓷土，高家滩的石煤矿。境内面积为100.69平方公里，有耕地46273亩（水田41876亩，旱地4397亩），山林54800亩，水面18552亩。

全乡辖24个村，342个村民小组，8859户28108人，其中女性13858人，非农业人口783人。

柏枝乡基础设施完善。全乡有水库12座，堰塘1763处。有机埠46处，装机容量1284.5千瓦，年蓄水量4101万立方米，有效灌溉面积3.5万亩。全乡公路96公里，实现了村村通公路，全乡有工业企业13家，产值1800万元，安置从业人员820人。

2006年实现社会总产值1.89亿元，其中农业总产值9612万元，工业总产值7990万元，全年产粮食11200吨，棉花250吨，食用油料0.39万吨。财政收入431万元，上缴税金31万元，农民人年均纯收入2735元。

烽 火 乡

烽火乡位于县城东部，道水河的下游，距县城11公里。东与津市白衣乡、裳华乡接壤；南邻柏枝乡、望城乡；西接杨板乡；北与澧县道河乡、津市市灵泉乡交界。东、南、西三面环山，中部丘陵起伏，西邻道水，沿岸为一狭长平原，地势东北高，西南低，属丘陵区。地貌以微丘为主，平原较小，境内瓷土、锰、硅藻、烟煤、石煤等矿藏丰富，总面积84平方公里。其中有耕地32290亩（水田29368亩，旱地2922亩），山林58644亩，水面12100亩。

全乡辖21个村，246个村民小组，6643户20750人，其中男性10624人，非农业人口642人。

烽火乡交通便利，境内有公路119.5公里。水利设施完善，全乡有水库10座，堰塘3100处。有机埠17处，装机容量2300千瓦，年蓄水量5000万立方米。青山干渠30公里，有效灌溉面积24000亩。烽火乡是一个典型农业乡镇，主产粮、油等农作物，柑橘、椪柑、蜜桃、脐橙已形成种植规模。全乡有各类工业企业12个，年产值1950万元，安置从业人员120人。

2006年实现社会总产值7662万元，其中农业总产值4188万元，工业总产值3474万元。产粮食18065吨，棉186吨，食用油1680吨。财政年收入203万元，缴纳税金18万元，农民人年均纯收入2526元。

望 城 乡

望城乡位于道水河南岸，县城东南，离县城1公里。东邻烽火乡、柏枝乡；南抵四新岗镇；西接陈二乡、佘市桥镇；北靠道水，与安福镇、杨板乡隔河相望。该乡四面环山，中部地势平坦，道水自西向东纵贯乡境，地貌以微丘平原为主，间有少量低丘。总面积53.36平方公里，有耕地29064亩（水田26044亩，旱地3020亩），山林24314亩，水面2339亩。

全乡13个村，237个村民小组，5201户18160人；其中男性9261人，非农业人口484人。

望城乡交通便利，有公路85公里，实现了公路村村、组组通。水利设施完善，有水库4座，堰塘103处。有机埠90处，装机容量1100千瓦，年蓄水量2237万立方。青山主干渠3公里，有效灌溉面积24240亩。企业10个，年产值14390万元，安置从业人员311人。

2006年实现社会总产值22730万元，其中农业总产值9351万元，工业总产值13379万元。产粮18962吨，棉花320吨，食用油料1525吨，蔬菜6800吨，出栏生猪57000头、家禽110万羽。财政收入150万元，上缴税金347万元，农民人年均纯收入2415元。

杨 板 乡

杨板乡位于县城东北，道水下游，距县城10公里。东与烽火乡交界；南与安福镇接壤；西邻停弦渡镇和修梅镇；北连澧县道河乡。地貌以岗、平为主，兼有低山，海拔34米，为全县最低点。总面积77.9平方公里，有耕地33286亩（水田30878亩，旱地2408亩），山林50747亩，水面11497亩。

全乡18个村，313个村民小组，6231户19776人，其中男性10258人，非农业人口370人。

杨板乡交通方便，全乡有县、乡公路28公里，实现了村村通、组组通目标。水利设施齐全，全乡有水库9座，堰塘1985处。机埠12处，装机容量636千瓦，年储总量45万立方米。青山北干渠道1400米，有效灌溉面积22200亩。全乡有工业企业50个，年产值4987万元，安置从业人员500人。特别是澧县长庆房地产公司租赁仙女村山、水、田、路，全面规划仙女山庄，构建了整体租赁，科学规划，农工贸一体发展的新格局。

2006年实现社会总产值10600万元，其中农业总产值5613万元，工业总产值4987万元。财政年收入100万元，上缴税金10万元，农民人年均纯收入2460元。

官 亭 乡

官亭乡位于县境北端，居澧县、石门、临澧三县交界处，距县城45公里。东与九里乡接壤；南接合口镇、新安镇；西连澧县马头铺乡、石门县新铺乡；北邻澧县王家厂镇。官亭地势西高东低，地貌以中低山脉和丘岗为主，境内刻木山主峰海拔503米，主产蜈蚣。境内煤炭、石灰岩资源丰富，自然溶洞多，景观奇特，有待开发。官亭水库修建于1956年，是全县最大的中型水库，库容5650万立方米，灌溉面积10万亩；刻木山脉长约10公里，主峰刻木山海拔503米，和官亭水库同为旅游休闲的好去处。全乡总面积79.35平方公里，有耕地面积22397亩（水田17000亩，旱地5397亩），山林64454亩，水面11751亩。

全乡17个村，237个村民小组，6041户22160人，其中男性11373人，非农业人口856人。

官亭乡水陆交通便利，枝柳铁路横跨而过，距龙凤火车站3公里，距207国道18公里，距1836省道8公里，距澧水码头8公里。有水库9座，堰塘1401处。有机埠20处，装机容量540千瓦，年储水总量750万立方米，有效灌溉面积1.1万亩。乡村80公里公路，硬化了68公里，公路到组率95%。新建了彭市贸易市场，修建2300米长、宽10米水泥路面，配套了排水和街道亮化、绿化工程。

2006年实现社会总产值2.97亿元，其中农业总产值1.0608亿元，工业总产值1.9092亿元。粮食总产9300吨，棉花1800吨，食用油料3000吨。生猪出栏3.4万头，牛出栏2200头，羊出栏6700头，家禽出栏74万羽。全乡有造纸、印刷、包装等工业企业45家，建成了13家花炮厂，4个花炮车间，12家岩厂，2家矿石粉厂，3家石灰厂，4家砖厂，1家水泥厂，安置从业人员3880人。财政收入320万元，上缴税金286万元，农民年人均纯收入2280元。

九 里 乡

九里乡位于县境东北端，地处澧水中下游的澧阳平原与湘西北丘陵地区的交汇处，距县城35公里。东与澧县大坪乡接壤；南邻合口镇，西抵官亭乡；北连澧县垱市镇。全乡地势北高南低，西高东低。地貌以岗为主，山丘、平地并存。地形呈长条带，自然资源丰富，万亩茶园生产的绿茶和红碎茶运销内蒙古、新疆13个省市和新加坡、巴基斯坦等东南亚国家。石膏陶土等矿产资源丰富。全乡南北长11公里，东西宽7公里，总面积为43．51平方公里。有耕地26482亩（水田22500亩，旱地3982亩），山林17111亩，水面5914亩。

全乡15个村，181个村民小组，6491户18905人，其中男性11373人，非农业人口528人。

九里交通四通八达。全乡乡村公路总长168.3公里，枝柳铁路纵贯全乡南北，形成了东西南北纵横交错的交通网络。全乡有水库4座，堰塘7752处。机埠11处，安装机容量389千瓦，全年蓄水量达572万立方米，有效灌溉面积22900亩。九里乡经济以农业为主，主要种植水稻、棉花、油菜等作物，养殖业以养猪、养鸡、养鸭为主，山区村建起了以脐橙、蜜柚、杂柑为主的万亩优质水果基地。有工业企业35家，形成了石膏矿、石膏粉厂、烟花、鞭炮、铸造龙头的乡村工业体系，年产值14414万元，安置从业人员1750人。

2006年实现社会总产值18651万元，其中农业总产值2960万元，工业总产值14414万元。财政年收入380万元，上缴税金365万元，农民人年均纯收入3066元。

临澧经济开发区

1992年6月，经湖南省人民政府批准，成立临澧县太平工业经济开发区。该区位于道水以北，北接修梅镇，南邻安福镇，207国道贯穿其中，距石长铁路临澧火车站6公里，距常德飞机场60公里。全区总户数1685户、总人口3188人。总面积10平方公里，有1503亩耕地，1300亩水面，1883亩山林。

工商业建设。1984年6月，时任临澧县杉板乡乡长的吴志泉，辞职回到太平村。是年联合14户农民集资创办脱水菜厂，10月投产，年实现产值37万元，创外汇5万美元，获纯利6.7万元。1985年3月兴建太平冷冻厂，1986年3月续建配套。先后在长沙、广州、武汉等大中城市设立冻肉销售窗口，产品远销前苏联、东欧、日本、美国、新加坡、港澳等国家和地区。1989年7月13日，湖南省人民政府授予太平冷冻厂全国出口创汇大户“飞龙奖”。1991年1月，太平冷冻厂荣获“中南六省市出口冻猪分割肉质量评审第一名”。1992年5月，中外合资湖南中太化纤制品有限公司在太平奠基。1993年5月，中太化纤的后纺车间试产。1996年投资4400万元新建前纺车间。于1997年5月投产。从此，中太公司形成了年产涤纶长丝1万吨的生产能力。1999年11月，经湖南省人民政府批准，将原湖南中太化纤制品有限公司改制为湖南昇鑫高新材料股份有限公司。1999年成立湖南中泰特种装备有限责任公司，开发出了具有国际先进水平的高强高模聚乙烯纤维、无纬布、防弹衣系列、防弹板系列、防弹头盔、防切割手套等产品已形成产业化生产，高强高模聚乙烯纤维和无纬布分别形成1000吨/年的生产规模。2003年，锦纶行业上市公司广东新会美达锦纶股份有限公司整体收购湖南昇鑫高新材料股份有限公司，成立常德美华尼龙有限公司，通过技术改造扩展原化纤厂生产规模，2005年已形成年产15000吨锦纶的生产规模，年产值4亿多元。太平饲料厂、机修厂、砖厂、建筑工程公司、机械化施工公司、房地产公司等二、三产业，成为内外开发、创收增效的生力军。

种养业。1989年12月，太平开始实施以肉鸡饲养、饲料供应、雏鸡孵化、疫病防治、肉鸡收购加工、销售一条龙的家庭养殖肉鸡“金凤计划”。1994年，养鸡专业户发展到440户，1995年全村出栏肉鸡158万羽。1991年兴建太平特种水产养殖场，形成了种鳖饲养——受精卵孵化——稚鳖恒温育成——成鳖露天精养一条龙中华鳖生产线。《中华鳖工厂化养殖技术开发》被授予省级科技“星火计划”三等奖。1999年组建太平食品罐头厂，研制开发的甲鱼罐头“鳖膳王”、“水鱼汤”、“妻儿福”等系列产品，畅销国内及出口日本。

1993年组建的湖南太平集团公司以来，已发展成为集生产经营、科技开发、内外贸易于一体的10多家企业全国乡镇企业集团；拥有高新材料、化纤纺织、甲鱼水产及罐头食品、能源电力、建筑建材、房地产、进出口贸易等行业。1983～2006年，上交国家税金7955万元，出口创汇3480万美元。

集镇建设。实施农村城镇化战略，整体构建工业区、商贸区、住宅区、公园娱乐区、观赏农业区。1984年末共投入资金8000多万元，新建了双合水库，新建了7口深水井，兴建4座水塔，铺设自来水管道11000米长，兴建环村公路10多公里。兴建1000门程控电话邮电大楼。建起了太平电视台和广播站，有建筑面积9700平方米、装饰豪华、典雅别致、具有民族特色、田园景色的太平山庄宾馆。1997年兴建了装机6000千瓦，安装1台35吨锅炉的热电厂，供汽13万吨，年发电量4000万度，2000年9月与国家大电网并网。2001年修筑了56米宽、400米长的迎宾路、3公里长的太平大道，实施了绿化、亮化、美化。吸纳本村和外地的富裕劳动力1500多人，修建了专家楼，从全国各地引进和聘请一批教授、专家和高级工程师来太平企业工作。

教　育。太平实行了从小学到初中九年义务制教育，1989年9月～1993年7月，与北京航空航天大学联合创办了北航太平分校，培养了200多名大专毕业生。1992年，兴建4800平方米的科教文化中心。已培养各类技术职称的科技人才260多人。在村民中，具有大专以上文化程度的已由1983年的8人增加到186人。

村民生活。1983～2006年，企业用于以工补农资金1422万元，减免农民上交提留款1042万元，发放职工工资16495万元。年人均纯收入已从1983年的205元增加到2006年的8354元。有70%的农户住上了设计新颖、功能齐全的花园式小楼房，人均住房面积由1983年的28平方米增加到2006年的80平方米。1988年被评为“全国文明村庄”，湖南省委、省政府于1990年授予“双文明建设先进单位”、1992年授予太平村“双文明建设模范单位”、1997年授予“红旗村”称号。2001年中央授予湖南太平集团公司党委“全国先进基层组织”称号。

表1—3—1　　附：临澧县2006年村（居）委会居民小组名录

乡镇名	居委会	村名	组数	组名
经济开发区	太平		21	张土堰、杨家台、油榨湾、响渣嘴、土里垭、窑湾、郭家冲、快乐桥、苕湾、聚宝、泥堰、新堰、丁家、范家、双丰、双木、长堰、上楼、丰树、杨家湾、居直
安福镇	文塘		13	高山、江家、文塘、汪家、关丰、肖家、新屋、曾家、菜园、段家、城南、李家、陀龙
	人民街		5	八方楼一区、八方楼二区、八方楼三区、中心街、人民街
	文化街		8	文化街一区、文化街二区、文化街三区、梅溪、辛家台、文化街六组、文化街七组、文化街八组
	河街		3	一组、二组、三组
	四季红		5	高丰、兴隆南区、居一、居二、建安小区
	朝阳街		6	一组、二组、三组、四组、五组、六组
	迎宾路		5	兴隆北区、朝阳西一区、朝阳西二区、安福西一区、安福西二区
	安福路		13	石家、裕民、葵花、林场、竹龙、张家、陈家、江波、九龙、高草、高一、高二、葵红
	护城		13	太山、灵泉、山边、围龙、黄师、碑波、黄家、钱铺、东风、莲花、护城、团堰、同心
	芭蕉		13	蒋家、孟家、徐家、朱家、黄家、刘家、芭蕉、荷花、佘家、建新、苏古、苍堰、清水

续表

乡镇名	居委会	村名	组数	组名
安福镇		铁锣堰	13	草堰、冲合、燕窝、南阳、序州、双堰、新垱、董家、南桥、砖桥、荷花、罗丰、新堰
		清水	20	高家、姚家、印家、清东堰、清水、清三、花园、长堰、卜堰、洪家、净北、大堰、下湾、龟山、上湾、六一岗、王家、肖家、金龟堰、河咀
		九姊	14	狮子、五星、姚湾、竹龙、永红、付一、付二、红星、红旗、农科、锁湾、泉坪、龙泉、黄家
		农丰	15	居一、居二、金牛、金家、双堰、金丰、马安、裴家、国新、国旗、岩山、大屋、丰王、团堰、樟树
		寒溪	11	王家河、东边堰、长堰、周家垱、金家桥、寒溪堰、龚家坊、刘家湾、张家冲、郭家冲、王家坊
		梅溪	10	高桥、新桥、鱼行、河口、兴卜、姚洲、兰阳、鲍家、建楼、桔园
		总庙	10	芹家、蒋家、罗罗组、张家、齐尔组、油榨、刘家、公母组、高家、长堰
		望城	9	谷家、巷口、齐家、上坊、上堰、望城、偏坡、双堰、齐心
新安镇	南闸		5	1、2、3、4、5
	北郊		1	未设村民小组
	新冯		7	1、2、3、4、5、6、7
	东区		6	1、2、3、4、5、6
	西区		3	1、2、3
		梁冯	9	1、2、3、4、5、6、7、8、9
		樟木	17	1、2、3、4、5、6、7、8、9、10、11、12、13、14、15、16、17
		上坪	26	1、2、3、4、5、6、7、8、9、10、11、12、13、14、15、16、17、18、19、20、21、22、23、24、25、26
		下坪	35	1、2、3、4、5、6、7、8、9、10、11、12、13、14、15、16、17、18、19、20、21、22、23、24、25、26、27、28、29、30、31、32、33、34、35
		金坑	11	1、2、3、4、5、6、7、8、9、10、11、
		栗岗	10	1、2、3、4、5、6、7、8、9、10
		白岩	15	1、2、3、4、5、6、7、8、9、10、11、12、13、14、15、
		冷水峪	13	1、2、3、4、5、6、7、8、9、10、11、12、13
		兰田寺	6	1、2、3、4、5、6
		化垱	13	1、2、3、4、5、6、7、8、9、10、11、12、13
		栗龙	8	1、2、3、4、5、6、7、8
		双楼	12	1、2、3、4、5、6、7、8、9、10、11、12
		沙堤	15	1、2、3、4、5、6、7、8、9、10、11、12、13、14、15

续表

乡镇名	居委会	村　名	组数	组　　名
新安镇		龙　凤	14	1、2、3、4、5、6、7、8、9、10、11、12、13、14
		古　城	14	1、2、3、4、5、6、7、8、9、10、11、12、13、14
		新　河	11	1、2、3、4、5、6、7、8、9、10、11
		李　溶	19	1、2、3、4、5、6、7、8、9、10、11、12、13、14、15、16、17、18、19
		潘　台	19	1、2、3、4、5、6、7、8、9、10、11、12、13、14、15、16、17、18、19
		杉　龙	8	1、2、3、4、5、6、7、8
		高　兴	12	1、2、3、4、5、6、7、8、9、10、11、12
		沮　阳	15	1、2、3、4、5、6、7、8、9、10、11、12、13、14、15
		三义桥	9	1、2、3、4、5、6、7、8、9
合口镇	三元口		6	1、2、3、4、5、6
	东　区		9	1、2、3、4、5、6、7、8、9
	西　区		7	1、2、3、4、5、6、7
		黄　陵	16	1、2、3、4、5、6、7、8、9、10、11、12、13、14、15、16
		富　强	22	1、2、3、4、5、6、7、8、9、10、11、12、13、14、15、16、17、18、19、20、21、22
		芭　茅	18	1、2、3、4、5、6、7、8、9、10、11、12、13、14、15、16、17、18
		群　丰	16	1、2、3、4、5、6、7、8、9、10、11、12、13、14、15、16
		管　渡	10	1、2、3、4、5、6、7、8、9、10
		白　合	12	1、2、3、4、5、6、7、8、9、10、11、12
		兴　龙	8	1、2、3、4、5、6、7、8
		澧　阳	10	1、2、3、4、5、6、7、8、9、10
		龙　池	8	1、2、3、4、5、6、7、8
		大　云	13	1、2、3、4、5、6、7、8、9、10、11、12、13
		双　龙	15	1、2、3、4、5、6、7、8、9、10、11、12、13、14、15
		回　龙	7	1、2、3、4、5、6、7
		金　龙	8	1、2、3、4、5、6、7、8
		金　岗	6	1、2、3、4、5、6
		三　合	14	1、2、3、4、5、6、7、8、9、10、11、12、13、14
		陈　湖	9	1、2、3、4、5、6、7、8、9
		大　丰	10	1、2、3、4、5、6、7、8、9、10
		南　桥	9	1、2、3、4、5、6、7、8、9
		人　参	9	1、2、3、4、5、6、7、8、9
		坪　水	10	1、2、3、4、5、6、7、8、9、10
		苍　浦	12	1、2、3、4、5、6、7、8、9、10、11、12
		龙　岗	12	1、2、3、4、5、6、7、8、9、10、11、12、
		双　堰	10	1、2、3、4、5、6、7、8、9、10
		大　堰	13	1、2、3、4、5、6、7、8、9、10、11、12、13

续表

乡镇名	居委会	村名	组数	组名
停弦渡镇	古渡		4	1、2、3、居民组
		大溪	13	1、2、3、4、5、6、7、8、9、10、11、12、13
		停弦	11	1、2、3、4、5、6、7、8、9、10、11
		花林	17	1、2、3、4、5、6、7、8、9、10、11、12、13、14、15、16、17
		栗山	15	1、2、3、4、5、6、7、8、9、10、11、12、13、14、15
		山洲	18	1、2、3、4、5、6、7、8、9、10、11、12、13、14、15、16、17、18
		童洲	17	1、2、3、4、5、6、7、8、9、10、11、12、13、14、15、16、17
		红岩	6	1、2、3、4、5、6
		大丰	7	1、2、3、4、5、6、7
		红土	12	1、2、3、4、5、6、7、8、9、10、11、12
		重阳	13	1、2、3、4、5、6、7、8、9、10、11、12、13
		九龙	15	1、2、3、4、5、6、7、8、9、10、11、12、13、14、15
		铁湾	10	1、2、3、4、5、6、7、8、9、10
		新溪	14	1、2、3、4、5、6、7、8、9、10、11、12、13、14
		牌楼	12	1、2、3、4、5、6、7、8、9、10、11、12
		大木	8	1、2、3、4、5、6、7、8
		史家	9	1、2、3、4、5、6、7、8、9
		白虎	9	1、2、3、4、5、6、7、8、9
		复船	11	1、2、3、4、5、6、7、8、9、10、11
		关山	12	1、2、3、4、5、6、7、8、9、10、11、12
修梅镇	南江		5	南一、南二、南三、万福、兰五
	七重		7	老屋、黄家、殷家、赵家、三方、九龙、张家
		范家	10	1、2、3、4、5、6、7、8、9、10
		顺水	8	1、2、2、3、4、5、6、7、8
		车堰	12	榨树、柳树、红星、张家、车堰、和平、程一、团结、汪家、上堰、长堰、高桥
		新坪	9	1、2、3、4、5、6、7、8、9
		凉水井	13	1、2、3、4、5、6、7、8、9、10、11、12、13
		白堰	14	1、2、3、4、5、6、7、8、9、10、11、12、13、14
		周家	14	1、2、3、4、5、6、7、8、9、10、11、12、13、14
		黄土桥	11	1、2、3、4、5、6、7、8、9、10、11
		复兴	11	1、2、3、4、5、6、7、8、9、10、11
		鸡山	19	1、2、3、4、5、6、7、8、9、10、11、12、13、14、15、16、17、18、19
		闸家	14	1、2、3、4、5、6、7、8、9、10、11、12、13、14
		赵家	17	1、2、3、4、5、6、7、8、9、10、11、12、13、14、15、16、17
		千人	12	罗家、刘家、脚头、顺家、展台、毛堰、大堰、花堰、香坪、吴家、水库、千人

续表

乡镇名	居委会	村 名	组数	组 名
修梅镇		沃 沙	16	新桥、草堰、南竹、安乐、石嘴、郭堰、周湾、汪坪、广富、油坪、汪湾、新堰、张湾、下门、汪台、上门
		罗 仙	15	高桥、青龙、叶家、杉木、李家、汪家、红星、黄塔、长垱、双堰、周家、草堰、朱堰、堰坝、双坪
		白 土	12	仙人、建楼、张家、白土、岩板、务堰、油榨、金家、阳雀、井堰、阿堰、大堰
		卞家磅	8	1、2、3、4、5、6、7、8
		观音洞	10	1、2、3、4、5、6、7、8、9、10
		叶 庙	5	高丰、南洋、北早、井堰、小湾
		真 武	8	1、2、3、4、5、6、7、8
		美 丰	9	1、2、3、4、5、6、7、8、9
		合 丰	11	1、2、3、4、5、6、7、8、9、10、11
佘市桥镇	新兴社区		10	喻家咀、六家桥、老桥、绣龙、和平甲、新兴、三叉路、金凤、和平乙、河街
		长 湖	8	官岭、顺家、李家、新屋、丙祥、双堰、朱家、刘家
		荷 花	14	街口、周家河、董家云、花桥、前台、高家冲、票树、峪口、胡家冲、余家坡、万家岗、高堰、麻场、李家岗
		桃 花	11	李家、井家冲、三眼桥、桥儿头、江家仓、高花堰、余家嘴、前坪、新台、山边、湖新
		高 桥	17	麻场、榨木、长湖、双湖、团堰、丁堰、朱家、前进、老屋、关家、井堰、新屋、周家垱、蒋家台、永兴、枫树、寺岗
		佘 市	9	东风桥、王家垱、刘家咀、王家山、汪家榜、杜家庙、竹龙、新桥、移民
		建 楼	9	双堰、白洋溪、河边、老屋、樟树、紫金湾、四耳堰、杨柳湾、金家河
		泉 水	6	双红、刘家岗、上湾、泉水、新湾、马家
		双 溪	15	全一、全二、全三、团堰、溪咀、立新、双溪、龙家、新巷、长堰、团山、陈宜、陈新、陈四、楠竹
		尖 峰	10	张家、仇家、蔡家、尖峰、黄家、灯笼、宋家、袁家、丰灯、姚家
		龙 阳	17	龙王、三冲、兴冲、兴岗、兴堰、黄家、郭家、杨眉、新狮、合溪、团岗、金一、金二、八一、金花、金堰、双峰
		中 心	9	民丰、高家、杨家、黎家、金家、新堰、中湾、油榨、中心
		荆 坪	8	田家、孟家、洪堰、褚家、罗家、荆坪、黄家、李家
		团 岗	9	祝家、长冲、老堰、广付、怀坪、朱立、新屋、歇家、蒋家
		湖 堰	11	肖家、湖堰、沙家、黄家、青龙、鲁家、关沟、新强、新丰、新富、新胜

续表

乡镇名	居委会	村名	组数	组名
佘市桥镇		殷家	16	上湾、老堰、中湾、陈家、余家、火龙、单树、肖家、新垱、沙家、高家、曹家、殷家、刘家、金家、龙潭
		道源	14	老屋、尧家、宋家、蒋家、新屋、老堰、上堰、团堰、丁堰、柏枝、邹家、涂家、前湾、周家
		蒋家	9	利民、花园、跃进、内洲、河边、胜利、飞跃、永红、东方红
		罗家	8	李家、蒋家、罗家、刘家、汪家、肖家、吉家、黄家
		马安	11	亚马、木马、彭堰、福林、姜家、蒋家、马安、铁匠、姚家、双堰、汪家
		高丰	11	响水、大树、胡家、杨家、茅屋岗、蒋家、高家、鲁家、长冲、建新、沈家
四新岗镇	四新		6	真阳、丰火湾甲、四房、天鹅、大房、街道组
		天鹅	8	朱砂、新屋、向阳、团二、胡家、凡家、南竹、永红
		丰台	11	上湾、五房、白云、兴屋、大房、荷花、八字、丰台、刘家、冲天、青林
		青林	11	柯一、建富、新卜、邓一、邓二、荷花、建楼、李子、川门、曹门、向阳
		斋阳	11	王家、李家、田下、田上、田家、黄士湾、大冲、院子、土地、胜利、老阳
		竹园	12	竹一、竹二、六房、五房、江道、兰塘、七房、株树、苦竹、分水、杨家、魁湾
		马家	15	九陈、金星、山关、桂竹、何家、马家、卜垱、彭家 山陈、胡家、杨喜、叶家、凡家、家堰、草堰
		清明	11	神树、毛上、毛下、余家、清明、老屋、节士、叶家、彭家、老杨、新杨
		毛花	10	下湾、孔家、中湾、五家、毛花、汤家、草堰、东山、二屋、上湾
		杨柳	10	老官、天水、五房、麻二、三陈、田家、胡家、芦堰、合家、邵阳
		百草	9	吏家、陈家、朱七、邓家、七百、新堰、王家、牟家、木子
		珠日	8	排一、排中、排二、六屋、珠一、珠二、毛家、三房
		龙泉	12	汤家、老屋、落花、井堰、丰火、清水、杨家、吴家、安上、安中、安下、沈家
		七张	10	么坝、四朋、四湾、新屋、五房、张凡、风鸡、双闸、肖家、许家
		老屋	14	张家、胜家、关一、关二、高堰、长堰、大堰、卫方、荷花、幺房、伞井、回子、朱家、老马
		神堰	8	赵家、戴家、杜家、郭家、周家、曹家、神堰、三湾
		大垱	7	大垱、复兴、何家、戴家、立新、卓家、兰竹
		楼房	22	楼桥、楼坪、楼二、新堰、胜坊、上一、上二、珍珠、千张、孙家、严家、牌楼、上尤、下尤、新屋、检四、界址、枫树、赵家、八角、观音、石墨

续表

乡镇名	居委会	村 名	组数	组 名
四新岗镇		永 丰	12	永丰、永福、月方、书安、秀一、秀二、桥头、仁义、许家、龙桥、扎次、曹家
		双 九	10	龙家、牛方、朱家、下坊、上坊、上冲、下冲、桥湾、银匠、七张
		蔡 家	12	邹家、清团、天星、陈家、浦家、宋家、荷花、杨家、珍龙、恒房、采房、杉湾
		雨 台	11	杜家、周家、徐家、曹门、统计、郭家、夏家、尾计、杜嘴、新屋、邵家
		牯 牛	11	李家、上王、下王、上周、下周、唐树、兰竹、黄土、张家、雪湾、国治
太浮镇	居委会		5	连家垱、观音桥、张家、中队、衍嗣
		六 合	7	清水、荷花、六合垭、郭家、脚子、合山、于家
		永 祥	9	覃家湾、王家湾、殷家湾、艾家岗、排楼岗、覃家咀、兴屋、张家、皮家湾
		高 公	11	小儿、丰火、立山、新堰、高公、罗家、于家、王马峪、许家、金龟、印家
		保 丰	10	木林、铺家、兰水、印家、港落、嗣堂、三台、山边、小家、张家
		古 池	6	泉垱、荷堰、朱家湾、李家、张家、杨家
		雷 水	15	尹家、刘家、狮子、楼屋、王家、白合、红叶、石砌、付家、竹叶、杨家、东风、染匠、海湾、红七
		龙 潭	15	中坪、石垭、龙潭桥、王家、岩家、刘家、印家、邢家、彭家、祝家垭、祠堂坪、祝家峪、一百等、大堰、栗树
		四 方	10	曹家垱、李家湾、李家垱、樟木桥、新湾、老湾、顾家冲、肖家坊、四方碑、栗家湾
		采 茶	9	陈一、陈二、房门、邢家、新屋、黑溪峪、采茶坪、陈家湾、童家湾
		郭 家	6	郭家咀、郭家湾、安二桥、邢家桥、彭家、方家湾
		八 仙	10	天星堰、沙垱坪、油扎湾、三方湾、前湾、后湾、黑古堰、二房湾、关家、草堰角
		舒 家	9	牛草堰、周家冲、木龙庵、下坪、庙二、上坪、团门、下齐、上齐
		兴 隆	11	新屋、荷家坊、吕家坊、兴隆桥、黄栗树、三房湾、刘家、老屋坪、汤家湾、田家堰、庄家湾
		南 阳	8	王家坊、刘家坊、郑家楼、汤家湾、彭家、薛家垱、刘家峪、白合湾
		同 心	10	妈妈坑、杨家、蚂蝗峪、栗树、曾家、下张家、上张家、汤家坊、南滩堰、祝家冲
		王 化	16	熊家、团山、关仓、七房、王家堰、丰堆、王北、新屋、湖垱、八大、王南、王家坊、沃沙、谭家坪、彭家、窑湾
		双 福	12	黄家、杨家岗、祝家咀、上二、下二、谭家坪、新屋、鄢家湾、双福桥、史家岗、杨家峪、祝家湾
		民 福	7	陈家湾、吴家峪、岩曹门、大堰、自生桥、竹园、刘家坡

续表

乡镇名	居委会	村名	组数	组名
杉板乡		白洋	12	双堰、土垭、曹家、竹根、老湾、四新、新建、新合、贺家、三合、易家、丰火
		川岗	16	玉民、莲花、汪家、桥当、胜利、新桥、胡堰、张家、川岗、清水、黄家、孟家、大岭、永红、向阳、万福
		歇驾	14	太平、观间、杨平、七丛、界岗、岩湾、杨家、烽火、毕家、金家、歇驾、赵家、洪家、樟树、
		牛山	11	丛山、东风、永红、青龙、关堰、兴堰、求目、团岗、新屋、双堰、三江
		牛头	12	王家、宋家、分水、四海、白家、烽火、曹家、杨家、夏家、金家、吴家、花果
		牛六	8	高山、柏枝、曹门、大堰、新堰、双桥、双红、洞湾
		杉板	13	1、2、3、4、5、6、7、8、9、10、11、12、13
		潘垱	13	1、2、3、4、5、6、7、8、9、10、11、12、13
		卜家	8	1、2、3、4、5、6、7、8
		新花	11	1、2、3、4、5、6、7、8、9、10、11
		月星	8	吴家、寨山、新垱、月星、大王、铜山、新桥、横山
		彭家河	9	1、2、3、4、5、6、7、8、9
		望夫	6	1、2、3、4、5、6
		坪山	17	1、2、3、4、5、6、7、8、9、10、11、12、13、14、15、16、17
		青山	9	1、2、3、4、5、6、7、8、9
文家乡		潘家铺	11	团垱、下五、张家、潘市、蔡家、黑峪、文家、前家、上湾、下湾、欧家
		青龙	15	戴家、彭岗、老湾、中堰、所山、黑尔、烽火、燕儿、青龙、张家、青山、新屋、双峰、藺庄、韩家
		骆家	9	丙建、张家、龙家、付家、草堰、骆一、骆二、三中、后湾
		雅林	13	雅林、马家、井家、沙湾、彭家、沈家、周家、鑫家、单家、刘家、黄家、田家、红旗
		五道	12	候一、候二、丰树、红卫、吴家、沈边、杨家、范家、烽火、李家边、施家、赵家
		张家	16	双溪、新堰、候家、太平、高堰、青龙、团一、团二、朱家咀、沙元、新屋、岩垱、分水、五斗、杨家湾、沈家湾
		文家	11	文家、周家、合头、长堰、板桥、郭家、中家、甘溪、黄金、上塔、陈溪
		枫树	5	达垭、枫树、罗家、草堰、新屋
		岩溪村	14	卫星、南竹、丰树、龙谭、严家、岩溪、凤形、兴屋、吴家、马林、杉木、荷花、双堰、杨家
		得胜	14	红旗、长堰、得胜、登卫、上马、旭家、先锋、井家、和平、上湾、石岩、吉家、保安、中湾

续表

乡镇名	居委会	村名	组数	组名
文家乡		丰登	14	杨家、江家、下湾、黄家冲、东方红、资湾、严家、兴堰、张家、熊家、丰灯、前进、胡堰、胜利
		古堰	10	五星、樟木、杨家、彭家、荷花、元家、李家、傲湾、万垱、高家
		大观	14	江家、张家、贾家、新屋、岩头、李家、龚家、俞家、新堰、朱家、金家、八方、郭家、文家
		余家	7	窑场、建兴、余家、朱家、危家、姚家、郭家
		三公	8	新屋、张家、左家、立山、荷花、大同、郭家、五方
		新屋	8	韦家、樟树、令屋、上楼、下楼、仓屋、兴屋、郭家
		高茂	12	大堰、新屋、观堰、兴建、高茂、蒋家、车家、张家、雷家、仓蒲、李阳、范家
陈二乡		兴安	13	新建、新付、祁家平、陈家塝、新屋塝、幼然冲、铁匠湾 肖家堰、陈家湾、周士湾、关家冲、何家湾、桥头
		陈二	7	陈一、陈二、祝家嘴、张家垱、王家嘴、牛栏嘴、林场
		汪家	11	黎家坪、庵湾、尺量堰、胡家嘴、新屋、屏墙湾、篾匠湾、龟元山、彭家冲、黎家湾、林场
		南垱	11	夏家湾、凤凰山、上冲、下冲、八方庵、易家冲、岩土堰、么垱、南坪、南溪垱、田油榨
		响水	7	竹笼、李家嘴、朱家嘴、许家冲、严家嘴、公湾、荷花堰
		粟家	10	严家坪、居民点、遇江嘴、宜湾、粟家湖、师古垱、金家湾、定一、高桥、尹家
		大塘	12	田家、老屋湾、围子岭、茶树岗、邹家、邹一、木子湾、杨家、大塘堰、兴建、么老、岩桥
		大江	7	狮虎岗、黄家、杨家湾、双堰角、大江嘴、肖家、朱伦桥
		两汊	12	十方嘴、两汊河、吴家河、刘家嘴、金家嘴、金家河、 堰角、垱儿坝、双堰、庙嘴、邓家嘴、孙家坪
		金家	10	祝家、罗家湾、杨家湾、腾家、高家湾、金家湾 蔡家堰、顾家湾、油榨、茶场
		朱伦	10	朱伦桥、仟嘴、新屋、段家、杨家、舒家、灰窑宫、新槽、缸窑、瑶湾
		长冲	12	刘家、高家、田家、岩桥、烽火、肖家、余家、拱背、申家、双堰、马家、杨耳
		百草	13	菊古堰、马塔、黄古堰、齐家堰、张家湾、长冲、鄢家、百草堰、肖家冲、石竹堰、黎家湾，夏家坪、田家湾
		三板	10	青龙嘴、栗山嘴、高屋场、文家湾、张家岗、舌头嘴、过马滩、祝家嘴、文家、岸滩堰
		黎家	10	蒋家、雷火州、欧家、菊城湾、黄狮堰、烽火墙、中湾、上湾、高屋场、田家
		星日	11	苦竹堰、荷花堰、三口堰、火烧湾、坤大堰、青龙嘴、 大堰坝、太三冲、朱家嘴、星日垱、大堰冲

续表

乡镇名	居委会	村名	组数	组名
陈二乡		胜利	14	张家、大方坪、祝家、杨家、出头岗、六英湾、郭家、朱子塔、老师峪、观景坪、沙洲、木子堰、枫树堰、山脚
		太山	10	水库、建华、荷花、楼脚、六方峪、四方嘴、张家、团鱼垱、陈家垱、新屋
		万福	9	龙口桥、云峰山、黎家嘴、严家坪、杨家嘴、鸭子垱、飞鹤、万福山、张家底
柏枝乡		柏枝	10	柏枝台、二房嘴、张家冲、周家湾、鸣放堰、周家咀、新桥、双堰、朱家坪、朱家湾
		群乐	12	青天湖、朱家坊、蔡家、瓦屋堰、东刘家、叶家、曹家冲、下姚家、木马山、丁耙嘴、白沙堰、上罗家
		双龙	16	李家湾、廖家嘴、廖家湾、永红、张家、毛家坊、王家湾、彭家湾、大曹家、曹家垱、樟树堰、新立、曹家湾、西刘、戴鲁、廖田保
		青山	11	漂草堰、刘家冲、高家冲、肖家庄、万家塝、杨家山、八方冲、众红湾、荷花堰、新屋湾、金家湾
		紫陵	11	砖桥、方家冲、胡家嘴、陈家嘴、马蹄坊、刘家湾、四方冲、新立、曾家堰、同心、大湾
		岗上铺	15	土桥、新屋、五房、倪家湾、岗上铺、倪家咀、双堰、五里堆、藤子铺、三罗家、游家坪、大堰、李家坪、桥头、新桥
		众胜	16	钱家嘴、中堰角、邵家湾、建兴、建丰、庄屋冲、刘家湾、杨家冲、老人堰、新屋湾、老屋场、建立、李家榜、老人冲、木家湾、小儿方
		九里	13	荷花堰、腊子湾、曾家冲、罗家湾、大堰、杉家山、邵家榜、白毛冲、双堰、新屋嘴、熊家湾、吴家湾、刘家堰
		太平	16	宋家垱、湾堰口、马家湾、划二嘴、堰尾、太平堰、上杨、下杨、大丛树、八房堰、堰头、慬家湾、包堰、幺房湾、三房垱、香匠铺
		七姑	15	岩土嘴、成家岗、立一、立二、立三、郑家坪、彭家湾、上湾、下湾、长征、东风、永丰、长春、夏家台、邵家坊
		鳌山	20	雷家、六房、大房、下冲、中冲、上冲、何家嘴、新屋嘴、下堰、彭家湾、木鸡堰、烟堆、三星、官堰、太平、官桥、雨台、同心、新堰、建龙
		何家坪	9	二房湾、潘家嘴、何家坪、王家坪、九房坪、杨家桥、东头湾、游家坊、上游组
		虎山	11	罗上湾、罗中湾、罗下湾、道远冲、王上湾、王中湾、王下湾、成家嘴、袁家冲、钱上湾、钱下湾
		黄金	13	湾垱坪、沃家冲、黄家冲、安门口、周家冲、甘冲塆、刘家冲、雷家冲、荷花堰、前家堰、黄金堰、太山、双堰
		接龙	10	介子山、上李、下李、上胡、下胡、上九、下九、大堰角、三房嘴、龙李
		老屋	8	老屋坪、立山、六房冲、雷家台、黄家、春湖、西麦、朱家

续表

乡镇名	居委会	村 名	组数	组 名
柏枝乡		荷 花	17	烽火、中祥、岩子、会仙、桃家、中合、齐家、何家、荷花、立树、杨家、胡家、雷家、三一、杨湾、神堰、前进
		杨 桥	22	同心、蒋家、才家、叶家、高星、高红、下高、山溪、木家、吴溪、芦儿、牯牛、杨湾、竹锋、杜丰、上湾、下湾、团木、竹龙、五星、建星、二房
		高 家	20	李家坪、曹门口、戴家坪、大堰冲、立志、杨家岗、客杨家、茶油湾、月亮山、梁家咀、高家滩、堰角坪、高家冲、新建、桌子溪、浩德坪、福寿坝、大上坊、大堰头、王家坪
		永 乐	10	下马堰、草堰台、向阳、齐家育、曾家堰、小七保、垱沙堰、黄家咀、新生、永红
		石 墨	19	何叶垱、周家咀、清龙咀、孙家咀、环土堰、幺坝桥、幺堰角、杨家湾、杨家咀、梅家堰、洪水堰、堰角、新湾、赵家山、仁海冲、蔡家冲、周家冲、建一、建二
		新 合	16	金家、上港、下港、兰竹、张家、朱家、张桥、钱家、新屋、旦家、五房、四房、堰屋、二杨、老湾、仁头
		雨 台	14	鲁家坪、大房咀、杨家铺、学房湾、朱家堰、木家冲、斗坡、郝家垭、军民湾、雷家湾、胡上湾、鲁田保、大胡湾、杨家咀
		众 丰	18	陈家铺、李家湾、毛儿咀、东风、八房、碾盆、坪一、坪二、坪三、坪四、邵家桥、群立、堰角、下冲、中冲、上冲、下清水、上清水
烽火乡		薛家坪	13	回龙、荷花堰、五方堰、广福、清水、新屋、老屋、陈屋、张家嘴、上薛、峪溪河、张家滩、草堰
		观间庵	17	朱家、张家、叶家、花鼓、茂儿、前进、永红、中心、陈一、陈二、团结、和平、观河、观华、观福、观庵、观美
		贞观庙	14	岩港、下湾、胡家、雨台、刘家、山陈、油榨、上湾、贞观、操家、满三坪、欧家、张家、龚家冲
		五家堰	6	林家、吴家、三合、朱家、堰洲、丁家堰
		将 军	8	沙溪、六方、颜家、唐家、张家、银珠、栗山、李家
		分 水	5	岩桥、老张、新张、分水、先锋
		花 果	12	上肖、金儿、下肖、白头、桂公、双合、辛家、杨公、七方、庞家、花果、新堰
		陈家河	13	龙潭、么房、位公、徐家、农场、私屋、高家、陈家、李家、青龙、刘家、军山、肖家
		华溪桥	12	长里、担粮、谢家、清水、旦家、杨家、田家、鄢家、华溪、周家、新屋、荷花
		六方洲	12	乔湾、新湾、新桥、上堰、窑嘴、黑松、杨家、彩房、桐茶、黄泥、大堰、荷花
		藕 池	15	人字、沈家、董家、辛家、黄栗、花溪、岩子、刘泗、拱背桥、育斗、全家、周家、马家、鲁家、立湾
		陈 义	12	枫树、朱目、陈义、青龙、川门、小儿、蛇形、城墙、胡家、庞家、土里、老全

续表

乡镇名	居委会	村　名	组数	组　　名
烽火乡		龙　泉	17	史家、单家、柏木、胡家、杨家、人字山、枫树、老屋、老四、龙泉、幺房、方家、双堰、长沙、担粮、兴垱、蔡家
		龙　菱	14	五里、新堰、夏家、草堰、黄皮、钱家、孙家、小花、新建、老人、周家、荷堰、四方、油榨
		花　园	12	六方、大松、廖家、黄堰、李公、徐家、花园、三树、胡家、老牙、官亭、杨家
		烽　火	10	腊儿、六家、稞马、天心、五家、姚家、金家、高屋、四方、蛋破堰
		李家坪	7	古堤、道罗、李家、单家、跑马、青山、上家
		白龙井	7	卫东、合心、高家、月亮坪、黄家、宋家、张家
		兰　田	19	樟河、沈家、周家、黄堰、槐花、永红、凤凰、东方红、兰田、毕儿、胡家、才家、立山、长堰、杨家、弯垱、文兰、天才、双堰
		龙凤山	7	富贵、龙凤、竹龙、西湾、白庙、荷花、前伏
		三门湾	14	合子、张家、陈家堰、朱家、红土、皂果、石家、赵家、陈家峪、雷家堰、烂泥、樟树、新屋、高垱
望城乡		徐家坪	20	回龙、中山、五叉、快家、金宝、徐家、新河、下黄、上黄、王家、荷花、扬名、沈家、六口、周家、勤家、指挥、火山、长山、油榨
		同　欢	16	竹龙、罗堤、白合、罗家、国兴、覃家、陈家、同一、同二、刘家、覃家、马家、长兴、六章、唐铺、八家
		石　柏	13	余一、余二、裴家、毛家、瓦渣、上堰、朱家、荷湾、荷花、姚家、大堰、马二、虾堰
		永　安	17	新堰、赤岗、严家、龙潭、庙堰、周坪、陈堰、胡嘴、石桥、六湾、六垱、朱堰、陶家、江家、焕家、前家、仓屋
		杨　岗	24	杨桥、兴路、杨岗、陈家、槐花、雷台、荷堰、樟树、建安、九方、中门、南门、北门、长堰、罗堰、大堰、金岗、水泵、大仕、赵家、白堤、道堰、幺堰、建新
		大　兴	23	保垱、永红、二房、大兴、老屋、东风、河湾、陈家、井堰、幸福、郭家、长兴、窑垱、六一、六二、黄舟、五七、高堰、田家、望中、柿子、复屋、井福
		鸣　罗	12	朱张、吴家、下张、大堰、上张、赵家、百丰、电厂、马云、陈一、陈二、西堰
		宋　玉	20	洪家河、上房、五斗、大房、新堰、关心、杨家河、三方、董家、城里、南岗、刘六、胡家、李家、邓家、六房、团树、赵吉、黄舟、宋玉
		楚　城	18	天坑、桥儿、辛家、新华、肖家、卫家、欧家、中房、小尺口、荷堰、朱家、新家、双美、堰舟、新屋、油榨、龙王、雄福
		桂　花	11	通堰、荷花、关付、后大、草堰、杨柳、唐岗、桂花、二房、油榨、胜利

续表

乡镇名	居委会	村　名	组数	组　　名
望城乡		临　安	17	岩坝、青山、江家、关山、孔家、周家、打马、永新、窑湾、立树、马洪、金刘、张家、寒湾、建新、王家、八丰
		余　丰	17	戴家、白合、东堤、裴家、董家、九丰、陈家、新堰、泥鳅、余丰、余成、铁家、白一、白果、王土、七心、东风
		看　花	19	桥东、上陈、上柒、下柒、龙桥、谢家、油榨、张家、看花、新屋、井堰、牡山、新河、高峰、八一、幸福、陈一、宋玉、河湾
杨板乡		沔　泗	18	双堰角、易家屋、张家冲、新化、堰二口、刘家冲、洪家冲、农科、岩子堰、东方红、荷花苍、群英、周家屋、祠堂堰、堰岗、葵花、沔泗、泗水
		跑　马	16	月堰、油榨、双堰、老屋、冉家、刘一、刘二、竹笼、东波、上湾、下湾、建兴、立新、下山、西波、兴建
		青　阳	20	东风、红光、金岗、三合、永红、荷花、洪波、杨家、五一、荷堰、长冲、刘家、何家、付兴、中嘴、前进、建兴、同富、永川、卫星
		双　司	18	肖家河、黄司堰、付祥、须林、致富、毛家、宝塔、上周、下周、孙家、黄家、上游、建兴、易家、万家、中垱、英雄、双堰
		福　建	25	界吉湾、粟家溶、肖家湾、邹漆堰、上黄、玉皇庙、刘家嘴、刘家溶、青龙嘴、下黄、上唐、骆家、千工堰、兴建、北一、北二、下北、刘家堰、新食堂、周家铺、周家堰、陈家、李家、淡湖堰、唐家堰
		龚家岗	14	黄花、达儿、胜利、龚家、兴堰、立山、双堰、作周、建兴、前进、庙湾、农科、各堰、枫树
		太　山	14	何家、团山、长堰、叶家、郑家、庄坝、麻雀、戴家、卫心、楼坊、狮子、杉木、黄花、保证
		万　福	17	颜家嘴、天心堰、天丰庙、肖家湾、柏子、红土垱、马家塝、荷花堰、苏家湾、占家垱、井字冲、王家湾、大院墙、万福桥、法湾、何垱坪、欧家坪
		和　平	16	雪湾、丁家嘴、窑湾、丁家庙、新建、茶园、虎林、新桥、田家、中嘴、岳楼、何堰角、井阳、新屋、赵家、新选
		仙　女	16	下湾、肖家湾、下油、新建、中湾、中心、富强、双付、上湾、仙女、太堰、上油、段家、双堰、铁匠、彭堰
		南　岳	22	李家湖、毛堰角、红土坡、周家湾、下八方、上八方、明家塝、新堰、许家台、郎家堰、唐家湾、唐家堰、郭家岭、郭家桥、黄家溶、黄七堰、唐家嘴、郭家溶、明家坪、青龙、许家湾、周家桥
		李　阳	12	孔家岗、三中、上大、李家、上李、新家、罗家、桐湾、下大、前进、下李、上尹
		邓　龙	15	油榨湾、岩家湾、荷堰角、所堰角、中堰、张家冲、大冲老、唐家界、杨子堰、张水堰、竹根垱、王家湾、新屋嘴、谷家堰、双堰湾

续表

乡镇名	居委会	村　名	组数	组　　名
杨板乡		云　林	22	二流、陈家冲、将军、老湾、草堰、云林、肖古垱、立兴、油榨、陈家湾、青龙、下仁和、上仁和、蒋家塝、大堰、杨家湾、小嘴、瓦堰、太平、灯草湾、龙家湾、樟树湾
		杨　板	16	新桥、杨桥、肖家、太堰、下马、上马、唐家、下李、上李、下南、上南、下余、上余、前立、后立、槽坊
		水　阁	15	上张家、下张家、刘础堰、一天门、下水角、上水角、潘家坡、五家岭、张家岭、南堰角、张树湾、双槽门、刘家冲、冲堤堰、水库
		五　合	21	上李、上华、下华、新华、唐家、彭家嘴、彭家冲、兴建、上丰、下丰、吴刘、江沙、朝虎、邵坪、杉木、汤家湾、拖家、李家嘴、下郑、上郑、兴肖
		永　丰	16	唐家坪、永镇、保石桥、大堰、新堰、下孔、上孔、马家台、下黄、上黄、贺山边、新屋、新建、唐家坪、花园、莲荷堰
官亭乡		凤　兴	18	1、2、3、4、5、6、7、8、9、10、11、12、13、14、15、16、17、18
		双　泉	16	1、2、3、4、5、6、7、8、9、10、11、12、13、14、15、16
		俄　井	18	1、2、3、4、5、6、7、8、9、10、11、12、13、14、15、16、17、18
		天　星	15	1、2、3、4、5、6、7、8、9、10、11、12、13、14、15
		樟　树	15	1、2、3、4、5、6、7、8、9、10、11、12、13、14、15
		青　龙	18	1、2、3、4、5、6、7、8、9、10、11、12、13、14、15、16、17、18
		岩　龙	10	1、2、3、4、5、6、7、8、9、10
		竹　龙	15	1、2、3、4、5、6、7、8、9、10、11、12、13、14、15
		桃　树	13	1、2、3、4、5、6、7、8、9、10、11、12、13
		团　云	10	1、2、3、4、5、6、7、8、9、10
		楼　子	16	1、2、3、4、5、6、7、8、9、10、11、12、13、14、15、16
		长　乐	9	1、2、3、4、5、6、7、8、9
		竹　马	12	1、2、3、4、5、6、7、8、9、10、11、12
		青　合	11	1、2、3、4、5、6、7、8、9、10、11
		马　路	12	1、2、3、4、5、6、7、8、9、10、11、12
		彭　市	14	1、2、3、4、5、6、7、8、9、10、11、12、13、14
		枣　木	15	1、2、3、4、5、6、7、8、9、10、11、12、13、14、15
九里乡		泉　水	16	1、2、3、4、5、6、7、8、9、10、11、12、13、14、15、16
		伏　牛	13	1、2、3、4、5、6、7、8、9、10、11、12、13
		岩　桥	17	1、2、3、4、5、6、7、8、9、10、11、12、13、14、15、16、17
		邱　桥	12	1、2、3、4、5、6、7、8、9、10、11、12

续表

乡镇名	居委会	村　名	组数	组　名
九里乡		万　岗	13	1、2、3、4、5、6、7、8、9、10、11、12、13
		兴　龙	14	1、2、3、4、5、6、7、8、9、10、11、12、13、14
		太　平	16	1、2、3、4、5、6、7、8、9、10、11、12、13、14、15、16
		同　心	9	1、2、3、4、5、6、7、8、9
		打　石	8	1、2、3、4、5、6、7、8
		大　山	14	1、2、3、4、5、6、7、8、9、10、11、12、13、14
		双　凤	12	1、2、3、4、5、6、7、8、9、10、11、12
		潭　河	10	1、2、3、4、5、6、7、8、9、10
		和　平	14	1、2、3、4、5、6、7、8、9、10、11、12、13、14
		五　里	7	1、2、3、4、5、6、7
		九　里	6	1、2、3、4、5、6

第二章　自然地理

第一节　地质　地貌

一、地　质

地　　层

临澧地质出露比较齐全。大约距今17亿年以前，邑地尚处地槽发展阶段，普遍为海水淹没，直到距今3.5亿年前的晚泥盆纪，才出现海相沉积和陆相沉积。

元古代板溪群　地层上部为灰绿色变质凝灰岩、凝灰质板岩。中部为紫红色变质石英砂岩、砾岩等，下部为淡黄色泥质板岩、千梅岩；分布在现敖山、七姑山、担粮山、烽火山、南田坪等地。

震旦纪：距今6亿～7亿年，沉积物以泥质、硅质、腐泥煤为主，以及碳酸盐类，沉积物厚达128～453米；分布在烽火、柏枝一带。

古生代　距今2.3亿～6亿年，从远到近历经寒武纪、奥陶纪、志留纪、泥盆纪、石炭纪和二迭纪。

寒武纪：距今5亿～6亿年，沉积物以炭泥质的"石煤"白云岩、泥质及硅质岩为主，地层厚240～297米；分布在高家滩、观音庵等地。

奥陶纪：距今4.4亿～5亿年，以碳酸盐及黏土质沉积为主的海相沉积，地层厚194～408米；分布在澧阳山、大观山、金宝滩、陈二铺、杨板桥等地。

志留纪：距今4.0亿～4.4亿年，以碎屑物为主的浅海相沉积，地层厚1811～2259米；分布在太浮山东麓、杉板桥、杨板桥及刻木山等地。

泥盆纪：距今3.2亿～4.0亿年，沉积物以滨海相的石英砂岩、夹砂页岩为主，厚达300米，地层厚390～631米；分布在刻木山、龙凤山、白岩寺、铜山、牛头山、古老山、太浮山等地。

石炭纪：距今2.7亿～3.2亿年，沉积物以浅海相白云质黄龙群石灰岩为主，地层沉积厚2057米；分布在刻木山、龙凤山、铜山等地。

二迭纪：距今2.3亿～2.7亿年，以碳酸盐、炭泥质物及硅质物沉积为主。沉积地层厚276～436米；分布在刻木山山麓、龙凤山南麓、古老山之西、铜山山脉东、西两侧。

中生代　距今0.8亿～2.3亿年，历经三迭纪、侏罗纪、白垩纪。

三迭纪：距今1.95亿～2.3亿年，以浅海相碳酸盐沉积为主，地层厚达300～1000米；主要分布在官亭水库沿岸、鸡山等地。

侏罗纪：距今1.4亿～1.95亿年，沉积物以陆相紫红色黏土质及细碎屑物为主，地层厚度达166～336米；主要分布在九龙桥、观山、团山营——交界山。

白垩纪：以陆相的碎屑物大量堆积在山间凹地中，细碎屑岩厚达1000米以上；

主要分布在杉板桥以西。

新生代　距今0.35亿～0.8亿年。

第三纪：为湖泊相泥沙质沉积，沉积物中含有盐类矿产如石膏、芒硝等，具有工业价值，沉积厚度大于1350米；主要分布在澧水沿线及佘市桥、柏枝台、官亭鹅井等地。

第四纪：为河流相和河湖相之黏土、亚砂土、砂砾石沉积为主，厚度0～70米；分布广泛。

临澧县地势图

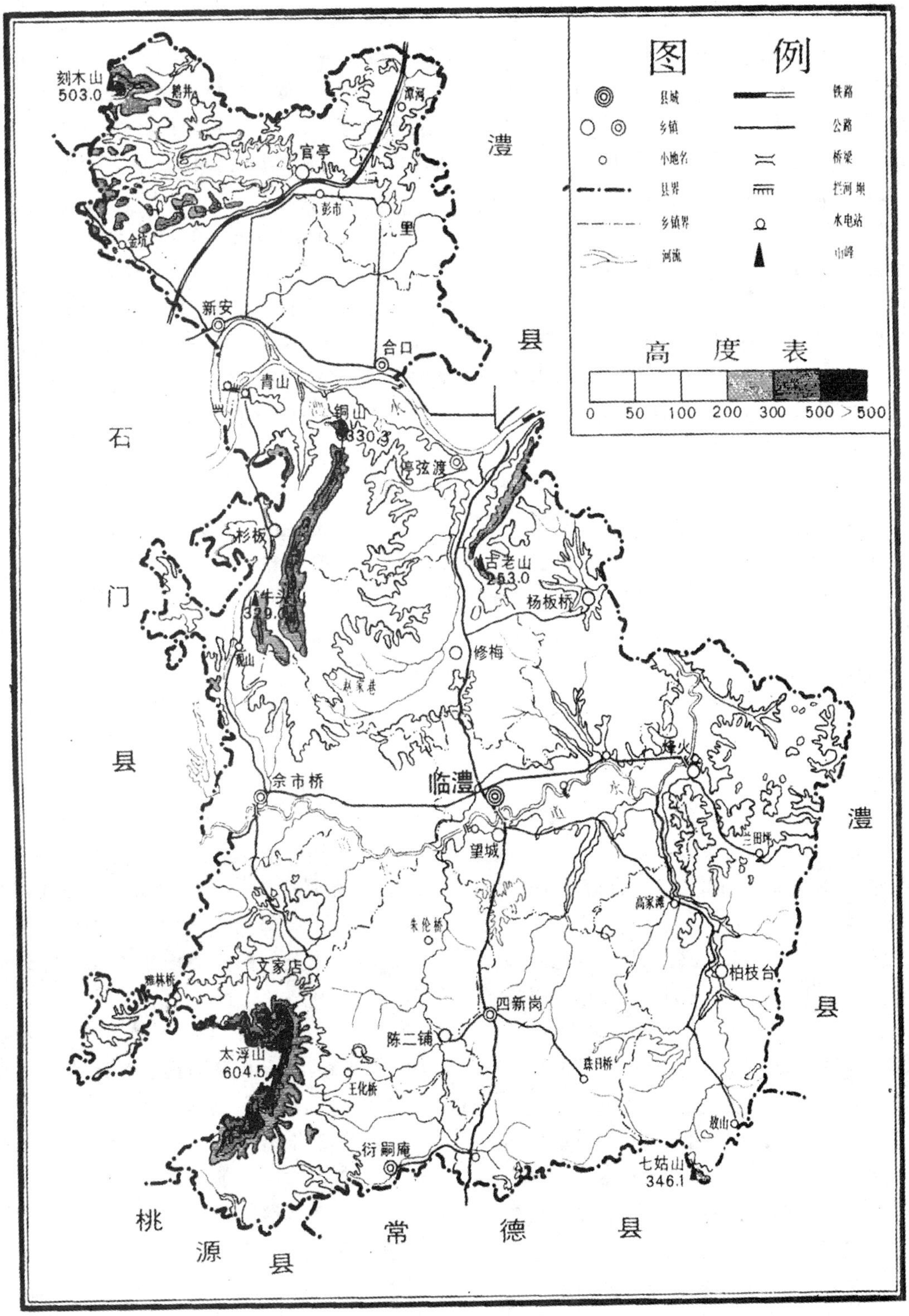

比例尺 1:300000

构　　造

县内区域地质构造，居于武陵古陆西北侧、湘西北复向斜轴的东部与西洞庭断陷盆地西北边沿相连的过渡部位；有澧水（西洞庭断陷）及常桃、柏枝、道水、冷水街、羊古庄等五个次一级的中新生代喜山期断陷盆地和东西向、华夏、新华夏三个构造体系的武陵期、燕山期隆起区。武陵、加里东、华力西印支、燕山、喜马拉雅山五个运动旋回，对临澧地质构造影响较大，尤以燕山运动为甚。

东西向构造　县西北部及西南部，北东东向构造体系明显，构造线总体方向北东80°～90°，一系列山脉延伸方向都有明显反映，东西向断裂与褶皱伴生。多为走向压性冲断裂或扭压性断裂，断层面多向南倾。构造体系形迹清晰，在燕山期及喜山期形成，褶皱有刻木山、牛角垭背斜、茶垭向斜、印家冲倒转向斜澧阳山背斜及零星分布的羊古庄、澧水、冷水街、道水、柏枝、常桃盆地，并有与褶皱配套的澧水隐伏大断裂，龙凤逆断层等一系列以南北向压性及扭性为主体的东西断裂带。

新华夏系构造　新华夏系是县内最早发育的一种构造形迹，最早形成是武陵期，最晚形成是侏罗纪末。影响地层有元古代、中生代、上白垩至下第三纪，均为一系列平行斜列为压性、压扭性断裂及褶皱。

新华夏系构造明显，褶皱有烽火山背斜、铜山背斜及九龙桥向斜，轴向10°～34°，长约10～13公里。扭压性断裂比较发育，有大丰、陈义、南田坪、会仙桥逆断层，断裂带长达7～14公里；方向呈0°～35°延伸，还伴生有铁弯、花果张性正断层。

华夏式构造　县西南部太浮山，华夏式构造形迹明显，轴线呈北东向（褶皱）扭动。该构造发育于古生代泥盆纪、志留纪，褶皱构造开阔，为平缓的短轴状向斜，两翼倾角均不大于40°，核部尤为平缓。

断陷盆地　喜马拉雅山期，县内以升降断陷造山运动为主，在同一期间内形成澧水、常桃、柏枝、道水、冷水街、羊古庄五个盆地。盆地构造开阔，产状平缓，倾角一般在0°～15°，核部以北北东向为主。

二、地　貌

基本特征

县境地处武陵山古陆的西北侧，湘西北复向斜轴的东部与西洞庭断陷盆地相连的过渡部位，整个地势由西部山丘区向洞庭湖盆地倾向，构成全县以微丘、平原为主、间有山岳的地貌形态。

地势起伏，西高东低向东北倾斜　县境山、丘、平交错分布。西南有海拔604.5米的太浮山，西北有海拔503米的刻木山，西部有406.3米的铜山和329米的牛头山，中部有古老山，东部有营驻山、阮山、七姑山，与山丘相间分布的中部有珠日、柏枝岗地、道水平原和修梅、杨板岗地，北部有澧水平原和刻木山南麓的九里岗地，整个地势东北低平（海拔60米以下），最低点沔翩洼仅34米，西部较高，向东北倾斜，高差570.5米，地势比降为2.02%。

地貌类型多样，具有相间分布特征　长期受地质构造运动及风、水侵蚀和生物的剥蚀作用，形成多种地貌类型：有褶皱、断裂作用形成的山地和丘陵地貌；有主要受流水侵、剥蚀和松散堆积物形成的微丘、平原地貌。

断裂作用造成澧、道两水把太浮山与铜山、铜山与龙凤山割开，形成各类山丘岗平的间隔分布。北部的刻木山、龙凤山呈北东走向及其向东延伸的丘陵山岳，海拔在60～503米；集中连片，面积大；与此相连的澧水平原，由于断陷下沉，地势低平且宽阔，海拔60米以下。中部铜山、牛头山、古老山呈北东走向及向东西两侧扩展的微丘，海拔50～406.5米，微丘切割较利害，溪谷平原较多，溪流多由山麓先向东、西两侧流出后拆北东和北西注入澧水、道水。与中部相连的道水断裂下陷，地势低平，海拔在60米以下：自西向东呈条带状展布。南部太浮山和东部营驻山、七姑山及丘岗主山脊均呈北北东、北东向展布，海拔80～604.5米，地势起伏较大，微丘、山地面积大、成片，溪谷平原与主山脊走向基本一致，相间分布。

澧、道两水横贯，水系呈树枝状分布

全县地表水系发育较好，有大小河流 119 条，澧、道两水由西向东横贯县境，流经县境分别是 20.5 公里和 44.26 公里，共接纳大小支流 110 条，其中一级支流 6 条，二级支流 36 条，三级支流 68 条。大小支流均呈树枝状汇入主流。现在河流泥沙淤积较快，通航里程逐渐减少。

地貌类型

临澧地貌，分成因、形态、岩性三种类型。成因类型分为堆积地貌、侵蚀堆积地貌、侵蚀（或溶蚀）地貌三类；形态类型分为山地、丘陵、岗地、平原四个大类及中低山、低山、高丘陵、低丘陵、高岗地、低岗地、江河冲积平原和溪谷冲积平原等八个亚类；岩性类型分为变质岩、石灰岩、砂砾岩、砂页岩、红砂岩、第四纪松散堆积物等六大类。

堆积地貌——平原　全县平原均属全新统地壳相对下降区。面积 579584 亩，占全县总面积的 31. 94％。

江河冲积平原：地层深厚，多为肥沃潮土，面积达 294321.51 亩，占平原面积的 50.78％；海拔 60 米以下，相对高差 10 米；主要分布在澧水、道水两岸。澧水平原由于受澧水大断裂影响，南北两侧地貌界线明显。

溪谷平原：由全新统冲积物质组成，土层较厚，较肥沃，河网切割较深，密度达 1.5 公里/平方公里，地表向溪谷倾斜，面积达 285262.65 亩，占平原面积的 49.22％；主要分布在澧水以南各乡，其中陈二、柏枝、修梅三乡境内溪谷平原较为开阔，集雨面积大，陈二、柏枝两乡溪沟窄、弯多，流水缓慢，夏季易发生洪涝。

侵蚀堆积地貌——岗地　岗地分布很广，面积达 795814.69 亩，占全县总面积的 43. 86％。

低岗地：地势起伏和缓，微向平原倾斜，海拔 70～100 米，坡度 5°～10°。其分为：红土低岗地，是道水的二级阶地，分布在杨板、佘市、望城、四新岗、陈二等乡镇；红岩低岗地，由紫色砂砾岩组成，分布在杉板、佘市、烽火、柏枝等乡镇。

高岗地：面积 336629.8 亩，占岗地面积的 42.3％，海拔一般在 100～150 米，地面坡度 10°～15°，河网冲沟密度为 2～3 公里/平方公里。其分为：变质岩高岗地，由元古介板溪岩、千梅岩组成，风化层 3 米许，分布在烽火、柏枝两乡的将军乡、烽火山、阮山及营驻山等地；红土高岗地，由第四纪堆积物组成，上部由网纹状红土覆盖，主要分布在九里、停弦、杨板、修梅、佘市、文家、太浮、四新岗、杉板等乡镇；红岩高岗地，由白垩纪、第三纪红岩组成，上部风化层较薄，土壤黏重偏废，主要分布在九里、杉板等乡；砂页岩高岗地，由古生代志留纪、侏罗纪红色砂岩和紫色砂页岩组成，表层为硅质红壤和硅质紫色红壤，分布在杉板、杨板、烽火、文家等乡的部分村组。

侵蚀（或溶蚀）构造地貌——丘陵、山地

丘　陵：属地壳运动缓慢上升区，经长期侵蚀、剥蚀而成。面积 128285.41 亩，占全县总面积 7.07％，按形态分为低丘陵和高丘陵。

低丘陵。面积 79609.9 亩，占丘陵面积的 62.06％，海拔在 150～200 米，相对高度 60～100 米，坡度 15°～20°，河网冲沟密度 2～3 公里/平方公里；主要分布在官亭、修梅、烽火、佘市、文家、柏枝等乡镇；按物质组成又分为石灰岩低丘陵、砂页岩丘陵、变质岩低丘陵。

高丘陵。面积 48675.51 亩，占丘陵面积的 37.94％，海拔在 200～300 米，相对高度 150～200 米，坡度 20°～25°，河网冲沟密度 2～3 公里/平方公里；按物质组成可分为石灰岩高丘陵、砂页岩高丘陵。

石灰岩高丘陵。由二迭纪、三迭纪泥质灰岩、灰岩及白云岩组成，风化层薄，大部分基岩裸露，有明显的石沟、石芽和溶洞；分布在官亭、新安、停弦、修梅等乡镇。

砂页岩高丘陵。由泥盆纪、志留纪砂页岩和泥质沙岩及粉砂岩组成；分布在官亭、新安、文家、太浮等乡镇。

山　地：属喜马拉雅期构造运动的地壳相对上升区，经长期侵蚀、剥蚀而成，褶皱、断裂地貌形态有一定反应，主山脊线与沟谷延伸方向和构造线基本一致，河网冲沟密度1～2公里/平方公里；面积123949.73亩，占全县总面积的7.33%；按形态特征和物质组成分为砂页岩低山、砂岩岩中低山两个亚类。

砂页岩低山。海拔300～500米，相对高度250～450米，坡高25°～35°，主山脊脉络清楚；山体大多是北北东和北东东走向，山顶、山脊多呈圆滑状，北东东向的山脉西南坡陡，为35°左右，西北坡较缓，25°左右；北北东向山脉，东坡陡，30°左右，西坡缓，25°左右，呈猪背山型；风化层一般较厚，分布在刻木山、铜山、牛头山、古老山，面积为107082. 93亩，占山地面积的80.54%。

砂页岩中低山。海拔500～604.5米，相对高度300米以上，坡度35°～45°，山岭陡峻，山脊明显，侵蚀切割较强，最大切割深度350米，山顶较尖，山脊多呈圆滑状。山体以北北东走向为主，也有北东东向，各山呈阶梯状下降，可见150～200米、200～300米、300～600米的低丘、高丘、山地三级剥蚀面；东坡陡，基岩裸露，土层脊薄，西面较缓，土层深厚肥沃。此类山地以太浮山为主，面积25866.8亩，占山地总面积的19.46%。

山　　脉

山脉概貌　临澧山脉，属南岭山系武陵山余脉，分西南、西北两大干蔓延县境，均发源于慈利县五雷山。西北干，从五雷山起，经石门县十九峰、紫和寺、至夹山进入临澧杉板乡境内，起伏展布，逶迤至歇驾山、牛头山、大小铜山、古老山、横亘于合口镇对岸；澧水北面的刻木山脉、龙凤山脉、伏牛山脉，以及道水下游的仙女庙山脉，均与此干起伏相连，共同盘绕于县境的中部和北部。西南干，始于五雷山前，经石门县观国山、浮丘山北段至锁山进入临澧文家乡境内，与太浮山相接，由太浮山往东南展布，至柏枝乡内的七姑山、敖山，与常德县境之梁山、太阳山一脉相连。此干分支虎山、金凤山、石墨山、峰紫山、看花山、营驻山、烽火山等，则横亘于县境东部和南部，与澧县境内的白云观山接壤。

全县山林地势，西高东低，向东北倾斜。各山脉或山头呈起伏间隔状态，北部刻木山、龙凤山及其向东延伸的丘岗，其脉络切割破碎，海拔在60～503米之间，主山脊呈北东向展布，中部歇驾山、牛头山、大小铜山、古老山、仙女庙山及其共向延伸的山丘，与溪谷相间分布，脉络起伏较大，海拔在50～464.3米之间，主山脊均是北北东走向；南部太浮山、七姑山、峰紫山、营驻山、烽火山及其间的山丘，主山脊呈北北东向展布，海拔在80～604.5米之间，其中太浮山为全县第一大山头，人称“诸山之祖”。

山脉支系　县境从北到南，主要有刻木山、龙凤山、铜山、古老山、仙女庙、太浮山、营驻山诸山脉。

刻木山脉。起自澧县蝉颈岗，经官亭境内的何家台、牛角垭、韩家洞、观音岩、老坡岭、天葬坟蔓延至九里境内的裴家岭，抵打石桥，长约10公里，主峰海拔503米。

龙凤山脉。属刻木山分支，由刻木山主峰南侧，经官亭境内的滴水岩、插旗垭、雷神洞和新安境内的关家塔、冷水峪、白岩寺、撩旗垭、至龙凤山，抵官亭水库大堤，长约18公里，最高峰冷水峪海拔326米，九里乡境内的伏牛山，亦与此山起伏相连。

铜山山脉。起自石门夹山，在雷打岩进入县境，经青山、横山、寨子垴、丫角山、鸡山蔓延至小铜山，抵龙口峪水库，长约20公里，最高峰黄茅垭，海拔464.3米。杉板乡内的歇驾山、牛头山，以及佘市镇内的尖峰岭，均属此山脉的分支。

古老山脉。起自澧县猪羊山，在停弦渡属工风垭进入县境内，经潘家垭、仙牛垭、华儿垭，蔓延至七重堰，长约12公里，最高峰仙牛垭，海拔283米，其西坡脚下是白虎山。

仙女庙山脉。起自临澧东北边境招兵岭，经澧县打岩厂，蔓延至马头山、仙女庙、何家仓、跑马岗，直抵杨板乡境内西坡堰水库，在县内范围长约6公里，主峰马头山海拔104.3米。

太浮山脉。起自石门县浮邱山，在临澧西南边界锁山进入文家乡境内，经红茶湾、八里坡、和尚庙、三角尖、钻天岭、稻罗山至浮山主峰，再分南北两支，分别向东南、东北展布。北支经苦蒌岭、狮子脑至张家峪；南支经长茅岭、铁瓦寺、小浮山、蔓延至雷水岗、裴家棚、六合垭，抵常德、桃源、石门三县界。山体如扇形，南北长11.3公里，东西宽8.5公里。其西北坡对面的澧阳山、大观山、羊角山，均属此山脉的分支，县境东南边界上的七姑山、敖山，则是此山的延伸扩展，间隔分布。

营驻山脉。起自柏枝乡阮山，与将军山、驰马山、担粮山、团练山起伏相连，间隔分布，往东蔓延至烽火山，抵澧县边界朱亮桥水库，往南伸展至黄栀山，抵沙溪河，与峰紫山隔溪相望。最高山峰阮山巅，海拔252.2米；最大山头营驻山，面积20余平方公里。

三、土　壤

土壤形成

曾于1960年1月8～18日、1978年12月至次年11月两次进行土壤普查，基本弄清全县土壤情况。县内地层除石炭纪外，震旦纪至第四纪均有分布，其成土母岩母质如下。

近代河流冲积物：主要分布在澧水、道水及其支流沿岸220平方公里，占总面积的18.4%的坪区，海拔40～60米，地势平坦，土层深厚，肥力较高，因水流缓急影响，泥沙沉积有明显的带状分布和层次分布，离河岸愈近，沙多泥少，多为河沙田，离河岸愈远，沙少泥多，多为泥田，其间的泥沙较为均匀，多为河沙泥田。此类土壤，是临澧粮棉生产精华地区。

第四纪红土：主要分布在官亭、九里、停弦、修梅、烽火、佘市、陈二、太浮、四新岗、柏枝、新安、望城、杉板等乡镇的丘陵、低山地带，面积达772.2平方公里，占总面积的65%，海拔在300米以下，相对高度在50～200米之间；土层深厚（1米以上），酸性较强（pH值4.5～5.5之间），黏性较重，透性差，肥力较低，多为梯田、梯地，底部冲、溶密布，相互沟通，是粮棉、经济作物的主要产区。

板页岩风化物：主要分布在柏枝、烽火、官亭、太浮等乡镇；以残积和坡积物为主，富含磷钾养分，成土母质黏重，酸碱度多为中性，经水耕熟化，成为浅基泥田，岩渣子田。

砂岩风化物：主要分布在佘市、杉板、太浮、九里乡镇内；以红色、紫色粉砂岩残积物为主。发育的土壤多为砂岩红壤，特点是质地疏松，砂性较重，通透性较好，保水保肥性好，经耕作形成黄沙田，泥沙田等。

石灰岩风化物：主要分布在官亭、新安两乡镇相连的刻木山周围，修梅、文家、四新岗、太浮等乡镇亦有分布；发育土壤为灰岩红壤，红色石灰土，经耕作发育的农业土壤有红灰土、灰泥田。

紫色钙质砂页岩风化物：主要分布在杉板、衍嗣庵、文家等乡镇；土层较薄，含磷钾量较高，有机质含量低，经耕作发育的农业土壤有紫泥土、紫泥田等。

类型及分布

第二次土壤普查，全县共分为5个土类、11个亚类、26个土层、52个土种（其中水田35个，旱地11个，山地6个），见《临澧县土壤类属种情况》（表2—1—1），《临澧县各类土壤面积》见（表2—1—2）。

表 2—1—1 **临澧县土壤类属种情况**

土类	亚类	土属	土种	变种
水稻土	淹育型水稻土	浅岩渣子田	浅岩渣子田	
		浅灰泥田	浅灰泥田	
		浅紫泥田	浅紫泥田	
		浅黄泥田	浅黄泥田	
			铁子黄泥田	
			黄泥浆田	
	潜育型水稻土	红黄泥田	红黄泥田；乌黄泥田	油黄泥田
			金刚泥田；青隔红黄泥田	
		紫泥田	紫泥田	
			青隔紫泥田	
		灰泥田	灰泥田	
			青隔灰泥田	
		黄沙泥田	黄沙泥田	
			青隔沙泥田；黑沙泥田	
		河沙泥田	河沙田；河泥田	
			泥田；青隔泥田	
			浅脚泥田	
			黑泥田	
	潜育型水稻土	青泥田	河沙田；河泥田	
			泥田；青隔泥田	
		冷浸田	浅脚泥田	
			黑泥田	
	倒渗性水稻土	白散泥田	白散泥田；白胶泥田	
			葛粉田	
		烂泥田	浅脚烂泥田	
			深脚烂泥田	
	红壤	第四纪红土红壤	薄有机质厚土层红土红壤	
		砂岩红壤	薄腐殖质薄土层砂岩红壤	
		灰岩红壤	薄腐殖质薄土层灰岩红壤	
		板页岩红壤	中腐殖质薄土层板页岩红壤	
		耕型红土红壤	熟红土；红泥土	
			无名子土	
		耕型板页岩红壤	岩渣子土	
		耕型砂岩红壤	黄沙土	
	酸性	酸性紫色土	腐殖质薄土层酸性紫色土	
	中性	耕性中性紫色土	紫色土	
	石灰性	耕性石灰性紫色土	钙质紫色土	
	红色石灰土	红色石灰岩	马肝土	
		耕性红色石灰土	红灰土	
	河潮土	耕性河潮土	河沙泥田	油河沙泥土
			河沙土	

表 2—1—2

临澧县各类土壤面积

项目		浅岩	浅灰黄泥土	浅紫泥田	浅黄泥田	红黄泥田	灰黄泥田	紫泥田	黄沙泥田	河沙泥田	青泥田	冷浸田	白散泥田	烂泥田	耕型红土红壤
河湖平原平田组	土类号				1	2			3	4	5	6	7	8	10
	面积				4300	54783.12		13330	93670	4323	5044	180	7205	3963	
溪谷平溶田组	土类号		11		12	13	14	15	16	17	18	19	20	21	22
	面积		702.99		7044	1275.66	3522	528	3170	46793	4579	4227	881	4579	29939
岗地土旁溶田组	土类号		27		28	29	30	31	32	33	34	35	36	37	38
	面积		150		33967	27996.5	2539	900	831	1950	7894	6222	1757	5433	1360.28
起伏丘陵土旁溶田组	土类号	49		50	51	52	53	54	55		57	58	70	59	60
	面积	150		240	5899	10455	800	375	2252		1501	638	563	938	1166
陡坡山地冲田组	土类号				71	72	73		74		75		76		77
	面积				906	2363.04	79		289		131		105		749
合计	测算面积	150	852.99	240	52116	223153.66	6440	1803	19872	142413	18428	16131	3486	1815	10177.28
	%	0.011	0.061	0.017	3.716	15.912	0.459	0.129	1.417	0.155	1.314	1.150	0.249	1.295	7.143

项目		耕性板页岩红壤	耕型砂页红壤	耕型中性紫色土	耕型石灰性紫色土	耕型红色石灰土	耕型河潮土	第四纪红壤	砂岩红壤	板页岩红壤	灰岩红壤	酸性紫色土	合计	
													面积	占农林用地%
河湖平原坪田组	土类号						9							
	面积						39990						226788.12	16.17
河谷平原平溶田组	土类号		23		24	25	26							
	面积		1726		282	3874	1761						241163.99	17.17
岗地土旁溶田组	土类号	39	40		41	42	43	44	45	46	47	48		
	面积	150	300		60	2100	750	427141.05	87953	20817	6206	1250	700726.83	49.97
起伏丘陵土旁溶田组	土类号	61	62	63	64	65		66	69	67	68			
	面积	375	75	50	375	188		49711.50	7130	11258	21016		114654.50	8.18
陡坡山地冲田组	土类号	78	79			80		81	82	83	84			
	面积	187	300			112		18918	45953	30201	18731		119087.04	8.49
合计	土类号	712	2401	50	717	6274	42501	495832.55	141036	62276	45953	1250	1402420.48	
	面积	0.051	0.174	0.004	0.051	0.447	3.031	35.356	10.057	4.441	3.277	0.089	100	100

注:表中各类土壤面积,用“航测片、地形图同名点控制剪膜称重法”测算。

四、植　被

县内自然植被，以森林为主，草原夹杂其间。现查明全县植物有85科、197属、373种。其中天然分布261种，人工栽培或引种栽培112种。松科、山茶科、杉科为临澧林木分布面积最大的科，占全县有林面积的88.7%。近百年来，因人的干预，出现岗地逆向演替，由松、栎、樟、槐混交林逐渐变为马尾松疏残林或灌丛、丘陵，山地由樟、楠、槠、栲交林向马尾松次生林或灌丛、草丛演变。近些年，全县封山育林较好，植被开始出现顺向演替。据统计，植被面积占全县面积的32.4%，其中草场面积占全县面积的7.7%。其优势科属、种属，见《临澧县优势植被》（表2—1—3）。

表2—1—3　　临澧县优势植被

科　名	属　数	种　数	科　名	属　数	种　数	科　名	属　数	种　数
松　科	2	7	樟　科	7	18	木犀科	4	9
柏　科	6	10	蔷薇科	10	34	山茶科	5	10
木兰科	4	11	蝶形花科	12	15	杉　科	4	4
壳斗科	4	14	芸香科	4	15			
桑　科	4	11	大　科	10	15			

自然植被种类，分别为常绿阔叶林，部分油茶纯林除外，主要有低山沟苦槠、桂皮——樟、楠群落，山谷坡地石栎、冬青——山茶群落，丘陵坡地杨梅、杨桐、樟树——苦槠群落，岗地胡枝子、黄檀——石栎群落4种，常绿阔叶、落叶混交林（典型群落有低山化香、合欢——板栗群落，低山樟树、黄檀——栓皮栎砰落，丘陵白茅、板栗——枫香群落），马尾松林（有胡枝子、黄檀、苦槠——马尾松群落），灌丛、草丛四类。

第二节　气　候

一、概　　况

临澧属中亚热带向北亚热带过渡的湿润季风气候。气候温和，热量丰富，无霜期长，冰冻较弱；日照充足，春季寒潮频繁，秋季寒露风活跃；雨水充沛，但分布不匀，春末夏初雨水集中，并多暴雨，伏秋干旱常见；四季分明，季节性强。

县境西北有刻木山和澧县太青山等为屏障，致使北方冷空气南下受阻，越山后下沉，产生“焚风”效应，减湿增温，中部有东北至西南向的铜山、古老山构成的“马蹄形”；南部有古老山、太浮山、太阳山（常德县境）、七姑山、阮山等形成的“撮箕口”；西部有水成垭与太浮山形成的“狭山口”。冷空气易从沔泗洼、张公庙、佘市桥三个迎风口入侵、堆积、加强，形成县内北高南低的独特地方性气候。

气温北高南低　县境历年平均（系指1959～2006年的平均数，下同）气温：北部17.1℃～17.3℃，中部16.4℃，南部16.5℃～16.7℃；极端最低气温，北部13℃，中南部15.7℃。属常德地区低温中心。

多大风天气　历年出现8级以上大风，平均每月0.8天。

年降水平均相对变率小，雨季结束较迟　年降水量小于1300毫米，年降水平均相对率为13%～14%；地域差异小，年降水量较稳定；雨季平均结束日期在7月5日，最迟在7月27日。

二、 气候要素

气 温

临澧1952～2006年的年平均气温16.5℃，气温最高的1953年，全年平均气温17.8℃；气温最低的1969、1971、1984年，全年平均气温15.8℃。

一年内气温以7月最高，月平均28.4℃；1月气温最低，月平均4℃。历年日极端最高气温39.8℃（1961年7月23日）；日极端最低气温－15.7℃（1977年的1月30日）。

年平均气温，以杨板、修梅、望城、烽火、陈二等乡镇偏低，在16.1℃左右；九里、官亭、新安、合口、杉板、佘市、四新岗、柏枝等乡镇偏高，在17.0℃～17.5℃之间。

1月，杨板、修梅、望城、陈二、四新岗略低，在3℃～4℃；九里、官亭、杉板等乡略高，在5.5℃～6.5℃之间；其他各乡镇4℃～5.5℃之间。

4月，为气温多变月，平均在16℃～18.8℃之间。望城乡略低，为16℃；修梅、佘市略高，在18.5℃以上，其他各乡镇17℃～17.5℃之间。

7月，为气温最高月，平均在27.6℃～29.3℃之间。杨板、修梅、佘市、柏枝、四新岗、太浮略低，平均在27.6℃～28℃之间；九里、官亭、新安略高，平均在29℃；其他各乡镇介于28℃～29℃之间。

10月，平均气温在17.2℃～18.8℃之间。以杨板、望城、陈二一带略低，平均在17.2℃～18℃间；澧北四乡镇略高，平均在18.5℃～19℃间；其他各乡镇在18℃～18.5℃间。

全年24个节气中，平均气温以大寒为最低，仅3.9℃；以大暑节为最高，达29.2℃。小雪至惊蛰8个节气属冬季，为冬季风盛行季节，比较寒冷，历年平均气温在10℃以内；尤以冬至、小寒、大寒为最低气温时期，历年该季平均气温在5℃以内，为隆冬严寒时期。春分至立夏四节气为春季，系冬季风向夏季风过渡季节，南北冷暖气团交织，寒潮频繁，气温多变，历年该季平均气温在10℃～22℃之间。小满至白露8个季节，属于夏季，是夏季风盛行季节，天气比较炎热，历年该季平均气温在22℃以上；特别是小暑、大暑、立秋这3个节气，历年该季平均气温都在28℃以上，为盛夏酷暑季节。秋分至立冬4个节气属秋季，系夏季风向冬季风过渡季节，历年该季平均气温在10℃～22℃之间。

降水量

年降水量：历年平均降水量为1260.5毫米，较全省少13.7%；年平均降水日为138天。九里乡、合口镇一带年降水偏少，平均在1200毫米以内；太浮、文家、佘市、杨板等乡镇年降水偏多，平均在1450毫米左右；其他各乡镇在1200～1400毫米之间。

1月历年平均降水量在19～52毫米之间，九里乡、官亭乡一带偏少，在20毫米以内；佘市、太浮、杨板等乡镇偏多，在45毫米以内；其他各乡镇在20～40毫米之间。

4月历年平均降水量在147～247毫米之间，望城、修梅、停弦及澧北四乡镇偏少，平均在165毫米以内；柏枝乡、四新岗镇、陈二乡、杨板乡略多，平均在240毫米以上；其他各乡镇在165～220毫米之间。

7月份历年平均降水量在92～147毫米之间，杨板和佘市、文家一带为多雨区，平均降水量在120毫米以上；澧北四乡镇和烽火乡、柏枝乡一带为少雨区，平均降水量在100毫米以内；其他各乡镇在100～120毫米之间。

10月历年平均降水量在36～107毫米之间，澧北四乡镇为多雨区，历年平均在100毫米以上，柏枝乡、四新岗镇与佘市镇一带为少雨区，平均在40毫米以内；其他各乡镇在60～100毫米之间。

年、月际降水量变化：1952～2006年统计，年平均降水量为1260.5毫米，保证率为46%。最多年为1954年，降水2140.2毫米，比历年平均多66.4%；最少为1955年，仅降水889.4毫米。

历年平均各月雨量，以5月最多，计197.4毫米；以1月最少，计34.3毫米。有记载以来，最大月降水量为1964年6月，达491.2毫米；最少月为1963年1月，未降雨。

4～6月为降水集中时期，1952～2006年统计，历年平均为511.5毫米，占全年总降水量的42.9%，最大降雨量为1964年的836.2毫米，较历年平均多66%；最小降雨量为1972年的257.8毫米，较历年平均少46.7%。

日　照　全县全年总日照时数，历年平均为1630.4小时，占全年可照4425.9小时的36%。最多的1963年，达1906.1小时，占43%；最少的1989年为1378.9小时，占32%。一年中各月的日照数，以7月为多，历年平均为230.1小时，占53.9%；以2月为少，仅77.6小时，占24.3%。历年月日照中，以1971年7月最多，316.3小时，占可照时的74%；1961年12月最少，仅37.2小时，只占12%。

蒸　发　水面蒸发量，澧水流域水面蒸发量由上游向下游递增，渐次增大至1100毫米，主要与地势和气候有关。湖区因地势低平，温度虽低，但风速大，使空气中水气分子发生垂直交换作用，促使蒸发加速，故湖区蒸发量在1300毫米以上，成为省高值区之一。

蒸发量年内分配，各月最大月蒸发量发生在7月，占年的16.5%～18%。月际间的较差，以6～7月和9～10月最大。因时因地而异。1～2月处于严寒时期，气温最低蒸发不大，变化也小，月际差也很小。

全县全年蒸发量，历年平均为1226.4毫米。全年最大蒸发量为1960年的1506.7毫米，最小蒸发量为1989年的1031.7毫米。各月蒸发量，以1959年7月的313.7毫米为最大值；1959年12月的28.2毫米为最小值。

相对湿度　历年平均相对湿度为82%。相对湿度最大年份为1964年，达84%；最小年份为1966年，2007年仅79%。历年各月相对湿度，以1961年11月和1973年9月的90%为最大值；1966年9月的67%为最小值。

地　温（1960～2006）　临澧5厘米深地中温度，历年平均为17.6℃。1964年2月的2.8℃为最小值；1961年7月的34℃为最大值。10厘米深地中温度历年平均为17.6℃。各月10厘米深地中温度以1964年2月的3.3℃为最小值；1967年7月的33.3℃为最大值。15厘米深地中温度，历年平均为17.8℃。各月20厘米深地中温度以1964年2月的3.5℃为最小值；1959年8月的32.6℃为最大值。20厘米深地中温度，历年平均为29.2℃。以1972年2月的3.8℃为最小值，1959年8月的32.4℃为最大值。

风向和风速　历年平均最多风向为偏北风（北北西—北—东北方位），频率为41.5%。各月以7月偏南风（东南—南—西南方位）出现最多，最多频率为49%。历年平均8级以上大风日为15.6天。以4月最多，为3.1天；以6月最少，仅0.6天。最多年份为1964年，达32天；最小年份为1961年，仅6天。最大风速为10级，出现在1974年。年平均风速2.1米/秒，最大年份为1960年，达2.9米/秒，最小年份为2007年，仅1.1米/秒。

霜　期　县境无霜期较长，历年平均为267天，平均出现霜日为29天，初、终霜间隔天数为97天。历年平均初霜日为11月27日，终霜日为3月4日。初、终霜出现日期年际变化很大：初霜期，以1991年最早，为10月28日；1974年最迟，为12月20日。终霜期，以1980年最早，为2月9日；1968年最迟，为4月5日。历年无霜期最短时间为1969～1970年的232天；最长无霜期为2002～2003年的300天。

降　雪　历年平均降雪日为10天，平均积雪日为6.2天。历年平均初雪日为12月2日；最早为11月10日，最迟为1月9日。历年平均终雪日为3月10日；最早为2月7日，最迟为4月7日。历年积雪最大深度为1972年2月7日的18厘米。

冰　冻　历年出现冰冻（牛皮凌）为12月至次年2月。历年中出现强冰冻有三年（1954、1969、2008），中等冰冻6年，弱冰冻8年。

三、　农业气候

主要农作物的温度指标

日平均气温稳定在0℃以上，是越冬作物缓慢生长和安全越冬的指标温度。日平均气温稳定通过5℃，是油菜开始迅速生长和小麦分蘖旺盛的指标温度。日平均气温稳定通过10℃，是双季早稻播种的起点指标温度。日平均气温稳定通过15℃，是早稻移栽，棉花播种和吐絮，红薯活蔸、薯块膨大的起点指标温度。日平均气温稳定通过20℃，是早稻幼穗分化，晚粳抽穗扬花的起点指标温度（晚籼22℃，杂交稻23℃）。

以上各界限温度的初终日期及活动积温，见《临澧县历年稳定通过界限温度的初、终日及活动积温》（表2—2—1）。

表2—2—1　　临澧县历年稳定通过界限温度的初、终日及活动积温

界限温度			0度	5度	10度	15度	20度
初日	平均	日/月		26/2	24/3	20/4	17/5
		保证率%		63	58	65	62
	最早	年	1966	1960	1977	1974	1969、1982
		日/月	31/12	30/1	24/2	29/3	2/5
	最迟	年	1964	1982	1960	1968	1978
		日/月	26/2	27/3	14/4	11/5	2/6
终日	平均	日期		8/12	19/11	23/10	22/9
		保证率%		58	65	65	54
	最早	年	1976	1976	1967	1967	1965、1967 1981、1984
		日/月	26/12	13/11	2/11	29/9	9/9
	最迟	年	1964	1980	1980	1979	1975
		日/月	7/2	25/12	11/12	10/11	18/10
初日至终日	间隔天数	平　均		288	246	184	131
		最　多		324	277	217	150
		最　少		252	214	150	111
	活动积温	平　均	5966.3	5641.2	5271.5	4346.5	3331.0
		最　多	6298.4	6081.5	5626.3	4905.3	3735.9
		最　少	5634.1	5200.9	4916.7	3787.7	2926.1

几种主要气候

倒春寒：3月下旬至4月上旬，日平均气温在11℃以下，连续5天以上的倒春寒天气，26年中有20年出现，机遇率为77%。1970年3月中旬，出现日气温5.7℃；以1972年4月上旬，日气温9.1℃为最小值。

4月中旬至5月上旬，连续3天日平均气温在15℃以下的阴雨无日照天气，26年中有14年出现，几率为54%。其中出现在4月中旬的占36%，出现在4月下旬的占29%，仅5月上旬出现的占7%；以1960年4月中旬日气温11.8℃为最小值。

5月低温：5月中、下旬连续5天以上日平均气温等于或小于20℃的低温天气，26年中有6年出现，几率为23%。其中出现在中、下旬之间的1年，其余年份出现在中旬。

6月连阴雨：6月中、下旬连续5天或以上阴雨无日照，影响早稻抽穗扬花的天气，26年中出现9年，几率为35%。其中1年出现在中旬，其余出现在中、下旬之间，连阴雨最长的1980年，达10天。

火南风：6月中、下旬日平均气温等于或高于30℃持续3天，14时偏南风8级以上的天气，26年中出现2年，1961年6月17～19日、21～23日，1981年6月18～21日，几率为7.6%。

寒露风：9月日平均气温小于或等于20℃连续3天以上的寒露风天气，26年中出现17年，几率为65%。其中出现在中旬的占47%，出现在下旬的占41%，其余均出现在中、下旬之间。出现最早年为9月10日，最迟年为9月28日。其间日平均最低气温为1982年9月26日至10月2日的10.9℃。

第三节 水资源

一、地表水

临澧地表水资源总量为16.318亿立方米，除去渗透、蒸发、过境水量，实际拥有地表水资源13.48亿立方米，人均占有水量3002立方米，亩均占有水量2053立方米。人均占有量比全国、全省平均数分别少1233和71立方米。总蓄、引、提水量46592立方米，占地表水资源总量的34.5%；耕地亩均794.3立方米，水田亩均984.6立方米。

在全县实际拥有地表水资源中，多年平均降水总量为15.1亿立方米，除去渗透、蒸发，实际年产水量约为6.697亿立方米；汇入县境的客水集雨面积为504.1平方公里，多年平均地表径流量为3.197亿立方米；青山水轮泵站年均提澧水过境水2.4亿立方米；金宝滩、清水、烽火三水轮泵站年均提道水过境水1.124亿立方米，分别占实际拥有地表水总量的49.91%、23.83%和17.88%、8.38%。县内产生的径流中，澧水流域最大，有6.35亿立方米，占总数的94.8%；沅水流域0.23亿立方米，占总数的3.4%；毛里湖水系0.12亿立方米，只占1.8%；灌溉还原水1.18亿立方米。临澧县主要支流特征，见《临澧县主要支流特性》(表2—3—1)。

表2—3—1 临澧县主要支流特性

支流	流域面积（平方公里）		长度（公里）		多年平均流量（立方米/秒）	落差		河床平均坡降（%）
	控制断面以上面积	其中临澧县	控制断面以上面积	其中临澧县		总落差	其中临澧县	
澧水	18496	411.63	388	20.5	473.3		8.7	0.424
道水	1364	736	101	51.66	20.86	97.47	20.5	0.965
大溪河	117	117	27	27	10.8	39	39	2.46
澹水	350	14.06	60	19	1.49	137.94	36	7.26
沙溪河	233	186	44	27	4.09	46.64	16	1.06
扬名溪	173	173	40	40	2.52	25.86	10	0.862

二、水系

县境内河汊纵横，溪沟交织，有大小河流119条，其中澧水干流1条，一级支流7条，二级支流36条，三级支流75条。主要河流大部分来自西北边境的石门县流入县境，以澧水最大，道、澹次之，朔水过境最短。诸水均属洞庭湖水系，按干流水系区划，又分为澧水系、沅水系、毛里湖水系。

澧水系 有河流112条：其中干流1

条，一级支流7条，二级支流36条，三级支流68条，流域总面积1147.72平方公里，占全县总面积94.8%。

沅水系　有三级支流4条，均分布在县境西南的太浮镇境内，流域面积34.9平方公里，仅占全县总流域面积的2.9%，4条支流中以郰溪较大，源于太垭口，经临澧黑沙溪、桃源盘塘、马宗岭，于桃源鼎城交界处之高湾入沅水，县内流程5公里，流域面积13.1平方公里。

毛里湖水系　有三级支流3条，分布在县境东南的烽火乡境内，县内流域面积10.2平方公里，流程3.3公里，以辛家溪较大，源于该乡丫果山黑神庙以西的南田村，入澧县五家铺等地流入毛里湖。

诸河流中，长度大于10公里、流域面积大于100平方公里的有澧水、道水、朔水、澹水、大溪河、沙溪河、扬名溪等7条。朔、澹两水在县内河床，分别于1958年修建官亭水库，70年代平整澧阳平原土地时填塞改道，已无旧迹。

三、河　流

澧　水　是湖南四大河流之一。澧水流域跨北纬29°30′～30°12′，东经109°30′～112°之间，属温湿的亚热带季风型气候。

澧水源头分北、中、南三支，以北支为主干。发源于桑植县杉木界，其属中原水量最大，发源于湘鄂边界八大公山东麓。三支汇合后，往南经桑植、永顺，再向东流，纳入大溶溪，经大庸至慈利，纳入溇水，至石门纳入渫水，至澧县县城分南北两支，北支从多安桥至澧阳桥入澹水。南支干流东流11公里至合口，澧水自合口东南流7公里至停弦渡，纳入大溪河（即余溪，又名药石河），又东流经张公庙至艳洲即全部进入澧县，再东流抵澧县，纳入道水，流至津市小渡口注入洞庭湖。正流东至刘家河涔澹农场至津市。

澧水全长388公里，流域面积18496平方公里。在临澧境内流程20.5公里，流域面积411.63平方公里，占全县总面积的33.93%，坡降0.424%，多年平均径流量152.1亿立方米。

澹　水：北支（廖家冲）源于石门县青龙乡翟口毒，经澧县牛桥坪流入临澧官亭乡樟树村境．流程11公里注入官亭水库（原上罗湖垱）；南支（印家冲）源于石门县青龙乡女儿垭，经甘溪河、河丘入县境官亭乡青龙村，流程10公里注入官亭水库（原下罗湖垱）。澹水全长60公里，流域面积350平方公里。1958年后，官亭塔以上北支9公里，南支7公里河段均被官亭水库淹没。官亭塔以下11.8公里河段，于1975年消灭血吸虫钉螺时填平。现澹水在县内仅剩0.33公里痕迹，上游水经官亭水库溢洪道泄入南撇，于新安镇入澧水，下游水从三撇经澧县彭家溶入涔水。

朔　水：源于石门县青龙乡红岩村塞水庙，在临澧新安镇金坑村入境后，流至芭茅洲处入澧水，全长25公里，在县内流程13公里。1973～1975年平整土地时被填平，余水分别从龙澹渠、新群渠排入澧水。

大溪河：亦称药石河，发源于修梅乡龙口峪，流经赵家巷、新坪、于停弦狮象桥入澧水，流程27公里，流域面积117平方公里，平均流量10.8立方米/秒。大溪河有开发利用价值，1979年水利部门曾进行过勘察，1980年完成规划设计，未付诸实施。

道　水　为澧水一级支流，自西向东横贯县境，汇集大小支流93条。干流发源于慈利县，源分南北两支：南支源于五雷山麓，北支系溪、涧、泉、洞组合；南北两支在石门县尖刀嘴汇合后，于龙口桥入临澧，经佘市、文家、陈二、望城、县城、杨板等地于沔泗洼入澧县道河口汇入澧水。道水全长102公里，在临澧境内流程为51.66公里，流域面积1364平方公里，占全县总面积的60.8%；多年平均径流量6.6亿立方米，坡降0.332%；最大流量为2600立方米/秒，最小流量为2.51立方米/秒；属常年性河流，能通木帆船至津市。近年因陆路汽车运输发展很快，水运日趋冷落。道水支流流域面积大于10平方公里以上的一级支流12条，大于100平方公里的有扬名溪、沙溪河两条。

沙溪河：源于常德县太阳山南麓长岭岗，经双桥坪流入临澧柏枝乡七姑村境，再经望城、烽火乡于将军山下入道水；全长44.5公里，流域面积186平方公里，在临澧境内流程为28.63公里。50年代前可通木船至柏枝乡的李麻子桥，后因上游拦溪截流，蓄水建库，除雨季外，平时水流基本枯涸。

扬名溪：原称阳明溪，源于太浮镇伍家山，有大小支流7条，以采茶溪最大，故上游亦名采茶溪，流经太浮、陈二两乡镇于两汊河入道水；全长40公里，流域面积173平方公里，70年代初，木船尚可通至朱伦桥、粟家湖；此后，因上游拦洪截流修建水库，平时水流减少，加上两汊大队在出水口筑混凝土坝，安小型水轮泵，故不再通船。

四、水　　文

水位变化

境内澧水流域一般于四月开始涨水，汛期内出现较大洪峰3～4次，峰型以单峰较多，一般洪水历时3～4天；因受长江和洞庭湖水位的顶托影响，洪水历时最长一般为10～15天左右。洪峰持续时间一般4～5小时。7～8月降水稀少也出现较低水位。个别年份9～10月雨水仍多，水位仍有上涨现象，但从全年水位变化过程是一个落水趋势。一般从9月至次年3月进入低水时期。

境内澧水及其支流的最高水位一般出现在5～8月，其中以7月份出现的机会较多。如津市站1925～1978年38年实测记录中最高水位出现在7月的占16次。1935年7月上旬湖北五峰县一带降特大暴雨，造成澧水中游特大洪水，据调查，1644～1949年的305年间，澧水流域共发生大小洪灾103次。新中国成立后，全流域特大洪水有1950、1954、1980、1991、1998、2003年6次。澧水控制站石门水文站1998年7月23日日测最大流量19900立方米/秒，实测小流量1.36立方米/秒，历年最大水位变幅14.01米。澧水南支流道水沔泗洼水文站，实测最高水位49.91米，发生在1998年7月24日。实测最大流量1600立方米/秒，发生在1968年。三江口站洪水位74.35米，为历史上所罕见。最低水位出现时期为12月或1、2月，在农田需水季节，支流道水和涔水最低水位往往发生在六、七、八月间，个别年份出现河干。道水河干为1968、1972、1978年。

径流量

多年平均径流深的分布：上游大庸（永定区）以上径流深在1000毫米以上，凉水口以上达1500多毫米，为湖南省之冠。境内丘陵冲积平原，降雨量较小，径流深在600毫米以下，为湖南省低值地带之一。

年径流量的季节变化：澧水历年平均径流量170亿立方米。澧水流域径流主要为降水所产生，因一年内的径流变化，决定于降水的多少。一般自4月开始进入汛期，大多数地区，径流量多集中于5～8月。澧水多雨季节的5～8月，水量丰富，为丰水期。5～8月4个月径流量占年径流量55%～65%，尤以7月份最大，占18%，故汛期（5～8月）流量总量占全年总量的62%左右。每年9月至次年2月降雨逐渐减少，河道水量也小，流量变化比较均匀，以1月份最小，只占2%弱。

年径流量的多年变化：最大年径流量除凉水口发生在1964年，道水发生在1973年外，其余都发生在1954年。正常年径流量与年径流量之比为1.40～1.92倍，以道水2.1倍为最大。最小年径流量都发生在1978年，其流量变率为0.61～0.70倍。澧水流域单位面积产水量即径流模数比湘、资、沅各流域为大，其变化规律，由上游向下游变小，如凉水口站平均年径流模数达48.4立分米/秒·平方公里，居全省首位。道水沔泗洼站最小，只18.1立分米/秒·平方公里，为上游的7%，见《澧水流域径流量特征值表》（表2—3—2）。

表2 3—2 澧水流域径流量特征值表

单位：平方公里、立米/秒、立分米/秒 平方公里、毫米

河名	站 名	集水面积	统计年数	年平均流量	径流模数	年径流深
澧水	凉水口	877	20	42.4	48.4	1526
澧水	南 岔	2559	26	103	40.5	127
澧水	大 庸	4627	31	156	36.7	1058
澧水	三江口	15242	29	475	31.3	975
溇水	长潭河	4913	27	169	34.5	1086
渫水	皂 市	3276	27	98.6	29.5	949
道水	沔泗洼	1175	24	21.2	18.1	570

含沙量

澧水流域多年平均含沙量为 0.20～0.50 公斤/立方米。含沙量沿程变化，水多高山深谷，河流湍急，比降甚大，土壤侵蚀现象严重，特别是多页岩分化的陡山，最易发生泻流侵蚀。上游大庸年平均为 0.383 公斤/立方米，流经石门三江口站，由于承纳的溇、渫两水系多沙河流，故含沙量比上游略大，为 0.398 公斤/立方米。渫水皂市站平均含沙量达 0.511 公斤/立方米，居全省第二位。

多年输沙量变化情况：河流输沙量决定于河流的流量和含沙量。澧水流域 1954 年为丰水年，三江口站年输沙量达 1，540 万吨，1961 年为枯水年，输沙量只 142 万吨，最大最小之比为 10.8 倍。上游大庸站最大最小年输沙量之比值为 19.6 倍，居全省之冠。

输沙量的季节变化：澧水中上游是多雨区，5～8 月暴雨多，泥沙也就集中在这几个月或几次洪水。三江口站 5～8 月输沙量占年总量 87.9％，1969 年 7 月上旬一场洪水，来沙量达 334.7 万吨，占年量的 24.2％。非汛期内，河水清澈，含沙量极微。

水化学成分

天然水水化学成分：干流及溇水长潭河站变化不大，离子总量为 192～207 毫克/升；总硬度 2.10～2.26 毫克当量/升。氢离子浓度为 6.5～8.5，水的类型为 C_{1Ca} 型。

水质污染情况：澧水流域内较大的工矿有雄黄矿、磷矿、氮肥厂、电厂等，工矿的废水含砷的污染较严重，且污染范围广，从 1974 年分析的 146 个水样来看，仅 8 次未检出，检出率达 82％，氰化物、酚虽检出，但一般都未超过国家允许标准。

五、 地下水

临澧地下水面积约 1104.55 平方公里，占总面积的 91％；地下水动储量约 1.4 亿～2.1 亿立方米，静储量约 4.65 亿立方米；约分为三大类型。

松散堆积层孔隙水 主要分布于澧水、道水沿岸地带及合口镇以北冲积平原，共 691.5 平方公里，占总面积的 57％。

基岩裂隙水 主要分布在刻木山、龙凤山、太浮山、铜山、古老山、烽火山、牛头山一带，面积 279.5 平方公里，占总面积的 23％。

碳酸岩裂隙溶水 主要分布在官亭水库周围、大观山、鸡山、杨板桥一带，共 134.58 平方公里，占总面积的 11％。

县内地下水质 以重碳钙镁型为主，含有多种有害元素，但超过饮用标准的不多。经钻孔抽样化验，除澧水河岸一部分更新统和全新统孔隙水中磷酸根离子含量超过饮用标准外，其余均符合国家颁发的饮水标准。

六、 水　　能

全县水能资源多年平均理论蕴藏量 46614.6 千瓦，其中澧水干流 40425 千瓦，

占86.7%，道水2910千瓦，占6.2%，其他溪河3327.6千瓦，占7.1%。当保证率为75%时，其蕴藏量是34028千瓦，保证率90%时，为27503千瓦。

全县实际可开发的水能资源为45525.6千瓦，占理论蕴藏量的97.6%。当保证率为75%时，可开发的水能资源为33041千瓦，保证率90%时，为26850千瓦。

2006年，临澧县已利用水能资源44275千瓦（发电31730千瓦，水轮泵装机12545千瓦）占多年平均理论蕴藏量的95%，占可开发资源的97%。在已利用的水能资源中，澧水占91.3%，道水占6.4%，见《临澧县水能蕴藏量及开发情况表》（表2—3—3）。

表2—3—3 临澧县水能蕴藏量及开发情况表

单位：千瓦

水系	理论蕴藏量			可开发的水能资源	已利用水能资源		
	多年平均值	保证率为75%	保证率为90%		合计	其中 发电	其中 水轮泵
合计	46614.6	34028	27503	45525.6	44275	31730	12545
澧水干流	40480	29550	23883	40425	40425	28900	11525
道水干流	2807	2049	1656	2910	2910	1890	1020
道水支流	2249.3	1642	1327	1340.8	110	110	
大溪河	423.3	309	250	416.9			
澧水其他支流	535.5	391	316	432.9	830	830	
涔水支流	119.5	81	71				

第四节 土地资源

一、面积

境内航测总面积为1209.58平方公里，占全省总面积的0.57%。县域东西南三面环山，中有澧、道两水穿境而过，地势自西北向东南倾斜，平、岗、丘、山齐全。海拔小于70米的平原381.02平方公里，占31.5%；海拔70至150米的岗地529.79平方公里，占43.8%；海拔150至300米的丘陵210.47平方公里，占17.4%；海拔300米以上的山地88.3平方公里，占7.3%。

二、分布

境内土地分布以耕地、林地为主，农林用地占全县土地总面积的2/3。耕地主要分布在澧、道平原及道水水系两侧丘岗地带的10个乡镇，面积达44万多亩，占全县耕地总面积的61.5%。林地主要分布在北部刻木山、中部铜山、南部太浮山、东部将军山所在山地地带的8个乡镇，面积达35万亩，占全县林业用地总面积的66.2%。水域主要分布在道水、澧水水系两侧的乡镇。

境内耕地坡度平缓。据20世纪90年代初土地详查统计，全县耕地中，坡度等于或小于2°的有469724亩，占64.52%；坡度在2°～4°的有21457亩，占16.68%；坡度在4°～6°的有67852亩，占9.32%；坡度在6°～10°度的有56037亩，占7.69%；坡度在10°以上的耕地只有12900多亩，不到耕地总面积的1.8%，见《临澧县土地资源利用构成变化表》（表2—4—1）。

表 2—4—1　临澧县土地资源利用构成变化表

单位：亩

类　别	≤2°	2°～4°	4°～6°	6°～10°	10°～15°	15°～20°	20°～25°
耕　地	469724.9	121457.3	67852.0	56037.5	11211.2	1388.6	301.4
荒草地					21546.3	4423.6	342.2

三、 资源利用

境内土地资源自新中国成立以来，由于人口剧增和各项建设事业的发展，耕地面积减少，建设用地增加。2006 年，土地资源为：耕地 621958.5 亩，园地 62399 亩，林地 543795 亩，城镇村庄工矿用地 136996 亩，交通用地 30634.5 亩，水域 296399.8 亩，未利用地 121964.6 亩。存量耕地与 1952 年比较准确的“查田定产”数 732600 亩比较，减少了 110641.5 亩，减幅达 15.1%。交通、城镇村庄以及工矿建设用地累计达 167630.5 亩，占到全县土地资源总面积的 9.29%。耕地的人均占有量，从 1952 年的 2.97 亩减少到只有 1.43 亩，见《临澧县 2006 年度土地资源统计表》（表 2—4—2）。

据 1989 年土地详查外业调绘的数据，尚有 22000 多亩耕地后备资源可以后续开发，分布在岗、丘、平三种带都有，成形 6875 块 90%的地块集中分布在澧水、道水两侧平丘区，坡度等于或小于 15°，普遍土层深厚，土壤结构松散，应耕性广，开发价值高。

表 2—4—2　临澧县 2006 年度土地资源统计表

单位：亩

单　位	总面积	耕地			园地	林地	城镇村庄工矿用地	交通用地	水域	未利用地
		小计	水田	旱地						
安福镇	66316.6	22016.4	17271.4	2782.7	613.5	8365.3	21534.1	1646.4	6784.6	4708.8
新安镇	88364.6	31830.6	25958.1	5527.0	3742.0	10810.9	16553.5	1308.1	10738.2	16828.0
合口镇	73704.4	34630.7	25724.4	8904.2	6367.5	0.6	13987.8	898.1	10143.6	5143.8
停弦渡镇	104681.6	32594.1	27981.4	4610.6	2333.8	38002.3	12323.4	834.4	8806.4	9698.9
修梅镇	112721.5	41319.1	34851.4	5596.3	3060.5	33546.3	12048.7	451.7	10000.8	7460.6
佘市桥镇	111561.9	45271.3	34699.7	7134.7	4558.9	22285.0	15954.2	1224.3	12177.4	6867.3
四新岗镇	140121.3	48019.7	33636.0	13258.9	4035.0	54369.5	12668.8	1834.7	9863.1	2517.2
太浮镇	108150.9	31096.2	22901.4	7431.8	3063.0	52497.9	8112.7	794.5	6348.6	2373.2
杉板乡	99580.9	24518.4	20124.5	3372.4	3609.2	46147.0	9157.2	780.8	6698.2	7500.8
文家乡	120358.2	38263.4	27127.3	5423.7	5045.2	47597.4	9788.4	426.6	7211.6	6979.1
陈二乡	119186.1	37479.0	30193.4	7142.5	2227.2	51667.3	8741.3	1140.5	10028	5132.6
柏枝乡	151057.3	53646.2	40639.5	10494.8	3801.7	47930.5	19420.2	309.7	16265.3	5710.7
烽火乡	129872.3	45499.6	37683.4	7637.7	3067.8	50084.1	10973.6	154.6	12286.7	4777.6
望城乡	80049.2	32498.1	28799.6	3089.7	2578.1	16253.7	9978.0	591.0	10041.3	7821.2
杨板乡	117126.5	44718.9	37696.6	6308.1	2332.2	34529.9	12622.8	393.2	10377	8858.7
官亭乡	119144.7	30496.7	19976.8	8443.1	4060.3	35403.0	19082.2	595.3	12172.4	21592.8
九里乡	63473.3	25253.3	23664.3	1495.8	8068.4	11052.8	5455.6	626.8	5292.2	3862.8

注：安福镇总面积含太平经济开发区土地资源；耕地面积包括水田、旱地、菜地、天水田面积，其中菜地、天水田面积未列入统计表。

第五节 矿藏资源

全县已知矿区、矿点共74处，其中固体燃料矿区、矿点23处，黑色金属矿区、矿点11处，非金属矿区、矿点24处，其他矿点16处。

矿物成因类型，以沉积为主，冲积型、淋型次之，内生矿床及重砂异常区，至今尚未发现。

一、固体可燃矿产

固体可燃矿产有烟煤、石煤、炭质页岩、油页岩4种。

烟 煤 全县煤种可分为烟煤、长焰煤两大类。现已查明，临澧烟煤均产于下迭纪粉砂岩、黏土页岩和炭质泥岩的黔阳煤系地层中；长焰煤均产于侏罗纪黏土页岩，砂质页岩、泥灰岩的香溪煤系地层中。

石 煤 临澧石煤分炭质页岩和优质石煤两种。炭质页岩储量为12472万吨，均存于上二迭纪吴家坪组，呈板状，薄层状，较稳定，有时夹薄层黑色硅质页岩。优质石煤储量为1695万吨，均产于震旦纪及寒武纪牛蹄塘组地层，呈透镜体状，变化大，为粉状及块状。

油页岩 在第三纪中部。已知矿点有望夫台、歇驾山两处。矿层薄，品位低，无工业开采价值。

二、黑色金属

黑色金属有褐铁矿、锰矿、钒矿3种。

褐铁矿 产于泥盆纪黄家澄组地层；分布在铜山山脉的王家湾、观音洞、铁湾、东马井、西马井、雷打岩等地。有小型矿床1个，矿点5处，估算储量约300万吨。其中王家湾（修梅铁矿）144万吨，矿层呈鸡窝状、透镜状、夹粉砂岩及黏页岩，不稳定。矿石品位：含氧化铁25%～67.7%，二氧化硅11.1%～48.55%，磷0.026%～0.041%，硫0.11%～0.49%。

锰 矿 产于震旦纪江口组上部地层中；分布在蜂子山、阮山、刘四峪、长沙峪等地。已知矿点5个。据长沙峪地段勘探资料：矿石可分为淋滤（氧化）、碳酸盐型两种，以淋滤型锰矿为主，碳酸锰次之。浅部淋滤型锰矿层变化大，呈鸡窝状，最大厚度1.4米，最小尖灭至零米；深部碳酸锰为原生沉积型，厚度小，品位低。

钒 矿 产于寒武纪下统牛蹄塘组块状、粉状石煤中；一般含五氧化二钒0.35%，最高可达0.8%，在开采石煤中，可综合利用。

三、非金属

非金属矿产资源比较丰富，有石灰岩、白云质石灰岩、陶土、高硅黏土、铝土页岩、石膏、矽矿等7种。

石灰岩 赋存于三迭纪、二迭纪、石炭纪及奥陶纪地层中；以三迭纪和奥陶纪地层石灰岩为最好，含氧化钙53.38%，二氧化硅2.32%，三氧化铝0.86%，氧化镁0.48%，是生产水泥的主要原材料。石灰岩分布广泛，官亭乡的天星、双泉、凤兴、青龙、九里乡的打石桥、大堰垱、新安乡的金坑——龙凤山一带，出露良好；朱伦桥、牯牛桥、金宝滩、澧阳山等地，均可用于烧石灰。

陶 土 主要产于震旦纪、侏罗纪、二迭纪及第四纪地层中；分布在白岩寺、孙家厂、杨桥坪、新溪、团营、周家港等地。矿石品位以二迭纪，侏罗纪地层的较好，含二氧化二铝34%～37%，二氧化硅40%～50%，三氧化二铁1%～3%。是陶器的主要原材料，也可用于生产耐火材料。

高硅粘土 产于震旦纪上统陡山沱组；分布在将军山、狮子凸、银珠山、蜂子山一带。经工业分析：含二氧化硅87.4%，三氧化二铁3.5%，三氧化二铁3.5%，三氧化二铝6.1%，氧化钙0.5%，氧化镁0.07%，比重0.7%～1.2%；可用作轻体建材或保温材料的掺料原料。

硅砂矿 产于泥盆纪云台观群地层中；分布于铜山、古老山、太浮山一带。太浮山六合垭小型矿床已开发利用。经工业分析，含二氧化硅97%以上，三氧化二铝1.88%，三氧化二铁小于0.05%；储量C级2160万吨。

石　膏　产于下第三纪地层中；已知具有工业价值的合口矿区陈湖矿段约7平方公里，C+D级储量90839.14万吨，其中C级12782.89万吨。矿层品位：含硫酸钙67.81%～76.75%。

四、化学工业矿

硫铁矿　分别产于上二迭纪长兴组灰岩和寒武纪牛蹄塘组上部炭质页岩中；已知矿点有龙凤山、高家滩两处。二矿点矿层较薄，一般厚0.2米，含硫量13.63%～42%。在开采炭质页岩时可综合利用，单独开采无工业经济价值。

磷　矿　产于志留纪上统和寒武纪下统牛蹄塘下部；已知放点4处，分布在杉板乡的月新，太浮山南的雷水、百草，烽火乡的观音庵，柏枝乡的高家滩；矿层厚0.4～0.6米，比较稳定，含磷一般在15.18%～16.8%，无单独开采意义。

钾　矿　产于震旦纪江口组上部黑色页岩中；分布在烽火—柏枝一带；普遍含钾，氧化钾含量一般在4.51%以下。

草　炭　产于第四纪全新统，为河湖沼泽相沉积；已知砚水堰矿区草炭面积0.065～0.07平方公里，厚2～4米，腐植酸含量10%～21%。

五、金属矿及其他矿产

县内未发现岩浆岩，无内生金属矿床。已知沉积型的有色金属矿有：铜、钼、镍、钴4种；特种非金属矿有金刚石砂矿。

钼、镍、钴矿已达到工业品位。钼含量0.154%～0.24%，镍含量0.026%～0.04%，钴0.05%；矿层薄，不具备单独开采价值。

第三章 社会经济

第一节 概 况

县域经济在清代和民国时期自然发展，各自为政，没有宏观调控和综合管理。新中国建立后，国民经济不断发展，见《临澧县1949～2006年国民经济发展统计表》（表3—1—1），《临澧县几个时期国民经济主要增长速度》（表3—1—2）。到2006年全县国内生产总值43.3亿元。其中第一产业14.1亿元，第二产业增加值13.6亿元，第三产业增加值15.6亿元，社会商品零售总额14.9亿元，与1952年相比增长151.6倍。全县人均国民生产总值9854元。财政收入稳步增长，2006年财政一般预算收入17526万元，与1953年相比增长202.3倍。

表3—1—1 临澧县1949～2006年国民经济发展统计表

单位：万元、万吨

年份	农业总产值	粮食总产量	棉花产量（吨）	工业总产值	工农业总产值	社会消费品零售总额	财政	
							收入	支出
1949	1714	7.64	279	23	1737	500		
1950	2027	8.9	371	26	2053	754		
1951	2244	9.65	518	37	2281	861		
1952	2676	10.42	540	227	2903	983		
1953	3109	10.89	756	314	3423	1007	86.6	72.6
1954	3190	10.94	636	414	3604	1217	74.9	67.2
1955	3113	11.59	787	363	3476	1267	78.8	88.7
1956	4144	13.28	1175	539	4683	1332	68.8	110.6
1957	4378	13.23	1266	418	4796	1389	100.9	116.1
1958	3709	13.33	1438	462	4171	1477	95.4	398.2
1959	3564	9.44	1676	1246	4810	1535	455.7	183.5
1960	2955	8.88	1644	1535	4490	1592	547.9	331.6
1961	2839	5.92	1221	801	3640	1645	301	322.4
1962	3630	10.39	1600	495	4125	1884	418.5	152
1963	4256	11.96	2096	464	4720	2107	419.3	168.5
1964	4381	11.90	2043	607	4988	2109	472.3	218.4
1965	4765	12.19	3118	661	5426	2170	440.1	264
1966	5037	14.31	2324	667	5704	2768	381.1	353.6
1967	4492	12.57	2968	654	5146	3003	361.7	391.5
1968	4464	13.29	3036	671	5135	2783	382.2	320.2
1969	5034	15.08	2449	652	5686	2999	417.2	324.4
1970	5242	15.02	3063	916	6158	3983	484.8	837.5

续表

年份	农业总产值	粮食总产量	棉花产量	工业总产值	工农业总产值	社会消费品零售总额	财政	
							收入	支出
1971	9074	16.07	1872	1319	10393	3971	495.5	814.7
1972	8524	13.80	1826	2148	10672	3579	371.6	760.9
1973	9777	17.32	3100	2481	12258	4132	538.6	565
1974	10848	19.42	3223	2718	13566	4670	564.7	567.2
1975	11863	19.43	4542	3810	15673	5324	550.4	644.5
1976	12086	20.99	4569	4321	16407	5626	565.6	626.9
1977	10860	18.37	4248	4953	15813	6425	639.3	556.9
1978	11225	21.11	2635	5357	16582	6332	631.2	917.9
1979	12522	23.64	3864	6132	18654	7490	626.5	1046.6
1980	13009	18.6	3006	6183	19192	7725	556.9	1153
1981	14866	23.71	3316	7331	22197	8423	849.8	919.2
1982	16845	26.46	2583	7558	24403	10340	948.8	932.1
1983	17629	25.73	2608	9673	27302	11619	1008.9	1211.2
1984	19386	27.99	3818	13239	32625	13500	1047.7	1252.4
1985	21942	27.19	3540	15266	37208	14988	1148.2	1623.1
1986	24821	25.75	2951	21040	45861	17572	1430.7	1783.8
1987	30057	28.77	2619	30126	60183	21623	1701.2	2086.3
1988	30926	25.78	1802	46423	77349	29410	1890.6	2345.2
1989	30471	26.34	1983	49933	80404	29391	2298.2	2581.4
1990	43972	28.75	3801	56420	100392	28636	2435.3	2767.7
1991	43694	26.11	4080	75700	119394	32782	2628.8	3353.5
1992	45176	26.06	5603	97303	142479	36044	3130	3511
1993	64808	25.05	7515	106644	171452	42404	4821	4821
1994	96369	29.86	7906	116882	213251	58772	4147	6822
1995	134774	29.90	8269	128103	262877	65529	5370	7382
1996	171749	30.68	8736	140400	312149	71825	6430	8843
1997	168887	30.58	8514	153879	322766	68774	6726	8900
1998	167242	28.83	7787	168651	335893	71335	6963	8115
1999	153163	27.44	6643	184842	338005	74541	7543	10237
2000	155925	26.66	7108	202589	358514	78959	8241	10830
2001	156532	23.43	7675	222035	378567	86843	9068	13579
2002	162056	21.96	6819	243351	405407	95974	11460	18557
2003	155613	18.47	6455	266712	422325	104282	13127	22846
2004	202360	26.19	5492	292317	494677	117309	14318	26570
2005	217609	26.19	6567	320379	537988	131973	16188	32696
2006	226677	28.78	5656	351130	577807	149000	17526	39256
合计	2764300	1132.32	207735	3379540	6143840	1566487	163573.7	256195.5

表 3—1—2 临澧县几个时期国民经济主要增长速度

单位：万元

年份	平均每年增长%					年份	2006年与以下各年倍数				
	人口	工农业总产值	农业总产值	工业总产值	社会商品零售总额		人口	工农业总产值	农业总产值	工业总产值	社会商品零售总额
1949						1949	2.13	332.6	1.5万	132	298
1950～1952	5.9	18.7	16.2	114.5	25.3	1952	1.69	199	1.56万	84.7	151
1953～1957	1.9	8.8	8.9	7.4	8.4	1957	1.55	120.4	840	51.7	107
1958～1962	-0.005	-0.003	-0.005	1.7	6.3	1962	1.62	140	709	62.4	79.1
1963～1965	2.5	22.3	5.8	49.4	1.5	1965	1.5	110	531	47.5	68.7
1966～1970	3.0	1.9	1	8.2	9.5	1970	1.3	93.9	383	43.2	37.4
1971～1975	1.9	10.8	6.9	30.4	7.6	1975	1.1	36.8	92.1	19.1	28
1976～1980	0.8	4.0	1.9	9.4	8.2	1980	1.1	30.1	56.7	17.4	19.3
1981～1985	0.4	13.8	10.2	20.1	15.5	1985	1.09	15.5	23	10.3	9.9
1986～1990	0.8	21.6	15.4	28	13.0	1990	1.04	5.7	6.2	5.1	5.2
1991～1995	0.5	18.2	32.5	14.1	18.2	1995	1.02	2.48	2.7	1.6	2.27
1996～2000	0.2	3.5	-0.02	9.6	3.5	2000	1.1	1.6	1.7	1.4	1.88
2001～2005	0.02	9.2	8.6	9.6	9.2	2005	1.0	1.07	1.09	1.04	1.13

第二节 人口

一、数量

清代户口，从乾隆十二年（1747）到同治五年（1866）的120年间，人口由120612人增至173395人，净增52783人，增长率为43.76%，年均增长率为0.303%。摘录几年户口数如下：

乾隆十二年（1747）：27003户，120612人。嘉庆元年（1796）：88969人。嘉庆二十年（1815）：91058人。道光十七年（1837）：23857户，116332人。道光三十年（1850）：23525户，115022人。咸丰十一年（1861）：28272户，140370人。同治五年（1866）：34341户，173395人。

民国时期，因灾荒、瘟疫、战乱影响，人口有升有降，降大于升。民国6年（1917），至民国38年（1949）的32年间，人口由249059人，减少到205872人，人口负增长43187人，减17.3%。现录部分资料如下：

民国6年（1917）：249059人。民国17年：45166户，222783人。民国27年（1938）：38722户，229110人。民国38年（1949）：41415户，205872人。

1949年建国至今，每年坚持人口统计，人口由205872增加到439830人，净增233958人，增长113.6%，年均增长率为1.34%，见《临澧县几个年份人口统计表》（表3—2—1）。

表3－2－1　　临澧县几个年份人口统计表

单位：户、人

年份	户数			人口数				
	总数	农业户	城镇户	总数	农业人口	城镇人口	男性	女性
1949	41415	39005	2410	214372	204928	9444	115487	98885
1950	62677	59044	3633	244860	231771	13089	129076	115784
1952	72739	69029	3710	258855	247422	11433	135640	123215
1957	73618	69710	3908	282959	269853	13106	147192	135767
1962	75319	72614	2705	271021	259574	11447	138090	132931
1965	72403	69096	3307	288303	275748	12555	149513	138790
1970	80884	78277	2607	332259	320264	11995	171117	161142
1975	85693	81707	3986	374065	358520	15545	192570	181495
1980	91222	86549	4673	397185	373162	24623	200436	197349
1985	96776	86889	9887	403150	355669	47481	205816	197334
1990	123169			419649	378300	41349	213839	205810
1995	130952			429073	375446	53627	217116	211957
2000	136212			435544	364980	70564	222520	213024
2005	156051	116210	39841	435958	355712	80246	222379	213579
2006	159137	116210	42927	439830	357694	82136	224223	215607

二、分　布

清代安福县无人口分布记载。

民国时期人口分布情况，仅有民国23年（1934）、民国35年（1946）的人口统计。23年按1～6区统计，35年按13个乡统计。行政区划不统一，无法比较分布量的变化。

建国后，因行政区划调整，各乡镇人口分布情况无法比较。1953年共70142户262781人，其中一区7697户26033人；二区7733户27782人；三区7495户28657人；四区10389户38233人；五区10812户40986人；六区12978户51875人；七区9663户36204人；城关镇851户4231人；合口镇1345户4743人；新安镇951户3218人；停弦镇228户819人。1985年共计96776户403150人，其中杉板乡3368户15387人；文家乡3808户16476人；陈二乡3999户16845人；柏枝乡6598户29351人；烽火乡5066户23010人；望城乡5935户24901人；杨板乡5033户22304人；修梅乡5521户22304人；新安乡6384户25289人；官亭乡5263户23748人；九里乡4495户19096人；城关镇6332户28442人；合口镇11124户42332人；新安镇4538户16938人；佘市镇5094户21948人；太浮镇3676户15887人；四新岗镇5369户22314人；停弦镇5094户22709人；青山79户568人。2006年全县共有159137户439830人，见《临澧县2006年人口分布情况》（表3—2—2）。

人口密度　1729年建县时，境域面积无数据记载，1917年面积为1272平方公里，人口密度196人/平方公里，1928年为1155.5平方公里，人口密度195人/平方公里，1948年为1211平方公里，人口密度170人/平方公里，1955～1965年境域区划调整面积为1188平方公里，人口密度230人/平方公里，1975年以后为1209.58平方公里，人口密度300人/平方公里，2006年人口密度363人/平方公里，各乡镇人口密度，见《临澧县2006年各乡镇人口密度》（表3—2—3）。

表3—2—2 临澧县2006年人口分布情况

单位：户、人

乡镇	总户数	总人口			非农业人口
		合计	男	女	
杉板乡	5112	15220	7940	7280	1392
佘市桥镇	7368	21261	10929	10332	867
文家乡	5456	16317	8230	8287	535
太浮镇	5511	15466	8036	7430	621
陈二乡	5921	15512	8056	7456	568
四新岗镇	7130	21290	10939	10351	822
柏枝乡	8985	27993	14392	13601	833
烽火乡	6781	20845	10709	10136	695
望城乡	5968	18160	9185	8975	484
杨板乡	6461	20137	10434	9703	454
修梅镇	7236	20992	10714	10278	1127
停弦渡镇	6711	20606	10501	10105	971
新安镇	18528	47702	23968	23734	10278
官亭乡	7111	22359	11447	10912	887
九里乡	6492	19110	9876	9234	620
合口镇	17420	47381	24069	23312	10796
安福镇	31846	69479	34798	34681	50186
太平开发区	1713	3324	1707	1617	2124

表3—2—3 临澧县2006年各乡镇人口密度

单位：平方公里、人/平方公里

乡镇	人口数	土地面积	人口密度	乡镇	人口数	土地面积	人口密度
杉板乡	15220	66.7	228	杨板乡	20137	78.4	257
佘市桥镇	21261	74.59	285	修梅镇	20992	75.46	278
文家乡	16317	80.55	203	停弦渡镇	20606	70.1	294
太浮镇	15466	72.42	214	新安镇	47702	59.22	806
陈二乡	15512	79.77	194	官亭乡	22359	79.74	280
四新岗镇	21290	93.73	227	九里乡	19110	42.63	448
柏枝乡	27993	101.02	277	合口镇	47381	49.45	958
烽火乡	20845	86.9	240	安福镇	72803	44.53	1635
望城乡	18160	53.68	338				

注：安福镇含太平经济开发区。

三、 人口变动

清代和民国时期，人们受“多子多福”“养儿防老”等旧传统影响，生育无节制。在封建和半封建半殖民地社会里，自然灾害频繁，战事不断，瘟疫流行，自然生育的人口多，天灾人祸等因素死亡人口也多，人口总量增长慢。有些年份，还是负增长。

建国后，劳苦大众在政治上、经济上翻身得解放，人口生育率不断上升，儿童成活率大幅度提高，除1958年、1960年、1961的因自然灾害和“五风”影响人口下降外，余皆增长较快。到1972年，全县总人口352974人，23年内净增长147102人，年均净增6396人。1973年起国家实行计划生育政策。1974年大力推行“晚、稀、少”的生育政策，对两个小孩以上育龄夫妇实行节育手术，对干部、职工和城镇居民生育实行计划分配，1978年施行“一对夫妇最好生一个，最多生二个，生育间隔三年以上”。1979年以后分类制定终身只生一个孩子的夫妇奖励政策，使人口出生率不断下降，见《临澧县几个年份人口增长情况》(表3—2—4)。

表3—2—4 临澧县几个年份人口增长情况

单位：人、‰

年份	总人口	出生情况		死亡情况		增长情况	
		出生数	出生率	死亡数	死亡率	净增数	自然增长率
1949	205872	8326	40.44	4065	19.75	4261	20.69
1950	244860	9515	38.86	5682	23.20	3833	17.00
1952	258855	9696	27.46	6418	24.79	3278	12.67
1957	282959	7713	27.26	2547	9.00	5166	18.84
1962	271021	11227	41.43	2439	8.99	8788	33.08
1965	293021	10986	37.49	2637	8.99	8349	28.87
1970	337969	10297	30.47	3041	8.99	7256	21.79
1975	374055	10315	27.58	3590	9.59	6726	18.17
1980	393245	5455	13.87	3418	8.69	2037	5.19
1985	403150	4655	11.55	3075	7.63	1580	3.93
1990	419649	5883	14.1	3233	7.7	2650	6.31
1995	429073	4231	9.1	2707	6.3	1524	3.55
2000	435544	2627	6.0	2249	5.2	378	0.9
2005	435985	3664	8.4	3171	7.2	493	1.1
2006	439830	3348	7.6	2898	6.5	500	1.1

四、 居民生活

收入状况

民国时期，劳苦农民尽管终年劳累，过着“衣不遮体、食不饱腹”的生活。外出帮工只能糊一张口。租田种植，遇上灾年，外出乞讨，家破人亡的不少。民国24年(1935)，遭遇特大洪水灾害被迫外徙的有3.58万人，占年末总人口的15.73%，逼得吃草根、树皮，最后吞食观音土，不少人活活饿死。日本侵略军侵占临澧时，人民生活处于水深火热之中。抗日战争刚结束，蒋介石又发动全面内战，国无宁日，民无宁时，灾害加兵荒马乱和苛捐杂税，人民生活极端艰难。

新中国建立后，工农业生产逐渐发展，人民的收入得到逐步提高。历年农民的年人均纯收入：1952 年 30 元，1965 年 77 元，1985 年 408 元，1995 年 1576 元，2006 年 3672 元。城镇职工的年人均工资：1952 年 243.32 元，1970 年 511 元，1985 年 1126.4 元，1995 年 2237 元，2006 年 13429 元，见《临澧县 1949～2006 农民人均纯收入、城镇职工年平均工资统计表》（表 3—2—5）。

表 3—2—5　　临澧县 1949～2006 年农民人均纯收入、城镇职工年平均工资统计表

单位：元

年份	农民年纯收入	城镇职工年平均工资	年份	农民年纯收入	城镇职工年平均工资	年份	农民年纯收入	城镇职工年平均工资
1949	30	243.32	1969	77	476.6	1988	481	1472
1951	30	200	1970	78	551	1989	498	1607
1952	30	238.5	1971	79	433.2	1990	481	1460
1953	31	284.8	1972	75	476	1991	498	1607
1954	35	308.2	1973	81	481.1	1992	653	1698
1955	37	325.8	1974	82	470	1993	918	1866
1956	41	391.8	1975	84	456	1994	1358	2905
1957	43	443.4	1976	85	560	1995	1576	2237
1958	49	339.8	1977	85	423	1996	1950	4236
1959	56	342.8	1978	85	515.4	1997	2320	5046
1960	66	351.5	1979	122	585.5	1998	2300	5867
1961	68	458.9	1980	106	617.5	1999	2299	7250
1962	69	495.6	1981	159	634	2000	2336	7568
1963	70	432.4	1982	302	673.6	2001	2356	8294
1964	75	494.7	1983	302	702.2	2002	2494	10630
1965	77	485	1984	364	797.1	2003	2711	12720
1966	75	475	1985	408	1013.6	2004	3164	13333
1967	77	496.1	1986	460	1141	2005	3394	13101
1968	75	476.5	1987	512	1170	2006	3672	13429

消费水平

随着工农业生产率、商品经济比率、职工工资额、福利费和家庭成员劳动就业率的逐渐提高，社会保障制度的不断完善，人民的消费水准也有相应的提高，衣、食、住、行、用、乐等方面均有明显改善。

穿着消费：清时，农民以自纺自织的粗兰大布衣为主，官绅巨富则夏葛冬裘，长袍马褂。民国时期，贫民衣着基本未变，其他人则着细布、丝绸的渐多，着中山服、西装的在大学和部分中学生、机关职员中比较时兴，大户人家的小姐和官长的太太，以穿旗袍为阔气。新中国成立后，衣着变化较大。20 世纪 50 年代，土布逐渐绝迹，多用机制细布、染色布做衣，以青灰色为主，中山服为主。60 年代，以着色布的趋多，妇女们穿

红着绿，比较讲究，冬着毛线衣、灯芯绒的居多。70年代，以着棉纶混纺品、的确良、涤纶、呢料为时髦。80年代，以着羽绒、西装、纯毛料衣为上乘。90年代衣着开始张扬个性化，高档、品牌已渐成主流。2000年以后，衣着穿名牌，时尚成为主流。2006年，全县农民人均衣着消费支出254元，衣着消费已由保暖、实用、耐穿，逐渐趋向式样新颖、质量中、高档的城市化发展。

食品消费：民国时期，农民食粮多以菜饭、稀粥、红薯等为主食。新中国成立后，1949年人均口粮为300斤；油脂为3.6公斤；猪肉、食蛋为7.5斤；鱼为4斤。1965年人均口粮为529斤；油脂8.5斤；猪肉、食蛋为13.7斤；鱼54斤。1985年人均口粮为835斤；油脂为9.2斤；猪肉、食蛋为30斤；鱼为17.3斤。农民饮料消费：由喝清茶、凉水、烧酒逐渐发展到喝薄荷茶、冰棒、雪糕、冰淇淋、冲剂、啤酒、健力宝、可乐等。1992年农村人均食品消费775.29元，其中主食184.67元；副食252.13元。到2006年全县农民人均食品消费支出1586元，比1992年775元增长2.05倍。

住　房：民国时期，农村贫民多住土砌草盖的茅屋，中农多住木架瓦屋或土木结合的砖瓦房，少数富户住砖（青砖）木结构的瓦房，极个别的盖有两层楼房；城镇多系木柱板壁瓦房结构，少数修有吊楼或两层矮楼房。新中国成立后，城镇住房发展较快，人均住房面积1949年9平方米，1957年13平方米、1965年13.5平方米、1976年15平方米、1980年20平方米、1985年28平方米。2006年48平方米，较1949年人均增加5.3倍。住房质量大大改善。机关、商店、工厂纷纷用机砖、青砖盖楼房。20世纪60年代后期，房屋层数逐渐加高至3～4层，预制板代替木板。70年代起，县城先后出现5～7层楼房，结构也逐渐变为机砖与空心板、混凝土结构，窗户由两开变为四开、钢窗、铝合金窗；外墙面由涂水泥到加麻石、饰瓷砖、马赛克、大理石；地面处理，由水泥地面到磨砖、磨石地面。有的招待所、宾馆、机关会议室在地面上铺地毯，墙面贴墙布，房中装霓虹灯。2005年，县城修建电梯商住楼房。

行：解放前，官绅外出多轿抬马骑，城镇里还设有轿行驮行，贫苦人家外出靠徒步。新中国成立后，公共汽车逐渐发展，80年代以来，自行车逐渐普及，吉普车、小轿车、摩托车发展较快，外出的条件渐趋机械化。2006年，全县通公共汽车的公路里程为2405.1公里，其中国道37.9公里，省道17公里，县道214.3公里，乡道320.4公里，村道1815.5公里，全年完成客运量达33201万人公里，货运周转量285190万吨公里。自行车一般每户拥有一辆，少数的一户数辆。乘汽车36小时，乘火车17小时可到广州，两天可到上海、北京。

用：20世纪70年代末起，家具中，床由木架床、宁波床到绷子床、高低床、席梦思；柜由大木柜到两门柜、五屉柜、组合柜；坐椅由木板凳、小木椅、太师椅等种类发展到藤椅、单人沙发、组合沙发、皮沙发；洗衣的方式，由两手搓，发展到用搓板、单缸、双缸洗衣机、全自动洗衣机；提物用具由提篮、粗布背袋，到塑料袋、合成布料袋、带滑轮布袋、皮箱；吸烟用火，由卷纸点火、火柴，到打火石打火、气体打火；热天降温用具，由鹅毛扇、蒲扇、棕编扇、折纸扇发展到用电扇（台扇、落地扇、吊扇、鸿运扇）、空调机、中央空调。此外，拥有手表、电熨斗、缝纫机、电冰箱的家庭比较普遍，电脑、互联网进入部分家庭。2006年，全县农民人均用于家庭设备用品消费支出236元，比1986年的60元增长3.9倍。2006年与1986年相比较，自行车户均拥有量增加0.59辆，电视机户均拥有量增加1.33台，电风扇户均拥有量增加1.82台，洗衣机、空调、电冰箱、热水器、电话、影碟机、照相机等高档商品已开始快速进入农民生活中。而自行车、缝纫机、收音机和钟表等商品基本趋于饱和。

文化消费：解放前，农民在农闲时以看戏、舞狮、玩龙灯、讲故事为乐事，城镇居民以坐茶馆、看戏、下棋、打牌为乐事。20世纪70年代，城乡居民在业余时间，听收音、放录音、看电视的居多。1985年，全县有电影院8个、电影队55个，座位18464个，全年观众达210万人次；剧团7个，乡镇剧场14个，观众达110万人次；全县有电视机5785台（城镇2000台，农村3785台），平均59户有一台电视机，其中彩电421台。据县商业局对100个不同类型户的调查统计，1985年，电视机由1979年的6部增到79部，其中彩电由零部增长19部，收录机由3台增到32台，收音机由18台增到52台，还有3户有照相机。部分人在节假日期间或退休以后，开始短期外出旅游。2003年，全县农民人均文教卫娱乐用品支出565元，2006年支出765元，比1986年的22元增长34倍，比2003年增长1.3倍。

第三节 农　业

一、农作物

境内农作物，在清代和民国时期，均以个体经营和自给经济为特征，进步不大。新中国成立以后，经过大规模农田基本建设和先进农业生产技术的推广应用，农业生产成果丰硕。建国初期，全县粮食产量为7.64万吨，亩产129.5公斤。2006年，全县粮食作物种植面积73.06万亩，总产量28.78万吨，平均单产402公斤，增长3.1倍。其中：优质稻种植面积达到25万亩以上，平均单产400公斤；棉花种植面积8.5万亩，总产量8925吨；油菜种植面积29.6万亩，总产量3.55万吨，亩产120公斤，增长7.3倍；柑橘生产面积达到11.3万亩。

品　种

粮食作物：境内农业生产所用各类农作物种子，民国中期以前，均系农家自选自用和互相交换本地品种。民国后期，有少量稻棉种子，由省分配到县农业推广所试种推广。新中国成立后，随着农业生产条件的改善和耕作制度的变革，县政府帮助农民不断开展农作物品种更新换代和良种培育、制种工作。

水　稻　民国23年（1934）全县普遍为粒谷早、红壳糯。民国27年（1938），省湘米改进委员会派遣史伯恺来临澧，试验万利籼、黄金糯等11个新品种。民国35年（1946），全县大面积种植密谷粘、茶粘、胜利籼、柳条糯等品种。

新中国成立后，20世纪50年代，试种中稻万利籼等15个新品种后全面推广，早稻种子红脚早、雷火粘、西湖早、六十早和县农场自选“临农一号”；中稻万利籼、齐头黄、南京一号；晚稻种子红米冬粘—晚稻引进、白米冬粘、浙场9号、10509、松场261、老来青。60年代，一季南特号、一季稻向一季晚稻方向发展，品种向粳稻方向发展，大部分是农垦58和珍珠矮。70年代，引进早稻品种82个，除引进9个品种倒种春用种外，余皆为晚粳“农垦58”。80年代早熟多为湘矮7号、浙辐802、2106、湘早籼1号、湘早籼2号，中熟多为原丰早，迟熟多为广陆矮4号。晚稻品种，古154、余赤231—8、杂交稻新组合籼优63、湘优101、湘优102、汕优桂33、威优49，常规稻组合余晚辐7号、83—320、优Ⅰ。还引进了浙709、浙852、86—9、嘉籼10—10、早莲31、87—156、中83—49、中86—44等8个新品种。90年代，推广优质稻湘晚籼2号（商品名芙蓉丝苗）、岳晚籼1号（又称猫牙米）、湘晚籼3号（商品名洞庭猫牙米）。中熟品种以5—34、湘早籼7号、浙幅7号、湘早籼13号等为主。晚稻以杂交稻迟熟组合汕优46、Ⅱ优46等为主。早稻湘早籼24号，迟熟杂交晚稻籼优46、Ⅱ优46等。优早81、舟优903、浙9248、中鉴100、香两优68、岳早籼6号、中优早5号、湘晚籼10号、湘晚籼5号、中香1号、金优207、新香优80、培两优288等。2000年以来，推广超级稻38S/9311、88S/9311做中稻栽培通过了亩产800公斤的高产攻关。与金健米业公司签订了订单品种金健 5 号、金优 117、金优 207。早稻新引进嘉育 948、湘早籼 31 号、湘早籼 32 号、湘晚籼 11 号、湘晚籼 13 号、中健 2 号，还引进了杂交早稻金优 402 作倒种春进行救灾补种。

旱　粮　民国时期，大小麦品种，沿用本地种子，每年自选自用。抗日战争胜利后，道水南部试种美国小麦近 1000 亩。1956 年，引进小麦良种南大 2419、中大 2509。1958 年，本地麦种全被替换。1973 年，县旱粮科学研究所引进小麦品种 32 个。次年，选取新品种 19 个，推广种植的小麦品种为友谊、阿夫、荆麦 2 号、繁六、繁七。80 年代，引种绵阳 11 号良种；鄂麦 9 号、8122、8813、8—5，川麦 21、8311、8335、8350。90 年代，引进鄂思 1 号、绵阳 21 号，川麦 17 号。2000 年后引进杨麦 158、湘麦 13 号、绵阳 26 号。大麦品种 70 年代前沿用本地农家品种，70 年代后，引进二月黄和早熟 3 号。80 年代引进蒙克尔、莫特 44、81—91。

红　薯　民国时期，道水南部丘山区多种白皮苕，间有红苕，澧水南北地区多种红皮苕。1959 年，从石门洞口引进“八大块”；1971 年，引种红薯良种 23 个，以胜利百号、徐薯 18、广薯 16 为主。1981 年引进湘农黄皮，1991 年引进南薯 88，2003 年引进湘黄 1 号、湘红 2 号、即墨 2 号、法国瑞拉普、花心王、川山紫等 6 个品种。

马铃薯　境内种植马铃薯分春、秋两种，以春马铃薯为主，占马铃薯种植面积的 95%左右，秋马铃薯一般作灾年济荒或繁种。20 世纪 80 年代，全县种植马铃薯面积仅 1000 多亩，90 年代马铃薯作蔬菜食用。品种以马尔科、新芋 4 号、东农 303 等良种为主。2002 年推广中薯 3 号、新芋 5 号、州芋 3 号、米粒等。

高粱、玉米　民国时期，平区零星栽植本地粘高粱，也有少量糯高粱；1959 年，引进马齿白良种。1975 年，常德地区给临澧分配 120 个杂交高粱品种，5 个杂交玉米品种。分到官亭、柏枝等山丘队试种。高粱以原杂 12、晋杂 5 号、反修 19 等品种适应性强，产量较高，翌年普遍种植。80 年代，高粱品种采用甜秆高粱和双峰矮；1998 年引进湘两优糯粱 1 号新品种。玉米以新双一号栽培多年，玉米多种成单 4 号和甜包谷。

豆类作物：20 世纪主要品种是淮弯蚕豆。豌豆为保豌 2 号，大豆为矮架早。

经济作物

棉　花　民国时期，澧北产区多数用洋棉（美棉），少数用中棉（即土种），俗称吊吊花，分白紫两色。20 世纪 50 年代开始，引种德字棉、岱字棉、珂字棉、岱字 15 号良种。60 年代，以岱字 15 号、洞庭一号和鄂光棉。70 年代，集中产棉区多种岱红岱，分散产区多种洞庭一号。80 年代，引进 32 系、湘棉 10 号、泗棉 2 号。2000 年以后，引用湘杂棉 3 号、农杂 62 等品种。

油　料　油菜，民国时期，大面积种本地甜油菜，鸡鸭田种腊油菜。20 世纪 50 年代，引进胜利油菜。60 年代引进川油 2 号、慈油一号、湘油二号。70 年代引种早、中、迟熟三种类型的油菜品种 10 个。油菜品种主要是胜利油菜、湘油二号、湘油 5 号和本地甜油菜。80 年代，油菜品种主要是甜油菜、腊油菜、胜利油菜、802。新品种中油 821、81—2、秦油 2 号。90 年代，主要推广中油 821、秦油 2 号、8405、嘉兴 7755。普及甘蓝型油菜。湘油 13 号、湘油 15 号。2000 年以后，推广杂交油菜品种湘杂油（1 号、2 号、3 号、6 号）、中油杂（2 号、3 号），油研（7 号、9 号）、两优 586、华容 2790、湘油 15 号、杂选 1 号、华杂 6 号等 13 个品种。

茶　叶　解放前后，县南的陈二铺、斋阳桥、青林寺等山丘区农家种植零星茶叶，系桃源中叶群体品种。1965 年冬，引进中叶群体种；70 年代，增加福鼎大白、槠叶齐、云南大叶；1976 年，增加广东水仙、毛蟹、上海舟等良种；1985 年增加白毫早、尖波绿。

果　木　境内历有桃、李、柚、橙、梨、枣、柿、柑、梅、橘、杏、枇杷、拐枣等数十种果木。

柑　橘　境内栽培柑橘记载最早见于屈原的《橘颂》。1965年，陈二公社汪家桥大队首先开辟橘园20亩，品种主要有水柚子、本地柚、酸橙、橘红、红橘等。70年代，从浙江引进温州蜜橘（宫川、尾张），从省农科院引进少量梅柑、南丰蜜橘等。从湖北宜昌引进甜橙，从慈利县引进金香柚，从省农科院引进柑橘兴津、立见和雁荡雪梨。80年代，从华中农学院引进国庆1号、国庆4号、国庆5号、华农本地早等。90年代引进琯溪蜜柚、无核碰柑、特早熟市文、大浦、宫本。2000年以后，从省农业厅引进杂柑—天草。境内历有桃、李、柚、橙、梨、枣、栗、柿、柑、橘、梅、杏、枇杷、拐枣等数十种果木。到2006年，全县有柑橘园11.31万亩。

农作物面积、产量

清道光三年（1823），全县计征钱粮的田、土、山、塘共513984亩，人均5.5亩。民国25年（1936），全县有田地77.7万亩，人均3.42亩。民国30年（1941），全县地土呈报39.91万亩，人均1.81亩。1952年县人民政府查田定产，全县实有耕地73.4万亩，其中水田59.55万亩，平地4.08万亩，山地9.63万亩，人均2.97亩。1957年农业高级合作化，入社田地72.06亩，其中水田58.52万亩，旱地13.54万亩，人均2.7亩。1962年全县耕地63.99万亩，人均2.35亩。1964年全县开荒造地保持在60多万亩。1981年全县航测耕地65.6万亩，其中水田50.3万亩，旱地15.3万亩，人均1.67亩。2006年末，全县耕地53.55万亩。其中水田45.45万亩，旱地9.29万亩，人均1.24亩。

农作物产量

临澧县各时期农作物种植面积、产量见《临澧县几个年份主要粮食作物生产情况统计表》（表3—3—1）、《临澧县几个年份主要经济作物生产情况统计表》（表3—3—2）。

表3—3—1　　临澧县几个年份主要粮食作物生产情况统计表

单位：万亩、公斤、吨

年份	耕地面积	播种总面积	粮食			其中（一）水稻			（二）旱粮		
			播种面积	单产	总产量	播种面积	单产	总产量	面积	单产	总产量
1929	79.8	66.74	64.14	81	51966.64	59.54	85	50810	4.6	25	1156.64
1934	77.7	71.2	64.8	79	51754.62	60.3	84.2	50813	4.5	21	941.62
1940	76.9	73.2	69.55	154	107178.15	60.9	172	104847	8.65	27	2331.15
1946	75.6	74.2	68.07	156	106833	59.8	175	104847	8.27	24	1986
1948	71.24	65.1	44.39	95.6	42525.8	37.17	109	40577	7.22	27	1948.8
1949	71.24	67.05	59.12	130	76540.7	48.58	150.5	73161.2	10.54	32.06	3379.5
1950	73.37	73.78	62.06	128	78066.5	51.03	145.5	74259	11.03	34.5	3807.5
1952	73.40	78.87	67.38	143.5	104200	57.39	156	84534	12.12	41.5	5033.5
1957	72.06	107.17	95.52	127.5	132321.7	75.51	160.5	121245.6	30.22	38.42	11614.5
1962	63.99	89.31	77.54	89.5	103900	59.76	150.5	89903	19.68	39.51	7776.5
1965	64.39	99.81	82.46	147.5	121900	68.45	177.5	121516	16.96	47.68	8087.5
1970	62.86	120.96	101.59	186.5	150200	52.19	147	76719.5	16.35	78.81	12887
1975	60.31	123.0	103.27	225.1	194300	50.38	128	64491.5	13.54	85.33	11554.5
1980	60.37	115.74	95.79	243.5	186000	79.57	274	218020	14.68	143	20992.4
1985	58.62	117.74	91.82	296	271882.9	77.67	328.5	255117.8	14.16	118.39	16765
1990	55.43	135.41	89.56	321	287500	78.26	352	275463	11.29	107	12077
1995	53.65	145.97	82.09	364	299000	73.39	390	285971	8.69	150	13032
2000	53.38	134.27	71.21	374	266600	65.35	392	256528	5.85	172	10105
2005	53.86	123.05	70.62	371	261900	67.68	378	256113	3.8	191	7485
2006	53.55	124.07	73.06	394	287800	69.20	402	278500	5.9	195	11505

表 3—3—2　临澧县几个年份主要经济作物生产情况统计表

单位：万亩、吨

年份	其中：油菜籽			棉花			水果	麻类	茶叶	甘蔗
	面积	单产(公斤)	总产	面积	单产(公斤)	总产				
1930	0.64	11	70.4	1.6	7.81	125	—	—	—	—
1934	7.12	15	1068	1.3	7.03	91.6	—	—	—	—
1940	8.5	15	1275	1.33	14	194	—	—	—	—
1945	1.08	13.5	146.2	3.6	11	403	—	—	—	—
1948	2.1	13	277.1	2.78	10	277	—	—	—	—
1949	2.48	15	372	3.72	7.5	279	1.8		0.6	280.8
1950	2.22	16	356	3.72	10	371	3		0.5	310.2
1952	3.18	20	638	4.5	12	540	6.7		0.6	330
1957	3.81	21	783	4.98	25.5	1265	16.5		5.2	322
1961	2.68	29	781.1	6.65	18.5	1221.4	25.1		2.6	465
1962	2.8	32.8	918	5.65	28.31	1600	28.9		2.8	488
1965	4.12	46.1	1900	6.11	51	3118	40.5		1.1	367
1970	4.6	42.59	1959	10.07	30.4	3063	59.7		27.2	468
1975	5.12	55.5	2841	9.03	50.3	4542	68.8		98.6	697
1980	6.23	43.2	2693	9.59	31.3	3006	989	147.3	385	600.5
1985	13.91	65	9035.3	6.07	58.5	3540.3	2932.2	203.2	576.3	8500
1990	21.01	70	14974	7.37	52	3801	2928	42	655	9233
1995	32.54	89	29102	11.80	70	8269	4451	45	207	22631
2000	35.15	110	38802	8.81	81	7108	3834	—	111	6664
2005	34.80	111	38746	6.83	96	6567	41378	—	68	6140
2006	29.60	120	35520	8.50	105	8925	62000	—	50	3580

二、 养殖业

畜　牧

境内农家历来有饲养家畜家禽的传统习惯。新中国成立后，畜牧业、家禽业品种改进和推广不断发展，饲料资源得到有效利用，畜禽疫病的防治技术得到积极应用与推广，畜禽传染病得到有效控制。养殖业逐步向规模化、品牌化方向发展，全县主要畜禽产品产量逐年上升。到 2006 年，全县生猪出栏 51 万头，家禽出笼 1845 万羽，山羊出栏 22.1 万只，畜牧业产值达到 11.2 亿元，占农业产值的 49.3%，见《临澧县几个年份畜牧生产情况统计表》(表 3—3—3)。

畜禽饲养

耕　牛　清代水牛较多，属滨湖水牛品系。民国时期，黄牛较多，属湘西黄牛品系。新中国成立后，随着耕作制度的改革，复种指数扩大，水牛逐年增多，黄牛相对减少。

马、驴、骡　清时，马比驴多。马多系富家子弟和官吏用作代步工具，武士用以练武。驴多为城乡面粉作坊拉磨，也有用来乘骑。新中国成立后，县人民政府养马两匹专作通信工具。农村养马、驴作为板车的动力。1985 年后，马、螺、驴作为运输工具的作用日渐减弱，尔后马、驴、骡的饲养数量减少。

生　猪　农户素有养猪习惯，藉以积肥料，增加收入，改善生活。民国24年(1935)，全县3.8万户养猪6.5万余头，户均1.7头。1954年牲畜饲养4.73万头，出栏生猪1.6万头，饲养3万多头。1963年1月起，湖南省政府制定奖售办法，社员饲养积极性大提高，到1970年止，生猪饲养增长5.13%。70年代初，执行“划地补粮、粮肥挂钩，返销油肉办法”等系列政策，1970～1979年由19万多头增加到28万头。80年代后，生猪发展到31.6万头，1985年饲养32.5万头，出栏肥猪15.9万头，1986年出栏生猪17.6万头，1987年，修梅乡太平村（现临澧县经济开发区）采取“公司+农户”的模式兴办家庭养猪场，全村207户，建百头猪场86个，当年出栏肥猪1.2万头，是年出栏生猪18.2万头。1988年出栏生猪23.2万头，1989年，全县共屠宰加工肥猪34.5万头，乳猪10万头，出口创汇120万美元。1993年出栏肥猪24.73万头，1994年，全县出栏肥猪35.38万头，1996年，出栏肥猪42.85万头，1998年，生猪出栏达到44.36万头。2000年，生猪出栏39.7万头，2002年出栏肥猪44.65万头，2003年出栏肥猪45万头，2005年以后，出栏肥猪在50万头以上。

山　羊　1956年前，全县0.8万农户户均养2～3只，每年年末存栏4000只。1961年养7000多只，1969年养1.49万只，1977年全县兴办6个羊场，1985年发展商品羊1.5万只，1992年存栏1.3万只，1999年，太浮镇王化林场办起了百头羊场，引进马头羊、湘中黑山羊110只，获得成功。2002年8月成立了临澧县养羊协会，发展会员145人。协会成立到2006年底，办技术培训班56期，培训1600人次，印发各类资料8500份，给羊免疫注射1.6万只次，诊治羊病0.35万只次，提供1.2万亩草种，提供种羊1100只，外销山羊7.6万只。2003年，四新岗镇办起了羊业发展公司，发展养羊专业户16个，养羊3000只，种草650亩。烽火乡银河村王勇、张新建、廖大勇等3人，集资50万元办起了临澧县银河养殖股份有限责任公司，引进波尔山羊110只，南江黄羊70只。2006年，全县饲养34.25万只，出栏22万只。

兔　新安、洞坪、杉板等平地的农户习惯饲养本地品种肉兔。成年兔仅作食用。1958年后，县农业局、商业局分别于1961年和1977年投资兴办集体兔场，1979年底存栏种兔3594只，1981年放户分散饲养。1994年外贸部门在4个乡镇饲养毛兔1039只，2000年达6.13万只，出笼肉兔4.45万只。

鹿　1972年，官亭水库引进梅花鹿3只，饲养于葫芦凸，饲料由国家计划供应。1997年新安下坪引进20只饲养，2004年鼎城国鹿公司在太平、陈二、新安畜牧场发展养鹿户7个，饲养梅花鹿160只。

蜜　蜂　1958年集体兴办蜂场，1961年养蜂1.74万箱。1962～1968年在300至400箱之间。1979年2.8万箱。1991年1.246万箱。2000年1.06万箱。2006年5550箱。

鸡、鸭、鹅　以散养为主，每天早晚饲以谷粒或麦头。鸡鸭成龄后，陆续待客或节日、喜事宰杀作食，留下母鸡、母鸭生蛋。1996年开始，以安福清水村为核心开始养殖杂交肉鸭，故称清水鸭，年出笼90万羽。2000年开始，石门双佳农牧在澧北、停弦、杉板、文家等地发展养鸡大户，年出笼肉鸡280万羽。养鹅户较少。

七彩山鸡（俗称野鸡）　1994年试养，1998年进入商品生产阶段。

肉　狗　1996年以后农村养狗增多，每户少则1只，多则3～5只。2001年，狗的饲养量达10万只以上，出售肉狗8万只左右。合口镇傅绍兰以全县肉狗饲养为依托，创办了“傅大姐”风味食品加工有限公司，每年生产“傅大姐”无骨香腊狗肉2.5万件，其产品获湖南省首届优质农产品博览会金奖，产品远销北京、广州、深圳、武汉、长沙等地，每年创产值500多万元，利税40万元。

表 3—3—3　　临澧县几个年份畜牧生产情况统计表

单位：头、羽

年份	大牲畜存栏	其中牛存栏	生猪存栏		羊存栏	家禽存笼（羽）	出栏猪	出栏牛	出栏羊
			小计	母猪					
1949	24156	23974	26910	1980	3343	252416			
1950	27986	26638	29306	2000	3519	452480			
1952	28963	28868	30656	2500	3300	503607			
1957	26365	26019	88145	8327	4689	491410			
1962	23998	22765	46071	4326	13330	391496			
1965	23869	23777	73549	5168	15792	499000			
1970	24361	24631	118372	10415	12960	446000	100036		
1975	28120	27893	203140		12780	498000	124300		
1980	23650	23065	295148		14693	830200	135086		11839
1985	25398	25077	166725		12554	2190300	158508		
1990	27100	26335	205756	11422	15694	1935000	2653100		
1995	26100	25696	253845	19904	44677	3612812	3968000		
2000	28455	28118	133018	8319	48224	8214400	3968520	25981	118203
2005	42236	42236	285540	22511	119600	5900000	511430	12003	206400
2006	42675	42675	285540	23011	121600	6000000	512000	16000	220900

水产养殖

养殖面积：境内可养殖水面 78634 亩，其中水库放养面积 23316 亩，堰塘放养面积 51498 亩，河沟养殖水面 2500 亩。历史上水面养鱼“人放天养”产量低，1949 年新中国成立后，渔业生产仍沿旧习。1959 年，县、社以水库为基点建立渔场，配备人员。1965 年，国营鱼苗鱼种繁殖场试行家鱼人工繁殖技术成功后普及全县。1979 年，全县养鱼水面达 6.5 万亩，总产鲜鱼 1250 吨。1980 年，县政府实行三级（县、乡、村办渔场）办场、四级［乡（镇）、村、组、户］养鱼，养鱼水面 76713 亩，其中水库放养面积 27464 亩。1984 年，《中华人民共和国渔业法》颁布实施，县政府整治渔业生产秩序，全县鱼产量稳步上升。1985 年，全县水产品产量 3000 吨，1987 年为 4315 吨。1990 年以后，全县推行水面租赁承包、渔业合作经营，水产品产量直线上升，1995 年达到 7010 吨，1998 年达到 7782 吨，2000 年为 12693 吨，2005 年达到 16900 吨。2006 年水产的总量 17733 吨，见《临澧县几个年份渔业水产品统计表》（表 3—3—4）。

鱼类品种：境内共有鱼类资源 74 种，隶属 9 目 16 科，主要经济鱼类有青、草、鲢、鳙、鲤、鲫、湘华鲮、团头鲂、三角鲂、长春鳊、细鳞斜颌鲴、黄尾密鲴、鳜、鲶、鳡、乌鳢、翘嘴红鲌、蒙古红鲌、赤眼鳟等，有的已形成种群。

鱼苗繁殖　1965～1980 年，全县 18 个公社渔场都能自繁自养。年产鱼苗 1 亿尾～1.2 亿尾。1984～1986 年，在湖南省水产科研所的帮助下，官亭水库渔场用人工催产技术繁殖黄尾密鲴获得成功，年产鱼花 1500 万尾，在全省推广。1984～1989 年，同欢水库渔场修建人工产卵场 30 亩，繁殖细鳞斜颌鲴鱼苗成功，共孵出鱼花 6000 万尾，销往省内外。1990 年后，主要养殖鱼类鱼苗的孵化多由养鱼大户进行。2000 年鱼花产量达到 2.2 亿尾左右。

鱼种培育　望城公社楚城大队欧家坪育鱼种，有近百年历史。他们选择水源方便、向阳、能蓄水2～3尺深的鱼池。育鱼苗时，实行草、鲤、鲢、鳙2～3个品种混养。每亩初放鱼花8万～10万尾，经15～20天育成1寸左右的夏花（又称粗仔）时，即出售一批，剩下的留池继续培育，直至长到4寸以上规格的鱼种。1978～1985年，育种池和稻田育种，每年生产大规格鱼种750吨左右。1986年，合口镇育种基地和中型水库拦库育大规格鱼种（长度5寸以上，鱼重50克以上）。1996年达2000万尾，2000年以后每年育种7200万尾，大规格鱼种4800万尾，总产量1500吨。

成鱼养殖

池塘精养 境内精养鱼塘主要集中在新安、合口、官亭、安福、望城、佘市、四新岗等乡镇。精养塘一般为原有的骨干塘或低洼地开挖成精养鱼池。

水库养殖 1959～1985年，全县水库开始投种养鱼。养鱼投种不足，饵料缺乏，成鱼亩产鲜鱼7.5公斤左右。1986年水利局邓绪明在官亭水库进行化肥养鱼试验。官亭水库养鱼水面5000亩，1985年产鲜鱼40吨，亩平8公斤。邓绪明编写的《水库化肥养鱼》、《水库化肥养鱼技术设计图》经湖南省科技出版社出版，1994年，该项成果获湖南省科技进步三等奖。2001年，湖北省宜昌市私营业主熊云带领其亲友8人，承包了县内的沃沙、向阳、高桥、西坡堰、五星、胜利等6座水库养鱼。

河坝放养 1976年，县革委会发布《道河养鱼管理公告》，决定临澧管辖的道水水域（常年水面3000亩）划归县鱼苗鱼种场养鱼，开始投放“春片”10万尾，机动船2只，安排职工4人，日夜巡护并捕成鱼，当年回捕成鱼万多斤。

稻田养鱼 1949年前后，道水沿岸有少数农民在稻田养鱼。70年代，在水库附近的生产队，以培育鱼种与水库交换成鱼为目的，利用稻田育种。80年代，稻田养鱼试点遍及全县。

其他水产

龟鳖养殖。临澧县中华鳖（又称甲鱼）人工养殖始于1984年。1991年，临澧县经济开发区（太平村）胡宗喜利用7亩池塘饲养中华鳖2000斤，当年获纯利10万元，1993年扩大到100亩。是年，太平村建温室1600平方米。1994～1995年，太平村露天养鳖池扩大到250亩，温室面积22400平方米，1995年稚鳖孵化38万只，产成鳖30万斤，获纯利润2000万元。1996年，太平农工商实业开发公司新上甲鱼饲料厂，甲鱼罐头厂，兴建了装机5000千瓦的热电厂，扩建温室10300平方米，使全场温室总面积达到32700平方米，成鳖养殖面积350亩，形成了种鳖培育—稚鳖孵化—温室育苗—成鳖养殖—甲鱼罐头生产一条龙生产线。

小水产

牛　蛙 1987年望城乡开始试养牛蛙，1995年后养殖户逐年增多，是年开始饲养美国蛙。1997～1998年合口镇澧阳村胡仕安，养美国蛙2亩，存池蛙5万只。2000年全县产量达到56吨。

虾 境内有青虾、淡水龙虾、米虾等品种。青虾多为池塘养殖，米虾为池塘、河道自然繁殖，龙虾开始为人工养殖，1998年洪涝灾害后，龙虾进入了道水、澧水，在捕虾高峰期，全县每天可捕捞近400～500公斤。2000以后年产虾75吨。

泥　鳅、黄　鳝 1995年后在合口、望城、柏枝等乡镇饲养泰国大黄鳝。2002年安福镇开展网箱养鳝。2006年，发展网箱（6平方米/箱）4000多个，获商品鳝75吨。

珍珠养殖 1972年河蚌育珠成功。1973年新合公社部分生产队养殖。1980年县外贸局支持新合公社渔场、城关梅溪大队、佘市湖堰大队，发展80亩水面珍珠生产，1982年首次取珠29.3公斤，1985年新合渔场被省列为珍珠场家。1985～1987年，合口珍珠养殖场新修600平方米的手术插片大楼，职工增加到56人，养殖水面扩大到700亩，全部实施珠鱼混养，开发出了珍珠首饰、珍珠粉、珍珠层粉、贝雕和保健药品等系列产品。1986年，新办了湖南省临澧县新艺珍珠加工厂，从香港购进珍珠项链打孔机等全套设备20台（套），形成了年加工珍珠3吨的工艺品生产线。省公司负责原材料供应和产品包销。是年，合口珍珠场又投资建设临澧珍珠粉厂，设计能力每年加工珍珠粉、珍珠层粉等系列保健品15～20吨。1998年夏秋季的特大洪水后，合口将所有水面、场房租赁。到2006年，全县珍珠蚌养殖总面积达到3500亩，吊养珍珠蚌150万个，珍珠产量恢复到980公斤，向省外销售珍珠蚌60万个。

表3—3—4　临澧县几个年份渔业水产品统计表

单位：吨、亩

年份	水产品总量	捕捞产量		养殖产量		年份	水产品总量	捕捞产量		养殖产量	
		小计	其中：鱼	小计	其中：鱼			小计	其中：鱼	小计	其中：鱼
1949	369	216	198	153	142	1980	2836	2265	1968	571	396
1950	459	320	220	139	123	1985	3716	2513	2213	1203	1100
1952	600	434	389	166	136	1990	3168	1997	1497	1171	896
1957	956	600	469	356	236	1995	7010	5860	4995	1150	869
1962	366	167	103	199	156	2000	12693	1085	1024	11608	10783
1965	674	389	301	285	236	2005	16893	1256	1193	15637	14115
1970	459	234	134	225	195	2006	17733	1256	1195	16477	14950
1975	1566	1213	986	353	265						

三、林　业

山林面积

民国时期，县境的山林面积90多万亩，约占总面积的60%。解放初，山林依旧。1957年10月，林业部门首次调查，全县林业用地89.64万亩，占总面积的49.33%，森林覆盖率48.4%。1976年第二次调查，林业用地740790亩，占总面积的41%，森林覆盖率26.2%。1985年第三次调查，林业用地631954亩，占总面积的35%，森林覆盖率28.9%。1994年第四次调查，林业用地63.97万亩，占总面积35.44%；2004年第五次调查，林业用地72.27万亩，占总面积40.15%，森林覆盖率34.3%，见《临澧县几个年份营林造林面积统计表》（表3—3—5）。

植树造林

育苗：民国25年（1936），在县城公堰角（今文化街）利用10亩的空旷地作为苗圃，以供机关、团体和居民造林。民国30年（1941），县城东梅溪桥（今电力局）建立县农林场，内设苗圃，常年培育松、杉、柏、梓、桐等苗木，至民国36年（1947），累计育各种苗木40余万株。1952年，县人民政府在望城坡征地602亩，建立苗圃，配备干部、职工6名。50年代以育松苗为主，杉苗次之，并育其他树苗供应“四旁”植树。60～70年代，广泛开展社队育苗，大力培育杉、檫、乌桕等速生、优质、丰产的用材林及经济林。80～90年代，县内繁育良种杉木、马尾松、国外松、檫木、桤木、欧美黑杨等速生丰产用材林及生态防护林苗木1000万余株，引种繁育杂交板栗、杜仲、碰柑、脐橙、蜜柚、黄花梨、特早熟蜜橘、奈李、葡萄、南方苹果等新品种500万株，茶花、玉兰、红楝木、杜鹃、杜英、铁树、雪松等名贵花木及绿化苗木1500万株，满足了全县灭荒、绿化达标、高效林业建设、油茶低改建设、城镇绿化用苗171.3万株，1990年以后，个体苗圃大力发展，境内林木花卉品种繁多。

荒山绿化：民国25年（1936），县政府派员勘察出荒山5.4万亩，限期造林。至民国28年（1939）止，累计造林4591万株。民国33年（1944），吴家、团山、合口、佘市、陈二、王化、将军等7个乡，组设农林场，进行荒山绿化，至民国35年（1946），累计造林21847亩。新中国成立后，县人民政府实行民营公助，国家给予贫农补助种子费，公山民营或代为看管培植者，按“主二民八”等办法分成，全县造林10200亩。1959年列为全省“基本绿化”县。1964年后，县林业部门先后在太浮山、营驻山、刻木山、铜山建立杉木林基地。到1977年，杉木林基地累计造林20510亩。1989年县委、县政府提出“三年消灭荒山，五年绿化临澧，十年优化结构”的林业战略目标，当年完成荒山造林1.24万亩，1990年造林1.8万亩，至此全县所剩荒山面积仅占林业用地的0.22%，成为常德市丘陵区第一个消灭荒山达标县。1991～1992年完成人工造林1.2万亩，四旁植树800万株，公路渠道绿化328公里，新增城镇绿地面积8.3万立方米。1992年3月经省绿化委员会验收，成为湖南省第一个全面绿化达标县。

表3—3—5　　临澧县几个年份营林造林面积统计表

单位：亩、万株

年份	用材林				造林面积	封山育林面积	零星植树	育苗面积
	松材		杉材					
	面积	储量	面积	储量				
1949					3300	1500	90	3
1950					4433	1960	110	5
1952					4097	4231	360	20
1957	542589	778663			23580	11050	159	113
1962					17279	10000	169	38
1965			2148		39093	21500	200	49
1970					16300	24000	180	54
1975			24392		19001	36920	326	156
1980	189754	112138	35740	29728	20035	17169	404	196
1985	224790	212785	32781	78206	15700	29630	482	120
1990	287982	261070	31531	83056	25417	12800	316	343
1995	259478	469730	33326	88498	3823	20000	108	497.1
2000	256891	481735	31341	86435	1110	20000	79.1	14
2005	241371	627469	31566	95898	5000	10000	278	33
2006	241391	637409	31860	105878	3000	10000	74	30

植树绿化

四旁植树

路　旁：民国中期，始有公路旁人工植树。抗日战争初，县境50公里国道路段，均栽上行道树，后因兵荒马乱，以致残缺不齐。抗战胜利后，曾又补植，终未成荫。1953～1958年，县境国道行道树全部更新，由公路养路段分班经营管理。

水　旁：县内河流溪沟两岸，习惯禁蓄种树以防崩垮。

宅　旁：境内农户在房屋四周植树，房前屋后多栽植桂、柏杂以桃、李、枣、柚等果木。20 世纪 80 年代，农户在房屋周围成片栽植果木，发展庭院经济。1994 年，临澧县大力调整林业产业结构，是年完成板栗、脐橙、梨子、杜仲等名特优经济林基地建设 450 亩，庭园造林 1 万亩，油茶垦复及低产林改造 0.5 万亩，全县经济林抚育面积达 2.1 多万亩，占经济林总面积的 60%。2000 年底，全县拥有 1 亩以上庭园林业户 5.76 万户，面积达 8.6 万亩。其中 10 亩以上的大户有 510 户。

村　旁：20 世纪 70 年代，田园化建设中实行田、土、路、林等综合治理，建设新村。澧北平原，皆是“渠成网，田成方，树成行”，居民房舍，排列整齐，俨然若市。

城镇绿化

20 世纪 60 年代末，加强城镇街道两旁及机关院内的植树绿化。1969 年，安福镇老正街、河街植法国梧桐 1735 株。1975 年，合口镇在人民路栽植香樟、法国梧桐 1000 株。1980 年，安福镇、合口镇、新安镇党政机关、企事业单位、厂矿学校、商店均在各自的院内广种树木花草。1981～1983 年，“三镇”有 234 个机关、单位出动 1.46 万人参加植树活动，绿化街道 3 条，美化庭院 52 个，种植法桐、铁树、龙柏、雪松、水杉、桂树、棕榈等数十种。1985 年安福镇累计植树 11.65 万株；新安、合口主要街道已绿化成阴。全县庭院景观培植 150 个。1986 年兴建朝阳东街，将道路绿化分二层设置，内层为 2 条绿化带，外层植行道树，街道绿化面积 1480 平方米。1987 年，安福镇干部职工和居民义务植树 2.38 万株。1993 年安福大道、迎宾路设置双向绿化带 9680 米，增加 24480 平方米城市绿地。1996～1999 年，城区补植各种花卉 5700 株，新植草皮 1.58 万平方米。到 2006 年，县内机关园林 218 家，绿化面积达 1326 亩，有 183 家单位被省、市、县评为文明单位，县公共街道绿化 12 条，总长 21300 米，绿化面积 454.5 亩，人行道植树 5300 余株，城市公共绿地 2325 亩，绿化覆盖率达 28.7%，城市人均绿地面积 4.5 平方米。

杨树生产

2000 年 11 月 29 日，湖南省团委、湖南智邦集团积极响应中央团委“保护母亲河、营造生态防护林”的号召，投资 100 万元在停弦、佘市、望城、城关等乡镇建立智邦基地，引进优良品系的欧美黑杨，三年共完成 7999.5 亩。2001 年实施“长江中下游防护林体系建设”，三年共营造防护林 3.4 万亩，引进中林“107#”、“108#”、“2001#”等优良品系，依托泰格林纸股份有限责任公司、洞庭白杨林纸公司，采取租赁农民土地合作栽树的方式在全县发展速生丰产林杨树基地。2003 年临澧县列入第四期《世界银行贷款国家造林项目》，工程总任务为营造林 2.25 万亩，项目总投资 80 万美元。到 2006 年，共营造人工用材林杨树（纸浆林）1.875 万亩，并通过湖南省林业厅检查验收。

退耕还林

1998～2002 年退耕还林工程 4.27 万亩，国家种苗补助 213.5 万元，粮食现金补助 483 万元。2003 年工程任务为 5 万亩，其中坡耕地造林 4.6 万亩，宜林荒山荒地造林 4.7 万亩；生态林 8.05 万亩，经济林 1.22 万亩，国家种苗补助 250 万元。到 2006 年底，全县共计投工 4.63 万个，植苗 2039.4 万株。

经济林产品

临澧县主要经济林有茶油、桐油、乌桕、药材及其他产品，其产量见《临澧县几个年份林产品统计表》（表 3—3—6）。

茶　油：境内的油茶，以东南最多。民国初期，年产茶油约 20 吨。民国 24 年（1935），临澧从津市购进茶油 7 吨。抗战胜利前后，每年产茶油 200～250 吨。1996～1999 年临澧县被确定为湖南省第二期油茶低改项目建设县，总投资 580 万元，完成油茶低改面积 3 万亩，1999 年 9 月完成 3.5 万亩，经省油茶低改项目办组织验收，亩产茶油由改造前的5.62公斤提高到17.77公斤。2000年临澧县列入第三期油茶低改工程项目县，投资119万元，建设任务为1875亩，到2003年完成低改更新任务。

桐　油：民国中期，临澧桐油有部分被外商采购出口。民国36年（1947），全县有成林油桐16.35万株，年产桐油150吨。新中国成立后，20世纪50年代，重点在柏枝、望城、四新岗、杨板、文家、停弦渡、官亭、佘市、修梅、杉板等乡镇更新补植4000多亩。60年代，每年平均产油27吨以上。70年代，每年产50吨以上。80年代后，桐树老化，培管放松，产量下降。

药　材：临澧属于森林资源的动物药材有31科、37种。

表3—3—6　　临澧县几个年份林产品统计表

单位：吨、立方米

年份	油桐子	油茶子	木材采伐	年份	油桐子	油茶子	木材采伐
1949	30	63		1980	122	256	526
1950	51	71		1985	163	279	900
1952	53	96	120	1990	98	943	1980
1957	63	88	8000	1995	68	3012	2961
1962	60	148	2184	2000	56	3459	4569
1965	92	175	1610	2005	30	6450	11548
1970	56	165	911	2006	32	6800	10696
1975	98	159	1100				

四、水　　利

临澧早期著名塘坝有40多处，宋时即在邑北修有灌田万余亩的罗湖当。清道光三年（1823）全县塘坝34处，堰塘68处，湖泊11处，泉井15处，坑冲谭26处，沟港15处共159处。清同治八年（1869），全县虽有塘、坝、沟、港、坑、潭、泉、井159处，但容积小，抗旱能力弱，灾害仍很频繁。清末及民国初年，兵患连年，战乱不止，水利设施年久失修。民国中期，政府始注意兴修水利。抗日战争胜利后，农民多在冬季自发兴修水利，水利条件有所改善。民国38年（1949），全县塘坝等水利设施1546处，有天水田17万亩。

新中国成立后，中共临澧县委、县政府领导全县人民整修和兴建塘坝、水库，发展机械排灌。1950年新建堰塘1100处，塘坝212处。1957年，全县有塘坝（包括7座小型水库）40523处，1958年冬季兴修中小型水库29处。1965年保收面积增加到27万亩。1966年，临澧人民修建青山水轮泵站，建成以水轮泵提水灌溉为主，结合发电、改善航运的大型水利工程。在青山工程配套的同时，梯级开发道水资源，兴建烽火、清水、金宝滩三座中型水轮泵站，配套结瓜水库，疏通灌溉渠系，增建电灌机埠，形成以青山为骨干，中小型水库为基础，提蓄引相结合的南北两大水利灌溉网。1985年，全县有塘坝27773处，80%与青山灌渠相连，全县总提、蓄、引水量达46592万立方米，水田、旱地每亩分别占水794立方米和984立方米，有效灌溉面积52.7万亩，旱涝保收面积38.59万亩。2001～2003年，县委、县人民政府“百堰大汇战”，到2006年有堰塘2.76万处，蓄水8305万方，水库151座，蓄水22189万方，见《临澧县2006年水利设施基本情况统计表》（表3—3—7）。

表 3—3—7 临澧县 2006 年水利设施基本情况统计表

乡 镇	现有水库座数及库容（座、万方）								水轮泵		溪坝		堰塘（处、万方）			
	合计		中型		小Ⅰ型		小Ⅱ型		座	水量（万方）	处	水量（万方）	处	水量	其中骨干塘	
	座	库容	座	库容	座	库容	座	库容							处	水量
太 平	3	57					3	57					116	32	8	11
安 福	6	182					6	182			11	13	890	390	73	162
新 安	3	346			1	280	2	66			1	80	1735	611	7	92
合 口													1998	480	33	124
停弦渡	4	527			1	468	3	59			162	69	1943	415	52	151
修梅镇	14	801			1	460	13	341			126	88	2344	635	108	207
佘市桥	8	1794	1	932	2	722	5	140			101	108	1811	687	146	270
四新岗	15	1505			4	1151	11	354			287	92	1269	639	113	268
太 浮	16	868			3	549	13	319			75	120.5	1545	417	62	149
杉 板	12	543			1	225	11	318			203	113	1612	266	34	85
文 家	12	1297	1	956			11	341			149	112	1811	418	56	135
陈 二	9	1151			3	985	6	166			116	79	1467	588	126	283
柏 枝	12	2020	1	1480	2	271	9	269			90	129	1350	466	110	215
烽 火	10	1106			3	886	7	220			189	128	1814	594	105	218
望 城	4	2249	1	2070	1	85	2	94			3	16	978	379	66	141
杨 板	9	1529			4	1409	5	120			189	226	1772	565	119	220
官 亭	9	412			2	295	7	117			128	112	1401	303	59	98
九 里	4	152					4	152					1748	420	17	62
官亭水库	1	5650	1	5650												
合 计	151	22189	5	11088	28	7786	118	3315			1830	1485.5	27604	8305	1294	2891

第四节 工 业

临澧县工业资源比较丰富，以粮、棉、油、猪、禽、砂、石、黏土、石膏为大宗，水陆交通亦较方便。在漫长的封建、半封建时代里，工业生产长期以个体手工业为主，人少力薄，零星分散。新中国建立后，中共临澧县委、县政府把发展工业摆上重要议事日程，多方扶持，各类工业发展较快，新产品、新工业不断涌现。

一、 经营体制

临澧县工业经营体制有国营、公私合营、集体经营和私营四种，见《临澧县几个年份工业经营体制统计表》（表 3—4—1）。

国营企业

始建于民国 15 年（1926），入股与澧水流域 8 县市联合在津市合办九澧贫民工厂。民国 19 年（1930）在县城开办贫民工厂，于民国 32 年（1943）先后停办。1951 年县人民政府兴建人民机米厂。1952～1957 年建 4 家厂矿。1958～1960 年兴办国营厂矿 36 家。1961～1965 年关停 7 家，新建 2 家，所存 11 家厂矿。1968～1976 年大办“五小”工业厂矿 31 家。1979～1985 年调整为 27 家，其中省属 6 家、地属 1 家、县属 20 家（部门工业 10 家）。职工人数 2814 人，工业产值 3389 万元。1990 年县属国有企业 24 家（部门工业增加 14 家），职工人数 3464 人，工业产值 7380 万元，到 1995 年，预算内企业由 10 个减少到 4 个，芙蓉气门厂与机械厂合并为湖南气门厂，县织布厂、酒厂、肉类食品加工厂先后于 1992 年、1995 年、1999 年破产，新安耐火材料厂、合口石膏矿实行租赁。新建 3 个厂，年末新增职工 508 人，工业产值新增 1019 万元。到 1997 年止，全县国营工业企业全部实行改制。

私营企业

1951 年 3 月，合口镇胡保绅等 4 户集资与县财政科组建合口利民企业公司。1952 年安福、合口 21 户集资联办酒厂后转为国营。1953 年县粮食局接管利民企业公司。1955

年城关14家私营糕点、糖果、蔬菜加工坊组建为食品合作社，1956年改组为公私合营，合口镇组建公私合营合口建设油厂，合口镇组建公私合营合口民生锅厂，新安镇组建公私合营新安米厂，合口镇组建公私合营合口建新染织厂，5家企业共有职工150多人，固定资产11万余元，分别于1958～1959年转为国营工厂。

集体企业

临澧县集体企业有二轻、乡（镇）、村（街）和部门工业。

二轻企业：二轻工业的前身是手工业。1952年，安福、合口、新安三镇部分铁匠成立生产自救铁业生产部。1954年10月，安福镇成立第一家手工业生产合作社。1957年全县手工业社、组发展至53家。1958～1960年有25家转办为国营工厂。1961年有职工1282人。1961～1965年年均创产值167.5万元。产值利润率6.74%，固定资产达22万元。1965～1970年，全县手工业社、组职工在“文化大革命”中坚持生产，工业产值年递增7.5%。1970～1979年，年均产值326万元～338.8万元。产值利润率3.6%，固定资产达145.8万元。1979年二轻局筹资400多万元，进行技术革新改造扩建，企业调整为12家，1985年工业产值1233万元，职工777人，固定资产604万元。1985～1995年二轻企业调整产品结构，进行技术改造，累计工业产值54411万元，缴税金1047万元，利润241.6万元，1996年10家企业6家亏损164.5万元。1997年政府对二轻企业实行破产、租赁、出售，资产重组改制，1998年撤销二轻工业局。

乡（镇）村（街）办工业：社镇企业1958年建厂矿349家。1958～1960年创产值1887万元，1965年有工业企业12家，800多人，年工业产值29万元，1966～1967年被关停。1968年开始恢复社镇企业，到1978年共有91家，员工3800人，产值1400万元。1980年关停厂矿18家。是年集资3100多万元，兴建49家，1985年共有122家，员工10421人，固定资产4406万元，年产值4858万元。村（街）企业于1954年县内试点办高级农业生产合作社，设有工业生产专业队。1954～1957年村（街）工业产值在170万元～300万元之内。1958年后，村（街）工业列为农业副业统计范围。1979年以后，大队、街道工业产值从农业副业中和镇办工业产值划出来单独统计。1985年，全县共办工业厂矿558家，员工6400多人。从1986～1997年，乡（镇）村（街）办企业进行体制改革，在稳定中发展，在发展中革新。1997年有乡镇企业141个，村办企业1180个，从业人数63401人，工业总产值294036万元。1997～2000年，乡（镇）村（街）办企业实行租赁，出售资产或重组，完成了企业改制任务。

部门工业：1953年县供销社始办印刷部，1957年县供销社接收县石灰矿厂，1961年后下放给新安公社。1958年县航运合作社兴建船厂，1977年新建县自来水厂。1981－1983年县搬运公司办汽车修配厂、综合厂，县建筑公司建防水材料厂，县劳动服务公司建服装厂。1985年县工商联建清泉饮料厂、县日杂公司设家具厂。全县部门办厂9家，职工400多人，固定资产增到149万元，年产值达293万元。1986～1998年，部门工业企业一般保持在10～20个，职工人数在120～300人，因资金短缺、市场原因，到1999年止先后破产企业5家，企业租赁2家，出售资产6家，部门工业企业实行了体制转换。

个体、私营工业

民国18年（1929），境内有私营企业258家，员工796人，资本7.7万元。1950年全县有私营工业805户1656人。1950～1951年创产值180万元。1952～1956年有745户转办国营、公私合营或生产合作社。到1985年，农村合作经营工业37户245人，城乡个体工业812个3072人，工业总产值548万元。从1986～1998年乡（镇）村（街）企业完成改制。2000年，全县城镇合作经营工业2家，工业产值534万元，城乡股份制企业125家，工业产值112926万元，村及村以下民营企业5271家，工业产值339773万元。到2006年，规模以上企业中民营企业工业总产值过100万元有19家，过2000万元有20家。

中外合资工业

1992～2006年，先后与国外5位外商合资合作，引进外资8000万元人民币，美金1100万美元。合作项目5个。到2006年年工业产值11300万元。

外商独资企业

1992～2006年，引进外商独资企业1家，2006年工业产值100868万元。

表3—4—1　　临澧县几个年份工业经营体制统计表

单位：万元、%

年　份	全县工业产值（万元）	各类工业占全县工业产值%				工业产值占工农业产值
		国营工业	集体工业	非公有制	私（及合）营	
1952	226	18.6		81.4	68.7	8.46
1957	418	45.7	19.4	34.9		11.44
1965	66.0	70.9	29.1			15.3
1978	4163	57.8	42.2			30.57
1985	14512	36.5	60.6	2.9	2.9	44.6
1995	360705	34.7	32.8	32.9		50.1
2000	499142	6.8	2.5	90.9		56.5
2006	351130		2.1	97.9		60.7

二、　工业门类

临澧工业1952年为10类，到2006年增加到14类，见《临澧县几个年份工业产值统计表》（表3—4—2）。

采矿业　境内农民有烧石灰的传统，民国37年（1948）有私人石灰窑18家，年产量约500吨。1952～1955年平均年产量1254吨，1956～1962年年平均产量25283吨，1963～1970年年平均产量2.82万吨，1971～1975年年平均产量2万吨以下。1978年年产量6万吨，1985年年产量15万吨。1992年年产量为25.96万吨，1993年后逐渐减少。

石　膏　1958年县政府兴建石膏矿3个，年产石膏2.5吨。1959年后逐步发展，1987年起，有停弦、合口、佘市、杉板等乡镇办起10多家石膏矿。1988年年产石膏0.98万吨，1992年年产石膏3.91万吨，1994年年产石膏32.8万吨，1995年年产石膏23.5万吨，1996年年产石膏40.3万吨，1997年年产石膏32.1万吨，1998年年产石膏98.2万吨，2000年年产石膏26.05万吨，2001年年产石膏28.8万吨，2002年年产石膏38.7万吨，2003年年产石膏39.1万吨，2004年年产石膏84.71万吨，2005年年产石膏38.01万吨，2006年年产石膏50.37万吨。

石　煤　1955～1957年，临澧在新安叶家湾建石煤矿，年产石煤8.47万吨，1958～1985年产煤85.5吨，1988年产煤7.58万吨，1992年产煤8.6万吨，1994年产煤6.72万吨，1998年产煤3.3万吨。1998年后县煤矿改制，后期煤矿停办或非公有制企业规模较小，统计资料不祥。

食品工业　1950～1951年县政府组建5家工厂，其中有2家米厂和酒厂。1952年年产大米0.86万吨，加工面粉、面条0.07万吨。1957年年产大米1.5万吨，面粉750

吨。1965年年产大米3.1万吨，面粉（条）890吨。1978年年产大米4万吨，面粉（条）78.4万吨。1985年年产大米1.4万吨，面粉6161吨。1995年年产大米2.2万吨。2000年年产大米7.56万吨，小麦粉0.53万吨，食用植物油1.68万吨。2006年有食品工业46家，主要有植物油、面粉、茶叶、食品加工、啤酒、茶叶和冰冻食品等企业，年产大米16844万吨。

纺织业 临澧纺织业原以家庭土纺、土织为主，民国初年始有纺织厂生产棉布。民国18年（1929），生产土布1万多匹。民国37年全县产棉纱22吨，棉布2.46万匹。1953年国家取缔土纺、土织。1953～1970年平均年产117.9万米，1981～1985年平均年产221.3万米。2000年生产印染布1567万米，棉纱972吨。2006年产印染布6770万米，棉纱2265万米，

电力工业 1949年临澧有火电发电厂，1962年官亭水库建水电站，1966～1969年建青山水电站，1980年建清水、金宝滩、烽火水电站，1985年电网建成，2000年发电量6822万千瓦小时。2001年建中加水电站和太平热电厂。到2006年，全县有水电站6座，热电厂1座，年发电量9377万度。

建材工业 砖瓦。解放初期，全县有私人砖窑100多座。1951～1955年年平均生产砖73万块，小青瓦64万片。1956年杉板乡建第1家砖瓦厂。1970年全县建各类土砖瓦窑130家，1985年全县610家，年产砖2.18亿块，瓦1100万片。2000年产红砖51848万块，墙地砖70万平方米。2004年有873家年产砖6.7亿块，瓦5000万片。

水　泥。1958年开始建水泥厂3座，于1960～1961年先后停办。1968年新安部分居民集资建水泥厂1座，1969年转为国营企业。1975年有水泥15家，年产量2.473吨。1985年有水泥厂7家，年产值14.5万吨，2000年有水泥厂9家，年生产水泥106万吨，到2006年有水泥厂9家，年产水泥124.4万吨。

烟花鞭炮工业 清顺治年间，澧北生产鞭炮。民国时期和建国后鞭炮不断发展。1970年年前产量200～500箱。1985年有鞭炮厂549家，年产鞭炮2.1万箱。1991年年生产20万箱。2000年年生产57万箱。2001年有17家企业，年生产80万箱，到2005年年生产鞭炮86万箱。

陶瓷工业 停弦渡镇留有宋代窑迹，四新岗、陈二、杨板和文家等乡镇的11个村留有明、清时代的窑址12处。1954年兴办陶业工厂。1959～1961年发展到5家，共生产6433件。1963～1978年年均生产5.4万件，1985年年生产2726万件。2000年生产卫生陶瓷20万件。2006年共有陶瓷厂9家，年产量193.8万件。

冶金工业 1958年6月大炼钢组建小高炉2座，小火炉127座，1960年年底停办。1970年兴办县建锅厂因亏损于1973年7月停办。1971年建铁湾铁矿，1980年停办。20世纪90年代至2003年黑色金属加工及压延加工业年产值2973万元，2006年产值16503万元。

纸制品及印刷工业 1958年建国营造纸厂，年产手工用纸1.78吨。1958～1962年生产土纸465吨，机制纸142吨。1981～1985年全县年平均生产卫生纸986吨，纺纸和包装纸751吨，油毡原纸1120吨。2000年生产机制纸及纸板7800吨。2003年生产2.4万吨，年产值4921万元。2006年规模以上造纸及纸制业3个，年产值47830万元。

化学纤维制造业 从20世纪90年代开始规模发展化学纤维制造业。1992年年产值7381万元。1998年生产7000吨。2000年生产化学纤维8535吨。2001年生产6534吨。2003年年产涤纶6498吨。2005年规模以上企业年产绵纶纤维9579吨，年工业产值36830万元。2006年有化学纤维规模企业2家，年工业产值42940万元。

三、 工业效益

境内的工业数量和产值不断增加，产品技术不断提高，生产的规模不断扩大，工业效益不断提高，见《临澧县几个年份工业企业效益统计表》（表3—4—3）。

表3—4—2　　临澧县几个年份工业产值统计表

单位：万元

项　　目	1952年	1955年	1965年	1975年	1985年	1995年	2000年	2006年
全县工业总产值	226	418	661	3810	15260	128103	202589	351130
其中：轻工业	222	362	539	2050	7806	67046	126617	191972
重工业	4	56	122	1760	7454	61057	75972	159158
其中：食品	160.3	222	302.4	1017	5011	24257	37051	22001
建　　材	3.1	36	73.3	488	3445	24880	39761	53022
化　　工				500	1219	12593	21751	141518
机　　械			45	458	1165	12332	18151	16159
金属制品	16.6	25	19	100	619	8956	13471	71920
纺织、轧花	20	75	128.6	241	787	12364	17578	67133
造纸（制品）印刷	5.6	11	13	203	591	12576	27761	70094
电　　力	0.4	0.5	2.7	109	416	622	899	7468
鞭　　炮	2	2	7	55	282	5890	9878	11581
缝纫、皮件	5	25	16	63	541	1490	1967	2466
陶　　瓷	2	2	12	8	190	2759	4967	5945
冶　　金				15	110	7817	9617	8713
煤　　炭		19.5		372	122	682	337	110
其　　他	11		42	181	762	924	1100	

注：1995年为村办企业和规模企业数据。

表3—4—3　　临澧县几个年份工企业效益统计表

单位：万元、%

年　　份	期内全县工业产值	期末年工业产值	期内平均工业产值	期内平均每年增长率	产值利润率
1949～1952	313	227	78.2	114.5	1.02
1953～1957	2048	418	409.6	7.4	2.42
1958～1962	4539	495	907.8	1.7	3.1
1963～1965	1732	661	577	19.4	5.17
1966～1970	3560	916	712	8.2	1.69
1971～1975	12476	3810	2495	30.4	1.08
1976～1980	26946	6183	5389	9.4	2.1
1981～1985	53067	15266	10613	20.1	7.45
1986～1990	203942	56420	40788	28.0	1.4
1991～1995	524632	128103	104926	14.1	1.7
1996～2000	850361	202589	170072	9.6	2.2
2001～2005	1344794	320379	268959	9.6	3.14

第五节　贸　易

一、　商业发展

境内商业早期发展缓慢，概为私营商户经营。清光绪二十九年（1903），全县大、小商店有3000余人，经营绸布、南货、广货等20多个行业。商户按籍贯或行业，分别在县城、合口、新安等集镇设有会馆，又在13个农村墟场建立“商会分会事务所”和62个“同业公会”。民国38年（1949），全县私营商店1721家，从业4480人。

新中国建立后，县人民政府大力发展城乡经济，国营、集体商业长足发展。

1950年有私营商户1383家，从业3887人，营业额为375.3万元。1953年，国家对私营商业逐步实行“利用、限制、改造”政策，108家私营屠宰业由国营公司取代，从业人员分别转入国营商业或其他行业，年营业额623.3万元。1954年，77户经营烟花、布匹的私商，直接过渡到国营。1956年对私有制改造，全县仅保留私营商户77户、从业102人。1958～1960年“大跃进”，把私营商户视为“资本主义”加以限制。“文革”期间，个体商户又受到打击。1978年后，党和政府允许农民进城兴办服务行业，个体和私营商户大批涌现。1979年，全县有个体摊贩81户，经营小百货、南杂等商品。1985有私营商户2781户、从业3744人，年营业额1938.7万元，占全县商业营业额的17.8%。80年代，社会购买力大幅度增长，从1983～1986年，商业机构由2458个增长到4426个，个体网点由1580个增加到3149个，集贸市场由3个增加到52个，集市贸易成交额由1657万元增加到3125万元，个体商户零售额由540万元增加到2800万元。完成商品纯购进总额8807万元，外贸出口厂家发展到17家，开发了46种、500多个花色的出口商品。1988年，全县全年出口创汇1100多万美元。从1989年起，先后修建和改造了百货大楼、供销商场、商业大厦等30多处大中型商业设施和90多处小型门店。工商部门兴建了城关、合口、新安等10多个集贸市场。先后建成了24个出口商品基地，产品畅销亚、欧、美洲23个国家和地区。1990年，商供部门投资1920多万元，新建、改建了30多处经营网点，工商部门投资280多万元，扩建、配套了安福、合口、新安三个大型集贸市场。1991年，改建了大型集贸市场，新建了购物中心、商业城等一批商业网点，年社会出口总值1.1亿元。在深圳办起了全省第一家县级中外合资企业——深圳湘利工艺品有限公司。1995年新建市场5000平方米，集市贸易成交额达到5.2亿元。1996～2000年，临澧县商贸企业进入改革时期。2001～2006年，按照工商管办脱钩的原则，成立了县市场服务中心，经营管理临澧安福、合口和新安三大市场。2002年，建成了功能齐全、设施一流的步行商贸城。先后引进了家家乐、广兴、华能、平安等购物超市，改变了临澧商贸没有超市的历史。和盛家电超市、益丰大药房等专业超市先后发展起来，2006年临澧商贸发展达到了历史最好水平。

二、　商业改制

1949年8月，县人民政府设工商科管理商业。12月组建临澧县国营贸易公司。经营粮食、棉花、油料、食盐等人民生活必需的物资，平抑物价、保障供应。1957年6月设商业局。到70年代末，形成由商业局、粮食局、物资局、外贸局分别管理的四大系统。地（市）、县两级双重领导的盐业、石油、煤炭、烟草等专业公司，成为全县商业的主导力量。1985年，商业局管理的企业，有百货、纺织品、副食品、五金交电、肉食、蔬菜、饮食服务、信托贸易等8个公司。下设县城、合口两个批发站以及各乡（镇）的生猪、蛋品收购站、组共35个，零售门市部39个，干部职工1085人。担负全县工业品批发和收购生猪、水产品、家禽、蛋品等农副产品，安排城关、合口两镇的批零市场。国营商业的经营机构 157 个、干部职工 2399 人，占全县商业人员的 25.78%，农副产品收购占全县收购总额的 89.12%，商品零售额占全县商业零售额的 30.6%。1960 年在工业局物资管理科基础上成立县物资管理局，1985 年设金属材料、机电设备、轻化建材、废金属回收、物资贸易 5 个公司及批、零 7 个门市部，有干部职工 99 人。

1986～1997 年，商业贸易企业受国家政策的影响和国营、集体体制的约束，从 1997 年起，县政府成立企改办，负责商业企业改制工作。其办法：将商业系统干部职工 1600 余人划分为三个部分，退休人员（1/3）进入社保；男 55 岁、女 45 岁以上的职工由单位继续缴纳社保金，每月发给 130 元生活补贴，直到退休；其余人员买断工龄，每年给一个月工资补贴，最多不超过 36 个月。财产处理，大型财产如百货大楼、商业城等由国资办成立富源公司作价收购，其资金解决职工遗留问题，其余财产向社会公开拍卖，所得收入用于改革经费。2002 年改制完毕，撤销县商业局和物资管理局。到 2006 年底，境内商业主要以私营企业为主，个体私营企业达到 1.5 万多户。

三、　农副产品收购

农副产品收购以粮食、油料、棉花、生猪、蛋品为主。

粮食购销

粮食收购：民国 18 年（1929），全县有粮行 61 家。常年谷米贸易进出量 1000 吨。民国 31 年（1942），全县输出稻谷 410 吨，大米 3600 吨。新中国成立后，1953 年国家实行统购统销。1955 年政府规定粮食统购定产、定购、定销三年不变政策。1966 年粮食定购改为“一定五年”年，任务 36235 吨。1971～1975 年订购为 41065 吨。1979～1984 年年定任务 27340 吨，另加价收购 38270 吨。1985～1986 年改为合同定购，年任务 11130 吨，按 3∶7 比例加价收购。1987 年起国家对定购粮实行化肥、柴油预购定金的挂钩，收购定购粮 34100 吨。1992 年国家放开粮价，放开经营和市场，是年收购定购粮 106260 吨，储备粮 27265 吨。1993 年放开粮价和市场，收购 12.53 万吨。1995 年收购定购粮 63750 吨。1997 年收购定购粮 14000 吨，议价粮 22060 吨。1998 年大灾之年收购粮食 10 万吨。2000 年国家取消定购政策，至 2006 年止，年收购粮食 4.5 万吨～13 万吨。

粮食销售：新中国成立后，1953 年国家全部统销粮食，对无粮和缺粮的城乡人民，分别采取统销、定销、借销、返销办法供应，价格稳定，保证了基本需要。90 年代实行评价粮油销售指标与计划一致。1990 年全年平价粮销售 6630 吨，1992 年国家放开粮价和经营，粮食统销和定购政策取消，年交易市场销售 3480 吨，平价销售 8570 吨。

食油购销

食油收购：1953 年实行食油统购。1953～1978 年年均收购食油 425.28 吨。1979 年收购 938.76 吨，1982 年收购 2458.38 吨，1985 年为合同收购 2398.98 吨（其中议价收购 316.98 吨）。1989 年收购油菜子 2000 多吨，1990 年收购 5000 吨，1992 年收购 2240 吨，1995 年收购 30000 吨，1996～2000 年年均收购 10000 吨，2003 年收购 12000 吨，2006 年收购 11000 吨。

食油销售：1953～1961 年，对农村缺油和少油的农民，适当供应一部分食油。1956 年销 271.92 吨，1958 年销 224.16 吨，1962 年起停止对农民销油。1963 年销 110.1 吨，1964～1978 年，年销售 102 吨～156 吨之间，1983～1985 年销售 1109 吨～795.6 吨之间，1986～1992 年完成定购食油后均实行议购议销。1991 年销平价油 118 吨，议价油 2508 吨，1992 年起国家对粮油购销全面放开，统销即行停止。1993 年平价油销售 1815 吨，1995 年粮食部门销售 709 吨，此后食油购销完全走向市场。

棉花购销

棉花收购：民国时期，境内生产棉花除农民自用或加工进行土纺土织外，多余棉花，土纱、土布均上市销售。民国 36 年

(1947)，全县纱行224家，收购销售皮棉151.7吨。1950年国营贸易公司、供销社和各纱行收购棉花、土纱土布328.4吨。1954年9月，国家对棉花进行统购（种植户每人留1～2斤）。60年代收购3000吨，1965年收购3477.7吨。1975～1979年均收购4341吨。1980～1985年，年收购在4127～5009吨之间，1986～1998年，棉花收购在4367～8787吨左右。到2000年，棉花市场基本放开，结束了供销社独购棉花历史。

棉花销售：1950～1998年，棉花销售均按国家计划调拨给湖南省境内棉纺厂，县非农业人员以及干、教、军、医等人员的絮棉、衣棉需求，均计量供应，年销量在12吨左右。1999年，棉花进入市场销售。

农副产品收购

1952年前，生猪、蛋品、家禽、山羊、废牛、水产品，均为自由收购销售。从1953年起，上述品种被国家列为二类物资，由国家统一收购。县商业，供销部门采取定点收购。烟叶、茶叶、大蒜球等其他农副产品，分别由供销（烟草）、茶叶土产公司和商业局负责收购和销售，1986～2006年，市场放开，出现了多家竞争的局面，从2002年起，由烟草局负责收购烟草，供销社负责茶叶和大蒜的购销，其社会零售总额不断增加。见《临澧县几个年份农副产品收购和外贸出口统计表》（表3—5—1）。

表3—5—1　　临澧县几个年份农副产品收购和外贸出口统计表

单位：万元

年　份	社会农副产品收购额	其中商业部门收购	外贸商品收购出口额		年　份	社会农副产品收购额	其中商业部门收购	外贸商品收购出口额	
			收购	出口				收购	出口
1949	250	246			1975	2956	1031	1201	933
1950	326	317			1980	4188	1980	1130	796
1952	548	545			1985	7802	1042	1634	1230
1957	1125	1116			1990	25544	2705	2506	1890
1962	1369	369	698	641	1995	32642	3165	19846	17261
1965	1850	669	975	863	2000	31230		10963	789
1970	1868	777	993	863	2005	217609		79650	52130

第六节　财税、金融

一、财　政

财政收入

清雍正年间，县财政收入量地计丁，计田征银。清咸丰、同治年间（1862～1874年）军饷大增，几经加征增筹，仍是入不敷出。清光绪时，中日开衅，财政筹措尤艰。到宣统时，县财政更是空乏。民国初年，军阀混战，为供军需，财政敛资更剧。民国3年（1914），全县应征银元17760.244元，实征30057.273元，增征70%。民国37年（1948），县财政收入为158007元。

新中国建立初，县人民政府采取强有力措施，增加财政收入，其项目有农业四税、工商税收、企业收入、其他收入、专项收入。各项收入增收比例不断增长，见《临澧县几个年份财政收入统计表》（表3—6—1）。此外，1953～2004年收取农业税24537万元，见《临澧县农业税征收情况统计表》（表3—6—2）。

表 3—6—1　　临澧县几个年份财政收入统计表

单位：万元

年份	地方财政收入						预算调拨收入
	合计	农业四税	工商税收	企业收入	其他收入	专项收入	
1953	86.6	1.8	20.5	0.5	63.8	—	52.1
1955	78.8	49.8	16.0	—	13.0	—	9.3
1957	100.9	62.3	24.3	2.6	11.7	—	24.4
1962	418.2	175.8	226.9	12.3	3.2	—	13.9
1965	440.1	197.3	204.8	33.8	4.2	—	125.2
1970	484.8	201.0	154.4	128.9	0.5	—	667.4
1975	550.4	178.1	376.9	-5.2	0.6	—	400.3
1980	556.9	125.9	421.2	6.7	3.1	—	865.2
1985	1148.2	269.5	937.5	-69.9	10.8	0.3	474.6
1990	2435.3	516.2	1705.4	52.1	106.7	54.9	744.0
1995	5370	1248	2921	255	783	163	3178
2000	8241	1681	3593	531	2256	180	4829
2005	16188	815	5613	116	9317	327	20813
2006	17526	219	6563	1833	8625	286	26962

表 3—6—2　　临澧县农业税征收情况统计表

单位：万元

年　份	实际入库	年　份	实际入库	年　份	实际入库	年　份	实际入库
1953	1.8	1966	198.8	1979	217.5	1992	545.0
1954	46.2	1967	190.3	1980	125.9	1993	507.0
1955	49.8	1968	200.2	1981	224.3	1994	974.0
1956	26.2	1969	206.1	1982	216.9	1995	1105.0
1957	62.3	1970	201.0	1983	225.1	1996	1400.0
1958	38.0	1971	213.3	1984	265.7	1997	1361.0
1959	242.8	1972	187.3	1985	269.5	1998	1286.0
1960	210.9	1973	200.5	1986	349.0	1999	1254.0
1961	105.1	1974	208.4	1987	387.0	2000	1293.0
1962	175.8	1975	178.1	1988	313.0	2001	737.0
1963	184.8	1976	197.3	1989	501.0	2002	2311.0
1964	191.3	1977	195.1	1990	466.0	2003	2198.0
1965	197.3	1978	196.4	1991	427.0	2004	1473.0

财政支出

清道光以前，财政支出由上级统支。年支银 12309.686 两。此后，岁支岁解银渐多。光绪后，岁支剧增，财库贫竭。民国初年，军政费用大增。民国 3 年（1914），岁支银 3 万余元，出现财库亏空。民国 20 年（1931），岁支达 173896 元。民国 37 年（1948），岁支军政费高达 61382 元，占岁支总额 103110 元的 59.5％。

新中国建立后，县人民政府根据勤俭建国、厉行节约的原则安排支出，其项目有经济建设费、社会文教费、抚恤和社会福利救济费、行政管理费、其他支出、上解支出五大类。其中经济建设费、社会文教费的支出占本级财政支出的比例逐渐扩大，见《临澧县几个年份财政支出统计表》（表 3—6—3）。

表 3—6—3 临澧县几个年份财政支出统计表

单位：万元

年份	总支出	本级支出						上解支出
		经济建设	文教科卫	抚恤救济	行政管理	其他支出	专项支出	
1953	72.6	2.4	32.8	6.3	30.8	0.3	—	—
1955	88.7	9.2	25.3	16.4	37.8	—	—	—
1957	116.1	16.8	52.8	3.4	42.3	0.8	—	—
1962	152.0	17.0	66.7	17.0	47.6	3.7	—	270.4
1965	264.0	116.9	79.3	6.7	48.9	12.2	—	303.7
1970	837.5	644.4	96.1	7.9	65.8	23.3	—	310.3
1975	644.5	309.8	192.2	11.1	80.9	50.5	—	352.3
1980	1153.0	382.8	465.8	141.9	134.4	28.1	—	241.9
1985	1622.8	291.9	820.4	64.6	298.0	147.1	0.8	99.0
1990	2767.7	534.4	1209.1	184.4	461.7	320.5	57.6	424.9
1995	7382.0	855.0	2983.0	293.0	1932.0	1142.0	177.0	1，117.0
2000	10830.0	1162.0	3437.0	775.0	3258.0	1992.0	206.0	2，355.0
2005	32696.0	3812.0	10430.0	7411.0	7041.0	3668.0	334.0	2905.0
2006	39256.0	3756.0	11847.0	8699.0	8848.0	5693.0	413.0	2704.0

二、税　务

国家税收

1994～2006 年县税务局共组织征收入库工商各税 55553.5 万元，其中县级税收 52249.7 万元，占财政收入比重年平均在 51.97％以上，是新中国成立以来到税改前全县税收总额的 2 倍。县国税局为全县校办工厂、民政福利企业办理退税 500 万元，2004 年为太平工业园退税（中泰化纤）1000 万元，2005 年和 2006 年，对享受税收优惠的水泥行业退税 1389 万元，见《临澧县 1994～2006 年国税收入统计表》（表 3—6—4）。

表 3—6—4 临澧县 1994～2006 年国税收入统计表

单位：万元

年份	税款入库总额	其中			税收分类入库情况			
		中央税收	省级税收	县级税收	增值税	消费税	中央企业	其他
1994	3715	15	120	3580	3670.2	13.1	15	17.5
1995	4537.1	39.1	170	4328	4296	6	39.1	106
1996	4727.1	9.1	200	4518	4654.3	7	17.1	48.7
1997	3219	66	230	2923	3053	7.1	12.7	146.2
1998	3892.9	176.9	240	3476	3677.3	5	5.6	205
1999	3912	111	340	3461	3796.6	5.5	23.3	86.6
2000	4322.8	643.9	98.9	3580	3961.8	6.2	255.8	99
2001	4630.3	431.9	607.4	3591	4193.4	5.1	364.9	66.9
2002	5112.2	646.5	510.7	3955	4461.2	5.1	611.8	34.1
2003	4739.7	643.9	510.6	3585.2	4090.7	5	637.4	6.6
2004	6104.6	1146.8	508.2	4449.6	4952.6	2.2	1146.8	
2005	6328.3	608.8	586.6	5132.9	57145	5	538	70.8
2006	6694	366	658	5670	6320	8	91	867（车购税）

地方税收

临澧县地方税务局自 1994～2006 年成立以来，组织地方税收 52728.1 万元，年税收收入规模由 1994 年的 2087 万元增至 2006 年的 6444 万元，年平均增长达 9.9%以上，与此同时，地税局还同时担负了社保费、残疾人保障金、防洪保安基金、工会经费、价格调节基金等非税收入的代征任务，见《临澧县 1994～2006 年地方税收统计表》（表 3—6—5）。

表 3—6—5 临澧县 1994～2006 年地方税税收入统计表

单位：万元

年份	入库金额	连前累计	年份	入库金额	连前累计	年份	入库金额	连前累计
1994	2087	2087	1999	3285	16455.1	2004	5233	40709.10
1995	2482.1	4569.1	2000	3424	19740.1	2005	5575	46284.10
1996	2664.1	7233.2	2001	3732	23164.1	2006	6444	52728.10
1997	2847.4	10080.6	2002	4100	30996.1			
1998	3088.8	13169.4	2003	4480	35476.1			

三、金　　融

合作金融

民国24年（1935）7月，县成立合作指导员办事处，12月底，建立农村信用社17个。民国27年（1938）7月，有合作社93个，社员2389人，累计贷款499941元。民国31年（1942），全县发展信用社175个，吸收8135户农民为信用社社员，交纳入社股金26103元（法币），贷款1059685元。民国34年（1945），实行“一保一社”合作组织。次年，组建保合作社105个、乡合作社11个，并成立县联社。民国37年（1948），合作指导员办事处与县政府民政科合署办公，农村信用合作社有名无实。

1951年，县人民银行在五区芭茅乡排楼村组织106户农民参加信用互助组，有40户存款1400元，给生产、生活有困难的30户农民贷款1000元，县人民银行贷款6000元保证存、贷信用。1953年，全县组织信用社6个，社员2965户，信用组46个、组员3131户，股金3132万元。1954年春，人民银行县支行在一区石岩乡试点，率先组建乡信用社。1955年末，乡信用合作社发展到118个；1956年，撤区并乡后，将信用合作社按大乡撤并为17个。人民公社化初期，按公社建制撤并为12个信用合作社，并与银行营业所合并，按大队设122个信用分部，按生产队设1241个服务站。1961年7月，通过调整，恢复银行营业所，以公社为单位分设16个信用合作社，信用合作事业又获得发展。到2006年止，临澧县信用合作联社有乡（镇）18个信用合作社，储蓄站15个，信用社干部107人，股金积累64万元，年末盈余25万元。

银　行

民国30年（1941）11月26日，湖南省银行临澧办事处成立，综合经营存款、放款、汇兑、划拨等金融业务。民国32年（1943），发放棉花贷款10万元。民国35年（1946），县办事处筹设合口寄庄，调整地方金融。新中国成立后至2006年，先后设立5家银行。

中国人民银行临澧支行：1949年8月16日成立，1950～1952年，先后在合口、新安、陈二、柏枝、清水堰组建营业所。1958年，改合口营业所为分理处，改新安营业所为新安工作组。1959年，基层营业所增至12个。1960年，调整为官亭、停弦、陈二、柏枝、太浮、烽火、佘市、修梅、珠日等9个营业所和合口分理处、新安工作组。1961年，恢复合口营业所。1966年1月，调整为合口、新安、停弦、烽火、陈二、佘市等6个营业所，增设青山工地银行工作组。1969年，恢复官亭、杨板、柏枝、太浮4个营业所，改青山工地银行工作组为青山营业所。1980年，增设合口、新安两个办事组。1981年，增设新安火车站分理处（1985年9月并入新安营业所）。1990年12月1日，中国人民银行临澧支行正式恢复成立，独立行使基层人民银行职能，办公地点租住在临澧县城关税务所。1992年12月1日，正式迁入城关镇朝阳西街9号新办公楼办公。2003年12月18日，中国银行业监督管理委员会常德分局临澧监管办事处成立，人民银行主要负责制定和执行货币政策，防范和化解金融风险，维护金融稳定。

中国工商银行临澧支行：1984年1月成立。开始时与中国人民银行临澧县支行是一套人马，两块牌子，后全由中国工商银行临澧县支行取代。2006年，县支行下辖安福分理处，干部职工40人。

中国农业银行临澧支行：1964年3月建立。1956年1月，纳入人民银行临澧县支行。1980年1月1日，恢复中国农业银行临澧县支行，承办全县供销系统、农业系统、乡办企业和农村各项贷款、存款、汇兑结算等金融业务。2006年，下辖有供销商场、文化街两个分理处，新安、合口2个分行，干部职工86人。

中国建设银行股份有限公司临澧支行：1976年，设立中国建设银行临澧办事处，承担全县建设资金管理和基本建设存款、贷款业务。1982年，正式成立中国建设银行临澧县支行。2006 年，下辖步行街分理处，共有干部职工 27 人。

中国银行股份有限公司临澧支行：1988 年 11 月 8 日正式成立。1989 年，在临澧县朝阳西街征地近 7000 平方米自建新办公楼。并于是年底迁入办公。2006 年底支行下辖合口分理处、老正街储蓄所、下河街储蓄所及支行本部中心专柜，共有从业人员 33 人。

中国农业发展银行临澧支行：1997 年 1 月 1 日成立，行址设于临澧县人民街，2000 年 5 月 8 日迁至临澧县兴隆街南区 6 号新址办公。2002 年后逐步实现了各项业务全国联网。2006 年共有干部职工 24 人。

金融发展水平

1990 年自临澧县人民银行恢复成立以来，截至 2006 年末，全县金融机构各项存款余额达 270583 万元，较 1990 年末全县金融机构各项存款余额 15613 万元，净增 254970 万元，增长 16 倍多，年均增长 19.5%。全县金融机构各项贷款余额达 228359 万元，较 1990 年末全县金融机构各项贷款余额 41551 万元，净增 186808 万元，增长近 4.5 倍，年均增长近 11.2%，见《临澧县 1990～2006 年金融机构存款统计表》（表 3—6—6）、《临澧县 1990～2006 年金融机构贷款统计表》（表 3—6—7）。

表 3—6—6　　临澧县 1990～2006 年金融机构存款统计表

单位：万元

年份	总　计	企业存款	财政存款	储蓄存款	年度	总　计	企业存款	财政存款	储蓄存款
1990	15613	2174	340	11680	1999	100190	10326	3	85868
1991	20108	2918	275	15075	2000	119935	13113	1894	98019
1992	24164	3338	114	18614	2001	144995	13694	1094	122475
1993	30036	2885	102	23239	2002	170637	15669	1100	145217
1994	41385	6336	148	34439	2003	180742	10945	1862	159941
1995	56959	8111	190	48666	2004	190423	10802	272	172667
1996	76461	12186	108	64078	2005	222801	10763	78	205962
1997	89388	9979	454	78182	2006	270583	12364	1110	243580
1998	91423	8963	1221	80293					

表 3—6—7　　临澧县 1990～2006 年金融机构贷款统计表

单位：万元

年份	总　计	工业贷款	商业贷款	农业贷款	乡镇企业贷款	中长期贷款
1990	41551	7508	23390	2688	5090	1042
1991	53227	8183	31538	3806	6223	1529
1992	65881	11820	37519	4871	7352	1849
1993	77561	11188	46771	6424	8702	2859
1994	62186	9230	22280	6372	12253	5156
1995	122889	10606	71737	7873	17043	8342

续表

年份	总　计	工业贷款	商业贷款	农业贷款	乡镇企业贷款	中长期贷款
1996	153839	12492	84955	10703	24225	9035
1997	208896	16549	116801	12753	26642	16780
1998	199071	16709	114616	14398	34688	6352
1999	214008	12815	132356	11745	37107	8870
2000	201705	11394	137197	7353	22800	12951
2001	222307	11137	152278	7707	24985	13396
2002	230334	9915	151130	10416	23978	18788
2003	229646	9932	145242	13764	25536	20156
2004	222846	3340	139292	29782	13538	23151
2005	230695	3255	145501	19845	23266	24264
2006	228359	7037	128495	42513	9964	26150

四、保　险

财产保险

新中国成立前未开办保险。新中国成立后，1951 年 3 月开办简易人身保险、企业财产保险、家庭财产保险业务。1952 年 9 月成立中国人民保险公司临澧县支公司。1958～1980 年停业，1981 年恢复保险业务后，开办运输工具保险、货物运输保险、团体人身保险、禽畜种养保险、团体意外伤害事故保险、学生平安保险、养老金保险、农村渔业保险、企业财产保险、农民平安保险、拖拉机第三者责任法定保险、农作物灾害保险；固定资产加成、账外财产承保、产品责任及信用保险、森林火灾保险、涉外运输保险、城镇职工购房保险等。使保险的范围不断扩大，保险水平不断提高。

保险公司按照保险条款及时理赔。1998 年 11 月，组建了客户服务部，承担保险理赔服务，年理赔案件在 3000 件以上，做到了主动、及时、合理准确理赔，见《临澧县 1951～2006 年家财保险收支统计表》（表 3—6—8）。

表 3—6—8　　临澧县 1951～2006 年家财保险收支统计表

单位：万元

年份	收入合计	支出合计	其中											
			企业财险		家庭财险		运输工具险		货物运输		种养业保险		其他保险	
			收入	支出	收入	支出	收入	支出	收入	支出	收入	支出	收入	支出
1951	2.42													
1953	1.64													
1954	2.63													
1981	8.16	5.92		5.92										
1982	17.12	4.68		3.49		0.011		1.18						
1983	25.30	45.98		36.91		1.16		7.91						
1984	31.69	43.33		18.78		0.23		24.32				0.0016		

续表

年份	收入合计	支出合计	其中											
			企业财险		家庭财险		运输工具险		货物运输		种养业保险		其他保险	
			收入	支出	收入	支出	收入	支出	收入	支出	收入	支出	收入	支出
1985	57.38	31.43	22.73	5.80	0.19	0.07	25.72	25.31	0.92		1.04	0.22		0.03
1986	76.1													
1987	120	69.4	37	13	0.3	0.5	39.6	45.6	9.1	8.2	3	2.1	9.8	
1988	276	81.2	40.5	18.9	0.4	1.5	57.6	51.7	15.7	3.2	11.7	5	29	0.9
1989	309		72				57						180	
1990	361													
1991	696		246				105.1						348.8	
1992	1246.4	268	87	35	26	19	110	119	21	14	112	81		
1993	1560.7		241.93				193.99				268.6		571.6	
1994	1200.9		267.3				324				118		491.6	
1995	1032.4	337.4	224	119	12.3	10.2	370	198	24.2	10.2	0.1		46.4	
1996	556.3	506.7	170	93.2	27.7	194.7	310	196	28.5	22.8				
1997	644.3	482	88	49	20	9	349	213	60	14	115	92	12.3	105
1998	597	536	205	98	20	32	320	284	17.3	35			35	87
1999	601	1430	211	1200	29	15	324	200	37	15				
2000	502	289	131	82	9	7	302	160	60	40				
2001	556	300	198	97	18	12	288	167	49	22			3	2
2002	566.5	387	148	130	13	9	384	207	10	21			11.5	20
2003	857	489.4	146	364			355	36.4	540	14			99	75
2004	1051	797	124	325	31	7	730	412	10	1			156	52
2005	1121	638	116	44	43	10	801	488					161	96
2006	727	741	80	44	4	33	435	553					208	111

人寿保险

中国人寿保险股份有限公司临澧支公司于1996年5月分设，先后组建了17个保险代办站，选配站长、专职代办员38名，通过专业培训后正式上岗。1996年7月，组建营销部，招聘营销员18名，先后开办九九鸿福保险、鸿寿养老保险、养老还本保险、长寿年金、福寿安康保险、少儿一生幸福保险险种。康宁定期（终身）保险、养老金保险、松柏（松鹤）保险、祥运（祥和）保险、金色夕阳保险等30多个险种。2000年7月，公司办公自动化程序启动。2002年元月，启动银行、邮政系统代受保险产品，国寿鸿泰两全保险（分红型）、“国寿永泰团体年金保险（分红型）”、“国寿团体年金保险（补充养老保险型）”、“国寿养老年金保险（个人、团体）”、“团体定期寿险”、“职工团体补充医疗保险”、“团体补充医疗保险A型”、“团体补充医疗保险（基金型）”，使保险业不断发展。

在理赔过程中，中国人寿的理赔人员以其娴熟的专业知识、廉洁自律的职业形象赢得了广大客户的赞誉。近年来理赔案件上万个，理赔金额超千万，见《临澧县1996～2006年人寿保险收支统计表》（表3—6—9）。

表 3—6—9　　临澧县 1996～2006 年人寿保险收支统计表

单位：万元

年份	合计		短险		分红型		年份	合计		短险		分红型	
	收入	支出	收入	支出	收入	支出		收入	支出	收入	支出	收入	支出
1996	470	63	30	22	440	41	2002	780	147	112	93	668	54
1997	525	75	55	37	470	38	2003	895	162	135	89	760	73
1998	530	94	65	53	465	41	2004	1120	173	180	130	940	43
1999	610	112	72	58	538	54	2005	1250	178	195	142	1055	36
2000	625	140	75	62	550	78	2006	1380	182	270	145	1110	37
2001	820	143	90	71	730	72							

第七节　交通、电信、电力

一、　水陆交通

公　路

公路里程：民国中期，常澧公路、慈张公路相继建成通车，穿过县境。新中国成立后，从 20 世纪 50 年代起，全县在重点加强国道、省道公路建设的同时，注重新修和改造县支线公路、乡村公路、专用公路建设。1979 年，实现社社通客车。1980 年后，加大了公路建设力度，1992 年改造 207 国道。到 2006 年底，境内共有公路 2405 公里。其中 207 国道 37.9 公里，S304 省道 17 公里，县道 214.2 公里，乡道 320.4 公里，村道 1815.5 公里。18 个乡、镇（区）实现乡乡通油路或通水泥路，全县 339 个行政村（居委会）实现村村通公路。见《临澧县几个年份公路里程统计表》（表 3—7—1）。

表 3—7—1　　临澧县几个年份公路里程统计表

单位：公里

年份	小计	国道	省道	县道	乡道	村道	年份	小计	国道	省道	县道	乡道	村道
1949	138.8	38.5	15.5	14.7	70.1		1980	549.9	38.5	15.5	91.9	285	119
1950	138.8	38.5	15.5	14.7	70.1		1985	588.62	38.5	15.5	93.6	310	131
1952	211.9	38.5	15.5	52.7	105.2		1990	1503.9	38.5	15.5	140.2	320.4	989.3
1957	239.1	38.5	15.5	58.1	127		1995	1796.8	38.5	15.5	175.2	320.4	1247.2
1962	241.4	38.5	15.5	60.4	127		2000	2368.28	38.5	15.5	178.32	320.44	1815.52
1965	263.4	38.5	15.5	82.4	127		2005	2369.37	37.91	17	178.5	320.44	1815.52
1970	375.9	38.5	15.5	91.9	230		2006	2405.15	37.91	17	214.28	320.44	1815.52
1975	390.9	38.5	15.5	91.9	245								

注：1979 年全县开展公路普查，1979 年前村级公路里程数据未记载。

公路桥：境内的公路桥梁，在 20 世纪 50 年代中期至 60 年代初期，一般都采用木质结构，只能勉强维持通车。从 1964～1972 年对危桥进行加固改建和扩建。2006 年，县内有国道、省道、公路桥 18 座，全长 658.39 米，支线公路桥 97 座，全长 2820.42 米。乡镇公路桥 77 座，全长 1303.85 米。

公路运输

汽车客运：解放前，过境常—澧公路，慈一张公路有少量客运。日均乘车人数约20人。1950年建立临澧汽车站，日客运增加到50人。1958年4月县城车站正式组建发班车，开往常德、津市、澧县，并在新安、合口各设小车站。1960年增开县城至柏枝客班车，1969年新建临澧车站大楼。1979年后，增开36个班次。长途客班车发往长沙、慈利、沙市等地8个班次，县城到各乡镇和较大墟场开短途班车。1983年起部分乡镇县属企业个人积极开办汽车客运业务，2002年兴建西客运站，到2006年止，全县客运车285台。年客运达190万人次，客运周转量8600万人公里。

汽车货运：1961年前全县仅一台载货汽车和湘运常德公路局少量货车，1967年有货车3台，1972～1979年成立县汽车大队，县物资局汽车队、县商业局汽车队、县供销社汽车队，县氮肥厂总队、停弦公社等8个汽车队。1976年有货车87台，大拖拉机83台，手扶拖拉机126台。2006年有载重汽车690台，农用运输车584台，手扶拖拉机3817台，机动运输船84台，货运周转量33201万吨公里。

铁 路

铁路里程：临澧县境内建有铁路线2条，即枝（城）柳（州）铁路，石（门）长（沙）铁路，铁路里程55.74公里。枝柳铁路新安镇火车站为4级中间站，直属广州铁路集团怀化总公司管辖，石长铁路临澧火车站直属石长铁路总公司管辖。

枝柳铁路：1970年秋正式动工修建，途经临澧境内的线段：途经过九里、官亭、新安等乡镇16个村、50村民小组，总长19.34公里。建有新安镇、新安龙凤、潭河3个火车站，1972年3月完成施工，1976年5月试行通车。1978～1982年试行营运，1983年1月正式营运。

石长铁路：1994年动工修建，途径杉板、佘市、安福、陈二、太浮5个乡镇36.4公里，1998年10月正式运营。临澧火车站属三级中转站，经营旅客，货运业务。

铁路桥梁：全县境内共建有铁路桥25座，全部为钢筋混凝土桩基板梁结构。铁路大桥1座、中桥9座、小桥8座，涵洞198处，隧道1座，路基36.4公里，车站5个。车站广场3.1万平方米，县政府还筹资2700万元，新修了县城至火车站长3公里、宽42米的安福大道。

临澧境内枝柳铁路沿线有7座铁路桥，分别坐落在九里、官亭、新安镇境内。

石长铁路建有18座大中型铁路桥，分别坐落在杉板、佘市、安福、陈二、太浮4乡镇境内。

铁路运输

新安火车站：位于新安镇北郊新冯社区居委会境内，南距石门火车站12公里，管辖临澧境内九里潭河、官亭两个小站，经营旅客、货物运输业务。2001年，由单线升级改造为复线。1986～1987年间，客运量在0.5万～1万人以内，客运周转量在400万～750万人公里之间；1988～2006年间，客运量在1万～1.5万人以内，客运周转量在872万～1189.5万人公里。货运量从1986～2006年，货运量在30万吨至70万吨之间，其货运周转量在29580万～69020万吨公里之间。

临澧火车站：位于临澧县城西芭蕉社区居委会。临澧火车站属3级中间站，管辖白洋桥、佘市桥、陈二、衍嗣4个小站，经营旅客、货物运输业务。客运量2000～2006年在10.5万～15.8万人之间，客运周转量在7801.6万～11739.4万人公里之间，货运量在6.7万吨～151.6万吨之间，货运周转量在6405.2万吨公里～143686.8万吨公里之间。

水 路

航 道：澧、道二水流径境内，通航历史悠久，为历代商旅往来、军需民用物资的主要运输通道。道水河中游建有三处（烽火、清水堰、金宝滩）电站，20世纪70年代中止道水运输，澧水则为临澧唯一航运通道。澧水流入县境吴家场，经青山、新安、合口、停弦、张公庙至六档口，航距为23公里。1994年，澧县澹洲闸坝灌溉、发电工程竣工后，合口码头水位由常年38.9米上升到42.8米，境内水运通航条件好。但澹洲闸坝下至澧县黄沙湾地段水位低下，除每年丰水季节外，货运船舶无法通行，水路货运量急剧下降。

港　口、渡　口

港　口：全县历来有澧水的合口、新安和道水的县城关镇三处直水船舶停靠的港口。道水河从20世纪开始通航，70年代末道水断航。2006年底，全县仅有合口、新安两处港口。合口港位于县城西北27公里的合口镇，属澧水中下游，下距津市31公里，上沿澧水经青山至石门。合口港从芭茅渡至合口油脂厂、杉板砖厂至停弦童洲原船厂岸线3.5公里，共有堆场面积9.141万平方米，可供100吨级船舶停靠泊位18个，60吨级船舶停靠泊位5个，原港口平均水位42米，最高水位45.8米，最低水位35.57米（黄海高程），年货物吞吐量原可达50万吨。2003年货物装卸量20万吨，2006年货运周转量2500万吨公里。新安港仅剩洞坪会合嘴装卸码头。

渡　口：全县除5处货物装卸码头外，另有16处车辆、旅客横渡渡口。较大的人、车渡运码头有合口大码头、富强渡口。

水路运输

水路客运：1965年，临澧县始有水上客运业务，县航运公司机帆船3艘先后开办青山—津市、沔泗洼—津市、津市—安乡三条航线，尔后陆上交通客运大发展，分别于1969年、1971年、1982年停航。到1982年，累计完成客运量132.8万人次，周转量3296.49万人公里。

水路货运：解放前，每年物资货运量达0.7万吨～1.2万吨之间。新中国成立后，20世纪70年代，道水水运业务停止。1994年澧县淞洲工程竣工后，通航条件恶化，境内水路货运量由每年50万吨～60万吨下降到20万吨左右。2003年，县航运公司和停弦渡镇船队、合口渔划船队、新合煤坪船队等水运集体企业已全部改制。全县无水运企业，水运船舶业主全部属于个体。

境内水运工具，20世纪70年代末消灭人力风帆船，80年代改为机动木船。90年代后，机动钢质船替代木制机动船。船舶质量越来越好，船舶载重量不断提高，逐步由每艘40吨、50吨、改为70吨、80吨。2000年后，全部改为机动钢质船。2006年底全县拥有250吨级货船1艘，150～200吨级货船10艘，80～100吨级货船70艘。

二、 邮政电信

清光绪三十一年（1905），县城始设安福邮政代办所。宣统三年（1911），改为邮政支局。民国2年（1913）设傲山邮政代办所。民国10年（1921）10月，安福升为三等乙级邮局，民国36年（1947）8月升为三等甲级邮局。民国元年（1912），安福设电报局，民国23年（1934）4月设临澧报话处。民国28年（1939）恢复电报局，民国35年（1946），改称临澧电信代办处。1951年5月临澧邮政局和临澧电信营业所合并成立“邮电部临澧邮电局”，1998年9月临澧邮电局分设成立临澧县邮政局、临澧县电信局。

邮　政

1998年邮政局分设后到2006年，下设邮政局1处，邮政支局4处，邮政所9处，报纸杂志销售点26处，邮政储蓄联网站13处，邮政看报点2016个。

邮政业务

函　件　解放前，出口函件业务量不大。民国37年（1948）仅2万件左右。新中国成立后，1950年出口函件为5.38万件，1956年为16.08万件，1962年为31.62万件，1970年为42.16万件，1980年为59.01万件，1981年以后在60万件以上，1998年信函进出口总量为96.82万件，2000年信函进出口业务总量82.83万件，2003年，出口业务总量为40.57万件，2006年为15.22万件。

包　裹　民国37年（1948）业务量在500件左右。新中国成立后，1950年为939件；1956年为2782件，1962年为4105件，1970年为1.37万件，1980年后稳定在0.6万件左右。1998年为0.75万件，2000年为0.79万件，2001年8月1日开办国内快递包裹业务，2003年国内、国际包裹业务总量分别为3.33万件和0.26万件，2006年包裹量达1.07万件。

邮政储蓄　1986年1月恢复开办邮政储蓄个人存款业务，是年邮政储蓄余额23.5万元。1987年年末余额287.2万元。1994年年末余额3000万元，1998年邮电分营时，邮政储蓄期末余额为5880万元，1999年3月经县人民银行批准，增加了代缴电话费、代发工资、异地存取、通存通兑、AT米机等新业务，2000年底邮政储蓄期末余额达7355万元。2006邮政储蓄期末余额34414万元。

汇兑业务　民国时期，出口汇票甚微。新中国成立后，1950年为4036张，1956年为7010张，1970年为1.12万张，1980年为1.59万张，1985年为2.3万张，1986年办理汇票12530张，1998年9月，国内汇票业务总量为27247张，2000年底止，国内汇票业务总量为19922张。1998年底开发汇票总金额为2453.11万元，兑付汇票总金额为1.06亿元，2000年底，开发汇票总额2519.09万元，兑付汇票总额为1.15万元，2001年7月1日推出了邮政电子汇款业务，至2003年国内汇兑业务总量为10915张，开发汇票总金额为1719.39万元，兑付汇票总金额为1.05亿元。

报刊发行业务　1950年开始报刊发行，是年发行10.87万份。1952年发行36.36万份，1956年发行57.87万份，1958～1961年发行60万份以上，1964～1969年年发行100万份以上，1970年发行300万份，1974年发行447.6万份，1980年发行525万份，1983年起每年发行量在1000万份以上。1998年发行454.2万份，订阅杂志累计份数29.3万份，2000年订阅报纸、杂志累计份数分别323.06万份、17.97万份。2003年报纸累计份数501.91万份，杂志累计份数15.32万份，报纸期发份数33460份，杂志期发份数10215份。2006年订阅杂志、报纸累计37.5万份、41.23万份。

特快专递　1992年开办特快专递2750件，1998年业务量为18418件，2000年业务量14841件，国内同城业务量1616件，2003年，国内异地业务量为17839件，国内同城业务量为5177件，国际业务量为137件。2006年特快专递18000件。

邮政基础设施建设

清代至民国时期，邮件运送全靠人背负，设备仅木制邮戳，少量信箱，营业办公住址全部租用民房。1949年8月，新中国成立接管邮政后，邮政营业，办公基础条件不断改善。

邮政运输设施　1953年购板车1辆，1958年有自行车5辆，1971年有自行车12辆，1975年有摩托车1辆，1985年有自行车15辆，摩托车2辆、汽车1辆。2006年，全县有邮政运输运汽车4辆，送邮设备基本上实现了机械化和自动化。

邮政局（所）建设　1998年设计9层面积8200平方米邮政大楼，总投资1442万元。1999年3月经报请省邮政局同意变更设计，建筑面积为6233.9平方米，高7层22.8米，总投资958.2万元，于2000年12月竣工交付使用。

新安邮政支局　1999年3月，投资29万元购买原新安镇自来水厂的房地产，占地面积1600平方米，其中建筑面积380平方米，是年正式营业。

四新岗邮政支局　2000年7月投资12万元购置了四新岗镇基金会房地产，占地面积约800平方米，其中建筑面积约250平方米，是年正式营业。

邮政营业设施

1998年邮政电信分设后，购置28台联网计算机用于邮政营业窗口，设置了特快、函件、汇兑、包裹等自动化处理系统。1999年10月县局网点与全国大部分邮政储蓄网点联网，实现了城市之间的异地存取。2000年部分支局邮储网点也逐步实现了全国联网，并配置了PC机服务器一台，AT米自动柜员机一台等支撑系统。配置邮资机一台，给据邮件登单机一台，过戳机2台。报刊发行处理采用了计算机处理系统，提高报刊发行全程全网处理速度。内部作业从手工操作向机械化、自动化转变，报刊发行、邮政储蓄、特快专递、信函、包裹、分拣等实现了机械化处理，至2006年底，邮政使用微机58台，其中营业窗口22台，综合管理10台，邮政综合计算机网络服务器25台，PC机服务器25台。

电　信

固定电话：1950年始有市内电话，有计费户12户，免费户2户。1956年计费户5户。1962年计费户94户，免费户6户。1970年计费户115户，免费户9户。1980年计费户209户，免费户8户。1985年计费户304户，免费户35户。1990年计费户1256户，免费户67户。1996～1999年，市话达到15200户。2002年开通万门程控电话，形成长、市、农话合一的全国数字程控网，2006年电话用户8.38万户。

民国23年（1934），常德至临澧长话线路架通后，始有长途电话。当月收入33.75元。民国24～26年（1935～1937），新增三条电话线路，业务有所增加。新中国成立后，长途电话去话1950年为2438张，1958年为10428张，1962年为22258张，1980年为78940张，1985年为111634张，1990年为252203张。1996年随着自动拨号电话的开通，去话为893200张，2003年为1521324张，2004年为3821053张。

民国17年（1928），全县架通与5个区所农话线路，主要为军、政机关服务。新中国成立后始有农村电话，1953年为42户，1962年为342户，1970年为230户，139910张；1980年为199户，416000张。1985年为298户，366800张。1985年5月，建立乡镇电话管理站。1993～1999年，总投资1400万元开通程控交换机、农村程控交换机，新增长途电路，实现了交换程控化与传输光纤数字化。市话交换扩容，农话扩容3162线，实现了无线寻呼127全自动寻呼。本地网中继电路达到220条，农话中继电路达570条。开展农村村级通信线路工程和城镇周边通信市场。建成通信杆线267.87皮长公里，城市骨干光缆的架设，形成了县城多媒体骨干网，完成佘市ETS450兆无线电话基站建设。新建市话通信线路皮长200多公里，农话通信线路1700皮长，建成通信光缆260皮长公里，实现了全县村村通电话。完成交换机设备换型，将农村国产HA8000交换机全部更换为西门子EWSD交换设备；建成农村模块交换点49个，建成佘市、新安、合口SDH光环网。2000年以后投资5000多万元，新增农村模块交换点，新增电话交换机门，新建SDH传输点24个，SDH环两个，全县传输基本建成SDH光环网。通信主干出局电缆累计达到76980线。宽带网投资430万元，在县城建成14个信息小区。新电信综合大楼竣工投产。2003年3月开通无线市话业务，信号覆盖县城主城区及周边郊区。1998年，农话用户21000户，农话通话张数110万张。1999～2000年，农村电话23515户；2002年为35021多户，2004年为50769户，2006年为60000户。

1993年设城市公用电话，是年电话户数为2000户，1999年为1800户，2000年为1200户，2001年为980户，2002年为870户，2003年为843户，2004年为795户，2003年装IC卡机287台，2006年底350户。

电　报：清光绪16年（1890），湖南成立电报局。民国6年（1917）通过邮转方式有电报业务。民国23年（1934）有机械线报路话传。民国35年（1946）改由电话话传电报。解放前，仅有一条有线电报电路35公里，解放初，仅临澧至常德电报专线，一条51公里。电报业务不断发展。1950年去报674份，1956年去报2297份，1962年去报13627份，1970年去报1.1万份，1981年去报3万份，1985年专线电报线路3条15万公里，1988年去报5万份。90年代后，随着数字程控电话、移动电话使用，电报业务大幅下降。1991年去报500份，1992年开通自动收发报，是年去报425份。1995年去报185份，2000年去报121份，2001年去报89份，2003年去报56份。2003年拆除电报电路，所有收发报通过传真机经常德转发。

互联网：1996年，开通电话拨号接入互联网业务。1998年拨号上网用户70多户。2000年4月，县城开通宽带上网业务，2003年乡镇开通宽带上网业务，宽带端口6500线，实装用户4500户。2006年底达6205户。

无线市话（小灵通）。2003年3月，开通无线市话业务，2004年达0.63万户，2005年达1.1万户，2006年在线市话达1.5万户。

电信设施

民国末期，全县有农村电话10门，交换机1部、单机9部。新中国成立后，长途电话10门，交换机1部，市内电话30门，总机1部，实装容量为24部。更新农村电话交换机容量70门。1958年，长途电话交换机总容量50门，市话总容量100门，农村电话总机容量320门，新增长途单路载波电话终端机2部，会议电话机1部。1979年，长途电话交换机增加到3部60门，市话交换机总机增加到2部，200门，农话交换总机增加到27部、1240门，自用无线电台2部，新增临澧至常德长途三路载波机1部，长途多路载波机增加到3部，全县有电话机1134部。1985年，全县有载波终端机3部，临澧至津市交换机总容量480门，其中自动电话交换机1部，容量90门。载波电话终端机5部，会议电话终端机2部，会议电话汇接机1部。电话机1929部，其中接入邮电交换机的811部，农村电话交换机31部，容量达1118门。市内电缆长度达8.7皮长公里，市内电缆线长度达426.6对公里。农村杆路总长度达908公里，农村架空明线长度达1039对公里，农村电缆长度达26.9对公里。

2001年局综合办公楼立项维修，2002年8月动工，建设面积1900平方米，投资540万元。2003年12月竣工交付使用。2005年9月，全县共有交换点56个，交换机容量80164门，用户73428户。传输全部实现光纤数字化，电缆长度达5000皮长公里，电信设备基本实现现代化。

三、电　力

1969年常德地区电力局在临澧设供电所，1983年建立临澧县电力局。1985年全县电网建成，全县各乡镇和98.2%的村、86.8%的组、75.1%的户，通电79.8%的人口用电。1994～2001年实施农网改造。2004年实行城乡同网同价。

发　电

火　电：长沙人郐俊明等人于1949年10月至1950年春，在合口、安福和新安镇分别开办“中华”、“光明”、“新明”私营发电厂，供三镇晚上照明，年发电量0.7万度。1951～1953年，年发电量增加到5万度以上。1958年，在县城建起国营临澧电厂，有职工15人，固定资产22万元。1964年，年发电15万度～25万度，是年，水电接通到新安镇。1967～1969年，水电接通到安福镇、合口镇，三镇的火电设备转作企业自备电源。1951～1975年，全县共发火电756.6万度。临澧县电厂1960～1969年发电187万度，占同期全县火电量的29%，实现工业产值45万元。

水　电：从20世纪60年代开始，利用水利发电。1962年，官亭水库，在大堤排水闸出水口建发电站，装有MG321—7/10型水轮发电机组2台，单机容量为360千瓦。1963年5月，第一台机组开始发电。1966～1969年，澧水的青山发电站第一期土建工程完成；安装TS284/1－32型立式水轮发电组6台共3900千瓦；1970年10月第一台机组投产；1973年10月投产2台，1979年全部投产。望城、烽火两公社在道水的金宝滩、清水堰和观音庵建起3座发电站，装机10台计1475千瓦，分别于1978年1月、1979年5月、1981年8月投产。青山发电站的第二期工程于1982年11月全部投产，安装TS425—482型水电机组2台5000千瓦。1985年，全县有小水电站5座，装机容量共11095千瓦。1997年建太平热电厂，1999年建中嘉水电站，到2006年，全县热电厂1座，水电站6座，年发电量9587万千瓦小时左右，全部并入大电网。

年均发电量：1963～1970 年为 70.5 万度，1971～1975 年为 950 万度，1976～1980 年为 2245 万度，1981～1985 年为 5064 万度，1986～1990 年为 28081 万度，1991～1995 年为 27370 万度，1996～2000 年为 25327 万度，2001～2005 年为 46596 万度，2006 年 9587 万千瓦小时。

电网建设：1962 年以前，各火电供应区架设输电线至各用户。1963 年，从官亭电站架设 2 条 10 千伏输电线，供官亭、新安两公社用电。1965 年延伸到九里、新合两公社，形成临澧小水电网。1965 年，从澧县瓦家咀架 10 千伏输电线经柏枝台至望城公社东堤水库；1967 年延伸到县城，由湘中北电网供电，形成澧南电网。1970 年起，兴建农丰、新安、四新岗、停弦渡镇、俄井和杉板 6 座 35 千伏级变电站。氮肥厂、龙风山水泥厂、牛角垭煤矿自建 35 千伏级变电所，同时架设 11 条 35 千伏级输电线，将澧北、澧南两电网连通。1985 年，全县有 35 千伏输电线 63.7 公里、10 千伏输电线 918.12 公里，低压配电线 1861.9 公里，1985 年 2 月，报经省政府批准同意投资 321 万元兴建临澧 110 千伏变电站。选址在城关镇九姊村，建变压器 1 台，容量 1.5 万千伏安，于 1987 年 12 月正式投入运行。

供　电

1968 年以前，临澧主要靠火电厂供给邻近的公社、镇。1969 年，水电接通到城关镇时，改供水电。1985 年，全县电网建成后，供 100%的乡（镇）、98.2%的村、86.8%的村民小组、75.1%的户、79.8%的人口用电。临澧的电源主要来自拓溪电站。1985 年，实际用电 6240.8 万度，1990 年用电 10107 万度，1995 年用电 18253 万度，2000 年用电 24045 万度，2006 年用电 32819 万度，见《临澧县 1985～2006 年用电统计表》（表 3—7—2）。

表 3—7—2　　临澧县 1985～2006 年用电统计表

单位：万千瓦/小时

年份	售电量	工业用电	农业用电	城乡居民生活用电	年份	售电量	工业用电	农业用电	城乡居民生活用电
1985	6085.21	3524.54	724.26	663.52	1996	19311.9	14483.92	1066.9	3254.37
1986	7082.72	5664.7	712.29	469.73	1997	20552.46	16589.32	252.9	3357.46
1987	8759.11	6914.89	805.99	556.89	1998	21664.78	16600.0	802.0	3374.0
1988	9221.0	7270.08	729.26	711.06	1999	22954.63	17775.09	653.42	3585.49
1989	9107.06	6610.57	1163.09	1108.69	2000	24045.03	18582.36	610.74	3815.81
1990	10107.4	6685.08	1511.38	1503.73	2001	23862.55	17890.83	596.04	4140.35
1991	10348.44	7014.9	1126.26	1529.81	2002	22420.96	18155.62	461.42	2135.91
1992	11302.79	7909.83	1148.79	1732.71	2003	26145.08	18999.31	631.25	5092.99
1993	12135.05	8759.09	846.76	1853.69	2004	28464	20446.43	5496.77	6251.37
1994	15605.37	11519.38	1014.18	2345.08	2005	29200	18687.49	7287.89	8396.74
1995	18253.05	13387.66	1295.24	2803.4	2006	32819.13	22093.76	18665.15	7582.17

第八节　科技、教育、卫生

一、科　　技

明清时期，境内农业、建筑业较进步，尤以安福蒋家财主的庭院建筑、县城文庙、奎星楼等建筑物的工艺水平较突出。民国初年，开始兴办工厂，引进纺纱。民国 19 年（1930），始有缝纫、制袜机械。民国 23 年（1934），始有汽车过境。民国 27 年（1938），开始水稻试验和良种推广工作。1949 年 10 月，合口、新安、城关镇先后引进日本制造的“尼生”动力机创办发电厂，开始使用电灯。1950年，县农场开始生产示范工作。1954年，成立县农业科学研究所，开展科学实验，推广农业生产技术。1957～2006年，共获市以上奖励的科技成果133项，其中国家级奖6项，省级奖36项，地区级奖91项。

科技成果

民国初年，由政府组织近代科学技术研究与推广工作。民国27年（1938），在灵泉乡租赁田亩从事稻作试验。民国31年（1942）设立县农业推广所，从事再生稻试验，推广万优良种畜、人工孵化家禽及大牲畜疫病防治技术。民国中期，印刷、纺织、缝纫等先进技术先后传入，手工业开始向机械生产方向发展。

新中国成立后，1949年冬接管旧农林场，建立国营县农场。1951～1954年，相继建立县植棉指导站、县农业科学研究所，开展稻、棉良种引进、试验、推广和以单季改双季为中心的水稻栽培技术研究与指导，同时，新机具的不断出现和半机械化、机械化程度的不断提高，使劳动生产率成倍增长。60年代，开展以高秆改矮秆为中心的水稻研究，农业运输、耕作、脱粒、植保等各种农业机械的研制与推广。70年代，开始探索以杂种优势利用为中心的杂交水稻繁育制种和栽培技术。工业、交通、能源、商业、医药卫生等科技迅速发展，科技成果成批涌现。1986年共推广应用各类科技成果32项，1987年9月，省科委首次举办“科技成果推广应用效益展览会”，临澧县政府组织的合口珍珠养殖及系列产品开发、节能焊机等10个项目参展，被评为常德地区第二名。1995年，临澧被确定为“国家水稻工程”基地县，省农科院专家组和临澧农业科技人员5年中研究开发的30项成果被全县广泛应用，2000年10月通过省级验收。1997年，临澧县被列为全省科技成果转化重点示范县，合口镇和新安镇被列为省级星火示范乡镇。是年，县科技局筛选编印110项先进实用新技术、新成果1500份，发放到全县乡村企业单位和村委会。组织“科技下乡”、“科技进厂”活动37次，规范建立优质稻、优质棉等基地8个，科技示范专业户3700户。

1986～2006年，临澧县共承担各级科技主管部门下达的科研与开发计划项目294项，其中国家级12项，省级81项，市级66项，县级135项。累计科技投入经费10.8亿元，共开发新技术26项，新产品18个，取得优秀科技成果325项。

研究成果

良种选育。73—107；临晚1号；农×圭；“078”。

丰产栽培技术。双季稻高产栽培技术；潜育化稻田改造技术；杂交稻制种技术；棉花高产栽培技术；油菜育苗移栽技术；无核蜜橘高砧（枳壳）多芽嫁接密植早结丰产技术。

水稻病虫害防治技术。白僵菌75－1、76－2防治水稻黑尾叶蝉防治技术；拟青毒防治水稻褐飞虱防治；叶青双防治白叶枯病防治。

水产技术。三角帆蚌人工繁殖技术；三角帆蚌植片育珠技术；简易流水高密度养鱼技术；黄尾密鲴人工繁殖技术。

林业技术。1979～1981年低产油茶林改造技术；1980年针叶阔叶混交林栽培技术；1983年雪松育苗技术。

成果推广

1950～2006年，全县共推广农业新品种1480个，新技术推广3678项。1986～2006年，全县累计实施各级各类科技成果推广和星火计划229项，其中实施国家级星火计划3项，实施省级星火计划1项。全县实施各级各类国家中小企业创新基金、国家重点新产品开发基金和高新技术引导计划5项，其中国家级2项，省级3项。2001年全县实施国家中小企业创新基金项目1项，争取资金支持70万元。实施国家重点新产品开发资金项目1项，科技部支持资金30万元。实施省高新技术引导资金项目2项，支持资金

700万元。

科普服务

科普宣传：1960～1961年，县科委创办《临澧科技小报》，每月编3期，每期印发500份，共编32期，发行1.6万份到各公社、大队、厂矿企业和科研单位。1979年，县科委创办《科学实验》刊物，发行到各科研单位和公社、城镇。1980年起，县科协、县科委在城关镇人民街创办1处宣传窗，每年出刊4期，并与县广播站联合按照农事季节举办农业科技讲座。各公社（镇）科协和各学会均办宣传窗或墙报、黑板报，按季更新内容，并根据生产需要，组织广播科技讲座或科普报告会。1981年，县农业局、农学会创办《农业科技》《农业科技信息》发行到大队、生产队和部分农户。县医学会编印《临澧卫生》《临澧医药》每年发行2000多份至农村卫生所医务人员。同时，县、社（镇）科协和各学会并组织发行省编《湖南科技报》《科技信息报》等报刊和养鸡、养鸭、养猪、养鱼等单项科普资料。1985年全县编印和发行科普资料69种，共发行2.7余万份。1986年，举办“科普宣传一条街”展览，为群众提供咨询服务3000余人次。1989年，开展“保护生态环境一条街”宣传活动。1986～1997年，全县举办工业、农业、卫生、环保、太阳能、沼气等科普知识宣传讲座210次，听众19万人次，印发科普宣传资料17.55万份，编发《临澧科技》151期。1996年6月省科委、省建委、省体改委批准县合口镇创办社会发展综合实验区。1997～2006年，每年由科技局牵头组织科协、农业、农机、林业、畜牧部门送科技下乡活动两次，宣传活动遍及城乡。

教育培训：新中国建立后，县、乡政府在全县普遍兴办夜校，开展学文化、讲科学。1952年全县兴办农民夜校200余处，参加学习的农民约1.2万人。1956～1979年。办短期培训班，培训技术骨干，推广普及双季稻、棉花等栽培技术及病虫害防治技术。20世纪80年代，普遍建立基层科协组织，技术培训转向千家万户和基层干部。1982年，县农业技术学校开设农村干部技术培训班3期，每期3个月，共培训公社党委、大队支部书记或大队长以上干部198人。1982年冬至1983年春，组织各类专业技术培训班165期，每期7至10天，培训2.5万人。1983年，以公社、镇科协为主，开办农业技术学校，采用统编教材、定期上课、平时自学、农闲上课、农忙休学、年终考试的办法，以保证学习质量。1985年，全县创办农业技术学校277所，常年在校人数4700多人。1986～2006年共举办各类科技培训2000余期（次），培训15万人次。

科技示范：1984～1985年，县科委、科协重点抓科技示范户、示范组、示范村。通过示范推广新技术、新品种，普及科学技术。到1985年，全县培育示范户246个、示范组41个、示范村35个。

科技咨询：1984年县级各专业学会和基层科协，设立技术咨询服务站92处，接待咨询2.43万人次，解答各种技术难题1058个。1985年成立县科技咨询服务中心，负责咨询服务的科技人员98人，承担咨询项目121项，接待咨询群众2.35万人，解答技术难题704个，收取咨询费2.64万元。1985年，县科协先后帮助衔嗣庵、望城乡、杉板乡、官亭乡等科协成立农业技术服务公司，实行技术有偿服务，公司不仅接待技术咨询，出售科普资料，还经销农作物新品种、新农药、新化肥等物资，每年获取技术服务费和利润1500～2000元。

科技情报：1979年，县科委建立科技情报资料室，由1名干部兼管。1983年10月，成立县科技经济情报学会，发展会员55名。1984年3月，设立县科技情报中心站，定编5名，各乡镇、县属厂矿企业相继成立科技情报站（组、室），共配备专、兼职情报人员300余人。县科技情报站编印《科学实验》《科学技术动向》和《科技经济信息》等刊物31期，发行12000多份。从成立至今与100多个国内情报部门、大专院校、科研单位和400多名临澧籍中级科技人员进行情报交流，共收集科技信息1万余条。筛选出260多条信息，被采用的48项；全县新办乡镇企业26个，开发新产品34个，改进老产品7个，新增产值1700万元。1992年中心站与中国科技情报研究所进行计算机联网。1994年9月，县科技情报中心站更名为县信息中心，建立了“全国企业信息计算机网络临澧终端”，形成了跨部门、跨行业科技经济信息网络体系。全县有信息站（点）32个，专、兼职信息工作人员达352人。

科技信息服务：1986～1990年，利用传统网络和馆藏科技书刊开展项目信息的调研与论证、技术信息的咨询与服务、各类技术的引进、推广与转让。1991年，在全省率先开展了电子信息发送、电子邮件、电子公告板和数据库检索服务。年收集整理科技经济信息3万条，发布实用信息2000多条，信息反馈15%以上，通过数据库检索，为企业新上项目、成果鉴定、申请专利查新课题20多个，接待咨询人员600多人次，引进的“隔热镇水粉”等10个项目新产品、新技术信息送到各厂矿企业，同时，把科技致富信息送到千家万户。1991～2006年，为企业和专利发明人查新课题282项，引进新品种67个，推广新技术、新工艺160多项，创间接和直接经济效益2800多万元。

科普学术交流：1980～2006年，各学会紧密围绕各项生产需要，组织专业学术讨论会和报告会272场次，参加5160人次，交流论文1820篇，在地区以上学会或刊物上发表174篇。县医学会组织会员围绕临澧县农村常见病、多发病的防治开展学术活动132次，参加人员1700人次，交流论文104篇。

科技管理

计划管理：1972年，县科技办公室制定《临澧县1972～1981年科研规划》，制定10年内实现粮、棉、猪双跨《纲要》的目标，确定74个科研课题项目，其中农业20项、林业4项、畜牧水产3项、水利9项、气象2项、工业交通9项、粮油加工17项、文卫10项，分年度组织实施。1978年，县科委制定《临澧县1978～1985年科学技术发展规划纲要（草案）》，围绕农业、能源、交通的发展，着重解决工农业生产中的一些关键技术问题，提高工农业生产技术水平。1985年县科委制定《临澧县1986～1990年科技发展要点》，“七五”期间实施“星火计划”，安排研究项目34项、成果推广项目55项。2000年县科技局编制《临澧县科技发展“十五”计划》，明确科技发展重点改造农业、能源、建材、机械四个行业，加速开发食品、陶瓷、化纤、饲料、建材五个系列产品，抓好非金属矿产资源、山丘区经济果林资源、大、中水面资源、农村资源四类自然资源的综合开发，努力开拓微电子与信息技术、生物技术、新型材料三个新兴领域。此外，县科技局根据科技发展长远规划和经济社会发展情况，制订年度科技项目计划。1986年设立科技立项计划，由县科技局、县财政局制订年度科技立项计划。1986～2006年，全县共实施各级各类科研与开发计划294项，开发新技术26项，新产品18个，加速了科技成果转化。

成果管理

1977年前，县科技部门会同各主管局及时对有价值的先进的生产技术进行总结推广。1978年，县政府根据湖南省科技成果管理办法，制定《临澧县科技成果管理实施细则》。1981年，县科委根据《湖南省科学技术研究成果鉴定暂行办法》，制定了《临澧县科学技术成果管理暂行办法》，规定了成果鉴定的范围、条件、级别、形式、要求、申报、评奖等规程。1991年和1995年，县政府分别制定《临澧县科学技术进步奖励暂行办法》、《临澧县科学技术进步奖励办法》，明确规定成果鉴定的范围、条件、级别、形式、准备、要求、申报、验收等规程。1997年，制定《临澧县工业企业技术革新成果奖励办法》。成果评议鉴定、登记上报、评审奖励、推广应用逐步制度化、规范化。

1981～2006年，共组织科技成果鉴定217项，其中：系统地邀请有关专家鉴定的有143项，采取资料审查会议或通信方式鉴定的有74项。

1981～2006年，全县共登记评审各类科技成果351项，其中达国内先进水平的有21项，达省内先进水平的有122项。

新中国成立以来，召开科学大会表彰奖励。1978年12月20～23日，首次召开全县科学大会，授奖的先进集体39个，先进个人97人，授奖成果120项。1981年1月22～24日，召开第二次科学大会，大会表彰先进单位8个、先进个人56人，授奖的科技成果27项。1981～1995年，每年举行一次县科技成果的授奖大会，1996年以后改为2年1次，从1978～2001年全县共召开授奖大会11次，奖励优秀科技成果258项。1981年后科学技术奖励大会，推广90项科研成果，按一、二、三等奖颁发奖状和奖金。

二、教　　育

概　况

从雍正七年（1729）建县至2006年，临澧教育可划分为三个阶段：

初兴阶段（1729～1911年），是正统封建教育时期。戊戌维新以前，县人忠实执行“忠君”“尊孔”教育主旨；光绪三十三年（1907），开办安福学堂，学校主要有私塾、义学、书院和县学。清雍正八年（1730）至光绪年间，城乡普遍办有私塾，私塾分蒙学、经馆、经蒙混合馆三类。蒙学主要教《三字经》《百家姓》等；经馆主要教《四书》《五经》《幼学琼林》《鉴略妥注》《古文观止》等。乾隆九年（1744），知县张竣在县署东倡建义学1所，至嘉庆十二年（1807）废；咸丰四年（1854），蒋明试等在县东12里宋玉庙西侧创建义学1所。义学学习时间以三年为限，农忙不学，农闲多学。自元至清，境内先后设道溪、龙池、道水、九辩四书院，其中道水书院由知县张在田于清嘉庆九年（1804）在县城东关内创办，先后有黄道让、林修梅、林伯渠、于若愚、黄右昌等就读于此；九辩书院由知县薛晓帆于咸丰四年（1854）倡导创办。书院教学内容主要是《四书》《五经》，并练习八股文、试帖诗、正楷小字、大字等。雍正八年（1730），安福县学成立，教师由历届教谕和训导担任，学额50余人，专收附生、增生和廪生，以教经书、作八股文和试帖诗为主。自建县至光绪三十二年（1906），境内共产生进士8人、举人79人、贡生175人。光绪三十三年（1907），改道水书院为官立安福学堂，是新式小学的开端，境内初现现代教育的曙光。

发展阶段（1912～1949年）属民国时期，是封建教育向现代教育过渡时期。教育宗旨以三民主义教育宗旨维持时间较长。民国初年，县内教育办学经费、在校学生都高出周边各县水平。民国元年（1912），创办女子学校；民国3年（1914），创办县立中学；民国19年（1930），设师范学校；民国34年（1945），开办幼儿班。民国时期，县有中学、师范学校、男女高小等小学，区、乡、保办有小学，还有私塾和私立高小。学校网点、入学人数较清代增多。民国38年（1949）上期，全县有中心国民学校15所、保国民学校125所、私立小学6所、幼儿园1所，在校学生占总人数的2.95%。

变革阶段（1950～2006年）属新中国时期，这一阶段又可分为两个时期：

第一次变革期是现代教育定型、发展时期（1950～1994年）。新中国成立后，执行教育“应该使受教育者在德育、智育、体育几方面都得到发展，成为有社会主义觉悟的有文化的带动者”和“教育为无产阶级政治服务，教育与生产劳动相结合”的方针。1956年起先后办附中9所，1958年县办3所独立初中。70年代初，县办7所完全中学、各社镇办初中，幼教事业也蒸蒸日上。1985年，全县有幼儿园322所、小学313所、普通中学（含片办中学）34所，职业中学（含教师进修学校）34 所，在校学生占总人数的 25%。1986 年，开始学校布局调整工作，到 1994 年，小学降至 281 所，普通初中精简到 23 所。

在此期间，中等专业教育和成人教育蓬勃兴起，1958 年，临澧开办短期师训班，1980 年成立教师进修学校，1984 年，成立临澧县第一职业中学。从 20 世纪 50 年代末至 80 年代初，成立卫生学校、业余体校、农业学校、农业机械化学校、工业学校、林业学校、供销学校、商业学校、粮食学校等专业学校。成人业余教育、函授教育、广播电视教育获得了较大发展。

第二次变革期是素质教育推广、兴盛时期（1995～2006 年）。1995 年以来全面实施素质教育，把“学会健体、学会做人、学会求知、学会办事”作为培养目标，倡导以德治校、以德育人。教育提出“以人为本”的理念，培养适应社会发展的新型人才。2002 年，县委、县政府提出了“教育兴县、教育强县”的战略思想，使临澧教育在新时期迈上了崭新的台阶。

积极改善办学条件 1986～2000 年以来，改造 D 级危房 2120 平方米，维修校舍 17865 平方米，新建校舍 8672 平方米。2000 年被评为“全省学校危房改造先进单位”。2001～2005 年，投入危改资金 37024 万元，改造校舍 173642 平方米，彻底消灭了 D 级危房，是年被常德市政府评为“改造危房一等奖”。次年再获“全省中小学危房改造先进县”的光荣称号。2002 年 1 月，县委、县政府征地 500 亩，投资 1 亿元，异地新建临澧一中，建筑面积 13 万平方米。2004 年 9 月 1 日，临澧一中整体搬迁到新校区，当年在校生超过 4000 人。“十五”期间，共投资 700 多万元，装备多媒体教室 25 间、电脑室 45 间、配备电脑 2000 多台，建立了 120 个教学资源卫星接收站，完成了校校通工程和现代远程教育终端接收站点工程的建设，实现了网上资源共享。全县教育总资产由“九五”末期的 1.3 亿元增加到“十五”末期的 3.3 亿元。2005 年 4 月，被省教育厅评为“危房改造先进县”。2006 年改造危房 11750 平方米，基本消灭了危房。

健全社会办学体制 2004 年 9 月，在一中原址兴办第一所九年义务教育阶段股份制民办学校——丁玲学校。全县实施乡镇联校和中学合并，实现中学兼管小学，全县共裁减学校行管人员 97 人。同时，大力推行校长负责制、教师竞聘上岗制和结构工资制等“三制”改革，教师的工作积极性得到充分发挥。

教育事业全面发展 通过落实“两免一补”政策和开展各种帮困助学行动，1995 年来，境内九年义务教育阶段学生入学率每年均达 100%，巩固率达 98%以上。是年，全县初中毕业生直升率达 91.5%。2005 年，临澧县职业中专被评为国家级重点职业中专。城区县中心艺术幼儿园成立，各乡镇建起高标准的中心幼儿园。2006 年，全县学前一年受教育率达 99%，三年受教育率接近 85%。素质教育取得明显成效。本科上线人数不断上升，2001～2006 年，万人口上线率每年均达到全省平均水平的两倍以上，有 5000 多人步入高等院校，其中清华、北大录取 9 人，学生在全国、省、市竞赛获奖先后有 1.2 万多人次。

教师队伍

民国初年，族校和私塾教师 100 余人，高等小学教师 40 人。民国 18～19 年（1929～1930），公办小学教师近 400 人，乡村师范教师 571 人，中学教职工 19 人。民国 27 年（1938），全县小学教员 407 名；中教职员 36 人，省立十四中教职员 42 人。

1949 年下期，全县有各类教师 288 人，1957 年为 788 人，1965 年公、民办教师发展到 1361 人，1977 年为 2905 人，1985 年为 4011 人，1990 年为 4384 人，2000 年为 4568 人，2006 年为 4399 人，见《临澧县几个年份学校及教师情况统计表》（表 3—8—1）。

表 3—8—1　　**临澧县几个年份学校及教师情况统计表**

单位：个、人

年份	学校数量	在校学生数	教职工人数	年份	学校数量	在校学生数	教职工人数
1949	137	5957	288	1980	358	81427	3379
1950	272	13202	485	1985	355	83044	4011
1952	328	21056	802	1990	350	66062	4384
1957	242	28352	788	1995	314	58603	4380
1962	245	30410	1027	2000	205	54753	4568
1965	339	44559	1361	2005	122	49113	4434
1970	337	46098	1871	2006	114	46693	4399
1975	367	76180	2905				

学校布局

临澧县学校布局调整工作从 1986 年开始，到 1994 年按达到 14 万人口办一所高中，1.67 万人口办一所初中，近 4000 人口办一所完小，1400 人口办一所初小标准调整学校布局，该年撤消片办初中 2 所，合并完小 18 所。1995 年以后，基本稳定普通高中、初中学校布局。重点调整农村小学，全县小学由 1994 年的 267 所调整为 2000 年的 180 所，5 年内共合并小学 87 所。随着人口出生率的下降，初中高峰期的到来以及城市趋势的加速，2001 年 4 月，教育局制定下发了《临澧县农村小学布局调整的几点意见》《临澧县农村小学布局调整计划》，到 2004 年全县农村小学的布局调整任务完成，见《临澧县 2006 年学校分布统计表》（表 3—8—2）。

表 3—8—2　　**临澧县 2006 年学校分布统计表**

单位：个、人

乡　镇	合　计			高　中			初　中			小　学		
	所	班级	学生	所	班级	学生	所	班级	学生	所	班级	学生
合　计	114	907	46693	5	153	10554	19	257	14080	90	650	22059
杉板乡	6	38	1062				1	8	381	5	30	681
佘市镇	8	56	1724				1	12	676	7	44	1048
文家乡	7	39	996				1	7	340	6	32	656
太浮镇	5	34	1036				1	8	356	4	26	680
陈二乡	6	30	879				1	7	350	5	23	529
四新岗镇	7	44	1490				1	12	611	6	32	879
柏枝乡	6	50	1803				1	13	763	5	37	1040
烽火乡	4	34	1428				1	10	578	3	24	850
望城乡	3	27	1234				1	12	661	2	15	573
杨板乡	5	32	1085				1	9	393	4	23	692
修梅镇	6	48	1504				1	12	656	5	36	848
停弦镇	6	43	1493				1	12	609	5	31	884
新安镇	9	98	4460				1	28	1696	8	70	2764

续表

乡　镇	合　计			高　中			初　中			小　学		
	所	班级	学生	所	班级	学生	所	班级	学生	所	班级	学生
官亭乡	6	46	1848				1	12	769	5	34	1079
九里乡	4	33	1257				1	9	453	3	24	804
合口镇	12	90	3759				1	18	1181	11	72	2578
安福镇	13	159	19477	5	153	10554	3	68	3607	5	91	5316
太平开发区	1	6	158							1	6	158

校舍建设　到2006年12月，全县共有中小学118所，占地面积212.9万亩，总投资29466万元，其中建筑面积56.26万平方米，教学面积24.65万平方米，生活面积15.95万平方米，住宿面积11.81万平方米，见《临澧县2006年中、小学校基本建设统计表》（表3—8—3）。

表3—8—3　　临澧县2006年中、小学校基本建设统计表

单位：个、亩、万元、平方米

单　位	学校数量	占地面积	总投资	建筑面积	教学面积	生活面积	住宿面积
合　计	118	2129464	29466	562585	246535	159590	118100
官　亭	6	76140	539	20814	7179	7163	3800
九　里	5	56171	787	16091	6700	5563	4300
新　安	11	130633	1735	38116	18740	12040	9500
合　口	13	157904	866	26245	13337	5843	4500
停　弦	6	67817	567	17115	6199	2729	2800
修　梅	6	57748	409	15017	6724	6622	3400
杉　板	6	60934	413	13632	7442	1958	2100
佘　市	8	88500	575	20814	7465	5748	4000
文　家	7	102856	857	15946	6692	6236	3400
太　浮	5	89504	530	17284	5803	6268	4600
陈　二	7	66167	542	15142	7952	3196	4820
四新岗	7	150400	606	17474	6093	7290	4200
柏　枝	6	105733	489	17906	7674	6402	3900
望　城	4	48181	327	13514	5670	8811	3700
烽　火	5	102844	834	17880	7064	3010	6200
杨　板	5	65597	754	18226	11596	2680	2500
太　平	1	8600	312	4800	2310	2400	1500
安　福	10	693735	18324	256669	123895	65631	48880

三、卫 生

医疗机构

清光绪二十八年（1902），彭义万在县城上胜街设立私营广济医院。民国18年（1929），甘雁秋在东兴街设立私营普惠医院，后增设德芬医院。民国28年（1939）9月，设公立临澧卫生事务所。民国30年（1941）3月，改称临澧县卫生院。民国32年（1943）由丁等卫生院升为甲等卫生院。

县级医院

县人民医院：1949年10月，县人民政府接管原国民党政府的县卫生院，共有行管和技术人员9人，两栋平房共400平方米，简单的体温表、听诊器、手术刀和镊子等医疗器材，价值100余元的库存药品。1956年12月，县卫生院更名县人民医院，有医护人员27人，其中卫生技术人员19人，院址由老正街迁梅溪桥附近。1961年迁护城大队碑波堰附近至今。1965年，有医疗卫生技术人员60人，床位60张。到1985年，建房面积13427平方米，设有西医内外科、五官科、妇产科、儿科、放射科、检验科、传染科、骨科等26个科室，各种医疗器械设备基本配套。2006年，医务人员达287人，其中卫生技术人员243人，床位211张。投入36余万元完成了中心药房、急诊室、高压氧舱、放射科、手术室及围墙的改造和修缮。投入196万元购置了数字影像系统（DR），投入30万元引进高压氧舱设备，投入140万元购置了其他小型医疗设施144台件，全院固定资产总额4870万元。

县中医院：民国36年（1947）9月，成立临澧中医研究社，社址设合口商会街，由医师公会理事长章梁材任社长。1952年，成立城关中医联合诊所。1957年，改称县中医院，有职工12人，病床15张，用房面积600平方米。1964至1971年1月，改称工农兵医院。1985年，中医院共有138人，其中有卫生技术人员118人，病床120张。2006年，有医务人员200人，其中卫生技术人员164人，床位120张。

县妇幼保健医院：1985年3月成立县妇幼保健站，院址设在朝阳街。有行管技术人员6人。1988年开设药房，进行门诊看病。1989年成立住院部，有床位10张，开展住院分娩。1994年5月被湖南省卫生厅确认为婚前健康检查指定单位。1995年获得湖南省“爱婴医院”称号。1996年，县妇幼保健站改名为临澧县妇幼保健院，有医护人员32人，新建住院楼，床位20张，设有西医药房、妇产科、儿科、检验科、皮肤性病科等。1998年9月被国家卫生部确定为“降低孕产妇死亡率”项目县，2000年经省卫生厅验收合格。2001年通过国家卫生部终期评审。2001年10月县妇幼保健院与县计划生育技术服务指导站合并，设立县计划生育和妇幼保健院。2003年投资260万元，在人民街红军路兴建2300平方米计生妇幼医院综合大楼，投资160万元按甲级医院标准设置，病房安装了电视、空调、急救传呼系统等。添置新设备优生遗传检测设备、红外光治疗仪、儿童智测仪、保健电脑、彩电电脑、乳腺疾病诊断仪、多功能乳腺疾病治疗仪、电子阴道镜、带阴道探头B超等设备。2004年5月儿保中心开展新生儿行为测定、新生儿游泳、婴儿抚触、高危儿筛查、智力测验、功能训练等服务。2005年7月成立国家出生缺陷干扰项目产前筛查实验室。2006年，有医务人员48人，其中技术人员43人，床位38张。

县血防医院：1956年5月，在新安、合口两镇分设血防1组和2组，定编32人。1959年8月，减裁新安血防组，减编人员7人。1973年正式设立县血防院，选址新安镇。1977年3月，合口血防组与新安血防院合并。到1979年有床位120张，1983年常德地区进行血吸虫防治检查被评为第二名。1985年两度分开，合口血防组改称县第二人民医院至今。2006年县血防院有职工72人，建筑面积1652.45平方米，固定资产395万元。

乡镇级医院：民国31年（1942），临澧始设区卫生所。第一期选择合口、佘市桥建立卫生所；越两年建立傲山、王化桥卫生所。新中国成立后，1950年在五区的合口、六区的新安建立卫生所；翌年，先后在一、二、三、四区建立卫生所；1953年增设七区卫生所。1956年夏撤区并乡后，区卫生所相继撤销，卫生骨干和医务人员分别调县卫生单位和乡、镇卫生院。1957年撤区并乡，建立人民公社后，将联合诊所并入15个公社卫生院。1961年增设新安、九里、太浮、文家4个公社卫生院。1966～1973年，县委和县人民政府先后在合口、柏枝台、佘市桥、官亭、四新岗建立5所医院。1978～1979年、1983～1984年，5所地方医院先后撤销，并入乡、镇卫生院，佘市地方医院撤销后，另建青山医院。1984年3月公社卫生院改称乡（镇）卫生院，到2006年底，全县共有乡级卫生院17所，床位773张，医卫技术人员1415人。

医疗技术人员

1949～2006年医疗机构及技术人员情况，见《临澧县几个年份医疗机构技术人员统计表》（表3—8—4）。

表3—8—4　　临澧县几个年份医疗机构技术人员统计表

单位：个、张、人

年份	机构数								床位	人员			
	小计	县医院	乡级卫生院	血防院	防疫站	妇保院	卫校	药检所药监局		小计	技术	管理	工勤
1949	2	2											
1950	2	2											
1952	2	2											
1957	2	2	17	1									
1962	20	2	17	1									
1965	20	2	17	1									
1970	22	2	17	2	1								
1975	25	2	17	2	1	1	1	1	939	949	856	27	66
1980	25	2	17	2	1	1	1	1	1056	1009	902	34	73
1985	25	2	17	2	1	1	1	1	989	1061	941	48	72
1990	25	3	17	2	1	1	1	1	921	1226	1110	45	71
1995	25	3	17	1	1	1	1	1	787	1300	1174	56	70
2000	25	3	17	1	1	1	1	1	718	1385	1264	58	63
2005	25	3	17	1	1	1	1	1	735	1341	1210	58	73
2006	26	3	17	1	1	1	2	1	773	1415	1286	39	90

注：2006年卫校栏中统入合作医疗管理办公室、健康教育所。

第四章　气象灾害

第一节　旱　灾

旱灾与其他灾害相比，发生次数多，持续干旱，连续重旱，对农业、水资源、土地及其他资源造成危害，是县境内最大的自然灾害之一。

一、概　况

根据《临澧县自然灾害情况统计表》统计，西周（公元前986年）至清代雍正六年（1728）的2715年间，共发生旱灾920次，平均3年一遇。其中西周时期发生旱灾30次，秦汉时期发生旱灾81次，三国两晋时期发生旱灾60次，南北朝时期发生旱灾77次，隋代时期发生旱灾9次，唐代时期发生旱灾129次，五代时期发生旱灾26次，宋代时期发生旱灾183次，元代时期发生旱灾86次，明代时期发生旱灾174次，清代前84年发生旱灾65次。建县后1729～2008年的279年间，发生旱灾72次，旱灾发生频率25.9%。重特大旱灾22次，重大旱灾18次，重特大旱灾发生频率7.9%，重大旱灾以上发生频率14.3%。以上统计旱灾发生频率为29.8%，平均3年一遇，重大旱灾10年一遇，重特大旱灾12年一遇。

持续干旱　根据境内农作物生长特性和《临澧县灾害年表》统计，1949年以前，一月内干旱形成旱灾，二个月内干旱形成重大旱灾，三个月内干旱形成重特大干旱灾害。《临澧县干旱年份及灾情等级一览表》（表4—1—5）统计，历史干旱灾害年份159次（年），干旱1个月的年份55次（年），占干旱年份35%；干旱两个月的年份38次（年），占干旱年份24%；干旱3个月的灾害年份66次（年），占干旱年份的42%。

连续重旱　根据《临澧县灾害年表》，统计1729～2008年的279年的72次干旱灾害中，连续发生干旱年份17次（年）。其中：连续2年干旱年份9次（年），连续3年干旱年份7次（年），连续6年干旱年份1次（年）。重旱年份从1470～2008年中，连续两年重旱年份组11个，连续3年重旱年份组两个，连续4年重旱年份组1个。与长江中下游连旱年份组频率（1479～1990年）2年重旱年份组13个，连续3年重旱年份组1个，连续6年重旱年份组1个的频次基本相近。按重旱灾害划分标准，17世纪至2008年中有58个重大干旱年份，见《临澧县重旱以上持续干旱年份图》（图4—1—1）。

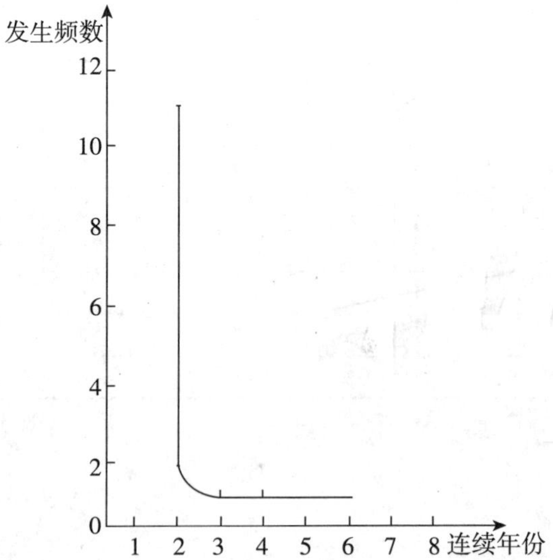

图4—1—1　临澧县重旱以上持续干旱年份图

表 4—1—1　临澧县 1949～2008 年社会经济指标和旱灾成灾损失量统计表

单位：万人、万亩、万吨、万元

年份	总人口	农业人口	耕地面积	总播种面积	粮食播种面积	粮食总产量	受灾面积		成灾面积		粮食减产（吨）	受灾人口	损失金额
							面积	比率%	面积	比率%			
1951	25.82	24.61	73.15	76.61	66.07	9.65	10.21	13.3	6.21	8.1	3922	3.64	234
1952	25.88	25.51	73.4	78.87	67.26	10.42	10.1	12.6	7.2	9.1	5698	3.51	189.6
1953	26.27	25.05	71.51	84.61	70.9	10.89	144.32	12.19	8.1	10	5850	2.11	193.1
1955	27.28	26.19	71.95	73.11	79.07	11.59	13.1	17.9	7.6	10	5475	4.69	188.98
1956	27.56	26.49	71.74	104.24	94.95	13.23	10.3	9.8	9.2	8.8	6675	5.1	224.44
1957	28.29	25.67	72.06	107.11	95.52	13.23	10.2	9.52	9.1	13	6600	5	207.1
1959	27.95	26.65	65.84	97.83	74.86	9.44	18.4	18.8	12.4	19	9900	13.1	542.5
1960	27.43	25.75	66.21	92.91	76.22	8.88	22.1	23.8	17.20	13.5	15600	14.31	1748.61
1961	26.01	24.87	64.12	93.17	71.91	5.92	18.7	20.1	12.6	13.5	9900	13.5	582.61
1963	27.91	26.72	65.06	88.79	88.79	11.96	23.2	26.1	18.1	20.3	16275	17.3	2253.3
1964	28.51	27.27	64.56	97.69	79.55	11.9	10.1	10.3	5.2	5	2775	9.21	151.9
1966	30.07	28.68	64.24	100.62	84.49	14.32	24.1	23.95	18.9	18.8	16807.5	17.84	1984.8
1971	35.65	33.22	61.88	113.01	93.69	16.07	18.1	19.32	12.3	13.12	10870	15.08	603.1
1972	35.29	33.60	61.81	100.59	80.71	13.8	23.9	23.75	18.5	18.4	21650	30.66	3055
1974	36.62	34.62	60.33	121.93	102.23	19.42	9.4	7.70	8.3	6.80	7335	8.05	325
1975	37.40	35.4	60.32	123.00	103.27	19.43	10.05	8.17	5.5	5.32	4900	9.6	279.5
1976	38.07	35.97	60.32	121.47	101.80	20.99	10.20	8.39	9.1	7	6450	9.1	297.5
1977	38.49	36.37	60.32	115.84	97.5	18.37	10.02	8.64	5.5	5	3525	11.54	238
1978	38.84	36.58	60.31	116.88	98.12	21.11	16.40	14.03	11.7	10	9000	12.05	559.5
1979	39.15	36.66	60.41	113.61	94.66	23.64	17.20	15.13	12.05	11	9825	14.03	585
1981	39.62	37.08	60.44	119.16	94.91	23.71	17.50	14.68	12.8	10.7	10125	13.2	577.2
1984	39.99	36.84	59.93	146.15	98.15	27.99	11.20	7.66	7.5	5	5575	9.47	568.2
1985	40.31	35.56	58.62	117.74	91.66	27.19	10.1	8.57	6.5	5.52	10044	7.87	806.3
1986	40.59	36.22	58.22	122.49	90.24	25.75	10.05	8.20	6.8	6	10508	9.1	822
1988	41.38	37.40	55.89	137.80	88.47	25.78	45.9	35.92	21	15.24	53499	37.12	4840
1990	41.96	37.83	55.43	135.41	89.36	28.75	18.30	11.51	14.5	10.7	26788	13.89	2632
1991	42.09	37.90	55.13	135.21	86.28	26.11	24.5	18.11	19.5	14.4	33300	18.56	4107
1992	42.20	37.61	54.9	134.02	82.86	26.06	12.5	9.32	8.9	7	13172	10.47	1712
1994	42.65	37.52	53.84	146.79	80.84	29.86	17.8	12.12	14.2	10	24864	18.3	2844
1995	42.90	37.54	53.65	145.97	82.07	29.99	25	17.13	20	13.7	32560	21.84	5262
1997	43.43	37.54	52.91	148.52	80.86	30.58	48	32.32	28.5	19.18	69565	42.14	6568
1999	43.52	36.68	53.57	134.16	75.57	27.44	10.7	8	8	6.85	16318	13.1	1877
2000	43.55	36.49	53.38	134.27	71.21	26.66	16.5	12.28	13.1	10	23236	13.1	5202
2001	43.56	36.28	52.37	125.55	66.00	23.43	39.5	31.46	28.5	22.7	68279	32.9	1.2亿
2003	43.56	36.01	48.05	109.72	55.62	18.47	10.5	9.6	8.2	7.5	14414	8.4	3055
2005	43.59	35.57	53.86	123.05	70.62	26.19	11.5	9.34	8.2	7	14060	9.58	2976
2006	43.45	35.45	53.55	124.07	69.75	28.78	11.2	9	9.5	7.4	15774	9.8	3226
合计	1346.84	1221.4	2243.28	4261.97	3096.04	737	640.85	15.1	450.46	10.93	621113.5	508.26	73518.24

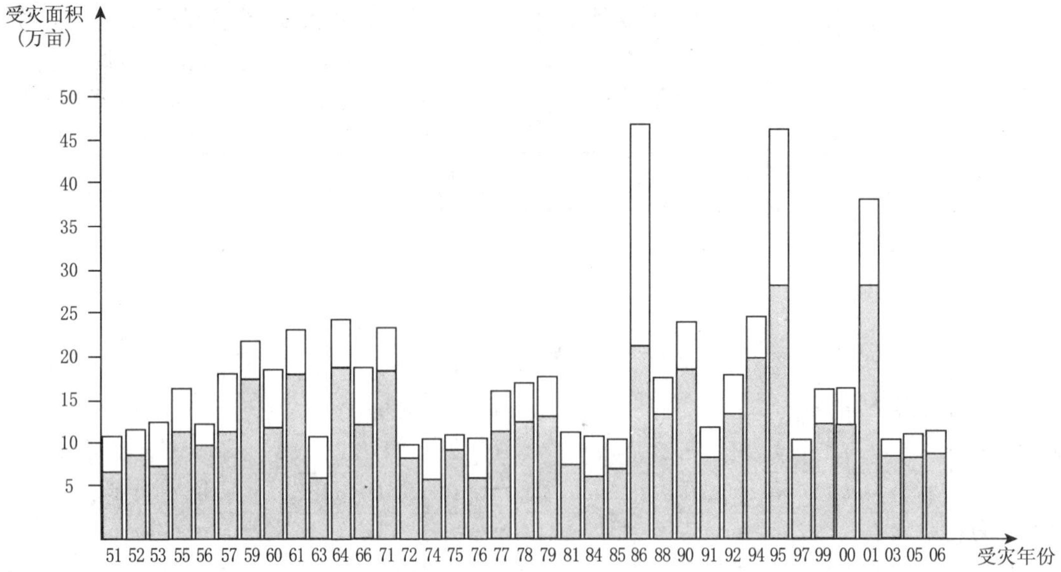

图 4—1—2 1949～2008 年旱灾受灾、成灾面积统计显示图

注：□为受灾面积；▨为成灾面积。

干旱灾害受灾面积 1949～2008 年发生干旱灾害 37 次，根据《临澧县 1949～2008 年自然灾害灾情数据统计表》，设制《临澧县 1949～2008 年社会经济指标和旱灾成灾损失量统计表》（表 4—1—1），统计 1949～2008 年发生干旱灾害 37 次（年）中，全县播种总面积 4261.97 万亩，粮食播种面积 3096.04 万亩，境内受灾面积 640.85 万亩，平均每次（年）受旱面积 17.31 万亩。成灾面积 450.46 万亩，平均每次（年）成灾 7.97 万亩。在历史干旱灾害的 37 年中，全县受灾面积超过 17 万亩～20 万亩有 7 次（年），按面积大小依次为：1961 年、1959 年、1990 年、1971 年、1994 年、1981 年、1979 年。受灾面积超过 20 万亩有 9 次（年），按面积大小依次为：1997 年、1988 年、2001 年、1995 年、1991 年、1966 年、1972 年、1963 年、1960 年。成灾面积超过 12 万亩有 17 次（年），按面积大小依次为：2001 年、1997 年、1988 年、1995 年、1991 年、1966 年、1972 年、1963 年、1960 年、1990 年、1994 年、2000 年、1981 年、1961 年、1959 年、1971 年、1979 年，成灾面积超过 15 万亩旱灾年有 9 次（年），按面积大小依次为 2001 年、1997 年、1988 年、1995 年、1991 年、1966 年、1972 年、1963 年、1960 年。根据 1949～2007 年的 37 年干旱灾害情况统计，编制《1949～2008 年旱灾受灾、成灾面积统计显示图》（图 4—1—2），历史受干旱灾害面积 640.85 万亩，占耕地面积的 28.8%，占播种面积的 15.1%。成灾面积 450.46 万亩，成灾面积占受灾面积的 70%。

干旱灾害率 根据《临澧县 1949～2008 年社会经济指标和旱灾成灾损失量统计表》统计，受灾率在 10%～15%的年份有：1951 年、1952 年、1953 年、1964 年、1978 年、1981 年、1990 年、1994 年、2000 年。成灾率在 10%～13%的年份有：1953 年、1955 年、1957 年、1959 年、1978 年、1979 年、1981 年、1990 年、1994 年、2000 年。受灾率超过 20%年份有：1960 年、1961 年、1963 年、1966 年、1972 年、1988 年、1997 年、1988 年、2001 年。成灾率超过 13%有 1959 年、1960 年、1961 年、1963 年、1966 年、1971 年、1972 年、1988 年、1991 年、1995 年、1997 年、2001 年。

干旱灾害粮食损失 根据《临澧县 1949～2008 年社会经济指标和旱灾成灾损失量统计

表》（表4—1—1）统计，因旱灾减产粮食产量约占粮食正常产量（粮食总产与粮食减产之和）的6%，如2001年因灾粮食减产达22.5%。如1972年受灾人口占同期农业人口38.7%。最重的2001年受灾人口达75.5%。

干旱灾害经济损失　根据《临澧县1949～2008年社会经济指标和旱灾成灾损失量统计表》（表4—1—1）统计，1949～2008年，直接经济损失73518.24万元，平均每次旱灾直接损失1986.9万元。农业经济损失65529.24万元，平均每次旱灾农业经济损失1771.06万元。农作物损失43329.24万元，平均每次旱灾农作物损失1171.06万元。农业经济损失占直接经济损失89.1%，农作物损失占农业损失67%，农作物损失占直接经济损失60%。

干旱灾害间接经济损失　历次干旱灾害间接经济损失主要是工业原料不足，工业产值下降，商贸交易量受到影响，水力发电量下降，造成煤、油等燃料的需求大幅度上升，水运运输量锐减或停航，干旱少雨和河流断流，地下水位补给量减少，地下水含水层趋于枯竭，地下水位下降，地面下沉，城市和农村人畜饮水困难，渔业资源损失等环境恶化。

二、　大灾纪略

顺宗永贞元年（805），湖南发生重特大干旱。

宪宗元和三年（808），湖南发生重特大干旱。

敬宗宝历元年（825），湖南发生重特大秋旱。

明宗长兴元年（930），湖南发生重特大干旱。

真宗咸平元年（998），湖北荆州和湖南发生重特大干旱。

真宗咸平二年（999），湖北荆州和湖南发生重特大干旱。

神宗熙宁八年（1075），荆湖等路发生重大干旱。

徽宗建中靖国元年（1101），湖南发生重特大干旱。

徽宗政和二年（1112），澧州发生重大干旱。

高宗绍兴五年（1135），湖南发生重特大干旱。

孝宗乾道二年（1166），慈利发生重大干旱。

孝宗乾道九年（1173），荆湖北路发生重特大干旱。

孝宗淳熙元年（1174），湖南发生重特大干旱。

宁宗嘉泰二年（1202），湖南发生重特大干旱。

宁宗开禧元年（1205），澧州发生重大干旱。

宁宗开禧二年（1206），湖南北郡县发生重大干旱。

顺帝元统元年（1334），湖南、广东，1～8月未降雨，发生重特大干旱。

成祖永乐十三年（1415），湖南、广东区域发生重特大干旱。

宣宗宣德元年（1426），湖南、广东区域发生重特大秋旱。

宣宗宣德二年（1427），湖南、广东发生重特大干旱。

宣宗宣德九年（1434），湖南、广东发生重特大干旱。

宣宗宣德十年（1435），慈利发生重大干旱。

英宗正统三年（1438），湖南、广东区域发生重特大干旱。

英宗正统六年（1441），湖南、广东发生重特大秋旱。

英宗正统十年（1445），湖南、广东发生重特大秋旱。

英宗正统十一年（1446），湖南、广东发生重大秋旱。

景宗天顺二年（1458），湖南发生重大干旱。

景宗天顺三年（1459），湖南、广东5～9月未降雨，发生重特大干旱。

宪宗成化三年（1467），湖南、广东发生重特大干旱。

宪宗成化四年（1468），湖南、广东发生重特大干旱，田间无麦苗。

宪宗成化二十年（1484），湖南、广东发生重特大干旱。

宪宗成化二十二年（1486），湖南、广东发生重特大干旱。

孝宗弘治元年（1488），澧州等地发生重特大干旱，慈利①等地2～10月未降雨，粮食失收发生饥荒，人相食。

孝宗弘治三年（1490），湖南、广东发生重特大干旱。

武宗正德二年（1507），湖南发生重大干旱。

武宗正德三年（1508），湖南、广东发生重特大干旱。

武宗正德八年（1513），湖南、广东发生重特大干旱。

武宗正德十三年（1518），湖南发生重特大干旱。

世宗嘉靖二年（1523），湖南、广东发生重特大干旱，赤地千里，灾民流离失所，讨米逃荒，饿死路途。

世宗嘉靖三年（1524），湖南、广东发生重大干旱。

世宗嘉靖五年（1526），澧州等地发生重大干旱。

世宗嘉靖七年（1528），湖南、广东发生重特大干旱。

世宗嘉靖十一年（1532），湖南、广东发生重特大干旱。

世宗嘉靖二十三年（1544），湖北、湖南5～9月未降雨，发生重特大干旱。澧州斗米千钱，老羸卧道，哭声震野，饿死者不可胜计。

穆宗隆庆四年（1570），澧州属三县等地发生重大干旱。

注：①临澧属慈利辖区。

神宗万历十七年（1589），澧州等地皆大旱。是年斗米银二钱，通郡大疫，死者枕藉于道，饥荒亦重。

神宗万历三十二年（1604），县志载：本县发生重大干旱。

神宗万历三十七年（1609），湖南、广东发生重特大干旱。

思宗崇祯五年（1632），澧州发生重大干旱。

思宗崇祯十四年（1641），湖南、广东发生重特大干旱。

思宗崇祯十五年（1642），湖南3～6月未降雨，发生重特大干旱。

思宗崇祯十六年（1643），湖南发生重特大干旱半年未下雨，赤地千里，饿死者甚众（县志载）。

世祖顺治元年（1644），湖南、广东发生重特大干旱。

世祖顺治三年（1646），澧州五月后发生重大干旱。

世祖顺治八年（1651），慈利、石门等县发生重特大干旱，斗米千钱。[illegible]、荒交困，饿死人口3/10。

世祖顺治九年（1652），湖南大部分地区4～9月未降雨，发生重特大干旱。尤以长沙、澧州所属各县为甚，早迟二稻绝种，灾民多饿死。

世祖顺治十二年（1655），澧州全境重特大干旱。自上年12月至次年7月不雨。

圣祖康熙四年（1665）夏，澧州各县发生重特大干旱，麦禾无收，灾民多采竹为食。

圣祖康熙十一年（1672），澧州、石门县等地1～4月未降雨，发生重特大干旱。水田改种，黍粟亦无收。

圣祖康熙十三年（1674），慈利等地发生春至秋季重特大干旱。艰殣相望。

圣祖康熙十八年（1679），岳州、澧州等地发生夏秋重特大干旱。澧州6～10月未降雨，溪涧龟坼，菱芡野菜觅采都尽，饿殍载道，流亡极众。

圣祖康熙二十一年（1682），澧州等地发生重大干旱。

圣祖康熙二十二年（1683）自上年12月至次年7月，未降雨，发生重特大干旱。

圣祖康熙三十五年（1696），湖南1～5月未降雨，发生重特大干旱。农民未插秧，民间大饥，采蕨根以食。

高宗乾隆三年（1738）6月，发生重特大干旱，水田改种棉花。

高宗乾隆九年（1744），安福等地发生春夏连旱。

高宗乾隆四十三年（1778），发生重特大夏秋干旱，草木皆赤，民食草木佛粉，饥殍载道，卖妻卖子，灾民流离失所。

高宗乾隆五十年（1785）春夏，未降雨，发生重特大干旱，粮食失收。

仁宗嘉庆七年（1802）夏秋，未降雨发生重特大干旱，农田作物失收。

仁宗嘉庆十二年（1807）4～7月，未降雨，发生重特大干旱。

仁宗嘉庆十六年（1811）4月28日至8月16日，未降微雨，发生重特大干旱。田间作物失收。

仁宗嘉庆十八年（1813），湖南夏至秋季未降雨，发生重特大干旱。

宣宗道光十五年（1835）2月至秋暮，湘北常德各县发生重特大干旱，飞蝗自广西往湘南入境以蔽天，早、中、晚稻熟稻俱被啮尽，百种无收。斗米千钱，百钱一升，民间大饥，瘟疫叠起，城镇街巷、乡里保村饿殍载道，惨不忍睹。府、州分别在常德县城沅水两岸、德山共设粥场10余处。各县均设有赈坛以粥米，食粥领粮者络绎不绝，饥民蜂拥而至，鱼漫长龙，数不胜数。绅人阎其相《苦旱行》诗云：“五月不雨至七月，毒热蒸人头痛额，但苦毒热非苦耳，佣田之苦谁道说。请述其人泣旦言，出门引水但溉田；引水水底截水脉，渴港穴入百计尺。十辈力挽不得上，以足踏车足血赤；未已水道相与争，势不得已斗有声。手脚折断走报官，官按验伤伤痕青。吏胥下乡横索钱，坐颈银铛詈笞榜。可怜藤禾甘枯死．归来相对纷滋零。涕零相对各无语，叩门声呼一何怒。主人复遣豪奴来，坐索田租恶若虎。”

德宗光绪三年（1877）4～7月，发生重特大干旱灾害。

德宗光绪二十四年（1898），慈利、石门、临澧太浮山一带久旱不雨，发生重特大干旱。山塘干袭，溪水停流，酿成饥荒。饥民沿村乞讨，另得掘食葛根蒿草，施以少量粥米。

民国10年（1921）7～9月，发生重大干旱。

民国13年（1924），发生重特大干旱。

民国14年（1925）2～7月，常德、澧县、临澧、慈利、石门等县发生重特大干旱。常德、临澧、津市、澧县、陬市等城镇先后涌聚饥民达10余万人。署、县在这些地方设立临时收容所，收容数以千计的孤老残幼者，接纳近1000人入贫民工厂为劳工。

民国15年（1926），临澧等县发生重大干旱。

民国17年（1928），临澧等县发生重大干旱。

民国18年（1929），临澧等县发生重大干旱。

民国21年（1932）6月，发生重大干旱，禾稼损失七成半。

民国23年（1934），发生夏秋重大干旱。

民国29年（1940）6月，发生重特大干旱灾害。

民国34年（1945），湖南54县发生春夏重特大干旱，常德区域各县连续52天不雨，溪河干涸，山塘田亩龟裂，稻禾颗粒无收，灾民衣食难聊，俱成大饥。湖南赈荒急救会拨急赈款49.8万元，这些款额的1/3拨发给各县救济院、贫民工厂、收容所；2/3由县署饬令乡（镇）民代表监发，赈济到户。由于灾及甚广，灾、饥民蜂多，所济灾款只能渡糊数日，余则靠食树皮、草根、野菜、观音土充饥熬荒。临澧因饥荒死亡90余人。乡民曰：“禾镰上壁，没有饭吃。”

民国35年（1946）4～7月，发生重大干旱。境内大量饥荒灾民成群结队，背着米袋、饭锅沿路“吃大户”。

1959年7月1日至10月4日，发生百日重大干旱。全县15个社镇118个大队，3.3万户13.1万人受灾。农作物受灾面积18.4万亩，成灾面积12.4万亩，绝收面积3.1万亩。粮食减产9900吨，棉花减产60吨，农作物损失186.5万元。林果业损失95万元，畜牧业损失255万元，农业经济损失536.5万元，直接经济损失542.5万元。

1960年，发生百日夏秋连旱加冬旱的重特大干旱。全县15个社镇118个大队，3.65万户14.31万人受灾。农作物受灾面积22.1万亩，成灾面积17.2万亩，绝收面积6.2万亩。粮食减产15600吨，粮食损失310万元，棉花减产194吨，棉花损失15.61万元，农作物损失325.61万元。林果业损失600万元，畜牧业损失800万元，农业损失1725.61万元，直接经济损失1748.61万元。

1961年6～7月，发生重大干旱。全县19个社镇313个大队，3.37万户13.5万人受灾。农作物受灾面积18.7万亩，成灾面积12.6万亩，绝收面积3.2万亩。粮食减产9900吨，粮食损失199万元，棉花减产193吨，棉花损失15.61万元，农作物损失214.61万元。林果业损失110万元，畜牧业损失240万元，农业损失564.61万元，直接经济损失582.61万元。

1963年7～9月，发生重特大干旱。全县19个社镇324个大队，4.37万户17.3万人受灾。农作物受灾面积23.2万亩，成灾面积18.1万亩，绝收面积6.2万亩。粮食减产16275吨，粮食损失325.7万元。棉花减产195吨，棉花损失15.6万元，农作物损失341.3万元。林果业损失800万元，畜牧业损失1100万元，农业损失2241.3万元，直接经济损失2253.3万元。

1966年6月底至10月上旬，久晴不雨发生百日重特大旱灾，道水河干涸。全县19个社镇318个大队，5.12万户17.84万人受灾。农作物受灾面积24.1万亩，成灾面积18.9万亩，绝收面积6.2万亩，粮食减产16807.5吨，粮食损失339.2万元，棉花减产195吨，棉花损失15.6万元。农作物损失354.8万元。林果业损失700万元，畜牧业损失900万元，直接经济损失1984.8万元。

1971年7～8月，发生重大干旱。全县19个社镇296个大队，4.4万户15.08万人受灾。农作物受灾面积18.1万亩，成灾面积12.3万亩，绝收面积5.2万亩。粮食减产10870吨，粮食损失216.2万元，棉花减产157.5吨，棉花损失16.9万元，林果业损失100万元，畜牧业损失250万元，农业损失583.1万元，直接经济损失603.1万元。

1972年5月下旬至9月，连旱123天，发生重大干旱。全县92处中小水库和26500口塘坝干涸，人畜饮水靠打井挖泉，山上树木干死无数，道水断流4个月。全县19个社镇321个大队，7.5万户30.66万人受灾，饮水困难人口8.9万人。农作物受灾面积23.9万亩，成灾面积18.5万亩，绝收面积5.9万亩。粮食减产21650吨，粮食损失1080万元，棉花减产450吨，棉花损失45万元。农作物损失1125万元。林果业损失900万元，畜牧业损失1000万元，农业损失3025万元。直接经济损失3055万元。

1978年7～9月，连旱104天，发生重大干旱。全县19个社镇245个大队，3.61万户12.05万人受灾。农作受灾面积16.4万亩，成灾面积11.7万亩，绝收面积2.5万亩。粮食减产9000吨，粮食损失181万元，棉花减产165吨，棉花损失16.5万元，农作物损失197.5万元。林果业损失115万元，畜牧业损失235万元，农业损失547.5万元，直接经济损失559.5万元。

1979年9月下旬至12月，发生重大干旱。全县19个社镇225个大队，3.7万户14.03万人受灾。农作物受灾面积17.2万亩，成灾面积12.05万亩，绝收面积3.2万亩。粮食减产9825吨，粮食损失196.5万元，棉花减产195吨，棉花损失19.5万元，农作物损失216万元。林业损失90万元，畜牧业损失260万元，农业损失566万元，直接经济损失585万元。

1981年7月1日至9月9日，仅降雨36.8毫米，发生69天夏秋重大干旱。全县19个社镇189个大队，3.62万户13.2万人受灾。农作物受灾面积17.5万亩，成灾面积12.8万亩，绝收面积3.8万亩。粮食减产10125吨，粮食损失210万元，棉花减产72吨，棉花损失7.2万元，农作物损失217.2万元。林果业损失100万元，畜牧损失250万元，农业损失567.2万元，直接经济损失577.2万元。

1988年2～5月，发生重特大春夏干旱。是年受长江流域大范围降雨减少的影响，从上年11月至次年5月上旬，半年期间仅降小雨累计199.5毫米，同比均值372.6毫米减少181.1毫米，少降49%。特别是1～4月的春耕春种季节，仅降雨18.2毫米，同比均值152.3毫米少降134.1毫米，减少88%，导致春季蓄水严重不足。5月2日，境内有95座小型水库搁涵，1.77万口堰塘干涸。总量蓄水5749万立方米，仅占年蓄水量的18%。澧水最小流量仅32.0立方米/秒，道水烽火河段仅为0.5秒/立方米，仅次于1972年。全县17个乡镇305个村，9.1万户37.12万人受灾。70个村，502个组5400户3.2万人遭遇饮水困难。全县7.1万亩早稻秧田有4.95万亩脱水，其中2.49万亩干死，计划种植的35.5万亩早稻有6.3万亩缺水未能翻耕。至5月3日仅播早稻3.0万亩，6.99万亩其他播种面积有3.5万亩改种。5～7月降雨比上年同期少193.6毫米，少降雨30%，雨季蓄水仅为1.1亿立方米，同比上年减少0.83亿立方米。7月下旬有44座小型水库干涸，11座水库再次搁涵，1.58万口堰塘再次干底，706条溪沟断流，327个村、392个组再受重旱。其中270个村民小组的2.07万人饮水困难。全县农作物受灾面积45.9万亩，农作物成灾面积21万亩，绝收面积9.1万亩。粮食减产53499吨，粮食损失2674万元，棉花减产754吨，棉花损失226万元，农作物损失2900万元。林果业损失900万元，畜牧业损失1000万元，农作物损失4800万元，直接经济损失4840万元。

1990年7～9月，发生重大干旱。全县17个乡镇191个村，4.3万户13.89万人受灾。农作物受灾面积18.3万亩，成灾面积14.5万亩，绝收面积6.2万亩。粮食减产26788吨，粮食损失1875万元，棉花减产754吨，棉花损失377万元，农作物损失2252万元。林果业损失110万元，畜牧业损失240万元，农业损失2602万元，直接经济损失2632万元。

1991年7月11日至12月23日，连旱166天，发生重特大干旱。全县17个乡镇241个村，4.9万户18.56万人受灾。农作物受灾面积24.5万亩，成灾面积19.5万亩，绝收面积5.2万亩。粮食减产33300吨，粮食损失1800万元，棉花减产754吨，棉花损失377万元，农作物损失2177万元。林果业损失850万元，畜牧业损失1050万元，农业损失4077万元，直接经济损失4107万元。

1994年5～7月，发生重大干旱。全县18个乡镇310个村，4.6万户18.3万人受灾。农作物受灾面积17.8万亩，成灾面积14.2万亩，绝收面积5.2万亩。粮食减产24864吨，粮食损失1989万元，棉花减产754吨，棉花损失425万元，农作物损失2414万元。林果业损失100万元，畜牧业损失300万元，直接经济损失2844万元。

1995年7～10月，发生百日重特大干旱。全县18个乡镇323个村，5.6万户21.84万人受灾。85座水库和2.1万处堰塘干涸，农作物受灾面积25万亩，成灾面积20万亩，绝收面积10.8万亩。粮食减产32560万斤，粮食损失2604万元，棉花减产714吨，棉花损失428万元，农作物损失3032万元。林果业损失1000万元，畜牧业损失1200万元，农业损失5232万元，直接经济损失5262万元。

1997年1～7月底，发生重特大干旱。全县仅降雨743.2毫米，比1996年同期少

337.5毫米。7月23日后，日均气温都在35℃以上，平均气温比历年同期高出6.2度，全县日蒸发量在10毫米左右，最高达12.9毫米，每天耗水300万方以上。全县蓄水量仅占应蓄的15%。151座水库搁涵81座，干涸28座，2.8万处山塘有2.1万处干涸，澧南54条溪河断流，尤其是官亭、柏枝、陈二、四新岗、修梅、杨板、九里等乡镇旱灾严重。有80多个村，373个组2.5万人饮水困难。全县18个乡镇320个村，10.5万户42.14万人受灾。农作物受灾面积48万亩，成灾面积28.5万亩，绝收面积12.2万亩。粮食减产69565吨，粮食损失5565万元，棉花减产754吨，棉花损失603万元，农作物损失6168万元。林果业损失100万元，畜牧业损失250万元，农业损失6518万元，直接经济损失6568万元。

2000年6～7月，发生重大干旱。全县18个乡镇317个村，3.5万户13.1万人受灾。农作物受灾面积16.5万亩，成灾面积13.1万亩，绝收面积3.8万亩。粮食减产23236吨，粮食损失1905万元，棉花减产458吨，棉花损失366万元，农作物损失2271万元。林果业损失200万元，畜牧业损失400万元，农业损失2871万元，直接经济损失5202万元。

2001年7～9月，发生重特大旱灾。全县18个乡镇317个村，8.5万户32.9万人受灾，1.84万头大牲畜发生饮水困难。农作物受灾面积39.5万亩，成灾面积28.5万亩，绝收面积13.5万亩。9月初，全县总蓄水量减少到4958万方，仅占应蓄总量的15.7%，降到1972年以来的最低值。152座中小水库搁涵71座，其中小一型水库搁涵15座，干涸42座，2.8万处塘坝干涸2.1万处。干旱发生正处于中稻饱粒壮苞期，晚稻恰逢打苞抽穗，棉花秋桃刚刚挂枝，正是需要用水的关键日期。全县粮食减产68279吨，粮食损失3594万元，棉花减产1266吨，棉花损失1242万元。3万亩黄豆、花生等其他经济作物失收。农作物损失4386万元，林果业损失1000万元，畜牧业损失1200万元，农业损失7036万元。全县抗旱设备购置及维修、油、电、消耗人工降雨作业等，高峰期日消耗资金40万元以上，累计投入抗旱资金4900多万元。直接经济损失1.2亿元。

三、 一般规律

时空分布规律

旱灾自公元前986年至公元2008年的2994年间，共发生旱灾992次，平均3年发生一次。14～19世纪600年中，发生重特大旱灾47次，平均13年发生一次。20世纪发生重大旱灾27次，平均3.6年发生一次，重特大旱灾年1924年、1925年、1945年、1960年、1963年、1966年、1972年、1988年、1991年、1995年。21世纪前9年中发生旱灾5次，平均0.7年发生一次。重大旱灾年份为：2000年、2001年。

旱灾从公元1000～2008年的1008年中，共发生90次（年），平均10.27年发生1次，印证了“十年一大旱”的规律。临澧县地处长江中下游地区，旱灾的发生频率符合长江中下游区域组合规律，见《临澧县不同世纪大旱灾以上频率统计表》（表4—1—2）。根据《农业干旱灾害报告》各区不同世纪干旱等级、出现频率统计表，长江中下游1470～1990年，发生重特大旱灾10次，其中1470～1499年发生1次；1500～1599年发生3次；1600～1699年发生2次；1800～1899年发生2次；1900～1999年发生2次。大旱灾82次，其中1470～1499年发生3次；1500～1599年发生14次；1600～1699年发生24次；1700～1799年发生10次；1800～1899年发生6次；1900～1999年发生25次。旱灾279次，其中1470～1499年发生16次；1500～1599年发生57次；1600～1699年发生50次；1700～1799年发生52次；1800～1899年发生56次；1900～1999年发生48次。因此，临澧属于长江下游全国第二个干旱常发区域。

表 4—1—2　临澧县不同世纪大旱灾以上等级频率统计表

区　域	合计	1470～1499	1500～1599	1600～1699	1700～1799	1800～1899	1990～1999
长江下游	100	13. 3	17. 0	24	10	8	27. 7
临澧县	100	13. 7	18	23	9	8	28. 3

注：长江下游资料：灾害管理文库第一卷第二部分 599 页。

灾链诱发规律

干旱灾害造成农作物歉收，草木干枯，果木树林枝枯，水产养殖生产困难，诱发出地下水位下降，造成地面沉降、地质裂缝和农业地质灾害，诱发和流行某些农业生物灾害，形成与干旱灾害相关联的次生灾害。根据《临澧县干旱年份及灾情等级一览表》（表 4—1—5）统计，境内干旱灾害链：旱灾→洪涝→饥荒→蝗虫→瘟疫。

旱灾→洪涝灾害链。在历史干旱灾害年份中有 9 次（年）发生洪涝灾害，其年份：1173 年、1175 年、1870 年、1946 年、1953 年、1986 年、1988 年、1994 年、1997 年。

旱灾→饥荒灾害链。在新中国成立前，无灾不荒，在历史干旱灾害年份中有 19 次（年）发生饥荒，其年份：1135 年、1171 年、1174 年、1180 年、1315 年、1329 年、1524 年、1544 年、1589 年、1641 年、1643 年、1672 年、1729 年、1778 年、1785 年、1870 年、1934 年、1935 年、1946 年。

旱灾→病虫害灾害链。在历史干旱灾害年份中有 80 次（年）发生农业生物灾害，其中两种以上灾害有 14 次（年），其年份：1935 年、1945 年、1952 年、1955 年、1956 年、1959 年、1963 年、1976 年、1979 年、1990 年、1991 年、1999 年、2000 年、2003 年。

旱灾→疫病灾害链。在历史干旱灾害年份中有 23 次（年）疫病流行，其年份：1589 年、1644 年、1706 年、1807 年、1829 年、1941 年、1951 年、1953 年、1955 年、1956 年、1957 年、1959 年、1963 年、1966 年、1971 年、1972 年、1974 年、1975 年、1976 年、1977 年、1978 年、1981 年、1988 年。

灾害的群发规律

根据《临澧县灾害年表》编制《临澧县分世纪干旱灾害明细表》（表 4—1—3），统计干旱灾害的群发规律。

表 4—1—3　临澧县分世纪干旱灾害明细表

世纪	年　份
18	1702、1706、1712、1715、1728、1729、1734、1738、1744、1778、1785
19	1802、1807、1811、1813、1821、1829、1835、1852、1856、1857、1863、1868、1870、1877、1898
20	1913、1921、1924、1925、1926、1928、1929、1932、1934、1935、1940、1941、1945、1946、1951、1952、1953、1955、1956、1957、1959、1960、1961、1963、1964、1966、1971、1972、1974、1975、1976、1977、1978、1979、1981、1984、1985、1986、1988、1990、1991、1992、1994、1995、1997、1999
21	2000、2001、2003、2005、2006

干旱灾害群发期①

根据《临澧县分世纪干旱灾害明细表》（表4—1—3），统计18～21世纪中干旱灾害群（频）发期：18世纪频发时段为1702～1729年，干旱灾害群发期为27年。19世纪旱灾频发时段为1802～1829年，干旱灾害群发期为27年。20世纪旱灾频发时段为1971～1999年，干旱灾害群发期为28年。境内干旱灾害群发期为27年。

干旱灾害群发幕②

根据《临澧县分世纪干旱灾害明细表》（表4—1—3），统计18～20世纪的干旱灾害群发幕。18世纪干旱灾害时段为1728～1738年，干旱灾害群发幕为10年。19世纪干旱灾害时段为1811～1821年，干旱灾害群发幕为10年。20世纪干旱灾害时段为1951～1960年，干旱灾害群发幕为9年。境内300年来的干旱灾害群发幕（周期）为10年。10年发生一次重大旱灾。

干旱灾害群发节③

根据《临澧县干旱年份及灾情等级一览表》（表4—1—5）统计，15世纪干旱灾害连续发生的年份为：1426年、1427年；1434年、1435年；1445年、1446年；干旱灾害群发节为2年。16世纪干旱灾害连续发生的年份为：1507年、1508年；1523年、1524年；1569年、1560年；干旱灾害群发节为2年。17世纪干旱灾害连续发生的年份为：1604年、1605年；1641年、1642年、1643年、1644年、1645年、1646年；1651年、1652年；1682年、1683年；干旱灾害群发节为6年。18世纪干旱灾害连续发生的年份为：1728年、1729年，干旱灾害群发节为2年。19世纪干旱灾害连续发生的年份为：1856年、1857年，干旱灾害群发节为2年。20世纪干旱灾害连续发生的年份：1924年、1925年、1926年；1928年、1929年；1934年、1935年；1940年、1941年；1945年、1946年；1951年、1952年、1953年；1959年、1960年、1961年等；干旱灾害群发节为3年。21世纪干旱灾害连续发生的年份为：2000年、2001年，干旱灾害群发节为2年。境内干旱灾害群发节为2.7年，即连续2～3年发生干旱灾害。

干旱灾害群发丛④

临澧位于东亚季风盛行区。多年平均降水量为800～1600毫米，年降水频率10％～25％，农作物生长期4～9月降水量占全年60％～80％，降水频率为15％～30％。春季多雨，春旱很少发生。初夏季遇“枯梅”和“空梅”以及夏秋时节副热带高压控制，出现持续晴热少雨天气，易发生夏旱或夏秋连旱。夏旱发生频率为50％。秋旱发生频率为42％，冬旱和春旱发生频率为8％。根据《临澧县灾害年表》编制《临澧县分世纪干旱灾害月份统计表》（表4—1—4）统计，干旱灾害集中月份为6～8三个月，平均干旱时间2～2.5个月，最长达7个月。

表4—1—4　　临澧县分世纪干旱灾害月份统计表

世纪	4月	5月	6月	7月	8月	9月	小计
18	2	—	4	2	3	—	11
19	4	1	6	2	1	1	15
20	6	4	7	19	6	4	46
21	—	—	2	1	2	—	5
合　计	12	5	19	24	12	5	77

注：①100年中30年内干[illegible]灾害群发时期。②100年中20年内干旱灾害相对集中发生时段（即周期）。③连续发生干旱灾害年份。④[illegible]发生干旱灾害的月份。

灾害损失增长规律

县内农业生产经历由原始农业、传统农业向现代农业的转变过程。农业每向前发展一步，资金、技术含量得到提高，同类同等级的灾害，在相同的面积损失量随之升高。根据《临澧县1949～2008年自然灾害灾情数据统计表》统计，20世纪50年代7次干旱灾害直接经济损失1779.72万元，平均每次灾害直接经济损失254.25万元。60年代5次干旱灾害直接经济损失6721.22万元，平均每次灾害直接经济损失1344万元。70年代8次干旱灾害直接经济损失5942.6万元，平均每次干旱灾害直接经济损失742.8万元。80年代5次干旱灾害直接经济损失7613.7万元，平均每次干旱灾害直接经济损失1522.7万元。90年代7次干旱灾害直接经济损失25002万元，平均每次干旱灾害直接经济损失3571.7万元。21世纪5次干旱灾害直接经济损失2.646亿元，平均每次干旱灾害直接经济损失0.529亿元。统计表明，20世纪以来，每10年后发生干旱灾害直接经济损失金额成倍增长，见《临澧县1949～2008年干旱灾害经济损失图》（图4—1—3）。

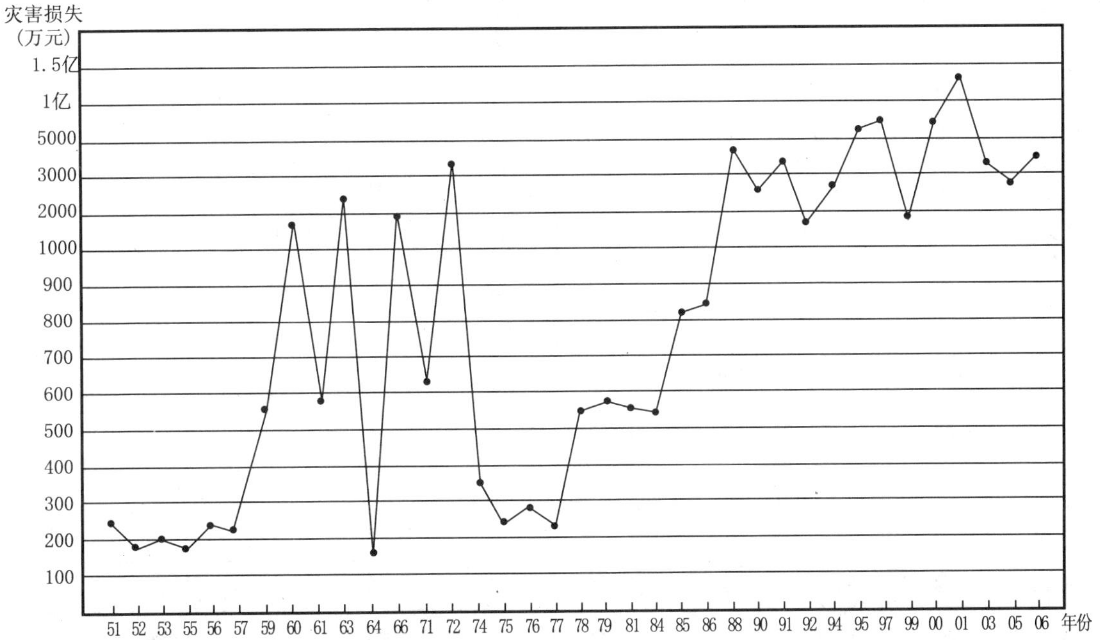

图4—1—3　临澧县1949～2008年干旱灾害经济损失图

灾害频次上升规律

根据《临澧县干旱年份及灾情等级一览表》（表4—1—5）统计干旱灾害频次，从1700～1799年的100年间，发生11次干旱灾害，1800～1899年的100年间，发生15次干旱灾害，1900～1999年的100年间，发生46次干旱灾害，2000～2008年的9年间，发生5次干旱灾害。20世纪后的109年与前200年相比，干旱灾害次数增加了2倍。

表 4—1—5 临澧县干旱年份及灾情等级一览表

年份	等级	年份	等级	年份	等级	年份	等级	年份	等级
285	△	1432	△	1632	▲	1813	●	1959	▲
502	△	1434	●	1641	●	1821	△	1960	●
719	△	1435	▲	1642	●	1829	△	1961	▲
780	△	1438	●	1643	●	1835	●	1963	●
787	△	1441	●	1644	●	1852	△	1964	△
791	△	1445	●	1645	△	1856	△	1966	●
805	●	1446	▲	1646	▲	1857	△	1971	▲
808	●	1458	▲	1651	●	1863	△	1972	●
825	●	1459	●	1652	●	1868	△	1974	△
930	●	1467	●	1655	●	1870	△	1975	△
998	●	1468	●	1665	●	1877	●	1976	△
999	●	1484	●	1672	●	1898	●	1977	△
1075	▲	1486	●	1674	●	1913	△	1978	▲
1101	●	1488	●	1676	△	1921	▲	1979	▲
1112	▲	1490	●	1679	●	1924	●	1981	▲
1135	●	1495	△	1682	▲	1925	●	1984	△
1166	▲	1507	▲	1683	●	1926	▲	1985	△
1171	△	1508	●	1696	●	1928	▲	1986	△
1173	●	1513	●	1702	△	1929	▲	1988	●
1174	●	1518	●	1706	△	1932	▲	1990	▲
1180	△	1523	●	1712	△	1934	▲	1991	●
1202	●	1524	▲	1715	△	1935	△	1992	△
1205	▲	1526	▲	1728	△	1940	▲	1994	▲
1206	▲	1528	●	1729	△	1941	△	1995	●
1299	△	1532	●	1734	△	1945	●	1997	●
1301	△	1544	●	1738	●	1946	▲	1999	△
1315	△	1569	△	1744	▲	1951	△	2000	▲
1329	△	1570	▲	1778	●	1952	△	2001	●
1334	●	1589	●	1785	●	1953	△	2003	△
1415	●	1604	▲	1802	●	1955	△	2005	△
1426	●	1605	△	1807	●	1956	△	2006	△
1427	●	1609	●	1811	●	1957	△		

灾情等级：重特大灾害●；重大灾害▲；一般灾害△。

第二节　洪涝灾害

一、概　况

根据《临澧县自然灾害情况统计表》统计，洪涝灾害从西周（公元前986年）至2008年的2994年，共发生洪涝灾害1288次，平均洪涝灾害2.32年一遇。其中西周时期发生洪涝灾害16次；秦汉时期发生洪涝灾害76次，三国两晋时期发生洪涝灾害56次，南北朝时期发生洪涝灾害77次，隋代时期发生洪涝灾害105次，唐代时期发生洪涝灾害115次，五代时期发生洪涝灾害111次，宋代时期发生洪涝灾害193次，元代时期发生洪涝灾害192次，明代时期发生洪涝灾害196次，清代前84年发生洪涝灾害62次。1729～2008年的279年间，发生洪涝灾害89次，重大洪涝灾害以上60次，重特大洪涝灾害30次。洪涝灾害发生频率32%，重大以上洪涝灾害频率21.5%，重特大洪涝灾害发生频率10.7%。因此境内一般洪涝灾害平均3年一遇，重大以上洪涝灾害年5年一遇，重特大洪涝灾害年10年一遇。

降雨量　临澧属暴雨区域降雨量大。根据气象部门规定，24小时雨量大于50～100毫米为暴雨，100～150毫米为大暴雨，150毫米以上为特大暴雨。暴雨特征主要表现在暴雨发生的频率，雨量的大小，过程历时长短，暴雨覆盖范围。境内暴雨洪水有两种类型：一类为局部性暴雨，历时短，中心强度大，笼罩范围几千至几百平方公里，所造成灾害是局部性的。另一类为大面积暴雨，这类暴雨过程历时长，暴雨覆盖面广，可以导致一个地区、几个地区或几条大的河流同时暴发洪水。属于全国大面积暴雨区域。见（表4—2—1）

表4—2—1　　全国大面积暴雨历时、笼罩面积、降雨总量特征统计表

单位：天、毫米、万平方公里、亿立方米

地　区	暴雨发生地区时间	历时	暴雨中心地点	中心点雨量	笼罩面积	总降雨	主要天气系统
长　江	1935－07－03～7长江中游	5	五峰县	1282	11.9	593	低温
	1954－06－22～28长江两岸	7	慈利县	487	16.3	421	涡切变
	1998－06－23～29长江流域	7	慈利县	300	15.0	398	副热带高压
	2003－07－08～23澧水流域	5	慈利县	419.7	16.0	489	涡切变

洪水流量　临澧处于湘西北部暴雨地区，西、南、北三面环山，山体坡度大，流域植被条件差，洪水汇流快，流量大。如1935年7月，澧水流域形成重特大洪水，三江口流域面积15272平方公里，五峰县连续5天降雨1282毫米，笼罩面积11.9万平方公里，总降雨量593亿立方米，澧水三江口洪峰流量高达31100立方米/秒，澧水洪水水位高，此次洪水接近世界同等流域面积最大流量记录。

洪涝灾害损失　根据《临澧县1949～2008年自然灾害灾情数据统计表》设制《临澧县1949～2008年历年社会经济指标和洪涝灾害成灾损失量统计表》（表4—2—2），统计1949～2008年全县农作物受灾总面积863.58万亩，平均每次洪涝灾害受灾面积23.9万亩。成灾总面积622.13万亩，平均每次洪涝灾害成灾面积17万亩。在36年（次）洪涝灾害中，一次灾害受灾面积超过30万亩以上有10年，其年份为：1950年、1954年、1968年、1980年、1989年、1991年、1993年、1995年、1998年、2003年。受灾面积达20万亩～30万亩之间有11年，按成灾面积大小依次为：1949年、1951年、1952年、1959年、1963年、1964年、1966年、1982年、1988年、1990年、1997年。

据统计，洪涝灾害累计受灾面积占播种面积的21%以上，成灾面积与受灾面积比达70.6%。重特大灾害年份，因洪涝灾害减产粮食产量占粮食正常产量的20%以上，如1980年洪涝灾害粮食减产占正常粮食产量的20.4%。重灾年份粮食减产占正常粮食产量的8%以上，如1990年洪涝灾害粮食减产占正常粮食总产量的9.5%。因农作物受灾面积大而造成受灾人口多。如2003年洪涝灾害受灾人口27.08万人，占总人口的62%，见临澧县《1949～2008年洪涝灾害受灾、成灾面积统计显示图》（图4—2—1）。

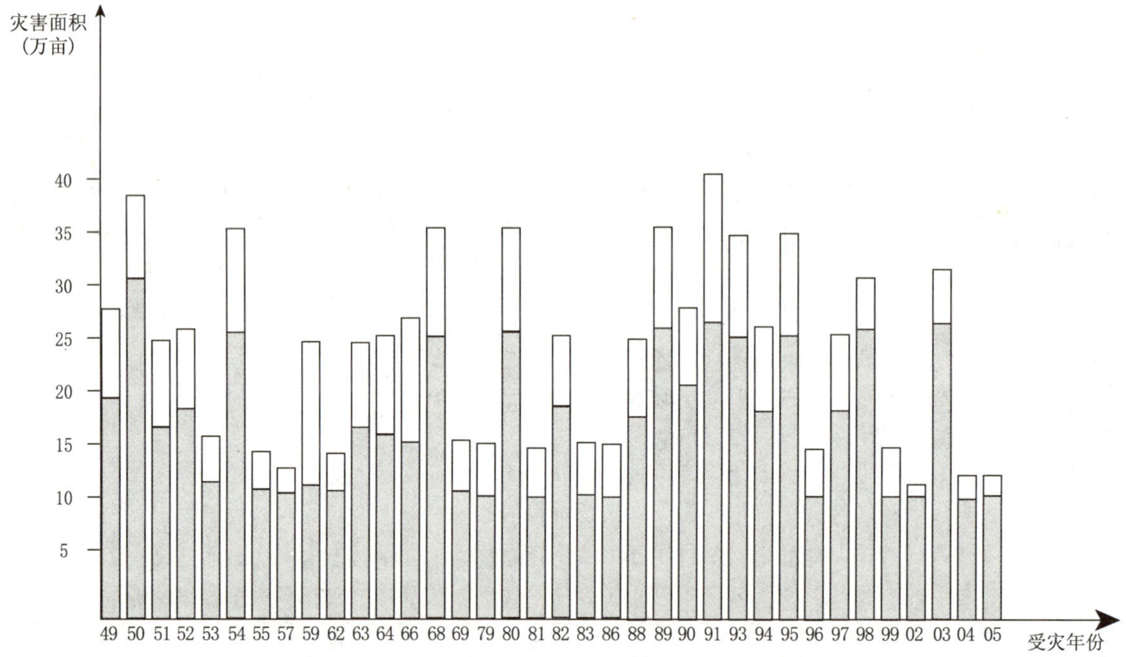

图4—2—1 1949～2008年洪涝灾害受灾、成灾面积统计显示图

注：□为受灾面积；□为成灾面积。

人口受灾 突发性暴雨洪涝灾害造成人员伤亡。如1532年因水灾溺死男女甚众。1560年因大水溺死者众。1915年大水溺死人口无法统计。1935年洪涝灾害死亡600余人，1980年因洪涝灾害死亡1人，1991年洪涝灾害死亡3人。因灾导致人员死亡和伤害使人们生产恐惧、绝望的心理障碍。据统计1949～2008年36年（次）洪涝灾害被困人员57.81万人，转移安置灾民33.97万人。洪涝灾害使灾民家庭财产及居民房屋毁坏严重，损坏房屋7.75万户19.18万间，倒塌房屋3万户6.56万间，因灾害房屋及家财损失10507.4万元。

基础设施毁损 据统计，1949年以来，洪涝灾害毁损水利设施3628处。其中堤垸1189处，水库590处，塘坝30680处，机埠910处，排灌渠101814公里，经济损失达1.26亿元。冲毁道路共3528处，其中冲毁国（省）道126处，县、乡、村道2396处，桥涵1010处，直接经济损失1.22亿元。毁坏输电线路223公里，毁坏供电线路450.3公里，毁坏变压器供电设备238台（件），直接经济损失3209元。毁坏邮电通信设施设备588件（台），毁坏电杆1486根，毁坏架空明线和光缆等直接经济损失共377万元。此外，历次洪涝灾害毁坏农村广播和城乡有线电视通讯线路300公里。洪涝灾害造成崩塌，滑坡、破坏森林、冲毁植被和毁坏农田、造成水土流失，使生态环境恶化。对城镇环境造成危害，对城镇的供水、供电、供气设施造成毁坏。

表 4—2—2　　临澧县 1949～2008 年历年社会经济指标和洪涝灾害成灾损失量统计表

单位：万人、万亩、万吨、万元

年份	总人口	农业人口	耕地面积	总播种面积	粮食播种面积	粮食总产量	受灾面积		成灾面积		粮食减产（吨）	受灾人口	损失金额
							面积	比率%	面积	比率%			
1949	20.58	19.64	71.24	67.05	57.72	7.64	27.50	41.01	19.8	29.53	15060	9.18	1372.2
1950	24.48	23.17	73.37	73.78	64.04	8.9	38	51.45	31	42.01	21660	13.57	1308.7
1951	25.82	24.61	73.15	76.61	66.07	9.65	25	32.6	17	22.19	12540	8.93	793.06
1952	25.88	25.51	73.40	78.87	67.26	10.42	26	32.9	18.5	23.23	14580	9.19	819.37
1953	26.27	25.05	71.51	84.61	70.90	10.89	16	20.5	12	14.71	9660	5.22	488.4
1954	26.97	26.19	71.81	87.51	72.85	10.94	35.1	40.12	25.5	29.17	18540	12.53	1250.98
1955	27.28	26.19	71.95	93.11	79.07	11.59	14	15.18	11.5	12.62	9060	5.1	449.45
1957	28.29	25.67	72.06	107.17	95.52	13.23	13.5	12.59	10.5	9.75	8340	4.82	425.95
1959	27.95	26.65	65.84	97.83	74.86	9.44	25.5	26.37	12.1	12.17	8880	17.1	706.46
1962	27.10	26.72	63.99	89.31	77.54	10.39	15.5	17.28	11.2	13.5	8460	8.16	566.68
1963	27.91	28.68	65.06	88.79	74.84	11.96	25.5	29.42	17.8	20.17	12420	17.65	1019.24
1964	28.51	27.27	64.56	97.69	79.55	11.90	25.4	26.33	17.5	18.58	12240	17.6	1559.2
1966	30.07	28.68	64.24	100.62	84.49	14.31	25.2	25.52	16.5	16.18	11940	17.5	1217.33
1968	32.29	30.83	64.10	98.76	82.26	13.29	35.5	36.23	26.2	27.32	17160	24.79	3317.23
1969	32.78	32.01	63.29	105.33	88.37	15.08	16.5	16.12	11.5	11.55	9060	14.7	729.45
1979	39.15	36.66	60.41	113.61	94.66	23.64	15.5	14.16	10.5	9.27	8580	10.94	603.56
1980	39.32	36.86	60.37	115.74	95.97	18.6	35.5	31.15	26	22.39	46840	23.66	9711.4
1981	39.62	37.08	60.44	119.16	94.91	23.71	15.2	13.17	10.8	9.78	7980	12.13	717.68
1982	39.89	37.36	60.41	121.83	91.40	26.46	25.5	21.22	18.3	15.38	14280	19.7	1586.6
1983	39.92	37.34	60.68	148.80	97.50	25.73	15.18	11.24	11.2	8.78	9000	11.5	1573.16
1986	40.59	36.22	58.22	122.49	90.24	25.75	15.5	13.68	10.8	9.56	16992	13.4	1610.81
1988	41.38	37.40	55.89	137.80	88.47	25.78	25.3	18.18	18.2	13.17	27730	24.4	2775.33
1989	41.67	37.55	55.41	144.55	99.47	26.34	35.8	25.2	25.5	18.39	30208	26.5	6291.22
1990	41.96	37.83	55.43	135.41	89.66	28.75	28.5	21.3	22.4	17.48	30200	24.59	3925.71
1991	42.09	37.90	55.13	135.21	86.28	26.11	41	30.14	26.8	20.88	38704	31.6	8048.2
1993	42.42	37.81	54.52	134.10	80.40	25.05	35.1	26.8	25.2	19.14	37288	30.59	6601.6
1994	42.65	37.52	53.84	146.79	80.84	29.86	16.2	11.03	11.03	7.62	23413	14.13	3230.33
1995	42.90	37.54	53.65	145.97	82.07	29.9	35.8	25.14	25.2	17.65	36874	28.3	4936.73
1996	43.14	54.72	54.72	142.77	81.66	30.68	15.1	11.47	10.5	7.78	28438	12.41	3346.15
1997	43.43	37.54	52.91	145.52	80.86	30.58	25.8	17.72	18.2	12.71	38760	23.3	4828.55
1998	43.87	37.45	52.76	136.76	73.63	28.83	32.5	24.14	25.8	19.54	40420	30.47	16890
1999	43.55	36.68	53.57	134.16	75.57	27.44	15.5	11.55	10.1	7.52	29859	13.11	3728.43
2002	43.56	36.10	51.46	115.08	58.96	21.96	11.5	10.57	10.5	9.69	13570	11.79	2905.8
2003	43.56	36.01	48.05	109.72	55.62	18.47	32.5	30.45	26.3	24.97	34872	35.4	5.839亿
2004	43.58	35.67	51.66	121.77	70.83	26.19	13.2	11.43	10.1	8.45	13570	11.25	3707.33
2005	43.59	35.57	53.86	123.05	70.62	26.19	13.2	10.73	10.1	8.2	13570	11.1	3774.8
合计	12940.02	1191.68	2196.96	4097.33	2874.96	715.65	863.58	22.63	622.13	16.41	730748	606.31	16.52亿

二、　大灾纪略

和帝永元十三年（101）3 月，发生重大水灾。

吴后主天玺元年（276），荆州发生重大水灾。

吴后主天纪元年（277），荆州发生重大水灾。

吴后主天纪二年（278），荆州发生重大水灾。

咸康元年（335），发生重大水灾，漂室屋，害禾稼。

孝武帝太元二十年（395），湖南发生重特大水灾。

代宗大历二年（767），湖南发生流域重特大水灾。

文宗开成三年（838），湖南、广东诸州发生重特大水灾。

太宗太平兴国二年（977），发生重大水灾，淫雨不止，平地水丈余。

太宗淳化二年（991），荆湖北路江水溢，浸没田亩甚众，发生重特大洪涝灾害。

仁宗庆历七年（1047），荆湖南北路发生重特大水灾。

高宗绍兴二年（1132），发生重大水灾，害蚕、麦、稻、坏田圩。

高宗绍兴三年（1133），湖北路连雨至5月，发生重特大水灾，害蚕、麦、稻、郡县圩田（低田）坏。

高宗绍兴二十三年（1153），发生重大水灾，武陵水涨坏城，平地水有五尺。

孝宗乾道九年（1173）6月，郡县发生重大水灾。

孝宗淳熙十六年（1189），发生重大水灾，水漂民舍。

仁宗延佑元年（1314），发生重大水灾，水漂没庐舍，禾稼。

文宗至顺元年（1330），常德、澧州发生重大水灾。

太祖洪武九年（1376），湖南、广东发生流域重特大水灾。

成祖永乐二年（1404），湖南、广东发生流域重特大水灾。

成祖永乐九年（1411），湖南、广东发生流域重特大水灾。

宪宗成化四年（1468），慈利等地发生重特大水灾，漂没居民无数。

宪宗成化五年（1469），湖南、广东发生流域重特大水灾。

宪宗成化十一年（1475），湖南、广东发生流域重特大水灾。

世宗嘉靖六年（1527），湖南、广东发生流域重特大水灾。

世宗嘉靖十一年（1532），岳州府各县发生重特大水灾，坏民田舍，溺死男女甚众。

世宗嘉靖十五年（1536），澧州发生重特大水灾，房屋冲垮漂流，溺死民者以千计。

世宗嘉靖十六年（1537），湖南、广东发生重特大水灾。

世宗嘉靖三十九年（1560），岳州等府淫雨发生重特大水灾，庐舍漂流，城郭多圮居民溺死者众。

世宗嘉靖四十三年（1564），岳州等府发生重大水灾。

神宗万历十四年（1586），湖南、广东发生流域重特大水灾。

神宗万历十七年（1589），澧州等地发生重大水灾，澧州城堤溃。

神宗万历二十二年（1594），澧州发生重大水灾，澧州护城堤溃。

神宗万历三十二年（1604）4月，发生重大水灾。

神宗万历三十四年（1606），澧州等地发生重大水灾。

神宗万历三十六年（1608），澧州府等地发生重特大水灾，澧州城冲垮。

神宗万历三十九年（1611），湖南、广东发生流域重特大水灾。

熹宗天启元年（1621），澧州等地发生重大水灾，澧州城塌。

熹宗天启七年（1627），澧州慈利等地发生重特大水灾，澧州城墙全崩。

思宗崇祯八年（1635），澧州等地发生重大水灾，澧阳桥崩。

思宗崇祯十一年（1638），发生重大水灾，漂没庐舍，田圩。

世祖顺治四年（1647），湖南发生重大水灾。

世祖顺治七年（1650），澧州等地发生重大水灾，南水涨，澧堤溃。

世祖顺治十一年（1654）夏、秋澧州等地发生重大水灾。

圣祖康熙二年（1663）7～11月，澧州各县发生重特大水灾，县民流徙。澧州水淹十三里，每大雷雨陇亩烟起，苗叶尽槁不实，且有螟虫损稼，当地谓之“地火”。县志载，民役西山死者十之五。

圣祖康熙十五年（1676），发生重大水灾，历夏而秋。

圣祖康熙十九年（1680）秋，发生重特大水灾，冲垮大堤，州县民饥。

圣祖康熙二十一年（1682）夏秋，发生重特大水灾。

圣祖康熙三十八年（1699）7月，发生重大水灾。

圣祖康熙五十四年（1715）6月，淫雨，发生重特大水灾。每日水涨30～70厘米，至7日不退，禾无收。

世宗雍正四年（1726），澧州等地发生重特大水灾，淹没无算。其中澧州每日水涨一二尺，至7月不退，早、绝晚无收。

世宗雍正五年（1727），岳州、澧州等地发生重特大水灾，淹没无算。其中澧州水较上年高70厘米。

世宗雍正十年（1732），发生重大水灾。

高宗乾隆十四年（1749）3月，澧州发生重大水灾。

高宗乾隆十八年（1753）5月，安福等地发生重大水灾，秧苗损坏。

高宗乾隆五十一年（1786）7月，安福发生重特大水灾害。

高宗乾隆五十五年（1790）6月，澧水流域发生重特大水灾害。

仁宗嘉庆九年（1804）5月，澧州发生重大水灾。

仁宗嘉庆十年（1805）4～6月，澧州发生重大水灾。

仁宗嘉庆十二年（1807），澧水流域降暴雨，发生重特大水灾，澧州堤垸被冲毁，禾苗淹没绝收。

宣宗道光六年（1826），安福发生重特大水灾。6月23日夜白云环绕，细雨溟蒙，25日夜诸山崩溃，声响殷殷如雷，黑水上喷，沿溪树木均被摧折，田庐荡涤，大小桥俱遭冲圮。

宣宗道光十一年（1831）初夏，湘、资、沅、澧四水同涨，全省发生流域重特大洪水。

宣宗道光十八年（1838）7月，澧州等地发生重大水灾。

宣宗道光二十一年（1841）6月，澧水、沅水发生重特大水灾。

宣宗道光二十四年（1844）7月，安福等地发生重大水灾。

宣宗道光二十八年（1848），入秋后，大雨不止，全省发生流域重特大水灾。各地新谷登场，尽生芽蘖，有芽长三寸许者。

宣宗道光二十九年（1849）3～6月，湘、资、沅、澧连续发生重特大水灾害。

文宗咸丰元年（1851）7月，发生重大水灾，流离失所。

文宗咸丰三年（1853），安福等地发生重大水灾。

文宗咸丰十年（1860）6月，澧州发生重大水灾。

穆宗同治元年（1862）6月，蛟水暴发，澧水和洞庭湖区发生水灾，澧县城圮，邑桥梁冲塌，庐舍多损，县城淹死千余人。

穆宗同治三年（1864）6月，发生重特大水灾。

穆宗同治八年（1869）7月，安福等地发生重大水灾。

穆宗同治九年（1870）7月，发生重大水灾。

德宗光绪二年（1876），湖南发生夏季重特大水灾。

德宗光绪四年（1878）8月，湖南发生重特大洪水，晚稻无收。

德宗光绪三十一年（1905），澧水流域发生重大水灾。

德宗光绪三十二年（1906）春夏间，长江中下流大水，沿江各省皆罹巨灾，湖南尤甚，湖南霖雨20日，江河陡涨。

德宗光绪三十四年（1908）夏，湘北地区发生重特大洪水，以澧州最重，安福等地多被淹没。

宣统元年（1909）6月中旬，沅水、澧

水同时并涨，洞庭湖水位剧涨，堤垸崩溃荡折十之八九，水势至8月下旬仍未消退，饥民达数10万，树皮草根食尽，到处流亡。

宣统三年（1911）夏季，澧州发生重大水灾。

民国4年（1915）7月，湖南发生重特大水灾，淹没农田，溺死人口无法统计，临澧发生重特大水灾。

民国5年（1916）7月，发生重大水灾。

民国11年（1922）6月份以来，湘、资、沅、澧四水上游普降暴雨，发生重大山洪，临澧等县均被水淹。

民国15年（1926）7月，临澧发生重大水灾，蛟水横流。

民国18年（1929）6月，发生重大水灾。

1931年重特大洪水

雨　情：4月珠江流域的东江、北江和长江流域湘江、赣江上游月降雨量均在300毫米以上，比常年同期多5成至1倍。5月雨区北移，长江中下游，湘、赣流域，钱塘江流域降雨量达300～400毫米。自6月下旬至7月，雨带长时间稳定在长江中下游和淮河流域，降雨日数比常年高出1倍左右。降雨过程分3个阶段：第一阶段6月28日至7月12日，雨区主要在长江中下游和淮河流域，雨量在200～300毫米。第二阶段7月18～28日，雨区仍停在长江中下游和淮南山区，雨量在200毫米以上。第三阶段7月31日至8月15日，江淮梅雨基本结束，雨区北移至黄淮之间、汉水流域和海河平原。7月底至8月上旬，长江上游3次降雨过程，暴雨中心区从岷、沱江东移至上游干流宜宾至重庆区间以及乌江、沅水、澧水流域，致使上游洪水和中下游洪水遭遇。

水　情：7月澧水、沅江洪水连续发生2次大水灾。7月8日澧水乔家河站洪峰流量15400立方米/秒，沅水常德站洪峰流量22400立方米/秒，洞庭湖区最大入流量达48530立方米/秒（7月10日）。7月中旬汉口站水位达26.93米时，丹水池堤防决口，汉口主要市区即被淹没。8月19日达至最高洪水位28.28米，洪峰流量59900立方米/秒，如果没有河湖溃口调蓄洪水，合成最大流量城陵矶站达103200立方米/秒，汉口站112900立方米/秒，八里江（湖附近）119500立方米/秒，大大超过了河道泄洪能力。汉口以上最大60天总入流量达3302亿立方米。

灾　情：由于洪水来量巨大，长江中下游江堤圩垸普遍决口，荆江大堤沙沟子、一弓堤、朱三弓堤等处决口，长江干流自湖北省石首至江苏南通沿江漫溢决口354处。江汉平原、洞庭湖区、鄱阳湖区、太湖区大部分被淹。武汉市水淹达100日之久。湖北、湖南、安徽沿江沿湖一片汪洋，京汉铁路长期停运，津浦铁路中断行车54天。据统计，这一年长江流域受灾人口2887万余人，死亡14.54万人。受灾农田377.3万亩，损毁房屋约178万间，估计直接经济损失达1384亿银元。据地方志记载，这次灾害使临澧县受灾人口达10多万人，农村房屋、农作物和农田水利设施毁坏严重，灾害损失达250万元。

1935年重特大洪水

雨　情：7月3～7日，在鄂西和湘西北山地东侧发生历时5天特大暴雨（简称"357"暴雨）。这次暴雨有南北两个中心，南部中心位于清江、澧水分水岭南侧山坡地带，中心五峰站实测最大雨量达1281.8毫米。北部中心位于香溪河、黄柏河、沮河等中上游山坡地带，暴雨中心附近的兴山降雨量达1084毫米。五峰最大1天降雨量422.9毫米，3天降雨量1076.7毫米，为长江流域的最高记录。这次暴雨，降雨量大于200毫米，笼罩面积达11.9万平方公里，包括澧水、清江、三峡地区以及汉江中下游，相应总降水量593亿立方米。

水　情：澧水、汉江中下游发生近百年来最大洪水。据调查推算，澧水三江口站最大洪峰流量31100立方米/秒，洪水量72.8亿立方米。清江下游搬鱼咀站，最大洪峰流量15000立方米/秒，洪水量56.5亿立方米。汉江干流丹江口站洪峰流量50000立方米/秒，襄阳站洪峰流量 53000 立方米/秒，为有记录以来最大洪水。长江上游干流宜昌站 7 月 7 日最大洪峰流量 56900 立方米/秒，为一般常遇洪水。由于中游清江、澧水和汉江洪水遭遇，短时段洪量集中，洪水来势凶猛，宜昌至城陵矶出现最高水位，枝城站最高水位 50.24 米（资用吴淞基面），最大洪峰流量达 75000 立方米/秒，沙市最高水位 43.97 米（资用吴淞基面水位 44.05 米）。洞庭湖水系除澧水出现历史最大洪水，沅江最大洪峰流量达 21200 立方米/秒，洞庭湖水系最大入湖流量达 54400 立方米/秒。鄱阳湖最大入湖流量 34140 立方米/秒，见《1935 年长江中游调查洪水洪峰流量（水位）表》（表 4—2—3）。

表 4—2—3　　1935 年长江中游调查洪水洪峰流量（水位）表

单位：平方公里、立方米/秒

水　系	河　名	河段名	集水面积	洪峰流量	重现期或稀遇程度
汉　江	丹　江	白渡滩	14370	13800	近百年来最大
汉　江	汉　江	丹江口	95200	50000	1832 年以来最大
汉　江	汉　江	襄　阳	103261	53000	1867 年以来最大
汉　江	南　河	开封峪	5253	9690	1935 年以来最大
唐白河	白　河	新店铺	10958	10700	1919 年以来最大
清　江	清　江	搬鱼咀	15563	15000	30～40 年
澧　水	澧　水	三江口	15070	31100	1862 年以来最大
长　江	香溪河	兴　山	1900	2720	1935 年以来最大
长　江	沮　河	猴子岩	2551	8500	1826 年以来最大
长　江	漳　河	马头寨	2001	4930	近百年来最大
长　江	长　江	宜　昌	1005501	56900	一般常遇洪水
长　江	长　江	枝　城	1024131	50.24 米（最高水位）	1860 年以来第 3 位
长　江	长　江	沙　市		44.05 米（最高水位）	1931 年以来第 3 位
长　江	长　江	汉　口	1488036	59300	约 15 年

注：洪峰流量宜昌、汉口两站为实测值。

灾　情：据当年国民政府统计，淹没耕地 150.9 万平方公里，受灾人口 1000 余万，死亡人口达 142 万，损坏房屋 406 万间。自宜昌至汉口堤防圩垸普遍溃决，荆江大堤横店子、堆金台、德胜台及麻布拐子先后溃决，江汉平原汪洋一片，洞庭湖区各河尾间圩垸大量溃决。灾情最严重的是汉江中下游和澧水下游。汉江下游左岸遥堤溃决，一夜之间淹死 80000 多人，澧水下游慈利、石门、临澧以及沿江市镇淹死 30000 余人，居民房屋扫荡一空。汪洋肆虐，浊浪排空。据地方志资料记载，境内四、五、六区之地，悉成泽国。特别是合口镇、洞坪垸、山洲（游家洲）垸为最惨烈。村民房屋、牲畜、家具、粮食被冲走，因灾死亡 600 余人。仅洞子坪一处淹死 170 余人，为数百年洪灾之首。农作物受灾 12.7 万亩，损失粮食 38574 吨，受灾人口 22.74 万人，财产损失 61.4 万元。

民国 35 年（1946）8 月，临澧县发生重大水灾，冲毁佘市桥。

民国 37 年（1948）5～6 月，湖南发生重大水灾。

1949 年重特大洪涝灾害　春季至夏季，连日淫雨。5 月上旬，全省各地连降暴雨，湘、沅、澧上游山洪暴发，酿成巨灾，全县发生重特大洪涝灾害。全县120个乡镇，2.4万户9.18万人受灾。农作物受灾面积27.5万亩，成灾面积19.8万亩，绝收面积9.5万亩。粮食减产15060吨，粮食损失278.5万元，棉花减产124吨，棉花损失7.47万元，农作物损失285.9万元。林果业损失350万元，畜牧业损失500万元，农业损失1135.9万元。损坏房屋1700户5000间，倒塌房屋1100户2400间，房屋及家财损失208万元，水利设施损失11.3万元，直接经济损失1372.2万元。

1950年重特大洪涝灾害 5～7月，澧水流域普降暴雨。发生洪涝灾害。澧、涔、澹3水并涨。6月下旬澧水达历史最高水位，全县121个乡镇，3.39万户13.57万人受灾。农作物受灾面积38万亩，成灾面积31万亩，绝收面积10万亩。粮食减产21660吨，粮食损失289.8万元，棉花减产147吨，棉花损失8.2万元，农作物损失298万元。林果业损失351万元，畜牧业损失505万元，农业损失1154万元。倒塌房屋503户900间，损坏房屋2000户6100间，房屋及家财损失126万元，直接经济损失1308.7万元。

1951年重大洪涝灾害 7月以来，澧水上游普降暴雨，发生洪涝灾害。7月12日澧水陡涨5米多，全县95个乡镇，2.23万户8.93万人受灾。农作物受灾面积25万亩，成灾面积17万亩，绝收面积7万亩。粮食减产12540吨，粮食损失225.7万元，棉花减产93吨，棉花损失5.5万元，农作物损失231.2万元。林果业损失201万元，畜牧业损失300万元，农业损失732.2万元。倒塌房屋219户430间，损坏房屋430户930间，房屋及家财损失40.3万元。水利设施损失11.56万元，交通设施损失3万元。直接经济损失793.06万元。

1952年重大洪涝灾害 7月，连日降大雨，沅水、澧水猛涨，连续发生三次山洪灾害。全县受灾98个乡镇，2.32万户9.19万人。农作物受灾面积26万亩，成灾面积18.5万亩，绝收面积5.33万亩。粮食减产14580吨，粮食损失262万元，棉花减产96吨，棉花损失5.76万元，农作物损失267.76万元。林果业损失200万元，畜牧业损失300万元，农业损失767.76万元。损坏房屋140户660间，倒塌房屋109户260间，房屋及家财损失29.6万元，直接经济损失819.37万元。

1954年重特大洪涝灾害 长江出现百年来罕见的流域性重特大洪水。

雨　情：从5～7月，副热带高压脊线一直停滞在北纬20°～22°附近。7月份鄂霍次克海维持着一个阻塞高压，使江、淮流域上空成为冷暖空气长时间交汇地区，造成连续持久的降雨过程。长江中下游整个梅雨期5～7月3个月内共有12次降雨过程，其中6月中旬至7月中旬5次暴雨。

4月份鄱阳湖水系即出现大雨和暴雨，赣江上游月降雨量达500毫米以上。5月雨区主要在长江以南，鄱阳湖水系和钱塘江上游降雨量在500毫米以上。6月份主要雨区在长江以南，位置比5月份稍北移，鄱阳湖、洞庭湖水系降雨量500～700毫米，境内5～6月降雨量894.6毫米。7月份雨区北移，中心在长江干流以北及淮河流域，大别山区和淮河流域降雨量500～900毫米，长江南侧除沅江、澧水流域和皖南山区降雨量在500毫米以上外，一般在500毫米以下。主汛期5～7月3个月，累计降雨量在1200毫米以上的高值区主要分布在洞庭湖水系、鄱阳湖水系和皖南山区、大别山区。

水　情：在全流域普降大雨的情况下，鄱阳湖水系的赣江等河在6月初和7月初发生了较大洪水，丁家埠最大洪峰流量分别达12900立方米/秒（6月4日）和13800立方米/秒（7月1日）。洞庭湖水系沅江于5月下旬、6月下旬、7月中旬和7月下旬连续发生较大洪水，桃源站洪峰流量分别达到19200立方米/秒（5月26日）、17800立方米/秒（6月27日）、17800立方米/秒（7月16日）和23000立方米/秒（7月31日）。湘江6月连续发生大水，其中6月30日湘潭站最大洪峰流量达18300立方米/秒。澧水出现了较大洪水，临澧段澧水、道水、澹水流域洪水猛涨，达历史最高水位。6 月 23～25 日下午降雨 344.4 毫米。6 月 25 日，澧水三江口站洪峰量 14500 立方米/秒。7 月 23 日沅水桃源站达 23900 立方米/秒。汉江和大别山南侧各支流也在 7 月中旬和 8 月上旬发生了中等偏大洪水，汉口以下至湖口区间支流最大入江流量达 13600 立方米/秒（7 月 13 日），使江湖水位迅速上涨，汉口站 6 月 25 日超过警戒水位（26.3 米），7 月 18 日突破 1931 年最高水位 28.28 米。6 月 25 日至 9 月 6 日上游发生 4 次连续洪水，宜昌站先后出现 4 次大于 50000 立方米/秒的洪峰流量，8 月 7 日达 66800 立方米/秒，枝城站洪峰流量达 71900 立方米/秒。7 月下旬至 8 月上旬为保证荆江大堤安全，曾 3 次运用北闸（太平口分洪闸）向荆江分洪区分洪。第 1 次分洪量 23.53 亿立方米，第 2 次 17.17 亿立方米，第 3 次 81.86 亿立方米，3 次合计分洪量 122.56 亿立方米。

在利用荆江分洪区 3 次分洪和多处扒口分洪，分洪溃口水量达到 1023 亿立方米的情况下，沙市水位达到 44.67 米，城陵矶水位达到 33.95 米，汉口水位达到 29.73 米(实测最大洪峰流量为 76100 立方米/秒).湖口水位达到 21.68 米，都突破了历史最高记录。据推算，如果不溃口、扒口、分洪和江湖自然滞蓄，合成最大流量城陵矶站为 108900 立方米/秒，汉口为 114183 立方米/秒，八里江为 126800 立方米/秒。

洪水过程：长江上游干流洪水，经荆江分洪和四口分流后，8 月 7 日洪峰到达石首，最高洪水位 39.89 米，8 月 8 日监利最高水位 36.57 米。洪峰于 8 月 8 日到达螺山站，最高水位 33.17 米，最大流量 78800 立方米/秒。汉口于 11 日出现最大洪峰，新城站最大流量 16400 立方米/秒。受其影响汉口站于 14 日出现最大流量 76100 立方米/秒，18 日水位达到最高 29.73 米。大通站 8 月 1 日出现最高洪水位 16.64 米，相应最大流量 92600 立方米/秒。

1954 年长江流域主要支流和上游干流洪水属于常遇洪水，资水、沅江、澧水洪水约为 15 年一遇，干流宜昌洪峰流量的重现期为 15～20 年一遇。则 1954 年洪水在宜昌站约为 80 年一遇，城陵矶站约为 180 年一遇，汉口、湖口站约为 200 年一遇。

洪水组成：以汉口以上最大 60 天总入流量的组成来看，汉口 60 天总入流量 3830 亿立方米。宜昌 2323 亿立方米，宜昌以上来水量占 60.7%。洞庭湖四水 913 亿立方米，占 23.8%。汉江（碾盘山）336.3 亿立方米，约占 88%。宜昌至汉口区间 257.7 亿立方米占 67%。见《1954 年长江洪水流量统计表》（表 4—2—4）。

表 4—2—4　　1954 年长江洪水流量统计表

单位：立方米/秒

河　名	站　名	最大洪峰流　量	日　期（月日）	河　名	站　名	最大洪峰流　量	日　期（月日）
长　江	寸　滩	54800	8.7	清　江	搬鱼咀	7810	7.27
长　江	宜　昌	66800	8.7	澧　水	三江口	14500	7.22
长　江	螺　山	78800	8.14	沅　江	桃　源	23900	6.25
长　江	汉　口	76100	8.1	资　水	桃　江	11300	7.30
长　江	大　通	92600	8.14	湘　江	湘　潭	18300	7.25
岷　江	高　场	18400	7.22	汉　江	新　城	16400	6.30
嘉陵江	北　培	19300	7.27	赣　江	外　洲	14100	8.11
乌　江	武　隆	18800	7.22				

灾　情：这次重特大洪水，长江干堤和汉江下游堤防溃口61处，扒口13处，支堤、民堤溃口无数。洞庭湖区900多处圩垸，溃决70%，淹没耕地257万，受灾人口达165万，溃口分洪量达245亿立方米，江汉平原的洪湖地区以东荆河两岸一直到武汉市区周围湖泊一片汪洋，荆江分洪区及其备蓄区全部淹没，湖北全省溃口、分洪水量达602亿立方米，淹没耕地875万亩，受灾人口达538万。江西鄱阳湖区五河尾闾及湖区周围圩垸大部分溃决，分洪量达80亿亩，淹没耕地162万亩，受灾人口171万。安徽省华阳河地区分洪，无为大堤溃决，决口分洪量达87亿立方米，淹没耕地343亩，受灾人口达290万，堤防圩垸溃决、扒口共分洪1023亿立方米，淹没耕地约1667万亩，受灾人口达1800余万。长江中下游湖北、湖南、江西、安徽、江苏5省有123个县市受灾，洪涝灾害淹没农田面积317余万亩，受灾人口1888余万，京广铁路130天不能正常运行，灾后疾病流行，仅洞庭湖区死亡达3万余人。据历史资料统计，全县122个乡镇，3.12万户12.53万人受灾。农作物受灾面积35.1万亩，成灾面积25.5万亩，绝收面积10.1万亩。粮食减产18540吨，粮食损失333.72万元，棉花减产141吨，棉花损失8.46万元，农作物损失342.18万元。林果业损失350万元，畜牧业损失500万元，农业损失1192.18万元。损坏房屋385户1160间，倒塌房屋72户148间，房屋及家财损失23万元。冲毁堰塘10处，水利设施损失14.8万元。直接经济损失1250.98万元，

1959年重大洪涝灾害　6月，澧水流域降大到暴雨。6月30日全县陡降暴雨156.5毫米，使山洪暴发、河水猛涨。因洪水灾害，冲垮佘市等小型水库3座，大小石桥12处、堰塘1120座。全县15个社镇101个大队，4.6万户17.1万人受灾，农作物受灾面积25.5万亩，成灾面积12.1万亩，绝收面积6万亩。粮食减产8880吨，粮食损失159.8万元，棉花减产56.1吨，棉花损失5.94万元，农作物损失165.74万元。林果业损失200万元，畜牧业损失300万元，农业损失665.74万元。损坏房屋261户530间，倒塌房屋52户130间，房屋及家财损失19.8万元，水利设施损失4.92万元。直接经济损失706.46万元。

1963年重大洪涝灾害　5～6月，澧水流域普降大到暴雨，山洪暴发，溪水横流。6月2日因重特大山洪，道水河佘市公路桥被洪水冲垮。全县19个社镇324个大队，4.95万户17.65万人受灾。农作物受灾面积25.5万亩，成灾面积17.8万亩，绝收面积6.5万亩。粮食减产12420吨，粮食损失248.5万元，棉花减产108吨，棉花损失8.6万元，农作物损失257.1万元。林果业损失300万元，畜牧业损失400万元，农业损失957.1万元。损坏房屋407户956间，倒塌房屋76户156间，房屋及家财损失15.38万元，直接经济损失1019.24万元。

1964年重大洪涝灾害　6月，发生大洪涝灾害，6月24～30日，普降雨388.2毫米，临澧县道水大桥被洪水冲垮，全县19个社镇294个大队，4.4万户17.6万人受灾。农作物受灾面积25.4万亩，成灾面积17.5万亩，绝收面积6万亩。粮食减产12240吨，粮食损失241.2万元，棉花减产93吨，棉花损失7.5万元。农作物损失248.7万元。林果业损失500万元，畜牧业损失700万元，农业损失1448.7万元。倒塌房屋34户57间，损坏房屋111户349间，房屋及家财损失5.9万元，水利设施损失10.6万元，交通设施损失12万元，直接经济损失1559.2万元。

1966年重大洪涝灾害　6月下旬，澧水流域连降暴雨，全县19个社镇318个大队，4.92万户17.5万人受灾。农作物受灾面积25.2万亩，成灾面积16.5万亩，绝收面积5.8万亩。粮食减产11940吨，粮食损失238万元，棉花减产88吨，棉花损失7万元，农作物损失245万元。林果业损失400万元，畜牧业损失500万元，农业损失1145万元。倒塌房屋35户76间，损坏房屋91

户 298 间，房屋及家财损失 7.37 万元。水利设施损失 10.96 万元，电力设施损失 8 万元，直接经济损失 1217.33 万元。

1968 年重特大洪涝灾害　7 月，澧水流域发生暴雨洪涝灾害，7 月 16 日晚发生重特大山洪，澧水猛涨，临澧县青山水轮泵站主坝和尚未合龙的副坝被洪水冲垮，全县 19 个社镇 308 个大队，6.2 万户 24.79 万人受灾。农作物受灾面积 35.5 万亩，成灾面积 26.2 万亩，绝收面积 6.8 万亩。粮食减产 17160 吨，粮食损失 343 万元，棉花减产 132 吨，棉花损失 11 万元，农作物损失 354 万元。林果业损失 650 万元，畜牧业损失 900 万元，农业损失 1904 万元。损坏房屋 432 户 996 间，倒塌房屋 198 户 278 间，房屋及家财损失 29.23 万元，水利设施损失 1300 万元，直接经济损失 3317.23 万元。

1980 年重特大洪涝灾害

雨　情：5 月 31 日至 8 月 5 日湘西北部发生 5 次强降雨过程。第 1 次 5 月 31 日至 6 月 2 日，全县 14 个站点平均降雨 185.2 毫米，其中超过 100 毫米有 8 个，城关 116.8 毫米、陈二 105.6 毫米、文家 131.6 毫米、佘市 183.5 毫米、杉板 287.2 毫米、停弦 300 毫米、其中九龙水库降水 357 毫米。青山 245.5 毫米、合口 308 毫米、官亭 215.9 毫米。第 2 次 6 月 24～26 日，全县平均降雨 139.4 毫米，超过 100 毫米的站 9 个。城关 163.6 毫米、陈二 115.11 毫米，佘市 218.4 毫米、杉板 224 毫米、杨板 186 毫米、停弦 290 毫米、青山 186.3 毫米、合口 202.6 毫米、官亭 233.7 毫米。第 3 次 7 月 17～20 日，全县平均降雨 89.9 毫米，超过 100 毫米 6 个：城关 101.9 毫米、文家 109 毫米、杉板 101 毫米、青山 148.2 毫米、合口 119.00 毫米、官亭 105.5 毫米。第 4 次 7 月 30 日至 8 月 3 日，全县平均降雨 299.9 毫米，超 150 毫米的站 11 个：城关 178.9 毫米、柏枝 163 毫米、文家 204.8 毫米、烽火 233.8 毫米、佘市 329.5 毫米、杉板 354 毫米、杨板 158.5 毫米、停弦 344 毫米、青山 304 毫米、合口 271.2 毫米、官亭 254.2 毫米，其中向阳水库 7 月 31 日 16～18 时，区域降雨 142.3 毫米。第 5 次 8 月 3～5 日，全县平均降雨 49.6 毫米。

水　情：由于全县 5～8 月全县普降暴雨，形成了澧水五次洪水过程：第一次洪峰 5 月 31 日 22 时，澧水青山段洪峰流量达 13000 立方米/秒。6 月 24～26 日，持续降暴雨，6 月 26 日 14 时，澧水青山洪峰流量 10500 立方米/秒。第三次洪峰 7 月 17～20 日，普降大雨，7 月 20 日 16 时，澧水青山段洪峰流量达 14700 立方米/秒。第四次洪峰 7 月 30 日至 8 月 5 日，持续降大到暴雨，8 月 2 日 15 时，澧水青山段洪峰流量达 18500 立方米/秒。澧水的洞坪垸、山洲垸、童州垸、关山复船垸溃决。第五次洪峰 8 月 5 日 4 时，澧水青山段洪峰流量达 13300 立方米/秒。

灾　情：全县 19 个公社 254 个大队，5.99 万户 23.66 万人受灾，因灾死亡 7 人，受伤 192 人，其中部分村组多次受灾。农作物受灾面积 35.5 万亩，成灾面积 26 万亩，早稻受灾 13.11 万亩，晚稻受灾 7.56 万亩，棉花受灾 4.1 万亩，其他作物受灾 1.19 万亩，绝收面积 10 万亩。粮食减产 46840 吨，粮食损失 929 万元，棉花减产 251.2 吨，棉花损失 250 万元，农作物损失 1179 万元。林果业损失 800 万元，畜牧业损失 1100 万元，农业损失 3079 万元。损坏房屋 6315 户 17211 间，倒塌房屋 6319 户 15256 间，其中居民房屋 15246 间，死亡大牲畜 3211 头，家禽 16757 羽，冲走农药 247 担，损失粮食 499.5 担，淹没粮食 1277 万斤，冲走油料 13435 担，其中食油 150 吨。房屋及家财损失 2936.8 万元，水利设施损失 719.6 万元。直接经济损失 9711.4 万元。

1982 年重大洪涝灾害　5 月 26～27 日、6 月 19～21 日，境内 2 次普降暴雨，官亭水库降雨 199.9 毫米，澧北地区 4 社镇达 220～250 毫米，城关地区降雨 134.7 毫米，暴雨导致山洪暴发，河水猛涨。渠道崩溃

1683米，渍坝塘280多处，冲坏桥闸23处。

全县20个社镇201个大队，4.9万户19.7万人受灾，因灾死亡1人。农作物受灾面积25.5万亩，成灾面积18.3万亩，绝收面积2万亩。粮食减产14280吨，粮食损失428.4万元，棉花减产72吨，棉花损失21万元，农作物损失449.4万元。林果业损失400万元，畜牧业损失600万元，农业损失1449.4万元。倒塌房屋229户617间，损坏房屋589户1020间，房屋及家财损失92万元，冲垮渠道1683米，冲垮塘坝280处，桥涵23处，水利设施损失16.2万元，直接经济损失1586.6万元。

1983年重大洪涝灾害　6月25日至7月14日，沅澧水流域普降暴雨，6月26～28日，全县平均降雨119.4毫米。山洪暴发，外洪内渍。6月26日道水烽火水位44.2米，澧水临澧天帝宫水位52.8米，澧水最大洪峰流量19900立方米/秒，停弦渡关山复船垸决口。全县20个社镇158个大队，2.91万户11.53万人受灾。农作物受灾面积15.18万亩，成灾面积11.2万亩，绝收面积6万亩。粮食减产9000吨，粮食损失360万元，棉花减产66吨，棉花损失20万元，农作物损失380万元。林果业损失320万元，淹死、打死耕牛20头，猪433头，畜牧业损失600万元，农业损失1300万元。倒塌房屋635户1320间，损坏房屋660户1531间，房屋及家财损失201.96万元。冲毁水利设施195处，水利设施损失17.2万元。沉船2只。冲走澧水木材345立方米，化肥60吨。直接经济损失1573.16万元。

1988年重特大洪涝灾害

雨　情：8月26日至9月9日，澧水流域普降大到暴雨，全县有五次降雨过程，全县平均降雨638毫米，超过历年平均降雨量50%。

水　情：此次暴雨洪水，暴发地表径流2.01亿立方米，澧水洪峰流量16760立方米/秒，道水953立方米/秒。21座水库溢渍，垮堰262处，冲垮渠道160条，桥梁3座，公路21条。

灾　情：全县17个乡镇296个村，6.2万户24.4万人受灾，农作物受灾面积25.3万亩，成灾面积18.2万亩，绝收面积7.5万亩，粮食减产27730吨，粮食损失1386万元，棉花减产397吨，棉花损失158万元，农作物损失1544万元。林果业损失100万元，畜牧业损失286万元，农业损失1930万元。损坏房屋259户769间，倒塌房屋121户331间，房屋及家财损失55.63万元。水利设施损失568.7万元，交通设施损失34万元，商业损失40万元。直接经济损失2775.33万元。

1989年重特大洪涝灾害

雨　情：8月12日22时至13日5时，流域内普降特大暴雨，导致河水猛涨成灾。境内发生大风暴雨洪涝灾害，风力8级，短时9～10级，7个小时降雨164毫米。其中官亭、新安、杉板、停弦达200毫米。9月2日1～16时，全县平均降雨135毫米，最大降雨量199.5毫米，其中1～8时平均降雨121毫米。

水　情：由于水库塘坝蓄水充足，调洪能力小，8月底，全县蓄水量1.7亿立方米，比88年同期多1亿立方米。此次降雨后，133座水库有48座溢洪，官亭乡7座水库有6座溢洪。澧水流域河床水位高，洪水上涨快。9月2日澧水青山水位53米，洪峰流量17900立方米/秒，达防汛危险水位。比1980年最大洪水水位差0.5米。道水金宝滩最高水位52.7米，超过危险水位0.7米，比历史最高水位超1米。

灾　情：全县17个乡镇325个村，8.9万户26.5万人受灾。农作物受灾面积35.8万亩，成灾面积25.5万亩，绝收面积7.2万亩。粮食减产30208吨，粮食损失2114.5万元，棉花减产889吨，棉花损失440万元，农作物损失2554.5万元。林果业损失700万元，冲走、压死耕牛166头、猪羊2694头，家禽4.6万羽，畜牧业损失900万元，农业损失 4154.5 万元。倒塌房屋 1042 户 3918 间，损坏房屋 1594 户 5128 间，冲走损坏农机具 12360 件，家具 1768 件，粮食 97.3 万斤，食油 7 吨，房屋及家财损失 578.72 万元。冲垮塘坝 929 处，渡槽 5 处，渠道 443 条，桥涵 70 处，滑坡 3 处 180 米，水利设施损失 709 万元，交通设施损失 210 万元，工业企业损失 50 万元，商业损失 140 万元，电力设施损失 150 万元，通信设施损失 90 万元，教育设施损失 70 万元，卫生设施损失 59 万元，抗灾及安置费用 80 万元，直接经济损失 6291.22 万元。

1990 年重大洪涝灾害　2 月 19 日至 6 月 14 日，连续发生 3 次暴雨洪水灾害。全县 17 个乡镇 185 个村，6.2 万户 24.5 万人受灾。农作物受灾面积 28.5 万亩，成灾面积 22.4 万亩，绝收面积 7.2 万亩。粮食减产 30200 吨，粮食损失 2114 万元，棉花减产 982 吨，棉花损失 490 万元，农作物损失 2604 万元。林果业损失 300 万元，死亡大牲畜 763 头，畜牧业损失 600 万元，农业损失 3504 万元。受淹房屋 12321 户 24531 间，倒塌房屋 277 户 889 间，损坏房屋 613 户 1461 间，房屋及家财损失 140.8 万元，水利设施损失 102.9 万元，直接经济损失 3925.71 万元。

1991 年重特大洪涝灾害　7 月 1 日以来，澧水流域普降大到暴雨，山洪暴发，河水猛涨，发生了重特大洪涝灾害。

雨　情：7 月 1 日 8 时至 11 日 8 时，澧水流域连降特大暴雨，境内形成有记载以来时间最长、强度最大的一次降雨过程。全县平均降雨 419.9 毫米，其中杉板、九里等 6 个乡镇降雨在 500 毫米以上，合口镇降雨量达 626.9 毫米，相当于境内正常年份降雨量的一半。7 月 9 日全县日降雨量平均 109.3 毫米，暴雨中心的合口镇日降雨量达 202.4 毫米。

水　情：澧水从 7 月 5～9 日出现三次较大洪峰。7 月 6 日 14 时，常德开石门的客车在合口大堤外澧县处翻车，死亡 22 人。16 时 25 分，停弦镇观山垸漫溃，207 国道中断。17 时在武装干警护送下，省防汛指挥部派车载 10 吨炸药去津市炸垸泄洪，因张公庙水阻停留县城。20 时出现第二次洪峰，洪峰水位（合口镇向阳闸）高达 50.1 米，超危险水位 0.6 米，超历史最高水位 0.9 米，洪水流量达 17775 立方米/秒，为历史最大洪水量。道水上受山洪袭击，下受澧水顶托，灾害损失严重。22 时县委办、政府办向陈帮柱省长传发《临澧县洪情告急》的传真电报，7 月 7 日 10 时，烽火乡受淹 1200 名群众安全转移。7 月 7 日发生第三次洪峰，道水洪峰水位高达 45 米，为建国以来的最高洪水位。7 月 9 日全县普降大雨，合口镇从零时至 19 时降雨 202 毫米，道水河水全线猛涨。17 时金宝滩告急排洪抢险。

灾　情：全县 17 个乡镇 301 个村，8.1 万户 31.6 万人受灾。因灾受伤 48 人，死亡 3 人。有 11 座水库出险，3221 处水利工程设施被毁坏，7679 个农户房屋进水被淹，房屋倒塌 1926 户 3715 间，其中 755 家的 2411 间房屋全部倒塌。7 月 8 日停弦渡镇关山垸漫溃，垸内 2 个村的 20 村小组，336 个农户全部被淹，淹没农作物 1661 亩，房屋 215 栋 650 间，其中 15 间房屋倒塌。烽火乡的五星、真武、邓龙、陈家河等 8 个村，78 个村民小组 2250 个农户，由于上临道水猛涨，房屋下受澧水顶托，从 7 月 3 日起，已持续被淹一个星期，深水封屋檐，1.3 万亩农作物全部失收，倒塌居民房屋 1200 间，有 383 户 1520 人无家可归。合口镇的 27 个村，298 个村民小组，普遍遭受渍害，受渍时间持续 7 天之久，全镇 18500 亩早稻、14685 亩棉花受灾，受损面积达 23200 亩，其中 7770 亩早稻，7550 亩棉花全部绝收，4800 亩晚稻秧苗，损失五成。1001 个农户倒塌房屋 1700 间。九里乡因山洪暴发，乡政府机关食堂的锅炉也被冲走。农作物受灾面积 41 万亩，成灾面积 26.8 万亩，绝收面积 11.2 万亩。粮食减产 38704 吨，粮食损失 3096 万元，棉花减产 874 吨，棉花损失 437 万元，农作物损失3533万元。林果业损失1000万元，畜牧及渔业损失1300万元，农业损失5833万元。损坏房屋12321户24531间，倒塌房屋2431户3876间，水淹损失家具9.5万余件，家财损失1460万元，直接经济损失8048.2万元。

全县52家工商企业损失230多万元。其中水损猪皮、蓝皮、血粉等物品折款30多万元。水淹矿井、机械加工设备、厂房建筑物等损失150多万元。冲走燃煤、木材、机械、砖瓦、鞭炮等物品折款50多万元。7月9日地处合口镇的县石膏矿，因地表积水严重，水压急剧增大，造成矿井穿水。井内水流夹有泥沙以每小时400立方米的速度向外突出，1500多米矿井被冲坏淤积，设备被淹，直接经济损失65万元。

水利工程设施损失190多万元。澧水大堤有9处3.2公里遭受破坏，多处出现沉陷、滑坡，堤防经济损失31.5万元。金宝滩、清水、烽火水轮泵发电站的消力池、护墙、大坝导墙及泵站设施都不同程度被冲坏，经济损失28万多元。澧北平原的北一撇，南撇两大撇洪渠，11处被冲坏，直接经济损失18.7万元。新安、合口两镇境内的排渍渠道毁坏17处1060米，直接经济损失5万元。全县78座水库大堤受损。溢洪道被冲坏的达20多处，损失金额47万多元。全县10处13台/792千瓦电力排灌机埠被水淹或遭山洪袭击机房受损、电机被毁，损失金额23.5万元。全县冲垮、冲坏塘坝2167处，冲毁、冲坏渠道246条10.4公里，冲垮小型渡槽12处，冲坏桥、涵、闸等水利设施1020处，损失金额47万元。商业损失20万元，电力损失31万元，电力设施损失31万元，通信设施损失20万元，教育设施损失15万元，卫生设施损失12万元，用于抗灾安置费用118.2万元，直接经济损失8048.2万元。

1993年重特大洪涝灾害

雨　情：7月中下旬阴雨绵绵，降雨量少，干旱突出，到7月22日止，全县蓄水仅17028万立方米，只占应蓄水量的54.8%，澧水流量不足3000立方米/秒。7月23日下午，澧水流域大面积普降大暴雨150毫米以上，澧水水位急剧上涨。

水　情：7月23日16时，澧水、道水进入防汛水位，洪峰水位高、来势猛，持续时间长。24日5时出现最大洪峰，合口向阳闸水位达49.57米，流量16120立方米/秒，超危险水位0.57米，比建国后最高洪水位（1991年50.1米）只差0.53米，至24日17时，仍维持在警戒水位以上。道水24日5时进入危险水位后，继续上涨，最高水位达44.4米，超危险水位0.4米，到24日17时，仍维持在危险水位以上达44.1米。澧水、道水发生长时间的高洪水位，致使险情、灾情加剧，道、澧沿河大堤先后发生险情17处，澧水关山院防洪大堤大当口段，大堤滑坡穿孔，经奋力抢救无效，决口溃垸，曾使8200多人被洪水围困，1.03万人进行紧急转移。

灾　情：全县17个乡镇204个村，7.61万户30.59万人受灾，因灾受伤13人。农作物受灾面积35.1万亩，成灾面积25.2万亩，绝收面积10.1万亩。粮食减产37288吨，粮食损失2980万元，棉花减产865吨，棉花损失519万元，农作物损失3499万元。林果业损失1000万元，死亡大牲畜3.2万元，损失鲜鱼33万元，畜牧业损失1300万元，农业损失5799万元。倒塌房屋213户359间，损坏房屋5290户12600间，房屋及家庭财产损失240.9万元。冲毁桥涵18座，毁坏公路26公里。交通运输业损失达80万元。6家国营企业、11家乡镇企业停产，42家工矿企业部分停产，工业损失45万元。商业损失50万元。损坏输电线路18杆长1.3公里，损坏通讯线路7.5公里，电力设施损失40万元，电讯设施损失17万元。教育设施损失45万元，卫生设施损失30万元，水利设施损失达134.7万元，其中：损坏小Ⅱ型水库6座，损坏堤防8.4公里，损坏水库7座，冲毁塘坝1360处，渠道决口

1.2公里，机电设备受损3台90千瓦，3处中型河坝严重受损。抗洪抢险投入资金120万元，共耗用木材、楠竹30立方米，麻、草袋5.9万条，动用砂、卵、块石9350方，耗用石油128吨，直接经济损失6601.6万元。

1995年重大洪涝灾害 7月6日上午，降雨仅3.1毫米，由于澧水流域普降暴雨，局部地区降特大暴雨，其中石门江坪降雨达206毫米，造成山洪暴发，澧水突然骤涨，发生了仅次于1991年大水的洪灾。8日6时澧水向阳闸水位只有38.2米，到18时达48.5米，12个小时水位涨幅达10.3米，平均每小进以8.4米的速度直线上升，澧水流量就达13200立方米/秒。21时，澧水沿线各水位站均已超警戒水位，其中关山垸超出危险水位0.3米，这次洪峰，涨势之快，全县17个乡镇310个村，7.8万户28.3万人受灾。农作物受灾面积35.8万亩，成灾面积25.2万亩，绝收面积10.2万亩。粮食减产36874吨，粮食损失2949万元，棉花减产819吨，棉花损失491万元，农作物损失3440万元。林果业损失400万元，畜牧业损失600万元，农业损失4440万元。损坏房屋621户1489间，倒塌房屋339户1350间，房屋及家财损失170.33万元。11家工矿企业被迫全部停产，25家企业半停产，工业损失24万元。公路中断11条次，冲毁桥涵7座，毁坏路基6公里，交通设施损失40万元。损坏中型水库2座，损坏堤防3处2.2公里，损坏水电站2座1235千瓦，水利设施损失88.4万元，商业损失30万元，电力设施损失25万元，直接经济损失4936.73万元。

1997年重大洪涝灾害 7月1～11日，澧水流域普降大到特大暴雨，全县平均降雨达416毫米，使山洪暴发，河水猛涨。7月6日20时，澧水合口向阳闸水位达50.1米，洪水流量达17775立方米/秒。新安镇洞坪垸漫溃仅差0.2米，险象环生。全县18个乡镇301个村，5.9万户23.3万人受灾。农作物受灾面积25.8万亩，成灾面积18.2万亩，绝收面积10.4万亩。粮食减产38760吨，粮食损失3100万元，棉花减产615吨，棉花损失492万元，农作物损失3592万元。林果业损失300万元，畜牧业损失600万元，农业损失4492万元。损坏房屋345户943间，倒塌房屋176户531间，房屋及家财损失30.45万元。水利设施损失88.1万元，交通设施失40万元，工业损失24万元，商业损失30万元，电力设施损失25万元，抗灾及安置费用40万元，直接经济损失4828.55万元。

1998年重特大洪涝灾害 长江流域型大洪水，洞庭湖区自1954年以来最大洪水。澧水发生重特大洪水，其洪流量大，洪峰水位高，持续时间长。

雨　情：入汛以来，冷空气活动频繁，副热带高压异常偏强。受副热带高压西北侧西南暖温气流和南下冷空气的共同影响，整个长江以南地区降雨量较常年偏多，且时空分布相对集中。4～9月平均降水达1334.8毫米，比多年同期平均值多450.3毫米，偏多51%，特别是6～8月，全县平均降水达到854.1毫米，比历年同期多356.5毫米。出现了两次降雨过程：

6月22～24日，全县累计降雨在130毫米以上：杉板259毫米、太浮226.4毫米、修梅251毫米、停弦228毫米、合口221毫米、城关314.9毫米，其中23日8时至24日8时，全县17个乡镇有15个乡镇日降雨在110毫米以上，最大的修梅镇降雨达222.4毫米。

7月20～24日，长江流域上空一股强劲的降雨过程袭击澧水流域。本次降水过程从7月20日开始，历时四天，从干流上游进入澧水流域，暴雨分为两个中心：一个中心是在上游凉水口水文站和桑植水文站，凉水口站20日降水301.1毫米，21日降水229毫米，22日降水141毫米，共降水612毫米。桑植站20日降水87.5毫米，21日降水80.55毫米，22日降水184.1毫米，三天共降水452.1毫米。第二个中心是在澧水中游的慈利境内的箕子头水文站和溪口雨量站，以及二级支流双枫潭水文站，其平均降雨量均在300毫米以上，这是本次洪水的主要造峰雨，干流控制站石门站21日降水100.4毫米，22日降水134.9毫米，23日降水93.3毫米，溇水以皂市站21～23日三天降水430毫米为中心，其上游各站降水均在300毫米以上，道水降水在300毫米以上。境内各乡镇一般降雨都在180毫米以上，有合口、新安、佘市、杉板、文家5个乡镇超过了300毫米，最大的杉板乡降水达到379毫米。

水　情：出现两次高强度的暴雨过程，相继发生2次洪水过程。

6月22～24日，境内特大暴雨，山洪暴发，特别是道水流域，24日暴雨发生后，以每小时1米的速度上涨。至24日7时，道水烽火电站水位达防汛水位43米，至当日下午4时最高达43.56米，超警戒水位0.06米。临澧大桥处水位达48.16米（有记载以来最高水位50.565米），估测最大流量880立方米/秒（1991年为900立方米/秒）。县城四季红、河街、文化街多处进水被淹，城区内渍也十分严重，县老正街、迎宾路两侧人行道、朝阳街等平均积水达0.2米以上，县城安福路以北居民区普遍家中进水，水淹平均达0.5米。柏枝、陈二、杨板等集镇进水，特别是柏枝乡沙溪河沿岸一片汪洋，临柏公路被迫中断。因山洪大，全县水库塘坝水位猛涨，蓄水猛增4437立方米，达22673立方米，占应蓄水的73%，有23座水库溢洪，其中沃沙溪、东堤、竹马小Ⅰ型水库溢洪。

7月21～24日，澧水流域普降暴雨，发生重特大洪水，干流大庸22日13时30分洪水流量10000立方米/秒，支流娄水长潭河23日13时10分洪水流量5810立方米/秒，溇水皂市22日7时42分洪水流量3500立方米/秒。本次洪水以干流为主，两条支流以娄水为大，当干流洪峰和娄水的洪峰到达石门控制站的时候，溇水皂市站洪峰已通过石门控制点，石门控制站的洪水位由于上游两个暴雨中心先后出现了两个洪峰水位，第一个洪峰水位从7月20日8时水位51.26米，流量14760立方米/秒，涨到23日零时的水位60.75米，流量15000立方米/秒，退水0.15米后，又由于第二个暴雨中心造成水位上涨，且底水相当高，23日18时，洪峰水位达62.66米，流量达19900立方米/秒，为建国以来澧水第一高洪。澧水从7月22日下午3时，流量突破10000立方米/秒后，水位一路攀升，至23日下午1时，流量达17900立方米/秒，关山垸水位达到49.35米，超历史最高水位1.59米，虽在外河水位离堤顶1米时就开始抢修子堤，终因超过大堤设计抗洪标准（17500立方米/秒），人力不可抗拒，于23日下午1时50分漫溃。23日下午3时，澧水洪峰到达境内，全县各垸均超历史最高水位，新安天帝宫达53.6米，超0.8米；合口向阳闸达51.26米，超1.16米；青山垸达56.35米，超1.05米，烽火垸达45.32米，超0.47米。23日下午3时10分，山洲垸外河水位达50.81米，超历史最高水位2.01米，内堤因严重超设计能力而穿孔毁坏，致使全垸漫淹。3时50分，洞坪垸外河水位达53.6米，超历史最高水位1.7米全垸漫溃。24日凌晨5时，烽火大垸水位达46.52米，超历史最高水位1.67米，观音庵垸、陈家河垸、将军垸相继漫溃。

澧水这次洪峰流量大，水位高，持续时间长，回落缓慢。从7月23日9时超历史最高水位后，至7月24日下午4时，青山垸、新合垸相继退出防汛水位，高水位持续23个小时。

高强度降雨致使水库蓄水暴涨。全县152座水库有75座达到防汛水位，55座水库溢洪，其中中型水库3座，即官亭、群英、高桥；小Ⅰ型水库8座，即张吉垱、竹马、沃沙溪、牛头、峪口、西坡堰、东堤、五星，小Ⅱ型水库45座。

灾　情：全县18个乡镇311个村，7.6万户30.47万人受灾。农作物受灾面积32.5万亩，成灾面积25.8万亩，绝收面积9.5万亩。粮食减产40420吨，粮食损失3314万元，棉花减产750吨，棉花损失600万元，农作物损失3914万元。林果业损失1000万元。淡水养殖损失3864吨，畜牧业损失1300万元，农业损失6214万元。损坏房屋25460户64200间，倒塌房屋6200户10701间，房屋及家财损失3933万元。水利设施堤防损坏395处，堤防决口39处，水库受损2座，洞坪垸、山洲垸、关山垸、烽火垸、看花垸溃决。直接经济损失2100万元。澧北平原的工商企业全部进水，县城有10多家企业遭受水淹。全县工商企业被迫停产55家，半停产69家，450套（件）电器、机械设备被冲毁损坏，被淹水泥16700吨，各种原材料4400吨，工业企业损失1100万元，商业损失700万元。中断公路13条，交通设施损失800万元，损坏供电线路6.4公里，供电中断6条次28小时，电力设施损失600万元，通信设施损失500万元。教育设施损失400万元，卫生设施损失200万元，城市灾害损失153万元，抗灾费用190万元，直接经济损失1.689亿元。

2003年重特大洪涝灾害

雨　情：6月23～27日，出现第一次强降雨过程，全县累计降雨比同期多278毫米。全县7处垸堤、公路跨堤、滑坡。7月7～11日，连续72小时普降大到暴雨，局部地区出现特大暴雨，降雨437.5毫米，比1998年最大降雨点佘市高出123毫米，澧水流域持续普降暴雨。最大降雨点3天普降623毫米，比1998年最大降雨点高出198毫米。强降雨主要集中在新安、合口、官亭、九里及澧南、杉板、停弦、城关等地，最大降雨点，九里降雨437.5毫米，有44座水库溢洪。

水　情：7月8日下午2时至9日下午6时30分，澧水合口向阳闸水位从42米涨到51.28米，超历史水位。10日凌晨2时达到51.96米，超出1998年历史最高水位0.7米。且高水位运行时间长，至12日凌晨4时，新安垸洞坪垸、山洲垸、关山垸由于澧水水位送运超过设防标准，在人力不可抗拒情况下漫溃。全县151座水库有44座聘出现溢洪，官亭水库最高水位77.15米，最大库容达6690万立方米，最大溢洪流量132.8立方米/秒，均超历史纪录。堤垸险情超历史记载。全县出现大小险情49处，新合垸大堤发生险情8处。

灾　情：全县18个乡镇339个村，10.9万户35.4万人受灾，7.9万人饮水困难，因灾伤病1237人，被困人口5.2万人，转移安置3.6万人。农作物受灾面积32.5万亩，成灾面积26.3万亩，绝收面积15.6万亩。粮食减产34872吨，粮食损失4875万元，棉花减产3229吨，棉花损失2429万元，农作物损失7304万元。林果业损失3296万元，畜牧业损失4900万元，农业损失1.55亿元。损坏房屋9786户26500间，倒塌房间6268户14508间，全部倒塌1954户4834间，死亡大牲畜7300头（只），房屋及家财损失15100万元。49家工矿企业停产，20多家企业设备和产品被淹，工业损失3800万元，水利设施损失5880万元，交通设施损失9950万元，电力设施损失2000万元，通信设备损失2870万元，教育设施损失1200万元，卫生设施损失800万元，抗灾及安置灾民费用1200万元，直接经济失5.839亿元。

三、　一般规律

时空分布规律

洪涝灾害时间分布：自公元前986～2008年的2994年间，共发生洪涝灾害1288次，平均2.3年发生1次。16～19世纪300年中发生水灾65次，平均4.6年发生1次水灾，重特大水灾272次，平均11年发生1次，发生重大水灾以上25次，平均12年发生1次。20～21世纪1008年中发生水灾54次，平均1.8年发生1次水灾。发生重大水灾 18 次，平均 5.9 年发生一次。重特大洪涝灾害 18 次，平均 5.9 年发生 1 次，其年份：1906 年、1908 年、1909 年、1915 年、1922 年、1931 年、1935 年、1949 年、1950 年、1954 年、1968 年、1980 年、1988 年、1989 年、1991 年、1993 年、1998 年、2003 年。从 1729～2007 年的 278 年中，共发生水灾 89 次，平均 3.1 年发生一次，水灾发生频率为 32%。

洪涝灾害符合长江中下游水灾发生频率，见《各季洪涝灾害占年洪涝灾害总次数百分比》（表 4—2—5），属于全国洪涝灾害多发地区，2～3 年发生 1 次洪涝灾害。

表 4—2—5　各季洪涝灾害占年洪涝灾害总次数百分比

单位：%

地　　区	春	春夏	夏	夏秋	秋	合　　计
长江中下游	20	16	59	1	4	100
临　　澧	19	16	60	1	4	100

注：长江中下游 1950～1980 年统计资料，临澧 1949～1980 年统计资料。

灾链诱发规律

暴雨洪水灾害，具有降雨量大、突发性强、洪峰流量大、灾害损失重。因暴雨直接引起水灾、涝灾，同时诱发山体崩塌、滑坡、泥石流等农业地质灾害，危害农业作物，造成农作物歉收，构成暴雨洪水、洪涝灾害诱发次生灾害形成灾害链：暴雨→洪水→涝灾→旱灾→疫病→生物害→冻害。

洪涝灾害→干旱灾害链。根据历史气象资料分析统计，境内年平均降雨量在 800～1600 毫米之间，由于阶段性普降特大暴雨而诱发干旱灾害。根据《临澧县灾害年表》统计，共发生洪涝灾害 142 次，其中在洪涝灾害年份中有 30 次（年）发生干旱灾害，其年份有：825 年、1469 年、1495 年、1532 年、1604 年、1676 年、1682 年、1829 年、1868 年、1913 年、1926 年、1929 年、1935 年、1941 年、1951 年、1952 年、1955 年、1957 年、1959 年、1963 年、1964 年、1966 年、1979 年、1981 年、1990 年、1991 年、1995 年、1999 年、2003 年、2005 年。

洪涝灾害→生物灾害链。洪涝灾害期间湿度大，诱发某些农业生物灾害。根据《临澧县灾害年表》统计，在洪涝灾害年份中有 41 次（年）发生农业生物灾害。其中两种以上灾害 15 次（年）其年份为：1935 年、1948 年、1952 年、1955 年、1959 年、1963 年、1969 年、1979 年、1980 年、1983 年、1990 年、1991 年、1999 年、2002 年、2003 年。

洪涝灾害→疫病灾害链。在洪涝灾害期间，湿度大，人员体力消耗大，免疫力降低，灾害造成环境破坏导致发生流行性灾害疫病。据《临澧县灾害年表》统计，在洪涝灾害年份中有 21 次（年）发生疫病灾害，其年份为：公元 49 年、1807 年、1829 年、1848 年、1941 年、1949 年、1950 年、1951 年、1953 年、1954 年、1955 年、1957 年、1959 年、1962 年、1963 年、1966 年、1969 年、1981 年、1988 年、1998 年、2004 年。

洪涝灾害→冻害灾害链。在洪涝灾害年份中有 9 次（年）发生低温冻害，其年份为：1848 年、1860 年、1950 年、1954 年、1964 年、1969 年、1982 年、1991 年、1998 年。

此外诱发干旱灾害、疫病灾害连发年份为 1807 年、1829 年。诱发旱灾、虫害、疫病灾害多发年份 1955 年、1983 年。诱发旱灾、雪冻害、生物灾害发生年份为 1868 年、1926 年、1929 年、1955 年、1956 年、1953

年、1963 年、1964 年、1991 年。诱发旱灾、生物灾害的年份为 1868 年、1926 年、1929 年、1959 年。诱发生物灾害、疫病发生年份为 1952 年。

灾害的群发规律

根据《临澧县灾害年表》编制《临澧县分世纪洪涝灾害明细表》（表 4—2—6），统计洪涝灾害的群发规律。

表 4—2—6　临澧县分世纪洪涝灾害明细表

世　纪	年　　份
18	1715、1716、1726、1727、1732、1735、1736、1742、1748、1749、1753、1786、1790
19	1804、1805、1807、1814、1826、1829、1831、1838、1839、1840、1841、1842、1844、1848、1849、1851、1853、1860、1862、18641868、1869、1870、1876、1878、1887
20	1905、1906、1908、1909、1911、1913、1915、1916、1918、1919、1922、1926、1929、1931、1935、1941、1946、1948、1949、1950、1951、1952、1953、1954、1955、1957、1959、1962、1963、1964、1966、1968、1969、1979、1980、1981、1982、1983、1986、1988、1989、1990、1991、1993、1994、1995、1996、1997、1998、1999
21	2002、2003、2004、2005

洪涝灾害群发期

根据《临澧县分世纪洪涝灾害明细表》（表 4—2—6），统计 18～21 世纪洪涝灾害群发期。18 世纪洪涝灾害频发时段为 1726～1753 年，洪涝灾害群发期为 27 年。19 世纪洪涝灾害频发时段为 1840～1869 年，洪涝灾害群发期为 30 年。20 世纪洪涝灾害频发时段为 1950～1979 年，洪涝灾害群发期为 30 年。境内洪涝灾害群发期为 29 年。

洪涝灾害群发幕

根据《临澧县分世纪洪涝灾害明细表》（表 4—2—6），统计 18～21 世纪中洪涝灾害群发幕。18 世纪洪涝灾害频发时段为 1726～1736 年，洪涝灾害群发幕为 10 年。19 世纪洪涝灾害频发时段为 1840～1851 年，洪涝灾害群发幕为 11 年。20 世纪洪涝灾害频发时段为 1905～1916 年，洪涝灾害群发幕为 11 年。境内 300 年洪涝灾害群发幕为 11 年。

洪涝灾害群发节

根据《临澧县洪涝灾害年份及灾情等级一览表》（4—2—8），统计各个世纪连续发生洪涝灾害的年份。确定 15～21 世纪中洪涝灾害群发节：15 世纪洪涝灾害连续发生年份 1468 年、1469 年，洪涝灾害群发节为 2 年。16 世纪洪涝灾害连续发生年份为 1536 年、1537 年，洪涝灾害群发节为 2 年。18 世纪洪涝灾害连续发生年份为 1715 年、1716 年；1726 年、1727 年；1735 年、1736 年；1748 年、1749 年，洪涝灾害群发节为 2 年。19 世纪洪涝灾害连续发生年份为 1804 年、1805 年；1838 年、1839 年；1840 年、1841 年、1842 年，1868 年、1869 年、1870 年，洪涝灾害群发节为 3 年。20 世纪洪涝连续发生年份 1908 年、1909 年；1948 年、1949 年、1950 年、1951 年、1952 年、1953 年、1954 年、1955 年，洪涝灾害群发节为 8 年。21 世纪前 9 年洪涝灾害连续发生年份 2002 年、2003 年、2004 年、2005 年，洪涝灾害群发节为 4 年。境内 607 年洪涝灾害群发节为 3.8 年，即连续 3～4 年发生洪涝灾害。

洪涝灾害群发丛

根据《临澧县灾害年表》设制《临澧县分世纪洪涝灾害月份统计表》（表 4—2—7），

统计洪涝灾害群发丛。境内暴雨洪涝灾害有明显季节性，呈现一定的规律，与夏季季风带南北移动和秋季台风暴雨关系密切。一般年份4月初至5月初西太平洋副热带变压线位于北纬15°～20°之间，6月下旬至8月上旬线位移到达北纬30°左右，长江流域入汛时间自东向西错后，洪涝灾害与长江中下游洪涝灾害一致。鄱阳湖水系和洞庭湖水系、湘江、资水4月中旬进入防汛期，沅水、澧水5月下旬进入防汛期。洪涝灾害群发丛为5～8月，洪涝灾害发生的季节，符合长江流域主要发生规律。

表4—2—7　　临澧县分世纪洪涝灾害月份统计表

世　纪	4月	5月	6月	7月	8月	9月	小　计
18	2	2	5	4	—	—	13
19	3	1	10	10	2	—	26
20	2	10	16	14	6	2	50
21	—	—	2	2	—	—	4
合　计	7	13	33	30	8	2	93

灾害损失增长规律

根据《临澧县1949～2008年自然灾害灾情数据统计表》统计，1949～1959年发生洪涝灾害9次，灾害直接经济损失7614.57万元，平均每次洪涝灾害损失840.06万元。60年代发生洪涝灾害6次，灾害直接经济损失8409.13万元，平均每次洪涝灾害损失1401.52万元。70年代发生洪涝灾害1次，灾害直接经济损失603.56万元。80年代发生洪涝灾害7次，灾害直接经济损失2.427亿元，平均每次洪涝灾害损失3466.6万元。90年代发生洪涝灾害9次，灾害直接经济损失5.555亿元，平均每次洪涝灾害损失6170.59万元。21世纪发生洪涝灾害4次，灾害直接经济损失6.878亿元，平均每次洪涝灾害损失1.7亿元。洪涝灾害损失呈上升趋势，见《临澧县1949～2008年洪涝灾害经济损失图》（图4—2—2）。

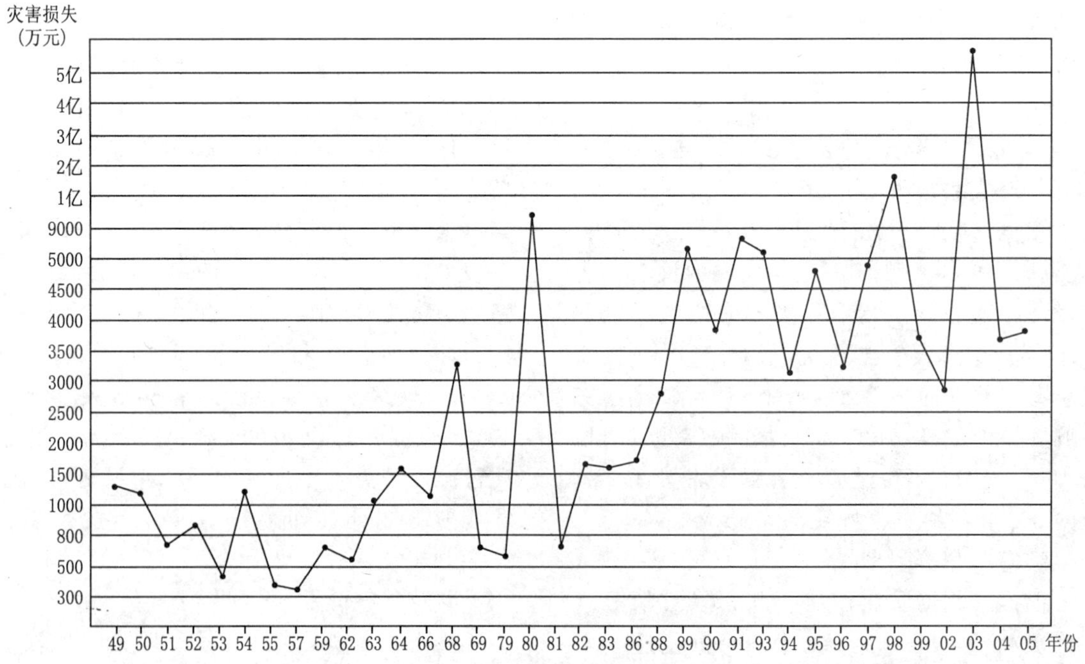

图4—2—2　临澧县1949～2008年洪涝灾害经济损失图

灾害频次上升规律

根据《临澧县洪涝灾害年份及灾情等级一览表》（表4—2—8），统计15世纪发生洪涝灾害6次，16世纪发生洪涝灾害10次，17世纪发生洪涝灾害17次，18世纪发生洪涝灾害13次，19世纪发生洪涝灾害26次，20世纪发生洪涝灾害50次，21世纪前9年发生洪涝灾害4次。据此境内洪涝灾害发生频次不断上升。

表4—2—8　　临澧县洪涝灾害年份及灾情等级一览表

年份	等级	年份	等级	年份	等级	年份	等级	年份	等级
49	△	1404	●	1715	●	1864	●	1957	△
101	▲	1411	●	1716	△	1868	△	1959	▲
102	△	1468	●	1726	●	1869	▲	1962	△
129	△	1469	●	1727	●	1870	▲	1963	▲
276	▲	1475	●	1732	▲	1876	●	1964	▲
277	▲	1495	△	1735	△	1878	●	1966	▲
278	▲	1527	●	1736	△	1887	△	1968	●
301	△	1532	●	1742	△	1905	▲	1969	△
335	▲	1536	●	1748	△	1906	●	1979	△
394	△	1537	●	1749	▲	1908	●	1980	●
395	●	1560	●	1753	▲	1909	●	1981	△
709	△	1564	▲	1786	●	1911	▲	1982	▲
739	△	1586	●	1790	●	1913	△	1983	▲
767	●	1589	▲	1804	▲	1915	●	1986	△
825	△	1594	▲	1805	▲	1916	▲	1988	●
830	△	1604	▲	1807	●	1918	△	1989	●
838	●	1606	▲	1814	△	1919	△	1990	▲
977	▲	1608	●	1826	●	1922	●	1991	●
991	●	1611	●	1829	△	1926	▲	1993	●
1047	●	1621	▲	1831	●	1929	▲	1994	△
1132	▲	1627	●	1838	▲	1931	●	1995	▲
1133	●	1635	▲	1839	△	1935	●	1996	△
1153	▲	1638	▲	1840	△	1941	△	1997	▲
1173	▲	1647	▲	1841	●	1946	▲	1998	●
1188	△	1650	▲	1842	△	1948	▲	1999	△
1189	▲	1654	▲	1844	▲	1949	●	2002	△
1295	△	1658	△	1848	●	1950	●	2003	●
1296	△	1663	●	1849	●	1951	▲	2004	△
1297	△	1676	▲	1851	▲	1952	▲	2005	△
1314	▲	1680	●	1853	▲	1953	△		
1330	▲	1682	●	1860	▲	1954	●		
1376	●	1699	▲	1862	●	1955	△		

灾情等级：重特大灾害●；重大灾害▲；一般灾害△。

第三节　风　灾

一、概　况

根据《临澧县自然灾害情况统计表》统计，从西周（公元前986年）至清代前84年（1728年）的2715年中，共发生8级以上的大风灾害444次。其中秦汉时期发生风灾29次，三国两晋时期发生风灾54次，南北朝时期发生风灾33次，隋代时期发生风灾1次，唐代时期发生风灾63次，五代时期发生风灾2次，宋代时期发生风灾93次，元代时期发生风灾42次，明代时期发生风灾97次，清代前84年发生风灾30次。从1729～2008年的279年间发生风灾35次，发生频率13％，重大以上风灾16次，大风灾发生频率6％。

大风灾害发生时狂风聚起，摧毁庄稼，房倒树拔，甚至车船颠覆，灾害损失严重，对农业、畜牧业、渔业及交通运输等部门造成危害。根据《临澧县灾害年表》统计，1729年建县前有史料记载，共发生重大以上风灾害10次，大风灾害拔树6次，江湖因风沉船2只，毁坏房屋禾苗。从1729～2008年279年间，共发生风灾29年35次，风力达8～10级以上，有时阵风达11级，灾害损失大。1949年前对风灾损失统计资料不全，根据《临澧县1949～2008年自然灾害灾情数据统计表》统计，因大风灾害死亡13人，致伤634人。损坏房屋3.36万户8.1万间，倒塌房屋0.4万户1万间，房屋及家财损失3842.18万元。农作物受灾面积291.35万亩，成灾面积142.84万亩，绝收面积25.29万亩，粮食减产83881吨，粮食损失6138.5万元，棉花减产4669.7吨，经济作物损失4398.7万元，农作物损失10537.2万元。林果业损失979.3万元，畜牧业损失210万元，农业经济损失11726.5万元，直接经济损失25175.95万元，见《临澧县1949～2008年社会经济指标和大害风灾成灾损失量统计表》（表4—3—1）。

表4—3—1　　临澧县1949～2008年社会经济指标和大风灾害成灾损失量统计表

单位：万人、万亩、万吨、万元

年份	总人口	农业人口	耕地面积	总播种面积	粮食播种面积	粮食总产量	受灾面积		成灾面积		粮食减产（吨）	受灾人口	损失金额
							面积	比率%	面积	比率%			
1969	32.78	32.01	63.29	105.33	88.37	15.08	10.1	0.1	5.5	0.54	4412	6.8	125.9
1973	36.04	34.05	60.07	116.05	82.07	17.32	0.8	0.7	0.6	0.52	160	0.41	28.16
1974	36.62	34.62	60.33	121.93	102.23	19.42	6.9	0.06	4.7	0.68	2100	4.3	60.4
1976	38.07	35.97	60.32	121.47	101.80	20.99	6.5	0.05	4.1	0.63	2850	4.7	63.2
1979	39.15	36.66	60.41	113.61	94.66	23.64	9.04	8	5	4.4	30950	7.17	1461
1983	39.92	37.34	60.68	148.80	97.50	25.73	8	5.3	5.29	3.6	2240	6.11	155.5
1990	41.96	37.83	55.43	135.41	89.36	28.75	40.1	29.6	20.2	14.9	12025	35.2	1136.16
1991	42.09	37.90	55.13	135.21	86.28	26.11	13.6	10	6.8	5	6900	11.91	615.55
1992	42.20	37.61	54.9	134.02	82.86	26.06	30.1	22.3	8.9	6.6	9841	30.9	945.25
1994	42.65	37.52	53.84	146.79	80.84	29.86	40.1	27.3	9.2	6.3	7592	37.81	1268.63
1995	42.90	37.54	53.65	145.97	82.07	29.9	0.25	0.2	0.2	0.14	57	0.18	28.6
1996	43.14	54.72	54.72	142.77	81.66	30.68	5.9	4.1	2.3	1.61	881	4.75	289.4
1998	43.87	37.45	52.76	136.76	73.63	28.83	44.1	32.2	30.1	22	2293	43.82	8500
2004	43.58	35.67	51.66	121.77	70.83	26.19	0.7	0.6	0.7	0.57	110	0.75	180.9
2006	43.45	35.45	53.55	124.07	69.75	28.78	8.1	6.5	4.9	3.94	820	4.82	288.9
2007	44.24	35.88	54.75	126.84	78.6	29.4	7.06	5.56	4.35	3.42	650	7.4	7112.7
2008	44.52	35.98	54.85	126.84	—	—	60	0.47	30	0.24	—	22.11	2915.7
合计	697.18	634.20	960.34	2203.64	1362.51	406.74	291.35	9.55	142.84	4.69	83881	229.14	25175.95

二、 灾害纪略

高宗绍兴二十三年（1153），岳州大风拔树。

世宗嘉靖二年（1523），大风雪暴发，民冷死。

思宗崇祯十六年（1643），关山狂风拔树，千年古松被吹倒。

世祖顺治三年（1646）5月，澧州关山狂风，有千年古松被吹倒。

圣祖康熙三年（1664）5月，发生大风暴。古树大半倾倒。

圣祖康熙九年（1670）5月，发生大风暴。

圣祖康熙二十六年（1687），夏秋熟，大风3日，禾实落。

圣祖康熙四十四年（1705），大风雷雨。

圣祖康熙五十五年（1716）3月，大风拔树。

圣祖康熙五十六年（1717）6月，大风拔树。

宣宗道光十七年（1837），风灾。湖南大风，江湖沉船无数。

宣宗道光二十六年（1846），风灾。澧州等地4月大风，毁屋拔树。

文宗咸丰五年（1855）7月，发生大风灾害，损坏禾苗。

文宗咸丰十一年（1861），大风，常德西南风云突起如烟火状，大风，冰雹急至，坏房覆舟。

穆宗同治元年（1862）6月，石门、慈利、澧州遭大风冰雹灾。

穆宗同治五年（1866）7月，发生大风灾害，损坏禾苗。

穆宗同治九年（1870）2月，安福大风雨暴，损伤小麦。

清宣统三年（1911）3月，大风灾害，折断树木，损坏禾苗。

民国12年（1923）8月，发生龙卷风灾害，损坏房屋禾苗。

民国18年（1929），大风。水、旱、虫、风灾交侵，各县多连遭数灾，灾情惨重。临澧等64县中灾重。

民国21年（1932）8月，龙卷风，珠日杨柳居民田间板桶卷起几丈高。

民国35年（1946）7月，狂风大作，千年古树被刮倒。

1969年7月18日13～14时，发生龙卷风灾害。杉板公社、佘市公社、停弦渡公社等3个公社65个大队，1.3万户6.8万人受灾。农作物受灾面积10.1万亩，成灾面积5.5万亩，绝收面积3万亩。粮食减产4412吨，粮食损失89万元，棉花减产30吨，棉花损失2.5万元，林果业损失4万元，畜牧业损失2万元，农业损失97.5万元。倒塌房屋23户79间，损坏房屋149户537间，房屋家财损失26.4万元，直接经济损失125.9万元。

1973年8月14日15时，发生龙卷风灾害。杨板公社的南岳、五合、云林等大队1200户4100人受灾。龙卷风风力8～9级，持续约15分钟。大碗粗的大树连根拔起，堰塘水少数卷起到空中7～10米高，好似一条烟路，平地积水近30厘米。农作物受灾面积0.8万亩，成灾面积0.6万亩。粮食减产160吨，粮食损失3.2万元，林果业损失2.2万元，农业损失5.4万元。损坏房屋600户1460间，倒塌房屋26户52间，房屋及家财损失18.76万元。直接经济损失28.16万元。

1974年6月12日16～17时，发生龙卷风灾害。太浮公社、文家公社、陈二公社48个大队，1.1万户4.3万人受灾。农作物受灾面积6.9万亩，成灾面积4.7万亩，绝收面积1.1万亩。粮食减产2100吨，粮食损失49.2万元，棉花减产34吨，棉花损失3.2万元，农业损失52.4万元。损坏房屋120户450间，倒塌房屋32户93间，房屋及家财损失8万元，直接经济损失60.4万元。

1976年7月20日15时30分至16时10分，发生龙卷风灾害。佘市公社、望城公社、文家公社41个大队，1.1万户4.7万人受灾。农作物受灾面积6.5万亩，成灾面积4.1万亩，绝收面积0.7万亩。粮食减产

2850吨，粮食损失53万元，棉花减产40吨，棉花损失4万元，农业损失57万元。损坏房屋180户670间，倒塌房屋17户51间，房屋及家庭财产损失6.2万元，直接经济损失63.2万元。

1979年4月17日16～17时，发生罕见龙卷风和冰雹灾害，风力达12级以上。文家公社枫树大队数人才能合围的古枫树被刮走数丈远，几吨重的引水钢管、禾场上的石磙被卷走，大批建筑物被摧毁，电杆卷倒。大风夹带冰雹，大雹有碗口粗，小的有鸡蛋大，半个多小时地上平均下雹一尺多厚，漫山的树木被打得枝断皮脱，田里庄稼全打伏地上，有的飞禽被打死。佘市公社、文家公社、太浮公社、珠日公社、陈二公社、柏枝公社等6个公社87个大队，1.5万户7.17万人受灾，因灾死亡13人，受伤620人。农作物受灾面积9.04万亩，成灾面积5万亩，绝收面积2.5万亩。粮食减产30950吨，粮食损失552万元，棉花减产181吨，棉花损失18.1万元，农作物损失570.1万元。林果业损失304.9万元，畜牧业损失18万元，农业损失893万元。倒塌房屋621户2420间，损坏房屋10490户22000间，房屋及家财损失470万元。工业损失5万元，商业损失10万元，电力损失15万元，通信损失20万元，抗灾费用20万元。直接经济损失1461万元。

1983年4月15日13时、4月28日12时、5月14日18时，杉板公社、停弦渡公社、新安乡分别发生三次风灾。4月15日最大风速18米/秒，4月28日最大风速达16米/秒；5月23日最大风速23米/秒。3个公社50个村，1.61万户6.11万人受灾，因灾受伤12人。农作物受灾面积8万亩，成灾面积5.29万亩，绝收面积2.1万亩。粮食减产2240吨，粮食损失90万元，林果业损失4.2万元，打死耕牛、家禽166头，畜牧业损失2.3万元，农业损失96.5万元。倒塌房屋85户200间，损坏房屋230户415间，房屋及家财损失35万元，电力损失16万元，通信设施损失3万元，教育设施损失3万元。直接经济损失155.5万元。

1990年6月26日至8月7日，连续三次发生雷雨大风灾害。全县17个乡镇328个村，9.1万户35.2万人受灾。农作物受灾面积40.1万亩，成灾面积20.2万亩。粮食减产12025吨，粮食损失962万元，棉花减产101吨，棉花损失50万元，农作物损失1012万元。林果业损失8.5万元，畜牧业损失5.5万元，农业损失1026万元。倒塌房屋198户600间，损坏房屋567户1664间，房屋及家庭财产损失94.96万元。工业损失5万元，电力损失6.1万元，通信损失4.1万元，直接经济损失1136.16万元。

1991年8月26日17时10～50分，发生重大风灾害。全县6个乡镇98个村，3.41万户11.91万人受灾。农作物受灾面积13.6万亩，成灾面积6.8万亩。粮食减产6900吨，粮食损失496.6万元，棉花减产178吨，棉花损失89万元，农作物损失585.6万元。林果业损失2.3万元，畜牧业损失1.7万元，农业损失589.6万元。损坏房屋412户1230间，倒塌房屋15户25间，房屋及家财损失20.95万元。刮断供电通信线路2.1公里，电力损失3万元，电信损失2万元。直接经济损失615.55万元。

1992年4月20日21时30分至22时、4月28日19时30分至20时30分、7月19日13时15～45分，发生三次龙卷风灾害，最大风力10级。全县16个乡镇327个村，8.8万户30.9万人受灾。农作物受灾面积30.1万亩，成灾面积8.9万亩。粮食减产9481吨，粮食损失643万元，棉花减产142吨，棉花损失85万元，农作物损失728万元。林业损失3.6万元，畜牧业损失2.4万元，农业损失734万元。倒塌房屋1101户1721间，损坏房屋1268户2143间，房屋及家财损失204.25万元。电力损失3万元，通信损失2万元，直接经济损失945.25万元。

1994年7月11日16时12分至17时，发生龙卷风灾害，最大风力达11级。全县17个乡镇305个村，11.26万户37.81万人受灾。农作物受灾面积40.1万亩，成灾面积9.2万亩。粮食减产7592吨，粮食损失686.8万元，棉花减产809吨，棉花损失489万元，农作物损失1175.8万元。林业损失2.9万元，畜牧业损失2.1万元，农业损失1180.8万元。损坏房屋456户1022间，倒塌房屋156户462间，房屋及家财损失67.53万元。电力损失2.1万元，商业损失3.2万元。直接经济损失1268.63万元。

1995年3月16日20时，九里乡太平村遭受7级以上大风袭击。400户农户1800人受灾。农作物受灾面积0.25万亩，成灾面积0.2万亩。粮食减产57吨，粮食损失14.5万元，棉花减产9吨，棉花损失4.5万元，农作物损失19万元。林业损失1.5万元，畜牧业损失0.6万元，农业损失21.1万元。损坏房屋98户120间，倒塌房屋9户16间，房屋及家财损失5.4万元。直接经济损失28.6万元。

1996年7月20日9时45分至10时15分，望城乡、城关镇、佘市桥镇境内遭受龙卷风袭击。3个乡镇38个村，1.24万户4.75万人受灾。农作物受灾面积5.9万亩，成灾面积2.3万亩。粮食减产881吨，粮食损失70.5万元，棉花减产84吨，棉花损失51万元，农作物损失121.5万元。林果业损失2.4万元，畜牧业损失1.5万元，农业损失125.4万元。损坏房屋891户1690间，倒塌房屋395户876间，房屋及家财损失158万元。直接经济损失289.4万元。

1998年4月23日16时15分至16时50分，发生龙卷风暴雨灾害，全县风力达8级以上，中心风力10级以上，降雨229毫米。全县18个乡镇341个村，11.25万户43.82万人受灾。特别是新安镇、合口镇、官亭乡、九里乡、佘市桥镇、杉板乡6个乡镇受灾严重，1000余人无家可归，150人受伤。农作物受灾面积44.1万亩，成灾面积30.1万亩，绝收面积4.1万亩。粮食减产2293吨，粮食损失1880万元，棉花减产635吨，棉花损失491万元，农作物损失2371万元。林果业损失50万元，死亡大牲畜100头，畜牧业损失15万元，农业损失2436万元。倒塌房屋1150户1980间，全倒户328户980间，损坏房屋11800户35000间，5000吨粮食被水浸泡，房屋及家财损失5209万元。全县100多家大小企业因害受损失，50多家企业被迫停产，工业损失560万元。电力损失180万元，交通损失15万元。1836省道被迫中断1个多小时，新安镇断电停水长达12个小时。直接经济损失8500万元。

2004年7月8日13时，九里乡、官亭乡等6个村2700户7500多人遭受龙卷风袭击。紧急转移安置300人。农作物受灾面积7000亩，成灾面积7000亩，绝收面积2000亩。粮食减产110吨，粮食损失13万元，棉花减产4.7吨，棉花损失4.7万元，农作物损失17.7万元。损坏房屋1300户2300间，倒塌房屋95户307间，房屋及家财损失158万元。电力损失1.8万元，通信损失1.4万元。直接经济损失180.9万元。

2006年5月5日零时16～36分，望城乡、安福镇、佘市桥镇等发生龙卷风灾害。34个村1.25万户4.82万人受灾。农作物受灾8.1万亩，成灾4.9万亩。粮食减产820吨，粮食损失114万元，棉花减产22吨，棉花损失21.7万元，农作物损失135.7万元。死亡大牲畜7头，损坏房屋1210户2200间，倒塌房屋157户610间，房屋及家财损失147.5万元。直接经济损失288.9万元。

2007年7月27日零时至零时30分，遭受重特大龙卷风灾害。杉板乡、新安镇、合口镇、九里乡、官亭乡等6个乡镇63个村，2.23万户7.4万人受灾，因灾死亡1人，受伤46人。农作物受灾7.06万亩，成灾4.35万亩，绝收2.49万亩。粮食减产650吨，粮食损失63.7万元，棉花损失2400吨，棉花损失2475万元，农业损失2563.7万元。损坏房屋5267间，倒塌房屋251间，房屋损失1910万元。工业损失2022万元，电力通信损失537万元，直接经济损失7112.7万元。

2008年6月3日21时43分至22时20

分，发生龙卷风、冰雹灾害。新安、合口、四新岗等 12 个乡镇 113 个村，5.82 万户 22.11 万人受灾，因灾致伤 3 人。农作物受灾 60 万亩，成灾 30 万亩，绝收 9.1 万亩。粮食作物损失 358 万元，经济作物损失 610 万元，农业损失 1689 万元。损坏房屋 1275 户 2894 间，倒塌房屋 75 户 258 间，房屋损失 256.7 万元，工业损失 890 万元，电力通信损失 80 万元，直接经济损失 2915.7 万元。

三、 一般规律

时空分布规律

风灾的时间分布：临澧属于长江中下游大风灾区，据《临澧县自然灾害情况统计表》统计，公元前 986～2008 年共 2994 年，共发生风灾 478 次，平均 6 年左右发生 1 次。大风灾害的发生以春季最多，冬季和夏季次之，秋季最少。以夏季大风危害最重，大风集中在 4～7 月的热带风暴和台风登陆期间，其中以 6～7 月发生最多。

临澧属常德季风湿润区域，地势东低西高，受平湖丘陵地形影响，风灾多为东北、西北风和西伯利亚冷空气即寒流形成大风灾害。根据《临澧县灾害年表》统计，从 1729～2008 年 279 年间，全县共发生大风灾害 29 年 35 次。发生重特大风灾 6 次，重大风灾 10 次，一般风灾 19 次。其中 1983 年、1990 年、1992 年每年各发生 3 次。

在风灾发生年份中，有 24 年发生多种自然灾害。有 3 年发生干旱灾害，其年份：1646 年、1992 年、2006 年。有 5 年发生洪涝灾害，其年份：1153 年、1716 年、1862 年、1911 年、2004 年。有 5 年发生旱灾、洪涝灾害、农业生物灾害，其年份：1929 年、1990 年、1991 年、1994 年、1995 年。有 2 年发生洪涝灾害、旱灾、地震灾害，其年份：1979 年、1995 年。

灾害群发规律

根据《临澧县灾害年表》编制《临澧县分世纪大风灾害明细表》（表 4—3—2），统计大风灾害的群发规律。

表 4—3—2　临澧县分世纪大风灾害明细表

世　纪	年　　　份
19	1837、1846、1855、1861、1862、1866、1870
20	1911、1923、1929、1932、1946、1969、1973、1974、1976、1979、1983（3 次）、1990（3 次）、1991、1992（3 次）、1994、1995、1996、1998
21	2004、2006、2007、2008

大风灾害群发期

根据《临澧县分世纪大风灾害明细表》（表 4—3—2），统计 19～21 世纪大风灾害群发期。19 世纪大风灾害频发时段为 1846～1870 年，大风灾害的群发期为 25 年。20 世纪大风灾害频发时段为 1973～1998 年，大风灾害群发期为 25 年。境内大风灾害群发期为 25 年。

大风灾害群发幕

根据《临澧县分世纪大风灾害明细表》（表 4—3—2），统计 19～21 世纪大风灾害群发幕。19 世纪大风灾害频发时段为 1855～1866 年，大风灾害群发幕为 11 年。20 世纪大风灾害频发时段为 1983～1996 年，大风灾害群发幕为 13 年。境内大风灾害群发幕为 12 年。

大风灾害群发节

根据《临澧县分世纪大风灾害明细表》（表 4—3—2），统计 19～21 世纪大风灾害群发节。19 世纪连续发生大风灾害的年份为：1861 年、1862 年，大风灾害群发节为 2 年。20 世纪连续发生大风灾害的年份为：1973

年、1974 年；1990 年、1991 年、1992 年；1994 年、1995 年、1996 年，大风灾害的群发节为 3 年。21 世纪前 8 年发生大风灾害为 2006 年、2007 年、2008 年大风灾害群发节为 3 年。境内大风灾害群发节为 3 年，即连续 3 年发生大风灾害。

大风灾害群发丛

根据《临澧县灾害年表》编制《临澧县分世纪风灾月份统计表》（表 4—3—3），统计 19～21 世纪大风灾害的群发丛。县内的大风灾害发生的时段为 3～8 月，其中大风灾害频发月份为 3、4、5、6、7、8 月，群发丛为 4～8 月。

表 4—3—3　　临澧县分世纪大风灾害月份统计表

世　纪	2月	3月	4月	5月	6月	7月	8月	9月	10月	小　计
19	1	—	1	—	2	3	—	—	—	7
20	—	2	6	1	4	6	5	—	—	24
21	—	—	—	1	1	2		—	—	4
合计	1	2	7	2	7	11	5	—	—	35

灾害损失增长规律

大风灾害使房屋倒塌，高大建筑物受损，树木损坏，电力、电信线路毁坏，人畜伤亡，车辆颠覆、失控和停驶，船舶翻沉，对农作物造成机械损伤和生理损害，破坏农业生产设施。1949 年前大风灾害损失记载不详，根据《临澧县 1949～2008 年自然灾害灾情数据统计表》统计，20 世纪 60 年代发生大风灾害 1 次，大风灾害直接经济损失 125.9 万元。70 年代发生大风灾害 4 次，大风灾害直接经济损失 1612.76 万元，平均每次大风灾害直接经济损失 403.19 万元。80 年代发生大风灾害 1 次，大风灾害直接经济损失 155.5 万元。90 年代发生大风灾害 7 次，大风灾害直接经济损失 12783.59 万元，平均每次灾害损失 1162.14 万元。21 世纪前 9 年发生大风灾害 4 次，大风灾害直接经济损失 10498.2 万元，平均每次大风灾害直接经济损失 2624.5 万元。境内大风灾害直接经济损失不断增长，见《临澧县 1949～2008 年大风灾害损示图》（图 4—3—1）。

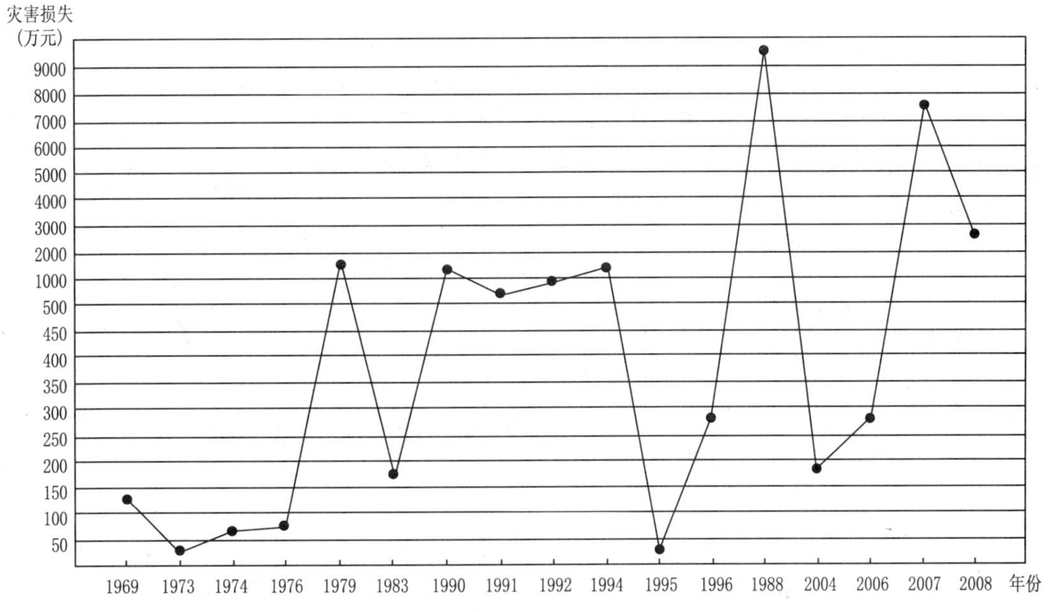

图 4—3—1　临澧县 1949～2008 年大风灾害经济损示图

灾害频次上升规律　根据《临澧县大风灾害年份及灾情等级一览表》（表4—3—4），统计大风灾害频次，17世纪发生4次大风灾害，18世纪发生3次大风灾害，19世纪发生7次大风灾害，20世纪发生24次大风灾害，其中20年代前发生3次大风灾害，30～60年代发生3次大风灾害，70年代发生4次大风灾害、80年代发生3次大风灾害，90年代发生11次大风灾害。21世纪前9年中发生4次大风灾害。境内大风灾害频次逐渐上升。

表4—3—4　　临澧县大风灾害年份及灾情等级一览表

年份	等级	年份	等级	年份	等级	年份	等级	年份	等级
1153	△	1716	▲	1870	●	1974	△	1995	△
1523	●	1717	▲	1911	▲	1976	△	1996	△
1643	●	1837	●	1923	▲	1979	●	1998	▲
1646	●	1846	△	1929	△	1983（3次）	▲	2004	△
1664	△	1855	▲	1932	●	1990（3次）	▲	2006	△
1670	△	1861	△	1946	●	1991	△	2007	●
1687	▲	1862	△	1969	△	1992（3次）	▲	2008	△
1705	●	1866	▲	1973	△	1994	▲		

灾情等级：重特大灾害●；重大灾害▲；一般灾害△。

第四节　冰　雹

一、概　况

根据《临澧县自然灾害情况统计表》统计，冰雹灾害从西周（公元前986年）至1728年的2715年共发生冰雹灾害457次，冰雹灾害平均5.95年一遇，其中西周时期发生冰雹灾害5次，秦汉时期发生冰雹灾害35次，三国两晋时期发生冰雹灾害35次，南北朝时期发生冰雹灾害18次，隋代时期发生冰雹灾害1次，唐代时期发生冰雹灾害37次，五代时期发生冰雹灾害3次，宋代时期发生冰雹灾害101次，元代时期发生冰雹灾害69次，明代时期发生冰雹灾害112次，清代前84年内发生冰雹灾害41次。1729～2008年发生冰雹灾害12年13次，其中重大冰雹灾害4次，重特大冰雹灾害2次，灾害发生频率4.6%，重大灾害发生频率1.4%，重特大灾害发生频率0.7%。根据以上统计，境内冰雹灾害平均21.3年发生一次，重大冰雹害平均69年发生一次，重特大冰雹灾害平均139年发生一次。

风力强度　冰雹灾害具有突发性，在发生过程中，有6次以上阵风达10级以上，有时中心区域阵风达11级。降雹的体积大，冰雹体积大如斧、雹如巨掌，砸伤人员、砸死耕牛、家禽飞鸟。降雹时间长，一般阵雹时间在20～60分钟左右。每次受灾区域的农业、林业、牧业、养殖业、工商企业、交通、电信、电力、广播等人民生命财产都造成损失。

灾害损失　1949年以前对冰雹灾害损失记载不详。在历史大风冰雹灾害记载中，冰雹灾害危害大。如1477年砸死耕牛无法统计，人畜及房屋损坏严重，冰雹灾害造成房屋损坏重。根据《临澧县1949～2008年自然灾害灾情数据统计表》统计，1949～2008年共发生10年11次冰雹灾害，损坏房屋1.87万户3.7万间，倒塌房屋511户1021

问，房屋及家财损失 43.5 万元。冰雹灾害砸伤农作物，使农作物减产、减收，甚至绝收，农作物受灾 103.76 万亩，平均每次冰雹灾害受灾 10.37 万亩。成灾面积 52.71，平均每次成灾 5.3 万亩。损失粮食 18304 吨，损失棉花 121.5 吨，农作物经济损失 724.4 万元。林果业损失 492.4 万元，畜牧业损失 3 万元，农业损失 1219.8 万元。直接经济损失 1877.41 万元，见《临澧县 1949～2008 年社会经济指标和冰雹损失量统计表》（表 4—4—1）。

表 4—4—1　临澧县 1949～2008 年社会经济指标和冰雹灾害成灾损失量统计表

单位：万人、万亩、万吨、万元

年份	总人口	农业人口	耕地面积	总播种面积	粮食播种面积	粮食总产量	受灾面积		成灾面积		粮食减产（吨）	受灾人口	损失金额
							面积	比率%	面积	比率%			
1953	26.27	25.05	71.51	84.61	70.9	10.89	17	20.09	11	13	4100	10.2	80.1
1963	27.91	26.72	65.06	88.79	88.79	11.96	15.14	17.05	10.4	11.71	4400	17.85	82
1973	36.04	34.05	61.07	116.05	82.07	17.32	6.12	5.27	5.12	4.41	3810	9.3	179.6
1974	36.62	18.69	60.33	121.93	102.23	19.42	0.9	0.73	0.8	0.65	850	0.85	60.96
1983	39.92	37.34	60.68	148.8	77.38	25.73	1.4	0.94	0.89	0.60	90	0.73	82.3
1987	39.92	37.34	60.68	148.80	97.50	28.77	10	6.72	4	2.69	930	12.6	242.1
1988	41.38	37.40	55.89	137.80	88.47	25.78	7.2	5.22	1.5	1.08	1240	6.32	245.8
1993	42.42	37.81	54.52	134.10	80.40	25.05	18	13.42	4.2	3.13	524	13.7	250.7
2001	43.56	36.28	52.37	125.55	66.00	23.43	22	17.52	12.5	9.95	1210	7.61	258.7
2002	43.56	36.10	51.46	115.08	58.96	21.96	6	5.21	2.3	2	1150	14.1	395.15
合计	377.6	326.78	593.57	1221.51	812.7	210.31	103.76	8.37	52.71	4.47	18304	93.26	1877.41

二、　灾害纪略

成帝河平二年（公元前 27）4 月，楚国发生重特大冰雹灾害。冰雹大如斧，冰雹砸死飞鸟。

宪宗成化十三年（1477），湖南发生重特大冰雹灾害，耕牛死亡数量无法统法。

世宗嘉靖三十四年（1555）4 月，发生重大冰雹灾害。

思宗崇祯七年（1634），澧州等地发生重特大冰雹灾害，雹巨如掌，小如栗，烈风拨树，疾雷击人。

思宗崇祯十年（1637），澧州等地发生冰雹灾害，损人畜和禾苗。

思宗崇祯十一年（1638），澧州等地发生重特大冰雹灾害，冰雹损伤人畜和禾苗。

世祖顺治十年（1653），湖南春季发生大冰雹灾害，农业普遍歉收。

宣宗道光十六年（1836），安福境内春季发生重特大冰雹灾害，数十里麦尽压死，房屋被破坏。

穆宗同治十年（1871）3 月，澧州发生重特大冰雹灾害，雹如盏、如砖，损坏房屋和豆类及麦类。

1953 年 4 月 28 日 17～18 时，常德区域发生冰雹灾害。全县 121 个社镇，2.5 万户 10.2 万人受灾。农作物受灾面积 17 万亩，成灾面积 11 万亩。粮食损失 4100 吨，直接经济损失 80.1 万元。

1963 年 5 月 8 日至 1964 年春，先后发生 4 次冰雹灾害。全县 19 个社镇 215 个大队，4.3 万户 17.85 万人受灾。农作物受灾面积 15.14 万亩，成灾面积 10.4 万亩。粮食损失 4400 吨，农作物损失 80 万元，直接经济损失 82 万元。

1973 年 7 月 23 日 2 时，发生冰雹灾害，风力达 8～10 级，冰雹大作持续 1 个多小时。新安镇、新安公社、官亭公社、九里公社、合口镇、新合乡、停弦公社等 7 个社镇 89 个大队，2.41 万户 9.3 万人受灾，因灾受伤38人。农作物受灾面积6.12万亩，成灾面积5.12万亩，绝收面积0.5万亩。粮食损失3810吨，农作物损失75万元，林业损失14.5万元，畜牧业损失3万元，农业损失92.5万元，损坏房屋4567户10872间，倒塌房屋41户78间，房屋及家财损失70.1万元。直接经济损失179.6万元。

1974年4月12日16时13分，九里公社泉水、打石等6个大队遭受龙卷风和冰雹灾害。6个大队2100户，8500人受灾，因灾受伤26人。农作物受灾面积0.9万亩，成灾面积0.8万亩，绝收面积0.3万亩。粮食损失850吨，农作物损失17.1万元。林业损失0.9万元，倒塌房屋57户150间，损坏房屋1180户2396间，房屋及家财损失35.96万元。直接经济损失60.96万元。

1983年8月7日17时40分，珠日公社境内发生重大冰雹灾害。6个大队2500户7300人受灾，因灾受伤12人。农作物受灾面积1.4万亩，成灾面积0.89万亩。粮食减产90吨，农作物损失4.2万元。倒塌房屋30户75间，损坏房屋2510户6120间，房屋及家财损失17.1万元。直接经济损失82.3万元。

1987年4月10日，常德区域发生冰雹灾害。全县7个乡镇89个村，3.72万户12.6万人受灾。农作物受灾面积10万亩，成灾面积4万亩。粮食减产930吨，农作物损失45万元。林业损失82万元，农业损失127万元。损坏房屋1460间3596间，倒塌房屋95户180间，房屋及家财损失99.1万元。直接经济损失242.1万元。

1988年7月3日17时15～46分发生冰雹灾害，雷雨大风伴冰雹，风力达10级。余市桥、文家、陈二、望城4个乡镇73个村，1.61万户6.32万人受灾。农作物受灾面积7.2万亩，成灾面积1.5万亩。粮食减产1240吨，农作物损失145万元。林业损失58万元，农业损失203万元。倒塌房屋131户215间，房屋及家财损失20.8万元。电力损失15万元，通信损失4万元。直接经济损失245.8万元。

1993年3月27日2时15分，合口、新安、九里、官亭、杉板等乡镇发生冰雹灾害。4月28日零点10～35分，停弦渡、杉板、佘市桥、文家等乡镇发生冰雹灾害，冰雹大者拳头大，最重达250克。2次灾害使全县9个乡镇114个村，3.41万户13.7万人受灾。农作物受灾面积18万亩，成灾面积4.2万亩。粮食减产524吨，农作物损失42万元。林果业损失130万元，农业损失172万元。损坏房屋1210户1400间，倒塌房屋90户170间，房屋及家财损失70.7万元。直接经济损失250.7万元。

2001年4月8日，陈二乡、太浮镇、四新岗镇、文家乡、柏枝乡发生冰雹灾害。受灾61个村，1.81万户7.61万人。农作物受灾面积22万亩，成灾面积12.5万亩。粮食减产1210吨，农作物损失121万元。林果业损失75万元，农业损失196万元。损坏房屋576户1500间，倒塌房屋47户83间，房屋及家财损失55.7万元。直接经济损失258.7万元。

2002年5月14日19时至19时30分，发生冰雹灾害，风力为7.5级，杉板乡、佘市桥镇中心区域为8级以上。全县9个乡镇112个村，4.31万户14.1万人受灾。农作物受灾6万亩，成灾面积2.3万亩。粮食减产1150吨，农作物损失115万元。林果业损失90万元，农业损失205万元。损坏房屋7289户11210间，倒塌房屋20户70间；家财损失185.15万元。直接经济损395.15万元。

三、 一般规律

时空分布规律

临澧地处长江中下游地区，冰雹灾害发生时段，符合长江流域规律。按年度时间统计，冰雹灾害多发生在4～8月，夏至立秋之间，冰雹灾害集中发生在13～19时。

冰雹灾害发生区域固定。山区多于平原，山区光山岭多于林地，阳坡多于阴坡，迎风坡多于背风坡。冰雹灾害区域呈带状，一般路径10～30公里，冰雹灾害区域跳跃分布，冰雹有时断断续续出现。

境内历史冰雹灾害强度较大，破坏力较强，损失较重。冰雹灾害发生时，伴随发生龙卷风，大量降雨。在冰雹灾害发生的12年13次中，有5年发生洪涝灾害，其年份：1638年、1963年、1988年、1993年、2002年。有2年发生旱灾和洪涝灾害，其年份：1953年、1988年。有1年发生洪涝灾害、风灾和畜疫，其年份：1983年。此外，1653年和1836年分别发生冻害和农业生物灾害。

灾害群发规律

境内19世纪以前的冰雹灾害记载不详，根据《临澧县灾害年表》编制《临澧县分世纪冰雹灾害明细表》（表4—4—1），统计冰雹灾害群发规律。

表4—4—1　　临澧县分世纪冰雹灾害明细表

世　纪	年　　份
19	1836、1871
20	1953、1963、1973、1974、1983、1987、1988、1993（2次）
21	2001、2002

冰雹灾害群发期

根据《临澧县分世纪冰雹灾害明细表》（表4—4—1），统计19～21世纪冰雹灾害群发期。19世纪冰雹灾害频发时段内1836～1871年，冰雹灾害群发期为35年。20世纪冰雹灾害频发时段为1963～1993年，冰雹灾害群发期为30年。境内冰雹灾害群发期为32.5年。

冰雹灾害群发幕

根据《临澧县分世纪冰雹灾害明细表》（表4—4—1），统计19～21世纪中冰雹灾害群发幕。19世纪冰雹灾害发生年份为：1836年、1871年，不能确定冰雹灾害群发幕时段。20世纪冰雹灾害频发年份1983～1993年，冰雹灾害群发幕为11年。境内冰雹灾害群发幕为11年。

冰雹灾害群发节

根据《临澧县分世纪冰雹灾害明细表》（表4—4—1），统计19～21世纪冰雹灾害群发节。19世纪发生冰雹灾害，其年份为：1836年、1871年，不能统计冰雹灾害群发节。20世纪冰雹灾害连续发生年份为：1973年、1974年；1987年、1988年，冰雹灾害的群发带为2年。21世纪前8年冰雹灾害连续发生年份为：2001年、2002年，冰雹灾害群发带为2年。境内冰雹灾害群发节为2年。

冰雹灾害群发丛

根据《临澧县灾害年表》编制《临澧县分世纪冰雹灾害月份统计表》（表4—4—2），统计19～21世纪冰雹灾害群发丛。19～21世纪冰雹灾害群发丛为3～8月，多发期为4月。

表4—4—2　　临澧县分世纪冰雹灾害月份统计表

世　纪	3月	4月	5月	6月	7月	8月	小　计
19	2	—	—	—	—	—	2
20	—	4	1	—	2	2	9
21	—	1	1	—	—	—	2
合 计	2	5	2	—	2	2	13

灾害损失增长规律

根据《临澧县1949～2008年自然灾害灾情数据统计表》统计，20世纪50年代发生1次冰雹灾害，直接经济损失80.1万元。60年代发生1次冰雹灾害，直接经济损失82万元。70年代发生2次冰雹灾害，直接经济损失240.5万元，平均每次冰雹灾害直接经济损失120.25万元。80年代发生3次冰雹灾害，直接经济损失570.2万元，平均每次冰雹灾害直接经损失190.3万元。90年代发生2次冰雹灾害，直接经济损失250.7万元，平均每次冰雹灾害直接经济损失125.35万元。21世纪前9年中发生2次冰雹灾害，直接经济损失653.85万元，平均每次冰雹灾害直接经济损失326.93万元。境内冰雹灾害损失不断增长，见《临澧县1949～2008年冰雹灾害经济损失图》（图4—4—1）。

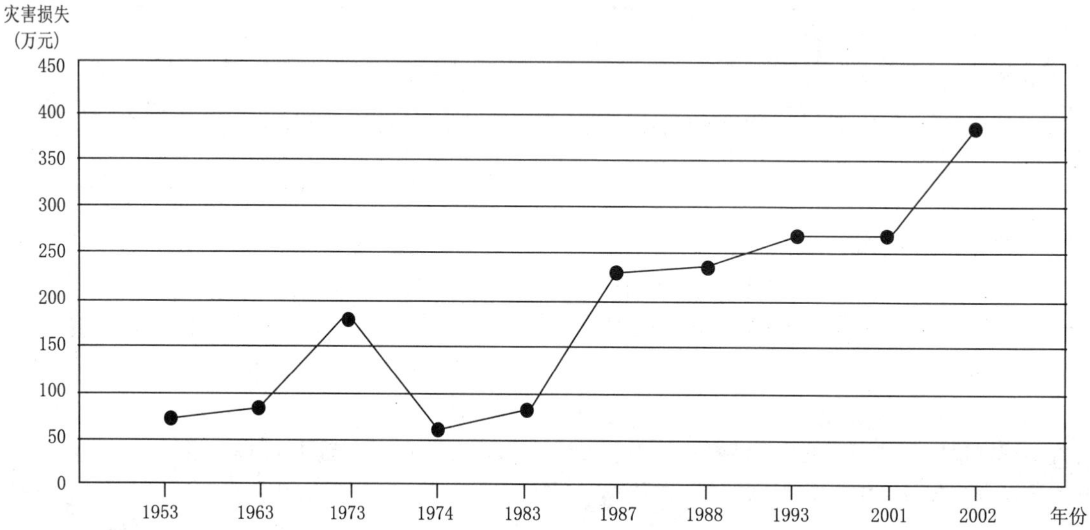

图4—4—1 临澧县1949～2008年冰雹灾害经济损失图

灾害频次上升规律

根据《临澧县冰雹灾害年份及灾情等级一览表》（表4—4—3），统计15世纪发生1次冰雹灾害，16世纪发生1次冰雹灾害，17世纪发生4次冰雹灾害，19世纪发生2次冰雹灾害，20世纪发生9次冰雹灾害，21世纪前9年间发生2次冰雹灾害。境内冰雹灾害发生频次逐步上升。

表4—4—3 临澧县冰雹灾害年份及灾情等级一览表

年　份	等级	年份	等级	年份	等级	年份	等级
公元前27	●	1638	▲	1963	△	1988	△
1477	●	1653	△	1973	▲	1993（2次）	▲
1555	▲	1836	●	1974	△	2001	△
1634	●	1871	●	1983	▲	2002	▲
1637	△	1953	△	1987	△		

灾情级等：重特大灾害●；重大灾害▲；一般灾害△。

第五节　大雪冰冻害

一、概　况

大雪冰冻害（含低温冻害、倒春寒），根据《临澧县自然灾害情况统计表》统计，从公元前 986 年至清代前 84 年（1728）的 2715 年间，共发生大雪冰冻害 151 次。其中西周时期发生大雪冰冻害 7 次，秦汉时期发生大雪冰冻害 9 次，三国两晋时期发生大雪冰冻害 2 次，南北朝时期发生大雪冰冻害 20 次，唐代时期发生大雪冰冻害 28 次，五宋代时期发生大雪冰冻害 18 次，元代时期发生大雪冰冻害 28 次，明代时期发生大雪冰冻害 16 次，清代前 84 年发生大雪冰冻害 23 次。1729～2008 年 6 月的 279 年间，共发生大雪冰冻害 24 年 25 次，灾害发生频率 8.9%，平均 11.1 年一遇。其中重特大雪冰冻害 9 次，重特大灾害发生频率 3.2%，平均 30.8 年一遇。

对农作物危害　历史上受认知条件的制约，未记载低温冷害（寒潮）、霜冻害。公元前 986～1949 年的 2935 年间，记载的 151 次大雪冰冻害，其中有 12 次重特大冰冻，但未记载灾害损失。1949～2008 年 6 月的 59 年间发生大雪冰冻害 13 年 14 次，其中重特大冰雪灾害 4 次，重大冰雪灾害 3 次，一般冰雪灾害 7 次。大雪冰冻害农作物受灾面积 315.54 万亩，成灾面积 163.11 万亩。粮食减产 33640 吨，农作物损失 11840 万元。林果业损失 1429 万元，畜牧业损失 1746 万元，农业经济损失 15015 万元。损坏房屋 5635 户 7385 间，倒塌房屋 1262 户 2399 间。家庭财产损失 70 万元，直接经济损失 22860 万元，见《临澧县 1949～2008 年社会经济指标和大雪冰冻害成灾损失量统计表》（表 4—5—1）。

表 4—5—1　临澧县 1949～2008 年社会经济指标和大雪冰冻害成灾损失量统计表

单位：万人、万亩、万吨、万元

年份	总人口	农业人口	耕地面积	总播种面积	粮食播种面积	粮食总产量	受灾面积		成灾面积		粮食减产（吨）	受灾人口	损失金额
							面积	比率%	面积	比率%			
1950	24.48	23.17	73.37	73.78	64.04	8.9	22	29.81	12	16.26	284	24.84	110
1954	26.97	26.19	71.81	87.51	72.85	10.94	35	40	18	20.57	4510	26.19	126
1964	28.51	27.27	64.56	97.69	79.55	11.9	15.14	15.5	10.41	10.66	3578	28.5	80
1969	32.78	32.01	63.29	105.33	88.37	15.08	16.2	15.38	4.7	4.46	4210	33.78	116
1971	35.65	32.93	61.88	113.01	93.69	16.07	19.1	16.9	10.1	8.93	3510	35.65	90
1972	35.29	33.60	61.81	100.59	80.71	13.8	19.7	19.58	8.2	8.15	5431	35.65	129
1976	38.07	35.95	60.32	121.47	101.80	20.99	20.1	16.55	6.2	5.10	3620	38.07	93
1977	38.49	36.32	60.32	115.84	97.5	18.37	19.8	17.09	5.4	4.7	2840	38.49	105
1982	39.92	37.34	60.68	148.80	97.50	26.46	9.5	6.38	4.1	2.75	2617	39.6	50
1991	42.09	37.90	55.13	135.21	86.28	26.11	25	18.49	12.1	8.94	1190	42.09	217
1998	43.87	37.45	52.76	136.76	73.63	28.83	5	3.66	2.4	1.75	1200	43.82	160
2007	44.24	35.88	54.75	126.84	78.38	29.4	40	23.65	20	15.77	650	43.1	1355
2008	44.24	35.88	54.75	69	—	—	69	98.5	49.5	71.7	—	43.1	20229
合计	474.6	431.98	795.43	1431.83	1014.3	226.85	315.54	22.96	163.11	12.83	33640	472.88	22860

二、 灾害纪略

西汉建昭二年（公元前37）1月，楚国大雪，发生重特大冰雪灾害。

孝宗弘治六年（1493）12月，湖南大雪，冰冻三月，冰坚厚如石，路平坦无复江河沟壑之阻。

孝宗弘治八年（1495）1月，发生重特大冰冻害。

孝宗弘治十八年（1505），湖南冬，发生重特大雪冰冻害。冰冻3月，坚厚数尺。

世宗嘉靖二年（1523），常德府各县发生重特大冰雪灾害。大风雪暴作，民冻死枕藉。

光宗泰昌元年（1620），常德府冬发生重特大冰雪灾害。雪堆城市50余日，冰雪坚厚，野兽死者枕藉。

熹宗天启元年（1621），发生重特大冰雪灾害。自冬至2月，大雪40日，鱼多冻死，河可行车。

世祖顺治十年（1653），湖南入冬后大雪，发生重大雪冰冻害。

圣祖康熙九年（1670）入冬，发生重大冰雪灾害，雪深数尺。

宣宗道光二年（1822），发生重特大冰雪灾害，冬雪深数尺，冰坚可渡。

宣宗道光十一年（1831）入冬后，发生重特大雪冰冻。

宣宗道光二十八年（1848）1月，安福县发生大冰冻，竹木多折。

宣宗道光三十年（1850），安福发生重大冰雪灾害，酿酒皆冰，逾旬始解。

文宗咸丰八年（1858）冬，发生重特大冰冻，溪河冰坚，可渡人车，树木畜多有冻死。

文宗咸丰十年（1860）1月，发生重特大冰雪灾害，澧州、石门等地冬大雪，冰坚可渡，树木鸟兽多冻死。

文宗咸丰十一年（1861）腊月，发生重大冰雪灾害，树木压折无数。

德宗光绪三年（1877）12月，发生重大冰冻。

德宗光绪十三年（1887）冬，发生重大冰雪灾害。

德宗光绪三十年（1904）严冬，发生重大冰冻，树木折断无数。

民国19年（1930）冬，发生重特大冰冻，牲畜死亡，河水结冰。

1950年12月初，发生20天冰冻。河塘封冻20～25厘米。全县121个乡镇，6.7万户24.84万人受灾。农作物受灾面积22万亩，成灾面积12万亩。粮食减产284吨，粮食损失75万元。柑橘果树类冻死8万亩，经济损失30万元，畜牧业损失5万元，直接经济损失110万元。

1954年冬，雪深数尺，发生重特大冰冻。酿酒成冰，树多冻死，河面冰坚如石，有20～25厘米，人行车往，十余日方解。全县122个乡镇，6.5万户26.19万人受灾。农作物受灾面积35万亩，成灾面积18万亩。粮食减产4510吨，粮食损失89万元。林果业损失35万元，畜牧业损失2万元。直接经济损失126万元。

1964年2月2～10日，发生重大冰冻。全县19个社镇324个大队，7.3万户28.5万人受灾。农作物受灾面积15.14万亩，成灾面积10.41万亩。粮食减产3578吨，粮食损失75万元，林果业损失5万元。直接经济损失80万元。

1969年2月14～21日，发生8天重大冰冻，全县19个社镇319个大队，8.1万户33.7万人受灾。农作物受灾面积16.2万亩，成灾面积4.7万亩。粮食减产4210吨，粮食损失81万元。柑橘类果树多被冻死，林果业损失32万元，畜牧业损失3万元。直接经济损失116万元。

1971年12月下旬，发生重大冰雪灾害，平地雪深13厘米，6日后解冻。全县19个社镇317个大队，8.98万户35.65万人受灾。农作物受灾面积19.1万亩，成灾面积10.1万亩。农业损失70万元，林果业损失20万元，直接经济损失90万元。

1972年2月1～12日，全县连续降雪，平地积雪20厘米，发生重大雪冻害。全县

19个社镇321个大队，8.98万户35.65万人受灾。农作物受灾面积19.7万亩，成灾面积8.2万亩。粮食减产5431吨，粮食损失83万元。畜牧业损失5万元，林果业损失35万元，农业损失123万元。折断林木30多万根，折断电力电线杆100多根，电力损失3万元，通信损失3万元。直接经济损失129万元。

1976年冬，平地积雪35厘米，冰冻严重，牛皮凌数日，发生重特大冰雪灾害。全县19个社镇330个大队，10.6万户38.07万人受灾。农作物受灾面积20.1万亩，成灾面积6.2万元，粮食减产3620吨，粮食损失72万元。林果业受灾面积5万亩，林果业损失15万元，畜牧业损失6万元。直接经济损失93万元。

1977年1月25～30日，发生重特大冰雪灾害。连降5天大雪，平地积雪20公分，摄氏零度以下13度持续6～7天，30日天气突然转晴，早晨出现罕见大雾，气温降到－15.7℃。全县19个社镇320个大队，11.5万户38.49万人受灾。农作物受灾面积19.8万亩，成灾面积5.4万亩。粮食减产2840吨，粮食损失68万元。林果业成灾面积8万亩，林果业损失35万元，畜牧业损失2万元。直接经济损失105万元。

1982年1月28～31日，发生重大冰雪灾害。30日雨夹雪，雪淞、雨淞厚度4毫米。全县20个社镇324个大队，10.8万户39.62万人受灾。农作物受灾面积9.5万亩，成灾面积4.1万亩。粮食减产2617吨，农作物损失40万元。林果业损失2万元，畜牧业损失3万元。公路运输受阻损失3万元。直接经济损失50万元。

1991年3月1日至5月15日，低温阴雨，发生倒春寒流。全县17个乡镇340个村，11.2万户42.09万人受灾。农作物受灾面积5万亩，成灾面积2.1万亩。粮食减产780吨，直接经济损失55万元。12月25～29日，发生重大冰冻灾害，最低气温零下8℃，交通中断48小时，幼年柑橘冻死，越冬作物叶片冻伤，农作物受灾面积20万亩，成灾面积10万亩。粮食减产410吨，粮食损失32万元。林果业损失30万元，交通设施损失100万元，两次直接经济损失217万元。

1998年3月19～26日，低温阴雨，发生倒春寒。全县18个乡镇341个村，11.25万户43.82万人受灾。成灾面积5万亩，已播种2.4早稻成灾。粮食减产1200吨，粮食损失120万元，油菜及林果业损失40万元。直接经济损失160万元。

2007年1月15～16日，全县普降大雪，积雪平均深度达25厘米，发生冰雪灾害。全县18个乡镇（区）339个村（居）委会，15.9万户43.1万人受灾。农作物受灾40万亩，成灾20万亩，农作物损失480万元。林业损失50万元，畜牧业损失20万元，农业损失550万元。损坏房屋2160间，倒塌房屋892间。特别是安福镇2004年兴建安福夜市城，因雪灾使23间1600平方米市场顶棚垮塌，各项损失40多万元，直接经济损失1335万元。

2008年1月12～31日，发生重特大冰雪灾害。全县18个乡镇（区）339个村（居）委会，15.9万户43.1万人受灾。农作物受灾69万亩，其中油菜39万亩，柑橘16万亩，蔬菜10万亩，其他4万亩，成灾49.5万亩。因灾造成油菜减产、柑橘冻死、蔬菜减产，农作物损失10500万元。畜牧业损失1700万元，林业损失1100万元，农业损失13300万元。损坏房屋5225间，倒塌房屋1507间，房屋及家财损失2140万元。工业损失600万元，交通损失1300万元，商业损失1280万元，电力损失20万元，通讯损失1200万元，城市设施损失250万元。抗灾安置费用119万元，直接经济损失20229万元。

三、一般规律

时空分布规律

大雪冰冻害。自公元前986～1729年的2715年间，共发生151次，平均17.6年发生一次。10世纪至1728年的728年中发生大雪冰冻害 85 次，平均 8.5 年发生一次。1729～2008 年 6 月的 279 年间，发生大雪冰冻害 24 年 25 次，平均 11.5 年发生一次。发生重特大雪冰冻害 16 次，平均 17.3 年发生一次。印证了“十年一小灾，二十多年一大灾”的规律。

大雪冰冻害年份中有 7 年发生旱灾，其年份：1523 年、1877 年、1971 年、1972 年、1976 年、1977 年、1982 年。有 10 年发生洪涝灾害，其年份：1621 年、1831 年、1848 年、1860 年、1886 年、1950 年、1954 年、1969 年、1982 年、1998 年。有 3 年发生洪涝、干旱灾害，其年份：1495 年、1964 年、1991 年；有 5 年发生农作物病虫害，其年份：1823 年、1858 年、1950 年、1969 年、1972 年。

灾害群发规律

根据《临澧县灾害年表》编制《临澧县分世纪大雪冰冻害明细表》（表 4—5—2），统计大雪冰冻害群发规律：

表 4—5—2 临澧县分世纪大雪冰冻害明细表

世 纪	年 份
15	1493、1495
16	1505、1523
17	1620、1621、1653、1670
19	1822、1831、1848、1850、1858、1860、1861、1877、1887
20	1904、1930、1950、1954、1964、1969、1971、1972、1976、1977、1982、1991（2 次）、1998
21	2007、2008

大雪冰冻害群发期

根据《临澧县分世纪大雪冰冻害明细表》（表 4—5—2），统计 15～21 世纪大雪冰冻害群发期。15 世纪大雪冰冻害频发时段为 1493～1495 年，不能确定大雪冰冻害群发期。16 世纪大雪冰冻害频发时段为 1503～1523 年，大雪冰冻害群期为 20 年。17 世纪大雪冰冻害频发时段为 1620～1653 年，大雪冰冻害群发期为 33 年。19 世纪大雪冰冻害频发时段为 1848～1877 年，大雪冰冻害群发期为 30 年。20 世纪大雪冰冻害频发年份 1950 年、1964 年、1969 年、1971 年、1972 年、1976 年、1977 年，大雪冰冻害群发期为 27 年。境内大雪冰冻害群发期为 30 年。

大雪冰冻害群发幕

根据《临澧县分世纪大雪冰冻害明细表》（表 4—5—2），统计 15～21 世纪大雪冰冻害群发幕。15 世纪灾害频发时段为 1493～1495 年，不能确定大雪冰冻害害群发幕。16 世纪大雪冰冻害频发时段为 1503～1523 年，大雪冰冻害群发幕为 21 年。17 世纪大雪冰冻害频发时段为 1653～1670 年，大雪冰冻害群发幕为 17 年。19 世纪大雪冰冻害频发时段为 1848～1858 年，大雪冰冻害群发幕为 10 年。20 世纪大雪冰冻害频发时段为 1969～1982 年，大雪冰冻害群发幕为 13 年。境内大雪冰冻害群发幕为 10.4 年。

大雪冰冻害群发节

根据《临澧县分世纪大雪冰冻害统计表》（表 4—5—2），统计 15～21 世纪大雪冰冻害群发节。15 世纪、16 世纪未连续发生大雪冰冻害，不能确定大雪冰冻害群发节。17 世纪连续发生大雪冰冻害年份为 1620 年、1621 年，大雪冰冻害群发节为 2 年。19 世纪未连续发生大雪冰冻害年份，不能确定大雪冰冻害群发节。20 世纪连续发生大雪冰冻害年份为 1971 年、1972 年；大雪冰冻害群发节为 2 年。21 世纪连续发生大雪冰冻害年份为 2007 年、2008 年，大雪冰冻害群发节为 2 年。境内大雪冰冻害群发节为 2 年，即连续2年发生大雪冰冻害。

大雪冰冻害群发丛

根据《临澧县灾害年表》编制《临澧县分世纪大雪冰冻害月份统计表》（表4—5—3），统计17世纪至2008年大雪冰冻害发生时段为11至次年3月。境内大雪冰冻害群发丛为12至次年2月。

表4—5—3　**临澧县分世纪大雪冰冻害月份统计表**

世　纪	11月	12月	1月	2月	3月	小计
17	1	3	1	—	—	4
19	—	4	4	—	—	9
20	—	7	2	3	2	14
21	—	—	2	—	—	2
合　计	1	14	9	3	2	29

灾害损失增长规律

1949年前大雪冰冻害损失未记载。根据《临澧县1949～2008年自然灾害灾情数据统计表》，统计20世纪50年代发生大雪冰冻害2次，大雪冰冻害损失金额236万元，平均每次灾害损失118万元。60年代发生大雪冰冻害2次，大雪冰冻害损失金额196万元，平均每次损失98万元。70年代发生大雪冰冻害4次，大雪冰冻害损失金额417万元，平均每次损失104.2万元。80年代发生大雪冰冻害1次，大雪冰冻害损失50万元。90年代发生大雪冰冻害3次，大雪冰冻害损失金额377万元，年平均每次损失金额125.67万元。21世纪前9年中发生大雪冰冻害2次，大雪冰冻害损失21545万元，平均每次灾害损失10772.5万元。境内历史大雪冰冻害的损失金额不断增长，见《临澧县1949～2008年大雪冰冻害经济损失图》（图4—5—1）。

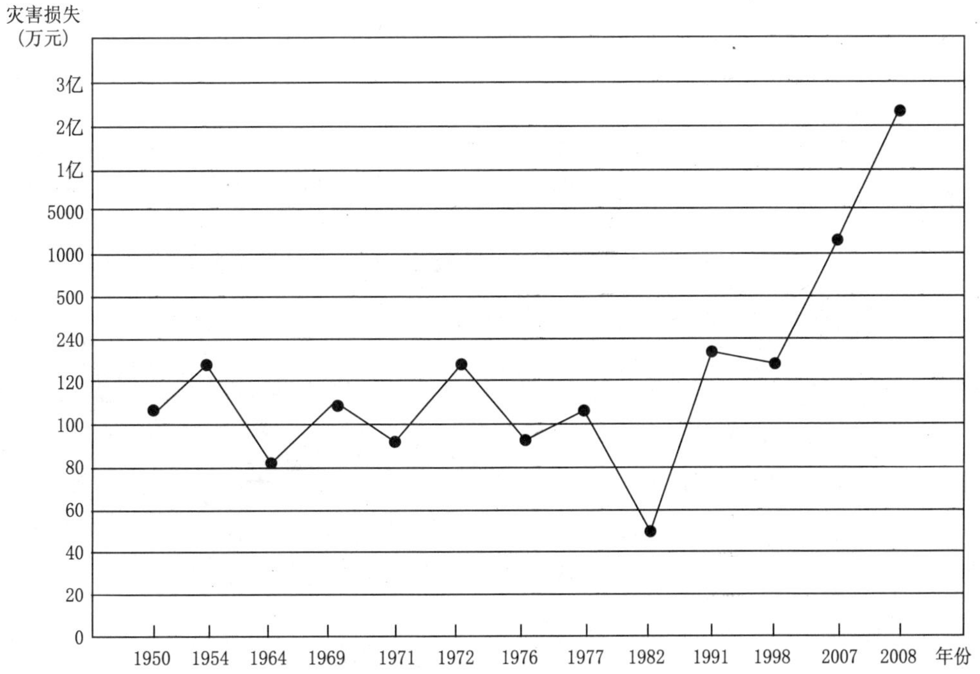

图4—5—1　**临澧县1949～2008年大雪冰冻害经济损失图**

灾害频次上升规律

根据《临澧县大雪冰冻害年份及灾情等级一览表》（表4—5—4）统计，15世纪发生2次大雪冰冻害，16世纪发生2次大雪冰冻害，17世纪发生4次大雪冰冻害；19世纪发生9次大雪冰冻害，20世纪发生13次大雪冰冻害。21世纪前9年中发生2次大雪冰冻害，大雪冰冻灾害频次呈不断上升趋势。

表4—5—4 临澧县大雪冰冻害年份及灾情等级一览表

年份	等级	年份	等级	年份	等级	年份	等级	年份	等级
公元前37年	●	1653	△	1860	●	1954	●	1982	△
1493	●	1670	▲	1861	▲	1964	▲	1991（2次）	▲
1495	●	1822	●	1877	△	1969	▲	1998	△
1505	●	1831	●	1887	△	1971	△	2007	△
1523	●	1848	△	1904	▲	1972	▲	2008	●
1620	●	1850	▲	1930	●	1976	●		
1621	●	1858	●	1950	△	1977	●		

灾情等级：重特大灾害●；重大灾害▲；一般灾害△。

第五章　农业生物灾害

农业生物灾害主要是指农作物病虫害、畜禽疫病、水产疫病和森林虫害，为农业生产第一灾。

根据《临澧县自然灾害情况统计表》统计，西周（公元前986年）至1729年的2715年间，农业生物灾害共发生410次，平均6年一遇。其中西周时期发生农业生物灾害13次，秦汉时期发生农业生物灾害50次；三国两晋时期发生农业生物灾害14次，南北朝时期发生农业生物灾害17次，隋代时期农业生物灾害发生1次，唐代时期发生农业生物灾害34次，五代时期发生农业生物灾害6次，宋代时期发生农业生物灾害90次，元代时期发生农业生物灾害61次，明代时期发生农业生物灾害94次，清代前84年内发生农业生物灾害30次。1729～2008年的279年间，共发生农业生物灾害109次，灾害发生频率为38.8%，平均2.6年一遇，重大生物灾害27次，灾害发生频率为9.7%，平均10.3年一遇，重特大生物灾害发生16次，灾害发生频率5.8%，平均18年一遇。

第一节　农作物病虫害

一、概　况

灾原种类　据县志记载，境内农作物常见病虫害229种，按其灾原类别分为病、虫、草、鼠、鸟、兽6大类。农作物病虫害是农业灾害中种类最多的灾害。在农业生产中每一种栽培植物都遭受病虫害的危害，在农林植物中，每种植物都发生多种农业病虫害。大田栽培的农作物、果树和蔬菜等，由于人工栽植时间长，面积大，农作物病虫害长期适应、不断进化，使每种作物的灾原种类达数百种。

农作物病虫害灾原为适应作物生长的生态条件，如旱地、水田等的变化，不同种类灾害向着不同的生态环境进化选择，基本形成有什么生态条件，就有什么样的病虫害发生，农作物病虫害随农业栽培条件的变化而变化。

成灾原因　农作物病虫害的灾原因子多，许多灾原因子凭借自己的飞翔能力或随气流或人为远距离迁移。如稻飞虱、黏虫、稻纵卷叶螟、斜纹夜蛾等都是随年气温的周期性变化而南北迁移发生。东亚飞蝗在发生时成群结队迁移。

灾害频率　农作物病虫害。自西周（公元前986年）至2008年的2994年中，共发生重大农业生物灾害519次，平均5.7年发生一次。从1729年至2008年，共发生农业生物灾害36次，灾害发生频率1.2‰，平均7.7年发生1次。共发生蝗灾410次，危害水稻的二化螟、三化螟、稻飞虱、稻纵卷叶螟、稻瘟病、稻白叶枯病等。危害小麦的吸浆虫、地下害虫、麦蚜、麦红蜘蛛、条锈病、赤霉病、白粉病等。危害玉米的玉米螟、玉米大、小斑病等。危害棉花的棉铃虫、棉蚜、棉红铃虫、棉叶螨、棉枯萎病等病虫害及农田鼠害、草害，每年同时发生或交替发生，要进行防治。随着农业生产水平的提高，农作物病虫害的发生次数和危害损失愈来愈大。以棉铃虫为例，20世纪60年代以前，棉铃虫在县各棉区属于一种次要害虫，很少猖獗成灾。70～80年代逐渐演变为一种偶发性害虫，90年代以来，已成为一种常发性的棉花生产中的毁灭性害虫。

测报与防治　农作物病虫害的灾原种类

多，部分灾原个体小，隐蔽性强，在农业生产中不易发现，在造成严重灾害时才意识到严重性。如地下害虫生活于土壤中，危害农作物的地下根、茎和播下的种子。由于农作物病毒病原菌属微生物类，发现病害时，已造成损失。鼠生性狡猾，活动能力强，在土壤中挖洞栖息，生产中测报和防治难度大。

灾害损失 农作物病虫害损失。自有史料记载以来，农作物病虫害造成农作物严重歉收或绝收。蝗虫灾害其大发生时，成群的飞蝗遮天蔽日，所到之处，禾草被食尽，赤地千里，饿殍遍地。据统计，每年农作物生物灾害发生面积4万亩～5万亩左右，损失粮食达200～3000吨左右，鼠害损失100吨，损失棉花200～2500吨，每年因农业生物灾害造成的农产品平均减产达1～3成，降低了水果、油菜、蔬菜和其他经济作物的产量和品质，常年造成经济损失4000万元左右。1949年以后农作物灾害损失，见《临澧县1949～2008年社会经济指标和农作物病虫害成灾损失量统计表》（表5—1—1）。

表5—1—1 临澧县1949～2008年社会经济指标和农作物病虫害成灾损失量统计表

单位：万人、万亩、吨

年份	总人口	农业人口	耕地面积	总播种面积	粮食播种面积	粮食总产量	受灾面积		成灾面积		粮食减产	受灾人口	损失金额
							面积	比率%	面积	比率%			
1950	24.48	23.17	73.37	73.78	64.04	8.9	8	10.84	7	9.49	138	4.1	4.84
1952	25.88	25.51	73.4	78.87	67.26	10.42	10	12.69	9.5	12.05	600	10.2	13.6
1955	27.28	26.19	71.95	73.11	79.07	11.59	3.7	5.06	3.7	5.06	166	2.6	3.9
1959	27.95	26.65	65.84	97.83	74.86	9.44	7	7.15	7	7.15	42	2.3	4.3
1967	30.85	29.44	63.25	106.12	90.04	12.57	3.7	3.49	3.7	3.49	1050	30.1	29.25
1969	32.78	32.01	63.29	105.33	88.37	15.08	6.5	6.17	6.3	5.98	1950	28.2	54.2
1972	35.29	33.60	61.81	100.59	80.71	13.8	10.6	10.53	10.6	10.53	3740	35.65	80.1
1973	36.04	34.05	61.07	116.05	82.07	17.32	7	6.03	6	5.17	2600	35.4	54.1
1980	39.32	36.86	60.37	115.74	95.97	18.6	18.9	16.33	12.1	10.45	4330	39.32	114.71
1983	39.92	37.34	60.68	148.80	97.50	25.73	12.68	8.52	10.1	6.79	—	39.92	22
1989	41.67	37.55	55.41	144.55	99.47	26.34	30	20.75	20	13.83	2200	41.67	163.4
1990	41.96	37.83	55.43	135.41	89.36	28.75	15.1	11.15	14.2	10.49	3600	17.2	291
1991	42.09	37.90	55.13	135.21	86.28	26.11	23	17.01	8	5..91	9800	32.09	800.4
1995	42.90	37.54	53.65	145.97	82.07	29.9	10	6.85	5	3.43	1200	42.9	967
1998	43.87	37.45	52.76	136.76	73.63	28.83	13.7	10.01	4.6	3.36	5982	43.82	1035
1999	43.52	36.68	53.57	134.16	75.57	27.44	13.1	9.76	11.1	8.27	6084	43.52	786.8
2000	43.55	36.49	53.38	134.27	71.21	26.44	18.1	13.48	8.1	6.03	4500	43.55	2100
2001	43.56	36.28	52.37	125.55	66.00	23.43	15	11.95	6.1	4.86	1789	43.55	1198
2002	43.56	36.10	51.46	115.08	58.96	21.96	6	5.2	—	—	4640	29.1	979
2003	43.56	36.01	48.05	109.72	55.62	28.47	18	16.41	14	12.76	6300	29.1	1172
2005	43.59	35.57	53.86	123.05	70.62	26.19	3.7	3	3.1	2.51	3330	43.59	497
2006	43.45	35.45	53.55	124.07	73.06	28.78	9	7.25	7.1	5.72	8100	43.45	1184
合计	837.07	745.67	1293.65	2580.02	1721.74	466.09	262.78	9.98	177.3	6.67	72141	681.33	11554.6

二、 灾害纪略

农作物病虫害。1729年前历史记载不详。1729～2008年记载36次，见《临澧县农作物病虫害年份及灾情等级统计表》（表5—1—6）。从1729年至19世纪以前的农业病虫害以蝗虫害为主。16世纪发生蝗虫灾害为1507年、1569年、1574年。17世纪中发生蝗虫灾害为1639年、1641年、1660年、1682年。特别是1660年3月，湖南全省蝗虫遮天蔽日。1641年境内蝗虫灾害惨重，蝗虫使田间粮食颗粒无收，进农房食衣服。19世纪中发生蝗灾害为1821年、1823年、1835年、1836年、1838年、1857年、1858年、1864年。尤其为严重的是1857年秋，飞蝗满天，蝗虫食尽竹木树叶，全县人民大力烧捕飞蝗，挖掘卵块达千担。

20世纪后农作物，常见病虫害229种。每年发生多种生物灾害。据历史记载，20世纪前50年代中，有1926年、1929年、1940年、1945年、1947年、1948年发生蝗虫灾害。60年代后有1950年、1952年、1955年、1956年、1957年、1958年、1959年，其中1950年、1955年2.5万亩～10万亩，其他灾害年份发生棉花“红蜘蛛”、“斜纹夜蛾”和油菜病害。60年代中每年都发生棉花病虫害，1961年湖南省农业厅派飞机治虫。1960年、1963年、1969年分别发生小麦和稻谷病虫害。70年代中连续9年发生病虫害，1972年全县10.6万亩水稻发生青黄矮病，减收10500吨。80年代连续10年发生稻谷小麦病虫害，1984～1989年每年发生棉花、油菜病虫害。特别是1980年棉花发生重大虫害，减产皮棉475吨，稻谷成灾21.1万亩，减产5000吨。90年代连续10年发生水稻、棉花、油菜病虫害。1991年农作物病虫害受灾10万亩，损失稻谷10000吨。1999年晚稻病虫害损失60480吨，损失皮棉1763.6吨。2002年稻谷病虫害受灾8万亩，损失稻谷940吨。2003年连续发生水稻、棉花、油菜病虫害。2005、2006年水稻发生卷叶螟和稻飞虱等病虫害，受灾面积10.4万亩，损失稻谷767吨。

水稻病虫灾害

螟　虫：二化螟和三化螟混发。1945年白穗率10%～20%。1959年三化螟迅速上升，一季稻枯心率达10%以上。1962年三化螟造成一季稻和双晚平均枯心率分别达10.7%和30.7%，白穗率分别达2.3%和4.7%，二化螟危害率达到13.2%和7.9%。1983年二化螟危害早稻造成枯鞘率3.4%～13%，三化螟造成晚稻白穗率1.26%。90年代的水稻的主害虫，二化螟和三化螟一直。1994年二化螟平均白穗率13.23%，平均螟害损失21.51%。1998年一代二化螟大发生，太浮镇保丰村为害率达100%，枯鞘株率48%。1998年严重丘块白穗率达70%，损失产量达7成。三代螟虫危害晚稻，1997年后大发生，1999年全县平均白穗率4.39%，平均损失率4.99%，损失稻谷6048吨。2001年发生二化螟和三化螟，造成水稻严重损失，2002年4月22日至5月5日连续14天阴雨，早稻秧全部死亡，切断了单食性的三化螟的食物链，三化螟的发生锐减。2002～2006年为害水稻的螟虫是二化螟。2005年三代螟虫发生61.85万亩，成灾3.1万亩，损失粮食9832.8吨。

稻飞虱：属迁飞性害虫。1973年暴发稻飞虱，15万亩晚稻百蔸虫口达3000只，其中7万亩百蔸虫口超万只，多的百蔸虫口达6万只，造成稻田穿孔，禾苗溶秆、死秆，损失3～5成。1980年，10.5万亩早稻，平均百蔸虫口2635～3.5万只，其中7.4万亩造成穿孔死秆，每亩损失产量200余斤。1984年白背飞虱为害早稻，全年发生量由早稻生长期的82.6%上升到100%。1991年早稻穿孔死秆10万亩，损失稻谷1万吨。1995年早稻穿孔死秆面积1.2万亩，损失稻谷1200吨。2005年中晚稻飞虱成灾4150亩，造成损失5596吨。2006年一季（中）稻受灾1.2万亩，成灾2000亩，绝收500亩，损失11775吨，损失粮食6300吨。

稻纵卷叶螟：属迁飞性害虫。1977年第二、三代暴发，全县11万亩迟熟早稻打了“白旗”，亩平害虫9.5万条，卷叶株率71.7%，损失产量达3成。25万亩晚稻分蘖期亩平幼虫16.68万条，禾苗出现大量的被卷青苞。1989年早稻发生稻纵卷叶螟虫害，剑叶全部被卷变白，受害面积30万亩，减产2～3成，损失稻谷3.2万吨。2002年早稻发生虫害8万亩，减产2～3成，损失稻谷940吨。

稻苞虫：1950年中稻受害8万亩，占种植面积的14.8%，其中2.31万亩成灾。1958年中稻受害2万亩。

稻　蝗：民国36年（1947）全县蝗虫大暴发，本县太山、陈二、修梅、团山、吴家、保文、佘市、将军等乡受蝗虫危害成灾面积1.35万亩，损失产量5成。1950年6～7月持续阴雨，普遍发生稻蝗，损失产量大。1963年5～6月幼蛹暴发，各类环境的杂草亩平有虫1.74万只。此年后，该虫逐年减少，直至1971年灭迹。90年代后零星发生，以土蝗为主，主要分布于河、溪边的田埂、堰塘边。

稻螓象：1953年危害11.79万亩，占种植面积的20%。1955年危害早稻0.78万亩，损失产量3～5成。

稻叶蝉：20世纪70年代中后期至80年度发生严重虫害，造成南优2号等品种失收。

黏　虫：1975年在本县望城、珠日、文家、烽火等乡镇有9.05万亩晚稻被害，损失产量3～5成。一般于洪水发生后大部分中、晚稻田，严重丘块每亩有虫8万条～9万条，叶片食光，咬断稻穗造成失收。

矮缩病：20世纪70年代中后期大发生，连续几年造成大面积晚稻失收。

稻瘟病：1995年颈穗稻瘟病发生2000亩，损失产量3～5成。2000年开始大面积推广优质稻，农民不了解优质稻易感稻瘟病的特性，未及时防治，稻瘟病发生面积不断加大。

水稻纹枯病：常年发生危害早、中、晚稻病害。20世纪90年代前期，每年有3万亩早稻严重发生，严重的发病株率100%，损失稻谷5成以上，损失稻谷4500吨。90年代中后期随着井冈霉素的普遍使用，危害损失有所减轻，常年早稻亩平损失稻谷30～50公斤，防治不及时的损失3成以上。

稻曲病：主要发生在两系杂交稻上，1998年国家水稻工程临澧县佘市基点引进推广两系杂交稻，抽穗扬花期遇阴雨发病重，病粒率10%～30%，严重丘块致使晒谷时全部谷粒外表变成绿色。2004年一季（中）稻抽穗时阴雨，粤优938、红莲优6号、两优培九等两系杂交稻品种发病株率达70%以上，减产3～5成。

小球菌核病：发生普遍，每年约10万亩次，但危害较轻。

褐色叶枯病：1989年大发生，早稻发病面积达20万亩，造成一定的损失。

水稻细菌性条斑病：为全国检疫性病害。1998的8月6日在太浮镇高公桥发现该病，全县普查，在烽火乡伍家堰，望城乡永安、桂花，修梅镇合丰、美丰，杨板乡邓龙村有发生，共发生1327.5亩，采取防控措施得力，扑灭及时，于2000年绝迹。

水稻主要病虫的防治见《临澧县水稻主要病虫发生与防治简表》（表5—1—2）。

棉花病虫害

棉蚜虫：为常发性主要害虫之一。20世纪80年代后期，苗蕾期卷叶株率一般15%～35%，高的达70%以上，90年代危害开始减轻。

棉铃虫：常年发生五代，二代开始危害花蕾，三、四、五代为主危害，20世纪70年代为棉花的主要害虫，80年代有所减轻，1998～2006年上升为棉花的第一大害虫，2000年和2001年均大发生，棉花产量损失率分别达24.7%和15.2%，每年发生35万亩次，2000年损失皮棉1500吨，2001年损失皮棉800吨。

红铃虫：20世纪80年代后期为棉花的主要害虫。二、三代青铃被害率一般为40%～60%，高的达90%～100%，僵黄花斑率一般在15%以上，高的达25%～30%，90年代危害程度开始减轻，1998年后仅少量发生。

棉叶螨（红蜘蛛）：为常年发生的主要叶面害虫之一。苗期、蕾铃期和吐絮期均有发生，以后期为害偏重，红叶株率一般在

30%左右，高的达80%~100%，为害严重时造成垮杆。

棉叶蝉：为常发性主要叶面害虫之一。20世纪50年代为主要害虫，60～70年代危害下降，80年代中期有所回升，90年代均有发生，以吐絮期发生较重。

斜纹夜蛾：为常发性主要蛀食性害虫之一，1958年全国性大暴发，60～70年代为主要害虫，80～90年代初仅局部地区发生危害，1995年又上升为主要害虫，1999年大发生，百株虫量平均317头，连棉地周边的蔬菜地中每平方米也平均有虫258.6头，严重的绿叶被吃光。2000年发生13万亩，损失皮棉150吨。

甜菜夜蛾：1998年，澧水流域发生重特大洪水后，甜菜夜蛾暴发，成为棉花的主要害虫。1999年棉铃虫、斜纹夜蛾混合发生成灾，重灾面积3.4万亩，损失皮棉1763.6吨，计币1111.06万元（当时皮棉价格为6.3元/斤）。该虫食性杂，1999年陈二乡引种河南豆500亩，被严重危害，翻耕改种面积达30%。2000～2001年一直是棉花的主要害虫，2000年发生15万亩，损失皮棉100吨。

地老虎：为常发性主要苗期害虫之一，以小地老虎发生危害为主，以前作油菜田、蔬菜田的发生危害较重，1997年大发生，造成30%～50%的空蔸。

苗期病害：常年以立枯病、炭疽病、疫病混合发生危害较重，受4月底至5月初气温和雨水的影响，一般年份死苗率5%～30%，平均11.32%，2000年死苗率30%～70%，平均35.96%，2002年4月下旬至5月上旬三病普遍发生，不少农户的苗床严重死苗断垄，被迫补种育苗。

铃期病害：常年以疫病、黑果病为主，红腐病、红粉病次之，受9月下旬至10月中旬雨水多少影响，一般年份累计烂铃株率70.5%，累计单株烂铃1.82个，20世纪80年代以1988、1989年发生较重，90年代以1996年发生较重，1996年累计烂铃株率96%以上，累计单株烂铃3.25个。此后以2002年发生较重。

其他害虫：20世纪50～60年代有棉盲蝽、蜗牛等发生危害。60～70年代有棉蓟马、造桥虫发生危害较重。80～90年代棉盲蝽发生危害有所回升。

棉花主要病虫的防治，见《临澧县棉花主要病虫发生与防治简表》（表5—1—3）。

旱粮作物病虫害

小麦病虫：锈病和赤霉病一直为小麦的主要病害，随着气候的差异发生程度不一。1999年发生严重的丘块单株小麦叶上有蚜100多头。2000年小麦锈病发病株率达100%，赤霉病发生严重丘块的小麦，人食用后有头痛的中毒症状发生。麦蚜以长管蚜为主，占总蚜量的65%，5月多雨发生量大。

红薯黑斑病：发生以贮存期和育苗期为主，近年来随着冬季气温变暖，春季气温回升提早，发生量呈偏重趋势，在官亭乡娥井、岩龙、团云、楼子等村发生流行。

红薯根腐病：主要发生在大田生长期，以连作区发生病重，在主产区官亭乡娥井、团云、楼子等村发生较重。

玉米螟：随着近年玉米种植面积扩大，其蛀茎为害株率逐年上升。

油菜病虫害

油菜菌核病：随着油菜面积扩大，种植面积增加，常年发生较重，一般年份减产2～3成，严重年份减产4～6成，1990年4月连续阴雨，平均病株率24.7%，病指9.87万亩，失收2.3万亩，损失油菜子1410吨，2002年春季阴雨时间长，油菜失收面积1.5万亩，损失油菜籽1260吨。

油菜蚜虫：1999年油菜播种后，气温较高，雨量偏少，苗床平均百株蚜量65只，高的105只，盛花期平均百株有蚜21750只，最高的87500只，大面积出现严重坐蔸。2001年秋旱，百株蚜量4020只，最高的达10850只，死苗面积1000亩。

油菜霜霉病：1991年秋冬干旱，该病使部分油菜中、下部叶全部变白、枯死，只剩部分心叶，全县死苗3000亩。

柑橘病虫害

红蜘蛛：常年发生18～20世纪，粗放管理的柑园为害严重，叶片失绿。

蚧壳虫：1989～1994年以矢尖蚧为主，死叶率平均达10%，管理粗放的橘园失收，失收面积10%～20%，即使收获，商品价值降低。此后糠片蚧、褐园蚧数量上升，因防治水平差异而受害不一。

花蕾蛆：与柑橘花蕾现白时的天气有关，雨水多时发生严重，未施药防治的发生严重。

潜叶蛾：常年发生，主要危害嫩梢，以夏秋梢危害偏重，不防治的橘园新梢被吃白卷曲，专业橘园一般为害轻。

黑刺粉虱：1999～2006年暴发，新梢百叶有虫239.2头，高的达3190头，引发严重的烟煤病，严重的果实被害率达成43.7%。

天　牛：零星为害，小型橘园及农户庭院中的橘树每年都有少量被蛀死。

锈壁虱：发生在30年代左右，5～6月份开始上果危害，7～8月果实上开始显症，随7～8月份防治的好坏决定危害程度，专业橘园危害轻，庭园式橘园危害偏重。

疮痂病：发病严重的影响果实的商品价值。

炭疽病：管理粗放的橘园病果率常年在3%～10%，冬暖春季回温早，不利该病发生，常年发生不重，对产量影响不大。

茶叶病虫害

20世纪70年代蛇眼蚧成灾。1979年全县1.75万亩茶园，危害面积7926亩，占45.2%，损失干茶叶11.5万斤，折币28.78万元，九里茶场6000亩茶园，被害面积5000亩，占总面积的83.3%。90年代中期，茶小绿叶蝉严重危害，未经防治的绝收，严重降低茶叶的品质和产量。1995～1999年茶毛虫危害茶园严重，1995年仅茶科所危害面积就达50%，有4亩完全失收。2002年茶尺蠖危害茶树叶片，茶科所受害面积达30%。

蔬菜病虫害

菜青虫、猿叶虫：主要危害白菜。

蚜　虫：主要危害萝卜、白菜，引起叶片穿眼花叶，卷缩失去食用价值。

豆荚螟：主要危害豆角，6月下旬至9月上旬是为害高峰，被害率达30%。

瓜娟螟：主要危害丝瓜和黄瓜，严重影响产量，7月中旬至9月下旬是为害高峰。

斜纹夜蛾：主要危害豆角、空心菜、辣椒等多种蔬菜作物，以7月中旬危害最重，造成严重减产。

甜菜夜蛾：主要危害小白菜，危害高峰期7月中旬至9月中旬，严重时可导致失收。

二十八星瓢虫：主要危害茄子，危害高峰为4月中旬至6月下旬，将叶片吃成网状。

黄守瓜：主要危害黄瓜、丝瓜、南瓜等幼苗，死苗占2成。

枯萎病：主要是瓜类枯萎病、辣椒青枯病、茄黄萎病和番茄枯萎病。一般4月中、下旬开始发病，流行盛期在5月中旬至8月上旬。2002年杨板西瓜枯萎病发生严重，翻耕改种100亩，茄黄萎病在连作田发病较重，常年死苗率3%～11%。

疮痂病：2000年引种朝天椒，温湿度适宜，疮痂病发生严重，病株率38.2%～59.3%，连续用药2～3次，仍减产4成。

霜霉病：主要在黄瓜、白菜上发生。黄瓜霜霉病主要发生在4月中旬至6月上旬；白菜霜霉病有两次高峰，第一次在9月中旬至10月下旬，第二次为次年2月下旬至4月上旬。

炭疽病：多种蔬菜均有发生，主要是瓜类和辣椒，4月中旬始发病，4月下旬至5月下旬为流行盛期，严重年份死苗率10%～30%。

草　害

20世纪90年代以前，人工除草及时，没有草害。90年代后随除草剂的大量施用，草害呈加剧趋势，1999～2006年水稻田草害常年在50万亩左右，每亩平均损失稻谷20公斤，2005年水稻草害损失10500吨。

鼠　害

20世纪90年代以前鼠害猖獗，早稻损失稻种20%左右，严重的达60%，晚稻杂交稻种损失20%，严重的达90%以上，有的甚至重新播种，其他作物年损失量也不低于5％～10％。90年代，鼠药泛滥，鼠害得到一定控制，21世纪鼠害有所抬头，每年危害水稻在30万亩左右，造成损失300吨左右。

表5—1—2　　临澧县水稻主要病虫发生与防治简表

<table>
<tr><th>名称</th><th colspan="2">病虫名称及代别</th><th>发生期</th><th>防治期</th><th>防治药剂（亩用量）</th></tr>
<tr><td rowspan="5">螟虫</td><td>一代</td><td>二化螟</td><td>蛾4月16～28日
卵4月28日至5月10日</td><td>5月8～12日
5月16～20日</td><td rowspan="5">1. 20%强无螟乳油40毫升＋ 90%杀螟2000可湿性粉剂40克（1包）。
2. 20%辛唑磷乳油50毫升＋ 90%杀螟2000可湿性粉剂40克（1包）。</td></tr>
<tr><td rowspan="2">二代</td><td>二化螟</td><td>蛾6月30日至7月14日
卵7月9～22日</td><td>7月13～16日
7月21～24日</td></tr>
<tr><td>三化螟</td><td>蛾6月26日至7月10日
卵7月4～22日</td><td>7月3～6日
7月13～16日
7月21～24日</td></tr>
<tr><td rowspan="2">三代</td><td>二化螟</td><td>蛾8月19～29日
卵8月27日至9月7日</td><td>8月28～31日
9月8～12日</td></tr>
<tr><td>三化螟</td><td>蛾8月8～23日
卵8月14～29日</td><td>8月13～15日
8月21～24日
8月28～31日</td></tr>
<tr><td colspan="3">纹枯病</td><td>（早稻）6月7日至7月12日
（中稻）7月12日至8月20日
（晚稻）8月10日至9月8日</td><td>6月15日至25日
7月23日～8月10日
8月20日～31日</td><td>5%井冈霉毒素粉剂（1～2包）。</td></tr>
<tr><td colspan="2" rowspan="2">稻瘟病</td><td>叶瘟</td><td>（早稻）5月下旬至6月中旬
（中稻）6月中旬至7月中旬
（晚稻）8月中旬至9月上中旬</td><td>见发病中心</td><td rowspan="2">1. 20%清道夫水悬乳剂50毫升。
2. 施稻灵40毫升。
3. 三环唑100克。</td></tr>
<tr><td>稻瘟</td><td>（早稻）6月下旬至7月上旬
（中稻）8月上中旬
（晚稻）8月下旬至9月上旬</td><td>破口期和齐穗期
（主指发病田）</td></tr>
<tr><td colspan="2" rowspan="5">稻飞虱</td><td>一代</td><td>6月8～18日</td><td>6月14日左右</td><td rowspan="5">1. 10%蚜虱净可湿性粉剂10克（1包）。
2. 大地扫（1.8%阿维・吡可湿性粉剂）20克（1包）。
3. 扑虱灵（25%噻秦唑咦酮可浊性粉剂）40～50克。</td></tr>
<tr><td>二代</td><td>6月20日至7月5日</td><td>6月28日左右</td></tr>
<tr><td>三代</td><td>7月15日至8月5日</td><td>7月18日左右</td></tr>
<tr><td>四代</td><td>8月9～30日</td><td>8月24日左右</td></tr>
<tr><td>五代</td><td>9月1～12日</td><td>9月6日左右</td></tr>
<tr><td colspan="2" rowspan="2">稻纵卷叶螟</td><td>三代</td><td>6月25日至7月16日</td><td>7月5～13日</td><td rowspan="2">1. 50%甲胺磷乳油100毫升。
2. 48%毒死蜱乳50毫升。</td></tr>
<tr><td>四代</td><td>7月20日至8月15日</td><td>8月7～12日</td></tr>
</table>

表 5—1—3 临澧县棉花主要病虫发生与防治简表

<table>
<tr><th colspan="2">病虫名称</th><th>发生期</th><th>防治期</th><th>防治药剂</th></tr>
<tr><td colspan="2">苗期病害
（立枯、炭疽、疫病、叶斑病等）</td><td>4 月底至 5 月上旬</td><td>4 月底至 5 月上旬</td><td>甲基立枯灵 400 倍液
可杀得 2000400 倍液</td></tr>
<tr><td colspan="2">苗期虫害
（小地老虎、棉蚜、棉马等）</td><td>4 月底至 5 月上旬</td><td>4 月底至 5 月上旬</td><td>天地扫 500 倍液
蚜虱净 1000 倍液
速灭杀丁 2000 倍液</td></tr>
<tr><td rowspan="4">棉铃虫（斜纹夜蛾、甜菜夜蛾）</td><td>二代</td><td>6 月 12～26 日</td><td>6 月 14～28 日
（6 月 15、23 日左右）</td><td rowspan="7">1. 48% 毒死蜱乳油 40 毫升加 40% 双龙乳油 60 毫升。
2. 40% 毒死蜱乳油 40 毫升加丰收保（20% 久・氰可湿性粉剂）70 克。
3. 35% 毒死蜱乳油 40 毫升加 25% 邦克铃乳油 60 毫升。</td></tr>
<tr><td>三代</td><td>7 月 8～24 日</td><td>7 月 10～25 日
（7 月 10、16、23 日左右）</td></tr>
<tr><td>四代</td><td>8 月 2～25 日</td><td>8 月 2～27 日
（8 月 2、10、18、26 日左右）</td></tr>
<tr><td>五代</td><td>9 月 2～20 日</td><td>9 月 2～22 日
（9 月 2、10、17 日左右）</td></tr>
<tr><td rowspan="3">红铃虫</td><td>一代</td><td>6 月 13～29 日</td><td rowspan="3">一、二、三代分别与棉铃虫二、三、四、五代同期兼治</td></tr>
<tr><td>二代</td><td>7 月 10～24 日</td></tr>
<tr><td>三代</td><td>8 月 4～25 日</td></tr>
<tr><td colspan="2">红蜘蛛</td><td>每年发生代数多</td><td>视田间发生情况用药</td><td>螨全杀（20% 哒・乙醋乳油）2000 倍液。</td></tr>
<tr><td colspan="2">蚜　　虫</td><td>每年发生代数多</td><td>视田间发生情况用药</td><td>1. 天地扫（1.8% 阿维・吡可湿性粉剂）20 克。
2. 10% 蚜虱净可浊性粉剂 20 克。</td></tr>
<tr><td colspan="2">枯萎病</td><td>6 月中、下旬</td><td>6 月中、下旬</td><td>黄腐酸盐</td></tr>
</table>

三、 一般规律

时空分布规律

农作物病虫害的时间分布：根据《临澧县自然灾害情况统计表》统计，自 1729～2008 年的 279 年里，共发生农作物病虫害 36 次，农作物病虫害发生频率为 12.9%，平均 7.7 年发生一次。临澧县地处长江下游，农作物病虫害发生符合长江区域组合规律。16 世纪发生农作物病虫害 3 次，有 1 次属于区域灾害。17 世纪发生农作物病虫害 4 次，有 2 次属于区域灾害。19 世纪发生农作物病虫害 8 次，有 4 次属于区域灾害。20 世纪发生农作物病虫害 22 次，有 7 次属于区域灾害。2001～2008 年发生农作物病虫害 6 次，均属于区域灾害。

灾害链诱发规律

农作物病虫害的发生受其他灾害诱发，根据《临澧县农作物病虫害年份及灾情等级一览表》（表 5—1—6），统计在历史 36 次农作物病虫害发生年份中，有 12 年发生旱灾，其年份为：1507 年、1569 年、1641 年、

1821年、1835年、1857年、1940年、1945年、1972年、2000年、2001年、2006年。有12年发生洪涝灾害，其年份为：278年、1297年、1838年、1864年、1948年、1950年、1969年、1980年、1983年、1989年、1998年、2002年。有12年发生洪涝、干旱灾害，其年份为：1682年、1926年、1929年、1952年、1955年、1959年、1990年、1991年、1995年、1999年、2003年、2005年。有7年发生大雪冰冻害，其年份为：1823年、1858年、1950年、1969年、1972年、1991年、1998年。

灾害群发规律

根据《临澧县自然灾害情况统计表》编制《临澧县分世纪农作物病虫害明细表》（表5—1—4），统计16～21世纪农作物病虫害群发规律：

表5—1—4　临澧县分世纪农作物病虫害明细表

世　纪	年　份
16	1507　1569　1574
17	1639　1641　1660　1682
19	1821　1823　1835　1836　1838　1857　1858　1864
20	1926　1929　1940　1945　1947　1948　1950　1952　1955　1959　1967　1969 1972　1973　1980　1983　1989　1990　1991　1995　1998　1999
21	2000　2001　2002　2003　2005　2006

农作物病虫害群发期

根据《临澧县分世纪农作物病虫害明细表》（表5—1—4）统计，16～21世纪病虫害群发期。16世纪农作物病虫害发生时段为1569～1574年，不能确定农作物病虫害群发期。17世纪农作物病虫害群发时段为1639～1660年，农作物病虫害群发期为21年。19世纪农作物病虫害群发时段为1821～1838年，农作物灾害群发期为16年。20世纪农作物病虫害群发期时段为1926～1955年，农作物病虫害群发期为29年。境内农作物病虫害群发期限为20.2年。

农作物病虫害群发幕

根据《临澧县分世纪农作物病虫害明细表》（表5—1—4），统计16～21世纪农作物病虫害群发幕。16世纪农作物病虫害发生时段为1569～1574年，农作物病虫害群发幕为5年。17世纪农作物病虫害发生时段为1641～1660年，农作物病虫害群发幕为19年。19世纪农作物病虫害发生时段为1823～1838年，农作物病虫害群发幕为15年。20世纪农作物病虫害发生时段为1950～1959年，农作物病虫害群发幕为9年。境内农作物病虫害群发幕为12年。

农作物病虫害群发节

根据《临澧县分世纪农作物病虫害明细表》（表5—1—4），统计16～21世纪农作物病虫害群发节。16～17世纪未连续发生农作物病虫害。19世纪连续发生农作物病虫害年份1857、1858年，农作物病虫害群发节为2年。20世纪连续发生农作物病虫害年份为1947年、1948年；1972年、1973年；1989年、1990年、1991年；农作物病虫害群发节为3年。21世纪连续发生农作物病虫害年份为2000年、2001年、2002年、2003年，农作物病虫害群发节为4年。境内农作物病虫害群发节为3年，连续3年发生1次农作物病虫害。

农作物病虫害群发丛

根据《临澧县自然灾害情况统表》编制《临澧县分世纪农作物病虫害月份统计表》（表5—1—5），统计16～21世纪农作物灾害群发丛。16世纪农作物病虫害发生于7—8月。17世纪农作物病虫害发生于3、7、8月。19世纪农作物病虫害发生于3月和6—9月。20世纪农作物病虫害发生于3—8月。

21世纪农作物病虫害发生于3—9月。境内农作物病虫害群发丛为6—8月。

表5—1—5　　临澧县分世纪农作物病虫害月份统计表

单位：月、次

世纪	3月	4月	5月	6月	7月	8月	9月	小计
16	—	—	—	—	2	1	—	3
17	1	—	—	—	1	2	—	4
19	1	—	—	2	1	3	1	8
20	3	1	2	9	5	2	—	22
21	—	1	1	2	2		—	6
合　计	5	2	3	13	11	8	1	43

灾害损失增长规律

农作物病虫害直接经济损失由自然变异的破坏性、危害性和农业生产等因素决定。其中，农业生产状况是决定灾害损失程度的主要原因。农作物病虫害造成的直接经济损失在不同时间、不同地区有很大的差异。

根据《临澧县1949～2008年自然灾害灾情数据统计表》，统计20世纪50年代发生4次农作物病虫害，直接经济损失26.64万元，平均每次农作物病虫害损失6.6万元。60年代发生2次农作物病虫害，直接经济损失83.54万元，平均每次农作物病虫害损失41.72万元。70年代发生2次农作物病虫害，直接经济损失134.2万元，平均每次农作物病虫害损失67.1万元。80年代发生3次农作物病虫害，直接经济损失300.11万元，平均每次农作物病虫害损失100.04万元。90年代发生5次农作物病虫害，直接经济损失3170.12万元，平均每次农作物病虫害损失634.02万元。21世纪前9年发生农作物病虫害6次，直接经济损失7130万元，平均每次农作物病虫害损失1188万元。境内农作物病虫害损失呈上升趋势，见《临澧县1949～2008年农作物病虫害经济损失图》（图5—1—1）。

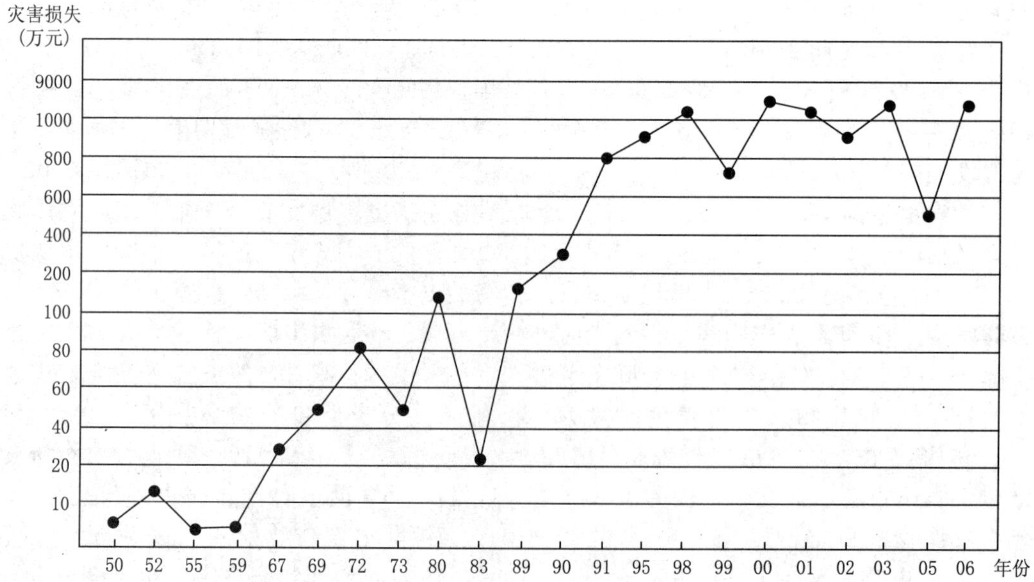

图5—1—1　临澧县1949～2008年农作物病虫害经济损失图

灾害频次上升规律

根据《临澧县自然灾害情况统计表》统计，境内农作物病虫害发生频次：16世纪发生3次农作物病虫害，17世纪发生4次农作物病虫害，19世纪发生8次农作物病虫害，20世纪发生22次农作物病虫害，21世纪前9年中发生6次农作物病虫害，农作物病虫害发生频次不断上升。

表5—1—6　　临澧县农作物病虫害年份及灾情等级一览表

年份	等级	年份	等级	年份	等级	年份	等级	年份	等级
278	△	1821	△	1929	△	1967	●	1995	△
1297	△	1822	●	1940	△	1969	△	1998	●
1507	△	1835	▲	1945	▲	1972	▲	1999	▲
1569	△	1836	●	1947	▲	1973	△	2000	●
1574	△	1838	●	1948	△	1980	▲	2001	▲
1639	△	1857	▲	1950	△	1983	△	2002	▲
1641	●	1858	△	1952	△	1989	▲	2003	▲
1660	●	1864	△	1955	△	1990	△	2005	△
1682	△	1926	△	1959	△	1991	△	2006	△

灾情等级：重特大灾害●；重大灾害▲；一般灾害△。

第二节　畜禽疫病害

一、概　况

新中国成立前，仅记载重特大的畜禽疫病。新中国成立后，加强畜禽疫病的防治和管理，据统计，从1952～2008年，发生重大畜禽疫病29起，29起直接经济损失2899.4万元，见《临澧县1949～2008年畜疫灾害成灾损失量统计表》（表5—2—1），平均每年发生畜禽疫情200余起，牛发生各类病和死亡率分别为5%和0.4%，猪发生各类病和死亡率分别为6%和2.5%，猪死亡近6000头。羊发生各类病和死亡率分别为8%和3%，死亡耕牛60多头；家禽发病和死亡率分别为10%和6%，死亡家禽30万羽～31万羽，经济损失在500万元～600多万元。

表 5—2—1　　临澧县 1949～2008 年畜疫灾害成灾损失量统计表

单位：万人、万元

年份	受灾人口	畜牧损失	抗灾费用	经济损失	年份	受灾人口	畜牧损失	抗灾费用	经济损失
1952	1.2	200	—	200	1985	2.3	11	10	21
1953	1.6	200	—	200	1986	4.2	23	6	29
1954	1.6	200	—	200	1987	6.1	24	6	30
1955	0.04	2	—	2	1988	6.4	26	9	35
1956	0.4	3	—	3	1990	3.2	40	11	51
1959	0.4	2.4	—	2.4	1991	5	20	5	25
1962	1.3	4	1	5	1992	4.51	90	10	100
1963	0.4	3.5	1	4.5	1993	8.5	75	10	85
1968	2.1	4.3	1.7	6	1994	2.1	70	10	80
1969	12.1	34	11	45	1999	21.1	500	20	520
1976	21.1	20.3	9	29.3	2002	3.2	80	11	91
1979	12.4	10.2	9.5	19.7	2004	0.001	14	1	15
1980	5.1	10.1	8	18.1	2006	3.6	600	20	620
1981	5.4	30.4	30	60.4	2007	2.2	350	10	360
1983	6.7	42	—	42	合计	144.251	2689.2	210.2	2899.4

二、 灾害纪略

宣宗宣德十年（1435），发生一般畜疫病。

高宗乾隆二年（1737），发生一般畜疫病，弥作不休。

高宗乾隆十三年（1748），发生重大牛疫，致使犁田用人拉。

民国 3 年（1914），发生重大牛流行热病。

民国 24 年（1935），发生一般牛炭疽病，一区七重、总庙，四区赵家、停弦、佘市等乡暴发流行。

民国 37 年（1948），发生重特大牛炭疽病。

新中国成立后，加强畜禽疫病防治，境内主要畜禽疫病有：

猪传染病

猪　瘟：病原由外地引入，1955 年在县城关镇、合口镇、新安三镇以及佘市、陈二部分村暴发，死猪 495 头。发病率在当地为 40%～60%。1956 年在全县发生。1969～1979 年，全县平均每年有 17 个社镇 107 个大队发生，平均发病率 0.94%。1981 年全县发生传染病，3100 头猪病 190 头，死亡 137 头。1981～1989 年，平均每年 17 个乡镇有 167 个村发生，平均发病率 0.65%。

仔猪副伤寒：1955 年，大批引进外地仔猪，将仔猪副伤害带入。1967～1969 年，全县平均每年有 17 个公镇 151 个大队发生，平均发病率为 5.57%，平均死亡率 49.03%。1976～1979 年，全县发病有 17 个社镇231个大队，平均发病率在4.9%，平均死亡率在35.9%。1980年全县流行，柏枝、修梅公社尤为严重。1981年仔猪副伤寒2098头，死亡499头。1981～1989年，全县有17个乡镇273个村发生，发病率为0.37%，主要发生在城关、新安、合口、修梅、停弦、陈二、四新岗、九里、烽火等乡镇。

猪丹毒：1949～1959年，全县平均每年有17个乡镇81个村发生猪丹毒，平均发病率0.67%，平均死亡率96.3%。1969～1979年，全县发病范围为17个社镇163个大队猪丹毒。1981年猪丹毒574头，死亡45头。1987～1989年，平均每年有17个乡镇261个村发生猪丹毒，平均发病率0.9%，平均死亡率5.57%，主要发生在城关、望城、合口、修梅、烽火、九里、陈二等乡镇。

猪肺疫：1949～1959年，全县每年平均有17个乡镇53个村发生猪肺疫，平均发病率0.59%，平均死亡率90.7%。1987～1989年全县17个乡镇231个村发生猪肺疫，平均发病率0.54%，平均死亡率为26.57%。发病较多的地方主要有城关、望城、文家、陈二、新安、合口、九里、官亭、烽火等乡镇。

猪喘气病：1962年、1968年，全县普遍发生猪喘气病。1969年畜牧试验场死猪600多头，母猪50头治愈，1981年45头发病，死亡4头。1969～1979年有17社镇136个大队发生，主要发生在望城、余市、城关、新安等公社。1987～1989年平均每年有11乡镇67个村发生。

猪链球菌病：1987～1989年，全县平均每年有17乡镇136村发生猪链球菌病，平均发病率0.33%，平均死亡率15.34%，主要发生在城关、望城、修梅、停弦渡、合口、新安、余市、四新岗等乡镇。

猪大肠杆菌病：1949～1959年，全县平均每年有13乡镇75村发生猪大肠杆菌病，平均发病率3.42%。1969～1979年，平均每年有17个社镇166个大队发生猪大肠杆菌病，平均发病率4.3%，1986～1988年，平均每年全县有9乡镇48个村发生猪大肠杆菌病，平均发病率为2.81%。多发于合口、新安、九里、停弦渡、杉板、文家、修梅、四新岗等乡镇。

仔猪白痢：1949～1959年，全县平均每年有17个乡镇135个村发生，平均发病率4.43%。1987～1989年，全县只有8个乡镇36个村发生，平均发病率1.35%，主要发生于合口、文家、陈二、新安、九里、杨板等乡镇。

仔猪水肿病：1987～1989年，全县平均每年有17乡镇141个村发生，平均发病0.42%，平均死亡率24.31%，主要发生在余市、望城、城关、修梅、新安、合口等乡镇。

猪流行性感冒：1987～1989年，全县平均每年有17乡镇213个村发生猪流行性感冒，平均发病率为2.6%，主要发生于四新岗、望城、城关、新安、合口、余市、修梅、停弦渡、九里等乡镇。

猪传染性胃肠炎：1969～1979年全县共三次流行，1979～1989年全县共5次流行发生猪传染性胃肠炎，以城关、合口、新安、四新岗、余市、修梅、停弦渡等乡镇发生较多。

口蹄疫：1984年县肉食水产公司发生猪口蹄疫病，急宰处理615头，直接经济损失4万多元；2004年合口三合村、停弦渡中学养猪场发口蹄疫病，扑杀处理230头；2006年安福镇梅溪村、九里村、合口镇等地发口蹄疫病，扑杀处理160头。

猪高热病（蓝耳病）：2006年5月份从外地引入生猪发生猪高热病（蓝耳病），重病区为九里邱桥、泉水等5个村，四新岗、余市、新安、合口镇零星发病，发病800头，死亡476头；2007年5月25日，临澧一中养猪场发病150头，扑杀150头；10月

12日龙马牧业公司养猪场发病367头，扑杀367头。

牛传染病

牛流行热：1914年秋季发生于县，主要发生在太浮、陈二、文家、杉板、新安等地，境内共发牛流行热病1300多头。

牛出败：1949～1959年全县有6乡镇24个村发生牛出败，共31例，主要发生于新安、合口、停弦渡、九里、官亭等乡镇。1959年官亭、陈二公社牛食烂红薯死亡14头，1969～1979年有4个社镇12个大队发生13例。

血吸虫病：1956年查出新安、新合、停弦渡、杉板等乡镇有血吸虫耕牛234头。

牛气肿疽：1952年夏至1954年，在四、五、六区部分乡村暴发牛气肿疽，官亭、合口、九里、杉板、停弦渡、修梅、佘市等乡镇三年死牛6000头。1955年在六区新安、澹阳、兰田、潘台、古城、白岩、彭市、金坑、刻木、港津铺、春鹤岭、九里等乡镇流行。

牛炭疽：1955～1964年在县先后发生4例牛炭疽，分别发生于杨板、柏枝、四新岗、陈二社镇；1975～1978年又发生3例，分别发生于合口、新安、佘市等社镇。

牛口蹄疫：1999年，望城徐家坪村发生牛口蹄疫，波及到13个乡镇，39个村88个组，全县扑杀耕牛259头。

禽传染病

鸡新城疫：1969～1979年全县每年有17个社镇223个大队发生鸡新城疫，平均发病率为4.2%，1987～1989年全县每年有17个社镇215个大队发生鸡新城疫，平均发病率2.98%。

禽霍乱：1969年全县有12个社镇62个大队发生禽霍乱，发病率为0. 47%，1979年全县有15个社镇114个大队发生禽霍乱，发病率为0.62%，1987～1989年全县平均每年有17乡镇218村发生禽霍乱，平均发病率为1.13%，平均死亡率82.93%。

鸡　痘：1969～1979年，全县平均每年有6个社镇16个大队发生鸡痘，1987～1989年为4个乡镇5个村发生鸡痘，主要发生在修梅、停弦渡、佘市、杨板等乡镇。

鸭　瘟：1970～1980年多次在县流行，主要发生在柏枝、烽火、文家、陈二、合口、修梅、停弦渡等社镇发生鸭瘟，发病率在70%左右，死亡率80%～100%。

羊传染病

羊　痘：1958年冬季发生一次地方性流行，主要发生在修梅公社、杉板公社的偏僻山区。2002年8月，四新岗、太浮、合口等乡镇发生羊痘，全县死羊1000多只。

狂犬病

1949年全县5个乡6个村发生狂犬病，发病数13例。1959年3个乡3个村发生狂犬病，发病数4例。1969年2个公社两个大队发生狂犬病，发病数3例。1979～1986年16个乡29个村发生狂犬病，年平均发病数52例，1987～1989年8个乡17个村发生狂犬病，年平均发病数16例。

寄生虫病

肺丝虫病：1959～1969年全县每年平均8个社镇36个大队发生肺丝虫病，1979年12个社镇194个大队发生肺丝虫病，1987～1989年每年平均有17个乡镇173个村发生肺丝虫病，主要发生在城关、合口、新安、停弦渡、望城等乡镇。

姜片吸虫病：1959～1969年全县每年平均有13个社镇172个大队发生姜片吸虫病，1979年发展到17个社镇238个大队发生姜片吸虫病。

焦虫病：1985年地方性流行，主要发生在山区，以太浮、陈二、文家、四新岗、柏枝、烽火、杨板、杉板、官亭等乡镇为主，1987～1989年全县每年有8个乡镇11个村发生焦虫病，1991年死亡2人，现平均每年发病数38头。

弓形体病：1987～1989年全县平均每年有17个乡镇47个村发生弓形体病。

三、　一般规律

时空分布规律

1949年前的畜禽疫病史料记载不详。根据《临澧县自然灾害情况统计表》编制《临澧县畜禽疫病害年份及实情等级一览表》（表5—2—2），1729～2007年的278年间，发生畜禽疫病害33次，其中重特大畜禽疫病7次、重大畜禽疫病害6次、一般畜禽疫病害20次。其中18世纪发生2次畜禽疫病，20世纪发生27次畜禽疫病，21世纪发生4次畜禽疫病。

灾害损失增长规律

根据《临澧县1949～2008年自然灾害灾情数据统计表》，统计20世纪50年代发生6次畜禽疫病，直接经济损失607.4万元，平均每次畜禽疫病损失101.2万元。60年代发生4次畜禽疫病，直接经济损失60.5万元，平均每次畜禽疫病损失15.1万元。70年代发生2次畜禽疫病，直接经济损失49万元，平均每次畜禽疫病损失24.5万元。80年代发生7次畜禽疫病，直接经济损失235.5万元，平均每次畜禽疫病损失33.6万元。90年代发生6次畜禽疫病，直接经济损失861万元，平均每次畜禽疫病损失143.5万元。21世纪9年中发生4次畜禽疫病，直接经济损失1086万元，平均每次畜禽疫病损失271.5万元。灾害损失不断增长，见《临澧县1949～2008年畜禽疫病灾害经济损失图》（图5—2—1）

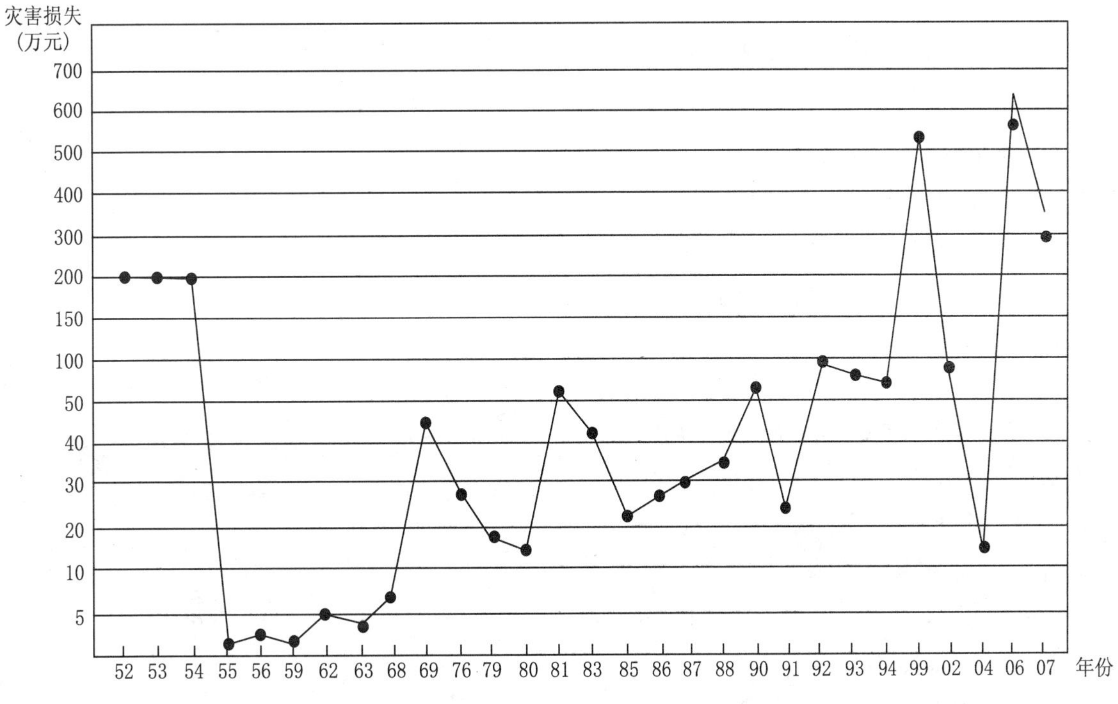

图5—2—1　临澧县1949～2008年畜禽疫病灾害经济损失图

灾害频次不断上升规律

根据《临澧县畜禽疫病害年份及灾情等级一览表》（表5—2—2）统计，18世纪发生2次畜禽疫病，20世纪发生27次畜禽疫病，21世纪前9年中发生4次畜禽疫病。境内畜禽疫病害发生频次不断上升。

表 5—2—2　临澧县畜禽疫病害年份及灾情等级一览表

年份	等级	年份	等级	年份	等级	年份	等级	年份	等级
1435	△	1953	▲	1968	△	1985	△	1993	▲
1737	△	1954	▲	1969	●	1986	△	1994	△
1748	▲	1955	△	1976	▲	1987	△	1999	△
1914	●	1956	△	1979	●	1988	△	2002	△
1935	△	1959	△	1980	△	1990	△	2004	△
1948	●	1962	△	1981	●	1991	△	2006	▲
1952	●	1963	△	1983	●	1992	●	2007	△

灾情等级：重特大灾害●；重大灾害▲；一般灾害△。

附：境内畜禽的主要传染病有：炭疽、狂犬病、破伤风、口蹄疫、牛出败、牛气肿疽、牛流行热；猪丹毒、猪瘟、仔猪副伤寒、猪喘气病、猪流感、猪传染性胃肠炎、猪链球菌病、猪大肠杆菌病、猪细小病毒病、狂犬病、猪蓝耳病；鸡新城疫、鸡传染性法氏囊病、鸡传染性支气管炎、鸡马立克氏病、禽霍乱、禽流感；鸭瘟、鸭病毒性肝炎、鸭传染性浆膜炎、番鸭细小病毒；羊痘、羊传染性胸膜肺炎、羊猝疽、羊快疫、羊口疮、羊传染性结膜角膜炎、羔羊痢疾等 30 多种。

第三节　水产疫病害

县内水产养殖的渔业和其他（特种、水生植物）类的疫病害，主要分病毒病、细菌病、真菌病、寄生虫病、营养性疾病等，各养殖种类都曾发生不同程度的疫病。水产疫病由养殖老区扩大到全县从事水产养殖水域、湖泊和水库。水产疫病害危害育苗、养殖到越冬各养殖生产阶段，病源对水温的适宜范围扩大，多在夏季高温时节出现发病高峰。

历史上对水产养殖疫病害的资料记载不详。据 20 世纪畜牧水产养殖管理部门统计，从 1991～2008 年，发生一般水产养殖疫病 8 起，直接经济损失 1160 万元。2006 年经县水产养殖管理部门调查统计，人工养殖的鱼、虾、贝、藻、蟹、蛙等水生经济动植物的疾病在 30 种以上，每年损失产量 500 吨，直接经济损失 800 万元左右。

一、　病毒病

县内病毒性鱼病有草鱼出血病、蚌瘟病、病毒性出血病、鲤竖鳞病。根据《临澧县水产养殖业疫病害年份及灾情等级一览表》（表 5—3—1），统计 20 世纪发生 3 次病毒性疫病。

1992 年，合口镇珍珠养殖场 16 亩养殖池发生病毒性蚌病，死亡率达 30%，直接经济损失 50 万元。

1995 年，合口镇珍珠场 250 亩养殖面积，珍珠蚌 2.5 万个感染蚌疫病，直接经济损失 120 万元。

1996 年，合口镇珍珠养殖场 250 亩养殖面积，珍珠蚌 2.5 万个感染蚌疫病，直接经济损失 110 万元。

二、　细菌病

县内细菌病有白头白嘴病、细菌性肠炎、烂鳃病、打印病、细菌性出血病、赤皮病、疥疮病。细菌性鱼病主要有赤皮、肠炎、烂鳃、白皮、白头白嘴、打印病等 6 种。根据《临澧县水产养殖疫病害年份及灾情等级一览表》（表 5—3—1），统计 20～21 世纪发生 3 次一般细菌病。

1990 年，9000 亩养殖面积发生细菌性肠炎，死亡率达 35%，直接经济损失 180 万元。

1991 年，1 万亩养殖面积发生烂鳃病，死亡率达 40%，直接经济损失 220 万元。

2000 年，官亭水库暴发白鲢出血病，死鱼 7 万多斤，使用各种新鱼药防治药费 8 万元，未见效果。后来，邓绪明用 400 吨生石灰撒于整个水库，5 天后制止了白鲢死亡。挽救了水库中 40 多万斤鱼和官亭水库渔场。

三、 真菌病

县内真菌病主要有：水霉病、肤霉病（亦称水霉病、白毛病）、鳃霉病等，尤以肤霉病危害最大。根据《临澧县水产养殖疫病害年份及灾情等级一览表》（表 5—3—1），统计 20 世纪发生 1 次一般真菌病。

1999 年，全县 6000 亩养殖面积发生水霉病，死亡率达 16%，直接经济损失 180 万元。

四、 寄生虫病

县内寄生虫病主要有中华鳋、鲺、锚头鳋、鲤绦虫病、红细线虫病、三代虫病、隐鳃虫病、鳃隐鞭虫病、九江头槽虫病。根据《临澧县水产养殖疫病害年份及灾情等级一览表》（表 5—3—1），统计 20 世纪发生 1 次一般寄生虫病。

1998 年，全县 500 亩养殖面积发生中华鳋，死亡率达 16%，直接经济损失 50 万元。

表 5—3—1　　临澧县水产养殖业疫病害年份及灾情等级一览表

年份	等级	年份	等级	年份	等级	年份	等级
1990	△	1992	△	1996	△	1999	△
1991	△	1995	△	1998	△	2000	△

灾情等级：重特大灾害●；重大灾害▲；一般灾害△。

附：水产疫病防治。对鱼塘、鱼体进行消毒，实行药物治疗和人工免疫等，对发病鱼塘浸泡马尾松、苦楝叶，黄泥浆掺人尿，泼洒药物，投饲药饵：冬季放水晒塘，春、夏、秋换水等。主要药品有：生石灰、食盐、高锰酸钾、硫酸铜和硫酸亚铁混合剂、漂白粉、晶体敌百虫、大蒜、五倍子、蓖麻叶、磺胺类、呋喃类、霉素类西药、鱼肤灵、鱼乐消毒剂、强氯精以及草鱼出血病组织浆灭活疫苗和“土法免疫苗”。

第四节　森林虫害

一、 概　况

县内森林虫害以松毛虫害为主，清朝后松林松毛虫害为甚。新中国成立前至公元前 37 年，仅记载 1 次大森林虫害。自 1729～2008 年的 279 年间，共发生 32 次森林虫害，其中 18 世纪发生 1 次森林虫害。19 世纪发生 1 次森林虫害，灾害发生频率为 1%，20 世纪发生 28 次森林虫害，灾害发生频率 29%，21 世纪前 9 年中发生 2 次森林虫害，灾害发生频率 25%，重大森林虫害发生频率 27%，即 4 年左右发生一次森林虫害。

森林虫害主要有天牛、红蜡蚧、松梢螟、杉小卷娥、白蚁等。病害有炭疽病、湿地松涝叶病、叶枯病、赤枯病等。由于山丘多松、平湖多杨，防治的重点是松毛虫和天牛。森林虫害使几十至上百年的林木毁坏和大量动植物死亡。森林虫害防治困难。从国外传入临澧县的危险性或突发性病虫害，如松材线虫病，染病早期难以发现，发现后又无有效的防治办法。森林虫害的发生一般与特殊气象条件相关联，危害面积在几百到千公顷。森林虫害防治工作科学性强。如长期使用化学方法防治病虫害对其天敌的生存产生不利影响，使病虫害失去自然的控制。

森林虫害危害 根据《临澧县灾害年表》统计，历史上森林虫害记载以松毛虫为主，1949 年以前对森林虫害的损失记载不详。根据《临澧县 1949～2008 年自然灾害灾情数据统计表》统计，从 1949～2008 年共发生森林虫害 14 次，其中发生重特大森林虫害 3 次，重大森林虫害 6 次，一般森林虫害 5 次。受灾面积 228.7 万亩，成灾面积 167.9 万亩，挽回损失 12747 万元，林业经济损失 10280 万元，直接经济损失 13800 万元，见《临澧县 1949～2008 年森林虫害成灾经济损失统计表》(表 5—4—1)。

表 5—4—1 临澧县 1949～2008 年自然灾害情况统计森林虫害损失统计表

单位：万人、万亩、万元

年份	受灾人口	受灾面积	成灾面积	林（果）业损失	抗灾费用	经济损失
1956	27.5	30	19	450	150	600
1961	10.1	11	9	700	200	900
1963	12.1	14	9.5	850	600	1450
1965	12.2	15	10	900	200	1100
1970	20	40	21	960	240	1200
1973	14.8	20	15	400	250	650
1976	27.1	23	20	560	240	800
1979	9.72	7	6	600	160	760
1983	9.56	7	6.5	900	200	1100
1984	9.96	7	6	600	100	700
1990	10.3	17.5	16	800	300	1100
1999	21.1	13	12	800	260	1060
2000	22.7	14.1	12	960	270	1230
2003	16.7	10.1	5.9	800	350	1150
合 计	223.84	228.7.	167.9	10280	3520	13800

二、 灾害纪略

圣祖康熙五十九年（1720）5 月，澧州等地发生重大森林虫害，虫食松叶，至秋方解。

穆宗同治七年（1868）5～6 月，发生重大森林虫害，虫食松毛尽槁。

宣统三年（1911）至民国 38 年

(1949)，每年都发生一般松毛虫害。

民国 1 年（1912）6 月，发生一般松毛虫害。

民国 3 年（1914）6 月，发生一般松毛虫害。

民国 7 年（1918）6 月，发生一般松毛虫害。

民国 10 年（1921）6 月，发生一般松毛虫害。

民国 13 年（1924）6 月，发生一般松毛虫害。

民国 16 年（1927）6 月，发生一般松毛虫害。

民国 19 年（1930）6 月，发生一般松毛虫害。

民国 22 年（1933）6 月，发生一般松毛虫害。

民国 24 年（1935）6 月，发生重大松毛虫害。湖南省第三林务局，督导区乡居民人工捕捉、点灯灭蛾防治松毛虫。

民国 25 年（1936）7 月，发生一般松毛虫害。

民国 26 年（1937）6 月，发生重大松毛虫害，松毛虫猖獗，屡杀不止，成害。将松毛虫猖獗无法除捕的林木砍伐，另植阔叶林。

民国 28 年（1939）6 月，发生一般松毛虫害。

民国 31 年（1942）6 月，发生一般松毛虫害。

民国 34 年（1945）6 月，发生一般松毛虫害。

民国 36 年（1947）6 月，发生一般松毛虫害。

1956 年 11～12 月，发生重特大越冬代松毛虫灾害。17 个乡 3 个镇，4.9 万户 27.5 万人受灾。林业受灾 30 万亩，成灾 19 万亩，防治面积 10 万亩，挽回经济损失 830 万元。林业损失 450 万元，直接经济损失 600 万元。1956～1978 年间，每隔 3～5 年就有一次全县性大暴发。

1961 年 3～7 月，发生重大森林虫害。新安、官亭、九里、杉板、停弦等社镇发生红蜘蛛和松毛虫害，松树被吃成桩巴，受灾面积 11 万亩，9 个社镇 195 个大队，4.5 万户受灾人口 10.1 万人，7 月上旬省林业厅派农用飞机为新安、新合喷洒农药万余亩，灭红蜘蛛虫、叶跳虫、伏蚜虫 90%以上，在官亭、九里、杉板、停弦渡喷洒“六六六”粉 10 万余斤灭松毛虫害。县委、县政府积极开展抗灾和救灾工作，防治面积 10 万亩，挽回经济损失 900 万元，林业损失 700 万元，直接经济损失 900 万元。

1963 年 6～7 月，发生一般第二代松毛虫害，全县 11 个社镇 121 个大队，3.01 万户 12.1 万人受灾。林业受灾面积 14 万亩，成灾面积 9.5 万亩，林业损失 850 万元，直接经济损失 1450 万元。

1965 年 6～7 月，发生重大第二代松毛虫灾害。全县 11 个社镇 121 个大队，3.1 万户、12.2 万人受灾。林业受灾面积 15 万亩，成灾面积 10 万亩。林业损失 900 万元，直接经济损失 1100 万元。

1970 年 7～9 月，发生重特大松毛虫灾害，全县 17 个社镇 269 个大队，5.31 万户 21.7 万人受灾。全县松林受灾面积 40 万亩，县委政府在全县进行第二次飞机治虫，防治 21 万亩，挽回经济损失 1490 万元，林业经济损失 960 万元。直接经济损失 1200 万元。

1973 年 6～9 月，发生一般松毛虫害。全县 9 个社镇 124 个大队，14.8 万人受灾。受灾面积 20 万亩，全县防治 15 万亩，挽回损失 1100 万元，林业损失 400 万元，直接经济损失 650 万元。

1976 年 7～9 月，发生一般松毛虫害，全县 12 个社镇 135 个大队，27.1 万人受灾。受灾面积 23 万亩，全县防治面积 20 万亩，挽回经济损失 1600 万元，林业损失 560 万元，直接经济损失 800 万元。

1979 年发生一般油茶叶蜂和松针红蜡蚧害。全县 8 个社镇 79 个大队，9.72 万人受灾。受灾面积 7 万亩，全县防治面积 6 万亩，挽回经济损失590万元，林业损失600万元，直接经济损失760万元。

1983年7～8月，发生一般重大松毛虫、油茶叶蜂和松针红蜡蚧害。停弦渡、修梅、杨板、佘市、杉板等6个公社75个大队，9.56万人受灾。危害油茶6万亩，使油茶果减产50%～80%，全县防治面积6.5万亩，挽回经济损失720万元，林业损失900万元，直接经济损失1100万元。

1984年7～9月，发生一般松毛虫、油茶叶蜂和松针红蜡蚧害。官亭、九里、杉板、停弦渡、杨板、望城、衍嗣等14乡镇受灾人口9.96万人，危害油菜5000亩。全县14个乡镇防治面积6万亩，挽回经济损失610万元，林业损失600万元，直接经济损失700万元。

1990年4～6月，发生重大松毛虫害。受灾面积17.5万亩，受灾人口10.3万人，6月22～26日，全市组织飞机治虫，全县防治面积16万亩，效果达96.1%，挽回经济损失1230万元，林业损失800万元，直接经济损失1100万元。

1999年4～7月，发生重大松毛虫害。全县16个乡镇189个村，21.1万人受灾。受灾面积13万亩，7月5日，全市组织飞机治虫，全县防治面积12万亩，挽回经济损失1050万元，林业损失800万元，直接经济损失1060万元。

2000年3月，发生重特大松毛虫害，全县14个乡镇134个村，22.7万人受灾。受灾面积14.1万亩，4月3～10日，全市用飞机治虫全县防治12万亩，防治效果达97.8%，挽回经济损失1100万元，林业损失960万元，直接经济损失1230万元。

2003年4～5月，发生重大松毛虫害。全县14个乡镇134个村，16.7万人受灾。受灾面积10.1万亩，6月18日至7月1日，全市采用飞机防治，有效防治面积5.9万亩，挽回经济损失775万元，林业损失800万元，直接经济损失1150万元。

三、 一般规律

时空分布规律

森林虫害的时间分布：根据《临澧县自然灾害情况统计表》，统计境内森林虫害，从1729～2008年的279年里，发生森林虫害31次，平均9年发生一次，符合10年一大灾的规律。且森林虫害的发生的时间和空间，与长江中下游地区森林虫害发生时段相同。符合长江中下游区域森林虫害时空和区域组合规律。

灾害链诱发规律

森林虫害的发生影响到其他次生灾害的发生，形成森林虫灾害链。如松毛虫暴发后，易引起发生松天牛、松小蠹虫等次生虫害，再次对森林造成危害。

灾害损失增长规律

森林虫害的损失由受害的面积和虫密度所决定。根据《临澧县1949～2008年自然灾害灾情数据统计表》，统计20世纪50年代发生1次森林虫害，直接经济损失600万元。60年代发生3次森林虫害，直接经济损失3450万元，平均每次森林虫害直接经济损失1150万元。70年代发生4次森林虫害，直接经济损失3410万元，平均每次森林虫害直接经济损失852.5万元。80年代发生2次森林虫害，直接经济损失1800万元，平均每次森林虫害直接经济损失900万元。90年代发生2次森林虫害，直接经济损失1160万元，平均每次森林虫害直接经济损失580万元。21世纪前8年发生2次森林虫害，直接经济损失2380万元，平均每次森林虫害直接经济损失1190万元。森林虫害的损失数量不断增长，见《临澧县1949～2008年森林虫害经济损失图》（图5—4—1）。

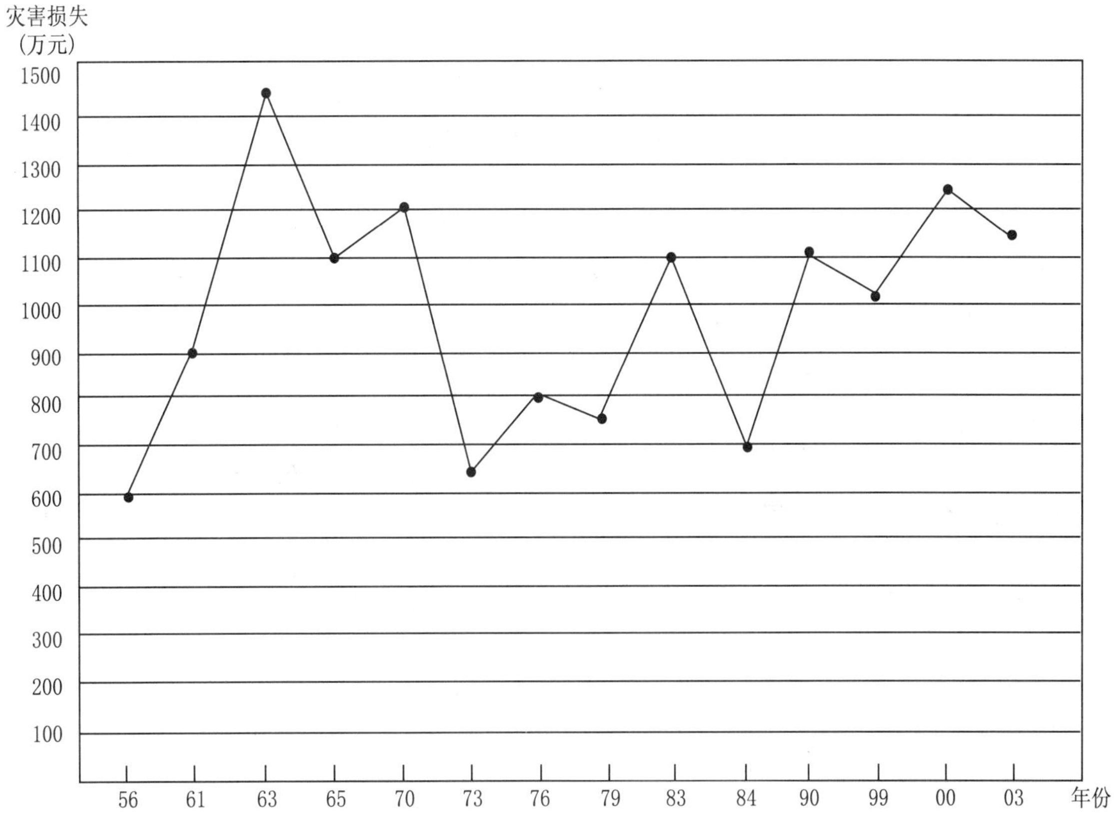

图 5—4—1　临澧县 1949～2008 年森林虫害经济损失图

灾害频次上升规律

根据《临澧县森林虫害年份及灾情等级一览表》（表 5—4—2），统计 18 世纪发生 1 次森林虫害，19 世纪发生 1 次森林虫害。20 世纪发生 28 次森林虫害，21 世纪前 9 年中发生 2 次森林虫害，境内森林虫害发生频次不断上升。

表 5—4—2　　临澧县森林虫害年份及灾情等级一览表

年份	等级	年份	等级	年份	等级	年份	等级	年份	等级
1720	▲	1924	△	1939	△	1965	▲	1990	▲
1868	▲	1927	△	1942	△	1970	●	1999	▲
1911	△	1930	△	1945	△	1973	△	2000	●
1912	△	1933	△	1947	▲	1976	△	2003	▲
1914	△	1935	▲	1956	●	1979	△		
1918	△	1936	△	1961	▲	1983	▲		
1921	△	1937	▲	1963	△	1984	△		

灾情等级：重特大灾害●；重大灾害▲；一般灾害△。

第六章　地质灾害

第一节　泥石流

一、　概　况

临澧县地处湘西北部，历史上，在太浮山、刻木山、铜山、古老山、将军山等山脉发生泥石流灾害，但史料记载不详。1988年成立县土地管理局，1995年成立县地质矿产资源管理局，2002年县土地管理局与县地质矿产资源管理局合并成立县国土资源局，2005年设立地质环境监测站，负责地质灾害防灾抗灾和救灾工作。据统计，从20世纪70年代至2008年止，发生2起泥石流灾害，经济损失40.7万元，见《临澧县1972～2008年地质灾害灾情统计表》（表6—1—2）。

二、　灾害纪略

1972年8月18日，境内普降大到暴雨，停弦渡公社白虎山大队古老山脉（华阴丫）发生沟谷型泥石流灾害，泥石流沟面积910多平方米，体积2120立方米，泥石流从山体向210米沟谷冲击，毁坏树木900余根，冲毁道路120米。毁坏堰塘2处，耕地8亩，受灾民户6户24人。经济损失14.6万元。

1995年6月11日，境内连续普降大到特大暴雨，文家乡五道村水库坝的太浮山脉发生山坡型泥石流灾害，山坡泥石流面积800多平方米，体积2300立方米。泥石流向山坡下30米沟谷冲击，毁坏树木400余根，冲毁道路40米，毁坏堰塘1处，毁坏耕地11亩，损坏农作物，淤塞溪道，受灾民户2户9人，经济损失26.1万元。

三、　一般规律

泥石流形成的条件　陡峻的便于集水、地物的地形地貌，丰富的松散物资，短时间有大量的水源。山脉易发生由水和大小不等的砂粒、石块组成的水石流。丘岗山区易发生以黏土为主，含有少量砂粒、石块、黏度大、呈稠泥状的泥流。

泥石流发生地域　泥石流主要分布在古老山、刻木山、铜山、太浮山等区域，有泥石流沟数十条，发生规模较大，频率较高，危害较重。其次分布在丘岗地区，发生的频率较高。

泥石流发生的季节　泥石流发生主要受连续降雨、暴雨，尤其是特大暴雨等集中降雨的激发。泥石流发生时间规律与集中降雨时间规律相一致。具有明显的季节性。泥石流多发在5～8月。泥石流一般发生在一次降雨过程高峰期或在连续降雨稍后。

第二节　滑　坡

一、　概　况

历史上经常发生滑坡地质灾害，因人们对滑坡地质灾害认识能力的影响和对滑坡地质灾害防治条件的制约，滑坡地质灾害对农业生产影响和危害历史资料记载不详。根据县国土资源局地质灾害管理机构1977～2007年的统计，滑坡地质灾害共发生21起，其中中型1起，小型20起，经济损失337.5万元，见《临澧县1972～2008年地质灾害灾情统计表》（表6—1—2）

二、 灾害纪略

1977年2月16日22时，青山水轮泵上山管道出口消力池旁的吃水池因渗漏原因，池下山土滑坡，山体滑坡总长度30米，深度5～8米，滑动土方1700立方米，毁坏青山管理局的招待所房间3.5间，食堂平房屋1间，钢筋混凝土楼梁折断，楼面水泥板抛去几十米外，房屋及财产经济损失6万多元，灾害防治费用15万元，经济损失21万元。

1995年7月17日，修梅镇范家村古老山发生山体滑坡地质灾害，滑坡总体长度13米，深度17～18米，山体滑动3.5米，属于小型滑坡。灾害毁坏旱地1.1亩，受灾农户6户19人，损坏农房1户3间，灾害防治费用1.9万元，经济损失5.1万元。

1996年5月29日，柏枝乡高家村发生滑坡地质灾害。滑坡总长度22米，深度5～6米，厚度3～5米，滑动土方约220立方米，山体滑动1.6米，属于小型滑坡。灾害毁坏道路300米，旱地1.6亩，林木200余根，受灾6户18人，经济损失5.5万元。

1997年8月6日，修梅镇七重堰村古老山发生山体滑坡地质灾害。滑坡总长度19米，深度4～5米，厚度2～7米，滑动土方约310立方米，山体滑动1.4米，属于小型滑坡。受灾农户4户15，毁坏旱地1.2亩，灾害防治费用2.8万元，经济损失8.8万元。

1997年8月8日，烽火乡将军村将军山发生山体滑坡地质灾害，滑坡总长度3100米，深度15～20米，厚度5～8米，滑动土方约1000立方米，山体滑动0.5米，属于小型滑坡。受灾农户4户17人，毁坏旱地1.2亩，灾害防治费用2.8万元，经济损失8.2万元。

1998年5月7日，佘市镇高桥村发生山体滑坡地质灾害。滑坡总长度11米，深度4～6米，厚度2～3米，滑动土方约140立方米，山体滑动1.0米，属于小型滑坡。受灾农户5户19人，毁坏房屋1户3间，毁坏道路2.6公里，灾害防治费用2.8万元，经济损失18.8万元。

1998年5月11日，修梅镇鸡山村铜山发生山体滑坡地质灾害。滑坡总长度55米，深度8～12米，厚度7～10米，滑动土方约1100立方米，山体滑动3米，属于小型滑坡。受灾农户5户21人，毁坏房屋1户4间，灾害防治费用2.3万元，经济损失6.9万元。

1998年5月12日，修梅镇赵家村铜山发生山体滑坡地质灾害。滑坡总长度16米，深度5～6米，厚度3～4米，滑动土方约310立方米，山体滑动2.2米，属于小型滑坡。受灾农户4户21人，损坏房屋1户3间，灾害防治费用2.9万元，经济损失6.6万元。

1998年9月10日，杨板乡五合村古老山发生山体滑坡地质灾害。滑坡总长度17米，深度9～11米，厚度3～4米，滑动土方约300立方米，山体滑动2米，属于小型滑坡。受灾农户4户17人，毁坏房屋1户3间，灾害防治费用2.8万元，经济损失8.5万元。

1998年9月14日，新安镇金坑村龙凤山发生山体滑坡地质灾害。滑坡总长度14米，深度7～9米，厚度2～3米，滑动土方约270立方米，山体滑动1.5米，属于小型滑坡。受灾农户4户14人，毁坏房屋1户3间，防治费用2.5万元，经济损失7万元。

1998年9月22日，杉板乡牛头村铜山发生山体滑坡地质灾害。滑坡总长度22米，深度13～15米，厚度6～7米，滑动土方约440立方米，山体滑动2米，属于小型滑坡。受灾农户5户16人，毁坏房屋1户3间，灾害防治费用4.4万元，经济损失9.2万元。

1999年9月25日，杉板乡月星村铜山发生山体滑坡地质灾害。滑坡总长度28米，深度4～6米，厚度4～6米，滑动土方约620立方米，山体滑动25米，属于小型滑坡。受灾农户11户45人，损坏房屋2户7间，灾害防治费用8.2万元，经济损失19.2万元。

1999年9月30日，烽火乡花果村花果山发生山体滑坡地质灾害。滑坡总长度13米，深度4～6米，厚度3～5米，滑动土方约320立方米，山体滑动1.8米，属于小型滑坡。受灾农户5户17人，毁坏房屋1户2间，灾害防治费用5.5万元，经济损失18.5万元。

1999年10月10日，陈二乡胜利村太浮山发生山体滑坡地质灾害。滑坡总长度19米，深度7～9米，厚度4～6米，滑动土方约330立方米，山体滑动2.2米，属于小型滑坡。受灾农户5户16人，毁坏房屋1户3间，灾害防治费用3.8万元，经济损失12.3万元。

2000年5月，太浮镇王化村发生山体滑坡地质灾害。滑坡总长度31米，深度4～5米，厚度11～13米，滑动土石方270立方米，山体滑坡2米，属于小型滑坡。受灾农户6户21人，损坏房屋2户5间，灾害防治费用3.2万元，经济损失13.8万元。

2001年9月，官亭乡竹龙村发生山体滑坡地质灾害。滑坡总长度17米，深度8～10米，厚度3～5米，滑动土石方190立方米，山体滑坡3.3米，属于小型滑坡。受灾农户1户5人，毁坏旱地1.1亩，损坏房屋1户2间，灾害防治费用2.5万元，经济损失7.8万元。

2003年7月，烽火乡观音庵集镇将军山地段出现大面积山体滑坡地质灾害，滑坡体总长度达1000米，深度40～80米，厚度3～10米，滑动土石方约17万立方米，属于中型滑坡，直接危及烽火乡卫生院、烽火乡水电站、烽火乡信用社及65户696人居民安全，潜在灾害程度属特大级，灾害防治费用115万元，经济损失140万元。

2003年8月12日，官亭乡双泉村刻木山发生山体滑坡地质灾害。滑坡总长度31米，深度14～18米，厚度6～9米，滑动土方约1100立方米，山体滑动3.5米，属于小型滑坡。受灾农户4户17人，毁坏旱地1亩，毁坏房屋1户3间，灾害防治费用1.6万元，经济损失6.1万元。

2004年10月，九里乡谭家河村发生山体滑坡地质灾害。滑坡总长度26米，深度2～3.4米，厚度7～12.5米，滑动土石方290立方米，山体滑坡1.8米，属于小型滑坡。受灾农户16户68人，损坏房屋1户3间，灾害防治费用2.3万元，经济损失7.2万元。

2005年6月12日，杉板乡中学后山发生山体滑坡地质灾害。滑坡总长度110米，深度7～10米，厚度20～30米，滑动土方约320立方米，属于小型滑坡。受灾人口880人，灾害防治费用1.6万元，经济损失3.8万元。

2007年8月24日，修梅镇范家村三组华家湾发生山体滑坡地质灾害。滑坡总长度10米，深度3～5米，滑落5.5～6米，移位2～3米，移动土石方200余立方米，受灾农户1户4人，损坏房屋1户3间，防治费用1.1万元，经济损失3.2万元。

三、 一般规律

产生滑坡的条件

地质和地貌条件，岩、土地是产生滑坡的物质基础，其中结构松软，抗剪强度和抗风化能力较低，在水的作用下其岩、土等软硬相同岩层所构成的斜坡易发生滑坡。斜坡岩、土具有被各种构造而切割分离成不连接状态时，具备向下滑动条件。地形地貌和水文地质是形成滑坡的必要条件。如坡度、地下水活动在滑坡中起重要作用。

滑坡活动强度

滑坡强度主要与滑坡的规模、滑移速度、滑移距离有关。其蓄居位置越高，体积越大，移动速度越快。移动距离越远则滑坡活动强度越高，危害强度越大。

滑坡流动时间

滑坡流动时间主要与诱发滑坡的各种外界因素有关。如，降雨、冰融及人类活动等。滑坡空间分布主要与地质因素和气象因素有关。通常滑坡多发生在河、沟的岸坡地带，地形高差大的山谷。山区铁路、公路、工程建筑物的边坡地段。

灾害损失规律

根据《临澧县1977～2008年地质灾害灾情统计表》（表6—1—2）统计，1972年发生1次泥石流灾害，经济损失14.6万元。1977年发生1次滑坡地质灾害，经济损失21万元。1995年发生1次滑坡地质灾害，经济损失5.1万元。1996年发生1次滑坡地质灾害，经济损失5.5万元。1997年发生2次滑坡地质灾害，经济损失17万元。平均每次滑坡地质灾害损失8.5万元。1998年发生6次滑坡地质灾害，经济损失47万元，平均每次滑坡灾害损失7.8万元。1999年发生3次滑坡地质灾害，经济损失50万元，平均每次滑坡灾害损失16.7万元。2000年发生1次滑坡地质灾害，经济损失13.8万元。2001年发生1次滑坡地质灾害，经济损失7.8万元。2003年发生2次滑坡地质灾害，经济损失146.1万元，平均每次灾害损失73万元。2004年发生1次滑坡地质灾害，经济损失7.2万元。2005年发生1次滑坡地质灾害，经济损失3.8万元。2007年发生1次滑坡地质灾害，经济损失3.1万元。20世纪滑坡地质灾害损失呈增长趋势，21世纪滑坡地质灾害呈逐渐下降趋势，见《临澧县1977～2008年滑坡灾害经济损失图》（图6—2—1）。

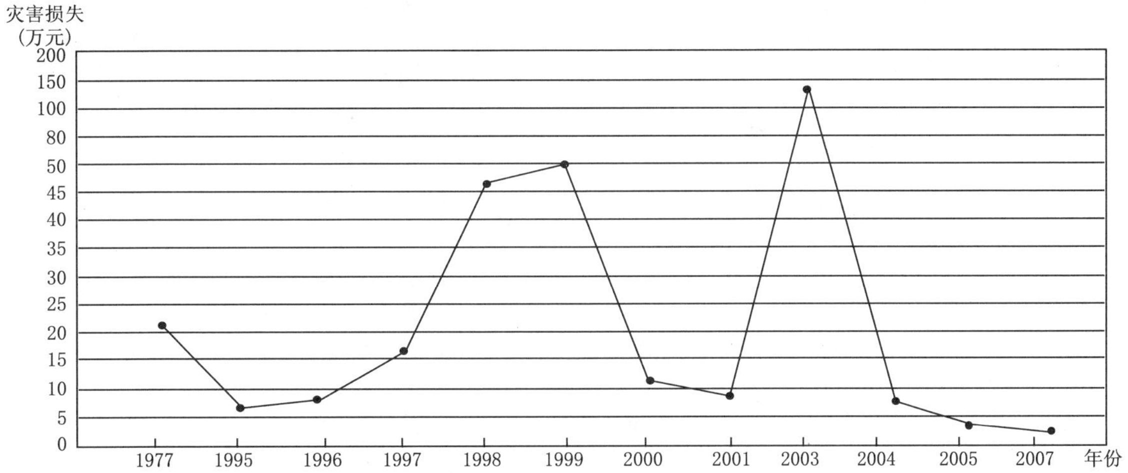

图6—2—1　临澧县1977～2008年滑坡灾害经济损失图

灾害频次上升规律

根据《临澧县1972～2008年地质灾害年份及灾情等级一览表》（表6—1—1），统计20世纪以来，70年代发生1次滑坡地质灾害，90年代发生13次滑坡地质灾害；21世纪前9年中发生7次滑坡地质灾害。滑坡地质灾害发生频次呈上升趋势。

第三节　崩　塌

一、概　况

历史上不断发生小型崩塌地质灾害，但资料记载不详。根据县国土资源局资料统计，从1995～2007年发生崩塌（塌陷）和井水透水等地质灾害12起，经济损失763.2万元，见《临澧县1972～2008年地质灾害灾情统计表》（表6—1—2）。

二、灾害纪略

1993年11月4日，新安龙凤山水泥厂采石场发生重大崩塌地质灾害，死亡9人，致伤5人，经济损失13.2万元。

1996年7月17日，新安镇金坑村龙凤山发生崩塌地质灾害。塌陷面积200平方米，影响居住安全21户85人，经济损失1.1万元。

1997年5月26日，停弦渡大丰村铜山发生崩塌地质灾害。塌陷面积110平方米，影响居住安全13户56人，毁坏耕地3.4亩，灾害防治费用1.1万元，经济损失11.9万元。

1998年7月22日，停弦渡关山村古老山发生崩塌地质灾害。毁坏道路300米，灾害防治费1.8万元，经济损失8.4万元。

1998年9月10日，杉板乡歇驾矿发生崩塌地质灾害。塌陷面积1200平方米，影响居住安全4户11人，毁坏水田1.8亩，旱地1.2亩，灾害防治费用13万元，经济损失37万元。

2000年5月，杉板乡牛山村的三江口石膏矿，因采穿坑道厅板发生两处垮塌，塌陷面积达400多平方米，影响村民居住安全8户34人，经济损失160万元，导致矿井报废。

2005年10月16日，杉板精华石膏矿发生地表塌陷2处，面积200余平方米，受灾农户11户35人，损坏房屋2户9间，毁坏水田1.2亩，旱地1.8亩，防治费用31万元，经济损失63万元。

2006年9月18日，佘市尖锋石膏矿发生崩塌地质灾害，塌陷面积1200平方米，影响居住安全22户75人，毁坏旱地1.5亩，灾害防治费用17万元，经济损失43万元。

2002年7月，合口镇玉华石膏矿发生穿水，地面多处塌陷，危害范围20亩，受灾农户110户410人，影响村民居住安全4户11人，房屋建筑面积700平方米，经济损失200万元。

2002年8月28日，合口镇陈湖石膏矿发生井下透水，影响居住安全23户85人，设备损失28万元，灾害防治费用14万元，经济损失42万元。

2003年6月16日，九里太平石膏矿发生井下透水，影响居住安全6户19人，设备损失11.5万元，灾害防治费用8.5万元，经济损失25.6万元。

2004年5月，合口镇兴隆石膏矿主井北西方向巷道内约15米采掘时，掘穿导水溶裂隙，井内涌水量加大而又封堵不力导致淹井。为尽快恢复生产，2005年4～5月，投入防治费用48万元，采取静水注灌的办法注入水泥及凝固剂200多吨，消除了隐患。经济损失158万元。

三、 一般规律

时空分布规律

地质灾害类型以崩塌为主，每年进入夏季后，区域内经常发生暴风骤雨，容易导致自然地质灾害的发生。现有石膏矿、石煤矿、灰岩矿、黏土矿、膨润土矿、砂场等86家矿山，大量的人为工程活动和复杂的地质环境是地质灾害的主要诱因，随时发生地质灾害，在已经发生地质灾害的区域，可能继续发生地质灾害。根据历年发生地质灾害的情况统计，每年5～8月为地质灾害的高发时期。

灾害区域分布规律

地质灾害的区域主要分布在澧水流域、道水流域的相关堤垸，各矿山区域，部分交通干线，各乡镇重点隐患点。

堤　垸：淞澧大院合口堤垸、停弦关山堤垸、山洲堤垸、烽火堤垸。

矿　山：杉板乡、佘市镇、合口镇、九里乡等4个乡镇的石膏矿区。新安镇水泥采石场区域。停弦渡镇关山采石场区、九龙村、新溪村陶土开采点。修梅镇观音洞、闸家、鸡山采石场和石煤矿采区，白土村膨润土采区。陈二乡新安村、南档村采石区。柏枝乡高家村砂石采点。

交通干线：长石铁路杉板乡歇驾村段。公路干线的新安镇至瓜子峪金坑村路段、停弦渡镇白青公路山洲村路段等。

山　脉：将军山、太浮山、刻木山、古老山等山脉。由于自然条件的影响，丘陵地区宅基地在选址时，为了不占水田和旱地，往往是依山傍溪而建，每遇暴雨山洪，容易受到滑坡及泥石流的侵袭。

灾害诱发因素

降　雨：临澧县地处亚热带边缘内陆季风气候区，受地势影响，形成独具特色的地方气候，是常德市的低温中心。全县多年平均雨量在1260.54毫米左右，平均降水日计在137天左右。每年4～9月为主降雨期，占全年降雨总量80%以上，是地质灾隐患的主防治期。

违规采矿：矿山企业超宽、超高、超层、悬度过大开采，过量抽排地下水等极易引发地质灾害。

病险工程：病险水利工程在汛期极易引发地质灾害。

违规取土：公路边、山坡边、坡地边的随意取土亦是诱发地质灾害的新因素。

灾害损失增长规律

根据《临澧县1972～2008年地质灾害

灾情统计表》（表 6—1—2）统计，共发生 12 次崩塌（进下透水）地质灾害，灾害共计损失 763.2 万元，平均每次灾害损失额为 63.6 万元。其中 90 年代发生 5 次崩塌地质灾害，共计损失 71.6 万元，平均每次灾害损失 14.32 万元。21 世纪前 9 年中发生 7 次崩塌地质灾害，共计损失 691.6 万元，平均每次地质灾害损失 98.8 万元。灾害损失情况统计表明，每次地质灾害损失额呈增长趋势，见《临澧县 1993～2008 年崩塌灾害经济损失图》（图 6—3—1）。

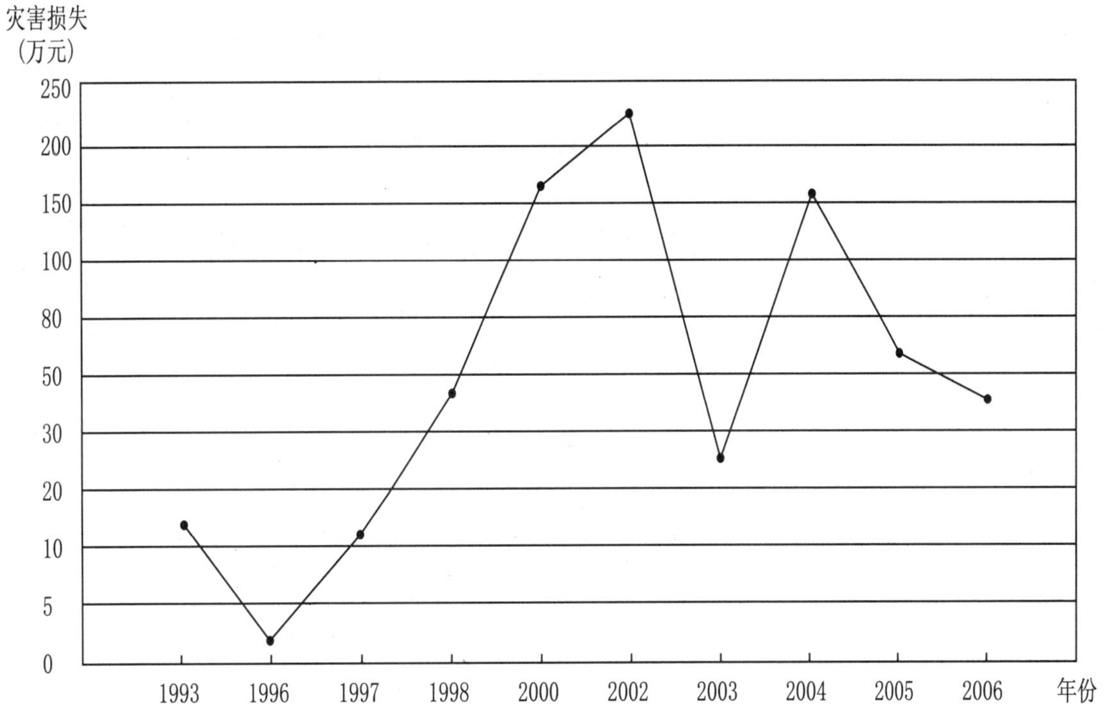

图 6—3—1　临澧县 1993～2008 年崩塌灾害经济损失图

灾害频次上升规律

根据《临澧县 1972～2008 年地质灾害年份及灾情等级一览表》（表 6—1—1）统计，20 世纪 90 年代 10 年中发生 5 次崩塌地质灾害，21 世纪前 9 年中发生 8 次地质灾害，其中较大崩塌地质灾害 2 次，21 世纪与 20 世纪中的 90 年代相比，崩塌地质灾害频次提高了 2 倍。

表 6—1—1　临澧县 1972～2008 年地质灾害年份及灾情等级一览表

年份	发生次数	等级	年份	发生次数	等级	年份	发生次数	等级
1972	1	△	1998	8	△	2004	2	△
1977	1	△	1999	3	△	2005	2	△
1993	1	△	2000	2	△	2006	1	△
1995	2	△	2001	1	△	2007	1	△
1996	2	△	2002	2	△			
1997	3	△	2003	3	▲			

灾情等级：重特大灾害●；重大灾害▲；一般灾害△。

表 6—1—2

临澧县 1972～2008 年地质灾害灾情统计表

单位:个、户、万人、处、万元、亩、间

年月	类别	灾情等级	受灾范围				死亡	致伤	灾害损失													防治费用	经济损失	地址
			乡镇	村	户	人			堰		路		水田		旱地		损坏房屋		房屋损失	设施及其他	林果业			
									处	损失	千米	损失	亩	损失	亩	损失	户	间						
197210	泥石流	△	1	1	6	20			2	6.5	0.12	1.6	2	0.5	6	1.5				2.1	2.1	0.3	14.6	停弦白虎
197702	滑坡	△	1	1	6	20												4.5	6			15	21	青山管理局
199311	崩塌	△	1	3	12	49	7	5												13.2			13.2	新安龙凤水泥厂
1995			2	2	8	28			1	3.5					12.1	20.6	1	3	1.5	3.7		1.9	31.2	
199506	泥石流	△	1	1	2	9			1	3.5					11	20				2.6			26.1	文家五道
199507	山体滑坡	△	1	1	6	19									1.1	0.6	1	3	1.5	1.1		1.9	5.1	修梅范家
1996			2	2	27	103					0.3	1.6			1.6	2.1				2.9			6.6	
199605	山体滑坡	△	1	1	6	18					0.3	1.6			1.6	2.1				1.8			5.5	柏枝高家
199607	崩塌	△	1	1	21	85														1.1			1.1	新安金坑
1997			3	3	21	88									5.9	12.1	2	5	4.4	6.3		6.1	28.9	
199705	崩塌	△	1	1	13	56									3.4	8.0				2.8		1.1	11.9	停弦大丰
199708	山体滑坡	△	1	1	4	15									1.2	2.1	1	2	2.3	1.6		2.8	8.8	修梅七重堰
199708	山体滑坡	△	1	1	4	17									1.3	2.0	1	3	2.1	1.9		2.2	8.2	烽火将军
1998			8	8	31	113					2.9	13.6	1.8	9.2	1.2	5.1	6	19	16.9	25.1		32.5	102.4	
199805	山体滑坡	△	1	1	5	19					2.6	12					1	3	2.6	1.4		2.8	18.8	佘市高桥
199805	山体滑坡	△	1	1	5	21											1	4	3.2	1.4		2.3	6.9	修梅鸡山
199809	山体滑坡	△	1	1	4	17											1	3	2.6	1.1		2.9	6.6	修梅赵家
199805	山体滑坡	△	1	1	4	14											1	3	2.9	2.8		2.8	8.5	杨板五合
199807	崩塌	△	1	1							0.3	1.6								5.0		1.8	8.4	停弦关山
199809	山体滑坡	△	1	1	4	15											1	3	2.4	2.1		2.5	7	新安金坑
199809	山体滑坡	△	1	1	5	16											1	3	3.2	1.6		4.4	9.2	杉板牛头
199809	地面塌陷	△	1	1	4	11							1.8	9.2	1.2	5.1				9.7		13	37	杉板歇驾矿

续表

年月	类别	灾情等级	受灾范围				死亡	致伤	灾害损失													防治费用	经济损失	地址
			乡镇	村	户	人			堰		路		水田		旱地		损坏房屋		房屋损失	设施及其他	林果业			
									处	损失	千米	损失	亩	损失	亩	损失	户	间						
1999			3	3	21	78											4	12	15.9	16.6		17.5	50	
199909	山体滑坡	△	1	1	11	45											2	7	4.9	6.1		8.2	19.2	杉板月星
199909	山体滑坡	△	1	1	5	17											1	2	5.2	7.8		5.5	18.5	烽火花果
199910	山体滑坡	△	1	1	5	16											1	3	5.8	2.7		3.8	12.3	陈二胜利
2000			2	2	14	55							2.6	10.5			2	5	8.5	151.6		3.2	173.8	
200005	山体滑坡	△	1	1	6	21											2	5	8.5	2.1		3.2	13.8	太浮王化
200005	地面崩塌	△	1	1	8	34							2.6	10.5						149.5			160	杉板三江矿
2001	山体滑坡	△	1	1	1	5									1.1	1.6	1	2	2.2	1.5		2.5	7.8	官亭竹龙
2002			2	2	133	495							20	160			4	11	12	56		14	242	
200207	井下透水	△	1	1	110	410							20	160			4	11	12	28			200	合口玉华矿
200208	井下透水	△	1	1	23	85														28		14	42	合口陈湖矿
2003			3	3	75	732									1	1.2	6	14	17.1	28.3		125.1	171.7	
200306	井下透水	△	1	1	6	19														17.1		8.5	25.6	九里太平矿
200307	山体滑坡	▲	1	1	65	696											5	11	15	10		115	140	烽火观音庵
200308	山体滑坡	△	1	1	4	17									1	1.2	1	3	2.1	1.2		1.6	6.1	官亭双泉
2004			2	2	21	83			1	1.6							1	3	3.8	109.5		50.3	165.2	
200405	井下透水	△	1	1	5	15			1	1.6										108.4		48	158	合口兴隆矿
200410	山体滑坡	△	1	1	16	68											1	3	3.8	1.1		2.3	7.2	九里谭河
2005			1	2	11	915			1	1.1	0.2	2	1.2	2.4	1.8	0.9	2	9	4.5	23.3		32.6	66.8	
200506	山体滑坡	△	1			880														2.2		1.6	3.8	杉板中学
200510	地面塌陷	△	1	1	11	35			1	1.1	0.2	2	1.2	2.4	1.8	0.9	2	9	4.5	21.1		31	63	杉板精华矿
200609	地面塌陷	△	1	1	22	75									1.5	3.7				22.3		17	43	佘市尖峰矿
200708	山体滑坡	△	1	1	1	4											1	3	2	0.1		1.1	3.2	修梅范家

灾情等级：重特大●；重大▲；一般△。

第四节　地　震

一、概　况

根据《常德民政志》记载，从明崇祯四年起共发生地震588次，其中较大地震10次，破坏性地震1次。

二、灾害纪略

宪宗成化六年（1470），澧州地震。

武宗正德十一年（1516），澧州、慈利地震。

世宗嘉靖三十四年（1555）12月，地震。

神宗万历三十二年（1604），澧州地震，瓦屋有声。

神宗万历三十三年（1605），澧州地震。

思宗崇祯四年（1631）8月14日，发生6.3级地震，震中北纬29.3度，东经11.7度，面积1784平方公里，震时吼声如雷，房倾树倒，压死者多，沙随水涌，腥气逼人，男女露宿月余，据统计，死亡80人，损失等级为3级。10月15日又连续大震，数日方止。

圣祖康熙十年（1671）7月27日戌时，地微震。

圣祖康熙五十六年（1717）5月23日午时，澧州县地震，声如流水，6月微震。

高宗乾隆三十八年（1773），安福地微震。

高宗乾隆五十年（1785）11月13日未时，地震，屋瓦有声。

宣宗道光六年（1826）6月25日夜，发生地震。

宣宗道光十七年（1837）3月6日卯时，地震，瓦房有声。

宣宗道光二十二年（1842）2月14日午时，地震，未时又震，地水倾斜。

宣宗道光二十三年（1843），澧州地震。

宣宗道光三十年（1850）7月，安福、武陵等地地震。

民国6年（1917），室内器具摇动。

1979年2月18日零时25分，临澧县发生里氏3.8级地震，杨板公社永丰、杨板大队房掉瓦和墙体轻度裂缝外，其他各地闻有似闷雷的声响和玻璃门窗微响，感觉床灯晃动。

1995年9月11日3时16分35秒和8时58分41秒，柏枝乡（东经111°19′，北纬29°3′）发生了里氏3.1和里氏2.6级地震，地震有感范围包括柏枝乡、望城乡西部、四新岗镇东北部、津市市棠华乡的西部、白衣乡的西南部、鼎城区双桥坪乡北部等6个乡镇，面积约300平方公里，呈北东向展布，柏枝乡为震中区，地震烈度Ⅳ度，面积32平方公里，其强有感地震烈度Ⅲ度，震中区人们普遍反映震感强烈，震前听到地声，感到大地摇晃，门窗振动发出响声，个别村民家墙面粉刷的灰浆成块振落，造成一定的损害，没有人员伤亡。

表6—4—1　　临澧县1470～2007年较大地震灾害年份及灾情等级一览表

年份	等级	年份	等级	年份	等级	年份	等级
1470	△	1631	▲	1826	▲	1917	△
1516	△	1671	△	1837	△	1979	△
1555	△	1717	△	1842	△	1995	△
1604	△	1773	△	1843	△		
1605	△	1785	△	1850	△		

灾情等级：重大灾害▲；一般灾害△。

第七章　疫病灾害

根据《临澧县自然灾害情况统计表》统计，从西周（公元前 986 年）至 2007 年，共发生疫病灾害 242 次。其中自西周至清代前 84 年（1728）的 2715 年间，发生疫病灾害 205 次。西周时期发生 1 次疫病灾害，秦汉时期发生 13 次疫病灾害，三国两晋时期发生 17 次疫病灾害，南北朝时期发生 17 次疫病灾害，隋代时期发生 2 次疫病灾害，唐代时期发生 16 次疫病灾害，宋代时期发生 32 次疫病灾害，元代时期发生 20 次疫病灾害，明代时期发生 64 次疫病灾害，清代前 84 年内发生 23 次疫病灾害。1729～2007 年的 278 年中发生 37 次疫病灾害。

第一节　传染病

境内传染病有天花、霍乱、疟疾、白喉、伤寒、痢疾、麻疹、狂犬病等流行。新中国成立后，加强传染病的防治，1953 年消灭天花病、1983 年消灭白喉病、1984 年消灭脊髓灰质炎病、1986 年消灭疟疾。根据《临澧县 49～2007 年疫病灾害年份及灾情等级一览表》（表 7—3—1）统计，境内疫病记载 39 次，其中重特大传染病 9 次，重大传染病 8 次，死亡 3231 人。

建武二十五年（49）3 月，澧州水疟，夏暑甚，多疫死。

神宗万历十七年（1589），发生疫病，通群大疫死者枕藉于道。

清世祖顺治元年（1644）3 月，澧州大疫病。

圣祖康熙四十五年（1706），澧州瘟疫大作，次年尤甚，孤丁寡族，至有田而无主者甚众。

圣祖康熙四十六年（1707），疫病甚。

高宗乾隆三十四年（1769）6 月，发生疫病。

仁宗嘉庆十二年（1807），发生大疫。

宣宗道光九年（1829），发生大疫病。

道光十二年（1832），全县瘟疫大作。

宣宗道光二十九年（1849），瘟疫大作。

民国 30 年（1941），治疗 31 例天花患者，治愈 12 人，死亡 19 人，6 例赤痢全部治愈，

民国 31 年（1942），上半年，发生霍乱，赤痢，伤寒疫病。

民国 36 年（1947）夏，瘟病流行。5 月 9 日，县卫生院向各乡、镇分发疟涤一万片，并介绍服用方法。

1950 年，天花发病 15 例，死亡 10 人。疟疾发病 1711 人，死亡 35 人。

1951 年，麻疹发病 671 例，死亡 65 人。

1953 年，痢疾发病 660 例，死亡 15 人。

1954 年，麻疹发病 1170 例，死亡 29 人。

1955 年，麻疹发病 3476 例，死亡 135 人。是年发生疟疾流行，发病 8649 例。

1956 年，麻疹发病 4701 例，死亡 75 人。

1957 年，麻疹发病 3598 例，死亡 125 人。

1959 年，麻疹发病 4778 例，死亡 229 人。流行性脑脊髓膜炎发病 139 例，死亡 40 人。

1962 年，麻疹发病 1834 例，死亡 18 人。

1963 年，麻疹发病 6070 例，死亡 92 人。

1965 年，麻疹发病 3688 例，死亡 35 人。流行性乙型脑炎发病 120 例，死亡 30 人。

1966年，麻疹发病8832例，死亡87人。流行性乙型脑炎发病114例，死亡40人。

1967年，流行性脑脊髓膜炎发病573例，死亡50人。流行性乙型脑炎发病82例，死亡11人。

1969年，流行性乙型脑炎发病216例，死亡49人。

1970年，麻疹发病760例，死亡13人。流行性脑脊髓膜炎发病335例，死亡40人。流行性乙型脑炎发病174例，死亡38人。

1971年，麻疹发病8108例，死亡31人。流行性脑脊髓膜炎发病130例，死亡19人。流行性乙型脑炎发病140例，死亡24人。

1972年，麻疹发病5634例，死亡29人。流行性乙型脑炎发病138例，死亡26人。

1973年，麻疹发病4177例，死亡35人。流行性乙型脑炎发病116例，死亡23人。

1974年，麻疹发病3389例，死亡45人。白喉发病91例，死亡18人。流行性乙型脑炎发病106例，死亡31人。

1975年，麻疹发病3085例，死亡24人。白喉发病208例，死亡22人。流行性乙型脑炎发病271例，死亡34人。

1976年，麻疹发病3225例，死亡30。流行性乙型脑炎发病118例，死亡10人。

1977年，流行性乙型脑炎发病187例，死亡30人。

1978年，流行性乙型脑炎发病128例，死亡25人。

1981年，流行性乙型脑炎发病76例，死亡13人。

1983年5月，太浮公社、珠日公社、陈二公社发生钩端螺旋体病流行，发病388例，死亡11人，发病率97.19/10万。

1988年4月25日至8月10日，官亭乡岩龙村发生伤寒、痢疾，有80户114人发病。

1998年8月，新安三运公司华运酒楼开业庆典集餐引发建国以来第一次霍乱，主要是小川型，发病3例，带菌者53例，波及新安、合口、停弦渡、安福4镇。

第二节 寄生虫病

寄生虫病有血吸虫病、钩虫病、华支睾吸虫病、丝虫病、蛔虫病、鞭虫病、蛲虫病。根据《临澧县1949～2007年疫病灾害年份及灾情等级一览表》（表7—2—1），统计寄生虫病灾害记载2次，其中重特大寄生虫病灾害1次，一般寄生虫病1次，死亡771人。

血吸虫病 在民国初期（1912年后），澧水北岸受到血吸虫病严重危害。新中国成立以来，全县上下努力开展血吸虫病防治。

民国28年（1939）至民国38年（1949），新安、合口、团山乡死于血吸虫1900人，410户绝户。新安樟木有456人患血吸虫病，占总人口65%，死亡265人，潘台村在1944～1949年256人患病，死亡136人，绝户37户。

1955年6月，在新安镇樟木村发现钉螺，继之有合口、九里、官亭、文家、佘市、停弦渡、杉板等8个乡镇76个村查出钉螺，查出钉螺面积3153公里，查出病人11813人，查出病牛4090头，疫区总人口17.9万人，患病人数达8649人，通过对患者进行免费治疗，使疫病得到控制。

1956年，县委成立血吸虫领导小组，并设立专业管理机构。在全县开展血吸虫普查，全县9个乡镇72个大队中有76个生产队流行血吸虫。

1958年，撤销血防组。核查境内有钉螺面积1241亩。

1963年3月，恢复血防领导小组。

1969～1970年，累计查病15.42万人次，有血吸虫病患者2473人，共治疗1997人。1970年达到基本消灭血吸虫病。

1997年，达国家血吸虫病传播阻断标准。

1998年以来，由于自然社会等因素影

响，残存钉螺逐年扩散，血吸虫病人逐渐增加，疫情严重回升，

2004 年 10 月，合口镇发生急性血吸虫病，新感染病人 9 例，新感染病牛 15 头。

2005 年 1 月，经国务院批准，省血防办批复恢复县血吸虫病“未控制区”。

钩虫病　境内发病多、危害大的肠道寄生虫病。

1958 年，粪检 21980 人次，查出并治疗钩虫病 1768 人。

1965 年，粪检 10.32 万人次，查出钩虫病 2.1 万人。是年治疗 2.1 万人。

1975 年，钩虫感染率 28%。

1976 年，钩虫感染率 17%，

1980 年，钩虫感染率 9.7%。

第三节　地方病

地方病主要有地方性甲状腺肿（简称地甲病）、地方性克汀病、低血甲软病、烧热病四种。

历史上地方病资料记载不详，新中国成立后加强地方病防治后，无典型案例。

表 7—3—1　　临澧县 1949～2007 年疫病灾害年份及灾情等级一览表

单位：个、人

年份	灾情等级	疫病类别			疫害乡镇	疫病防治			年份	灾情等级	疫病类别			疫害乡镇	疫病防治		
		传染	寄生	地方		人数	治愈数	死亡数			传染	寄生	地方		人数	治愈数	死亡数
4903	△	√							1963	△	√			18		5978	92
158906	▲	√							1965	△	√			15		3743	65
164403	▲	√							1966	▲	√			17		8839	127
1706	△	√							1967	●	√			19		594	61
170707	△	√							1969	▲	√			19			49
1769	△	√							1970	●	√			19			91
1807	▲	√							1969-1970							2473	
1829	△	√							1971	●	√			19		8304	74
1832	△	√							1972	●	√			19		5717	55
1849	▲	√							1973	●	√			19		4235	58
1941	▲	√					12		1974	●	√			19		3392	94
1942	△	√					12		1975	△	√			19		3484	80
19470509	●	√							1976	△	√			19		3304	40
1939～1949					120			1900	1977	△	√			17		157	30
1950	●	√			121		1691	35	1978	△	√			17		103	25
1951	△	√			121		606	65	1981	△	√			19		63	13
1953	△	√			122		645	15	1983	▲	√			3		388	11
1954	△	√			122		1141	29	198804	△	√			1		114	
1955	●		√		122		11619	506	199808	▲	√			3		56	
1956	△	√			9		4626	75	200410	△		√		1		9	
1957	△	√			20		3473	125									
1959	△	√			15		4647	269									
1962	△	√			17		1816	18	合计	41	39	2		1071		81458	4002

灾情等级：重特大灾害●；重大灾害▲；一般灾害△。

第八章 战争灾害

第一节 封建王朝镇压农民运动

明崇祯十六年（1643）3月，张献忠率部陷澧州。是年秋，留王明宇守澧州。澧州守道周凤歧、中军陈彦中、总兵温良玉统兵围城，王部弃城北去。11月，张献忠复陷澧州，城破后，杀周凤岐、陈彦中。继克常德府。

顺治二年（1645）9月，清兵入湖广，进澧州、与大顺军李锦、高一功、袁宗弟等自浏阳返北同澧州牧何腾蛟激战300余里。

顺治七年（1650）9月，湖南四家将领兵10万余，渡常德沙罗至澧州、扎营新安镇石马堰一带，深沟固守。10月14日，围攻澧州城，王进才被围澧州城，直到11月下旬，刘二虎、袁宗弟率余部入川。

咸丰四年（1854），太平军大败湘军，石祥贞等自岳州经华攻入常德；同时，秋官又正丞相曾天养率军自荆州、宜昌袭澧州，经安福会师常德。安福武翼都尉蒋明晋，出练乡勇千人防城，未克。当时，清军军饷匮乏，蒋明晋、蒋明试敦劝同堂子侄竭力捐助军饷，仅蒋明试就捐银三十余万两，清廷大加嘉赏，明晋授游击衔加二级，封武功将军；明试晋升布政使，候选道加四级。

咸丰六年（1856），澧州暴发穷团起义，举“忠义团”旗帜，以“减田租，省典息”号召群众，从者数千人，贾竹林系安福首领之一。澧州牧集合清兵和乡团数万“围剿”，起义失败，转入地下。

咸丰十一年（1861）5月，原“忠义团”首领联合公（安）、松（滋）、石（门）、鹤（峰）等处教团，封仁、义、礼、智、信五王（贾竹林系五王之一）、两帅，会合太平军首领石达开，大举起事，澧州牧廷桂重整团练，处处设防，镇压起义，至翌年5月，五王、两帅全部遇难。

光绪二十二年（1896），合口曹帮福、蔡昌显组织“哥第会”，并与安乡白莲教首杨雪臣、新州颜次良等联合，成立合教会，拥有会众五万人。翌年春，他们联络石门、慈利、大庸、澧州等地的农民首领，共同商定在蔡家河起义，先克新安，再打安乡，然后合围澧州。二十四年（1898）8月20日正午，两千余名头缠青蓝布、腰佩大刀，手持梭标的农民队伍，在蔡家河宣誓起义。黄昏，分三路攻打新安城。因计划尚欠严密，起义计划被敌人获悉，早有准备，加之王家厂、大堰垱的义军未按约定时间赶到，起义军伤亡较大，攻打新安城不克，于四更时分撤退。起义首领们去津市总结失败的教训，准备重振旗鼓，再举义旗，又因叛徒告密，澧州牧郑子惠率部偷袭，曹、蔡、颜等不幸被捕。他们誓死不屈，被杀害于澧州城外。

第二节 军阀混战

民国5年（1916），陈复初、李抱冰、唐荣阳、王子彬等部队，先后在县内交战。

民国6年（1917）11月，湘西镇守史田应诏、剐史兼五守备区司令周则范（分别为湘西护国军二、三路总司令）在占领常德后，同北军陈复初在敖山交战，进占临澧县城。

民国7年（1918）4月24日，南北军在常德激战，北军陈复初部攻入常德。30日，南军得桂黔两军相助后反攻，陈大败，南军收复常德、临澧。

民国10年（1921）1月30日，南军王育寅部占领临澧，县知事刘召圃率署内十余人赴省面呈失守情况。11月17日，湘军唐生智部刘、何两团又克复临澧。

第三节　国民党反动武装“围剿”革命根据地和红军

民国17年（1928）2月，陈昌厚、袁任远、汪毅夫等共产党人，在太浮山地区，以崇秀寺、立龙岗为据点，组织建立起中共二区区委会和区苏维埃政府、区游击队。有武装游击队员96人，下设3个分队。5月5日深夜，在寺垭铺正式举行武装暴动，与县清乡警备队员发生战斗。5月11日，70多名游击队员在夏家巷举行总起义，与蒙泉乡团总骨干和团丁发生战斗。

5月底，杂牌军朱华生部两股新合并的武装土匪500余人，进驻潘家铺，妄图进犯崇秀寺革命武装，游击队深夜摸到敌军驻地中间向上下街两股敌军猛烈开火，匪军相互激战。其后游击武装力量发展到9个中队、600多人。活动区域以周思庵为基地，太浮山为中心，辗转在西至桃源的盘塘桥、陬市、界溪河，南至慈利的老棚和五雷山，常德的长岭岗、蔡家岗，东至临澧的石板滩、七姑山、珠日桥、陈二铺，北抵石门城南20里的会垭山，纵横两百余里，并实施一切权力归农会，各保农协会组织有赤卫队，正式形成武装割据局面。

7月上旬，湖南省清乡督办署调新编第四军第十九师陈嘉佑一个团、成光耀师第二团、45师李韫珩一部、李云杰教导师三个团和朱华生部、连同石、常、桃、临、慈五县团防共约5000余人，采用十里一营，五里一连，步步紧逼的拉网战术合围进剿。7月16日，临澧反共武装汪耀庭、朱南康与石门白洋湖团总田超群等200余人枪，胁迫农民近千人，联合石门铲共大队长上官肇褒，扫荡周思庵地区。7月19日，侯宗汉派人暗杀党代表冯希濂后叛变投敌，这支游击队中的王再生等10余人拉出去另组小型游击队，辗转临澧境内。游击队实力大大减弱，到8月上旬，根据地全部丧失。张三烈、陈寿山、陈太阶、陈坤山、王再生等率数十名游击队员分别突围成功，到达湘鄂边与贺龙部队会合。周思庵地区被敌杀害的共产党员、游击队员、革命群众共有120多人，仅善人坡一次就被敌集体杀害17人，烧毁房屋数百间，群众财物大部被劫。

9月8日，中国工农红军第四军参谋长黄鳌在石门渫阳遭敌军偷袭，英勇牺牲。

民国19年（1930）秋，因叛徒邹惠如出卖，混合县委和楼坊桥、珠日桥、高家滩、星日垱等混合支部遭到破坏，颜柏亭、颜敬峰、颜俊泉、段五姑、邹柏樵被捕，除段五姑年幼被保释外，颜柏亭等4人于10月31日被杀害于县城。11月，贺龙率红军攻克藕池后，挥师澧州城下。11月11日，因受国民党军队和地方武装力量的夹击，退去津澧，西取石门。21日，驻扎石门休整的贺龙与孙德清、王一鸣等率红二军团主力数千人，从易家渡架浮桥南渡澧水，与赶来石门的红六军会合，在临澧接壤的夹山寺，与敌新十一师李觉部发生激战。22日，贺部挥师进入余市桥、高桥、建楼、双溪、桃花一带宿营。次日拂晓，尾追红军的敌团防第十团罗效之部，47旅（旅长李国钧）向克权团，突然向红军发起攻击，敌军火力猛，红军指战员一面还击，一面与敌迂回周旋，驻余市桥玄真寺的红军主力赶到，向王家山之敌发起总攻，战斗从23日凌晨开始到上午10点半结束。有20多名红军战士英勇负伤；一连长牺牲，遗体安葬在南竹湾玉皇岗。23日中午，红军进入临澧县城。

民国20年（1931）11月中旬一天中午，游击队正在白云山（今阮山）树丛中休息，临澧保安大队副大队长王俊带领百余兵丁回防柏枝台时对游击队发动突然袭击，游击队大队长曾国正（长沙人）、班长雷老二（安乡人），在战斗中牺牲。

民国24年（1935）9月，鹅井游击队因不知红军已经转移的消息，13人还在罗家祠堂开会，团山乡警察分局局长何天锡得密告赶去“围剿”，副队长肖承生和4名队员牺牲。

第四节　日军进犯临澧

民国27年（1938）11月22日，日军飞机3架，来临澧上空侦察，曾在县城上空低飞，复以机枪扫射，击伤群众3人。次年6月14日，日军飞机数十架，成群飞越县境。

民国32年（1943）5月8日，日本侵略军由津市澧县进犯临澧澧水北岸的合口、新安、团山三乡，沦陷21天。在沦陷期间侵华日军两次派飞机轰炸临澧县城12架次，投弹74枚。

11月，日军分四路入侵临澧全境。18日，县城沦陷。12月12日，收复县城。临澧是湖南省42个被日军沦陷的县份之一。日军的杀光、烧光、抢光政策，给临澧人民造成巨大灾难。

11月5日傍晚，驻守新安镇薛家塔碉堡负责防御日军的国民党中央军82师某部约一排人，与侵入境内的日本步兵一连人交战，国军顽强抵抗，战斗持续约两个小时，国军寡不敌众，全部阵亡。

11月14日（古历十月十七）下午，国军一百军特别队要农民熊宏灼带路来到泰山乡熊家峪肖家堰塘边，在临时修筑的简易公路石桥边、九根丛等地埋设地雷。晚9点钟左右，日军80辆满载货物的军车驶来，第三辆车压到地雷，车辆被毁，车队熄灯停止前进。次日拂晓，日军车队行驶到九根丛地段，又触雷被炸毁一辆。事隔六七日后，约一个班日军，对熊家峪进行报复，放火将此处约40户人家的近百间房屋全部烧毁。11月19日下午，县警察局警员在县西马宗岭与300余日本骑兵遭遇，激战一小时，因寡不敌众，1名警士中弹牺牲，2人被俘。

民国27年至民国32年（1938～1943）中，日军多次飞机轰炸，两次入侵县境（1945年5月8日至6月10日入侵澧北，11月18日至正月13日入侵县城），日军侵占期间，全县伤亡3489人，其中遭杀害1486人，物资损失共751.91672亿。其中：房屋损失2413栋，价值48.26亿元；掠劫粮食885988石，价值3.54392亿元；屠宰耕牛3916头，价值3.1328亿元；烧放器物农具折值387.22亿元，其他猪、鸡、棉杂烟等折价309.76亿元。

第五节　匪患匪害

临澧解放初期，武装土匪破坏活动频繁。盘踞临澧境内的以暂编一师居多，暂编三师次之。

暂一师独立旅旅长陈策勋曾派独立营营长黄道旅回临澧县新安镇网罗党羽，拼凑第一路纵队第一支队，分任王世寅、侯泽汉为正副司令，共拉起200多人枪。他们先后在易家渡、热水溪、杉板桥、牛头山一带，洗劫光洋500多块，布匹衣物无数，强借群众稻谷800余担，并杀害无辜群众14人。

独立团团长李伯洲所辖独立营营长邱英有，200多人枪，主要活动在合口、九里及澧县边界一带。

暂一师一旅某团团长谭厚培与副团长周济民主要活动于新安、团山两乡及石门边界一带。

二旅旅长侯宗汉，人称石门“南天王”，有1500多人枪，以太浮山为活动中心，盘踞在石、临、常、桃、慈五县方圆150余里的广阔地带，是威胁性最强、危害性最大的一支。他在国民党特务梅子龙策划下，成立“中国人民救国军湘西区太浮山清剿指挥部”，自任总指挥，侯超文任参谋长，祝英任政治处长，鄢璋任参谋处长、高冠瀛任军需处长，郭勋熙任医处长、董高翔任情报处长。同时设立"中国国民党湘西铲共团临澧分团"，委祝英任主任，鄢璋任副主任，祝锦成、黄鳌、彭道宽等为支队长、大队长。

三旅旅长赵希普辖暂七、八两团，丁良武、王晓分任团长，先驻合口乡与澧县澧西乡交界的营盘岗一带。后经澧水驻扎修梅乡、停弦史家坪、西引寺、小溪口一带。暂七团因拉杆时间短，只有400余人，100来条枪，他们的军需给养全靠巧取豪夺，一是勒令摊派，由保、甲长收齐交纳；二是派人下乡挨户查仓，见粮就挑；三是丢条喊款，敲门入室，明拿暗抢，弄得民无宁日，怨声载道。

四旅旅长马珊玉、副旅长马昆武约有2000余人、1000多支枪，以毛里湖为盘踞中心，经常出没安乡、澧县、临澧、常德边界一带。

暂三师第一旅第三团团长廖冲一，约200多人枪，主要活动在团山乡的廖家冲、林家桥、谭家铺一带。

暂三师第三旅第五团团长陈鸿、副团长刘彪约400多人枪，主要盘踞在桃源黄石、芭茅洲、九澧一带，时常来临澧、石门、澧县周边抢劫搜刮，曾在临澧县城周围盘踞近一月之久。

1949年8月28日，毛里湖土匪杀害三区一户农民3人。9月4日又杀害一群众。原王化乡乡长祝英、副乡长杨紫堂，伪装投诚，暗地将400多元光洋和隐瞒的十几支长枪和一支短枪交给侯宗汉，暗中通风报信，为匪效劳。9月中旬，三区将军乡五保供给员邹忠烈被杀害，六区新安乡农民王良相被杀害。10月19日，一区通信员迟源芝在文家店附近执行任务时被匪枪杀。10月30日下午，匪首黄鳌、关中田带领匪徒袭击三区政府，区财经助理及一农民被打死，抢走长枪19支、短枪1支、子弹数百发、手榴弹12枚、电话机1部、光洋100元。11月15日晨，混入一区征粮队员中的匪特侯金吾，同匪徒阎彪等5人向一区区委书记徐启祥的住宅包围冲击，徐中弹牺牲，县民运干事高平负重伤，抢走手枪2支。12月，二区征粮队员杨湖楚在高公桥被匪枪杀。12月15日，一区保文乡八保农会主席宋立彩夫妇被土匪杀害。1950年1月7日夜，二区王化乡三保十五甲农民积极分子王世杰，一家四口被杀害。9日上午8时，土匪十余人，持短枪与刀，偷袭二区政府，抢走两支步枪。匪部还编印《太阳报》，散布"第三次世界大战即将爆发"，"蒋介石将反攻大陆"等谣言，并制定"十大杀条"，逼良为匪。一个月内，在太浮山地区杀害干部群众200多人，匪势扩大到1500多人，先后公开抢走二区王化乡郑家楼公粮一万余斤。在青林寺地段，拦抢运粮马车，抢走公粮万余斤、短枪11支。2月21日，匪徒数人，在陈二铺墟场上，屠刀杀害两名买菜的解放军战士，杀伤1人，抢走冲锋枪1支。2月23日，二区征粮工作队在王化桥与土匪相遇，经过激战，工作队员杨承松、杨国俊遇害。3月，土匪以"共党密探"为名，在太浮山后山一次就杀害无辜乞丐30多名。在土匪活动猖獗区居住的普通百姓家，白天不敢出门，夜晚不敢点灯。从临澧解放初期到1950年3月止，土匪共杀害革命干部、战士和无辜群众400余人。

附：战争人员伤亡

革命烈士　1840～1927年牺牲16人，1928～1937年牺牲246人，1938～1945年牺牲19人，1946～1949年牺牲15人，1949～2007年牺牲119人，共计415人，见《临澧县近代革命烈士统计表》（表8—1）。

战争伤残　日军侵略期间，全县死亡1486人，伤病2003人。民国32年（1943）5月，日军轰炸临澧县城，1人死亡（江子才，飞机轰炸县城殒命）。民国35年（1946），日军在新安乡惨杀和重伤11人，见《日本侵略军杀（伤）害人员名单》（表8—2），在近代战争中，据资料统计，共有革命烈士415人，革命伤残人员217人，见《临澧县2007年革命伤残人员统计表》（表8—3）。

表 8—1 **临澧县近代革命烈士统计表**

时　期	时　间	人　数	时　间	人　数	时　间	人　数	小　计
1840～1927							16
1928～1937	1928	28	1932	8	1936	134	246
	1929	9	1933	6	1937	4	
	1930	14	1934	2			
	1931	7	1935	34			
1938～1945	1938	2	1941		1944	2	19
	1939	4	1942	2	1945	1	
	1940	7	1943	1			
1946～1949	1946	2	1948	1	1949	9	15
	1947	3					
1995～2007	1950	9	1968		1986	1	119
	1951	26	1969		1987		
	1952	21	1970		1988		
	1953	26	1971	1	1989		
	1954	1	1972	1	1990		
	1955		1973	1	1991		
	1956		1974	1	1992		
	1957		1975	1	1993		
	1958		1976		1994		
	1959		1977	4	1995		
	1960		1978		1996		
	1961		1979	14	1997		
	1962	3	1980		1998	1	
	1963		1981	1	1999		
	1964		1982		2000		
	1965		1983		2001		
	1966		1984		2002		
	1967	6	1985		2003	1	
总　　计		168		78		153	415

表 8—2　　日本侵略军杀（伤）害人员名单

姓　名	年　龄	籍贯住址	存、殁	事　　实
苏文明	40	新安 5 保 1 甲	殁	不甘为敌运输被敌枪毙
苏化义	18	新安 2 保 3 甲	殁	不甘受污辱被敌枪毙
熊雷底	22	新安 8 保 4 甲	殁	不甘受污辱被敌枪毙
江黎底	40	新安 10 保 8 甲	殁	不甘受污辱被敌枪毙
苏永茂	60	新安 6 保 7 甲	殁	不甘为敌运输被敌枪毙
黄道禹	30	新安 8 保 5 甲	存	奋不顾身与敌抵抗，被敌枪伤
刘济民	40	新安 4 保 4 甲	存	担任保长，勇敢奉公，被敌枪伤
胡大顺		新安 7 保 7 甲		资料不清
刘忠诞	10	新安 6 保 7 甲		资料不清
苏浓英	18	新安 3 保 5 甲	殁	母女不甘受污辱，其女被枪毙
苏熊底	42	新安 3 保 5 甲	存	其母勉枪亡

表 8—3　　临澧县 2007 年革命伤残人员统计表

单位：人

乡　镇	等级										其他	合计
	一	二	三	四	五	六	七	八	九	十		
杉板乡					1		1	4				6
余市桥镇			1				2	2	1			6
文家乡						1		2				3
太浮镇					1	2	2	2				7
四新岗镇			1	1	1	3	3	3				12
陈二乡			1				2	1				4
望城乡			1			2	3	4				10
柏枝乡						1	1	2				4
烽火乡								6				6
杨板乡						2	4	2				8
修梅镇					1		1	3				5
停弦渡镇			1				4	4				9
合口镇	1		1			2	3	13				20
九里乡						1		4				5
官亭乡			1			1	2	2				6
新安镇					6	3	5	8	1			23
安福镇			1			12	25	45				83
合　计	1		8	1	10	30	58	107	2			217

第九章　交通事故

交通事故分为道路交通事故、海损事故和铁路交通事故。

第一节　道路交通事故

道路交通事故是指各种机动车辆在道路上行驶或停放过程中，因各种意外造成的损害而形成交通事故。境内新中国成立前未设立交通事故管理机构。新中国成立后的1974～1986年间，拖拉机和简易机动车核发号牌及驾驶人员交通安全管理由交通监理负责。1987～2007年机动车辆年检年审、驾驶人培训、安全教育由县公安局交通警察大队管理道路交通。

机动车辆和驾驶员　社会经济的快速发展使人民的收入不断增长。城乡道路建设速度加快，社会机动车辆和汽车驾驶员不断增加。1970年有车辆8台，汽车驾驶员10人。1980年有机动车辆为865台，汽车驾驶员327人。1990年有机动车辆1580台，汽车驾驶员2492人。2000年机动车辆为4098台，汽车驾驶员12195人。2007年机动车辆为159123台，汽车驾驶员28200人，见《临澧县1958～2007年机动车辆汽车驾驶员统计表》(表9—1—1)。

道路交通事故　1974年以前，交通工具较少，无道路交通事故专业管理机构，历史道路交通事故无记载。1974年成立县道路交通事故管理机构。到2007年止，共处理交通事故3284起，死亡831人，伤残2742人，经济损失800.8257万元，见《临澧县1974～2007年道路交通事故统计表》(表9—1—2)。

1974年7月10日，常德农药厂货车，从石门运五硫化二磷农药30吨，行驶至停弦渡公社白虎大队国道公路段时，突遇一小孩临车横路，司机黄建华为避让小孩，慌乱中翻车，导致包装破裂，五硫化二磷毒气外溢，前往抢救的与围观者中毒死亡13人，司机当场死亡，中毒较轻36人，经抢救脱险。

1978年4月13日，陈二公社农机站司机黎文化运钢材至常德，行驶至四新岗1公里处下坡时，突然熄火翻车，驾驶室乘坐7人，当场死亡5人，伤2人。

1979年12月18日上午，常德至津市线58公里＋150米处，司机吴跃彬因无证驾驶，在技术不熟练的情况下，加上酒后驾车，高速行驶，发生车祸，当场死亡2人，1人送往医院抢救无效死亡，重伤11人，轻伤2人，车辆损失1万元以上。

1984年7月25日，慈利至津市线59公里＋900米处，湘运86车队18—60735号黄河牌客车，由司机沈克家驾驶从新安开往县城，下午4时50分左右与地区塑料厂工人邓永卫车相撞造成死亡3人。

1993年4月23日，县审计局副局长胡承义等5人到青山局审计结束后，乘车返县在修梅镇范家村3组路段，与一辆东风牌大车相撞，造成胡承义、王承英、彭菊香和车主4人死亡，司机和另两人受重伤，直接经济损失15万元。

1994年3月8日14时40分，临澧县四新岗竹堰村一右转弯路段，发生车祸，死亡3人。

1995年1月17日15时30分，临澧县陈二乡响水村内发生车祸，造成死亡3人。4月20日8时30分，临澧县四新岗镇斋阳村内发生两车相撞，造成死亡3人。5月16日9时30分，临澧县四新岗镇斋阳村内(207国道2263＋70米)，发生两车相撞，造成死亡 3 人。

1998 年 5 月 9 日，停弦渡镇复船 10 组 207 国道处两车相撞，死亡 3 人。8 月 25 日，官亭乡境内枝柳铁桥官亭铁路桥下，发生车祸，死亡 3 人，其中轻伤 16 人，重伤 5 人。

1998 年 9 月 6 日，县交通局四新岗交管站驾驶员张勇驾本站湘 J50060 号吉普车，自北向南行驶在 207 国道望城同欢水库地段时，与一摩托车相撞，使吉普车连人翻沉水库中，死亡 2 人，伤 4 人，直接经济损失 12 万多元。

2003 年 3 月 12 日，停弦渡镇复船路段两车相撞，发生车祸，死亡 3 人。

2005 年 2 月 11 日，新安镇澧水河漫水桥，慢慢游行驶过快，冲离漫水桥，死亡 3 人。8 月 30 日，安福镇农丰村内 207 国道 2243k 米＋120 米，发生两车相撞，死亡 3 人。

2006 年 10 月 21 日，临岗公路 22 公里处的四新岗斋阳村路段，先由手扶车与一小轿车相撞后，又与槽车相撞，死亡 4 人，伤 6 人。

表 9—1—1　　临澧县 1958～2007 年机动车辆汽车驾驶员统计表

单位：台、马力、人

年份	机动车合计	大货车	带挂车	小货车	大客车	小客车	特种车	摩托车	大中拖	小拖	汽车驾驶员
1958	1	1									1
1967	3	3									3
1968											
1969	5	4		1							7
1970	8	6		2							10
1972	18	18									24
1973	24	23		1							34
1974	160	31	3		2	3	2		52/665	67/277	52
1975	220	45	5	5	1	3	2	1	66/2419	93/963	60
1976	303	74	8	13	1	4	3	1	84/3046	115/1240	128
1977	475	117	14	20	2	5	4	1	121/4314	191/2068	158
1978	627	127	18	23	2	5	5	1	141/5388	305/3037	234
1979	739	136	21	25	2	10	4	2	181/6104	358/3793	252
1980	865	153	20	25	2	11	4	2	229/7455	419/4447	327
1981	1025	196	23	26	2	23	7	6	303/11817	412/5896	364
1982	1289	234	33	36	22	23	7	4	309/10183	621/6813	425
1983	1442	299	103	20	4	35	9	9	310/10722	653/7501	494
1984	1763	291	131	34	10	55	7	23	289/8547	923/10592	658
1985	2108	402	138	33	44	93	7	36	301/10311	1060/12826	868
1986	832	599		41	8	131		53			1179
1987	1080	691		87	15	171		116			1487
1988	1326	747		123	62	223		171			1744
1989	1468	721		139	78	309		221			1963
1990	1580	702		167	77	372		262			2492
1991	1545	599		179		495		272			3058
1992	1742	571		219	31	614		307			3433
1993	2200	690		350	42	719		399			3457
1994	2348	579		403	43	814		509			4166

续表

年份	机动车合计	大货车	带挂车	小货车	大客车	小客车	特种车	摩托车	大中拖	小拖	汽车驾驶员
1995	3122	645		494	43	894		1046			5430
1996	2728	701		512	41	885		589			6817
1997	3618	759		581	38	899		1341			8591
1998	4859	921		730	39	887		2282			9084
1999	4766	807		731	35	886		2307			10118
2000	4098	781		735	36	901		1645			12195
2001	5321	982		745	37	1107		2450			14275
2002	6993	874		785	39	1421		3874			15871
2003	10149	942		794	41	1583		6789			16974
2004	12486	885		824	38	1721		9018			18284
2005	15760	876		950	45	1809		12080			20454
2006	149507	745		948	39	1984		145791			23287
2007	159123	945		988	43	1984		155163			28200

表 9—1—2 临澧县 1974～2007 年道路交通事故统计表

单位：人、万元

年份	起数	死伤人数		经济损失	年份	起数	死伤人数		经济损失
		死亡	伤残				死亡	伤残	
1974	24	21	50	3. 0295	1992	188	37	139	29. 6321
1975	38	6	13	6. 6775	1993	113	20	92	21. 6321
1976	47	9	35	6. 023	1994	128	38	109	22. 1889
1977	42	13	38	2. 4538	1995	269	46	179	87. 2000
1978	45	17	27	2. 9100	1996	161	33	121	58. 9819
1979	54	17	46	2. 8830	1997	98	37	83	45. 4137
1980	46	10	30	0. 8760	1998	92	31	81	29. 9135
1981	53	8	49	0. 5170	1999	101	30	101	39. 8701
1982	82	18	74	3. 4320	2000	133	32	138	44. 9190
1983	63	16	42	4. 9000	2001	104	37	78	35. 7300
1984	66	18	47	1. 3191	2002	108	32	118	49. 8830
1985	65	12	78	1. 6732	2003	110	27	43	50. 1000
1986	130	33	93	21. 3807	2004	95	27	121	39. 4542
1987	129	30	95	19. 7869	2005	78	34	99	30. 5350
1988	108	23	101	13. 1981	2006	78	32	57	34. 7600
1989	131	21	89	16. 7323	2007	96	21	58	31. 1800
1990	129	23	137	20. 6785					
1991	80	23	81	20. 9616	合计	3284	831	2742	800. 8257

附：道路交通事故统计标准

道路交通事故统计标准分交通事故次数，伤残人数、死亡人数，直接经济损失四项统计指标。

交通事故次数：一定时期内发生交通事故的次数，是道路交通事故频次与频率的指标，反映交通管理水平的高低。

伤残人数：道路交通事故中发生人员伤残的数量，包括重伤人数，轻伤人数。

死亡人数：道路交通事故中致人死亡的数量。

直接经济损失：交通事故造成车辆，车辆上财产物资、第三者的财产物资以及人员伤害折算的经济价值量等，是价值上衡量道路交通事故的绝对指标。

等级划分标准　道路交通事故分为财产事故、伤人事故、死亡事故、特大交通事故四个等级，其标准：

财产交通事故：发生交通事故双方无人员伤亡，只有财产损失的事故。

伤人交通事故：发生交通事故双方有人员受伤的交通事故。

死亡交通事故：发生交通事故后导致有人死亡，且死亡人数在3人以下的交通事故。

特大交通事故：发生交通事故后导致有人死亡，且死亡人数在3人以上（含3人）的交通事故。

第二节　海损事故

船　舶　清嘉庆年间，全县有船舶300多只。民国二十九年（1940）2月，全县有大小船410只。新中国成立后，船舶的数量不断增加，船型也不断提高。1956年，全县有船753只，船型由岩板船、秋船，铲子船、跃进船，木质驳船、水泥船、拖轮、小马力机动船、钢质驳船等10种。70年代末消灭人力风帆船，1971年有船舶503只2560吨。80年代改为机动木船，1985年260只5104吨。90年代机动钢制船替代机动船，2000年后改为机动钢质船。2003年有80只2950吨，2007年有43只4300吨，见《临澧县1949～2007年船舶数量统计表》（表9—2—1）。

表9—2—1　　临澧县1949～2007年船舶数量统计表

年份	合计			机动船			帆船	
	船数	吨位	马力	船数	吨位	马力	船数	吨位
1949	279	1679					279	1679
1956	753	3263					753	3263
1962	612	3077	90	1	18	90	611	3059
1966	520	2468	72	9	103	72	511	2365
1971	503	2660	385	28	468	385	457	2092
1977	533	3541.4	1600	94	1678.4	1600	439	1865
1979	538	4543	2215	126	2442	2215	412	2101
1981	266	2911	2085	117	2292	2085	149	619
1985	260	5404.7	2415	124	4235	2415	136	869.7
2003	91	5090		91	5090			
2006	43	4300	1300	43	4300	1300		
2007	43	4300	1300	43	4300	1300		

港航监督　新中国成立前，县内无航监管理机构。新中国成立后，1953年成立临澧县航运管理站，并在合口设立航管工作站，开展港航监督管理工作。

船舶质量管理　1953年县航管站负责全县船舶普查、检验和办理发放牌证工作。1959～2007年，每年定期检查船舶质量状况，丈量船舶吨位，按规定进行船舶年度审验，机械及所有设备检验，规定行使航线和核发船舶合格证件、航行证件。

船员技术管理　20世纪60年代，县航管站负责对船员进行技术培训考核，提高船员技术素质。70年代，随着大吨位机动船的发展和航线延伸，对船员技术素质要求提高，航管站加强对船员技术培训。从1972～1985年共举办驾驶员、轮机员培训班10次，培训610人次。按培训计划组织船员到长江中下游各港埠实地进行技术考核。是年，全县510名驾驶、轮机技术人员中，有船长32人，大副60人，二副80人，驾驶208人，轮机130人。1986～2005年，定期对船员进行技术考核，申报船员证书，组织船员技术等级和职称考试，颁发省港监部门的资质证书。全县有注册三等轮船长10名，二副3名，四等轮船长12名，五等司机48名，五等驾驶15名。2007年，全县有注册三等船长15人，四等轮船长90人，四等轮机长50人，三等轮机长5人，五等驾驶员15人。

海损事故　1953年前，港口、渡口和船舶数量多，客运和货运运输需求量大，受船舶质量和人类对灾害性天气预防认识条件的限制，海损事故不断，因无专业海事管理机构，海损事故无历史统计资料。据临澧地方海事管理处统计：1956～1985年发生海损事故340起，专业航运公司发生事故190起，其中重大事故32起；沉船12艘计125吨，死亡10人，直接经济损失24.4万元。

1970年4月，青山水轮泵站青山主坝闸门装配完毕，船闸开放通航，因船闸管理员空闸操纵失误，造成一闸门被水压倒塌，4～10月停止通航，直接经济损失1万余元。

1971年，青山水轮泵站青山船闸闸墙倒塌（墙长73.85米，高9.6米），闸内8只共110吨位的木船被砸烂，船员落水43人，重伤2人，次重伤4人，轻伤11人。直接经济损失1万元。

1982年3月23日，县航运公司一船队的船驾长蔡业成，一家人驾驶一艘机船并拖带一艘秋船，共计32吨（装运沅江氮肥厂煤炭），航行到岳阳扁山附近，蔡不听从当地航监部门预报有七级以上北风停止开航的通知，擅自冒险开航，船行至扁山附近，被风浪打沉，4人全部落水，其妻卢么秀和次子蔡世均漂流到沙滩上得救，蔡业成与长子蔡世万丧生，船货全部沉入湖底，直接经济损失2万余元。

1983年9月15日，县航运公司一船队27号钢质甲板驳船，在长沙装运60吨生铁运往常德市，上午4时许，航行至汉寿县岩汪湖，与“湘航”岳阳办事处油船相遇时，船长贺修桂在驾驶室打瞌睡，由副驾驶员邓纯满操舵，贺被鸣笛惊醒后，未辨明方向，便慌忙打一反舵，造成与油船碰撞，27号船当即撞沉，船上6人全部落水，6岁小孩被淹死，直接经济损失1.22万元。

1989年6月17日上午9时，临澧县航运公司4—1001号20马力47吨钢质货船在合口煤坪装煤受载移动船舶时，副驾驶殷友喜操作不当，搬舵过猛，致使船链断裂，船身失去控制，被水冲到下游100多米处的荷叶滩，船底被石头碰穿，使船沉没，3人落水，直接经济损失1万多元。

1991年6月4日，县航运公司66号70吨级钢质船，因驾船操作不当，在长江洪水港沉没，直接经济损失4万多元。

1992年2月8日上午11时左右，柏枝乡群英水库紫岭渡口，发生横渡客船沉船事故，淹死过渡群众8人，其中小孩1名，有1家3口全部淹亡。沉船主要原因是严重超载（额定4名，实载19名），渡工年龄偏大。

1994年6月5日，停泊在澧县淞洲闸坝上游的临澧籍货运船舶，因该闸坝管理工作人员启开泄洪闸措施不力，使4艘60吨级钢质船、2艘45吨级木质船随货从泄洪闸口翻沉在坝下100～2000米处的洪水中，落水船员12人。新安镇下坪村2017号船长向继林淹亡，事故直接经济损失51.94万元。翻沉船舶分别为2013、2017号木质机船。此次事故为常德市境内特大海损事故。常德市经委副主任朱宏圣代表市政府组织有关部门人员到达现场，协调处理善后事宜。临澧、澧县县政府分别委派分管县长多次协商处理此事并慰问受灾船民。省港监领导现场裁定，澧县澧洲工程管理局负主要责任，赔偿临澧船民损失32万元。

1994年10月，新安镇汩阳村个体船户张家庆率大儿子与媳妇，小儿子与未婚妻1家5人，装水泥80吨（按额定吨位超载20吨）运往汨罗市云田港。在离终点约1公里处，张家庆安排其小儿子张升平掌舵（非正驾驶员），巧遇当地一渔船急需避让，因张打急舵操作不当，加之船速快，使船舶连同货物倾翻在8米水中，张的大儿媳曾新华、小儿子张升平及未婚妻汪彩红3人死亡。直接经济损失8.6万元。

1994年12月19日，官亭乡竹龙村个体船户罗先安（非驾驶员）装水泥70吨运往湘阴牛望嘴港口。（按额定吨位超载20吨）船舶行驶到沙河口至罗家湾水域时，罗替换正式驾长谢前仁吃饭。罗因避让船舶操作不当，使船舶连货倾翻在水中，罗先安死亡，直接经济损失3.28万元。

第三节　铁路交通事故

枝柳铁路临澧段，自1986～2007年通车后，多次发生铁路交通事故造成人员死亡。据统计，官亭乡境内铁路交通事故死亡5人：1980年7月马路村7组村民胡良栋，1999年4月彭市2组村民何书英，2000年4月马路村村民吴珍英，2001年10月彭市3组村民胡中英，2002年9月马路村7组村民胡志华。

长石铁路临澧段，自2000～2007年通车后，多次发生铁路交通事故造成人员死亡。据统计，临澧火车站境内总庙和芭蕉社区居委会铁路交通事故死亡7人：2002年2月9日芭蕉社区居委会芭焦组居民朱开辉，2002年7月14日总庙社区居委会油榨组居民徐进坤，2003年4月19日总庙社区居委会罗罗堰组居民马梅香，2003年5月23日芭焦社区居委会清水组居民黄冬海，2004年2月21日芭焦社区居委会芭焦组居民李松姑，2005年1月19日芭焦社区居委会清水组居民刘友姑，2006年12月5日芭焦社区朱家组居民朱开平。

第十章 火 灾

境内火灾据消防机构统计，1986～2007年，共发生火灾282起，其中重大火灾18起，一般火灾264起，直接经济损失602.69万元，死亡14人，致伤31人，见《临澧县1986～2007年火灾情况统计表》（表10—1—1）。

第一节 房屋火灾

历史上房屋火灾发生频繁，因无火灾管理机构，历史火灾资料不详。据县志记载，1729～1949年共发生重特大火灾4起，死亡1人，直接经济损失170万元。新中国成立以来至1985年，各级政府、基层组织和企业虽然成立防火组织，但火灾资料统计不详。1986年成立县专业消防机构。据统计，1986～2007年的21年间，全县共发生房屋火灾10起，电器短路引发火灾5起、用火不慎起火3起、其他原因2起。按火灾等级分为：重大火灾1起，一般火灾9起，死亡3人，伤5人，直接经济损失219.9万元。

乾隆五十一年（1786），县城南街大火，左右延烧百余家，损失20余万元。

民国26年（1937）1月6日上午10时30分左右，合口镇上河街王瑞丰布号不慎失火，连烧300余家，使该镇成为一片废墟，直接经济损失50多万元。

民国27年（1938）4月1日，县城河街洪家鞭炮铺失火，燃烧房屋80多间，经济损失20万元。

民国29年（1940）3月，合口刘庆太纸烟铺失火，延烧龙灯桥至当铺街房200多间，直接经济损失30多万元。

民国30年（1941）冬，县城正街田荣记百货铺失火，延烧上胜街，德正街，东兴街房屋百余间，直接经济损失40多万元。

1972年1月17日11时20分，青山工程江家坡渡槽工区物资仓库，因电灯线老化短路引起火灾，烧毁茅屋工棚2栋20间，以及工程存放物资、民工生活衣被，直接经济损失4万余元。

1972年8月19日10时，青山工程江家渡槽工区伙食房烟囱冒出火星引起茅屋棚起火，烧毁工棚59间，烧伤4人，并烧毁器材衣物等，直接经济损失6万余元。

1984年3月5日上午，青山管理局办公楼配电开关板短路起火，直接经济损失约5万元。

1989年12月9日凌晨3时20分，合口轻工机械厂发电机房发生火灾，烧毁、打烂机房及仓库11间、发电机2台、配电瓶8块、纸箱7万个等。经紧急动员全镇义务消防力量，经1小时抢救将大火扑灭。直接经济损失9.5万余元。

1990年2月，柏枝乡草制品厂烘烤房生铁管裂缝连续发生2次火灾，损失1.2万元。4月12日凌晨2时许，县新华书店中心门市部因照长明灯，照明线路短路着燃天花板引发火灾，烧毁大量书籍和门市部设施，县消防中队2时12分接到报警后，先后出动消防车2辆，阻止火势向门市部上面的二、三、四、五楼蔓延，及时扑灭大火。直接经济损失2.7万余元。

2002年3月26日上午，县城正街烟草局和第一市场之间的红灯笼酒吧，因电线老化短路引起火灾，直接经济损失15万元。

2003年4月1日凌晨，县文化大世界（丁玲剧院）发生火灾，直接经济损失15万元。

2006年11月28日，住临澧县安福镇安福路居委会灵泉西一区180号的郭卫东家发生火灾，县消防中队2时19分接到报警后，迅速出动消防车两台，14名指战员，阻止火势继续扩大，并抢救出被困人员3名（经抢救无效死亡）。直接经济损失 5.7 万元。

第二节　车辆火灾

境内 1974 年后各类车辆逐年增加。据统计从 1974～2007 年，因车辆发生碰撞或车载货物引发火灾 16 起，其中重大火灾 2 起，伤 7 人，经济损失 24.1 万元。

1982 年 11 月 28 日，县酒厂一辆货车在大庸县（今永定区）行驶中，因降雨路滑，坡陡弯急，会车时与大庸合作公社货车相撞起火，烧伤 7 人，直接经济损失 7 万余元。

2006 年 2 月 18 日，207 国道太平段一辆满载 11 吨 97＃汽油的槽车侧翻在隔离带，县消防中队 17 时 40 分接到报警后，先后出动消防车 3 台，对油罐车进行冷却、稀释。经过 5 个多小时的奋力扑救，排除了险情，受到县政府的嘉奖，并荣立集体三等功。直接经济损失 8 万元。

第三节　其他火灾

历史上禾场发生多种火灾。据统计从 1949～2007 年，发生电力火灾、爆炸火灾、油（汽）料火灾 10 次。其中重大火灾 1 起，死亡 1 人，伤 5 人，直接经济损失 368.9 万元。

1987 年 5 月 9 日 17 时，四新岗镇石油化工厂轻质原油罐起火，烧毁原油 4880 公斤，烧毁储油罐 3 个，直接经济损失 0.5 万元。

1997 年 11 月 25 日 20 时许，新安镇于银华个体理发店因随意扔放换下的藕煤引燃可燃物发生火灾，烧断邻近的通信电缆和光缆，致使新安地区 800 余部电话中断信号 39 小时，直接经济损失 6.9 万元。

2004 年 10 月 27 日，官亭乡马路村鞭炮厂发生重大爆炸事故引发火灾，消防官兵经过 6 个多小时的奋力扑救，扑灭大火，挽回经济损失 300 万余元。10 月 2 日，太平经济开发区防弹衣厂发生火灾，引发 140 吨汽油爆炸。直接经济损失 20 万元。

2005 年 6 月 13 日，望城乡迎宾路社会加油站发生火灾，死亡 1 人，伤 3 人，县消防中队经过 5 个多小时的奋力扑救，扑灭大火，为石油经营业主挽回了巨大经济损失，并保住附近居民免遭火灾。直接经济损失 35 万元。

2007 年 12 月 20 日 11 时 35 分，临澧县中泰特种装备责任有限公司萃取车间 5 吨 120＃汽油装置系统发生火灾。县消防中队接到报报警后，迅速出动 3 台消防车，21 名官兵前往扑救。市消防支队政委文湘辉、参谋长陈学林赶赴现场指挥，并分别调派了澧县、德山、特勤等 3 个中队 4 辆消防车前往增援，历经 4 个半小时扑救，于 15 时 58 分扑灭大火。直接经济损失 300 万元。

表 10—1—1　　临澧县 1986～2007 年火灾情况统计表

单位：万元、人

年份	起数	灾情等级			经济损失	死亡	受伤	年份	起数	灾情等级			经济损失	死亡	受伤
		特大	重大	一般						特大	重大	一般			
1986	11			11	3.12	4	3	1997	15		2	13	32.80	2	5
1987	13			13	3.99	1		1998	16		1	15	25.41		1
1988	8			8	2.27			1999	11		1	10	15.60		
1989	11		2	9	12.11			2001	3		1	2	8.57		
1990	12		2	10	5.88			2003	7		1	6	45.70		
1991	8		1	7	5.82			2004	29			29	30.4		6
1992	11		1	10	4.73			2005	23			23	20.8		
1993	6		1	5	11.98			2006	29		1	28	18.7	3	
1994	10			10	7.73	2	5	2007	31		1	30	323.5		
1995	16		2	14	12.58	1	6								
1996	12		1	11	11.00	1	5	合计	282		18	264	602.69	14	31

附：火灾的分类

火灾根据物质燃烧分为四类。

A类火灾固体物质火灾。这种物质往往具有有机物性质，一般在燃烧时能产生灼热的余烬。如木材、棉、毛、麻、纸张火灾等。

B类火灾液体火灾和可熔化的固体物质火灾。如汽油、煤油、柴油、原油、甲醇、乙醇、沥青、石蜡火灾等。

C类火灾气体火灾。如煤气、天然气、甲烷、乙烷、丙烷、氢气火灾等。

D类火灾指金属火灾。如钾、钠、镁、钛、锆、锂、铝镁合金火灾等。

2007年6月前火灾等级划分标准：

特大火灾。死亡10人以上（含10人）；重伤20人以上；死亡、重伤20人以上；受灾50户以上；烧毁财物损失100万元以上。

重大火灾。死亡3人以上；重伤10人以上；死亡、重伤10人以上；受灾30户以上；烧毁财物损失30万元以上。

一般火灾。不具备以上条件的火灾。

2007年6月1日后火灾等级划分标准。

特别重大火灾：造成30人以上死亡，或者100人以上重伤，或者1亿元以上直接财产损失的火灾。

重大火灾：造成10人以上30人以下死亡，或者50人以上100人以下重伤，或者5000万元以上1亿元以下直接财产损失的火灾。

较大火灾：造成3人以上10人以下死亡，或者10人以上50人以下重伤，或者1000万元以上5000万元以下直接财产损失的火灾。

一般火灾：造成3人以下死亡，或者10人以下重伤，或者1000万元以下直接财产损失的火灾。（注："以上"包括本数，"以下"不包括本数。）

第四节　森林火灾

新中国成立以前，未设立森林防火机构，历史森林火灾资料不详。新中国成立后，1949～2007年的58年间，共发生森林火灾41起，火场面积9931亩，受灾面积9922.9亩，林业损失146.7万元，直接经济损失163.37万元，见《临澧县1957～2007年森林火灾经济损失统计表》（表10—4—1）。

1957年10月，太浮乡林场发生重大森林火灾，烧毁森林4500亩，损失木材约5000立方米，林业损失52万元，灾害直接经济损失53万元。

1963年1月，太浮公社雷水大队发生一般火灾，火灾持续31个小时，烧毁山林70亩，林木损失1.2万株，林业损失1.2万元，灾害直接经济损失1.7万元。

1985年2月23日，官亭乡、新安镇发生一般森林火灾，烧毁森林面积100亩，损失马尾松幼苗1.8万株。是年12月29日5个乡镇连续发生4次森林火灾，烧毁森林200亩，烧毁林木2万余棵，林业损失2.1万元，灾害直接经济损失3.1万元。

1986年春节期间，发生10余起一般森林火灾，受灾面积400亩，损失林木4万株，林业损失3.6万元，灾害直接经济损失5.6万元。

1987年，全年发生8起一般森林火灾，烧毁森林面积438亩，损坏林木300立方米，林业损失8万元，灾害直接经济损失10万元。

1991年11月2日，太浮镇林场太浮山发生1起一般森林火灾，过火面积351亩，烧毁山林351亩，损失林木蓄积642立方米，林业损失9万元。县人民政府调度各类车辆55台，组织千人参加扑救。灾害直接经济损失10.2万元。

1992年，全县发生3起一般森林火灾，烧毁森林面积150亩，损失林木45立方米，林业损失4万元，灾害直接经济损失4.2万元。

1997年，全县发生3起一般森林火灾，烧毁森林面积150亩，损失林木20立方米，林业损失2万元，灾害直接经济损失2.1万元。

2001年，全县发生2起一般森林火灾，烧毁森林面积100亩，损失林木36立方米，林业损失3万元，灾害直接经济损失3.2万元。

2003年，全县发生2起一般森林火灾。10月，柏枝乡七姑村村民王仁丰（患精神分裂症）先后两次在七姑山放火并打伤人，烧毁森林面积99.5亩。11月1日11时30分左右，烽火乡分水村张家湾发生森林火灾。该乡将军村村民施大忠在给别人承包采伐的杉树裁筒子、搬运打堆的过程中，为方便作业用打火机点燃刺蓬引燃附近的树木和杂草，并迅速蔓延燃烧附近的狮子凸山、窑湾山、老里冲山、箵箕湾等10座山的树木。常德市市长陈君文、副市长刘春林、临澧县委书记吴友云、县长吴昂平等市、县领导亲临现场指挥扑救。调动武警、预备役部队310人，公安干警100余人，县直单位干部近千人，杨板、修梅、柏枝、望城、城关、烽火等6个乡镇群众1000余人，调集全市8辆消防车参与扑火。大火于11月2日凌晨5时被扑灭。此次火灾造成森林过火面积1532.7亩，其中有林地面积1419.7亩，损失杉树、马尾松、国外松等木材蓄积1319立方米，2次火灾林业损失28万元，直接经济损失近32.5万元。

2004年2月10日中午12时许，杉板乡鸡公山发生森林火灾，大火燃烧杉板乡新花、月星、青山等3个村山林。火灾发生后，市、县、乡三级领导到现场指挥扑救，出动救火车辆100多台，调集县直机关干部和乡镇群众2000多人参加扑救，大火于11日4时30分被扑灭，火灾过火面积950亩，损失马尾松190立方米，林业损失13.8万元，直接经济损失15.9万元。

2005年4月7日下午1时左右，太平开发区太平村双木组大清山发生山火，过火面积20亩，烧毁油茶树110多株，烧死1人。起火原因，该组村民叶代万（男，71岁）上山挂清明烧纸钱引发火灾。叶在扑火过程中窒息而亡，灾害直接经济损失8.5万元。

2006年4月2日11时30分左右，新安镇白岩村真宫庙山发生森林火灾，大火到4月3日6时30分被扑灭。此次火灾过火林木面积1102亩，其中有林地面积593亩，损失林木蓄积393立方米，林业损失12万元，直接经济损失13.37万元。起火原因，胡冬妹祭祖放鞭炮引起。胡冬妹被临澧县人民法院判处管制3个月。

火灾时空分布规律 森林火灾的年际变化与干旱高频发年相对应，即少雨干旱的年份与森林火灾多发年成正相关系。雨涝高频发年，则森林火灾相对较少。森林火灾与旱涝灾害一样具有高频发年与低频发年交替出现的规律性。

火灾月季变化规律 受冬季风的影响，森林火灾易发生在上年冬季至次年1～3月的杂草干枯时期，4月以后雨季开始，林火很难发生。7～8月受副热带高压控制，降水稀少，形成干旱期（伏旱期）加之温度高，蒸发较强，易发生森林火灾。

火灾时间变化规律 森林火灾发生的时间。在一日中10～16时容易发生，林火发生的高峰在正午前后，而早晚较少。因为正午前后气温较高，相对温度最小，蒸发较强，一般风速较大，林中可燃物很快失水变干，易引燃且易蔓延。

火灾地理分布规律 森林火灾一般多发于丘岗山地林区。冬季春季群众上坟烧香引发火灾的居多。

火灾损失增长规律 森林火灾，根据《临澧县1957～2007年森林火灾经济损失统计表》统计，50年代1年发生2次森林火灾，直接经济损失53万元。平均每年直接经济损失26.5万元。60年代发生1次森林火灾，直接经济损失1.7万元。80年代3年内发生23次森林火灾，经济损失18.7万元，平均每年直接经济损失6.2万元。90年代3年内发生7次森林火灾，直接经济损失16.5万元，平均每年直接经济损失5.5万元。21世纪前8年的5年中，发生8次森林火灾，直接经济损失73.8万元，平均每年损失14.7万元。森林火灾年度损失呈增长趋势，见《临澧县1957～2007年森林火灾经济损失统计表》（表10—4—1）。

火灾频次上升规律 根据《临澧县1957～2007年森林火灾经济损失统计表》（表10—4—1）统计，20世纪50年代发生2次森林火灾，60年代发生1次森林火灾，80年代发生23次森林火灾，90年代发生7次森林火灾，21世纪前8年发生8次森林火灾，森林火灾发生的频次不断上升。

表 10—4—1　　临澧县 1957～2007 年森林火灾经济损失统计表

单位：亩、立方米、人、万元

年月日	灾情等级	起数	火灾范围	火场面积	受害面积	损失林木	经济损失	人员伤亡	扑火费用	直接经济损失	资料来源
1957	▲	2	太浮	4500	4500	5000	52		1	53	A3～5
196301	△	1	太浮	70	70	1. 2 万株	1. 2		0. 5	1. 7	A3～5
19850223	△	5	官亭新安	300	300	3. 85 万株	2. 1		1	3. 1	A3～5
1986	△	10	全县	400	400	4 万株	3. 6		2	5. 6	A3～5
1987	△	8	全县	438	438	300	8		2	10	A3～5
19911102	△	1	太浮	351	351	624	9		1. 2	10. 2	A3～5
1992	△	3	全县	150	150	45	4		0. 2	4. 2	A3～5
1997	△	3	全县	150	150	20	2		0. 1	2. 1	A3～5
2001	△	3	全县	100	100	36	3		0. 2	3. 2	A3～5
2003	△	2	全县	1400	1400	2000	28		4. 5	32. 5	A3～5
20040210	△	1	杉板	950	950	190	13. 8		2. 1	15. 9	A3～5
2005	△	1	全县	20	11. 9	110	8	1	0. 5	8. 5	A3～5
20060402	△	1	全县	1102	1102	393	12		1. 37	13. 37	A3～5
合计		41		9931	9922. 9		146. 7	1	16. 67	163. 37	

灾情等级：重特大火灾●；重大火灾▲；一般火灾△。

附：国家林业部门规定森林火灾标准：

火警：受害面积＜1 公顷；一般森林火灾：受害面积 1～100 公顷；重大森林火灾：受害面积 100～1000 公顷；重特大森林火灾：灾受害面积＞1000 公顷。

第十一章　生产性事故

第一节　农业生产事故

境内历史上农业生产性事故经常发生，因无专业安全生产管理机构，农业生产性事故统计不详。根据《临澧县志》、《青山工程志》对重大农业生产事故的记录，保险机构的理赔和县安全生产监督管理局的统计，1950～2007年共发生农业生产事故235起，其中重大事故3起，一般事故232起，共死亡58人，伤残268人，直接经济损失91.6万元，见《临澧县1966～2007年农业生产事故统计表》(表11—1—1)。

1966～1985年的20年间，在青山工程建设中，发生伤残死亡事故数百起，经积极治疗使大部分轻伤治愈，因伤致残256人，经抢救无效死亡42人。1980年修建太平水库工程死亡14人，致伤5人.1991年修建烽火堤垸工程死亡2人，伤残7人。

1966年10月，九里公社东枢纽工区因十字镐误伤眼睛致死1人，12月，新安公社在天一宫施工因雷管爆炸死亡1人，修梅公社在染铺湾施工中炸岩致死1人，佘市公社在青山工程江家坡施工中，因垮土打伤死亡1人，望城公社在青山工程施工过程中，因工致伤死亡1人，九里、新合、新安等公社在青山工程建设中因病共死亡3人。

是年，在修建青山工程中，九里、杉板、烽火公社致共伤残3人，修梅、佘市、杨板公社共伤残6人，新安、停弦渡、望城公社共伤残9人，新合公社伤残4人，文家公社伤残7人。人员伤亡直接经济损失9.8万元。

1967年4月，烽火公社在青山工程粟谷咀渡槽排架上跌落死亡1人，杨板公社在青山工程中因病死亡1人。

是年，在修建青山工程中，杉板、望城公社共伤残2人，九里、停弦渡、佘市、陈二等公社共伤残8人，新安镇伤残3人，新合、修梅公社共伤残8人，杨板公社伤残6人。人员伤亡直接经济损失6.4万元。

1968年，新安、杨板公社在青山工程中因病共死亡2人。

是年，在修建青山工程中，官亭、新合、修梅、佘市等公社共伤残4人，新安镇伤残3人。人员伤亡直接经济损失2.4万元。

1969年10月，烽火公社在青山工程大食堂灶内土炮引烧死亡1人，新安镇、九里、烽火公社在青山工程中死亡3人。

是年，在修建青山工程中，九里、停弦渡、太浮、陈二、柏枝公社共伤残5人，新合、杉板公社共伤残4人，新安镇、官亭、佘市、文家、望城等社镇共伤残15人，烽火公社伤残4人，杨板公社伤残6人。人员伤亡直接经济损失8.8万元。

1970年1月，杨板公社在青山工程大坝工区因触电致死1人。9月，望城公社在青山工程林家亚竖井因竖井架垮塌死亡3人。10月，柏枝公社在青山工程付坝施工因炸岩飞岩致死1人，新安镇、文家公社在青山工程中因病共死亡2人。

是年，在修建青山工程中，九里、杉板、太浮、陈二、珠日公社共伤残5人，新安、柏枝公社共伤残4人，新合、停弦渡、佘市公社共伤残9人，文家公社伤残4人，官亭、杨板公社共伤残10人，修梅、烽火公社共伤残16人，望城公社伤残16人。人员伤亡直接经济损失9.5万元。

1971年8～12月，新合公社、杨板公社在青山工程江家坡渡槽工地施工，安装电灯触电死亡1人，渡槽上跌落和落物死亡3人，烽火、停弦渡公社在青山工程中因病死亡2人。

是年，在修建青山工程中修梅、文家、陈二、烽火、望城公社共伤残5人，新安公社伤残2人，杨板公社伤残4人。人员伤亡直接经济损失8.2万元。

1972年3月、12月，杨板公社在青山工程江家坡渡槽工地拆渡槽架死亡1人，渡槽上落物死亡1人，6月，太浮公社在青山工程段家桥工地因中毒性痢疾死亡1人，九里公社在青山工程江家坡槽工地因工死亡1人，新安镇在青山工程江家坡槽工地因触电死亡1人，文家公社在青山工程江家坡槽工地渡槽上跌落死亡1人，杉板、佘市、太浮公社在青山工程中因病共死亡3人。

是年，在修建青山工程中，官亭、文家、柏枝公社共伤残3人，九里公社伤残2人，新安镇、修梅、太浮、烽火、望城等社镇共伤残15人，新合公社伤残4人，陈二公社伤残6人，杨板公社伤残9人。人员伤亡直接经济损失12.3万元。

1973年，在修建青山工程中，新合、停弦渡公社伤残2人。人员伤残直接经损失0.4万元。

1974年，在修建青山工程中，佘市、陈二、珠日公社共伤残3人，九里公社伤残2人，停弦渡公社伤残3人，新合公社伤残4人。人员伤亡直接经济损失2.4万元。

1975年，在修建青山工程中，文家公社在青山工程修岩渠中锄头误伤致死1人。

是年，在修建青山工程中，新安、停弦渡、文家、太浮、珠日、柏枝、望城等社镇共伤残7人，新合、杉板公社共伤残4人。人员伤亡直接经济损失3.9万元。

1976年，新安公社在青山工程枢纽工地因施工落水死亡1人，炸岩飞石致死1人。

是年，在修建青山工程中，佘市公社伤残1人，杉板公社伤残2人，九里公社伤残4人。人员伤亡直接经济损失3.3万元。

1977年，停弦渡公社在修建青山工程中伤残1人。人员伤残直接经济损失0.3万元。

1978年，在修建青山工程中，九里公社在青山工程建设中因病死亡1人。

是年，在修建青山工程中，九里、停弦渡公社共伤残2人。人员伤亡直接经济损失1.5万元。

1979年，在修建青山工程中，九里、新安、文家等社镇共伤残3人。人员伤残直接经济损失0.6万元。

1980年，在修建青山工程中，新合、新安、佘市、太浮、陈二、望城等社镇共伤残6人。人员伤残直接经济损失2.4万元。

1980年12月12日，修梅公社冬修民工在檀山岩炸岩，因无严格的安全措施，造成死亡14人，重伤5人，直接经济损失3万元。

1983年，在修建青山工程中，佘市公社伤残1人。人员伤残直接经济损失0.4万元。

1991年11月，修梅镇罗仙村在修建烽火垸堤垸工程建设中，因挖神仙土倒塌死亡2人，伤残7人，直接经济损失16万元。

表11—1—1　　临澧县1966～2007年农业生产事故统计表

单位：人、万元

年月日	发生地点	类别		事故等级			伤亡人数		经济损失	资料来源
		农田	水利	特大	重大	一般	死亡	伤残		
1966	青山工程		√			√	8	29	9.8	A5～236
1967	青山工程		√			√	2	27	6.4	A5～236
1968	青山工程		√			√	2	7	2.4	A5～236
1969	青山工程		√			√	4	34	8.8	A5～236
1970	青山工程		√		√		7	64	9.5	A5～236

续表

年月日	发生地点	类　别		事故等级			伤亡人数		经济损失	资料来源
		农田	水利	特大	重大	一般	死亡	伤残		
1971	青山工程		√			√	6	11	8.2	A5～236
1972	青山工程		√			√	9	39	12.3	A5～237
1973	青山工程		√			√		2	0.4	A5～237
1974	青山工程		√			√		12	2.4	A5～237
1975	青山工程		√			√	1	11	3.9	A5～237
1976	青山工程		√			√	2	7	3.3	A5～237
1977	青山工程		√			√		1	0.3	A5～237
1978	青山工程		√			√	1	2	1.5	A5～237
1979	青山工程		√			√		3	0.6	A5～237
1980	青山工程		√			√		6	2.4	A5～237
1980.12.12	修梅冬修炸岩		√		√		14	5	3	A～46
1983	青山工程		√			√		1	0.4	A5～237
1991.11	烽火堤垸		√		√		2	7	16	A5～237
合　计			18		3	15	58	268	91.6	

第二节　工业生产事故

历史上经常发生工业生产事故。清代主要发生在手工业、建筑业。民国时期主要发生在手工业、建筑业和建筑材料行业。新中国成立后，主要发生在矿山企业、建筑行业、鞭炮行业。2003年前未设立安全生产监督管理部门，对工业生产事故记载不详。据《临澧县志》、保险机构理赔和县安全生产监督管理局的统计，1950～2007年，发生工业生产事故19起，其中重特大事故7起，重大事故5起，一般事故7起，共死亡83人，伤残129人，直接经济损失372.9万元，见《临澧县1950～2007年工业生产事故统计表》（表11—2—1）。

1950～1966年，境内因建筑事故死亡18人，伤47人，其中重伤12人。致残6人，直接经济损失45万元。

1978年10月29日，官亭茶场附设鞭炮厂因拌药引起爆炸，毁坏房屋9间，死亡1人，伤残6人，直接经济损失3万余元。

1981年4月17日，修梅石灰厂1号煤井冒水，在抢救设备时，因一氧化碳中毒，死亡3人，中毒29人，直接经济损失5万元。

1981年9月2日，县氮肥厂全右制铵系统12段2号煤炉发生巨大爆炸，厂房设备严重毁坏，伤残2人，经济损失10多万元。

1987年1～8月，新安建筑工程公司发生安全事故5起，造成死亡2人，重伤11人，直接经济损失18万多元。

1989年12月9日，县合口轻工机械厂发生火灾，房屋、机械、产品设备损失15万元。

1992年11月，望城乡楚城村鞭炮厂发生重大鞭炮爆炸事故，造成死亡7人，重伤7人，炸毁房屋6间，10间学校教室造成危房，直接经济损失40万元。

1994年11月14日，合口镇苍蒲鞭引厂发生军工硝爆炸事故，造成死亡7人，受伤5人，直接经济损失20万元。

1996年1月1日，合口镇城区陈某非法生产鞭炮导致爆炸，造成死亡2人，受伤1人，直接经济损失5万元。

2000年10月22日，官亭乡马路村三组个体鞭炮户刘某违反操作规程，造成鞭炮爆炸，炸塌房屋3间，炸死2人，炸伤4人，直接经济损失5万元。

2001年6月17日下午，九里乡岩桥村非法生产烟花爆竹个体作坊发生爆炸，造成死亡 1 人，受伤 2 人。直接经济损失 0.9 万元。

2001 年 11 月 5 日，合口镇楠桥村发生因非法操作、违法烟花爆竹生产规程，造成死亡 1 人，伤残 1 人。直接经济损失 0.9 万元。

2003 年 1 月 18 日，合口镇凯丽花炮厂发生特大烟花爆炸事故，造成死亡 14 人，受伤 9 人。直接经济损失 50 万元。

2003 年 3 月 31 日 18 时，九里乡富民花炮厂发生爆炸，造成死亡 2 人，受伤 1 人。直接经济损失 0.9 万元。

2003 年 5 月 14 日，新安镇潘台村苏欠文家非法生产鞭引发生大爆炸事故，房屋倒塌，造成死亡 4 人。直接经济损失 1.5 万元

2004 年 6 月 29 日 23 时，县青山管理局所辖新星水泥责任公司发生一起重大喷炉事故，造成死亡 3 人，受伤 1 人，直接经济损失 32 万元。

2004 年 10 月 27 日 12 时 50 分，县官亭乡马路花炮厂发生特大烟花爆竹爆炸事故，造成死亡 13 人，受伤 3 人，12 栋房屋倒塌，直接经济损失 75.6 万元。

2007 年 11 月 26 日，九里乡泉水花炮厂发生烟花爆竹爆炸事故，造成死亡 1 人，直接经济损人 20 万元。

2007 年 11 月 26 日，杉板乡澧阳烟花鞭炮制品厂发生一起烟花爆竹爆炸事故，造成死亡 2 人，直接经济损失 25 万元。

表 11—2—1　　临澧县 1950～2007 年工业生产事故统计表

单位：人、万元

年月日时分秒	发生单位	类别				事故等级			伤亡人数		经济损失	资料来源
		工业制造	矿山	建筑	化工	特大	重大	一般	死亡	伤残		
1950～1966	建筑			√			▲		18	47	45	A～2
1978.10.29	官亭鞭炮厂				√		▲		1	6	3	A～45
1981.04.17	修梅镇石灰厂		√			●			3	29	5	A～48
1981.9.2	氮肥厂				√			△		2	10	A3～72
1987.1～8 月	新安建筑工程公司			√				△	2	11	18	A3～5
1989.12.9	合口轻工机械厂	√						△			15	A3～5
1992.11	望城楚城鞭炮厂				√	●			7	7	40	A1～19
1994.11.14	合口苍蒲鞭引厂				√	●			7	5	20	A3～5
1996.1.1	合口城区				√		▲		2	1	5	A3～5
2000.10.22	官亭马路村				√		▲		2	4	5	A1～34
2001.06.17	九里岩桥村				√			△	1	2	0.9	A1～35
2001.11.05	合口兰桥村				√			△	1	1	0.9	A1～36
2003.01.18	合口凯利花炮厂				√	●			14	9	50.1	A1～40
2003.03.31	九里富民花炮厂				√		▲		2	1	0.9	A1～40
2003.05.14	新安潘台村				√	●			4		1.5	A1～41
2004.6.29	新星水泥公司		√			●			3	1	32	A3～5
2004.10.27	官亭马路花炮厂				√	●			13	3	75.6	A3～5
2007.11.26	九里泉水井花炮厂				√			△	1		20	A3
2007.11.26	杉板澧阳烟花鞭炮制品厂				√			△	2		25	A3
合　计		1	2	2	14	7	5	7	83	129	372.9	

事故等级：特大事故●；重大事故▲；一般事故△。

附：生产安全事故标准：

在2007年6月前，生产性事故的统计按劳动部门规定的工伤事故灾情等级标准统计，工伤事故灾害灾情分为一般工伤事故、严重工伤、重大工伤事故、特大工伤事故。其划分标准为：

一般工伤事故：有轻伤无重伤，直接经济损失1万元以下。

严重工伤事故：有重伤无死亡，直接经济损失1万元～10万元。

重大工伤事故：死亡1～2人，直接经济损失10万元～100万元。

特大工伤事故：死亡3人以上，直接经济损失100万元以上。

2007年6月1起，国家实施《生产安全事故报告和调查处理条例规定》，生产安全事故（以下简称事故）造成的人员伤亡或者直接经济损失事故，一般分为四个等级：

一般事故。造成3人以下死亡，或者10人以下重伤（包括急性工业中毒，下同），或者1000万元以下直接经济损失的事故。

较大事故。造成3人以上10人以下死亡，或者10人以上50人以下重伤，或者1000万元以上5000万元以下直接经济损失的事故；

重大事故。造成10人以上30人以下死亡，或者50人以上100人以下重伤，或者5000万元以上1亿元以下直接经济损失的事故；

特别重大事故。造成30人以上死亡，或者100人以上重伤，或者1亿元以上直接经济损失的事故。

第十二章　防灾减灾

第一节　管理机构

一、行政管理机构

按灾害管理类别，管理机构分为自然灾害和人为灾害两类。根据 2002 年县政府“三定方案”，灾害管理部门为县民政局、县林业局、县水利局、县农业局、县建设局、县国土资源局、县发展改革物价局、县环境保护局、县气象局、县卫生局、县科学技术局、县畜牧水产局、县交通警察大队、县消防大队、县地方海事处、县安全生产监督管理局。

（一）自然灾害管理机构

县民政局　清代县衙设户房，管理民政事务。民国 3 年（1914）县署设民政科。1923～1937 年改为县政府民政所，1938 年至新中国成立前改为县政府民政局。1949 年 8 月临澧解放后，县政府成立民政科，驻地人民街 9 号，办公用房 160 平方米。1968 年改为县革命委员会民政组，1973 年成立县革命委员会民政局，1980 年改称为临澧县民政局。1985 年在朝阳东街 13 号征地 15 亩，建办公楼 1600 平方米，家属宿舍楼 1260 平方米，1986 年 12 月迁址到朝阳街东街 13 号大院至今。1984 年始设二级机构，到 2007 年，民政局（民间组织管理局）内设办公室、救灾救济福利股、优抚安置股、基层政权建设股、社区工作办公室、革命老区办公室、殡葬事业管理所、社会救助站、军队退休干部管理所、婚姻登记处、自然灾害救助中心、社会救助管理局、社会福利（光荣）院、殡仪馆、县慈善总会办公室、县老龄工作委员会办公室、有奖募捐办公室、县民政局老干部管理服务中心。

工作职责：负责制定灾害管理规章制度；负责重大自然灾害救灾综合协调；指导乡镇政府开展防灾、抗灾和救灾；负责灾害情况统计、核查、评估，发布灾情信息；负责救灾物资的采购、储备和调拨；负责拟定减灾规划和救灾应急预案，组织实施演练；负责救灾捐赠和社会捐助工作；管理、分配救灾和募捐款物；履行反恐和突发事件应急处置的相关职能。

县发展改革物价局　1955 年设立县计划委员会。1968 年改为县革命委员会计划工作组，1973 年撤组设立县计划委员会。1983 年设立县物价局，1994 年计划委员会与物价局合并为计划物价局。1995 年，计划物价局分设为县计划局、县物价局。2002 年机构改革合并为发展计划物价局，局机关分设 8 个股室，即投资股、重点办、基建招投标办、价格收费股、检查所、认证中心、价调基金征收办公室（加挂第三产业领导小组办公室牌子）。2004 年更名为发展改革物价局至今。

工作职责：负责制定全县防灾减灾规划；负责将防灾减灾规划纳入社会经济发展规划；负责全县重大灾害防灾减灾工程项目评估和立项；负责对上申报防灾减灾项目和资金。

县科学技术局　1958 年 1 月成立县科学工作委员会。1959 年更名为县科学技术委员会，同时成立科学技术协会与科委合署办公，1962 年机构同时撤销。1971 年成立县科学技术研究委员会，1972 年更名为科学技术领导小组。1986 年 8 月，县科学技术委员会、科学协会、科技干部管理局从政府搬迁至朝阳东街。1994年10月县科学技术委员会更名为县科学技术局至今。

工作职责：负责拟定防灾减灾科技发展战略、方针、政策和规章；为政府灾害管理提供减灾科技咨询；负责减灾科技研究开发及应用；负责开展减灾科普培训及防灾减灾工作交流。

县水利局 民国26年（1937）县政府设建设科，管理水利事务。1949年8月县人民政府设建设科。1954年8月设县农林水利局，1955年8月设县水利局。1968年成立县革命委员会改设农林水利管理站，1973年设县水电局，1980年改称县水电局，1994年更名为水利水电局，2002年更名为县水利局至今。

工作职责：负责拟定全县水利工作发展中长期规划和年度计划；负责统一管理全县水资源，组织水政监察和水行政执法；负责全县水利建设与管理；负责承担县防汛抗旱指挥部的日常工作，组织协调、指导全县防汛抗旱工作；负责水旱抗灾减灾预案编制和督促落实。

县农业局 清代农事由县署六房中的工房管理。民国初年，改设建设科，多为民政科管理。民国27年（1938），湖南省湘米改进委员会派员在灵泉乡从事稻谷试验。1943年设农业推广所。新中国成立后，县政府成立建设科。1954年8月，县人民政府设县农林水利局。1955年8月，县农林水利局分设为县农业局、县林业局、县水利局。1968年，三局合并为县革命委员会农林水利管理站。1973年撤站成立县革命委员会农林局。1980年，县农业局分设为县农业局和县畜牧水产局。至2007年，县农业局内设办公室、计财股、人事股、市场信息股、粮油股、经作股，下辖植保植检站、土肥站、经作站、粮油站、农环站、农检站、农业行政执法监察大队8个业务站（队），观山园艺示范场、农科所、原种场、旱科所等国营场（所）。

工作职责：负责制定农业灾害防灾减灾规划、规章制度；负责组织协调重大农业自然灾害救灾，指导乡镇政府开展防灾、抗灾和救灾；负责农业灾害灾情统计、核查、评估，发布农业灾害信息；负责农作物生物灾害测报和防治；负责灾后农业生产技术指导、种子采购、调运和储备；负责农业灾害救助和补助工作；负责种子革新和农作物减灾科学研究和成果的推广。

县畜牧水产局 1953年县政府设建设科，管理农林水利事务。1954年8月县农林水利局下设畜牧畜医工作站。1959年设立县畜牧水产局，局内设办公室、畜牧股、水产股、家畜防检站。1962年撤销县畜牧水产局与农业科合并。1963年1月恢复县畜牧畜医工作站。1968年设立畜牧家禽业工作小组。1973年设立县革命委员会农林局。1980年恢复县畜牧水产局。2002～2007年，局机关内设办公室、人事股、财计股、业务股，下设动物防疫检疫站、水产渔政站二级单位。

工作职责：负责制定全县重大动物疫情控制规划，研究制定技术对策；负责重大动物疫情监测和报告，依法确定疫点、疫区、受威胁区，提出封锁建议；负责动物及其产品检疫检验、执法监督、疫情监督和疫情管理；负责紧急免疫接种、消毒灭源、扑疫的技术指导和监督；负责建立应急防疫储备库以及防疫物资组织供应；负责组织成立疫情处理预备队，培训防疫人员；负责综合协调防治重大动物疫病。

县林业局 民国7年（1918）县署下设民政科管理农林事务。民国29年（1940），县政府设建设科主管农林事务。1949年8月，县人民政府成立建设科。1955年设立县林业局。1968年县革命委员会将县农林水局合并为县革命委员会农林水管理站。1973年撤站设立县革命委员会林业局。1980年改为县林业局。2007年，县林业局设办公室、计财股、人事股、营林工作站、野生动植物保护站、林政管理站、绿化办、公安局森林派出所。

工作职责：负责宣传贯彻执行国家动植物保护、植物检疫、森林防火和病虫防治等法律法规，制定规章制度；负责指导乡镇和基层组织开展救灾工作；负责植物检疫灾情统计、核查、评估和发布灾害信息；负责森林火灾的预防和病虫害防治的物资采购、储备和调运；负责制定森林防火和病虫害应急预案，组织实施森林火灾扑救和病虫害防治；负责管理分配中央救灾款物。

县卫生局 民国29年（1940）县政府设立卫生事务所。民国35年（1946）机构调整撤销。1955年县人民政府设卫生科。1968年成立县革命委员会设立卫生工作组。1973年设立县革命委员会卫生局。1980年改称为县卫生局。2007年，县卫生局内设办公室、财务股、医政股。

工作职责：负责贯彻执行国家卫生医疗法律法规，建立行政规章；负责管理国家、集体、个体医疗服务机构；负责制定灾难疫病防治应急预案，组织实施对灾区疫病预防和治疗；负责血吸虫等多种流行性疫病的群防群治；负责卫生保健、爱国卫生工作；负责灾难疫病（流行病）信息统计、信息发布工作。

县气象局 1959年成立县气象服务站，1971年3月更名为县气象站，1981年实行双重管理体制，1982年更名为县气象局，编制8名，属副科级单位。1984年升格为正科级单位。2007年共有干部职工10人，气象局内设办公室、人工影响天气办公室、防雷减灾办公室、防雷检测所、气象台、测报股。

工作职责：负责天气、气候、生态与农业气象、人工影响天气、雷电等业务监测；负责综合观测、预测预报、公共气象服务信息；负责制定气象事业发展规划；负责本地气象服务和气象灾害防御工作；负责重大气象灾害的评估；负责人工影响天气作业；负责雷电灾害防御和减灾工作。

县建设局 民国29年（1940）～1949年，县政府设建设科。1949年8月6日，县人民政府设建设科，1955年机构合并撤销建设科，1973年设立县基建局。1984年基建局与环境保护办公室合并为县城乡建设环境保护局。1985年设县建设委员会，1994年更名为县建设局。2002年与环境保护局合并为县建设环保局，2003年县建设环境局分设为县建设局、县环境保护局。

工作职责：县建筑设计院下设抗震办公室，指导和管理城乡建设及工业与民用建筑的抗震设防和建筑附式人防工作；制定抗震防灾科技发展规划；组织工程防震科技交流合作。

县环境保护局 1984年成立县环境保护办公室，1986年10月成立县环境监测站。1994年10月，成立县环境保护局。2002年与县建设局合并为县建设环境保护局，2003年县建设环境保护局分设为县建设局、县环境保护局。

工作职责：负责贯彻实施环境保护法律法规，拟定环境保护规章制度；负责制定全县环境保护规划；参与制定全县经济社会发展的中长期规划、国土规划和区域开发规划，审批城市总体规划；负责综合管理陆地、水体、大气、土壤环境的保护，监督管理废水、废气、固体废弃物、噪声振动、放射性及电磁辐射等污染的防治工作；负责调查重大环境污染事故和协调处理污染纠纷，开展区域环境评价、制作建设项目环境影响报告书、排污收费管理、有毒化学品登记、发放排污许可证、公害病的调查等工作；负责全县环境统计和环境监测工作；负责制定全县环境科技发展规划；开展多种形式的环境保护宣传活动，普及环境保护知识。

县国土资源局 清雍正八年，县署设立户房兼管土地工作。民国元年（1912），县政府设民政科兼司地政。新中国成立后，县人民政府设建设科。1950年10月，成立县土地改革委员会，下设工作科室。1952年，成立县查田定产委员会，下设业务组室。1955～1966年由县民政科负责土地管理工作，1968～1972年，由县革命委员会生产指挥组负责土地管理工作，1973～1986年，由县基本建设局（建设委员会）、县计划委员会负责土地管理工作。1987年4月，始建县国土管理局，全县设18个乡镇国土管理所。1989年，县计划委员会设矿产管理办公室，管理地质矿产资源。1995年成立县地质矿产资源管理局。2002年元月，县国土管理局、县地质矿产资源管理局合并组建县国土资源局。2007年，县国土资源局内设办公室、人事教育股、财务股、耕保规划股、建设用地股、地籍测绘股、矿产资源管理股、信访室等8个职能股室，下辖国土资源交易中心、土地开发整理中心、土地储备中心、测绘队、征地拆迁事务所、国土资源费征稽所、地质环境监测站等7个二级机构，设立安福、新安、合口、修梅、望城、四新岗、余市等7个中心所，另设县国土资源执法监察大队。

工作职责：负责拟定土地、矿产等自然资源和测绘管理的地方性管理规章，组织贯彻实施土地资源、矿产资源、测绘管理的法律及技术标准、规程、规范和办法；负责编制和实施土地利用总体规划、矿产资源规划、测绘事业发展规划；负责指导大中型建设项目征地拆迁工作；负责各项建设用地的预审、申报资料和审查报批工作；负责土地资源调查、地籍调查、土地统计和动态监测；负责土地使用权划拨、出让、租赁、作价出资（入股）转让、交易和政府土地收购储备管理工作；负责拟定矿山开采规划，管理矿产资源采矿权的审核登记、发证和转让审核登记；负责编制和实施地质灾害防治和地质遗迹保护规划，依法管理环境地质勘查和评估工作；组织协调重大地质灾害防治；负责为城市、区域总体规划和重大建设项目提供地质环境报告。

（二）人为灾害管理机构

县交通警察大队　1962年后机动车辆监理工作，由交通、公安部门联合兼管。1974年，设立县车辆监理站。1985年3月更名为县交通监理所。1987年7月成立临澧县公安局交通警察队，内设办公室、安宣股、车管股。1988年组建一中队、二中队。1992年更名为县公安局交通警察大队，属副科级单位。1996年1月升格为正科级单位。到2007年，县交通警察大队内设办公室、法制办、安全宣传股、财务股、政工股、交通秩序股、车管分所（车管股）、望城中队、合口中队、国道巡逻中队、新安中队、太平中队、事故处理中队等13个机构。

工作职责：负责机动车辆驾驶人员的管理；负责道路交通秩序管理；负责道路交通安全执法、调查处理道路交通安全事故；负责机动车辆管理。

县地方海事处　新中国成立前，境内无海事管理机构。新中国成立后，1953年成立县航运管理站。1956年并入帆船运输合作社，1962年5月恢复县航运管理站，1993年更名为县港航监督所，隶属常德港航监督处，办公地点在合口镇大码头。2005年，更名为县地方海事处，隶属湖南省地方海事局管辖，属正科级单位，定编5名。

工作职责：负责水上交通安全执法，调查处理水上交通安全事故；负责船舶检验，船员技术培训、发证、晋升；负责水上交通安全的教育与管理；负责水运市场管理及办理进出口签证。

县武警消防大队　新中国成立前，境内无专业消防机构。1949～1986年，县公安局下设消防股，属中国人民武装警察部队编制，定为副营级单位。1986年6月，组建中国人民武装警察部队临澧县消防中队，定为正连级单位，业务上属县公安局领导，驻县公安局机关院内。1995年12月，县公安局消防股与消防中队合并组建“中国人民武装警察部队临澧县消防大队”，又称“湖南省临澧县公安消防大队”，撤消公安局消防股，定为正营级单位，业务上属县公安局领导。1996年7月，大队驻地由县公安局迁至安福镇兴隆街12号。

工作职责：负责制定全县防火减灾规划；负责城市建设消防设计的审定；负责机关、企业、事业单位的防火责任的监督检查；负责组织对火灾的抢险救援；负责全民防火减灾宣传教育和演练。

县安全生产监督管理局 2001年1月，县政府设立安全生产委员会，安全生产委员会下设安全生产监督管理办公室，定编3名，为副科级事业单位。2003年9月，组建县安全生产监督管理局，升格为正科级单位，定编12名。

工作职责：负责贯彻执行国家安全生产的法律、法规和方针政策，建立安全生产规章制度；负责指导乡镇和企业健全安全生产规章和安全生产管理队伍；负责安全生产教育培训，检查安全生产设施设备；负责监督检查重大危险源的监控和重大事故隐患的整改，开展安全生产评估；负责安全生产行政许可工作；负责制定和实施安全生产防灾减灾和重大生产性事故应急救援预案，并组织宣传和演练；负责安全生产事故调查处理、安全生产事故情况统计、信息发布、指导生产自救。

附：1912～2007年县民政局负责人名录（表12—1—1）；1984～2007年县民政局灾害管理机构人员名录（表12—1—2）；1949～2007年乡镇（区）灾害管理人员名录（表12—1—3）。

表12—1—1 1912～2007年县民政局负责人名录

机构名称	姓　名	性别	职　别	任职时间
县公署民政科	李华村	男	科　长	1912.1～1913.2
县政府民政科	赵柱喜	男	科　长	1939.8～1940.7
县政府民政科	蒋保烟	男	科　长	1940.7～1942.12
县政府民政科	张华封	男	科　长	1943.1～1944.8
县政府民政科	高　鉴	男	科　长	1944.9～1947.3
县政府民政科	陈文朴	男	科　长	1947.4～1948.3
县政府民政科	于蒙昌	男	科　长	1948.3～1949.5
人民政府民政科	张鹤年	男	科　长	1949.8～1952.9
人民政府民政科	刘银清	男	副科长	1950.10～1968.3
人民政府民政科	颜允楚	男	副科长	1952.9～1955.5
人民政府民政科	陆振林	男	科　长	1955.5～1957.7
人民政府民政科	聂振邦	男	科　长	1957.7～1959.12
县人委会民政科	羡福禄	男	副科长	1960.1～1961.6
县人委会民政科	徐进祥	男	科　长	1962.1～1962.7
县人委会民政科	李乐胜	男	副科长	1962.7～1968.3
县革委会民政组	文树清	男	副组长	1969.12～1973.11
县革委会民政局	李乐胜	男	局　长	1973.11～1983.12
县革委会民政局	文树清	男	副局长	1973.11～1980.11
县革委会民政局	万方柏	男	副局长	1976.8～1978.6
县民政局	高云国	男	副局长	1981.1～1983.12
县民政局	钟朝来	男	局　长	1984.3～1988.12
县民政局	邹　宏	男	副局长	1983.2～1984.12
县民政局	庞沐初	男	副局长	1984.3～1998.11
县民政局	卜功元	男	副局长	1985.2～1988.12

续表

机构名称	姓 名	性别	职 别	任职时间
县民政局	邱渭棣	男	副局长	1987.1～1997.10
县民政局	卜功元	男	局 长	1989.1～1992.12
县民政局	李伯祝	男	纪检组长	1990.5～1994.3
县民政局	王承荣	男	局 长	1993.1～1996.4
县民政局	叶雪英	女	副局长	1994.1～2002.2
县民政局	刘茂梅	男	副局长	1994.2～1996.8
县民政局	黄家益	男	局 长	1996.4～2000.2
县民政局	蒋宗海	男	局 长	2000.2～2001.9
县民政局	于乾华	男	局 长	2001.9～2007.12
县民政局	刘道炎	男	党组书记	1997.10～2003.1
县民政局	娄云萍	女	党组（副）书记 副局长	2003.2～2007.12
县民政局	周序初	男	副局长	1995.4～2007.12
县民政局	李振炎	男	副书记 副局长 民管局长	1995.3～2007.12
县民政局	傅冠元	男	副局长	2002.11～2007.12
县民政局	郭明惠	女	纪检组长 副局长	2001.1～2007.12
县民政局	祝安顺	男	副局长	2005.1～2007.12
县民政局	胡良忠	男	工会主席	2005.1～2007.12
县民政局	王慕荣	男	纪检组长	2005.9～2007.12
县民政局	陈定生	男	党组成员 救助局长	2005.11～2007.12
县民政局	辛序高	男	工会主席	2002.1～2005.2
县民政局	张明楚	男	党组成员 副局长	1989.1～2005.1
县民政局	李本明	男	纪检组长	1995.4～2001.1

表 12—1—2　　1984～2007 年县民政局灾害管理机构人员名录

机构名称	姓 名	性别	职 别	工作时间
社救股	苏宏元	男	股 长	1984.1～1987.1
	李振炎	男	股 长	1987.1～1992.8
	戴志成	男	干 部	1987.7～1988.7
	徐卫军	男	干 部	1989.3～1992.8
	唐桃杰	男	干 部	1991.9～1992.4
	李远泉	男	股 长	1992.8～1997.1
	文湘平	男	干 部	1992.2～1996.5
	陈定生	男	股 长	1997.1～2002.2
	黄修明	男	副股长	1997.1～2002.2
	郭 英	女	干 部	1997.1～2002.2
	吉 辉	男	股 长	2002.2～2007.12
	汤秀玲	女	干 部	2001.7～2007.12
	尹绪锦	男	干 部	1999.2～2000.2

续表

机构名称	姓　名	性别	职　别	工作时间
农村救灾合作保险互济（基金）会	苏宏元	男	主　任	1987.1～1988.2
	张育明	男	会　计	1987.1～1990.2
	刘亚霞	女	出纳 会计	1987.1～1992.8
	胡庭来	男	聘　任	1987.1～1988.12
	鄢文剑	男	聘　任	1987.1～1988.12
	严卫军	男	聘　任	1987.1～1988.12
	张升发	男	聘　任	1987.1～1988.11
	张协舫	男	聘　任	1989.3～1990.12
	龚德林	男	聘　任	1989.3～1990.12
	徐超清	男	聘　任	1988.1～1993.12
	毛林初	男	聘　任	1987.1～1993.12
	贺银生	男	聘　任	1988.1～1993.12
	刘　华	男	主　任	1988.2～1989.2
	李振炎	男	主　任	1989.2～1990.2
	张育明	男	主　任	1990.2～1991.2
	孙志中	男	干　部	1991.7～1992.8
	余　琼	女	出　纳	1990.2～2002.2
	李远泉	男	主　任	1991.2～1992.8
	陈定生	男	干　部	1991.1～1992.8
	熊君芳	女	干　部	1991.7～1993.2
农村救灾社会养老保险办公室	李振炎	男	主　任	1992.8～2003.6
	曹海轩	男	干　部	1995.1～1996.12
	胡家珍	女	干　部	1992.4～1994.4
	文湘平	男	救灾保险股长	1996.5～2002.6
	尹绪锦	男	养老保险股长	2000.2～2002.2
	辛　昀	女	统计 出纳	1995.10～2003.6
	邱云兰	女	统计 出纳	1993.7～2002.6
	龚高原	男	干　部	1994.1～1994.12 1996.1～1997.6
	陈定生	男	副主任	1992.8～1994.6.
	陈秋桃	男	职　工	1989.2～2002.6
	胡定平	男	职　工	1999.6～2002.6
	孙志忠	男	干　部	1994.4～2003.6
	邹桂云	女	出　纳	1997.3～2003.6
	徐卫军	男	干　部	1992.8～1996.2 1997.2～2002.2
	郭　欣	男	干　部	1995.1～1997.12
	唐桃杰	男	救灾保险股长	1995.2～1997.2
	刘亚霞	女	会计 财务股长	1992.8～2002.6
	余　琼	女	出纳 会计	1992.8～2003.6
	张　琰	男	干　部	1997.12～2003.6
	裴小兵	男	干　部	2002.6～2003.6
	欧华兰	女	干　部	2002.6～2003.6
	熊　辉	男	干　部	2003.2～2003.6
	温兴萍	女	职　工	1998.10～2002.6
	朱爱明	男	干　部	1992.4～1993.7

续表

机构名称	姓　名	性别	职　别	工作时间
县自然灾害救助中心	李振炎	男	主　任	2003. 6～2007. 6
	吉　辉	男	主　任	2007. 6—2007. 12
	余　琼	女	综合股长	2003. 6～2007. 12
	孙志忠	男	救助互济股长	2003. 6～2004. 3
	汤秀玲	女	减灾股长（兼）	2005. 2～2007. 12
	辛　昀	女	出　纳	2003. 6～2004. 7
	邹桂云	女	出　纳	2003. 6～2006. 12
	彭亦萍	女	统　计	2004. 7～2006. 2
	张　琰	男	干　部	2003. 6～2006. 2
	张　玲	女	干　部	2005. 9～2006. 2
	欧华兰	女	干　部	2003. 6～2007. 12
	熊　辉	男	干　部	2003. 6～2005. 10
	游志刚	男	职　工	2003. 12～2005. 2
	裴小兵	男	干　部	2003. 6～2004. 6
	翟凌云	女	出　纳	2006. 3～2007. 12
	徐辉林	男	干　部	2006. 3～2007. 12

表 12—1—3　　1949～2007 年乡镇（区）灾害管理人员名录

乡镇名	民政助理	性　别	工作时间	保险业务员	性　别	工作时间
安福镇	杨云卿	男	1985. 3～1988. 3	王春芳	女	1987. 3～1988. 12
	韩先桥	男	1988. 3～1990. 3	胡绍林	男	1989. 1～1989. 12
	周世坤	男	1990. 3～1999. 3	龚德林	男	1990. 1～1992. 12
	严　静	女	1999. 3～2002. 3	辛保菊	男	1993. 1～1994. 12
	游华枝	女	2002. 3～2004. 3	邹涛云	女	1995. 1～1998. 12
	蒋祖玲	女	2004. 3～2007. 12	严　静	女	1999. 1～2002. 12
				游华枝	女	2002. 1～2003. 12
新安镇	李达永	男	1978. 3～1981. 3	谢超苗	男	1987. 1～1992. 12
	杨贤州	男	1981. 3～1984. 3	苏基元	男	1987. 1～1990. 12
	谢业设	男	1984. 3～1992. 3	杨金枝	女	1991. 1～1992. 12
	宋教林	男	1992. 3～1994. 3	顿祖平	男	1993. 1～1994. 12
	孔令芳	男	1994. 3～1998. 3	于乾喜	男	1995. 1～1995. 12
	郑泽峰	男	1998. 3～2000. 3	苏基元	男	1996. 1～1998. 12
	卜兰波	男	2000. 3～2006. 3	卜兰波	男	1999. 1～2003. 12
	郝诗海	男	2003. 3～2007. 12			
合口镇	周金文	男	1949. 6～1956. 3	徐超清	男	1987. 3～1987. 12
	周用清	女	1956. 3～1958. 3	李孝贵	男	1987. 3～1989. 12
	段祖汤	男	1958. 3～1990. 3	张升发	男	1988. 1～1989. 12
	彭述枝	男	1990. 3～2000. 3	邵国满	男	1990. 1～1990. 12
	欧仁新	男	2000. 3～2002. 10	王南云	男	1991. 1～1993. 12
	彭益安	男	2002. 10～2007. 12	于乾珍	男	1994. 1～1996. 12
	周　林	女	2006. 1～2007. 12	胡　志	男	1997. 1～1999. 12
				欧仁新	男	2000. 1～2002. 10
				彭益安	男	2002. 10～2003. 12

续表

乡镇名	民政助理	性　别	工作时间	保险业务员	性　别	工作时间
停弦渡镇	祁开举	男	1949.10～1956.12	聂贤宝	男	1987.3～1997.12
	黄显礼	男	1957.1～1964.12	薛先和	男	1998.1～2003.12
	郑介寿	男	1965.1～1967.11			
	王本生	男	1967.12～1970.8			
	段训林	男	1970.9～1971.10			
	高学建	男	1971.11～1977.12			
	冉承福	男	1978.1～1983.5			
	马宗礼	男	1983.6～1987.8			
	徐世柏	男	1987.9～1996.8			
	薛先和	男	1996.9～2005.3			
	傅祖华	男	2005.3～2007.12			
修梅镇	胡绍清	男	1950.3～1975.3	李永满	男	1987.3～1989.3
	潘永桃	男	1975.3～1980.3	黄从南	男	1989.3～1994.3
	刘龙耀	男	1980.3～1988.3	刘圣元	男	1994.3～1995.12
	林明国	男	1988.3～2007.12	黄鲁林	男	1996.1～1998.12
				林明国	男	1999.1～2003.12
佘市桥镇	王本生	男	1963.7～1965.8	廖邦志	男	1987.3～1990.11
	段祖锡	男	1965.9～1969.10	王先华	男	1990.12～1994.9
	陈礼尚	男	1969.11～1972.3	余远平	男	1994.10～1996.10
	李伯东	男	1972.4～1977.5	汪永泉	男	1996.10～1998.1
	袁明魁	男	1977.6～1979.8	李佳平	男	1998.2～1999.2
	徐尊法	男	1979.9～1982.2	汪永泉	男	1999.3～2003.12
	蒋宗念	男	1982.2～1989.12			
	单长淼	男	1990.1～1992.9			
	郭卫东	男	1992.10～1993.11			
	刘定义	男	1993.12～1996.10			
	余远平	男	1996.11～1997.9			
	汪永泉	男	1997.10～2007.12			
太浮镇	于振松	男	1961.3～1981.3	胡育明	男	1987.3～1990.12
	朱文才	男	1981.4～1984.4	郭伯海	男	1991.1～1997.12
	贺振楚	男	1984.5～1989.9	刘光炎	男	1998.1～2003.12
	张生堂	男	1989.10～1999.10			
	刘光炎	男	1999.10～2007.12			
杉板乡	王恒平	男	1984.12～1990.12	贺银生	男	1987.3～1987.11
	曹永海	男	1991.1～1992.1	吴宏清	男	1987.12～1993.12
	吴玉书	男	1992.2～2007.12	马立新	男	1994.1～1994.12
				杜方银	男	1995.1～1999.12
				吴玉书	男	2000.1～2003.12

续表

乡镇名	民政助理	性　别	工作时间	保险业务员	性　别	工作时间
文家乡	杨菊生	男	1958. 1～1960. 2	李德树	男	1987. 3～2003. 12
	严门庭	男	1960. 3～1962. 12			
	张家新	男	1963. 1～1964. 12			
	邹敬启	男	1965. 1～1972. 12			
	陈大典	男	1973. 1～1975. 12			
	蒋宗雄	男	1976. 1～1985. 4			
	彭保民	男	1985. 5～1989. 12			
	张平安	男	1990. 1～1993. 12			
	张艳明	女	1993. 12～1995. 5			
	李德树	男	1995. 5～2007. 12			
陈二乡	李安纯	男	1950. 11～1965. 12	李育才	男	1987. 3～1988. 12
	吴乾生	男	1966. 1～1977. 12	杨丙南	男	1989. 1～1989. 12
	卞兆锡	男	1978. 1～1981. 12	祝小高	男	1990. 1～1998. 12
	田其杰	男	1982. 1～1988. 12	关明志	男	1999. 1～2003. 12
	胡自付	男	1989. 1～1990. 12			
	陈金莲	男	1991. 1～1997. 9			
	陈显良	男	1997. 10～1999. 8			
	戴　轼	男	1999. 9～1999. 12			
	关明志	男	2000. 1～2002. 12			
	宁　杰	男	2003. 1～2007. 12			
柏枝乡	李安纯	女	1949. 9～1960. 1	江进喜	男	1987. 3～1989. 10
	王光文	男	1960. 2～1962. 1	刘晓红	男	1989. 11～1998. 12
	肖宗禄	男	1962. 2～1963. 2	于乾桃	男	1999. 1～2003. 12
	高国政	男	1963. 3～1979. 12			
	邹启初	男	1980. 1～1982. 1			
	周进启	男	1982. 2～1984. 2			
	肖旭桂	男	1984. 3～1989. 12			
	杨明仲	男	1990. 1～1992. 1			
	叶玉祥	男	1992. 2～1994. 1			
	杨建香	男	1994. 2～1994. 12			
	余小君	男	1995. 1～1997. 10			
	裴先桂	男	1997. 10～2000. 2			
	于乾桃	男	2000. 3～2007. 12			

续表

乡镇名	民政助理	性　别	工作时间	保险业务员	性　别	工作时间
烽火乡	周如树	男	1955. 3～1959. 2	张兴涛	男	1987. 3～1998. 12
	庞书清	男	1959. 3～1962. 3	赵兴忠	男	1999. 1～2002. 12
	马先中	男	1962. 3～1964. 10	卜功泽	男	2003. 1～2003. 12
	肖本生	男	1964. 11～1965. 11			
	彭小梅	女	1965. 12～1967. 1			
	李道甫	男	1967. 2～1969. 3			
	熊继春	女	1969. 4～1972. 2			
	李光明	男	1972. 3～1976. 10			
	高国政	男	1976. 11～1978. 3			
	唐如桂	男	1978. 4～1981. 10			
	胡达伍	男	1981. 11～1982. 12			
	肖举忠	男	1983. 1～1983. 10			
	朱文才	男	1983. 11～1984. 12			
	唐国桢	男	1984. 12～1985. 2			
	洪远忠	男	1985. 3～1991. 3			
	贾文汉	男	1991. 4～1994. 12			
	龚南秋	男	1994. 12～1999. 10			
	赵兴忠	男	1999. 11～2002. 10			
	卜功泽	男	2002. 11～2005. 6			
	刘　峰	男	2005. 7～2007. 12			
望城乡	庞长明	男	～1967. 12	马云成	男	1987. 3～1987. 12
	蒋会计	男	1967. 12～1972. 3	赵昌大	男	1988. 1～1988. 12
	陈会计	男	1972. 3～1974. 3	唐定国	男	1989. 1～1998. 12
	邢菊甫	男	1974. 3～1975. 5	蒋耀新	男	1999. 1～2003. 12
	胡启汉	男	1975. 5～1976. 3			
	李光明	男	1976. 3～1979. 12			
	马宗清	男	1980. 1～1984. 12			
	程方来	男	1985. 1～1986. 12			
	吴国成	男	1986. 12～1995. 12			
	李克勤	男	1996. 1～1997. 12			
	蒋耀新	男	1997. 12～2005. 3			
	雷建华	男	2005. 3～2007. 12			

续表

乡镇名	民政助理	性 别	工作时间	保险业务员	性 别	工作时间
杨板乡	余运庆	男	1973.3～1985.3	占金魁	男	1987.3～1996.12
	刘长海	男	1985.3～1988.5	彭友平	男	1997.1～1998.12
	张家雄	男	1988.5～1990.3	杨兴桃	男	1999.1～2000.12
	张兴宜	男	1990.3～1992.3	马先杰	男	2001.1～2002.12
	杨家涛	男	1992.3～1993.3	雷志乐	男	2003.1～2003.12
	黄玉忠	男	1993.3～1999.3			
	肖学文	男	1999.3～2003.12			
	雷志乐	男	2004.1～2007.12			
官亭乡	谢超宇	男	1977.3～1983.3	陈定生	男	1987.1～1990.12
	傅官铁	男	1983.3～1987.3	张声钊	男	1991.1～1994.12
	万启荣	男	1987.3～1990.2	陈启忠	男	1995.1～1999.4
	陈启忠	男	1990.2～1999.4	徐合银	男	1999.5～2001.12
	熊显林	男	1999.4～2000.3	颜家银	男	2002.1～2003.12
	颜家银	男	2000.3～2007.12			
九里乡	林宜军	男	1984.1～1985.12	章方林	男	1987.3～1987.12
	胡晓东	男	1986.1～1987.12	胡晓泉	男	1988.1～1992.12
	高兆万	男	1988.1～1998.12	李伯东	男	1993.1～1994.12
	谭德解	男	1999.1～2007.12	谭德解	男	1995.1～2003.12
四新岗乡	冉永贵	男	～1978.3	彭学志	男	1987.3～1988.12
	游文榜	男	1978.3～1982.3	杨水生	男	1989.1～2000.12
	周君生	男	1982.3～1986.7	杨道秀	女	2001.1～2002.7
	陈崇强	男	1986.7～1999.6	肖宏金	男	2002.7～2003.12
	胡 政	男	1999.6～2001.9			
	杨道秀	女	2001.9～2002.7			
	肖宏金	男	2002.7～2007.12			
开发区	刘文新	男	1992.1～2002.12			
	郭菊红	女	2003.1～2006.8			
	朱恒志	男	2006.9～2007.12			

二、 事业管理机构

新中国成立后，县政府先后设立县疾病预防控制中心（卫生防疫站）、县地震局、县防汛抗旱指挥部办公室、县水文局、县自然灾害救助中心、县血吸虫病领导小组办公室、县植保植检站、县动物防疫站、县水产渔政站、县野生动植物保护站、县森林派出所等事业管理单位。

县疾病预防控制中心 民国27年(1938)9月，成立县防疫分会。民国31年(1942)5月，成立县防御鼠疫检疫所。1954年8月，在县卫生院设防疫保健股。1956年12月，设立县卫生防疫站，与卫生局在原人民街合署办公。1965年分设检验室和办公室。1985年，设办公室、防疫科、食品科、检验科、卫生检测科、总务科、宣传科。1985年在朝阳东街征地，修建9间5层、7间2层的办公楼、业务楼各一幢，建筑面积1780米。1986年竣工后搬迁到朝阳东街15

号大院，2004年修建8间5层的疾控实验楼，建筑面积为1655米。1997年升格为副科级单位。2006年4月更名为县疾病预防控制中心，定为具有行政职能的正科级事业单位，定编63名。

工作职责：负责全县人口的疾病预防与控制、突发公共卫生事件应急处置与疫情管理；负责健康因素信息、健康危害因素监测与控制和教育；负责制定传染病、慢性非传染性疾病等预防控制规划和组织实施；负责相关疾病预测及评估，调查处理重大疫情及公共卫生突发事件；负责公共卫生检测、检验、卫生评价；实施免疫接种规划、供应和管理；负责全县疾控和公共卫生信息网络管理；负责乡镇防疫专干业务培训、技术考核。

县地震局 1976年1月成立县地震办公室，1979年县地震办公室定编2名，1981年1月更名为县人民政府地震办公室。1983年撤销县地震办公室，地震工作由科技局承担。1999年4月恢复县地震局，属科技局管理的具有行政职能的副科级事业单位，定编3名。

工作职责：负责制定并组织实施地震减灾长期发展战略与中长期发展规划、年度计划；负责制定地震减灾规章制度，管理地震监测台网；负责地震监测预报，研究审定全县地震趋势、地震预报意见，提出重点监视区的中长期地震预报意见；负责重大地震灾害事件的处理工作；管理和审定建设场地的地震烈度、危险性分析、地震动参数、地震区划及小区划工作；为城乡建设提供抗震设防数据；负责管理建设规划区及工程建设中的防震工程项目，参与审定工程抗震规范、抗震设防标准；研究制定防震与减轻地震及其次生灾害防灾措施和应急预案；负责地震防震知识的科普宣传；负责地震灾情信息统计、信息发布、地震预报、宣传报道工作。

县防汛抗旱指挥部办公室 1990年5月成立县防汛抗旱指挥办公室。2002年，定为具有行政职能的股级单位，由水利局管理，定编6名。2007年升格为具有行政职能的副科级单位，定编6名。

工作职责：负责贯彻执行国家、省、市防汛指挥部（简称防指）的规定、调度命令；为县防指领导指挥全县防汛抗旱提供决策依据；制定全县主要溪河防御洪水和抗旱方案；负责组织全县防洪抗旱工作，承办县防指的日常工作；负责防汛信息系统的建设与管理，防洪抗旱信息的发布；负责全县防汛物资储备、管理和调度及县级防汛仓库的建设与管理；负责全县水利建设督办、检查和综合管理。

县水文局 1955年建立湖南省水文总站沔泗洼水文站（杨板乡沔泗村），定编8名，占地1.2亩，建筑面积300平方米。2003年撤销沔泗洼水文站，设湖南省水文水资源勘测局临澧水文站，加挂临澧县水文局的牌子，属副科级行政事业单位，驻地搬迁至安福镇文化社区居委会。2007年定编4名，设临澧水文站，下设傲山、江家坡、吴家场雨量站。

工作职责：负责收集、整理、汇总、管理县域内水文资料，为防汛抗灾提供实时雨水情服务和水文、水资源信息与预报；负责协助水行政主管部门实施取水许可、水资源费征收和管理；负责水质水量分析、评价及水功能区划等基础工作；负责有关工程项目水资源论证、防洪评估、水土保持监测评估等工作。

县自然灾害救助中心 2003年3月，设立县自然灾害救助中心，由县民政局管理，该机构为具有行政职能的副科级事业单位，定编6名，设综合股、救助互济股、减灾股。

工作职责：贯彻国家和地方政府的救灾救济法律、法规和方针政策，制定灾害管理规章；完善灾害应急预案，实施救灾应急指挥；建立灾害管理信息系统，负责信息的采集、管理和维护；负责灾害的统计、核查与评估；负责救灾资金、物资的接收、储备、分配和灾害信息的发布；负责制定中、长期和年度灾害管理规划，规范工作职责、工作程序。

县血吸虫病防治领导小组办公室　1955年3月18日，成立县血吸虫病工作领导小组办公室，定编3名。2002年机构改革，定为具有行政职能的股级事业单位，由县卫生局管理，定编3名。

工作职责：负责制定全县血吸虫病防治工作规划，组织开展血吸虫病防治教育和知识普及，协调疫区乡镇开展查螺灭螺，防病查病治病。

县植保植检站　1984年，成立县农作物病虫害测报站，定为股级事业单位，定编13名。1989年更名为县植保植检站。2002年机构改革，定为具有行政职能的股级事业单位，由县农业局管理，定编13名。

工作职责：负责全县植物检疫、病虫测报、农作物病虫防治工作；负责新农药、新激素的试验、示范和推广工作；负责对生产环节农药使用监控与农产品残留农药进行监测；负责有害生物的普查与管理。

县动物防疫检疫站　1981年成立县畜牧防疫检疫站，2002年机构改革更名为县动物防疫检疫站，定为具有行政职能的股级事业单位，由县畜牧水产局管理，定编15名。

工作职责：负责《中华人民共和国动物防疫法》、国务院《兽药管理条例》的贯彻实施；负责全县动物防疫检疫和兽药的管理；负责监测、预报、发布动物疫情，组织实施疫病的控制和扑灭；负责承办动物诊疗许可证、兽药、饲料经营许可证的审批核发；负责组织查处违法经营兽药、饲料的案件。

县水产渔政站　2002年机构改革，将县水产站、渔政管理站合并为县水产渔政站。定为具有行政职能的股级事业单位，由县畜牧水产局管理，定编12名。

工作职责：负责《中华人民共和国渔业法》的贯彻实施；负责拟定全县水产业发展的相关政策建议和发展规划；负责渔业资源、水产野生动物资源的保护和利用，辖区内渔船检验、发证、登记；负责全县水产疫情预报、控制和扑灭，组织查处渔政纠纷案件。

县野生动植物保护站　1991年成立县森林保护站，为股级事业单位，定编4名。2002年机构改革，将县森林保护站、县森林资源管理站更名为县野生动植物保护站，为具有行政职能的股级事业单位，由县林业局管理，定编4名。

工作职责：负责组织、指导野生动植物保护和管理；负责本县森林病虫害的防治；负责全县林木种苗进出口检疫等工作。

县公安局森林派出所　1986年7月，设立县林业局公安股，定编4名。1992年12月，建立县公安局林业派出所，增加专项事业编制4名，经费由林业事业费中列支，人员从事业人员中调剂。2002年，县公安局林业派出所更名为县公安局森林派出所，核定林业公安专项编制4名。2005年11月，临编发［2005］19号文件，县公安森林派出所升格为副科级单位，为林业、公安部门双重管理的行政机构。其经费、人员、编制渠道不变。

工作职责：负责全县林业公安工作，重点查处打击重大森林及国家重点保护的野生动植物刑事犯罪案件；负责林业行政主管部门授权的林业行政案件；负责组织协调、指导监督全县森林防火工作；负责发布森林防火信息，保护森林资源。

三、 决策协调机构

灾害决策协调机构分为防灾减灾机构、救灾决策指挥机构和其他机构三大类。

（一）防灾减灾机构

根据《中华人民共和国（1998～2010年）减灾规划》，国家减灾委员会负责全国防灾抗灾和救灾工作。县人民政府制定《临澧县（2003～2013年）减灾规划》，成立县减灾委员会，该委员会为县级协调机构，负责协调全县防灾、抗灾和救灾工作。减灾委员会下设办公室和专家委员会，办公室设县民政局自然灾害救助中心，办公室负责处理委员会日常工作，专家委员会由相关灾害管理部门专业技术人员组成。

工作任务

负责制定县防灾减灾方针、政策和规划，将减灾规划纳入国民经济和社会发展战略规划，统筹安排和组织协调有关部门、群众团体、新闻机构开展各项减灾活动。

负责组建防汛抗旱、地质灾害减灾、灾害综合减灾、森林火灾减灾、森林病虫害减灾、农作物病虫害减灾等七大体系，完成绿化造林、水土保持、防汛抗旱三大减灾工程。减灾工作重点是洪涝、干旱、地震、地质、农业生物灾害，澧水、道水沿岸防洪，官亭刻木山、太浮等山区的地质灾害、病险水库的防治。

负责加强防灾、抗灾和救灾的科学研究，运用科技成果减灾，减轻灾害损失。

工作目标

贯彻以预防为主、防抗结合的方针，增加灾前防灾投入，建立完善预警系统，提高灾害预测、预警、防灾和灾害评估水平。

完善县灾害信息网络及辅助决策系统，增强对自然灾害应急快速反应和决策能力。

强化县、乡级政府和基层组织的减灾功能，并设置相应灾害管理系统，加强区域灾害联防、联抗、联救工作，提高灾后快速恢复重建水平。

建立健全减灾规章制度，实施依法依规减灾。

开展减灾科普活动，提高全社会减灾意识，建立健全减灾组织，达到减少灾害损失30％的规划目标。

2003年县减灾委员会组成人员：

主　任：县政府副县长

副主任：

县委办公室副主任　县政府办公室副主任

县民政局局长

委　员：

县教育局副局长　县发展计划物价局副局长

县公安局副局长　县财政局副局长

县国土资源局副局长　县农业局副局长

县林业局副局长　县交通局副局长

县统计局副局长　县建设局副局长

县电信局副局长　县水利局副局长

县贸易发展局副局长　县卫生局副局长

县畜牧水产局副局长　县广播电视局副局长

县地震局局长　县气象局副局长

县人民武装部军事科科长　县科学技术局副局长

秘 书 长：县民政局副局长

办公室主任：县民政局社救股股长

办公室副主任：县自然灾害救助中心综合股股长

（二）救灾决策指挥机构

救灾决策指挥机构按自然灾害和人为灾害序列分述。

县防汛抗旱指挥部

1971年，根据国务院、军委（国发［1971］45号）文件，成立县防汛指挥部，指挥部由县人民武装部、县水利电力局、县计划委员会、县商业局、县交通局、县林业局、县财政局等单位组成，指挥部下设办公室，办公室设县水利电力局，办公室负责日常工作。1992年根据国务院国办发（1992）45号文件精神，县防汛指挥部更名为县防汛抗旱指挥部，负责全县防汛抗旱工作的统一指挥和调度。防汛抗旱指挥部下设办公室，办公室设县水利局，办公室负责日常工作。

工作职责：

负责制定防汛抗旱措施，统一指挥全县防汛抗旱工作，执行上级防汛命令，根据流域综合防汛规划、防洪工程实际状况和国家规定的防洪标准，制定防御洪水方案及应对特大洪水的应急预案。

负责对各类防洪设施组织检查，发现影响防洪安全的问题，责成责任单位在规定的期限内处理，储备一定数量的防汛抢险物资。

负责汛前向有关单位和当地驻军介绍防御洪水应急预案，组织交流防汛抢险经验。

负责宣布进入紧急防汛期，并在紧急防汛期内，有权在其管辖范围内调用物资、设备、交通运输工具和人力，进行防汛抢险，但事后应及时归还或给予适当补偿。在非常情况下，为保护国家确定的重点地区和大局安全，在报经上级防汛抗旱指挥部批准后，可以采取非常紧急措施。有权根据已批准的分洪、滞洪方案，采取分洪、滞洪措施。

负责按照洪涝灾害统计报表，核实上报洪涝灾害灾情，发布宣传信息。

负责积极组织和帮助灾区群众恢复和发展生产。

2007 年县防汛抗旱指挥部组成人员：

指 挥 长：县人民政府县长

政　　委：县委书记

副指挥长：县政府副县长

县人大副主任　　县政协副主席

县农村办公室主任　县水利局局长

成　　员：

县委办公室副主任　县政府办公室副主任

县财政局副局长　县水文局局长

县公安局副局长　县工业局局长

县粮食局局长　县交通局副局长

县供销社主任　县组织部副部长

县青山管理局局长　县气象局局长

县宣传部副部长

办公室主任：县水利局副局长

县森林防火指挥部

1956 年，根据国务院颁布的《森林防火条例》，县人民政府成立森林防火指挥部，指挥部下设办公室，办公室设县林业局，办公室负责日常工作。

工作职责：

负责贯彻执行国家森林防火的方针、政策，监督有关法规和条例的实施。

负责全民森林防火宣传教育，制定森林防火扑救预案，组织群众预防和扑救森林火灾。

负责组织森林防火安全检查，消灭火灾隐患。检查本地森林防火设施的规划和建设，组织有关单位维护、管理防火设施及设备。

负责组织森林防火科学研究，推广先进技术，培训森林防火专业人员。

负责掌握火情动态，按扑火应急预案，统一组织和指挥扑救森林火灾，配合有关部门调查处理森林火灾案件。

负责进行森林火灾灾情统计、评估、核查，发布灾情信息，建立火灾档案。

2004 年县森林防火指挥部组成人员：

指 挥 长：县政府县长

副指挥长：县委副书记　县政府副县长

成　　员：

县人民武装部副部长　县委办公室副主任

县政府办公室副主任　县林业局局长

县财政局副局长　县公安局副局长

县民政局副局长　县交通局副局长

县卫生局副局长　县安监局副局长

县气象局副局长　县广播电视局副局长

县教育局副局长　县消防大队大队长

县邮政局副局长

办公室主任：县林业局局长

办公室副主任：县林业局副局长

县森林病虫害防治领导小组

1949 年新中国成立后，县人民政府成立森林病虫害防治领导小组，领导小组下设办公室，办公室设县林业局，办公室负责日常工作。

工作职责：

负责贯彻执行国家森林病虫害防治法律法规，制定地方行政规章。

负责建立森林病虫害监测机构和网络，及时提供预（测）报、防治信息。

负责制定和实施森林病虫害防治应急预案，组织宣传和演练。

负责组织对森林病虫害的防治。

负责森林病虫害防治的科学研究，建立群防群治工作队伍。

县松材线虫病预防领导小组

2004 年，县人民政府办公室印发（临办函［2004］55 号）文件，成立县松材线虫病预防领导小组。领导小组下设办公室，办公室设县林业局，办公室负责日常工作。

工作职责：

负责贯彻执行国家野生动植物保护、植

物检疫及森林病虫害防治的法律法规，制定行政规章。

负责全民动植物保护及其松材线虫害防治宣传教育，提高群众防灾减灾意识。

负责植物检疫，防止植物疫病侵入。

负责制定松材线虫害防治预案，实施松材线虫害综合防治。

负责建立县、乡（林场）、村松材线虫害防治网络，及时预测预报。

负责松材线虫害统计、评估、检查、防治和信息发布，组织指导生产自救。

负责总结推广科学防治技术，实行综合减灾。

2004年县松材线虫病预防领导小组组成人员：

组　　长：县政府副县长

副 组 长：

县林业局局长　　县农村办公室主任

成　　员：

县贸易发展局副局长　县电力局副局长
县广播电视局副局长　县财政局副局长
县发展改革物价局副局长　县邮政局副局长
县电信局副局长　县工商局副局长
县卫生局副局长

办公室主任：县林业局局长

办公室副主任：县林业局副局长

重大动物疫病防治指挥部

2004年县人民政府办公室印发（临办[2004] 1号）文件，成立县高致病性禽流感防治指挥部。2006年成立县重大动物疫病防治指挥部，指挥部下设办公室，办公室设县畜牧水产局，办公室负责日常工作。

工作职责：

负责制定动物疫病减灾规划，重大动物疫病防治应急预案；

负责收集掌握动物疫病信息，提出启动应急预案级别，组织实施动物疫病的防治；

负责统一指挥重大动物疫情处置工作，督促有关部门和乡镇（区）人民政府（管委会）落实动物疫病防治工作；

负责动物疫病灾情信息统计、评估、防治检查和发布信息，组织指导生产自救。

2006年县重大动物疫情防治指挥部组成人员：

指 挥 长：县政府副县长

副指挥长：

县委办公室副主任　县政府办公室主任
县农村办公室主任　县畜牧水产局局长

成　　员：

县发展改革物价局局长　县卫生局局长
县财政局局长　县公安局局长
县交通局局长　县商务局局长
县教育局局长　县广电局局长
县交警大队大队长　县民政局局长
县监察局局长　县科学技术局局长
县工商局局长　县气象局局长
县铁路办公室主任　县林业局局长
县市场中心主任

办公室主任：县畜牧水产局局长

办公室副主任：县畜牧水产局水产副局长

县防震减灾工作领导小组

2001年成立县防震减灾领导小组。领导小组下设办公室，办公室负责日常工作。

工作职责：

负责贯彻执行国家防震减灾法律法规，制定地方行政规章；

负责制定防震减灾十年规划、破坏性地震应急预案，并组织宣传和演练；

负责监督管理建筑工程减灾项目；

负责指导建立地震灾害预测预报、灾情统计、评估核查和信息发布。

2001年县防震减灾领导小组组成人员：

组　　长：县政府县长

副 组 长：县政府副县长

成　　员：

县委办公室副主任　县政府办公室副主任
县科学技术局副局长　县地震局局长
县气象局副局长　县水利局副局长
县财政局副局长　县公安局副局长
县交通局副局长　县电力局副局长
县电信局副局长　县建设局副局长

县环境保护局副局长 县城市管理局副局长
县人民武装部副部长 县交通警察大队副队长
办公室主任：县地震局局长

县地震灾害应急指挥部

根据临澧县破坏性地震应急预案的规定，2001年县人民政府成立县抗震救灾指挥部，指挥部下设办公室，办公室设县地震局，办公室负责日常工作。

工作职责：

负责贯彻执行国家防震减灾法律法规，制定地方行政规章；

负责制定防震减灾规划和地震灾害应急预案，并组织宣传和演练；

负责组织协调抢险救灾工作，掌握灾情和地震动态，并及时报告县、市级政府；

负责处理其他震灾工作，传达落实上级抗震救灾工作指示；

负责随同县领导赴震区指导抗震工作和上级慰问团的接待工作；

负责地震灾害灾情统计、评估、检查和信息发布，组织指导抗灾生产自救。

2004地震灾害应急指挥部组成人员：

指 挥 长：县政府县长

副指挥长：

县政府副县长　　县人民武装部部长
县科学技术局局长　县民政局局长

成　　员：

县建设局副局长 县农村办公室副主任
县工业局副局长　县发展改革物价局副局长
县商务局副局长 县粮食局副局长
县电信局副局长 县卫生局副局长
县交通局副局长 县财政局副局长
县公安局副局长 县水电局副局长
县电力局副局长 县地震局局长
县教育局副局长 县广电局副局长
县保险公司经理

办公室主任：县地震局局长

县救灾防病指挥部

1998年成立县救灾防病领导小组，2003年设立县救灾防病指挥部。指挥部下设办公室，办公室设县卫生局，办公室负责日常工作。

工作职责：

负责贯彻执行国家疫病防治法律法规，制定地方灾害疫病防治规章；

负责制定疫病灾害减灾规划，制定灾难疫病防治应急预案，并组织宣传和演练；

负责建立县、乡、村防治网络；

负责组织、协调灾难疫病防治；

负责灾难疫病灾情统计、普查、核查和信息发布。

2003年县救灾防病指挥部组成人员：

政　　委：县委书记

指 挥 长：县政府县长

副指挥长：

县政府副县长　县人大副主任
县政协副主席

成　　员：

县委办公室副主任　县政府办公室副主任
县卫生局副局长　县电信局副局长
县电力局副局长　县建设局副局长
县交通局副局长　县卫生防疫站站长
县公安局副局长　县民政局副局长

办公室主任：县卫生局局长

办公室副主任：县卫生局副局长

县血吸虫病防治工作领导小组

1955年3月18日，成立县血吸虫病工作领导小组，领导小组下设办公室，定编3名，办公室设县卫生局，负责日常工作。

工作职责：

负责贯彻执行国家血吸虫病防治法规，建立地方血吸虫病防治的规章制度；

负责指导建立县、乡、村血吸虫病的防治网络和开展群防群治工作；

负责血吸虫病的普查、预防和治疗。

2004年县血吸虫病防治领导小组组成人员：

主　　任：县政府副县长

副 主 任：

县委办公室主任　县政府办公室主任
县卫生局局长

成　　员：

县邮政局副局长　县城市管理局副局长

县民政局副局长　县建设局副局长

办公室主任：县卫生局局长

办公室副主任：县卫生局副局长

县爱国卫生管理委员会

1965年成立县爱国卫生管理委员会，1988年调整县爱国卫生委员会人员，爱国卫生管理委员会下设办公室，定编12名，办公室设县卫生局，办公室负责日常工作。

工作职责：

负责全县农村改水改厕；

负责除“四害”（蚊、蝇、臭虫、老鼠）工作；

负责省、市级文明卫生城市（单位）的创建；

负责健康教育等工作；

负责爱国卫生信息统计、评估、检查和评比。

2004年**爱国卫生委员会组成人员：**

主　　任：县政府县长

副 主 任：

县委副书记　　县政府副县长

县人大副主任　县政协副主席

成　　员：

县委办公室副主任 县政府办公室副主任

县卫生局局长　　县建设局副局长

县城市管理局副局长

办公室主任：县卫生局局长

办公室副主任：县卫生局副局长

县地质灾害应急指挥部

2000年，县政府成立地质灾害防治工作领导小组，领导小组下设办公室，办公室设县国土资源局。2004年制定临澧县地质灾害应急预案，成立县地质灾害应急指挥部，指挥部下设办公室，办公室设县国土资源局，办公室负责日常工作。

工作职责：

负责贯彻执行国土资源管理法律、法规，建立地方国土资源管理规章制度；

负责制定和实施地质灾害减灾规划，地质灾害应急预案，组织宣传和演练；

负责地质灾害抗灾救灾工作；

负责地质灾害的普查、防治管理工作；

负责地质灾害灾情信息统计、防治、评估、检查和信息发布，组织指导生产自救。

2007年**县地质灾害应急指挥部组成人员：**

指 挥 长：县政府县长

副指挥长：县政府副县长

成　　员：

县政府办公室副主任 县国土资源局局长

县公安局局长　　县水利局局长

县交通局局长　　县建设局局长

县教育局局长　　县工业局局长

县安监局局长　　县环境保护局局长

办公室主任：县国土资源局局长

办公室副主任：县国土资源局副局长

县防火安全委员会

1956～1978年，县、乡和企业成立安全防火委员会（领导小组），1979年成立县防火安全委员会，县防火安全委员会任命各级防火负责人。1986～2006年县防火安全委员会下设办公室，办公室设县消防大队，办公室负责日常工作。

工作职责：

负责贯彻执行国家消防法律法规，制定地方消防行政规章；

负责指导县、乡、村以及基层单位制定消防应急预案，建立消防制度和消防队伍，并组织消防演练；

负责审定新建公共场所消防设计，负责组织预防火灾检查、消除火灾隐患；

负责管理、检查和维护公共娱乐场所消防设施；

负责组织和指挥火灾扑救；

负责火灾灾情统计、核查、评估和信息发布，建立火灾档案，指导生产自救。

2004年**县防火安全委员会组成人员：**

主　　任：县政府副县长

副 主 任：

县政府办公室副主任　县公安局局长

县消防大队大队长

成　　员：

县建设局副局长　县环境保护局副局长

县电信局副局长　县广播电视局副局长

县技术监督局副局长　县贸易发展局副局长
县移动公司副经理　县邮政局副局长
县工商局副局长　县联通公司副经理
县国土资源局副局长　县工业局副局长
县烟花局副局长　县文化局副局长
县教育局副局长
县纪律检查委员会副书记
县劳动和社会保障局副局长
办公室主任：县消防大队大队长

县安全生产委员会

2001年1月，县政府成立县安全生产委员会，委员会下设办公室，定编3名，办公室负责日常工作。2004年重新调整县安全生产委员会，安全委员会下设办公室，办公室设县安监局，办公室负责日常工作。

工作职责：

负责贯彻执行国家安全生产的法律法规，制定地方行政规章；

负责贯彻落实“安全第一、预防为主、综合治理”的方针，制定安全生产防灾规划和安全事故应急救援预案，并组织宣传、演练和修订；

负责安全生产监督管理，督促企业整改安全隐患，改善安全生产条件，预防安全生产事故的发生；

负责安全生产事故的应急救援和调查处理工作；

负责安全生产事故灾情的统计、评估、检查和信息发布，组织指导生产自救。

2005年县安全生产委员会组成人员：

主　　任：县政府副县长
副 主 任：
县政府办公室副主任　县公安局局长
县安监局局长
成　　员：
县安监局副局长　县检察院副检察长
县监察局副局长　县总工会副主席
县建设局副局长　县环境保护局副局长
县卫生局纪委书记　县广播电视局副局长
县教育局纪委书记　县财政局工会主席
县交通局纪委书记　县水利局副局长
县林业局副局长　县电力局副局长
县工商局副局长　县商务局副局长
县公路局副局长　县农机局局长
县工业局副局长　县粮食局工会主席
县文化局副局长　县青山管理局副局长
县农业局副局长　县电信局局长
县移动公司经理　县联通公司经理
县气象局副局长　县火车站站长
县发展改革物价局副局长
县公安局副局长
县公安交通警察大队副大队长
县武警消防大队大队长
县国土资源局副局长
县劳动和社会保障局纪检组长
县技术质量监督局副局长
县烟花局党组副书记
县工业局党组副书记、副局长
办公室主任：县安监局局长
办公室副主任：县安监局副局长

（三）临时性救灾协调指挥机构：

为应对突发性重大公共事故，县政府会同县人民武装部部队、武装警察部队的负责同志临时组成抗灾救灾指挥部，领导抗灾救灾活动。

发生全县性的重大事故和灾害，县政府有关部门组成抗灾救灾领导小组，协调领导全县的抗灾活动。

部门、行业为应对重大自然灾害和事故灾害，在本系统内设立救灾指挥机构，领导组织本系统、本部门的抗灾救灾。

各类临时性救灾指挥部在紧急救灾期间，由各级行政首长负责指挥抗灾救灾。紧急救灾指挥部设立抢修抢救、物资保障、交通运输、治安保卫、医疗防疫、信息报道、组织协调等工作组。

四、灾害应急管理

（一）制定自然灾害应急预案

2002年，县人民政府制定《临澧县自然灾害应急预案》。2003年，县人民政府制定《临澧县洪涝灾害应急预案》。

指挥组织机构：

县洪涝灾害应急指挥部。由县长和县委

书记任指挥长和政委，副指挥长由县政府副县长、县人大副主任和县民政局长担任，成员由相关责任部门负责人组成，办公室设县民政局，民政局局长兼任办公室主任。

指挥部下设预测预报组、转移安置组、医疗卫生组、治安保卫组、交通运输组、物资保障组、电力、通信保障组、灾后重建自救组。

灾害应急响应级别：

灾害应急响应分为四级响应、三级响应、二级响应、一级响应四个级别。

应急预案启动程序：洪涝灾害应急预案启动程序分启动报批、组织领导、工作职责、资源保障、灾害救助、社会募捐、响应终止等七个步骤。

灾害应急响应措施：

四、三级响应，由县民政局负责组织。落实24小时人员值班，灾害信息管理，开展紧急行动，灾情评估和综合协调等工作。

二、一级响应。由县政府统一组织，落实24小时人员值班，并与省、市级网络联系，专人值班。灾害信息管理，每3小时与灾区联系，编发《临澧灾情信息》，组织相关部门和专家评估灾情。开展紧急救助，县政府组织工作组到灾区指导救灾，向上级民政、财政部门申请应急资金和物资。灾情会商，评估灾害发生过程中的损失，向上级政府和相关部门报送救灾需求。协调召开救灾会议，制定和落实救灾方案。根据灾情确定开展救灾捐赠，通过新闻媒体，向社会公布救灾需求及捐赠账号，组织捐赠，开展生产自救和恢复重建。

应急预案启动条件：

四级响应启动条件。伤亡15人以上，30人以下；紧急转移安置3000人以上，4000人以下；倒塌房屋1500间以上，3000间以下；农作物绝收4万亩以上，6万亩以下；灾害经济损失金额达到上年度国民生产总值1.5%以上。

发生事故灾害、公共卫生事件、社会安全事件等其他突发公共事件造成大量人员伤亡，需要紧急转移安置或生活救助的。

三级响应启动条件。伤亡30人以上，40人以下；紧急转移安置4000人以上，6000人以下；倒塌房屋3000间以上，5000间以下；农作物绝收6万亩以上，8万亩以下；灾害经济损失金额达到上年度国民生产总值2%～2.4%。

一次日降雨200毫米以上，250毫米以内；澧水流量达到1.2万立方米/秒以上，1.4万立方米/秒以下；澧水向阳闸水位达到48.5米；烽火水位达到44.0米；金宝滩水位达到51.0米。

发生事故灾难、公共卫生事件、社会安全事件等其他突发公共事件造成大量人员伤亡，需要紧急转移安置或生活救助的。

二级响应启动条件。伤亡40人以上，小于50人；紧急转移安置6000人以上，8000人以下；倒塌房屋5000间以上，8000间以下；农作物绝收8万亩以上，10万亩以下；灾害经济损失金额达到上年度国民生产总值2.5%～2.9%。

一次降雨250毫米以上，300毫米以内；澧水流量达到1.4万立方米/秒以上，小于1.8万立方米/秒；澧水向阳闸水位达到49.5米；烽火水位达到44.5米，金宝滩水位达到52.0米。

发生事故灾难、公共卫生事件、社会安全事件等其他突发公共事件造成大量人员伤亡，需要紧急转移安置或生活救助的。

一级响应启动条件。伤亡50人以上；紧急转移安置8000人以上；倒塌房屋8000间以上；农作物绝收10万亩以上；灾害经济损失金额达到上年度国民生产总值3%以上。

一次降雨300毫米以上；澧水流量达到1.8万立方米/秒以上；澧水向阳闸水位达到51.0米以上，烽火水位达到45.5米以上。

发生事故灾难、公共卫生事件、社会安全事件等其他突发公共事件造成大量人员伤亡，需要紧急转移安置或生活救助的。

（二）制定灾害应急救助规程

根据《国家自然灾害应急救助预案》，2004年制定临澧县灾害应急救助工作规程。见《临澧县灾害应急救助工作流程图》（图12—1—1）。

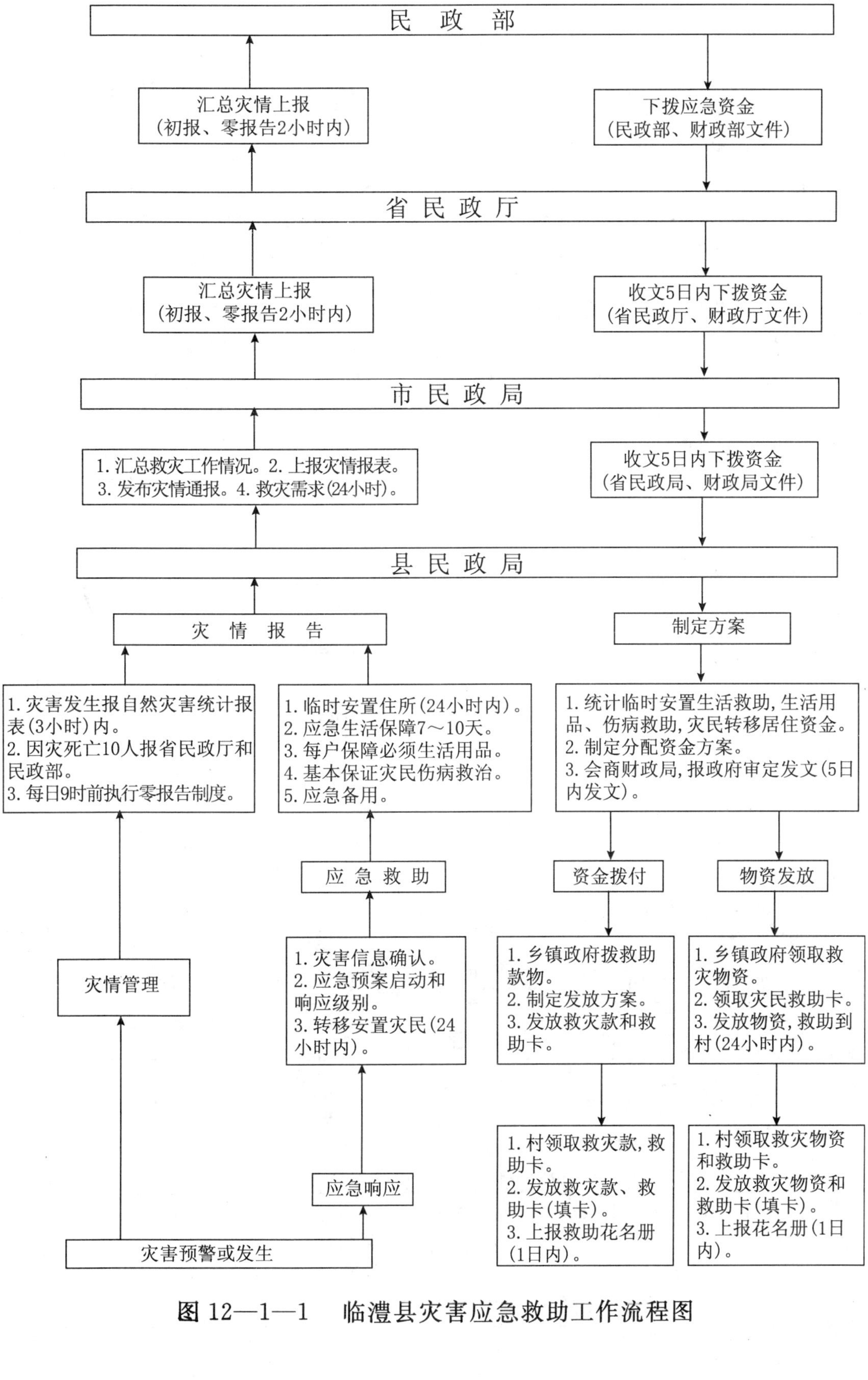

图 12—1—1　临澧县灾害应急救助工作流程图

（三）组织中国·湖南洪涝灾害救灾演练

2003年10月，县人民政府落实民政部、国家减灾委员会、湖南省民政厅布置的中国·湖南洪涝灾害救灾演练任务。

成立洪涝灾害救灾演练指挥部

县委办公室印发《关于成立县防灾减灾指挥部和县防御洪涝灾害综合演练指挥部的通知》（临办［2003］49号），成立县防御洪涝灾害救灾演练指挥部。

政　　委：吴友云　县委书记

总指挥长：

吴昂平　县委副书记、县政府县长

副总指挥长：

谭本仲　县委副书记

饶南国　县委常委、县武装部政委

邱兵泉　县委常委、政法委书记

王承荣　县人大副主任

刘开新　县政府副县长

成　　员：

陈　伟　县委办公室副主任

龚金宏　县政府办公室主任

刘协春　县委办副主任、县农办主任

李显才　县委宣传部副部长

龚金科　县建设环保局局长

刘开民　县教育局局长

于乾华　县民政局局长

龚元初　县国土资源局局长

刘朝年　县交通局局长

乔光泉　县卫生局局长

汪平安　县水利局局长

吴学文　县农机局局长

汪寿喜　县广播电视局局长

胡天才　县气象局局长

蔡炳坤　县电信局局长

汪泽雄　中国移动临澧分公司经理

殷承全　县石油公司经理

孔祥进　县财产保险公司经理

陈　波　县人寿保险公司经理

程方南　停弦渡镇党委书记

黄兴春　县财政局副局长

荣兴东　县公安局副局长

李振炎　县民政局副局长

落实洪涝灾害救灾演练任务

布置救灾演练任务　2003年8月，县政府办公室印发《关于认真做好中国湖南洪涝灾害救灾演练准备工作的通知》（临政办函［2003］59号）文件，具体任务见《中国湖南洪涝灾害救灾演练工作任务表》（表12—1—4）。要求各有关乡镇（区）和县直单位，按总体任务制定具体工作方案，按时完成指挥中心建设、信息平台建设、灾害管理信息系统开发和运用、救灾物资储备、演练场景组织、洪涝灾害应急救助等各项工作，各单位明确一名主要领导负责，工作任务落实到人，日程安排到天，保证9～10月的中国湖南洪涝灾害救灾演练工作顺利进行。

表12—1—4　2003年中国湖南洪涝灾害演练工作任务分解表

责任单位	任　　务	完成时间	责任人
县委办	负责演练期间全县演练工作安排，协调县领导参加演练活动和有关接待工作。 印发关于成立防灾减灾指挥部、演练工作指挥部以及关于做好演练准备工作的通知等文件。	现在—结束	陈　伟
政府办	负责演练工作的组织、协调、实施。 印发“十年减灾规划”、“洪涝灾害应急总预案”。 审定关于成立防灾减灾指挥部、演练工作指挥部以及关于做好演练准备工作的通知等文件。	现在—结束	龚金宏

续表

责任单位	任　　　务	完成时间	责任人
民政局	具体牵头承办演练活动各项工作，编制方案、布置场景，督促各项工作落实，及时向领导汇报工作进度	现在—结束	于乾华
	做好后勤保障，包括安置灾民生活，及时发放救灾款物，每户发放大米25公斤、油1桶、盐1袋	8月23日	
	安排救灾指挥车1辆，搭建灾民救灾帐篷25顶，搭建指挥所及下设帐篷6个	8月25日	
	负责指挥部的装饰、信息平台建设和灾害管理信息系统的安装调试	8月26日	
	负责编写演练的剧本		
	组织开展培训，制作各种演练活动的证件		
国土局	做好灾民房屋重建工作	灾后	龚元初
武装部	组织50人民兵应急小分队	8月25日前	姚南国
	组织灾民转移	8月25日前	
	协助公安、消防搞好预防次生灾害抢救工作	8月25日后	
公安局	负责演练现场治安秩序、交通组织、安全保卫	8月25日～9月17日	荣兴东
	配合灾民转移，转移重要物资	8月25日	
	组织1辆消防车和3辆警车	9月16日	
	落实警车1辆、负责迎送来临领导	8月25日	
	做好次生灾害（火灾）的抢救工作	8月25日	
	做好转移完毕后清场工作	8月25日	
宣传部	负责制定整体宣传方案	8月30日	李显才
	组织1辆宣传车	8月15日	
	负责接待上级对口新闻单位	现在—结束	
广播电视局	完成山洲村现场转播的任务	现在—结束	汪寿喜
	整个活动的宣传报道	现在—结束	
	提供洪涝灾害期间的抢险救灾等各种资料	现在—结束	
气象局	负责提供历史和今年灾害实时资料，准确地提供气象云图和气象预报	8月15日	张红珍
	按照演练活动安排，参与演练和报告有关气象预测的情况	8月15日	
水利局	提供历史水情资料和今年灾害的实时资料	现在—结束	汪平安
	按照演练活动的安排，参与演练	现在—结束	
卫生局	负责灾区医疗工作，组织10名医务人员，配备红十字旗3面、太阳伞1把、担架2付、救护车2辆，以及必备药品和器械	8月25日	乔光泉
	现场安排2个以上救护点	8月25日	
交通局	负责调集、编队及调度救灾车6辆（指挥车1辆）	8月25日	刘朝年

续表

责任单位	任务	完成时间	责任人
建委	负责指导灾民倒塌房屋重建	灾后	龚金科
教育局	负责中小学教师和学生防灾救灾知识培训	8月25日	刘开明
农办	组织灾民生产自救	8月25日	刘协春
农业局	为灾民提供必需的生产资料和种子	8月25日	李绪舫
财政局	组织调度救灾款的及时到位	8月25日	史训炎
电信局	负责县指挥中心宽带网安装	8月20日	蔡炳坤
	架设通信线路，保证通信畅通	8月25日	
移动公司	出动移动通信应急车辆1台，在线路中断的情况下，采取应急措施，保证通信畅通	8月25日	汪泽雄
电力局	出动电力检修车1辆，负责现场指挥部电力线路架设、安装、管理，在线路中断的情况下，采取应急措施，保证电力供应，准备应急发电机1台	8月25日	苏宏伟
石油公司	出动油车1辆，负责救灾车辆现场加油	8月25日	殷承全
人保、财保公司	出动工作人员2名，负责保险理赔工作	8月24日	孔祥进 陈波
停弦渡镇	负责做好灾后群众思想工作、宣传组织工作和稳定工作	8月20日	程方南
	帮助村民组织转移	8月20日	
	负责组织机关干部包户，带领民兵小分队做好转移工作，并转移重要物资	8月23日	
	协助救灾物资的发放，负责做好清场工作和善后工作	8月25日	
	修整临时交通通信和安置区的平整	8月24日	
	会同交通部门组织救灾车辆	8月25日	
	协助做好集中安置区工作	8月25日	
建设环保局	城管负责做好城市卫生管理，环卫处搞好城内公共卫生	现在—结束	龚金科
有关乡镇	做好辖区内安全保卫及治安防治工作	现在—结束	乡镇主要负责人
	防止发生恶性上访事件	现在—结束	

洪涝灾害救灾演练

制定方案 是年5月，根据民政部救灾救济司开发灾害信息管理系统应用于救灾演练的要求，湖南省民政厅救灾处组织县政府负责演练的指挥人员，到湖北省民政厅、国家减灾中心学习灾害信息管理标准，确定灾害信息管理系统的信息采集、灾害预警、灾害评估、决策指挥、灾后救助五大子系统建设目标，经民政部救灾救济司、湖南省民政厅救灾处多次审定，6月10日，湖南省民政厅与长沙易新科技股份有限公司签定《中国湖南救灾演练开发〈灾害信息管理系统〉》

的协议。湖南省民政厅聘任软件、网络、视频、通信等专家，成立救灾演练专家组，审定灾害信息管理系统建设目标、省级、市级、县级三级灾害管理系统联网方式、网络设备配置标准。由省财政厅支付190余万元资金，统一招标采购，统一安装调试。8月30日按期实现省、市、县三级联网运行。

修建应急指挥部　根据救灾演练工作规划，县政府投资60万元，从7月上旬至8月上旬，在县自然灾害救助中心原四层大楼基础上，加层修建9间400平方米的房屋，其中6间310平方米，设应急指挥中心，可容纳210人，有空调、桌、椅，并设机房和办公室。

编写救灾演练剧本　6月～7月26日，救灾演练剧本完成初稿后，由省民政厅领导组织，常德市人民政府和民政局领导、县人民政府和民政局领导赴京送民政部救灾救济司评审。8月10日，省救灾演练专家组成员到现场指导修订完善。8月20日，民政部救灾救济司、省民政厅、常德市人民政府、市民政局领导及专家组评审定稿。救灾演练剧本以民政部、国家减灾中心、湖南省民政厅、常德市民政局指导开发《灾害管理信息系统》软件为核心，利用省、市、县三级民政信息平台和视频系统为依托，以澧水流域临澧境内7月7日～13日洪雨洪水过程为实例，分灾害预警、紧急转移、紧急救援、灾后救助四部分，综合演示洪涝灾害救助的全过程。

第一部分：灾害预警。澧水告急，启动救灾应急预案。

受长江、洞庭湖水位及澧水上游降雨的影响，澧水上涨，停弦渡镇山洲垸告急，按照《临澧县洪涝灾害应急预案》启动灾害应急方案。该部分主要体现预警系统健全、分析准确；机构完善、职责明确；决策科学、指挥有力的特点，显示出在紧急情况下指挥系统反应迅速，为救灾提供组织保证。

第二部分：紧急转移。迅速集结，实施救灾应急预案。

受灾害的影响，县救灾应急指挥部决定：(1) 指令停弦渡镇启动洪涝灾害应急预案，山洲垸实施紧急转移；(2) 加强对全县灾情监测，对灾害进行评估。该部分主要体现县、镇救灾应急指挥有力、响应迅速、部门协调、集结准时、转移有序、灾民妥善安置、灾区秩序正常、灾害信息畅通、灾情预警准确、救援决策正确、灾害评估科学，为救灾工作提供技术保证。

第三部分：紧急救援。决策科学，救灾资源保障有力。

受灾害影响，澧水、道水流域范围内发生重特大洪涝灾害，山洲、关山、洞坪垸相继漫溃，全县3.6万人需要转移安置，灾民生活困难，政府全面实施紧急救助和紧急救援方案。该部分主要体现各级政府全面实施救灾应急预案、救援物资储备充分、调运方案正确、部门配合协调、灾民生活安置有序、灾害救援有力、救灾成果突出。

第四部分：灾后救助。正确决策，动员社会力量救灾。

受灾害的影响，全县范围内普遍受灾，农作物绝收、农民房屋倒塌、畜牧业损失严重、公共基础设施严重毁坏、灾民生产生活困难，政府全面实施灾后救助方案。该部分主要体现各级领导指导抗灾救灾，慰问灾民，县级领导正确决策，民政部门及时核灾查灾、实行灾害评估、政府实施救助、社会互助、生产自救、部门帮扶、群众互助的救助系统，体现灾区恢复生产、重建家园、灾区秩序井然的成效。

组织演练　从8月21日起，县洪涝灾害救灾演练指挥部按照洪涝灾害救灾演练剧本，组织参加演练的领导、工作人员和群众进行实景演练，展现真实场景。其中县委、县人大、县政府、县人民武装部领导10人。县委办公室、县政府办公室、县委宣传部、县农村办公室、县财政局、县民政局、县公安局、县交通警察大队、县国土资源局、县卫生局、县气象局、县交通局、县水电局、县电力局、县电信局、中国移动临澧县分公司等单位21名同志，停弦渡镇党委、政府领导、机关干部及山洲村村民690人进行排练。排练中，动用警车5辆（含交警、消防)、救护车2辆、救灾车5辆、移动通信车1辆、电力抢险车1辆、指挥车3辆。调大米200袋5000公斤(25公斤/袋),色拉油1.5吨(500桶),方便面100件,矿泉水110件,棉被100床、衣服若干。

10月10日,民政部、国家减灾委员会、气象局、财政部、中国人民解放军总参谋部、水利部、农业部等9个部委领导,山东省、河北省、河南省、重庆市、四川省、广东省、广西壮族自治区、云南省、山西省、陕西省等19个省自治区的民政厅副厅长、救灾处长,湖南省14个市(州)民政局副局长、救灾科长,常德市13个区、县(市)民政局局长,中央电视台、人民日报、中国社会报、湖南电视台、湖南日报、潇湘晨报、常德日报、常德电视台等新闻记者250余人观摩演练全过程。民政部党组副书记、常务副部长杨衍银、湖南省政府副省长杨泰波、常德市市委书记程海波、常德市市长陈君文到会观摩,救灾演练从9时30分至11时10分圆满结束。杨衍银副部长在总结讲话中指出:临澧举办中国湖南洪涝救灾演练救灾体系健全、信息化程度高、组织严密、决策科学,是全国第一次模拟洪涝灾害救灾全过程的实景演练;第一次由县级自然灾害救助机构实施的演练;第一次运用省、市、县三级网络平台支撑的演练;第一次开发研制灾害管理信息系统应用的演练;第一次实现省、市、县三次远程会商指挥的演练,予以全国推广。11月9日,县委书记吴友云、县民政局局长于乾华、县民政局副局长李振炎参加中国国际灾害信息管理研讨会,湖南省民政厅介绍灾害信息管理和中国湖南洪涝灾害演练的经验。

第二节 气象灾害预测与服务

一、气象灾害预警

气象监测 临澧县气象站自1959年成立以来,每天履行对境内气温、降雨、蒸发量、日照时数、风速监测。在建站48年中,全面加强灾害性气候监测,对干旱灾害气象,每天坚持3次按时监测气温、蒸发量等数据。建立健全1966年、1972年、2001年等重特大历史干旱灾害月、旬、日(24小时)等时段的数据。对洪涝灾害气候的监测,每年5～9月防汛期间,坚持日夜值班制度。建立健全1968年、1980年、1988年、1991年、1998年、2003年等历史重特大洪涝灾害月、旬、日、时(2小时)段的降雨数据,为进行旱涝灾害抗灾和灾害评估时提供科学依据。建站以来,规范记录气象信息,及时整理旬、月、年度气象数据。从2003年起,建立1960～2007年的气候要素数据库。经统计科学分类整理,从1960～2007年的48年来,年平均气温16.5℃;年平均降雨量1260.54毫米;年平均蒸发量1226.4毫米;年平均日照时数1630.4小时;年平均风速2.1米/秒。见《临澧县1960～2007年气候要素统计表》(表12—2—1)。

气象预报 县气象站自1959年建站以来,及时监测境内气象要素,及时准确地发布气象灾害信息。1972年,县气象局根据历史气象资料和当年气象部门对气象灾害的预测分析,是年为干旱灾害年份。5月6日县气象局对1972年来汛期雨量向县政府预报:是年5～8月总雨量偏少,无大的洪涝,有插花性夏旱,秋旱比较严重,建议早作抗旱准备。预报:5月降雨量为150～190毫米;6月降雨量为100毫米以下,明显偏少;7月降雨量为50～70毫米,偏少;8月份降雨量少于50毫米,明显偏少;9月份降雨量为40～60毫米,偏少。根据气象局预报,县人民政府要求各公社党委做好蓄水保水,县青山水轮泵站及时开机提水,引水灌库、灌塘。是年6月实际降雨量77毫米,7月实际降雨量29.66毫米,9月实际降雨量3.3毫米,发生重特大干旱灾害。全县各级组织和群众,根据气象预报和县政府抗旱工作部署,开展调水、蓄水、保水抗灾,降低了干旱灾害损失。

2007年11月29日,县气象局根据气象资料和各级气象部门对2007年冬季(12月至 2008 年 2 月）短期气候趋势预测，预报 2007 年冬季平均气温较常年接近或略低，极端最低气温零下 6℃左右，冬季总降雨（雪）量正常，雨雪日 30～34 天，有“冬酣”出现。12 月下旬至次年 1 月中下旬有一段低温雨雪时段，其中 1 月下旬至次年 2 月上旬有冰冻天气出现，高寒山区有强冰冻。建议各级政府做好抗击冰雪灾害的准备，减轻农作物因冰雪灾害造成的损失。预报 12 月平均气温 6.7℃～7.6℃，实际平均气温 7.6℃。预报 1 月平均气温 3.4℃～4.2℃，实际平均气温 1.6℃。预报 2 月平均气温 5.4℃～6.5℃，实际平均气温 5.2℃。预测极端最低气温零下 2℃～3℃，高寒山区零下 5℃～6℃，实际极端最低气温（1 月 29 日）零下 4.0℃。预测 12 月至次年 2 月降雨（雪）160～180 毫米，其中 12 月降雨（雪）30～50 毫米，实际 33.2 毫米；预报 2008 年 1 月降雨（雪）50～70 毫米，实际 48.6 毫米，积雪深度 30 厘米。预报 2008 年 2 月降雨（雪）50～65 毫米，实际 28.2 毫米。由于预报准确及时，政府应对特大冰雪灾害措施有力，降低了冰雪灾害损失。

气象预警　20 世纪 60 年代以来，加强气象灾害预警系统建设。70 年代建立地面天气探测系统，1981 年配套直接接收北京等地气象中心、武汉气象中心资料。1994 年建立电脑网络终端系统，1998 年建立 vsat 卫星小数据站。经过 20 多年气象资料接收系统的改造，建成卫星资料接收、处理、传输、产品开发等。建立国家（区）省、市、县四级分工合作，逐级指挥的基本气象信息分析预测报体系。实行在网上上报灾情、定时发报、预报会商，实现天气监测从传统天气因素和经验为主分析的方式向客观化、定量化方向转变。2003 年 3 月与常德市多普勒天气雷联网运行，提高对重大灾害性天气的监测和预报能力。

1998 年，县气象局根据中国气象局专家预报“1998 年夏季长江中上游、江南北部、东北南部、华北中北部到河套一带降水偏多。”和 4 月气象水利专家预报“6～8 月份长江流域降水偏多，江南北部中下游雨量比常年偏多五成以上”等预测信息分析，结合短期气候预测和历史气象资料，预测是年为洪涝灾害年份。4 月 18 日县气象局发布 1998 年汛期雨量预测，是年 5—7 月雨量特多，有洪涝灾害发生，建议各级政府做好抗洪准备。预报：5 月降雨量为 250 毫米；6 月降雨量为 350 毫米，特多；7 月降雨量为 400 毫米，特多；8 月降雨量为 150 毫米，偏多。是年 5 月实际降雨量 242.5 毫米，6 月实际降雨量 338.0 毫米，7 月实际降雨量 423.7 毫米，8 月实际降雨量 173.1 毫米，发生了百年一遇重特大洪涝灾害。县政府根据气象预报，灾前做好防汛各项准备，灾中全面开展防洪抗灾工作，灾后开展生产自救和恢复重建，降低了灾害损失程度。

2003 年，县气象局根据历史气象资料和各级气象部门对年度灾害的预测预报，发布年度天气趋势，预报 2003 年汛期“雨水相对集中在 6～7 月”的趋势。县政府根据气象预报，布置县直单位和各乡镇人民政府积极做好防大汛、抗大灾的各项准备，修订洪涝灾害应急预案，完善抗灾措施。是年 6 月实际降雨量 171.7 毫米，7 月实际降雨量 313.8 毫米，8 月实际降雨量 19.5 毫米，9 月实际降雨量 38.1 毫米。7 月 8～11 日，澧水中上游普降大暴雨和特大暴雨。上游张家界降雨量 623.1 毫米，慈利降雨量 419.7 毫米，桑植降雨量 483.9 毫米，鹤峰降雨量 114.4 毫米，五峰降雨量 90.2 毫米，石门降雨量 449 毫米，临澧降雨量 282.8 毫米，发生重特大洪涝灾害。境内 3.8 万人安全转移，没有发生人员伤亡事件。

二、 气象灾害防灾

全民防灾教育　在建站后的 48 年工作中，坚持宣传气象灾害防灾减灾知识，努力提高全民防灾减灾素质。先后编制《洪涝灾害》、《干旱灾害》、《气象与减灾》、《气象知识问答》等宣传资料 4 万多份，编制 1200 套电教片，举办电视、广播、会议、广告、广场、画展等 310 场次，进行多层次、多渠道宣传。1998年，建立公共气象服务体系，将天气、气候、气候变化、农业气象与生态、人工影响天气、雷电等多轨道输出产品进行集体加工，形成直观、形象、针对性强的产品，通过电视、广播、电话、自动答询、“121”、“96121/96221”气象网站等气象信息服务载体，把气象预报服务信息产品准确及时发送到各级政府和单位，为气象灾害防灾减灾提供准确信息服务。2002年、2004年举办全县气象灾害防灾减灾讲座和知识竞赛共6次。2003年10月30日，县减灾委员会组织1500名机关干部，开展“防雷减灾知识下乡”活动，发放《防雷安全知识》、《气象灾害防御手册》、《防雷小常识卡片》等相关资料4000多份，展出防雷知识展牌20块，接待群众咨询1000多人次，提高广大群众的防雷减灾知识。

制定减灾规划 2003年，县人民政府制定《临澧县2003～2013年减灾规划》，确定气象灾害减灾具体目标：完善人工降雨、防雷、防雹工作体系，建成现代化气象服务体系，增强天气预报能力，短期天气预报准确率提高3%，灾害性、关键性天气预报准确率提高5%，加强防雷设施安全检测，防止因雷击给国家和人民生命财产造成危害。加强建设项目的防雷管理，使新建、改建、扩建建筑物遭受雷电灾害的损失减少80%，并将气象减灾体系建设列入减灾项目。是年，县财政局拨款10万元，完善人工降雨设施，在原有2门“37”高炮的基础上，购置人工影响天气火箭发射系统一套，更新人工影响天气作业的装备。在境内选择适当的位置设置了3个固定的作业炮点，站点布局合理，覆盖全县。组建人工增雨指挥作业人员10多人的人工影响天气技术队伍，发挥人工影响天气作业在干旱灾害中的作用。

实施科技减灾 1959～2006年8月，仅县城建1个气象站点，对局部洪涝灾害和泥石流等地质气象灾害多发时（地）段无监测站点，对中小尺度天气系统监测、预测困难，对科学防灾减灾工作不利。2006年8月，根据湖南省人民政府办公厅《关于加快中小尺度灾害天气自动气象监测站网建设的通知》（湘政办函［2005］159号）文件和《湖南省中小尺度灾害天气自动气象站网建设实施方案》的规定，加强中小尺度灾害天气地面监测站网建设，适应以监测、通信、预报、预警等非工程性措施为主的防灾减灾体系建设的需求，建立了两个四要素自动监测站，3个两要素自动监测站，11个单要素监测站，构成遍布全县城乡的气象监测体系。该体系具有采集信息快、传输及时、自动化程度高，可及时完成对某个特定区域气象要素的采集、上传、报警，以提高局部性、突发性、灾害性天气的监测、预警能力，为各级领导决策指挥经济社会活动和防灾抗灾提供详细的资料。县气象局气象服务也由以前类型单一、时间较长的天气预报，扩大为农业气象、水文气象、交通气象、电力气象、城市气象、健康气象等专业气象服务，准确率提高了3%～5%，受到社会各界广泛应用。根据国家气象法和气象灾害减灾规划，“十一五”期间，投资20万元完成气象技术楼基础设施建设和中小尺度灾害性天气自动气象站网建设，2007年完成综合自动站等项目建设。

三、重大气象灾害减灾

干旱灾害减灾 1979年，县革命委员会下发（临革发［1979］44号）文件，成立县人工降雨领导小组，组长李振湘（县委常委），副组长赵习（人武部副部长）、黄泽梅（科委副主任）。领导小组下设办公室，黄泽梅任主任，詹本坤（气象站站长）、汤敏文（人武部副科长）任副主任，江从炎（水电局副局长）、徐国强（邮电局副局长）为成员，负责人工降雨日常工作。1981年县人民政府印发（临政发［1981］79号）文件，充实人工降雨领导小组，李振湘（副县长）任组长，章武森（农村办主任）、黄泽梅（科委副主任）任副组长，詹本坤（气象站站长）任办公室主任，气象局负责人工降雨日常工作。1990年县政府印发（临政办发［1990］31号）文件，调整人工降雨领导小组，组长周文清（县委副书记），副组长杨翠志（武装部部长）、张方才（县政府副县长），唐彬（水利局局长）、田再和（邮电局局长）、王江河（气象局副局长）任成员，领导小组下设办公室，办公室设县气象局，王江河兼任办公室主任，办公室负责日常工作。1990～2006年的人工降雨领导小组，由县政府分管农业副县长任组长，相关部门负责人为成员，领导小组下设办公室，办公室设县气象局，局长任办公室主任，办公室负责日常工作。

成立专业机构：1979年，县气象局成立人工影响天气办公室。制订人工影响天气作业计划，发布作业条件临近预报；申请作业空域和发布作业指令；收集上报作业信息和效果评估，培训作业人员、前期准备系统维护和操作，实施人工影响天气作业。

实施人工降雨：1979～2007年期间，先后在1979年、1981年、1982年、1988年、1989年、1990年、1991年、1992年、1994年、1995年、1997年、2000年、2001年、2005年实施人工降雨，开展作业161次，其中除2005年实施作业3次外，其余年份（1989年除外）各为2次，参加人员187人（除1979年、1981年），用弹4139发，直接经济效益5891.56万元（除1979年、1981年、1982年效益），见《临澧县1979～2007年人工降雨统计表》（表12—2—2）。

雷击灾害减灾　根据《中华人民共和国气象法》和中国气象局颁布的《防雷减灾管理办法》，县气象局贯彻执行防雷减灾管理法律法规，加强防雷减灾管理，依法开展防雷减灾工作，人们的防雷意识明显增强。

雷击灾害调查：1973年以来，气象局根据境内雷击灾害发生特点，广泛开展雷击灾害的区域调查、信息收集、分析和建档工作。据统计，境内雷击分布时段为4～10月，全县2000～2007年，共发生重大雷击6次，雷击死亡10人，伤残23人，造成直接经济损失600万元。

防雷安全检测：1994年，县人民政府印发《关于开展防雷安全检测的通知》，确定了防雷工作的重点，针对厂矿、企业、易燃易爆场所、学校及机关单位的防雷安全生产进行日常检查，对境内的加油站及全县40多家烟花鞭炮厂进行重点检测，检查出存在防雷隐患的单位25家，停产整改3家，限期10日整改，消除雷电安全隐患。

防雷工程监管：根据《中华人民共和国气象法》的规定，从2000年起，对县内各类新建、改建、扩建建筑物工程进行防雷工程监督，实行防雷安全工程与建设项目同步报审、同步监工、同步验收。2000～2007年，全县共报建国有、集体和机关、事业、厂矿企业基本建设项目233个，建房面积50多万平方米，防雷安全工程审批率80%，安全检测率100%，杜绝了重特大雷击事故发生，保障了人民生命财产安全。县气象局先后投入资金90万元，在重点区域、烟花鞭炮企业、澧北山区安装安全防雷设施，减少了雷击灾害的发生。

表12—2—1　　临澧县1960～2007年气候要素统计表

年　份	年平均气温	年降水量	年蒸发量	年日照时数	年平均风速
1960	16.4	964.8	1506.7	1578.8	2.9
1961	17.3	1218.0	1478.2	1472.6	2.5
1962	16.5	1464.0	—	—	—
1963	16.8	1074.9	1384.9	1906.1	2.3
1964	16.2	1389.5	1124.6	1515.4	2.5
1965	16.5	1262.6	1087.5	1635.2	2.2
1966	16.8	1087.7	—	1804.9	2.3

续表

年　份	年平均气温	年降水量	年蒸发量	年日照时数	年平均风速
1967	16.0	1584.4	—	1643.9	2.3
1968	16.6	1016.7	1142.3	1630.4	2.3
1969	15.8	1330.5	1209.7	1577.4	2.7
1970	16.0	1150.3	1070.3	1505.9	2.6
1971	15.8	998.6	1220.1	1811.2	2.6
1972	16.1	1042.1	1287.3	1756.8	2.8
1973	16.4	1566.2	1203.2	1561.6	2.7
1974	16.1	1132.3	1407.1	1666.6	3.2
1975	16.4	1338.1	1215.3	1485.2	3.0
1976	16.0	1177.5	1264.1	1448.6	2.4
1977	16.5	1451.2	1335.3	1637.2	2.4
1978	16.9	997.9	1447.3	1828.2	2.6
1979	16.8	1117.1	1322.7	1646.7	2.0
1980	16.0	1663.3	1172.0	1406.4	2.2
1981	16.3	994.5	1248.4	1500.5	2.2
1982	16.0	1379.2	1052.9	1414.6	2.3
1983	16.3	1424.2	1107.2	1622.2	2.2
1984	15.8	1083.8	1193.9	1714.7	2.2
1985	16.3	894.7	1266.0	1733.8	2.3
1986	16.3	1431.5	1249.9	1754.6	2.2
1987	16.5	1130.4	1117.2	1603.3	2.0
1988	16.5	1243.6	1334.1	1652.5	1.9
1989	15.9	1545.9	1031.7	1378.9	1.9
1990	16.8	1317.5	1269.0	1863.3	2.0
1991	16.2	1175.8	1107.3	1547.4	1.7
1992	16.5	1127.7	1224.0	1804.4	1.5
1993	15.9	1507.5	1084.7	1650.6	1.6
1994	16.8	1134.8	1086.5	1567.5	1.7
1995	16.9	1167.8	1204.9	1745.9	1.5
1996	16.2	1326.7	1084.1	1579.8	1.5
1997	16.9	1064.2	1166.7	1575.5	1.3
1998	17.5	1707.0	1259.5	1693.7	1.4
1999	16.9	1471.8	1164.8	1482.1	1.6
2000	16.7	1221.5	1228.6	1498.7	1.5
2001	17.2	1094.8	1285.2	1653.2	1.6
2002	17.1	1799.6	1156.4	1610.9	1.5
2003	16.7	1472.9	1214.1	1461.2	1.5
2004	17.4	1421.6	1318.1	1791.1	1.4
2005	17.0	1090.7	1269.6	1769.4	1.4

续表

年　份	年平均气温	年降水量	年蒸发量	年日照时数	年平均风速
2006	17.6	1149.8	1320.8	1825.6	1.5
2007	17.6	1098.9	1265.5	1617.7	1.1
48年合计	793.7	60506.1	55189.7	76632.2	97
48年平均	16.53	1260.54	1226.4	1630.4	2.06
备　注	按48年平均		按45年平均	按47年平均	

表12—2—2　　临澧县1979～2007年人工降雨统计表

单位：次、发、毫米、人、万元

年　份	地　点	使用设备	作业时段	作业次数	用弹量	降水量	参加人数	经济效益
1979	官亭乡炮点	单管37高炮	7月15日至8月31日	9	384	大到暴雨一次，中到大雨一次等		
	太浮镇炮点							
1981	官亭乡炮点	单管37高炮	7月15日至9月29日	10	356	暴雨、大雨各二次、中雨四次		
	太浮镇炮点							
1982	官亭乡炮点	单管37高炮	7月13日至9月8日	3	453	58.6		
	太浮镇炮点			7		99.0		
1988	官亭乡炮点	单管37高炮	5月4日至9月22日	12	354	120.9	10	422.60
	太浮镇炮点	单管37高炮	8月14日至9月17日	4	118	22.7	10	
1989	陈二乡炮点	单管37高炮	8月5日至25日	6	133	121.7	10	547.50
1990	官亭乡炮点	单管37高炮	7月22日至9月23日	5	158	86.7	12	422.60
	陈二乡炮点	双管37高炮		6	200	93.0	10	
1991	官亭乡炮点	单管37高炮	7月22日至9月23日	5	158	86.7	12	217.21
	陈二乡炮点	双管37高炮		6	200	93.0	10	
1992	官亭乡炮点	单管37高炮	7月15日至9月6日	3	102	54.7	8	530.00
	陈二乡炮点	双管37高炮		3	90	76.0	10	
1994	官亭乡炮点	单管37高炮	7月8日至8月8日	1	37	68.2	8	216.00
	陈二乡炮点	双管37高炮		2	55	42.9	10	
1995	官亭乡炮点	单管37高炮	7月26日至8月22日	3	54	67.5	8	449.00
	陈二乡炮点	双管37高炮		5	100	76.0	10	
1997	官亭乡炮点	单管37高炮	8月27日至9月19日	3	102	20.0	8	118.25
	陈二乡炮点	双管37高炮		4	160	20.5	10	
2000	官亭乡炮点	单管37高炮	7月1日至8月21日	15	268	171.2	8	680.00
	陈二乡炮点	双管37高炮		20	350	168.0	10	
2001	官亭乡炮点	单管37高炮	7月26日至8月13日	10	200	98.7	5	580.00
	陈二乡炮点	双管37高炮		8	133	63.6	5	
2001	官亭乡炮点	双管37高炮	7月20日至8月19日	8	156	74.8	5	1660.50
	杨板乡炮点	车载火箭	8月14日	3	3	7.0	4	
	柏枝乡炮点		8月15日	3	3	12.8	4	

第三节 旱涝灾害防灾减灾

一、兴修水利工程

（一）塘 坝

据县志记载，早期著名塘坝40多处，其中上、下罗湖垱在宋时由生员李芬呈请政府免粮兴建。元时，扩建的铜碚堰（今被同欢水库淹没），分段筑坝灌田3000亩。此外，还有管田500～1000亩以上的水利设施。县城北面有碑陂堰、黄司堰、泉坪堰、邓龙垱、九口堰（以上扩为水库）、张士堰、龙沉堰、菖莆堰、恋水堰、樟木垱；县城东面有近湖堰（今被临观公路截断）、清水堰、白果堰、南莘堰、放舟湖（今改为农田）、鸣锣堰、吴家垱、何家大堤、大垱；县城南面有文塘堰、罗堤堰、鐏鐔堰、神堰（今为红星水库淹没）、龙泉堰（今扩为水库）、珠砂堰、南溪垱、尺量堰（今扩为水库）、妈妈坑、粟家湖、六口堰（今扩为水库）；县城西面有高草湖、寒溪堰、七星堰、龙潭堰、四耳堰、高冒湖、新日洞（今为浮山水库淹没）、闸家泉、恶蛇溪（今为沃沙水库淹没）。清道光三年（1823），共有垱坝34处，堰塘68处，湖面11处，泉井、坑冲潭、沟港共159处。清宣统三年（1911）有各种水利设施17350处。民国20年（1931）新建塘坝16处，整修塘坝320处。民国23年（1934），增修塘坝64处。民国34年（1945）省政府发放塘坝修建款500万元，冬季将部分塘坝挖深加高，兴建部分山塘。民国37年（1948）有塘坝水利设施21175处。水旱之年灌溉排涝不畅田21.4万亩，其中有天水田17万亩，大水田4.5万亩。

1950年10月，县人民政府建立县塘坝委员会，设专职委员13名，另聘请6名工作人员组织澧北、澧南两个检查组进行检查督促。从当年11月起至次年2月，新建、扩建塘坝1312处、整修9163处。是年底，全县有塘13325处、坝1324处、泉75处、井168处、潭115处，合计1.5万余处。1951年冬至1952年元月发放水利贷款82701元、投工94.65个、移动土石方3171立方米，用石灰641.25吨、木桩163606根，新建、整修水利设施9515处，其中新建塘2740处、坝510处、潭28处、井25处，整修塘5542处、坝568处、潭15处、井27处。增加灌溉面积77867亩，改善面积347877亩。此后经过历年新建、整修，1954年全县有水利设施3.66万处，1957年全县拥有包括7座小型水库在内的水利设施4.05万处。1958年起，新建、扩建中小型水库淹没或改田种稻，塘、坝、泉、井、潭、坑减少到只有1.42万处，但总蓄水量却增至16000万立方米。1959～1961年连续大旱加上“五风”原因，停止大规模农田水利建设。1962年后，逐步恢复一批塘坝。1964年全县塘坝16745处。1966年以后连续10年以修建青山水轮泵站为主，塘坝稳定在1.62万处左右。1976年后国家号召退田还塘，两年间年均增塘3000处。1986年全县共有塘坝2.7万处，2000年全县塘坝2.74万处。2001～2003年，县政府改变传统投资模式，实行以奖代投，每年开展新建“百口堰塘”大会战，2001年新建堰塘374处，2002年新建堰塘98处，2003年新建堰塘89处，共增加蓄水量648万立方米，增加灌溉面积1.78万亩。2004～2006年新建110处。至此，全县共有塘坝48484处，蓄水量9796.2万立方米，灌溉面积8.3108万亩。见《临澧县2006年塘坝工程情况统计表》（表12—3—1）。

表 12—3—1 临澧县 2006 年塘坝工程情况统计表

单位：处、万立方米、万亩

乡 镇	处 数	蓄水量	灌 溉	乡 镇	处 数	蓄水量	灌 溉
杉板乡	1815	379	0.401	柏枝乡	1440	595	0.4657
佘市桥镇	20964	871.1	0.8524	烽火乡	2003	721	0.9503
修梅镇	2570	750	0.4138	杨板乡	1961	791	1.085
太平开发区	116	32	0. 125	新安镇	1736	691	0.1424
停弦渡镇	2105	484	0.8245	九里乡	1748	420	0. 1087
文家乡	1960	529	0. 621	官亭乡	1529	414	0.2991
太浮镇	1620	537	0. 3113	合口镇	1998	480	0. 02
陈二乡	1583	666.7	0. 6133	安福镇	647	248	0.16811
四新岗镇	1556	731	0.4705				
望城乡	1133	456.4	0.4387	合 计	48484	9796.2	8.31081

（二）水 库

1. 水库数量

1950 年前境内未修建水库。是年冬，一区歇驾乡在白洋村始建土垭小Ⅱ型水库，库容 79.6 万立方米，设计灌溉 1000 亩，实际灌田 750 亩。1952 年 11 月，四区赵家乡兴建下龙口峪小Ⅱ型水库、库容 83.2 万立方米，设计灌溉 3000 亩，实际灌田 2052 亩。1956 年冬，兴建小Ⅱ型水库，有柏枝乡张家堰、衍嗣庵乡接溪峪、杉板乡牛山、文家乡达二垭水库。1957 年冬选定望城乡铜碚堰（同欢堰）作为小Ⅰ型水库示范工程，组织干部群众 5000 余人，于 10 月破土动工，12 月建成，移动土石方 28.2 万方米，砌石、砼及钢筋砼 3780 立方米，投工 28 万个，国家投资 23.3 万元，灌溉 17791 亩。1958 年响应常德地区开展“百库运动”的号召，是年新建扩建水库 28 座，其中中型水库（官亭、群英、高桥）3 座，蓄水 8651 万立方米；小Ⅰ型 14 座，蓄水 3496 万立方米；小Ⅱ型 11 座，蓄水 199.1 万立方米；开挖大小渠道 334 条、962 公里，移动土石方 3482 万立方米。60 年代初，仅修小Ⅰ型张吉垱水库 1 处，小Ⅱ型水库 6 处。青山水轮泵南干渠发挥效益后，各公社相继建起一批结瓜水库，望城公社同欢水库升级为中型水库，蓄水量由原 200 万立方米增至为 2168 万立方米，灌溉面积由 17791 亩增至 30458 亩。陈二公社废三板水库建太山水库，退出良田 800 亩，淹没低产田 300 亩，净增 500 亩。1985 年，全县共有中型水库 4 座，小Ⅰ型水库 28 座，小Ⅱ型水库 107 座，蓄水量 22437. 7 万立方米。1988 年 9 月，陈二乡兴建李家堰小Ⅱ型水库。1989 年 10 月官亭乡兴建岩头湾小Ⅱ水库。1990 年 10 月太浮镇兴建筲箕堰、黑沙溪、八大弯 3 座小Ⅱ水库，四新岗兴建楼池堰、清水堰、天水堰、百草堰、油榨弯、竹士堰等 6 座小Ⅱ型水库。1991 年佘市桥镇兴建荆坪小Ⅱ水库，杉板乡建棉花冲小Ⅱ水库，文家乡建傲弯小Ⅱ型水库，停弦渡镇建宝鸡小Ⅱ型水库，四新岗镇建天鹅小Ⅰ型水库，官亭乡建白家弯小Ⅱ水库，太平开发区建双合小Ⅱ型水库。2002 年浮山水库经湖南省水利厅批准升级中型水库。至此，全县共有水库 151 座，其中中型 5 座、小Ⅰ型 28 座、小Ⅱ型 118 座，总库容 2.22 亿立方米，灌溉面积 40.4 万亩，见《临澧县 2006 年水利设施基本情况统计表》（表 3—3—7）。

2. 中型水库

官亭水库 坐落在官亭乡团云村，坝址在原下罗湖垱堤上。由省水利厅规划设计，是1958年全省17大水利工程之一，1958年10月2日正式开工。整个工程投资150万元，耗用钢材104吨、水泥690吨、木材381立方米、炸药6.4吨，投工110.37万个，移动土石96.22万立方米，历时164天，于次年3月完工。库坝长547米、高28.5米、顶宽6米，建有条石防浪墙。最大水面6500亩，库容5600万立方米。输水设备为钢筋混凝土压力涵管，配10吨启闭机，通过流量12立方米/秒，溢洪道系永久性实用堰，最大下泄量334立方米/秒。开挖干、支渠14条、193公里（其中岩渠2条、6.8公里）；架设渡槽52处、453米；浇制倒虹吸管18处、523米；埋设暗管87处、879米；其他涵闸125处。水库淹没耕地7560亩，移民2510户（5941人、房屋4200间），发放移民费13.8万元、木材48立方米。灌溉新安镇、合口镇、官亭乡、九里乡的56个村、662个组、9.25万亩耕地。水库电站装机2台720千瓦，年发电量169万度。经营养殖、园艺等项生产，平均年产鲜鱼26万斤、柑橘1.5万斤，年创经济收入30万元。

群英水库 坐落在柏枝乡双龙村，淹没沙溪河上游。1958年9月动工，是年竣工。1972年，加高大堤，升类为中型水库。坝长550米、高14.2米、坝顶宽7米。总库容2032万立方米，有效库容1480万立方米，集雨面积20.2平方公里。溢洪道长200米，上有跨堰公路桥，最大泄洪量81立方米/秒。输水设备为钢筋混凝土压力管，直径1米，流量5立方米/秒，用10吨启闭机闸门。库内建有提灌机埠5处，装机6台、375千瓦；有干、支渠14条、35公里，渡槽6处、241米；隧洞2处、440米；暗管1处、120米。整个工程灌溉12个村、130个村民小组的农田1.52万亩（包括提灌0.9万亩）。工程总投资66.1万元。

高桥水库 坐落在佘市镇高桥村。1958年9月兴建，淹没石门县境土地3000亩（已处理平调）。库堤长535米、高14.2米（海拔75.3米）。集雨面积16.4平方公里，蓄水面积3000亩，蓄水量1029万立方米。溢洪道为宽顶堰式，长80米，宽20米，泄流量200立方米/秒。输水设备为压力管，直径1米，放水闸门为10吨启闭机，输水流量2.3立方米/秒。设计灌溉面积2.1万亩，实际灌溉13村、115组的0.9万亩农田。修有干、支渠9条3.8万米，渡槽7处160米，隧洞3处1100米，倒虹吸管2处95米。共投工68.7万个，移动土石55.9万立方米，总投资103.8万元。

同欢水库 坐落在原铜硝堰，淹没耕地2930亩。1957年，建成小Ⅰ型水库，后因蓄水量不适应农田复种要求，1973年9月，再次调集5000名劳力，大干3个月，扩建为中型水库，集雨面积6.98平方公里。大坝长730米、高19.1米、坝顶高4.8米（海拔75.48米）。库容2168万立方米，最大水面4438亩，养鱼水面有2000亩。溢洪道为宽顶堰。输水涵管为钢筋混凝土压力管，长78米，放水设备用5吨启闭机。建有干、支渠11条、54公里，渡槽14处、635米，隧洞1处、45米。灌溉望城乡11个村、116个村民小组的21693亩农田。

浮山水库 坐落在文家乡张家村，淹没耕地11639亩。1975年建成小Ⅰ型水库，库堤长850米，高23米（海拔100米），集雨面积7.53平方公里，正常水面2690亩，库容956万立方米。按湖南省水利厅湘水计［2002］182号文件要求，2002年顺利升型为中型水库，该水库升型后进行主坝防渗、副坝加高培厚、公路改道1公里等，共投资763万元。

3. 水库除险保安

20世纪80年代以来，境内较多水库出现大坝沉陷、滑坡、软脚、渗漏、移位、涵管浸漏断裂，放水设备老化破损，溢洪道水损残缺等病变成险。带病冒险运行的水库由40余座增加到76座。

1986年以来，水利建设重点逐步向治理病险转移，引进现代化科技手段对同类病险水库进行集中统一处理。县水电局利用官亭水库施工设备和技术工人组建一支机械灌浆施工队，用三年时间对群英、高桥、同欢3

座中型水库，红星、九根丛、牛头、潘家冲、黑沙溪、东堤、竹马等小Ⅰ型水库的大坝分别进行帷幕灌浆，均取得较好防渗效果。

1990 年以来，对特殊病险水库实行专项处理。连续 7 年采用万立方米以上大体积培土压浸和开沟导渗，使其恶劣态势终于得到控制趋向稳定。全县漏水最严重的凤兴水库，从 1972 年建起就因暗漏从未正常蓄水，凡大雨蓄满的水不到十天半月就全部漏光，多年堵截无效。1986 年以来，通过物理勘探手段进行电测探漏，终于在 1999 年堵截成功，达到 1217 万立方米的设计蓄水能力和灌溉 4500 亩的灌溉效益。经过专项处理，病险水库彻底治好 8 座，25 座有明显减轻。

官亭水库 该工程位于澧阳平原首端，控制积雨面积 101 平方公里，拦洪蓄水 7241 万立方米，大坝安危关系到临澧 4 个乡镇、澧县 10 多个乡镇的人民生命财产及枝柳铁路的畅通安全。1997～1998 年，经水利部和省水利厅专家对大坝进行安全鉴定，确定为三类坝。2002 年该工程争取国债资金 470 万元，是年 5 月 28 日开始进行除险加固：(1) 主坝基础帷幕灌浆；(2) 内坡 73.1 米高程以下冲抓套井回填；(3) 内坡 73.1 米高程以上工膜防渗；(4) 主坝下游排水设施改造；(5) 溢洪道堰前铺盖，基础帷幕灌浆；(6) 防汛公路硬化；(7) 堤顶防浪墙改造加固，增设防汛照明设备；(8) 危房改造 1550 平方米，枢纽病险加固。共完成土石方 2.58 万立方米，砼 0.47 万立方米，防渗处理面积 14222 平方米。

1996 年冬至 2003 年底完成了中干渠 4.5 公里砼护砌，北干渠 1.8 公里改道和 3.5 公里块石护砌，五、六、八支渠 16.15 公里块石浆砌，13566 公里斗渠护砌。据统计，共浇筑护砌各类型防渗渠道 155 条 120 公里，过水时间较前提高一半，水的利用系数提高 30.5%，北一干渠及四、五、六支等长线渠均能顺利送水到终端，达到南、北双向灌溉双保险的预期目标。

群英水库 该水库多年来带病运行，主坝渗漏严重，外坡堤脚基础排水体不符合设计要求，对降低浸润的效果不佳，内坡防浪护坡块石风化严重，坡面千疮百孔，坝顶防浪墙多处断裂缺口，溢洪道进口和尾端没有护砌，消力池冲毁严重，低涵管道多处浸漏，启闭机提升不能自如。为此，县政府委托湖南省水电科学研究所钻孔取样研究，并经省、市、县三级水利专家论证，确定该坝安全类别属三类坝。报经水利部核准，投资 650 万元用于除险保安工程建设。2004 年 1 月 29 日动工，2005 年 11 月竣工。完成大堤冲抓套井及回填黄土 9770 米，最深处 15.6 米；大坝内坡砼六方块护砌 11952 平方米；新建坝顶防浪墙 555.2 米及增设防汛照明设备；坝顶浇筑砼 554.4 平方米；外坡护黑麦草草皮 7605.7 平方米；坝外增设塑料毛细透水带排水体和干砌贴坡式排水体 3067 平方米。溢洪道改造加固及砼护砌延长 167 米，新建工作桥和更新启闭机，输水管丙乳沙浆粉面，改造管理所危房 24 间 903 平米和硬化通道长 118.8 米、宽 5 米。经过治理，该工程可以达到设计蓄水 2030 万立方米的正常运行标准。

（三）堤 垸

泄洪工程：通过法规管理和工程管理河道，疏通澧水 7.4 公里，移动沙卵石尾堆 5.2 万立方米，拆除堵水房屋 50 栋，11256 平方米，矶契 2 处，码头 1 处。道水一期疏通 1.8 公里，移动土石方 5.5 万立方米，扫除阻水障碍 4 处 300 平方米，规范采砂船只 20 艘、6.2 万吨位，行洪断面扩宽，行洪流速加快，行洪流量增大。

澧水流经临澧段 20.5 公里，乾隆 50 年 (1785) 大水后，新安、合口、吴家场、游家洲等地沿岸人民陆续开始筑堤防护。民国 20 年 (1931)，连续三年遭遇两水一旱的大灾害，人民自发修起合溪、游家、复船、吴家场等四个小土垸。民国 24 年 (1935) 洪水将堤段冲溃。民国 25 年 (1936) 省政府发出“官督民修”堤垸要求，于 6 月 22 日动工，先后恢复蛟口溃堤 1650 米，合溪垸

1320米。

堤防工程 全县共有堤垸8处，其中省级重点垸1处（新合垸）、一般垸7处（青山、洞坪、山洲、关山、观音庵、陈家河、将军）。一线大堤全长51公里，其中圬工堤8.735公里，穿堤建筑物77处，排渍机埠6处12台、1190千瓦，排渍面积1.8万亩，大堤保护面积18.36万亩，范围涉及7个乡镇34家厂矿企业，80个自然村，931个村民小组12.648万人，近20亿元财产。

新合垸 由合口垸、新安堤而得名。合口垸（保河堤）建于道光二年（1822），民国20年（1931）筑成合溪垸。民国24年（1935）因大水溃堤，民国25年（1936）修复。1950年以后，政府发动群众每年加固堤垸，1980年从向阳闸至高家垱修2010米混凝土圬工大堤，原保河堤作废。新安堤始建于道光六年（1826），从将军柱至交口，民国八年（1919）延伸至唐家湾。1982年从天帝宫到老码头修472米混凝土圬工堤和241米土堤，加原堤共3.74公里。

该垸位于澧水北岸，淞澧大垸首端，对大垸起首控作用，是省属重点堤垸。大堤全长12.194公里，堤顶面宽8米，堤顶高程56.8～58.62米，保护新安、合口、官亭、九里4个乡（镇）65个村721个村民小组8.3万人，保护面积13.866万亩，其中农田8.77万亩。1986年新安镇从天帝宫至老河街建成1675米圬工堤，结束了城区无防的历史，为淞澧大圈增设了一道首挡其冲的防洪屏障。1986～1992年对合口段圬工堤和部分土堤进行了培厚加高，堤防达到了1980年最高洪水位再加2.3米高的省定标准。1993～2006年分别对龙澹排渠、高家垱排水闸两地堤基险段进行了黄泥和水泥灌浆阻渗处理。1986～2006年，对高家垱、合溪闸、加一线、狮子脑、和尚堤、唐家湾、天帝宫等外脚垱冲堤段用块石固脚，控制洪水冲刷扫脚势态。1993～2006年，对南撇出口闸、加二线出口闸、向阳闸、合溪闸、高家垱等5处穿堤涵闸的闸身、翼墙、消力池、护墙等部位分别进行加长加宽加固。

1996～2006年，国家投资2815万元，培厚新合垸圬工堤，更新改造附属建筑物和大堤护坡、堤身及基础灌浆等项目。国家累计共投资3095.2万元，地方自筹1809.4万元，累计完成工日320万个、土石方180万立方米、抛石固脚40.4万立方米、浆砌块石9.775万立方米、砼2.1万立方米，堤防抗洪能力明显增强，安全度过了1998年、2003年两次特大洪水袭击。

洞坪垸 洞坪是澧水临澧段中央的一个小岛。民国20年（1931）在低洼地段筑有不足千米子堤，1951年后陆续加修建成堤垸。1980年溃垸后，再度加高延长。堤线长10.227公里，其中混凝土圬工堤0.75公里，心墙沙壳堤5.5公里，保护上、下洞坪2个村、60个村民小组0.7万人。保护面积0.75万亩，其中耕地0.43万亩。该垸建起后曾于1980年、1998年、2003年三次溃决。灾后，县政府投资650万元，进行堵口复堤和加固处理，堤面宽度达到5米，高程达到54.8～57.0米。

青山垸 位于澧水南岸，青山枢纽上游，自吴家场起至曾家咀。清道光六年（1826）修建，原堤长1000米，后因多次被洪水冲垮，陆续加固增长，现堤长3.26公里，保护2个村、25个村民小组、2960人，保护面积8600亩，其中耕地3500亩。先后投入资金380余万元，于1992年、1995年、1998年三次对大堤增高培厚，5处排洪闸加固处理。从1998年起连续6年，对大堤冲刷段堤脚抛石固脚。18年间，共移动土石方11.3万立方米，浆砌块石750立方米，堤顶面宽达到4米，高程达到56.5～57.0米。在1998年和2003年2次特大洪水期都安全渡汛。

山洲垸 位于澧水南岸停弦渡镇境内。原名游家垸，建于民国8年（1919），民国11年（1922）和15年（1926）2次被水冲垮。1950年后每年加高培厚。1982～1985年三次加固，增长5.2公里，间堤长5.5公里，一线防洪堤长4.966公里，保护山洲、童洲2个村33个组、4100人，面积5740亩，其中耕地4200亩。该垸1980年、1998

年、2003年三次溃决。灾后又三次复堤和加高培厚，并改道1.2公里，堤面宽达到5米，堤顶高程达到5.2～9.4米，完成土石方22.5万立方米，投资35万元。

关山垸　位于停弦渡镇境内，与淞澧大垸隔河相望，207国道贯垸而过。1954～1955年建垸，1980年溃堤，1981年将100米溃堤加修加固，堤质为心墙实壳。以后陆续兴建跨过张公庙闸口到大溪河口，该垸一线大堤长3.374公里，保护关山、复船2个村、21个村民小组0.25万人，保护面积0.356万亩，其中水田0.143万亩，旱地0.1万亩。该垸1998年、2003年两次漫溃后，又经过两次堵口高堤和加高培厚，大堤顶面宽4米，堤顶高度达51.2～49.4米，共完成土石方22.5万方，耗资35万元。

烽火垸　位于道水下游，烽火乡境内，是陈家河、观音庵、将军三个小垸的总称。1991年冬修建，一线大堤长14.39公里，保护7个村、72个组、7920人，保护面积12800亩，其中耕地9200亩。1991年7月受特大洪水倒涌淹没达三天四夜，发生建国以来从未有过的特大灾害。省委、省政府领导熊清泉（省委书记）、陈邦柱（省长）、王克英（副省长）、王明湘（省水利厅厅长）等亲临烽火灾区视察慰问，同时指示县委、县政府要根治水患。是年8月决定新建烽火垸，9月完成工程设计任务，11月集中全县劳力10万人历时40天建成，投入资金1917万元，投工245万个，移动土石方1525万立方米，砼及钢筋砼2140立方米。1998年7月澧水再次倒涌，3个小垸全部漫溃，8月再次组织太浮镇、杨板乡、柏枝乡、烽火乡4个乡（镇）劳力堵口复堤，并全线加高培厚，历时月余，共完成土石方10万立方米，大堤顶面宽达5米（增宽1.5米），堤顶高程46.5～47.0米（增高1.5～2.0米），经受了2003年7月的重特大洪水侵袭，安全渡汛。

安福垸　位于道水中下游的安福镇。2000年以来，县委、县政府为根治道水洪灾，委托湖南省水利勘察设计院规划设计，县水利局负责实施，拟定规划投资6140万元，修筑大堤11.43公里，建排洪涵闸12处，可抗拒二十年一遇的特大洪灾。工程于2001年10动工，到2007年12月已新建防洪大堤1.63公里，建浆砌石挡土墙2230米，涵闸2处，实际投资2350万元。

（四）机电排灌

1953年，始有机械提水，初为固定式大、中型煤气抽水机，后才有柴油机。60年代改为以移动式3匹半小马力为主。电力灌排则始于1964年。此后逐渐形成机、电并有排灌方式。

机械排灌　1953年12月，省分配25马力柴油抽水机一台，安装在县农场，抽道河水灌田。1956年柴油抽水机增至3处6台，150马力。1958年增至10处，18台，365马力。1960年为16处，98台，1243马力。1961年为149台，2013马力，受益面积达3万余亩。1965年为268台，4082马力。1970年为482台，8369马力，灌田9万余亩。1978～1980年为2766台，37405马力。1985～2006年为4619台，40924马力。

电力排灌　1963年新安公社从澧县、津市引进电源建起余家岗、粟岗、龙凤三座电灌站，装机4台、479千瓦，线路7.8公里，灌田1058亩，8个生产队161户通电照明。1964年冬，柏枝公社、望城公社先后组织实施，柏枝公社从农村选拔25名知识青年，经短期培训后即进行立杆架线和机埠安装，从澧县瓦家咀引进电源，架设10千伏线路25.19公里，分别在群英、东堤水库取水，建起6处机埠，装机10台710千瓦，次年7月竣工运行，受益农田9100亩。1965年官亭、九里、新安等公社又分别建起余家岗一级、马路、九里岗一级、九里岗二级机埠4处，装机7台527千瓦，灌溉10400亩。青山水轮泵建成后，为解决在渠道以上的高岸田用水困难，利用渠水或结瓜水库水源，沿渠各公社修建电力提灌机埠16处，装机20台、1228千瓦，灌溉农田20115亩。此外，大力发展5.5～11千瓦的移动式小电机抽排水。2006年已发展到241台、2566千瓦。

截至2006年，全县共有提灌机埠396处、装机410台、11551千瓦，灌溉面积18.69万亩。

排渍机埠 排渍机埠始建于1980年。是年暴发5次洪水，涝灾为害，新合垸尤为严重。为加快排洪，在合溪闸新建排垱机埠，装机2×158千瓦，保护面积3400亩。1993年争取国家以工代赈投资30万元，建起星堰、邹家垱两处排垱机埠，装机分别为2×115千瓦和1×115千瓦1×95千瓦，排渍面积8900亩。1995年，用澹州回水影响补偿金105万元修建停弦渡关山电排，装机2×115千瓦，排渍面积1600亩。1997年建烽火河口排渍机埠1处。装机3×180千瓦，将军1处1×30千瓦。2007年全县共有排渍机埠6处12台1190千瓦，排渍面积1.8万亩。

喷　灌 1978年移动喷灌首次在新合公社管渡大队实施，澧阳、芭茅两大队也同时受益。同年建喷灌的有杉板公社茶场，佘市公社双溪大队、湖堰大队，文家公社青龙大队，珠日公社斋阳大队，柏枝公社七姑大队，望城公社九姊大队及停弦渡公社、新安公社、九里茶场共10处，机具配套206马力，受益面积2280亩，国家投资12.06万元。1980年原澧阳平原指挥部投资在新合公社群丰大队棉地安装5台喷灌机，喷灌面积250亩。1985年全县喷灌发展到65处，机具322套件，1110马力，电动机16台3754瓦，受益面积12700亩。1986年后，因国家无扶持政策而停止发展，逐渐转入到个体投资安装喷灌，用于到蔬菜果园方面。

（五）水　渠

水渠是拦洪排涝保护农田、降低灾害的抗灾设施。境内水库、塘坝多，渠道如网。中型水库有主渠17条106公里，小Ⅰ型水库主渠57条304公里，小Ⅱ型水库主渠228条818.2公里。护砌防渗渠25条115.5公里。水利部门1985～2006年通过县乡两级自筹、水利事业费挤拨、以工代赈、农业综合开发项目中等多途径筹措资金1730余万元，浇筑护砌渠道907条1227.1公里，见《临澧县2006年渠道工程情况统计表》（表12—3—2）。

到2006年止，全肥有效灌溉面积50万亩，旱涝保收面积36万亩，见《临澧县2006年各乡镇灌溉面积统计表》（表12—3—4）。

表12—3—2　　临澧县2006年渠道工程情况统计表

单位：公里

乡　镇	水库渠道护砌		机　埠		青山支渠		面上渠道护砌		小　计	
	条	长度	条	长度	条	长度	条	长度	条	长度
杉板乡	10	18	8	3	4	6	10	13	32	40
佘市桥镇	14	30.3	8	3	2	2	15	16	39	51.3
修梅镇	8	17.8	1		1		8	8	16	24.8
停弦渡镇	8	15.2	4	1.5	8	30	8	8	28	54.7
太浮镇	12	21.5	6	5			20	20	38	46.5
陈二乡	7	1	6	4	2	8	16	16	31	39
四新岗镇	7	1	4	2.5	2	3	15	23.3	28	39.3
望城乡	12	8.9	8	12	2	3	13	16.5	35	50.4
安福镇	8	12	4	4			28	19.5	40	35.5条
柏枝乡	10	10	8	15			20	22	38	53
文家乡	8	15	2	2			10	12	20	29
太平区	6	6				3	5	8	12	17

续表

乡　镇	水库渠道护砌		机　埠		青山支渠		面上渠道护砌		总　计	
	条	长度	条	长度	条	长度	条	长度	条	长度
烽火乡	10	16.1	6	8			15	28	31	52.1
杨板乡	8	13.5	2	2	2	8	13	14	25	37.5
新安镇	7	22	6	8	1		30	33	43	63
合口镇			20	20	1		201	230	221	250
九里乡	7	12.5	8	8			19	26	44	46.5
官亭乡	12	15	12	15			27	29.5	51	59.5
官亭水库	21	90					3	30	93	120
青山支渠					40	108	2	10	42	118
合　计	175	325.8	113	113	65	171	478	582.8	907	1227.1

（六）平垸行洪与移民建镇

1998年特大洪涝灾害后，根据党中央、国务院关于整治江河、治理水患的方针政策，经湖南省、常德市平垸行洪移民建镇工作领导小组批准，境内先后有关山垸、新合垸外滩（包括洞坪垸）、看花垸、沔泗洼陈家河垸纳入国家平垸行洪建设计划（除新合垸外滩外，均属单退方式），共涉及停弦渡镇、合口镇、新安镇、望城乡、烽火乡、杨板乡等6个乡镇的2021户、6776人。至2003年底，已有1980户、6128人完成移民搬迁安置，其中集中安置1372户、4355人，分散安置608户、1773人。国家投入平垸行洪与移民建镇资金3335.2万元，其中移民户建房补助款2970万元（户平1.5万元），基础设施建设费用365.2万元（户平0.2万元）。该工程的实施，提高了防汛能力，改善了群众的居住条件和生态环境。

关山垸　该垸1998年11月动工，1999年底搬迁完毕，共安置移民476户、1629人（关山村、复船村），其中集中安置452户、1548人。国家投资714万元，户均建房补助款1.5万元。2000年经上级主管部门正式组织验收。2002年初，应多数平垸行洪建设的要求，省、市平垸行洪建设主管部门又安排70万元专项资金，用于其垸内移民户的供排水工程配套建设，当年3月动工，12月底全面竣工并正式交付使用。

新合垸　该垸于2002年2月动工，至2003年底共完成移民搬迁253户、923人（新安段东区居委会146户、524人，合口段西区居委会107户、399人），其中集中安置131户、395人。扩大蓄洪量25万立方米（外滩）。国家投资431.9万元（新安段249.6万元，合口段182.3万元），其中移民户建房补助379.5万元，基础设施配套费用52.4万元。另有41户（洞坪）待后搬迁。

看花垸　该垸于2002年2月动工，至2003年底共完成移民搬迁752户、2659人（涉及徐家村、望城村、文塘村、大兴村、宋玉村、楚城村、临安村、鸣锣村），其中集中安置455户、1374人。完成国家平建投资1278.4万元，其中移民户建房补助款1128万元，基础设施配套费用150.4万元，扩大蓄洪量3500万立方米。另有20户待后搬迁。

沔泗洼、陈家河垸　该垸于2002年2月动工，至2003年底共完成移民搬迁479户、1457人（杨板乡沔泗洼涉及沔泗村、跑马村、青阳村、双司村4个村157户、483人，烽火乡陈家河村、贞观庙村、华溪桥村、观音庵村、六方洲村5个村322户、974人），其中集中安置334户、1038人。与此同时，烽火中心小学也完成了整体搬迁。国家拨资809.1万元（沔泗洼266.9万元、陈家河542.2万元），其中建房补助款718.5万元，基础设施配套费用90.6万元。沔泗洼、陈家河分别扩大蓄洪量600万立方米、1700万立方米。

境内从1958～2006年兴修水库工程，

共移民安置3262户12179人，其中外县水库移民安置1998户6269人，见《临澧县1958～2006年移民安置统计表》（表12—3—3）。

表12—3—3 临澧县1958～2006年移民安置统计表

单位：户、人

年份	合计		县内库区移民		县内其他		市内县外		市内县外其他	
	户数	人数	户数	人数	户数	人数	户数	人数	户数	人数
1958	720	2955	720	2955						
1964	281	1182	281	1182						
1974	263	1773	263	1773						
2003	3	10					3	10		
2004	681	2202					681	2202		
2005	944	2777					944	2777		
2006	370	1280					370	1280		
合计	3262	12179	1264	5910			1998	6269		

说明：1958年、1964年、1974年为县内中型水库移民；2003～2006年为石门皂市水库移民。

表12—3—4 临澧县2006年各乡镇灌溉面积统计表

单位：亩

乡镇	灌溉面积					有效实灌面积	旱涝保收面积
	总计	水田	旱地	果园	其他		
杉板乡	22604	19500	3104			21600	1600
佘市桥镇	44473	37530	6443			39500	33200
文家乡	33325	30025	3300			28400	22300
太浮镇	22807	21630	1177			22800	17000
陈二乡	30837	26364	4473			30700	24700
四新岗镇	36840	28800	8040			36840	16900
柏枝乡	46273	41876	4397			45700	28600
烽火乡	32291	29369	2922			32200	24300
望城乡	24858	23101	1848			24500	23500
杨板乡	33286	30878	2408			33000	22200
修梅镇	33682	29795	3887			33000	17500
停弦渡镇	26047	21500	4547			25900	24700
新安镇	30452	19525	11927			28900	25800
官亭乡	19181	16700	2481			19100	7800
九里乡	26482	22500	3982			24800	22900
合口镇	41814	23450	18364			40400	35400
安福镇	13800	12285	1515			13500	12500
太平开发区	2616	2400	216			1400	
合计	521668	437228	85031			502240	360900

二、 水轮泵站

临澧县青山水轮泵站坐落在杉板乡坪山村与新安镇上坪村交界处，是一座以提水灌溉为主，结合发电，并改善通航的大型水利工程。该站于1966年兴建，1972年基本建成受益。

（一）青山水轮泵站

1. 建设概况

1950～1966年，全县水利设施，设计蓄水量为20800万立方米，灌溉农田49万亩；因水源不足，实际保收面积只有27万亩，占耕地面积42.2%。1964年，曾拟出引用“黄石水库”尾水，灌溉澧南17万亩农田的方案。1966年2～4月，省委先后召开各县县委书记、分管水利工作的副县长、水利局长参加的水利工作会议，参观平江县青冲口水轮泵站。副县长尹晓晨、水利局长李代桢，从中受到启示，向省农办主任孙国治、省水利厅副厅长史杰、常德地区水利局副局长周大力提出用水轮泵提取澧水解决临澧水源的想法，当即得到赞赏和积极支持。会议进入制定水利建设规划时，李代桢就建设澧水大型水轮泵站的设想，打电话请示县委，得到在家主持工作的县委副书记吕定元同意上报省水利厅同意，并列入预算。5月，县水利局集中王兆杰、蒋运惠、王辅仁、宋先炬、宋泽群、唐汇荣等工程技术人员，并雇请临时工50人，分工调查澧水资源，收集整理水文地质资料，选择泵址位置，勘测渠道走向，然后动手全面设计。6月，上报第一个《青山水轮泵站设计任务书》。省水利厅史杰副厅长、地区水利局周大力副局长专程来临澧考察后，提出改60－6型水轮泵为100－8型水轮泵，把澧水引入道水南岸，基本解决临澧农田灌溉的方案。省水利水电勘测设计院任伍权工程师带领技术人员来临澧，帮助修改设计并重新勘测渠道高程。6月底，由省、地、县三级技术力量制绘的第二个《青山水轮泵站设计任务书》获准实施。7月初，地委常委作出决定，成立青山、黄石工程指挥部，苑洪武任指挥，李显存任副指挥。7月15日，县委迅即召开扩大会议，正式作出《关于兴建青山水轮泵站的决定》。8月，县委就修建青山工程若干问题开会研究，写出《纪要》，提交全县贫下中农代表大会讨论通过。又两次在合口召开有各界人士参加的千人人民代表大会，进行深入发动。8月底，调集6.7万余民工上工地，铺开枢纽工程和总干渠至染铺湾灌区工程。10月下旬成立县青山水轮泵站工程指挥部，陈芳柏任指挥，谢世久任政委。至次年4月，建起拦河主坝、水轮泵机房、发电机房、船闸及副坝两端滚水段，开挖26公里总干渠。1967年5月至1968年8月，受文化大革命严重干扰，工程指挥班子被打乱，由“支左”人员维持局面，工程建设速度减慢。1968年7月中旬，澧水发生洪水灾害，主坝与未合龙的副坝被冲垮。

1969年9月，省革委会批准重建青山大坝，省勘测设计院以艾家桢为首率技术人员来临澧，对主坝重新勘测设计。县革委会于10月下旬调集3.7万民工重新施工，历时102天，主坝建成。1970年5月初，省革委会代主任华国锋、省军区政委卜占亚、副司令员刘善福等来临澧视察青山水轮泵工程，称赞临澧人民有志气。是年冬，集中3.5万余劳力，重建副坝及主坝配套工程，次年春，枢纽工程基本竣工。1971年，“双抢”期间，久晴不雨，已安装好的15台水轮泵开始提水灌田。在总干渠染铺湾千米隧道，被民工制服白泥多次塌方通水后，林家垭、杨家垭等地段也因白泥垮崩决口15处，影响通水，杨板、修梅、停弦渡、望城4个公社组织2万余干部群众，突击疏通并新建杨板支渠，澧南灌区初次受益。“双抢”结束后，全县分三批上足10.7万劳力，奋战110天，完成土石500多万立方米，修起71公里的南干渠和22条支渠。江家坡道水渡槽于1972年5月21日竣工；段家桥渡槽，6月15日建成；8月8日，实现青山水轮泵工程全线通水。1973年起，县革委会统一规划，再度大打修建“结瓜”水库的人民战争。

1976年10月，县委成立青山岩渠建设大会战指挥部，共计筹措154万元资金，抽调10万精干劳力，划分地段，限期完成，到春节前，南干渠55公里防渗岩渠全部竣工，渠水利用系数由38.4%提高到73%。

2. 工程规模

青山水轮泵站工程分枢纽工程和灌区工程两大部分：枢纽工程由主坝、副坝、水轮泵机房、扬水管道、发电站、船闸、澧阳分水闸等组成；灌区工程由总干渠、南干渠、北干渠、中干渠四大渠系组成，总计125.169公里，派生支渠58条349.8公里，连结中小型水库64座。渠线上建有渡槽13处、隧道8处、埋管29处、倒虹吸管4处，总计9948米。83公里总干渠和南干渠建成高标准防渗岩渠，沿渠穿插交通公路和建造绿化林带。

青山水轮泵站建成后，受益面积35万亩，其中有32万亩已成为自流灌溉、稳产高产的农田。1979年，经国家批准对外开放，先后接纳17个国家的友人和团体参观考察。

枢纽工程

主　坝。1966年9月动工，1967年4月建成。1968年7月，洪峰达4400立方米/秒时，因坝前黏土铺盖防渗、坝体三合泥砌石及混凝土层不严密、消力不充分而被冲垮。1969年9月，省水利厅批准重建大坝，坝长369米、坝底等宽24米、坝体自高17.2米、坝顶标高47米，能安全泄洪量9700立方米/秒。坝体北端附设60—4型水轮泵一台，供洞坪农田灌溉。坝体南端底部设31.5米三孔底水闸，以备枢纽大检修时排干库容底水。

副　坝。位于澧水北汊新安河上，与主坝相距1公里。1966年10月开工兴建，坝体长437米、自高13.2米、底宽16.5米。全坝最大安全泄洪量7400立方米/秒。坝体两端各装80—8型水轮泵2台，提水灌溉两岸农田。

水轮泵机房。坐落在主坝老电站与船闸之间，顺河道流向一字排开。机房结构为浆砌石重力挡水式，全长187.4米、自高12.8米、底宽18.5米，房顶高程51米，原设计水头6.8米，最大水头8.45米，允许运行最大水头7.3米。共装有35台水轮泵机组。

扬水管道。由35节内径0.412米的钢管，分别与各台水轮泵壳出水闸阀连接，5台联成一组，沿着机房对岸30度山坡，直上海拔100米高程的青山渠首。

发电站。共建两处，均属低水头河床式发电站。老电站1966年9月动工兴建，1976年5月，电机全部投入运行。新电站1977年11月兴建，1982年12月电机全部装成投产。

老电站。装置TS284/1—32立式水轮发电机6台，装机容量3900千瓦，年发电量2247万度。

新电站。安装发电机2台，单机额定功率2500千瓦，年发电量2210万度。

公路桥。枢纽内有桥坝结合的主坝公路桥，上山管道上的跨越桥。

澧阳分水闸。位于副坝上游石门县易市乡防洪堤上，可灌溉石门县、临澧县、澧县约20万亩农田。

灌区工程

渠道。青山水轮泵站灌溉渠系分总干渠、南干渠、北干渠、中干渠。干渠下有支渠、斗渠，主干渠自渠首水轮泵出水管口开始，经杉板乡、停弦渡镇、修梅镇、望城乡等10个乡镇至烽火乡南田村彭山堰结尾。渠首至佘市桥镇金岗村25.65公里一段为总干渠，以下至渠尾69.539公里为南干渠，总干渠18公里处（染铺湾）引出10.23公里分支为北干渠，总干渠26.65公里处（南中分流）引出19.75公里为中干渠。北干渠与中干渠在修梅镇合丰村九口堰处汇合贯通，总干、北干、中干、南干四渠全程125.17公里。见《临澧县青山工程干渠统计表》（表12—3—5）。

表 12—3—5　　临澧县青山工程干渠情况统计表

单位：米、立方米、亩

渠系		长	流量	灌溉面积
总干渠	全段	25650	15～14. 5	56155
	渠首一大丰二组	8000	15. 0	24865
	大丰二组一重阳	6000	15. 0	12485
	重阳一四新桥	9000	14. 5	10947
	四新桥一南中分流	2650	14. 5	7858
北干渠		10230	5. 0	37553
中干渠		19750	3. 5	45129
南干渠	全段	69539	10～3. 2	215783
	南中分流一浮山水库	15350	10. 0	29816
	浮山水库一同欢支渠	15000	12. 0	85889
	同欢支渠一珠柏支渠	12800	8. 5	36195
	珠柏支渠一东堤支渠	2500	8. 0	9543
	东堤支渠一牯牛坝	11375	6. 5	20010
	牯牛坝一彭山堰	12514	3. 2	34300
合计		125169	15～8. 2	354620

干渠以下，共分出支渠 58 条，全长 349. 897 公里，遍及 13 个乡镇。计杉板乡 5 条、26. 14 公里；停弦渡镇 8 条、33. 7 公里；修梅镇 7 条、43. 62 公里；杨板乡 1 条、21. 15 公里；佘市桥镇 3 条、22. 018 公里；文家乡 4 条、21. 101 公里；太浮镇 1 条、20 公里；陈二乡 5 条、26. 456 公里；四新岗镇 11 条、71. 667 公里；柏枝乡 5 条、14. 81 公里；烽火乡 3 条、19. 64 公里；望城乡 3 条、15. 585 公里；新安镇洞坪 2 条、14 公里。

支渠以下，社队自建斗渠 789 条，总长 1578 公里。

青山三级水渠总长 2053 公里。渠绕过 500 多座山头，跨越 10 多条溪河，渠体本身挖高填土用工 1705 万个，完成土石及混凝土 1253 万立方米。用工量及工作量占工程 10 年总量 22%。

总干干渠。1966 年 10 月动工，1967 年 4 月初步开挖成形，1970 年 12 月下旬调 8000 多民工转入 25. 65 公里总干渠清理整形工程，投工 582. 2 万个，完成土石及混凝土，454. 78 万立方米，1971 年 4 月竣工。

北干渠。1975 年 9 月下旬，开始边选线、边勘测、边设计、边施工。全长 10. 23 公里。渠土建设投工 36. 3 万个，完成土石及混凝土 18. 8 万立方米，于 1976 年 6 月试水。

中干渠。1970 年 12 月动工，全长 19. 75 公里。总计土建用工 39. 5 万个，完成土石及混凝土 34. 3 万立方米，于 1971 年 7 月竣工。

南干渠。1971 年 9 月动工，全长 69. 9 公里，纯渠堤土建用工 1046. 9 万个，完成土石及混凝土 744. 97 万立方米。1972 年 6 月下旬竣工试水。

渡　槽。总干渠有粟谷咀、岩板垱、西马井、九龙、白堰、蒋家等 6 座，中干渠有白土 1 座；南干渠有跃进、群英、道水、张家、段家桥、青山南渠等 6 座，总长 3511 米。总干渠立新支渠有立新渡槽；南干渠太浮支渠有同心渡槽；竹园支渠有清明渡槽。

道水渡槽。坐落在佘市境内，全长 1200 米，最大距地高度 44. 1 米，由 7 大跨拱、64 个拱上排架和 40 个落地排架以及 1152 米悬臂式半圆型槽身、48 米进出口八字槽组成。

槽面附有1.2米的人行桥，桥左侧装有混凝土花格栏栅。

段家桥渡槽。坐落在陈二乡的朱伦、粟家两个村。全长1061米，最大高度40米，一般高度22米，槽身过水流量9立方米/秒。1971年10月动工，1972年6月15日竣工。

跃进渡槽。坐落在佘市油榨垭。全长442米、高19米，16跨32副排架、流量10立方米/秒。于1972年4月动工，于是年8月竣工。

群英渡槽。临佘公路上的一座浆砌单拱岩渡槽。1971年8月动工；是年11月竣工。

青山南渠渡槽。坐落在常临公路四新岗段，1971年9月动工，是年12月竣工。

隧　洞。渠线、隧洞共8处，总干渠有苏家垭、重阳坡、九龙桥、染铺湾、林家垭、杨家垭6处；南干渠有友谊洞、七张2处，穿山长度2620处。

染铺湾隧洞。长942米，设计通水流量14立方米/秒。1966年动工，1970年9月打通。

重阳垭隧洞。全长260米，1968年12月动工，1970年4月打通。

林家垭隧洞。全长640米，1970年2月动工，1971年11月打通。

倒虹吸管　全渠有北干渠范家咀，南干渠有佘市支渠橘园支渠进口处，同欢支渠常临公路底下和横穿沙溪河的牯牛坝，4处倒虹吸管总长1382米。

其他设施　全渠共设置有111座控水闸门、29座节制闸、47座分水闸、17座入库闸、18座泄洪闸。

3. 工程效益

青山工程自1972年建成受益以来，截至2006年止，水轮泵共提水31.36亿立方米，电站发电14亿千瓦，发电创工业产值21302万元，为促进县工农业生产发挥了重大作用，见《临澧县青山水轮站泵电站发电效益统计表》（表12—3—6）、《临澧县1971～2007年青山水轮泵灌期出勤及提水效益统计表》（表12—3—7）。

4. 工程发展效益

由于青山工程原设计标准较低、施工质量较差、工程老化问题日益突出，隐患不断，灌溉能力下降，有效灌溉面积逐年递减，严重制约了青山工程效益的发挥。青山工程效益下滑引起县委政府的高度重视，1999年青山灌区续建配套和节水改造项目顺利进入国家“十五”发展规划，截至2005年底，青山局共争取中央投资3050万元、省级投资90万元、地方配套705.24万元。其中：1999年中央投资500万元，地方配套59.11万元，共计559.11万元；2000年，中央投资400万元，地方配套159.81万元，共计559.81万元；2001年，中央投资350万元，地方配套118.2万元；共计468.2万元。2002年，中央投资400万元，省投资40万元，地方投资0.5万元，共计440.5万元；2003年，中央投资300万元，省投资20万元，地方投资108.62万元，共计428.62万元；2004年，中央投资400万元，省投资30万元，地方投资139万元，共计569万元；2005年，中央投资700万元，地方配套120万元，共计820万元。实施了灌区续建配套和节水改造，共完成75座渠系建筑物改造，解决险工险段16处，完成砼方50365方、石方1.134万方、土方48.77万方，恢复灌溉面积7.52万亩，改善灌溉面积16.99万亩，灌区农业综合经济效益达3103.98万元。同时通过更新水轮泵机组和技术改造，水轮泵提水能力明显增强，增加输水能力8立方米/秒，缩短灌溉周期，渠道利用系数明显提升，分别增强5%和4.5%。1999～2005年因节水增加的工农业产值达3655万元。见《青山灌区续建配套节水改造项目初设统计表》（表12—3—8）、《青山泵灌区续建配套节水改造项目投资统计表》（表12—3—9）、《青山灌区续建配套节水改造项目投资情况统计表》（表12—3—10）、《青山泵灌区续建配套节水改造项目效益统计表》（表12—3—11）、《青山泵灌区续建配套节水改造项目效益统计表》（表12—3—12）。

表 12—3—6　**临澧县青山水轮泵站电站发电效益统计表**

单位：千瓦、万元

年份	发电量	发电收入	年份	发电量	发电收入	年份	发电量	发电收入	年份	发电量	发电收入
1970	89	12	1980	2701	371	1990	5120	701	2000	6253. 35	856
1971	416	57	1981	3353	459	1991	5077	695	2001	5154	1019
1972	751	102	1982	4515	618	1992	3865	529	2002	4419. 4	862
1973	869	119	1983	5024	688	1993	6061	830	2003	3560	798
1974	989	135	1984	5387	738	1994	5263	721	2004	3354. 36	777
1975	1332	182	1985	5310	727	1995	5245. 32	718	2005	3211	862
1976	1719	235	1986	4950	678	1996	5046. 72	691	2006	2787. 64	974
1977	1660	227	1987	6175	845	1997	5056. 44	692			
1978	2154	295	1988	4189	573	1998	5324. 28	729			
1979	1962	268	1989	5896	807	1999	5197. 66	712	合计	139437. 17	21302

表 12—3—7　**临澧县 1971～2007 年青山水轮泵灌期出勤及提水效益统计表**

单位：台、亿立方米、万亩

年份	有效机	灌期出勤		提水量	灌溉面积	年份	有效机	灌期出勤		提水量	灌溉面积
		运行小时	折天数					运行小时	折天数		
1971	15	10319	29	0. 486	10	1990	35	50180	60	0. 7226	31
1972	30	415743	64	0. 6587	20	1991	35	79944	95	1. 1512	32
1973	30	9528	13	0. 1372	25	1992	35	67361	80	0. 9700	32
1974	30	83618	116	1. 2041	30	1993	35	77930	93	1. 12222	32
1975	32	66062	86	0. 9513	30	1994	35	62631	75	0. 9019	33
1976	32	98335	128	1. 4160	30	1995	35	74791	89	1. 0770	33
1977	32	88032	114	1. 2677	30	1996	35	62604	75	0. 9015	33
1978	32	94630	123	1. 3627	30	1997	35	64437	77	0. 9279	31
1979	32	94242	123	1. 3571	30	1998	35	59430	71	0. 8558	31
1980	32	63538	83	0. 9149	31	1999	35	41527	49	0. 5980	31
1981	32	79694	104	1. 1476	31	2000	35	55006	65	0. 7921	34
1982	32	81756	106	1. 1772	31	2001	35	74833	89	1. 0776	34
1983	32	63117	82	0. 9089	31	2002	35	35805	43	0. 5156	34
1984	35	68854	82	0. 9915	34	2003	35	22631	27	0. 3259	35
1985	35	74743	97	1. 0763	35	2004	35	15437	18	0. 2223	35
1986	35	57993	69	0. 8351	30	2005	35	33111	39	0. 4768	35
1987	35	70222	83	1. 0112	30	2006	35	24673	29	0. 3553	35
1988	35	60763	72	0. 8750	31						
1989	35	64131	76	0. 9235	31	合计	35	2547651	2724	31. 36	428

注：副坝附设小水轮泵，系交付石门及洞坪自管自用，提水效益未统计在内。

表 12—3—8 青山灌区续建配套节水改造项目初设统计表

单位：万元、千米、处、万方、万个

年　度	初设批复指标														
	概算投资	骨干渠道			一般支渠		渠系建筑物		工程量					工日
		新建	衬砌	险工险段处理	新建	衬砌	新建	改造	土方	石方	浆砌石（方）	砼（方）	钢筋砼（方）	
合计	7182. 57		39. 5	17				84	43. 5	11. 5	26152	56662	9967	55. 43
1999	1068. 99		5. 66	2				2	6. 08	1. 14	4007	8410	1546	5. 86
2000	995. 59		5. 65	2				18	4. 5	0. 465	772	3920	285	4. 64
2001	1401. 67		5. 8	2				17	3. 6	0. 045	6278	7206	332	8. 1
2002	874. 8		6. 36	1				10	2. 74	9. 85	8205	10177		9. 67
2003	598. 56		2. 26	2				10	5. 8		1333	5875	7399	11. 08
2004	826. 89		4	3				13	7. 57		3585	5379	191	4. 72
2005_1	803. 17		5	2				10	8. 98		1580	9818	214	6. 4
2005_2	612. 6		4. 85	3				4	10. 23		392	5877		4. 96

表 12—3—9 青山泵灌区续建配套节水改造项目投资统计表

单位：万元

年　度	省投资计划文件下达情况				资金到位情况（到灌区）						
	小计	中央投资	省投资	地方配套	中央投资	省投资	地方配套（万元）				
							小计	地县	灌区	群众自筹	其他
合计	6105	3050	90	2965	3050	90	705. 24		59. 61	586. 02	59. 61
1999	1005	500		506	500		59. 11				59. 11
2000	800	400		400	400		159. 81		59. 11	100. 7	
2001	700	350		350	350		118. 2			118. 2	
2002	800	400	40	360	400	40	0. 5				0. 5
2003	600	300	20	300	300	20	108. 62		0. 5	108. 12	
2004	800	400	30	400	400	30	139			139	
2005	1400	700		700	700		120			120	

表 12—3—10 青山灌区续建配套节水改造项目投资情况统计表

单位：万方、吨、座、处

年　度	完成工程量			耗用建材		改造建筑物	解决险工	衬砌渠道（千米）			
	砼	石方	土方	钢材	水泥（方）			总计	其中		
									1～5 m^3/s	5～15 m^3/s	m^3/s
合计	50365	1. 134	48. 77	87. 4	14429. 6	75	16	30. 056	30. 065	4. 85	14. 21
1999	5027	0. 0856	8. 05	0. 4	1850	3	3	0. 786			0. 786
2000	2878	0. 2304	4. 83	31	1005. 6	1		0			
2000	7905	0. 316	12. 88	31. 4	2855. 6	3	3	0. 786			0. 786
2001	8200	0. 238	3. 37	23	2214	20	2	5. 8		5. 8	
2002	7425	0. 58	1. 84	2	2042	10	1	6. 36			6. 36
2003	5775		5. 96	5	1630	10	2	3. 22		3. 22	
2004	5782		7. 12	6	1640	13	3	3. 85			3. 85
2005	15278		17. 6	20	4048	19	5	10. 04	4. 85	5. 19	
“十五”期间合计	42460	0. 818	35. 89	56	11574	72	13	29. 27	4. 85	14. 21	10. 21

表 12—3—11　　青山泵灌区续建配套节水改造项目效益统计表

年　度	增加输水能力（立方米/秒限度）	灌溉周期（天）		灌溉效率（亩/昼夜/秒立方米）		粮经作物比例		新增灌溉面积	恢复灌溉面积	改善灌溉面积（万亩）	增产（万公斤）	经济效益（万元）	投资益本比	投资回报年限
		改造前	改造后	改造前	改造后	改造前	改造后	（万亩）	（万亩）					
合　计	8	20	12	1156	1394	1.59	2.48		7.52	16.99	4853.1	3105.98	1.38	9.38
2000 年	2	18	15	1163	1236	1.62	1.68		1.39	4.89	1068	683.52	1.38	10
至 2000 年底	2	20	15	1156	1236	1.59	1.68		2.88	7.13	1739	1112.96	1.37	10
2001 年度	3	15	14.5	1236	1250	1.68	1.8		3.91	9.47	2636	1687.04	1.37	10
2002 年度	4	14.5	14	1250	1285	1.8	1.8		5.3	12.34	3612	2311.68	1.37	10
2003 年度	4.5	14	13.5	1285	1310	1.8	1.9		5.76	15.85	3703.6	2370.3	1.37	10
2004 年度	7.5	13.5	12.5	1310	1360	1.9	2.5		6.44	16.99	4241.1	2714.3	1.37	10
2005 年度	8	12.5	12	1360	1394	2.5	2.48		7.52	9.86	4853.1	3105.98	1.45	9
“十五”期间合计	6	15	12	1236	1394	1.68	2.48		4.64	16.99	3114.1	1993.02	1.39	9.8
至 2005 年底	8	20	12	1156	1394	1.59	2.48		7.52		4853.1	3105.98	1.38	9.83

表 12—3—12　　青山泵灌区续建配套节水改造项目效益统计表

年　度	渠道水利用系数		灌溉水利用系数		减少输水损失（万方）	减少田间损失（万方）	减少渠道引水量（万方）	少采地下水量（万方）	节约用水量分配情况（万方）					因节水增加的工农业产值（万方）
	改造前	改造后	改造前	改造后					小计	用于灌溉	用于生态	用于工业生活	向下游放水	
合　计	0.39	0.44	0.36	0.405	1245				1245	995	50	200	0	3655
1999	0.39	0.395	0.36	0.365	118				118	68	0	50	0	329
2000	0.395	0.408	0.365	0.375	427				427	277	50	100	0	1191
至 2000	0.39	0.408	0.36	0.375	427				427	277	50	100	0	1191
2001	0.408	0.416	0.375	0.383	632				632	532	50	50	0	1551
2002	0.416	0.423	0.383	0.389	811				811	661	50	100	0	2111
2003	0.423	0.413	0.389	0.397	1015				1015	915	50	50	0	2535
2004	0.431	0.437	0.397	0.402	1169				1169	1019	50	100	0	2995
2005	0.437	0.44	0.402	0.405	1245				1245	995	50	200	0	3655

（二）金宝滩水轮泵站

该站坐落在县城西 2 公里处的望城乡徐家坪村境内。河坝为浆砌圬工重力坝型，坝长 119.6 米、高 47.75 米，坝上建有载重 10 吨平板桥和水力自控钢筋混凝土翻板闸门 16 块（2.56 米）。水轮泵机房设计安装 80－8 型水轮泵 9 台，已安 3 台，水轮泵净扬程 23 米，引水流量 22.4 立方米/秒，单台 3.7 立方米/秒。设计水位：上水位 50 米，下水位 46 米，管道 0.5 毫米钢管 6 条 42 米和 0.8 毫米钢筋混凝土管 1 条 150 米。设计灌溉面积 1.47 万亩，已达 1.03 万亩。主干渠长 3.4 公里，进口渠底高程 72.55 米，流量 2.5 立方米/秒。附建钢筋混凝土船闸一座，长 24.5 米、高 6.1 米，年货运量 9 万吨。引水渠上建有长 28 米、宽 4.5 米的单孔双曲拱桥。1975 年 8 月动工，1978 年元旦完成，共投工 227.34 万个、移动土石 185.7 万立方米。工程总造价 271.26 万元，其中国家投资 93 万元、贷款 12 万元、受益单位自筹 166.26 万元。

（三）清水水轮泵站

该站位于县城东面 3.5 公里处的安福镇清水堰村境内。1970 年，清水大队动工建造船闸土建工程和水轮泵。1972 年，大坝筑成。1979 年夏，被洪水冲垮，是年 9 月，在国家支持下，望城公社动员 600 名民工历经两冬三春，移动土石 10 万立方米，于 1981 年 5 月竣工。该工程由河坝、船闸、水轮泵、电站组成，拦河坝基为圬工重力坝，坐落在砂卵石层上，主坝长 120 米、高 5 米，副坝长 106 米，装机 4 台、475 千瓦。灌溉清水村农田 3000 亩。船闸一次可过 3 吨木船 13 只。工程总造价 68 万元，其中国家投资 21 万元、贷款 33 万元、村级自筹 14 万元。

（四）烽火水轮泵站

该站位于澧水一级支流道水的下游，烽火乡观音庵村境内，控雨面积 1125 平方公里。1976 年动工兴建，1979 年 5 月建成受益。枢纽工程由大坝、大桥、水轮泵站、电站、船闸、坝下排灌管道组成，装有 3580－8 型水轮泵 10 台，其中右岸高扬程 9 台、左岸低扬程 1 台。烽火乡的将军村、陈家河村、花果村、陈仪村、分水村、兰田村、李家坪村、双龙村、烽火村、农林村、花园村、农泉村、藕池村、五星村、银河村、真武村、先锋村等 18 个村的 1.6 万亩农田受益。现有灌渠 3 条、27.123 公里。1992～1995 年国家以工代赈投资 65 万元，维修水轮泵 10 台、活动大坝翻倒闸门 10 块，配套尾水检修钢闸门一块，新添启闭机 1 台。

三、农田改造

1964 年冬，县委、县人民委员会派水利局工作组进驻珠日公社雨台大队办农田改造示范点，组织全大队社员挖深加高山塘和建设农田“三渠（排洪、排浸、排灌小渠）一吉”的田间灌排工程，建立高水高排、低水低排、排灌分家、各立门户的大田灌排管理体系，对全大队 120 多口小山塘全面挖深加高以增加蓄水量。1965 年元月，县委在此召开现场会，推介他们的经验。现场会后，各公社党委的农业基点队都参照执行，有文家、陈二、望城、柏枝等公社开展农田改造工程。文家公社大观大队晚稻收割后组织 650 人，投工 5.85 万个，开挖排洪渠 50 条约 4 万米多，开挖灌渠，排浸渠 20 条 7.5 万米，初步解除山洪、冷浸、串漫灌三水的危害。陈二公社组织 200 劳力、投工 0.8 万个，在陈二大队祝家咀生产队平整土地 191 亩、并全部建成“三渠一吉”田间灌排工程。望城公社九姊大队姚弯生产队和柏枝公社柏枝大队张家冲生产队的 400 亩水田也先后进行了同类型的整治。1969 年 3 月，经县革命委员会批准，组织水利技术人员着手规划澧北田园化建设方案：（1）彻底废除原有排灌渠系，改为南北、东西方向布局；（2）填平澹水、索水改为农田耕种；（3）修建 8 条干渠、1 条支渠，南北相距 1000 米、东西相距 2500 米，横直修 19 条渠线，并把粮区水田整形 8 亩一丘、棉区 16 亩一丘，整个平原构成 49 个大网格，490 个小网格；（4）所有不在规划线上的农舍、场房统一搬迁到规划线上。9 月县革命委员会批准规划方案并实施，澧北四社除保证上足青山、官亭水库 6000 劳力外，仍集中 3.11 万劳力大搞田园化工程。1969 年冬完成了九里至合口、官亭至九里、新安至官亭等三条公路和北干、东干两条渠道的开挖。1970～1974 年完成 3 条干渠、8 条支渠及部分斗渠的整修，搬迁了全部农舍。1977 年春，填平了血吸虫疫源一索水、澹水两河。澧北田园化历时 8 年，先后完成干渠 8 条 62.6 公里，支渠 8 条 65.6 公里，斗渠 40 条 195 公里，小型排渠 11 条 37.8 公里，公路 5 条 39.7 公里，机耕路 6 条 57.6 公里，板车道 40 条 195 公里，各类涵桥附属建筑物 1067 处，平整土地 50007 亩，搬建农舍 12.24 万间，移动石方 1121.1 万立方米，干砌石方 9800 立方米，浆砌石方 47400 立方米，砼及钢筋砼 2800 立方米，投工 1317.77 万个。共投资 1270.92 万元，其中国家投资 64 万元，灌区水费 62.8 万元，官亭水库投资 14.37 万元，群众投劳及集资 1129.75 万元。耗用水泥 3250 吨，钢材 88.2 吨，炸药 17.50 吨，木材 206 立方米，每亩投工 131.7 个，每亩平均费用 127.1 元。澧北平原之外的九里、官亭等山丘区社队亦依山之向开展了北干渠开挖，使部分山洪排往涔水。樟树河裁弯改直，把洪水导流入官亭水库，改善了防冲刷、防渍涝条件。

1973 年，县委组建县农田基本建设指挥部，规划协调指挥全县农田基本建设工作。是年，中共常德地委工作组投资支持珠日公社荷花大队唐二铺生产队改善农田 120 亩，开挖 1500 米排洪和排浸沟各 1 条。1974 年冬余市公社双溪大队组织 200 劳力，帮助新巷生产队在 80 亩水田中建起“三渠一吉”并按 2 亩一丘进行平整。1977 年冬又在湖堰大队进行千亩田园化建设，动员劳力 5000 余人，投工 30 万个，按照渠成网、田成方的规划要求，农田丘块都建成 2.2～2.4 亩的规格，并开挖排灌渠 16 条 2 万米～3 万米，拱式浆砌暗渠 2 条 3000 米，填平关沟、鲁家、青龙等 3 条老沟，重建灌排体系。是年全县共建起稳产高产田 6.5 万亩。1979 年，全县又开展深沟抬田以降低地下水位的农田改造，柏枝公社荷花大队前进生产队挖 4 条长 2500 米、深 1.5 米的撇洪排浸渠，使水稻产量得到提高。1980 年官亭公社俄井大队在三条大溶内的两边各开一条深 1.5 米，宽 2.5 米、长 1500 米的排浸渠，并绕山顺势挖拦洪渠，实现深沟抬田、灌排分家。1981 年全县共投工 120 万个，移动土石方 170 万立方米，开挖排灌渠道 16785 条 135 万米，使 10.5 万亩次生潜育农田，冷浸水、渍水、串漫灌水状况得到较好改善。1982 年家庭联产承包后，未再进行大规模的农田改造活动。

1996 年起，县农业综合开发采取以工代赈、冬季开发、国资改造、民办公助等投资启动方式，以澧北澧阳平原为突破点，先后在柏枝乡、烽火乡、佘市桥镇、陈二乡、四新岗镇、望城乡、安福镇对田间排灌渠道分期分批进行改造配套和硬化。到 2006 年止，共建 U 型砼排浇渠道 130 公里，田间排浸、拦洪渠道 720 公里，机耕道 20 公里，平整土地 2.5 万亩。

1998～2006 年，全县农业综合开发项目共投入资金 4879.5 万元，其中群众集资 1323.5 万元，财政无偿资金 3436 万元，其他资金 120 万元。累计改造中低产田 13.15 万亩，新修、改造渠道 318.38 公里，建设机耕路 134.38 公里，附属建筑物达 4847 处。农业综合开发项目区农民人均总收入明显高于非项目区，农民人均纯收入比全县平均高 205 元。见《临澧县 1998～2006 年农业综合开发实施情况表》（表 12—3—13）、《临澧县 1998～2006 年农用开发资金统计表》（表 12—3—14）。

表 12—3—13　　临澧县 1998～2006 年农业综合开发实施情况表

单位：万亩、千米、处

年　份	所在乡镇	治理面积	渠道建设		机耕路建设	附属建筑物
			现浇渠	U 型渠		
1998～2000	合口镇　柏枝乡	6. 25	45. 57	87. 07	33. 3	4561
2001	合口镇　城关镇	1. 3	10. 2	24. 2	7. 63	43
2002	合口镇　新安镇	1. 1	15. 07	28. 97	29. 64	47
2003	佘市桥镇	1. 0	16. 23	20. 0	16. 37	63
2004	合口镇　安福镇	1. 0	7. 68	9. 3	26. 49	40
2005	新安镇	1. 0	9. 6	6. 9	10. 0	22
2006	新安镇　官亭乡　九里乡	1. 5	17. 07	20. 52	10. 95	71
合　计		13. 15	121. 42	196. 96	134. 38	4847

表 12—3—14　　临澧县 1998～2006 年农用开发资金统计表

单位：万元

年　份	合计	项目数				总投资				
		小计	农田	开发	其他	小计	扶持资金	用工数	用工折款	其他
1998	1			1		433	243	66000	130	60
1999	2			2		609. 5	357	97700	192. 5	60
2000	1			1		418	331	44000	87	
2001	1			1		471	366	53000	105	
2002	1			1		494	391	52000	103	
2003	1			1		653	505	56000	148	
2004	1			1		489	334	58000	155	
2005	1			1		501	337	54000	164	
2006	1			1		811	572	83000	239	
合　计	10			10		4879.5	3436	563700	1323.5	120

四、 洪涝灾害防灾

（一）防汛物资储备

新中国成立以来，为抗御洪涝灾害，从1950年开始，建立防汛物资储备制度。县级和乡级水电机构储备草袋、编织袋、编织布、麻袋、铁丝等应急物资，水库储备防汛的砂石，堤垸保垸规定地段储备防汛砂石、木桩等应急自救物资，船只2艘以上。据统计，20世纪50年代每年防汛物资储备金额15万元左右，60年代每年防汛物资储备金额25万元左右，70年每年防汛物资储备金额50万元左右，80年代每年防汛物资储备金额90万元左右，90年代每年防汛物资储备金额110万元左右，21世纪后每年防汛物资储备金额达150万元以上。如2006年全县防汛物资储备：砂石3.64万立方米，其中堤垸2.2万立方米，水库1.44万立方米。编织袋2122万条，编织布0.29万平方米，麻袋0.88万条，机动船2艘，桩木90.5立方米，铅丝1吨，共计价值达195万元。

（二）制订应急预案

防汛目标

遇建国以来最高洪水加六级大风，确保新合垸安全；在确保水位内，确保一般堤垸不溃垸。

遇特大暴雨洪水确保中小型水库不垮坝。

遇特大干旱确保人民群众基本生活用水需要。

防洪水预案

澧水流量达到15000立方米/秒时，全县进入防汛紧急状态。

澧水流量达到15000～17500立方米/秒时，道水达保证水位时的度汛预案：

当青山垸吴家场水位达到确保水位55.0米，且预报水位继续上涨，及时组织垸内居民疏散转移。

当洞坪垸青山主坝下水位达到确保水位52.6米，且预报水位继续上涨，及时组织垸内居民疏散转移。

当山洲垸十四组水位达到确保水位50.0米，且预报水位继续上涨，及时组织垸内居民疏散转移。

当道水金宝滩水位达到确保水位52.0米，且预报水位继续上涨，有计划地组织安福地区部分单位和居民疏散转移。

当烽火垸烽火河坝水位达到确保水位45.2米，且预报水位继续上涨，及时组织垸内村民疏散转移。

澧水流量17500～20000立方米/秒时的度汛预案：

当北干渠水位离渠顶0.5米并威胁渠堤安全时，新合垸北一撇东干分水闸迅速打开闸门泄洪。

当合口向阳闸外河水位达49.5米时，北三撇迎春闸开闸分洪。

官亭水库，当水库溢洪道下泄流量达120立方米/秒时，水库水位继续上涨时，掘开南撇西堤进行分洪，通过蔡家溪撇入澧水。

合口镇城区有可能被淹，澧水一线大堤出现溃垸性险情时，将实施内堤防守方案：

当北一撇排入东干的洪水危及合口镇城区安全时，调集九里乡1000人及合口镇、官亭乡各500人在九合公路抢修子堤。

当澧水在张公庙以下溃口时，在县境内加三线设防，用编织袋加高子堤；当澧水向阳闸至张公庙区间溃口时，在九合公路抢修子堤。

抢修劳力调集：澧北2000人，其中九里乡1000人，官亭乡、合口镇各500人；澧南5000人，其中修梅镇、杨板乡各700人，陈二乡、文家乡、佘市桥镇、安福镇、四新岗镇、柏枝乡各600人。

当207国道停弦渡镇白虎山路段被淹时，由修梅镇调集500人加高路面，确保抢险劳力及物资运输畅通。

澧水流量超过20000立方米/秒时的渡汛预案：

当合口向阳闸水位超过51.96米，澧水一线大堤出现特大险情，且预报水位继续上涨，在全力组织抗保的同时，按预案做好合口镇及总干以南村民、新安镇及索水河沿线村民向总干以北疏散转移的准备。

五、重大旱涝灾害减灾

1954年重特大洪涝灾害减灾

5～7月，长江中下游地区共有12次降雨过程，累计降雨量在1200毫米以上。其中6月中旬至7月5次暴雨，长江南侧沅江、澧水流域的雨量在500毫米以上，长江水位陡涨，直逼洞庭湖，堤垸渍水无以排出。7月22日澧水三江口流量达14500立方米/秒，洪涝灾害冲垮堰塘、损坏房屋，农作物受灾。灾害发生后，县委、县政府多次召开紧急会议，调集500多名县乡级干部指挥抗灾救灾，全县共组织25.4万人（次）抗洪抢险。7月上旬，地委书记孙云英、专员赵玉平和副专员陈采夫等领导指挥防洪抢险，组织大批劳力，从水中打捞已经成熟稻谷20余吨，组织民运船210只（次），渡运灾民3.5万人，安置灾民1.1万人。灾害稳定后，组织群众堵口排渍，恢复堤垸21处，堰塘1210处，排灌渠11.8公里，并组织抢收抢种。调运芝麻、棉花、马铃薯、绿肥等种子3.5吨，供应农具1.5万件，发动灾民开展捕鱼、打草鞋、纺织，并做好灾区防疫工作。

1959～1961年连续重特大干旱洪涝灾害减灾

1959年6月发生洪涝灾害，7月1日至10月4日发生百日大旱。从7月2日起，县、社组织7800名干部深入抗旱第一线，利用盆、桶、水车等各种提水工具315万台件，抽水机112台用于抗旱，减少干旱灾害造成的损失。

1960年春夏低温阴雨，发生夏秋连旱近3个月，县、社组织7000名干部帮助各大队、组利用桶、水车等人力工具350多万件，抽水机121台进行抗旱保生产。

1961年春遭受多次寒潮侵袭，从夏至秋发生百日大旱。全县利用桶、水车360万件，抽水机123台抗旱。降低干旱灾害对粮食、棉花等农作物的损失。

1972年重特大干旱灾害减灾

6～9月连旱84天，道水断流，澧水流量由450立方米/秒降到34立方米/秒。全县92处中小水库和26500处塘坝全部干涸。人畜吃水靠打井挖泉，山上树木干死无数。经地委、县委决定，8月28日关闭水轮泵，在县内调集192台动力（3320马力），24台电机（1600千瓦），地区支援17台（565马力）分三级提水，开机4天，耗资22万元，因脱离实际，收效甚微。

1980年重特大洪涝灾害减灾

5月30日至8月5日，发生了五次特大暴雨灾害。澧水5次洪峰都超过1.3万立方米/秒，8月2日达到1.85万立方米/秒，洞坪垸、山洲垸、童洲垸、关山垸、复船垸溃决。

抗灾救灾：灾害发生后，县委9名常委带领6名部办委负责人和40多名干部到受灾的乡镇指挥抗灾救灾。全县五次洪峰共组织抗洪抢险人员78.33万人（次），用于抢险木材309立方米，炸药16.3吨，钢材68.9吨，铝钉0.95吨，铝丝3.1吨，楠竹5600根，原麻24000公斤，麻袋8980个，草袋3.1万条，汽油4.05吨，煤油9.75吨，调用车船387台（次），棉被182条，篾件7.55万件，砂石5130立方米。

生产自救：灾害稳定后，省委书记毛致用、省长孙国治等省委主要领导，亲临重灾社、队视察灾情，8月5日和11日，省委、省政府组织省直机关单位的厅、局长来临澧对口支援。新安公社的上坪、下坪、沮阳、潘台、化垱、高兴大队，停弦渡公社的山洲、童洲、关山、复船，新合公社的黄陵、芭茅、兴隆、群丰、管渡大队，杉板公社的青山、坪山、彭家河等大队，援助20.2万资金和物资帮助灾区恢复生产，重建家园。县委确定由3名常委专抓救灾和生产自救，抽调6个科局级负责人组成工作组，帮助乡镇生产自救。（1）安排社员生活粮，保证每人每天1斤米标准。（2）解决建房竹木和资金。县里按照分期分批重建住房能避风雨过冬的要求，对损坏和全倒房户补助木材指标6300立方米，楠竹30万根，按国家标准救济。（3）抓好灾后生产。对重灾区的晚稻、秋荞、蔬菜和春季粮油实行责任到户、联产超高抵作口粮，超产奖励的责任制，有力地促进生产自救，灾民的吃、穿、住等基本生活条件得到了保障。

1989年重特大洪涝灾害减灾

9月2日，境内普降特大暴雨，发生特大洪涝灾害，当日上午7时向全县发出了防汛紧急动员令，奋起抗灾救灾。

应急指挥：由23名县级领导，64名部、办、局领导，并抽调县直干部128名，组成17个防汛救灾工作组和3个巡回检查组，于上午9时前全部到岗到位，指挥抗灾救灾。乡镇党政领导、政府工作人员，除留守值班人员外，迅速投入防汛抢险第一线，分点抗救、就地抗救。县委书记夏绍春、副县长唐生孝，上午8时冒险乘船渡过澧水，奔赴澧北4个乡镇现场指挥抗灾救灾。县长李文耀坐镇防汛指挥部，精心调度，通盘指挥。上午9时，道水迅速上涨，城关地区四季红居委会、下河街居委会居民被水围困。情况紧急，副县长刘德亮、詹明得知情况后，当即赶赴现场，急调船 3 只，救出被困群众 100 多人。县副食品公司 30 万元商品被淹，从 9 月 2 日 6 时至 9 月 3 日 8 时，全公司 150 名干部职工忍饥挨饿，奋战一天，救出 20 多万元的商品。

合力抗灾：在抗灾工作中，全县抽调各类车辆 4756 台，大小船只 58 只，紧急组织汽油 3 吨、柴油 15 吨、木材 250 立方米，动用草袋、麻袋、编织袋 807 万条，麻索 1.2 万副，沙卵石 3400 多立方米投入抗救。9 月 2 日防汛危急令发布后，粮食、供销部门紧急调运麻袋、草袋等抗灾物资以及大米、糕点等生活食品。电力部门保证电力供应和用电安全。邮电部门确保通信畅通无阻。公安部门出动干警上街巡逻，保护重点区域，维护社会治安。石油公司实行日夜加班保证抗灾急需用油。县、乡两级单位车辆全部投入抗灾，保证随时调用。停弦渡镇的山洲垸、关山堤垸，因洪水外压，全镇内渍严重，对此全县集中 21 台汽车，动用麻袋、编织袋、草袋 1.5 万条，花篓 450 担，木材 34 立方米，麻索 800 多副，木船 12 只，沙卵石 600 多方，运抵防汛一线，确保抗灾急需。全县共投入劳力 6.3 万多人（次），其中国家干部 1100 名，共产党员 16800 名，共青团员 14500 名，民兵 2.5 万人，排除险情 21 处，转移被困群众 3.8 万人，抢修水利工程 105 处。9 月 2 日 5 时，由于山洪暴发，文家乡浮山水库渡槽青山南干渠冲垮渠道 13 米 2200 多立方，决口大水猛冲浮山水库大坝，严重威胁水库及下游村民安全。文家乡党委政府领导与县委副书记段国祥共同研究方案，紧急动员 800 名劳力抢险，并急调手扶车 15 台、卡车 5 台、麻袋 2500 条、沙卵石 140 方用于抢险，直至 18 时险情排除。县商业局所属企业受淹库房 3000 平方米，受淹办公室、宿舍等 1000 平方米，受淹商品 70 多万元。该局发挥主人翁精神，集中干部 1000 多人、车辆 12 台、抽调青年职工 240 人组成抢险机动分队，救出商品 40 多万元。

1991 年重特大洪涝灾害减灾

7 月 1～11 日，澧水流域普降大到暴雨，澧水从 7 月 5～9 日发生三次大洪峰，道水超历史最高水位，境内发生特大洪涝灾害。

科学部署：7 月 3 日，接到市汛情通报后，县委、县政府立即召开全县乡镇长抗洪紧急会议，县防汛指挥部发出了抗灾紧急动员令，要求各级领导、防汛队伍、救灾物资迅速到位，一切服从于抗洪抢险。全县共集中 23 名县级领导，121 名部、委、办、局负责人，1528 名乡村干部，全力投入抗洪抢险。县长李大伦不顾腰痛病发作，立即坐镇防汛指挥部，与其他成员通宵达旦指挥全县抗洪战斗，并根据抗大洪、抗长洪的要求和县汛期发展趋势，果断决定，提出了保大堤、保水库、保人民生命财产安全的“三保”方针，并按这一方针配套了一系列抗救措施。全县 890 名党政干部深入抗洪抢险第一线，实行定点包工程；分段定责任；现场指挥加强防守。县委书记王孝忠带领县政法委、县委办、县计委、财委等部门负责人赶赴合口镇，连续 10 天战斗在抗洪前线，现场指挥澧水沿线的抗洪抢险战斗，有效地控制了多处险情，确保了大堤安全。7 月 6 日下午，澧水水位迅速上涨，出现了历史上最大洪峰。新安洞坪垸、停弦山洲垸险象环生，危在旦夕。县指挥部迅速增派了 5 名县级领导，和当地党政领导一起，临阵指挥战斗，亲自带领广大干部、群众抢险、除险。特别是洞坪垸只差 0.2 米漫堤，在市防汛指挥部已下达人员撤离通知的危急情况下，县、乡党政领导身先士卒，日夜带领群众抢修子堤，压脚护坡，打桩固堤，死死保住了大堤，使垸内的 2400 多户、7000 多人免遭溃垸之灾，夺取了抗御历史特大洪峰的胜利。

抗洪抢险：在抗灾救灾中，全县集中 6.6 万名党员、团员、青年、民兵及水利工程技术人员投入抗洪抢险。发挥党员、团员的骨干作用。那里有险情，哪里就有党、团员冲锋在前，1700 多名党员抢先加入抢险小分队，10 天 10 夜战斗在抢险第一线，转移被水围困群众10368人，堵住洪水决口210多处。发挥青年、民兵的突击作用。全县组织了2.4万名青年、民兵组成的抗洪抢险突击队，把守防洪大堤，加固险堤险段，抢修子堤，帮助群众转移，共抢修子堤3.4公里，护堤3.2公里，移动土石方2.8万立方米。全县各级各部门优先供给抗救物资、优先提供抢险器材、优先供应抗灾用油、优先调度抗灾用电。全县共调用抗灾油料100多吨，集中车辆600多台，船只120多艘，木材160多立方米，麻草袋5.2万条，调运沙卵石1.3万方，出动内燃机、电动机516台，优先调度电力7.5万瓩/小时，集中救生圈、轮胎5000只，食品5吨，粮食150吨，土箕、扁担7.5万件，确保抢险急需。地处道水河下游的烽火乡，上临山洪袭击，下受澧水顶托，水位迅速提高到45米，超过历史最高水位0.7米，该乡8个村的1万多名群众曾一度被洪水围困，为解救遇险群众，县、乡两级集中大小船只40多艘，集中木材40立方米，集中救灾器材500多件，集中食品1000公斤，及时转移群众脱险。

县水电局及时掌握雨情、水情、灾情，为领导提供决策服务，发挥技术骨干的主导作用。全县水利战线200多名干部、职工全力以赴投入抗洪抢险。40多名水利工程技术人员组成18个技术抢险组，分赴各险区、险段、险点当参谋，定方案，具体指导抗洪抢险，协助乡镇处险排险48处，消除工程隐患17处。当澧水水位超过历史最高水位时，停弦渡山洲垸4900多米防洪大堤出现涵闸穿眼、堤身裂缝、滑坡等20多处险情，2700米间堤开始漫水，在面临溃垸的情况下，水电局集中技术骨干，深入现场指挥，连续作战两天两夜，采取固脚还坡、开槽回填、外堵内平压等技术措施，保住了大堤，使山洲垸5200亩农作物未遭受溃垸之灾。县公安局、县人民武装部做到哪里有险情，哪里就有公安干警和民兵。县农机局、供销社、物资局、粮食局及时组织防汛器材。县交通局及时调度车辆、船只。县商业局、供销社及时组织救灾食品和救灾器材。县粮食局、县民政局为重灾区及时安排粮食供应和灾民生活。县电力局优先调度电力，保证抗灾。县气象局及时做好汛期气象服务。县卫生部门深入灾区，认真开展防病治病工作。在抗灾工作中，县直各部门严格值班制度，服从县防汛指挥部人员和物资调度，保证抗洪抢险的顺利进行。7月9日，道水金宝滩河堤处水位达到51.8米时，一处20米险段出现漫顶滑坡，危及县城。当指挥部发出抢险命令后，县直部门紧密配合，10多个部门负责人迅速赶赴现场，参加抢险决策指挥。县粮食局及时调运麻袋，农机局迅速组织车辆，抢运抢险物资，望城乡政府及时组织400名抗洪人员进行抢险。由于各方配合，使这一险情得以排除。是年，烽火乡政府、县公安局、县农机局、县交通局、县商业局、县粮食局、县水电局、县民政局、杉板粮管站、停弦渡日陶厂、望城乡望城村党支部、新安镇水电站、合口镇水电站、九里乡太平村党支部被评为抗洪抢险先进单位。

1993年重特大洪涝灾害减灾

7月23日下午澧水流域普降大到暴雨，7月26日道水水位急剧上涨，发生重特大洪涝灾害。

全力抗灾：7月23日14时，县防汛指挥部根据市防汛紧急电话会精神，迅速召开部、办、委、局负责人会，利用有线电视由县委副书记梁宋模向全县发布紧急抗洪救灾命令，通过电话向各乡镇下达紧急通知，要求做到“三个迅速、一个确保”，即：领导迅速到位、劳力迅速上阵、物资迅速调运、千方百计确保人民生命财产安全。连夜，县直部门、各乡镇实现24小时轮流值班制度，全体县级领导联系到乡镇，300多名部门负责人及水电技术人员深入抗洪抢险第一线，全县上劳力4万多人，投入抗洪战斗。集中各级领导干部1000多人，其中，县级领导25名，科（局）级干部300多名，技术干部100多名，乡镇国家干部420人，深入抗洪抢险第一线，并层层落实防汛抗洪责任制。县委书记李大伦，正在长沙开会，接到汛情报告后，马上驱车赶回，24日凌晨赶到险情严重的烽火堤垸指挥抗灾。县长刘春林带领三名县级领导巡回澧水沿线四个乡镇，坐镇澧水大堤，现场调运麻袋5000条、棉絮100床、船只2艘、车辆170多台投入抢险战斗。县委副书记周文清，24日1时许，前往停弦渡镇指挥抗洪抢险，因停氮公路被水淹隔断，绕道修梅镇简易公路，屡遭险阻，最后弃车步行8公里及时赶到停弦渡镇关山垸、童洲垸。副县长张方才，大病未愈，仍日夜坚守县防汛指挥部，科学调度，精心指挥。

全线防守：洪涝灾害发生后，县直所有部门单位的交通工具，一律在机关待命，服从县防汛指挥部调派。县水电局60多名干部职工夜以继日投入抗洪战斗。县公安部门出动干警170多人维持城镇秩序和上堤参加抢险。县交警部门组织力量，在207国道关山垸段，疏导车辆，防止关山垸溃决造成更大损失。县农机监理部门出动监理人员，上路组织手扶拖拉机20多台，送物资到烽火参加抢险。县粮食局、棉麻公司、木材公司等单位，按要求及时将防汛器材送往指定地点。县邮电部门确保电话线路畅通，并为县防汛指挥部新增1部电话机，派出技术人员在县防汛指挥部值班。在抗灾救灾工作中，为确保各类水利设施安全渡汛和人民生命财产安全，集中车辆1200辆，紧急调运麻、草袋2.3万条，砂、卵、块石1000多方。全县采取全线防守，重点突出澧水和道水下游的抗洪重点。道水烽火堤垸1991年建成后，首次经受大水考验，接连3处出现险情。面对严峻形势，县委书记李大伦、县委副书记王宏忠等坐镇指挥，日夜巡视在堤垸，组织劳力2000多人，突击加固堤垸，并组织照明器材，全面做好夜晚抢险的各项准备。洞坪垸四面被洪水围困，堤垸8处共400多米出现翻砂鼓水，县、镇两级干部，指挥抢险队伍1100多人，移动土石方2000多方，加固培厚大堤，县指挥部组织小型车队，送去胶管等物资，支援抢险。23日20时30分，停弦渡关山垸出现险情，断堤下游大当口处有3米出现漏水，其中2处集中渗漏，县、镇两级共组织干部20多人，劳力300多人，采取一切办法，积极抢险，终因水位高、流量大、属新堤等原因，于22点48分决口溃垸。

1998年重特大洪涝灾害减灾

6月22日至7月24日长江流域普降特大暴雨，境内6月22～24日，7月20～24日发生两次强降雨过程，6月24日至7月24日16时道水、澧水处于高水位运行，发生重特大洪涝灾害。

科学指挥：汛前，在全县范围内按防1954年重特大洪水进行思想发动，按照抗50年重特大洪水的要求落实一切准备。6月22日发生汛情，负责包乡镇的县级领导和县直单位下到各自责任区，加强现场防汛指挥调度。7月23日洪涝灾害发生后，全县各级各地立即行动，按照抵御1954年重特大洪水的预案开展工作。县、乡镇防汛指挥部根据雨情和水情的不断变化和发展趋势，强化调度。7月中旬，县指挥部根据水库蓄水情况，果断决策，命令全县所有达防汛水位的水库开闸泄洪，超前搞好预泄腾空，为迎战“7·23”暴雨山洪减轻了压力。7月22日19时，县委视汛情发展，迅速调集20多名公安干警和50多名县直副科级干部，赴洞坪垸、山洲垸实行强制转移，在溃垸20多小时前全部将居民安全转移。在抗洪抢险中，全县共调度劳力5万余人，紧急调运砂卵石1.8万立方米，编织袋30万余条，车辆1000多台次，船只300多艘（次），紧急转移安置群众2.3万余人。

严防死守：当澧水出现19900立方米/秒高洪时，为确保新合垸安全，全县组织10多名县级领导，县直单位抽调400多名干部职工参加防守。新安镇、合口镇调动上万名劳力驻守大堤，沿堤12公里防洪大堤，每公里有一名县级领导，每百米有一名科级干部，每米有一名劳力。杉板乡组织数千名干部群众在青山垸昼夜坚守，及时排除多处重大险情，保住了堤院。关山垸、山洲垸、洞坪垸、烽火垸虽然最终因受设计防洪标准的影响而漫溃，但挑战了极限。杨板乡、柏枝乡、太平经济开发区等单位在水库出险后，及时采取建子堤、压砂石、开导流渠等有效措施，保证堤垸和水库安全度汛。

在抗御超历史的特大洪灾中，全县水利设施共发生险情58处，其中重大险情30处。

7月22日，修梅镇沃沙溪水库坝脚出孔，四处管涌，用砂卵石压浸导渗，24小时内排除险情。

7月22日，杨板乡张吉垱水库外坡鼓包面积达60平方米，紧急采取开沟导流，稳定了险情。

7月23日8时，新合垸高家挡段排渠200多平方米范围内翻砂鼓水严重，合口镇立即调用砂卵石压浸抢险，排除了险情。同日，新安镇油毡厂段长达800米大堤发生严重翻砂鼓水，新安镇紧急调运900多方砂卵石，全线压浸，控制了险情。

7月23日，青山垸大堤穿孔，直径达20公分，冒水严重，县防汛指挥部急调油布3床，采用砂卵石装袋围井平压，控制险情。

7月23日，杨板乡邓龙水库大坝出险，县指挥部火速调集木材、油布前往抢护，控制了险情。

7月23日，柏枝乡长弯水库大坝左端涵管散浸，采取开导渗沟，排除了险情。

7月23日，太平开发区双合水库大坝坝脚软化，漏水十分严重，速调中太化纤制品公司百名员工赴水库填压砂卵石，经24小时奋战，控制了险情。

7月28日，太浮镇龙口峪水库涵管穿眼，出水流量达6立方米/秒，因当时水库水位较高，无法实施抢堵，后待水位降到涵管以下，用砼堵塞穿眼，根除了隐患。

全力抗灾：水电系统干部职工全力以赴，投入抗洪救灾。公安、法院、检察等部门出动大批警力，鏖战抗洪一线。县民政局、县供销社、县商业局等部门及时组织价值7万元的生活物资分发到灾民。青山管理局主动接纳安置新安灾民3000多人，并调水泥30吨、编织袋3000条，帮助青山垸抗洪。县卫生部门组织20多名医务人员下到灾区防病治病，发放药品价值达4万多元。县粮食局、县交通局积极组织车辆、船只，全力调送抢险物资。县电力局、县邮电局等部门加强调度，保证了电力、通信畅通。

2001年重特大干旱灾害减灾

7～9月，久旱不雨，发生重特大干旱灾害。7月份以来，旱情不断发展，县、乡（镇）领导召开抗旱会议，部署抗旱工作。县级领导下到各自联系乡镇，指挥抗旱，全县组织83个县直部门的1180名干部深入农村第一线指导抗旱。7月中旬，县委召开常委扩大会议，要求各乡镇和县直单位的主要领导在抗旱期间不得外出，集中精力抗旱。具体措施：

严管水源：强化水源管理，实行行政领导负责制。县委、县政府确定：县委副书记张方才主管青山灌区水源调度，青山工程实行压水发电，保提水直灌，优先把水送到江家坡以南地区。副县长刘开新主管官亭灌区水源调度，官亭灌区划分三大区域，严格配水制度。余下3座中型水库由县抗旱指挥部副指挥长调度，151座小Ⅱ型以上水库由所在乡镇的党政主要负责人调度。开辟新的水源。全县拦河筑堤138处，寻找开挖地下水源285处，设立了两个炮点实施人工降雨，共作业18次，发射碘化银人工降雨弹333发，陈二乡炮点累计降雨63.6毫米，官亭乡炮点累计降雨98.7毫米，一定程度缓解了局部旱情。实施水源余缺调剂。县里从浮山水库给陈二乡、四新岗镇调水100万方，各乡镇因地制宜进行调水、配水抗旱。

全民抗旱：全县坚持先活水后死水、先远水后近水、先低水后高水、先塘水坝水后水库水的抗旱原则。统筹兼顾，科学调度，小水抗大旱。全县日出动抗旱劳动力5万多人，各类抗旱机具1.2万台套，共开启固定机埠212处6420千瓦，架设临时机埠1883处2670千瓦投入抗旱。县水电局32名技术干部分别下到各乡镇，协助乡镇制定和落实抗旱方案。青山水轮泵站按照县委、县政府停止发电、保证提水的要求，实行满负荷提水，其中七月份提水达1500多万方。县农机局组织技术人员分成4个机修小分队，共为基层整修抗旱机具250多台套。此外，县委驻各乡镇农业结构调整工作队和后盾单位视抗旱为己任，积极支持物资和资金，帮助乡、村抗旱自救。从7月24日开始，按照市防汛指挥部的要求，开启总干引水闸，从青山副坝向总干引水，支援澧县抗旱。

2003年重特大洪涝灾害减灾

2003年7月7～11日，境内发生重特大洪涝灾害。

制订预案：是年5月，县政府召开修订自然灾害应急预案会议，全县18个乡镇（区）人民政府，14个自然灾害管理部门，31个水灾易灾区的村（居）民委员会，按照自然灾害种类和重特大灾害的等级标准，修订重特大干旱灾害、洪涝灾害应急预案，制定应急响应的启动条件，完善抗灾救灾措施，并分送上级政府和相关灾害综合管理部门备案。7月7日，境内局部地区出现特大暴雨，最大降雨点九里3天降雨437.5毫米。根据县气象局此次降水将持续到11日前后的预报和市防汛指挥部指示，7月8日，县防汛指挥部发出切实做好迎战洪水的紧急通知：山丘区要把水库保安作为防汛重中之重，严格执行县防汛指挥部空库待蓄运用方案，确保各类水库安全。加强险工险段防守，尤其是6·26洪水发生的险情路段要安排专人守护，停氮公路堤段要落实应急措施。砂卵石、编织袋等主要防汛物资做好应急调运上堤的准备。制定预防山洪暴发的措施，防止暴雨山洪地质灾害。各级防汛指挥部坚持24小时值班。7月8日17时，县级领导和县直各单位，乡镇政府、村民委员会防汛抢险人员按灾害应急预案全部到位。

科学指挥：7月8日，县防汛指挥部办公室下发《关于加强夜间巡堤查险的紧急通知》。7月9日，县防汛指挥部下发《进一步加强防汛抗灾工作的紧急通知》，通知规定：(1) 全县全面进入防汛危急动员状态，各级领导按启动应急预案要求到岗到位，确保万无一失，确保不死1人。(2) 火速组织洞坪垸、山洲垸、关山垸、烽火垸的群众转移安置，19时前全部转移完毕。(3) 加强水库防守，确保不垮一库。(4) 落实重点水利设施防汛抢险预案。县防汛抗旱指挥部命令：新安镇、合口镇、停弦镇、杉板乡防汛指挥部，在7月9日19时以前，完成堤垸内群众转移任务。7月9日20时，县防汛指挥部组织79艘船只，携带救生衣和救生圈，在满溢洪水的各个境内进行拉网式援救未撤离群众。到11日凌晨，共出动船只300多次，解救群众580人。7月9日，临澧县委办公室、县政府办公室下发《关于切实做好防汛抗灾工作的紧急通知》，要求把防汛救灾工作作为压倒一切的工作，做到严阵以待，严防死守，对工作中失职的追究责任。

7月9日5时，新安镇向家大堰发生多处翻砂鼓水，经过3小时围堤压浸，险情得到化解。9时烽火大垸薛家穿堤涵管垮口严重漏水，65米长堤出现翻砂鼓水，县防汛指挥部迅速调集50多名劳力，经2小时抢险，控制了险情。10时30分，停弦渡镇白青公路姜家坡地段整体下滑塌方70多米，童洲6组地段大堤50米处有一口小井高冒水柱并带有细砂，停弦渡镇紧急调动500名劳力，4000斤稻谷，4套棉被和砂石进行填压，经过2小时奋战排除险情。13时20分，合口镇狮子佬段堤脚处发生大面积翻砂鼓水，经过200多名劳力昼夜奋战，10日2时基本排除险情。15时30分，关山境内开始浸溃。17时5分，官亭风兴水库大坝出现2处软体滑坡，经2小时抗救排除险情。20时，烽火陈家河段堤脚4处翻砂鼓水，县政府常务副县长杨华桥现场指挥，调集300名劳力，10台车辆和一艘船只进行抢险，随后又增加100名劳力，填砂压袋，2小时后排除险情。21时合口镇高家垱机埠发生大面积翻砂鼓水，并产生严重管涌，最大的管处离高堤脚不足50米，坚固水泥地面被涌出的水流泥沙挤压扭曲开裂。在临澧指挥防汛救灾的市委宣传部部长覃清香、市政协副主席文承保、市农业局局长周文清与县委书记吴友云、县长吴昂平共同决策，调集合口镇、杨板乡、城关镇3个乡镇600名抢险队员，同

100名市预备役官和20名驻临澧武警官兵进行抢险，经过30小时转运砂卵石1200立方米，开导流渠800米，于11日5时险情排除。23时，新安镇南撇河发生重大管涌，坚守防汛一线的县委副书记谭本仲与乡镇领导和群众一道组织排险。由于地形复杂，管涌难以确定，填砂石无效果。此时老党员熊承山跳入洪水中，摸清出水口位置，迅速用砂包填塞，经过1个多小时奋战，排除险情。7月10日5时30分，官亭水库灌区干渠闸口被水压坏，瞬间近10立方米/秒的洪水流向平原。县人大主任张方才与乡镇领导和水利技术人员商定，调木材4立方米，大米10吨，砂卵块石20立方米，预制板6块，麻袋400条，经过3小时奋战，堵住了闸口，排除了险情。14时，烽火垸将军分垸漫溃。

协同救灾：在这次抗击重特大洪涝灾害中，县水利局以防汛预案为依据，先后派出60多人次水利技术人员，指导排除大小险情200多起。县气象局实时监测雨情，及时报告降雨信息。县武装部组织800多民兵抢险，救护被困群众300多人，接待援临预备役团和澧县民兵舟桥连官兵，转移被洪水围困群众800多人。县公安局120名干警分赴重点乡镇带头抗洪抢险，维护治安、转移群众。县粮食局出动车辆100多台，及时调集大米31.5吨，菜子32吨，稻谷155吨，编织袋3.5万条，麻袋0.512万条，麻线550公斤，油布7床，并为灾民无偿支援大米30吨。县民政局为灾民调剂救灾帐篷160床，发放1.7万元救灾食品，送救济粮22吨，矿泉水0.6万件，食品0.15万件，衣被0.2万件（床），并及时核查灾情。县卫生局组织50多支医疗、防疫队，赶赴各灾区防病防疫，共治疗1.5万人次，防疫4.6万人次，转移安置1500人。县电力局人员日夜坚守工作岗位，保证防洪抢险供电，帮助灾区人民在洪水到来前抢拆电表，保证灾民返回家园后在72小时内供电。7月11日晚抗灾结束后，县委书记吴友云主持召开常委（扩大）会，专题研究抗洪救灾及灾后重建工作，迅速组织10万干部群众奋起救灾。7月13日，中共临澧县委办公室、临澧县人民政府办公室联合下发了关于切实做好抗灾救灾工作的紧急通知。7月16日，县委、县政府召开全县抗灾救灾动员大会，号召全县广大干群，一手抓灾民安置、生产自救，一手抓水毁工程恢复。掀起以恢复水毁工程为主的大干水利热潮，到11月底共投资350万元，恢复水毁工程46处。

第四节　农作物灾害防灾减灾

一、防灾体制

基础建设　新中国成立以来，县政府不断加强农作物灾害防灾工程基础设施。1985～1993年期间，县农业局先后修建行政办公楼、业务楼、综合楼、培训楼、植保植检站房以及其他配套设施共计3306.34平方米，修建大型仓库3栋共计1200平方米，机关及下辖各业务单位都配备了电脑、专业检测仪器等硬件设施，土肥站配备了土壤检测、土壤试验等全套设备，基本能满足全县农作物技术指导、科研培训以及防灾减灾工作的需要。

备灾防灾　新中国成立以来，县农业局将农业灾害的防灾减灾工作列入年度工作规划。在重特大灾害年份，农业局根据当年度灾害预测种类和灾害发生后的损失情况，制定农业灾害生产抗灾自救工作方案，指导灾区乡镇政府、基层组织和农民进行生产自救。2003年县政府制定《临澧县2003～2013年减灾规划》，确定全县农作物病虫害减灾，建成以县级病虫害测报站为主体、乡镇测报点为补充的农作物病虫害监测预警系统，结合气象资料，建立病虫害数据库和主要病虫害预报模型。通过建立病虫害综合防治体系，使综合防治面达90%以上。10年内完成绿化造林工程、水土保持工程、防汛抗旱工程目标，列入社会经济发展规划。

制订预案　根据《中华人民共和国农业法》，2002年制定《临澧县农业灾害应急预案》。2003年，县农业局制订《临澧县农业局农业灾害救灾应急预案》（临农〔2003〕9号），成立农业生产自救工作小组，县农业局局长任组长，分管业务副局长任副组长，由办公室、经作站、植保站、种子公司、农科所、原种场等20多个股室和二级机构负责人及农业专家30余人共计50多人组成生产自救专业队伍。制订了生产自救技术预案，包括组织劳力迅速清除农田明水和暗渍，清洗农作物叶片和扶正植株，有选择地追施速效肥特别是叶面肥，喷施对口农药防止洪涝灾害后伴发严重病虫危害。组织专家提供绝收农作物的改种、赶种、补种品种技术和培训方法。对已处于成熟期的农作物适时组织收割。制定农业生产自救的工作目标和工作重点，建立生产自救工作小组，负责组织生产自救物资。在灾害发生前，根据年度气象灾害的预报信息，收集农业生产资料的购销信息，特别是种子、农药、化肥的购销信息。在特殊条件下，预定采购、库存种子、农药、肥料等救灾物资，灾害发生后，能保证灾区救灾种子和物资的供应。

二、 病虫害防治

防治机构　新中国成立以来，建成以县植保植检站为主体，乡镇测报点为补充的农作物病虫害监测预警系统。结合气象资料，建立了病虫害数据库和主要病虫害预报模型。通过多年来的实践探索，农作物病虫害综合防治体系日趋成熟，配齐测报仪器和设备，提高测报技术人员业务素质，全县综合防治面积达到了90%以上，降低农作物病虫害损失。1958年成立县农作物病虫测报站，定编3名。1960年建立12个公社病虫测报站、108个大队情报点，1000个生产队设立了病虫害情报员，初步形成全县性的病虫测报网。1972年11月，县测报站搬迁至寒溪堰（望城公社寒溪大队境内）。是年9次培训186名公社植保员，各公社先后培训大队生产队植保员4～5次，全县各级共培训人员达1.2万人次。1975年，全县16个公社302个大队2290个生产队配备身体素质好、有一定文化和热爱植保工作的植保员，并颁发了《植保员聘请书》，植保员基本上达到了“四会”（会认病虫、会查病虫、会防治、会检查防治效果）标准。1979年，县病虫测报站改为县植保植检站，定编9名。20世纪80年代，临澧县被列为全国商品粮基地县，各乡镇修建农技站，配备植保专业人员。1984年农业病虫害测报范围由粮、棉、油等主产农作物，扩大到果、茶、烟、麻等经济作物。1985年至90年代中期，各乡镇成立农业技术推广站，负责本区域内病虫害测报联络工作，乡镇农技站负责人为农业局下派的农技干部和县植保植检站专业工作人员担任。1987年县植保植检站搬迁到梅溪（今安福镇梅溪村），修建办公楼、养虫室，添置了实验仪器设备，划定了试验田，负责全县的植物保护、病虫测报、防治指导和试验示范工作。90年代，植保新技术的推广力度加大，以新农药的推广为甚，站内确定专业人员从事新农药的推广，各乡镇农技站以经营农药创收，病虫防治工作相对弱化。90年代末期，乡镇农业技术站改制，工作人员进行分流，在岗人员也以经营为主，部分站房进行了拍卖，病虫害防灾减灾体系基本处于瘫痪状态。虽然县农作物病虫防治指挥部存在，但运行主体只有县植保植检站，负责全县病虫测报，指导各乡镇大面积防治病虫害，防治任务主要由乡镇分管农业的领导和农技干部按县植保植检站的技术要求督促完成。2000年以来，从中央到地方高度重视防灾减灾体系建设。2003年由省农业厅拨款对县植保植检站站房进行了改造，添置了电脑。2004年县植保植检站被定为全国农作物病虫害测报水稻测报监测点，植保站从经营收入中列支4万元添置了电脑、照相机、摄像机等器材。2005年投资1.2万元更换了监测点测报灯。

病虫测报　1953年开始防治农业病虫害，1957年逐步用煤汽灯进行诱虫观察，1964年由煤气灯改为200瓦电灯诱虫观察，1965年又增设一盏30瓦黑光灯诱虫观察。90年代后，病虫害测报防治主要由县植保植检站完成，有专职测报人员3～5人，主要采取灯下观察与田间调查、定点调查与大面积调查相结合的办法，为全县提供测报防治服务。90年代中后期到2005年，水稻病虫害测报主要采用200瓦白炽灯诱虫蛾，2006年改用频振式测报灯诱蛾。棉花测报一直沿用黑光灯诱蛾。

病虫防治 农作物任何一种病虫害如不及时组织防治，都可能成灾，造成农作物毁灭性损失。农业病虫害防治主要有六种方法：

法规防治：植物检疫就是根据国务院颁布的《植物检疫条例》，对植物进行强制性检疫，防止危害植物的危险性病、虫、杂草传播蔓延境内。

农业防治：主要采取选用抗性品种、推广健身栽培、合理施肥、科学管理、人工捕捉。

物理防治：新中国成立50多年来，境内先后采用黑光灯诱蛾、杨柳枝把诱蛾、种植油葵诱蛾、诱蛾灵制剂诱蛾、推广频振灯诱蛾等。

生物防治：20世纪60～70年代，采取金小蜂防治红铃虫。1986～1990年推广增产菌，井冈霉素一直用来防治水稻纹枯病，BT乳剂应用于水稻防虫。90年代提倡保护天敌。2000年采用核型多角体病毒防治棉铃虫。1996～2007年采用苏云金杆菌复配剂和阿维菌素复配剂用于防治水稻螟虫。

化学防治：化学防治是病虫害防治的主要措施，是农作物稳产的关键，化学农药随着科学技术发展，逐年更新换代，用量逐年增多。旱地化学除草，1985年开始用选择性除草剂，主要是防除禾木科杂草，先后使用了盖草能、禾草克、稳杀得、喹禾灵，使用面积逐年增加。1996年引进了防除阔叶杂草的高特克，价值昂贵，用量少。1997年推广的莱草净受温湿度的影响，不但效果差，而且药害严重，被淘汰。灭生性除草剂主要使用草甘磷，用量逐年增加，2000年50吨，2002年达200吨。进口的高浓度（41%）的农达占总用量的比例逐年缩小，2000年占50%，2002年只占28%。芽前除草剂禾耐斯有少量应用。水田化学除草逐渐被农民认可，90年代初开始推行，1997年使用面积占种植面积的比例达50%，2000年上升到75%，2002年达90%以上。移栽田主要使用苄·乙·甲（田草净、克草丹、精克草星），直播田主要使用二氯·苄，防治稗草主要使用二氯喹啉酸。

统防统治：20世纪80年代末至90年代中期，全省实行“五统一专”的综合防治，全县每年都做进行示范推广。1998年，临澧县被省植保植检站纳入水稻病虫统防统治，统一施药防治，统一科学管理。全县共组织18个机动防治队，县植保植检站培训机手128人，办了16个示范点，10.8万亩示范田，节省成本2.4万元，节省用工3.6万个，推广面积3万亩，节省成本20万元，节省用工6万个，该项目持续到2000年，全县水稻基本实行了统防统治。是年临澧县又被纳入农业部棉花病虫无害化统防技术开发项目县（全省4个县），由县植保植检站统一预测预报，统一开方配药，由机防队统一施药防治，统一科学管理，机动防治队员达1200人，机动喷雾器700多台，棉花统防8.2万亩，全程承包面积6万亩，全年用药12次，比非统防区减少用药3次，共节省成本151.2万元，每亩平均减少损失皮棉14.5公斤，共增效594.5万元。同时大面积使用高效低毒、低残留的农药，生态环境得到明显改善。

三、 重大农业灾害减灾

普及防灾知识 新中国成立以来，农业局根据各个不同历史时期的防灾减灾工作重点，每年根据灾情，利用电视、广播、网络等媒体宣传农业法律、法规，农作物防灾减灾政策。20世纪90年代末期以前，农作物病虫害防治以县植保植检站发布病虫情报为主，县政府召开乡镇分管农业的领导和农业站长会议进行部署，办点示范引导。从90年代末至今，结合病虫信息与植保技术进村入户“工程”，预报的渠道有：（1）广播电视预报。每年制作专栏4～6期在县电视台黄金时段播放 2～3 个月。（2）情报预报多方位进村。发放病虫情报到乡镇和村委会。（3）张贴病虫情报公告。每年 4～6 期，每期 1500 份。（4）印发防治通知单到户。每年印发 3～4 期病虫防治技术单入户，每期印发 4 万～10 万份。（5）开展病虫防治技术培训。每年培训人员 3000 多人次。（6）召开乡、村广播会。在每次病虫防治适期前和适期时，各乡镇、村都召开会议，传送病虫防治信息及防治技术。

在历次重大干旱、洪涝等灾害中，根据境内农业灾害的特点，结合灾害种类和等级、农业生产实际，编辑印发抗逆性较强、适应性较好的优质农作物种子信息资料，推介优良品种 1.1 万多种，普及 680 多种，提高防灾能力。历次灾害发生后，针对灾害发生的时间、特点和农作物品种，编辑印发灾后改种补种农作物的主要栽培技术资料到村到户，并适时组织技术培训，推广灾后作物种植新技术。县、乡政府加强领导，层层召开技术宣传会，乡镇出动宣传车进行宣传，指导灾民生产自救，落实各项补种、改种的技术。

重特大农业灾害：对农作物受灾评估失收 5 成以上地区，实施改种其他农作物的主要技术。主要粮食作物在 7 月 15 日前发生特大灾害的可改种倒种春；7 月 15 日以后发生的可改种其他生育期较短的旱粮作物。主要经济作物发生特大灾害后一般可改种生育期较短的玉米、黄豆、芝麻等经济作物。

重大农业灾害：对农作物受灾评估失收 4～5 成地区，实施补种技术。主要粮食作物处于苗期生长期的进行补苗、加强田间培管等；主要经济作物可在受损严重地块改种其他生育期较短、产量较高的农作物。对受灾的主要粮食及经济作物，根据作物长势情况加强田间培管。

一般农业灾害：对农作物受灾评估失收 4 成以下地区，大力加强作物灾后田间培管。农作物遭受洪涝灾害：（1）组织劳力对作物叶片进行清洗，改善作物光合能力。（2）开沟沥水，降低地下水位。（3）在灾后 3～7 天进行中耕松土，减轻土壤板结。（4）扶正倒伏作物，踩紧踏实，防根系损伤，摘除受损及腐烂叶片枝条。（5）追施速效肥，增强作物长势。（6）对灾后可能发生的流行病虫害进行综合防治。

干旱灾害发生后，及时组织劳力对受灾作物灌水抗旱，受灾作物田间要深中耕 5～7 厘米，减轻田间水分蒸发，喷施不易挥发的叶面肥或保叶剂等药肥。风灾、冰雹灾害发生后，及时扶正倒伏的受损作物，追施速效肥料。低温灾害天气发生时，及时对农作物进行培土壅蔸、对主杆进行包扎、薰烟堆，果园可灌水保温；及时摘（剪）除受冻枝条和叶片，追施以有机肥为主的“还阳”肥，加强中耕保温。

救灾物资补助　根据国家救灾方针和《临澧县洪涝灾害应急预案》的规定，农业生产自救要做好调运种子进行改种、补种，购置救灾种子所需资金由县政府统一调剂。县农业局向省、市相关部门申请解决部分救灾资金，据统计，1949～2008 年 53（年）次重大自然灾害救灾工作中，共改种 391.9 万亩，共投入 1579 万元，采购种子 799 吨，其中县级财政支付种子资金 618 万元，社、队支付 561 万元，保障救灾所需。

重大灾害救灾　20 世纪境内农作物病虫害种类繁多，常见病虫害 229 种，每年都发生多种病虫灾害。在救灾工作中，根据灾害损失情况，及时收集种子、农药、化肥等农业生产资料购销信息，预定和库存部分救灾物资，保证灾后能及时调运物资支援灾区。灾情稳定后，县植保植检站迅速组织开展全县范围内的农作物病虫测报工作，准确掌握病虫害发生趋势及规律，及时发布病虫害预报，积极督促各乡镇（区）开展本区域的病虫防治工作，确保大灾后没有大的病虫害蔓延发生。

1998 年 8 月，澧水流域发生重特大洪涝灾害，全县 18 个乡镇（区），311 个村受灾，农作物受灾面积 32.5 万亩，其中绝收需改种面积达 9.5 万亩。灾情发生后，县农业局紧急组织调运倒种春稻种 300 吨，从山东调运5吨黄豆、蔬菜、芝麻种子，免费分送各灾区农户。到7月底，全县4万亩绝收稻田改种了倒种春或改插了晚稻，2万亩绝收棉地在8月5日前有1万亩改种了玉米，1万亩改种蔬菜等经济作物。

2003年7月7～11日，全县发生重特大洪涝灾害，农作物受灾32.5万亩，成灾26.3万亩，绝收15.6万亩。灾情发生后，县农业局及时组织查灾和评估，迅速组织调运救灾种子232.75吨，其中玉米种子108.45吨、稻谷种子124.8吨，免费发放到受灾群众手中，实际改种、补种面积达到14.12万亩，保证灾后抗灾补损工作的顺利进行，增加农民收入，减少了灾害损失。

2007年7月27日零时至零时30分，杉板乡、新安镇、合口镇、九里乡、官亭乡发生龙卷风灾害，棉花、水稻等农作物受灾7.06万亩，成灾4.35万亩，绝收2.49万亩，粮食减产540吨，棉花减产2400吨，直接经济损失达2568.7万元。灾情发生后，县委、县政府迅速派出农业局棉花科研站、经济作物管理站、粮油管理站25名技术人员下到受灾乡镇开展指导生产自救。

2007年12月，根据县气象局灾害性天气预报和县人民政府关于做好特大冰雪灾害的工作部署，县农业局制订了抗御特大冰雪灾害的抗灾救灾工作预案。(1) 统计冬季农作物种植品种和面积，掌握农业生产情况。(2) 制订抗冰害的救灾预案，拟定柑橘、油菜、蔬菜防冻害的方案，建立科学防灾体系。(3) 宣传防冰冻灾害知识，实施社会减灾大行动。12月先后召开2次各乡镇分管农业副乡镇长和农业技术员会议，布置抗冰雪工作。(4) 组织防灾抗灾。2008年1月12日至1月29日发生冰冻灾害期间，县内柑橘、油菜、蔬菜等冬季主要作物受灾69万亩，其中柑橘16.2万亩，油菜39万亩，蔬菜10.2万亩，马铃薯、蚕豌豆等其他作物3.6万亩，成灾49.5万亩。县政府成立县农业生产抗冻抗冰雪灾害指挥部，县财政调拨抗灾资金50多万元，用于农业抗寒防冻工作。县农业局成立防冻抗寒工作技术指导小组，下设柑橘、蔬菜、油菜防冻技术服务小分队，及时印发《当前农作物抗寒防冻技术意见》和《柑橘和蔬菜抗寒防冻应急处置技术措施》，派出110名技术人员到村到户指导抗灾，并及时组织购置遮阳网、农膜等抗寒防冻物资，全县先后组织遮阳网10吨，农膜26吨，编织袋40万只，实施柑橘物理覆盖10多万亩，主杆包扎4.5万亩，组织柑橘熏烟防冻物资锯木屑181.5吨，谷壳、茶壳535.5吨，稻草、杂草、棉秆1562吨，组织农作物灾后补施叶面肥50吨、区甘25件，将农业直接经济损失降到最低限度。1月29日，常德市抗冰雪灾害现场会在我县召开。

附：农业灾害等级标准

农业灾害分重特大、重大、一般三个等级，其标准：

干旱灾害

重特大：粮食产量损失15000吨以上，或受灾面积20万亩以上，成灾面积15万亩以上；经济作物产量损失10000吨以上，或受灾面积20万亩以上，成灾面积10万亩以上。

重大：粮食产量损失10000～15000吨，或受灾面积15万亩～20万亩，成灾面积5万亩～15万亩；经济作物产量损失6000～10000吨，或受灾面积15万亩～20万亩，成灾面积5万亩～10万亩。

一般：粮食产量损失10000吨以下，或受灾面积15万亩以下，成灾面积5万亩以下；经济作物产量损失6000吨以下，或受灾面积15万亩以下，成灾面积5万亩以下。

洪涝灾害

重特大：粮食产量损失30000吨以上，或受灾面积30万亩以上，成灾面积20万亩以上；经济作物损失10000吨以上，或受灾面积10万亩以上，成灾面积6万亩以上。

重大：粮食产量损失10000～30000吨，或受灾面积10万亩～30万亩，成灾面积5万亩～20万亩；经济作物产量损失5000～10000吨，或受灾面积5万亩～10万亩，成灾面积3万亩～6万亩。

一般：粮食产量损失10000吨以下，或受灾面积10万亩以下，成灾面积5万亩以下；经济作物损失5000吨以下，或受灾面积5万亩以下，成灾面积3万亩以下。

大风灾害

重特大：粮食产量损失10000吨以上，或受灾面积20万亩以上，成灾面积10万亩以上；经济作物产量损失5000吨以上，或受灾面积10万亩以上，成灾面积5万亩以上。

重大：粮食产量损失5000～10000吨，或受灾面积15万亩～20万亩，成灾面积5万亩～10万亩；经济作物产量损失3000～5000吨，或受灾面积5万亩～10万亩，成灾面积2万亩～5万亩。

一般：粮食产量损失5000吨以下，或受灾面积15万亩以下，成灾面积5万亩以下；经济作物产量损失3000吨以下，或受灾面积5万亩以下，成灾面积2万亩以下。

冰雹灾害

重特大：粮食产量损失10000吨以上，或受灾面积15万亩以上，成灾面积10万亩以上；经济作物产量损失5000吨以上，或受灾面积10万亩以上，成灾面积5万亩以上。

重大：粮食产量损失5000～10000吨，或受灾面积10万亩～20万亩，成灾面积5万亩～10万亩；经济作物产量损失3000～5000吨，或受灾面积5万亩～10万亩，成灾面积2万亩～5万亩。

一般：粮食产量损失5000吨以下，或受灾面积10万亩以下，成灾面积5万亩以下；经济作物产量损失3000吨以下，或受灾面积5万亩以下，成灾面积2万亩以下。

大雪冰冻害

重特大：粮食产量损失10000吨以上，或受灾面积20万亩以上，成灾面积10万亩以上；经济作物产量损失5000吨以上，或受灾面积10万亩以上，成灾面积5万亩以上。

重大：粮食产量损失5000～10000吨，或受灾面积10万亩～15万亩，成灾面积5万亩～10万亩；经济作物产量损失3000～5000吨，或受灾面积5万亩～10万亩，成灾面积2万亩～5万亩。

一般：粮食产量损失5000吨以下，或受灾面积10万亩以下，成灾面积5万亩以下；经济作物产量损失3000吨以下，或受灾面积5万亩以下，成灾面积2万亩以下。

第五节　畜禽水产疫病防灾减灾

一、防治机构

1949年前，民间只有“牛郎中”、“阉猪佬”。新中国成立后，县政府在抓畜牧生产的同时，贯彻“预防为主”的方针，逐步建立健全动物疫病防治体系。1955年，县农业部门组织民间兽医成立兽医协会。1957年，贯彻国务院48号文件精神，落实对民间兽医实行“教育、团结、改造、利用”的政策。1958年，组织民间兽医参加由农业局、服务局、保险公司联合举办的生猪“三包”(包防疫、包治疗、包去势)。1959～1961年，以公社为单位成立畜牧兽医医院。1963年6月，改称畜牧兽医工作站。1977年，全县320个大队各配备一名赤脚兽医，部分生产队确定一名防疫员，农业部门指定兽医带徒，开会传经，疑难病会诊，组织短期培训等教学方式，提高兽防人员医疗水平。1980年有168名公社兽医，改吃包方粮为农村统销。1985年3月，国务院颁布《家畜家禽防疫条例》，确定防疫为政府职能行为，对某些重大传染病必须实行强制性防疫。是年全县为每个乡镇畜牧兽医站都配备了冰箱、冰瓶，60%的乡镇站配备了显微镜、高压灭菌器，保证防疫质量，使防疫检疫工作走上了正轨。耕牛坚持春秋两季防疫，生猪坚持常年防疫，月月补针，鸡的防疫由乡畜牧兽医站组织防疫小组，逐户防疫，促进畜牧生产健康发展。1985年12月，县政府根据上级精神，对乡镇畜牧站进行整顿，改大集体性质为城镇户口，全县定编203名，人财物以县业务部门管理为主。1986年县畜牧水产局加强动物防疫检疫站的领导力量，全县32名兽医组成专业检疫队伍。1986～1991年，全县19个乡镇畜牧畜医站有11个站修建了新站房。1999年，全县乡镇机构改革，乡镇畜牧畜医水产站的人财物全部下放给乡镇政府管理，全县在编的186名畜牧水产技术人员精简分流了143名，实际在编的43人只有专业人员20人。2003年，县畜牧水产局根据上级有关精神，重新组建了17个乡镇动物防疫站，确定事业编制48名，2004年增加到51名，专职负责乡镇动物防疫工作，基本工资由省、县财政拨付，人财物由县畜牧水产局管理。2003年，县动物防疫站实行公务员管理，定编15名，负责组织全县动物防疫、检疫和行政执法工作。2004年，基层动物防疫基础设施建设项目在全县实施，项目总投资120万元，其中国家投资80万元，配齐了动物防疫专用车、办公电脑，新建了兽医化验室、冷库等，常年开展重大疫病监测和上市肉品的检疫工作。

二、 动物疫病防治体系

动物疫病防治　从20世纪60年代开始，1963年开展秋季牲畜防疫注射，参加防疫的畜医110人，分4个大组进行注射，因自制猪瘟免化疫苗消毒不严，发生死猪500头。20世纪70年代中期，每年春秋季，进行防疫注射。80年代，贯彻省政府“季季防疫，月月补针”的防疫措施效果显著，牛气肿、牛炭疽、牛出败、猪瘟、猪肺疫、猪丹毒、猪气喘病基本控制。1981年全县饲养生猪29万头，其中发生传染病有3161头，其他病猪23000头，死亡2100头，占9.13%。

1981年以后，农村实行土地联产承包责任制，乡镇畜牧兽医站职能弱化，防疫工作开展艰难。1983～1984年，全县猪瘟的防疫密度不到60%，鸡新城疫的防疫密度不到30%。1985年，县政府贯彻国务院《家畜家禽防疫条例》，建立技术职责责任制，生猪防疫密度常年保持在95%以上，耕牛防疫密度保持在98%以上，家禽防疫密度达50%以上。是年全县死猪8500头，占当年存栏数的6%，尤以四新岗镇、柏枝乡、新安镇、合口镇等乡镇为甚，引起了当时常德行署的重视，常德行署副专员李丰茂和农村工作部部长张振国来临澧调查后，提出了改革畜牧兽医的意见，1986年以常德行署1号文件下发《关于进一步建立健全乡级技术推广服务机构的意见》。是年，县畜牧水产局抽调32名畜医组成检疫队伍，抽调7名技术人员进驻5家冷冻厂检疫。各乡镇畜牧畜医站坚持耕牛春秋两季防疫，生猪常年防疫，月月补针，鸡的防疫落实到户。

1989年，牛的防疫密度达100%，猪的防疫密度达97.8%，鸡的防疫密度达85%。生猪交易市场、冷冻厂检疫100%，年内猪的死亡率1.47%，牛的死亡率0.5%，鸡的死亡率4.2%。1986～1991年，境内乡镇畜牧畜医防治收入和综合收入较多，有11个乡镇修建了新站房，配齐医疗设备。1999年，乡镇畜牧畜医水产站的人财物下放到乡镇政府管理，专业技术人员少，防疫经费少，畜情疫病开始上升。

2003年，县人民政府制定《临澧县2003～2013年减灾规划》，确定畜禽疫病灾害防灾减灾目标，家畜发病率控制在8%以内，家畜死亡率控制在3%以内，畜禽检疫率达95%，重大畜禽疫病得到有效防治。并确定建立动物疫病减灾体系。以县畜牧水产局动物防疫站为中心，乡镇畜牧畜医站为补充，养殖专业大户为基础，完善动物疫病防疫减灾体系。养殖专业大户重点疫病防疫密度达100%，一般农户达95%。发生重大畜禽疫病时，严格执照法律和技术规定，及时组织扑杀，减少灾害损失。

重大动物疫病防治措施　2003～2006年，动物疫病的防治强化四种措施。

健全防治组织：2002年以来，县畜牧水产局成立动物防疫网络化领导小组，局长任组长，分管副局长和动物检疫防疫站长任副组长，机关财务、人事、办公室负责人为成员，负责全县动物防疫网络化管理工作。2003年6月，县政府成立县防治牲畜五号病指挥部，县政府分管副县长任指挥长，县政府办公室副主任、县农村办公室副主任、县畜牧水产局局长任副组长，县财政局、县公安局、县交通局、县教育局、县工商局、县贸易发展局、县卫生局为成员单位，指挥部下设办公室，办公室设县畜牧水产局，县畜牧水产局局长兼办公室主任。2003年，县政府成立重大动物疫病防治指挥部，指挥部下设疫情监测组、市场监管组、强制免疫组、物资保障组、安全保卫组、应急反应组。对牲畜口蹄疫、禽流感实行100%免疫接种。2004年2月，县委、县政府设立县高致病性禽流感防治指挥部，县委分管副书记任指挥长，县政府常务副县长、县委办公室主任、县人大副主任、县政府副县长、县政协副主席任副指挥长，县委办公室、县政府办公室、县畜牧水产局、县卫生局、县财政局、县工商局、县交通局、县贸易发展局、县教育局、县广播电视局、县交警大队、县市场服务中心等为成员单位。指挥部下设动物防治组、疫情监测组、物资保障组、市场检测组、应急处理组、宣传报道组，负责动物重大疫病预防控制工作。指挥部下设办公室，办公室设县畜牧水产局，县畜牧水产局局长兼任办公室主任。

实行责任追究：按照《重大动物疫病应急条例》及相关法律法规，县政府与乡镇政府、县畜牧水产局与乡镇畜牧站、乡镇畜牧站与规模养殖场（户）、乡镇政府与各村（居）委会分别签定重大动物疫病责任状，严格实行行政和业务双轨责任制，对不服从调度、工作失职、防控措施不落实、造成疫情发生流行的，按照《临澧县重大动物疫病行政责任追究办法》的有关规定追究相关责任人的责任。

制订应急预案：为强化疫情监测和监督，2006年县政府印发《临澧县重大动物疫病应急预案》规定：

疫情预警

预警级别分为一般（Ⅳ级）、较重（Ⅲ级）、严重（Ⅱ级）、特别严重（Ⅰ级），依次用蓝色、黄色、橙色、红色表示。

疫情报告

疫情确认。县动物防疫机构根据其职责和权限，对重大动物疫病作出可疑、疑似等判定，逐级报请市指挥部、省指挥部、农业部指定的国家参考实验室检测确诊。

疫情报告单位和责任报告人。动物防疫机构负责辖区内动物疫情监测和报告工作。乡镇（区）动物防疫员具体负责包片区内动物疫情报告工作，动物检疫员（包括水生动物检疫员）、动物防疫监督员和取得诊疗许可证的执业兽医有责任和义务及时向同级动物防疫机构报告疫情。村（居）民委员会主任为疫情报告第一责任人。

任何单位和个人发现发生或疑似发生重大动物疫情，要立即向当地动物防疫机构报告，当地动物防疫机构接到报告后，应立即派员赴现场核实，开展流行病学调查，并上报疫情。

疫情报告程序和时限。乡镇（区）、县根据规定时限，逐级报告疫情。动物防疫机构在向上一级动物防疫机构报告疫情的同时，必须向同级畜牧兽医行政管理部门报告。畜牧兽医行政管理部门接到疫情报告后，要立即向同级人民政府报告。

疫情报告内容。包括疫情报告的单位和个人、联系方式、疫情发生的时间、地点（行政村）、发病动物的种类和品种、日龄、存栏、发病和死亡数量、临床病变、流行病学调查、传播途径、养殖场（户）免疫接种情况、实验室诊断方法和结果、已采取的控制措施等。

疫情报告形式。根据疫病病种和疫情状况，分别实行“快报”、“周报”、“旬报”、“月报”、“年报”制度。

疫情报告管理。动物防疫机构要设置和公布疫情报告联系电话，明确专人负责疫情报告工作，并对每起疫情建立完整档案，妥善保管。

疫情分级

突发重大动物疫情划分为：特别重大（Ⅰ级）、重大（Ⅱ级）、较大（Ⅲ级）、一般（Ⅳ级）四级。其中一般突发动物疫情（Ⅳ级）是指：

（1）高致病性禽流感、牲畜口蹄疫、猪瘟、鸡新城疫等一类动物疫情在本县行政区域内发生。

（2）二、三类动物疫病在本县行政区域内呈暴发流行。

（3）县人民政府畜牧行政管理部门认定的一般突发动物疫情。

落实防治经费　县财政将基本疫苗经费、重大动物疫病防控经费、乡镇专职动物防疫员工资及“两保”经费全部纳入财政预算。各乡镇按照有关规定落实相关经费，确保本辖区动物防疫工作的顺利开展。

全县动物防疫工作逐步走向法制化、规

范化轨道。重大疫病（禽流感、牲畜五号病）的防疫密度达到100%，猪瘟、猪链球菌病防疫密度达到96%，鸡新城疫防疫密度达到85%，实现“外疫不流入、本地不发生、人员不感染”的防控目标。

三、 重大疫病灾害减灾

重大动物疫病减灾 1954～1956年，全县暴发牛气肿疽病，死牛6000头，占全县耕牛1/3。从1954年开始，畜牧部门对全县耕牛实行春秋两季注射牛气肿疽疫苗，密度为100%，一直持续到1975年。1980年，牛气肿疽被消灭。

1970～1980年，鸭瘟在县多次流行发生，主要发生在柏枝公社、烽火公社、望城公社、佘市公社、文家公社、陈二公社、修梅公社、停弦渡公社等。1980年，全县死鸭近6万羽，约占全县存笼鸭的30%。1980年下半年，县动物防疫站张和清、张家清、喻爱兰等3人在城关镇梅溪孵化场、望城乡孵化场对所有刚出壳的雏鸭进行鸭瘟弱毒苗的免疫注射，免疫注射后保护率100%。1981～1983年在全县推广，取得较好效果。此后此病一直未在临澧发生。此项研究成果获得了湖南省人民政府1984年科技进步四等奖。

1985～1987年，狂犬病在县内流行。1987年临澧县被列入全省7个家犬狂犬病疫苗免疫注射重点县。畜牧部门组织兽医对全县家犬进行强制免疫，每年家犬免疫密度在90%以上，狂犬病死亡逐年减少。

1992年，鸡传染性法氏囊病随良种鸡的引进传入县内并流行。全县死于该病的鸡20万羽。1993～1994年，临澧县畜牧防检站陈波配合太平村种鸡场用传染性法氏囊病的卵黄抗体对发病初期的鸡群进行注射，使鸡死亡率降至5%以下，但费工费时，药费成本较高。1995年，临澧县畜牧水产局刘茂元、张家清在太平肉鸡场进行10万羽的鸡传染性法氏囊病的免疫对比试验，从国内外生产的7种中等毒力疫苗中筛选出3种免疫效果好的疫苗，并制定出详细的免疫操作规程，在全县推广后取得满意效果，开创了全省大规模鸡传染性法氏囊病免疫成功的先例。

1999年5月8日，望城乡徐家坪村发生牛口蹄疫，疫情迅速在全县蔓延，波及13个乡镇、39个村、88个组。县委、县政府启动应急预案，组织公安、畜牧等部门对病牛进行扑杀深埋，全县共扑杀耕牛259头，阻止了该病的流行暴发。

2007年5月17日，望城乡楚城村禽流感预警点发生疑似禽流感疫情，共扑杀鸭1060羽。

重大渔业疫病害减灾 1949～2006年，根据全县渔业水产养殖面积疫病情况，加强了渔业疫病的防治。

1990年，草鱼出血病在县内流行发生。全县各养殖水体均有不同程度发生。1993年，县水产渔政站组织技术人员使用盐水浸泡法，注射草鱼出血病疫苗，结合清塘消毒，取得了较好效果。

2000年，境内各大养殖水体暴发鲢鳙出血病，尤以官亭水库为甚，死鱼35吨，使用各种新鱼药，但效果不理想。后运来400吨生石灰在全水库泼撒，5天后制止了白鲢死亡。2002年1月28日，湖南大中型水面防治暴发鱼病技术鉴定会在县楚园宾馆召开，县水利局与官亭水库采用生石灰作为防治大中水面暴发性鱼病有效药物的技术研究项目，得到了省市有关部门专家教授的鉴定通过，确认该科研项目成果为全省首例，达到国内先进水平。该项科研成果获得常德科技成果二等奖。

重特大冰雪灾害减灾 2008年1月12～29日，境内发生特大冰雪灾害后，根据县委、县政府抗灾工作部署：（1）启动畜牧水产抗灾应急预案，建立健全了组织机构和技术服务队伍。1月18日召开了各乡镇区分管农业的副乡镇工作会议，布置部署防冻减灾工作。县畜牧水产局印发《关于做好当前畜禽防寒保寒工作的紧急通知》，布置存栏畜禽防御保暖工作。（2）组织技术人员下村入户指导抗灾。从1月18～29日，县畜牧水产局组织机关、二级机构工作人员40人，落实“三定三包”抗灾措施。实行定任务、定乡镇、定方案、包村、包大户、包技术的方法指导到位。帮助落实防寒保暖、饲料贮备工作。(3) 加强防冻减灾知识宣传。县电视台每天滚动播放畜禽防冻技术，提高全民抗灾知识。(4) 强化瘟情监控。灾害发生期间，规定各乡镇动物防疫人员每人包2个养殖大户，每天到各村巡查，密切注视疫情，做好畜禽疫病应急及救治工作。由于防灾抗灾措施有力，防冻保暖设备较好，饲料贮备充分。未发生冻死大量畜禽和传染病，减少了灾害的损失。

附：《临澧县重大动物疫病行政责任追究办法》：

责任内容

根据国家有关法律、法规和省、市相关文件规定，结合各乡镇（区）实际，制定完善重大动物疫病防治措施，严格管理，狠抓落实。

建立和健全领导责任制。各乡镇（区）对本地区动情防疫工作负总责，乡镇（区）乡镇长（管委会主任）是重大动物疫病防治工作第一责任人，分管负责人是第二责任人，乡镇动物防疫站站长和专干是直接责任人。

严格执行疫情报告制度，及时发现疫情，按规定核实疫情并在24小时内逐级上报。不得瞒报、谎报。

一旦发生疫情，按“早、快、严、小”的扑疫原则，及时、果断、彻底扑灭疫情。

严格按照消毒规程，切实抓好扑疫灭源工作，消灭病源。

所有出栏的畜禽必须由动物防疫监督机构聘任的动物检疫员到场、到户检疫，不得漏检；对于屠宰的畜禽，由动物检疫员实施现场同步检疫。

目标任务

常年存栏易感动物（猪、牛、羊等）五号病免疫密度达100%，新老疫区、规模养禽场（专业户）易感禽类禽流感免疫密度达到100%，猪瘟常年免疫密度达95%，规模养猪场达100%，牛出败免疫密度达95%，羊快疫、羊传染性胸膜肺炎、羊痘免疫密度达到80%，鸡新城疫密度达95%，安福镇、合口镇、新安镇城区的犬、猫狂犬病免疫密度达100%，疫区农村犬的狂犬病免疫密度达80%。完成市、县下达的动物血吸虫病监测、治疗任务。

农村散养畜禽产地检疫率达80%，进入流通的大中家畜产地检疫率达100%，屠宰检疫率必须达100%。

五号病、禽流感染疫畜禽及同群畜禽扑杀率必须达100%。

年度内五号病畜数不超过存栏数的万分之一。

责任追究

常年存栏易感动物五号病免疫密度低于90%，新老疫区禽流感免疫密度低于90%的乡镇（区），县人民政府对有关责任人给予通报批评。

牲畜五号病年度内发病畜数超过存栏数的十万分之五的、禽流感发生疫点3个（含3个）以上的乡镇（区），县人民政府对有关责任人给予通报批评，并按干部管理权限，由相关单位给予行政处分。

对领导不力、工作失职、防治工作不到位，导致疫情严重流行，被农业部通报，畜禽及其产品被禁运，影响全县畜禽及其产品流通，造成重大损失的，县人民政府对责任人从严追究责任。

责任期限

自2004年1月1日起实施，按年度考核追究责任。

渔业疫病害标准

渔业疫病害分为重特大、重大、一般三级：

重特大：鱼病发生面积5万亩以上，病情严重，死亡率在50%以上。

重大：鱼病流行面积1万亩～5万亩，病情较重，死亡率在40%～50%。

一般：鱼病流行发生面积0.5万亩～1万亩，死亡率在30%～40%。

第六节　森林虫害防灾减灾

一、虫害防治

临澧境内在清代就有松毛虫害。民国时期，松毛虫每年发生。1935年湖南省第三林务局督导临澧东南各区、乡居民结合人工捕捉和点灯捕蛾等措施防治松毛虫。1937年，因松毛虫猖獗无法捕捉而将森林砍伐，另植阔松林。新中国成立后，松毛虫不断暴发，比较严重的有1956年、1961年、1965年、1970年、1983年、1990年、1999年、2000

年、2003 年。各级政府为保护森林资源，降低灾害损失，采取各种措施防治，有效地保护了县内森林资源。

虫情测报 1960 年县人民政府和各人民公社建立森林虫情测报站，定岗专职虫情测报员，及时掌握森林虫害情报，做到“治早、治小、治了”。1984 年各乡镇建立病虫联系测报点，发现病虫，及时测报。90 年代，各乡镇林业管理站都有专职或兼职森林病虫害测报员。专职测报员的主要职责是：负责监测对象、测报对象的调查、森林病虫害测报工作的组织管理；指导基层调查人员开展病虫害调查工作；按时准确地进行病虫害调查，认真填写调查记录表格，每月 25 日前向县森林病虫害防治机构上报病虫情调查结果。从 2002 年起，县政府建立全县 150 人的护林员队伍，负责森林病虫害防治及森林火灾的预测预防，健全县、乡、村的三级预测预报网络体系。2002 年，国家林业局将临澧县列入国家级森林病虫害中心测报点，配备了汽车、摩托车各 1 辆、电脑及其他专用设施。建立全县以村护林员为基础，乡镇兼职测报员为骨干，县中心测报点为龙头的县、乡、村三级虫情测报防治网络，设立 33 个虫情监测样地。通过虫情调查，提高了监测质量、预报分析、虫害预警能力，全县中短期预报准确率达 90％，为科学防治森林有害生物提供了可靠依据。

测报点工作职责乡镇森林病虫害：测报点按时观察、记录、传输监测数据；及时发布主测对象和当地的主要病虫鼠害的预报；及时报告辖区内突发性和重大的森林病虫鼠害发生动态；积极配合地方做好生产防治工作；负责一般监测点测报人员的培训工作，做好测报技术研究，建立健全测报资料数据库；负责预测预报湘西北的马尾松毛虫害。

森林虫害防治 1995 年起，落实层级防治责任，县人民政府实行森林虫害限期防治制度，县政府规定，发生森林虫害的乡镇，根据《森林病虫害防治条例》拟定防治方案，若因组织不力，造成林木严重损失或引起病虫害扩散蔓延的，将按有关法律追究失职行为者的责任。县政府县长与各乡镇政府的乡镇长每年初签定森林虫害防治责任状，乡镇政府与村（居）委会主任、林场场长每年初签定森林虫害防治责任状，落实防治责任。

采用飞机撒药防治：根据境内松树损害面积大，虫口密度大的特点，1961 年、1970 年、1990 年、1999 年、2000 年、2003 年采取了飞机撒药防治，其中 1990 年、1999 年、2000 年、2003 年飞机撒药防治，主要采用灭幼脲和太保进行仿生物农药防治，环境污染小，人畜安全，利天敌。2003 年飞机撒药防治 1 个月之后对所设 20 个标准地进行防治效果检查，天敌减退率为 5％，而虫口减退率为 94.3％。

探索生物防治途径：1973 年，全县点片发生松毛虫害。柏枝公社众胜大队采取施放白僵菌粉防治松毛虫，用药 240 斤，效果明显，被全县推广。1976 年，常德地区林业局在临澧召开现场经验交流会，推广生物防治与药物防治相结合的经验。1981 年，全县施放白僵菌 0.9 吨，防治面积 40000 亩。1982 年施放白僵菌 1 吨，防治面积 35000 亩。此后营造混交林，创造防治松毛虫的生态环境，同时组织人力、药械捕灭。从 1999 年开始，县林业局对轻度发生灾情区都施放白僵菌防治，包括飞机防治，都采用仿生物农药防治，保护了环境、人畜安全，有利于生态平衡。

二、 防灾体制

建立减灾规章 根据国家森林法等法律法规，县政府制定了《临澧县 2003～2013 年减灾规划》，确立了森林病虫害减灾规划。规定森林病虫害实行政府与行业双线目标管理，将森林病虫害防治纳入年度绿化检查考核内容，层层签订目标管理责任书，加强专业指导和检查，明确责任，落实措施。成立森林病虫防治检疫机构，按照国家标准站建设的要求，建立 1 个县级森林防治检疫机构，并配备植物检疫员，主要对松毛虫、竹蝗、樟叶锋、柏林叶蜂、松材线虫病等 30 多种病虫害实施监测。加强病虫害预测预报，积极发展混合林，强化森林植物检疫，预防病虫害转移等。县林业局根据森林病虫害预测预报工作特点，制定《临澧县森林病虫害监测预报工作规程》、《临澧县重大森林病虫害防治工作规程》，加强对松材线虫病害的监测。松材线虫病有松树癌症之称，属国家检疫对象。松材线虫害自 1982 年传入国内。为防治松材线虫病害，2004 年以来，每年春季和秋季进行两次监测调查，监测覆盖全县 23.2 万亩松林，监测覆盖率为 100%，对外调进县境内的松科植物进行严格检疫，有效地防止外来林业有害生物的入侵。到 2006 年底，境内未发生松材线虫病，保护了森林资源安全。

健全工作机制　新中国成立后，为有效防治森林虫害，每次发生森林虫害后，县政府及时成立森林虫害防治领导小组，负责全县森林虫害的防治工作。

20 世纪 80 年代以来，境内松林面积达 23.2 万亩，绝大部分为分布在海拔 400 米以下的纯林，属马尾松毛虫易发、常发区。马尾松毛虫危害的林分，轻度造成林分质量下降，重则造成林木死亡。结合多年来防治的经验，制订了松毛虫害的应急预案和综合防治措施。在灾害之年，由森林防治领导小组（指挥部）根据应急预案，全面部署，综合防治，有效的保护松林不受侵害。

2004 年，县政府成立了松材线虫预防工作领导小组（临政办函［2004］55 号），由县政府副县长任组长，县政府办公室副主任、县林业局局长任副组长。县农村工作办公室、县贸易发展局、县电力局、县广播电视局、县计划物价局、县财政局、县电信局、县邮政局、县卫生局、县工商局等为成员单位。领导小组下设办公室，办公室设在县林业局，局长兼任办公室主任，办公室负责全县松材线虫病的监测预防工作。

普查有害生物　为准确掌握全县有害生物对森林资源和林业生产的危害，确保林业生产和生态安全，根据省、市林业厅局的工作部署，于 2004 年 4 月至 2005 年 3 月，开展了林业有害生物普查，成立了林业有害生物普查领导小组，县林业局局长任组长，森林防治站等相关股室为成员单位，普查对象为所有外来林业有害生物，重点调查对象为湖南省防止外来林业有害生物入侵管理办公室森检［2003］02 号公布的 74 种林业危险性有害生物，已在本地造成危害的国内森林植物检疫对象、省内补充森林植物检疫对象。共普查 16 个乡、266 个行政村，设置标准地 87 个，实际调查林分面积 21.66 万亩，调查代表林分面积 61.12 万亩。通过普查，发现县境内存在 12 种林业有害生物：桑天牛、云斑天牛、马尾松毛虫、柳蝙蛾、杨叶锈病、栗实象、家白蚁、油茶象鼻虫、油茶金龟子、狗尾草、苍耳、车前草。林业有害生物分布总面积 1.7465 万亩，根据普查结果，境内有害生物统计 20 种，包括林业病原微生物、有害昆虫、有害植物及鼠、兔、螨类等。为加强有害生物防治，制订《临澧县林业有害生物防治应急预案》，完善了防控松材线虫病、林地红火蚁、美国白蚁和加拿大一枝黄花等有害生物防治等单项应急预案。

三、　重大森林虫害减灾

1956 年，越冬松毛虫初始危害面积 4 万亩左右，第二代松毛虫由东南到西北，迅速蔓延全县，虫口密度一般每株 200 条，多达 300 条以上。县林业局组织 178 人的专业队，分组划片包干，连续开展第三代松毛虫的人工及药物防治，捕捉虫蛾及摘卵茧共 2.5 吨，喷洒“六六六”粉 14.5 吨，列支经费 7600 多元，防治面积 32 万余亩。

1961 年，全县普遍发生松毛虫害，严重地区松树被吃完树叶，状如火烧。官亭公社、九里公社、新安公社、杉板公社、停弦渡公社等进行飞机治虫，喷洒“六六六”粉 50 吨。

1970 年境内松毛虫普遍暴发，进行第二次飞机治虫，撒药面积 21 万亩，开支经费 6 万多元。

1990 年境内大面积暴发松毛虫害，发生面积达 2.18 万亩，6 月 22～26 日，租用中国航空航天工业部605研究所超轻型飞机，用2.5%溴氢菊脂，以每公顷0.07克1.25%浓度喷雾，飞行作业35架次，共防治面积16万亩，防治效果达96.1%，总投资40767元，防治成本48.15元/公顷。

1995年以后，全县实行森林病虫害限期防治责任制度，森林病虫害发生后，县防治领导小组下发防治通知单和防治方案，帮助乡镇政府和基层单位组织综合防治。

1999～2006年，全县对森林病虫害实行综合治理，倡导森林健康理念，坚持"监测预警"和"防治减灾"并举，推广无公害防治，实行持续控灾减灾，采取飞机施放生物和仿生物制剂，有效控制林业有害生物危害。1999年、2000年、2003年全县三次成功组织飞机防治松毛虫，防治效果分别为89%、97.8%、94.3%，维护了森林生态总体平衡，保护了县森林资源。

1999年，常德市各（区）县市大面积暴发松毛虫危害，境内于7月5日开始对全县范围内11.7万亩松毛虫发生面积进行飞机喷雾防治，共实施飞行34架次，首次使用GPS卫星定位仪导航，有效防治面积为7.35万亩。

2000年4月3～10日，租用湖南衡阳航校2架运五飞机和常德桃花源机场，主要对道水以南各乡镇发生松毛虫的12.15万亩松林实施飞机喷雾防治，共飞行67架次，耗资35.00万元，采用的药物为仿生制剂25%灭幼脲Ⅲ号胶悬剂2.5吨，2.5%溴氢菊脂200公斤（该药物不杀伤天敌昆虫，对人畜安全）。根据全县设立的8个标准地进行防治效果调查统计，化防区域施药后48小时，防治效果为97.8%，生防区施药后20天防治效果为92.8%，尽管该年的松毛虫发生面积之大，虫口密度高，由于采取有效的防治措施，没有在灾年造成灾害。

2003年6月18日至7月1日，租用荆门通用航空公司2架运五飞机和常德桃花源机场，对澧南各乡镇发生松毛虫林实施飞机喷雾防治，规划防治面积6.86万亩，实际有效防治面积5.9万亩，防治效率94.3%。本次飞机防治全部采用灭幼脲和太保进行仿生物防治，环境污染小，人畜安全，有益天敌。

附：森林虫害等级标准。

森林虫害划为一般、重大、重特大三级：

一般森林虫害：受害面积1万亩以下；

重大森林虫害：受害面积1万亩以上，10万亩以下；

重特大森林虫害：受害面积10万亩以上。

第七节　火灾防灾减灾

一、防火机构

消防机构　境内清代以前未设专业消防组织，民国27年（1938）县警察所设消防组，警长任组长，商民充任义务警员。翌年消防组扩充为消防队，以巡官充任队长，有义务消防队员52名。民国32年（1943），县警察局设一分队、二分队和工务队负责消防，有队员60名。民国36年（1947），县城设义勇消防中队。

新中国成立后，消防被列为公安机关职能，由县公安局治安股管理。1950～1966年，临澧县成立县消防安全委员会，先后有新安公社、合口镇、城关镇等14个社镇成立消防安全委员会。全县各级消防安全委员会下设消防小组288个。各级（地）消防委员会和消防小组，负责本级（地）的消防安全工作。"文化大革命"期间，1966～1978年各级消防安全委员会和消防小组自行消失。1979年党的十一届三中全会后，县政府成立安全防火委员会，由县政府任命各级防火负责人，落实消防分级管理制度，县公安局治安股负责消防审核业务，消防设施列入城镇基本建设规划，各公社、大队、生产队分别设立义务消防大队、中队、分队，全县有义务消防队员2700人。此后在全县推行和落实消防工作责任制，消防制度不断完善，火源、电源、水源，易燃易爆物品管理得到加强，消防队人员灭火战斗能力进一步提高，通过查处火灾事故，开展火灾专项检查，建立消防档卡、实行依法管理，县内火灾处于损失最低时期。

1986年，县公安局下设的消防股。1989年6月，正式组建中国人民武装警察部队临澧县消防中队，定为正连级单位，1995年12月，根据湖南省公安厅命令，将县公安局消防股与临澧县消防中队合并组建“中国人民武装警察部队临澧县消防大队”又称“湖南省临澧县公安消防大队”，实行两块牌子，一套人马。职级为正营级单位，业务上继续接受县公安局指导。

1986～2007年，成立县防火安全委员会。县政府副县长任主任，县政府办公室副主任、县公安局副局长、县消防大队大队长任副主任，县建设局、县环境保护局、县纪律检查委员会、县电信局、县广播电视局、县技术监督局、县贸易发展局、县移动公司、县邮政局、县劳动和社会保障局、县工商局、县联通公司、县国土资源局、县卫生局、县烟花管理局、县教育局为成员单位。县政府明确全县各乡、镇和县直单位防火负责人113名，各乡镇派出所兼职防火干部19名，历次调整57个单位防火领导小组成员265人，防火队员564人，整改组建义务消防队255支共2840人。

森林防火机构　1949年以前，县内无专业森林防火机构，主要依靠基层组织管理。在清雍正年间，县政府对新造林和成片林严禁“非时之斧斤，牛羊之践踏，奸妄之盗窃”。清光绪年间，乡村各团保都议定护林防火规约。民国10年（1921）县政府明令“所有森林由乡镇公所、乡农会负责管理，行政警察及保安团队，对公私森林均有协同保护之责”。民国26年（1937）各乡镇成立林业公会，每个山头或每片林设1个方头护林和防火。

新中国成立后，县、区、公社、大队都成立护林防火组织，以大队划定责任区，建立护林防火小组，设立看山员（后称护林员）常年巡查护林。1956年，根据国务院《森林保护条例》，县政府成立县护林防火指挥部，各区、公社和林区设立护林防火指挥所，县政府先后发布《不论私有或公有、国有山林，一律不准擅自砍伐》的布告和《林木管理与采伐批准的暂行办法》。1972年，县革命委员会发出“四严禁”（放火烧山、毁林开荒、毁林造林、毁林搞副业）和“五不准”（不准未经许可砍伐树木，不准挖有明芽能力的树蔸，不准在林间生火，不准在山上铲草皮烧火土，不准进入全封山砍柴割草）的禁令。1978年，县检察院设立林业检察员2人，加强林业违法的立案查处工作。1979～1989年期间，贯彻落实“预防为主，积极消灭”的森林防火方针、强化领导责任，立防火警戒标志牌400多块，依靠基层组织和广大人民群众严管火源。1986年，设立“临澧县林业局公安股”，1992年建立县公安局林业派出所，定编4名。负责全县林业公安工作，重点打击重大森林及国家保护野生动植物刑事犯罪案件，林业授权的林业行政案件，组织协调全县森林防火工作。

二、消防工作

基础设施建设　清代以前，境内无消防基础设施。民国28年（1939）至民国38年（1949），县警察消防队配有木制龙头二架以及铁钗、水桶、斧头等器具。

新中国成立后，县公安局接管全县消防工作，根据当时全县消防设备数量少、质量差的状况，土法上马、自制各类消防器材（设备）160多个，适应消防工作的需要。1963～1985年，全县有消防汽车2台，摩托车1台，消防水塔5个，消防栓155个，消防水带2000米。从1986年起，县城关镇消防给水管网与生活供水管网联为一套系统，供水主管网为枝状，共铺设100毫米以上的管道7650米，100毫米以下支管5536米，直接从道水河取水，月供水能力为5万立方米，设市政消火栓53处，分布在城区8条街道。消火栓由县公安消防大队负责检查，县自来水公司负责维修。所列入县一级重点防火单位，都建有内部消火栓、备有消防水带、干粉灭火器或泡沫灭火器，部分重点防火单位还购置了干粉推车等。1989年6月组建消防中队，新购1台水罐消防车，修复并收回县供销联社棉麻公司水罐消防车，由消防中队使用。1994年，新购消防战斗车和检查车各1辆。1996年7月，大队营房由公安局院内迁至城关镇兴隆街12号大院。

1997年8月1日，开通2条“119”火警专线。

到2007年底，县消防中队除常规装备外，还配备有15米金属拉梯1架、发电机1台、机动泵1台、隔热服3套、防化服2套、空气呼吸器9具、抽排烟机1台。基本适应和满足境内一般火灾扑救的需求。

预防火灾宣传　新中国成立以来，各级政府和基层组织，坚持宣传火灾防御知识，普及全民预防火灾知识，培训重要防火单位消防专职人员，提高火灾应急救援能力。1997年6月7日，县防火安全委员会组织开展全县消防法律宣传周活动，在县城关镇开展消防法制一条街宣传。全县各乡镇、各单位办板报、墙报、宣传窗820期，写防火警句950条幅，县电影院放映消防幻灯片65场次。11月组织消防法考试，全县设立7个考场。组织以战线为单位防火负责人、防火员、保卫干部共312人参加的消防法规考试。普及全县中、小学校安全防火知识教育。1998年4月，开展“119消防安全小区”建设。各城镇居委会、乡镇村委会在各自的商业门面网点、机关团体、企事业单位院落、居民住宅区和村民小组成立义务消防组织，选出专、兼职消防安全管理员，设立消防宣传窗栏，开展消防法律法规教育，配备消防装备，实行四邻联防，健全消防安全工作分级管理责任制和全民防火网络。2007年6月12日，为加强学校消防安全教育，增强学生的消防安全意识，提高防火自护和逃生自救能力，由县公安局、消防大队、县教育局、县广播电视局、湖南中泰特种装备有限公司共同举办的临澧县首届“湖南中泰杯”中小学生消防知识竞赛，通过竞赛使全县中小学生逐步掌握消防知识。2007年11月5日，为宣传普及火灾防御知识，巩固中小学生安全防火知识教育成果，县消防大队在丁玲学校开展了一次消防安全演习，常德市消防支队唐满贵支队长亲临指导。

消防安全检查　1986～1989年，县人民政府贯彻国务院颁布的消防法规，落实消防分级管理责任制，加强重点单位的消防安全监督。县消防安全委员会每年对县一级重点防火单位进行调整，重新明确各单位防火负责人，签订年度消防安全责任状。并将二、三级防火单位划归属地乡镇派出所管辖，派出所按照属地原则，明确辖区内防火重点保护单位，防火负责人，建立消防组织和消防工作档案。

1990年以来，县消防安全委员会根据境内公共娱乐场所不断增多，室内装修复杂、易燃材料多、疏散条件差、消防设施缺乏的实际情况，坚持每年分季度检查制度，分季度对全县的卡拉OK厅、舞厅、餐馆、录像厅及其他室内娱乐场所，35个易燃易爆场所进行检查、督查和专项治理整顿，消除火险隐患。1995年4月起，对境内重点防火单位，推行限期整改、挂牌管理的方法，强化安全防火措施。

每年在元旦、春节、五一、国庆节和“119”重要节日前，县消防安全委员会组织公安消防部门进行防火安全大检查。如1996年10月，抽调干部、职工200余人，对全县697个单位和部位进行消防安全大检查，查出不安全隐患882处，整改716处，当年火灾数和经济损失均低于常年。

建筑消防审查　根据中华人民共和国消防法和《湖南省消防法实施细则》，县消防大队负责审定公共场所的消防建筑设计。1996～2007年，共审定公共场所和商住楼80处，公共场所面积3.1万平方米，保证新建区域的建筑规划设计达到消防安全的技术标准。

三、重大火灾的扑救

1986年组建临澧县消防中大队，至

2007年的21年间，共出警1225次，13475人次，其中县外出警10次，85人次；参加重特大火灾救援17次，240人次；参加其他抢险103次，1081人次。为国家、集体和人民群众挽回经济损失8000余万元。有50人(次)官兵立功。2006年，唐生文被评为青年岗位能手。是年，消防中队荣立集体三等功。

1987年5月9日17时许，县四新岗镇石油化工厂轻质原油罐因静电起火燃烧，大火火焰高几十米，周围百余米内人员无法靠近，火灾烧毁原油4880公斤，烧毁储油罐3个。县消防中队现场扑救，请求市消防支队和津市、石门消防队增援，经10余小时将大火扑灭，减少了火灾的直接经济损失。

1989年12月9日凌晨3时20分，县合口轻工机械厂发电机房发生火灾。县消防中队与全镇义务消防力量奋战1小时将大火扑灭，防止了蔓延，减少了火灾的直接经济损失。

1990年4月12日凌晨2时许，县新华书店中心门市部因照长明灯线路短路引燃天花板造成火灾，县消防中队2时12分接到报警后，先后出动消防车2辆，阻止火势向门市部上面的二、三、四、五楼蔓延，及时扑灭了大火，把火灾损失降到最低程度。

2004年12月21日7时，常德市桥南市场发生特大火灾，8时08分县武警消防大队接到常德市消防支队命令后，组织2辆消防战车，20名武警官兵，在40分钟内赶到桥南市场，负责东侧的扑火战斗，经两天一夜协同作战，将大火扑灭，圆满完成了扑救任务。

2005年6月13日，县迎宾路社会加油站发生火灾，火灾造成死亡1人，伤3人。县消防队全体官兵经过5个多小时奋力扑救，成功扑灭大火，避免了附近居民遭受火灾的损失。

2006年2月18日，207国道太平村路段一辆满载11吨90#汽油槽车侧翻在隔离带，县消防中队17时40分接接警后，15分钟内3台战车赶到现场，对油罐车进行冷却、稀释。经过5个多小时奋战排除了险情。县消防中队受到县政府嘉奖，荣立集体三等功。

2007年5月23日21时45分，安乡县日银纸业有限公司芦苇堆垛发生火灾。23时28分，县消防大队接到常德市消防支队命令后，迅速出动一台消防水罐车，7名官兵前往，经过一夜的艰苦奋战，大火得到有效的控制。24日12时，第二批增援力量7名同志奉命前往增援，在武陵区、鼎城区、德山开发区、津市市、澧县、临澧县等6个消防中队，60多名消防官兵的奋力扑救下，大火于5月24日20时50分成功扑灭。

2007年12月20日11时35分，县中泰特种装备责任有限公司萃取车间5吨120#汽油装置系统发生火灾，县消防中队接到报警后，出动3台战车和21名官兵进行扑救，常德市消防支队领导现场指挥，并调用德山、澧县特警3个中队4台战车前来增援，经过4个半小时扑灭了火灾，减少了火灾造成的更大损失。

四、森林火灾防灾

落实防火职责　1955～1977年，成立县护林防火指挥部。1978～1980年更名为县革命委员会森林防火指挥部。1981～2007年设立县森林防火指挥部，负责全县森林防火工作。

从1990年起，县森林防火工作管理普遍推行“一状”、“两书”、“四到位”的管理方法。“一状”即森林防火责任状，每年由各级政府（单位）和基层组织、林场场长、行政负责人签定年度森林防火责任状。“两书”即森林防火目标管理责任书、森林防火整改通知书。“四到位”即乡、村、组林场护林员落实到位、防火小组人员落实到位、防火资料宣传到位（户），防火期值班人员落实到位。是年，根据湖南省人民政府颁布的《湖南省森林防火实施办法》，县人民政府制定了《临澧县森林防火的暂行管理办法》，按照森林防火属地管理原则，明确森林防火职责，完善措施，使森林防火工作步入法规化轨道。

制订应急预案 2003年，根据国家公共事件应急预案，结合县森林火灾的实际，县林业局呈报县政府制订《临澧县森林火灾应急预案》，成立县森林防火应急指挥部，由县政府副县长为指挥长，各相关部门主要负责人任成员。指挥部下设森林防火办公室，县林业局局长兼任办公室主任，办公室负责森林防火的日常工作。

工作目标：森林防火达到“三无”标准：无群死群伤事故，即不发生造成受伤7人以上或死亡2人（含2人）以上的森林火灾；无火烧连营，即不发生山火进家并烧毁民房2户以上的森林火灾；无重大森林火灾，即不发生受害面积100公顷以上的森林火灾。

应急响应标准：应急预案分为一般（三级）（村级）、重大（二级）（乡镇级）、重特大（一级）（县级）。按发生火灾的程度来划分，每级预案又可划分为初级预案、紧急预案和危急预案三个级别。各级预案的划分标准见《临澧县森林火灾应急响应标准》（表12—7—1）。

表12—7—1 临澧县森林火灾应急响应标准

预案级别		三级预案	二级预案	一级预案
标准	火灾范围	村民小组内	村内	跨村
	毁林种类	杂草、灌木类	松、杉、杂木类	松、杉、杂木类
	火源周围连片面积	15亩内	15～150亩	150亩

预案启动程序：

一般（三级）预案的启动

由乡镇副指挥长电话报告县森林防火指挥部办公室。办公室主任接到火情报告后半个小时之内向常务副指挥长报告，并向乡镇副指挥长发布启动初级预案的命令。

县森林防火指挥部办公室人员到岗到位。

各乡镇森林防火指挥部负责人及办公室人员到岗到位。

村森林防火指挥部应急分队到岗到位。

重大（二级）预案的启动

由乡镇指挥长电话报告县森林防火指挥部办公室。办公室主任在15分钟之内报告县森林防火指挥部指挥长，并报市森林防火指挥部办公室，由指挥长对乡镇指挥长发布启动紧急预案命令。

县森林防火指挥部全体人员到岗到位。

各乡镇森林防火指挥部全体人员到岗到位。

本乡镇森林防火指挥部应急分队人员到岗到位。

县级森林防火指挥部应急分队人员聚集待命。

重特大（一级）预案的启动

由乡镇指挥长电话报告县森林防火指挥部办公室，办公室主任在5分钟之内报告县森林防火指挥部指挥长，并报市森林防火指挥部办公室。由县森林防火指挥部指挥长对乡镇指挥长发布启动紧急预案的命令。同时向县委、政府及市委、市政府分管领导、市森林防火指挥部指挥长请示报告。县电视台打出滚动字幕通知，号召全县人民紧急动员，自觉参加灭火战斗。

县森林防火指挥部全体人员到岗到位。

各乡镇森林防火指挥部全体人员到岗到位。

本乡镇森林防火应急分队到岗到位。

以失火点为中心，周边各乡镇应急分队按县防火指挥部的要求到岗到位。

县级森林防火应急分队人员到岗到位。

按照火情的发展，及时请求市森林防火指挥部增援。

防火网络建设 1998年以来，建立森林火灾防灾队伍，扑火专业队伍，实现扑火工具机具化。2007年，全县16个乡镇设有火情信息员150名，组建应急分队3支150名，有各类扑火工具，其中2号工具100把、砍刀200把、风力灭火器2台、割灌机2台、油锯10台、防火指挥车1辆。在10月1日至次年4月30日的森林防火期内，各乡镇森林防火办公室，各单位实行24小时值班，坚持火灾零报告制度，每天报一次情况。有灾报灾，无灾报平安。

2003年，建立林火预测预报网、森林火灾通讯网，1991年10月，在文家乡太浮山建立火情瞭望台1座，负责整个太浮山区的森林防火瞭望工作，构成森林火灾瞭望探测网。2003年，投入7万元在文家乡太浮山自然保护区新建了8.7公里防火带。县林业局积极规划建设生物防火隔离带，对退耕还林工程、长防林工程，在新造林时将森林消防基础设施建设和造林绿化同步规划设计、同步施工验收。2005～2006年，在太浮山建设林区森林防火带16.7公里，建立林火阻隔网。

重大森林火灾扑救

1991年11月2日，县太浮镇办太浮山林场发生山林火灾，县森林防火指挥部接到火灾报告后，立即向县委、政府领导报告，县领导按照临澧县特大森林火灾应急预案，立即通知杉板乡、文家乡、太浮镇、陈二乡、四新岗镇党委政府调动民兵800多人，县直60多个单位200多人共1000多人，调度大小车辆55台，向火场集结，按照火场地形、分兵打口，整体推进。由于火情报告及时，扑救人数多，灭火方案正确，经过10多个小时的奋力扑救，大火全部扑灭。挽回直接经济损失10万元。

2003年11月1日11时30分左右，县烽火乡分水村田家湾发生森林火灾。县森林防火指挥部接到火灾报警后，一方面指挥乡森林防火指挥部组织人员扑救，同时报告县委政府领导批准启动森林火灾一级响应措施。接到火险报告30分钟内，县直机关单位组织30多辆车，集结400多人，赶赴火灾现场。按应急预案调集修梅镇、杨板乡、柏枝乡、望城乡、停弦渡镇、四新岗镇1500人赶到火灾现场。县委书记吴友云、县长吴昂平等领导亲临现场指挥扑救。根据火情及时向常德市政府报告，19时30分，常德市市长陈君文、副市长刘春林组织100名武警和8辆消防车参与扑火。火灾于11月2日凌晨5时扑灭。由于救灾组织有力，挽回直接经济损失10万元。

2004年2月10日12时许，县杉板乡鸡公山发生森林火灾，火灾涉及杉板乡的新花村、月星村、青山村3个村。火灾发生后，乡森林防火指挥部在指挥全乡干部群众1000多人进行扑救的同时，向县、市级森林防火指挥部报告。县森林防火指挥部立即启动一级响应措施，紧急动员县直机关单位车辆100多台、人员890多人，县武警消防中队全体官兵赶赴火灾现场进行扑救。在市、县级森林防火指挥部指导下，经过2000多人16个多小时奋战将大火扑灭。挽回直接经济损失9万元。

第八节　疫病灾害防治

一、　卫生防病

爱国卫生　民国29年（1940）春，邻近县发生鼠疫，成立临澧县防御鼠疫委员会，县长任主任委员。全县开展灭蝇杀蚊，清除垃圾，清洁卫生等活动，防止鼠疫发生。

新中国成立后，1952～1955年县政府组织以消灭帝国主义撒播的56种细菌病毒、病虫为中心，开展五灭（臭虫、老鼠、苍蝇、蚊、虱）、一捕（捕杀狂犬）爱国卫生运动。1956～1981年，全县开展除害（臭虫、老鼠、苍蝇、蚊）、灭病（血吸虫病、疟疾、钩虫病、丝虫病）为中心的爱国卫生运动。1982～1986年开展以除“四害”为主要内容的爱国卫生活动，建立85名专职灭鼠队伍，控制了鼠源性疾病的传播与流行。1995年临澧县被省爱国卫生委员会评为卫生县城。1988～2007年县人民政府调整县爱国委员会班子，县长任主任，县委副书记、县人大副主任、县政协副主席任副主任，各有关部门主要负责人任成员，爱国委员会下设办公室，办公室主任由县卫生局局长兼任，办公室设县卫生局，办公室负责日常工作。每年县爱国卫生委员会与各单位签定卫生责任状，落实爱国卫生职责。

健康教育 1987年4月，县人民政府在原防疫站宣传科基础上，设立县级健康教育馆，制定《临澧县健康教育工作人员职责》，承担全县卫生知识宣传和疾病的调查，改变人们不良卫生习惯和行为，倡导科学的生活方式，提高全县人民身体素质。1988年健全健康教育网络，各乡镇、县直各单位设立一名健康教育宣传员，负责本辖区日常健康教育管理工作。1991年，针对性病发病情况，组成5人健康教育专业宣教队，到全县各行政、事业单位、工矿企业、学校等人口集聚地进行性病防治知识宣传。1990～2007年，与县电视台举办“卫生与健康”专题栏目，播放“农民健康教育音像资料制品”。1990年，组织专业人员开展临澧县农民生产生活现场调查，历时6个月，入户调查24376人，撰写的《临澧县农民疾病现状分析》在《中国卫生政策》杂志上发表。每年利用“4·25计划免疫宣传日”、“5·31无烟日”等宣传日，设立咨询台、开展卫生知识宣传日、周、月和卫生宣传“一条街”活动，宣传卫生科学防疫知识，提高人民卫生保健知识水平。

妇幼保健 妇科病查治。据县公安局登记，临澧解放前夕，城关镇有8名妓女，均染有性病。新中国成立后，娼妓被取缔，对原有妓女进行改造和安置。1951～1956年，各级医院对原有性病患者实行追踪治疗，均获痊愈，使性病绝迹。

1952年，开始对农村妇女“四期”（月经期、孕期、产期、哺乳期）的劳动保护，普遍推行“三调三不调”（月经期调干不调湿、孕期调轻不调重、哺乳期调近不调远）的劳动保护措施。为加强妇女在围产期（即妊娠28周时至产后7天内）的保健。1983年，在城关镇进行保健试点，1983年4月，分别举办全县各镇、公社卫生院妇幼专干和村级保健员围产期保健训练班。

1985年，各级医院均建立高危孕产妇抢救技术小组，共抢救高危孕产妇78人，成功率为78.2%。但有6个居住在分散、交通不便的边远山区乡村，因抢救不及，致使孕产妇死亡率超过规定控制指标。1980～1985年，有孕产妇28538人，死亡56人，年均死亡率万分之十九点六。1986年，临澧县以修梅乡为试点进行高危孕妇筛选、监护，筛选出56名高危孕妇，其中住院分娩23人，住院分娩率43.4%，监护率100%。是年，全县孕产妇死亡13人，主要是指产后出血、妊高征、妊娠合并内科病等。此后在全县范围对孕妇建立登记卡、发放保健册，开展产前检查，产后访视，并建立高危孕妇监护及管理档案。到2000年，全县孕产妇管理率达95.2%，住院分娩率达91.84%，高危孕妇住院分娩率达100%，孕产妇死亡1人。2003年孕产妇死亡率为零。2006～2007年孕产妇死亡率均低于省市标准。

1985年，全县开始妇科病查治。1990年开始，采取集中与分散的方法进行治疗。对全县育龄妇女落实一年四次的妇科病普查普治措施。1996年查出子宫脱垂149人，治疗124人，尿瘘2人均得到治疗。2000～2007年，妇科病普查普治率达到95%以上，患病率减低于30%，治疗率达到100%。

儿童保健 民国29～30年（1940～1941），共为25408人次种牛痘。民国35年（1946），天花流行，县政府支付天花疫苗12000元（法币），1～3月，免费为3746人种牛痘。

新中国成立后，从1950年起，先后3年普种牛痘，消灭天花。从1966年起，为预防结核病的传播，对全县7岁以上儿童普遍用卡介苗接种。1985年，按湖南省结核病防治卡介苗接种标准化的要求，改为新生婴儿皮内注射。1980年，对1～7岁儿童免费服用驱蛔虫药品。1986年开始，每年对0～7岁儿童开展一次健康体检、小儿多发病、传染病的防治及宣传，协助县卫生防疫站给儿童接种疫苗。1990年开始增设测身高、体重、视力、血色素、内外科检查等体检项目。1995年9月，县妇幼保健院率先挂牌"爱婴医院"。1996年，根据世界卫生组织《促进母乳喂养成功的十点措施》等文件精神，全县开展创"爱婴县"达标活动，要求医院制定母乳喟养的具体规定，在母婴所到之处张贴三个"十条"，医院设有母乳代用品销售广告或资料，80%的妇、儿科医生掌握母乳喂养知识。1998年底，县人民医院、县中医院、县妇幼保健院创建为"县爱婴医院"，新安镇、合口镇、四新岗镇，余市桥镇4个卫生院创建为"爱婴卫生院"。2004年5月县妇保健院成立儿童保健中心，开展为新生儿行为测定、新生儿游泳、婴儿抚触、高危儿筛查、智力测验、功能训练等服务项目。全县儿童体检率从1986年的35%上升到2007年的91.17%。

初级卫生保健　1988年，临澧被确定为全国初级卫生保健试点县。县政府成立县初级卫生保健委员会，制定《临澧县（1988～2000年）初级卫生保健战略规划》。乡（镇）政府和村（居）委员会相继成立初级保健委员会，制定本乡镇和村（居）民委员会初级卫生保健工作规划，在工作中，各级主要领导抓落实任务的措施，及时开展检查督查，培养典型。卫生部门抓技术服务，落实各级卫生保健指标。1988年10月，世界卫生组织官员和各省市分管卫生工作的副省长、副市长来临澧考察，对初级卫生保健工作给予了高度的评价。翌年3月，世界卫生组织、世界儿童福利基金会官员又来临澧评审计划免疫工作，认定临澧县已基本达到国家五部委（局）颁布的"2000年人人享有卫生保健"十三项指标。见《临澧县2000年人人享有卫生保健达标对照表》（表12—8—1）。

表12—8—1　　临澧县2000年人人享有卫生保健达标对照表

初级卫生保健指标数、指标完成值	指标数	指标完成值
1. 把初级卫生保健纳入县、乡（镇）政府工作目标和当地	100	100
2. 县乡政府年度卫生事业拨款占两级财政支出的比例（%）	8	8
3. 健康教育普及率（%）	65	98
4. A、行政村卫生室覆盖率（%）	95	95.37
B、甲级村卫生室占村卫生室比例（%）	50	50.58
5. 集资医疗保健覆盖率（%）	50	87.26
6. "安全卫生水"普及率（%）	70	71.60
7. 卫生厕所普及率（%）	45	46.6
8. 食品卫生合格率（%）	80	85
9. 婴儿死亡率每五年递降百分比（%）	15	18
10. 孕产数死亡率每五年递降百分比（%）	25	26
11. 儿童"四苗"单苗接种率（%）	85	96.67
12. 法定报告传染病发病率每五年递降百分比（%）	15	17
13. 血吸虫病患病率五年下降百分比（%）	20	基本达标

二、 防治体系

预防接种 境内预防接种从20世纪40年代开始，民国及以前，灾害疫病频繁，缺医少药，天花、霍乱、疟疾、痢疾等普遍流行。民国29～30年（1940～1941），国民党政府对全县53239人进行防疫注射，其中26831人注射霍乱疫苗。

新中国成立后，1950年起免费普种牛痘，后逐步扩大预防接种种类和数量。1950～1953年，全县培训种痘人员839人，组织种痘队伍2300人，3年接种普种牛痘疫苗40万人次，成为湖南省最早消灭天花的县份之一。1953年实施定龄种痘，规定初生儿、6岁、12岁、18岁4个年龄组的人种痘。1957年改为出生1个月和6个月婴儿种痘。1981年恢复到6岁、12岁、18岁3个年龄组人复种。1972年全县培训防治传染病技术员共468名，1979年复训329名。对7岁以内儿童建卡登记，全县49128人建卡，其中1岁4429人，2岁5083人，3岁7480人，4岁7090人，5岁7114人，6岁8661人，7岁9361人，占1～7岁儿童91.1%。全年共发放疫苗14.78万毫克，实际接种18.6万人，疫苗使用率为87%。

1986年，县财政拨专款2万元，购冷链设备370台件，添置疫苗运输车一辆。1987年5月22日在修梅公社、合口镇成功进行冷链试运转，6月首次进行全县运转。7月开始在全县公社建接种室、村建接种点，对学龄前儿童建卡、发证，掌握了学龄前儿童接种史，对卡介苗、脊灰糖丸疫苗、百白破疫苗、麻疹疫苗“四苗”接种全程管理，对不足量或接种史不清儿童全部进行补种。坚持以抓乡镇卫生院三室（防保办公室、冷链室、预防接种室）、村站接种点建设为目标，保证预防接种工作有序推进。1988年，麻疹疫苗接种率达91.9%、脊灰糖丸疫苗接种率达95.72%，百白破疫苗接种率达97.14%，卡介苗接种率达99.92%，“四苗”覆盖率达91.9%。是年6月，经湖南省、常德市卫生部门考核验收，全县计划免疫工作全面达标。1989年3月，经世界卫生组织、联合国儿童基金会、卫生部联合对全县17个乡镇30个村210名儿童进行随机抽样评审，确认全县“四苗”覆盖率达88.1%，卡介苗、脊灰糖丸疫苗、百白破疫苗、麻疹疫苗单苗接种分别为99.05%、95.24%、93.81%、96.19%，“四苗”发病率大幅度下降，均控制在部颁标准内。1996年1月20日，县人民政府制定《临澧县儿童计划免疫保偿制实施办法》，是年全县0～7岁儿童入保9118人，入保率38%，“四苗”单苗接种率100%。2000年后，全县卡介苗、脊灰糖丸疫苗、百白破疫苗、麻疹疫苗单苗接种率分别达99%、99%、99.5%、98.1%，“四苗”覆盖率达98.6%，人、卡、证相符率达100%。

疫病防治 境内历史上疫病仅记载霍乱、天花、赤痢等传染病。

传染病防治：清末至中华民国时期，传染病无系统记载。中华民国7年（1918），霍乱传入澧县。民国30年（1941）治疗31例天花患者，治愈12人、死亡19人。治愈6例赤痢。翌年上半年治愈12例霍乱。

新中国成立后，县人民政府重视传染病防治。解放初期，县级医院根据湖南省卫生厅的规定，搜集传染病患者的诊断及死亡人数，每10日上报1次。甲类烈性传染病包括鼠疫、霍乱、天花3种。乙类包括呼吸道、肠道、血液、体表及其他5类。对呼吸道传染病的防治，早期诊断发现，及时隔离治疗，控制传染病源，及时预防消毒，对住宅、车站、码头、娱乐场所，采用枫球、艾叶、苍木等烟熏消毒。

疟疾防治：境内处于中度疟区。1955年全县疟疾暴发，共发现8649例患者，占总人口3.17%。1956年冬至1957年春，按照疟疾防治方案，进行休止期防治，实行划片包干，由医务人员送药，监督口服，然后对漏查治人员进行补治。1956～1960年仅发生1例疟疾患者，此后也有小的起伏。1976年，组织医务人员逐村普查，发现717例患者，占总人口的1.88%。冬春组织医务人员到病人家分次送药口服，以根治疟疾。

伤寒、痢疾、病毒性肝炎等属肠道传染病防治：县政府除每年夏秋季加强卫生宣传外，还加强预防、早防早治、隔离治病，开展爱国卫生运动，清除垃圾和蚊蝇孳生场所，加强食品卫生管理，禁止出售腐烂变质食品，学校设立茶水缸，由学生自备茶水杯，以切断传染源。1981年，全县发生法定传染病12种，共发病1054例，占总人口的2.63%，死亡27例，占发病人数0.25%，与上年相比较，发病率下降43%，其中百日咳下降88.3%，流感下降11.9%，痢疾下降67.2%，传染性肝炎下降62.1%，流行性出血热下降42.8%。

脊髓灰质炎防治：新中国成立后，县政府加强脊髓灰质炎的防治。1974～1985年，全县未发生脊髓灰质炎。为控制脊灰炎病毒的传入，1993年3月20～25日强化免疫接种儿童14023名。1994年12月1～4日和1995年1月1～4日强化儿童进行两次免疫接种。此后，每年12月1～4日和次年的1月1～4日都对儿童进行两次免疫接种。每年接种1～2万人。1986～2003年，临澧县未发现脊灰病例。2000年9月，省卫生厅、市卫生局组织达标认证，临澧县达到消灭脊髓灰质炎的目标。

霍乱（二号病）防治：1941年境内治愈12例霍乱患者。1998年7月洪涝灾害后，8月18日，县三运公司在新安镇华运宾馆进行开业庆典，聚餐引发霍乱流行，20日，首例病人丁霞流动到长沙发病。波及城关镇、新安镇、合口镇、停弦渡镇，共发病3例，53人带菌。

职业病防治　新中国成立至1987年以前的职业病防治工作由防疫站以外其他科室综合开展，1987年成立劳动卫生科，安排专人从事职业防病工作。1987～2007年，共开展医疗卫生单位放射卫生监测324次，开展工业企业锅炉监测196次，开展建筑工地监测82次，体验检毒接尘工人2460人，并建立企业工人健康档案。

肺结核病防治　肺结核病俗称“痨病”，民国时期患病率达3%，死亡达200/10万以上，新中国成立后，1978年、1984年、1985年对部分乡镇普查、抽查、死亡人数达410万。1994年9月20日，临澧县启动世界银行贷款/英国赠款卫V结控项目。1994～2000年，接诊可疑病人3775人，胸透3498人，痰检3775人，拍片3074人，共发现活动性结核病人1774人，其中自费治疗涂阴结核病人359人，免费治管涂阴结核病人253人，免费治管新发涂阳结核病人466人，免费治管复治涂阳结核病人696人。2002年11月5日，临澧启动卫X项目，至2007年底，接诊可疑病人6570人，拍片5892人，发现活动性肺结核病1830人，全部免费进行系统治疗。

狂犬病防治　历史上政府对狂犬疫病防治措施不力。新中国成立后，县政府重视狂犬病防治，成立了由县长任组长，分管副县长任副组长，县广播电视局、县畜水产牧局、县财政局、县公安局、县药品质量监督局、县工商局、县卫生局、县疾控中心、县城市管理局等单位主要负责人为成员的领导小组。制定县狂犬病防治方案，每年组织2次打狗活动，捕杀野犬、狂犬。县畜牧水产局做好犬只免疫接种、登记和动物免疫牌、证的发放。疾控中心做好防治知识宣传，对犬只等动物咬、抓伤的人员进行免疫接种及狂犬病人的流调和处理。1975年以前狂犬病病情资料不详。1975～1982年狂犬病发病65例，死亡65人。2005年狂犬病发病2例，死亡2人。2006年免疫接种犬只等动物咬伤3243人，发放“狂犬病警示”宣传单数万份，流调病例2例，是年发病2例，死亡2人。2007年发病1例，死亡1人。

其他疾病

麻风病。1952～1965年累计发病9例，治愈6例，死亡3例。1986年起推行联合化疗，多菌型米B服用利福平600毫克，每月1次（监服），B663300毫克，每月1次（监服），每日50毫克（自服），DDS每日100毫克至细菌转阴，少菌型PB服用利福平600毫克，每月1次，DDS100毫克每日1

次自服。1995年后再未发现此类病人，全县达到“基本消灭麻风病”标准。

三、 血吸虫病防治

疫区分布 民国时期，澧水北岸血吸虫病危害严重。1939年，合口、新安、团山3乡死于血吸虫病者达1900余人，其中有410户绝户。澹水为钉螺之源，沿河两岸的人民深受其害。仅新安樟木农业社就有456人患血吸虫病，占总人口的65.1%，死亡256人。潘台村在民国33～38年（1944～1949）6年中死亡256人，其中37户绝户。

新中国成立后，1955年在樟木岗首次发现钉螺，粪检52人有32人患血吸虫病。1956年，经过全面普查，发现澧水和道水两岸9个乡镇、72个农业社、767个村流行血吸虫病。20世纪70～80年代中期，通过开展多次灭螺人民战争和开展血吸虫病的群防群治，疫区范围缩小并相对稳定。有螺社镇由合口公社、新安公社、官亭公社、九里公社、停弦渡公社、杉板公社、佘市公社、文家公社74个大队减少到2003年的4个乡镇18个村。1986年前原疫区居住人口16万人，2003年缩小后的疫区居住人口9万余人。原非疫区乡镇没有成为新的疫区，通过每年的血吸虫病普查未发现新感染患者。

普查与防治 1956年3月，成立中共临澧县委防治血吸虫病领导小组和血防办公室，定编19名，在新安、合口分设防治小组。5月，组成4个小组，历时34天，对澧水北岸13个农业社19443人进行应用血吸虫病抗原皮内试验病情普查，发现属阳性7848人，阳性率达40.40%，其中阳性率达50%以上的乡3个、40%以上的乡4个、30%以上的乡4个、30%以下的乡1个、15%以下的乡1个。9月中旬至10月初，由县血防办在砚水、枣木、新安3乡与新安镇、合口镇举行大型流动展览18场次，内容包括：血防方针、血吸虫子生活史及传播条件；流行概况、感染的主要途径，今昔时比；血吸虫病影响生产、生活、生存、生命的情况，及治疗前后的典型对比；预防措施与治疗方法等。参观展览达9819人，反映十分强烈，第一批收治30例病人，以摸索防治经验。

1957～1958年，组织6个查治小组下乡，两年粪检91163人，发现有5439人有血吸虫病史，发病率为5.97%，除晚期夹杂症、孕妇485人外，全部接受治疗。1958年5月，由血防办主任刘禄德带领的4人小组，在枣木乡龙岗合作社做治疗高效试验，用1%酒石酸锑钾“三日”疗法，一次收治292人，3日6次注射完总服药量，全部安全出院。为加强粪便管理，全县在疫区共建505个贮粪池，指定53人管粪。饮水和用水，采取竖立标志，严格分开。由于临澧防治血吸虫病取得很大成绩，湖南省第七次血防工作会议在临澧召开。1958年宣布全县消灭血吸虫病。是年11月，将血防领导小组与爱国卫生运动委员会合并，改称“除害灭病领导小组”。因机构撤销，血防工作处于停滞状态。1960年4月，常德地区血防组在新合龙岗大队11条沟渠中，检查1022框，取出活钉螺1515只，最高密度每平方市尺124只；在1、2、3、7生产队，采用沉淀法。镜检992人的粪便，其中有139人为阳性，阳性率为14%。

1963年3月，临澧县恢复“血防领导小组”和第一血防组。通过全面复查，全县发现有螺面积1241亩，分布于8个公社、58个大队、502个生产队。1969～1970年，累计查病15.42万人次，有血吸虫病患者2473人，共治疗1997人。1970年以后，疫区居民的血吸虫病阳性率降到1%以下，查病方法改为粪便沉淀集卵、直肠活组织检查、粪便孵化“三结合”综合查病方法，提高查病准确率。采取普查、对象化检查等方法，以直肠活组织检查阳性或环卵试验环成率＞5%，反应强度在（＋＋）以上确诊为血吸虫病。1978年春节期间，抽调县人民医院、中医院、官亭、新安、九里公社卫生院医务人员，组织42个治疗点，集中对122个病人突击治疗，达到人人安全出院。全县累计检查186.34万人次，疫区居民平均每人接受检查15次以上，治疗25953人次、人均治2.25次。在血吸虫病患者中有394人属各类晚期病人，占总患者的2.1%，经过反复治疗，基本恢复健康。同时，还治疗染病耕牛2116头次，到1979年后，全县再未检查出患血吸虫病的疫牛。

1994年6月，县血防院会同常德市血防院开展对居民粪检调查。主要范围在合口镇双龙村和大云村，有螺沟的两侧病源实际检查321人，占应检的71.49%，结果未发现血吸虫卵。检查两村耕牛9头，粪便化疗7头，未发现血吸虫卵。1994～1997年，国务院在常德开展血防项目试点工作，临澧县属试点项目县之一。四年时间，重点围绕国务院试点工作，世界银行贷款项目工作以及迎国检达国标工作开展查病治病。组织血防医务人员累计查病12万人次，查出全县血吸虫病人397例，治疗245人次，晚期血吸虫病人31例。1997年10月，国家卫生部地病控制司司长王环增率农业部、林业部、水电部、卫生部、财政部、计划委员会有关人员，以及省、市党政部门、业务部门负责人，到临澧检查血吸虫查病治病工作，按国家血吸虫病传播阻断标准进行检查，认定为达标。1998～2000年，开展血防病情监测。组织干部、村民、在校学生、医务人员共2100人次到疫区乡镇和疫区村查病。查病范围扩大到非疫区的9个乡镇，累计查病22658人，查出病人18人，均得到治疗。2001～2003年，三年累计查病24379人次，查出阳性病人244例，收治慢性血吸虫病人314例，其中晚期血吸虫病人38例。

2007年，全县尚有8个流行乡镇86个流行村，流行村人口13万人，流行村人口数占全县总人口数30.2%，现有急性、慢性、晚期血吸虫病人346例，其中慢性血吸虫病302人，晚期血吸虫病44人，其中巨脾型10例、腹水型19例。尚存钉螺面积2479.74千平方米，分布于合口镇、新安镇、佘市桥镇、官亭乡、九里乡、杉板乡6个乡镇的51个村。

灭　螺　1956年9月，组织20个专业人员，分4组调查螺情1个月，抽样调查5个大乡25个高级社1809条沟渠、3514口堰塘及部分稻田，采取10米一框，交错调查，其中840条沟渠、155口堰塘和5丘稻田，发现钉螺，有螺面积3504.5亩，最高密度每平方尺有钉螺328只。澹水、溯水两岸的潘台、古城、新河、龙岗、楠桥、彭市、枣木、岩桥、邱桥、伏牛等农业社，钉螺密度高。血防二组首次在砚水乡陈湖农业社，做铲草皮、土埋与火烧钉螺的效果观察，在117框内检查，有钉螺72个，铲草皮后，只发现活螺17个，灭螺率为74.4%；土埋的4框有钉螺29个，火烧的3框有钉螺14个，最后检查已无活螺，灭螺率均为100%。

1957年，进行第二次大规模查螺，在启祥乡的启祥、陈泗、高桥，文家乡的官岭，停弦渡乡的山洲、九龙，杉板乡的杉板、白洋、坪山，九里乡的九里、涔南、潭河等农业社和新安镇发现钉螺，有螺面积852.5亩，全县有螺面积上升到4357亩，流行区增加到38个农业社和新安镇。全县共投工6.6万个，采取开新沟填旧沟、裁弯取直、土埋、火烧、人工捕螺等方法，反复灭螺4941亩，严重疫区枣木乡潘台农业社，新开渠3条，埋掉旧沟渠33条，覆盖有螺面积44.7亩，扩大耕地30亩。经省、地、县三级3次检查验收，均未发现钉螺，成为第一个消灭钉螺的农业社。

1963年，恢复县血防领导小组后，组织技术力量到疫区全面复查，查出有螺面积1241亩，分布于8个公社、58个大队、502个生产队。是年冬，采用亚砒酸钙和石灰氮在新安公社的梁冯、樟木大队做灭螺试验。1964年，投工6500多个，在新合公社的金龙、白合、楠桥、金岗等大队办灭螺试点，埋旧沟25条，灭螺85亩。截至1966年，共灭螺478亩。在1966年后的“文化革命”高潮的几年中，血防工作再度处于低潮。1970年，根据中共中央2号、49号文件精神，临澧再掀灭螺高潮。3～4月，疫区成立灭螺指挥部，调动4.6万多劳力，投工59.2万多个，埋掉沟渠69条、堰塘206口，覆盖有螺面积3000多亩，新扩耕地670亩。5月，全县基本消灭钉螺。是年，《湖南日报》报道临澧基本消灭血吸虫病。

20世纪50年代，以铲草皮灭螺为主。60年代，以药物杀灭为主。70年代，以土埋灭螺为主。80年代，则采用药杀与土埋综合治理。30年累计灭螺24913亩次，到1985年，全县土埋面积3847亩，占有螺面积85%。过去是钉螺重灾区的5个乡（镇）、88个村，连续5年反复查找，再未查到一个钉螺。

1971～1985年，进入彻底消灭钉螺的阶段，结合农田基本建设，大打消灭钉螺孳生地歼灭战。其间，先后4次整土治水，土埋澹水、溯水、潭河沟、洪家垱、毕家垱、洗马垱、野鸭垱、新溪沟等10多条主沟，共处理原有螺面积4102亩，新扩耕地300多亩。

1986～1992年，8个疫区乡镇减少到4个乡镇，钉螺面积由4604亩减少到240亩。1992年回升到881亩，1994年回升到991亩。扩散到合口镇、佘市桥镇、文家乡、官亭乡、九里乡5个乡镇。1995年6月，常德市血防办专家到临澧县开展螺情调查。对有螺而未改造环境的合口镇双龙村、大云村、三合村、金龙村进行钉螺定性调查，共拾钉螺2310只，解剖活螺2309只、死螺1只，无感染性钉螺，仅有3只含有单尾蚴的钉螺（鸟类血吸虫尾蚴）。同时新发现临澧县原有螺区出现钉螺，密度较高，最高密度在100只/0.11平方米以上。回升原因是监测不力、处理不细，灭螺季节灌渠内残存钉螺流入支沟稻田，另外新老沟交接处复杂，钉螺随水系扩散。1994～1997年，临澧县被国务院确定为消灭血吸虫病项目试点县之后，血防工作实行县、乡、村三级垂直管理，县直各部门实行横向管理，均签订责任状。普遍开展血防教育，配置专门人员、设备，设立宣传牌、禁牌、告诫群众遵守《血防条例》，利用广播、电影、录像、文艺等宣传手段宣传血防知识，增强血防意识。1994～1995年，在新安血防院建立血防培训基地，培训“五民”、“两员”（牧民、樵民、船民、渔民、鸭民、护林员、护堤员），同时在学校开展血防教育。三年血防总投资683万元。1995年，合口镇发动劳力30000余人开展灭螺战。采取沟渠开新填旧、水泥硬化、开挖鱼池、改造低洼沼泽地、土埋药杀等方法。当年经自查，发现仍未达到消灭血吸虫病标准，县政府即向省政府呈报《关于1995年难以实现血防达标的报告》。1996年，以合口镇、佘市桥镇为重点、难点，实行“集中劳力、分段歼灭、落实责任、限期达标”的措施，成立灭螺专业队，负责在灭螺大战之后遗留下来的钉螺死角、桥涵、底涵、新老沟交替处、石洞、石缝等复杂环境及可疑地段查漏灭螺，达到消灭钉螺标准。1997年4月28日，临澧县人民政府呈报《关于消灭血吸虫病达标验收的请示》，同年10月，国务院组织相关领导、专家验收，宣告临澧县为达标县。1999～2000年县血防办开展春秋季监测查螺，发现合口镇、新安镇、佘市桥镇、官亭乡4个乡镇18个村63处又有新的钉螺点。2002年，临澧县被评为全省血吸虫病防治工作先进县。

四、重大灾害疫病防治

新中国成立后，每当发生重大自然灾害后，县政府及时组织医务人员开展救灾防病。特别是20世纪90年代后，全面加强救灾防病工作。1997年，县卫生局制定《临澧县重大灾害救灾防病工作方案》。1998年修订印发《临澧县救灾防病应急预案》，成立救灾防病领导小组。县卫生局局长乔光泉任组长，副局长周绍顺任副组长，卫生局班子成员、县人民医院、县中医院、县妇保院、县防疫站、各乡镇卫生院负责人为成员。配备3台救灾防病车辆，10个应急机动包，储备防大灾的消毒药品、钩体疫苗、品胺消毒粉、敌敌畏、漂白精粉、漂白精片、络合碘、“99”消毒液，组建15支医疗救护队。在灾害发生前利用广播、电视及召开乡镇卫生院长、防疫专干会议进行宣传、宣讲传染病防治法、防治方案和措施。加强卫生监督管理，县卫生执法大队严格按传染病防治法、食品卫生法，加大管理监督力度，保证全县人民卫生健康安全。

疫情信息管理。县卫生防疫站从1976年起设疟疾观察室，系统整理气象、病理学、传染源、蚊媒调查及疟疾等资料，进行专题分析研讨。1986年建立县、乡两级疫情报告网络。各乡镇卫生院和县直医疗机构设立一名疫情报告员，坚持24小时值班。落实以霍乱为重点的肠道传染病防治与监测。乡镇卫生院每年4月份开设肠道门诊，县直医疗机构常年开设肠道门诊，坚持“逢泻必检，逢疑必报”。实施免疫接种，控制传染病发生。落实以结核病为主的慢性传染病防治。县卫生防疫站加强以防霍乱为主的肠道传染病和出血热、钩体等病预防监测，及时准确报告疫情。

2003年县人民政府制订《临澧县公共卫生应急预案》。成立县级救灾防治指挥部，规定疫病防治的工作职责，实行对救灾防病工作规范管理。

1991年重特大洪涝灾害救灾防病

7月，境内普降大到暴雨，新安镇、合口镇、停弦渡镇、烽火乡等发生重特大洪涝灾害。洪涝灾害发生后，县卫生局组织医疗和防疫部门抽调40多名专业技术人员，组成4个救灾防病小组到抗洪抢险第一线，深入受灾严重的乡镇、村、组，指导抗洪抢险人员和村民开展外环境消毒、饮用水消毒和防病知识宣传，发放10多万元的消毒液、饮用水消毒片、皮康王等消毒防病药物。对全县特别是受灾乡镇的食品卫生进行监测、整顿，加强受灾区域内部和外部的环境监测，由于防控措施落实，受灾乡镇没有出现1起传染病流行，也未出现一起食物中毒。

1998年重特大洪涝灾害救灾防病

7月，境内发生特大洪涝灾害。8月18日在新安镇华运宾馆开业庆典聚餐引发霍乱疫情，确诊霍乱病人3例，霍乱健康带菌者53例。灾情、疫情发生后，全县实施省市98卫生防疫大行动方案。

救灾防病：　7月22～24日，发生重特大洪涝灾害。7月20日，县卫生系统按照《临澧县救灾防病应急预案》，成立救灾防病领导小组，由局长乔光泉任组长，副局长邢协鹏、柏少平、周绍顺任副组长，县直有关医疗单位负责人参加，负责救灾防病的指挥、协调、督查工作。落实救灾防病负责制，分别组建了医疗组、防疫组、救援组、值班联络组、信息综合组，明确12名副科级以上干部分别负责重灾区新安镇、烽火乡、停弦渡镇的灾后防疫、医疗救护工作以及防汛值班工作。抽调县卫生局10名中层骨干常驻重灾区，组织医疗分队和防疫分队防病治病、包干负责。从7月23日至8月1日，共组织34支医疗分队和11支防疫分队共160余名队员深入灾区，诊治病人18543人，免费供应医疗救护药品30余万元，为灾民预防接种18666人，消毒7629户，水井42口，免费投放防疫药品8.9万元，印发灾后疫病防治资料1.2万余份。

98防疫行动。7月13日，湖南省召开98卫生防疫大行动电视电话会议，根据会议精神，7月13日成立了由县委副书记刘兴国任组长，副县长刘正岚任副组长，县公安局、县工商局、县城市管理局、县交通局、县卫生局、县教育局、县建设局等部门负责人为成员的灾后救灾防病领导小组，负责灾后救灾防病的指挥、协调、组织、督查工作。8月22日，境内发生霍乱疫情，县政府成立由县长吴生元任指挥长，县委副书记杨翠志、县委宣传部长夏松林、人大副主任石瑞玉、副县长刘正岚、县政协副主席唐生孝、卫生局长乔光泉等同志任副指挥长的二号病防治指挥部，指挥部下设办公室，由乔光泉任办公室主任。指挥部从县公安局、县工商局、县交通局、县建设局、县环保局、县广播电视局、县城市管理局、县委办公室、县政府办公室各抽调一名任实职的副科级以上干部到指挥部联合办公。指挥部和全县各建制单位均实行24小时值班。县委、县政府先后制定下发了《关于加强急性肠道传染病防治工作的紧急通知》《关于进一步严格二号病防治领导责任制的通知》《关于迅速防止二号病发生流行的紧急通知》《关于加强全县各类学校和幼儿园二号病防治的紧急通知》，制订《临澧县'98卫生防疫大行动方案》。各乡镇（区）建立相应的指挥机构，制订'98公共卫生应急方案，确定乡（镇）村两级行政负责人为第一责任人，并确立一名专职人员。

落实方案。根据省市'98卫生防疫大行动工作部署和临澧县'98防疫行动方案，7月14～15日，县、乡各级层层召开会议，将'98卫生防疫大行动的精神传达到县、乡、村三级干部和群众。8月发生疫情后，县长吴生元同志坚持每天召开一次霍乱病防治指挥部成员会议，会商疫情、研究对策、部署工作、分工负责。县救灾防病指挥部除一名副指挥长留守指挥部处理紧急情况外，其余副指挥长到重疫区乡镇指挥防病工作。8月23日，县长吴生元召开部门负责人、乡镇党委书记紧急会议，下达任务，落实责任人。25日召开县直各建制单位负责人、城关镇各居委会主任及望城乡各有关单位、居委会负责人参加的千人人民代表大会，号召全县人民紧急行动起来，共同打好急性肠道传染病防治的防疫战。先后召开4次各乡镇卫生院院长、县直医疗卫生单位主要负责人紧急会议，分别签订二号病防治责任书，落实各自责任。召开3次疫区乡镇及在华运酒楼就餐人员单位负责人会议，使内环境检索工作迅速深入开展。全县18个乡镇（区）分别召开各级各类专门会议50多次，明确霍乱防治工作责任。

防疫宣传。县救灾防病指挥部在县电台、县电视台开办98防疫大行动专题节目。共播放宣传标语1560条次、专家访谈8次、通告3条28次、县长电视讲话8次、霍乱病防治知识6次、其他新闻38条次。组织131人次医疗队员下乡开展防病扑疫活动。从县直医疗单位抽调100余人与乡镇抽调的150余名医务人员下乡深入村、组、户，开展为期5天的急性肠道传染病防治知识宣传。全县设立急性肠道传染病防治咨询点68个，印发宣传资料13万余份发放到农户，出动宣传车58台次、书写标语367条，举办宣传栏343期。通过广泛深入的宣传，使群众对急性肠道传染病的防治知晓率达到了100%。

依法监管。在防疫行动中，县政府发布“四禁止”（禁止集餐、赈酒；禁止夜市；禁止街头早餐；禁止冷饮）通告。组织警力20余名、抽调卫生执法人员10人、城管执法人员8人在城关镇坚持综合执法，日夜巡逻，坚决禁止集餐、赈酒，坚决取缔所有餐馆、早点、冷饮，其他乡镇农村集餐、赈酒、餐馆、早点店及路边店也一律禁止。朝林酒家在禁期顶风赈酒，对酒店老板给予行政拘留15天、罚款2万元、停业整顿一个月的处罚，并责成宴请者给所有的集餐者买药服用。

疫情监测。全县组成6个指挥督导组。政法委抽调1名副书记、配备公安干警12人负责霍乱病人和霍乱健康带菌者的强制隔离、住院治疗。宣传部抽调1名常务副部长、配备26名医务人员负责对华运酒楼就餐者及与就餐者密切接触人员进行采样检索。公安局抽调1名副局长、配备干警6人负责对华运酒楼进行疫区封锁。政府办抽调1名副主任，负责对华运酒楼所有进餐者立案。21日23时，在接到省卫生防疫站通知后，立即组织一个追索组连夜对18～21日在华运酒楼就餐者进行调查摸底，根据华运酒楼提供的线索迅速通知单位，22日7时召开就餐人员单位负责人会议，并追索就餐人员，其中县城参加就餐的有28个单位、84人。追索工作人员于上午8时开始行动，12时前将全部人追索到位。对无固定单位的人员，采取连锁式追踪的办法，经过连续3天3夜的艰苦工作，于24日18时将82名在华运酒楼就餐者全部追索到位。对追到的在华运酒楼就餐的外县人员迅速通知到所在县的卫生防疫站检查，保证不漏1个重点对象。从组织部抽调1名常务副部长，配备县公安局、县工商局、城管、卫生等部门执法人员60余名，负责食品卫生执法整顿。从防疫站抽调1名业务副站长，配备10余名卫生防疫人员负责所在疫点消毒处理和流行病学调查，在封锁控制疫区的同时，对华运酒楼进行环境消毒处理，并对53名霍乱健康带菌者和3名霍乱病人活动的全部场所进行消毒。截至9月3日，共检索内环境7025余份（所有在华运酒楼就餐的382名人员全部进行了检索），发出报告6157份；3名霍乱病人和53名健康带菌者均以强制隔离治疗并全部连续三次粪检转阴出院。疫点、疫区消毒任务全部完成；积极开展全民预防服药。全县所有成建制单位均由单位统一购买药品，分发到干部职工及家庭所有成员，并对服药人员登记造册，以备督查。对农村群众采取以村为单位统一购买分组按人分发，或采取乡村医生逐户送药的方法，确保药品投放率达到100％。为保证该项工作的顺利进行，全县抽调了18个副科级以上干部和87名工作人员组成18个工作组督导各乡镇（区），工作中以8项任务为目标，到村入户、随机抽查、检查落实。工作结束后，由带队负责人向县霍乱防治指挥部签字保证。督导组长每天向指挥部电话汇报解决问题的情况，乡镇干部也包干到村到组，村干部包组包户，与医务人员一道送药上门，做到看服到口、服后再走，全县乡镇预防服药率达到100％。

流动人口管理。工商部门加强市场流动人口管理。(1)在市场开展霍乱防治知识宣传。(2)由工商局出资买药，统一组织发放药品、督促服药。(3)交通部门加强列车旅客及公路旅客管理，对上车的旅客坚持先买药再买票，对下车旅客坚持下车即买药服用。(4)交通部门与卫生部门坚持对湘运、社会客运车辆每天消毒一次并贴上已消毒标志，未经消毒车辆不得营运。通过这些措施，既防止本县疫源传到外地，也防止外来疫源传入临澧。突击开展爱国卫生运动月活动，狠抓垃圾清运，并由县防疫站免费供应环境消毒药品。县城关镇各单位按统一时间、统一要求对本单位环境进行消毒，消灭蚊蝇滋生场所，阻断传播途径。卫生防疫站加强饮水卫生管理，加强水质监测，每天对城关自来水厂水质进行三次抽检，并在县电视台每天公布监测结果。对农村自来水厂则每厂派2名人员监督加氯消毒，保证农村自来水厂饮水质量。对条件较差、整改不能达到要求的水厂实行关闭。对居民个人饮水，采用漂白精片消毒，全县共投放漂白精片30余万片。加强药品执法监督，确定霍乱防治药品定点批发单位，严格药品采购渠道，对定点批发药品实行逐批次送检，杜绝假劣药品流入。抽调10名药检人员组成药品监督执法队，对全县药品经营、使用单位进行拉网式检查，监督管理药品质量和价格。设立举报电话，严厉查处药品违法案件。

防疫扑疫：根据卫生防疫大行动方案，县防疫站成立流调组、消毒组、检验组、预防组、卫生监督检查组、后勤保障组，隔离治疗病人和带菌者。按疫病防治预案，对感染群众普遍进行预防接种和预防服药。消毒被污染的内、外环境，开展环境卫生清理和食品卫生整治。

8月21日22：30分机动队员赶到新安镇华运酒楼，采取三项措施。(1)华运酒楼餐厅部、舞厅、美容美发厅、住宿部立即停止营业；(2)新安镇政府安排派出所对华运楼实行封锁，工作人员不得随意出入；(3)对18日开业庆典就餐人员进行跟踪调查。

根据县“二号病”防治指挥的规定，卫生防疫站站长徐遵安宣布：新安镇政府负责华运楼封锁，新安镇水厂供水水质要严格进行消毒，确保生活饮用水安全、卫生，并保证疫点疫区用水需要。防疫站对餐厅服务员、工作人员、住宿人员、餐具、茶具、饮料冰箱进行二号病检索。三运公司找到记账人员，建立就餐人员花名册。按照《湖南省霍乱疫情处理规程》立即封锁疫点，隔离病人，搞好疫点处理，开展疫源检索和流行病学调查。

8月22～24日检索结果表明，三运公司（华运楼）黄开清、程顺德、宋强华、裴祖怀、王先平、程联元、顿小凡、裴祖长、万方玉、万方海、李建华、王金玉、于益恒、裴德福、辛继炎、唐金娥、廖菊梅、赵海清、彭杰19人检测结果阳性，为健康带菌者，当即全部送到新安中心卫生院进行隔离治疗。防疫站对封锁在华运楼的工作人员就餐、茶具等的采样，共采样230次。连续8天对华运楼进行消毒处理，用去99消毒液39件，敌敌畏11瓶，漂白精5瓶，速消净30包。封锁期内，连续三次对内、外环境全面检测，8月28中午对留观人员三次检查均为阴性者放行。期间，共开展流行病学调查5147人次，填写个案调查表3500份，内环境检索5197份，外环境检索4161份，发放20余万元预防药物，处理疫点428个，消耗药物218件，发宣传单12000份；检测城关、新安、合口中小学生2681人次，检测新安饮食从业人员518人。9月21日接二号病防治指挥部指示，解除对华运楼封锁。

建立肠道门诊。从7月下旬至8月底，全县17个乡镇卫生院、6家县直医疗单位按“四专两有”标准，配套了肠道门诊并全部开放。为做好二号病病人和二号病健康带菌者的隔离治疗，投入资金3万余元在新安镇卫生院、合口镇第二人民医院、县人民医院建设了高标准隔离病房。建立疫情报告制度，疫情期间，卫生系统各单位均坚持24小时值班，肠道门诊做到逢泻必检、逢疑必报。制定并组织实施霍乱防治操作规程和霍乱防治技术服务方案，开展防治机动实战演练，提高了应急水平。

在这次救灾防病战斗中，卫生系统干部职工日以继夜，工作在救灾防病一线。局长乔光泉，副局长邢协鹏、柏少平、周绍顺等同志从洪涝灾害发生之日起战斗在救灾防病一线。县人民医院赴青山医疗队在道路被洪水淹没、交通中断，车辆无法通行的情况下，副院长龚立大带领4名医疗队员手拉手，背着急救药箱，冒雨摸黑涉水渡过两条长1000多米、高40余米的渡槽，经4个小时的艰难跋涉，赶到灾区，为5名孕妇做紧急救护，为其他灾民诊病防病。医政股长郭克友妻弟农药中毒在医院急救，迫切需要他护理，毅然舍小家、顾大家，在接到救灾防病任务后迅速赶往安乡灾区，连续作战72个小时。县中医院医生张文宗在老家烽火房屋倒塌，65岁高龄双亲需要照顾的时候，只给妻子嘱托几句，就毅然背上药箱，奔赴受灾严重的灾区停弦渡山洲垸为灾民服务。内科医生朱拥军连续在山洲战斗5天5夜，身体极度疲倦，迫切需要休息，接到赴安乡救灾指令，立即赶赴安乡，终因劳累，晕倒在安乡大堤，经同队医生紧急救治后，仍坚持战斗到指挥部下达撤退命令的最后一刻，才回院接受治疗。县防疫站副站长刘宗武为做好灾后疫病防治，连续5天在烽火为灾民提供防疫服务，在防疫船只搁滩的情况下，下到齐颈部的水中推船前进，为灾民送去消毒药品。县妇保院副院长夏永胜驻扎烽火4天4夜，日日夜夜坚守工作岗位，尽管自己患上重感冒，胸痛腹泻，坚持始终如一，深入灾区，走村串户为灾民救治，仅7月24日一天就走遍了5个村，救治病人400余人，并在救灾一线度过了他36岁的生日。新安卫生院王柏林、谢超贵，停弦渡卫生院赵跃进、张运烽，烽火卫生院彭小林等等也是这次救灾防病战斗中成绩突出的代表。

2003年“非典”防治

2003年4月中旬，全国发生“非典型性肺炎”疫情（简称“非典”或SARS）。

是年4～6月，县委、县政府本着对人民群众身体健康和生命安全高度负责的态度，坚持科学决策、科学部署防治，沉着应对，果断决策，取得了防治“非典”胜利。

建立机构：4月18日市委、市政府召开防治“非典”工作紧急会议后，当晚召开县委常委扩大会，专题研究部署“非典”防治工作。成立县防治“非典”指挥部，县委书记任政委，县长任指挥长，分管卫生的县委副书记、县人大副主任、县政府副县长、县政协副主席任副指挥长。指挥部下设6个工作组和1个网站，负责全县防治“非典”的组织协调、决策指挥和督促落实。制订“非典”防治应急预案，规定县直各单位和乡镇人民政府的工作职责。全县抽调130多人组成卫生执法、药品监督、物价监管、交警交通监控、文化稽查、市容监管等专业队伍，负责全天候的监督检查和处理“非典”防治中各的种问题。5月9～15日，全县集中抽调370名县直单位和乡镇干部进驻农村开展“非典”防治工作。县直各单位和各乡镇成立了“非典”防治指挥机构。

制定制度：(1)日会商制度。县指挥部、各乡镇和县直各单位指挥机构，建立由政委或指挥长主持的一日一碰头例会制度，听取前一天工作情况，会商解决出现的困难和问题，安排当天的防治“非典”工作。(2)督查整改制度。县指挥部组成由县级领导带队的4个督查组和两个暗访组。每天巡回明察暗访，发现问题，及时督促整改。(3)责任追究制度。明确县指挥部指挥长负总责，副指挥具体负责，各乡镇、县直各单位“一把手”负责。县卫生局、县交通局、县公安局、县教育局、县文化局、县工商局、县财政局等职能部门按预案履行职责。明确各级指挥部各级责任人的责任，乡镇指挥部的常务副指挥长、乡镇卫生院院长、乡村医生的职责。县、乡、村各级层层签订责任状，实行责任追究。

严肃纪律：制定“非典”防治“六个不准”、“六个严肃查处”的工作纪律。“六个不准”：(1)防治“非典”期间所有干部不准外出；(2)不准举行大型活动；(3)不准召开大型会议；(4)不准酗酒；(5)不准聚会、打牌；(6)不准通宵达旦娱乐和不准随便串门。“六个严肃查处”：(1)不履行工作职责严肃查处；(2)不服从工作安排严肃查处；(3)值班期间脱岗严肃查处；(4)信息上报不及时严肃查处；(5)执行职责不力严肃查处；(6)按法律要求应强制执行的不强制执行严肃查处。防治“非典”期间，先后对6名工作责任不落实的干部给予纪律处分，对2名工作不力的乡镇和县直单位主要负责人给予通报批评，对个别履行职责不到位的县直单位给予公开曝光，对4名造谣传谣、扰乱社会治安的个人给予治安拘留。确保防治“非典”工作有序高效运转。

重点监控：(1)重点监控交通入口。全县抽调30多名医务人员，40多名干警在石长铁路临澧火车站、枝柳铁路新安火车站、湘运汽车站、县城汽车站等地设立了4个防治“非典”检查站，对流入人口进行登记、检查，为“三外”人员监控提供依据。对县境内国道、省道沿线设立了流动检查站，加强对过境车辆的疫情监测。(2)重点监控“三外”人员。按照“回家隔离、杜绝接触、家人回避、干部监控”的16字方针，建立了县级领导包乡镇、乡镇干部包村、村组干部包组、农村党员联户、1名医务人员监控1名“三外”人员的措施，及时调查情况，及时登记造册，及时上门体检，及时上报上网，及时面向社会公示，及时落实监控措施。特别是对来自北京人员，在第一时间落实监控。防治期间全县共接收“三外”人员11656人，其中外出返乡人员9786人，外地来临人员1870人，建立了“三包一联”责任制，建立了“四控一”台账，落实了监控措施，没有发生一起失控、漏控现象。(3)重点监控发热病人。县指挥部规定县、乡医疗机构设立发热门诊，发热病人只能在发热门诊就诊，严禁私人诊所和其他非发热门诊接诊发热病人。严格按医学观察诊断标准确定发热病人是否留院观察，实行发热病人一天一报，留院观察病人随到随报制度，发热病人实行重点监控。全县共接诊发热病人1530人，累计留院观察91人。(4)积极预防治疗。为防止“非典”疫情的传染。县疾控中心实行24小时值班制度，应急处置机动队员集中待命，防治期间共出动车辆200多台次，人员300多人次，到达疫情现场72次，排查发热病人300多人次，其中医学观察3例，进行了流行病调查，并写出了流行病调查报告，及时对环境进行预防性消毒，防止疫情传播和蔓延。

群防群控：(1)开展全方位的宣传。防治工作期间，全县先后召开各类10多次会议，举办300余人培训班，举办7次电视访谈，电视专栏4个，印发宣传资料10多万份，出动宣传车200多台次，出墙报500多期。使广大群众掌握了“非典”防治知识，提高了群防意识。(2)建立群防体系。县指挥部印发了致全县人民的公开信，动员广大群众齐心协力抵御“非典”。发出了致全县外出返乡、外来人员的公开信和致在外务工人员的公开信，动员务工人员积极配合搞好“非典”防治。县委组织部、县委先教办联合发出了致全县共产党员的公开信，团县委发出了致全县共青团员的公开信，动员全县共产党员、共青团员团结起来，抗击“非典”。县卫生局党委要求卫生战线全体共产党员积极投身抗击“非典”第一线，切实履行“防病治病、救死扶伤”的神圣职责，发展2名医务人员火线入党。(3) 开展爱国卫生、全民健身、拒食野生动物“三大活动”。在爱国卫生活动中，大力开展消、杀、灭、通、洁的工作和革除陋习的活动。组织专业队伍对学校、交通车辆、公共场所、饮食行业等重点部位进行消毒，对网吧、电游厅、录像厅加强了管理。县爱卫会向全县人民发出了以“改陋习、树新风、讲文明、讲卫生、讲科学”为主题的倡议书，号召全县人民养成健康文明的生活方式。在朝阳广场举办了规模大的告别随地吐痰、乱丢乱扔、乱堆乱放、随地便溺等陋习的宣传活动。开展“爱国卫生全县行”活动，开展经常性的督促检查，使爱国卫生运动深入人心。组织开展形式多样、适合各年龄层次的全民健身活动。5月24日，组织了临澧“电信杯”千人长跑抗击“非典”活动。举行了篮球、排球、乒乓球、广场交谊舞比赛30余场，组织了秧歌队、老年卡拉OK赛10余场，参加各类活动的群众达1万余人。开展违法查禁食野生动物的工作，组织林业、公安、工商、卫生等部门对全县130多家餐馆、饭店进行了检查，查获（放生）青蛙800多只，苦恶鸟1000余只，蛇、斑鸠等各类野生动物3000多只（条），查封了13家非法经营的饭店，对30多家过去有经营野生动物食品行为的餐馆下达了整改通知书。

综合防治：在“非典”防治工作中，结合春季传染病高发的情况，坚持预防流感等传染病防控和救灾防病工作相结合。(1) 建立组织。按照省、市救灾防病工作的要求，成立县救灾防病工作领导小组，与县防治“非典”指挥部两块牌子，一套人马，制订了《临澧县救灾防病工作预案》。(2) 严格疫情监测。县疾控中心设立了县、乡、村疫情监测点，对重点传染病和饮用水卫生进行监测。全县共设立各类监测点40多个，确立80多名专职人员，做到及时上报监测信息。各医疗单位在建好发热门诊的同时，建立肠道门诊，加强疫源检查，做到“逢泻必检，逢疑必报”。突出对学校、宾馆、冷饮店等人群集中，存在诱发各类传染病隐患的重点部位进行重点监测，共组织了专项的监测行动20余次，抽取样品1000多件，发现各类隐患问题70多个，发出整改通知书60余张，有力地促进了传染病预防工作的全面落实。(3) 建立专业队伍。全县共成立由医疗急诊、中毒救治、护理专家组成的7支医疗救护队，5支救灾防疫机动队。组织4次救灾防病演练，2次业务比武，5期专业培训班，发放宣传手册3万多份，培训乡镇、村各类救灾应急人员1000多人，提高了救灾应急救护水平。(4) 提供资源保障。县财政落实了防病救灾物资和经费，建立了救灾防病专账。全县共贮存各类消毒液4000公斤及价值10万余元的现场处置药品，全力保证救灾防病的经费需要。全县没有发生春季传染病的大面积流行。

疫情防控：全县建立了4条疫情信息网络。(1) 341个村（居委会）卫生机构及18个乡镇卫生院和6个县直卫生医疗单位均设立了情报员，发现疫情及时上报。(2) 流动人员入口检查站，收集上报外来人员的疫情。(3) 各医疗单位的发热门诊，一旦发现异常立即上报。(4) 乡镇、县直单位“非典”防治机构，实行日报告和零报告制度，重大疫情随时报告。

建立发热门诊和定点医院。救灾防治期间，4家县直医疗单位都按标准建立了发热门诊和隔离病房。17个乡镇卫生院均开设了发热门诊。先后投资220多万元，在修梅镇建立定点医院，配备了专用设备。

建立专业队伍。卫生战线组成了由53名技术骨干请战后被批准的防治“非典”专业组，实行军事化管理统一培训，统一餐宿，随时准备投入实战。对全体医务人员加强了“非典”流行病学及“非典”的诊断、治疗、医务人员自身防护等知识培训，组织了防治“非典”实战演习，配备了各种防护设施，最大限度满足了实战需要。

加强疫情防治标准化建设。全县共投入专项资金1300多万元，用于疾病控制和医疗建设，在加强定点医院、发热门诊建设的同时，加强了乡镇卫生院的标准化建设。17家乡镇卫生院共购置医疗设备300多台(套)，680名乡镇医务人员提高了医疗技术水平。

由于“非典”防治工作领导重视，组织机构健全，指挥决策科学，防治措施有力，境内未发现1例“非典”病人和“非典”疑似病人。

2008年特大冰冻灾害救灾防病

1月12～31日，发生特大冰雪灾害，县政府启动《临澧县救灾防病应急预案》，成立县抗冰雪灾害卫生防病指挥部，县卫生局局长唐世浩任指挥长，组织医疗、防病专家28人成立抗灾救病突击队，指导并参与全县各地伤病员抢救。各医疗单位均组建了冰冻灾害伤病救治专业组，由院长和资深专家组成，对出现的伤病人员进行全力救治。据统计，全县共救治雪灾伤病人员247人，没有发生疫病。

第九节　科学技术防灾减灾

一、防灾体系

管理机构　新中国成立前，境内未设立科技管理机构。1958年1月，成立县科学工作委员会。1962年，撤销县科学技术委员会和科学技术协会。1971年成立临澧县科学技术研究委员会。1985年，建立县级科技学会、协会15个，乡镇科协18个，有会员2929人，各类专业技术人员达2304人。1986年以后，县政府配备科技专职副县长，县直有关主管部门明确分管科技工作的副局长。县农业局、县林业局、县农机局、县卫生局等设立科技股，县工业局设立科技办公室。全县338个行政村都配备科技副村主任。骨干工业企业配备技术副厂（场）长，设立科技股（办），全县形成了县、乡、村（厂）上下相联、纵横贯通的科技管理网络。1994年10月至2007年县科学技术委员会更名临澧县科学技术局。

区、社（乡、镇）技术推广机构　1955年，各区根据县人民政府颁发的《各区农技推广站建站办法》酝酿建立农技推广站。1956年春，二、三、四、五区先后建立起4个区级农技推广站。1958年下半年，撤销农业技术推广站，各公社划出土地，由县农业局派出农技干部共同建立农业技术研究所、农业学校、良种繁育场、气象哨、虫情测报站五位一体的公社农科所或农场。1969年11月，全县按县有农科所、公社有农科站、大队有农科队、生产队有科研组的要求，开始大办四级农科网，至1972年，全县16个公社农科站共辖32个生产队、770户、3255人，5234亩耕地。全县321个大队有235个建立农科队，3636个生产队有333个建立科研组，配备“五员”。1994年后全县18个乡镇（区）成立乡镇科学技术工作办公室，配齐科技副乡镇长，配备一名科技专干，负责管理乡镇（区）科技工作。

科技机构　县属科技机构有县农业科学研究所、县农业机械研究所、县林业科学研究所、县棉花技术推广站、县水稻原种场、县旱粮良种场、县茶叶良种示范场、县园艺示范场、县种畜场。

防灾队伍　境内专业科技队伍，始于民国年间。20世纪40年代初，县里配备1名林务专员和1名农业指导员，负责农林技术工作。至民国末年，全县有科技人员50人，其中农林、电信技士1人，度量衡检定员1人，土木建筑技术人员32人，医药卫生技术人员16人。

新中国成立后，一支以农民技术员为主

体的群众技术队伍，逐步发展起来。1969～1978年，全县农民技术员、劳模和基层干部三结合的科技队伍发展到35000余人。这些技术骨干活跃在广大农村，采取科普宣传、科技咨询、技术培训、技术承包、技术示范等形式，将实用的科学技术送到千家万户，促进了农业生产的发展。专业科技队伍逐渐发展。1958年，全民所有制自然科学技术人员（不含文教战线）79人，其中农技人员28人、水利技术人员4人、林业技术人员5人、土木工程技术人员7人、医药卫生技术人员35人。1985年，全县有各类专业技术人员2304人（全民企业267人、集体企业824人、国家机关单位1213人），占总人口的0.57‰，比1958年增加32倍。1986年，全县有各类科学技术人员2297人，其中，中级职称60人、初级职称1260人，技术员977人。1991年全县有各类科学技术人员5842人，其中高级职称65人，中级职称808人，自然科学技术人员1232人。1994年，民办科研专业人员发展到116人，厂办科研人员增加到327人。1995～1996年，123名科技人员流往异地。因企业改革，人才向沿海经济发达地区流动，大学重点本科毕业生来县人数极少，加之企业效益滑坡，难以吸纳科技人才，部分年龄偏大的科技人员退休退养。至2006年全县有各级各类科技人员共5496人，获专业技术职称和聘任的自然科学技术人员4689人，其中，高级职称216人、中级职称2578人、初级职称2546人，技术员873人。

科技防灾 1985年底，县科委组织编制《临澧县1986～1990年科技发展要点》。《要点》规划“七五”期间，重点推广效益高、见效快的科技成果，积极实施“星火计划”，努力采用新技术，加强农业技术改造，开展养殖技术和农副产品加工技术研究，利用县内资源优势开发食品、建材等多系列产品，规划研究项目34项、成果推广项目55项。项目完成率达90%以上。2000年，县科技局组织编制《临澧县科技发展“十五”计划》，明确“十五”计划战略思想、奋斗目标、战略重点、计划要点。根据本县2001～2005年经济建设和社会发展的需求，把发展的重点放在具有资源、技术优势的传统产业和新兴产业，以及关系人民生活的重大社会问题。重点改造四个（农业、能源、建材、机械）行业；加速开发五个（食品、陶瓷、化纤、饲料、建材）系列产品；抓好四类自然资源（非金属矿产资源、山丘区经济果林资源，大、中水面资源、农村资源）的综合开发；努力开拓三个（微电子与信息技术、生物技术、新型材料）新兴领域。

2003年，县政府制定《临澧县2003～2013年减灾规划》，确定“依法治灾，科技减灾”的指导方针，坚持科技减灾的基本原则，加强减灾基础应用科学研究，加快科技成果转化，逐步应用推广减灾高新技术，提高综合减灾能力。

科技经费 科学技术经费包括科技三项（含切块经费）经费、科技事业经费两项。科技三项经费是省、市科委按下达的科研项目拨给县科委的专款。按照中央和省、市科委规定，用于新产品试制、中间试验和重大科学技术研究三项开支。科技事业经费由县财政按计划拨给科技局，作为事业经费（不包括行政经费）。成果奖励经费按实际需要数量增拨。

建立财务管理制度。科技局按财务管理规定，实行科技三项经费与事业经费分别建账，单独核算。事业费年初有预算，分月有计划，年终有决算，落实专款专用。

从1984年起，科技体制实行改革，对科技三项费的使用实行有偿回收。由项目承担单位与省、市、县科技管理部门分级签订合同，规定回收比例，合同期满后，承担单位按照合同的约定，返回投资的经费。回收的经费，作为科技发展基金。

1986年，县政府设立科技三项经费，逐年安排年度科技计划。每年的科技三项计划由县科技局、县财政局共同下达。1999年开始，县科技局每年从科技事业费中划出2万元用于科学技术防灾，1983～2006年，共列科技研究经费622.23万元，科技成果推广经费 184.79 万元，专项防灾经费 16 万元。

二、 防灾网络

专业防灾机构　1954 年，县农业科学研究所成立，1958 年成立人民公社后，公社设有农科站、大队有农科队、生产队有科研组，以所带站、以站带队、以队带组，形成全县四级农业科技推广防灾组织，建立了科学试验和利用科学技术防灾管理的体制。1978 年以后，全县各级科技管理机构和各专业科研、推广机构相继建立和恢复，各级各类科技群众团体不断发展，建立完善的科技管理、研究、推广的防灾体系。到 2006 年，全县共有 5 家全民所有制科研所，其中有 3 家先后转制进入市场，民办科研机构达 11 家，各级科研机构拥有各类科技人员 871 人。

县农业科学研究所　该所前身是民国 31 年（1942）建立的临澧县农业推广所，内设农林场，场址在县城梅溪桥先农坛。1949 年冬，临澧县人民政府派员接收，建立国营临澧县农场，隶属县人民政府建设科，主要从事水稻丰产栽培示范。1954 年建立临澧县农业科学研究所，与县国营农场两块牌子一套人员。1963 年 2 月改为临澧县示范繁殖农场。1971 年恢复临澧县农业科学研究所名称。1979 年农科所分设为县水稻原种场、畜牧场、农科所，负责农业新技术、新品种的试验、示范、推广，负责基层科技人员的培训、辅导。

县林业科学研究所　1973 年建所，所址在望城坡县苗圃所在地，拥有山林和旱地 200 余亩，水田 4 亩。以抚育树苗为主，培育油茶幼林 50 亩，品种试验山 80 亩。全所有林业技术干部 4 人、工人 9 人。从 1979 年起，先后开展低产油茶林改造、针阔叶混交林栽培、种子育苗、纤插育苗、新品种引进繁育等项试验研究。

县棉花科学研究所　该所前身系临澧县新合公社植棉指导站，始建于 1951 年，站址设新合公社蔡家村李家祠堂，有工作人员 4 名，业务属省滨湖植棉所指导，行政隶属县建设科。1956 年春，建立新合农业技术推广站，县农业局安排技术干部 9 人，负责澧北植棉技术指导，站址设五区芭茅乡富强村邵家祠堂。1963 年改名为新合棉花专业站。1970 年迁至新合公社富强大队 18 生产队，更名为临澧棉花技术推广站，同时挂牌临澧县棉花科学研究所。1986～2003 年，棉科所引进和推广棉花新品种 16 个及新技术 14 项，全县基本实现了“棉花良种、育苗移栽、宽行窄株、肥促化调、综合防治病虫害”等五大普及。2006 年全县棉花种植面积 8.5 万亩，棉花总产 8925 吨，亩产皮棉 105 公斤。

县植保植检站　1958 年，县农业局根据农业生产发展的需要，在县农场设置了农作物病虫测报站，配备植保干部 2 名，并雇请 1 名技工。其主要职责是负责水稻主要病虫害的测报。1986 年植保干部徐汉秋主持该站工作，除搞好测报工作外，负责全县农作物的病虫防治技术指导。1972 年，站址由县农场迁至距县城 5 华里的寒溪堰，植保干部由 2 人增至 5 人，负责农作物病虫测报，负责全县农作物病虫防治指导，负责培训植保技术骨干，开展植保科研。

县科技情报网　1979 年，县科委建立科技情报资料室，由 1 名干部兼管。1983 年 10 月 11 日成立县科技经济情报学会，发展会员 55 名。1984 年 3 月 27 日，设立县科技情报中心站，各乡镇、县属厂矿相继成立科技情报站（组、室）。县科技情报站编印《科学实验》、《科学技术动向》、《科技经济信息》等刊物 31 期，发行 1.2 万余份，开展科学技术防灾宣传和交流。1992 年，县科技情报中心站更名为县信息中心，投入 10 多万元资金，配备了电子计算机等设备，建立了“全国企业信息计算机网络（临澧网站）”，网站上与国家经贸委、国务院电子信息办组建的中国企业信息交流中心和中国科技信息研究所等信息单位联网，下与全县各乡镇、县直有关单位、国营、私营厂矿企业以及民办科技机构相联。全县建成信息站（点）32 个，专兼职信息员 352 人，每年收集整理科技防灾信息千余条，发布科技防灾信息百余条，信息反馈率达15%。是年，在因特网上注册了自己的网名并建立了自己的网站，通过互联网直接检索万方数据和省、市信息港的各类数据库，在网上采购和推广防灾新技术、新产品。

科技防灾研究 1949年冬，县人民政府接管旧农林场，建立国营县农场。1951～1954年，相继建立县植棉指导站、县农业科学研究所，开展稻、棉良种引进、实验、推广和科学技术防灾研究。20世纪80年代，实行改革和开放的政策，科学技术进入新的发展阶段。农业技术工作者转向质优、高产、多抗为中心的水稻研究和科学防灾研究。畜牧水产先后推广杂种优势、利用配合饲料流水养鱼等科学技术和防灾研究，取得了较好的效益。

棉花缺钾性生理凋枯病的防治技术研究 1959～1960年，境内主产棉区和分散产棉区均发生棉花枯萎垮现象。当时，科技界对这种病害发生的病理病因及防治办法，难以作出正确结论。县棉花试验站技术干部刘德清，从1961年起，便着手研究这课题。当时，刘德清身患三种（肝炎、肾炎、支气管扩张吐血）疾病，先后到石门、澧县、临澧三个县12个公社34个大队进行实地调查和土壤化验，共用三个月时间，掌握了缺钾性生理凋枯病发生规律：蕾期初发、铃期大发、吐絮期垮秆、早熟早发、迟熟迟发。在摸清病因和发生规律的基础上，采取轮作倒茬、稿秆还地、增施钾肥、多施有机肥，培养地力等防治办法，效果显著，并在全省推广。

白僵菌75—1、76—2防治水稻黑尾叶蝉研究 1976年，县植保站在湖南师范学院生物系省微生物研究所的指导下，开始用“75—1、76—2”菌类对黑尾叶蝉进行笼罩毒力测定，5～7天死亡率达90%以上。1977年，扩大试验，每亩施菌粉（含孢子100亿/克）1.5～2斤，7～9天后虫口下降率达60.4%～84%。1978年，施用白僵菌面积达1600余亩，平均虫口密度下降率达70%以上，青、黄矮病得到有效地控制。经省科委主持鉴定，定为阶段性重大科研成果，获1978年省科学大会奖。

拟青毒防治褐飞虱研究 1981年，县植保站在湖南师范学院生物系的指导下，试用拟青霉防治稻飞虱11.9亩。1982年，试验面积扩大到29.95亩，先后完成室内毒力测定、飞虱怀卵影响观察、室外笼罩及田间试验等项目。同时，摸索出拟青霉土法生产工艺流程。试验结果：室内毒效，施菌后3天飞虱开始死亡，6天死亡81%，10天达97%，比空白对照分别高31.8%～31.9%；飞虱产卵量，施菌6天产卵量开始减少，8天后产卵量比空白对照减少33.7%；防治二代飞虱大田笼罩试验，施菌后3天开始死亡，7天后死亡率为56.8%～59.5%，12天后死亡率75.7%～78.9%，空白对照区死亡率为51.5%；防治二代飞虱大田试验，施菌后7天虫口下降率为6.48%～19.43%，12天后虫口下降率为47.2%～66.1%，死亡率为57.6%～60.5%。而施用敌敌畏乳剂的对照区，施药后5天虫口下降，7天后虫口又开始回升，且对天敌伤害较大。此项成果获1981年度县科研成果三等奖。

低温低氧储藏晚籼技术研究 1983年，合口粮管站黎清海等针对晚籼稻水分高，容易引起发热虫蚀、品质变劣等问题，研究出低温低氧储藏晚籼稻技术，能使粮食在储藏期间不施用化学药剂而达到无虫、无毒、保持品质、延缓陈化的效果。其做法是：冬季用单管散热器降温。入春以后，用塑料泡沫板和膨胀珍珠岩隔热，并采用两层塑料膜密封，达到低温低氧储藏。低温低氧储藏9个月的晚籼稻度过高温季节后，粮温符合准低温要求，粮中氧气降至3%～8%，二氧化碳达9%～15%，达到低温低氧要求，且发芽率不低于原值的5%，黄粒米不高于原值的1%，粮食酸度不高于原值的0.5%，脂肪酸不高于原值10%。该成果获1983年度县科技成果二等奖。

中草药治疗血吸虫晚期夹杂症研究 1970年，县血防站科研组医生尚光泉为攻克晚期血吸虫病夹杂症难关研究中草药疗法取得成功。对晚期血吸虫病腹水患者，按照温热胀满气滞血淤等型进行分析，研制出“腹水一号”方剂治疗气滞血淤患者、“腹水二号”方剂治疗温热胀满患者。在施治中，用“腹水一号”、“腹水二号”，“肝宁一号”、“肝宁二号”，“肺宁一号”、“肺宁二号”等方剂，治愈血吸虫病夹杂症1600多例。同时在攻克巨脾型晚期血吸虫病方面也取得突破。

三、运用科技成果减灾

新中国成立以后，县委、县政府加大科技投入和运用科学技术成果减灾。1983～2006年，全县共投入科技经费622万元，开发和运用科技成果100多项，共创经济效益12.6亿元，见《临澧县1949～2006年科技防灾资金投入统计表》（表12—9—1）。

表12—9—1　　临澧县1949～2006年科技防灾资金投入统计表

单位：万元

年份	合计	科研	成果推广	防灾	年份	合计	科研	成果推广	防灾
1983	0.58	0.30	0.28		1996	50	25.3	24.7	
1984	14.35	14.35			1997	45	27	18	
1985	14.3	14.3			1998	31	13.9	17.1	
1986	15.2	15.2			1999	27.6	14.1	11.5	2
1987	16.3	16.3			2000	30.6	19.5	9.1	2
1988	15.5	15.5			2001	26.9	19	5.9	2
1989	20.9	20.9			2002	26.9	18.2	6.7	2
1990	34	34			2003	26.9	12.4	12.5	2
1991	8.5	6	2.5		2004	30.6	20.6	8.0	2
1992	18	10.75	7.25		2005	29.5	13.5	14.0	2
1993	22	17.56	4.44		2006	31.6	21.6	8.0	2
1994	41	23.9	17.1						
1995	45	27	18		合计	622.23	421.16	185.07	16

综合防治马尾松毛虫　境内松林常年发生松毛虫危害，少则面积达5万多亩，特别严重时达20万亩左右，其中重特大危害面积2万亩～3万亩。1979年以来，推广以白僵菌防治为主的综合防治措施，效果显著。1981年，全县有越冬代松毛虫危害面积4万亩，其中严重的1.5万亩，每株平均虫口达40多条，采取每株施用白僵菌苏芸金杆菌3两等防治措施，有效地控制了蔓延扩散和下代的虫口密度。1982年，越冬代松毛虫发生3.5万亩，其中严重的3000亩，每株平均虫口密度20多条。通过施白僵菌2500斤和喷药1800斤防治后，9月中旬普查，第二代松毛虫发生面积仅600亩，有虫株率为12%～21%，虫口密度0.5～1条，每亩挽回木材0.18立方米，松枝350斤，针叶100斤，合计挽回损失88800元，获常德地区1982年度科技推广四等奖。

鸡瘟和疫苗使用技术　1979～1982年，县畜牧水产局张家清、吉昌国、张和清、喻爱兰等先后在17个公社的严重流行鸡瘟病区，按湖南省家畜疫病防检站下达计划推广使用鸡瘟疫苗，效果显著。据重疫区与一般地区防疫对比试验的效果表明，重疫区的免疫效果在95%以上。1981～1982年，全县共防疫47.5万羽，减少死鸡45.12万羽，共计减少经济损失11.2万元。由于全县推广使用鸡瘟疫苗防疫，鸡瘟严重区得到初步控制。全县鸡存笼数逐年增加，1981 年底存笼鸡 77.32 万羽，1982 年存笼鸡达 86.72 万羽。该项成果曾获湖南省 1982 年度科技成果推广四等奖。

叶青双防治白叶枯病试验 1984 年，县植保站使用叶青双防治水稻白叶枯病。全县早、晚稻种子用叶青双消毒 673 万斤，平均效果为 20.2%。早、晚稻秧田在三叶期及移栽前 5 天喷药 11.9 万亩，平均效果达 42.05%～46.03%。大田在始病期至发病期防治 20 万亩，实际防治效果达 85.05%～91.09%，平均病指比 1983 年使用叶枯净下降 54.3%，水稻产量损失率减少 25.3%，全县粮食减少损失 189 万斤。此项成果获常德地区 1984 年度科技成果三等奖。

生猪驱虫试验 长期以来，境内生猪寄生虫流行面广，感染率高，严重影响生猪生长。据调查，全县 17 个乡镇，均有生猪寄生虫的流行。寄生虫主要有蛔虫、僵片虫、肺丝虫、类园线虫等十多种，感染率为 65.1%。不少生猪因感染寄生虫而成为僵猪。县畜疫病防检站张河清、刘廉杰等于 1984 年进行生猪驱虫试验。生猪驱虫后，因增重快，可以缩短饲养周期，节约饲料，提高出栏率，增加饲养量。1984 年，全县全面推广生猪驱虫技术后，生猪饲养量和肥猪出栏比 1983 年分别提高 3.9%和 4.5%。同时因体质增强，对疫病的抵抗力提高，生猪的发病率与死亡率也比 1983 年分别下降了 11.6%和 5.2%。该项成果获 1984 年临澧县科技成果推广一等奖、常德地区科技成果推广二等奖。

1988 年，临澧县开始创建全国科技工作先进县。县科委带领各乡镇科技助理赴郴州参观考察，加强科技工作目标管理。每年年初，县科委把科技工作任务以文件形式下达到县直各经济主管部门和各乡镇（区），作为年终考核评比的主要内容。各经济主管部门和各乡镇（区）将科技工作指标分解到站（所）和村、组，把科技工作任务落实到基层。1992 年，县委、县政府把“创建”工作纳入县、乡级政府的目标管理，制定了《关于创建科技工作达标县的决定》。12 月 18 日，召开创建科技工作达标县的动员大会，县政府与各乡镇（区）及县直有关单位签订责任状，确定二年达标的任务。逐步形成了统一思想，形成合力，营造科技达标工作引导体系；分块实施，整体推动，创建科技达标工作体系；科学引导，推广技术，拓宽科技兴农渠道；立足科技，强化技改，加快科技兴工步伐；增加投入，政策鼓励，优化科技达标工作环境，使全县科技工作登上了新台阶。1995 年 2 月 20～22 日，国家科委委托省科委组成验收委员会，进行实地考察验收，5 月，国家科委正式授予临澧县“全国科技工作先进县”荣誉称号。此后，每 2 年进行一次科技进步考核和验收。2005 年，经国家科技部验收，临澧再次被评为“全国科技进步先进县”。

第十节　地震灾害防灾

临澧县位于东经 111°49′～129°46′、北纬 29°25′～29°46′。位居武陵古陆西北侧、湘西北复向斜轴的东部与西洞庭断陷盆地西北边缘相连接的过渡部位，地质构造总体方向为新华夏、华夏式扭动构造形迹。其次为北东东一东西向（东西向构造）压性形迹。是由断裂构造的活动所引起。主要的断裂构造有：

东西向断裂构造（澧水断裂带）。境内西北部及西南部，北东东向构造体系明显。构造线总体方向东 80°～90°。东西向断裂与褶皱伴生，多为走向压性冲断裂或扭压性断裂，断裂面多向南倾，其中较大的断层为澧水隐伏大断裂，该断层西起石门西、东抵津市东，长约 90 余公里，走向呈近东西向，断面倾向北北西，经县新安镇、杉板乡、停弦渡镇等乡镇。其次还有凤兴正断层、牛会洞正断层、孟家岗正断层和龙凤山逆掩断层等一系列以南北向压性及扭性为主体的东西断裂带。

新华夏系断裂构造（太阳山断裂带）是

境内最早发育的一种构造形迹，最早形成是武陵期，最晚形成是朱罗世纪末。其断层为一系列平行斜列的压性、压扭性断裂，特别是烽火乡一带断裂层较为发育。有烽火村、陈义村、南田坪村、会仙桥逆断层，断裂带长达7～14公里，方向0～35°延伸，还伴生有铁湾花果张性正断层，这些断层属太阳山断裂的一部分，该断裂带南起常德市西北，北抵湘鄂交界的黄山头，在津市以东与澧水断裂相交，全长35公里，走向北北东，断面倾向南东东，经县柏枝乡、烽火乡。该断裂1631年发生过破坏性地震。

一、管理体制

防震减灾体系　新中国成立以前未设立防震机构。新中国成立以来，县人民政府加强对防震减灾工作管理，确定“政府领导、分级管理、部门负责”的工作体制。1976年1月，成立“临澧县革命委员会地震工作领导小组”，县革命委员会副主任吴愈俊兼任组长，谢世久、潘继贤、李兆丰、朱远秀、王毓良兼任副组长，领导小组下设办公室，谭祖海兼任办公室主任。1979年，地震办公室定为常设机构，定编2名，隶属县科委领导，黄泽梅兼任办公室主任。1981年1月，更名为“临澧县人民政府地震办公室”，仍隶属县科委领导。1983年，撤销地震办公室，有关工作由县科委承担，地震办的资料房屋仪器、财产分别移交给地区地震办和县科委。1999年4月，恢复设立县地震局，定编3名，地震局属具有行政管理职能的副科级事业机构。地震局成立后，由财政全额拨款，选配工作人员，确定全县防震减灾工作目标。县政府制定《临澧县防震减灾工作管理办法》，将防震减灾工作纳入了各单位年度目标管理，各乡镇确定一名领导分管防震减灾工作，健全县、乡防震减灾组织，明确工作任务。2000年成立“临澧县防震减灾工作领导小组”，由县政府县长任组长，县政府分管城建、地震、教育、科技的副县长为副组长，相关职能部门负责人为成员，领导小组统一领导和协调全县防震减灾工作。

恢复成立地震局以来，根据《中华人民共和国防震减灾法》、《湖南省实施〈中华人民共和国防震减灾法〉办法》、《常德市建设工程抗震设防管理办法》等法律法规，结合实际，县政府先后制定了《临澧县防震减灾科技发展“十五”规划》、《临澧县建设工程抗震设防管理办法》，确立地震局在建设工程项目的现场踏勘与会审职能，规定地震局与相关部门共同负责重点项目的指导、管理、监督和服务工作任务。2005年根据全县社会、经济发展规划，制定了《临澧县防震减灾科技发展“十一五”计划》。

地震活动监测　境内地震活动较为频繁。为加强震情观测，1999年县地震局聘请有关专家经过精心选点，在全县范围内先后建立了6个地震宏观观测点，并按照设立地震观测点的规范和标准，配齐观测设备，每个地震宏观观测网点做到“三有”（有观测人员、有观测对象、有观测记录），落实工作经费和岗位津贴。县地震局为提高前兆资料的连续性、准确性和可靠度，捕捉有价值的前兆信息，提高地震监测预报水平，制定了地震观测点操作规程、工作任务和职责，建立观测结果登记台账，每月按时收集相关数据，定期和不定期的对每个观测点进行实地抽查，确保每个观测网点工作规范，记录完整，资料齐全。2003年，建立地震宏观观测信息网络，全县18个乡镇（区）各明确了一名地震信息员，每年集中时间进行地震知识培训，提高地震防灾救灾知识。

地震灾害应急　2000年11月，县人民政府制定《临澧县破坏性地震应急预案》，规定了应急组织机构与职责、临震应急和应急救助方案。成立县地震应急指挥部，县政府县长任指挥长，分管地震、城市建设的副县长任副指挥长，相关部门负责人为成员，指挥部下设办公室，地震局局长任办公室主任。2003年6月，调整县防震减灾领导小组，县政府制定了《临澧县建设工程抗震设防管理办法》、《关于将建设工程抗震设防要求管理纳入基本建设管理程序的通知》等一系列行政规章，成立了县建设工程抗震设防鉴定小组，把防震减灾工作纳入了县政府责任目标管理。

地震灾害减灾 2003年，县政府制定《临澧县2003～2013年减灾规划》，确定了加强地震监测预报和信息传递、强化震前预防、临震或震后应急恢复重建的减灾工作目标，加强重点区域和重点地区的抗震减灾基础设施建设，充分发挥科技与法制作用，进一步完善"政府领导、分级管理、部门负责"防震减灾工作体系，加快现代化防震减灾技术系统建设。

二、信息管理

地震监测网络 从1976年1月起，县政府贯彻地震灾害群防群治的工作方针，逐步建立捕捉地震前兆信息的群众监测网。先后在断层附近设有临澧一中、临澧二中、新安中学、柏枝中学、烽火中学、停弦中学、官亭水库、烽火郝家峪水库、县氮肥厂、县气象站等10个微观测报点，安装了土地电、生物电、地应力、地磁、水化等30多台观测仪器，微观测报人员42人。并且在烽火公社双龙大队、杨板公社卫生院、新合公社卫生院、县同欢水库渔场等24处设水井观察点和观察哨，业余测报员30人。1979年县地震办公室根据全国地震群测工作座谈会精神，调整和整顿各群测点，确定县二中、烽火公社郝烽峪水库为微观骨干点、青山管理局为中心测报点，烽火公社双龙大队的白龙井和新合公社卫生院为宏观骨干点。加强骨干点的业务管理，建立健全地震工作人员岗位责任制和学习、观测、汇报、资料报送、震情会商、保密等制度，以提高观测质量。1982年11月2日，县地震办胡大望、刘西国根据临澧二中深层地电、垂直地电分别于1982年9月16日至10月26日（异常40天，变幅达55米A）出现异常状态，进行回归处理，并结合地应力、水氡、地磁等宏观情况，向上级地震部门预报了"今年11月中旬前后，在境内东南方向300公里范围，有发生3级左右有感地震的可能"，结果于11月16日19时16分在县东南约300公里的宜章县发生了3.5级有感地震。省地震局对预报意见和分析方法进行了研究，认为这次预报较好地对应了宜章3.5级地震，肯定震前资料的处理和分析方法是比较科学的。该观测成果获临澧县1982年度科技成果三等奖，常德地区地震办予以通报表扬。

1999年4月恢复成立县地震局后，恢复建立地震观测网点，开展了以地下水、动植物观测为主要对象的宏观监测。是年底组建了安福镇（城关镇）九姊村、修梅镇罗仙村、柏枝乡接龙村、九里乡潭河村、太浮镇王化村、官亭乡团云村6个骨干宏观观测点。

2005年，优化观测网点，在常德市地震局的指导下，利用全球GPS定位系统，确立安福镇朝阳社区、修梅镇罗仙村、柏枝乡接龙村、九里乡潭河村4个宏观观测点。

地震科普网络 2005年，县地震局与县教育局决定，将柏枝乡中心小学、安福镇实验学校建立为两个县级地震科普教育基地，在其他乡镇建立1所中小学地震科普教育基地，重点开展地震科普知识、地震应急避险知识宣传。组建了全县乡镇宏观观测信息网，各乡镇由分管地震工作的负责人兼任宏观观测信息员，从事地震宏观观测、信息收集与反馈、平息地震谣言、地震救灾、社会稳定等工作。

震灾速报网络 2005年，全县建立"三网一员"，即地震宏观测报网，地震灾情速报网，地震知识宣传网，防震减灾助理员机制。

2006年，通过GPS全球卫星定位系统，确立了全县4个地震宏观观测点，制定了严格的规章制度和工作规范。速报时间得到显著提高，地震灾害速报时间由原来的50分钟提高到30分钟，并在地震速报后30分钟内启动地震应急预案。

三、地震防灾

防震减灾宣传 成立地震管理机构以来，充分利用电视、广播报刊、讲座、宣传栏、图版、标语等多种宣传形式，提高全民的防震减灾意识。1999年，结合全县科技活动周、科技下乡、《防震减灾法》颁布实施纪念日和“7·28”纪念日等活动，开展地震灾害知识、应急避险知识的宣传活动6次1.5万人（次），提高群众防震减灾知识。7年来对中小学学生中进行地震科普知识宣传，加强对中小学生的地震科普、避险应急等知识的教育，提高中小学生对地震灾害的认知能力，并通过他们宣传地震知识。宣传防震减灾法律法规。在抗震设防管理中向建设工程业主宣传防震减灾法律法规，向乡村干部和村民宣传有关法律法规，做到防震减灾宣传与普法宣传相结合，坚持以预防为主、多形式宣传与重点宣传相结合，坚持学校、农村、街道社区宣传活动经常，提高全民防震减灾意识。

民居防震保安　2004年1月，常德市人民政府第111次会议明确临澧率先开展农村民居防震保安工作试点。2月，县地震局组织城建、国土、环保等相关部门的专家，对全县农村住房的基本情况进行了2个月的全面调查，走访调查农户800多家。在获得大量资料后，几经论证，制定了《临澧县农村民居防震保安工作实施方案》，确定了农村民居防震保安工作试点的工作任务、设计方案和实施步骤。9月，县人民政府召开专题会议，制定农村民居防震保安试点方案，成立了以县长为组长、分管县长为副组长、相关职能部门为成员单位的县农村民居防震保安工作领导小组，确定了先行试点、总结经验、逐步推广的工作原则。

农村民居抗震设防需增加工程造价。工作中坚持“积极引导、群众自愿、无偿服务、分步推进”的原则。加强农村抗震安居工程试点的宣传。县国土资源局、县建设局等给予有关规费优惠。县地震局对新建住户一律做到“三无偿、三上门”，即无偿提供设计图纸、无偿提供技术资料、无偿培训技术骨干；送设计图纸上门、送技术资料上门、送服务上门，让群众真正感受抗震安居是一项民心工程、防灾工程。2004年10月，县政府选择经济基础较好的合口镇进行试点。试点工作中，县地震局负责人和有关技术人员汇同该镇领导精心策划，因地制宜制定实施方案，认真培训工匠，城建、国土部门严格把关。县政府按照实施方案分阶段督查，在检查中发现的问题及时进行协调和整改。是年，新建住户中80%按地震部门提供的施工图纸和设计要求进行抗震设防，试点工作进展顺利。农村民居防震保安工作的经验得到了国家、省、市主管部门的高度评价，2006年临澧县代表湖南省参加了全国防震减灾工作会议并在会上介绍了经验，并为2006年11月常德市人民政府召开的全省防震减灾暨农村民居防震保安工作会议提供了参观现场。

工程抗震设防　2004年1月，根据县人民政府制定的抗震防灾行政规章，县地震局、县建设局联合发文，将抗震设防审批确认纳入建设工程前置程序和工程竣工验收的必备内容。2003年在政务中心设立委托窗口，加强对全县在建工程项目的服务和管理。2002～2007年，县地震局对全县138个建设工程进行了抗震设防审定，对一批重点项目（安福防洪堤垸、金帝华庭广场、伟星·星情湾以及楚天豪苑房产开发）依法进行了地震安全性评价。

应急避难场所　2007年，县政府专题召开政府常务会议，确定的将安福镇朝阳广场、丁玲广场、城镇中小学校以及乡镇中学、中心小学操场、大型空坪隙地为地震应急避难场所，设立标识牌。县地震局组建120人县级的地震应急救援队伍和志愿者服务队伍。

第十一节　环境灾害预防

一、环境监测

1984年6月，县人民政府成立县环境保护办公室。1986年10月，建立县环境监测站，配备专业技术人员4人，负责辖区内环境质量监测、污染源的监督、监测和社会服务性监测，负责定期向当地政府及有关职能部门和社会提供县内环境质量和环境污染状况监测报告。1988 年，在新安镇、合口镇、城关镇、四新岗镇、佘市桥镇、太浮乡、修梅乡、望城乡、杉板乡等 9 个乡镇设立环境监测点，配备兼职环境监测员 12 人。1989 年，在九里乡、陈二乡、停弦渡镇、文家乡、烽火乡 5 个乡镇设立监测点。1990 年 8 月，将城关镇、合口镇、新安镇、佘市桥镇的环境监测点升级为乡镇级监测站，其他乡镇的兼职监测员改为专职监测员。是年，在县水泥厂、县织布厂等 10 个重污染企业建立环保监督机构，并安排 1 名专职环保监察员。1991 年，乡镇环境监测站与建设管理站合并为乡镇“城建环保管理站”。1992 年，临澧县环境监测站经市环境保护局严格考核验收，达到国家三级网络标准，配备专职技术人员 7 人。1993 年 7 月 30 日，经湖南省技术质量监督局论证为合格环保监测站。

2000 年，临澧县环境监测站属国家四级环境网络监测站，有工程师 1 名、助理工程师 4 人、本科生 1 人、大专生 3 人，拥有乡镇监测站 4 个，专职监测员 21 人；拥有监测用房面积 416 平方米；拥有各类监测设施设备 160 台（件），价值达 1500 多万元。其中主要现代监测设备有：空气质量自动监测仪、带打印噪声统计分析仪、智能无刷大流量总悬浮物微粒采样仪、大流量空气采样仪、微电脑生化培养箱、MS—3 微汲消解 COD 测定仪、便携式酸度计、电光分析天平、林格曼黑度计、烟尘测试仪、烟尘望远镜等。

2003 年，临澧县环境监测站顺利通过省市技术质量监督部门计量认证，成为全县环境监测技术和数据中心。

水源、水质监测 1988 年 4 月，县环境监测站确定对县内澧水、道水、地表水、地下水以及饮用水水质实施定期常规性监测。1990 年以前，对水源的监测项目仅限于水温、色度、总硬度、PH 值、酸碱度、悬浮物、氰化物、非离子氮、硫酸盐等 14 个项目，1998 年又增加总铬、总汞、氨氮、石油类、亚硝酸氮、硝酸盐、化学耗氧量、大肠菌群、细菌总数等 9 个项目的监测分析，并建立监测数据库。

澧水临澧段的水质监测 1988 年，在澧水临澧段四个监测断面所监测的项目中，超过国家《地表水环境质量标准》（GB3838—88）三级标准的项目有氰化物、悬浮物、挥发性酚、酸碱度、总砷、总大肠菌群、细菌总数。其中：氰化物比国家最高允许值标准高出 14.36 倍；有机磷的含量超标为 25.8 倍；铅的含量超标达 10.84 倍；挥发酚也超标达 4.73 倍。

1998 年 4 月，临澧县环境监测站开始确定 4 个点对澧水临澧段实施定期常规监测，每个断面按规定要求设左、中、右 3 个采样点，监测频率为每年分平水期、洪水期、丰水期、枯水期四个时期，每期又分上旬、中旬、下旬 3 次采样，进行循环监测分析。

1991 年的监测结果表明，水体中砷、氰化物、挥发酚、有机磷的含量仍然严重超标外，新安断面总大肠菌群超标率达 35.71%，最大值每升 3.6×100 个，超标达 259 倍；杉板芭茅渡和县氮肥厂 2 个断面中总氮超标率达 31.6%，最大值每升 1.47 毫克；砷每升含量 0.113 毫克，超过国家最高允许标准的 1.83 倍。

1995 年，监测澧水水质结果表明，水体中挥发性酚、砷、铅的含量均有上升。挥发酚超标率为 6.83%，最大值每升含量 0.18 毫克；砷超标 11.3%，最大值每升 0.38 毫克，芭茅渡、氮肥厂断面酸碱度超标 14.68%，最大值为 8.13。新安、合口断面中的悬浮物、总大肠菌群均超标严重，澧水水质仍维持在国家地面水环境质量三级标准以上，呈居高不下之势。

2001～2002 年，由于县环境保护主管部门加大污染治理力度，使澧水临澧段水质得以改善。据监测，澧水流域中除氨氮、有机磷、挥发酚、大肠菌群等项目仍超标外，其他项目均达到国家地表水环境质量二级标准。

1998～2007年，县环境监测站对澧水临澧段水质共监测5次，采水样100个，获取监测数据150个。

道水临澧段水质监测　1988年，县监测站开始对道水4个点实施常规性监测。监测频率为每年分平水期、丰水期、枯水期3个时期，每期又分上旬、下旬，每年监测6期，取水样12次。按规定要求对水体中的水温、色度、PH值、总悬浮物、总硬度、溶解氧、高锰酸盐指数、硫化物、挥发酚、硝酸盐氮、非离子氮、总铬、六价铬、石油类、硫酸盐、总大肠菌群等15个项目进行定期监测分析。1990年，监测项目又增加氨氮、化学耗氧量、细菌总数、总汞、砷、铅等监测项目。

1997年6月，在道水流域水质监测的19个项目中，超过国家地面水环境质量(GB3838—88)三类水域标准的有：化学耗氧量，易家湾牯牛潭断面超标率达50%，最大值每升含量达29.8毫克；氨氮，城关沙洲滩超标25%，最大值每升含量0.88毫克，九龙庵断面超标18%，最大值每升0.8毫克；挥发酚，桐古桥断面超标达41.7%，最大值每升含量0.004毫克，九龙庵断面超标18.2%，最大值每升含量0.004毫克，沙洲滩断面超标60%，最大值每升17.6毫克；六价铬，桐古桥断面超标18.4%，最大值每升0.057毫克，九龙庵断面超标9.1%；总大肠菌，群易家湾牯牛潭，九龙庵2个断面均超标10%，最大值每升含量高达24000多个。

1995年，关停并转一批重污染企业，水域污染得到有效控制。经监测结果表明，道水临澧段水质大部分项目符合国家地面水环境质量GB3838—88二类水域标准。但也有部分项目超过地面水域三类标准。项目中单次超标的有氨氮、细菌总数、总大肠菌群、高锰酸盐指数、总铬，超标严重的为氨氮、细菌总数和大肠菌群，3项超标均达100%；其次为化学耗氧量超标率达90.3%，挥发酚超标43.16%，细菌总数最大值平均每升含量多达670个。化学耗氧量、氨氮、挥发酚的污染负荷比分别为17.03%、10.56%和24.33%。1988～2006年，临澧县环境监测站对道水临澧段水质共监测110次，采取水样2200个，获取有效监测数据2700个。

内河溪流水质监测　大溪河流域全程27公里，流域面积117平方公里。1986年，大溪河沿岸集中太平工业开发区、修梅、停弦渡两镇的3个企业群，乡镇企业发展到43家，年排工业废水达73.098万吨，废水中的污染物总悬浮物861.53吨，COD2014.73吨、硫化物3.85吨，其等标污染负荷为218.48，污染负荷比为32.69%。经监测，水体中总磷超标达0.33倍，最大值每升含量0.21毫克；总大肠菌群最大值每升含量2.6×106个，超过国家标准243倍；酸碱度超标率为2%，最大值每升为9.83，挥发酚超标4%，最大值每升0.008毫克；总汞超标2.8%。

扬名溪发源于临澧境内衍嗣伍家山，有大小支流7条，流程40公里，流域面积173平方公里。1990～2000年，由于太浮、陈二、四新岗乡镇企业造纸、制革、电镀等行业的大量废水排入该溪，使该溪水质变黄起泡、发臭，鱼虾绝迹。经监测，溪水中总氮超标率达到33%，最大值每升含量1.36毫克；高锰酸盐指数超标13.8%，最大值每升10毫升；悬浮物超标30.86%，最大值每升含量5.5毫克；总大肠菌群超标25%，每升含量2.6×106个，超国标达25.5倍。

水库水质监测　1990年7月，县环境监测站与县卫生防疫部门共同对官亭水库、柏枝群英水库、望城同欢水库、佘市高桥水库的水质进行采样化验检测。其监测结果表明，四大水库中的佘市高桥水库、柏枝群英水库因地处僻壤，乡镇企业不多而污染危害不大，水域仅受化肥、农药的轻度污染，水质基本符合国家地表水环境质量二类水域标准，鱼类养殖正常。

地下水水质监测　临澧县地下水资源较为丰富，总储量达6.75亿立方米。其中动储量为 1.4 亿～2.1 亿立方米，静储量为 4.65 亿立方米。

县城关地区 20 世纪 70～80 年代，有单位和个人打井采用地下水饮用。据统计，1986 年城关地区（包括望城周边地区）有水井 184 口，其中单位 73 口，日取水量为 820 多吨。由于地下水中铜、铁等矿物质含量高，地层中还有白泥层，抽取上来的井水呈乳白色，用井水洗涤的衣物，白色变黄，根本不能饮用。县自来水公司 1975～1980 年，在道水河边掘井 4 口以开采地下水作为自来水主要水源，经检测仍达不到国家饮用水卫生标准。1980 年 10 月，该公司筹资 10 万元，重新兴建水厂，改地下水为地表水为水源。1992 年，县机械厂（现芙蓉气门厂）为解决厂内生产、生活用水，在厂内自掘深井，井深 100 多米，日取水量为 80 多吨，经化验检测，水体中各类矿物质超过国家标准，不能饮用，只能用作厂内生产用水。

澧北合口地区的地下水水质，经县卫生防疫部门化验检测，完全符合饮用水卫生标准，其水质清爽甘甜、冬暖夏凉。镇自来水公司采用地下水作为主要水源。

1996 年，县环境监测站为配合世界银行和世界卫生组织来临澧考察农村饮用水卫生状况，与县卫生防疫站共同对县内新安镇、合口镇、九里乡、停弦渡镇、修梅镇、陈二乡、柏枝乡、四新岗镇、文家乡、杨板乡 10 乡镇的 6140 口农村饮用水井水质进行采样化验监测，其中仅澧北合口镇、九里乡 269 口水井基本符合国家饮用水卫生标准。而其他水井水体内氨氮、铁、锰、砷、氯化物，重金属、细菌总数、大肠菌群体等有害元素均超过国家最高允许标准。

大气监测　1987 年，县环境监测站开始对当地城市大气环境质量定期进行常规性监测。在城关地区设立大气监测点 2 个，监测频率为每月 1 期，每期为时 3 天，监测项目当时仅限于总悬浮物微粒、二氧化硫、烟尘林格曼黑度、降雨、降尘等 5 个项目，当年共监测 10 期、30 天，获取有效监测数据 372 个。

1989 年，监测站增加城关地区对酸雨频率的监测。在城关地区周边布点 3 个，采样 45 次，分析 PH 值，获得有效数据 145 个。

1991～1994 年，监测站自筹资金 6.5 万元，购置大气采样器、烟尘测试仪和烟尘望远镜、汽车尾气测试仪等现代监测设备，使监测项目达到 38 个，4 年共获有效数据 1683 个，并于 1993 年 7 月首次完成省级计量认证。

1995 年，监测点由 2 个增加到 3 个。同时，对新厦水泥、浮山冶炼厂、嘉禾水泥有限责任公司等重污染企业开始进行影响评估监测。是年 3 月，县环境监测站将大气监测区域由城关地区扩展到澧北地区，布设 4 个监测点，分别设在新安镇城建环保站、龙凤山第三水泥厂、合口镇城管站和九里乡企业办，形成南北两端新的大气监测网络。

1996 年，县监测站对县氮肥厂、龙凤山水泥责任有限公司、新厦水泥责任有限公司、新安原纸油毡厂、合口油脂化工厂等大气重污染企业按季度进行监督性监测。

1997 年，对临澧一中、三中生活锅炉、县电力局生产锅炉、烽火硫化碱厂、龙凤山十五吨水泥厂生产线等工业企业大气治理环保设施进行验收性监测。

是年，县监测站开始对全县社会机动运输车辆和农用运输车辆的尾气进行跟踪性监测。年内监测县内各交通干线各种车辆 802 台（次），农用运输车辆 667 台次，获取各项有效监测数据达 4712 个。

2001～2007 年，县环境保护局自筹资金 12 万多元，购置空气质量自动监测仪、智能无刷大流量总悬浮微粒采样仪、大气流量空气采样仪和 COD 测定仪等先进现代大气监测设备，对降水监测 115 次、降尘监测 72 次、对 1550 辆农用车尾气进行监测，获得有效监测数据 5182 个。

噪声监测　县环境监测站对噪声污染的监测始于 1989 年，因受监测设备影响仅对重点工矿企业的噪声实施监控。年内对 38

个工矿企业进行噪声污染监测，并同时建立污染监督档案。

1991年8月，开始对城市区域和主要交通干线交通噪声实施常规性定点监测。按规定要求将县城4.8平方公里按50米×50米划成101个等距离网格，每个网格设置一个监测点，监测频率为每天监测一次，每次5秒钟间隔，连续取100个数据后对照分析得到有效数据。年内共获取噪声有效数据1292组。

1993年，县环境监测站对沿207国道交通干线和城区内迎宾路、安福路3条干线28.14公里范围实行定点噪声监测，布设监测点18个，监测频率为每月一次，每次10分钟，到1995年共监测53期，76频次，获取有效监测数据340多组。

1996～2000年，县环境监测站适时对城区区域噪声监测，将县城区6.3平方公里按100×100米划分成网格，设置105个监测点；交通干线由3条增加到4条，监测范围包括207国道南至四新岗镇，北达修梅镇，全长32.84公里，监测点由18个增加到26个，每年平均获取监测数据130组。1996年，县监测站与县交警、交通、农机监理部门配合，检测汽车尾气2500台次，农用车尾气2560台次，检测率均达95%。同年，建立县城区区域噪声控制区，并对控制区内的交通噪声、建筑施工噪声、生活噪声进行系统的监测，获有效数据540组。

2001年10月17日，对县城噪声控制区实施昼、夜抽查监测，监测项目涵盖区域环境噪声、交通噪声和固定声源噪声，布点34个，其中一类区11个、二类区9个、三类区3个、四类区2个、交通噪声7个。区域环境噪声和交通噪声监测方法遵循《城市区域环境噪声测量方法（GB/T14623～93）》，测量时间均为10分钟；固定噪声源测量方法则遵循《工业企业厂界噪声测量办法（GB123498～90）》，测定时间也为10分钟。通过6年来的监测，县城噪声控制区内噪声污染白天等效声级平均值为62.5分贝，夜间平均值为49.3分贝；交通干线日间等效声级平均值为65.0分贝，夜间52.5分贝；固定声源日间等效声级平均值为67.5分贝，夜间56.1分贝。

二、环境保护

宣传环境保护法规　1990年，县环境保护局与县委宣传部、团县委、县总工会、教委、广播电台联合举办“环境保护知识讲座”专题节目，每周2次，每次15分钟，宣传环境保护法规、县政府发布环境状况信息。

翌年，县委宣传部、县政府法制办公室和环保局共同组织全县591名科局级干部和县内年产值达50万元以上的企业法人、29名县级领导干部共620人进行环境保护法律知识考试，科局级干部、企业法人参考率达85.25%，县级领导参考率96.66%。1991～1994年，县环境保护局坚持“环保教育从娃娃抓起”的指导思想，采用渗透教学的办法，在全县中小学校中办起保护环境、科学知识教育试点班37个，受教育学生2471人。

1992年在“6·5”世界纪念日期间，县环保局组织1000多名中小学生参加湖南省环境知识大赛，全省9个一等奖，临澧获一等奖3个，县环境保护局荣获“优秀组织奖”。

从1995年起，县环境保护局利用每年“6·5”世界环境日，制作宣传展牌，宣传各种环境保护常识、环境空气质量标准、地表水环境质量标准、城市区域环境、噪声标准以及废水和废气的污染物控制标准等。常年在县电视台开辟了宣传阵地，指导公众如何看懂环境空气周报和月报，并对照各项标准，了解身边的环境质量。向企业业主宣传各项污染物排放标准，通过技术项目改造达到规定标准。

1999年6月1～7日，县环境保护局组织“跨世纪环保宣传万人签名活动”，签名中年龄最大的90多岁，最小的5岁，实际参加人数达10800人。

2000年6月，特邀请省环保局总工程师曾北危，来临澧为县委中心学习小组讲授环保知识。

宣传资源环境破坏的危害　1995年以来，为保护资源环境，结合境内实际进行环境污染危害的宣传。

对农业生态环境的危害　1988～1990年，县内因环境污染所引发的水土流失面积平均达1487.1亩，农作物受害面积1102.05亩，鱼塘污染面积58.05亩，加之各乡镇砖瓦、石灰生产企业占用大量耕地，全县平均每年减少粮食达1800多吨，皮棉0.93吨。1995～2000年，根据调查统计，全县农作物受害面积平均每年达1758亩，植被受破坏面积264亩，棉地受害面积102亩，鱼塘污染面积85.5亩。损失稻谷年均达9.1吨，计10.96万元，减少皮棉3.75吨，计4.41万元；鱼类减少2.45万元；果木、茶林损失年均折款0.75万元。全县累计年均直接经济损失达11.52万元。

县内由于矿产、森林资源的不合理开采，建材工业的集中污染，天然植被遭受破坏，山林石化现象严重。修梅镇鸡山东坡是该地区石灰、水泥集中生产区，坡上林木凋零，野生动物所剩无几。

对水资源的危害

对澧水水质的危害。澧水临澧段县内流域全程为20.5公里，流域面积为411.63平方公里。1988～1994年，全县50%的乡镇企业集中于澧水沿岸。年均向澧水排放各类废水总量235.1562万吨，其中超标排放达78.26%，废水中污染物COD为280.3吨、悬浮物为1739.86吨、硫化物为8.32吨、石油类为0.13吨、挥发性酚为0.472吨、砷为0.01吨。其等标负荷294.91，污染负荷比为43.39%。澧水临澧段水质长期超过国家《地面水环境质量标准》GB3838—88三类水域标准。

1995～2000年，澧水临澧段沿岸工业企业由183家增加到469家，污染源企业也由59家扩大到160多家，使澧水临澧段各类废水由1988年的235万吨增加到864.33万吨，其中工业废水760多万吨，生活污水100多万吨，废水中的化学耗氧量为32.86万吨、悬浮物为210.69万吨、硫化物为9.57万吨、COD18.66万吨、石油类为0.185万吨、挥发酚为0.739万吨、砷0.03万吨，均较1988年有较大幅度的增长。

对道水水质的危害。道水临澧段，流经临澧境内51.66公里，流域面积1466平方公里，全年平均流量为20.86立方米/秒。

1986～1993年，道水沿岸有工业企业34家，其中有污染源的企业18家。年平均排放各类废水达79.1367万吨。废水中污染物总量达1416.15吨，其中COD为678.95吨、石油类0.033吨、硫化物为4.45吨、挥发酚0.229吨、六价铬0.08吨，其等标负荷为165.29，污染负荷比为24.38%。

1995～2000年，道水流域临澧段沿岸的乡镇企业，由1988年的34家扩展到780家，其中污染源企业也由18家增加到164家。另外，还有来自佘市和城关两镇的生活粪便污水。年平均向道水倾倒各类废水达351.12万吨，占总排放量的64%；生活污水125.95万吨，占排放总量的36%。废水污染物中化学耗氧量的含量为1482.38吨、悬浮物为2811.79吨、石油类3.01吨、总铬0.023吨、六价铬0.022吨、挥发酚4.66吨、砷铅0.81吨。

对道水流域临澧段造成污染的还有生活垃圾。道水临澧段流域总人口24万，平均每年产生各种生活垃圾8.7万吨。而直接排放水域的垃圾为1.3万吨。年产生化学耗氧量高达0.483万吨。农用化肥和有毒农药使用量增加，道水流域临澧段共有农田34.44万亩，每亩平均施用各种化肥142.9公斤，农药2.31公斤，整个流域年平均施用农用化肥总量达19120吨，农药759.56吨。通常使用在耕地上的农药与化肥，只有约10%～20%附在农作物上。而80%～90%的则流失于土壤、空气和水体中。据估算一年中最低有19.84吨农药随溪流入道水。经多次检测结果表明，凡道水流域临澧段内的河流、沟渠、堰塘、水库水体中均能检测出农药、化肥的成分，尤其是有机物的成分比例较大。

对人体健康的危害　1986～1990年，全县年平均消耗燃煤15.863万吨（标煤），其中，工业及乡镇企业耗煤达13.255万吨，生活用煤2.608万吨，分别占全县耗煤总量的90.23%和9.87%。

1995～2000年年均燃煤消耗量达34.369万吨，其中，工业用煤23.67万吨，生活用煤10.699万吨，均较1986年有较大幅度的增长。由于煤耗的直线上升，工业废气的排放量也逐年增加，废气中的二氧化硫、总悬浮微粒、烟尘、粉尘的含量成倍剧增。据监测，县内二氧化硫由1986年的8129.8吨上升为1995年的11940.2吨；烟尘23568.6吨，增5812.66吨；工业粉尘182199.8吨，增3286.72吨。

县内工业及乡镇企业排放的大量废气污染物给临澧大气环境质量造成极大危害，城关、新安两地大气环境中的二氧化硫、总悬浮物微粒的日平均浓度均超过国家规定的空气质量二级标准。1991年，城关地区悬浮微粒超标达31%，1993年，酸雨发生率高达41.1%。

县自来水公司于20世纪80年代初期兴建的大桥水厂取水点，被4个污水排放口所包围。据监测，该水厂水质中大肠菌群和细菌总数分别超国家饮用水卫生标准的304倍和124倍。

金健药业的废水由于西撇洪沟沟底位置高，废水不能直接从沟渠排放道水，而是以渗透方式流入储水口上游。这些有毒、带菌废水对县城饮用水污染极大，直接和间接地对人体身心健康造成危害。因而由环境污染引发的各种呼吸道、消化系统疾病以及传染性疾病、恶性肿瘤等的发病率和死亡率呈逐年上升趋势。据1995年县环境保护局和县卫生防疫站联合对县内11个水泥厂、26个乡镇砖瓦厂、6个石膏生产企业部分职工身体健康检查的结果表明，有30%的职工（特别是水泥厂职工）患有职业病，即矽肺病，41.76%的职工患有呼吸道疾病，18.26%的患有消化系统疾病。

1988～1995年，全县呼吸消化系统疾病发病率年平均递增64.28%和19.45%；传染性疾病的发病率更是惊人，年平均高达115.30%。由于县内大气环境和水资源的污染加剧，使各种恶性肿瘤和呼吸道、消化系统疾病恶化转为癌症的病例逐年增加。1986～1990年的5年时间内，各类癌症的死亡率年平均递增14.38%，其中与环境污染有直接关系的肺癌的死亡率年均增长21.16%。

1995～2000年，根据县环境保护部门和县卫生防疫部门的联合调查统计，死于呼吸道疾病的人共1744人，其中，肺炎为394人；肺结核及支气管炎疾病1298人；矽肺病1人；死于消化系统疾病的共计707人；死于传染性疾病的815人；死于各种恶性肿瘤的739例。其中：肺癌55例、肝癌159例、胃癌146例，食道癌68例，死于其他恶性肿瘤的288例。

2002～2003年，县环境保护局会同有关执法部门严肃查处县三中周边噪声污染，将城关镇预制件厂关闭整顿。

三、综合治理

开征超标排污费　1986～1990年，县环保局对全县324家废气、废水、固体废弃物以及噪声污染超标排放的企业与单位征收排污费总额共达169.80万元，年均征收为33.8万元。对全县320个污染项目投放治理资金116.17万元，年均投放23.23万元。1997年，全年投放治理资金22.5万元，超过前6年总额的30%，年内完成治理项目4个，新增“三废”治理设备40多台（件），新增废水处理能力110万吨、治理废气能力68亿标立方米。

1989年，县环境保护局改革投放治理资金的运作方式，由直接拨款改为先从银行贷款，年终排污费收缴入库后由环保局还贷。年内，7个重点污染治理项目办理贷款17.3万元，占投入总额的40.1%，全年共完成治理项目12个。新增废水处理能力2.2万吨，废气处理能力28.08亿标立方米，废渣处理能力0.12万吨，同时新增“三废”利用产值16.6万元，获利润14.3万元。

1991～1995年，共征收各类污染超标费293.6万元，其中，废水超标费为114.5万元，废气超标费132万元，废渣超标费2.8万元，噪声超标费3.5万元，其他超标费40.8万元。5年共投放污染治理资金165.17万元，共完成污染治理项目83个，新增污染治理设备172台。其中，废水处理设备19台，年处理能力550万吨，废气处理设备113台，年增废气处理能力55亿标立方米，废渣设备1台，年增处理废渣能力3.8万吨。

1996年，政府批准征收个体私营户排污费和事业单位超标污水排污费，当年两项收费1.5万元。同年5月15日，又批准新开征建筑施工噪声超标排污费和二氧化硫专项超标费，并明确由县工商局代收城关、合口、新安三镇集贸市场和全县80家产值过20万元的个体民营企业的排污费。

1998年，县政府批准对个体私营企业排污费实施按卡限额收取以保证排污费的及时入库，开征第三产业排污费，2000年县政府制定《关于开展排污申报工作的通知》、《关于开展环境统计工作的通知》。

2001年，根据国家有关法规政策，结合临澧实际，县委、县人民政府决定对全县重点企业实施“一站式”收费，即，按照“一家代收，分头拨付”的原则，重点企业按照县政府确定的缴费数额，按税收缴款机制，按月上缴付清。2001～2003年的3年内，共征收排污费120.69万元。

1986～2007年，全县共征收各类排污费总额达974.19万元，其中：废水超标费382.6万元，废气超标费436.96万元，固体废弃物超标费14.08万元，噪声超标费23.84万元，其他项目超标费116.71万元。18年来同时拨付污染治理资金518.88万元，占征收总额的43.80%。

限期治理，关停并转 1987年，市、县人民政府开始将环境卫生和污染防治工作纳入政府责任目标管理，采用行政手段对辖区重污染企业和项目由政府直接下达限期治理指令。是年3月3日，县人民政府对新安、合口造纸厂、太平冷冻厂、合口油脂化工厂、轻工机械厂等17家企业下达第一批限期治理指令，但只完成8个项目，占治理总数的47.06%。

同年，县环境保护局关闭杉板油毡厂，下令县氯酸钾厂停止生产，将四新岗镇电镀厂与制管厂合并。在城关镇政府的协助下，将镇玻璃厂从城区中心迁至南郊。

1988年5月4日，县政府对县酒厂、县织布厂、县供销冷库等7个项目下达第二批限期治理指令，也仅完成其中的3个项目，占全部治理项目的42.9%。同时，县环境保护局依法关闭望城乡个体电镀厂，明令太平锑白厂停止生产。

1989年，常德市人民政府与临澧县政府签定《环境保护责任状》，明确规定环境保护及污染治理工作与政绩挂钩。是年，市人民政府直接对太平冷冻厂屠宰废水和县氮肥厂“三气”回收项目下达限期治理指令，两个企业均在限期内完成治理任务。

1990年，市、县人民政府对县人民医院、中医院、桥南化工厂、青山水泥厂、四新岗新弘制革厂等71个污染项目实行限期治理，限期内83.1%的治理项目基本完成治理任务。

1996年，县政府与市政府又相继签定为期8年的《环境保护目标责任状》。对龙凤山、青山、新厦、合口、九里等11家水泥生产厂家及合口、杉板等6家石膏矿开采、生产厂家及楠桥、新安、官亭水库等7家造纸厂共48个污染项目实施限期治理。经县人民政府批准，对四新岗新弘制革厂、杉板牛头造纸厂、四新岗钢管厂电渡车间、迎友镀锌管厂、望城育才钢管厂电镀车间、新安造纸厂稻草车间、修梅造纸厂、文塘镀锌管厂等8家严重污染环境的企业依法予以关闭。

1998年，将设在城市中心区、扰民严重的14家电锯生产厂家，强制性迁建到城区边沿地以缓和城市区域性噪声污染。

1999年，县环保局协助四新岗镇政府对该镇钢管厂和石油化工厂改制转产为生产涂料稀释剂，并采用无水脱硫工序，冷却水循环使用，实现无废水排放生产。

2002年，根据《道水流域污染防治规划》，依法关停佘市拉丝厂等5家重污染企业，有效地控制道水污染源头。

1987～2003年，市、县人民政府共下达限期治理污染企业和项目88个，其中，市人民政府直接下达的7个。88个治理项目中，废水治理项目39个，占限治项目总数的55.42％；废气治理项目31个，占40.08％；废渣及噪声污染治理项目9个，占4.5％。

生态环境保护　1989年，县环境保护局报经县人民政府批准，对当时正在县内销售和使用的1650、1059、3911、4049、666等剧毒农药予以坚决取缔，严禁市场销售和使用。

2000年，县环境保护局为积极配合地方政府建设“绿色食品基地示范县”，拟定和实施《临澧县绿色食品基地示范县环境污染治理实施方案》。

2001～2003年，开始在全县范围内开展“禁白”、“禁磷”专项治理活动，即在全县范围内禁止销售、使用一次性发泡塑料餐具和含磷洗衣粉。

2001年，县环境保护局根据国家环境保护局［2001］165号《关于做好2001年秋季秸秆禁烧工作紧急通知》精神，经县人民政府批准，在陈二乡、望城乡、九里乡、官亭乡、杉板乡、佘市桥镇、太浮镇、新安镇、四新岗镇、城关镇、修梅镇、停弦渡镇、合口镇等13个乡镇、58个村、333.4公里的范围内，特别是石长铁路、枝柳铁路、207国道、1836省道沿线实行秸秆禁烧。

环境保护执法　1994年12月14日，县环境保护局与县人民法院密切协作，成立“环境保护行政审判执行联络室”。1998年、1999年分别对拒缴超标排污费的城关镇安福路个体户吴传喜和侮辱环保执法人员的官亭乡天星村个体烧灰户江开云予以司法拘留。

城关镇梅溪村村民辛志在未办理任何环保审批手续的情况下，于1997年6月擅自在烽火水电站内新建一小型炼钢厂进行钢坯生产，该厂使用的熔炉是国家明令淘汰的落后产品，又无任何污染治理设施，群众反映强烈，环保局于2001年8月依法对该厂予以强制性关闭。

2003年6月，县委、县人大、县政府领导收到新安镇西区72人联名递交的报告，反映县水泥厂未经除尘处理直接排放的粉尘污染物给邻近居民生活环境造成严重危害，要求立即关闭或搬迁水泥厂。这一投诉引起县政府的高度重视，召开第27期专题会议研究。6月13日，由副县长徐学英率领，由县环保局和县企改办组成的污染纠纷处理工作组赴现场调查。经监测结果表明，该厂周边30米，特别是厂区边15米范围内，大气悬浮微粒（TSP）超标严重，县政府立即作出决定，关闭该厂1.83×6.4米水泥生产线，并对受害居民给予经济赔偿。

1986～2003年，共调查处理环境污染纠纷444起，处罚和赔偿受害人经济损失28.507万元，维护了环境保护法律的严肃性。

废水治理　合口镇虎耳垱，为一条长2.3公里的自然溪流。由于珍珠养殖场、县油脂化工厂、杰新印染厂等企业的废水直排溪中，该溪逐渐变成为周边地区污染水源，垃圾集中排放，溪流逐年淤塞成沼泽，水色由清变浊、变黄、起泡发臭，人畜难近，群众反响极为强烈。1986年，县环境保护局会同合口镇人民政府，先后投资3.6万元，当地群众以工代赈折8000多元，先清淤泥，再修建一条内径为0.8米的大型地下排水渠道500米，进行污水处理后再排入澧水，上面全部填平改为耕地，使这一重污染源得到有效治理。

1987～1990年，全县共投资129.3万元，对县冷冻厂屠宰废水、四新岗镇电镀废水、合口镇、新安镇造纸厂带浆废水，以及石油化工废水等12个废水治理项目，采用行政手段，实行限期治理。限期内治理工程完成率达85.5%，新增废水处理能力90万吨。1989年，太平冷冻厂投资28.3万元，在建成380平方米多级屠宰污水沉淀池的基础上，又开始建设"污水净化资源化工程"，1990年8月竣工，利用沉淀净化之水养鳖。

1991～1995年，县环保局返回污染治理资金155.17万元，对县人民医院、中医院的带病毒废水，合口油脂化工厂带油废水，常盛针织公司印染废水，县织布厂染色浆纱化学废水等14个污染项目进行限期治理，治理率达78.53%，增加废水处理设施7台（套），新增废水处理能力110万吨。1991年，临澧县人民政府颁布《临澧县城饮用水水源保护区污染防治管理暂行办法》，严禁在饮用水源上游新建污染严重的工矿企业和挖沙、洗沙，并设置8处饮用水水源保护标志牌，使县内饮用水水质得到较好的保护。

1996年，县环境保护局根据国务院［1996］31号文件和省、市政府有关精神，报经县人民政府批准，依法取缔、关停严重污染环境的"十八小"工矿企业共8家。其中，制革业1家，造纸及纸制品业3家，金属表面处理和热处理业4家。1998年，中南造纸包装厂环保投资2.7万元，建设造纸废水斜网回收装置，每年回收干纸浆1000吨以上，回收价值达10多万元，同时削减化学耗氧量135吨，悬浮物324吨。湘福膨润土公司，投资5万元，建立二级中和沉淀池，使酸性废水中的PH值由5.5降为2.3，再排入东撇洪沟，保证农田灌溉水不受污染。1999年，县人民政府颁布"保护道水水域环境"公告，并主持制定《道水临澧段水污染综合防治规划》。当年即付诸实施。城关、佘市等10个乡镇的乡镇长向县长签订保护道水水质目标管理责任状。县政府明确规定：严禁在道水河上游再新建有严重污染源的工矿企业，下游已建和新建企业必须配套污水处理设施，并将这一综合治理规划纳入县政府1990～2002年环境保护目标责任制。

2001年，废水处理设施基本达标的企业4家。湘北制药厂投资4万多元修建中和沉淀池，处理离子交换柱再生含酸液和瓶塞清洗碱性废液，日处理废水18吨；湘北造纸厂投资6万元，修建总容积180立方米的絮凝沉淀处理设施处理废水1000吨。是年，全县废水处理设施总投资32万元，增加废水处理能力3118吨/日，减少道水废水排放量1000吨/日，削减化学耗氧量6.5吨/日，COD4.8吨/日。

2002年，县人民政府和环境保护主管部门依法关闭佘市拉丝厂、杉板牛头造纸厂等5家重污染企业，有效控制了污染源。据监测，2002年道水河水质PH值为7.02，高锰酸钾指数为1.25米g/升，基本达到国家饮用水的标准。

2003年，县氮肥厂改制后，投资30万元对氨回收工程进行改造，不仅实现了空气中氨的零排放，也实现了废水中氨氮的达标排放。

1986～2003年，临澧全县共投入废水治理资金513万元，治理污染项目58个，市、县人民政府限期治理项目39个，新增废水处理设施133台（套），新增废水处理能力1200万吨，占废水排放总量的80.5%。

废气治理 1988年，临澧县城区首次建立"烟尘控制区"，烟控面积为0.2175平方公里，控制区内的9台老式锅炉、25眼营业灶、18眼食堂生活灶均得到全面更新改造。次年，烟控区扩大到朝阳街、迎宾路两侧，面积增至0.453平方公里，烟控率达23.1%。1999年，县人民政府成立以常务副县长刘德亮为组长的烟尘控制区领导小组，并与区内各排烟单位签订责任状。至此，县烟尘控制区面积达到 0.89 平方公里。烟尘控制覆盖率为 37%，区内锅炉达标率为 80%，食堂灶达标率为 85%，营业灶达标率为 100%，烧煤灶中型煤普及率达 29.50%。

1994 年，青山、龙凤、修梅水泥厂投资 31 万元，修建仓式沉降室和机立窑水泥磨除尘等环保设施，新增废气处理能力 6.17 亿标立方米。

1995 年，县人民政府为改善县内大气环境，发布《关于限期治理大气污染的通告》、《关于限制重复建设、非生产性建设及严重污染项目建设的通告》，以及《关于停止新建砖厂、米厂、石膏矿的通告》等地方法规，并对大气污染项目实施限期治理。当年完成治理项目 14 个，新增废气处理能力达 25.73 亿标立方米。1996 年，临澧县环境保护局报请县人民政府批准，依法对新安联合矿水泥厂、修梅水泥厂等 13 家污染严重的企业实行关、停、并、转，年削减工业废气排放量 0.1204 亿标立方米、削减二氧化硫 131.5 吨、烟尘 110 吨。1997 年，全县 11 家水泥厂，投资 264 万元，新上废气治理设施 38 台（套），占全县废气治理设施的 92.6%；新增废气处理能力达 9.9944 亿标立方米，消烟除尘率达 81.4%，处理工艺废气 3.1509 亿标立方米，净化处理率为 26.8%。各水泥厂对熟料燃烧过程中产生的废气，机立窑采用沉降室除尘，回转窑则采用静电除尘；对生料磨、熟料磨、包装机等部位产生的废气多采用袋式除尘。龙凤山水泥责任有限公司 15 万吨特种水泥生产线，在回转窑上投资 140 多万元，安装卧式静电除尘器，其烟尘浓度基本上达到国家排放标准。1998 年，全县对 262 台工业窑炉进行全面监测检查，其中烟尘达标排放的 151 台，水泥行业的土窑全部改造为机立窑；砖瓦行业已淘汰小型土匣窑，改为炉窑或引进不用外燃烧煤的日式轮窑；并将地下平流式烟道改造成波浪式环形烟道，增加烟尘的碰撞距离和频次，提高消烟除尘效果。1999 年，县环境保护局在县政府的指导下，制定和实施《临澧县二氧化硫污染综合防治规划》和《新安地区水泥行业粉尘污染综合防治规划》。是年，该局为实施两大污染治理规划，组织专业技术人员为 58 家工业企业设计多套排放方案，为 8 家企业联系污染治理设备，协助 2 家水泥厂配备 10 套高压静电除尘器，并先后关闭县直单位 10 台锅炉，使县内大气环境质量有所缓解。据监测，2000 年，县内大气中二氧化硫日平均值为 0.09 毫克/立方米，总悬浮物微粒（TSP）日平均值为 0.126 毫克/立方米，达到国家环境空气质量二级标准。

2001～2002 年，县城区烟控区西起金宝路、东至梅溪村、北抵蒋家屋场、南处望城路，总面积达 5.6 平方公里。烟控制内有燃烧锅炉 22 台/21.9 蒸吨，燃油锅炉 2 台，炉窑 1 座，在用锅炉中林格曼黑度达标的有 17 家，合格率为 94.4%。另外，区内现有食堂大灶 35 口，营业性灶 132 眼，均烧无烟煤，型煤普及率达 85.4%。但桥南化工厂炉窑排放的二氧化硫、烟尘浓度和林格曼黑度均大大超标，其工艺生产的气体其臭难闻，引发多次污染纠纷，县环保局对该厂下达限期治理整改通知，烟控区烟尘治理在 2002 年底治理达标。

1986～2003 年，全县共投入大气污染治理资金总额达 638.96 万元，完成治理废气污染项目 69 个，其中：市、县人民政府限期治理项目 39 个，依法关停并转污染企业 13 家，新增废气治理设施 350 多台（套），增加废气处理能力 64 亿立方米。

噪声治理 临澧县内噪声污染治理工作从 1991 年开始启动。迈出的第一步就是规划建立县城噪声达标区第一期工程，达标区控制面积 0.45 平方公里，对辖区内所有声源清查登记，建立档案，对严重污染企业实施环保限期治理。县气门厂除锈机噪声高达 103 分贝，干扰附近干部职工的工作与休息，噪声污染纠纷不断。环保局出面与厂方磋商，该厂将有严重噪声污染的机电设备的车间移位，重建隔音房，噪声由 103 分贝下降至68.3分贝。

1993年，噪声达标控制区面积扩展为1.24平方公里。区内开征社会生活噪声超标排污费，使一些招揽生意的影剧院、歌舞厅、音响店的噪声声源得到有效控制。据监测，城区区域噪声等效声级为46分贝，基本上达到居民文教区环境噪声标准。

1994年，县城区域噪声达标控制区面积进一步扩大，覆盖面积达到2.3平方公里，覆盖人口2.13万人。是年，县环境保护局在高考前10天，与县公安局密切配合，发布《加强高考期间城区噪声污染管理通告》，高考期间严禁燃放鞭炮，禁止拖拉机、手扶车白天进入城区，并对县城区噪声源进行24小时全天候监控，确保高考区内环境的安宁。

1995年，为控制城区环境噪声污染，县环境保护局与县公安局联合发出《关于加强临澧县噪声管理的通告》，与县交警大队联手在县城207国道矮驾山至金牛岗及安福路、人民街、迎宾路等路口多处挂示车辆进入城区禁止鸣放高音喇叭的标志牌。

1996年8月，联合公安、文化、城管等部门，进行为期30天集中突击整治噪声污染活动，依法取缔为招揽生意而面向街道设置的各种高音喇叭38个，组合音响24台。同时处理40个小电锯及建筑施工工地噪声源，使县城区域环境噪声和交通干线噪声平均值稳定在56分贝以下。

1997年，县环境保护局经县人民政府批准，与县公安局、县城管大队联合发布《关于严禁在县城内燃放烟花鞭炮的公告》。

1999年，县环境保护局向城关镇全体经营户及有关单位发出《关于加强城关镇噪声管理的通知》。根据通知精神，环保执法人员上街执法，强行取缔主要街道路口招揽顾客的高音喇叭和沿街吆喝贩卖各种食物的电声喇叭等130多只。是年6月，经过多次选址和广泛征求意见，在公安、电力、建设、工商、城管等部门的大力配合下，将县城中心地带的13家电带锯加工点搬迁到远离居民区的县建筑装饰材料厂内，实行集中管理，较好地解决了电带锯噪声扰民这一难题。

附：1998年，临澧县物价局、环保局、财政局联合制定《关于开征第三产业排污费的通知》临价费（1998）003号，内容摘要：

1、征收范围及对象

（1）凡从事有污水排放的企业和个体工商户，应按规定缴纳排污费。对大专院校和中小学校、职业学校、幼儿园、托儿所、敬老院等社会公共福利事业单位和国家行政机构及城镇居民一律不得征收。

（2）凡从事有废气、烟尘、粉尘排放的工商企业和个体工商户，如铸造冶炼、销售石灰水泥、化工喷漆、大米、食品、饲料、塑料、生活用煤、涂料等各类加工，机动车修理等应按规定缴纳超标排污费。

（3）凡从事有噪声排放的企业、歌舞厅、录像厅、卡拉OK厅及为经营招揽顾客和高音喇叭用户、电锯、铁业和铝合金装潢加工，自备电源发电机而无防治污染设施的工商企业和个体工商户，超过国家规定环境噪声排放标准的，应按规定缴纳排污费，全县机动车辆应按规定缴纳尾气超标排污费。

对按国家规定，已征收了排放污水，废气、烟尘、粉尘、噪声超标排污费的工商企业和个体工商户，不再征收上述费用。

2、征收标准

（1）污水排污费按实际排放量每吨0.03元征收，污水实际排放量按水量的80%计算（以县供水公司的用水量为依据）。

（2）具体行业征收标准：

3、征收办法

（1）凡排放废气、废物和社会生活噪声的工商企业和个体工商户，超标排污费由县环保监察大队组织征收，各有关部门应积极协助做好征收工作。

（2）排污费以月计算，按月或者季征收。征收的超标排污费及排污费纳入县财政预算内，按专项资金管理。

（3）根据《湖南省环境保护条例》第30条第一款第十项规定，对不按规定缴纳或拒缴排污费的单位和个人，按日加收千分之一至千分之三的滞纳金，并处一千元以上、一万元以下的罚款；构成犯罪的，依法追究刑事责任。

行　业	收费项目	收费标准（元/月单位）	起征费（元/月）	备　注
铸造、冶炼	烟尘废气		80	1台（点）
水泥石灰销售店	粉　尘	0.5元/T商品	10	
喷　漆	废　气	50元/台（点）	60	
中小型大米加工	粉尘噪声	2.5元/T产品	80	只限城镇区内
豆制品加工	污水废气	2元/50公斤原料	15	
饮料加工	污水废气		25	
煤　店	粉尘噪声	点	15	只限有城镇区内、只
塑料加工	废　气	60元/台	60	收挤注机污染严重
涂料加工	粉尘污水	3元/T产品	30	的加1～3倍征收
铸造、冶炼	烟尘废气			1台（点）
机动车修理	废油电焊	5~10辆	20	
录像厅	噪　声		20	
卡拉OK厅	噪　声		20	农村暂不征
音响经营店	噪　声		20	
电子游戏室	噪　声		10	
电　锯	噪声粉尘	20元/台	20	
木工机械	噪声粉尘	10元/台	10	
印刷业	噪　声	10元/台	20	
洗车业	废　水		20	
酒店（馆）	污水废气	30元/4桌以上	10~ 20	
美容美发店	污水废气		10	农村暂不征，并不再按用水量征收污水热电厂污费。

说明：

①收费额＝起征费＋超出部分排污费（收费标准×超出数量）；

②生产经营超过15日的按一个月计征，不足15日按15日征收；

③表中未列行业有污染物排放的，可比照排污类似的行业计征排污费；

④有下列情况之一者，视情节在原收费标准基础上加倍征收排污费；

在生活饮用水源地保护区及重要建筑物周围超标排放污染物者，加倍征收排污费；禁止向水体倾倒有害固体废弃物，对倾倒者，应加收2～3倍排污费。

第十二节　生产性事故预防与处置

一、管理机制

管理机构　2001年，县政府成立安全生产委员会，安全生产委员会下设安全生产办公室，定编3名，属副科级行政职能事业单位。2003年9月，组建县安全生产监督管理局，升格为正科级单位，定编12人，负责贯彻执行国家安全生产法律法规，建立地方行政规章，指导乡镇和企业建立安全生产规章制度，实施安全生产行政许可。2004年，建立“政府统一领导、部门依法监管、企业全面负责、群众参与监督、全社会广泛支持参与”的安全生产格局，在县内的矿山、烟花爆竹、危险化学品生产和经营企业，分别建立了安全生产管理小组，按规定配备安全员。2005年，县财政拨款安全专项经费14万元，批准购置公务用车1台。2006年，县财政安排5万元安全隐患治理经费，3万元安全生产奖励资金。

2001年起，各乡、镇（区）成立安全生产工作领导小组，乡镇长任组长，相关站所人员为成员。2004年10月，各乡、镇（区）设立安全生产监督管理站，落实工作人员2名，综合管理本辖区的安全生产工作。2005年，各乡镇（区）安全生产监督管理站，制定各项管理制度。新安镇、合口镇、九里乡、官亭乡安全生产监督站配备人员3～4人，2006年调整到4～7人，配备安全生产专用车辆。是年，县政府按照“属地管理、条块结合”的原则，层层落实安全生产责任，健全安全生产管理网络，落实乡镇班子成员联系高危企业制度，负责安全生产人员培训，负责安全生产应急救援和事故调查处理。到2007年底，全县共有乡镇（区）级管理机构18个，安全生产管理人员76人。

管理方式 新中国成立的安全生产管理，经历企业自主管理到部门协助管理的过程。1959年第一家“建筑工程公司”，由县工业科管理，1976年归属基建局管理。据统计，1950～1966年的16年建筑工程中，死亡18人，伤41人，其中重伤12人，致残6人。从1969年起，对建筑施工企业全面实施安全生产管理。1969年组建县建筑工程公司，公司设立安全生产股，建立安全生产制度。1979年县建设局成立后，建立县级和企业安全生产领导小组，建筑企业未发生死亡人员生产事故。生产经营单位主要负责人对本单位安全生产全面负责，建立安全管理机构，配备安全管理人员，制定安全生产管理制度和操作规程，保证安全生产经费的投人，及时整改生产安全隐患，达到行业法规制定的安全生产标准。2000年以来，县人民政府将安全生产强化分级管理措施，落实政府部门安全生产责任。将安全生产列为对乡镇、相关县直部门年度目标管理考核内容，每年年初县政府与乡镇人民政府、县直有关单位及市以上驻临企业、乡镇政府与生产企业签订安全生产责任状，实行安全生产性事故“一票否决”，常年开展安全生产检查和综合考评，实行安全生产事故责任追究制。落实企业安全生产责任。

2000年，全县推行企业主要负责人和安全管理人员资格审查制度，企业负责人、安全管理员需经有关主管部门考核合格发证后方可任职和上岗。特种作业人员必须经专门的安全技术培训，取得特种作业操作资格证书，持证上岗。其他从业人员应参加厂（矿）、车间、班组三级安全教育培训，掌握相关安全生产知识，提高专业技能，增强事故预防和应急处理能力。2004年，企业建立全部安全生产管理小组，由企业法人代表任组长，车间（班组）安全人员参加。2006年1月起，在矿山、烟花爆竹等高危行业推行企业安全专管员制度，安全专管员常驻企业，跟班检查，纠正违章，保证安全。到2007年，全县共有企业安全生产机构230个，专（兼）职安全生产员1150人。

行政许可 2004年7月，根据《安全生产法》、《安全生产许可证条例》，国家安全生产监督管理总局的一系列规章，建立安全生产准入制度。对矿山企业、建筑施工企业、危险化学品、烟花爆竹、民用爆破器材生产企业，坚持依法取得安全生产许可证开工生产的原则，未取得安全生产许可证的，不得从事生产活动。烟花爆竹、危险化学品经营单位必须在取得烟花爆竹销售许可证或危险化学品经营许可证后，可从事经营活动。全面提高了安全生产市场准入门槛，改善了企业基本安全生产条件。2005年，烟花爆竹生产企业投资500多万元，搬迁生产线6条，拆除不合格工房500余间。是年底，全县53家烟花爆竹生产企业，颁证38家；38家非煤矿山企业，颁证11家；5家建筑施工企业，颁证4家。2006年全县已有27家非煤矿山企业、52家烟花爆竹企业、3家危险化学品企业取得了安全生产许可证，1家井下矿山、11家烟花爆竹生产企业进入申报程序。230个烟花爆竹经营单位取得了《烟花爆竹销售许可证》，115家危险化学品经营单位领取《危险化学品经营许可证》。

保障措施 建立安全生产重特大事故抢险、救灾储备基金。2005年以来，境内矿山企业、烟花爆竹和危险化学品生产企业、建筑施工企业、交通运输企业按照相关规定，依法缴纳安全生产风险抵押金。风险抵押金由县财政设专户储存，按专项资金管理和使用。是年收取风险抵押金135万元。2006～2007年收取风险抵押金190多万元。

落实工矿企业全员工伤保险。2005年，企业主为从业人员足额缴纳工伤保险费，大力倡导企业参加财产保险、意外人身伤害保险，提高企业抵御风险的能力。是年，全县参保工伤保险8000余人，缴纳保费90多万元。2006年，全县非煤矿企业单位参保人数700多人，60家烟花企业参保人数4000多人，100多家烟花爆竹经营单位参保人数500多人，其他工业企业参保人数5000多人，保费总额150多万元。高危行业企业员工参保人数1万多人，参保率达90%以上。2005～2006年底，全县因工伤事故保险理赔金额达90多万元。

技术培训　2001年以来共举办安全技术培训班15期，培训农民工5000人，经过考试，有1000人取得了上岗资格证书和技能证书。

2004年3月，县安委会举办136人参加的矿山企业厂（矿）长安全生产管理资格和危险化学品生产经营单位（户）从业人员安全生产技术培训班。4月，在合口镇政府举办烟花爆竹有药工序安全技术培训班，全县42家烟花爆竹生产企业制药工、装药工共246人参训，考核发证234人。9～10月先后组织乡镇（区）政府分管安全负责人、安全生产监察员及全县23个社会加油站单位负责人、安全管理人员参加技术培训。2005年全县组织危险化学品、烟花爆竹生产经营单位负责人、非煤矿山特种作业人员700多人参加了市级安全培训班培训。2006年，市、县两级共培训烟花爆竹、非煤矿山、建筑等高危企业从业人员1100多人，其中特种作业人员200多人，木工、建筑工、油漆工、钢筋工等400多人，装药、制药工500多人，全部核发了特种作业操作证、岗位技能证等。

2006年9月22～23日，全县烟花爆竹、非煤矿山、危险化学品生产经营企业700多人参加全市安全生产技术培训，60人取得培训合格证。

应急救援　2005年县人民政府制定《临澧县重特大安全生产事故应急救援预案》（临政函［2005］31号）。《预案》对重特大安全生产事故救援原则、启动条件和程序、救援重点及范围、指挥机构及工作职责、救援报告和现场保护、事故应急救援对策以及预案的维护等方面都作出了明确的规定。重大事故：一次死亡3人（含3人）以上或直接经济损失1000万元以上的工矿企业生产安全事故；特大事故：一次死亡10人以上的事故及后果严重、社会影响较大的其他安全事故。安全生产事故减灾工作，实行分级负责，单位自救与社会救援相结合。

二、 重大事故预防

2001年以来，县安全生产委员会坚持开展安全生产专项整治、安全生产月活动和春节前后、“五一”、“十一”、“元旦”等重大节假日安全生产检查，组织相关职能部门定期对全县重点行业开展安全生产大检查，重点加强对烟花爆竹、道路和水上交通、非煤矿山和危险化学品安全生产专项整治，整改安全生产事故隐患，预防重大安全生产事故的发生。

矿山安全专项整治　2005年，县安监局与县公安局、县国土资源局、县电力局、县石膏办以及所在乡镇联合组织专项整治。对全县38家非煤矿山建立了一矿一档的安全监督档案，检查指出安全生产隐患182处，并对5家存在严重安全隐患的矿山企业进行停产整顿。全面开展矿山安全评估，实行分类管理。是年，全县有15家企业通过了安全评估，28家矿山企业通过整顿取得《非煤矿生产条件合格证》。

烟花爆竹安全专项整治　2001年来，大力整治烟花爆竹生产秩序，全面排查安全隐患。县政府发布《关于取缔非法生产经营烟花爆竹的通告》，司法部门发布了《关于查禁取缔“非法”生产制造、买卖、运输、储存烟花爆竹的通知》，组织县公安局、县安全生产监督管理局、县工商局、乡镇人民政府、村（居）委会打击非法生产经营。到2007年取缔85家非法生产烟花爆竹作坊，依法传唤审查80多人，刑事拘留2名（其中1名已判刑），治安拘留5名从事非法生产经营的业主。2006年4月1日至5月31日，开展烟花安全生产专项整治。在自查阶段，

53家企业排查出安全隐患400多处，当场整改140处，企业自行整改120多处。在集中整顿阶段，共拆除不合格厂房150多间，兴建厂房、仓库20多间，改造生产线3条，淘汰不合格设备50多台（套），共投入整改资金200多万元。在验收阶段，全县50多家烟花爆竹企业验收合格。

交通安全专项整治 境内在常年加强道路交通安全管理的同时，适时开展交通安全整治活动。2003年，县安全生产委员会组织县交通警察大队、县农机监理联合开展以预防和减少重特大交通事故为重点，以创建交通管理模范县城、创建平安大道为契机、以整治道路交通安全秩序为主线，全面实施车辆户籍化管理，强化交通安全宣传教育，大力整治道路交通安全隐患。全县纠正违章2419次，查扣无牌无证车辆1108台，拘留5人。是年，县政府组织2次大规模打击黑车行动，出动车辆50多台，干警200多人次，强制报废客运中巴车8台，处置无牌无证和农用车载客车辆20多台。公路部门投入资金20多万元，增设警示柱320根、防护墩210个，整治取缔马路客运市场2个。

2005年，组织开展交通运输打“黑”治“黑”专项活动。打掉参运接送学生黑中巴车21台，整改渡口21处，取缔3处。强制更换不达标渡船10艘，培训考核船工30人。

消防安全专项整治 2003年以来，县安全生产委员会组织县公安局、县消防大队按照《湖南省公众聚集场所安全管理办法》规定，以小公共娱乐场所、小旅馆和私营企业、“三合一”场所、家庭小作坊、个体小加油站为重点，落实消防安全责任制，加强消防安全教育培训。消防大队全面检查单位126个，下发法律文书90份，其中下发《重大火灾隐患限期整改通知书》2份，督促单位新安装消防设备5套，维修建筑消防设施6套，实施消防行政处罚案11件，依法警告50多次，验收工程2个。

危险化学品安全管理 2005年9月，县政府下发了《关于加强危险化学品烟花爆竹安全经营管理的通告》。9月下旬，县安全生产委员会组织县公安局、县工商局、县质量监督管理局等部门进行联合执法，打击无证经营门店、摊点，督促具备安全条件的经营业主办理证照经营。

春节运输安全管理 境内历年在春节运输期间，加强春运安全管理。2003年成立了县、乡春运工作领导小组，加强对各重点区域、重点路段的安全防范。实现“场站有人抓，线路有人查，码头有人管”的管理网络。检查客运车辆6000多台（次），查处纠正违章200台（次），扣车扣牌扣证84个，治安拘留严重违章车主41人，处理“车匪路霸”和各类纠纷21起、超载客车转运460多人。实现了“无死人交通事故，无车匪路霸案件，无严重交通堵塞和涉路群体性治安案件”的工作目标。

节假日安全生产检查 2004年1月21～28日，检查烟花爆竹、交通运输、消防、非煤矿山和危险化学品生产经营企业200多家，整改各类事故隐患70多处。2005年2月18～28日，县安全生产委员会组织县公安局、县国土资源局、县电力局和乡镇派出所对11家石膏矿、16家露天岩场进行安全检查，发现隐患22处，下达整改指令7份，并制定了统一的烟花爆竹生产企业复工验收标准，先由复工企业申请、乡镇初审、部门联合验收、当场评分审定。2006年1月20～25日，共检查企业500多家，整改隐患600多处。2006年4月15～25日，检查228家企业，排查各类隐患300多处，下达整改通知书105份，停业整改企业3家。

组织安全生产月活动 2004年，县安全生产委员会下发了《关于开展安全生产月活动通知》，召开了县安全生产委员会成员单位负责人会议，6月13日，全县23个单位、110名工作人员在县城朝阳广场进行安全生产宣传，设宣传牌106块，发放宣传资料2.39万份，接待群众300多人。2005年连续3天下到各生产企业进行宣传，发宣传资料2万余份。2006年，在安全生产活动月中，设立广场宣传牌106块、制作标语20多条、印发文件2.5万份、接待群众400多人次，解答问题500多个。

第十三节　地质灾害防灾减灾

境内地处湘西北地区，是湖南省地质灾害中的易发区域，每年都多次发生不同等级的地质灾害，危及群众生命和财产安全。1987年成立土地管理局以前，地质灾害统计资料不详。据20世纪90年代以来的地质灾害资料统计，县内地质灾害发生的类型以崩塌为主，其次为泥石流、滑坡、地面塌陷。境内每年入夏后，区域内经常发生暴风骤雨，容易导致自然地质灾害的发生，且境内的石膏矿、石煤矿、灰岩矿、粘土矿、膨润土矿、砂场等，极易诱发人为地质灾害。由于大量的人为工程不良的活动和复杂的地质环境条件，不仅随时可能发生地质灾害，在出现地质灾害的区域，而且还潜伏着持续发生地质灾害的可能。其主要区域为杉板乡、佘市桥镇、烽火乡、修梅镇、停弦渡镇、合口镇、九里乡、官亭乡、新安镇等，见《临澧县地质灾害易发区统计表》（表12—13—1）。

表12—13—1　　临澧县地质灾害易发区统计表

地灾隐患地域	诱因类型	地质灾害影响预测
合口镇陈胡村、兴隆村、管渡村	地面开裂、沉降、塌陷	因采矿影响到村民116户337人，300亩田地、1.5公里主水干渠和3.2公里县乡主干公路
九里乡万岗村、太平村	地面开裂、沉降、塌陷	因采矿影响到村民63户216人，200亩田地和1.8公里村级公路
杉板乡歇驾村、牛山村	地面开裂、沉降、塌陷	因采矿影响到村民35户123人，60余亩山林、80余亩田地和2.1公里县乡公路
佘市桥镇龙阳村、尖锋村	地面开裂、沉降、塌陷	因采矿影响到村民13户38人，30余亩山林、20余亩田地、1.6公里简易公路
新安镇沙堤村、古城村、金坑村	滑坡、崩塌	因采矿影响到村民11户37人，230余亩山林、20余亩田地和5公里左右简易公路
官亭乡岩龙村	滑坡、崩塌	因采矿影响到村民6户21人，60余亩山林、15余亩田地和2.6公里村级公路
停弦渡镇关山村、九龙村、新溪村、铁湾村	滑坡、崩塌	因采矿影响到村民97户350人，80余亩山林、20余亩田地和10公里村级公路
修梅镇闸家村、万福村、鸡山村、白土村	滑坡	因采矿影响到村民80户265人，30余亩山林、40余亩田地和6公里村级公路
烽火山观音庵集镇	滑坡	因山体滑坡影响到村民66户383人，80余亩山林、0.5公里左右的供电通讯设施及1公里左右的省道
杉板乡杉板村狗眠山	滑坡	因山体滑坡影响到杉板中学教学楼、宿舍区、危及教职工和学生1200人

一、防灾体制

监测机构 1987年建立县土地管理局。1995年设立地质矿产资源管理局。2002年县国土管理局和地质矿产资源管理局合并组建国土资源局。2005年，县国土资源局成立地质环境监测站，定编3名，负责全县地质灾害的普查、监测和防治工作。到2007年止，全县18个乡镇中的86个矿区设立地质灾害监测点86个，设立监测员216人。

防治规章 境内地质灾害的管理始于1989年。当时，以废石矿渣管理为主。1995年，转为地质环境管理。2001年，临澧县成立地质灾害防治领导小组，逐步建立《临澧县地质灾害防治汛期值班制度》、《临澧县地质灾害险情巡察制度》、《临澧县地质灾害速报制度》、《临澧县地质灾害险情通报制度》、《临澧县地质灾害隐患防治督导制度》、《临澧县防止人为活动诱发地质灾害督察制度》等规章。规定在地质灾害易发区和危险区进行工程建设前，必须进行危险性评估，矿山开采前必须进行地质环境评估。每年县、乡（镇）、村（居）民委员会和矿山企业主都签订地质灾害防治责任书，重点地质灾害隐患区发放了地质灾害防灾明白卡和地质灾害防灾避险卡，层层落实地质灾害防治责任。

分级治理 各乡镇人民政府、基层组织和矿山业主，按照《临澧县2003～2013年减灾规划》，建立地质灾害减灾体系，落实各项防灾措施；建立监测机构，在地质灾害易发区域或暴雨区内实施重点监测；对杉板乡、停弦渡镇、新安镇、合山镇、烽火乡、官亭乡等乡镇区域内地质灾害区域按属地管理原则，实行分级专项治理。

群防群治 1995年以来，境内乡镇人民政府、村（居）委会和矿山企业建立160个、495人参加的地质灾害防治领导小组，各级地质灾害防治小组，分别制定地质灾害应急预案，做到有组织领导、有救援队伍、有防治方案、有监测队伍，落实地质灾害监测人员895名，坚持日监测和报告制度。重要时段（暴雨期）监测点实行24小时值班制度。在20世纪70年代至今共发生35次地质灾害中，群众成功预防18次，分级治理地质灾害区域16处。

防灾宣传 2000年以来，县国土资源局针对境内地质灾害的特点，编制发放泥石流、崩塌、滑坡等地质灾害的发生时间、地点、应急要点、救援措施、自救互救等知识资料2万多份，出动宣传车800多台次进行集镇墟场宣传，举办地质灾害监测员、矿山企业负责人、村委会干部、乡镇分管领导培训班12次680人。组织全县大规模地质灾害防治知识竞赛1次，对学生进行地质灾害防治教育2670人次。在重点地质灾害区域发放避险卡、明白卡5000余份。提高了全民地质灾害防救意识。

灾害应急 2000年，县政府制定《临澧县地质灾害应急处理预案》，成立县突发性地质灾害应急指挥部。应急指挥部指挥长由县政府县长担任，县政府分管国土资源、农业、城市建设的副县长为副指挥长，县委办公室、县政府办公室、县国土资源局、县财政局、县公安局、县交通局、县民政局等单位负责人为成员，指挥部下设办公室，办公室设国土资源局，国土资源局局长兼任办公室主任，办公室负责日常工作。

应急指挥部负责指挥和协调全县地质灾害抢险救灾工作；分析、判断成灾原因，审定应急处置与救灾工作方案；采购储备抢险救灾物资；部署和组织有关部门、有关地区对受灾地区进行紧急援救，调集人员，调度交通工具以及相关设施、设备进行抢险救灾；指导乡镇（区）做好地质灾害的应急处置与救灾工作。指挥长负责发布启动应急预案的命令，负责相关部门抢险救灾机构的联络及协调，处理其他有关地质灾害应急处置与救灾等重要工作。办公室负责收集、综合分析地质灾害气象预报、险情、灾情等信息，及时向指挥部提出防灾和救灾建议，负责各成员单位的联络和指挥部日常工作。

地质灾害应急处理程序 指挥部办公室收到灾情报告后，迅速核查地质灾害灾情信息，如灾情属实，立即报告指挥长，同时指派调查检测组立即赶赴现场进行灾害调查和指导应急处理，查明地质灾害灾情、类型和规模、引发因素、发展趋势、抢险救灾进展情况，提出具体防灾措施与建议。指挥长召开指挥部成员会议，会商启动应急预案级别；若启动预案，则组成应急抢险救灾分队赶赴灾险地点，制定抢险救灾方案。

抢险救灾的组织方式　预案启动后，由抢险救灾指挥部率领各成员单位赶赴灾区，组织、指导乡镇政府开展抢险救灾工作。在紧急状态下出动武警部队协助抢险。

根据临澧县地质灾害应急预案，成立临澧县地质灾害应急救灾指挥部，县委书记任政委，县长任指挥长，各相关单位负责人为成员。2007年5月26日在烽火乡观音庵村组织实施洪涝地质灾害的救灾演练。演练按灾害预警、紧急转移、应急救援、医疗救护等程序展开，参加实景演练县、乡、村干部60人，群众270人，通过演练提高了基层组织的应急指挥能力，普及了群众地质灾害避险自救知识。

二、　重大地质灾害减灾

20世纪70年代以来，全县记录发生地质灾害35起，其中较大地灾6起。

2000年5月，地处杉板乡牛山村的三江口石膏矿，因采穿坑道顶板发生两处垮塌，塌陷面积达400多平方米。县地质灾害防治领导小组及相关部门组织专家现场进行灾害评估，决定将矿井报废，并采取治理措施，保证塌陷地区不影响群众生产生活。

2002年7月，县合口镇的玉华石膏矿发生穿水，地面多处塌陷，危及范围20亩，影响村民居住安全4户，建筑面积700平方米。县国土资源局地质灾害管理人员及时赶赴现场紧急疏离群众，设置警示标志，通过采取加固、注水防治等措施，避免了险情的进一步扩大。

2003年7月，县烽火乡将军山观音庵集镇地段出现大面积山体滑坡，滑坡体总长度达1000米、深度40～80米、厚度3～10米，共滑动土石方约17万立方米，属于中型滑坡，直接危及烽火乡卫生院、烽火乡水电站、烽火乡信用社和13户居民安全，潜在灾害程度属特大级。接到灾情报告后，县政府及时组织相关部门负责人和技术人员赶赴现场会商防治策略，并请省地质矿产勘查开发局403队设计了治理方案。投入治理资金120多万元，共浇注抗滑桩26根、承台梁141.1米、实施砼浇注1140立方米，钢筋砼排水沟130米，消除安全隐患。同时，县国土资源局针对该山体滑坡隐患点，建立专门的险情巡查制度和灾情速报制度，确定长期监测和巡查的责任人、联系人和监测人。

2004年5月，县合口兴隆石膏矿主井北西方向巷道内约15米采掘时，由于揭穿导水溶裂隙，井水涌水量加大而又封堵不力，导致淹井。为尽快恢复生产，县国土资源局与专家一道确定采取静水注灌的办法注入水泥及凝固剂200多吨，消除了隐患。

2005年10月16日，县杉板乡精华石膏矿发生地表塌陷，塌陷2处面积近200平方米。塌陷发生前2小时，县国土资源局接到矿方报告，立即通知精华矿和精华二矿转移井下工人和矿区其他人员110余人和部分财产。到达现场后，迅速划定危险区，提出避险方案。根据地质专家的意见，共投入30万元用于治理，彻底消除了隐患。

2005年6月12日，县杉板乡中学狗眠山山体滑坡隐患点发现隐患后，县国土资源部门先后组织四次简易检测，制定应急预案，设置警示标志，避免险情发生。

附：灾害等级标准

根据国家地质灾害等级标准，结合县内发生地质灾害的情况，临澧县的地质灾害按照人员伤亡、经济损失分为特大型、大型、中型、小型四个等级：

特大型：因灾死亡30人以上或者直接经济损失1000万元以上的；

大型：因灾死亡10人以上30人以下或者直接经济损失500万元以上1000万元以下的；

中型：因灾死亡3人以上10人以下或者直接经济损失100万元以上500万元以下的；

小型：因灾死亡3人以下或者直接经济损失100万元以下的。

第十四节 部队民兵参加重大抗灾减灾活动

一、 制定应急预案

20世纪90年代以来，县人民武装部落实贯彻《中华人民共和国防洪法》、《湖南省洞庭湖非常洪水渡汛方案》和《湖南省部队、民兵防汛抢险方案》，常德军分区关于做好防汛抢险工作的指示精神，结合《临澧县防汛抢险抗旱作战方案》，落实全县防汛抢险工作的任务，每年都修订民兵抗洪抢险应急救助预案。预案坚持以确保重点乡镇、重点堤垸、重点交通干线安全渡汛和广大人民群众生命财产安全为目的，服从军分区和县委、县政府指挥，协调部队和民兵，完成抗洪抢险等救灾任务。

指挥机构 县人民武装部组成防汛抢险指挥部，由武装部部长任指挥长，政治委员任政委，副部长任副指挥长，政工、后勤科长及基地办主任为成员。指挥部主要负责防汛抢险救灾的指挥工作，指挥部下设五个小组：

新合垸组 武装部部长兼任组长、军事科、后勤科各一名成员为组员。主要任务：会同县防汛指挥部组织指挥新安镇和合口镇民兵连完成抗洪抢险等任务；根据汛情，适时向九里乡、官亭乡民兵连下达命令，援助新合垸抢险。根据县防汛指挥部的命令及时组织群众转移。

烽火垸组 武装部政委兼任组长，军事科、政工科各一名成员为组员，主要任务：掌握烽火乡防洪抢险情况，组织指挥烽火乡民兵连开展抢险救灾工作。根据汛情，适时向柏枝乡、杨板乡民兵连下达命令，支援烽火垸抢险。根据县指挥部命令及时组织群众转移。

预备组 由新安镇、烽火乡组建防汛预备队各150人，其余各乡镇组建民兵防汛抢险机动团，总兵力2334人。武装部副部长兼任组长，军事科、政工科各一名成员为组员。主要任务：随时向重点险段（点）实施机动，执行抢险突击任务。防汛抢险机动团主要担任全县机动力量，随时准备支援其他单位的抢险任务。

指挥组 由县人民武装部副部长兼任组长，军事科、基地办各一名成员为组员。主要任务：掌握全县防汛抢险救灾情况及各组行动情况；负责上传下达任务和灾情，及时为各组调整补充力量；负责对上级军事部门的无线电联络和全县民兵无线电网络通信、有线电通信保障，确保指挥畅通。

保障组 后勤科科长兼任组长，后勤科、政工科、基地办各一名成员为组员。主要任务：负责做好平时防汛抢险救灾的各项物资准备；担负县人民武装部机关值班及安全保卫工作；负责机关家属小孩、文件资料、战备物资的安全转移工作。

防汛预案

新安天帝宫水位达53.8米，预报水位还将上涨时，新安镇民兵连迅速派出观察组，在和尚堤至新安镇地段巡逻，以主要力量积极配合县防汛指挥部对该地段的险工堤段加固，组织新安镇及索水河沿线的村民向总干渠以北安全地段转移。

合口镇向阳闸水位达51.69米，预报水位还将上涨时，合口镇民兵连迅速派出民兵观察组，在合口镇至和尚堤段进行巡逻，以主要力量协同县防汛指挥部组织民工抢修间堤，对危险地段用编织袋进行加固，组织合口镇及总干渠以南的村民向北疏散。

张公庙达到危险水位时，停弦渡镇迅速出动抢险应急分队，在关山垸至山洲垸分组巡查，以主要精力协同县防汛指挥部力保两垸安全，情况危急时组织两垸域内群众向安全地带转移。

烽火河坝水位达到45.2米，烽火乡民兵连迅速派出民兵观察组，在烽火乡至看花垸地段进行巡逻，以主要力量协同县防汛指挥部组织民工抢修间堤，对危险地段进行加固。当烽火河坝水位达45.5米，预报水位还将上涨时，组织垸内群众向安全地带疏散转移。

组织协调　有援临部队、民兵防汛机动力量和民兵舟桥分队编队开进时，由县交警队警车在交接点（四新岗、佘市桥、张公庙大桥）迎接。县武装部和县财政局各派一名干部负责进驻部队的后勤保障，武装部负责与部队进行联系和协调，县财政局负责部队所需经费的保障。其驻扎地根据担负任务视情确定。新合垸：部队驻扎在新安中学；烽火垸：部队驻扎在烽火中学；安福镇：部队驻扎在临澧一中。

保障措施　县人民武装部防汛指挥部所需通信器材，由县人民武装部保障，各乡镇民兵连采取移动电话或地方程控电话与县人民武装部联络。防汛所需车辆、防汛器材由当地防汛部门给予保障。县人民武装部防汛指挥部与分区的联络，按常德军分区应急行动无线电通信联络和常民字电台联络文件实施，与乡镇民兵连联系采用移动电话或地方程控电话联络。视灾情及时与陈二乡武装部取得联系，请求支援。当太浮山南侧杉木林发生火灾时，太浮镇民兵连迅速进至火灾地区组织扑火。视火情及时与陈二乡武装部取得联系，请求支援。当火势蔓延、扩大时，四新岗镇、望城乡、安福镇、佘市镇民兵连迅速集结，分别沿国道207线、文家、烽火线实施摩托化开进，进入火场，按统一指挥实施扑救。

其他保障　指挥部与连队的通信联络，一般采用移动电话，扑火时用硅15瓦电台联络；连与排、排与班采用对讲机或广播或徒步通信方式联络。民兵所需的扑火器材，一般情况下用树枝、砍刀等就便器材，由各乡镇民兵连自带；根据需要请求上级和友邻调用必要的扑火救灾器材。

车辆保障　县指挥部配指挥车1台，各连所需的兵员输送车由本单位就地征用或调用。

防汛抢险协调

切实保障部队及时参加防汛抢险救灾工作，制定防汛抢险救灾组织协调方案。

应急指挥：县人民武装部内设立基本指挥所，抢险区域设前进指挥所。

兵力分配　新合垸进驻一个营，兵力约500人，前进指挥所设在新安镇武装部。烽火乡进驻二个连，兵力约200人，前进指挥所设在烽火乡武装部。安福镇进驻二个连，兵力约200人，前进指挥所设在安福镇武装部。

后勤保障　新合垸部队驻扎在新安中学，新安镇武装部长安排10名民兵负责。县武装部和县财政局各派一名干部负责部队的后勤保障，武装部负责与部队联系和协调，县财政局负责部队所需经费的保障。烽火垸部队驻扎在烽火中学，烽火乡武装部长安排6名民兵、县武装部和县财政局各派一名干部负责部队的后勤保障，武装部负责与部队联系和协调，县财政局负责部队所需经费的保障。安福镇部队驻扎在临澧一中，由安福镇武装部长安排6名民兵。县武装部和县财政局各派一名干部负责进驻部队的后勤保障，武装部负责与部队联系和协调，县财政局负责部队所需经费的保障。

通信保障　应急通信以有线电话为主，部队驻扎地所在各单位负责有线通信的保障。当有线通信发生故障时，采用部队的无线电台和地方的无线电话通信。

二、实施应急救援

在抗灾救灾工作中，人民武装部牢记全心全意为人民服务的宗旨，心忧国家财产，情系群众安危，50多年来共参加抢险救灾46次，出动部队1190人次紧急转移和救援群众1.3万多人，抢救各种物资折款185万元，保护国家、集体和人民群众的生命财产安全。

深入教育　县人民武装部加强民兵和抢险救灾部队提高对抗灾救灾重要性的教育，及时组织学习政府及部门关于抗灾救灾活动的指示，结合部队的性质、宗旨、拥政爱民的优良传统进行教育，做到“三个明确”：（1）明确参加抗灾救灾活动是拥政爱民的一项重要内容；（2）明确参加抗灾救灾活动是维护社会稳定的重要渠道；（3）明确积极参加抗灾救灾活动，是社会主义现代化建设的客观要求，是每一名军人和民兵预备役人员应尽的义务。使指战员认识灾害发生的突然性，必须时刻提高警惕，保持清醒头脑，做到“宁可千日无灾、不可一日不防”。县人民武装部及时给指战员介绍水灾、火灾、风灾等灾害的受灾过程和先兆，防御和抗御各类自然灾害应对策略和措施，使全体指战员树立敢于同自然灾害作斗争的思想。

掌握实情 抗灾救灾中，县人民武装部主动与地方政府联系，掌握灾情和抗灾救灾情况。预备役营、连及时与政府和气象、水文、防汛等部门联系，根据实时的灾害信息资料，对区域内可能发生的灾害或灾害发展中的灾情进行预测，对水库、河流、森林、油库等重点目标进行实地勘察。参加县、乡镇级的灾情会商会议，掌握灾害发展趋势和救灾重点。从严训练，把防灾救灾纳入训练计划，制定训练大纲，规范训练内容和目的，配置训练器材。根据防灾抢险方案，进行实地、实战演练。熟悉防灾抢险的地域及任务，明确指挥协同关系，提高防灾抢险的人员素质。

精心指挥 在抗灾救灾活动中，县人民武装部领导在充分运用各种通信指挥手段的同时，亲临现场，根据灾情的级别、任务的难易分配任务，安排兵力，协同作战。民兵连以上单位成立安全领导小组，班、组指定安全员。

开展思想政治工作。接受抗灾救灾任务后，县人民武装部立即进行思想动员。在条件允许的情况下，召开党员会议，认真进行思想动员，鼓舞士气。在任务紧急的情况下，边集结、边登车、边开进、边动员，树立为民解难的责任感和完成任务的信心。1998年7月25日至8月2日，组织200多名民兵到安乡县抗洪抢险，克服重重困难，搬石运土，连续奋战，完成了5.5公里的筑堤任务。积极做好现场鼓动，根据执行任务的情况，适时提出一些简明、形象生动、鼓舞人心的宣传口号，充分发挥广播、战地小报的作用，及时宣传、传播好人好事，激励革命英雄主义精神，鼓舞部队的士气。大力开展创模立功活动。在抗灾救灾活动中，开展各种竞赛，及时表彰先进，进行“火线”入党、立功等活动。

服从领导 服从地方政府的领导，及时请示和报告抗灾救灾工作，主动按照地方政府统一的工作部署开展活动，积极配合地方政府解决好急需解决的问题。在抗灾抢险中，严格遵守群众纪律，自觉遵守部队纪律，时时处处注意减轻人民群众的负担，不动用国家给灾民的救灾物资。对抢救出来的各种物资，妥善保管全部归还群众。在历次的抢险救灾中，人民武装部官兵和民兵赢得了灾区人民的赞誉。

三、 重大抗灾救灾纪略

1998年重特大洪涝灾害抗灾救灾

7月20日以来，境内澧水、道水流域发生特大洪涝灾害。根据县防汛抗旱指挥部调动民兵预备役抗洪抢险命令，精心部署、严密组织、快速集结，迅速组织民兵预备役人员4万人（次），县人民武装部干部12人，专职武装干部40人，参加抗洪救灾战斗。转移被困群众1.5万人，完成移动土石方17万多立方米，筑堤千余米，除险16处。

党委重视 进入防汛期，党委一班人把抗洪抢险作为工作的大事，从思想上树立起抗大洪、防大汛的准备。根据临澧实际情况，研究制定防汛抢险行动方案，强化应急分队快速集结和训练。严格值班纪律，值班人员在岗在位，不准休假，不准请假，保证24小时在岗，全天候与军分区和县防汛指挥部保持联系，时刻服从上级下达的防汛命令。武装部机关准备必要的防汛器材和物资，保证了防汛所需。

落实责任 县、乡（镇）防汛抗旱指挥部，县人民武装部设立防汛基本指挥所，每个乡镇组织1000人民兵突击队，每个村组织200人左右的民兵突击小分队，做到时刻待令，随时参战。县武装部部长刘开桂带军事科人员负责防守新安洞坪垸，政委饶南国带领政工科人员负责防守澧南片，副部长唐明带领后勤科人员负责防守烽火垸。7月22日，当洞坪垸、烽火垸漫溃堤决后，他们在各自责任区内迅速组织民兵突击队抢救转移群众。部长刘开桂参加抗洪抢险期间，父亲病危在医院，但他尽忠不尽孝，在抗洪前线指挥作战连续多日，在洞坪垸溃决后，亲自驾船组织民兵突击队，抢救来不及转移的群众，保证了洞坪垸无一人员伤亡。

发挥作用　防汛期间全县共组织出动民兵4万人（次），较好地完成了各项险重任务。7月23日凌晨，道水河猛涨、烽火堤垸全线漫堤。在这紧要关头，副部长唐明命令乡武装部迅速组织民兵转移群众。30分钟后，1000多名民兵在深夜迅速集结赶到现场，经过3个多小时的努力，将垸内8000多名群众安全转移。7月23日凌晨2点，澧水流域停弦山洲堤段出现一处渗水，巡查人员发现这一险情后，立即报告驻守该段的山洲村民兵营，村民兵营长一声令下，500多名民兵冒雨抢险，有20多个民兵毫不犹豫地跳进水里打桩，其余民兵装土背袋，来回奔跑在雨中，经过近2小时的奋战，终于保住了大堤。

7月25～29日，按照常德市防汛指挥部的命令，先后4次共组织5000名民兵按规定时间支援安乡抗洪抢险，出动车辆207台(次)，人民武装部干部参加12人，专职武装干部28人，先后奋战10多个日夜，修筑子堤560米，移动土石方15万方，圆满完成常德市防汛指挥部交给的工作任务。

2003年重特大洪涝灾害抗灾救灾

7月7日以来，澧水流域连降暴雨，致使境内澧水、道水猛涨，超过1998年最高水位。在历时5天的抗洪抢险中，先后组织民兵预备役人员及来临部队13390余人，排除大小险情250余处，搬运砂卵石5万余方，转移群众12000人，确保了淞澧大垸和80余万人人民生命财产的安全。

准备充分　为有效发挥武装部在抗洪抢险中的作用，5月份，制定《防汛抢险救灾指挥预案》、《防汛抢险救灾组织协调预案》、《防汛抢险重大情况处置预案》，进一步完善《防汛抢险通信保障预案》、《民兵突击抢险预案》。落实抗洪抢险人员。武装部成立由1270名基干民兵组成的抗洪抢险机动团，每个乡镇成立由150名民兵组成的抗洪抢险突击队，对乡镇组建情况进行核查，做到一旦有险情，能够立即集结人员投入抗洪抢险。同时，在民兵训练中，以突击队为单位进行抗洪抢险预案的演练，培养了一批训练有素的抗洪抢险民兵骨干。

全力以赴　7月8日17时40分至23时，按县防汛指挥部通知，武装部部长刘德建、政委饶南国分别赶往新合垸、烽火垸，并亲临最危险的地段，与县、乡干部一起研究抗洪抢险的措施、布置工作任务，与干部群众一起抗洪抢险。7月9日17时，澧水新安段水位涨至53.5米，洪水即将漫堤，在新安洞坪垸指挥的刘德建部长，不顾个人安危，带领30名突击队员堵塞管涌，为群众的安全转移赢得了6个多小时的时间。副部长林宜泉、军事科长叶定跃、政工科长王光华均在烽火垸的抗洪抢险第一线，连续战斗三天三夜。新安镇武装部长关中平8日下午接到命令后，立即组织200多民兵赶往最危险的洞坪垸进行抗洪抢险。9日上午，大堤坝出现10多处翻沙冒水，他又立即组织300多民兵排除险情。下午6:40，水位超过53米，邢家河地段出现漫堤，他又马上带领50名民兵骨干，冒着倾盆大雨，跑步3公里，赶到现场进行抢险。合口镇回龙村村主任兼民兵营长郑明生，当高家垱发生特大险情后，立即组织基层民兵堵管涌，压砂卵石500多立方米，保住了大堤的安全。据统计，全县共有民兵13270余人投入抗洪抢险救灾，排除大小险情250余处，转移受灾群众1.2万余人，转移物资7800余件。

2003年烽火森林火灾抗灾救灾

11月1日12时左右，境内烽火乡分水村张家组老里冲山发生火灾，继而火势向将军村同山林、乡林场、银河村林场、花果村林场、先锋村林场蔓延。

下午2点左右，县人民武装部接到县森林防火指挥部通知后，值班首长、人武部部长刘德建立即赶往火灾现场，同时向分区值班室报告了火情，并组织烽火乡、望城乡、安福镇民兵近250名迅速赶往火灾现场扑火。由于连日高温不雨、火势大、火力猛、林木密集，给扑救工作带来了很大的难度，至20时左右，烧毁山林大约1000余亩，火势进一步蔓延。20时40分左右，常德市军分区何司令员与陈君文市长赶到现场组织扑救工作。23时10分左右，谢主任带领预备役二团、武警中队、消防武警近350名官兵赶到现场进行扑火，同时，县武装部又组织柏枝乡、杨板乡、修梅镇近250名民兵紧急支援，并要求停弦渡镇、四新岗镇、陈二乡迅速组织200名民兵集结待命，随时准备支援。这次扑救工作持续了18个小时，分别在将军林场、银珠山山顶、乡林场灰土凸、花果林场砍出大约2500米长，4米宽的防火隔防带。至2日凌晨6点，火灾得以扑灭。

2008年重特大冰冻灾害抗灾救灾

1月12～29日，发生特大冰冻灾害后，县人民武装部根据常德军分区和县委、县人民政府的抗灾救灾工作要求，启动特大灾害应急预案。县人民武装部通知各乡镇人民武装部，在冰冻灾害期间，坚守工作岗位，服从党委政府的指挥，组织民兵，做好本区域内的保交通、保安全、保生活为重点的救灾工作。据统计，在抗冰冻期间，全县共出动1200名民兵，维护道路交通秩序，保证在灾害期间未发生道路交通人员伤亡事件。组织400余人次帮助敬老院、分散居住五保户，解决1100人饮水和烧菜困难。灾害稳定后，县人民武装部领导深入灾区，组织民兵帮助灾民开展抗灾自救。1月28日，县人民武装部、安福镇人民武装部、合口镇人民武装部共组织810人清扫道路积雪。新安镇、佘市桥镇、烽火乡、停弦渡镇人民武装部，组织1200余名民兵，宣传抗灾救灾知识，帮助灾民进行柑橘树苗保温、剪枝、排水、打药，最大限度地降低了灾害损失。

第十五节 特大冰雪灾害防灾减灾

根据国家公共突发事件应急预案“建立政府领导、部门分工负责”的应急体制的规定，2007年5月，县政府成立县应急管理办公室，负责审定全县灾害突发公共事件应急预案；负责全县灾害及突发公共事件信息的收集、处理上报；负责全县灾害突发公共事件应急协调指挥；负责全县灾害及突发公共事件应急救援。

6～12月，县政府先后印发《临澧县突发公共事件总体应急预案》、《临澧县自然灾害应急救助预案》、《临澧县道路运输紧急情况应急预案》、《临澧县特种设备安全事故应急预案》、《临澧县突发性地质灾害应急预案》、《临澧县处置电网大面积停电事件应急预案》、《临澧县通信保障应急预案》、《临澧县森林火灾应急预案》、《临澧县救灾防病应急预案》、《临澧县农作物灾害救灾应急预案》、《临澧县重大动物疫情应急预案》、《临澧县供水事故应急预案》、《临澧县供气事故应急预案》等20多个专项应急预案，建立完备的灾害和事故应急管理机制。

10～12月，县应急管理办公室制定了《信息共享》、《信息通报》、《灾情会商》、《风险隐患排查》等管理制度。

信息共享制度。各类灾害事故管理部门，确认灾害信息后及时向相关单位提供实时的（历史）灾害或（事故）信息；气象灾害预警信息由气象局向社会发布；灾害（事故）发生时的信息由主管部门确认后按规定报送；灾害（事故）过程中的重大信息，由主管部门负责报送；灾害稳定后的信息，由主管部门向相关单位报送和向社会发布。

信息通报制度。各类灾害（事故）发生后按规定启动应急预案后，主管部门在15分钟内向各相关管理部门发布信息；应急响应升级后，在10分钟内向各相关部门发布信息；应急响应终止后，在10分钟内向相关管理部门发布信息。

灾情会商制度。每年年初由灾害管理部门组织由专家参加的灾情会商会，总结分析上年度灾情，科学分析评估本年度灾害趋势。上级政府或部门发布重特大灾害预警信息后，由灾害主管部门组织召开专家会商会，预测评估灾害损失范围、程度，会商抗灾救灾策略。灾害在发展过程中，由灾害主管部门组织专家进行会商，预测评估灾害发展趋势；灾害稳定核查后，由灾害主管部门组织专家进行绩效评估，制定恢复重建方案。

风险隐患排查制度。2007年，根据省政府办公厅开展公共事件风险排查工作的通知，由各乡镇人民政府、各灾害管理部门、各基层单位对各类灾害事故的区域、种类、数量和状况进行深入调查分析评估，并建立分级分类管理台账和数据库。对排查的各类风险隐患，制定整改措施，建立应急联动机制。储备相应的抢险救援物资，组建专业应急救援队伍。

一、科学决策指挥

发布预警信息　2007年11月29日，县气象局根据县历史气象资料和各级气象部门会商情况，发布2007年冬季（12月至次年2月）短期气候趋势预测，预计2007年冬季平均气温与常年接近或略偏低，极端最低气温零下6℃左右，冬季总降雨（雪）量正常，雨雪日30～34天，有“冬酣”出现。12月下旬至2008年1月下旬有一段低温雨雪时段。其中1月下旬至2月上旬有冰冻天气出现，高寒山区有强冰冻。县政府于2008年1月7日召开了由县农业局、县林业局、县畜牧水产局、县民政局负责人和各乡镇农业副乡（镇）长会议，部署预防冰冻灾害工作。要求各乡镇做好冬季种植农作物数量的统计，做好柑橘特别是新植柑橘的防冻工作。1月11日，县政府通过电视台发布大雪冰冻天气预警信息。

启动专业预案　2008年1月12日冰雪灾害发生后，根据灾害性天气发展趋势和常德市政府紧急通知，成立防冰雪灾害领导小组，由县长任组长，分管县长为副组长，县委办公室、县政府办公室、县农村办公室、县交通局、县交通警察大队、县民政局、县电信局、县电力局、县卫生局、县广播电视局、县农业局、县林业局、县畜牧水产局等单位主要负责人为成员，负责全县防冰雪灾害抗灾救灾工作。1月29日设立全县抗击冰雪灾害工作指挥部。县委书记任政委，县长任指挥长，县政府常务副县长、县政府分管农业副县长、县委办公室主任任副指挥长，由县政府常务副县长兼任办公室主任。县政府办公室主任兼任办公室常务副主任。办公室下设4个工作组。县政府办副主任分别兼任材料综合组组长、督导调度组组长；县财政局局长兼任资金保障组组长；县委宣传部副部长兼任宣传报道组组长。各乡镇和各机关事业、企业单位采取召开干部职工会、广播会、党员骨干会，发送网站和手机短信，宣传灾害天气影响和危害，引导机关、企业单位和群众积极防灾抗灾。1月13日启动《临澧县突发性气象灾害预警应急预案》三级响应，县政府启动应急预案，落实应急措施，及时上报灾情信息。派出18个工作组到乡镇指导防灾救灾工作。1月13日晚，县长谭本仲连夜召开防冰冻灾害领导小组会议，对防灾救灾工作进行紧急调度和部署，明确乡镇和相关部门的责任，要求启动各项专业预案。14日，县农业局启动冰雪灾害应急预案四级响应，农业技术人员深入田间指导抗灾，制定全县救灾方案。县交通局、县交警大队启动冰雪灾害应急预案三级响应，派出60名干警和工作人员对乡镇公路巡查，对危险路段实施封闭，禁止农用车和各班车载人通行。县建设局启动突发性灾害事故供水应急预案四级响应，组织35人对城区破裂水管网线和用户损坏水表进行抢修。县电力局启动突发性灾害电力抢修应急预案四级响应，组织30人紧急抢修输、供电线路、电表。县电信局启动突发性灾害事故电信抢修应急预案三级响应，组织20余人维护电信线路抢修。县民政局启动自然灾害应急预案四级响应，组织12人分4个查灾工作组，深入乡镇敬老院、村五保供养点、五保户、贫困户、倒房户进行查灾核灾。指导乡、村和灾民开展自救。1月14日，县委书记黄清宇主持召开各乡镇主要领导和防冰雪灾害领导小组会议，了解灾情、进一步部署抗冰雪救灾工作。1月22日全市电视电话会议后，县委、县政府进一步强化工作措施，明确保安全、保供电、保供水、保生活的工作目标，经县政府同意，各类灾害应急响应分别由四级提为三级；由三级升二级响应。

实行应急管理 1月29日，县委书记黄清宇主持召开了紧急县委常委（扩大）会议，听取了县农村办公室、县工业局、县交通局、县安监局、县民政局、县建设局等部门关于冰雪灾害防灾抗灾工作情况汇报。做出如下决议。

1. 成立抗击冰雪灾害分指挥部

（1）城市保障分指挥部：

指 挥 长：县政府常务副县长

办公室主任：县政府办副主任、信访局局长

职 责：负责县城区道路客运安全畅运和水、气、油的保障供应

办公地点：建设局

联 系 人：县建设局局长

（2）教育卫生保障分指挥部

指 挥 长：县政府副县长

办公室主任：县政府办公室纪检组长

职 责：负责医疗救助和在校滞留学生的安置管理

办公地点：卫生局

联 系 人：县卫生局局长

（3）道路交通安全保卫分指挥部

指 挥 长：县政府分管副县长

办公室主任：县政府办公室副主任

职 责：负责全县道路交通疏导、安全保障和滞溜司乘人员救助

办公地点：县交警大队

联 系 人：县交警大队大队长

（4）农村抗灾及城、乡困难群众救助分指挥部

指 挥 长：县委常委、县政府副县长

办公室主任：县农村办公室主任

职 责：负责组织农业生产自救和城乡困难群体救助。

办公地点：县农村办

联 系 人：县农办副主任

（5）交通电力通信保障分指挥部

指 挥 长：县政府副县长

办公室主任：县政府办副主任、政务中心主任

职 责：负责汽车站、水运码头、临澧县火车站和电力通信安全畅通

办公地点：县工业局

联 系 人：县工业局局长

（6）市场供应保障分指挥部

指 挥 长：县政府副县长

办公室主任：县政府办主任科员

职 责：负责生活物质的供应保障

办公地点：县商务局

联 系 人：县商务局局长

（7）国有资产保护分指挥部

指 挥 长：县政府常务副县长

办公室主任：县财政局局长

职 责：负责国有资产的救灾保护

办公地点：县财政局

联 系 人：县财政局工会主席

2. 制定抗击冰雪灾害的纪律

（1）灾情不缓解，全县干部职工不休假，不外出。

（2）灾情不缓解，全县与防冻抗灾无关的活动一律停止。

（3）严格落实包保责任制，县级领导落实对乡镇和主管部门责任包保；严格落实安全生产责任制；严格落实并迅速启动冰冻灾害应急一级响应机制。

3. 落实抗灾救灾经费。县财政安排资金30万元，用于防灾抗灾和安置灾民费用。

二、确定工作目标

在特大冰雪灾害抗灾救灾工作中，县抗冰雪灾害指挥部发出紧急通知，全民合力抗灾，达到“六个确保”的工作目标。

确保群众生命安全 灾害期间各乡镇人民政府、村（居）委会加强对辖区内群众生活检查，全县建立日报告制度。县武装部组

织各乡镇武装部1100多名民兵走访烈军属，特困户和五保户，帮助解决木柴15吨、大米10吨。帮助施救房屋50户89间，转移安置群众1989人。保证在灾害期间灾民不受冻、不受饿。

确保交通安全及畅通　冰雪灾害期间，县交通局及时启动道路交通应急预案，及时召开党委会、乡镇分管交通负责人和养路工班、运输企业负责人会议，签订安全责任状。公路、路政、运管、港航等部门实行24小时值班，组织局机关和养路工班人员进行路面铺砂，撒盐、道路抢修工作，出动抢险人员5800人次，出动机械720台班，紧急调拨资金272万元，调运工业盐30吨铺撒，储备砂石、煤渣等防滑材料430方，设置各种安全警示牌78块，加装车辆防滑链条358台次，抢修公路8条，处理路基塌方25处，恢复涵洞58条。县公安局交通警察大队在抗冰雪灾害期间，加强防灾宣传，利用县电视台开办“聚集红绿灯”专栏，手机短信提示预警，大队网站对外发布天气预报、宣传车在全县巡回进行宣传。严格路面监管。全队干警全体出动，全天24小时执行巡逻。对不适合在雪天营运的短途运线路会商相关部门停运。强化源头管理。大队每天派出专人与公路、交通部门，对18个乡镇的县、乡道进行排查，对不宜通行路段向当地政府报告，并通过媒体发布路况信息，采取交通分流和撒盐融冰等措施确保交通安全。在灾害期间境内未发生道路交通人员伤亡事故。

确保电力供应　1月11日以来的持续低温，雨雪、冰冻天气，导致电网输变电设备大面积履冰，特别是使农村配网损坏严重，其中低压线路倒杆84根，断线101处，毁坏25.36公里，导致32个村64个台区，1320个用户停电。在灾害期间，设立野外观察组观测冰情，每2小时向调度室汇报情况。加强抢修值班，所有变电站派人24小时值班，发生线路故障保证在12小时内恢复供电。

确保通信畅通　冰雪灾害使通信设备严重损坏，损坏设备180台，倒塌电杆150根，毁坏通信线路10公里，冻破冻断通信光缆130处，受损移动基站6个，使灾区境内住宅电话和手机通信不畅。灾害发生后县电信局派出抢修工作组，深入灾区日以继夜的抢修线路，使住宅电话在中断16小时内恢复通信。当移动手机用户通信中断后，县移动公司立即派出应急抢修专业队伍，赶赴受灾现场，组织紧急抢修，在中断通信18小时内恢复了移动通信。

确保水、煤气的充足供应　从1月14日至2月6日连续冰冻，造成自来水公司制水设备冻坏，供水管网冻裂，用户水表漏水，城区4600户近3万人遭受断水或用水困难。灾害发生后县自来水公司组成1支80人应急抢险队伍，分厅内接待、厅外安装和维修工作组进行抢修。并从1月15日开始，在临澧电视台连续5天播放紧急通知，宣传水管防冻保护应急措施以及冰雪灾害损坏水表更损事宜。1月25日，因冰冻加剧和饮用水困难，在人口密集区（伟星、八方楼、百货大楼）从公司供水主管上开梯，设立临时公共取水，实行免费供水。从1月12日至2月6日，公司更换式维修水表6485块，抢修供水管网漏点1285处，开梯公共取水处8处，保证居民供水。县天然气公司因交通运输影响导致停气三天，经过多方协调，紧急调运气源，保证了天然气的供应。

确保群众基本生活物资供应　保证特殊群体生活不受影响，特大冰雪灾害使商务系统农贸市场房屋倒塌，蔬菜生产基地和基础设施、屠宰场严重受灾。县商务局成立救灾工作小组，局领导和机关工作人员，组织三个工作组深入市场、蔬菜基地、屠宰场了解灾情，制定生产自救方案。落实市场，屠宰场24小时值班制度。协调交通部门落实食品及其他必需品的运输，保证全县城镇蔬菜供应量达35吨/天，保证每人每天1斤。屠宰场每天宰杀生猪200头，满足市场需求。县民政局组织12人分3个组深入乡镇查灾、核灾。检查乡镇敬老院、村级五保供养点的居住、取暖、生活情况，走访五保户、低保户、特困户，下发生活救济款125万元，救灾棉被2.1万床，衣服5万件，大米50吨，食油5吨。

三、 开展生产自救

县农业局在特大冰雹灾害抗灾过程中，一是做好灾前预防。当气象部门发布冰雹灾害预报后，组织召开全县各乡镇分管农业的副乡镇长、农业技术站和相关灾害管理部门会议。统计农作物种类、面积，布置防灾抗灾工作。当冰雪灾害发生后，及时启动农作物灾害应急四级响应预案，成立了防冻抗寒技术工作组，成立了柑橘、蔬菜、油菜技术服务小分队。进行查灾核灾，有16万亩柑橘受灾，属一级（枝条25%～50%冻伤）冻害6.5万亩；二级（枝条50%～75%冻伤，叶片枯萎、滑叶现象）冻害7.5万亩；三级（枝条75%冻伤，主杆冻伤）冻害3万亩。6成以上成年结果树一年生枝和9成以上幼龄树由于低温冻害失水5万亩，新扩橘柑和60万株苗木及300万株未出苗苗苗木90%以上都出现了叶片萎、蔫和新梢死亡现象。10万亩蔬菜中8万亩严重减产，50个蔬菜大棚受损严重。农业经济损失达1.3亿元。县农业局一是组织技术人员印发《当前农作物抗寒防冻技术意见》、《橘柑抗寒防冻应急处置技术措施》，下发到各单位及乡镇、村和农户。派出80人专业技术人员深入灾区。与乡镇农技人员一道深入千家万户，田间地头，指导服务。举办农作物抗寒防冻技术讲座30多场次，重点培训乡镇专业人员300多人次，培训农民1万多人。二是做好防灾抗灾宣传。冰冻灾害发生后、通过网络、移动短信平台发布抗灾技术信息9万多条，免费发放抗灾应急处置技术措施资料10万余份，提高了群众科学抗灾救灾的水平。三是做好物资保障，全县先后组织遮阳网10吨，农膜26吨，编织袋40万只，组织柑橘熏烟防冻所需物资锯木屑181.5吨，谷壳、茶壳535.5吨，稻草、杂草、棉秆1562吨，其他物资18吨。叶面肥50吨，杀虫杀菌剂5吨。帮助指导柑橘生产实施物理覆盖面积2万多亩，主秆包扎4.5万亩。

县林业局根据全县林木受灾1万亩，受损林木5000多立方米，损毁楠竹4万多根，损坏新栽补国外松、马尾松苗木12万株，经济林受灾3万亩的灾情，组成6个抗灾救灾小分队，深入文家乡、太浮镇、陈二乡、杉板乡、柏枝乡、官亭乡，调查受灾林木区域种类数量，指导抗灾救灾。先后组织2800多人次，培蔸扶持，对雪压林木积雪进行清理。组织6支林业执法分队，24小时对县内主要交通路口进行巡逻，防止在雪压期间乱砍滥伐。

县畜牧水产局从1月12日起成立县畜牧业抗灾救灾工作组，组织与各机关干部深入乡镇指导抗灾。1月18日召开全县抗灾防灾工作会议上，印发了《关于加强农业生产防冻抗寒工作的紧急通知》、《关于做好畜禽防寒保暖工作的紧急通知》，部署牲畜防寒保暖工作。并在县电视台、网站、发布畜禽防寒保暖知识，发放2万份防寒保暖技术措施到村到户，制定了抗灾补损工作方案，分4个工作组，深入乡镇村和农户进行指导抗灾，乡镇动物防疫人员每人联系2个大户，每天到村进行巡查，坚持日报告制度。灾害期间未发生畜牧疫病灾害。

县民政局组织36人的查灾工作组，深入灾区了解灾害损失情况，及时向上级民政部门上报灾情，提出防灾抗灾和救灾建议，核查全县房屋损坏201户347间，倒塌房屋381户879间，争取紧急转移安置资金45万元，灾民房屋重建资金42万元，接受下发救助棉被2100床，衣服23.2万件，大米120吨，油1吨。并及时动员乡镇政府和基层组织开展灾后重建，在6月底可全部搬迁新居。

1月29日灾害稳定后，全县各机关事业和厂（矿）企业单位，共组织4600人次对本机关院内和城区街道破冰除雪。县人民武装部、烽火乡人民武装部、合口镇人民武装部、新安镇人民武装部组织民兵1100人次上街清扫冰雪，护理花卉苗木，恢复了城镇正常生活秩序。此外，在特大冰雪灾害期间，县公安局组织一次打击盗窃和“两抢一盗”的集中整治行动，在灾害期间未发生大的治安案件，使社会治安进一步好转。

第十三章　灾害救助

第一节　政府救济

一、　救灾方针和政策

（一）历史上赈灾思想和政策

天命主义的禳弭论及其巫术赈灾

三国时期前，生产力水平极其低下，人类对自然界的认识和控制能力极其薄弱。人们推想在自然界中必定有一个如同社会中的元首支配人一样的主宰万事万物的最高的主宰，这个主宰就是“天帝”。于是，南北朝后“万物有灵”的观念，就转而变为崇拜天帝，神教的观念亦就此产生。在当时的人们看来，自然灾害、人生祸福无不是天帝决定的。要想免除灾害，惟有祷禳于天帝。这种思想经过长期的冲击和动摇，自秦汉以后，又产生了用阴阳五行来解说自然灾害的思想，不过禳弭论并未完全退出历史舞台。这种巫术救荒，即便到了清代仍占相当重要的地位。

灾后救荒

古代的灾后救荒思想及其政策大致有八种：赈济、调粟、养恤、除害、安辑、蠲缓、放贷、节约。

赈济思想及其政策

赈济思想是一种早已萌发的思想。由赈济思想产生了赈济政策。赈济分为三种：

赈谷——救济粮食。相传齐景公就开始了，汉代以后一直没有间断。

赈银——以钱或物救济灾民。

工赈——在一些灾情最重的地区，开工施赈，类似现代的以工代赈。

调粟思想及其政策

移民就粟——通过移民到丰收的地方就食。

移粟就民——搬运粮食救灾民。

平粜——“以谷贱时增其价而籴，贵时减其价粜”。

养恤思想及其政策

施粥。《礼记·檀弓》：“齐大饥，黔敖为食于路，以待饥者而食之。”

居养。即政府在灾害时颁布安民、给药、抚婴等法规，建立居养院、安济坊、福田院等方式安置灾民。

赎子。即由政府出资赎回饥民被迫卖掉的孩子。

除害思想及其政策

除害思想就是不受迷信蒙蔽，用人力祛蝗虫、疫疠。这在古代是难能可贵的。我国历史上最早倡议除蝗虫的是秦苻坚时的刘兰，提倡治蝗最有力的是唐代姚崇。

除蝗的方法，历史上总结了多种，如驱捕、翻土除卵等。中国历代王朝对除蝗功令颇严，有功者奖，不力者要受相当重的处分。

安辑思想及其政策

安辑的办法：就是通过减赋、复赋的利益，诱导流民返乡复业；政府给流民以闲田并免除租赋，使流民不再流徙；通过官府的力量，遣送流民回籍。

安施安辑，需满足以下两个条件：除积欠，即免除流亡者过去的负债。宽禁捕，即解除对逃户、所谓“盗贼”的禁、捕。

蠲缓思想及其政策

蠲缓政策包括蠲免和停缓。蠲免：包括蠲赋、免役两部分。在实施时，历代王朝各不相同。停缓：包括停征、缓刑两部分。

放贷思想及其政策

放贷思想就是通过发放贷款（物）帮助灾民恢复生计。

放贷政策的实施始于周代，以后历代均有这一政策。放贷的种类主要有种、牛、具等生产资料。民国以后，设农赈即放贷。农赈主要有：救济农事资金；指导农业方法；推行农村合作。

节约思想及其政策

节约政策有：减少食物，此条多用于皇室；禁米酿酒，以节约粮食；节省费用，包括紧缩行政支出，崇尚俭朴等。

灾前预防

古代救灾思想中，强调积极预防的思想十分丰富。相应政策亦较有力。在这一防灾理论中，一是改良社会条件的思想及政策，包括重农与仓储；二是改良自然条件的思想与政策，包括水利与林垦。

重农思想及政策

重农思想在中国源远流长，它既是基本的经济思想，亦是重要的防灾赈灾思想。管子《治国篇》说：“夫富国多粟，生于农。兴利者，利农事也；除害者，禁害农事也。”这种农本主义的理论在后世发展得更为完善。

与农本主义思想对应的重农政策，一般表现为以强本抑末为目标，以孝悌力田为明训。为了推行这一政策，限制商人有之，数次颁发重农诏令有之，用赏罚来激励劝课有之，皇帝亲耕籍田之事更是屡见不鲜。

仓储思想及政策

仓储思想就是储粮备荒。先人对此早有研究和论述。《礼记·王制篇》：“国无九年之蓄，曰不足；无六年之蓄，曰急；无三年之蓄，曰国非其国也。”

与仓储思想相对应的仓储政策，随着不断的演化而形成一种制度。仓储的具体形式有常平仓、义仓、社仓、惠民仓、广惠仓等等。电视剧《天下粮仓》所反映的就是这种仓储思想和仓储政策。

水利思想及其政策

在中国的典籍中，强调兴水利防灾害的论述很多，亦是兴农富国、防备灾荒之要计。宋代以后，水利、治水的理论更加完备。

贯彻水利思想的水利政策是灌溉事业和浚治河川。

林垦思想及其政策

林垦思想包括重视林业和提倡垦荒。历史上提倡垦荒的人也很多，其目的，一是补民食之不足；二是增加税入。历代统治者及其大小官员们看重的更是后者。税收增加了，一可充实国库，二可从中盘剥。

重林政策的基本点是造林。垦荒思想就是开垦荒地。以上列举的这些救灾思想及其政策，在当时肯定是有积极意义的。但在苛政猛于虎的封建社会中，能落实的寥寥无几，多是“雷声大，雨点小”，层层盘剥，中饱私囊。然而尽管如此，对于当代人来说，这些思想和政策是有借鉴意义的。

（二）救灾工作方针和政策

1. 救灾工作方针

政府的救灾工作方针是开展救灾工作的依据。新中国成立后的救灾工作方针随着社会和经济的发展而发展。

新中国成立初期的救灾工作方针是：“节约防灾，生产自救，群众互助，以工代赈。”1950年2月救灾工作方针修订为：“生产自救，节约度荒，群众互助，以工代赈，辅之以必要的救济。”1953年后的救灾工作方针为“生产自救，节约度荒，群众互助，辅之以政府必要的救济。”1958年人民公社化以后的救灾工作方针为“依靠群众，依靠集体，生产自救为主，辅之以国家必要的救济。”1983年后救灾方针为“依靠群众，依靠集体，生产自救，互助互济，辅之以国家必要的救济和扶持。”增加了互助互济和国家扶持的内容。党的十六届六中全会后的救灾工作方针为“政府主导、分级管理、社会互助、生产自救”。

新中国成立50多年来，多次修订救灾工作方针，基本精神是：充分发挥群众和集体组织的积极性，自力更生地战胜灾害带来的困难；恢复生产、增强灾民自救能力，满足其灾后的物质生活需要；发扬“一方有难，八方支援”的精神，实行全民抗灾救灾；对灾区群众的困难，政府给予救助和扶持。

2. 救灾工作政策

新中国成立以来，县政府根据各个历史时期的救灾工作方针，逐步形成灾情统计、救灾款物管理制度。建立灾害应急响应、灾害应急救助、灾民生活救助、灾民房屋重建救助等工作规程，规范灾害信息管理和灾害救助。

灾害情况统计

1951 年起，自然灾害灾情实行分级统计。自然灾害损失按收成三成以下为轻灾、六成以下为重灾统计，年度灾情按全年正常产量收成标准计算。1952 年起，自然灾害灾情统计分发生的时间、统计标准、统计内容等。1961 年，自然灾害灾情统计分：灾害种类、受灾面积（分夏田和秋田、分粮食和经济作物）、成灾面积（分 3～5 成、5～9 成、9 成以上）、减产数量、受灾人口、损坏和倒塌房屋、损毁水利工程、家庭财产损失等。

1989 年后规范管理自然灾害信息。县级从发生重大自然灾害之时起，县民政局每日向上级民政部门上报灾情直至灾情稳定。遭受特大自然灾害时，同时向市民政局、省民政厅和民政部上报。1990 年后，县、乡级人民政府建立健全民政工作机构，按救灾工作职责，配备专职灾情信息管理人员，建立汛期值班、灾害信息管理制度，按规定迅速准确报送自然灾害灾情统计表。

1993 年起，县民政局实行灾害信息定期上报制度。自然灾害灾情 1、2、3 月份统计报表，于 4 月 5 日前上报。4、5、6、9、10 每月统计报表，于下月 5 日前上报。7、8 月份统计报表每旬一报，于下旬 5 日前上报。11、12 月份统计报表每 2 月一报，于次年 1 月 5 日前上报。突发性重特大灾害，随时上报市民政局、省民政厅和民政部。1995～2008 年，县民政局落实《自然灾害情况统计制度》，按自然灾害情况统计报表体系，对历次发生的自然灾害，向上级民政部门及时填报自然灾害情况快报表、续报表、核报表、春荒冬令报表、半年和年终报表。建立因灾死亡人口、因灾倒塌房屋、春荒（冬令）生活人员生活救济台账。

救灾资金管理

1950～1956 年，救灾资金使用实行与生产相结合，使救灾粮款变为生产资金，实行以工代赈。1957 年救灾资金只能用于灾荒救济。1958 年后救灾资金使用以公社为救济对象，而不是以个人为救济对象，救灾资金下发到公社后包干负责，调剂使用。1960～1980 年，救灾资金实行“国家扶助集体，集体保证个人”的管理原则。1981 年后，灾害救济资金用于解决灾民吃饭、穿衣、住房困难，每人每天 8 大两贸易粮的标准分月供应。救灾款物实行专款专用、专物专用。救灾款物评议发放，由县、社领导组织当地人民代表或灾民代表参加，采取民主评议、张榜公布、大队审查、公社批准、落实到户的办法。县民政局统一管理救灾款物，公社、大队健全管理制度，建立专账和确定专人管理。1987 年后救灾资金使用范围：（1）解决灾民生活上无力克服的吃饭、穿衣、住房、治病的困难。（2）紧急抢救、转移和安置灾民。（3）适当扶持灾民开展生产自救，重点是灾情严重、连年遭灾的地区和自救能力较差的重灾户和受灾的贫困户。1990 年后救灾资金发放坚持专款专用、重点使用的原则。

救灾资金的发放程序。县民政局根据灾害损失情况，集体研究制定分配方案，会商县财政局后报县政府审定后发文。县级分配给乡镇政府的救灾资金，由乡镇民政办拟定分配到村（户）的方案，报乡镇政府审定。村委会发放救灾款，坚持“公开发放的对象和原则；公开上级下拨救灾款的数额；公开救助到户的名单和金额”。村民委员会将评议发放对象和金额报乡镇政府审批，由村领款发放到户。

2002 年 8 月后，按照民政部、财政部《关于规范特大自然灾害救济补助费分配管理有关问题的通知》的规定，规范灾情报告、灾情评估和灾情核定内容，落实救灾资金专款专用、重点使用的原则。重特大自然灾害救济资金用于灾民紧急抢救、转移安置，解决无力克服的临时吃、穿、住、医等生活困难，以及因灾倒塌房屋的恢复重建和损坏房屋的修缮补助，春荒、冬令救济资金用于补助春荒、冬令期间灾民口粮以及衣被和治病救济。当县内遭受重大自然灾害后，由县民政局、县财政局向市民政局、市财政局提出申请救灾资金的专项报告。

救灾物资管理

1991 年，制定《临澧县救灾物资使用范围和分发对象的规定》。

(1) 粮食、食品、食油、糖、蔬菜类，发给缺粮而又生活困难的灾民；饮料、营养食品、主要用于灾区儿童、病人的补养。

(2) 生活用品、日用品和小型生产工具，发给缺少上述物品的灾民。

(3) 衣、被、棉毯类，发给缺衣无被难以过冬的灾民。对于数量较少的毛毯，主要发给光荣院、敬老院、福利院和分散供养五保户。

(4) 药品及医疗器械，一律交给灾区医疗抢救单位统一管理、安排使用。

(5) 建材类：水泥、木材、钢材。重点用于灾区光荣院、敬老院、福利院的维修和重建，余下的部分一律用于无房户灾民修建房屋。帐篷、油毡等物，主要用于无房户灾民的临时居住和搭建简单住所。

(6) 化肥、农药、薄膜等农用物资，全部用于灾民恢复生产。

(7) 通信、办公设备类。电话、对讲机、传真机、微机及其配套设备，一律由县民政局统一管理，建立救灾通信网络。

(8) 机电设备类。电动机、发电机、排水设备，发至重灾乡（镇）、村，主要用于抽、排淤水及生产生活发电。

(9) 家电类。电视机、收录机、电冰箱，发给灾区光荣院、敬老院和社会福利院。

(10) 燃料类。煤炭发给缺柴的灾民；汽油、柴油由各救灾组织用于救灾所需。

（三）灾害救助规章

1. 自然灾害信息管理

2002 年，县政府办公室制定《临澧县自然灾害管理暂行办法》，灾害救济工作贯彻“救灾工作分级管理，救灾资金分级负责”的方针。坚持政府领导、民政主管、部门负责、权责结合、综合协调的原则，县民政局全面负责灾害管理、灾害救济和救灾款物的监督检查。

灾情管理。管理干旱、洪涝、风雹、台风、地震、低温冰害、雪灾、病虫害、滑坡、泥石流等灾害造成的损失情况的统计、核定、报告和发布。

灾情统计分灾情统计标准、灾情统计内容、灾情核定、灾情报告。

灾情统计标准以市场价格或民政部门制定的农作物、畜禽、林果业、农民（城镇居民）居住房屋、家庭财产以及商业、工业、交通业、电力、通信等灾害损坏标准为依据。按民政部《自然灾害情况统计表》统计灾害损失。

灾情统计内容分综合情况、农业损失、工作数据、工业、服务业的损失及乡镇、村的数量。

综合情况统计分灾害种类、发生的时间、地点、台风编号、地震经纬度、受淹乡镇、受灾人口、成灾人口、被困人口、转移安置人口、无家可归人口、因灾死亡人口、因灾伤病人口、倒塌房屋、损坏房屋、损失粮食、因灾造成的直接经济损失等。

农业损失统计分农作物受灾面积、成灾面积、绝收面积、毁坏耕地面积、减产粮食、饮水困难大牲畜、因灾死亡大牲畜、农业直接经济损失等。

工作数据统计分灾民生活数据（缺粮人口、缺粮数量、需口粮救济数量、已救济口粮人数、已安排口粮救济款数、已安排救济粮数量、已救济口粮人数）；灾民住房数据

(需恢复住房数、已安排恢复住房款、已恢复住房数)。

灾民伤病数据分统计需救济伤病人口数、已安排治病救济款数、已救济伤病人口数；灾民衣被数据分需衣被救济人口数、已安排衣被救济款、已救济衣被人口数；转移安置数据分已安排转移安置款数、已救济转移安置人口数；救灾工作数据指中央财政下拨的接收捐赠款数，省、市、县各级接收捐赠款数，灾民参加生产自救人次等。

灾情核定分全面核定、抽样核定、典型核定、专项核定。

全面核定指灾害发生后，组织人员对灾害造成的各方面损失进行全面核定。

抽样核定指在受灾害的总体中，随机抽样进行部分核查，根据核查结果推断全面灾情。

典型核定指在受灾总体中，选择特重灾区或具有代表性的乡、村进行核查，根据结果推断全面灾情。

专项核定指对某项损失情况进行专项调查，以核定全面灾情，一般用于农民房屋损失的核查。

县民政局负责核定受灾乡镇政府上报的灾情内容和工作数据，入户核查和审定。乡镇人民政府负责对本乡镇受灾村（户）的灾情核定。灾情核定的内容由县政府和市民政局，根据灾害损失情况和工作需要确定。

灾情报告。灾情报告程序、报告内容、上报时间、信息发布。

报告程序。各村（居）民委员会发生自然灾害后，及时向乡镇人民政府报告，乡镇人民政府在规定时间向县政府、县民政局报告，县民政局及时向县人民政府和上级民政部门报告。

报告内容。村（居）民委员会在发生灾害后的初报用电话报告，乡镇政府填报《自然灾害快报表》和灾情报告。村和乡镇人民政府每日上午填报《自然灾害快报表》报县民政局，县民政局每日向县政府和上级民政部门报灾情报告和《自然灾害快报表》和灾情报告，直至灾害稳定。灾害稳定后，村、乡镇、县民政局核查灾情后，报送灾情报告和电子文档报表。按灾害发生时段，分类填报《自然灾害快报表》、《自然灾害月报表》、《自然灾害年报表》、《春荒、冬令救济情况报表》、《灾民房屋倒房花名册》、《因灾死亡人口花名册》、《春荒、冬令救济人员花名册》。

上报时间。特大洪涝、风雹、台风、地震等突发性自然灾害，村（居）民委员会在10分钟内上报乡镇人民政府，乡镇人民政府在灾害形成30分钟内向县人民政府和县民政局报告（时间、地点、范围、受灾人口、伤亡情况、财产损失情况、致灾原因、救灾工作等），民政局在50分钟内向上级民政部门报告。此后在灾害发生过程中，县、乡级民政机构坚持每日10时续报灾情直至稳定。灾害稳定后1日内村级核定灾情报告乡镇政府，乡镇政府在收到村级报告后2日内核查全面情况后报县民政局。县民政局收到乡镇政府报告2日内核定全面灾情后报县人民政府和上级民政部门。

灾情的统计、核定和报告，严格遵守《中华人民共和国统计法》及其他相关法律法规的规定，不得夸大、缩小、隐瞒和谎报。对报灾不实或延迟报灾时间造成严重后果的，依法追究责任，严肃查处。

信息发布。灾情信息的发布需报经县减灾委员会审定。

自然灾害情况统计工作规程

2003年，根据自然灾害灾情统计工作制度和灾害救助管理规定，制定自然灾害统计、救助工作规程，灾民生活救助工作规程，见《临澧县自然灾害情况[半（年)]统计工作流程图》(图13—1—1)，《临澧县自然灾害情况（快、核报）统计工作流程图》（图13—1—2)，《临澧县灾民生活（春荒、冬令）救助工作流程图》(图 13—1—3)。《临澧县灾害救助监督检查工作流程图》(图 13—1—4)。

2. 灾害救济管理

自然灾害救济资金、物资指县级自然灾害救济事业费、救灾物资、社会各界捐赠资金物资、中央、省、市下拨的救灾资金和物资。自然灾害救济资金按“地方为主，国家补助为辅”的原则筹措，县、乡级人民政府设立救灾预备资金，开展经常性社会捐助募集救灾资金和物资。

救济资金的使用。依据自然灾害灾情的轻重缓急依次为：紧急抢救、转移和安置灾民；解决灾民无力克服的衣、食、住、医等困难；扶持倒房户房屋的恢复重建；加工及储运救灾物资。

救济资金的分配。根据灾害受灾范围、损失程度，突出灾民生活、居住重点的原则。县民政局根据受灾乡镇的情况和救灾资金数量拟定方案，会商县财政局后报县人民政府审批后拨付。

救灾资金的管理。县、乡财政局（所）设立救灾资金专户。县民政局和乡镇民政办建立救灾资金和物资专账，乡镇民政办负责救灾款、物的分配、并发放到户。县审计局负责救济款物的专项审计。

救灾资金的拨付。县财政局根据救灾资金分配的文件，将救灾资金拨入县民政局救灾专户。

乡镇民政所、财政所依据救灾资金的分配方案，凭财政所收款收据（民政所、财政所分别盖章），到县民政局办理拨款手续，县民政局拨款至乡镇财政所专用账户。

乡镇民政所依据各村的灾情，会同乡镇财政所拟定救灾款分配方案报乡镇政府审定后，报县民政局和县财政局备案。

救灾款物的发放。村发放救灾款物时，公开上级下拨救灾款物数额，由个人申请或小组提名，村民委员会或村民代表会议审定，张榜公布被救济户的名单，救济款、物的数额且无异议后，报乡镇政府批准。

救灾款物的发放，使用临澧县救灾款物发放三联单。由乡镇民政办造册，救济对象凭身份证或其他有效证件到乡镇民政所领取救灾款物，并签字盖章。

从 2006 年起，自然灾害救济资金实行信息化发放。是年 3 月，县财政局、县民政局、县信用合作联社联合下发《临澧县社会救助优待抚恤资金信息化发放工作方案》临财联字［2006］第 1 号文件，规定信息化发放的范围为：农村五保供养资金，救助到户的自然灾害救助资金。信息化发放的工作程序：县级政府按灾情分配资金到乡镇，乡级政府分配资金到村，各村按规定公开救助政策、标准、经公示后确定对象，报乡镇人民政府。

乡镇人民政府审定对象后，经财政所、民政办上报花名册（式五份）交县民政局核准，县民政局审定核准后，报县财政局社保股输入数据，并拨款交县农税局，农税局将款和发放对象交县信用联社打卡交县民政局。

资金领取。救助卡由民政局复核后发放到各乡镇民政办，乡镇民政办将救助卡发放到人，救助对象凭有效证件领取。

3. 检查监督

各乡镇领取救灾款物（救助卡）后的 5 日内将救灾款物发放到户，并在 7 日内将发放三联单及时汇总上报县民政局和县财政局。每年 1 月底前分别上报上年度救灾资金分配数和下拨数额。

县纪检和监察部门负责对救灾款物使用管理的检查和监督，对贪污、挪用、私分救灾款物的行为进行查处，对相关责任人给予党纪、政纪处分，情节严重的依法移交司法机关追究刑事责任。

2003 年，根据自然灾害救助管理规章，制定《临澧县自然灾害救助监督检查工作规程》，见《临澧县灾害救助监督检查工作流程图》(图 13—1—4)。

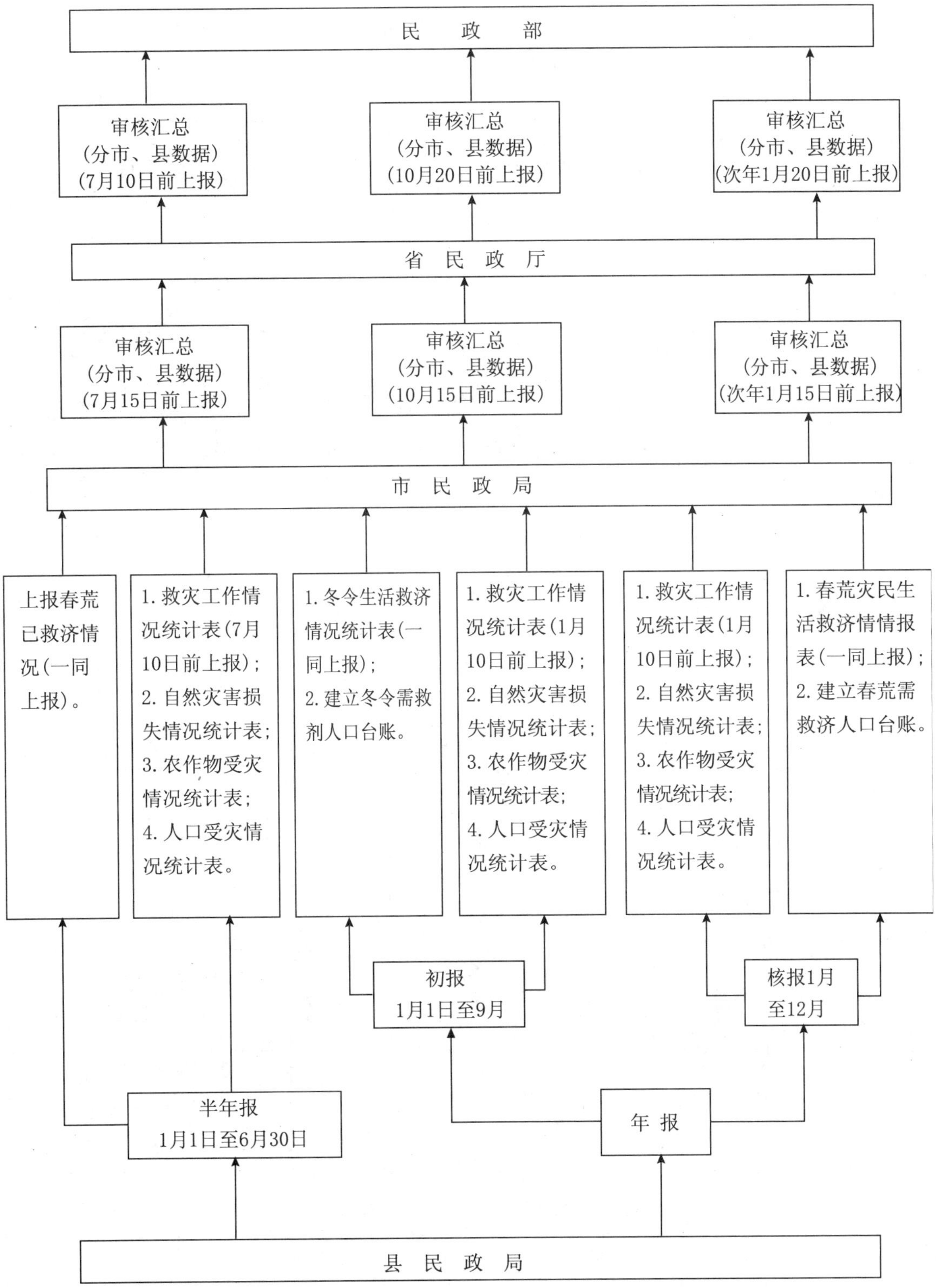

图 13—1—1　临澧县自然灾害情况［半（年）］统计工作流程图

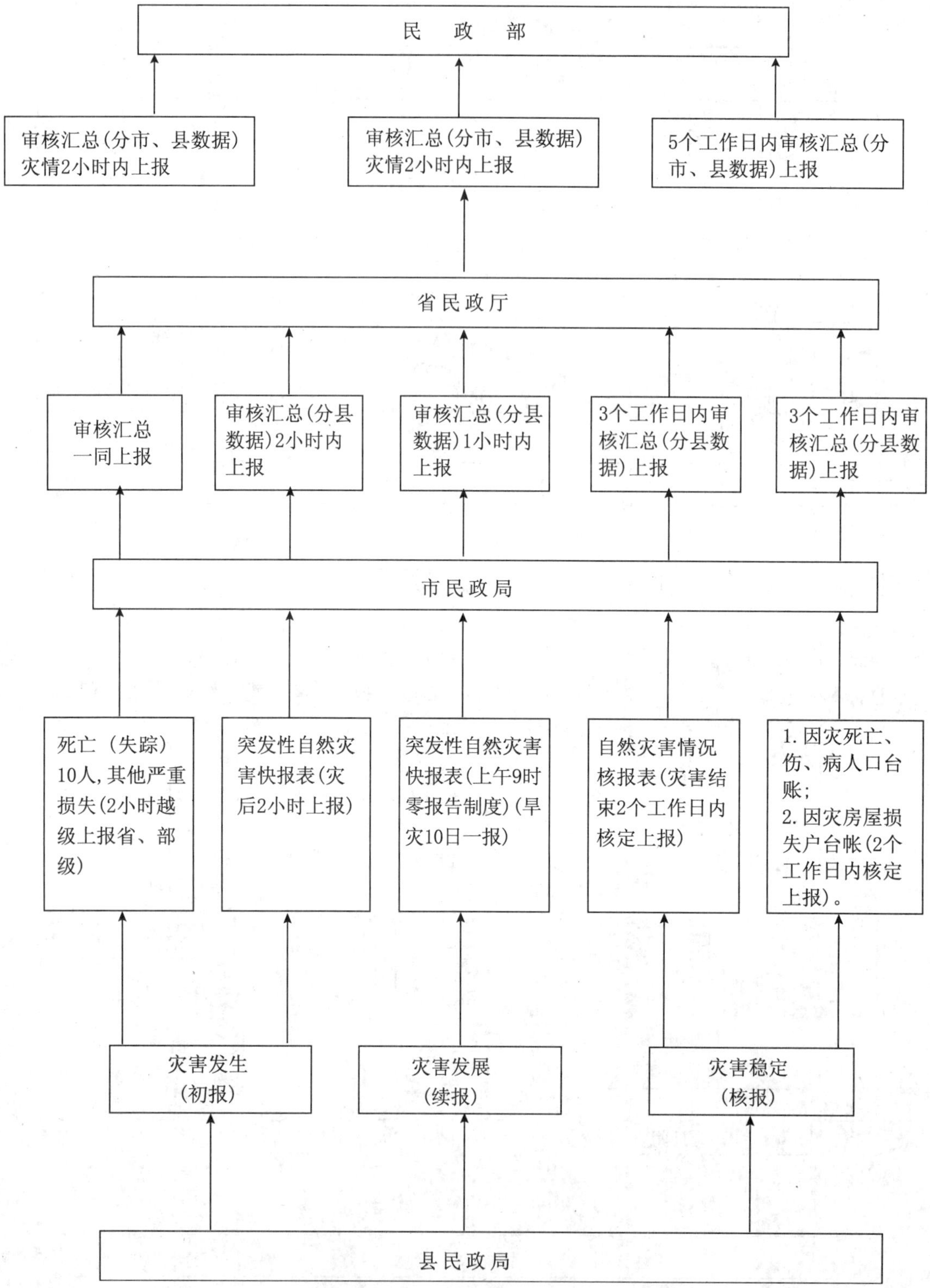

图 13—1—2 临澧县自然灾害情况(快、核报)统计工作流程图

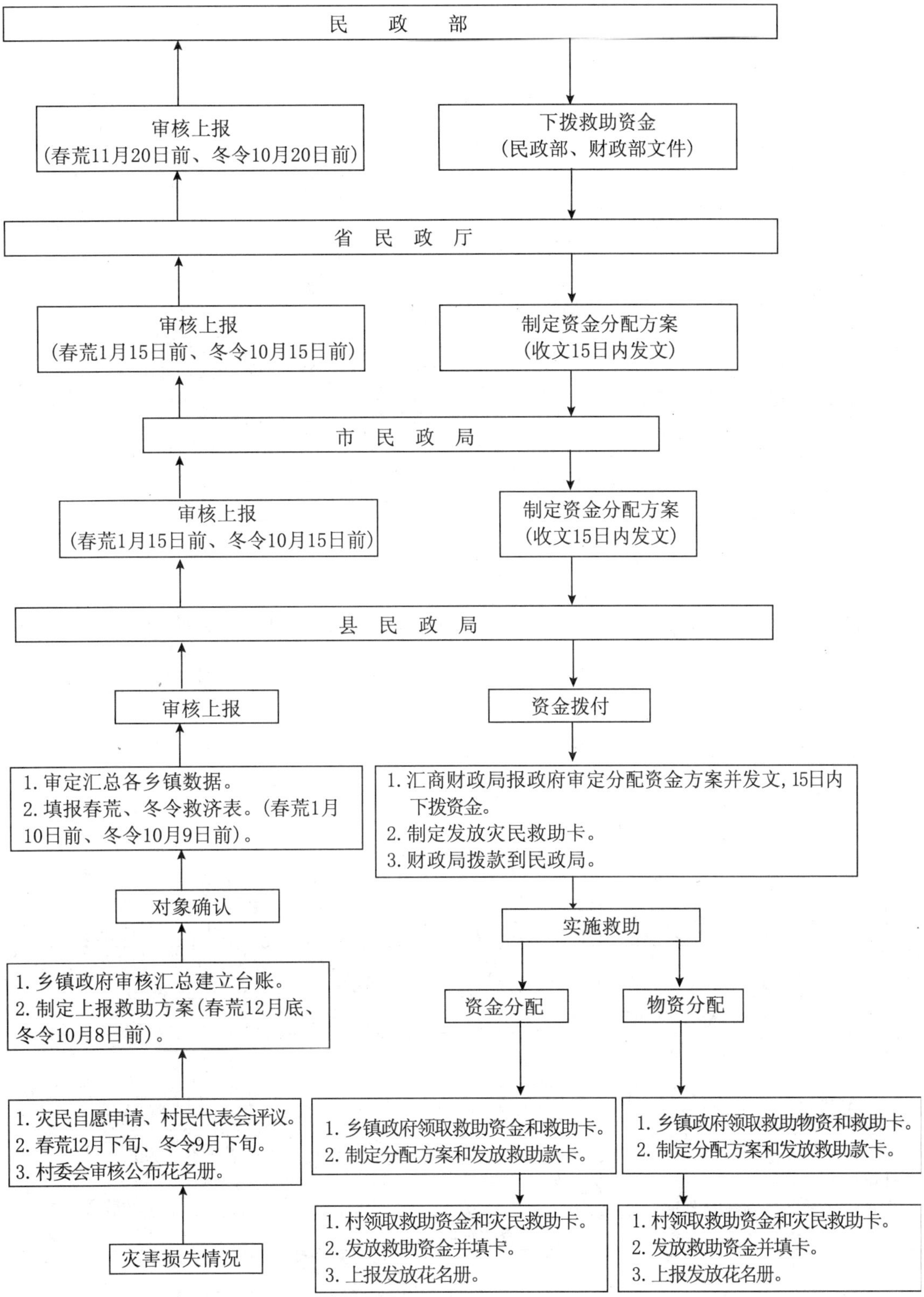

图 13—1—3　临澧县灾民生活（春荒、冬令）救助工作流程图

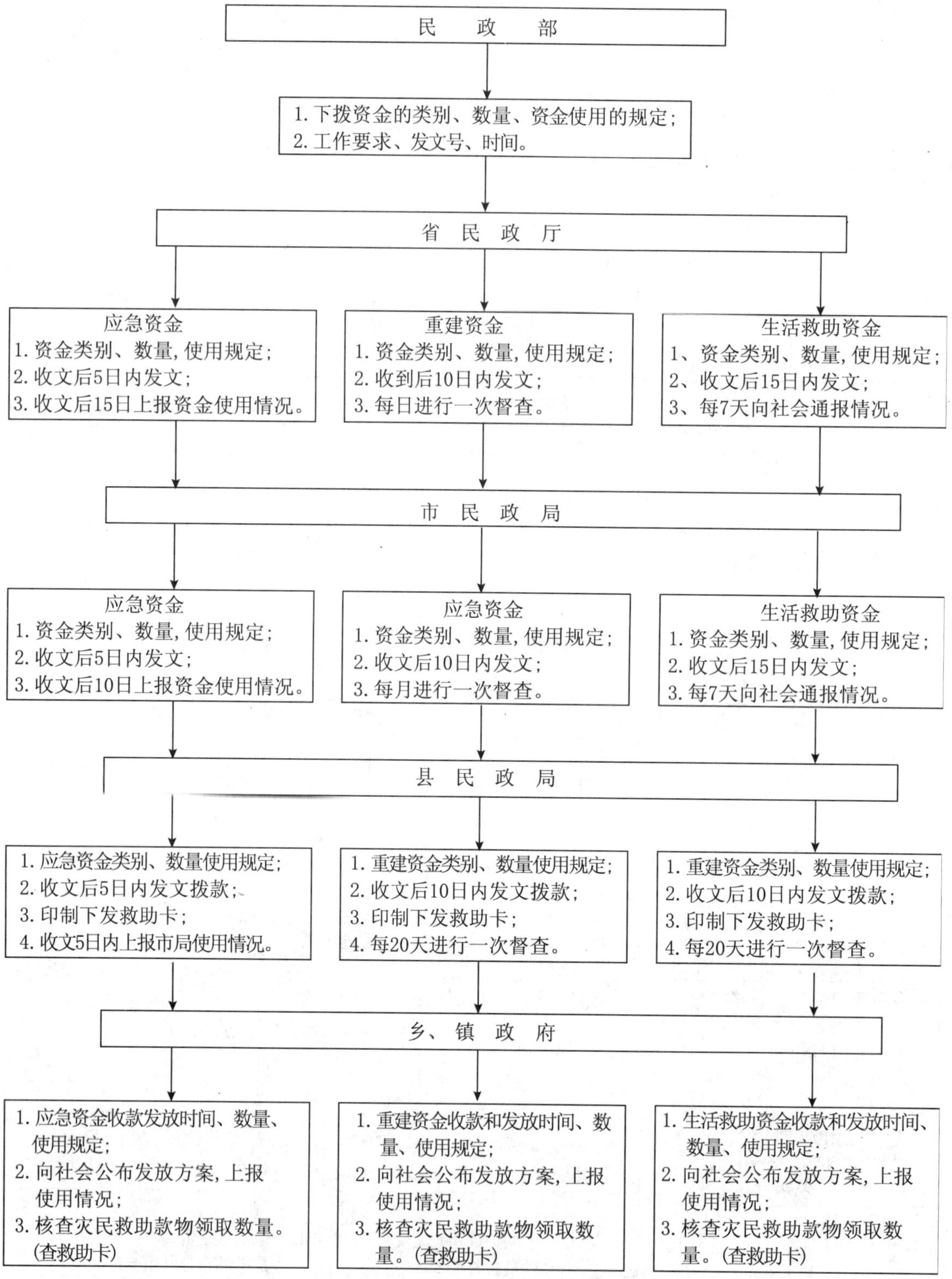

图 13—1—4　临澧县灾害救助监督检查工作流程图

二、救灾管理体制

（一）体制沿革

救灾管理体制的形成经历了清代及其以前各时期、民国时期、新中国成立后三个时期。

清代及以前时期。西周时期人们对灾害的认识和防灾救灾的能力极低，在灾害袭来时只能被动逃避。即使有所抵御，其手段和方式也十分简单。朝廷内设有地官司徒（六大官员之一）职掌救灾及大荒、流行疾病之年移民等重要职责。秦汉时期人们对自然界有所了解，统治者对灾害的观测、考察、研究及防御有了新认识，并有专门管理事宜的人员。统治者在鼓励发展农业、手工业生产的同时，更加重视防灾救灾问题。夏朝设立行政制，到秦时才首先形成九卿和尚书制度。从秦朝至汉代，由丞相管理民事、救灾及灾后移民等事务。三国以后，设度支尚书，掌财用。隋为民部尚书。唐改为户部，延至清朝，管理全国的土地、户籍、财税，也包括防灾赈灾使命。宋代，朝廷中设尚书省，右曹职掌常平（以平丰灾年）、免役、救济等事务。元代，设中书省总理政务，中书省设立大司农，职掌农桑、水利、事故、饥荒等事务。明代设户口部，其职能有蠲减、赈贷、均粜、捕蝗与怜悯灾荒，以输传、屯种、粜买、以纳之法实以储，以禄廪之制取贵贱等。清代，由六部分掌朝政，其中户部掌救灾等事务，后于光绪三十二年（公元 1896 年）改革官制，改六部为十一部，设民政部管辖、民治司职掌救灾事务。任命了河道长，并设置河兵归其调遣。形成配合君主政治和行政制度的灾害管理模式，指挥体系完整，部门分工明确，救灾措施多样，较好地发挥了稳定社会的功能。

民国时期。中华民国时期，初步形成了以总统制为核心的中央专职灾害管理体制。1912 年 1 月 1 日，中华民国成立临时政府，中央设内务部，主管全国和地方赈恤、救济、慈善感化等业务。北洋军阀时期仍设内政部，增设赈济委员会，用来掌理全国赈济行政事务。省、市、县设立相应管理机构，临澧民国 7 年（1918）3 月至民国 38 年（1949）设民政科，管理救灾事务。

新中国成立后。1949 年 12 月，政务院颁布《关于生产救灾的指示》，要求“各级人民政府须组织生产救灾委员会，包括内政、财政、工业、农业、贸易、合作社、卫生等部门及人民团体代表，由各级政府首长直接领导。”1950 年 2 月 27 日，中央正式成立救灾委员会，统筹全国救灾工作，中央颁布《中央救灾委员会组织简则》，规定中央救灾委员会任务，其日常事务由内务部的社会司主管。1966～1977 年开展“文化大革命”，撤消内务部，由财政部主管救灾工作。1978 年 3 月 5 日，第五届全国人民代表大会第一次会议决定设立民政部、水利部、农业部、林业部、卫生部、气象局、地震局等单位，民政部设立农村社会救济司，主管全国农村救灾工作。随着灾害管理的需要，先后成立环境保护部、建设部、国土资源部、防汛抗旱指挥部等机构，更加完善灾害管理体制。1987 年，中国政府成立国家减灾委员会，并设立中国国际减灾委员会，统一协调全国减灾和呼应国际减灾工作。

1949 年 8 月 6 日成立临澧县人民政府，是年底成立县生产救灾委员会。先后设立县民政局、县计划局、县水利局、县农业局、县畜牧局、县卫生局、县国土资源局、县气象局、县地震局、县水文局、县武装警察消防大队、县交通警察大队、县地方海事处、县安全生产监督管理局等机构，负责灾害管理。

1993 年政府实行“救灾工作分级管理，救灾资金分级负担”，简称分级管理体制。1994 年确定为“政府领导、部门负责、分级管理、分级负担”的救灾工作新体制。

实行政府统一决策，部门分工实施的领导体制。政府统一领导全县的防灾、抗灾、救灾工作，重大的防灾、抗灾、救灾决策，由政府决策部署。政府各部门按照统一的决策和各自的职责密切配合，组织实施。政府根据防灾减灾工作的客观需要，分别设立减灾委员会、防汛抗旱和森林防火、公共卫生应急等管理机构。实行统一决策和分工实施，形成防灾、抗灾和救灾管理体系，极大地减少自然灾害所造成的损失。

以基层政府为主，按行政区域实行统一的组织指挥。灾害发生时，由县、乡行政首长，整合各类救灾资源，负责统一组织指挥防灾、抗灾、救灾工作。对重大的防灾、抗灾、救灾任务，县、乡行政首长亲临现场指挥，对所需的人力、工具、器械和物资，在区域内统一调动。对来自上级和外地的支援力量，服从区域的统一调配和使用。

充分发挥人民解放军和武警部队的作用。人民解放军和武警部队是高度集中统一的武装团体，历来是救灾的主力。1949 年以来，在兴建防灾工程、防汛抢险、抢救转移安置灾民、医治伤病、抢修灾毁工程、灾区恢复生产、恢复重建等工作中，作出了突出的贡献。

发动灾区干部群众自力更生，生产自救，互助互济，奋力进行防灾、抗灾、救灾，是战胜自然灾害的重要途径。县、乡级政府组织干部群众兴建防灾减灾工程设施，发生灾害时立即开展自救互助，自己动手堵口复堤、整修农田水利、重建倒塌房屋、救扶受灾农作物，把灾害损失减到最低限度。

广泛动员社会力量支援灾区。中华民族素有扶危济困的传统美德，每遇大灾，人民群众都自发地开展面向灾区的捐助活动。政府适时地组织开展赈灾捐赠活动，支持灾区的抗灾救灾。

（二）管理机制

2000 年以来，临澧县委、县政府加强灾害管理体系建设，构建长效管理机制。

1. 建立组织体制 2003 年 3 月，县人民政府成立县自然灾害救助中心。负责灾害信息的采集、预警的发布、组织指挥、应急响应、转移决策、应急救援、物资保障、灾害评估、灾害救助工作。负责防灾减灾项目申报立项和验收。负责总结推广防灾减灾经验。为了防御特大自然灾害，县委、县政府制定《临澧县自然灾害应急预案》，成立灾害应急救灾指挥部，指挥部成员由县政府主要领导和相关部门负责人组成，指挥部办公室设县自然灾害救助中心。当灾害发生或即将发生或灾害进一步扩大时，适时启动灾害应急预案，实行统一协调指挥，整合救灾资源，实现救灾工作社会化。

2. 防灾减灾机制 县政府制定《临澧县 2003～2013 减灾规划》。

（1） 减灾工作的指导方针。以服务国民经济和社会发展为宗旨，以尊重自然规律和经济规律为前提，依据可持续发展理论，以政府组织为主导，社会广泛参与为主体，坚持依法治灾，科技减灾，切实增加投入，力争实现综合防治的最佳效益，确保人民生命财产安全和社会稳定，全面实现临澧县 2003～2013 年经济和社会发展目标。

（2）减灾工作的基本原则。坚持服务于国民经济和社会发展，减灾工作与经济建设一起抓，为社会稳定和经济建设提供有力保证。

坚持以防为主，防、抗、救相结合，不断增强减灾综合效益。

坚持统一领导、统一规划、分级管理、分工合作，调动一切积极因素，群防群治，共同减灾。

坚持统揽全局、突出重点、兼顾一般，集中有限的资源和资金，解决减灾工作中的重大问题，坚持减灾工作与生态环境保护、建设相结合，逐步改善生态环境。

坚持科技减灾，加强减灾基础应用科学研究，加快科技成果转化，逐步应用推广减灾高新技术，提高综合减灾能力。

坚持依法减灾、依法治灾，进一步完善各项管理制度，实现减灾工作规范化、制度化。

坚持自力更生为主、国家扶助为辅，不断增强人民自防自救和抵御自然灾害的能力，提高人民的生活水平。

（3） 减灾工作的主要目标。总体目标：以建设防灾减灾工程为重点，加快减灾科技成果转化，建立健全全县自然灾害监测预警和信息传输网络体系，不断完善减灾工作运行机制，逐步提高人民防灾减灾意识和能力。力争到2013年，全县自然灾害直接经济损失率比2003年末平均损失率下降30%，人员伤亡减少40%。

具体目标

洪涝、干旱。防洪：加大防洪工程除险保安力度，在规定的设防标准内，不垮一库一垸。防旱：充分发挥现有灌溉工程效益，在干旱死角地区兴修部分骨干堰塘。

滑坡、崩塌。建立健全全县地质灾害监测预警和信息传输系统，对危害或隐患较大的滑坡和崩塌进行治理，及时搬迁险区内的居民和单位。加强城乡建设管理，坚持新建居民点和基础设施远离灾害危险区。

地震。加强地震监测预报和信息传递，强化震前预防、临震或震后应急恢复重建工作。

气象灾害。完善人工增雨、防雷、防雹工作体系，建成现代化的气象服务体系，增强天气预报能力，短期天气预报准确率提高3%，灾害性、关键性天气预报准确率提高5%。加强防雷设施的安全检测，防止因雷击给国家和人民生命财产造成较大的危害，加强建设项目的防雷管理，使新建、改建、扩建建（构）筑物遭受雷电灾害的损失减少50%。

泥石流、水土流失。县域内60%的泥石流沟得到有效治理。水土流失得到有效遏制，泥沙年流失量减少50%以上。

森林火灾。建立护林防火专业队伍，开展群防群治，森林火灾受灾率控制在现有林的0.2‰以内。

农业生物灾害。控制迁飞性、流行性、暴发性和常发性病虫草鼠害的发生，农作物检疫率达100%，损失率控制在0.5%以内，疑难病虫草鼠害得到有效防治。

森林病虫草害。现有林地年发生率控制在5%以内，成灾率在5‰以内，检疫率达90%，监测率达80%，防治率在90%以上。

畜禽疾病灾害。家畜发病率控制在8%以内，家禽控制在20%以内；家畜死亡率控制在3%以内，家禽控制在8%以内；畜禽检疫率达95%，重大畜禽疫病得到有效防治。

（4）减灾工作的主要任务

健全八项减灾体系

防洪抗旱减灾体系。加强防洪工程设施体系建设，组建防洪抗旱非工程体系，建立防汛抗旱信息自动交换和共享体系。

地质灾害减灾体系。建立地质灾害防治体系，落实各项防灾减灾措施；建立监测机构，在灾害易发区或暴雨区内实施重点监测。

气象灾害减灾体系。初步建立与县域经济发展相适应的气象灾害减灾体系。建立人工增雨作业队伍，利用现代化装备，在官亭乡等地开设作业点，提高抗旱减灾的能力。加强雷电灾害预警系统的建设工作，提高雷电灾害预警和防雷减灾服务能力。

地震灾害减灾体系。抓好重点区域和重点工程的抗震减灾基础设施建设，进一步完善“政府领导，分级管理，部门负责”的防震减灾工作体系。加强地震监测预报、震前防御、临震或震后应急以及恢复重建等工作，加快现代化防震减灾技术系统建设。

森林火灾减灾体系。坚持“预防为主，积极消灭”的方针，按照四网（瞭望监测网、预测预报网、通信指挥网、森林阻隔网）、“两化”（防火队伍专业化、扑火工具现代化）的要求，落实森林防火责任制，建立健全森林火灾减灾体系。

森林病虫鼠害减灾体系。实行政府与行业双线目标管理。将森林病虫鼠害防治纳入年度检查考核内容，层层签订目标管理责任书。成立森林病虫防治检疫机构。按照国家标准站建设的要求，建立1个县森林病虫防治检疫站，配备植物检疫员，主要对30多种病虫害实施监测。加强病虫害预测预报，预防病虫害传播等。

农作物病虫害减灾体系。建成以县级病虫测报站为主体，乡镇测报点为补充的农作物病虫害监测预警系统。结合气象资料，建立病虫害数据库和主要病虫害预报模型。通过建立病虫害综合防治体系，使综合防治面达90%以上。

动物疫病减灾体系。以县畜牧水产局动物防疫站为中心，乡镇畜牧站为补充，养殖专业大户为基础，完善动物疫病防疫减灾体系，养殖专业大户重点疫病防疫密度达到100%，一般农户达到95%。发生重大畜禽疫病，按照法律和技术规定，及时组织扑杀。

实施三项减灾工程

绿化造林工程。大力开展造林种草、封山育林、绿化荒山活动，实施天然林保护工程和退耕还林工程，全面提高森林覆盖率，有效控制水土流失。到2013年，现有森林资源要得到有效保护，坡度大于25度的坡耕地必须退耕还林还草，实现林草营地封育。

水土保持工程。按照统筹规划、标本兼治、分步实施的原则，完成水土流失治理面积345.65平方公里。全面实施水土流失的动态遥感监测，建立水土保持空间数据库，进一步加大对主要河岸、重点工程项目区域和蓄水工程集雨区的水土流失的治理力度。

防汛抗旱工程。以兴修水利工程为重点，建设一批重点骨干大、中型水利工程，改造和新建一批小（微型）水利工程，切实提高防汛抗旱能力。全面推行蓄、集、引、提、节相结合的抗旱措施，尽力增加有效蓄水量，扩大农田灌溉面积。

（5）减灾工作的主要措施

提高思想认识，加强组织领导。各级政府和各部门树立“防大灾，抗大灾”的思想，切实加强组织领导，全面落实减灾工作政府首长负责制，完善减灾工作目标管理责任制。把防灾减灾作为经济可持续发展和社会全面进步的保障措施，纳入经济和社会发展总体规划，建立减灾安全保障机制。健全自然灾害应急指挥、调度、通信以及物资储备系统，完善群众性自救机制，形成社会各界广泛参与的防灾减灾局面。

强化灾害监测，制定减灾规划。各级政府和各部门要认真总结减灾工作经验，分析自然灾害发展规律，完善自然灾害监测预报系统，科学预测，及时预报。建立各种自然灾害监测站、点，畅通灾害信息收集、传递网络，建立重大自然灾害监测预警体系和科学的灾害评估系统。制定减灾规划和灾害应急预案，并将防灾减灾的重点项目纳入政府10年发展规划，认真组织实施。

明确减灾重点，完善管理体制。坚持“统筹兼顾，突出重点，兼顾一般”的减灾工作方针，将全县减灾工作的重点放在澧水、道水流域沿岸防洪，刻木山地质灾害，病险水库除险等具有全局影响的重特大灾害的防治和重点工程项目抗灾能力的建设上。建立综合减灾示范区，全面推动多灾地区的防灾减灾工作。

利用科技成果，提高减灾能力。加强减灾科研工作。加强对自然灾害形成、发生和发展的规律，灾害对环境、经济和社会的影响以及相互作用的理论研究；加强对自然灾害的成因、危害、防治以及对策措施的应用研究；探索建立新形势下的自然灾害防治综合理论体系，走科技减灾之路。加快减灾科技成果转化。推进包括卫星遥感（RS）、地理信息系统（GIS）以及全球定位系统（GPS）等高新技术在减灾领域的广泛应用。

健全法规体系，实施依法减灾。加强减灾工作的法制化建设，全面实现依法行政、依法减灾，认真贯彻国家减灾的法律、法规，建立健全减灾工作行政执法责任制，加强执法检查和监督。

拓宽资金渠道，增加减灾投入。建立以自救为主、政府投资为辅、社会各界出资捐助为补充的减灾资金筹措机制，不断拓宽减灾资金渠道。

加强宣传教育，增强防灾意识。通过广播电视等多种形式，广泛开展减灾宣传，增强人民的防灾减灾意识。

3、灾害信息管理 县民政局根据民政部救灾救济司、省民政厅灾害管理工作规划，2003年开发灾害管理信息系统。该系统分信息采集、灾害预警、决策指挥、灾害评估、灾害救助五大部分，具有系统完善、流程规范，使用方便的特点。从2003年起，按系统采集实时信息、历史信息、基本信息、外部信息，建立雨情、水情、险情和综合预警模型和图表。采用评估、分析、组织、评估模型和方法评估灾情。决策指挥中组织专家会商、决策预案启动、紧急救援、资源保障等信息实施指挥。按生产自救、卫生防疫、群众互助、社会捐助、政府救助进行管理。建立1949～2007年灾害数据库，灾害管理信息系统运算快捷，工作效率得到提高。

4. 救灾资源保障　建立救灾物资储备库。2001年，县民政局投资27万元兴建立了250平方米的救灾物资仓库。2003年投资15万元扩建了150平方米的仓库。每年列支10万元，用于采购储备煤灶、彩条布、棉被、毛毯、衣服、救生衣、救生圈和应急食品，确保灾害应急期间救灾物资的供应。

确定救灾物资供应点。根据全县灾害发生的时间、区域和种类，确定8个救灾物资采购点，并签订采购合同，健全了物资供应储备网络，能及时调运应急食品、粮食、食油和生活保障物资。

建立灾害信息员和应急队伍。2003年全县341个村（居）委会设立341名灾害信息员，组成了16个应急救援小分队。

三、　灾害救济

（一）历史灾年赈济

清道光二十九年（1849）春夏，湘西部地区阴雨连绵，常德境内沅、澧水猛涨，堤垸溃决，颗粒无收，灾民携儿带女，背井离乡，状极悲惨，饥民掠食，俗称“己酉大荒”。各县城呈紊乱状态，省抚委杨期远率兵捕捉平定。是年冬，岳常澧道王道员（亦称道尹）勘灾免赋，万赢贤等呈请加发包谷5000石（担），堤工贷款20万串（铜钱），彭杰塘、梅其树、吕裕安等赈放灾民粥、米。

清光绪二十四年（1898）夏，慈利、石门、桃源的漆河、临澧的太浮山一带久旱不雨，山塘干裂，溪水停流，酿成饥荒。饥民沿村乞讨，另得掘食葛根蒿草。府、州及这些县衙，在灾荒严重的江垭、溪口、皂果市、夏家巷、佘市桥等地搭棚开场，施以少量米粥。府、州县给拥进城的灾民设场施粥及少许分文钱。

清宣统三年（1911）夏，常德境内各县连月霪雨，沅、澧二水猛涨，相互顶托，泄入洞庭，堤垸溃决无数。飓风刮起，抗洪能力强的堤垸，亦被刮倒；府城沿河沉船百余艘，葬身河底者无以数计。灾害发生后，清政府常德地方官府督令府、县士绅搭棚施粥月余。每人粥2碗，济灾、饥民2300余人，占总人数0.08%，占百万灾民的0.23%。拨修堤银锭两千，寓赈于工，对家无劳动力者散发少许文银，无力上工之饥民也施以粥米，得施者不到百人。

民国4年（1915）秋前，道水和澧水陡涨，发生大水灾害。11月5日省政府通令各受灾县动支500元，购米赈济办理冬赈，施赈以极贫为限。11月7日发放赈款，由县政府自行购办赈米散发。

民国8年（1919）5月24日，常德境内大雨如注，滂沱不止。河水骤涨，城上行舟，不见雉堞。居民升屋顶、缘树木、围城堤垸多溃决田庐牲畜，概付巨涛，未冲溃之田地，亦被渍水洗涤，无从宣泄，以至谷穗生芽，收成大歉。同年8月23日，阴雨连绵，洪水暴涨，水势横流，堤垸崩溃，河岸崩塌。渡涌丈余，江河舟船顿时不见，人畜衣物尽付急流，庐舍、田禾皆尽淹没，无以数计的灾民，无衣无食困苦难言，上省城求救者日数百人。省长张敬尧仅发放救灾款1万元，并分赴灾区视察督发，人均不到分文。

民国18年（1929）6月，常德境内各县发生风、水、旱、虫灾害。雨随风骤，酿成巨灾。7月，暴风雨至，山洪大有排山倒海之势，冲毁田庐百余万，渍水丈余，棉稻尽淹，而禾浮水面的，日蒸夜露，有五成生芽、霉烂、生虫，失收7/10，损失230余万元，灾民数万人。秋后，常德、桃源、澧县、慈利、石门、华容、沅江、临澧遭飓风、虫、雹灾。9月大冰雹。省署拨粮数百吨，款200万元。但饥民太多，无济于事，饥民蜂拥至省城以求救助和施舍。时县署和殷实富户在临澧设了粥棚，人施以稀饭、合米。

民国20年（1931）夏，湖南湘、资、沅、澧诸水同时漫溢。常德境内遭百年未遇特大洪水灾害。县内受灾人口10余万人，财产损失250万元，合口、新安受灾尤重。灾后，民国湖南省政府令省赈务委员会以急赈。省赈务会给常德汉寿、澧县等16个县银洋4.1万元。给常德、汉寿、沅江等3个县散发大米700担。上海赈务会给11个县孤儿院募赈大麦1255担，蚕豆1.456万担。11月，上海急赈会给常德等县冬赈款15万元。12月，省水灾善后委员会给常德、澧县、临澧等10个县拨工赈款227.927万元。翌年春，省水灾善后会分配常德三次赈麦，第一次2323吨，第二次977吨，第三次1412吨。民国中央救灾委员会和民国华洋义赈会托省华洋义赈会支配42万元。省善后会配发美国麦粉522吨，这些救灾款物由省执行当局派员会同县长分发到户。由于官绅侵吞居奇，灾民所得无几。饥民漫及他乡多达100多万人，遍及常德各县30多处。由各县水灾善后救赈会组织商会团体、慈善团体等联合在这些城镇设场赈粥，日施两餐，人餐两碗。常德、澧县同善堂组织20多艘木船沿沅、澧两水打捞浮尸，组织100余人担架队，施棺收埋饥殍。广德医院（今常德地区人民医院）配合省医疗队巡回施诊施药，救助灾民饥民。这年8月，国民党中央派专员周一疫、工程师陈宗湘和省民政厅、建设厅及省赈务会的主要官长乘船来常德各县勘查灾情，县政府发赈款3000元，配发一些美国小麦。

民国21年（1932）6月，全县发生特大旱灾减收七成半，省政府赈款4000元，作种子经费，尔后省赈务会配发小工赈及补发赈钱18000元。

民国23年（1934），发生夏秋大旱灾害，四区在3个月内饿死数百人。各饥民联群结队，齐集太浮山，企图挖葛充饥。因荆棘丛生，乃举火焚山，数日内山火冲天。省民政厅发放赈银4000元。

民国24年（1935）6月起，连续霪雨两月，发生重特大水灾。6月，湘、资、沅、澧四水并涨，同时荆江洪水暴发，倒灌洞庭，水位高于1931年的2尺有余，石门、澧县、临澧、安乡、汉寿、慈利、常德、桃源县多被淹没，尤以石门、澧县水势过于迅猛，灾情最甚。石门7月初，山洪暴发，溇、淡二水泛滥横流，沿澧、溇水两岸的泥市、新市、磨市、皂市、白沙渡、新关、县城、易家渡、洞子坪计数百里，房屋田地悉被冲毁，聚落村民几无幸免，全家溺死者难以数计，树巅山顶，一片呼号，浪里涛中，尸体踵接；县城见溇水上流，知是涨水，机关、学校正待迁移，瞬间全城已成水国。据灾后省署社会处、民政厅派员查灾验灾，临澧受灾田土12.718万亩，粮食损失50.87万担，杂粮损失13.42万担，受灾人口22.74万人，死亡人口600人，房屋财产损失61.4万元。省三次共给临澧拨赈款4.08万元，麦粉60吨。县里截留大部分为整修县城街道和环城马路费用，只给五、六区发赈灾稻谷各10吨，四区5吨，大部分灾民流离失所。

民国25年（1936），大饥荒年，因上年多灾并发形成。省赠拨赈款5.25万元。

民国29年（1940），7月至9月发生特大干旱灾害，县下拨救灾款5460.72元，省拨救灾款3000元。年内发生大火灾两起，损失财产12.28万元，发救灾款3861元。

民国30年（1941），遭受水灾后又发生旱灾，省民政厅拨发旱灾赈灾款1.8万元，水灾赈款50万元。

民国32年（1943），遭受寇灾，春冬两次沉陷县境，全县伤亡3489人，其中惨杀1486人，烧毁房屋2413栋，损失48.26亿元，掠劫粮食88598担，损失5.54392亿元，屠宰耕牛3916头，损失3.1328亿元，烧毁田物农具损失387.22亿元，猪、鸡、棉杂烟损失折款309.76亿元，各项物资损失751亿元。省两次拨发寇灾急赈灾款119

万元（法币），又拨款10万元。临澧受灾赈款696864元，寒衣464件，旧衣7件，旧鞋2袋（成人、儿童各1袋）。常德抗日期间收得5次赈款。临澧分配4次：第1次资料不详，第2次161000元，第3次741000元，第4次575000元。分配给临澧救济物资：麦粉105吨，牛奶4345吨，罐头245箱。

民国34年（1945），境内52天不雨，旱灾9成，粮食奇缺，饥荒死亡90人，省拨赈款49.8万元赈灾到户。

民国35年（1946），全县发生大饥荒，饥民被迫成群结队，背着米袋饭锅“吃大户”，打开地主粮仓摊分谷米。省两次配发赈灾款4134.6元。全国善后救济总署湖南分署分米麦粉21万斤，牛奶4345箱，肉食品罐头245箱，又被官绅截留一部分。

（二）新中国成立后的灾害救济

1949～2008年共发生各类自然灾害259次，其中旱灾37次，水灾36次，大风灾害23次，冰雹灾害11次，大雪冻害14次，农业生物灾害73次，地震灾害2次，疫病灾害28次，地质灾害35次。历次灾害发生后，人民政府坚持以人为本，充分发挥政府在救灾中的主导作用，开展灾害救济，保障灾民的基本生活，政府除发放救灾款物，进行灾情减免外，积极组织群众开展生产自救，维护了灾区的社会稳定。政府形成抗灾救灾综合协调机制，提高政府应对灾害救灾应急反应能力和灾害救助水平。据统计，政府共发放救济款（救济粮折款）5832.05万元，救灾物资折款596.31万元。1969～2004年灾害减免款3507.9万元，共计9936.26万元，见《临澧县1949～2008年自然灾害救济资金、粮食、物资灾害减免统计表》（表13—1—1）。

表13—1—1　临澧县1949～2008年自然灾害救济资金、粮食、物资灾害减免统计表

单位：万元

年份	合计	救济资金			救济物资折款	灾害减免款
		小计	重建资金	救济粮（折）款		
1949	7.2		5.4	5.4	1.8	
1950	6.9	6.9		6.9		
1951	46.3	35.8		35.8	10.5	
1952	21.5	18		18	3.5	
1953	24.6	13	0.2	12.8	11.6	
1954	51.3	27.9	3.5	24.4	23.4	
1955	75.3	40.2		40.2	35.10	
1956	32	16.9		16.9	15.1	
1957	44.9	26	5.7	20.3	18.9	
1958	35.3	25.1		25.1	10.2	
1959	10.9	5.7		5.7	5.2	
1960	26	19.9		19.9	6.1	
1961	18.7	12.4		12.4	6.3	
1962	16.2	12.7	0.9	11.8	3.5	
1963	17.4	14.5	5.1	9.4	2.9	
1964	58.6	48.4	7.4	41	10.2	
1965	18.6	15.1		15.1	3.5	
1966	8.46	6.96		6.96	1.5	
1967	10	10		10		
1969	50.21	20.1	4.1	16	6.21	23.9

续表

年　份	合　计	救　济　资　金			救济物资折款	灾害减免款
		小　计	重建资金	救济粮（折）款		
1970	39. 1	9. 2		9. 2	2. 8	27. 1
1971	33. 4	12		12	3. 2	18. 2
1972	61. 5	12. 9		12. 9	2. 2	46. 4
1973	50. 2	10		10	10. 2	30
1974	47. 3	14. 2	0. 4	13. 8	12. 1	21
1975	64. 1	11. 3		11. 3	2. 5	50. 3
1976	47. 7	14. 1	2	12. 1	5. 3	28. 3
1977	58. 2	18. 2		18. 2	6. 2	33. 8
1978	114. 2	77. 9	11. 8	66. 1	5. 2	31. 1
1979	101. 8	29	22. 9	6. 1	4. 1	68. 7
1980	389. 7	248. 4	121	127. 4	15. 2	126. 1
1981	151. 6	82. 4	15. 4	67	7. 2	62
1982	90. 8	19. 2	8. 2	11	3. 6	68
1983	119. 8	54. 7	23. 7	31	5. 1	60
1984	59. 5	21. 8		21. 8	6. 7	31
1985	44. 9	10		10	8. 9	26
1986	81. 2	23. 1	10	13. 1	21. 1	37
1987	88. 7	38		38	15. 7	35
1988	79. 2	33	10	23	11. 2	35
1989	94. 2	31	15	16	18. 2	45
1990	103	23	10	13		80
1991	260. 15	137. 65	96. 5	41. 15	3. 5	119
1992	286	213	100	113		73
1993	257	147	12	135		110
1994	266	181	92	89		85
1995	201. 2	97. 2	40	57. 2		104
1996	100. 8	29. 8	10	19. 8		71
1997	160. 9	53. 9	22	31. 9		107
1998	1045. 2	962	747	215	8. 2	75
1999	394	294	24	270		100
2000	311	250		250		61
2001	591	177	10	167		414
2002	642. 6	149	6	143	7. 6	486
2003	1370. 34	919. 14	854	65. 14	7. 2	444
2004	366. 8	87	19	68	4. 8	275
2005	181	175	63	112	6. 0	
2006	193. 8	189	24	165	4. 8	
2007	250	218	87	131	32	
2008	558	378	191	187	180	
合计	9936. 26	5832. 05	2674. 8	3157. 25	596. 31	3507. 9

注：①稻谷 1998 年前每 50 公斤计 9.5 元，大米 0.5 公斤 0.13 元计算款额。1990～2000 年稻谷每 50 公斤计 41 元，大米 0.5 公斤计 0.58 元。2000～2007 年价稻谷每 50 公斤计 70 元，大米 0.5 公斤 1 元计算款额。衣服、农具等救济物资一律折款以时价统计。②1954 年以前的灾害救济形式以粮物为主，此后钱、粮、物兼施。③灾害减免折款按财政灾害减免细粮折款统计。

1950年5～9月，常德地区各县连遭多次水灾。沅、澧水突涨丈余，常德各县、区、乡（镇）人民政府从减租退押、清匪反霸中所获的赋租、积谷中，抽出部分稻谷，多种早熟粮食品种和经济作物，开展挖葛、藕、慈菇，发放救灾粮款6.9万元救济灾民。对灾民中的烈属、军属、工属给予照顾。

1952年7～9月，发生水灾和夏秋大旱。常德、桃源、澧县、临澧、慈利等县发生虫灾4次。秋后，专署拨发急救谷物5万公斤，按灾民受灾轻重等情况，发送到灾民家里。在新建的初级农业生产合作社的指导下，积极开展生产自救、互救、亲邻相帮、副业生产、改种速生作物、采收土特产品（亦称小秋收），调剂生活，增加收入，发救灾粮折款18万元，其他物资折款3.5万元，使灾民渡过难关。

1953年4月28日下午5～6时，常德境内汉寿县、常德县、石门县、桃源县、慈利县、临澧县等遭受风雹灾害；7～8月发生夏秋连旱。灾后，专署领导、民政科派员汇同县政府及民政局领导赶赴现场，慰问灾民，检查灾情，并拨发救灾专款，监发到户，迅速组织医务人员救治伤病员，动员1万多劳动力抢修房屋，扶植农作物等。地、县领导明示免除部分秋粮征购任务。全年共发放救灾粮款13万元，各类救灾物资折款11.6万元。

1954年5～6月发生大水灾后，县人民政府共发放重建资金3.5万余元，救济粮折款24.4万元，救济物资折款23.4万元。

1955年7～9月，境内先后发生水、旱、病虫等灾害。7～8月在战胜5次洪水和抗击80多天旱灾后，蝗灾接踵而来。县政府组织抗灾灭虫。调配杀虫药粉761万公斤，5日内捕杀飞蝗、虫蛹达万余公斤，仅7日虫害被制止。全年共发放救济资金40.2万元，各类物资折款35.1万元，帮助灾民恢复生产。

1959～1961年连续三年的水灾和旱灾，扩大和加深了农村的贫困程度。每年在春夏荒期间，因口粮、治病、穿衣发生困难的有1.66万户，占总户数的24%，人口7.14万人，占总人口的26.95%。每年冬令期间，生活上缺棉被棉衣，又需治病和整修房屋的有1069户，占总户数的14.6%，人口3.79万人，占人口的13.8%。三年中县政府在发放救济款的工作中，按照“国家保证集体，集体保证个人”的原则，采取对穷社、穷队进行重点扶持，适当照顾一般的原则，实行春季以解决口粮为主，夏季以治病为主，冬季以解决棉衣棉被为主。1959～1961年，共发放救济款38万元，救济物资折款17.6万元，过冬棉衣1.13多万件、棉被3549床。1961年夏，全县发现8万余人得水肿病，县政府及时支援大米8.4吨、稻谷7.5吨、黄豆31.75吨、食油2.65吨，并将病人分期集中到社、队疗养院进行疗养，使病人很快得到康复。社队从集体的公益金中列支18.46万元，补助8.95万人次。在解决贫困户生活的同时，大力发动群众开展多种经营生产，顺利地度过了灾荒。

1963年5月8日，境内17个社镇先后3次遭暴风、冰雹袭击。5～6月发生洪涝灾害，6月2日洪水将道水河余市桥冲垮。灾害发生后，政府及时组织抗灾救灾，全年发放救济粮折款9.4万元，发放房屋重建资金5.1万元，各类救济物资折款2.9万元。

1979年4月17日发生龙卷风冰雹灾害，6个公社7.17万人受灾，死亡13人，伤病620人，直接经济损失1364万元。政府共发放救济款29万元，支援油毡2000余卷、圆钉和铅丝1.5万斤，帮助新建房屋513间，救济物资折款4.1万元。

1980年5月30至8月5日，境内发生5次特大暴雨洪水灾害。灾害发生后，省委书记毛致用和孙国治、刘夫生、焦林义、王治国等领导及地级主要负责人先后来县视察并慰问。县委成立救济领导小组，明确3名县委常委专抓救灾工作，并从各部门抽调6名科局长和47名干部，组成6支救灾工作组，分赴重灾区，发动灾区群众开展生产自救。发放救济粮461.35吨，食油10.05吨，省、地、县级政府拨发救灾款248.4万元，公社自筹10万元，机关团体捐款1.6万元，银行发放生活无息贷款62万元。县计划、物资部门发放救灾木材指标1400立方米，楠竹42000根，钢材260吨，水泥300吨，玻璃2200平方米。县商业部门支援救灾衣棉800担，布证3.5万丈。粮食部门减购粮食3.4 吨，救济物资折款15.2万元。翌年春，又给重灾区补销粮食68万斤，发放生活贷款31万元，发放房屋重建款119.4万元，救济粮折款127.4万元，帮助灾民解决生产生活困难。

1981年6月发生特大洪水灾害。政府下拨救济粮折款67万元，房屋重建款15.4万元，其他各类物资折款7.2万元，棉花895担，布票4.3万余尺。给灾区在春耕生产期间补销粮食68万斤，生活救济款31万元，即重灾区停弦公社：粮60吨，款5万元；烽火公社：粮25吨，款4万元；杉板公社：粮7.5吨，款3万元；新合公社：粮5吨，款4.5万元；新安公社：粮5吨，款4万元；官亭公社：粮15吨，款6万元；九里公社：粮3吨，款2.5万元；洞坪公社：款2万元。是年10月，县政府又下拨重灾区款21万元，其中生活救济款15万元，灾害救济款4万元，冬令救济款2万元。

1991年7月1～9日，发生特大洪涝灾害。政府下拨救灾款137.65万元，其中救灾募捐款26.5万元，救济生活补助款41.15万元，接收并下发县外各类物资折款3.5万元。

1998年4～6月，境内发生特大龙卷风灾害和洪涝灾害。政府下拨自然灾害救济款470万元。全县开展救灾募捐492万元，用于救灾和灾后重建。接受广州天河区政府捐款童洲小学建设资金50万元，省慈善总会捐款60万元建设烽火灾民新村。接收并下发大米、钢材、棉被、矿泉水、衣服、火腿肠、药品、彩条布等物资。

2003年7月7～11日，境内发生重特大洪涝灾害，抗灾斗争中，全县80多个单位支出资金25.28万元，组织大米40吨、方便面食品15000件、矿泉水3000件、棉被205床、衣服2000件及价值32万元药品送往灾区。灾害发生后，民政部部长李学举、民政部救灾司司长王振耀、湖南省委书记杨正午、省人民政府省长周伯华、省委副书记谢康生、湖南省副省长杨泰波等各级领导慰问灾民，指导救灾。政府下拨自然灾害救济款510万元。全县支救灾募捐款409万元用于救灾和灾后恢复重建。

第二节 社会互助

中华民族素有扶弱济困，互济互助的传统美德。在1949年前由于生产力水平低下，人民生活极度贫困，因此灾害社会互助主要以民间大户、富户施粥济米和民办慈善机构赈灾为主。

一、民间互助

（一）民间施舍赈济

清时，天旱、水淹过后，灾民络绎不绝，农村大户行施粥、赈米，为之救助。

清道光二十六年（1846）4月，常德府武陵、汉寿冰雹害稼无数，庐舍人畜均损毁无计，随之大风侵袭武陵、澧州、安乡、安福、石门、慈利等县。共摧毁房屋千余间，损坏农作物数千亩。官府仅在常德府城、澧州署驻地设坛施以少量米物；津市同善堂、武陵商会、安福蒋氏开场数日施粥济民近千人。

清咸丰七年（1857）秋，常德府属武陵、桃源、龙阳，澧州之安福、慈利等县飞蝗蔽天，自南而入。时已秋收，竹木叶均被啮食殆尽。府、县遣派差役，督令绅士到重点的武陵、桃源、安福等县大力烧捕蝗虫，挖掘虫卵块，多则数千担，少至百余担。并赈银少许，部分官绅富户设坛施粥。由于粥少灾民多，吏富们只好闭坛停施，饿毙者有之。

清咸丰十一年（1861）7月下旬，西南风云突起，如烟火状，大风、冰雹急至，坏屋覆舟，人们躲避不及，风卷狂涛者有之，毙百余人。翌年3月，石门、慈利、安福、澧州等县遭大风、冰雹灾害。雪厚60厘米，冰坚30厘米，溪塘可行人，大风折树拔根者数千，毁坏民舍数百。灾民求救，官府置之不理。只几家殷实富户施以极少物米、粥饭。

民国初年，水旱等灾害交相侵袭，农民生活困难，出外逃荒，卖儿卖女不少，出境灾民数以千计。临澧蒋氏大族，设赈坛于道河北岸河埸（今县三中处）赈济数日，凡灾难民，每人给米2升（今1.5公斤），以每人一次为限（受赈者接受赈米者用蓝靛点手为迹，以免重赈）。至第3日，人越来越多，九澧各县灾难民闻风而动，纷纷前来求赈，因仓储米尽，停止赈米时，竟有坐等待毙者达数百人。城内富户便施以棺板或芦席就地掩埋，后人在此建立小庙称义善庙，即源于此。民国中期，乡里有求儿求福的富裕户，用施舍方式求得报应，故有施粥、施米、施衣、施茶、施板、施席等救济事项。

民国14年（1925）2～7月，临澧、石门等县大旱。灾民无以为食，只得乞徙流亡。常德、临澧、津市、澧县、陬市等城镇先后涌聚饥民达10余万人。署、县在这些地方设立临时收容所，收容数以千计的孤老残幼者，接纳近1000人入贫民工厂为劳工。常德、澧县一次就收容200人进厂以工代赈。临澧蒋氏同善社施米5吨，钱千余，5吨粥坛3日殆尽。所施钱米，济不足万人，余者，大量涌向省城和流浪外乡寻觅饱肚栖身之穴，沿乞者饿毙无数。

民国18年（1929）继夏秋水灾后，常德、桃源、澧县、慈利、石门、临澧等县普遍遭虫灾。据史料载，时有螟、蝗、火马、钻心、蠡等10余种害虫。虫害遍及庄稼树木，稻穗尽成白壳，收获不及一成，大量歉收；部分山林溪畔树叶被食尽，枯死无数。秋后，灾民达50多万人。9月，慈利、常德又遭大如拳的冰雹袭击，屋宇田禾多被打坏，人畜伤及无数。年内连遭数灾，未能及时救济灾民，饥民遍布城乡。由于饿殍塞满街巷，各种疾病，流感相互传染，造成瘟疫流行。疾饿哀鸿，嗷嗷待哺，尸横道巷，凄惊惨状，惨不忍睹。时县署和殷实富户仅在常德、德山、桃源、陬市、临澧、慈利等地设8家粥棚，人施以稀饭、合米。

民国24年（1935）春荒惨重。7月，澧水暴涨，洪峰肆虐，浊浪排空，县属4、5、6区之地，悉成泽国，损失惨重，有138人葬身鱼腹，为数百年来绝无仅有的浩劫。受灾人口22.74万，死亡600人，出境逃荒的有400多人，外县流入乞讨者多达数千人。是年除官赈外，民间也有施粥、施米、施衣的不少。江西省民政厅长王次甫，这年回家（王家岗今望城乡看花村）为父治丧，让数百饥民大肉大鱼饱吃一顿，遂声名昭著。

民国29年（1940）虫旱交加，粮食歉收，全县各交通要道，不论军民过往，都设茶棚。民间对沿路乞讨的灾难民，按每人一把米或一茶杯米的助济习俗至今尚存。临澧在夏季施茶颇为普遍。

（二）民办慈善事业

清乾隆四十年（1775），安福县知事杨鲲，私人捐银购买房10间，在县城西门口建起养济院，收养栖露街头孤老贫病游民。此后有育婴局、五美堂等多处兴起。清咸丰年间，灾害频繁，民不聊生，溺女婴者多。道水南岸颜其鸿、陈扬仁等发起捐资献田，在佛踏寺旁建起育婴局（今望城乡中学校址），局设有理事会，选举一理事主持局务，议定每月15日聚会议事。规定凡极贫户所生女婴，经申报批准，除二、八、腊三个月外，每月15日到局领谷5斗，将女婴供养至7岁为止。同治三年（1864），清廷工部主事黄道让赠题并书“遂生堂”金字大匾。后来事业逐渐扩充。民国10年（1921）已置田地400余亩，年收租谷20吨。

民国18年（1929）以后，因溺女婴事杜绝，局理事会决定扩大救助范围，实行济贫恤孤，并设免费小学一所，义学名育婴小学，后改称育英国民小学。济贫恤孤供养标准，由每人每月稻谷五斗改为二斗五升直至解放。县城蒋氏“五美堂”，只在族内济贫恤孤，同样也设义校1所，地址在县城衙正街（今县委会大院），义学名大育学校。民国28年（1939），校长蒋宗瀚允许外族子弟入学读书，直至新中国成立。

清乾隆四十一年（1776），设县养济院于县城西门外，收容孤儿、弃婴，直到民国初年解散。

民国22年（1933）6月，在原养济院址建立救济院，1934年7月，蒋保孙任院长。1940年辛润林任院长，1947年裴袖仙任院长，1949年裴骏任院长。初设养老、施医所等。1937年增设习艺所、女科。1943年增设保育科（与育婴童合并），收养人数50～100人，经费由官民共助。1949年人民政府接管后，存留39名（男23人，女16人）收养人员，40多名旧院务人员，经收容教育，全部资遣安置回籍，院时废止。

二、 灾区援助

新中国成立以来，县级政府之间在防（抗）灾和救灾中开展支援和互助。

（一） 对外捐助

新中国成立后，根据国家的救灾方针政策，凡属区域内兴建重大防灾工程、重特大抗洪抢险救灾活动，县级政府根据上级政府的指示，开展防灾、抗灾和救灾援助。

援建防灾工程

1952年12月至1953年3月20日，全县组织4000多民工，参加常德地区整修南洞庭湖工程建设。1954年12月至1955年4月，成立县西湖修复工程总队，由郑广振、王明江担任总队长和政委，2.5万名民工组建11个大队，参加常德地区修建西洞庭湖南湖工程下林家滩至冲天湖27.5公里修复工程。1972年7～12月，全县组织900名民工，赴石门参加修建泥市至大庸公路，完成2公里道路和60米跨度的江坪大桥工程任务。1976年组织全县1万民工，分别于10月和12月赴慈利县修建枝柳铁路，完成苗市954米和柳林甫4934.2米工程任务。

支援抗洪抢险

1996年7月13～20日，常德市境内沅、澧水上游普降大暴雨300～400毫米。属百年罕见的高强度、大范围降雨，导致山河水位猛涨，加之洞庭湖高水位顶托，沅水常德境内335公里、安乡河堤125公里临水大堤全部超过历史最高水位。7月17日后，沅水4天连续三次出现历史特大洪峰，沅水桃源站以下持续6天在超历史的最高洪水位上运行，120公里临水大堤依靠子堤挡水。7月16日16时37分，沅水暴涨，汉寿告急。18时30分，县委书记刘春林、县委副书记全书化带领全县500名抢险突击队员，乘18辆卡车，带1万条麻袋起程，3个小时冒雨行进到达抢险地—汉寿县围堤湖，投入抢修子堤的战斗，历经昼夜的奋战，至次日12时，修筑了一条长310米、宽2.5米、高1米子堤。7月19日零时55分，县委副书记刘兴国奉命率500名民兵赶赴围堤湖太阳堤段抢险，保护汉寿县城。7月18日沅水再涨，常德市丹州垸告急，县委书记刘春林率600名民兵90分钟内赶到现场，修筑子堤，堵口排险。此次支援抗洪抢险有10多名县级领导、2000多名机关干部和民工、4支医疗队。1支抢险突击队赶赴汉寿县、鼎城区、益阳市、南县5次抢险。向灾区紧急支援9万条编织袋、45吨大米、价值3.4万元药品及土粪筐、扁担、铁锹、砂卵石等大批抗洪抢险急需物资，各类物资折款100多万元。

1997年支援常德市灾区。根据常德市粮食局常粮计［1997］04号文件下达募捐粮食1205吨的任务，县救灾办公室制定全县募捐粮食方案，全县按农业人口核减10%（特困户人口数）人平5公斤标准募集，应收募捐救灾粮1689吨，到1998年3月入库1421吨。按捐赠方案，1996年10月支援汉寿县、桃源县救灾大米225吨。1997年2月支援石门县、桃源县大米600吨。1997年8月支援石门县大米125吨。

1998年6～7月，支援安乡县抗洪抢险。7月6日，接常德市防汛指挥部通知，用船调运卵石2000吨至安乡县南线大堤。7月25日安乡县安造垸溃决后，安乡县城危急，接常德市防汛指挥部命令，从7月25日至8

月2日，先后组织城关镇、修梅镇、佘市桥镇、杨板乡、柏枝乡、望城乡、四新岗镇、太浮镇、陈二乡、文家乡、官亭乡、九里乡12个单位4000多民工赴安乡县抢险，帮助抢修堤1公里，完成土方1万方。8月1日，奉命调运砂卵块石2000方赴安乡县城抢险。8月16日夜，从县新安粮库调30万条麻袋送安乡县南线大堤抢险。

支援灾区建设

1994年，湘江流域的长沙市、株洲市、湘潭市发生特大洪涝灾害。7月6日常德市统一组织支援灾区建设活动，临澧支援湘潭市灾区资金15万元，稻谷40吨、水泥10吨、化肥10吨，组成8辆货车送达灾区。

1996年7月，县委、县政府落实常德市委、市政府对口支援桃源县木塘堵口复堤任务，临澧县财政列支30万元用于工程建设。副县长张方才带领水电局工程技术人员，自带粮食和大型机械化施工队，坚持一日三班日夜苦战，经10天艰苦奋战，移动土石方2.7万方，高标准完成施工任务。

1996年8月，县委、县政府开展为常德市灾区募捐活动。全县共募集捐款65万元，捐衣物7000多件，粮食155吨，捐赠常德市救灾办分发各灾区。

2004年12月7日，常德市鼎城区桥南市场发生特大火灾，县政府捐款20万元支援灾区恢复重建。

2006年7月15～18日，湘江流域的衡阳市、郴州市、冷水滩市发生特大洪涝灾害，常德市政府组织支援灾区活动，临澧县捐赠资金10万元。

（二）接收援助

1991年接收县外捐赠物资

湖南省救灾办分配：二汽生产东风牌货车1辆、煤50吨、水泥100吨、新布匹9捆、电视机1台、香港捐药品及新衣服折港币17.4万元。

常德市救灾办分配：大米5吨、药品83件、尿素5吨、衣服1.5万件、肥皂80件、洗衣粉80件、牙膏7件、小柴油机15台、元钉43箱、水泥22吨、食盐30吨。武陵区捐碳铵20吨。省煤炭厅捐原煤72吨、计划化肥（尿素）指标17.5吨、计划杉、松材指标400立方米、药品21件，衡阳产拖拉机3台、水泵18台、衡阳产盘拖1台、多功能扑蛾灯110盏、药品50件、圆钉26箱、油漆39桶、火柴15箱、衬衫6箱、背心12箱。

1998年接收县外捐赠物资

广州市天河区捐款50万元建停弦童洲学校；省慈善总会捐60万元建烽火灾民新村。全年共接受大米40吨、钢材413吨、棉被185床、矿泉水8车、衣服511万件、火腿肠1200件、药品折款30万元、彩条布5000平方米。

2003年常德市市直单位对口援助12个重灾村

市工商局、市旅游局援建新安镇下坪村，援助资金3万元，捐衣20多件、棉被50床，修复水毁沟渠150米，恢复农田10亩。

市中级人民法院、市统计局援建新安上坪村，援助资金2.7万元，修复塘堤20米。

市委宣传部、市经济信息中心援建新安镇潘台村，援助资金0.67万元，捐大米4.5吨，整修公路0.7公里。

市公路局、市人民防空办公室、常德军分区政治部援建新安镇洰阳村，援助资金2.6万元，援建全倒房屋户2户，修复半倒户房屋2户，修建村公路桥1处。

市交通运输管理处、市知识产权局、市证券办公室援建合口镇黄陵村，援助资金1.36万元。

市交通警察支队、市农业综合开发办公室援建合口镇芭茅村，援助资金14.5万元，大米3500袋、油35桶，援建全倒房屋户5户，恢复水毁公路2.6公里，资助贫困学生16名。

市城市管理局、市城市管理大队援建合口镇群丰村，援助资金3万元。

市劳动和社会保障局、市劳动就业处援建合口镇兴隆村，援助资金8万元，衣物200件，药品2000元，走访慰问义诊40多人次，修村公路桥1座，帮助组织劳务输出。

市公安局、市供销总社援建停弦渡镇山洲村，援助资金5.4万元，捐棉被50床、衣服1000件，修复水毁沟渠500米。

市委统战部、市建筑规划设计院、市工商联援建停弦镇童洲村，援助资金2.91万元，捐大米3吨、衣服1280件。

常德广播电视大学、市体育局援建九里乡太平村，援助资金3000元。

市港航管理处、市住房公积金管理中心援建官亭乡青合村，援助资金0.5万元，捐衣服200件。

2008年1月23日，湖南省赈灾募捐办公室分配募捐棉衣、被6万件，娄底军分区捐军用棉被1000床。

三、 赈灾募捐

重特大灾害发生后，县委、县政府组织全县开展赈灾募捐，募集救灾款物，帮助灾区恢复生产，帮助灾民重建家园，1980年、1991年、1998年、2003年、2008年共募集资金1218.95万元，大米、衣被等物资，见《临澧县1980～2008年赈灾募捐情况统计表》（表13—2—1）。

此外，临澧县红十字会，在历次重特大灾害发生后，积极开展救灾募捐，向社会争取资金援助，1998～2004年，红十字会共接收药品，衣物折款共计408万元，见《临澧县红十字会1998～2004年接收救灾捐赠统计表》（表13—2—2）。

1980年5～7月发生重特大洪涝灾害后，县直各单位和各人民公社积极参加抗灾支灾活动，全县募集资金1.6万元，募集衣服2000件、棉被600床、捐赠钢材260吨、粮食8000吨，食油0.6吨、木材指标1150立方米、楠竹4.29万根、油毡1000卷、圆钉3吨、铁丝20吨。为灾民送食品1.95吨、商品菜2.5吨、猪油1吨、布票12万丈、蚊帐350顶、无烟煤1000吨、塑料薄膜2.3吨、各类炊具7000多件。县粮食局保证每人每月供应粮食20公斤。

1991年7月发生重特大洪涝灾害后，全县开展募捐救灾。许世泉第一个捐款5元。望城乡徐家村村民马林第一个个体户捐款20元，县直单位县建委第一个捐款4000元，衣服400件。7月9日，12岁学生江慧和罗志到县救灾办捐款10元和一件连衣裙。城关一校学生朱琳将3年积蓄零花钱（分币）5.64元捐给灾区。个体运输户郭大军捐款1000元。服刑改造人员陈某将妻子邮寄100元生活费邮寄捐款到县民政局。全县人民共捐款26.5万元，衣服4万件，70吨粮食，棉被320床及木材、水泥、红砖、食油等物资。县救灾办公室将募捐资金和物资，分配给烽火乡、合口镇、停弦渡镇、新安镇、杨板乡、杉板乡等灾区。见《临澧县1991年洪涝灾害募捐人员名册》（册13—2—1）。

1998年4月23日，发生特大龙卷风灾害后，4月27日，县人民政府办公室印发《关于在全县广泛开展赈灾募捐的紧急通知》，成立县赈灾募捐领导小组，县政府副县长张方才任组长，县委常委、组织部部长袁云波任副组长，领导小组下设办公室，办公室设县民政局，民政局长黄家益任办公室主任。募捐范围为全县行政、事业单位、县属企业、私营企业、个体工商户、行政事业单位和企业职工。募捐标准为副处级以上干部150元，副科级以上干部80元，行政事业单位干部职工50元，企业干部职工20元，个体私营企业和个体工商户每户20元，行政事业单位人均50元，企业人均10元。从4月28日至5月15日止，全县共收取赈灾募捐款74.99万元用于救灾。

7月22～24日发生重特大洪涝灾害，7月26日县政府召开十三届十一次常务会议，决定开展赈灾募捐。临澧县委办公室、县人民政府办公室印发《关于在全县开展赈灾募捐活动的紧急通知》（临办发［1998］27号文件）。赈灾募捐的范围，除县政府认定的特困企业、离退休干部职工和下岗人员外（可以自愿捐款），全县所有行政事业单位（含乡镇和驻临的中央、省、市属单位）、县属企业（含部门企业）干部职工和农民均应参加赈灾募捐活动。募捐标准：全县所属行政事业单位和中央、省、市驻临单位、企业的干部捐款一个月基本工资，县内企业干部职工和民办教师捐款半个月基本工资，个体工商户和私营企业募捐总额30万元；国家干部、职工每人捐衣服2件以上，科局级以上单位捐棉被10床以上，农民每售粮（含定购粮）50公斤捐支灾粮2.5公斤，农民每售棉花50公斤捐10元。赈灾募捐资金按国家救灾捐赠法规执行，坚持专户专账、专款专用、重点使用的原则，主要用于解决农民生活（吃饭）、穿衣和住房等困难。鉴于水利工程、农业和学校受损严重，80%本级募捐款作救灾专项资金，20%的资金用于水毁工程、灾区恢复生产及灾后学校恢复工程建设。全县从7月28日至9月30日止，共募集资金430.56万元，用于全县倒房户建设252.8万元，水毁工程建设、农业灾害补助、学校恢复重建共177.76万元，见《临澧县1998年洪涝灾害募捐名册》（册13—2—2）。

2003年7月，发生重特大洪涝灾害后，县委、县政府决定开展救灾募捐，7月13日县委办公室、县政府办公室印发《关于在全县开展赈灾募捐活动的通知》（临办［2003］35号文件）。救灾募捐范围为全县行政机关，企事业单位（各乡镇和驻临的中央、省、市区单位）的干部职工（含内退人员），个体私营业主和个体工商户，所有从事营运车辆户主。募捐标准为任实职处级干部600元/人，享受处级待遇500元/人；任实职科级干部400元/人；享受科级干部待遇的干部300元/人；一般干部职工200元/人；个体工商户100元以上；工业企业按企业规模捐款，年产值1000万元以上的捐款5000元，年产值1000万元以下的捐款3000元，从事营运车辆的户主100元以上。国家干部、职工每人捐衣服2件以上；科局级以上单位捐棉被10床以上。

7月25日，由中共临澧县委、县人民政府主办，中共临澧县委宣传部、中共临澧县委统战部、临澧县文化局、临澧县广播电视局、临澧县救灾办公室承办，在临澧县文化大世界举办“心系灾区、情系灾民”赈灾义演晚会，晚会现场募捐170万元。到7月31日止，共募集资金354万元，衣服2.8万件，棉被650床，捐募款按方案用于灾区的恢复重建，见《临澧县2003年洪涝灾害募捐名册》（册13—2—3）。

“心系灾区，情系灾民”赈灾义演晚会工作方案。

组织领导：成立赈灾义演晚会组委会

顾　问：吴友云　吴昂平

主　任：黎卫平

副主任：黄小明　曾　莉　雷立敬
　　　　陈　华　唐生孝

成　员：谭　平　石　华　李显才
　　　　金晓年　邢协桃　汪寿喜
　　　　于乾华　娄云萍　荣兴东
　　　　黄文勇　庞　博　龙泉友
　　　　郑龙宏　杨龙青

综合协调组：谭　平　石　华　金晓年

职　责：负责整个演出活动的总协调；负责赈灾晚会观众组织及门票的分配；负责临澧籍在市内工作领导的接请、捐款活动的组织；负责县内民间组织、企业知名人士募捐的联络邀请；负责督促各组工作落实；负责省、市、县有关单位、个人慰问电的联系。

新闻报道组：李显才　汪寿喜　庞　博

职　责：负责与节目组衔接并做好抗洪救灾专题片的现场准备与播放；负责晚会现场直播；负责制作光盘及对上宣传；负责对上新闻报道。

节目组织组：黄小明　陈华　邢协桃　黄文勇　龙泉友

职　责：负责整台晚会节目组织，包括邀请省知名演员、市演员和节目主编；负责舞美设计及舞台布置；负责现场调度及衔接；负责场内外宣传标语、气球布置。

后勤接待组：石　华　于乾华

职　责：负责市领导（覃清香部长、蒋祖健主任、张元英市长）的接待；负责与综合协调组衔接并做好在市内工作的临澧籍人士的生活安排；负责与节目组衔接，做好聘请外地演员的接待工作。

现场募捐组：于乾华　娄云萍

职　责：负责安排募捐工作人员10名，募捐箱（5个）的准备与放置；负责与节目组衔接拿出详细方案精心组织好现场募捐。

安全保卫及秩序维护组：荣兴东　黄文勇

职　责：负责当晚剧场前迎宾路的交通秩序维护；负责验票、现场安全保卫及秩序维护。

7月25日晚上7：30～8：30（7：00进场，7：15播放抗洪救灾专题片10分钟）。

临澧县"心系灾区情系灾民"赈灾义演晚会节目单

1. 舞　蹈　桥　市汉剧团
2. 配乐诗朗诵　决战高家垱　县艺术团
3. 女声小组唱　春满桃花源　市歌舞团
4. 情景剧　风口浪尖　县艺术团
5. 歌伴舞　《为了谁》　县统战部
6. 童声独唱　《我想有个家》　县艺术团
7. 歌伴舞　永记心间　市歌舞团
8. 小　品　谁是老板　市汉剧团
9. 澧水号子　搏击洪峰　市歌舞团
10. 女声独唱　甜甜的山歌　特邀
11. 歌　舞　希望的田野　市汉剧团 市歌舞团

表13—2—1　　临澧县1980～2008年赈灾募捐情况统计表

单位：万元、吨、万件、件、立方米、吨、万件

年份	资金	粮食（大米）	衣被	药品	木材	钢材	化肥	水泥	煤	汽车拖拉机	其他
1980	1.6	80	0.2	110	1150	260			1000	10	
1991	26.5	655	4.1	600	400		43	100	72	5	2.1
1998	505.55	40	511	30		413					3.1
2003	354		2.86								
2008	331.3		2.9								5
合计	1218.95	775	521.06	740	1550	673	43	100	1072	15	10.2

注：2008年捐款含"一日捐"金额。

表13—2—2　　临澧县红十字会1998～2004年接收救灾捐赠统计表

单位：万元

年份	小计	药品折款	衣服折款	其他折款	年份	小计	药品折款	衣服折款	其他折款
1998	278	120	158		2005	10			10
2002	60			60	2006	30		12	18
2003	18		18						
2004	12			12	合计	408	120	188	100

2008年5月12日14时28分，四川省汶川县发生里氏8.0级地震。5月16日，县委、县政府决定开展支援四川地震灾区抗震救灾募捐活动，临澧县总工会、共青团临澧县委会、临澧县妇女联合会、临澧县红十字会、临澧县慈善总会联合发出《支援四川抗震救灾募捐倡议书》。5月18日，县民间组织管理局发动社会组织做好抗震救灾募捐工作，5月23日县抗震救灾募捐办公室在朝阳广场举行募捐活动，从5月16日至6月28日，全县共募集资金（含一日捐）331.3万元，棉被折款2.5万元，衣服折款0.4万元，其他物资折款5万元，见临澧县2008年支援四川抗震救灾（一日捐）募捐名册（册13—2—4）。

册 13—2—1　临澧县1991年洪涝灾害募捐名册

（个人捐款30元以上，单位捐款300元以上）

建　委 8000 元；武装部 500 元；招待所 1100 元；县委办 1215 元；老干局 140 元；县妇联 370 元；组织部 1000 元；党　校 800 元；纪委会 300 元；人民银行 500 元；农机局 5000 元；检察院 920 元；体　委 200 元；统计委 240 元；政法委 140 元；防疫站 800 元；血防办 630 元；二医院 1400 元；改水办 220 元；文化局 2180 元；药检所 140 元；妇保站 410 元；经　委 605 元；企业局 1100 元；金属公司 400 元；物资局 2610 元；计　委 540 元；物价局 250 元；统战部 400 元；档案局 240 元；林业局 3050 元；宣传部 300 元；人事局 480 元；交警队 830 元；经营科 220 元；计量局 500 元；中国银行 1375 元；工商局 2600 元；盐业公司 480 元；财政局 1140 元；总工会 300 元；新华书店 480 元；人民医院 4380 元；石油公司 1260 元；机关党委 100 元；法　院 210 元；政府办 1995 元；司法局 545 元；广电局 1380 元；计生委 560 元；县政协 875 元；农　委 1220 元；中医院 2360 元；县卫校 520 元；卫生局 540 元；电力局 2140 元；工商开发公司 170 元；国土局 300 元；县人大 720 元；保险公司 480 元；审计局 700 元；农业局 3811 元；监察局 240 元；劳动局 1030 元；财　委 200 元；工商银行 1510 元；农业银行 2245 元；粮食局 25500 元；税务局 2040 元；烟草局 1170 元；建设银行 640 元；外贸局 1440 元；商业局 7310 元；民政局 740 元；供销公司 560 元；煤炭公司 2080 元；微波站 400 元；供销社 25290 元；科　委 410 元；交通局 1510 元；能源办 100 元；邮电局 4000 元；二轻局 700 元；氮肥厂 3705.5 元；李彩进 30 元；经委机关 340 元；养路段 580 元；气象局 310 元；肉联厂 7920 元；晏雅儒 100 元；外经委 110 元；印刷厂 3100 元；木材公司 365 元；苗　圃 100 元；县水泥厂 1210 元；农广校 130 元；三　中 2000 元；一　中 3800 元；科　协 120 元；陈佐秋 100 元；肖　曦 400 元；公安局 3795 元；气门厂 6916 元；棉编厂 1500 元；财贸职中 640 元；县酒厂 890 元；畜牧水产局 1600 元；肖宏富 100 元；郭大军 1000 元；水电局 1420 元；陈绍平 1000 元；湘澧盐矿 9000 元；面粉厂 530 元；青山局 300 元；经委职校 900 元；轻化公司 390 元；合口物资公司 470 元；生资公司 480 元；武陵区 10000 元；吴昌海 100 元；机电公司 210 元；西湖农场 10000 元；药材公司 350 元；四新岗税务所 180 元；矿山救护队 500 元；新安回收公司 350 元；职校校办工厂 200 元；市委宣传部 22779 元；湘运临澧公司 2380 元。

册 13—2—2　临澧县1998年洪涝灾害募捐名册

（单位捐款300元以上）

杉板乡 25540 元；佘市桥镇 25544 元；文家乡 16921 元；太浮镇 22965 元；四新岗 25040 元；陈二乡 23559 元；望城乡 29129 元；柏枝乡 96600 元；

烽火乡 26309 元； 杨板乡 26119 元； 修梅镇 98350 元； 官亭乡 28208 元；
停弦渡镇 21486 元； 合口镇 70037 元； 九里乡 30524 元； 太平开发区 41200 元；
新安镇 62726 元； 城关镇 100000 元； 科技局 7945 元； 工程公司 1800 元；
人民银行 17100 元； 经管局 7000 元； 老龄委 1666 元； 一　中 10940 元；
人事局 7400 元； 政协办 8095 元； 计划局 4986 元； 二　中 6600 元；
党　校 9032 元； 计生局 14190 元； 组织部 7637 元； 佛教会 5200 元；
邮电局 105609 元； 四　中 5500 元； 实验学校 5000 元； 县农发行 9660 元；
城关完小 6000 元； 三　中 9550 元； 征稽所 5700 元； 总工会 5713 元；
房改办 25428 元； 检察院 26347 元； 县妇联 239 7 元； 环保局 14810 元；
中国银行 15500 元； 工商银行 33800 元； 审计局 12629 元； 县委办 28417 元；
能源办 926 元； 国税局 65325 元； 房管处 6100 元； 外经办 4592 元；
县编办 2801 元； 县财办 4685 元； 县人大办 13002 元； 农业局 63980 元；
电力局 52030 元； 商业局 22095 元； 县纪委 22711 元； 统计局 7246 元；
物价局 6756 元； 县农办 6280 元； 史志办 350 元； 气象局 2445 元；
信访办 350 元； 政法委 1250 元； 卫生局 400477 元； 广播局 40500 元；
城管办 13177 元； 文化局 29580 元； 新华书店 13068 元； 档案局 5609 元；
劳动局 22020 元； 地税局 40005 元； 人保公司 4960 元； 农机监理站 6000 元；
畜牧水产局 12720 元；盐业公司 9700 元； 政府办 16313 元； 建设局 59298 元；
统战部 720 元； 电影公司 1000 元； 交通局 65300 元； 石油公司 19600 元；
县教委 1116222 元； 交警大队 19106 元； 气门厂 79000 元； 县团委 1509 元；
司法局 16719 元； 三精石膏公司 2100 元；公安局 98541 元； 地矿局 3550 元；
宣传部 3596 元； 县体委 4815 元； 武装部 13017 元； 烟草公司 22090 元；
医药局 11580 元； 国土局 40545 元； 林业局 20060 元； 县科协 2394 元；
技术监督局 10101 元；财政局 51195 元； 粮食局 221358 元； 水电局 43100 元；
农广校 3691 元； 县水泥厂 24971 元； 新厦公司 13460 元； 青山公司 2350 元；
微波局 5000 元； 建设银行 16800 元； 中功弟子 2660 元； 信用社 124000 元；
8707 单位 6650 元； 县文联 700 元； 工商局 168549 元； 民政局 9886 元；
县保险办 3955 元； 福利院 1971 元； 殡仪馆 315 元； 青山管理局 37800 元；
县个协 65400 元； 农业银行 49110 元； 湘运公司 8700 元； 平安保险公司 1000 元；
佛教学员 2300 元； 公路局 37000 元； 物资局 7500 元； 驻临部队 356 元；
铁湾煤矿 19250 元； 农机局 6610 元； 市民政局 274000 元； 省救灾募捐办 600000 元；
机关幼儿园 5758 元； 乡企局 3887 元； 人民医院 200 元； 县法院 36972 元；
楚园宾馆 10000 元； 环卫处 14000 元； 财险公司 7300 元； 县苗圃 900 元；
供销社 300268 元； 信息中心 863 元； 合口油厂 35000 元； 6906 单位 9195 元。

册 13—2—3

临澧县 2003 年洪涝灾害募捐名册

（个人捐款 50 元以上，单位捐款 2000 元以上）

人大办 1 万元； 工青妇 1 万元； 地税局 2 万元； 公路局 2 万元；
国税局 2 万元； 石油公司 2 万元； 烟草局 2 万元； 技监局 1 万元；
建设银行 1 万元； 农发行 1 万元； 中国银行 1 万元； 人民银行 1 万元；
信用联社 2 万元； 粮食直属库 2 万元； 工商局 1 万元； 人保公司 1 万元；
邮政局 1 万元； 财保公司 1 万元； 农业银行 1 万元； 电信局 1 万元；

工商银行 1 万元；　市广电局 2 万元；　文理学院 2 万元；　市党校 1 万元；
市建设局 2 万元；　市公安局 1 万元；　市党史办 0.5 万元；　市文物处 0.5 万元；
向才梅 0.3 万元；　市宗教局 0.3 万元；　常德张民主 1 万元；　市工业学校 0.3 万元；
市收费局 1 万元；　彭荣钦 0.5 万元；　章祖贵 1 万元；　裴和平 0.5 万元；
傅必金 0.4 万元；　汪可爱 0.5 万元；　余周怀 1 万元；　唐生元 0.5 万元；
祁圣忠 0.5 万元；　傅绍兰 0.2 万元；　祁　舟 1 万元；　黎　立 0.2 万元；
蒋谟铸 1 万元；　卿建国 1 万元；　汪晓明 0.8 万元；　李建新 0.5 万元；
童自强 0.5 万元；　张丕明 1 万元；　万绍英 5 万元；　秦先榜 0.1 万元；
杨孚万 1 万元；　祝安顺 1 万元；　谢海涛 0.5 万元；　于林云 0.5 万元；
张小泉 0.5 万元；　陈长金 0.1 万元；　李顺林 0.3 万元；　周佰龙 0.25 万元；
黄道原 0.5 万元；　徐丹 0.5 万元；　黄建平 0.2 万元；　黄道金 0.3 万元；
杨良明 0.25 万元；　唐晓卫 0.2 万元；　县委办 1.23 万元；　组织部 0.6 万元；
卿见国 0.5 万元；　梅冬 0.3 万元；　老干局 0.28 万元；　总工会 0.24 万元；
县妇联 0.14 万元；　党校 0.48 万元；　工商联 0.12 万元；　县纪委 0.72 万元；
政法委 0.38 万元；　统战部 0.2 万元；　国土局 3.44 万元；　县团委 0.12 万元；
人事局 0.46 万元；　审计局 0.69 万元；　残联 0.16 万元；　县农办 0.48 万元；
武装部 0.34 万元；　城管办 0.68 万元；　妇保院 1.14 万元；　广电局 2.04 万元；
信访局 0.08 万元；　计生局 0.86 万元；　计划局 0.94 万元；　检察院 2 万元；
卫生局 28.06 万元；　县体委 0.27 万元；　县法院 2.27 万元；　移民局 0.12 万元；
物资局 0.65 万元；　劳动局 1.51 万元；　交警大队 1.4 万元；　环保局 0.92 万元；
司法局 1.03 万元；　民政局 1.52 万元；　经管局 0.45 万元；　林业局 1.31 万元；
市政处 0.74 万元；　房管局 1.42 万元；　畜牧局 1.04 万元；　气象局 0.2 万元；
农机局 1.14 万元；　水利局 3.48 万元；　市场中心 1.65 万元；供销社 1.7 万元；
能源办 0.06 万元；　农广校 0.12 万元；　人大机关 1.53 万元；政协办 0.73 万元；
工业局 1.01 万元；　交通局 2.42 万元；　统计局 0.46 万元；　教育局 88.91 万元；
科技局 0.42 万元；　科协 0.15 万元；　贸易局 0.52 万元；　政府办 1.86 万元；
自来水公司 1.84 万元；工商银行 1.08 万元；人民银行 0.32 万元；发展银行 0.54 万元；
6909 单位 0.64 万元；8707 单位 0.6 万元；工商局 2.84 万元；　国税局 3.12 万元；
地税局 1.94 万元；　人保公司 0.5 万元；　新华书店 0.66 万元；烟草局 1.32 万元；
建设银行 0.8 万元；　机关幼儿园 0.36 万元；征稽所 0.42 万元；　新安粮库 4 万元；
石油公司 1 万元；　技监局 0.87 万元；　公安局 0.57 万元；　粮食局 12.71 万元；
电力局 2.628 万元；　药监局 0.28 万元；　邮政局 2.04 万元；　移动公司 0.34 万元；
杉板乡 1 万元；　佘市桥镇 1.64 万元；文家乡 1.21 万元；　太浮镇 1.26 万元；
四新岗镇 1.47 万元；陈二乡 1.32 万元；　望城乡 1.45 万元；　柏枝乡 1.66 万元；
烽火乡 1.43 万元；　杨板乡 1.23 万元；　修梅镇 1.24 万元；　停弦渡镇 1.23 万元；
合口镇 2.17 万元；　九里乡 1.23 万元；　官亭乡 1.73 万元；　新安镇 2.20 万元；
城关镇 1.55 万元；　太平开发区 2.3 万元；住房公积金中心 0.08 万元；
市组织部韦绍斌 0.1 万；市公用事业管理局 1 万元。

册13—2—4 临澧县2008年支援助四川抗震救灾（一日捐）募捐名册

（个人捐款500元以上）

杉板乡政府72366元。

其中：政府机关5186.5元；杉板青山村9450元；牛山村2000元；白洋村2782元；川岗村2617元；金源矿3000元；金源纸厂1598元；潘垱村25900元；望夫村5524元；卜家村1690元；杏花村1113元；月星村1900元；坪山村4172元；牛六村1500元；牛头村2560元；薛家村1784元；坪山花炮厂5000元；湘龙陶瓷厂5000元；杉板砖厂4720元；杉板村4440元；祥和鞭炮厂2500元；伟临公司8000元。

佘市桥镇政府39700元。

其中：机关站所9150元；（邢修凤1000元、刘金国1000元）水利站2000元；自来水厂200元；天诚公司高吉波10000元；中粮矿业公司3000元；湖堰砖厂500元；群英花炮厂2000元；和利达针织厂1000元；永丰粉针织厂100元；志丰针织厂1000元；龙阳粉厂100元。

文家乡政府67077元。

其中：文家村4091元；岩溪村861.5元；余家村1370元；潘家埔村6370元；骆家村4220元；新屋村3000元；三公村3480元；五道村3176元；丰灯村215元；高茂村1275元。

陈二乡政府33715元。

其中：陈二心桥敬老院1600元；南垱村夏明付500元；政府机关5000元；陈二敬老院1200元。

烽火乡政府60832元。

其中：龙凤山村1138元；华溪桥村1755元；花园村586元；花果村258元；六方洲村1710元；陈家河村1700元；观音庵村2922元；李家坪村620元；观庙村1380.6元；兰田村3620元；薛家坪村2944元；陈仪村3835元；农林村4000元；藕池村1010元；分水村1003元；烽火村2311元；农泉村1000元；将军村2959元 白龙井村2064元；水利站350元；三门湾村1375元；计生办500元；敬老院608元；农科村1185元。

望城乡政府53466.1元。

其中：石北村（县协委员）2000元。

修梅镇政府74735元。

其中：政府机关25991元；白土村2910元；高桥村3010元；范家村5812元；新坪村4000元；（丁家春500元）七重居委会4860元；万付村1829元；顺水村2600元；赵家村7387元；鸡山村1900元；周家村1705元；真武村1130元；美丰村1406元；千人村2422元；沃沙村4057元；叶庙村1005元；罗仙村1615元；南江居委会4490元；付新村2419元；东堰村1640元；合丰村2600元；先锋村2165元；白堰村2987元。

停弦渡镇政府 76332 元。

其中：政府机关 5800 元；　古渡社区 9460 元；　红岩村 1168 元；　童洲村 982 元；
山洲村 9768 元；　关山村 6557 元；　新溪村 2520 元；　铁湾村 1275 元；
复般村 2400 元；　大丰村 1245 元；　花林村 552.5 元；　栗山村 1544 元；
停弦祁氏公司 500 元；　永昌烟花材料厂 5230 元；　停弦汪国品 800 元；　红土村 1385 元；
停弦渡镇关良习 2000 元；　停弦和平花炮厂 800 元；　兴胜花炮厂 1000 元；　天工集团 5000 元；
白虎村 10000 元；　江鑫铜业黎达 1000 元；　恒丰公司 2230 元；　中远公司 5000 元；
沪临公司 3000 元。

新安镇政府 240736 元。

其中：政府机关 13400 元；　东　区 12929 元；　西区 9538.5 元；　新冯社区 3000 元；
樟木村 8655 元；　上坪李德全等 9 人 730 元；　南闸社区 21837 元；　古城村 7170 元；
镇敬老院（66 人）1082 元；　新安个私协会 21650 元；　北郊社区 14503.2 元；　自来水 2000 元；
龙凤山水泥公司 10000 元；　鑫达联立公司 18830 元；　红旗村 4092 元；　新安大修厂 1000 元；
伟厦水泥公司 13000 元；　耐磨材料公司 2000 元；　新安特种水泥厂 12550 元（邓金玉 1000 元）。
8 百家缘烟花鞭炮公司 2000；　塑料厂 500 元；　太和超市 1500 元；　龙凤鞭炮厂 1000 元；
芙蓉花炮厂 1000 元；　欣荣公司 1000 元；　常盛针织厂 500 元。

合口镇政府 180000 元；

其中：企业捐款 55020 元。　简泽春 1500 元；　汇丰米业 1500 元；　民族花炮厂 1000 元；
楠桥一厂 1140 元；　出口花炮厂 3500 元；　兴发引线厂 3945 元；　楠桥二厂 2000 元；
广天生物科技公司 5000 元；　大荣鞭炮厂 1000 元；　龙岗引线厂 660 元；　合口计生办 700 元；
先进印染厂 1000 元；　合口城建站 400 元；　合口石膏矿 5000 元；　合口水利站 900 元；
有色金属公司 1000 元；　合口自来水公司 650 元；　杰新印染厂 2905 元；　宇泰瓷业 1430 元；
合口个私协 10000 元；　人参鞭炮厂 3000 元；　常新鞭炮厂 2000 元；　腾飞实业 1490 元；
坪水鞭炮厂 2000 元；　兴隆鞭炮厂 1000 元；　陈湖村 5035 元；　临玻公司 2000 元；
楠桥村 10896 元；　大丰村 6135 元；　大堰村 4006 元；　人参村 3100 元；
龙岗村 2710 元；　双堰村 6206 元；　大兴街 4476 元；　苍蒲村 5795 元；
三元口 4731.5 元；　中横街 8025.5 元；　管渡村 6798 元；　黄陵村 7379 元；
富强村 7683 元；　澧阳村 2689 元；　白合村 5062 元；　兴隆村 2635 元；
芭茅村 9160 元；　回龙村 6685 元；　双龙村 2975 元；　龙池村 7012 元；
金龙 2570 元（刘艺峰 500 元）。　大云村 4225 元；　坪水村 6178 元；　三合村 10455 元；

安福镇政府 255497 元。

其中：政府机关捐 11800 元（贺家湘 1000 元）；
总庙社区 19595 元（全双英 2000 元）；农丰村 8361 元（鲁梅生 2000 元、裴贴忠 600 元、裴泽跃 500 元）；
寒溪村：9132 元；　望城村 7427 元；　人民街社区 9670 元；　双堰村 2120 元；
铁锣堰村 3431 元（陈宏灯 600 元）；　芭蕉社区 8370 元（刘长寿 500 元、邓军 500 元）；　河街社区 7050 元；
龙溪村 8361 元；　四季红社区 8983 元；　迎宾路社区 4403.3 元；　九姊村 4160 元；
文塘社区 15965 元（刘定灿 500 元）;护城社区 15944.5 元（蒋模华 500 元）；
文化街社区 11756 元（辛志华 1000 元）；　朝阳街社区 5762 元；
梅溪村 16025 元（辛保国 600 元、龚银兰 500 元）；　兆生棉花经营有限公司棉被 200 床价值 25000 元。

太平开发区213203元。
其中：太平管委会3000元；　太平联翔砖厂2000元；　太和纸管厂2000元；　太平香林餐馆1000元；
太平物流运输公司5000元；　太平机械化公司2000元；　太新纸箱厂1000元；　太平加油站2000元。

太浮镇政府30000元；　四新岗镇政府40020元；　柏枝乡政府70000元；　杨板乡政府50100元；
官亭乡政府50000元；　九里乡政府50000元。

县委组织部6300元；　县文化局13600元；　县宣传部1700元；　县文联800元；
县统战部1300元；　县政法委2120元；　县政府机关11020元；　县老干局1850元；
县农村办5600元；　县编办1300元；　县广电局4000元；　商务局系统8100元；
县工业局6100元；　县发改局5250元；　县交通电台2519.5元；　县国土资源局36700元；
县人事局3700元；　县民政局30000元；　县财政局27100；　县劳动局16900元；
县科技局3000元；　卫生局18420元；　人口和计划生育局6550元；　计生妇幼保健院5020元；
二医院23001.2元；　城管执法局12250元；　县人民医院53200元；　中医院32365元；
县环保局8400元；　县交通局27580元；　水利局系统25200元；　县林业局12400元；
县统计局2700元；　县政协6500元；　县农业局26600元；　县审计局6200元；
县信访局1100元；　团县委7300元；　县残联2200元；　县妇联900元；
县科协1250元；　县老龄办11000元；　县公安局51100元；　县工商联600元；
县检察院8700元；　县法院700元；　县党史办700元；　县交警大队16000元；
县司法局7570元；　县委党校4350元；　县档案局2100元；　县疾控中心9000元；
县农机局10050元；　县经管局3802.5元；　县畜牧水产局3700元；　县供销社4300元；
县烟花局3900元；　县安监局2500元；　县纪委4000元；　县委机关27950元；
县总工会3300元（汪国兆1000元）；县人大机关及人大工作者55200元；
县移民局5800元（胡建喜1000元、黄友清1000元、邵国峰1500元）；县体育局2400元；
县信息化办1500元；　农民教育办1700元；
县房管局10000元；　县能源办2000元；　县国税局24700元；　县农开办2300元；
县地震局500元；　县城投办2200元；　技术监督局6700元；　朝阳市场11504元；
工商局80000元；　邮政局2950元；　烟草局24668元（高鸿1300元、汪群1000元、黄修平1000元）；
电力局66600元；　工商银行6600元；　县公路局14550元；　新华书店3600元；
移动公司5000元；　农行60631.2元；　远大律师事务所1000元；　县征稽所5900元；
县人民银行2800元；　盐业局3100元；　县住房公积金办公室1250元；
建设银行3400元；　财险公司2500元；　县水文局400元；　县中国银行3280元；
县信用联社10100元；　中央储备直属库15500元（裴德球1000元）。

湖南6909单位2700元；　8707单位3300元；　药监局2300元；　县气象局2200元；
县人寿保险公司9860元；　临澧财保支公司2500元；
县福安税务律师所1850元。

青山管理局54840元。
其中：局机关4750元；　青山新星水泥厂3000元；　灌溉站2510元；　水电所11220元；
青山氯酸钾责任公司4760元；　长江塑业公司2130元；　青山宾馆4450元；　腾飞钢厂1190元；
青山智乐有限公司7540元；　青山塑业公司4700元；　劳服公司3100元；　来顺钢厂2000元；
粒子户2140元；　陈国清1000元；　戴世伍1000元；　孙美波1000元；
张业志1000元；　谭力生1000元；　柴志林3000元；　王汝元1000元；

唐生志 1000 元；　金健胜 1000 元；　李来顺 2000 元；　郝诗村 2000 元。

建设系统 95350 元。

其中：天顺公司 1000 元；　江西宏达公司 5000 元；　安福花园 5000 元；　广大置业 3000 元；
日泰房地产 5000 元；　青山书苑项目部 2000 元；　朝辉建设 3000 元；　金龙花园 1000 元；
市政工程管理处 14800 元；　楚天豪园 10000 元。

县市场中心（一市场经营户）46580 元。

其中：董其学 1000 元；　胡大明 1000 元；　文学元；1000 元；　陈大春 1000 元；
王习文 1000 元；　江时军 1000 元。

粮食局 31750 元。

其中：联合工会 10000 元；　粮食局国资办 3200 元；　粮食储备库 3000 元；　局机关 15500 元。

美容美发保健按摩协会 10340 元。

其中：金海湾休闲广场 1410 元；　新雅奇 1330 元；　大郎发艺设计会所 1130 元；　晨虹美容美体中心 220 元；
金医生按摩院 820 元；　雅　丽 300 元；　万紫千红温泉广场 1000 元；　于静专业美容院 640 元；
佳　黛 300 元；　康　雅 200 元；　富源巴蜀休闲会所 1600 元；　轻松 100　160 元；
江华堂 100 元；　湘名剪 100 元；　金　剪 100 元；　谭五代 100 元；
创意丝艺 100 元；　出发剪 100 元；　荀香园 30 元；　兵哥发吧 100 元；
梅　艳 50 元；　金名廊 50 元；　徐　萍 200 元；　靓妆坊 200 元；

常德网友联谊会 3000 元；
县基督教两会 3000 元；　佛教协会 13395 元；　县个私协会 38000 元；　县网吧协会 16900 元；
县安福基督教堂 1315 元；　卷烟经营协会 1900 元；　教道协会 400 元；　国资公司 6830 元；
国资公司门面经营户 5300 元（新世纪 1000 元；步步高鞋城 1000 元）；　安福气门厂公司 30716 元；
湖南湘福建材公司 10000 元；　湖南嘉丰建材公司 11365 元（史开荣 1000 元）；
新厦建材股份公司 68235 元（桑茂明 5000 元；胡大贤 1000 元；廖龙化 5000 元；毕文祥 1000 元；邓征平 1000 元）；
安福拖拉机公司 10000 元（刘必清 5330 元）；　常德亿达食品公司 5000 元；
杰海陶瓷：10650 元（贺修贵 1000 元）；　胜芝化工有限公司 58120 元；
常德友星公司 3000 元；　常德天伦精密铸造公司 8000 元；　美华尼龙公司 38953 元；
中泰特种装备责任公司 100000 元；　华润热电厂 12850 元；　平安超市 10255.3 元；
和盛家电超市 5890 元（谭晚成 2000 元）；　金穗宾馆 15126.6 元；　金帝国际大酒店 16131.8 元；
安济堂大药房 2220 元；　金帝 KTV5000 元　东南宾馆 500 元；　嘉兴针织厂 1327 元；
县新浪潮电脑公司 3750 元；（向林祥 1000 元）　天鹅湖员工 5000 元；（陈　钢 1650 元）
县尖锋石膏矿业公司 6500 元（员工捐赠 1500 元）；　康达汽修厂 1550 元；　湖南中加水电公司 16100 元；
伍大姐风味食品园 1850 元；　县安福石膏矿业公司 12500 元；　湖南帝隆重科公司 10000 元；　顶春公司帝斯曼 2230 元；
县天兴石膏矿业公司 12000 元；　县天诚石膏矿业公司 10000 元；　县湘桂汽车出租公司 6300 元；　金牛挂车公司 1000 元；
湖南欧亚碳复合材料公司杨虎平及员工 20330 元；　安福驾校 5744 元（李跃明 1000 元）；
县中粮石膏矿业公司 10000 元；　县下岗伤残退伍军人 4700 元；　县石膏粉厂 15000 元；　县顶春石膏公司 5050 元；
部分企业退休军转干部 9680 元；　县精华石膏矿 5000 元；　兴隆医药公司 5050 元；　新安纸业 1000 元；
金凤科技公司 3510 元；　县金岗石膏矿 5000 元；　县大丰石膏矿业公司 5000 元；
永安烟花有限公司 1000 元；　三金石膏粉厂 2000 元；　建兴特种石膏责任公司 2000 元；

县兴农农资有限公司 1000 元；好家档厨柜 200 元；长安液化气厂 2000 元；天金装饰 500 元；县华宝装饰材料厂 2000 元；盼盼防盗门 100 元；圣象地板 100 元；广源铝材 200 元；临玻玻璃制品公司 2000 元；博物馆现场募捐 900 元；城关建材厂 1000 元；城关建材 1000 元；谢明志（新安造纸厂）1000 元；永泰石膏公司 1125 元；兴隆石膏矿 2000 元；城关砖厂 1000 元；湘和贸易责任公司 1000 元；意丰石膏公司 500 元；县宏宝石膏矿业公司 1000 元；县有色金属加工厂 2000 元；歇驾石膏矿 500 元；县鸿达石膏制品公司 500 元；冠豪制衣厂 2067.5 元；德龙石膏公司 500 元；喜哥土菜馆 10000 元；寒溪砖厂 300 元；金源石膏矿业公司 1000 元；歇驾山石膏粉厂 200 元；县水泥厂 16800 元；县乙炔厂 500 元；金山石膏矿业公司 1000 元；多彩工艺 10000 元；朝阳律师事务所 700 元；金凤公司 10000 元；新安中学 920 同学会 4673 元；县职专驾校 7400 元；恒璋瓷业（物资折价）现金 60000 元；县湘北石膏粉厂 200 元；县双溪石膏粉厂 300 元；舒雅内衣 2000 元；新鑫花炮厂 1000 元；冀东水泥个人捐款 5410 元；金俭源茶楼员工 500 元；县福利院老人 2250 元；民爆公司 1000 元；华临石膏矿业梁峰 2000 元；老科协专家门诊 500 元；联通公司 1000 元；农丰环保砖厂 500 元；县瀚研石膏制品厂 500 元；昌盛烟花公司 1000 元；家家乐超市 400 元；家和超市 100 元；新厦集团 4 万元；华能超市 15000 元；常德大雅音乐学校（教学区）1000 元。

县教育局系统 1660000 元。
其中：局机关 17600 元；县一中教师（退休）及学生 275929.5 元；县教研室 3400 元；县职业中专 15300 元；太浮中学 16983.7 元；县四完小 23446 元；太平学校 3527 元；县中心艺术幼儿园 4380 元；县第四中学 143594.4 元；停弦中学 26724.3 元；县二完小 21347.2 元；县第二中学 100473.5 元；实验小学 81157.8 元；丁玲学校 253640.4 元；九里中学 21054.1 元；望城中学 256824.4 元；女子职业学校 14398.7 元；佘市中学 35875.3 元；县一完小 71304 元；杉板中学 21293.2 元；烽火中学 25682.4 元；文家中学 18801.2 元；进修学校 5900 元；四新岗镇中学 23898 元；柏枝中学 25613.3 元；杨板中学 17404.2 元；修梅中学 36931 元；合口镇中学 70260.5 元；新安中学 117528.4 元；陈二中学 11400 元；官亭中学 34181 元；第三中学 65034.6 元。

县政协负责人 11500 元。
天金装饰张新明 500 元；孙平文 500 元；好心人 11100 元；刘建波涂绪德 10000 元；周运华 500 元；周立伟 1000 元；邓绪明 1000 元；金氏大烤房张大妮 500 元；胡小英 5000 元；周云华 500 元；杨隆喜 2000 元；乔葳蕤 10000 元；徐远桂 10000 元；洪玉珍 5000 元；邬　召 2000 元；摇篮幼儿园陈建初 1000 元；新安中学唐金娥 5000 元；徐金国 1000 元；牟双双 1000 元；县天信电脑公司蒋发 1000 元；县一中鲁小明 5000 元；李　颖 1000 元；唐植淑 500 元；山里人家舒兵 1000 元；朱金贵 500 元；黄道金 500 元；邓红霞 500 元；朝阳市场谢爱华 1000 元；秦先榜 500 元；县城关三校 69 班学生滕思柯 1000 元；烽火辛绪忠 1000 元；升达地板陈政平 500 元；湖南教育杂志社刘秋泉 1000 元；北京紫香谷国际文化发展公司简一平 25000 元；沅强装饰材料干包花油漆郭祖树 500 元；新安镇黄祥昌捐衣服价值 4000 元。

四、 社会捐助

捐助活动作为民间扶贫济困、惜灾恤孤的一种方式古已有之，并形成了中华民族的优良传统。

社会捐助活动，作为一项政府提倡的有

组织的社会活动始于1996年。是年根据江泽民总书记指示精神及《中共中央办公厅、国务院办公厅关于转发〈民政部、国务院扶贫开发领导小组关于在大中城市开展经常性捐助活动支援灾区、贫困地区的意见〉的通知》(中办发电［1996］1号文件)，县委办、县政府办转发全文，确定每年冬季组织一次扶贫捐赠活动，县（省、市驻临）直各单位，每年捐款10万元左右，捐衣物在1万件以上。各单位将捐助资金对口捐赠到联系乡镇的贫困村和贫困户。2001年以来，根据国家相关的法律、法规和政策，县民政局将经常性社会捐助工作任务列入年度工作任务。建立17个经常性社会捐助工作站：临澧县民政局、城关镇人民政府、城关镇人民街居委会、城关镇朝阳街居委会、城关镇安福路居委会、城关镇河街居委会、城关镇文化街居委会、城关镇四季红居委会、城关镇迎宾路居委会、合口镇人民政府、合口镇三元口居委会、合口镇东区居委会、合口镇西区居委会、新安镇人民政府、新安镇西区居委会、新安镇南闸社区居委会、新安镇新冯居委会，并统一标示牌、统一捐助物资收据，统一捐助时间开展经常性捐助活动。

县内的捐助活动，坚持轻灾年份指导自愿捐助，重灾年份确定目标捐助的原则。据统计，1996～2007年，全县在开展“扶贫济困送温暖”活动中，有19万人次参加捐助“一袋米、一壶油、一件衣、一床被”的“四个一”活动。2005～2007年开展“一日捐”的活动，国家工作人员捐一日工资，厂矿企业、商店捐一日利润，共计捐款289.46万元；大米、衣物等，折合人民币63.38万元，使5.9万人次得到救助，见《临澧县1996～2007年社会捐助资金物资统计表》(表13—2—3)。

2005年3月，为援助常德市鼎城区桥南市场特大火灾和印度洋地区海啸灾害，帮助灾区恢复生产，灾民重建家园，县委、县政府在全县党政群机关、企事业单位开展社会捐助活动。捐助活动坚持单位组织，领导带头，广泛发动，自愿捐助的原则。捐助标准为处级以上干部100元以上；科局级干部捐80元左右；一般干部50元左右。群众自愿，多捐不限。捐助活动从2005年3～9月底结束，共计募集资金40.3万元，见《临澧县2005年度社会捐助单位捐款名册》(册13—2—5)。

2006年，县委办、政府办为解决农村中特殊困难对象的住房、基本生活、疾病治疗和特困学生的就学困难，开展社会捐助活动，募集资金64.2万元，见《临澧县2006年度社会捐助单位捐款名册》(册13—2—6)。

表13—2—3　　临澧县1996～2007年社会捐助资金物资统计表

单位：万元、件

年份	合计	捐助资金	捐助物资		年份	合计	捐助资金	捐助物资	
			数量	折款				数量	折款
1996	10.8	6.67	562	4.13	2003	24.7	12.6	139	12.1
1997	12	8.93	484	3.07	2004	12.5	8.7	143	3.8
1998	21.9	15.2	764	6.70	2005	44.5	40.3	69	4.2
1999	15.2	11.1	623	4.10	2006	66.8	64.2	39	2.6
2000	12	8.92	487	3.08	2007	44.1	32.5	25	11.6
2001	12.06	7.86	521	4.2					
2002	12.9	9.1	145	3.8	合计	289.46	226.08	4001	63.38

册 13—2—5 临澧县 2005 年度社会捐助单位捐款名册

（单位捐款 200 元以上）

杉板乡 1000 元；余市桥镇 2060 元；文家乡 2100 元；太浮镇 1460 元；
四新岗镇 2300 元；陈二乡 1970 元；望城乡 2730 元；柏枝乡 2440 元；
烽火乡 2170 元；杨板乡 1990 元；修梅镇 2120 元；停弦渡镇 2120 元；
合口镇 2800 元；九里乡 1880 元；官亭乡 2230 元；新安镇 2860 元；
安福镇 2540 元；太平开发区 1470 元；统计局 1000 元；烟花局 440 元；
安监局 440 元；工业局 2155 元；计划局 1870 元；县科协 310 元；
供销社 720 元；粮食局 3790 元；贸发局 1270 元；交通局 5740 元；
教育局 141760 元；市场中心 4500 元；科技局 830 元；计生局 2040 元；
建设局 4040 元；城管办 500 元；房管局 1500 元；县政协 11410 元；
财政局 5000 元；卫生局 51380 元；劳动局 2930 元；史志办 310 元；
武装部 970 元；环保局 2650 元；县人大 2440 元；县团委 180 元；
县纪委 1230 元；县委办 2590 元；档案局 400 元；广电局 4380 元；
组织部 1350 元；老干局 640 元；县妇联 340 元；司法局 2000 元；
县编办 340 元；宣传部 450 元；文化局 590 元；政法委 700 元；
体育局 790 元；公安局 3000 元；交警大队 3590 元；县农办 960 元；
统战部 540 元；工商联 180 元；县法院 3000 元；农经局 720 元；
县党校 1120 元；总工会 900 元；检察院 1200 元；农广校 230 元；
农业局 6580 元；水利局 1400 元；畜牧水产局 3830 元；审计局 1750 元；
农机局 1100 元；林业局 2800 元；青山局 2000 元；信用联社 9000 元；
移民局 260 元；政府办 3420 元；人事局 980 元；自来水公司 6200 元；
国土资源局 4330 元；合口油厂 1000 元；工商银行 1000 元；新华书店 1180 元；
建设银行 500 元；人民银行 500 元；中国银行 1000 元；农发行 1290 元；
工商局 3530 元；地税局 5250 元；公路局 1000 元；盐业公司 500 元；
气象局 290 元；烟草局 2920 元；征稽所 690 元；人寿公司 700 元；
新安粮库 3665 元；技术监督局 2000 元；电力局 3050 元；电信局 800 元。

册 13—2—6 临澧县 2006 年度社会捐助单位捐款名册

（个人捐款 20 元以上，单位捐款 200 元以上）

杉板乡 4500 元；余市桥镇 4700 元；文家乡 4650 元；太浮镇 4700 元；
四新岗镇 4650 元；陈二乡 4700 元；望城乡 4900 元；柏枝乡 4700 元；
烽火乡 3700 元；杨板乡 4650 元；修梅镇 4600 元；停弦渡镇 4600 元；
合口镇 4600 元；九里乡 4850 元；官亭乡 4800 元；新安镇 5050 元；
安福镇 4000 元；太平开发区 4000 元；民政局 10000 元；组织部 2600 元；
烟花局 3200 元；农开办 2500 元；疾控中心 3000 元；青山局 5000 元；
人民银行 3000 元；征稽所 2800 元；信访局 200 元；人民医院 12000 元；
县残联 1500 元；烟草局 2500 元；计生局 3700 元；临澧二中 11000 元；
新厦水泥 2000 元；新安特种水泥厂 2000 元；申华纺织 1000 元；新安耐磨材料公司 1500 元；
安监局 1100 元；移民局 1000 元；城管局 1345 元；人事局 3050 元；
公路局 4600 元；国土局 17500 元；发改局 3000 元；县人大 5350 元；

宣传部 2700 元；	美华尼龙 5000 元；	中泰特种设备 10000 元；	中远瓷业 1000 元；
环保局 4500 元；	教育局 5000 元；	邮政局 1000 元；	腾飞实业 1200 元；
安福拖拉机厂 1200 元；	地税局 6600 元；	国税局 7350 元；	林业局 2000 元；
气象局 800 元；	电力局 7550 元；	房管局 2000 元；	政府办 4000 元；
财政局 15900 元；	劳动局 7000 元；	中医院 5000 元；	工商局 7350 元；
职业中专 7000 元；	建设局 10000 元；	县纪委 4150 元；	三中 7000 元；
县党校 2150 元；	统战部 1550 元；	粮食局 2000 元；	交通局 7450 元；
8707 单位 717 元；	供销社 3600 元；	进修学校 1000 元；	老干局 1000 元；
畜牧水产局 2000 元；	体育局 1500 元；	审计局 3150 元；	一　中 15000 元；
四中 12000 元；	合口油厂 2000 元；	600 斤油；	非税局 3000 元；
司法局 1600 元；	水利局 3000 元；	政法委 2000 元；	统计局 1200 元；
盐业局 800 元；	县科协 1400 元；	6906 单位 590 元；	县政协 3000 元；
农经局 3050 元；	杰新印染厂 1000 元；	信用社 10000 元；	华润热电 2000 元；
交警大队 4000 元；	县委办 3600 元；	中央储备库 10000 元；	胜芝化工 5000 元；
天工瓷业 500 元；	县农办 2050；	工业局 3350 元；	农机局 3000 元；
文化局 2350 元；	能源办 1650 元；	科技局 2000 元；	卫生局 22000 元；
农广校 1200 元；	电信局 3520 元；	武装部 2800 元；	质监局 3000 元；
市场中心 3500 元；	检察院 3300 元；	教育局 140000 元；	县妇联 500 元；
公安局 10000 元；	常盛针织袜子折价 6000 元。		

五、 救灾扶贫

清朝、民国时期，临澧一些仁人志士，曾有抑恶扬善、打富济贫、救济贫民的行为。新中国成立后，政府不仅对严重困难户进行生产生活救济，特别加强了因灾致贫的综合治理。1964 年在农村社会主义教育运动中，开展扶持严重贫困户的工作，县政府在望城公社进行试点取得一定效果。1966 年常德地区给临澧扶持贫困生产队拨专款购化肥、农药、种子发展生产。后因“文化大革命”停顿。1981 年春，常德地区民政局来临澧进行扶贫试点，1984 年地区民政局在临澧县召开区扶贫工作现场经验交流会，尔后继续开展扶贫工作至今。

（一）扶持对象

根据 1984 年常德地区确定的扶贫工作重点，扶持对象指大山区、老灾区、移民区，统称“三区”。具体标准为大山区的困难村、组，连续三年每年人平均纯收入 180 元以下，口粮 250 公斤以下。移民区和灾区的农民温饱没有解决，负债较重，生活贫困。临澧的“三区”有贫困村民小组 499 个，占全县村民小组总数的 12.1%，共 9955 户，43345 人，其中有 20368 个劳力，承包耕地 53874 亩。1981～1983 年三年中每年人平均收入 151.26 元，实际生活用粮每年人平均 259 公斤，分别比全县水平低 36% 和 30%。这些村民小组的农户家底薄，户平均家当不到 200 元的有 197 户，占 19.16%；不足 100 元的有 398 户，而且负债重，适龄儿童未上学的有 732 人，占学龄儿童总数的 6.45%；长期患病 788 人，因无钱不能及时就医；还有 1945 名儿童缺衣、缺被。

老灾区：地处澧水、道河沿岸，连年遭受洪水灾害。全县有 345 个村民小组、7342 户、31072 人，每年实际收入人平均 160.46 元，生活用粮人平均 531 斤。新安镇洄阳村有 15 个组、378 户、1626 人、776 个劳力、1318 亩耕地。1980 年起连遭三年水灾，全村农民实际收入每人每年 117 元，实际生活用粮人平均每年 244 公斤，其中有 183 户欠国家贷款 2.92 万元，有 27 户欠粮食部门定金 600 元，有 247 户欠私人和集体借款共 3.78 万元，共欠款6.77万元，户平均180.62元；欠粮食共10.2吨，人平均6.5公斤。

大山区：地处边远，交通闭塞，水源缺乏，土质贫瘠，作物产量低，经济收入少，长期处于贫困状态。全县有67个村民小组，分布在衔嗣（太浮镇）、文家乡、官亭乡、杉板乡、佘市桥镇等5个乡镇17个村，共1193户、5384人、2637个劳力，经营7988亩耕地。1981～1983年人平均每年实际收入只124.53元，人平每年用粮249公斤，全部家庭财产不足200元的有429户，累计负债26.51万元，户平222.21元。衔嗣庵镇王化村八大弯组，共14户、60人、20个劳力，119亩耕地，37亩山都是荒、残、稀松幼林，有6个弯内水田全是“望天收”。三年内人平每年实际收入95元，实际口粮212公斤，全组共欠借款1.26万元，户平901.64元。徐卯奇（女）41岁，丈夫因病无钱诊治于1982年死亡，她带3个小孩，组里给她分摊老货款1323元，加上自欠老账共负债1690多元。3个女孩，2个大女孩各只上小学三年级，小女已13岁尚未入校。仅有2张旧木床，一套半铺盖和一张旧木柜，全部家庭财产折人民币不足180元。

移民区：因修水库占地，人多田少，生产条件差造成贫困。全县有87个村民小组，1420户，68889人、3008个劳力，经营5889亩耕地。三年内，人平每年实际收入130.66元，实际口粮人平每年230公斤，累计负债13.23万元，户平93.1元。衔嗣庵镇民富村陈家弯村民小组，1972年修建陈家弯水库后，全组21户、94人、47个劳力，仅有水田45亩，其中“望天收”田20亩。三年内，人平每年收入124元，每年需买粮食25吨，累计负债0.83万元，户平392.81元。

“四缺户”：缺劳力、缺资金、缺计划（安排）、缺科学技术的户统称“四缺户”。实际上有二缺、三缺、四缺的。全县各社镇典型调查统计，这些严重困难户约占当地总户的7～8%，其中人多劳力少的约占严重困难户数的42%；家底子薄，欠债多，劳力不足的占26%；老弱病残占20%；常年患病，无钱医治，影响劳动生产的占12%。

优抚对象贫困户：全县优抚对象中严重困难户有2151户、11539人，其中烈属31户，129人；军属863户，4023人；残疾军人47户，179人；复员、退伍军人1210户，7208人。在上述户中没有致富条件的有434户，占严重困难户数的20.1%；人口2430人，占20.1%；烈属10户、43人，占烈属贫困户的1/3；军属175户、1028人，占军属贫困户的1/4；残疾军人16户、67人，占残废军人贫困户的2/5；复员退伍军人233户、1292人，占复员退伍军人贫困户的1/5。

（二）扶贫施措

历史上有部分因灾害、人祸、疾病、残疾等原因导致家庭收入减少、房屋居住困难、基本生活困难、生产资金困难、疾病治疗困难的严重贫困户。清朝、民国时期，官府不设扶贫机构，也未办扶贫事务，仅有民间一些自发的扶贫济困义事，但不经常。1930年（民国29）6月29日，开办临澧赈灾平民工厂，由省发赈灾款1.4万元，分染织、缝纫、绢袜、印等科目，收徒工80人。

新中国成立后，政府对严重困难户每年定期或不定期地发放救济款物，解决基本生活问题。采取生产自救、照顾补助、并依靠群众互助互济等形式扶贫。农业合作化时，贫困户仍依靠集体给予照顾和扶持。1956年常德地区拨专款重点扶持580个严重困难户加入农业合作社，1957年有80%的户脱贫。1958年人民公社化和开展“大跃进”后，扶贫救济工作转向社会福利建设。1964年开展农村社会主义教育运动，临澧县委率工作组深入望城公社（今望城乡）进行扶持严重困难户的工作。该社有贫困户119户、534人，占全社总户数的7.2%。政府给公社贫困户发救济款1.4万元，由工作组干部帮助农户，用于添置生产工具756件、炊具396件、家具296件，整修房屋42间，医治病人21人。同时，集体扶助生产资金3247

元，粮食16.2吨，年终分配照顾工分54450分，补助布票4990尺。翌年有32户脱贫，27户基本脱贫，其余46户有所好转。1966年“文化大革命”开始，扶贫工作中断。1979年县民政局在停弦公社新溪大队进行基层党员、干部包户扶贫试点。新溪大队有11个生产队，220户，1022人。其中贫困户39户、124人。通过帮助解决化肥、农药帮助生产，当年39户基本脱贫。1980年元月，县革命委员会在停弦公社召开现场经验交流会，全面开展扶贫工作。1981年，县委、县政府组织扶贫包队干部对“四缺户”（缺劳力、缺资金、缺安排、缺技术）进行包思想教育工作、包解决具体问题、包落实治穷致富规划、包提高生产技术和定扶贫对象、定承包指标、定生产成本、定职责范围、定奖惩等“五定四包”办法，两年来共扶持贫困对象2545户、1.527万人，占贫困总户数的35.7%。97%的扶持对象，当年摆脱贫困，还清欠款，达到当地社员一般生活水平；3%的扶持对象脱贫致富。陈二公社长冲大队岩桥生产队社员文平泉三兄弟都30多岁未婚，县、社扶持他们耕种31亩稻田，产稻谷4万多斤，卖商品粮3万斤，养4头肥猪、80只鸡、2头牛、3只羊，500尾鱼和烧砖瓦一窖，年收入1.12万元，还清借欠的款粮，一年翻身致富，年内有两兄弟婚配。1983年全县有8923名党员和干部每人包扶1户。当年有31%的户脱贫，有5%的户成为专业户，有38%的户好转。太浮公社（今太浮镇）采取党员和干部与扶持对象建立联系关系，具体帮助订计划、定措施、解决肥料、农药和科学技术问题，全社扶贫250户，占全社总户数的7.8%。年末统计，250户全年收入人均500元以上，有140户人均收入比上年翻一番，有110户人均收入比上年有所增加。副县长陈隆财主持召开各乡镇党政领导和县直各部门负责人参加的扶贫工作现场经验交流会。贯彻全国第八次民政工作会议《关于救灾救济改革，积极开展扶贫帮穷》的文件精神，并制定从1984年起三年完成对全县现有贫困户普遍扶持一次的规划，限定分期分批脱贫致富。建立县乡（镇）两级扶贫工作领导机构，乡（镇）村党员和干部实际分户承包扶贫致富责任制，及时发放扶贫周转资金，实行“无息有偿，有借有还”的新方法。

1981年春，常德地区民政局组织有关部门负责人来临澧开展扶贫工作试点。通过宣传发动群众，进行扶贫致富的讨论，创“五定四包”的扶贫致富新举措，帮助贫困户树立自力更生、发展生产的信心。1984年地区民政局在临澧召开全区扶贫工作现场经验交流会。是年常德地区行署制定《关于积极扶持贫困乡、贫困户发展经济、尽快改变面貌的意见》，明确民政部门负责扶持贫困户工作。

1984年，县委、县政府成立县扶贫工作领导小组，县委副书记任组长，县政府分管民政副县长任副组长，县人民武装部、县人大办公室、县委办公室、县政法委员会、县计划生育委员会、县科学技术委员会、县经济工作委员会、县农村工作委员会、县财经工作委员会、县委宣传部、县农业银行、县总工会、县共青团工作委员会、县民政局等部门负责人为成员。全县20个社（镇）相继成立领导机构，成员总数184人。乡（镇）村两级扶贫领导机构成员共1043人。承包扶贫户的乡村干部和党员有1624人，共扶持3706户，占全县贫困户总数的66%，其中优抚对象贫困户610户。陈二公社、新合公社、官亭公社、佘市公社、九里公社、修梅公社、珠日公社、太浮公社、望城公社、新安公社、杉板公社等社镇均建立扶贫岗位责任制，并动员社会力量，密切配合协作。经过全县多方扶贫，贫困户中年人平纯收入350元以上的进入富裕行列的有418户，年人均纯收入超过250元脱贫的有1410户，其中优抚对象贫困户中的烈属10户、军属200户、残疾军人13户、复员退伍军人380户。1985年，国务院批转民政部等部门关于扶持农村贫困户发展生产治穷致富的请示的通知，国发［1985］65号文件后，县委、县政府在修梅乡召开全县扶贫工作会议，直属25个部门和各乡镇负责人参加。

会后，各部门和各乡镇积极行动，金融部门给贫困户扶持生产资金61万元，民政部门发放扶贫周转金21万元，工商部门为121户贫困户进城经商优先发给营业执照并免收管理费，商业供销部门给贫困户平价供应化肥80吨，粮食部门给贫困户优先供应饲料，保险公司为多灾区的110户贫困户优先实施家庭财产保险，财政部门为灾区703户贫困户减免农业税，教育部门为734户贫困户减免学杂费，科技部门为贫困户免费订阅《湖南科技报》1800份并赠送各种科技书籍1700本。各乡镇按全县扶贫工作规划，落实到户。

1984年以来，全县各级青年、妇女、民兵组织开展承包帮联活动，给578户贫困户帮工帮耕。县共青团在城关镇、合口镇、新安公社广泛开展为贫困户送温暖的募捐活动，共有6665人捐款1210元，粮票6300斤，衣服3797件，鞋袜180双，棉被11床，日用品650件。有500名青少年向贫困山区发出1000封慰问信。10月，县委在陈二乡召开全县扶贫工作现场经验交流会，推广“承包干部－扶贫对象－脱贫措施”扶持模式，该乡扶持154户贫困户，当年有110户脱贫，占扶持户的72%，人均纯收入251元，有17户致富。

1986年全县有2507名党员干部、252名部门负责人投入承包扶贫活动，共投放各种扶持资金80.5万元。创办扶贫经济实体11个，发展社会福利性质的企业10个，争取更多的资金用于发展民政事业和扩大扶贫效果。按全县扶贫工作规划，是年11月，全县开展扶贫检查验收，共划分9片，每片一个验收组。验收组成员为各乡镇扶贫工作领导小组组长、民政助理员、从县直属机关抽调的干部。验收组长由县委指定县直机关干部担任。时间从11月3～13日检查验收结束。检查验收中，对当年扶贫对象进行户户到、项项查，并按检查的项目逐一打分。

经验收统计：全县扶持贫困对象2297户，脱贫致富277户，占12.1%；脱贫的1840户，占80.1%；变化不大的180户，占7.8%；新生贫困户122户。扶持优抚对象2447户，脱贫致富的202户，占8.2%；脱贫的202户，占82.7%；变化不大的42户。

附：检查项目和记分标准。

（1）乡村建立健全各项扶贫制度5分；（2）领导亲自承包5分；（3）及时推广典型经验5分；（4）民政助理员专职专责20分；（5）实行干部承包责任制10分；（6）组织群众帮工扶助5分；（7）实行智力开发扶助5分；（8）扶志扶本，开辟致富门路10分；（9）安置闲散劳力进厂就业5分；（10）帮助解决生活中的实际问题5分；（11）发动部门具体扶助10分；（12）脱贫效果显著20分；（13）完成三年扶贫规划10分；（14）合理发放扶贫基金10分；（15）扶贫基金收回20分。

乡镇为（1—15）项150分，村为（6—15）项100分。

扶持贫困乡　1985年，经省政府批准，官亭乡被列为贫困乡，1985～1988年国家每年投入资金1万元，人均纯收入由124元提高到256元，贫困户由553户减少到430户。

1987年，县人民政府制订《临澧县1987～1989扶贫规划》，将全县的1894户特困户分年度落实扶持任务。广泛动员社会力量，落实扶贫责任制，落实“双线”承包措施，帮助调整产业结构，增加经营项目，发展庭园经济；实行优惠政策照顾；参加救灾合作保险等措施。

是年全县实行干部目标管理措施，有县级干部15人，科局级干部192人，机关、企事业干部1348人，对扶持的严重困难户进行“五定四包”责任制，实行物资、技术优先扶持。全县金融部门发放贷款15.6万元，民政部门下拨扶贫周转金31万元，解决生活、治病和修建房屋款3万元，部门资助18万元，乡镇财政、企业集资23.2万元，政府实行各种减免4.5万元。农业部门优先供应良种7.8万斤，计划化肥指标45.8吨。农机部门计划供应柴油7.8吨；科技部门为1890户贫困户免费培训各类技术人员，重点扶持23户科学养猪。乡镇企业安排扶贫对象剩余劳力4926个（比上年增加1300人）进入乡镇企业务工。120户贫困户有果园、鱼塘，养猪960头，养鸡鸭5246只，种植柑橘5100株，栽植苎麻471亩，种植各种经济林和用材林18万余株。全年扶持经商的3人、搞个体运输的10人、技术学徒的92人，劳务合同工19人。县政府为使扶贫与防贫相结合，采取民政部门、乡镇村和农户分级分担的办法，落实4.8万元资金帮助3100个贫困户参加农村劳动力意外伤害、农民住房和水稻保险。

1989～1996年，扶贫工作主要采取干部包户“一帮一”扶持办法，全县共投入资金25万元，解决了149户714名贫困人员的生活与就业问题。

1997～2006年间，逐步转入项目扶贫。2002年，全县实施7个扶贫开发项目。具体为：柏枝乡众胜村公路铺砂及渠道机埠整修项目，四新岗镇老屋村公路铺砂及公路桥修复项目，停弦渡镇复船村种草养羊项目，官亭乡天星村桃园开发项目，官亭乡樟树村桃树开发项目，陈二乡大塘村种草养奶牛项目，县扶贫办培训项目。

2003年，投入资金85万元，对8个省定贫困村的脱贫工作实行“一名乡镇主要领导主管，一支专职队伍专抓，一个县直部门对口帮扶”的“三个一”的工作责任制，由乡镇主要负责人挂帅，驻村干部和村支部书记负责，完成了8个村1600人的脱贫任务。

2004年，投入资金110万元，完成8个扶贫开发项目为官亭乡双泉村修建骨干塘和整修滚水坝项目，官亭乡桃树村新建和整修5口骨干塘项目，300亩柑橘品改项目，官亭乡樟树村新建排灌沟渠300米项目，烽火乡龙泉村新建骨干塘项目，杉板乡白洋村4500米渠道配套项目，杉板乡白洋村500亩柑橘开发项目，杉板乡新花村500亩柑橘开发项目。举办柑橘栽培技术、主要养殖产品养殖技术等培训班4期320多人次，扶持种植大户26个、养殖大户28个。大户带动168个贫困户发展柑橘160多亩、发展生猪300多头。解决了600亩农田的缺水问题、160多人的饮水问题，新扩柑橘300亩，完成柑橘品种改良500亩。

2005年，投资100万元，完成15个扶贫开发项目。在8个省定贫困村先后有8个部门80多人次下村走访慰问，帮助扶贫资金5.2万元，送化肥21吨、种子1.5吨、农药30件。在杉板乡举办了一次贫困农民苗木培训；在官亭乡组织一次贫困农民劳动技能培训，共印发资料500多份，参训贫困农民达400多人。培训使171户贫困农户新增了脱贫项目。

2006年，在8个省定贫困村共投入资金80多万元，先后整修通村主干道8条共25公里，新建人饮工程1处，新帮助贫困农户开发增收项目185个。为官亭乡凤兴村筹措资金24万元，在山间筑坝建库，引水入户，解决了该村人畜饮水问题。投资70多万元，新修通组公路6条2000多米，整修拓宽公路8条7000米，硬化通村通组公路5500米，省定贫困村通村公路通路率达100%，通组公路通路率达95%，解决了出行难的问题。是年，全县对158户贫困农户实施了“家家有项目，人人有事做，月月有收入”工程。县直对口扶贫单位采取提供种子和种苗、免费培训、定期送训、免费赠送资料、提供信息等多种方式逐户落实扶持措施。是年底，全县158个贫困户中有105户种植柑橘3亩以上，户平年增家庭项目收入在3000元以上的养殖大户有35户、蔬菜瓜果大户有8户、办厂从事加工大户有7户。据统计，1997～2006年，全县扶贫投放扶持到户资金90万元，完成扶贫村村通电、村村通路和牲畜饮水项目4个。

此外，县委从1997～2006年开展农村基层组织建设扶持工作。共扶持村170个，参与扶持建设队员422人，有科局级领导170人。投入扶持资金166.1万元，其中7.1万元扶持贫困户1761户、1980人。投入资金124.7万元帮助兴建村部6个，维修村部18个，建筑面积4630平方米。修村组道路220条445公里，兴修水利设施185处，扶持生产项目147个。

附：临澧县人民政府印发《关于2000～2006年扶持农村贫困户发展生产、治穷致富的意见》（摘要）

（1）财政、税务部门对扶持的贫困户，缴纳农业税的确有困难者，在安排“社会减灾和灾害减免”时，应予以优先考虑，酌情减免。

（2）工商部门对扶持对象，优先给予营业执照和提供进城经商营业的场所。

（3）金融部门扶持贷款单列项目，在同等条件下对贫困户给予优先安排。

（4）商业、供销、粮食、农业、畜牧水产部门，在收购农副产品和供应生产生活资料方面，应照顾扶持对象，并提供信息和技术服务。

（5）物资部门在供应农用和修建房屋的物资时，优先优价照顾扶持对象。

（6）国营企业在农村招聘人员时，在同等条件下，优先录用扶持对象。

（7）文教部门应减免扶持户的子女入学的学杂费，卫生部门应对扶贫户适当减免药费。

（8）经营、水电部门应帮助扶持对象提高经营管理水平，落实减免扶贫户的义务工和农田水电费。

（9）保险部门要帮助贫困户参加家庭财产“两全”保险。

（10）民政部门要协助党政领导制订扶贫规划，把救济与扶贫结合起来，救济款实行有偿与无偿结合。

（11）各部门要有扶贫工作联系点和承包扶贫户的办法与措施。

（12）各级各部门对扶贫对象的各项优惠，任何人不得截留、克扣、多占、私分、贪污、挪用和优亲厚友，以权谋私，以假谋私，如有违反追究责任，严肃处理。

六、 救灾保险

救灾保险是国家救灾工作改革的一种新尝试，是把保险机制引入救灾领域，发挥中央、地方、集体和个人的力量，探索建立救灾与保险相结合的新的救济体制。

1986年前，全国平均每年受灾面积5亿～6亿亩，成灾面积2亿～3亿亩，受灾人口约2亿人，直接经济损失约400亿～500亿元。国家在20世纪80年代末到90年代初每年拨救灾款仅10亿元，按受灾人口计算，年人均4.5元。原有的救灾体制与农村商品经济的发展不相适应。农村全面实行联产承包责任制以后，集体经济调剂功能弱化，农民个人经营风险增大，特别是当时救灾体制只能保障灾民的吃、穿、住、治（因灾引起的疾病），不能帮助灾民恢复和发展生产，保障层次和标准都比较低。1987年，民政部决定在少数省区开展农村救灾保险试点。决定开展农作物（水稻）、农民房屋、农村劳动力、大牲畜四项险种。资金筹措实行集体和个人为主，国家扶持为辅的集资原则。是年，在黑龙江省牡丹江市、河北省廊坊市、福建省沙县、湖南省临澧县等7个省的9个县（市）进行试点，1988年救灾保险试点扩大到82个县，形成了7个地（市）级的连片试点，1988年1月12日，李鹏总理对救灾保险试点工作批示“同意通过试点，积累经验，向社会保险方向逐步过渡”的意见。1989年救灾保险试点扩大到102个县。

救灾合作保险在试点的过程中，对其保险的性质、管理的方式及经营范围逐步规范。试点工作由民政部领导，人民银行登记，接受人民银行对资金来源与资金运用的监督管理。建立救灾保险资金超付制度：（1）建立农村救灾保险超付责任准备金。在救灾保险县，以县为单位，每年提取当年互济金（保费）总额的15%上交地（市）和省民政部门，作为超付责任准备金。（2）中央和省设立农村救灾保险超付专项基金。中央从当年救灾款预算中确定一定的额度，作为超付专项资金。省级从当年救灾款中提取相当于保险试点县实行救灾保险前历年救灾款平均数的一半金额，建立超付专项资金，逐年积累，用于解决救灾保险大灾超付责任准备金。（3）农村救灾保险超付资金（包括超付责任准备金和超付专项资金，下同）拨付程序。凡出现保险超付的县和地（市），经救灾保险组织会同同级民政部门反复查核后，逐级上报，分别由地（市）或省级按上述规定从超付责任准备金中支付，地（市）补助后仍有缺口的，由省级超付专项资金解决。中央对省、省对连片地（市）下达的超付专项资金，采取无偿拨付的形式。省对非连片县和连片地（市）除承担的超付责任准备金外，拨付的专项资金实行有偿与无偿各半的办法。（4）从1992～1999年，国家对临澧县等14个县实行《常年限额补助、大灾超付借贷，特大灾害有限救助》的办法，每年对临澧县救灾保险机构定额补助资金40万元。定额补偿款除15%资金拨付县民政局用于紧急安置灾民费用外，其余资金用于救灾保险救助。1999年民政部、财政部决定停止救灾保险试点，2003年3月撤销县农村救灾保险机构。

（一）申报审批

县人民政府于1986年11月向国家民政部申请开展农村救灾保险试点工作。

确定互济费率（保费率），历史灾害对农作物、农民房屋、农村劳动力造成损失情况、农民的经济收入情况，地方农村生产、农民生活水平。

制定水稻、农村房屋、农村劳动力、使役耕牛各险种的互济条款，制定互济目的、互济责任、免除责任、救助（理赔）标准、程序、权限等。互济费（保费）主要由个人和集体承担，地方财政予以资助或补贴。当互济对象出险时，经查灾定损，根据条款救助的资金发放到户，并张榜公布，保障灾民的基本权利和简单生活及再生产。

国家从救灾款中拨款100万元作为救灾保险机构垫底资金。

制定救灾合作互济会章程，确定机构的性质、职责、权利和义务、业务范围、资金管理等制度报县人民政府批准后执行。互济会负责农民的居住房屋、农村劳动力、大牲畜、水稻四个险种保险责任。

（二）机构设置

机构性质

设立临澧县救灾合作保险基金会办公室，属民政局股级自收自支事业单位。负责全县农村救灾合作保险工作。救灾保险基金会为县级独立核算、自主经营单位。乡级聘用1～2名业务员，各村聘用1名协保员。

救灾保险试点工作由县民政局领导，其资金来源与运用接受中国人民银行的监督管理。

机构编制

1987年1月11日，选举成立县农村救灾合作保险基金会理事会。理事长由唐生孝（县政府副县长）兼任，副理事长由钟朝来（县民政局局长）担任，秘书长由卜功元（县民政局副局长）担任，理事由县民政局、县农业银行、县财政局、县农业局、县畜牧水产局、县水电局、县卫生局、县公安局 、县粮食局、县广播电视局等部门的负责人组成。会址设城关镇朝阳街县民政局院内。县农村救灾合作保险基金会理事会下设县农村救灾合作保险基金会办公室，经县编制委员会批准基金会办公室定编24名（含乡镇业务员），设财务室、业务组。乡镇设立农村救灾保险基金会分会，分管民政的乡镇领导任会长，民政助理任办公室主任，乡镇站所负责人为成员。1988年，县农村救灾保险基金会更名为“临澧县农村救灾保险互济会”，其工作职能不变。1991年，设立县农村社会养老保险办公室，属股级自收自支事业单位，定编4名，负责全县农村社会养老保险工作。1992年8月，县农村救灾保险互济会与农村社会养老保险办公室合并成立临澧县农村救灾社会养老保险办公室，为副科级自收自支单位，定编11名。1998年，国家规定农村社会养老保险职能移交劳动和社会保障局，2003年除领取农村社会养老保险对象外，其余缴纳农村社会养老保险资金全部清退。2003年3月，撤销临澧县农村救灾社会养老保险办公室，设立临澧县自然灾害救助中心。

1987～2003年，乡镇设农村救灾合作保险站，民政助理任站长，聘用1～2名保险业务员。各村民委员会会计兼任村保险协保员。

人员管理

县农村救灾合作保险基金会工作人员，1987～1989年的办公室主任、会计、出纳由国家工作人员担任，其他县、乡业务人员采用临时聘用制。1989～2003年期间，农村救灾保险互济会和农村救灾社会养老保险办公室的多数工作人员由国家工作人员担任，1994年4月起全部由国家工作人员担任。工资报酬从1987～1995年，县级机构工作人员工资按自收自支事业单位工资标准发放，1995～2002年采取固定基本工资，其余部分工资与收取保费挂钩。

乡镇保险业务员工资，从1987～1992年采取按保费收入核算人员工资和工作经费。1993～2002年，按劳动力、农民房屋长效还本保面（五年期保险）比率核定固定工资，其他工资及费用与当年收取保费挂钩。1995年10月经与各乡镇人民政府商定，将杉板乡保险业务员杜方银、文家乡保险业务员李德树、衍嗣庵镇保险业务员郭伯海、陈二乡保险业务员祝晓高、四新岗镇保险业务员杨水生、柏枝乡保险业务员刘晓宏、烽火乡保险业务员张兴涛、望城乡保险业务员唐定国、杨板乡保险业务员占金魁、修梅镇保险业务员黄鲁林、停弦渡镇保险业务员聂贤宝、新安镇保险业务员于乾喜等，转为乡镇政府合同制工人，县保险办公室按保险业务员参加保险工作的时间，按规定的标准缴纳社会养老保险金。乡镇农村救灾保险站纳入乡镇政府站所管理。

县救灾保险机构实行岗位责任目标管理，建立业务管理、勘查核损、财务管理等制度。各乡镇农村救灾保险站也建立各项管理制度和岗位责任制。

（三）业务管理

救灾保险业务管理主要是条款审定和执行。从1987～2003年，县救灾保险机构根据互济会章程和互济原则，结合本县实际，分别于1987年、1991年和1996年三次修定水稻保险、农民居住房屋保险、农村劳动力意外伤害保险和使役耕牛保险条款。

临澧县农村救灾合作保险基金会章程

第一章　总　　则

第一条　根据中共中央（1987）5号文件的有关精神和国家“七五”计划的有关要求，为了适应农村商品经济发展的需要，深化农村救灾改革，发展农村社会保障事业，经国家民政部批准，在县试办农村救灾合作保险基金会（以下简称县基金会）。为使这一组织机构完善合理，并开展正常业务活动，特制定本章程。

第二条　临澧县农村救灾合作保险基金会是一种社会互助性质的社会保险。属于社会保障的范畴，是全县农民群众在自愿互助基础上，经国家扶助开展救灾合作保险的集体经济组织；是独立核算、自主经营、具有法人资格的公益事业单位。

第三条　县基金会接受当地党委和政府的统一领导，行政上隶属县民政局统一管理，业务上接受人民银行的监督管理和稽核。

第四条　县基金会的根本宗旨是坚持四项基本原则，全面贯彻执行党和国家的救灾方针，保障灾民的基本生活和简单再生产，全心全意为农民群众服务，发挥合作保险的经济补偿作用，以促进农村生产力的发展和社会秩序安定。

第五条　县基金会与乡镇建立“共保制度”，贯彻权利和义务相统一的原则，坚持低收费、低赔付和“高保面”法则，最大限度地形成权利和义务的对等关系，建立和实行以农民自保障为主体，国家、集体和救灾合作保险部门共同合作的社会保障新体系。

第二章　组织机构和工作任务

第六条　临澧县农村救灾合作保险基金会设理事会。理事会设理事长、副理事长、秘书长、常务理事和理事若干人。理事会的工作任务和职权是：(1) 制定县农村救灾合作保险的计划和发展规划；(2) 制定有关方针政策和审议基金会的章程、条款；(3) 负责部署、协调和指导全县农村救灾合作保险工作的开展；(4) 审议基金会的年度工作报告和保险基金的重大收支项目以及财务预、决算。

基金会设办公室。办公室设有主任、副主任、会计、出纳、审计、秘书、司机各1名和相应的业务员（办公地点设县民政局机关内）。基金会办公室的工作职责是：(1) 负责基金会的章程、条款、保险业务实施细则的起草修订；(2) 制定各项管理制度；(3) 上传下达，信息融通；(4) 做好业务人员思想政治工作和业务培训；(5) 加强基金管理、财务管理和纪律检查；(6) 开展投保业务和查勘定损理赔，对乡级保险站进行业务指导。

县基金会常务理事和基金会办公室主任负责救灾合作保险基金会的日常工作。

第七条　县基金会下设乡（镇）保险

站，救灾保险站由乡镇民政助理任站长，并根据乡（镇）规模配备业务员。乡（镇）保险站负责本区域内的宣传发动、组织投保和预防灾害，对责任范围内的险情案件及时查勘，按有关政策条款合理定损理赔、并协助县基金会搞好大案（50万元以上案情）的调查处理。

第三章　业务范围

第八条　临澧县农村救灾合作保险基金会在全县范围内开展以下保险业务：

1. 农村劳动力意外伤害保险；
2. 农民房屋保险；
3. 使役耕牛保险；
4. 水稻保险。

同时，经过人民银行批准开展其他业务活动。

第四章　保险基金和财务管理

第九条　临澧县农村救灾合作保险基金包括：1. 国家拨给的垫底资金；2. 上级逐年下拨的救灾救济款和大灾年景国家下拨的超付理赔款；3. 县级（地方）财政的补贴款；4. 保险对象交纳的保费；5. 基金存入银行的增值部分；6. 社会捐赠款项。

以上资金应坚持专款专用。严禁贪污或挪作他用。

第十条　县基金会应加强财务管理，建立健全财务管理制度。基金会的财务账目实行独立核算，自主经营，以县为主，分级管理。

第十一条　县基金会工作人员的工资福利。原来属行政事业单位的应由原渠道解决；属招聘人员的工资福利在基金增值部分解决。各乡（镇）聘用的业务员实行基本工资和劳务工资制，坚持业绩和报酬挂钩，一般不实行固定工资制。村协保员的劳务报酬由县基金会根据保险储备金收缴的情况按比例提取，实行年中预付、年底结账。

县基金会的行政管理费用。应控制在总保费的10%左右，最多不超过15%。

第五章　附　　则

第十二条　根据本章程规定，制定具体的实施细则。

第十三条　本章程解释权归县基金会理事会。对本章程的修改补充，须经本会全体或三分之二以上理事会成员通过。

临澧县农村救灾合作保险基金会水稻保险条款

第一条　保险目的：为了使本县农民在水稻生产中因受自然灾害造成损失后得到一定的经济补偿，以安定生活、恢复生产，增强自我保障能力，特举办本保险。

第二条　保险对象。凡本县农民在责任田内种植的水稻（不含甩亩）均可投本保险。

第三条　保险期限。自秧苗适时移栽后十日零时起至适时收割时止。

第四条　保险责任。保险水稻由于下列原因造成的损失，县基金会或乡（镇）保险站负赔偿责任。1. 干旱；2. 暴风、龙卷风；3. 暴雨、洪水、内渍；4. 冰雹；5. 寒冻。

第五条　除外责任。保险水稻由于下列原因造成的损失，县基金会或乡（镇）保险站不负赔偿责任。1. 病虫害；2. 牲畜、家禽、鸟兽（啄食）、糟蹋；3. 被人偷盗和破坏；4. 管理不善或农业生产技术上的失误（种子不纯和错种、肥害、药害等）；5. 套种间作、制种、试验；6. 空气污染或有毒液体致使水源污染；7. 被保险人及其家属的故意行为和欺骗行为；8. 防范抢救不力；9. 其他不属于第四条所列明的责任。

第六条　保险金额。分早、中、晚稻三种。

第七条　保费。根据早、中、晚稻的保险金额确定，标准见（表13—2—4）。

第八条　被保险人的责任。被保险人的水稻保险后，应严格按照正常的水稻生产技术和管理要求，加强管理，做好堰塘、水库、河堤、沟渠的蓄水、管水、抗旱、防汛等项工作。一旦发生灾害，要采取有效措施全力抢救，防止灾损扩大。否则，县基金会或乡（镇）保险站不负赔偿责任。

第九条　赔偿处理。

1. 保险水稻在保险期限内遭受保险责任范围内的灾害造成损失时，赔偿标准详见附表。

2. 出险后，村、组必须在二十四小时内（除干旱），统一向县基金会或乡（镇）保险站申报，成熟期的赔偿必须在收割前十天申报查勘。收割后申报一律不负赔偿责任。

3. 虚报骗取赔偿者，赔偿人有权拒绝或追回已支付的补偿金。

第十条　仲裁处理。被保险人与保险人发生争议时，应本着实事求是、准确合理的原则协商解决，双方不能达成协议时，可提交仲裁机关裁决。

表 13—2—4　　保险水稻保险金额、保费及赔偿标准表

单位：元

保险金（元/亩）		保产费（元/亩）		绝对赔付标准（元/亩）									
				返青期 20%		分蘖期 40%		抽穗期 60%		灌浆期 80%		成熟期 100%	
早稻	中晚稻	早稻	中晚稻	早稻	中晚稻	早稻	中晚稻	早稻	中晚稻	早稻	中晚稻	早稻	中晚稻
80	90	1.4	1.5	16	18	32	36	48	54	64	72	80	90

1. 部分损失不论发生在哪一生长期，均待成熟期根据实际产量计算赔款，其赔款计算公式为：（保险产量一实际产量）×22.1元/百斤。

2. 部分受损如需毁种，其赔款计算公式为：赔偿金额＝［（保险产量一平均亩产量）×（1一损失成数）］×22.1元/百斤×不同生产期百分比。

临澧县农村救灾合作保险基金会劳动力意外伤害保险条款

第一条　保险目的。为了使县农村劳动力在遭受自然灾害或意外事故造成伤残或死亡后能及时得到经济补偿，特举办本保险。

第二条　保险对象。凡本县农村年满16～60（女16～55）周岁，无严重伤病（含伤残治愈者）能正常参加劳动的劳动力均可投本保险。

第三条　保险责任。保险对象由于下列原因造成伤残、死亡时，县基金会或乡（镇）保险站负赔偿责任：1. 水灾、火灾、风灾、雷电、山崩、地陷、冰雹、爆炸；2. 车祸；3. 中毒；4. 毒蛇、狂犬咬伤；5. 建筑物倒塌、跌、撞、砸、摔、水溺。

第四条　除外责任。保险对象由于下列原因造成伤残、死亡时，县基金会或乡（镇）保险站不负赔偿责任：1. 疾病；2. 自残自杀、打架斗殴和其他违法、违纪、犯罪、不道德行为；3. 被保险人和受益人的故意或欺骗行为；4. 在矿山、井下、高空、水上、机电作业、鞭炮生产以及与化学有毒物品接触时，因安全措施不当或不听劝阻；5. 战争或军事行动；6. 地震；7. 其他不属于本条款第三条以内的责任。

第五条　保险期限。定为一年期到期不退还保费和三、五年期到期退还保费三种。自投保之日的零时起到期满日的24时止。期满另办续保手续。

第六条　保险金额。每份800元，每人最多可投保3份，保险金额一经确定，中途不得变更。标准见（表13—2—5）。

第七条　保费。一年期每份3元；三年期每份42元；五年期每份35元。

第八条　投保手续和保费缴付。投保时投保单位和个人应填写好投保单和保险对象清单。各一式三份，经保险站核定后按规定如数缴付保费。

第九条　给付。保险对象在保险期限内因保险责任造成死亡或伤残时，保险对象或

其受益人应在48小时内报告县基金会或乡（镇）保险站，并提供以下证明：1. 保险单及投保单位的证明；2. 保险对象伤残、死亡时应提供医院诊断证明或终结证明。

第十条　三、五年期保险期满后，凡给付金额累计超过保费后，均不退还保费。

第十一条　仲裁。被保险人与保险人发生争议时，双方应本着实事求是的原则协商解决，无法达成协议时，可提交仲裁机关处理。

第十二条　本条款自一九八九年一月一日开始生效，原试行条款同时作废。

表13—2—5　　农村劳动力意外伤害保险给付标准表

单位：元

次号	意外伤害情况	给付金额	保险效力
1	死亡	800	终止
2	双目永久完全失明或双肢永久完全残废；或一目永久完全失明和一肢永久完全残废	400～600	继续有效
3	一目永久完全失明或一肢永久完全残废	150～200	有效
4	一目或一肢视力严重减退或骨折	30～60	有效
5	双目、双肢、一目同一肢、视力严重减退或骨折	60～100	有效
6	腰、脊椎骨折	60～100	有效
7	全身60％以上一度烧伤	40～60	有效
8	全身60％以上二度烧伤	70～100	有效
9	全身60％以上三度烧伤	80～120	有效
10	内脏一脏严重受损	40～80	有效
11	内脏二脏严重受损	80～120	有效
12	内脏三脏以上严重受损或一脏切除	150～200	有效
13	严重脑震荡或大部毁坏面容者	30～60	有效
14	毒蛇咬伤	20～40	有效
15	狂犬咬伤	15～30	有效
16	非故意行为的农药、食物中毒	15～40	有效
17	一支手指全部丧失	15～40	有效
18	一支手指部分丧失（一关节起计赔）	10～20	有效
19	一支足趾全部丧失（大）	10～20	有效
20	一支足趾部分丧失（大）	5～10	有效
21	其他外部器官严重受损	20～50	有效
22	其他内部器官严重受损	40～80	有效
23	损伤外部器官造成全部丧失身体机能劳动能力者	300～600	有效
24	损伤内部器官造成全部丧失身体机能劳动能力者	300～600	有效

临澧县农村救灾合作保险基金会农民房屋保险条款

第一条　保险目的。为了使本县农民的房屋在遭受自然灾害或意外事故造成损失后能及时得到经济补偿，以利安定灾民生活，特举办本保险。

第二条　保险房屋。凡坐落在本县农村的下列农民居住的房屋均可投本保险：1. 自有的；2. 与他人共有属自己的；3. 代他人保管的；4. 借用他人的。

第三条　不保房屋。凡具有下列情形之一者，不能投本保险：1. 危房；2. 违章建造需要拆除的房屋；3. 用芦席、油毡、稻麦秆、芦苇、树皮、帆布、塑料薄膜材料为外墙和屋顶的简陋棚等；4. 当地政府决定拆迁的房屋；5. 其他不适宜保险的房屋和附属建筑物（包括厕所、围墙、猪牛屋等）。

第四条　保险责任。保险房屋由于下列原因造成的损失，由县基金会或乡（镇）保险站负赔偿责任：1. 火灾、爆炸；2. 雷电；3. 龙卷风、冰雹；4. 水灾；5. 地陷、崖崩；6. 空中运行物体堕落以及外来建筑物和其他固体的倒塌；7. 因防止上列灾害蔓延采取施救保护措施而支付的合理费用。

第五条　除外责任。保险房屋由于下列原因造成的损失，县基金会或乡（镇）保险站不负赔偿责任：1. 战争、军事行为或暴力行为；2. 地震；3. 受益人及其家属的故意行为；4. 未尽力防范和救护；5. 其他不属本条款第四条所列保险责任范围内的损失。

第六条　保险期限。分为一年期不退还保费和三、五年期到期未出险理赔或出险理赔金额未超过保费者，保费全部退还。三种保险期限自投保之日起至保险期满日 24 时止，期满续保另办手续。

第七条　保险金额。每份为 800 元。投保人可根据房屋的实际造价投保一至三份。房屋的实际造价不足 800 元者，按实际造价的 80%计算。

第八条　保费。一年期每份 2 元；三年期每份 20 元；五年期每份 17 元。

第九条　赔偿处理。1. 保险房屋遭受保险责任范围内的灾害或事故时，被保险人应尽力抢救并保护好现场。同时，必须在 48 小时之内报告乡镇保险站或县基金会。否则，不予赔偿。2. 受益人在向保险站申请赔偿时，应提供损失清单、救护费用单据及村委会证明；3. 保险房屋遭保险责任范围内的灾害和事故后，累计赔付金额最高不超过保险金额，满额赔付后，保险效力即行终止。重建房屋需另办手续。4. 保险房屋遭受部分损失时，按下列公式计赔：赔偿金额＝保险额×（实际损失一残值）/房屋总造价。保险房屋遭受部分损失后，保险单继续有效。但其有效保险金额应当是保险金额减去赔付后的金额，并由保险站出具批单加以批注；5. 残值由县基金会或乡（镇）保险站在付给被保险人的赔款中扣除；6. 在保险期内保险房屋需翻修或改建须经县基金会或乡（镇）保险站同意。翻修或改建后保险金额重新议定；7. 被保险人如有虚报损失等欺骗行为，县基金会或乡（镇）保险站有权拒绝赔偿或追回已支付的赔款；8. 三、五年期保险出险赔偿累计金额超过保费时，到期不退还保费。

第十条　仲裁。被保险人与保险人发生争议时，应按实事求是的原则协商处理，双方不能达成协议时，可提请仲裁机关解决。

第十一条　本条款自一九八九年一月一日起开始生效，原试行条款同时作废。

临澧县农村救灾合作保险
基金会耕牛保险条款

第一条　保险目的。为了使广大农户饲养的使役耕牛因自然灾害和意外事故造成死亡或丧失使役能力后得到经济补偿，以利于维持生产，特举办本保险。

第二条　保险对象。本县农村集体或农民个人所饲养的使役耕牛（黄牛不超过 13 岁，水牛不超过 16 岁），凡饲养管理正常，无伤残疾病，均可参加本保险。

第三条　保险责任。保险耕牛由于下列原因造成死亡或丧失使役能力，县基金会或乡（镇）保险站负赔偿责任。1. 疾病治疗无效；2. 胎产；3. 水灾、火灾、雷电；4. 饮食中毒；5. 摔伤、野兽伤害、建筑物体倒塌造成伤害或死亡。

第四条　除外责任。保险耕牛由于下列原因造成死亡、丧失使役能力和损失，县基金会或乡（镇）保险站不负赔偿责任。

1. 超龄和未使役。
2. 被盗、走失。
3. 冻、饿、中暑，发饱胀。
4. 过度使役。
5. 畜主的故意行为和欺骗手段。
6. 因病不及时救治。

7. 投保后十五日内（含十五日）因病。

8. 其他不属于本条款第三条所列责任。

第五条　保险期限。保险期限为一年。自投保之日零时起到期满之日 24 时止。

第六条　保险金额。分甲等牛（即水母牛）、乙等牛（即黄母牛和水公牛）、丙等牛（即黄公牛）三种，标准见（表 13—2—6）。

第七条　保费。甲等牛每头 12 元；乙等牛每头 10 元；丙等牛每头 8 元。到期不退本金。

第八条　畜主义务。畜主必须遵守政府有关保护耕牛和防疫、检疫的规定，加强饲养管理和合理使役。对病牛要及时治理。畜主不履行上述义务时，县基金会或乡（镇）保险站有权终止保险责任或拒绝赔偿。

第九条　赔偿处理。1. 保险耕牛在保险期限内因保险责任造成死亡或丧失使役能力时，畜主必须在 24 小时内报告县基金会或乡（镇）保险站，并保存牛角、牛皮、牛骨，否则不予赔偿。2. 畜主向县基金会或乡（镇）保险站申请赔偿时必须提交保险单及有关证明。3. 保险耕牛一经售出或调换，保险放弃，即行终止。4. 如果畜主存栏头数超过保险耕牛头数，且又无法辨认时，县基金会则依据耕牛头数与实际存栏头数的比例赔付。5. 保险耕牛无论死亡或丧失使役能力，一经赔付，保险责任即行终止。

第十条　仲裁。被保险人与保险人发生争议时，应本着实事求是的原则协商解决。双方不能达成协议时，可提请仲裁机关裁决。

第十一条　本条款自一九八九年一月一日开始生效，原试行条款同时作废。

表 13—2—6　**保险耕牛保险金额、保费及补偿标准表**

单位：元

耕牛种类	保险金额	补偿金额 3 月 1 日至 10 月 31 日		补偿金额从上年 11 月 1 日至次年 2 月底	
		死亡	残疾	死亡	残疾
水母牛（甲等）	300	300	180	240	144
水公牛、黄母牛（乙等）	250	250	150	200	120
黄公牛（丙等）	200	240	120	160	96

一九八九年一月一日

开展业务

1987 年 2 月 26 日在修梅镇进行救灾保险工作试点，试点 10 天。宣传发动，组建班子（3～6 天）；登记造册，澄清底子 2 天；办理手续，兑现保费 2 天。试点中全乡交纳劳动力、农民房屋、水稻三个险种的保险费 11.62 万元。劳动力投保率占人口数的 69.4%，房屋投保率达 97%，水稻投保率 100%。3 月 9 日，由县委副书记易湘域主持召开全县救灾保险试点工作会议，并采取以会代训的形式，开展救灾合作保险业务培训。民政部救灾救济司救灾保险处副处长贺同兴，省民政厅救灾救济处副处长赵勇，常德地区民政局樊长富副局长等领导分别作了专题辅导报告。到月底，全面完成民政部下达试点保险种类投保任务。此后农村救灾保险工作步入规范管理轨道。

（1）承保工作

农村救灾保险承保工作，从 1987～2002 年，纳入了县、乡级政府的年度工作目标。每年县人民政府发文确定各乡镇农村救灾（养老）保险工作任务，年初召开民政或专项保险工作会议部署，年中进行督查，年度考核评比。

救灾保险开展水稻、农民房屋、劳动力意外伤害，使役耕牛四项保险。按照救灾保险业务承保工作程序，掌握乡镇（村）各业务保险数量。向保险对象宣传四项保险政策，条款，办理保险手续，保险救助步骤。

县救灾保险机构设立“保单领用登记簿”。记载县救灾保险互济会印刷、发放各项保险险种保单的编号、流水号。

设立“承保登记簿”。逐月记载外勤人员按险种、时间、地点、保额、保费的承保情况，按月汇总。

承保工作标准：

凡参加水稻保险的农户，详细注明每个保险对象的种植面积、品种，正确计算费率和保额，由乡（镇）按村种植面积统一全部投保。

承保农房时验证房屋结构和标的，执行房屋按结构确定保险金额。集体统保的要按户验房，详细填写投保明细表，并与保户见面。承保面以乡（镇）为单位计算，达到总户数的60%以上。

使役耕牛保险业务坚持“大保面，低保额，中费率，高质量”的原则。投保时把握评价关，坚持按当时市场价格的五至六成承保；验体关，凡承保的耕牛都必须经兽医部门认真验体，验体合格签单后，执行20天的观察期后办理承保手续。

劳动力意外伤害救灾保险按男劳力18至60周岁，女劳力18至55周岁，身体状况良好，无慢性疾病、传染病，无肢体残疾或失明等要求承保，保额和保费率应根据投保人的经济状况和要求合理计算。由乡（镇）统一承保的，其保面不得低于70%。

据统计，1987～2003年，劳动力意外伤害保险（储金）投入389.65万元，农民居住房屋保险（储金）231.83万元，使役耕牛保险63.83万元，水稻保险924.84万元，共收取保费1610.15万元。见（表13—2—7）。

（2）防灾工作

乡镇保险站建立防灾手册。记载检查保险财产的实际情况，及时提出整改措施。

县级保险机构主动配合县公安局、县消防中队、县畜牧水产局等部门进行防灾检查。

发现保户对被保项目有意放松管理或存在“道德风险”行为时，应立即停止其保险责任，待保户改善管理后，方可恢复。

（3）出险理赔

工作原则：理赔工作以条款为准绳，以损失为依据，贯彻“主动、迅速、准确、合理”的八字方针，严格执行条款规定，正确分清责任，合理定损，做到手续严密，单证、章、据齐全，案卷完整。

信息管理。建立“出险登记簿”。各险种逐项登记个案的出险时间、地点、原因、保单号等。结案时，注明救助时间及救助金额。

现场勘查。农民居住房屋、农村劳动力意外伤害和使役耕牛保险的勘定，由县、乡两人以上进行勘查，查勘工作中要深入调查研究，走访群众，查明原因，确定损失及范围，清点损失物资，核查损失金额，积极组织施救。

救助审批。水稻保险救助由省救灾保险站审批。农村劳动力意外伤害、农民居住房屋和使役耕牛保险的救助由县救灾保险机构审批。

根据分级管理原则，各乡（镇）在收取的保费中一般按4：6比例掌握，即乡（镇）留40%，作为小灾或应付突出事件的救助金；县提取60%，纳入全县范围内的统一救助金额。

凡由乡（镇）保险站权力范围内处理付款的险种，均由乡（镇）互济委员会讨论审批，报县救灾保险互济组织备案，保户到乡（镇）保险站领款。

大灾超赔付，根据民政部、财政部《关于试行“常年定额补助、大灾超付借贷、特大灾有限救助办法”的通知》（民救函［1992］326号）精神，定额补助款主要用于超付补助。

资金发放。水稻保险救助资金由省救灾保险站下拨专项资金到县，由县拨付到乡镇，由乡镇发放到村和农户。农村劳动力意外伤害保险、农民居住房屋保险、使役耕牛保险分户填表审批、直接发放到户。

水稻保险查勘。1990～1995年的水稻保险的查灾定，由湖南省救灾合作保险站统一抽调人员进行核查。县、乡人民政府成立查灾核灾领导小组，分组织核查水稻保险损失程度，确定专人统计造册，核定救助金额。1995年后水稻保险查灾定损由县级保险机构查灾定损上报，省救灾保险站进行抽样核查，确定水稻保险救灾超付救助金额。

据统计，1987～2003年，劳动力意外伤害救助206.4万元，农民住房保险救助257.5万元，使役耕牛保险救助44.8万元，水稻保险救助1180.9万元，共计1689.59万元，见（表13—2—8）。

（四）财务管理

财务制度

农村救灾保险财务，实行县级统一管理，县、乡分级核算的体制。即统一管理资金、统一审批救助、分级核算县、乡人员工资、办公费用。

账簿管理。县救灾保险机构分“银行存款账”和“保费收入明细账”。银行存款账分“保费存款科目”、“救助款支出科目”和“费用科目”。保费收入明细账则记载每户各险种、保险费收入情况，每月累计汇总。传票每个月装订一册。收取保费后要当天存入银行，单位和工作人员不存留现金。

保单和保费收缴，县救灾保险机构每月收集保单，收缴保费。经当面核对保费收入无差错，保险经办人签名盖章后，由乡（镇）保险站填写“上缴清单”，上缴县救灾保险互济会。

查勘费用。凡由县乡（镇）互济组织派员查勘现场时所需的照相费、交通费、电话费、检验费、邮费等均计入查勘费用。

档案管理制度

县和乡（镇）救灾保险机构对已发生的保单副本，各种单据账册，每年按顺序号，分类装订成册，妥善保管。

（五）行政管理

岗位责任制度

县救灾保险机构实行按人定岗，分片包干，落实任务，报酬挂钩的管理制度。

县和乡（镇）救灾保险机构按照“岗位职责”的要求，结合实际情况，落实各项业务指标任务。

制定和完善单位负责人、业务员和内勤人员的工作职责。负责人负责及时传达贯彻上级精神，做到有布置、有检查、有总结，业务人员遵守各项制度，加强学习，不断提高业务素质。

业务培训制度

县救灾保险机构每月组织工作人员和乡（镇）工作人员进行业务轮训，不断提高业务水平。

县级救灾保险机构每半年要组织对乡镇业务人员进行考查考核，开展岗位练兵活动。

对自费上夜大或其他专业学校的在职工作人员，应在完成本职工作后，给予支持和照顾。

奖惩管理制度

县救灾保险机构对县、乡工作人员，每年进行一次竞赛评比活动，评选出优秀、良好、合格三类，乡（镇）保险站的优秀业务员，由县保险机构给予挂牌，并在待遇和奖励上予以区别。

对违章违纪的处理规定。对因工作责任心不强造成工作上的差错、事故和经济损失的；或不坚持原则和规定造成错保错付的；或利用工作职权谋取私利，弄虚作假，骗取救助款或合伙同谋，制造错假案，造成经济损失的，分别予批评、通报、追偿损失、黄牌警告、辞退、调离或报纪检立案。

临澧县救灾保险从1987～2003年试点期间，共计收取保险互济费储金1610.1万元，其中劳动力意外伤害互济费（储金）389.6余万元，农民居住房屋互济费（储金）231.8余万元，耕牛互济费63.8余万元，水稻保险互济费924.8余万元。共计支出保险费1689.5余万元。其中劳动力意外伤害理赔款206.3余万元，农民居住房屋理赔款257.4余万元，耕牛理赔款44.8余万元，水稻理赔款1180.9余万元。见《临澧县1987～2003年救灾保险收入统计表》（表13—2—7），《临澧县1987～2003年救灾保险救助支出统计表》（表13—2—8）。

表 13—2—7　　临澧县 1987～2003 年救灾保险收入统计表

单位：元

年　份	合　计	储　金			耕　牛	水　稻
		劳力	农房	小计		
1987	387428.89	266948.00	65204.89	332152.89	44714.00	10562.00
1988	349381.80	257505.50	40747.30	298252.80	51129.00	
1989	282414.05	201804.00	27564.30	229368.30	39007.00	14038.75
1990	1135430.70	167940.00	10579.50	178519.50	131576.00	825335.20
1991	1670141.00	360099.00	84335.00	444434.00	107575.00	1118132.00
1992	1961330.00	415650.00	142580.00	558230.00	135900.00	1267200.00
1993	1403567.50	230793.00	84592.50	315385.50	89020.00	999162.00
1994	1243737.50	172275.00	32072.50	204347.50	39390.00	1000000.00
1995	1260810.00	142995.00	107815.00	250810.00		1010000.00
1996	1295714.50	173847.00	121867.50	295714.50		1000000.00
1997	1324143.50	187851.00	136292.50	324143.50		1000000.00
1998	1327578.00	168778.00	154800.00	323578.00		1004000.00
1999	533488.00	182781.00	350707.00	533488.00		
2000	231825.00	173435.00	58390.00	231825.00		
2001	605060.00	282750.00	322310.00	605060.00		
2002	875940.00	399310.00	476630.00	875940.00		
2003	213500.00	111720.00	101780.00	213500.00		
合计	16101490.44	3896481.5	2318267.99	6214749.49	638311.00	9248429.95

表 13—2—8　　临澧县 1987～2003 年救灾保险救助支出统计表

单位：元

年　份	小　计	劳动力意外伤害	农民住房救助	耕牛救助	水稻救助
1987	140493	82370	11083	32040	15000
1988	236896.36	112684	7422.36	116790	
1989	284241.30	172185	18486.30	35996	57574
1990	386614	149605	19410	88599	129000
1991	2980175	178350	94405	57420	2650000
1992	1973669	231685	96420	61585	1583979
1993	1562291	115963	92199	20560	1333569
1994	1697704	178769	74785	24550	1419600
1995	1672675	163145	172385	10950	1326195
1996	1435256	117561	139635		1178060
1997	1291820	119390	60430		1112000
1998	2282883	61965	1216918		1004000
1999	109445	52925	56520		
2000	120360	93720	26640		
2001	166370	82960	83410		
2002	249450	109080	140370		
2003	305560	41440	264120		
合计	16895902.66	2063797	2574638.66	448490	11808977

第三节　生产自救

生产自救指因自然灾害导致农作物、建筑物以及工业产品等造成毁坏后，进行抗灾救灾的措施。生产自救分为农业生产和工业生产自救。

一、农业生产自救

农业生产自救是对受灾的农作物尽力设法抢救，尽量减少灾害对农业生产和作物收成的影响，主要包括清苗扶苗，打水灌溉，抢收抢种，改种补种等，力求多产粮食，自主解决吃饭等困难。

历史上的自然灾害导致农作物产量减少，使人民生活困难造成饥荒，形成了“有灾必荒”，新中国成立前历代政府对农业生产抗救措施不力。

新中国成立后，人民政府采取农业生产自救措施，充分发挥灾区群众和集体组织的积极性、主动性、不等不靠、自力更生地战胜灾害带来的困难，迅速恢复生产，提高灾民的自救能力，把灾害造成的损失减少到最低程度，尽量满足灾民灾后的物质生活需要。

1949～2008年，历届县、乡人民政府贯彻国家的救灾工作方针，根据社会和经济情况，在自然灾害发生时期成立“生产自救委员会”或“抗灾救灾领导小组”，全面部署抗灾救灾工作，组织社会力量开展农业生产自救成效显著，见《临澧县1949～2008年农业生产自救统计表》(表13—3—1)。

普及减灾技术　新中国成立50多年来，为提高农作物抗御自然灾害的能力，临澧县进行农作物种子的革新，引进粮食作物品种97个，经济作物品种315个，提高抗旱、抗涝、抗风灾害能力。在历次的自然灾害发生前和发展过程中，县农业管理部门及时采取会议、广播、文件等形式，宣传农业灾害防灾抗灾救灾的措施。在灾害稳定后的生产自救过程中，及时组织县直部门、乡镇干部和农业技术人员，深入灾区查灾核灾，到灾害损失较重的田间，帮助组织劳动力，指导扶苗、洗苗、移苗或改种补种，减少灾害损失。如1960年6月发生特大干旱灾害后，县里成立的农村整风整社办公室，抽调4000名干部，在完成整顿工作任务的同时，因地制宜地开展生产自救，动员和帮助灾民群众抗旱补苗，对失收的面积，组织大种蔬菜，提倡“低标准、瓜菜代”。湖区挖莲藕、山区捡毛栗，平丘区找野菜，推广“蒸谷碾米”、“双蒸饭”，提高碾米率和发饭率。机关干部开荒或借田种菜，种植粮食作物，饲养家禽家畜，提高粮食产量和经济收益，使人均口粮不足200斤和300斤以下的11万人得已度过荒灾。

组织群众自救　在农业生产自救工作中，坚持农业灾害以自救为主，社会互动为辅的原则，完善生产自救措施。根据《临澧县1949～2008年自然灾害灾情数据统计表》统计，共发生自然灾害259次，组织群众抗灾补损，生产自救投工216万个，社会帮工162.9万个。如1980年5月特大洪涝灾害发生后，县委、县政府根据全县各地不同的灾情和生产条件，分重灾区、轻灾区和非灾区三大类实行因地制宜，分类指导生产自救。要求重灾区千方百计弥补损失，保社员口粮的分配。轻灾区努力保规划，在上年的基础上保粮食生产产量和社会生产总产值。非灾区统筹规划，多产粮棉，抓水稻、棉花中后期培管，力保高产丰收。全县种秋荞7650亩、萝卜8168亩和蔬菜3714亩。安排8010个劳力广辟门路，抓好副业生产和多种经营，并鼓励社员积极发展养殖业和种植业，全年农业生产自救新增产值4500万元。

2008年1月发生特大冰雪冻害后，县农业局成立农业生产抗冰雪灾害指挥部，县财政调拨专项资金50万元用于农业抗寒防冻工作，农业局派出17支柑橘、蔬菜、油菜防冻抗灾技术服务小分队到村到户。印发了《农作物抗寒防冻技术知识》，柑橘、蔬菜抗寒防冻应急处置技术资料发放到户。帮助组织10吨遮阳网、26吨农膜、40万只编织袋。指导实施柑橘物理覆盖10万多亩，主杆包扎4.5万亩，组织柑橘熏烟防冻物资据木屑181.5吨，谷壳、茶壳535.5吨，稻草、杂草、棉秆1562吨，组织农作物灾后补施叶面肥50吨。最大限度地减轻了灾害的损失。

及时调种改种 历次灾害发生后，县农业部门及时查灾核灾，核定农作物绝收面积，根据灾害发生的时间，及时调运调拨种子，分发到户。据统计，1949～2008年，全县发生较大农业灾害54年（次），因灾绝收改种401万亩，调配粮食和经济作物种子812.2吨，增加经济收入145342万元。如1991年7月发生重特大洪涝灾害，县、乡政府成立了生产自救和生活自救工作班子，采取“三补”措施。即灾前作物损失后期作物补。对因秧苗受损造成无秧可插的5万亩稻田改种“倒种春”，全县晚稻插足41万亩、同时改种红薯1.1万亩、粟米0.5万亩、秋荞0.5万亩、玉米1万亩、蔬菜1.2万亩、其他作物0.9万亩。农作物损失养殖业补。7月份以来全县饲养生猪5.2万头、户平1.5头。农业损失副业补。通过多种渠道，大搞家庭副业，人均增收过百元。2003年7月份发生重特大洪涝灾害后，全县成灾面积26.3万亩，绝收15.6万亩，造成农业直接经济损失1.55亿元。县委、县人民政府及时召开抗灾救灾工作会议，坚持“前期损失后期补、农业损失工业补、农作物损失养殖业补”的生产自救方针。全县统一组织倒种春种子8.5万斤，玉米种子13.2万斤，紧急调派30名农业、畜牧专业技术干部，组成10支生产自救小分队，到乡镇、村、组进行技术指导，帮助新安镇、合口镇、九里乡、官亭乡、停弦渡镇、杉板乡、望城乡、烽火乡、佘市桥镇、杨板乡改种农作物6.3万亩，增加收入7605万元。

表13—3—1 临澧县1949～2008年农业生产自救统计表

单位：万亩、吨、万个、万元

年份	种植面积		灾害种类	受灾时间（月）	绝收面积	改种面积	调配种子		组织帮工	增加收入
	粮食	棉花					数量	金额		
1949	48.58	3.7	水	5～6	9.5	9.5	19	3.8	0.05	285
1950	54.06	4.6	水	5～7	10	10	20	4	0.06	300
1951	58.34	4.5	水/旱	7/7～8	7/1.3	8.3	16.6	3.32	0.08	259
1952	59.75	4.5	水/旱	7/7～8	9/2	11	22	4.4	0.1	330
1953	58.96	6.07	水/旱	7/7～8	6.5/2.1	8.6	17.5	3.44	0.2	258
1954	58.5	5.71	水	5～6	10.01	10.01	20.02	4.004	1.5	300.3
1955	56.88	4.50	水/旱	7～8/9～10	6/1.9	7.9	15.8	3.16	1.8	237
1956	57.16	4.12	旱	6～8	3.1	3.1	6.2	1.24	1.2	108.5
1957	57.83	4.98	水/旱	7/8～9	5.5/2.1	7.6	15.2	3.04	1.6	266
1959	43.78	7.01	水/旱	6/7～9	6/3.9	9.9	19.8	3.96	2.5	346.5
1960	47.17	6.38	旱	7～10	6.2	6.2	13.4	2.96	1.6	217
1961	38.87	6.65	旱	6～7	3.2	3.2	6.4	1.28	1.0	112
1962	50.3	5.65	水	7～8	5	5	10.5	2.1	2.1	175
1963	50.44	5.74	水/旱	5/7～9	6.5/6.2	12.7	25.4	5.08	2.2	444.5
1964	49.81	6.77	水/旱	7/8	6/1.8	7.8	15.6	3.12	1.5	273
1966	42.64	6.72	水/旱	6/6～10	5.8/6.2	12	24.5	4.9	2.5	420
1968	43.31	7.05	水	7	6.8	6.8	13.6	2.72	2.1	238
1969	44.06	7.10	水	6	6.1	6.1	12.8	2.56	2.3	254
1971	44.72	9.35	旱	7～8	5.2	5.2	10.5	2.1	2.0	208
1972	42.9	9.27	旱	5～9	5.9	5.9	12.1	12.1	3.1	2655
1974	41.53	9.0	旱	8～9	2.2	2.2	4.6	4.6	2.6	990
1975	83.46	9.03	旱	7～9	1.9	1.9	4.2	4.2	1.8	855
1976	42.35	9.05	旱	8～9	1.9	1.9	4.0	4	1.5	855

续表

年份	种植面积		灾害种类	受灾时间（月）	绝收面积	改种面积	调配种子		组织帮工	增加收入
	粮食	棉花					数量	金额		
1977	42.69	8.79	旱	8～9	1.4	1.4	3.1	3.1	1.7	630
1978	39.3	8.89	旱	7～9	2.5	2.5	5.2	10.4	2.3	1125
1979	37.86	9.0	水/旱/风	6/9/4	11.7	11.7	23.4	46.8	4.2	5265
1980	39.32	9.59	水	5	10	10	20.7	41.4	3.8	4500
1981	39.54	9.89	水/旱	6/7～9	5.6/3.3	8.9	17.9	35.8	3.5	4005
1982	37.48	8.78	水	5	8	8	16.6	33.2	2.5	4000
1983	38.17	6.68	水	6	6	6	12.3	24.6	2.1	3000
1984	38.17	6.78	旱	7～8	1.8	1.8	3.5	7.0	1.2	900
1985	36.99	6.07	旱	7～9	6.2	6.2	13.1	26.2	3.4	3100
1986	37.64	5.65	水/旱	4～5/7	5.8/2.5	11.3	23.1	46.2	5.7	5650
1988	41.51	5.73	旱/水	2～5/8～9	3.2/7.5	10.7	22.1	66.3	6.2	5350
1989	51.07	5.56	水	8	7.2	7.2	14.8	44.4	2.6	3960
1990	37.15	7.37	水/旱	2～6/7～9	7/6.2	13.2	27.1	81.3	7.1	7260
1991	38.53	8.07	水/旱	7/7～12	11.2/3.2	14.4	29.2	87.6	8.2	7920
1992	34.61	10.0	旱	7～8	2.2	2.2	4.5	13.5	1.0	1210
1993	34.08	9.76	水	7	10.1	10.1	20.5	61.5	5.1	5555
1994	39.21	12.98	水/旱	5～7/9	5.2/4.8	10	21	105	7.5	6000
1995	34.05	11.80	水/旱	5/7～10	10.2/4.2	14.4	29	116	5.3	8640
1996	34.2	8.31	水	6	6	6	12.1	48.4	2.6	3600
1997	34.17	8.34	水/旱	7/1～7	8.4/2.2	10.6	21.3	85.2	5.4	6360
1998	30.46	11.0	水/风	6	9.5/5	14.5	30	120	10	8700
1999	32.9	9.43	水/旱	6/9～8	3.5	3.5	7.7	30.8	2.8	1900
2000	34.69	8.81	旱	6～7	3.8	3.8	8.1	32.4	3.0	2470
2001	34.01	6.9	旱	6～9	3.5	3.5	7.3	29.2	2.7	2275
2002	34.61	6.73	水	4～5	4.5/4.5	9	19.5	78	6.4	5850
2003	39.01	7.17	水/旱	7/7～8	8.5/3.2	11.7	23.3	93.2	10.1	7605
2004	37.35	5.8	水	6	4.2	4.2	8.5	34	3.8	2730
2005	66.43	6.8	水/旱	6/8～10	4.2/3.5	7.7	15.6	62.4	5.1	5005
2006	67.3	5.65	旱	8～9	2.1	2.1	4.5	18	1.3	1470
2007	69.6	11.8	雪/风	1/7	2.49	2.49	4.3	11	0.9	1230
2008	69.6	12.8	龙卷风	3/6	9.1	9.1	13.2	62	1.2	7690
合计						401	812.2	1641	164.1	145342

二、 工业生产自救

工业生产自救指受灾企业在灾后迅速对损坏厂房、设备进行重建、抢修，对灾毁生产原料进行清理、处理，尽快恢复生产。

1949年前，境内仅几家工业企业。新中国成立后大力发展国营企业、公私合营企业、集体工业、私营、个体企业。据《临澧县1949～2008年灾害灾情数据统计表》统计，发生36次洪涝和23次大风等灾害，其中40次重大灾害对工业企业造成严重损失。历次灾害发生后，各级政府及企业都积极开展抗灾和生产自救。据统计，1949～2008年6月，全县共投入恢复资金2457万元进行工业生产自救。其中投入1431.5万元资金，恢复损坏房屋5504间，投入1025万元资金，维修3308件（台）设备，见《临澧县1949～2008年工业企业灾后恢复重建统计表》（表13—3—2）。

1979年4月17日，佘市公社、文家公社、陈二公社、珠日公社、柏枝公社等社镇发生重特大龙卷风冰雹灾害，风力达12级以上，全县25家企业损失严重。灾情发生后，各受灾企业多方筹集资金6万元，用于恢复损坏企业房屋250间，重建倒塌房屋76间，维修机电、机械各类设备27件（台）。各家受灾企业在灾后3日内恢复正常生产。

1980年发生重特大水灾后，全县工业企业投入100万元用于工业企业生产自救。政府将27立方米救灾木材指标，分配给县船厂5立方米，商业系统企业5立方米，供销系统企业5立方米。260吨钢材中分配给县第一运输公司4吨、县自来水公司4吨、县爱国卫生办公室2吨，用于房屋恢复重建，恢复灾害损失房屋795间，重建倒塌房屋26间。维修机电、机械、用电设备896件（台），灾后15日内企业恢复正常生产。

1989年发生重特大水灾，临澧县城被淹，全县176家工业企业严重受灾，导致房屋、场地毁坏，产成（半）品被水淹报废，直接经济损失2150万元。工业企业共投入资金59万元，恢复损坏房屋360间，重建房屋36间。修理电器及机械设备110件（台）。县印刷厂投入资金2万余元，维修印刷车间彩色全套照相制版设备。

1991年发生重特大洪涝灾害，全县26家企业严重受灾。工业企业共投入资金12万元，恢复因灾损坏房屋40间，重建厂房40间。维修机电、机械、设备212件（台），保证灾后3日内正常恢复生产。如临澧县石膏厂，地表积水严重，造成石矿井穿水，设备被淹，组织抢险排险后，恢复正常生产。

1998年发生重特大洪涝灾害，使全县230家工业企业受灾，澧北有15家、城关镇有12家工业企业厂区进水受淹。灾害期间，工业企业停产11家，半停产15家。灾后工业企业共投入120万元资金用于清理厂区杂物，恢复水损房屋890间，重建倒塌房屋171间。改装供电线路1.5千米，维修450件电机、设备，在灾后2日内投入正常生产。

2003年发生重特大洪涝灾害后，共投入恢复建设资金1640万元。企业修建315米围墙，恢复损坏企业房屋763间，重建倒塌房屋142间，维修电机、机电、机械设备310件（套），使47家企业在7日内开工恢复生产。

2008年1月发生特大冰雪灾害后，共投入恢复建设资金150万元。工业企业恢复建设厂房236间，重建倒塌房屋135间。整改供电线路，配备自备电源。因限电使新厦建材公司、中泰特大种装备公司、临澧玻璃制品公司、新安耐磨材料厂、金凤水泥公司、双龙山怀铁水泥厂、安福气门公司、胜芝化工公司、友星高科技公司、九里冶炼钢厂等企业被迫停产和半停产，受灾害影响的企业在1月下旬全部恢复生产。

表 13—3—2　　临澧县 1949～2008 年工业企业灾后恢复重建统计表

单位：万元、间、台/件

年份	恢复金额	房屋恢复		设备恢复	年份	恢复金额	房屋恢复		设备恢复
		间数	金额				间数	金额	
1949	3	20	2.5		1983	2	25	2	
1950	3	15	3		1986	1	15	1	
1951	2	40	2		1987	1	10	1	
1952	1	10	1		1988	12	100	10	2
1953	1	15	1		1989	59	360	56	3
1954	3	20	3		1990	8	110	7	1
1955	1	20	1		1991	12	40	10	2
1957	1	15	1		1993	30	180	25	5
1959	2	20	2		1994	6	100	5	1
1962	1	20	1		1995	12	200	10	2
1963	2	15	2		1996	6	150	6	
1964	4	25	3	1	1997	12	120	10	2
1966	3	50	3		1998	120	890	108	12
1968	4	30	3	1	1999	6	70	6	
1969	2	40	2		2002	20	90	18	2
1973	2	35	2		2003	1640	763	870	770
1974	1	20	1		2004	5	120	5	
1979	6	250	5	1	2005	4	20	4	
1980	100	795	80	20	2008	350	571	151	199
1981	8	100	7	1					
1982	1	15	1		合计	2457	5504	1431.5	1025

第四节　恢复重建

一、　水毁工程恢复

水毁工程恢复建设指洪水导致水利水电设施、道路交通设施、输电供电设施、电信通信设施、广播电视设施毁坏而投资恢复的工程建设。

（一）水利设施工程恢复

境内历史上耕地面积多，水利设施少。宋时仅有罗湖堰灌溉万余田地，清同治八年（1869 年），全县仅有塘、坝、泉井 159 处，使农业生产受到严重影响。

新中国成立以来，县、乡级人民政府和基层组织，大力兴修水利。20 世纪 50 年代末期，兴修塘坝等水利设施。60 年代，兴修水轮泵站，机电排灌工程。70 年代至今，大力兴修水库、塘坝和实施水库除险保安。境内历次发生 36 次洪涝灾害，导致水利设施及工程多次被洪水冲毁、损坏。根据《临澧县 1949～2008 年水利工程灾后恢复统计表》（表 13—4—1）统计，洪涝灾害共毁坏水利设施工程 3.62 万处，先后投入工程建设资金 4298.45 万元，恢复水利设施工程。

青山水轮泵站主坝工程恢复：1968 年 7 月 16 日晚，澧水流域普降特大暴雨，导致山洪暴发、澧水猛涨，澧水青山段洪峰达 14400 立方米/秒，青山水轮泵站主坝被洪水冲垮。9 月，省水利厅批准重建大坝，经相关专家地质勘探和技术设计，主坝坝体下移 150 米。10 月 22 日，全县组织 3.7 万民工恢复青山水轮泵站主坝工程，坝体后脚在红砂岩基础上，仍用浆砌工重力坝型。主坝堤长 309 米，坝底等宽 24 米，坝体自高 17.2 米，堰顶标高 47 米，在 257 米的闸门段上，建有21个桥墩构成20个泄洪孔，能泄20年一遇19700立方米/秒洪峰。工程总投资1300万元。1999年后实施青山配套和节水改造项目列入国家“十五”规划，到2005年共投入资金6105万元。其中国家投资3050万元，省级投资90万元，地方配套2965万元。完成75座渠道建筑物改造，除险工程16处，完成砼方5万方，石方1.134万方，土方48.77万方。恢复灌溉面积7.52万亩，改善灌溉面积16.99万亩，灌区农业综合效益3103.98万元。

堤垸工程恢复：境内1949年前仅有新合垸（原合口垸和新安堤合建）、山洲垸、洞坪垸、青山垸4个垸。1954年初建复船垸，经1992年加高培厚改名为关山垸。1992年兴建烽火大堤，形成陈家河垸、观音庵垸、将军垸三个垸。2004年建安福大垸。据历史资料统计，全县历年共漫溃堤垸3年（次），堤防决口39处28.37公里，水毁防洪堤1189处。特别是1980年、1991年、1998年、2003年洞坪垸、山洲垸、关山垸相继3～4次漫溃决口（其中关山垸发生4次）。历年共投入资金2084.84万元，移动土石方270立方加宽填高，其中1980年恢复堤垸22处1.4公里，1991年恢复堤垸17处3.2公里。1998年恢复堤垸434处20.76公里，恢复护岸14处。2003年恢复堤垸37处2375米，其中山洲垸加修间堤1410米，移动土石方21.9万方，恢复堤垸87处21公里。

水库工程恢复：境内1958～2007年兴建中型水库5座、小Ⅰ型水库28库、小Ⅱ型水库118座。由于各类水库多在20世纪50～80年代集体经济所有制条件下靠人工修建，水库修建质量标准不高，特别是1983年以后，普遍推行家庭联产承包责任制后，对水库维护不及时，病险水库较多，特别是由于特大暴雨和山洪灾害，水损水库堤坝、溢洪道、渠道严重。据统计，1979年起政府投入资金进行除险保安，恢复水库设施。1980年恢复水毁水库工程27处，1991年恢复78座水毁大堤和溢洪道20处。1998年恢复水毁小Ⅱ型水库93座。2003年恢复小型水库水毁工程47座。据统计，水库工程恢复投入499.72万元资金，对590处水库进行除险保安和堤防建设。

塘坝、机埠、排灌渠工程恢复：1948年6月境内塘坝仅20546处。新中国成立后，县人民政府不断加强塘坝建设，到1957年全县有堰塘40523处，到2006年底有堰塘（溪坝）2.98万处。1980年恢复塘坝696处，恢复土渠1330处106.2公里，恢复岩渠200处9.5公里，涵闸631处，恢复机埠160处50台，恢复河坝4处。1991年恢复道水金宝滩、清水、烽火水轮泵发电站消力池，恢复10处13台792千瓦电力排灌机埠，恢复机房、电机等设施。恢复塘坝2167处，恢复渠道246条10.4公里，恢复小型渡槽12处，桥、涵、闸设施1020处。1998年恢复塘坝1778处，恢复水闸45座，恢复渠道350处15.5公里，维修渡槽12座，恢复机电泵站116处。

2003年恢复堤垸37处，水库47处，恢复塘坝3500处，恢复机埠84处，恢复沟渠670处55公里，涵闸137处。

据统计，1949～2008年，乡镇人民政府、村委员会和村民小组历年投入资金4298.46万元，恢复水利工程共36286处，其中投资2084.8万元，恢复堤垸1189处；投资499.7万元，恢复水库590处；投资1333.5万元，恢复堰塘30680处；投资188.68万元，机埠915处；投资295.8万元，排灌渠1018.4公里。见《临澧县1949～2008年水利工程灾后恢复统计表》（表13—4—1）。

表 13—4—1　　临澧县 1949～2008 年水利工程灾后恢复统计表

单位：处、万元

年份	合计		恢复堤垸		恢复水库		恢复堰塘		恢复机埠		恢复排灌渠	
	处数	金额	处数	金额	处数	金额	处数	金额	处数	金额	公里	金额
1949	998	11.3	13	0.5	—	—	985	9.8	—	—	10.1	1
1950	1027	11.7	15	0.6	—	—	1012	10	—	—	11.2	1.1
1951	1012	11.56	14	0.56	—	—	998	9.9	—	—	10.8	1.1
1952	1016	11.51	14	0.56	—	—	1002	10	—	—	9.5	0.95
1953	913	10.48	13	0.5	—	—	900	9	—	—	9.8	0.98
1954	1231	14.8	21	1.52	—	—	1210	12.1	—	—	11.8	1.18
1955	300	3.52	—	—	—	—	300	3	—	—	5.2	0.52
1957	275	3.53	8	0.3	—	—	267	2.7	—	—	5.3	0.53
1959	372	4.92	19	0.8	2	0.06	350	3.5	1	0.01	5.5	0.55
1962	426	7.79	10	0.6	3	0.15	410	6.2	3	0.04	6.7	0.8
1963	589	10.76	18	1.1	6	0.3	560	8.4	5	0.06	7.5	0.9
1964	578	10.6	17	1	7	0.35	550	8.3	4	0.05	7.2	0.9
1966	596	10.96	18	1.1	8	0.4	565	8.5	5	0.06	7.4	0.9
1968	911	600	38	584.1	16	1.8	820	12.7	37	1.4	31.5	4.1
1969	564	11.3	12	0.7	—	—	510	7.7	42	0.5	20.3	2.4
1979	605	20.96	14	1.3	3	0.36	530	13.3	58	1.7	28.5	4.3
1980	1055	419.6	35	250	27	30	696	39.6	160	40	485	60
1981	592	26.9	12	1.8	—	—	530	18.6	50	2.3	23.1	4.2
1982	326	16.2	—	—	21	5	280	9.8	25	1.1	1.6	0.3
1983	344	17.2	—	—	23	5.5	300	10.5	21	0.9	1.8	0.3
1986	305	15.3	—	—	20	4.8	265	9.3	20	0.9	1.5	0.3
1988	1088	268.7	88	113.2	45	50.5	920	30	65	29	53.5	46
1989	1133	459	120	230	88	79	890	50	70	51	60.8	49
1990	985	102.9	90	28.8	38	15.6	805	44.3	52	3.6	42.5	10.6
1991	2218	161	17	90.2	24	19.8	167	44.7	10	1.7	12.4	4.6
1993	2158	104.7	18	15.8	22	9	1100	75.5	18	1.3	12.5	3.1
1994	1077	67.6	9	2.9	12	4.9	1050	57.8	6	0.4	6.5	1.6
1995	1389	70.4	15	4.8	16	6.6	1350	56.3	8	0.6	8.5	2.1
1996	1106	68.7	10	3.2	9	3.7	1080	59.4	7	0.5	7.5	1.9
1997	1401	80.1	15	4.8	17	7	1360	66.8	9	0.6	3.6	0.9
1998	1661	700	434	438.9	93	111.1	1178	191.7	116	38.3	15.5	20
1999	1077	67.06	10	3.2	9	3.7	1050	57.8	8	0.56	7.2	1.8
2002	1088	80.8	11	13.2	10	5.9	1060	57.2	7	0.7	7.5	3.8
2003	3668	650	37	260	47	120	3500	210	84	9	55	51
2004	1124	90	13	15.6	15	8.9	1080	55.6	16	1.6	16.5	8.3
2005	1078	76.6	11	13.2	9	5.3	1050	53.5	8	0.8	7.6	3.8
合计	36286	4298.45	1189	2084.84	590	499.72	30680	1333.5	915	188.68	1018.4	295.81

注：恢复重建金额含乡、村、组级公益金支出、农民投工折款。

（二）道路设施工程恢复

境内新中国成立时仅有 207 国道 38.52 公里，省道慈张线 15.5 公里。新中国成立后，不断加强道路交通建设，到 2006 年底全县有公路 2405 公里，其中国道 37.9 公里，省道 17 公里，县道 214.2 公里，乡道 320.4 公里，村道 1815.5 公里。境内 18 个乡镇区实现乡乡通油路或水泥路，全县 339 个村实现村村通公路。

境内地处长江中下游、降雨量大、丘岗

山地洪水汇集快、河流水位高、洪峰大。地势西高东低，丘岗山地平原兼有，坡度弯度大，公路桥涵多，公路建设投入资金多。自1949～2008年的59年间，发生洪涝灾害36次。其中1949、1950年、1954年、1968年、1980年、1988年、1989年、1991年、1993年、1997年、1998年、2003年，发生流域性特大洪涝灾害，给境内公路造成巨大的损失。据统计，历年共投入资金2631.5万元，恢复水毁国（省）道126处约23.8公里，县、乡、村道2396处约1427公里，恢复各类桥、涵1010处。见《临澧县1949～2008年水毁道路恢复统计表》（表13—4—2）。

国（省）道工程恢复

1949～1991年，境内207国道38.5公里。1992年改建207国道张公庙至安福段19公里，1998年投入使用。省道慈张公路1836线于2002年扩建，2004年投入使用。在新中国成立以来的36次洪涝灾害中，由于原国道弯曲，路面坡度大，且经过停弦渡镇关山垸易灾区，历次重特大洪涝灾害，不仅受淹中断交通，而且冲毁道路桥涵。据统计，境内国（省）道水毁18次，冲毁道路126处，直接经济损失1980万元。历次灾害发生后，县委、县政府以及公路交通部门立即组织民工抢修水毁公路，国家及时拨付专项资金用于道路工程恢复建设。

1980年6月26日，当石门三江口流量达15100立方米/秒，县境内合口向阳闸水位达53.55米，流水洪峰流量达15600立方米/秒，特大洪峰使洞坪、山洲垸（游家坪）、关山垸溃决。澧水高水位使207国道关山垸水淹1.7公里，洪水冲毁公路0.8公里，致使国道线中断48小时。洪水退后，县政府组织500名民工、各种运输车辆20多台进行抢修，经过20小时奋战后通车。8月2日，石门三江口洪峰达17400立方米/秒，合口向阳闸水位达54.15米，澧水洪峰流量达18500立方米/秒，207国道关山垸段水淹1.8公里，水深1.5米，冲毁公路0.9公里，交通中断32小时。洪水退后，及时组织1000多名民工和30台机械，经过16小时奋战抢修通车。此次灾害，冲毁其他国（省）道25处，投入道路恢复建设资金200万元。

1991年7月重特大洪涝灾害后，投入资金49万元，恢复冲毁桥涵75处、水毁国、省道路面185处21.7公里、路基塌方2处500米、挡土墙塌方2处190立方米等道路工程。

1998年7月20～23日，长江流域普降特大暴雨，3日平均每天降雨达100毫米，境内发生流域性重特大洪涝灾害，导致山洪暴发，冲断公路13条。7月23日7时，境内207国道太平工业经济区发生管涌，冲毁路基160米，毁坏水泥路面360米，致使交通中断。后经70天的抢修完成全面修复，此次洪涝灾害，冲坏其他国（省）道路段5处0.8公里。全县投工1.6万个，共投资310万元资金用于恢复建设。

2003年7月重特大洪涝灾害，冲毁公路560处近868.5公里。灾害稳定后，县委政府成立抗灾救灾领导小组，全县18个乡镇（区）共组织350人的抢修队伍，成立2个专业机械化施工队，投入恢复资金380万元，恢复国、省道公路10处。

县、乡、村级道工程恢复

1956～1981年国家道路建设管理政策，形成了县、乡、村级道路自我建设、自我管理的体制。为发展地方经济，从改变本地道路交通着手，促进农副产品流通，县、乡、村三级积极筹措资金，加强道路建设，并依靠乡、村、组三级所有的集体组织养护公路。

历次洪涝灾害水毁道路恢复工程资金各级自筹解决。据统计，1949～2007年，在57年36次洪涝灾害中，县、乡、村共投入

1211万元资金，用于水毁道路恢复2396处约1427公里，桥梁涵洞恢复1010处，保证道路的畅通。

1980年5～8月发生重特大洪涝灾害，冲断县、乡、村公路110处16公里，冲垮桥梁80处。洪水灾害稳定后，县委成立抗灾救灾领导小组，明确3名常委专抓救灾工作，深入社队专抓救灾工作。县、社级政府积极开展恢复公路建设工程。县委书记深入停弦渡重灾区制定救灾工作措施，公社7名党委委员分工协作，仅7天时间，投工1540个，恢复了停弦至铁湾、停弦至氮肥厂、停弦至大丰的3条4.5公里道路；经过20天努力，修复了31处桥梁。这次灾害后，全县共投入200万元建设资金，毁坏的县、乡、村道路110处8.9公里，桥涵80处全部恢复。

1991年7月重特大洪涝灾害，全县投入30万元资金，恢复县、乡村道190处。投入10万元资金，恢复涵洞75处。

1993年7月发生特大洪涝灾害，全县投入36万元建设资金，恢复毁坏中断公路185公里，投入9万元建设资金，恢复冲毁公路桥涵68处。

1998年6月发生重特大洪涝灾害，全县投入190万元建设资金，恢复县、乡、村道250处，桥涵90座360米。

2003年7月发生重特大洪涝灾害，全县共投入540万元建设资金，恢复县、乡、村公路水毁道路420处，投入30万元建设资金，恢复水毁桥涵130处。

表13—4—2　　临澧县1949～2008年水毁道路恢复统计表

单位：处、万元

年份	合计		恢复国（省）道		恢复县、乡、村道		恢复桥梁涵洞	
	处	金额	处	金额	处	金额	处	金额
1949	25	6	—	—	15	4.5	10	1.5
1950	21	6	—	—	16	5	7	1
1951	20	3	—	—	15	2.5	5	0.5
1952	22	3	—	—	16	2.5	6	0.5
1953	17	1	—	—	17	1	—	—
1954	26	6	2	1	18	4	4	1
1955	20	1.5	—	—	16	1	4	0.5
1957	17	1	—	—	17	1	—	—
1959	30	3	5	1	15	1.5	10	0.5
1962	30	2	—	—	30	2	—	—
1963	46	4	6	2	35	1	5	1
1964	50	12	6	5	28	5	16	2
1966	57	8	5	2	34	4	15	2
1968	80	12	8	5	62	6	10	1
1969	38	2	—	—	38	2	—	—
1979	64	3	—	—	50	2	14	1
1980	215	400	25	200	110	120	80	80
1981	53	18	—	—	38	13	15	5
1982	25	5	—	—	15	3	10	2

续表

年　份	合　计		恢复国（省）道		恢复县、乡、村道		恢复桥梁涵洞	
	处	金　额	处	金　额	处	金　额	处	金　额
1983	66	26	8	10	40	13	18	3
1986	42	6	—	—	26	4	16	2
1988	200	34	8	15	120	12	72	7
1989	219	170	9	70	130	75	90	25
1990	75	40	5	10	45	23	25	7
1991	273	89	8	49	190	30	75	10
1993	260	80	7	35	185	36	68	9
1994	56	20	—	—	40	15	16	5
1995	83	40	5	10	48	20	30	10
1996	77	20			49	15	28	5
1997	123	40	3	8	80	19	40	13
1998	350	500	5	310	250	150	95	40
1999	70	20	—	—	50	14	20	6
2002	67	60	4	12	45	35	18	13
2003	560	950	10	380	420	540	130	30
2004	71	20	—	—	45	15	26	5
2005	80	20	—	—	48	14	32	6
合计	3528	2631.5	129	1125	2396	1211	1010	295.5

注：恢复重建金额含集体公益投入、农民投工折款。

（三）电力设施工程恢复

境内1985年建成电网，90年代通电入户率达100％。电力设施历来受洪涝灾害、龙卷风及大雪冰冻害毁坏，特别是洪涝灾害毁坏最重。根据《临澧县1949～2008年自然灾害灾情数据统计表》统计，1963～2008年发生毁坏电力设施灾害33年（次），毁坏输电线路233公里，毁坏供电线路545.1公里，毁坏变压器241台。投入恢复工程建设资金2392.6万元，见《临澧县1963～2008年灾害毁坏电力设施恢复工程统计表》（表13—4—3）。历次灾害发生后，县电力管理机构建立电力值班制度，及时成立电力抗灾抢险队伍，购置供电器材，及时抢修电力设备，保证全县生产生活用电。2001年，制定电力设施应急抢险预案，保证灾害发生后及时赶赴现场，组织灾区政府和基层群众进行电力抢修，建立电力设施恢复联动机制。

1980年7月发生重特大洪涝灾害，投入120万元建设资金，恢复官亭公社、九里公社、合口镇、新安镇、停弦公社、杉板公社等重点社镇输电线路45公里，恢复重灾集镇、工业、学校、居民供电线路10条1.9公里，恢复变压器4座，保证了灾后3日内恢复供电。

1991年7月发生重特大洪涝灾害，投入34万元建设资金，恢复输电线路6条2.3公里，恢复重灾区烽火乡道水沿线6个村和澧水洞坪垸、山洲垸、关山垸的供电线路10条30公里，维修变压器等设备及附属设施25件，在断电35小时后，通过紧急抢修保证电力及时供应。

1998年7月发生重特大洪涝灾害，投入780万元建设资金，恢复电杆710根，输电线路35公里，恢复电杆1920根，供电线路6条96公里，恢复变电站和变压器30台，使灾区在停电35小时内正常供电。

2003年7月发生重特大洪涝灾害，投入900多万元建设资金，恢复水毁输电线路110公里，更换高低压电杆、断裂电杆1500根，恢复42个重灾村供电线路210公里，维修水淹变压器16台，更换6249块水淹电表，保证停电48小时内正常供电。

2008年1月发生特大冰冻灾害。投入20万元建设资金，紧急抢修输电和供电线路、变电设施，确保电力及时供应。

表13—4—3　　临澧县1963～2008年灾害毁坏电力设施恢复工程统计表

单位：万元、千米、台、件（间）

年份	资金	输电	供电	变压器	年份	资金	输电	供电	变压器
1963	8	0.4	0.3	1	1990	31.1	2.1	6.3	16
1964	15	0.9	0.3	1	1991	34	2.3	30	25
1966	8	0.4	0.5	2	1992	3	0.2	0.6	—
1968	15	0.9	1.5	4	1993	42	0.7	5.1	20
1969	3	0.2	0.5	1	1994	10.1	1.8	2.2	12
1972	3	0.2	0.3	—	1995	25.6	1.9	5.3	10
1973	5	0.3	0.4	—	1996	10	1.8	2.1	14
1974	2	—	0.4	—	1997	25	1.9	4.9	15
1979	19	1.1	1.9	2	1998	780	35	160	30
1980	120	45	4.1	4	1999	8	0.4	0.8	13
1981	18	1.1	2.2	1	2001	1	—	0.4	—
1982	5	0.3	0.7	1	2002	31	2.1	3.5	8
1983	23	1.9	3.0	2	2003	900	110.2	210	16
1986	4	0.3	0.8	2	2004	13.8	0.9	2.1	4
1987	2	—	0.5	—	2005	13	0.9	2.1	5
1988	45	0.7	5.2	15	2008	20	10	7	3
1989	150	7.1	15.1	14	合计	2392.6	233	545.1	241

注：金额含乡、村、组公益金支出、农民用工折款。

（四）通信设施工程恢复

境内1949年前设电信营业所。新中国成立后，电信事业随着经济和社会的发展而发展。1952年后，杆线长度250公里，架空明线125对公里。1958年全县16个公社321个生产大队架通电话，线路总长度720公里。1973年起进行电信设备更新。1985年电杆全部换成水泥电杆，乡镇中继线18条142公里，杆线总长度1947公里，架空明线1039公里。1993年起投资1000多万元，开通程控电话。至2006年，全县农村电话62164户，城市电话2.38万户，年末移动用户7万户，宽带网用户0.6万户，小灵通用户1.5万户。主干电缆5600皮长公里，光线电缆线路600芯对公里。

境内从1950～2008年的59年间，特别是80年代以后，农村电话用户快速增长，杆线长度增长，洪涝灾害造成对通信设施损失增大。据统计，从1963～2008年投入2781.4万元资金，及时恢复水毁通信设备828台、电杆1695根，通信线路515.5公里，其他附属设施256件，保证了通信线路畅通，见《临澧县 1963～2008 年灾害毁坏通讯设施恢复工程统计表》（表 13—4—4）。

1980 年 7 月发生重特大洪涝灾害，共投入 96 万元建设资金，恢复 1.6 公里通信线路，电杆 30 根，设备 17 台，其他附属设施 74 件（台），确保灾区电话畅通。

1998 年 7 月发生重特大洪涝灾害，共投入 450 万元建设资金，恢复电杆 280 根，通信线路 19 公里，通信设备 198 台。恢复有线广播电视 290 公里，保证了灾区有线广播电视和电话畅通。

2003 年 7 月发生重特大洪涝灾害，共投入 1800 万元建设资金，恢复电杆 360 根，通信线路 360 公里，设备 300 台，其他 20 件。广播电视通信投入 910 万元建设资金，灾后 10 日内全部恢复县城至乡镇、乡镇到村及用户有线网络线路 215 公里，有线广播线路 120 多公里。

2008 年 1～6 月特大冰雪和龙卷风灾害后，共投入 65 万元建设资金，恢复 25 公里/210 杆通信线路。维修设备 180 台，其他附属设施 25 件。

表 13—4—4　临澧县 1963～2008 年灾害毁坏通信设施恢复工程统计表

单位：万元、台、根、千米

年份	金额	设备	电杆	线路	其他	年份	金额	设备	电杆	线路	其他
1963	5	1	15	0.7	3	1990	21.1	3	42	2	4
1964	10	2	16	0.8	2	1991	22	4	65	4	5
1966	5	1	15	0.8	2	1992	2	—	10	2	—
1968	10	2	25	1.2	5	1993	18	3	70	5	2
1969	2	1	10	0.8	2	1994	5	2	25	1	8
1972	3	1	14	1.1	1	1995	17.5	3	45	3	2
1973	5	1	16	2.1	2	1996	6	2	26	0.8	2
1974	1	—	7	0.6	1	1997	17	5	35	1.5	5
1979	23	5	11	0.9	5	1998	450	198	280	19	6
1980	96	17	30	1.6	74	1999	5	1	30	1.5	1
1981	12	3	15	0.7	36	2001	1	—	7	1	1
1982	4	1	28	1.3	6	2002	22	4	40	2	1
1983	8	2	26	1.2	3	2003	1800	300	360	430	20
1986	3	1	20	1	1	2004	13.8	2	46	3	8
1987	1	—	7	0.9	—	2005	13	2	50	4	1
1988	25	4	60	3	6	2008	65	240	210	25	40
1989	90	17	40	2	1	合计	2781.4	828	1695	515.5	256

注：金额含乡、村、组公益金支出和农民用工折款。

二、灾区房屋重建

（一）灾民房屋重建

根据《临澧县自然灾害灾情数据统计表》统计，境内自 1949～2008 年的 59 年间，全县因自然灾害共损坏房屋 13.57 万户 31.75 万间，倒塌房屋 3.6 万户 7.9 万间。其中农民房屋 3.1 万户 7.88 万间。根据国家救灾工作方针，县政府在 1983 年前按照“国家扶助集体、集体保证个人”的救灾方针开展恢复重建，1983 年后，贯彻“依靠群众、依靠集体、生产自救、互助互济、辅之以国家必要救济和扶持”救灾方针，落实灾民房屋，开展恢复重建恢复重建救助政策，据统计，共投入 2.13 亿元资金，恢复损坏房屋 13 万户 30.7 万间，重建灾民住房 3.08 万户 6.94 万间，见《临澧县 1949～2008 年灾民房屋灾后恢复重建统计表》（表 13—4—5）。2003 年制定临澧县灾民房屋重建工作规程，见《临澧县灾民房屋重建工作流程图》（图 13—4—1）。

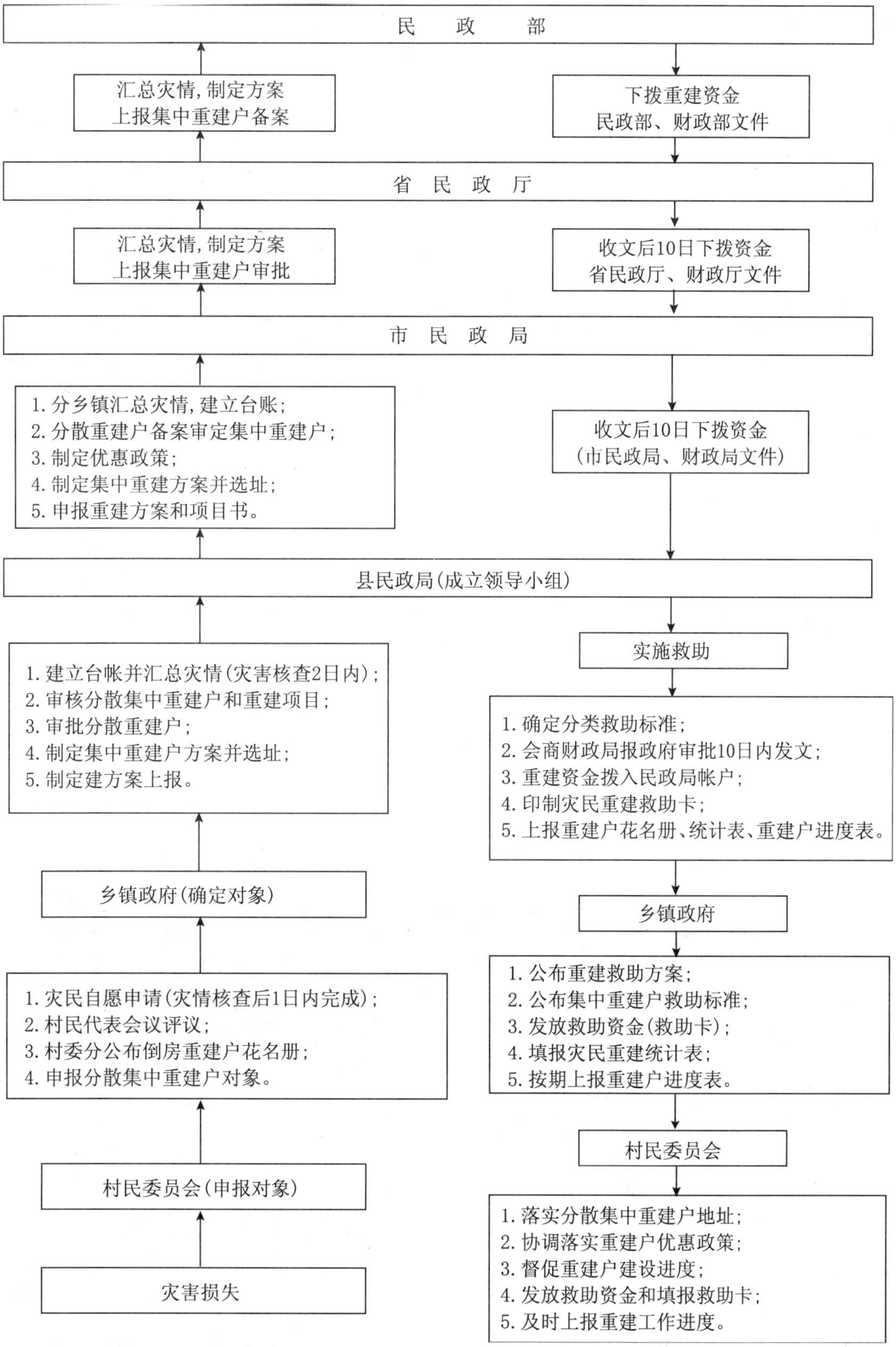

图 13—4—1　临澧县灾民房屋重建救助工作流程图

1980年6月发生重特大洪涝灾害后，全县投入700多万元资金，用于灾民房屋恢复重建，恢复损坏房屋6135户、17211间，重建全倒房屋户6010户、19210人，恢复住房13016间，政府调剂和社会捐赠木材1150立方米，楠竹4.29万根，油毡1000卷，圆钉3吨，铁丝20吨，塑料薄膜2300公斤，各类炊具0.7万多件。

1991年7月发生重特大洪涝灾害后，全县各级投入1200万元资金，用于灾民房屋恢复重建。县政府对房屋倒塌户每户救助0.1万元，恢复损坏房屋户12733户，25761间，重建全倒房屋1926户、7125人，3100间。

1998年7月发生重特大洪涝灾害后，县政府对倒房户按倒房程度实施分类救助：一类每户2500元，二类每户2000元，三类每户1500元，四类每户1000元，全县核实倒塌房屋户1264户，发放房屋重建资金252.8万元，由乡镇按救助标准安排全县109户、343人按一类标准每户救助0.25万元，救助资金27.5万元；412户、1410人按二类标准每户救助0.2万元，救助资金82.41万元；600户、1684人按三类标准每户救助0.15万元，救助资金9.02万元；98户、333人按四类标准，每户救助0.1万元，救助9.8万元；其他153户523人，救助资金58500元。此外因全县新增倒房户121户，救助27.04万元。共恢复重建房屋5356户、16300人，9524间。

2003年7月发生重特大洪涝灾害后，全县共投入1450万元用于房屋恢复重建。政府按照倒塌房屋每户救助3000元标准，重建倒塌房屋5976户、19010人，17625间，恢复损坏房屋9786户、26500间。

2005年，县委、县政府为解决无房户和危房户房屋居住困难，投入资金39.2万元，兴建减灾安居工程98户。

2007年，投入资金33万元，兴建减灾安居工程66户。

2008年1～6月发生重特大冰雪灾害和龙卷风冰雹灾害后，全县投入191万元用于房屋恢复重建。县政府对冰雪灾害按照倒塌房屋户每户按3000元标准救助，其中兴建减灾安居工程111户，每户按10000元标准救助。到6月底，重建房屋666户1665间，解决1950人的居住困难。

表13—4—5　　临澧县1949～2008年灾民房屋恢复重建统计表

单位：户、人、间

年份	损坏房屋		倒塌房屋					其中恢复重建房屋		
	户数	间数	户数	间数	其中农房			户数	人数	间数
					户数	人数	间数			
1949	1700	5000	1100	2400	1000	4000	2200	1000	4000	1600
1950	2000	6100	503	900	434	120	758	400	120	600
1951	430	930	219	430	157	602	320	157	602	310
1952	140	660	109	260	75	307	180	75	307	156
1953	337	1230	160	570	115	543	384	115	543	374
1954	385	1160	72	148	61	231	125	61	231	120
1955	239	780	71	160	57	280	110	57	280	100
1957	292	540	80	110	72	300	80	72	300	80
1959	261	530	52	130	50	210	120	50	210	120
1962	231	276	36	56	34	131	50	34	131	50

续表

年份	损坏房屋		倒塌房屋					其中恢复重建房屋		
	户数	间数	户数	间数	其中农房			户数	人数	间数
					户数	人数	间数			
1963	407	956	76	156	71	318	136	71	318	130
1964	111	349	34	57	31	129	47	31	129	47
1966	91	298	35	76	29	112	56	29	112	56
1968	432	996	198	278	187	693	239	187	693	218
1969	406	1033	67	170	64	281	162	64	281	152
1973	5167	12332	67	130	65	249	119	65	249	110
1974	1300	2846	89	243	71	319	152	71	319	143
1976	180	670	17	51	15	75	45	15	75	30
1977	—	—	1	5	—	—	—	1	20	5
1979	11200	23460	642	2490	512	2310	1310	512	2310	1310
1980	6315	17211	6319	15256	6010	19210	15016	6010	19210	13016
1981	129	312	163	378	151	451	254	151	451	239
1982	589	1020	229	617	218	734	590	218	734	570
1983	3400	8066	750	1595	690	2764	1477	690	2764	1325
1986	918	2434	117	360	107	348	350	107	348	340
1987	1460	3596	95	180	—	—	—	95	380	178
1988	259	769	252	546	118	574	324	118	574	320
1989	1594	5128	1042	3918	1390	4190	3886	1390	4190	3860
1990	1180	3125	475	1489	461	1460	1461	461	1460	1420
1991	12733	25761	2446	3901	1926	7125	3340	1926	7125	3100
1992	1268	2143	1101	1721	1078	2210	1521	1078	2210	1436
1993	6500	14000	303	529	118	359	363	118	359	335
1994	1626	2591	1663	2304	1458	1425	2107	1089	1425	2009
1995	720	1612	348	1366	325	1218	1322	400	1218	1290
1996	1912	3880	733	2152	325	125	1258	325	125	1210
1997	347	948	176	531	173	561	521	173	561	521
1998	37266	99219	7350	12681	5356	16300	9681	5356	16300	9524
1999	319	777	222	329	112	347	309	112	347	298
2000	2	5	—	—	—	—	—	2	11	5
2001	577	1502	47	83	46	139	79	46	139	79
2002	7293	11221	20	70	20	69	70	20	69	70
2003	9792	26514	6268	14508	5976	1901	13940	5976	1901	17625
2004	2158	4593	275	887	250	768	754	250	768	744
2005	1258	3169	450	1360	375	1120	950	375	1120	950
2006	1210	2200	157	610	120	510	400	120	510	400
2007	4133	7430	705	1143	513	1642	1540	513	1642	1180
2008	5400	8119	741	1765	666	2104	1507	666	1950	1665
合计	135667	317491	36075	79099	31082	78864	69613	30852	79121	69420

（二）学校房屋恢复重建

根据《临澧县自然灾害灾情数据统计表》统计，境内学校房屋从1949～2008年以来，学校房屋共受各类灾害侵袭43次。共计投入2361.5万元建设资金。其中乡、村、组公益金761.5万元，县级投入910万元，市级以上投入690万元，恢复学校房屋19599间，见《临澧县1949～2008年灾后学校房屋恢复重建统计表》（表13—4—7）。

1980年7月发生重特大洪涝灾害，投入320万元建设资金，维修教学设备20件（台），恢复学校房屋1600间，其中重建倒塌房屋750间。县政府分配木材指标70立方米，其中临澧第三中学20立方米、九里中学10立方米、佘市桃花小学5立方米、停弦中学5立方米、新安三义小学5立方米、合口双堰小学5立方米、合口大堰小学5立方米、合口陈湖小学5立方米、修梅新坪小学5立方米、杨板双狮小学5立方米。分配救灾钢材27吨，其中县第三中学5吨、佘市桃花小学1吨、烽火银河中心小学2吨、藕池小学2吨，其他小学1吨、修梅新坪小学2吨，停弦中学2吨，合口大堰、陈湖、双堰小学各2吨，新安三义桥小学2吨，九里中学5吨，其他各乡镇危房改造3吨。

1989年8月发生重特大洪涝灾害，投入70多万元建设资金，恢复学校房屋7处1150间1.6万平方米，恢复受淹的20个勤工俭学企业，恢复县第三中学因洪水浸泡导致墙体下沉的1～4栋教师宿舍，恢复学校食堂等公共房屋1600平方米，维修教室和宿舍2400平方米。

1991年7月发生重特大洪涝灾害，投入15万元建设资金，恢复学校因灾损坏房屋290间，重建杉板乡川岗村小学7间2层600平方米楼房。

1991～1997年，历次洪涝灾害给农村中小学房屋及设施造成较大损失。县政府积极筹措资金149多万元，恢复灾害损失房屋3680间14.3万平方米。1995年后全县调整高中、初中、小学布局，大力进行学校危房改造与灾后恢复重建，提高了防灾减灾水平。

1998～2000年，境内历次发生洪涝灾害，给农村中小学房屋及设施造成损失。县政府共筹措资金375万元，恢复重建学校房屋7500万平方米。2007年7月的龙卷风灾害和2008年1月的大雪冰冻，使学校124间房屋损坏，先后投入20万元资金，恢复建设124间4464平方米的房屋。到2006年止、全县学校房屋建设见《临澧县2006年学校房屋建设统计表》（表13—4—6）。

表13—4—6　　临澧县2006年学校房屋建设统计表

单位：万元、万平方米、台/件

年份	学校名称	金额	房屋		教学设备		其他
			面积	金额	仪器	金额	
1998	修梅	174	0.27	135	106	25	14
1998	杨板	110	0.18	85	73	15	10
1998	丁玲	1330	1.50	1200	390	90	40
1999	文家	148	0.24	120	67	13	15
2001	官亭	249	0.38	209	75	18	22
2001	停弦	214	0.356	178	56	16	20
2001	二校	100	0.15	79	84	16	5
2001	四校	134	0.23	115	39	11	8
2002	九里	226	0.34	187	45	13	26
2002	望城	137	0.21	110	59	14	13
2003	佘市	232	0.37	203	83	16	13

续表

年　份	学校名称	金　额	房　屋		教学设备		其他
			面积	金额	仪器	金额	
2003	二　中	599	0.66	429	129	40	130
2003	三　中	329	0.46	253	140	46	30
2003	四　中	955	1.10	750	260	75	130
2004	四新岗	279	0.395	220	110	29	30
2004	一　校	109	0.13	78	39	11	20
2004	三　校	52			130	29	23
2004	合口中学	416	0.56	336	119	26	54
2004	杉板中学	157	0.26	130	76	15	12
2005	新安中学	583	0.75	450	126	39	94
2005	陈二中学	255	0.368	207	120	33	15
2005	柏枝中学	272	0.45	230	98	22	20
2005	烽火中学	623	0.89	489	230	78	56
2006	太浮中学	159	0.25	137	73	12	10
合　计		7842	10.50	6330	2727	702	810

表 13—4—7　　临澧县 1949～2008 年灾后学校房屋恢复重建统计表

单位：万元、间、台/件

年　份	合计金额	房　屋		设备	年　度	合计金额	房　屋		设备
		间数	金额				间数	金额	
1949	3	200	3	—	1986	2	40	2	—
1950	3	210	3	—	1987	2	30	2	—
1951	1.5	100	1.5	—	1988	24	60	20	4
1952	1	70	1	—	1989	70	1150	60	10
1953	1	70	1	—	1990	16	570	16	—
1954	3	200	3	—	1991	15	290	15	—
1955	1	50	1	—	1992	2	96	2	—
1957	1	50	1	—	1993	46	530	46	—
1959	2	100	2	—	1994	10	250	10	—
1962	1	50	1	—	1995	30	894	28	2
1963	2	100	2	—	1996	16	510	16	—
1964	6	300	6	—	1997	30	910	29	1
1966	4	200	4	—	1998	430	3400	420	10
1968	6	300	6	—	1999	10	250	10	—
1969	2	100	2	—	2001	1	20	1	—
1973	4	200	4	—	2002	30	990	30	—
1974	1	50	1	—	2003	1200	4100	1100	100
1979	15	600	13	2	2004	5	100	5	—
1980	320	1600	300	20	2005	5	100	5	—
1981	12	400	11	1	2007	10	57	10	—
1982	2	85	2	—	2008	10	67	10	—
1983	6	150	6	—	合计	2361.5	19599	2211.5	150

（三）敬老院房屋重建

农村敬老院的发展

农村五保供养工作是以集体经济为基础的社会福利事业。农村五保供养工作始于1953年合作化运动，孤寡老人的基本生活主要靠政府的救济来解决。1956年中央颁布《高级农业生产合作社示范章程》中规定"对于缺乏劳动力或者完全丧失劳动、生活没有依靠的老、弱、孤、寡、残疾社员，在生产和生活上给予适当安排和照顾，保证他们的吃、穿和柴米供应，保证年幼受到教育和年老死后安葬，使他们生养死葬都有依靠。"是年，每人每年供养各类物资折款60元左右，由农业生产合作社公益金支出。是年5月，城关镇、合口镇、新安镇分别新建幸福院。城关镇幸福院入住10人，新安镇入住5人，合口镇敬老院入住5人。镇政府除及时发放国家定期定量救济资金外，还通过街道、镇办企业给入院老人每月每人补助15元生活费。1958年人民公社化后，实行"三级所有、队为基础"的集体管理体制，开始实施集体供养，全县以公社为单位兴建敬老院12个，入院老人占五保对象的80%。1959年，农村敬老院先后停办，入院对象先后回生产队分散供养。

1982～1984年，新合乡兴办澧阳村、群丰村、苍蒲村敬老院，九里乡兴办万岗村敬老院。1985年杉板乡兴建坪山村敬老院、佘市镇兴建建楼村敬老院、文家乡兴建大观村敬老院、衍嗣镇兴建舒家村敬老院、陈二乡兴建太山村敬老院、四新岗镇兴建双九村敬老院、柏枝乡兴建太平村敬老院、烽火乡兴建藕池村敬老院、望城乡兴建同欢村敬老院、杨板乡兴建和平村敬老院、修梅镇兴建罗仙村敬老院、停弦渡镇兴建大木村敬老院、新安镇兴建双楼村敬老院、官亭乡兴建竹马村敬老院。全县共有敬老院21所，入院老人111人，有护理人员16人，敬老院住房面积1960平方米。建设资金从乡、村集体经济基金中筹集15.32万元，原村、组集体房屋材料折款5.77万元，群众投工2.5万个，捐木料12.5立方米。县计委下拨木材指标15.5立方米，钢材2.5吨。县直各部门和企事业单位捐赠款物折合人民币2.65万元，其中水泥17吨，电杆11根，安装供电线路1150米，用具254件（电视机19台、洗衣机5台、电风扇6台）。办院方式：(1) 集体集资兴建敬老院，有服务人员。(2) 利用公房改建敬老院，实行集中住宿，分灶吃饭。(3) 场院结合，即林场、园艺场与敬老院合建一处，服务、管理人员一套人马，收支账目分开核算。1986年成立五保供养工作委员会，县政府副县长任主任，县政法委书记任副主任。县民政局、县卫生局、县老龄委、县武装部、县妇联、县共青团为成员单位。县政府确定农村五保供养标准为：人年均粮食（稻谷）不少于350公斤，食油不少于6公斤，生活（穿衣、治病、零用）不少于120元，人均住房面积不少于20平方米。制定了敬老院管理与服务职责，实行一档（五保户档案）、二薄（衣服物品具体登记、各项工作活动登记）、三定（定服务员百分制考核标准、定分级考核办法、定百分奖惩制度），四心（服务实心、热心、耐心、细心）、五无（无虱、无蝇、无臭、无异味、无事故）、六化（环境花园化、卫生标准化、活动经常化、生活规律化、管理制度化、服务优质化）工作机制。1985年临澧县被常德地区民政局授予乡办敬老院先进单位。

1986～2004年，由于原村办敬老院五保供养对象少，供养资金不足，有6所村级敬老院不复存在。1985～2007年以来，发生36次灾害，其中洪涝灾害16次，大风灾害14次，冰雹灾害6次，农村敬老院房屋损坏严重，使入院老人居住房屋困难。1991年7月特大水灾后，县救灾办公室分配给合口镇敬老院救灾木材指标10立方米，救灾钢材4吨，县社会福利院救灾木材指标5立方米，救灾钢材2吨，用于敬老院、福利院的建设。

农村敬老院建设

2002年农村税费改革后，农村五保供养经费改由国家财政转移支付。为不断扩大集中供养五保对象的数量，从2004年起，湖南省人民政府每年度改扩建300所农村敬老院，改扩建费用由省、市、县三级财政共同负担，其中省级拨款8万元，市级、县级各配套4万元，并制定了检查验收标准。是年，县陈二乡敬老院、佘市桥镇敬老院列入省级改扩建计划，按全省敬老院改扩建标准施工，11月经省民政厅验收合格开院，新增集中供养对象90人。2005年新安镇敬老院、柏枝乡敬老院、四新岗镇敬老院列入省级改扩建计划，其省、市、县级投入总资金16万标准不变。县财政列支敬老院建设经费57万元。其中拨付新安镇敬老院15万元，合口镇敬老院10万元，文家乡敬老院4万元，太浮镇敬老院4万元，柏枝乡敬老院4万元，烽火乡敬老院4万元，杨板乡敬老院4万元，停弦渡镇敬老院4万元，官亭乡敬老院4万元，九里乡敬老院4万元。新安镇敬老院在化垱村异地兴建，从7～11月集中建设，到11月经省民政厅检查验收。新安镇敬老院、四新岗镇敬老院被评全省先进敬老院，各奖励资金5000元。2006年，文家乡敬老院、烽火乡敬老院、杨板乡敬老院、修梅镇敬老院、停弦渡镇敬老院、合口镇敬老院、官亭乡敬老院等7所敬老院列入省级敬老院改扩建项目。省级对每所敬老院拨专项经费10万元，市级配套4万元。到9月底，7所敬老院竣工开院，新增集中供养对象350余人。11月经省民政厅检查达标。停弦渡镇敬老院被评为全省先进敬老院，奖励资金5000元。2007年，太浮镇敬老院列入全国霞光计划，国家和省级拨款18万元。九里乡敬老院列入省级改扩建计划，省级拨专款10万元，安福镇敬老院列入省级兴建敬老院计划，省级拨专款20万元，市级对太浮镇敬老院、九里乡敬老院、安福敬老院，每所拨款4万元，县级对每所敬老院各配套4万元。此外，新安镇沙堤村、九里乡同心村、合口镇兴隆村、安福镇清水村兴建4所“五保之家”列入省级计划，省级对每所五保之家补助资金4万元。年内3所敬老院和4所村级五保之家项目在11月通过民政厅检查验收合格。

2004年，根据《农村五保供养工作条例》、《湖南省农村五保供养暂行办法》，县人民政府制定《临澧县农村五保供养实施细则》，规范五保供养条件、内容和标准，明确了县、乡、村、组的供养责任，确定五保供养资金拨付方式，全面实施凭证供养制度，集中供养人数不断增加。是年，兴建3所敬老院，其中佘市桥镇敬老院、陈二乡敬老院为省级农村改扩建项目，柏枝乡为市级敬老院改扩建项目，总投资96万元，项目建设资金34万元，新增集中供养人数89人，但农村五保供养对象未达到应保尽保。据调查统计，全县尚有156户163人符合五保供养条件的对象未纳入五保。分散供养五保户生活、住房、医疗、居住困难突出。农村敬老院生活费按年供给825元标准难以维持。县委、县政府根据调查情况，决定修建“安居工程”房屋98套，解决分散供养五保户居住困难。列支五保供养经费10万元，落实163人五保供养政策。

2005年3月，县人大常委会农村工作委员会组织县政府办公室、县农村工作办公室、县民政局，对全县18个乡镇区的55个村的146户178人农村分散五保供养对象，乡镇和村办五保供养点集中供养五保对象情况进行实地考察，提出落实农村五保供养政策和加强敬老院管理的建议，县政府逐件予以落实。

到2007年度，全县有乡镇敬老院18所，实行一乡一院工作目标，总投资1540万元，上级拨款395.5万元，乡镇自筹1144.5万元。有宿舍621间、床位1043个，入住供养对象785人，有工作人员50人，建设用地107.5亩，生产用地126.6亩，见《临澧县2007年乡镇敬老院建设统计表》（表13—4—8)。《临澧县2007年乡镇敬老院工作人员统计表》（表13—4—9)。

新安镇敬老院　始建于1956年，坐落在新安镇原农机站旧址，占地2亩，生产用地0.5亩，砖瓦平房8间320平方米，常年供养5名五保户，配备工作人员1名。1998

年7月因重特大洪涝灾害使围墙倒塌，2间房屋倒塌，4间房屋成为危房，五保户居住困难。1999年6月在新冯居委会幼儿园旧址重建，敬老院占地6亩，有生产用地1亩，二层楼房12间共900平方米，供养五保对象16人。2005年7月，镇党委政府决定在化垱村小学旧址重建敬老院，占地18.5亩，总投资180万元，当年列入省级敬老院改扩建项目，其中上级拨款58万元，政府自筹122万元，修建砖瓦平房四栋60间2500平方米，其中四厅一室居住房屋36套1440平方米，有床位100张。活动室、厨房、餐厅、公共厕所、医疗室、理发室、商店24间1060平方米。院内道路硬化1200平方米，绿化面积240平方米，建成全省标志性农村敬老院。2007年底入院74人，其中五保对象67名，寄养对象7名。敬老院有工作人员3名，其中院长1名，工作人员2名，年种植和养殖业收入13000元。院务实行民主管理，生活实行标准管理，服务做到规范管理。2006年度被湖南省民政厅评为“行风管理窗口”单位。

合口镇敬老院 始建于1956年，坐落在合口镇大兴街，占地1亩，有木板瓦房12间250平方米，厨房、餐厅20平方米。常年居住城镇五保对象10人，配备工作人员1人。1991年7月因重特大洪涝灾害使敬老院房屋成为危房。1991年7月镇党委政府决定迁址在白鹤村三组（腾飞路）兴建，敬老院占地3亩，建钢混结构14间二层楼房1200平方米，餐厅、厨房3间40平方米，常年供养五保对象18名。2005年7月，镇党委政府决定扩大敬老院建设规模，总投资60万元，列入省级敬老院建设项目，上级拨款24万元，政府自筹36万元，新建23间二层楼房1840平方米，其中37间住房1600平方米，厨房、餐厅、活动室9间340平方米。院内水泥硬化400平方米，绿化200平方米。2007年共收养对象45人，其中供养对象43人，寄养对象2人。敬老院有工作人员4人，其中敬老院院长1名，工作人员3名，年种植和养殖收入2万元。

安福镇敬老院 始建于1955年，坐落在原镇政府水泥预制厂内。敬老院占地1亩，有房屋7间310平方米，供养城镇五保对象5人，配备工作人员1人。1998年因重特大洪涝灾害使敬老院的房屋成为危房，镇党委、政府决定在寒溪村异地兴建，敬老院占地6亩，其中建设用地2亩，生产用地4亩。敬老院投资77.4万元，其中民政部门拨重建资金37.9万元。2007年党委、政府决定在芭焦社区异地兴建，是年列入省级敬老院建设项目，省、市级拨款24万元，敬老院征地20亩，投资320万元，兴建房屋88间2860平方米，其中公用房屋24间960平方米，有床位68张，入住57人，其中供养对象48人，寄养对象9人。敬老院配备院长1名，工作人员2人，建立健全各项管理制度，院内事务实行规范化管理。

佘市桥镇敬老院 始建于2004年5月，坐落在佘市桥镇荷花村原村小学旧址，占地10亩，其中建设用地3亩，生产用地7亩。是年列入省级敬老院改扩建规划，改扩建共投资26.5万元，上级下拨项目资金18.5万元，政府自筹8万元，兴建房屋5间150平方米。现有建筑面积750平方米，其中宿舍20间600平方米，有床位40张，厨房、餐厅、活动室5间150平方米。院内绿树成荫，道路硬化，环境优美，2007年供养农村五保对象40人。敬老院配备院长1名，工作人员1名。院内年农作物、养殖业收入3000元。

四新岗镇敬老院 始建于1999年10月，坐落在原四新岗镇油脂化工厂旧址，敬老院占地16亩，其中建设用地4亩，生产用地7亩，鱼塘5亩，供养五保户40人。2005年列入省级敬老院改扩建规划，建设总投资58万元，其中省改扩建项目资金14万元，政府自筹44万元。兴建房屋11间350平方米，现有建筑面积880平方米，其中宿舍22间660平方米，有床位43张。厨房、餐厅、活动室5间150平方米，院内道路全部水泥硬化，庭院绿化。2007年供养农村五保对象43人，寄养对象1人。敬老院配备院长1名，工作人员2名，年内除蔬菜自给有余外，农作物和养殖业年收入5000元。

修梅镇敬老院　始建于2005年9月，坐落在修梅镇鸡山村9组。敬老院占地32亩，其中建设用地7亩，生产用地25亩，另有林果园3亩，鱼塘2亩。建设总投资28万元，其中省级敬老院改扩建资金16万元，政府自筹12万元。建筑面积1320平方米，其中宿舍34间920平方米，有床位60张。厨房、餐厅、活动室16间400平方米。院内道路全部实行硬化，绿化率达30%，2007年供养五保对象40人。敬老院配备院长1名，工作人员2名，年内除蔬菜自给有余外，农作物和养殖业年收入20000元。

停弦渡镇敬老院　始建于2006年6月，坐落在207国道张公庙桥南关山村原村办小学旧址。敬老院改扩建共投资71.5万元，其中列入省级敬老院改扩建项目资金18.5万元，政府自筹53万元。敬老院占地面积10.1亩，其中建设用地3.2亩，生产用地6.9亩，另有鱼塘4亩。建筑面积1041平方米，其中宿舍22间836平方米，有床位44张。医疗、厨房、餐厅、活动室9间205平方米。院内道路硬化1190平方米，绿化200平方米，2007年供养农村五保对象39人。敬老院配备院长1名，工作人员2名，每年除蔬菜自给有余外，农作物和养殖业年收入5000元。2006年被省民政厅评为敬老院建设先进单位。

太浮镇敬老院　始建于2005年9月，坐落在太浮镇居委会张家组，敬老院占地11亩，其中建设用地5亩，生产用地6亩。建设总投资70.5万元，其中上级拨款27.5万元，政府自筹43万元。2007年列入国家敬老院建设计划，投资18万元兴建6间240平方米房屋，共有房屋33间1320平方米，有床位50张，入住供养对象50人。活动室5间200平方米。院内全部实行道路硬化，庭园绿化。敬老院配备院长1名，工作人员3名，院内年养殖业收入15000元。

文家乡敬老院　始建于2005年12月，坐落在雅林村原小学旧址，敬老院占地12亩，其中建设用地4亩，生产用地8亩，原有房屋16间700平方米。2006年列入省级敬老院改扩建规划，兴建房屋16间200平方米，改扩建共投资40万元，其中上级拨款项目资金18万元，政府自筹22万元。现有建筑面积1140平方米，其中宿舍32间900平方米，厨房、餐厅、活动室8间240平方米，有床位45张。庭院实现了庭院绿化、道路水泥硬化。2007年供养五保对象42人。敬老院配备院长1名，工作人员2名，院内农作物和养殖业收入3000元。

陈二乡敬老院　始建于2003年9月，坐落在原乡农机站旧址——陈二铺村马家山冲脚下，占地19.8亩，其中建设用地5.3亩，生产用地14.5亩。建筑面积400平方米，供养五保对象26人。2004年列入省级敬老院改扩建项目规划，改扩建共投入资金78万元，其中上级拨项目资金28万元，政府筹集50万元，兴建房屋35间997平方米。现有建筑面积997平方米，其中宿舍56间860平方米，有床位60张。厨房、餐厅、活动室14间137平方米。2007年收养五保供养对象58名（其中五保供养对象57人，社会寄养1人）。敬老院配备院长1名，工作人员2名，年内敬老院各项收入18000元。

柏枝乡敬老院　始建于2004年6月，坐落在柏枝乡杨桥村原村小学旧址。敬老院占地面积15亩，其中建设用地3.2亩，生产用地11.8亩。建设总投资29.5万元，其中上级拨改扩建项目资金23.5万元，政府自筹6万元。建筑面积1100平方米，其中宿舍22间860平方米，有床位43张，厨房、餐厅、活动室5间150平方米，院内道路全部水泥硬化，绿化率达70%，2007年供养农村五保对象40人。敬老院配备院长1名，工作人员2名，年内农作物和养殖业年收入5000元。

烽火乡敬老院 始建于2005年6月，坐落在烽火乡薛家坪原村小学旧址，敬老院占地11亩，其中建设用地4亩，生产用地7亩，另有鱼塘5亩。建设总投资42万元，其中省级改扩建项目资金22.5万元，政府自筹19.5万元。现有建筑面积935平方米，其中宿舍23间645平方米，有床位43张，厨房、餐厅、活动室14间290平方米，院内道路全部水泥硬化，绿化率达30%。2007年供养农村五保对象43人。敬老院配备院长1名，工作人员2名，年内除蔬菜自给有余外，农作物和养殖业年收入5000元。

杨板乡敬老院 始建于2005年7月，坐落在杨板乡和平村村小学旧址，敬老院占地13亩，建设用地5亩，生产用地8亩，另有鱼塘4亩，林果园7亩。敬老院建设总投资52万元，其中省级敬老院改扩建资金22万元，政府自筹30万元。敬老院现有建筑面积660平方米，其中宿舍22间440平方米，有床位44张，厨房、餐厅、活动室11间220平方米，院内道路全部实行硬化，绿化面积360平方米。2006年供养五保对象40人。敬老院配备院长1名，工作人员2名，年内除蔬菜自给有余外，农作物和养殖业年收入5000元。

官亭乡敬老院 在官亭乡原枣木村敬老院基础上扩建，枣木村敬老院始建于1998年，坐落在枣木村14组，占地面积5亩，其中生产用地2亩，有房屋20间800平方米，其中居住房屋钢混楼房10间二层400平方米，供养五保对象44名。2005年7月，官亭乡党委政府扩建乡农村敬老院，扩大用地4亩，投资66万元，其中列入省级农村敬老院建设重建资金40万元，政府自筹26万元。2005年新建居住房屋14间400平方米，占地达11亩，其中建设用地9亩，生产用地2亩，另有鱼塘2亩，果林2亩。现有建筑面积1780平方米，其中宿舍32间1380平方米，有床位50张，公用面积12间400平方米。2007年供养对象45人，其中集中供养五保对象44人，社会寄养对象1人。敬老院配备院长1名，工作人员2名，每年院内农作物和养殖收入3000元。

九里乡敬老院 始建于2006年1月，坐落在泉水村原村小学旧址，敬老院占地面积10亩，建设用地5亩，生产用地5亩。总投资53万元，其中上级拨专项资金21万元，政府自筹32万元。原有钢混二层楼房22间840平方米，2006年新建砖瓦平房10间400平方米。敬老院现有建筑面积1240平方米，其中宿舍25间750平方米，有床位45张；生活等房屋15间490平方米。2007年列入省级敬老院改扩建规划，供养41名五保对象。敬老院配备院长1名，工作人员1名。

望城乡敬老院 由朱银华投资兴建，始建于2005年4月，坐落在望城乡石柏村朱家组。占地15亩，其中建设用地13亩，生产用地2亩。敬老院总投资280万元。现有建筑面积4378平方米，其中宿舍108间3798平方米，有床位206张，厨房、餐厅、活动室12间580平方米，院内道路实行水泥硬化和绿化。2007年供养五保对象43人，其中农村五保对象41人，寄养对象2人。敬老院配备院长1名，工作人员2名。

杉板乡敬老院 始建于2003年1月，坐落在杉板乡牛头村。院内用地8亩，其中建设用地6亩，生产用地2亩，敬老院建设投资40万元。2007年10月投资30万元对敬老院进行改扩建。现有建筑面积1600平方米，其中宿舍26间1280平方米，公用房屋8间320平方米，有床位40张，入住五保供养对象40人。敬老院配备院长1台，工作人员1名，年内生产收入5000元。

太平经济开发区敬老院 始建于2000年，占地1.3亩，其中建筑用地0.8亩，生产用地0.5亩，总投资15万元。建筑面积480平方米，其中宿舍12间384·平方米，生活用房3间96平方米。有床位16张，入住五保供养对象4人。2007年底供养农村五保对象4人，配备工作人员1名。

表 13—4—8

临澧县 2007 年乡镇敬老院建设统计表

单位：万元、间、张、平方米、人、亩

名称	驻址	建院时间	总投资(万元)			房屋					入住情况			用地		
			小计	上级拨款	乡镇自筹	宿舍			公用		小计	供养人数	寄养人数	小计	建设用地	生产用地
						间	床位	面积	间	面积						
杉板乡敬老院	牛头村	2003.1	70	20	50	26	40	1280	8	320	40	40		8	6	2
佘市桥镇敬老院	荷花村	2004	26.5	18.5	8	20	40	600	5	150	40	40		10	3	7
文家乡敬老院	雅林村	2005.12	40	18	22	32	45	900	8	240	42	42		12	4	8
陈二乡敬老院	陈二铺	2003.9	78	28	50	56	60	860	14	137	58	57	1	19.8	5.3	14.5
四新岗镇敬老院	居委会	1999.10	58	14	44	22	43	660	13	220	44	43	1	11	4	7
柏枝乡敬老院	杨桥村	2004	29.5	23.5	6	22	43	860	5	150	40	40		15	3.2	11.8
烽火乡敬老院	薛家坪村	2005	42	22.5	19.5	23	43	645	14	290	43	43		11	4	7
望城乡敬老院	石柏村	2005.4	280	0	280	108	216	3798	12	580	43	41	2	15	13	2
杨板乡敬老院	和平村	2005	52	22	30	22	44	840	11	220	40	40		13	5	8
修梅镇敬老院	鸡山村	2005.9	28	16	12	34	60	920	16	400	40	40		32	7	25
停弦渡镇敬老院	关山村	2006.6	71.5	18.5	53	22	44	836	9	205	39	39		10.1	3.2	6.9
新安镇敬老院	化垱村	1956.6	180	58	122	36	100	1440	24	1060	74	67	7	18.5	15	3.5
官亭乡敬老院	枣木村	1998.1	66	40	26	32	50	1380	12	400	45	44	1	11	9	2
九里乡敬老院	泉水村	2006.1	53	21	32	25	45	750	15	490	41	41		10	5	5
合口镇敬老院	腾飞路	1956.6	60	24	36	37	46	1600	9	340	45	43	2	5.4	4	1.4
安福镇敬老院	芭蕉社区	1955	320	24	296	64	68	1900	24	960	57	48	9	20	11	9
太浮镇敬老院	居委会	2005.9	70.5	27.5	43	28	50	1120	5	200	50	50		11	5	6
经济开发区敬老院	太平区	2000	15	0	15	12	6	384	3	96	4	4		1.3	0.8	0.5
合计			1540	395.5	1144.5	621	1043	20773	207	6458	785	762	23	234.1	107.5	126.6

表 13—4—9　　**临澧县 2007 年乡镇敬老院工作人员统计表**

敬老院名称	单位电话	职　位	姓　名	性　别	出生年月	文化程度	政治面貌	参加工作时　间	进院工作时　间
修梅镇	0736—5585808	院　长	徐亚平	男	1953. 11	初中	党员	1984. 3	2005. 9
		工作人员	陈连英	女	1954. 7	初中			2005. 12
		工作人员	蒋宗功	男	1946. 9	小学			2006. 1
新安镇	0736—5689780	院　长	郝诗海	男	1951. 6	中专	党员	1968. 1	2003. 1（兼）
		副院长	王菊香	女	1963. 5	初中			1998. 1
		工作人员	李菊香	女	1953. 6	小学			1998. 1
望　城		院　长	朱银华	女	1954. 7	高中			2005. 4
		工作人员	辛小平	男	1957. 8	高中			2006. 4
		工作人员	覃育明	女	1947. 10	高小			2006. 4
九里乡		院　长	周云生	男	1958. 5	初中	党员		2006. 1
		工作人员	陈正香	女	1952. 7	小学			2006. 1
文家乡	0736—5720378	院　长	李德树	男	1962. 12	中专	党员	1986. 1	2005. 12（兼）
		出　纳	谭树初	男	1950. 5	高中	党员		2006. 4
		工作人员	谭玉梅	女	1960. 3	初中			2006. 12
合口镇		院　长	李兰齐	男	1948. 12	初中	党员	1972. 3	2005. 1
		工作人员	罗　玲	女	1979. 5	初中			2005. 1
		工作人员	王三珍	女	1955. 6	初中			2005. 12
		工作人员	陈艺菊	女	1975. 5	初中			2005. 2
太浮镇	0736—5763919	院　长	刘光炎	男	1956. 1	中专	党员	1984. 3	2006. 1（兼）
		副院长	邢吉文	男	1954. 9	初中	党员		2006. 1
		工作人员	李泽明	男	1959. 6	高中	党员		2006. 4
		工作人员	张梅英	女	1972. 4	初中			2006. 1
杉板乡		院　长	苏哲松	男	1962. 9	高中			2003. 1
		工作人员	黄银香	女	1962. 3	初中			2006. 1
安福镇	0736—5802856	院　长	祁开楚	男	1953. 9	中专	党员	1975. 1	2007. 11
		副院长	吴高春	男	1975. 3	高中	党员		2007. 11
		炊事员	赵玉萍	女	1956. 1	大专	党员		2007. 11
陈二心桥	0736—5751876	院　长	田其杰	男	1949. 10	中专	党员	1975. 1	2003. 1
		会　计	苏　丽	女	1977. 6	大专	党员		2003. 1
		服务员	夏宏兵	男	1960. 2	高中			2004. 1
		服务员	祝仁五	男	1945. 4	初中			2003. 1
四新岗镇	0736—5788067	院　长	龙成协	男	1947. 1	初中	党员		1999. 10
		助理员	张秀珍	女	1966. 6	高中	党员		2007. 5
		炊事兼护理	全必华	女	1965. 2	初中			2006. 8
烽火乡	0736—5573778	院　长	庞长全	男	1963. 5	中专	党员	1981. 9	2005. 9
		服务员	易继顺	男	1943. 10	初中	党员		2007. 1
柏枝乡	0736—5775776	院　长	胡彩清	男	1951. 11	中专	党员	1976. 3	2004. 10
		副院长	于水英	女	1958. 5	小学			2005. 8
		炊事员	钱三英	女	1942. 3	小学			2005. 8
佘市桥镇	0736—5730088	院　长	汪祝武	男	1948. 12	初中	党员	1969. 1	2004. 11
		炊事员	吴梅清	女	1950. 4	初中	党员		2004. 11
停弦渡镇	0736—5527051	院　长	薛先和	男	1954. 9	高中	党员	1973. 1	2006. 6
		副院长	熊远初	男	1963. 9	高中	党员		2006. 6
		委　员	肖宗安	男	1936. 8	小学			

续表

敬老院名称	单位电话	职　位	姓　名	性　别	出生年月	文化程度	政治面貌	参加工作时　间	进院工作时　间
杨板乡	0736—5553609	院　长	唐汇刚	男	1960. 5	中专	党员	1991	2005
		出　纳	许振发	男	1942. 6	高中			2006. 4
		炊事员	吴生元	男	1955. 7	初中			2007. 3
官亭乡	0736—5690137	院　长	王道村	男	1956. 1	高中	党员		2005. 12
		副院长	陈定祥	男	1942. 1	初中	党员		2004. 3
		工作人员	王成耀	男	1940. 1	小学			2004. 3
经济开发区	0736—558888	院　长	朱恒志	男	1978. 9	大专	党员		2006. 9（兼）
		委　员	吴伯泉	男	1965. 6	初中	党员		2000. 9

（四）减灾安居工程建设

2005年，县委、县人民政府认真贯彻党的十六大和十六届四中全会精神，坚持以人为本、民生为重，兴办一些关系群众切身利益的实事，实施农村减灾安居工程，完善农村住房救助体系。县委下发《关于开展当时代先锋让群众满意主题活动的实施意见》（临发［2005］8号）文件，确定了“减灾安居工程”建设方案。

审定条件　2005年人均纯收入在900元以下、被列入扶持范围的无房户或有简易土坯、茅草房的农村特困户。重点对象是无住房的五保户、残疾人等。坚持个人申请、村民代表评议公示后，由乡镇政府填报减灾安居工程审批表，经民政局审批后实施，并分户建立档案。

建房标准　砖瓦结构平房，每户建筑面积达到80～100平方米，或人均享有住房面积达20.25平方米。房屋标识：房屋竣工后，设立常德市人民政府、临澧县人民政府援建永久性标识牌。

补助标准　每套“减灾安居工程”补助4000元，全县计划98套共计39.2万元。建房用地、用工等问题由各乡镇（区）和村组负责。见《临澧县2005年减灾安居工程名册》（册13—4—1）。

工作原则　“减灾安居工程”坚持村民自建，村级规划、帮工监督的原则。

组织领导　“减灾安居工程”建设由县委副书记黎卫平、县政府副县长刘开新同志负责，政府副县长毕金生同志为具体负责人，县民政局、县建设局牵头，县财政局、县房管局、县农村办公室、县林业局、县国土资源局等部门为责任单位组织实施。联系乡镇（区）的县级领导要监督“减灾安居工程”建设，建整扶贫后盾单位要切实负责筹集减灾安居工程建设资金，作为为民办实事的一项重要工作抓落实。县委、县政府派出检查验收组，按农村减灾安居工程建设项目书进行实地检查验收。

优惠措施　减免收费项目。县民政局、县财政局、县建设局、县国土资源局、县农村办公室、县林业局、县工商局、县税务局等部门要明确责任，密切配合，全面落实“减灾安居”工程建设过程中的各项优惠政策。凡“减灾安居”工程建设中涉及到的收费项目，各有关部门能减则减，能免则免，尽量做到少收费、零收费。

2008年，继续实施农村减灾安居工程，兴建农村安居工程111户，每户补助资金10000元。见《临澧县2008年减灾安居工程名册》（册13—4—2）。

册13—4—1 临澧县2005年“减灾安居工程”98户名册

杉板乡:5户

姚美枝,男,1940.3生,五保,1人,川岗桥;
曾广元,男,1931.11生,五保,1人,青山5组;
曾广科,女,1938.2生,五保,1人,青山5组;
朱传学,男,1945.8生,特困,3人,白杨5组;
龚小梅,女,1957生,特困,3人,坪山5组。

佘市桥镇:6户

张元生,男,1962.9生,特困,2人,龙阳杨眉;
龙正林,男,1945.6生,五保,1人,尖峰灯笼;
高云培,男,1966.9生,特困,3人,中心新堰;
蒋青山,男,1962.5生,特困,4人,荆坪罗家;
李优化,男,1943.10生,特困,2人,殷家中湾;
李家铜,男,1963.3生,特困,殷家上湾。

文家乡:5户

唐西考,男,1960.6生,特困,1人,文家中家;
唐超富,男,1961.2生,特困,1人,文家板桥;
史艮姑,女,1925.5生,五保,1人,大观朱家;
金可花,女,1933.2生,五保,2人,大观朱堰;
李金楼,男,1960.7生,特困,3人,张家团一。

太浮镇:6户

印金山,男,1939.6生,五保,1人,高公立山;
侯秀英,女,1924.7生,五保,1人,宝丰祠堂;
印家贵,男,1958.3生,五保,1人,古池朱家;
印家林,男,1961.11生,五保,1人,古池朱家;
舒业清,男,1933.9生,五保,1人,舒家庙二;
朱秀英,女,1960.6生,五保,1人,永祥覃家。

四新岗镇:7户

杨高升,男,1942.4生,五保,1人,斋阳土地;
彭高志,男,1958.9生,五保,2人,杨柳天水;
陈元枝,男,1937.5生,五保,1人,马家杨下;
杨汉林,男,1958.9生,五保,1人,龙泉草房;
朱德勇,男,1968.3生,五保,1人,大档兰竹;
周大毛,男,1929.4生,五保,1人,七张五房;
姚绍敏,男,1964.5生,五保,1人,雨台周家。

陈二乡:5户

田叔民,男,1934.7生,五保,1人,朱伦窑湾;
田治民,男,1927.7生,五保,1人,朱伦窑湾;
舒吉凡,男,1946.11生,五保,1人,朱伦杨家;
文宜祖,男, 1945.7生,五保,1人,朱伦兴室;
祝三姑,男,1923.4生,五保,1人,新屋新屋。

望城乡:5户

李宜军,男,1934.12生,特困,5人,临安孔家;
周么姑,女,1921.8生,五保,1人,临安陈家;
金则海,男,1942.2生,特困,2人,徐家陈家;
周　殷,男,1947.5生,特困,2人,徐家五叉;
王巧云,女,1935.6生,特困,1人,余丰董家。

柏枝乡:5户

于迪祥,男,1941.12生,五保,1人,雨台朱家堰;
朱远兵,男,1940.1生,五保,1人,接龙上九;
朱玉育,男,1943.5生,五保,1人,老屋黄家;
钱本忠,男,1940.5生,五保,1人,接龙;
于承贤,男,1938.4生,五保,1人,雨台木家冲。

烽火乡:7户

徐颖,男,1995生,特困,2人,薛家回龙;
庞圣炎,男,1941.11生,五保,1人,陈仪九方;
周序水,男,1946.7生,五保,1人,农林曾家;
汤绒秀,女,1934.4生,五保,1人,花园花园;

唐小平，男，1963.1生，特困，2人，兰田天才；赵保林，男，1938.7生，五保，1人，三门湾；于乾贵，男，1944.3生，五保，1人，李家坪李家。

修梅镇：5户

林祖月，男，1944.6生，五保，1人，白堰；胡庭龙，男，1943.4生，特困户，4人，真武；黄宜华，男，1943生，五保，1人，合丰；陈道志，男，1941生，五保，1人，七重居委会；协宗福，男，1936生，五保，1人，赵家村。

停弦渡镇：5户

徐孝英，女，1923生，五保，1人，白虎9组；张桓桂，男，1938生，五保，1人，铁湾9组；黄成海，男，1943生，五保，1人，史家4组；史开团，男，1951生，五保，1人，史家8租；卢业银，男，1930生，五保，1人，古渡3组。

九里乡：7户

金计兰，女，1940.5生，五保，1人，五里3组；林冰燕，女，1943生，特困，3人，太平10组；李日清，男，1930.8生，五保，1人，同心3组；张安久，男，1935生，五保，1人，同心3组；邓纯耀，男，1961生，五保，1人，岩桥6组；谭登银，男，1962生，五保，1人，和平12组；乔光楚，男，1953生，特困，3人，伏牛6组。

官亭乡：7户

龚道秒，男，1942.8生，五保，1人，俄井4组；肖承宣，男，1941.9生，五保，1人，天星3组；喻邦东，男，1935.6生，五保，1人，樟树4组；刘光全，男，1928.11生，五保，1人，团云5组；肖丕加，男，1945.8生，五保，1人，桃树4组；江凤英，女，1937生，五保，2人，彭市8组；邓祖惠，男，1955生，五保，1人，彭市11组。

新安镇：7户

陈昌茂，男，1933生，五保，1人，潘台1组；邓先勇，男，1930生，五保，1人，古城4组；杨菊香，女，1934生，五保，1人，双楼1组；裴德松，男，1952生组，五保，1人，白岩7组；苏宏全，男，1942生，五保，1人，化垱12组；陈方林，男，1937生，五保，2人，栗岗6组；朱西林，男，1943生，特困，3人，樟木11组。

安福镇：2户

肖元初，男，1935.6生，五保，1人，芭蕉苏古；王远文，男，1940.10生，五保，2人，芭蕉苏古。

杨板乡：5户

曹永旦，男，1943生，五保，1人，五合江沙；戴元喜，男，1935生，五保，1人，太山戴家；陈育富，男，1970生，五保，1人，青山永川；刘长云，男，1965.9生，五保，1人，和平赵家；梅世暑，男，1945生，五保，1人，跑马跑马。

合口镇：5户

陈清惠，女，1972生，特困，3人，白合8组；徐超立，男，1929生，五保，1人，三元口6组；张家申，男，1943生，特困，2人，黄陵8组；乔新树，男，1945生，特困，3人，陈湖8组；万义柏，男，1935生，五保，1人，陈湖4组。

太平经济开发区：2户

郭七林，男，1970生，五保，1人，太平组；龚德喜，男，1969生，五保，1人，土里垭组。

册 13—4—2　　临澧县 2008 年“减灾安居工程”111 户名册

杉板乡:3 户

曹申海,男,1971 年生,因灾,2 人,白洋四新组;刘方早,男,1938 年生,五保,1 人,青山村;张柏枝,女,1938 年生,五保,2 人,青山 1 组。

佘市桥镇:4 户

刘鼎臣,男,1925 年生,因灾,2 人,长湖丙强;张德桃,男,1949 年生,优抚,2 人,龙阳杨眉;蒋祖武,男,1961 年生,特困,3 人,殷家新垱;刘阳春,男,1964 年生,特困,1 人,建楼樟树组。

文家乡:3 户

沈绍月,男,1966 年生,特困,4 人,五道施家组;杜一如,男,1934 年生,特困,3 人,张家太平组;贾文柏,男,1943 年生,五保,1 人,文家上塔组。

太浮镇:3 户

彭国金,男,1938 年生,因灾,2 人,舒家牛草堰组;祝桂林,男,1957 年生,因灾,3 人,同心祝家冲组;杨元明,男,1972 年生,因灾,3 人,四方李家当组。

陈二乡:8 户

刘丙林,男,1972 年生,特困,3 人,兴安兴屋旁;文林初,男,1958 年生,因灾,4 人,三板过马滩;郭金忠,男,1959 年生,因灾,2 人,星日荷花堰;肖耀华,男,1950 年生,因灾,2 人,百草肖家堰;金行五,男,1952 年生,因灾,2 人,两岔庙咀组;田叔民,男,1934 年生,五保,1 人,朱伦村窑湾组;田治民,男,1927 年生,五保,1 人,朱伦窑湾组;黎金城,男,1954 年生,低保,3 人,粟家高桥组。

四新岗镇:11 户

彭百海,男,1958 年生,特困,3 人,丰台村白云;凡则丙,男,1938 年生,五保,1 人,马家村凡家;陈新初,男,1945 年生,因灾,3 人,马家村金星;张　杰,男,1994 年生,五保,1 人,毛花村五家;陈其志,男,1966 年生,低保,1 人,杨柳村;陈松彩,男,1947 年生,五保,1 人,百草村七百;杨汉林,男,1943 年生,五保,1 人,龙泉村杨家;陈绍清,男,1942 年生,因灾,2 人,龙泉村汤家;张世权,男,1942 年生,五保,1 人,七张村肖家;朱祖迪,男,1952 年生,五保,1 人,楼房村丰树;胡云习,男,1938 年生,五保,1 人,才家村杉湾组。

柏枝乡:11 户

姚必伍,男,1955 年生,因灾,4 人,群乐曹家冲;何国炳,男,1971 年生,因灾,3 人,傲山新屋组;彭正平,男,1968 年生,因灾,3 人,七姑彭家湾;杨泽清,男,1966 年生,因灾,2 人,永乐黄家咀;高友桂,男,1961 年生,因灾,4 人,新合金家组;朱莲秀,女,1941 年生,低保户,2 人,杨桥才家冲;沈柏舫,男,1957 年生,因灾,1 人,高家桌子溪;胡自新,男,1942 年生,因灾,3 人,雨台鲁家坪;雷立祥,男,1950 年生,低保户,2 人,石墨荷叶当;杨芝庭,男,1966 年生,因灾,3 人,高家克阳组;李建军,男,1963 年生,因灾,1 人,双龙李家湾。

烽火乡:9 户

朱远柏,男,1944 年生,因灾,3 人,三门湾陈家堰组;李德坤,男,1951 年生,因灾,3 人,农林新堰组;汤顶祖,男,1956 年生,因灾,2 人,烽火村腊日组;刘泽元,男,1948 年生,因灾,1 人,陈家河刘家组;汤后响,男,1931 年生,因灾,1 人,薛家坪张家滩组;施光平,男,1970 年生,因灾,3 人,薛家坪回龙组;

李元台,男,1972 年生,特困,1 人,藕池人字组；
郑博成,男,1967 年生,因灾,3 人,白龙井高家组；
徐兴家,男,1962 年生,低保户,3 人,李家坪跑马组。

望城乡:6 户

江四清,男,1964 年生,低保,2 人,大兴黄州；
王志国,男,1977 年生,特困,2 人,徐家王家；
孙观清,男,1962 年生,特困,3 人,永安村庙堰组；
陈华初,男,1970 年生,特困,3 人,桂花村；
王太华,男,1963 年生,特困,4 人,徐家村王家组；
徐进建,男,1958 年生,特困,3 人,桂花二房。

杨板乡:8 户

彭运福,男,1963 年生,特困,4 人,五合村彭家组；
黄宣建,男,1962 年生,特困,4 人,玉皇村玉皇庙组；
李碧兰,女,1949 年生,特困,2 人,杨板乡太山村；
伍本高,男,1942 年生,特困,3 人,青阳村东方红组；
汪祚河,男,1943 年生,特困,4 人,杨板乡云林村；
郭绍泽,男,1945 年生,特困,3 人,南岳村郭家组；
洪三友,男,1963 年生,特困,2 人,杨板乡仙女村；
刘平安,男,1971 年生,特困,2 人,双司村毛家组。

修梅镇:7 户

林祖迟,男,1965 年生,特困,2 人,周家八组；
卞玉林,男,1957 年生,因灾,3 人,先锋 2 组；
曹永见,男,1950 年生,特困,4 人,真武 3 组；
蒋热爱,男,1966 年生,因灾,1 人,赵家七组；
洪家满,男,1977 年生,低保,3 人,美丰七组；
梅开金,男,1972 年生,低保,2 人,美丰七组；
金朝满,男,1941 年生,因灾,3 人,白土大堰组。

停弦渡镇:3 户

肖丰武,男,1963 年生,特困,3 人,白虎 7 组；
张如徐,男,1948 年生,因灾,3 人,大溪 9 组；
祁怀业,男,1955 年生,特困,2 人,停弦 4 组。

合口镇:6 户

石瑞成,男,1949 年生,五保户,1 人,双堰 10 组；
张兴平,男,1952 年生,特困户,2 人,双堰 10 组；
覃春生,男,1968 年生,特困户,4 人,群丰 6 组；
侯令贵,男,1937 年生,五保户,1 人,群丰 6 组；
陈长林,男,1963 年生,特困户,4 人,双龙 7 组；
吴世海,男,1954 年生,特困户,3 人,人参 7 组。

九里乡:7 户

王作兵,男,1950 年生,因灾,2 人,伏牛 4 组；
赵后山,男,1943 年生,因灾,5 人,万岗 5 组；
王祖太,男,1946 年生,因灾,2 人,兴隆 10 组；
林悠兰,男,1939 年生,因灾,4 人,太平 14 组；
万义淑,女,1938 年生,特困,1 人,泉水 1 组；
谢永久,男,1946 年生,特困,2 人,双凤 2 组；
孙逢树,男,1957 年生,低保,3 人,潭河 6 组。

官亭乡:9 户

谭登举,男,1946 年生,特困,3 人,长乐 10 组；
潘坤林,男,1963 年生,特困,3 人,双泉 13 组；
肖丕华,男,1963 年生,特困,1 人,天星 4 组；
唐元舫,男,1972 年生,特困,2 人,樟树 5 组；
唐纯银,男,1931 年生,特困,2 人,竹马 5 组；
江井基,男,1942 年生,五保,1 人,竹马 3 组；
胡定华,男,1957 年生,因灾,3 人,青合 7 组；
刘邦金,男,1963 年生,五保,2 人,青合 3 组；
裴国友,男,1952 年生,五保,1 人,桃树 1 组。

新安镇:11 户

程方友,男,1939 年生,低保,3 人,立岗 7 组；
黄开财,男,1935 年生,因灾,2 人,梁冯三组；

吴传平,男,1968年生,低保,2人,新河11组;
李益明,男,1971年生,因灾,2人,李溶8组;
苏金香,女,1944年生,因灾,2人,下坪6组;
熊井告,男,1944年生,因灾,5人,双楼11组;
陈玉珍,女,1937年生,因灾,3人,樟木15组。

安福镇:1户

邓淑军,男,1967年生,低保,1人,农丰村金牛组。

太平开发区:1户

叶正友,男,1963年生,特困,4人,太平居委会上楼。

叶文英,女,1930年生,低保,3人,三义6组;
苏哲金,男,1966年生,因灾,3人,杉龙4组;
陈昌炎,男,1937年生,因灾,3人,潘台1组;
黄道雨,男,1935年生,因灾,1人,潘台8组;

第十四章　人　物

人　物　简　介

林用三

林用三，男，1939年12月出生于延安，祖籍临澧县修梅镇凉水井村，林伯渠之子。1945年秋在延安小学读书，后随学校行军转移。1949年随学校进入北京城，1953年考入北京西郊101中学，1959年毕业后考上大学，1961年11月加入中国共产党，曾在国家军代表总局工作，曾任中国人民政治协商会议全国委员会副秘书长，内蒙古自治区政协副主席，国家劳动和社会保障部副部长。在1991年、1998年临澧发生重特大洪涝灾害中，为灾区恢复重建捐赠资金23万元。

何崇元

何崇元，男，汉族，1953年11月出生，临澧县柏枝乡傲山村人。硕士研究生，人民日报高级记者，环球时报总编辑。1980年2月在人民日报国际部工作，历任国际部亚非组副组长、国际副刊副主编、记者管理组组长。其间兼任4年中央外事记者，采访报道过江泽民、邓小平、杨尚昆、李鹏、乔石、李瑞环等中央主要领导人的重大外事活动，圆满完成了报道任务。2002年，被全国报协评为“全国报业先进经营管理工作者”。2003年，被人民日报社推荐为“享受政府特殊津贴专家”，同年被北京市朝阳区人民政府评为“纳税贡献先进企业家”。2005年任人民日报社副社长至今。在1998年、2003年临澧发生重特大灾害中，为灾区恢复重建捐赠资金61万元。

庞道沐

庞道沐，男，汉族，1942年10月出生于临澧县烽火乡龙泉村。小学、初中、高中在本县就读，1963年9月考入武汉大学哲学系，1965年11月在校读书时加入中国共产党。1968年12月大学本科毕业；1968年12月至1970年3月在湖南军垦农场锻炼；1970年4月至1973年4月在常德地革委组织部工作；1973年5月至1983年6月在常德团委工作，曾任副书记、书记。1983年6月至1985年5月任中共常德地委委员、宣传部长。1985年5月至1988年5月任地委副书记；1988年5月常德改市后任市委副书记；1990年9月任市委书记，1994年12月至2003年1月任湖南省人民政府副省长；2003年1月至2007年12月任湖南省人民代表大会副主任。1980年协调指挥临澧重特大洪涝灾害抗灾救灾。1991年亲临烽火垸、洞坪垸、山洲垸、关山垸指导抗洪抢险和灾后恢复重建。1992年协调烽火堤垸工程建设。1998年指导停弦、烽火等乡镇移民新村和移民建镇工作。

乔新柱

乔新柱，男，汉族，中共党员，1941年11月出生于临澧县合口镇楠桥村。1950～1956年在本县读书，1959年秋考入桃源师范学校，曾任该校学生会主席、共青团副书记。1961年7月加入人民解放军，历任战士、副班长、文书，1964年11月提升为军官，先后任营部书记、师政治部干事、军党委秘书。1971年8月调任中央军委办公厅任秘书，1974年1月任师宣传科长，1976年任团副政委，1977年任军政治部秘书处副处长，1979年任军政治部宣传处处长。参加对越自卫反击战，荣立三等功。1981年9至1983年7月在解放军政治院学习，1983年5月任军政治部主任，1985年8月任集团军副政委，1988年9月授予大校军衔。1990年7月晋升为少将军衔，1993年任集团军政委，1995年任湖南省军区政委，后晋升为中将。在1980年、1991年、2003年临澧发生重特大洪涝灾害中，为灾区恢复重建捐赠款物30余万元。

杜方淼

杜方淼，男，汉族，中共党员，1942年9月出生于临澧县四新岗镇雨台村。1960年7月从临澧一中参军，1960年9月被选送北京工业大学学“城市道路与桥梁”专业，获工学学士学位。1965年7月毕业即赴越南参加援越抗美战争，任工程技术参谋；1968年回国后在军委工程兵建设部队从事“三线建设”工作，历任技术员、副科长、科长等职；1982年调长沙工程兵学院从事教学管理工作；1990年晋升副教授，先后任训练部部长、副院长、院长等职，大校军衔；1997年调南京工程兵工程学院，任教学副院长、院长职务，授少将军衔。在1991年、1993年临澧发生重特大洪涝灾害中，为灾区恢复重建捐赠资金22万元。

曹永林

曹永林，男，汉族，中共党员，1951年6月出生于临澧县杉板乡。1969年2月入伍，1969～1977年在野战部队和省军区从事通信业务工作，1978年进总参通信指挥学院学习，1980年毕业后留校。1992～1995年任副教务长，1995～1999年任教务长，1999～2002年任训练部部长，2003年任副院长至今。2004年6月授予少将军衔。在1991年、1998年临澧发生重特大洪涝灾害中，为灾区捐赠资金50万元。

辛业江

辛业江，男，汉族，1934年出生，临澧县烽火乡人。1946年免试入县初中学习，1951年春，免试进入湖南大学农学院，1952年院系调整，单独设立湖南农学院。1955年留校任教。1957年底调湖南省委机关工作。1964年10月调中共中央中南局工作。1966年6月调国务院文教办公室工作。1973年任广东省教育局副局长、畜牧局副局长。1978年调任教育部高教二司司长。1981～1983年任林业部任研究室教育司司长，办公厅主任。1988年2月任中共海南省委常委。1988年9月任海南省副省长。在1980年、1988年、1989年临澧发生重特大洪涝、干旱灾害中，为灾区恢复重建捐赠资金30万元。

杨子云　丁少之

杨子云，男，汉族，中共党员。1949年8月至1950年5月任中共临澧县委书记。丁少之，男，汉族，中共党员，1950年5月至1952年1月任临澧县人民政府县长、中共临澧县委书记。在临澧任职期间开展战后恢复重建和社会主义建设以及血吸虫病普查。1950年5～7月，澧水发生重特大洪涝灾害，及时组织4000多人进行抗洪救灾，3天挑土5万立方米，加高堤坝，帮宽堤脚。是年冬政府组织民工培修大堤，堤垸高程和断面达到五年一遇防洪标准。是年11月至次年2月，成立县塘坝委员会，出动劳动力3.725万人，用工201万个，兴建塘堤1312处，整修塘坝9163处，修小Ⅰ型水库1座，到1951年全县有水利设施18310处，其中塘16065处、坝1834处、泉75处、井193处、潭143处、水库1处，灌田35.65万亩。

程志远　史朝祥

程志远，男，汉族，中共党员，1952年1月至1953年6月任中共临澧县委书记。史朝祥，男，汉族，中共党员，1953年7月至1954年6月任临澧县县委书记。在任职期间，1952～1954年6月中，组织全县人民抗击1952年重大洪涝灾害和旱灾、1953年的洪涝和干旱灾害、1954年的重特大洪涝灾害。兴修堰塘、坝、泉、井、潭共17690处防灾工程。

肖宗荣

肖宗荣，男，汉族，1927年出生，临澧县合口镇龙家溪人，中共党员。1953年7月至1956年12月任临澧县人民政府县长期间，抓种子革命，推广优良品种，1953年始种双季稻，提高了粮食产量。在1954年特大水灾中，组织全县人民抗洪抢险救灾，转移安置受困群众，积极开展生产自救、节约度荒、群众互助、以工代赈，发放救济款物51.3万元，是年恢复兴修塘坝等水利设施达36698处。1956年兴建柏枝张家堰、衔嗣庵接溪峪、杉板牛山小Ⅱ型水库。共整修扩建水利工程3.8万多处。建机械排灌站3处、6台150马力，提高了防汛抗旱能力。

王明江　吴兰波

王明江，男，汉族，中共党员，1954年6月至1959年10月历任中共临澧县委副书记、第一书记。吴兰波，男，汉族，中共党员，1956年12月至1960年8月任临澧县人民政府县长。在任职期间，1957年修建水库19座，山塘83处，河堤15座，整修水库6座，山塘3109处，河坝333座，培修澧水大堤8万立方米。修建南铜硒堰水库，组织0.5万劳动力投工28万个，移动土石方28.2万立方米，灌田1.8万亩。1958年开展“百库”建设，是年动工95处，当年完成29处，其中中型水库（官亭、高桥、群英）3座，其余66座于1959年完成。同时开挖渠道334条，962公里，移动土石方3492万立方米。

冯庆章　郭新桢

冯庆章，男，汉族，1956年12月至1964年8月历任临澧县人民政府副县长、县长。郭新桢，男，汉族，1959年10月至1962年任中共临澧县委第一书记。在任职期间，在1959年7月1日至10月4日发生夏秋连旱、1960年8～10月发生百日夏秋连旱、1961年6～7月发生大旱灾的三年重特大干旱灾害中，农业全面减产，粮食严重减收，群众生活极度困难，农民月人均仅20斤粮食。在严重灾害面前，积极组织抗灾救灾。1961年全县发生1.87万人患水肿病。为控制病情，县政府及时下拨大米8.4吨、稻谷150吨、黄豆31.75吨、食油2.65吨；公社设立中心疗养院，大队设立疗养院为病人配发营养品和治疗，6月底病人康复出院。在三年中，政府发放救灾款物55.6万元，发棉衣1.13多万件、棉被3549床。

赵会礼　吕定元

赵会礼，男，汉族，中共党员，1962年11月至1968年3月任中共临澧县委第一书记。吕定元，男，汉族，中共党员，1961年8月至1968年3月任中共临澧县委副书记、县人民政府县长。在临澧任职期间，修建青山水轮泵站防灾工程。1966年2～4月拟定修建青山水轮泵站方案，报省水利厅立项，5月县集中水利局6名工程技术人员进行澧水资源调查，水文资料整理、选择泵址和勘测渠道，并进行设计。6月向省水利厅上报《青水水轮泵站设计任务书》，6月底，省、地工程技术人员考察修订。7月常德地委做出修建青山水轮泵站的决定，7月15日县委扩大会议作出《关于修建青山水轮泵站的决定》，8月底抽调6.7万余民工上工地。10月下旬成立临澧县青山工程指挥部，次年4月建起拦河主坝，水轮泵机房，船闸及副坝两端滚水毁，开挖26公里总干渠。1967年5月至1968年8月受“文化大革命”影响，工程班子被打乱，工程建设速度减慢。

兰迎春　杨少成

兰迎春，男，中共党员，1969年2月至1970年9月，任县革命委员会核心领导小组组长。杨少成，男，汉族，中共党员。1970年5月至1970年10月任县革命委员会核心领导小组组长，1970年10月至1973年5月任县委书记，1970年9月至1973年5月任县革命委员会主任。在临澧任职期间，完成青山水轮泵站、水毁及大坝配套建设工程。1969年9月，省革委会重建青山大坝。省勘测设计院技术员来临澧对主坝重新勘测设计。县革委会于10月下旬调3.7万民工重新施工，历时102天建成主坝。1970年冬集中3.5万劳力重建主坝配套工程。1971年枢纽工程竣工，9月组织2万民工兴建杨板沟渠，是年冬全县分三批上10.7万民工奋战110天，修71公里南干渠和双条支渠。1972年江家坡、段家桥渡槽竣工，8月8日实现青山水轮泵工程全线通水。青山工程受益面积35万亩，其中32万亩成为自流灌溉、稳产高产农田。

吴愈俊

吴愈俊，男，汉族，1963年3月出生，临澧县人，中共党员。1972～1973年5月任临澧县革命委员会副主任，1973年5月至1980年12月任县革命委员会主任，1973年5月至1983年11月任县委书记。在任职期间，抓水稻杂交制种与常规稻选种，推广耐寒、抗逆、早熟、高产品种，革新经济作物品种。1974～1979年，完成青山工程高标准防渗岩渠工程，修建渠系结瓜水库20座。1975年成立"临澧县农田基本建设指挥部"，实施对道水河进行梯级开发，先后建成金宝滩、观音庵、清水堰3处中型水轮泵站。1977年同县委常委李振湘带水电局人员在佘市桥镇湖堰村办农田改造的试点，组织劳力5000余人，投工30万个，改造稻田1000亩，平整成丘2.2～2.4亩，每两丘成行开沟，共16条，长2.3万米。其中建筑拱式浆砌暗沟2条3000米，废除四拱老沟3条，重建排灌渠系。从1975～1983年，全县改造高产农田2.1万亩。

韩林安

韩林安，男，1937年8月出生，临澧县文家乡青龙村人，中共党员。1958年毕业于常德师范，1976年任中共临澧县委副书记，1980年12月至1984年1月任临澧县人民政府县长，1983年11月至1985年1月任县委书记，1985年2月调任常德县委书记，1987年10月任常德地委委员（副司级），1988年8月任常德市政法委书记，1992年4月任市政协第一副主席。后当选为市政协主席，1997年退休。

在临澧任职期间，大力兴修水利工程，积极开展救灾扶贫。1979年发生重特大龙卷风灾害，受灾7.17万人，直接经济损失1364万元。政府发放救济款13万元，支援油毡2000条卷，螺钉和铁丝1.5万斤，帮助倒房户建房513间。1980年5～8月特大洪涝灾害，倒房1.75万间，直接经济损失1.3亿元。政府发放救灾款228.1万元，发动社、队自筹互助捐款11.6万余元，发救济粮4563吨，食油2.5吨，生活贷款62万元。次年发放生活货款32万元，返销粮食340吨。1979年在停弦渡指导开展救灾扶贫工作，1980年在全县推广救灾扶贫经验。到1983年共发放扶贫周转金82万元。全县8923名党员干部包脱贫致富，68%的户脱贫，15%成为专业户，17%的户好转。

夏绍春

夏绍春，男，汉族，1944年3月出生，常德市澧县人，中共党员。1980年12月至1985年1月任临澧县政府副县长、县长，1985年2月至1989年12月任县委书记。在临澧任职期间，修堰塘210处，水库9座。在1980年连续5次洪涝灾害中，带领部、办、委、局40多名负责人，深入灾区抗灾救灾，组织抗洪抢险78.3万人（次），调用船只387艘（次），用于抢险木材309立方米，钢材68.9吨，砂石5130立方米，减少了灾害损失。灾后组织开展募捐，发放救灾款246.1万元。在1988年洪涝灾害抗灾中，科学指挥，组织抢险排险，保证了堤垸和水库的安全。在抗旱工作中，审定抗旱方案，指挥调动28名县级领导和345名乡镇干部抗旱。出动劳力8万人，筹措资金2000万元，开动电动提灌机埠104处104台4510千瓦，出动内燃机3840台1.92万马力，调用油料140吨投入抗旱，抢救农作物26.7万亩。

王孝忠

王孝忠，男，汉族，常德市鼎城区高桥平人，中共党员。1989年12月至1992年7月任中共临澧县委书记。在临澧任职期间，大力兴修防灾工程。在1991年7月1～11日发生特大洪涝灾害中，组织23名县级领导、121名部门领导和1600余名乡村干部6.6万余群众投入抗洪救灾，转移洪水围困群众1万余人，堵住洪水决口210处。特别是7月6日下午，澧水水位迅速上涨，出现了历史上最大洪峰时，洞坪垸、山洲垸、关山垸险象环生、危在旦夕，县防汛指挥部增派5名县级领导加强指挥抢险排险，在市防汛指挥部下达人员撤离的情况下，抢修子堤，压脚护坡，保住了大堤。8月县委决定兴修烽火垸。11月亲自率领全县人民投工245万个，历时40天，移动土石方1525万立方米，砼及钢筋2140米，建一级大堤14.39公里，保护垸内7个村、72个小组0.79万人，面积1.28万亩，消除千年水患。

李大伦

李大伦，男，中共党员，常德市桃源县人。1988年7月至1994年11月，历任临澧县委组织部部长、县长、县委书记。在临澧任职期间，加强水利工程设施建设。1989年兴修官亭岩头湾小Ⅱ型水库。1990～1993年兴修水库16座，其中小Ⅱ型水库15座，小Ⅰ型水库1座。1991年投资1000余万元兴修烽火垸，在垸内兴建了邹家垱和星堰2处电排，排渍面积分别为0.58和0.31万亩。大力推行农业保险，1989～1991年期间，因自然灾害县人民保险公司和县农村救灾保险互济会每年赔付农作物保险资金在200万以上，提高了灾害救助的标准。

刘春林

刘春林，男，1953年出生，常德市鼎城区人，中共党员。1992年7月至1998年8月，先后任临澧县县长、县委书记；1998年8月至2003年12月，任常德市人民政府副市长；2004年1月至2008年，任政协常德市委员会主席、党组书记。

在临澧县任职期间，多次临危调度指挥抗洪抢险，确保了人民群众生命财产安全。先后在1993年、1995年、1997年、1998年大水灾中，积极组织抗灾救灾，转移安置遭洪水围困群众。1996年7月常德沅江发生特大洪涝灾害，常德城告急。7月16日，他亲率临澧县500名抢险队员，分乘大小车辆10余台到武陵区丹洲垸参与抢大险，历时三天三夜。7月下旬，汉寿县城被洪水围困，灾情紧急，他指挥临澧县200余人，带着一万条麻袋到该县险情最重的围堤湖参加抢险。7月下旬，益阳市南县遇灾告急，时任省长杨正午电话要求刘春林从临澧急调麻袋，彩条布等救灾物资驰援南县，他立即组织有关部门连夜冒雨出发，于翌日凌晨五点多钟将30多万元的救灾物资送达抢险现场。1996年、1998年沅澧大水中，临澧县先后支援桃源县、石门县、汉寿县、安乡县等灾区大批款物。1998年7月下旬，安乡县安澧垸决口后，他指挥组织上千名民工分批参加该县的抗洪抢险，修筑子堤、调运砂卵，并组织4支医疗队为灾区群众服务，受到上级政府的表彰。

梁宋模

梁宋模，男，汉族，1955年出生，湖南省常德市鼎城区人，中共党员。1973年参加工作，1989年12月至1997年6月任临澧县县长助理、副县长、县委副书记、县长，1997年6月至2006年任常德市计划委员会主任、金健米业董事长。在临澧任职期间，积极开展防灾备灾和救灾。1992年在合口垸、洞坪院、山洲垸、青山垸分别储备砂卵石10850立方米，编织袋50000条，螺丝螺钉2.5吨，木材30立方米，各类水库砂卵石储备6631立方米。在1994年、1995年、1997年重特大干旱灾害中，先后组织6次人工降雨，增加经济效益833.35万元。1994年2日作业3次用弹92发，分别降雨68.2毫米、42.9毫米，经济效益216.1万元。

1995年2日作业8次，用弹154发，分别降雨67.5毫米、76毫米，经济效益449万元。1997年2日作业7次，用弹262发，分别降雨20毫米、20.5毫米，经济效益118.25万元。

吴生元

吴生元，男，汉族，1956年出生，湖南省澧县人，本科文化，中共党员。1997年5月至2000年9月任临澧县县长、县委书记。在任职期间，积极开展抗灾救灾工作。1998年4月23日发生特大龙卷风灾害，组织全县赈灾募捐活动，募集资金74.99万元。1998年6月在洪灾到来之前，政府制定洪涝灾害应急预案，实现了组织领导、抢险劳力、救灾物资、转移措施到位。当洪涝灾害发生时，按汛情的发展和救灾预案，县公安干警和部门领导到岗到位，全县调度5万多劳动力进行抗洪抢险，调运砂卵石1.8万立方米，编织袋300多万条，车辆1000多台次，船300余次，转移安置2.3万人，未发生人员伤亡。7月26日组织全县募捐，共募集资金430万元，接收县外捐助资金款物共210多万元，及时恢复水利设施、交通、灾民房屋，保证了灾区的稳定。

吴友云

吴友云，男，汉族，1962年出生，张家界市慈利县人，本科文化，中共党员。1998年12月至2006年12月任临澧县人民政府县长、县委书记、常德市委常委统战部部长。在临澧任职期间，兴修水利设施，加强堤垸建设，建立生态临澧。1998年重特大洪涝灾害后，将新合垸纳入洞庭湖第二期治理规划，先后投入资金5000余万元，使12.2公里大堤全线达标，堤防标准从20年一遇提高到50年一遇。对洞坪青山垸、山洲垸、关山垸、烽火垸先后投资1700万元进行加固，提高防洪能力。把官亭、群英、高桥、同欢中型水库列入国家除险保安计划，投资2800万元达到保安标准。2001～2003年进行“百堰大会战”，兴建堰塘551处，增加蓄水648万立方米，新增灌溉面积1.78万亩。2003年，批准成立县自然灾害救助中心，参加中国湖南洪涝灾害救灾演练和中国国际灾害信息管理研讨会，在中国国际灾害信息管理研讨会上，推介临澧灾害管理的经验。

黄清宇

黄清宇，男，汉族，中共党员，1969年出生，湖南省汉寿县人，大学文化。1989年7月参加工作。2005年8月任临澧县委副书记，2005年9月任县政府代县长，2006年3月当选县长，2006年11月任县委书记至今。在任职期间，坚持用科学发展观统领抗灾救灾工作，指导完善综合抗灾减灾规划，建立健全干旱、洪涝、地质、地震、重大动物疫情、公共突发事件应急预案，设立县应急管理办公室，构建政府统一领导、部门分工负责的防灾体制。全面实施工程减灾，兴修防汛抗旱、堤垸减灾工程。在2008年1月特大冰雪抗灾救灾工作中，科学决策，突出保民生，保供电、保供水、保供气、保交通、保通信工作目标，动员全县上下大力开展工业、农业生产自救，把灾害降低到最低限度。

吴昂平

吴昂平，男，汉族，1963年出生，湖南省澧县人，博士学历，中共党员。2001年10月至2006年任临澧县人民政府县长。在任职期间，加强防灾减灾工作，制定县、乡政府和部门灾害应急预案，建立灾情会商和灾害评估等制度。制定《临澧县2003～2013年减灾规划》，建立专家队伍，实现灾害信息化管理，使防灾减灾工作规范、科学。在2003年重特大洪涝灾害的抗灾救灾工作中，坚持按预案科学指挥，调动民兵和预备役部队5300多人次，调用3.1万劳动力参加抗洪抢险，转移安置群众3.5万人，组织50多名医务人员共治疗1.5万人次。开展救灾募捐和赈灾义演活动，共募集资金410万余元，参加中国湖南洪涝灾害救灾演练。

谭本仲

谭本仲，男，汉族，1963年出生，湖南省澧县人，本科文化，中共党员。2000年1月至2007年12月任临澧县委常委、县委办主任、县委副书记、县人民政府县长。在任职期间，制定、修订和完善县、乡级政府和部门的各类灾害应急预案，加强水利设施建设，健全预防农业灾害的防灾措施。在2003年特大洪涝灾害的抗灾救灾工作中，深入新安洞坪垸组织指挥群众抗洪抢险，紧急转移安置群众。在全县救灾工作中，深入灾区查灾，积极向上汇报灾情，争取上级支持。制定救灾募捐方案，组织开展救灾活动和救灾义演，共募集资金410万元，较好地解决了灾民的困难，提高灾害救助水平。在中国湖南洪涝灾害救灾演练工作中，制定演练方案，布置工作任务，指挥基础设施建设，指导编写演练剧本和实景排练，保证救灾演练的成功。

张方才

张方才，男，汉族，1951年出生，湖南省临澧县合口镇人，大专文化，中共党员。1991年5月至2007年11月任临澧县县政府副县长、县委副书记、县人大党组书记、主任。在任职期间，加强政府对救灾工作管理，建立灾害管理规章。在1991年特大洪涝灾害救灾工作中，科学决策抗灾，周密布置救灾，开展救灾募捐，及时解决灾区公共基础设施建设和灾民的生产生活和住房困难。在救灾保险试点工作中，全面推行水稻保险，整体推行农村劳动力意外伤害和农村房屋保险，全面施行农村社会养老保险制度，巩固和扩大保面。1992年被民政部评为全国养老保险工作先进县。

唐生孝

唐生孝，男，汉族，1950年出生，湖南省石门县人，大学文化，中共党员。1985年1月至2007年12月任临澧县人民政府副县长、县政协副主席。在任职期间，积极开展救灾工作改革，向民政部申报救灾保险试点县。认真开展救灾保险试点调查研究，制定救灾保险章程、条款，组建机构，培训人员，全面部署开展农村劳动力意外伤害、农民住房、使役耕牛和水稻保险工作，使临澧县成为全国救灾保险试点样板县，受到国家民政部的表彰。

徐学英

徐学英，女，汉族，1954年5月出生，大专文化，中共党员，临澧县合口镇人。1976～2007年12月历任合口镇党委委员、副镇长、党委副书记、镇长、党委书记，县政府县长助理、县政府副县长、县委常委、县经济开发区负责人。在1991年7月特大洪涝灾害抗洪救灾工作中，组织全镇500余人抢修防汛子堤3.2公里，组织14个村的干部群众排内渍3.1万亩。7月23日18时澧水向阳闸水位达62.66米，洪水流量达19900立方米/秒时，组织13000人抗洪抢险。当新合垸高家垱排渠200多平方米翻砂鼓水时，组织1000人突击队用砂卵石压浸排险。灾害稳定后，积极开展生产自救，帮助灾民建房210户596间。因抗灾救灾工作突出，1992年被评为全国“三八”红旗手。

刘开新

刘开新，男，汉族，1955年出生，湖南省临澧县陈二乡人，大学文化，中共党员。1997年5月至2007年12月任县政府副县长、县委常委、统战部长。在任职期间，制定、修订和完善了各类自然灾害应急预案，制定《临澧县2003～2013年减灾规划》，建立灾情统计、应急救助、灾民房屋重建工作程序、自然灾害救助管理办法，使救灾工作步入规范化管理轨道。在2003年救灾工作中，科学指挥，取得抗御重特大洪涝灾害抗灾的胜利。组织开展募捐活动，募集410多万元的资金，解决了灾民的困难。加强对救灾保险试点工作的领导，巩固保险险种，扩大了保险的保面。2003年组建县自然灾害救助中心机构，组织实施中国洪涝灾害救灾演练，使临澧县成为全国的灾害管理示范县。

朱泽欣

朱泽欣，男，汉族。中共党员，1964年12月出生，临澧县杉板乡人，大学文化。1981年参加工作。历任共青团临澧县委副书记、书记，四新岗镇镇长，文家乡党委书记，县政府办主任，县委常委、县委办主任，2007年任县委常委、县人民政府副县长。在任职期间，坚持科学防灾，建立健全自然灾害应急预案、农业生物灾害应急预案，健全专家队伍和志愿者队伍，全面实施水利和农田改造工程，健全防汛备灾救灾物资储备制度。全力推进农村减灾安居工程和敬老院建设工程。在2008年1月特大冰雪灾害中，及时发布灾害预警信息，启动冰雪灾害应急预案，指挥县直部门、乡镇政府全面开展农业生产减灾工作，1月29日常德市政府在我县召开抗击冰雪灾害现场会。

卜功元

卜功元，男，汉族。1952年出生，大学文化程度，中共党员，临澧县烽火乡农林村人。1968年入伍，1976～2008年2月，历任县委组织部组织委员、秘书，民政局副局长、党组书记、局长，常德市经济协作委副主任、计委副主任，常德市民政局副局长、民间组织管理局局长、党组书记、局长。在临澧县民政局工作期间，在历次抗灾救灾工作中，带头参加抗洪抢险，转移安置灾民，组织灾区群众抗灾自救，严格管理救灾款物，恢复重建工作成绩突出。在1991年7月发生特大洪涝灾害的抗灾救灾工作中，亲临烽火乡抗洪第一线扛草袋，挑泥土，抢修防汛大堤。7月6日晚10点，当第二次洪峰到来时，烽火乡陈家河、六方洲等4个村有4000多村民被洪水围困，他带领乡干部驾10多条小船赶往激流中，往返10多趟，转移群众800多人，物品1200台（件）。灾害稳定后，及时组织查灾核灾、募集救灾款物，组织灾民生产自救，帮助灾民恢复住房。是年被评为全国抗洪抢险先进个人，并参加了全国抗洪救灾工作表彰会。

徐达海

徐达海，男，汉族。1951年出生，大专文化，中共党员。临澧县合口镇人。1971～1997年12月任临澧县公安局派出所所长、副局长、政委，1998～2006年任石门县公安局局长、常德市委稳定办副主任。在1991年7月的特大洪涝灾害抗洪抢险工作中，带领112名干警，9次紧急出动车辆82台次，摩托艇5台次，转移安置群众1.5万人次，转移物资50余吨，危险物品6吨。7月9日，当道水金宝滩河堤水位达51.8米，一处20米堤段发生滑坡，接县防汛指挥部命令后，迅速集结干警，力排干扰，组织群众排除了险情，保证了县城安全。是年，被公安部评为抗洪抢险先进个人，公安部授予临澧县公安局集体一等功。

方家敏

方家敏，男，汉族。1971年7月出生，大专文化，中共党员。临澧县停弦渡镇人。1993～2006年任县林业局森防站技术员、助理工程师、工程师、副站长、站长。在工作期间，建立县、乡、村三级虫情测报网络和森防目标管理机制，制定测报员的工作职责，使全县林业有害生物监测覆盖率达95%以上，常年测报准确率均在90%以上。2006年中短期测报准确率达96%。积极推行限期除治制度，分别采取飞机施放生物和仿生物制剂，1999年、2000年、2003年三次组织飞机防治松毛虫，防治效果达97%，挽回经济损失1200万元。加强对松材线虫病等外来有害生物监测调查，产地检疫率和检测普查率均达100%。2001年获全省“九五”森防目标管理工作先进个人称号，2007年元月，被评为全国林业有害生物监测预报优秀测报员。

人　物　表

1998 年省级抗灾救灾先进个人

赵传进	男	县公安局	黄家益	男	县民政局	王卫红	男	县水利局
曾菊芳	女	县水文局						

1998 年市级抗灾救灾先进个人并记三等功

李爱民	男	县公安局	李克礼	男	县公安局	陈爱国	男	县公安局
李世孝	男	县公安局	何云喜	男	县公安局	薛祚波	男	县公安局
陈思海	男	县公安局	冉黎明	男	县公安局	陈新军	男	县公安局

1991 年县级抗灾救灾记三等功人员

吴桂云	男	杉板乡政府	曹永海	男	杉板乡政府	吴玉书	男	杉板乡政府
吴海军	男	杉板乡政府	杨金波	男	佘市镇政府	周丕银	男	佘市镇政府
曲靖华	男	修梅镇政府	邓先林	男	修梅镇政府	赵传绪	男	停弦渡镇政府
邓先林	男	停弦渡镇政府	林明芳	男	停弦渡镇政府	陈龙泉	男	停弦渡镇政府
汪前林	男	停弦渡镇政府	杨儒林	男	四新岗镇政府	钟朝坤	男	四新岗镇政府
周序初	男	衍嗣庵镇政府	张得如	男	衍嗣庵镇政府	杨时朋	男	文家乡政府
杨承国	男	文家乡政府	刘道炎	男	陈二乡政府	黎中心	男	陈二乡政府
刘泽文	男	陈二乡政府	欧正华	男	望城乡政府	邹敬泉	男	望城乡政府
李长发	男	望城乡政府	刘协春	男	杨板乡政府	祝自淮	男	杨板乡政府
吴景华	男	杨板乡政府	周学芳	男	烽火乡政府	黄作云	男	烽火乡政府
徐大菊	女	烽火乡政府	欧明东	男	烽火乡政府	辛来桃	男	烽火乡政府
张兴全	男	柏枝乡政府	黄宣成	男	柏枝乡政府	黄德金	男	新安镇政府
杨开国	男	新安镇政府	王先桃	男	新安镇政府	朱泽校	男	新安镇政府
苏化永	男	新安镇政府	李林元	男	合口镇政府	汪国友	男	合口镇政府
陈长伟	男	合口镇政府	徐学英	女	合口镇政府	邢修风	男	合口镇政府
周训安	男	合口镇政府	冉成元	男	官亭乡政府	陈昌庆	男	官亭乡政府
李绪舫	男	九里乡政府	吴世杰	男	九里乡政府	李柏东	男	九里乡政府
江开学	男	九里乡政府	刘章进	男	城关镇政府	杨志宇	男	城关镇政府
汤永新	男	县国土局	颜永育	男	县审计局	周世荣	男	县人大
黄国权	男	县委办公室	覃武森	男	县人大	张再初	男	县人民武装部
黄达胜	男	县政协	夏桃清	男	人武部	谌泽民	男	县人民医院
黄　勇	男	县纪委	莫宏光	男	县组织部	傅道义	男	县统战部
刘斌武	男	县中医院	罗丕松	男	县广电局	徐达海	男	县公安局
李振炎	男	县民政局	卜功元	男	县民政局	詹本坤	男	气象局
沈绍云	男	县公安局	祝居美	男	县公安局	苏运炳	男	县水利局
刘如祥	男	财委	石道舫	男	县水利局	祁春初	男	县农业局
唐　斌	男	县水利局	王忠明	男	县农机局	赵昌德	男	县物价局
龚金宏	男	县农业委员会	杨承辛	男	县计划局	闵泽国	男	县水泥厂
胡忠波	男	统计局	胡宗国	男	县物价局	杨牧生	男	县粮食局
李运力	男	二轻局	于二彩	男	县计划局	徐尊来	男	防疫站
刘永鑫	男	杉板乡政府	杨先志	男	县保险公司	张德炳	男	县建委
江正全	男	县科委	丁文健			胡　勃		
黎世刚			郭付民			颜荣国		
薛春舫								

临澧县青山工程1966～1985年伤残、死亡民工情况见（表14—1），（册14—1）。

表14—1　临澧县青山工程1966—1985年伤残、死亡民工统计表

单位：人

社　镇	小计人数	其　中		社　镇	小计人数	其　中	
		伤　残	死　亡			伤　残	死　亡
九　里	20	15	5	太　浮	8	6	2
官　亭	10	10		陈　二	14	14	
新　合	28	26	2	珠　日	3	3	
新　安	30	22	8	柏　枝	5	4	1
停　弦	17	16	1	烽　火	22	18	4
修　梅	20	19	1	杨　板	40	32	8
杉　板	10	9	1	望　城	33	29	4
佘　市	17	15	2				
文　家	21	18	3	合　计	298	256	42

册14—1　临澧县青山工程因工死亡民工名册

（1966～1985年）

刘世元	男	九里乡人	1966年10月在枢纽因工死亡
何丕洲	男	九里乡人	1966年在枢纽因工死亡
罗丕珍	女	九里乡人	1969年12月在枢纽因工死亡
陈克华	男	九里乡人	1972年在江家坡因工死亡
王万子	男	九里乡人	1978年在青山新电站因工死亡
邓先栋	男	合口镇人	1966年在枢纽因工死亡
胡开金	男	合口镇人	1971年11月在江家坡因工死亡
李昌风	男	新安镇人	1976年6月在枢纽因工死亡
丁才中	男	新安镇人	1970年1月在枢纽因工死亡
涂昌尧	男	新安镇人	1972年在江家坡因工死亡
翟丕伦	男	新安镇人	1966年2月在叶家湾因工死亡
熊景万	男	新安镇人	1966年12月在新安天帝宫因工死亡
黄新林	男	新安镇人	1968年12月在枢纽因工死亡
谭德中	男	新安镇人	1969年12月在枢纽因工死亡
杨祖发	男	新安镇人	1976年在枢纽因工死亡
向国际	男	停弦渡镇人	1971年1月在枢纽因工死亡
刘光钻	男	修梅镇人	1966年在染铺湾因工死亡
汪圣前	男	杉板乡人	1972年7月因工死亡
朱泽禹	男	佘市桥镇人	1966年在江家坡因工死亡
罗昌林	男	佘市桥镇人	1972年7月在江家坡因工死亡
周尚清	男	文家乡人	1970年12月在江家坡因工死亡
关明辉	男	文家乡人	1972年在江家坡因工死亡
余远海	男	文家乡人	1972年在岩渠因工死亡
祝洛成	男	太浮镇人	1972年3月在段家桥因工死亡
鄢道勇	男	太浮镇人	1972年6月在段家桥因工死亡

续表

王丕均	男	柏枝乡人	1970 年 10 月在副坝因工死亡
胡祖概	男	烽火乡人	1967 年 4 月在栗谷咀因工死亡
万自南	男	烽火乡人	1969 年在枢纽因工死亡
张楚然	男	烽火乡人	1969 年 10 月在大食堂因工死亡
于有得	男	烽火乡人	1971 年在绿化组因工死亡
刘吉利	男	杨板乡人	1968 年 12 月因工死亡
黄银协	男	杨板乡人	1967 年在苏家垭因工死亡
袁祖溪	男	杨板乡人	1972 年 3 月在江家坡因工死亡
刘永玉	男	杨板乡人	1970 年 1 月在大坝因工死亡
陈国华	男	杨板乡人	1971 年 11 月在江家坡因工死亡
薛先福	男	杨板乡人	1971 年 8 月在江家坡因工死亡
马定国	男	杨板乡人	1972 年在江家坡因工死亡
赵学顺	男	杨板乡人	1971 年 12 月在江家坡因工死亡
辛从未	男	望城乡人	1966 年因工死亡
江国平	男	望城乡人	1970 年 9 月在林家垭竖井因工死亡
马宗志	男	望城乡人	1970 年 9 月在林家垭竖井因工死亡
刘五福	男	望城乡人	1970 年 9 月在林家垭竖井因工死亡

革命烈士英名录

1840～1927 年

曹邦福（1867～1898 年），男，合口镇高桥村人。1898 年 12 月在蔡家河桥南被反动当局杀害。

蔡昌显（1860～1898 年），男，合口镇澧阳村人。1898 年 12 月在蔡家河桥南被反动当局杀害。

丁成约（1894～1927 年），男，合口镇大云村人。1927 年 5 月在临澧县城被反动当局杀害。

王业贞（1906～1927 年），男，九里乡大山村人。1927 年 1 月在合口作战牺牲。

吴国香（1901～1927 年），男，合口镇芭茅村人。1927 年 8 月在合口镇合溪桥被反动当局杀害。

张永枝（1897～1927 年），男，文家乡潘家铺村人。1927 年 8 月在临澧县城被反动当局杀害。

张伯河（1907～1927 年），男，烽火乡观音庵村人。1954 年被县政府追认为革命烈士。

辛林如（1900～1927 年），男，安福镇护城村人。1927 年 7 月在临澧县衙后门被反动当局杀害。

邹相如（1905～1927 年），男，四新岗镇楼房村人。1927 年 12 月在县城下河塌被反动当局杀害。

陈德珍（1905～1927 年），男，九里乡泉水村人。1927 年 8 月在九里乡古分堰被反动当局杀害。

单伯友（1892～1927 年），男，文家乡雅林村人。1927 年 8 月在临澧县文家店被反动当局杀害。

周先海（1907～1927 年），男，九里乡大山村人。1927 年 6 月，在九里乡大山被反动当局杀害。

周家坤（1907～1927 年），男，修梅镇沃沙溪村人。1927 年在湖北省沙市市被反动当局杀害。

夏北侯（1903～1927 年），男，陈二乡响水垱村人。1927 年 5 月被反动当局集体枪杀。

蒋京城（1895～1927 年），男，柏枝乡柏枝村人。1927 年 12 月 16 日在临澧县城被反动当局杀害。

韩金保（1902～1927年），男，文家乡青龙寺村人。1927年在石门县白洋湖河塌被反动当局杀害。

1928～1937年

于忠迪（1903～1928年），男，新安镇南田寺村人。1928年5月在临澧县城被反动当局杀害。

文燮成（1902～1928年），男，陈二乡三板村人。1928年在临澧县城被反动当局杀害。

方百川（1902～1928年），男，九里乡太平村人。1928年在澧县北门外桃花滩被反动当局杀害。

王天才（1905～1928年），男，九里乡同心村人。1928年8月，在澧县县城被反动当局杀害。

邓绍甲（1896～1928年），男，望城乡宋玉村人。1928年5月，在临澧县城被反动当局杀害。

田自俭（1904～1928年），男，安福镇九姊村人。1928年9月，在临澧县城被反动当局杀害。

刘广法（1907～1928年），男，九里乡和平庄村人。1928年9月，在临澧县城被反动当局杀害。

刘复基（1898～1928年），男，柏枝乡岗上铺村人。1928年在石板滩卜家祠堂被反动当局杀害。

江维杰（1901～1928年），男，望城乡石柏村人。1928年10月16日在临澧县城被反动当局杀害。

张　仲（1908～1928年），男，文家乡张家村人。1928年5月在临澧县文家庙岗被反动当局杀害。

张南普（1891～1928年），男，烽火乡观音庵村人。1928年12月在临澧县城被反动当局杀害。

张福全（1893～1928年），男，烽火乡观音庵村人。1928年12在临澧县城被反动当局杀害。

汪厚坤（1905～1928年），男，停弦镇花林坪村人。1928年5月27日在临澧县城被反动当局杀害。

沈绪瑞（1904～1928年），男，柏枝乡高家村人。1928年在临澧县城被反动当局杀害。

苏季川（1900～1928年），男，九里乡太平村人。1928年10月，在临澧县城被反动当局杀害。

邹远望（1906～1928年），男，柏枝乡高家村人。1928年在临澧县城被反动当局杀害。

邹忠泮（1902～1928年），男，柏枝乡高家村人。1928年在临澧县城被反动当局杀害。

陈毓南（1898～1928年），男，望城乡杨岗村人。1928年11月在临澧县城被反动当局杀害。

周绍逸（1892～1928.9年），男，四新岗镇双九村人。1928年9月在长沙岳麓山被反动当局杀害。

徐承镛（1909～1928年），男，佘市桥镇道源村人。1928年在耒阳县作战阵亡。

秦岳楼（1896～1928年），男，柏枝乡九里村人。1928年6月18日，在柏枝台被反动当局杀害。

贾国喜（1901～1928年），男，文家乡大观村人。1928年在常德市石板滩门板洲被反动当局杀害。

贾松林（1906～1928年），男，文家乡张家村人。1928年5月在临澧县文家庙岗被反动当局杀害。

贾福桥（1897～1928年），男，文家乡文家村人。1928年5月在临澧县文家庙岗被反动当局杀害。

黄　鳌（1902～1928年），男，九里乡同心村伏牛山人。1924年5月，考入黄埔军校。1925年7月，被任命为第二军政治部秘书。1927年冬，任湖南省军委书记。1928年5月，任中国工农革命军第4军参谋长。9月5日，红四军主力奔袭澧县王家厂、大堰垱一带之敌，7日返回渫阳。贺龙、黄鳌带军部及少量警卫人员住刘家峪曾庆萱家。当晚，军部遭到敌教导师和当地团防两千多人的袭击，黄鳌不幸牺牲。

舒德厚（1903～1928年），男，望城乡杨岗村人。1928年10月，在临澧县城被反动当局杀害。

蒋保泰（1897～1928年），男，佘市桥镇高丰村人。1928年在湖北省公安斑竹垱被反动当局杀害。

张清云（1902～1929年），男，文家乡潘家铺村人。1929年在石门县磨市被反动当局杀害。

杨秀山（1898～1929年），男，文家乡得胜村人。1929年12月在临澧县城被反动当局杀害。

肖干卿（1899～1929年），男，安福镇清水村人。1929年1月在临澧县城被反动当局杀害。

陈进山（1901～1929年），男，陈二乡兴安村人。1929年在临澧县城被反动当局杀害。

唐安香（1912～1929年），男，合口镇金岗村人。1988年被省政府追认为革命烈士。

徐道南（1900～1929年），男，修梅镇周家村人。1929年5月13日在南县麻河口被反动当局杀害。

高云梯（1908～1929年），男，修梅镇白土村人。1929年在临澧县城下河埸被反动当局杀害。

彭子金（1907～1929年），女，文家乡雅林村人。1929年2月在慈利县三王峪被反动当局杀害。

谢景明（1908～1929年），男，新安镇李溶村人。1929年在长沙市岳麓山被反动当局杀害。

全受益（1906～1930年），男，四新岗镇七张村人。1930年在湖北省监利县被反动当局杀害。

关恒山（1907～1930年），男，陈二乡兴安村人。1930年7月在临澧县城被反动当局杀害。

张先文（1908～1930年），男，停弦渡镇复船村人。1930年在湖北省石首县作战牺牲。

张南官（1896～1930年），男，烽火乡观音庵村人。1930年在澧州作战牺牲。

邹治满（1904～1930年），男，四新岗镇永丰村人。1930年5月在临澧县城被反动当局杀害。

邹柏樵（1908～1930年），男，四新岗镇蔡家村人。1930年，在临澧县城被反动当局杀害。

侯延秋（1908～1930年），男，新安镇潘台村人。1930年在临澧县新安镇被反动当局杀害。

祝周成（1900～1930年），男，陈二乡星日村人。1930年11月在临澧县城被反动当局杀害。

廖卓然（1902～1930年），男，官亭乡樟树村人。1930年6月在湖北省鹤峰县作战牺牲。

颜老十（1910～1930年），男，四新岗镇楼房村人。1930年在临澧县城被反动当局杀害。

颜俊泉（1909～1930年），男，四新岗镇永丰村人。1930年在临澧县城被反动当局杀害。

颜俊峰（1912～1930年），男，四新岗镇楼房村人。1930年10月在临澧县城被反动当局杀害。

颜柏廷（1908～1930年），男，四新岗镇永丰村人。1930年在临澧县城被反动当局杀害。

颜海棠（1905～1930年），男，四新岗镇牌楼村人。1930年在澧县刘家河被反动当局杀害。

王祖银（1910～1931年），男，停弦渡镇红土村人。1931年，在石门县倪儿垭作战牺牲。

乔占魁（1903～1931年），男，柏枝乡石墨村人。1931年5月，在临澧县牯牛桥被反动当局杀害。

全文申（1900～1931年），男，四新岗镇七张村人。1931年在安乡县陆家渡作战牺牲。

印玉玺（1897～1931年），男，太浮镇高公村人。1931年1月，在临澧县城被反动当局杀害。

汪健夫（1912～1931年），男，停弦渡镇花林坪村人。1931年3月在石门县磨市被反动当局杀害。

林泽钧（1907～1931年），男，停弦渡镇红土村人。1931年11月在石门县贺家台作战牺牲。

傅道梯（1901～1931年），男，合口镇黄陵村人。1931年7月在石门县南北磡被反动当局杀害。

王世香（1901～1932年），男，九里乡伏牛村人。1932年在湖北省松滋县作战牺牲。

王再生（1906～1932年），男，柏枝乡七姑村人。1932年在湖北省武峰县白鹿庄被反动当局杀害。

全绍业（1907～1932年），男，四新岗镇珠日村人。1932年在湖北省洪湖县作战牺牲。

张应培（1902～1932年），男，四新岗镇七张村人。1932年5月在临澧县城被反动当局杀害。

汪毅夫（1903～1932年），男，停弦渡镇花林坪村人。1922年奔政考入湖南省群治法政专门学校，后考入黄埔军校第五期，并在该校加入中国共产党，1927年任中共临澧地下党、团混合特别支部书记。1928年，先后任中国工农红军第4军、第5团、第11团党代表、2旅党代表、11团政委等职。1931年3月任红3军政治部组织部长。1932年秋，在湖北省江陵，在错误的肃反中被害。

徐先文（1906～1932年），男，望城乡桂花村人。1932年在湖北省江陵县被错杀。

廖书安（1905～1932年），男，官亭乡樟树村人。1988年被省人民政府追认为革命烈士。

邹元生（1904～1932年），男，四新岗镇雨台村人。1927年参加革命，1928年加入中国共产党。系临澧县地下党、团临时县委委员，1927年入湘西红军游击队，后正式加入红军。1932年6月，回家为红军筹措资金，被人出卖，在临澧县城惨遭被反动当局杀害。

胡友全（1912～1933年），男，官亭乡团云村人。1933年，在龙山县作战牺牲。

唐安协（1908～1933年），男，合口镇金岗村人。1933年7月在湖北省沔阳县作战牺牲。

唐安清（1908～1933年），男，合口镇金岗村人。1933年7月在湖北省沔阳县作战牺牲。

黄秋芸（1909～1933年），女，江西省新赣县力江乡庄里村人，后迁居停弦渡镇。1933年，在江西省新赣县新赣河下被反动当局杀害。

谭毕东（1901～1933年），男，官亭乡长乐村人。1933年在云南省观音堂作战牺牲。

谭绍华（1894～1933年），男，官亭乡长乐村人。1933年，在湖北省洪湖县作战牺牲。

叶祖军（1909～1934年），男，修梅镇叶庙村人。1934年，在江西省源州作战牺牲。

肖伯衡（1903～1934年），男，杨板乡杨板村人，1934年12月15日在临澧县城反动当局杀害。

方业范（1917～1935年），男，停弦渡镇复船村人。1935年在湖北省西寨被反动当局杀害。

王三婆（1902～1935年），女，官亭乡枣木村人。1935年11月在官亭乡龙堤寺被反动当局杀害。

王业明（1907～1935年），男，官亭乡彭市村人。1935年11月在官亭乡罗家祠堂被反动当局杀害。

邓克华（1920～1935年），男，合口镇人参村人。1935年10月在合口镇人参铺被反动当局杀害。

卢业根（1916～1935年），男，停弦渡镇花林坪村人。1935年在石门县磨岗隘作战牺牲。

卢基美（1897～1935年），男，停弦渡镇花林坪村人。1935年在石门县磨岗隘作战牺牲。

向才顺（1915～1935年），男，新安镇下坪村人。1935年11月在桑植县瓦谷垱作战牺牲。

余世年（1908～1935年），男，新安镇古城村人。1935 年 9 月在龙凤山执行任务中遇害。

吴宏申（1903～1935 年），男，停弦渡镇新溪村人。1935 年在湖北省被反动当局杀害。

张如统（1901～1935 年），男，停弦渡镇大溪村人。1935 年在澧县县城被反动当局杀害。

杨大新（1913～1935 年），男，新安镇下坪村人。1935 年在红军长征途中失踪。1988 年 12 月 28 日，湖南省人民政府追认为革命烈士。

杨云培（1904～1935 年），男，新安镇下坪村人。1935 年在红军长征途中失踪。1988 年 12 月 28 日，湖南省人民政府追认为革命烈士。

肖延军（1915～1935 年），男，官亭乡樟树村人。1935 年，在红军长征途中失踪。1956 年 11 月 24 日，临澧县人民委员会追认为革命烈士。

肖承生（1906～1935 年），男，官亭乡桃树村人。1935 年在临澧县官亭罗家祠堂被反动当局杀害。

苏德忠（1913～1935 年），男，新安镇下坪村人。1935 年 11 月在红军长征途中失踪。1988 年 12 月 28 日，湖南省人民政府追认为革命烈士。

辛业秃（1907～1935 年），男，烽火乡陈义村人。1935 年参加革命。1935 年，在红军长征途中失踪。1956 年 3 月，临澧县人民委员会追认为革命烈士。

闵梅林（1901～1935 年），男，停弦渡镇大溪村人。1935 年在石门县雄磺洞被反动当局杀害。

陈忠定（1905～1935 年），男，九里乡和平庄村人。1935 年 10 月在石门县瓜子峪被反动当局杀害。

周文玖（1901～1935 年），男，修梅镇闸家村人。1935 年 8 月在桑植县作战牺牲。

庞道全（1893～1935 年），男，烽火乡陈义村人。1935 年，在红军长征途中失踪。1956 年 3 月，临澧县人民委员会追认为革命烈士。

林宇环（1906～1935 年），男，临澧县官亭乡桃树村人。1935 年在官亭罗家祠堂被反动当局杀害。

林泽宏（1903～1935 年），男，停弦渡镇牌楼村人。1935 年在湖北省石首县被反动当局杀害。

姜维均（1926～1935 年），男，慈利县国太桥乡磷矿村人，后迁居烽火乡龙凤山村。1935 年 10 月在慈利县磺厂被反动当局杀害。

胡开普（1905～1935 年），男，合口镇芭茅村人。1935 年 11 月在合口镇合溪桥被反动当局杀害。

胡定协（1908～1935 年），男，官亭乡碓井村人。1935 年 10 月在官亭乡罗家祠堂被反动当局杀害。

胡定卓（1911～1935 年），男，官亭乡碓井村人。1935 年在湖北省公安县高合堰被反动当局杀害。

胡定勋（1911～1935 年），男，官亭乡碓井村人。1935 年 10 月在官亭乡罗家祠堂被反动当局杀害。

唐双吧（1915～1935 年），男，官亭乡樟树村人。1935 年 10 月在石门县仙阳作战牺牲。

程泽益（1914～1935 年），男，新安镇冷水峪村人。1935 年，在红军途中失踪。1956 年 12 月 30 日，临澧县人民委员会追认为革命烈士。

谢士元（1897～1935 年），男，官亭乡双泉村人。1935 年 10 月在官亭乡罗家祠堂被反动当局杀害。

谭祖贵（1914～1935 年），男，官亭乡岩龙村人。1935 年，在红军长征途中失踪。1956 年 11 月 24 日，临澧县人民委员会追认为革命烈士。

戴世田（1898～1935 年），男，新安镇冷水峪村人。1935 年，在红军长征途中失踪。1956 年 12 月 30 日，临澧县人民委员会追认为革命烈士。

戴宏远（1916～1935 年），男，新安镇冷水峪村人。1935 年，在红军长征途中失踪。1956 年 12 月 30 日，临澧县人民委员会追认为革命烈士。

戴宏根（1909～1935 年），男，新安镇冷水峪村人。1935年，在红军长征途中失踪。1956年12月30日，临澧县人民委员会追认为革命烈士。

丁仕炎（1917～1936年），男，合口镇大云村人。1936年在红军长征途中失踪。1988年12月28日，湖南省人民政府追认为革命烈士。

丁成松（1900～1936年），男，合口镇大云村人。1936年在红军长征途中失踪。1988年12月28日，湖南省人民政府追认为革命烈士。

丁成炳（1911～1936年），男，合口镇大云村人。1936年在红军长征途中失踪。1988年12月28日，湖南省人民政府追认为革命烈士。

万义兵（1913～1936年），男，新安镇梁冯村人。1936年在红军长征途中失踪。1988年12月28日，湖南省人民政府追认为革命烈士。

于家尚（1915～1936年），男，合口镇中横街人。1936年在红军长征途中失踪。1988年12月28日，湖南省人民政府追认为革命烈士。

王万彪（1904～1936年），男，九里乡太平村人。1936年在湖北公安县藕池口作战牺牲。

王万柏（1910～1936年），男，合口镇菖蒲村人。1936年在红军长征途中失踪。1988年12月28日，湖南省人民政府追认为革命烈士。

王业新（1905～1936年），男九里乡同心村人。1936年在红军长征途中失踪。1988年12月28日，湖南省人民政府追认为革命烈士。

王作申（1912～1936年），男，县合口镇陈湖村人。1936年在红军长征途中失踪。1988年12月28日，湖南省人民政府追认为革命烈士。

王克鼎（1913～1936年），男，汉族，1913年出生，新安镇人。1935年8月参加中国工农红军，系红二军团战士。1936年四川省大渡河作战牺牲。安葬在四川省大渡河畔。

王良惠（1905～1936年），男，合口镇楠桥村人。1936年在红军长征途中失踪。1988年12月28日，湖南省人民政府追认为革命烈士。

王昌定（1915～1936年），男，新安镇上坪村人。1936年参加红军5月在金沙江失踪。1987年3月25日，临澧县人民政府追认为革命烈士。

王振达（1903～1936年），男，九里乡大山村人。1936年在红军长征途中失踪。1988年12月28日，湖南省人民政府追认为革命烈士。

王章舫（1918～1936年），男，合口镇菖蒲村人。1936年在红军长征途中失踪。1988年12月28日，湖南省人民政府追认为革命烈士。

乔未舫（1920～1936年），男，合口镇楠桥村人。1936年在红军长征途中失踪。1988年12月28日，湖南省人民政府追认为革命烈士。

伍福堂（1910～1936年），男，杨板乡水阁村人。1936年在红军长征途中失踪。1952年，临澧县人民政府追认为革命烈士。

刘宏银（1905～1936年），男，合口镇大堰村人。1936年在红军长征途中失踪。1988年12月28日，湖南省人民政府追认为革命烈士。

匡业钊（1920～1935年），男，合口镇龙池村人。1936年在红军长征途中失踪。1988年12月28日，湖南省人民政府追认为革命烈士。

匡东山（1919～1936年），男，合口镇龙池村人。1936年在红军长征途中失踪。1988年12月28日，湖南省人民政府追认为革命烈士。

匡祖珍（1903～1936年），男，合口镇龙池村人。1936年在红军长征途中失踪。1988年12月28日，湖南省人民政府追认为革命烈士。

匡德亮（1903～1936年），男，合口镇龙池村人。1936年在红军长征途中失踪。1988年12月28日，湖南省人民政府追认为革命烈士。

向多开（1903～1936年），男，新安镇上坪村人。1936年在红军长征途中失踪。1988年12月28日，湖南省人民政府追认为革命烈士。

向多金（1910～1936年），男，新安镇下坪村人。1936年在红军长征途中失踪。1956年12月30日，临澧县人民委员会追认为革命烈士。

向德怀（1911～1936年），男，新安镇下坪村人。1936年在红军长征途中作战牺牲。

孙祚全（1905～1936年），男，九里乡大山村人。1936年在红军长征途中失踪。1988年12月28日，湖南省人民政府追认为革命烈士。

朱双吧（1917～1936年），男，合口镇大堰村人。1936年在红军长征途中失踪。1988年12月28日，湖南省人民政府追认为革命烈士。

祁开国（1912～1936年），男，停弦渡镇古渡居委会人。1936年在红军长征途中失踪。1950年，澧县人民政府追认为革命烈士。

许道全（1904～1936年），男，九里乡九里岗村人。1936年在红军长征途中失踪。1988年12月28日，湖南省人民政府追认为革命烈士。

邢光友（1916～1936年），男，新安镇上坪村人。1936年在红军长征途中失踪。1988年12月28日，湖南省人民政府追认为革命烈士。

邢光炎（1917～1936年），男，新安镇上坪村人。1936年在红军长征途中失踪。1988年12月28日，湖南省人民政府追认为革命烈士。

邢焕玉（1907～1936年），男，新安镇上坪村人。1936年在红军长征途中失踪。1988年12月28日，湖南省人民政府追认为革命烈士。

何登典（1914～1936年），男，官亭乡天星村人。1936年在红军长征途中失踪。1988年12月28日，湖南省人民政府追认为革命烈士。

何德寿（1916～1936年），男，合口镇坪水村人。1936年在红军长征途中失踪。1988年12月28日，湖南省人民政府追认为革命烈士。

吴远海（1913～1936年），男，合口镇坪水村人。1936年在红军长征途中失踪。1988年12月28日，湖南省人民政府追认为革命烈士。

吴泽贵（1913～1936年），男，合口镇坪水村人。1936年在红军长征途中失踪。1988年12月28日，湖南省人民政府追认为革命烈士。

吴泽望（1913～1936年），男，合口镇坪水村人。1936年在红军长征途中失踪。1988年12月28日，湖南省人民政府追认为革命烈士。

吴经元（1915～1936年），男，合口镇人参村人。1936年在红军长征途中失踪。1988年12月28日，湖南省人民政府追认为革命烈士。

吴经泮（1903～1936年），男，合口镇人参村人。1936年在红军长征途中失踪。1988年12月28日，湖南省人民政府追认为革命烈士。

吴家桃（1913～1936年），男，合口镇芭茅村人。1936年在红军长征途中失踪。1988年12月28日，湖南省人民政府追认为革命烈士。

张永泉（1903～1936年），男合口镇人参村人。1936年在红军长征途中失踪。1988年12月28日，湖南省人民政府追认为革命烈士。

张祖树（1902～1936年），男，官亭乡青龙村人。1936年在红军长征途中失踪。1988年12月28日，湖南省人民政府追认为革命烈士。

张贵州（1919～1936年），男，九里乡大山村人。1936年在红军长征途中失踪。1988年12月28日，湖南省人民政府追认为革命烈士。

张继福（1919～1936年），男，太浮镇兴隆村人。1936年在山东省肥城县作战牺牲。

张清然（1913～1936年），男，新安镇澹阳村人。1936年在红军长征途中作战牺牲。

张黑吧（1893～1936年），男，合口镇人参村人。1936年在红军长征途中失踪。1988年12月28日，湖南省人民政府追认为革命烈士。

张德梅（1902～1936年），男，合口镇人参村人。1936年在红军长征途中失踪。1988年12月28日，湖南省人民政府追认为革命烈士。

张应海（1908～1936年），男，四新岗镇七张村人。1936年在红军长征途中失踪。1988年12月28日，湖南省人民政府追认为革命烈士。

李大树（1921～1936年），男，新安镇李溶村人。1936年在红军长征途中失踪。1956年，临澧县人民委员会追认为革命烈士。

李作义（1897～1936年），男，合口镇大云村人。1936年在红军长征途中失踪。1988年12月28日，湖南省人民政府追认为革命烈士。

李柏林（1913～1936年），男，九里乡兴隆村人。1936年在红军长征途中失踪。1988年12月28日，湖南省人民政府追认为革命烈士。

李福禄（1905～1936年），男，合口镇管渡村人。1936年在红军长征途中失踪。1988年12月28日，湖南省人民政府追认为革命烈士。

杜修道（1912.3～1936年），男，合口镇三合村人。1936年在红军长征途中失踪。1988年12月28日，湖南省人民政府追认为革命烈士。

杨隆培（1908～1936年），男，新安镇上坪村人。1936年在红军长征途中失踪。1988年12月28日，湖南省人民政府追认为革命烈士。

杨道易（1912～1936年），男，停弦渡镇栗山村人。1936年1月在贵州石阡县作战牺牲。

汪佐广（1916～1936年），男，停弦渡镇花林坪村人。1936年在陕甘宁边区作战牺牲。

汪佐福（1920～1936年），男，停弦渡镇花林坪村人。1936年在陕甘宁边区作战牺牲。

肖世乾（1916～1936年），男，官亭乡青合村人。1936年在红军长征途中失踪。1988年12月28日，湖南省人民政府追认为革命烈士。

肖延国（1917～1936年），男，官亭天星村人。1936年在红军长征途中于草原阿坝病故。

肖宏金（1915～1936年），男，合口镇郊区人。1936年在红军长征途中失踪。1988年12月28日，湖南省人民政府追认为革命烈士。

肖承桃（1910～1936年），男，官亭乡天星村人。1936年11月在甘肃省包州作战牺牲。

肖隆吧（1913～1936年），男，官亭乡天星村人。1936年在甘肃省天水县溪口作战牺牲。

苏尚益（1917～1936年），男，九里乡万岗村人。1936年在红军长征途中失踪。1988年12月28日，湖南省人民政府追认为革命烈士。

苏昭品（1915～1936年），男，新安镇下坪村人。1936年在红军长征途中失踪。1988年12月28日，湖南省人民政府追认为革命烈士。

苏德卫（1918～1936年），男，合口镇三合村人。1936年在红军长征途中失踪。1988年12月28日，湖南省人民政府追认为革命烈士。

邱丕让（1913～1936年），男，九里乡邱桥村人。1936年在红军长征途中失踪。1988年12月28日，湖南省人民政府追认为革命烈士。

邵友信（1910～1936年），男，合口镇黄陵村人。1936年在红军长征途中失踪。1988年12月28日，湖南省人民政府追认为革命烈士。

邵望喜（1920～1936年），男，合口镇富强村人。1936年在红军长征途中失踪。1988年12月28日，湖南省人民政府追认为革命烈士。

邵朝梯（1910～1936年），男，合口镇富强村人。1936年在红军长征途中失踪。1988年12月28日，湖南省人民政府追认为革命烈士。

陈元岳（1912～1936年），男，合口镇龙岗村人。1936年在红军长征途中失踪。1988年12月28日，湖南省人民政府追认为革命烈士。

陈圣和（1912～1936年），男，新安镇古城村人。1936年在红军长征途中失踪。1988年12月28日，湖南省人民政府追认为革命烈士。

陈桂生（1913～1936年），男，合口镇西区村人。1936年在红军长征途中失踪。1988年12月28日，湖南省人民政府追认为革命烈士。

陈桂生（1913～1936年），男，合口镇西区村人。1936年在红军长征途中失踪。1988年12月28日，湖南省人民政府追认为革命烈士。

陈登科（1905～1936年），男，新安镇古城村人。1936年在红军长征途中失踪。1956年，临澧县人民委员会追认为革命烈士。

周仁朝（1915～1936年），男，合口镇金岗村人。1936年在红军长征途中失踪。1988年12月28日，湖南省人民政府追认为革命烈士。

周用信（1911～1936年），男，合口镇木行街（今中横街）人。1936年在红军长征途中失踪。1988年12月28日，湖南省人民政府追认为革命烈士。

周宇庆（1917～1936年），男，官亭乡青合村人。1936年在红军长征途中失踪。1988年12月28日，湖南省人民政府追认为革命烈士。

周泽树（1901～1936年），男，合口镇大堰村人。1936年在红军长征途中失踪。1988年12月28日，湖南省人民政府追认为革命烈士。

林攸荣（1919～1936年），男，官亭乡竹龙村人。1936年在贵州省娄山关作战牺牲。

郑德生（1898～1936年），男，汉族，1898年5月出生，今临澧县合口镇陈湖村人。1935年8月参加中国工农红军，系红二军团战士。1936年在红军长征途中失踪。1988年12月28日，湖南省人民政府追认为革命烈士。

郑德香（1911～1936年），男，合口镇金岗村人。1936年在红军长征途中失踪。1988年12月28日，湖南省人民政府追认为革命烈士。

侯令祥（1903～1936年），男，新安镇潘台村人。1936年在红军长征途中失踪。1988年12月28日，湖南省人民政府追认为革命烈士。

侯延山（1911～1936年），男，新安镇潘台村人。1936年在红军长征途中失踪。1988年12月28日，湖南省人民政府追认为革命烈士。

侯延桂（1907～1936年），男，新安镇潘台村人。1936年在红军长征途中失踪。1988年12月28日，湖南省人民政府追认为革命烈士。

侯延跃（1905～1936年），男，新安镇潘台村人。1936年在红军长征途中失踪。1988年12月28日，湖南省人民政府追认为革命烈士。

姜辅轩（1908～1936年），男，合口镇中横街人。1936年在西康作战牺牲。

姜辅武（1919～1936年），男，停弦渡镇栗山村人。1936年在红军长征途中失踪。1988年12月28日，湖南省人民政府追认为革命烈士。

胡光柏（1916～1936年），男，合口镇澧阳村人。1936年在红军长征途中失踪。1988年12月28日，湖南省人民政府追认为革命烈士。

胡兴潮（1918～1936年），男，九里乡兴隆村人。1936年在红军长征途中失踪。1988年12月28日，湖南省人民政府追认为革命烈士。

胡兴耀（1917～1936年），男，九里乡兴隆村人。1936年在红军长征途中失踪。1988年12月28日，湖南省人民政府追认为革命烈士。

胡宏锡（1917～1936年），男，合口镇芭茅村人1936年在红军长征途中失踪。1988年12月28日，湖南省人民政府追认为革命烈士。

胡国生（1913～1936年），男，1936年在红军长征途中失踪。1988年12月28日，湖南省人民政府追认为革命烈士。

胡定兴（1909～1936年），男，新安镇潘台村人。1936年在红军长征途中失踪。1988年12月28日，湖南省人民政府追认为革命烈士。

胡定耀（1905～1936年），男，官亭乡双泉村人。1936年，在红军长征途中失踪。1988年12月28日，湖南省人民政府追认为革命烈士。

胡朋吧（1917～1936年），男，合口镇芭茅村人。1936年在红军长征途中失踪。1988年12月28日，湖南省人民政府追认为革命烈士。

赵毛吧（1919～1936年），男，九里乡兴隆村人。1936年在红军长征途中失踪。1988年12月28日，湖南省人民政府追认为革命烈士。

赵传书（1900～1936年），男，停弦渡镇山洲村人。1936年在四川省金沙江作战牺牲。

赵忠普（1915～1936年），男，合口镇中横街人。1936年在红军长征途中失踪。1988年12月28日，湖南省人民政府追认为革命烈士。

赵厚安（1909～1936年），男，修梅镇新坪村人。1936年在红军长征途中失踪。1956年12月30日，临澧县人民委员会追认为革命烈士。

钦兴德（1905～1936年），男，官亭乡双泉村人。1936年在红军长征途中失踪。1988年12月28日，湖南省人民政府追认为革命烈士。

夏宏长（1917～1936年），男，合口镇黄陵村人。1936年在红军长征途中失踪。1988年12月28日，湖南省人民政府追认为革命烈士。

徐述清（1914～1936年），男，合口镇坪水村人。1936年在红军长征途中失踪。1954年，临澧县人民政府追认为革命烈士。

袁炳生（1915～1936年），男，九里乡打石村人。1936年在红军长征途中失踪。1988年12月28日，湖南省人民政府追认为革命烈士。

曹永炳（1912～1936年），男，合口镇三合村人。1936年在红军长征途中失踪。1988年12月28日，湖南省人民政府追认为革命烈士。

黄子和（1912～1936年），男，九里乡九里岗村人。1936年在红军长征途中失踪。1988年12月28日，湖南省人民政府追认为革命烈士。

黄小春（1918～1936年），男，官亭乡青龙村人。1936年在红军长征途中失踪。1988年12月28日，湖南省人民政府追认为革命烈士。

黄仕立（1905～1936年），男，九里乡九里岗村人。1936年在红军长征途中失踪。1988年12月28日，湖南省人民政府追认为革命烈士。

黄明春（1918～1936年），男，官亭乡青龙村人。1936年在红军长征途中失踪。1988年12月28日，湖南省人民政府追认为革命烈士。

黄承印（1915～1936年），男，官亭乡凤星村人。1936年在红军长征途中失踪。1988年12月28日，湖南省人民政府追认为革命烈士。

黄明署（1912～1936年），男，新安镇双楼村人。1936年在红军长征途中失踪。1988年12月28日，湖南省人民政府追认为革命烈士。

黄茂桃（1903～1936年），男，九里乡同心村人。1936年在红军长征途中失踪。1988年12月28日，湖南省人民政府追认为革命烈士。

黄继丙（1914～1936年），男，官亭乡凤星村人。1936年在红军长征途中失踪。1988年12月28日，湖南省人民政府追认为革命烈士。

黄黑吧（1917～1936年），男，合口镇黄陵村人。1936年在红军长征途中失踪。1988年12月28日，湖南省人民政府追认为革命烈士。

龚伦学（1911～1936年），男，合口镇双堰村人。1936年在红军长征途中失踪。1988年12月28日，湖南省人民政府追认为革命烈士。

傅道炎（1907～1936年），男，合口镇黄陵村人。1936年在红军长征途中失踪。1988年12月28日，湖南省人民政府追认为革命烈士。

蒋兴堂（1912～1936年），男，九里乡兴隆岗村人。1936年在红军长征途中失踪。1988年12月28日，湖南省人民政府追认为革命烈士。

蒋保寿（1909～1936年），男，合口镇陈湖村人。1936年在红军长征途中失踪。1988年12月28日，湖南省人民政府追认为革命烈士。

谢显柏（1908～1936年），男，新安镇西区人。1936年在红军长征途中失踪。1956年12月30日，临澧县人民委员会追认为革命烈士。

韩忠伯（1903～1936年），男，官亭乡竹龙村人。1936年在红军长征途中失踪。1988年12月28日，湖南省人民政府追认为革命烈士。

廖正楚（1912～1936年），男，官亭乡天星村人。1936年在红军长征途中失踪。1988年12月28日，湖南省人民政府追认为革命烈士。

廖兴吧（1913～1936年），男，合口镇黄陵村人。1936年在红军长征途中失踪。1988年12月28日，湖南省人民政府追认为革命烈士。

熊宣禄（1913～1936年），男，合口镇人参村人。1936年在红军长征途中失踪。1988年12月28日，湖南省人民政府追认为革命烈士。

翟友甲（1903～1936年），男，新安镇澹阳村人。1936年在红军长征途中失踪。1988年12月28日，湖南省人民政府追认为革命烈士。

翟友和（1906～1936年），男，新安镇澹阳村人。1936年在红军长征途中失踪。1988年12月28日，湖南省人民政府追认为革命烈士。

蔡圣福（1903～1936年），男，合口镇澧阳村人。1936年在红军长征途中失踪。1988年12月28日，湖南省人民政府追认为革命烈士。

蔡永春（1901～1936年），男，合口镇龙池村人。1936年在红军长征途中失踪。1988年12月28日，湖南省人民政府追认为革命烈士。

谭么吧（1919～1936年），男，官亭乡青龙村人。1936年在红军长征途中失踪。1988年12月28日，湖南省人民政府追认为革命烈士。

谭云初（1911～1936年），男，官亭乡青龙村人。1936年在红军长征过草地时牺牲。

谭永芹（1900～1936年），男，官亭乡岩龙村人。1936年在红军长征过草地时牺牲。

谭永香（1899～1936年），男，官亭乡竹龙村人。1936年在贵州省娄山关作战牺牲。

谭永富（1910～1936年），男，官亭乡岩龙村人。1936年6月在四川省甘孜过河中牺牲。

谭启厚（1892～1936年），男，新安镇上坪村人。1936年在红军长征途中失踪。1988年12月28日，湖南省人民政府追认为革命烈士。

谭绍喜（1905～1936年），男，九里乡涔南村（今澧县大堰垱镇涔南村）人。1936年在红军长征途中失踪。1988年12月28日，湖南省人民政府追认为革命烈士。

谭惠卓（1918～1936年），男，九里乡九里岗村人。1936年在红军长征途中失踪。1988年12月28日，湖南省人民政府追认为革命烈士。

滕自桃（1923～1936年），男，合口镇金岗村人。1936年在红军长征途中失踪。1988年12月28日，湖南省人民政府追认为革命烈士。

黎竹林（1900～1936年），男，新安镇古城村人。1936年在红军长征途中失踪。1988年12月28日，湖南省人民政府追认为革命烈士。

史训川（1906～1937年），男，停弦渡镇史家坪村人。1937年在桃源县姜家大屋被反动当局杀害。

张运生（1911～1937年），男，九里乡伏牛村人。1937年在陕西省潼关作战牺牲。

辛泉清（1915～1937年），男，烽火乡藕池村人。1937年在延安保卫战中牺牲。

蒋春舫（1899～1937年），男，九里乡岩桥村人。1937年在湖北省牺牲。

1938～1945年

吴修棋（1917～1938年），男，杉板乡青山村人。1938年在红军长征途中失踪。1961年10月，常德专署追认为革命烈士。

谭永海（1917～1938年），男，官亭乡岩龙村人。1938年在晋察冀边区袭击日军作战牺牲。

苏久和（1905～1939年），男，新安镇下坪村人。1939年7月在陕西省湖坪失踪。1988年12月28日，湖南省人民政府追认为革命烈士。

苏久松（1919～1939年），男，新安镇下坪村人。1939年7月在陕西省湖坪失踪。1988年12月28日，湖南省人民政府追认为革命烈士。

苏德泰（1920～1939年），男，新安镇下坪村人。1939年7月在陕西省湖坪失踪。1988年12月28日，湖南省人民政府追认为革命烈士。

颜泽民（1899～1939年）男，安福镇文塘村人。1939年在湖北省洪湖县作战牺牲。

邓克镜（1919～1940年），男，新安镇杉龙村人。1940年在陕北作战牺牲。

向多学（1911～1940年），男，新安镇下坪村人。1940年在陕北作战牺牲。

向德玉（1911～1940年），男，新安镇下坪村人。1940年在陕西省栗子镇作战牺牲。

胡达振（1922～1940年），男，九里乡双凤村人。1940年在四川省失踪。1988年12月28日，湖南省人民政府追认为革命烈士。

虞圣保（1913～1940年），男，新安镇下坪村人。1940年在延安作战牺牲。

谭绍询（1907～1940年），男，官亭乡长乐村人。1940年在澧县北门外桃花滩英勇就义。

戴世华（1918～1940年），男，新安镇冷水峪村人。1940年在陕北作战牺牲。

王兴元（1905～1942年），男，新安镇化垱村人。1942年在河北省承庄镇白头山作战牺牲。

蒋耿石（1918～1942.2年），男，今安福镇文化街人。1942年在河北省作战牺牲。

郭　凡（藩）（1903～1943年），男，文家乡大观村人。1943年在陕北作战牺牲。

祁运惠（1919～1944年），男，停弦渡镇停弦村人。1944年在陕西省失踪。1988年12月28日，湖南省人民政府追认为革命烈士。

洪丕章（1909～1944年），男，修梅乡顺水村人。1944年在陕西省失踪。1988年12月28日，湖南省人民政府追认为革命烈士。

金文元（1917～1945年），男，九里乡伏牛村人。1945年在陕北作战牺牲。

1946～1949年

赵学识（1913～1946年），男，停弦渡镇大溪村人。1946年被敌反动当局杀害。

潘成元（1892～1946年），男，安福镇下河街人。1946年10月在湖南衡阳市郊被反动当局杀害。

袁祖进（1915～1947年），男，九里乡打石村人。1947年在河南省开封市失踪。1988年12月28日，湖南省人民政府追认为革命烈士。

黄继满（1916～1947年），男，官亭乡桃树村人。1947年在甘肃省失踪。1988年12月28日，湖南省人民政府追认为革命烈士。

薛有才（1923～1947年），男，烽火乡薛家坪村人。1947年10月在河南汲县作战牺牲。

张南武（1891～1948年），男，烽火乡观音庵村人。1948年5月在澧县县城被反动当局杀害。

朱泽西（1927～1949 年），男，文家乡大观村人。1949 12 月在四川省大邑县作战牺牲。

吴宏炳（1925～1949 年），男，杉板乡青山村人。1949 年在四川省苍溪县文武昌作战牺牲。

李忠涛（1925～1949 年），男，停弦渡镇花林坪村人。1949 年在大庸县城西门外被反动当局杀害。

杨孚楚（1929～1949 年），男，望城乡杨岗村人。1949 年 11 月在临澧县高公桥被反动当局杀害。

庞　彪（1923～1949 年），男，烽火乡南田村人。1949 年在塘沽材料厂行军时牺牲。

罗先盛（1952～1949 年），男，临澧县人。1949 年 5 月解放上海时作战牺牲。

胡佑坤（1923～1949 年），男，烽火乡陈家河村人。1949 年 10 月在宋玉城被土匪杀害。

胡定玉（1925～1949 年），男，临澧县人。1949 年 5 月解放上海时作战牺牲。

黄细亚（1928～1949 年），女，新安镇冷水峪村人（今石门县新铺乡红专村塞口庙）人。1949 年 9 月 29 日晚，黄细亚等 32 名共产党人被军统特务押到重庆松林坡马路旁集体杀害。

1950～2006 年

于忠仕（1929～1950 年），男，新安镇双楼村人。1950 年 9 月失踪。1988 年 12 月 14 日，临澧县人民政府追认为革命烈士。

文定友（1928～1950 年），男，陈二乡金家村人。1950 年 12 月在朝鲜战场失踪。1963 年，临澧县人民政府追认为革命烈士。

朱伯贤（1926～1950 年），男，陈二乡朱伦村人。1950 年 12 月在朝鲜新义州作战牺牲。

张照进（1923～1950 年），男，望城乡杨岗村人。1949 年 9 月参加革命。系四川省川南军区政治部侦察员。1950 年 4 月在四川省简阳县剿匪时作战牺牲。安葬在四川省简阳县。

杨成松（1928～1950 年），男，陈二乡金家村人。1950 年 2 月在临澧王化桥被土匪杀害。

杨国进（1923～1950 年），男，太浮镇双福村人。1950 年在太浮山王化桥被土匪杀害。

章开晦（1930～1950 年），男，柏枝乡傲山村人。1950 年在朝鲜连川县所宁桂五洞牺牲。

颜泽茂（1895～1950 年），男，望城乡同欢村人。1950 年在望城乡同欢村被土匪杀害。

黎进国（1924～1950 年），男，陈二乡黎家村人。1950 年在朝鲜咸镜南道新兴里作战牺牲。

马先海（1929～1951 年），男，杨板乡唐家坪村人。1951 年 1 月在云南省昆明市执行任务中失踪。1988 年 12 月 14 日，临澧县人民政府追认为革命烈士。

文春林（1921～1951 年），男，陈二乡万福村人。1951 年在朝鲜作战牺牲。

王云龙（1928～1951 年），男，九里乡大山村人。1951 年 8 月在朝鲜大管里作战牺牲。

王云喜（1926～1951 年），男，望城乡余丰村人。1951 年 6 月在湖北省汉阳因公牺牲。

向多寿（1913～1951 年），男，杨板乡仙女村人。1951 年在朝鲜汉江北岸三石里作战牺牲。

向多春（1922～1951 年），男，杨板乡跑马村人。1951 年在朝鲜战场失踪。1956 年 5 月 6 日，临澧县人民委员会追认为革命烈士。

齐云桃（1924～1951 年），男，柏枝乡荷花村人。1951 年 2 月在朝鲜岩月山作战牺牲。

严炳祥（1918～1951 年），男，文家乡龙潭村人。1951 年在朝鲜作战牺牲。

张万涛（1922～1951 年），男，文家乡洛家村人。1951 年在朝鲜作战牺牲。

张开福（1922～1951 年），男，九里乡岩桥村人。1951 年 3 月在朝鲜作战牺牲。

张景福（1932～1951 年），男，杨板乡水阁村人。1951 年 3 月在朝鲜汉江北岸作战牺牲。

李恒山（1920.3～1951 年），男，文家乡张家村人。1951 年 2 月 19 日在朝鲜作战牺牲。

李登基（1926～1951 年），男，柏枝乡岗上铺村人。1951 年 4 月 22 日在朝鲜作战牺牲。

杨国清（1930～1951年），男，杉板乡月星村人。1951年5月17日在朝鲜作战牺牲。

杨松林（1925～1951年），男，文家乡大观村人。1951年10月18日在朝鲜作战牺牲。

肖必业（1922～1951年），男，烽火乡花果村人。1951年3月在朝鲜洪川郡作战牺牲。

邵兴堂（1922～1951年），男，陈二乡大江村人。1951年6月在朝鲜作战负伤逝世。

陈　坚（1925～1951年），男，四新岗镇斋阳村人。1951年1月25日在朝鲜作战牺牲。

陈裕福（1926～1951年），男，烽火乡观音庵村人。1951年10月18日在朝鲜作战牺牲。

周乃孔（1927～1951年），男，望城乡临安村人。1951年10月13日在朝鲜作战牺牲。

周远发（1928～1951年），男，柏枝乡永乐村人。1951年2月12日在朝鲜作战牺牲。

罗昌敬（1930～1951年），男，官亭乡凤星村人。1951年9月在朝鲜江原道作战牺牲。

洪振文（1928～1951年），男，杨板乡楼房坡村人。1951年5月15日在朝鲜作战牺牲。

赵忠炳（1929～1951年），男，佘市桥镇高丰村人。1951年9月26日在朝鲜作战牺牲。

郭俭英（1930～1951年），男，修梅镇土地垭村人。1951年2月12日在朝鲜作战牺牲。

戴寿保（1924～1951年），男，文家乡五道村人。1951年10月在朝鲜靖川作战牺牲。

万朋友（1927～1952年），男，合口镇回龙村人。1952年12月13日在朝鲜作战牺牲。

田宗正（1927～1952年），男，望城乡余丰村人。1952年在朝鲜京畿道作战牺牲。

刘昌海（1928～1952年），男，文家乡得胜村人。1952年在朝鲜作战牺牲。

向多前（1927～1952年），男，杨板乡跑马村人。1952年在朝鲜仁川作战牺牲。

江正福（1922～1952年），男，安福镇梅溪村人。1952年在朝鲜作战牺牲。

余永岸（1923～1952年），男，停弦渡镇童洲村人。1952年12月在朝鲜上甘岭作战牺牲。

余满堂（1924～1952年），男，文家乡余家村人。1952年3月在朝鲜作战牺牲。

吴修松（1925～1952年），男，新安镇上坪村人。1952年7月在朝鲜上浦坊作战牺牲。

张申乐（1923～1952年），男，文家乡张家村人。1952年5月在四川省大邑县作战牺牲。

杜芳润（1924～1952年），男，修梅镇白堰村人。1952年1月在朝鲜战场遭敌机袭击牺牲。

肖本生（1929～1952年），男，安福镇清水村人。1952年在朝鲜作战牺牲。

辛先和（1928～1952年），男，安福镇梅溪村人。1952年6月14日在朝鲜作战牺牲。

陈上松（1933～1952年），男，修梅镇铁锣堰村人。1952年5月14日在朝鲜作战牺牲。

陈先南（1934～1952年），男，杨板乡云林村人。1952年2月在开封市北南单寨牺牲。

陈隆国（1928～1952年），男，合口镇龙岗村人。1952年11月在朝鲜作战牺牲。

欧阳美玉（1933～1952年），女，安福镇文化街人。1952年7月13日在朝鲜作战牺牲。

赵正松（1932～1952年），男，安福镇寒溪村人。1952年11月在荆江分洪抢险时牺牲。

章祖玉（1926～1952年），男，合口镇大云村人。1952年12月26日在朝鲜作战牺牲。

傅关垒（1927～1952年），男，合口镇富强村人。1952年1月在朝鲜作战牺牲。

彭义山（1929～1952年），男，四新岗镇杨柳村人。1952年10月10日在朝鲜作战牺牲。

程小初（1921～1952年），男，新安镇冷水峪村人。1952年6月18日在朝鲜作战牺牲。

王洪之（1934～1953年），男，望城乡余丰村人。1953年6月在朝鲜作战牺牲。

王桢松（1926～1953年），男，桑植县芙蓉乡芙蓉村人。后迁居今临澧县九里乡。1953年在朝鲜作战牺牲。

邓永次（1933～1953年），男，修梅镇合丰村人。1953年6月14日在朝鲜作战牺牲。

邓远全（1923～1953年），男，停弦渡镇新溪村人。1953年5月27日在朝鲜作战牺牲。

关禹堂（1926～1953 年），男，太浮镇王化村人。1953 年 6 月在朝鲜作战牺牲。

刘永福（1923～1953 年），男，安福镇寒溪村人。1953 年 5 月 27 日在朝鲜作战牺牲。

刘芪安（1932～1953 年），男，佘市桥镇建楼村人。1953 年 7 月在朝鲜作战牺牲。

宋世松（1934～1953 年），男，佘市桥镇道源村人。1953 年 4 月 20 日在朝鲜作战牺牲。

宋超选（1933～1953 年），男，佘市桥镇总庙村人。1953 年 7 月在朝鲜作战牺牲。

张德贵（1928～1953 年），男，合口镇金岗村人。1953 年 3 月在朝鲜作战牺牲。

李忠强（1927～1953 年），男，停弦渡镇花林坪村人。1953 年 6 月 17 日在朝鲜作战牺牲。

李德溶（1919～1953 年），男，杨板乡南岳村人。1953 年 3 月 13 日在朝鲜铁原郡作战牺牲。

杨成之（1923～1953 年），男，太浮镇兴隆村人。1953 年 7 月 25 日在朝鲜金城作战牺牲。

汪国泉（1929～1953 年），男，修梅镇罗仙村人。1953 年 2 月 9 日在朝鲜作战牺牲。

沈绪林（1930～1953 年），男，修梅镇鸡山村人。1953 年 6 月 26 日在朝鲜作战牺牲。

肖世福（1923～1953 年），男，停弦渡镇大溪村人。1953 年 5 月 29 日在朝鲜作战牺牲。

肖宏树（1928～1953 年），男，杨板乡玉皇庙村人。1953 年 7 月 11 日在朝鲜作战牺牲。

肖崇顺（1923～1953 年），男，安福镇清水村人。1953 年 5 月 29 日在朝鲜作战牺牲。

闵世伯（1928～1953 年），男，停弦渡镇大溪村人。1953 年 6 月 14 日在朝鲜作战牺牲。

陈长兴（1925～1953 年），男，九里乡泉水村人。1953 年 7 月在朝鲜作战牺牲。

陈玉清（1924～1953 年），男，九里乡泉水村人。1953 年 7 月在朝鲜作战牺牲。

陈基树（1930～1953 年），男，停弦渡镇花林坪村人。1953 年 9 月 19 日在朝鲜作战牺牲。

赵忠全（1923～1953 年），男，修梅镇周家村人。1953 年 6 月 17 日在朝鲜作战牺牲。

黄道海（1933～1953 年），男，杨板乡唐家坪村人。1953 年 1 月在朝鲜江原道作战牺牲。

鲁开钧（1931～1953 年），男，柏枝乡双龙村人。1953 年 5 月 28 日在朝鲜作战牺牲。

黎忠清（1928～1953 年），男，新安镇南田村人。1953 年在长沙市因公牺牲。

田耘镳（1925～1954 年），男，陈二乡南垱村人。1954 年 5 月在临澧县第二区临南乡因抢救人民财产而英勇献身。同年临澧县人民政府追认为革命烈士。

王本纯（1940～1962 年），男，新安镇西区人。1962 年在广东省徐闻县因事故牺牲。

张兴福（1927.12～1962 年），男，烽火乡观音庵村人。1962 年 3 月在四川成都市因公牺牲。

邱丕殿（1918～1962 年），男，九里乡邱桥村人。1962 年 12 月在九里乡抢救国家财产牺牲。

刘桂涛（1947～1967 年），男，停弦渡镇重阳村人。1967 年 6 月在越南作战牺牲。

孙芹昌（1947～1967 年），男，陈二乡两岔村人。1967 年 3 月在海南岛因公牺牲。

杨孚忠（1949～1967 年），男，烽火乡六方洲村人。1967 年 7 月在广东省汕头市牛田洋抗击特大台风、暴雨、海潮的战斗中牺牲。

肖举严（1945～1967 年），男，杨板乡云林村人。1967 年 9 月在江西省安远县因公牺牲。

廖廷锐（1945～1967 年），男，新安镇高兴村人。1967 年在广西桂林市因公牺牲。

胡昌贤（1942～1967 年），男，柏枝乡雨台村胡家上湾人。1967 年在中越边境作战中牺牲。

刘楚山（1948～1971 年），男，九里乡谭河村人。1971 年 6 月 23 日在福建省因公牺牲。

刘祖贵（1945～1972 年），男，停弦渡镇铁湾村人。1972 年在广西军事训练时牺牲。

刘朝南（1948～1973 年），男，杨板乡玉皇村人。1973 年 9 月 10 日在广西桂林市因公牺牲。

吴世舫（1952～1974 年），男，合口镇人参村人。1974 年在河北省战备训练中牺牲。

黎绍新（1954～1975 年），男，新安镇东区人。1975 年在河北省承德市因公牺牲。

辛福元（1951～1977 年），男，安福镇梅溪村人。1977 年 6 月在海南岛澄迈县因公牺牲。

陈仕桂（1942～1977 年），男，新安镇樟木村人。1977 年 12 月 3 日在慈利县因事故牺牲。

陈昌长（1947～1977 年），男，合口镇菖蒲村人。1977 年在合口镇菖蒲村惨遭杀害。

靳湘军（1954～1977 年），男，山东省福山县门楼乡东周格村人，后迁居临澧县城关镇（今安福镇）。1977 年 9 月 15 日在河北省徐水县因公牺牲。

于乾杰（1958～1979 年），男，新安镇南田村人。1979 年 3 月 4 日在对越反击战中牺牲。

王世银（1960～1979 年），男，九里乡大山村人。1979 年在中越边境执行战备任务时牺牲。

王安云（1959～1979 年），男，佘市桥镇建楼村人。1979 年 2 月 26 日在对越反击战中牺牲。

王焕平（1956～1979 年），男，修梅镇卞家塝村人。1979 年年 2 月 19 日在对越反击战中牺牲。

卢业桃（1958～1979 年），男，修梅镇凉水井村人。1979 年 2 月 17 日在对越反击战中牺牲。

田维庆（1957～1979 年），男，官亭乡凤星村人。1979 年 3 月 5 日在对越反击战中牺牲。

张远和（1958～1979 年），男，修梅镇千人村人。1979 年 2 月 17 日在对越反击战中牺牲。

张建初（1959.12～1979 年），男，文家乡丰登村人。1979 年年 2 月 17 日在对越反击战中牺牲。

林明清（1956～1979 年），男，修梅镇鸡山村人。1979 年 2 月 19 日在对越反击战中牺牲。

欧明文（1959～1979 年），男，烽火乡南田村人。1979 年年 2 月 26 日在对越反击战中牺牲。

胡廷华（1958～1979 年），男，合口镇芭茅村人。1979 年 3 月 2 日在对越反击战中牺牲。

赵厚深（1959～1979 年），男，停弦渡镇红土村人。1979 年 3 月 5 日在对越反击战中牺牲。

聂晏锡（1958～1979 年），男，停弦渡镇白虎村人。1979 年 2 月 26 日在对越反击战中牺牲。

黄大勇（1959～1979 年），男，望城乡徐家坪村人。1979 年 2 月在对越反击战中牺牲。

黄宣军（1963～1981 年），男，杨板乡玉皇庙村人。1981 年 5 月 23 日在广西靖西县新兴地区执行边境开辟通路中牺牲。

罗成安（1966～1986 年），男，官亭乡竹龙村人。1986 年 10 月 20 日在中越边境牺牲。

戴国政（1970～1998 年），男，四新岗镇七张村人。1998 年 3 月 15 日在执行广州至三亚的飞机转场中牺牲。

薛相林（1982～2003 年），男，烽火乡观音庵村人。2003 年 11 月 3 日，衡阳市特大火灾扑救中，不幸壮烈牺牲。

第十五章 附 录

临澧县灾害年表编制说明

一、年表设制 年度（旧历）、灾害种类、灾情等级、受灾乡镇、灾害情况、资料来源。

二、灾害种类 自然灾害分干旱、洪涝、大风、冰雹、大雪冰冻害、生物灾害（农作物、畜禽、水产疫病、森林虫害）、地质灾害（泥石泥、滑坡、崩塌、地震）、疫病灾害、饥荒等。人为灾害分战争、交通事故、火灾、生产性事故。

三、灾情等级 灾情一般分为三级：重特大灾害●；重大灾害▲；一般灾害△。

（一）自然灾害

1. 旱灾等级划分标准

罕见旱灾　受灾面积25万亩以上，成灾面积20万亩以上，粮食减产2万吨以上。灾区农作物减产5～6成或其他损失严重，发生频率1%左右。

重特大旱灾　受灾面积20万亩～25万亩，成灾面积15万亩～20万亩，粮食减产1.5万吨～2万吨。灾区的农作物减产4～5成以上或造成其他损失严重，发生频率5%左右。

重大旱灾　受灾面积15万亩～20万亩，成灾面积10万亩～15万亩，粮食减产1万吨～1.5万吨。灾区的农作物减产3～4成以上或造成其他损失，发生频率5%～10%左右。

一般旱灾　受灾面积10万亩～15万亩，成灾面积5万亩～10万亩，粮食减产0.5万吨～1万吨。灾区的农作物减产2～3成，发生频率10%～20%左右。

小　旱　受灾面积5万亩～10万亩，成灾2万亩～5万亩，粮食减产0.2万吨～0.5万吨。

重特大旱灾指干旱日数大于105天，旱期结束一次过程雨量大于50毫米。重大旱灾指干旱日数76～105天，旱期结束一次过程雨量大于50毫米。一般旱灾指干旱日数31～45天，旱期结束一次过程雨量大于35毫米。旱兆指干旱日数20～30天，旱期结束一次过程雨量大于20毫米。

历史重特大旱灾指持续时间长，影响范围大的干旱。如“春夏旱、赤旱千里、人食树皮草根”，“夏秋旱、禾尽稿”，“夏亢旱”，“饥”，“四至八月不雨，白谷不登”、“河涸”、“塘干”、“井泉竭”。重大旱灾指单季、单月成灾较轻的干旱。如“江南大旱”、“湖广大旱”。一般旱灾指干旱时间较短影响范围较小的干旱。如“荆州旱”、“澧州旱、安福旱、慈利旱”。

旱灾连旱标准。21～40天内总降雨量小于30毫米，其间最大日降雨量不超过15毫米，属缺水年。41～60天内总降雨量小于40毫米，其间最大日降雨量不超过20毫米，属于旱年。61天以上总雨量不超过50毫米，其间最大日降雨量不超过25毫米，属于大旱年。在6月下旬至9月底之间，雨量多少其分布符合以上3个标准之一，即统计连旱年，一年中出现一次旱期，即1次干旱，出现两次旱期，即为2次连旱。

2. 洪涝灾害等级划分标准

罕见洪涝灾害　长江流域降雨量大，且澧水、道水水位和洪水流量超历史，灾害损失巨大，洪水和重现期在100年以上，受灾区域内农作物减产5～6成，发生频率在1%左右。

重特大洪涝灾害　灾害过程中澧水流域降雨量大，洪峰流量大，洪水的水位高，洪涝灾害影响面积大，灾害损失惨重。洪水的重现期为50～100年，受灾区域农作物减产4～5成，发生频率5%以下。

重大洪涝灾害　澧水流域降雨量大，洪

水水位高，洪峰流量大，洪涝灾害影响面积大，灾害损失严重，受灾区域农作物减产3～4成，洪水的重现期为10～20年，发生频率5%～10%。

较大洪涝灾害　降雨量较大，降雨时间长，洪水水位较高，洪峰流量较大，洪涝灾害影响面积较大，灾害损失重，受灾区域农作物减产3～4成，洪水的重现期为2～10年，发生频率为10%～20%。

一般洪涝灾害　降雨量、洪峰流量较小，洪涝灾害影响面积较小，灾害损失较轻，使农业减产2～3成，洪水重现期为2～3年，发生频率为20%～30%。

历史罕见洪涝灾害指洪涝时间长，洪涝灾害形成损失巨大。如“澧州澧水溢”，“荆州北路江水溢”，“荆州路江水溢、侵没田亩甚众”，“岳州府各县大水，坏民田舍，溺死男女甚众”，“岳州府淫雨大，庐舍漂流，城部分居民溺死者众”等。重特大洪涝灾害指降雨量大，河流水位高，洪峰流量大，影响范围广，灾害损失严重。如“湖南大水”，“荆州郡国大水”，“湖广诸州大水”，“澧州大水漂屋，溺死者以千计”等。重大洪涝灾害指降雨量较大，河流水位高，洪峰流量较大，水灾影响范围较大，灾害损失重。如“荆州大水”，“澧州等地大水”，“岳州府大水”等。一般洪涝灾害指降雨和洪水形成的灾害，受灾范围较小，灾害损失较轻。如“郡国水”，“澧州水”，“澧州等地（路）水”，“常德澧州等地水”等。

3. 大风灾害等级划分标准

罕见风灾　暴风（11级）以上，风速28.5米/秒以上，对农作物、畜牧业、渔业、建筑物、电力、通信、运输业造成破坏，使受灾区粮食减产6成以上。

重特大风灾　狂风（10级），风速24.5～28.4米/秒，对农作物、畜牧业、林业、电力、通信损坏严重，使受灾区粮食减产5～6成。

重大风灾　烈风（9级），风速20.8～24.4米/秒，农作物、渔业、牧业、电力通信损失较重，使受灾区粮食减产4～5成。

一般风灾　风速24.4米/秒以下，对农作物、牧业、渔业、电力、通信造成损失，使灾区粮食减产3～4成。

历史重特大风灾害指灾害发生时风力巨大，农作物、建筑物、林果业损失巨大，如“××月狂风，千年古树被吹倒”。重大风灾害指灾害发生时风力大，农作物、林果业和房屋损失严重。如“××等地大风，毁房拨树”。“全省大风、江湖沉船无数”。一般风灾指灾害发生时风力较大，对农作物、林果业和房屋损失重。如“各县遭风灾，灾害损失严重”。

重度干热风灾害14时风速≥4米/秒，连续3天或3天以上，重级减产20%～40%。轻度干热风灾害14时风速≥4米/秒，连续2天或2天以上。轻级减产5%～10%，中级减产10%～20%。

寒露风分类标准，见（表15—1）。

表15—1　寒露风标准

<table>
<tr><td rowspan="2">地区
项目</td><td colspan="2">区域性寒露风</td><td rowspan="2">明显低温日数</td><td rowspan="2">危害程度类型</td></tr>
<tr><td>天数</td><td>出现早、晚</td></tr>
<tr><td rowspan="3">长江中下游
粳稻</td><td>12天以上</td><td>早、偏早</td><td>4～6天</td><td>重</td></tr>
<tr><td>6～12天</td><td>正常或偏早</td><td>2天以上</td><td>中</td></tr>
<tr><td>连续3天以上寒露风</td><td>晚</td><td>1天左右</td><td>轻</td></tr>
<tr><td rowspan="6">长江中下游
籼稻和杂交稻</td><td>13天以上</td><td>早、偏早</td><td>4～9天</td><td rowspan="2">重</td></tr>
<tr><td>15天以上</td><td>正常</td><td>7天以上</td></tr>
<tr><td>9天以上</td><td>正常</td><td>4天左右</td><td rowspan="2">中</td></tr>
<tr><td>9～12天</td><td>偏早</td><td>1～3天</td></tr>
<tr><td>10天以下</td><td>偏晚、晚</td><td>4天以下</td><td rowspan="2">轻</td></tr>
<tr><td>9天以下</td><td>正常</td><td>1～3天</td></tr>
</table>

4. 冰雹灾害等级划分标准

罕见冰雹灾害 降雹时间在20分钟以上，降雹体积15厘米以上，直径6厘米以上，积雹深度17厘米以上，农作物损失7成以上，财产损失惨重。发生频率在1%以下。

重特大冰雹灾害 降雹时间在15～20分钟，降雹体积10～15厘米，冰雹大小如鸡蛋，拳头或更大，直径为3～6厘米，积雹深度10～17厘米，冰雹融化后，地面上雹坑累累，地面十分坚硬，各种农作物地面被砸光，地下部分也受到一定程度的伤害。且受灾区域农作物损失5～7成，人畜伤亡，家庭财产，林果业损失重。发生频率在5%以下。

重大冰雹灾害 降雹时间在10～15分钟，降雹体积在6～10厘米，冰雹大小如杏子，核桃，直径在2～3厘米，降雹时冰雹盖满地面，积雹深达13厘米左右，树木细枝被打折，树干的皮被打成遍体鳞伤，农作物基本被打成茬子，红薯蔓被打烂。灾区农作物损失4～5成，人畜伤亡、家庭财产、林果业损失较重。发生频率在5%～10%以下。

一般冰雹灾害 降雹时间在10分钟以下，降雹体积在6厘米以下，冰雹大小如豆粒，直径0.5厘米左右，降雹时有的冰雹盖满地面，有的降下即融化。农作物的叶片被打成麻状，基杆折断或打成秃茬子。受灾区域农作物损失3～4成，伤害人畜、家庭财产、林业受损。发生频率在10%～20%。

历史重特大冰雹灾害指灾害发生时风力巨大，持续时间长，降雹体积大，农作物，房屋损失惨重。如：“××雨雹，大如斧，飞鸟死”，“湖南大雨雹，牛死无异”等。重大冰雹灾害指灾害发生时风力大，持续时间较长，降雹体积较大，农作物、房屋损失严重。如“澧州大地大风雨雹，雹损人畜禾苗等”。一般冰雹灾害指灾害发生时风力较大，时间较短，降雹体积较小，灾害对农作物，房屋损失较重。如：“全省大风雨雹，普遍歉收”。

5. 大雪冰冻害等级划分标准

罕见大雪冰冻害 降雪在45厘米以上且冰冻10日以上，灾区农作物减产6成以上，通信、交通中断。灾害发生频率在1%。

重特大雪冰冻害 指降雪在30～45厘米以上且冰冻7～10日，灾区农作物减产5～6成，林果业损失严重或中断交通。灾害发生频率在5%以下。

重大雪冰冻害 降雪在30厘米以下且冰冻4～7日，灾区农作物减产4～5成，林果业造成损失。

一般雪冰冻害 降雪数日且发生冰冻3日以上，灾区农作物减产3～4成，林果业遭受损失。

历史罕见大雪冰冻害指积雪1米以上或冰冻1月以上。如“一月楚大雪，深1.66米”，“十二月湖南大雪，冰冻三月”。重特大雪冻害指积雪0.6～1米或冰冻20～30日。如“一月大冰冻”，“冰冻五十余日”。重大雪冰冻害指积雪0.4～0.6米或冰冻15～20日。如“冰冻数尺”。一般大雪冰冻害指积雪0.4米以下或冰冻10日以内。如“入冬后大雪”，“大冰冻，竹木多折”，“冬雪冻害”。

6. 农作物病虫害等级划分标准

农作物虫害的等级划分标准，以粮食和经济作物受灾和成灾的面积、粮食损失数量综合评定，见《农作物灾害划分标准》（表15—2）。

表 15—2　农作物灾害划分标准

单位：万亩、吨

灾害种类	灾情等级	粮食作物			经济作物		
		受灾面积	成灾面积	产量损失	受灾面积	成灾面积	产量损失
干旱	重特大	20	15 以上	15000 以上	20	10	10000 以上
	重　大	15～20	5～10	10000～15000	15～20	5～10	6000～10000
	一　般	15 以下	5	10000 以下	15 以下	5 以下	6000 以下
水灾	重特大	30 以上	20 以上	30000 以上	10 以上	6 以上	10000 以上
	重　大	10～20	5～10	10000～30000	5～10	3～6	5000～10000
	一　般	10 以下	5 以下	10000 以下	5 以下	3 以下	5000 以下
风灾	重特大	20 以上	10 以上	10000 以上	10 以上	5 以上	5000 以上
	重　大	15～20	5～10	5000～10000	5～10	2～5	3000～5000
	一　般	15 以下	5 以下	5000 以下	5 以下	2 以下	3000 以下
冰雹	重特大	15 以上	10 以上	10000 以上	10 以上	5 以上	5000 以上
	重　大	10～15	5～10	5000～10000	5～10	2～5	3000～5000
	一　般	10 以下	5 以下	5000 以下	5 以下	2 以下	3000 以下
冰害	重特大	20 以上	10 以上	10000 以上	10 以上	5 以上	5000 以上
	重　大	10～20	5～10	5000～10000	5～10	2～5	3000～5000
	一　般	10 以下	5 以下	5000 以下	5 以下	2 以下	3000 以下

7. 养殖业灾害等级划分标准

(1) 畜禽疫病灾害等级划分标准

按突发重大动物疫情划分为：重特大（Ⅰ级）；重大（Ⅱ级）；较大（Ⅲ级）；一般（Ⅳ级）四级。一般突发动物疫情（Ⅳ级）类别：

一类高致病性禽流感、牲畜口蹄疫、猪瘟、鸡新城疫等一类动物疫情发生。

二类指二、三类动物疫病在境内暴发流行。

三类指其他一般性突发性动物疫情。

(2) 渔业疫病害等级划分标准

重特大疫病害　鱼病发生面积 5 万亩以上，病情严重，死亡率在 60%以上；

重大疫病害　鱼病流行面积 1 万亩～5 万亩，病情较重，死亡率在 40%～50%；

一般疫病害　鱼病流行面积 0.5 万亩～1 万亩，死亡率在 30%～40%。

8. 森林虫害等级划分标准

重特大森林虫害　受灾面积 10 万亩以上；

重大森林虫害　受灾面积 1 万亩以上，10 万亩以下；

一般森林虫害　受灾面积 1 万亩以下。

9. 地质灾害等级划分标准

重特大型地质灾害　因灾死亡 30 人以上或者直接经济损失 1000 万元以上；

大型地质灾害　因灾死亡 10 人以上 30 人以下或者直接经济损失 500 万元以上 1000 万元以下；

中型地质灾害　因灾死亡 3 人以上 10 人以下或者直接经济损失 100 万元以上 500 万元以下；

小型地质灾害　因灾死亡 3 人以下或者直接经济损失 100 万元以下。

10. 疫病灾害等级划分标准

甲类传染病　鼠疫、霍乱

乙类传染病　传染性非典、艾滋病、病病性肝炎（甲、乙、丙、戍型及未分型），脊髓灰质炎、人感染高致病性禽流感、麻疹、流行性出血热、狂犬病、流行性乙型脑炎、登革热、炭疽（肺岩疽、皮肤炭疽及未分型）、痢疾（细菌性、阿米巴性）、肺结核、伤寒（剧伤寒）、流行性脑脊髓膜炎、百日咳、白喉、新生儿破伤风、猩红热、布鲁氏菌病、淋病、梅毒（Ⅰ期、Ⅱ期、Ⅲ期、胎传、隐性）、钩端螺旋体病、血吸虫病、疟疾（间日疟、恶性疟、未分型）。

丙类传染病、流行性感冒、流行性腮腺炎、风疹、急性出血性结膜炎、麻风病、流行性和地方性斑疹伤寒、黑热病、包虫病、丝虫病、除霍乱、细菌性和阿米巴性痢疾、伤寒和副伤寒以外的感染性腹泻。

历史重特大疫病灾害指疫病发生和流行快，患者人数多，因疫病造成人员死亡多。重大疫病灾害指疫病发生和流行较快，患病人数较多，死亡人数在10人以下。一般疫病灾害指疫病发生和流行较慢，疫病人数较少，未发生人员死亡。

（二）人为灾害等级划分标准

道路交通、火灾、森林火灾、生产性事故标准，见第九章、第十章、第十一章中的附录。

四、受灾乡镇数

按当年行政区域建制乡镇数，统计受灾乡镇数量。

五、灾害情况

自然灾害记叙发生时间和范围；干旱、洪涝灾害记叙农作物受灾、成灾、绝收面积。人为灾害记叙发生时间、地点和损失数量。

六、资料来源代码

A～临澧县志（1729～1985）；A1～临澧县志（1985～2003）；A2～临澧县情手册（1729～1991）；A3～单位呈报资料；A4～澧县县志；A5～青山工程志。

B～常德地区志（民政志）（1840～1988）；B1～湖南省志；B2～湖南省自然灾害年表。

C～县水利水电基本资料汇编；C1～临澧县蓄水、水利、气象资料。

D～临澧县民政志（1729～1987）；D1～自然灾害统计资料；D2～自然灾害损失统计表。

临澧县灾害年表

（公元前37～1948年）

公　历	旧　历	灾害种类	灾情等级	受灾乡镇数	灾　害　情　况	资料来源代码
前37	**西汉**　建昭二年	冰　冻	●		一月，楚大雪，深1.66米。	A2～70
前27	成帝和平二年	雹	●		四月，楚国雨雹，大如斧，飞鸟死。①	A2～70
49	建武二十五年	水	△		三月，水疟。	A4～105
		疫　病	△		夏暑甚，多疫死。	
101	**东汉**　和帝永元十三年	水	▲		荆州雨水。②	A2～70
102	永元十四年	水	△		荆州今年秋水雨淫过多，伤农功。	A2～70
129	顺帝永建四年	水	△		荆州淫雨伤稼。	A2～70
148	桓帝建和二年	饥	●		荆州人多饿死。	A2～70
276	三国　吴后主天玺元年	水	▲		荆州郡国大水。	A2～70
277	吴后主天纪元年	水	▲		荆州大水。	A2～70
278	吴后主天纪二年	水	▲		荆州大水。	A2～70
		农业病害	△		螟虫。	A2～70
285	元康五年	旱	△		三月，旱，伤麦。	A4～105
301	永宁元年	水	△		十月，霖雨，淹害秋生。	A4～105
335	咸康元年大	水	▲		漂室屋，害禾稼。	A4～105
394	**晋**　孝武帝太元十九年	水	△		荆州大水伤稼。	A2～70
395	孝武帝太元二十年	水	●		湖南大水。	A2～70
502	梁天监元年	旱	△		旱。	A4～105
618	**隋**　恭帝义宁二年	饥	▲		湖南饥。	A2～70
709	**唐**　中宗景龙三年	水	△		澧州澧水溢。害稼。③	A2～70
719	玄宗开元十年	旱	△		澧州旱。	A2～70
739	玄宗开元二十七年	水	△		澧州大水。	A2～70
767	代宗大历二年	水	●		湖南大水。	A2～71
780	德宗建中元年	旱	△		澧州旱。	A2～71
787	德宗贞元三年	旱	△		澧州旱。	A4～105
791	德宗贞元七年	旱	△		澧州旱。	A2～71
805	顺宗永贞元年	旱	●		湖南旱。	A2～71
808	宪宗元和三年	旱	●		湖南旱。	A2～71
825	敬宗宝历元年	水	△		湖南大水害稼。	A2～71
		旱	●		秋旱。	
830	文宗太和四年	水	△		湖南大水害稼。	A2～71
838	文宗开成三年	水	●		湖广诸州大水。	A2～71

注：①临澧属当时楚；②临澧属当时荆州；③临澧属当时澧州。

续表

公　历	旧　历	灾害种类	灾情等级	受灾乡镇数	灾　害　情　况	资料来源代码
851	宣宗大中五年	饥	●		湖南饥。	A2～71
880	宗广明元年	饥	●		湖南饥。	A2～71
930	**五代**　唐明宗长兴元年	旱	●		湖南大旱。	A2～71
951	周太祖广顺元年	饥	●		湖南饥。	A2～71
956	周世宗显德三年	饥	●		湖南大饥。	A2～71
977	**宋**　太宗太平兴国二年	水	▲		淫雨不止，平地水丈余。	A4～105
991	太宗淳化二年	水	●		荆湖北路江水溢。①	A2～71
998	真宗咸平元年	旱	●		荆湖旱。	A2～71
999	真宗咸平二年	旱	●		荆湖旱。	A2～71
1012	真宗大中祥符五年	饥	●		湖南大饥。	A2～72
1047	仁宗庆历七年	水	●		荆湖南北路大水。	B2～12
1075	神宗熙宁八年	旱	▲		荆湖等路旱。	A2～72
1101	徽宗建中靖国元年	旱	●		湖南旱。	A2～72
1112	徽宗政和二年	旱	▲		澧州大旱。	A4～105
1114	徽宗政和四年	饥	●		湖南饥。	A2～72
1132	高宗绍兴二年	水	▲		大雨水，害蚕，麦，稻，坏田圩。	A～106
1133	高宗绍兴三年	水	●		湖北路连雨至5月，害蚕、麦、稻、坏圩田。	A2～72
1135	高宗绍兴五年	旱	●		湖南大旱。	A2～72
		饥	●		饥，殍死流亡者众。	A2～72
1136	高宗绍兴六年	饥	●		湖南大饥，殍死者众。	A2～72
1153	绍兴二十三年	水	▲		武陵水涨坏城，平地水有五尺。	B2～13
		风	△		五月，岳州大风拔树。	
1166	孝宗乾道二年	旱	▲		慈利大旱。②	A2～72
1171	孝宗乾道七年	饥	●		湖南饥。	A2～72
		旱	△		春，湖北路大旱。	A2～72
1173	孝宗乾道九年	旱	●		湖北路大旱，无麦苗。	A2～72
		水	▲		六月，郡县水。	A2～72
1174	孝宗淳熙元年	旱	●		湖南旱。	A2～72
		饥	△		饥。	A2～72
1180	孝宗淳熙七年	旱	△		湖南春旱。	A2～72
		饥	▲		荆湖饥。	A2～72
1188	孝宗淳熙十五年	水	△		澧州水。	A2～72
1189	孝宗淳熙十六年	水	▲		大雨，水漂民舍。	A4～106
1196	宁宗庆元二年	饥	▲		湖湘米贵，郊郭无不艰食。	A2～72
1202	宁宗嘉泰二年	旱	●		湖南旱。	A2～72

注：①临澧属当时荆湖北路；②临澧属当时慈利县。

续表

公　历	旧　历	灾害种类	灾情等级	受灾乡镇数	灾　害　情　况	资料来源代码
1205	宁宗开禧元年	旱	▲		澧州大旱。[①]	A2～73
1206	宁宗开禧二年	旱	▲		湖南北郡县旱。	A2～73
1295	**元**　成宗元贞元年	水	△		澧州等地水。	A2～73
1296	成宗元贞二年	水	△		澧州等地水。	A2～73
1297	成宗大德元年	水	△		澧州等路水，六月蝗虫害。	A2～73
		农业虫害	△			
1299	成宗大德三年	旱	△		澧州等地旱。	A2～73
1301	成宗大德五年	旱	△		澧州等地旱。	A2～73
1307	成宗大德十一年	饥	△		澧州等地饥。	A2～73
1314	仁宗延佑元年	水	▲		水漂没庐舍，禾稼。	A4～106
		饥	△		饥。	
1315	仁宗延佑二年	饥	△		澧州等地饥。	A2～73
		旱	△		澧州大旱。	A4～106
1316	仁宗延佑三年	饥	△		澧州等地饥。	A2～73
1323	英宗至治三年	饥	△		澧州等地饥。	A2～73
1328	文宗天历元年	饥	△		澧州等地饥。	A2～73
1329	文宗天历二年	旱	△		澧州等地大旱。	A2～73
		饥	△		饥。	A4～106
1330	文宗至顺元年	水	▲		常德、澧州水。	A2～73
		饥	△		常德、澧州等地饥。	A2～73
1334	顺帝元统二年	旱	●		湖广旱。正月不雨至于八月。	A2～73
1341	顺帝至正元年	饥	●		湖南饥。	A2～74
1355	顺帝至正十五年	饥	●		湖南大饥，民疫疠死者甚众。	A2～74
1369	**明**　太祖洪武二年	饥	●		湖广饥。	A2～74
1376	太祖洪武九年	水	●		湖广大水。	A2～74
1390	太祖洪武二十三年	饥	●		湖广饥。	A2～74
1404	成祖永乐二年	水	●		湖广大水。	A2～74
1406	成祖永乐四年	饥	●		湖广饥。	A2～74
1411	成祖永乐九年	水	●		湖广大水。	A2～74
1415	成祖永乐十三年	旱	●		湖广旱。	A2～74

注：①临澧县部分地区仍属澧州，一直沿袭至1729年单独置安福县上。

续表

公　历	旧　历	灾害种类	灾情等级	受灾乡镇数	灾　害　情　况	资料来源代码
1426	宣宗宣德元年	旱	●		湖广夏、秋旱。	A2～74
1427	宣宗宣德二年	旱	●		湖广旱。	A2～74
1432	宣宗宣德七年	旱	△		慈利旱。①	A2～74
1434	宣宗宣德九年	旱	●		湖广旱。	A2～74
1435	宣宗宣德十年	旱	▲		慈利大旱。	A2～74
		畜　疫	△		境内发生畜疫病。	A2～74
1436	英宗正统元年	饥	●		湖广饥。	A2～74
1438	英宗正统三年	旱	●		湖广旱。	A2～74
1441	英宗正统六年	旱	●		湖广夏、秋旱。	A2～75
1445	英宗正统十年	旱	●		湖广旱。	A2～75
1446	英宗正统十一年	旱	▲		湖广旱、秋旱。	A2～75
1458	景宗天顺二年	旱	▲		湖南旱。	A2～75
1459	景宗天顺三年	旱	●		湖广大旱，自五月至九月不雨。	A2～75
1460	景宗天顺四年	饥	●		湖广饥。	A2～75
1467	宪宗成化三年	旱	●		湖广旱。	A2～75
1468	宪宗成化四年	水	●		慈利等地大水，漂没居民无数。	A2～75
		旱	●		湖广旱，无麦。	
1469	宪宗成化五年	水	●		湖广大水。	A2～75
1470	宪宗成化六年	地　震	△		澧州地震。	A4～106
1475	宪宗成化十一年	水	●		湖广大水。	A2～75
1477	宪宗成化十三年	雹	●		湖南大雨雹，牛死无算。	A2～75
1478	宪宗成化十四年	饥	●		湖广饥。	A2～75
1484	宪宗成化二十年	旱	●		湖广大旱。	A2～75
1486	宪宗成化二十二年	旱	●		湖广旱。	A2～75
1488	孝宗弘治元年	旱	●		澧州旱。二至十月下雨。	A2～75
1490	孝宗弘治三年	旱	●		湖广旱。	A2～75
1493	孝宗弘治六年	冰　冻	●		十二月，湖南大雪，冰冻三月。	A2～76
1495	孝宗弘治八年	水	△		湖广二十府州属，水旱相连。	A2～76
		旱	△			
		冰　冻	●		一月，大冰冻。	
1505	孝宗弘治十八年	冰　冻	●		湖南冬大雪，冰冻三月。	A2～76
1507	武宗正德二年	旱	▲		湖南旱。	A2～76
		农业虫害	△		七月，蝗灾。	
1508	武宗正德三年	旱	●		湖广旱。	A2～76
1513	武宗正德八年	旱	●		湖广大旱。	A2～76

注：①临澧仍属慈利县。

续表

公　历	旧　历	灾害种类	灾情等级	受灾乡镇数	灾　害　情　况	资料来源代码
1516	武宗正德十一年	地　震	△		澧州、慈利地震。	A2～76
1518	武宗正德十三年	旱	●		湖南大旱。	A2～76
1523	世宗嘉靖二年	旱	●		湖广大旱，赤地千里，饿尸载途。	A2～76
		冰　冻	●		一月，常德大风雪暴作，冰冻。①	
1524	世宗嘉靖三年	旱	▲		慈利等地大旱。	A2～76
		饥	●		湖广大饥。	
1526	世宗嘉靖五年	旱	▲		澧州等地大旱。	A2～76
1527	世宗嘉靖六年	水	●		湖广大水。	A2～76
1528	世宗嘉靖七年	旱	●		湖广大旱。	B2～32
1529	世宗嘉靖八年	饥	●		湖广大饥。	A2～76
1530	世宗嘉靖九年	饥	●		湖广大饥。	A2～76
1532	世宗嘉靖十一年	水	●		岳州府各县大水。②	A2～77
		旱	●		湖广大旱。	
1536	世宗嘉靖十五年	水	●		澧州大水漂屋，溺死者千人。	A2～77
		饥	●		湖广大饥。	
1537	世宗嘉靖	水	●		湖广水灾。	A2～77
1544	世宗嘉靖二十三年	旱	●		大旱。楚南诸郡邑如澧州等尤甚。	A2～77
		饥	▲		饥荒。	A4～106
1545	世宗嘉靖二十四年	饥	▲		岳州等诸府皆大饥。	A2～77
1555	世宗嘉靖三十四年	冰　雹	▲		大雨雹。	A4～106
		地　震	△		十二月，地震。	
1560	世宗嘉靖三十九年	水	●		岳州等府淫雨大水。	A2～77
1564	世宗嘉靖四十三年	水	▲		岳州等府大水。	A2～77
1568	穆宗隆庆二年	饥	●		湖广饥。	A2～77
1569	穆宗隆庆三年	旱	△		慈利等地旱。	A2～77
		农业虫害	△		八月，蝗灾。	
1570	穆宗隆庆四年	旱	▲		澧州属三县等地旱。③	A2～77
1574	神宗万历二年	农业虫害	△		七月，澧州螟。	A2～77
1585	神宗万历十三年	饥	▲		湖南饥。	A2～77
1586	神宗万历十四年	水	●		湖广大水。	A2～77
1589	神宗万历十七年	旱	●		澧州等地皆大旱。	A2～77
		疫　病	▲		通群大疫死者枕籍于道。	A2～77
		饥	△		饥荒亦重。通郡大疫。	A4～106
1591	神宗万历十九年	水	▲		大水，澧州城堤溃。	A4～106

注：①临澧当时不属常德府，然是近邻，故录之；②临澧属当时岳州府。③澧州属三县是安乡、石门、慈利。临澧属当时慈利县。

续表

公历	旧历	灾害种类	灾情等级	受灾乡镇数	灾害情况	资料来源代码
1594	神宗万历二十二年	水	▲		澧水大水、澧州护城堤溃。	A4～106
1604	神宗万历三十二年	水	▲		四月，大水。	A2～77
		旱	▲		县志载：本县大旱。	
		地震	△		澧州地震，瓦屋有声。	
1605	神宗万历三十三年	旱	△		县志载：本年旱。	A2～78
		地震	△		五月，澧州地震。	A2～78
1606	神宗万历三十四年	水	▲		澧州等地大水，饥灾。	A4～106
		饥	△			
1608	神宗万历三十六年	水	●		澧州、安福[1]皆大水。澧州城崩。同年饥。	A2～78
		饥	△			
1609	神宗万历三十七年	旱	●		湖广旱。	A2～78
1611	神宗万历三十九年	水	●		湖广大水。	A2～78
1620	光宗泰昌元年	冰冻	●		十二月，常德府大雪冰冻五十余日。	A2～78
		饥	△		湖广饥。	
1621	熹宗天启元年	冰冻	●		县志载：自冬至正二月，发生重特大冰冻害。	A2～78
		水	▲		夏大水，澧州堤溃。	A～107
1627	熹宗天启七年	水	●		澧州等地大水。澧州城塌。	A2～78
1631	思宗崇祯四年	地震	▲		七月，常德、澧州地震。县为甚，男女皆露宿月余。十月十五日又大动。	A2～78
1632	思宗崇祯五年	旱	▲		大旱，松竹开花死。	A4～107
1634	思宗崇祯七年	冰雹	●		澧州等地大风雨雹。	A2～78
1635	思宗崇祯八年	水	▲		澧州等地大水，澧阳桥崩。	A2～78
1637	思宗崇祯十年	冰雹	△		雹，损人畜禾苗。	A3～107
1638	思宗崇祯十一年	雹	▲		澧州等地大风雨雹。	A2～79
		水	▲		大水，漂没庐舍，田圩，大风雨雹。	A4～103
1639	思宗崇祯十二年	农业虫害	△		县志载：本县秋蝗。	A2～79
1641	思宗崇祯十四年	旱	●		湖广旱，入夏不雨。	A2～79
		农业虫害	●		七月，澧州蝗食禾苗既尽。	
		饥	△		民饥。	A4～107
1642	思宗崇祯十五年	旱	●		湖南三月至六月大旱。	A2～79
1643	思宗崇祯十六年	大风	●		关山狂风，千年古树吹倒。	A1～102
		旱	●		县志载：是年半年不雨。	A2～79
		饥	△		民饥。	A4～107
1644	**清** 世祖顺治元年	旱	●		湖南大旱。	A2～79
		疫病	▲		三月，澧州大疫病。	
1645	世祖顺治二年	旱	△		慈利等县不同程度旱灾。	A2～79

注：①安福系指桑植县。

续表

公　历	旧　历	灾害种类	灾情等级	受灾乡镇数	灾　害　情　况	资料来源代码
1646	世祖顺治三年	风	●		五月，澧州关山狂风。	A2～79
		旱	▲		五月后，大旱。	A4～107
1647	世祖顺治四年	水	▲		全省春至夏，三个月浮雨大水。	A2～79
1650	世祖顺治七年	水	▲		春淫雨，南水涨，澧堤溃。	A4～107
1651	世祖顺治八年	旱	●		慈利、石门等县大旱。	A2～79
1652	世祖顺治九年	旱	●		澧州所属各县等地大旱。	A2～79
1653	世祖顺治十年	雹	△		春间全省大风雨雹。普遍歉收。	A2～79
		冰　冻	△		十一月，后全省大雪。	
1654	世祖顺治十一年	水	▲		夏、秋澧州大水。	A2～79
1655	世祖顺治十二年	旱	●		上年十二月至七月，大旱。	A4～107
1658	世祖顺治十五年	水	△		澧州大水。	A4～107
1660	世祖顺治十七年	农业虫害	●		三月，全省飞蝗蔽天。	A2～80
1663	圣祖康熙二年	水	●		澧州等各县大水。	A2～80
1664	圣祖康熙三年	大　风	△		五月，大风雨雹，古木大半倾倒。	A4～107
1665	圣祖康熙四年	旱	●		澧州等所属各县夏旱。	A2～80
1670	圣祖康熙九年	大　风	△		夏，发生大雨雹。	A4～107
		冰　冻	▲		入冬，大雪深数尺。	
1671	圣祖康熙十年	地　震	△		县志载：七月二十七日戊时，微震。	A2～80
1672	圣祖康熙十一年	旱	●		澧州等地自正月至四月大旱。	A2～80
		饥	▲		饥荒。	
1674	圣祖康熙十三年	旱	●		慈利等地春至秋旱。	A2～80
1676	圣祖康熙十五年	水	▲		县志载：夏大水，历夏而秋。	A2～80
		旱	△		秋旱。	
1679	圣祖康熙十八年	旱	●		岳州、澧州等全境夏秋俱旱。	A2～80
1680	圣祖康熙十九年	水	●		秋水大，堤溃，州县民饥。	A2～80
1682	圣祖康熙二十一年	水	●		县志载：夏秋大水。	A2～80
		旱	▲		秋大旱。	A4～107
		农业虫害	△		八月，高乡蝗虫灾害。	A4～107
1683	圣祖康熙二十二年	旱	●		县志载：上年十二月至七月，大旱。	A2～80
1687	圣祖康熙二十六年	大　风	▲		夏秋，大风三日禾实落。	A4～107
1696	圣祖康熙三十五年	旱	●		全省自正月至五月不雨，大旱。	A2～81
1699	圣祖康熙三十八年	水	▲		县志载：夏大水。	A2～81
1702	圣祖康熙四十一年	旱	△		县志载：秋大旱。	A2～81

续表

公　历	旧　历	灾害种类	灾情等级	受灾乡镇数	灾　害　情　况	资料来源代码
1705	圣祖康熙四十四年	大　风	●		六月，大风雷雨。	A4～107
1706	圣祖康熙四十五年	旱	△		慈利夏旱。	B2～61
		疫　病	△		澧州瘟疫大作。	A2～81
1707	圣祖康熙四十六年	疫　病	△		病瘟甚。	A2～81
1712	圣祖康熙五十一年	旱	△		八月至冬，澧州、石门俱旱。	A2～81
1715	圣祖康熙五十四年	旱	△		五月，旱。	A2～81
		水	●		六月，淫雨，每日水涨一、二尺，至七日不退。	A2～81
1716	圣祖康熙五十五年	水	△		夏大涝。	A4～107
		大　风	▲		三月，大风拨树。	
1717	圣祖康熙五十六年	大　风	▲		六月，大风拨树。	A4～107
		地　震	△		五月二十三日午时，澧州地震。	A2～81
1720	圣祖康熙五十九年	森林虫害	▲		五月，虫食松叶，至秋方解。	A4～108
1726	世宗雍正四年	水	●		澧州等地夏水大。	A2～81
1727	世宗雍正五年	水	●		岳州、澧州等地夏大水。.	A2～81
1728	世宗雍正六年	旱	△		慈利等地夏旱。①	A2～81
1729	世宗雍正七年	旱	△		澧州等地秋旱。	A2～81
		饥	△		大饥。	A2～81
1732	世宗雍正十年	水	▲		四月，大水。	A4～108
1734	世宗雍正十二年	旱	△		夏旱，晚禾失收。	D～77
1735	世宗雍正十三年	水	△		六月，大水灾	A2～81
1736	高宗乾隆元年	水	△		澧州、安福等地春淫雨损苗。	A2～81
1737	高宗乾隆二年	畜　疫	△		牛疫大作。	A2～81
1738	高宗乾隆三年	旱	●		六月，安福大旱，水田改种棉花。	A2～82
1742	高宗乾隆七年	水	△		夏季，大水。	A～9
1744	高宗乾隆九年	旱	▲		安福等地春夏连旱，六月方雨。	A2～82
1748	高宗乾隆十三年	水	△		春夏淫雨损麦。六月水大涨。	A2～82
		畜　疫	▲		牛疫多数人负一犁以耕。	
1749	高宗乾隆十四年	水	▲		澧州三月大雨，发生大水灾。	B2～82
1753	高宗乾隆十八年	水	▲		安福等地五月大水，秧苗损坏。	A2～82
1769	高宗乾隆三十四年	疫　病	△		境内六月发生大疫病。	A2～82
1773	高宗乾隆三十八年	地　震	△		安福微地震。	A2～82

注：①1728 年今临澧仍属当时慈利县，1729 年设安福县属澧州。

续表

公　历	旧　历	灾害种类	灾情等级	受灾乡镇数	灾　害　情　况	资料来源代码
1778	高宗乾隆四十三年	旱	●		夏秋，特大旱。	A2～82
		饥	●		谷价腾贵，草林皆赤。	
1779	高宗乾隆四十四年	饥	●		上年大旱，全省普遍大饥。	A2～82
1785	高宗乾隆五十年	旱	●		春、夏，无雨，全县大歉收。	A2～82
		地　震	△		十一月十三日未时，地震。	
		饥	●		民饥。	A4～108
1786	高宗乾隆五十一年	水	●		七月，安福大水成灾。	A2～82
1790	高宗乾隆五十五年	水	●		六月，澧州大水。	B2～75
1802	仁宗嘉庆七年	旱	●		安福夏秋旱，田禾失收。	A2～82
1804	仁宗嘉庆九年	水	▲		澧州五月大水。	B2～77
1805	仁宗嘉庆十年	水	▲		澧州四月至六月月大水。	B2～77
1807	仁宗嘉庆十二年	旱	●		安福四月不雨至七月，大旱。	A2～82
		疫　病	▲		境内发生大疫病。	
		水	●		澧州秋雨过大，堤垸被毁。	
1811	仁宗嘉庆十六年	旱	●		安福，四月二十八日至八月十六日，不雨，大旱。	A2～83
1813	仁宗嘉庆十八年	旱	●		全省自夏至秋俱旱，高低失收。	A2～83
1814	仁宗嘉庆十九年	水	△		澧州六月城西 90 里山洪暴发。	A2～83
1821	宣宗道光元年	旱	△		安福夏旱。	A2～83
		农业虫害	△		秋，虫食粟。	
1822	宣宗道光二年	雪冻害	●		冬雪深数尺，冰坚可渡。	A4～108
		农业虫害	●		夏发生水稻蝗虫，稻热病。	
1826	宣宗道光六年	水	●		安福夏大水。	A2～83
		地　震	▲		六月二十五日夜，发生地震。	
1829	宣宗道光九年	水	△		六月，大水灾。	D～77
		旱	△		七月，澧州等地旱。	A2～83
		疫　病	△		境内发生大疫病。	
1831	宣宗道光十一年	水	●		初夏，湘、资、沅、澧水大水。	A2～83
		雪冰害	●		入冬，大雪。	A4～108
1832	宣宗道光十二年	饥	▲		全省普遍大饥疫，死亡无算。	A2～83
		疫　病	△		安福“瘟疫大作”。	
1835	宣宗道光十五年	旱	●		五月至七月，安福大旱。	A2～83
		农业虫害	▲		六月，蝗灾。	A4～108
1836	宣宗道光十六年	农业虫害	●		澧州三、四月蛹蹻遍野。	A2～85
		雹	●		安福春大雨雹。	

续表

公　历	旧　历	灾害种类	灾情等级	受灾乡镇数	灾　害　情　况	资料来源代码
1837	宣宗道光十七年	地　震	△		三月六日卯时，地震。	A～11
		风	●		六月，全省大风，江湖沉船无数。	A2～83
1838	宣宗道光十八年	水	▲		夏七月，澧州等地大水。	A2～83
		农业虫害	●		七月，蛹蜢遍野。	
1839	宣宗道光十九年	水	△		七月，武陵大水。	B～162
1840	宣宗道光二十年	水	△		七月，武陵大水。	B～162
1841	宣宗道光二十一年	水	●		六月，石门武陵大水。	B～162
1842	宣宗道光二十二年	地　震	△		二月十四日午时，地震。	A～11
		水	△		八月，武陵连月寒雨。	B～162
1843	宣宗道光二十三年	地　震	△		二月十九日，澧洲地震。	B～162
1844	宣宗道光二十四年	水	▲		安福等地夏大水。	A2～83
1846	宣宗道光二十六年	大　风	△		澧州等地四月大风，毁屋拔树。	A2～83
1848	宣宗道光二十八年	水	●		全省夏大水。	A2～84
		冰　冻	△		春，发生大冰冻，竹木多折。	
1849	宣宗道光二十九年	水	●		三月至六月，全省四水连续大水。	A2～84
		饥	▲		全省大饥荒。安福大饥。	
		疫　病	▲		境内疫病大作。	A2～11
1850	宣宗道光三十年	冰　冻	▲		一月，安福大雪冰冻。	A2～84
		地　震	△		七月，安福、武陵等地地震。	
1851	文宗咸丰元年	水	▲		七月，严重水灾，流离失所。	B～162
1852	文宗咸丰二年	旱	△		安福等地夏旱。	A2～84
1853	文宗咸丰三年	水	▲		安福等地大水。	A2～84
1854	文宗咸丰四年	饥	▲		安福春夏大饥。	B～163
1855	文宗咸丰五年	大　风	▲		七月，大风，损禾。	A～12
1856	文宗咸丰六年	旱	△		武陵、桃源秋旱。	B～163
1857	文宗咸丰七年	旱	△		安福夏旱。	A2～84
		农业虫害	▲		九月，安福等州县飞蝗害。	
1858	文宗咸丰八年	冰　冻	●		冬，大雪冰冻。	A～12
		农业虫害	△		八月，澧州、安乡等飞蝗，害稼。	B～163
1860	文宗咸丰十年	水	▲		六月，澧州大水。	B2～92
		冰　冻	▲		十一月，澧州、石门等地大雪冰冻。	A2～84
1861	文宗咸丰十一年	冰冻	△		腊月，大冰冻，树木压折无数。	A2～84
		风	△		七月，大风暴灾害。	
1862	穆宗同治元年	风	△		六月，石门、澧州、遭风雹灾害。	B～163
		水	●		六月，暴发大水灾，澧城圮。	A2～84
1863	穆宗同治二年	旱	△		安福夏旱。	A2～84
1864	穆宗同治三年	水	●		六月，安福等地大水。	B～163
		农业虫害	△		虫害成灾。	A2～84

续表

公　历	旧　历	灾害种类	灾情等级	受灾乡镇数	灾　害　情　况	资料来源代码
1866	穆宗同治五年	大　风	▲		七月，大风，损禾。	A～13
1868	穆宗同治七年	森林虫害	▲		五、六月，虫食松毛尽槁。	A2～84
		水	△		安福八月至九月，淫雨伤稼。	
		旱	△		九月后，安福等地夏旱。	
1869	穆宗同治八年	水	▲		七月，安福等地大水。	A2～84
1870	穆宗同治九年	风	●		二月，安福大风寸雹。	B～164
		旱	△		六月，安福等地旱。	A2～85
		水	▲		七月，水灾。	B～164
		饥	●		全省饥。	B～164
1871	穆宗同治十年	冰　雹	●		澧州三月冰雹如盏、如砖。	A2～85
1876	德宗光绪二年	水	●		湖南全省夏大水。	A2～85
		饥	●		全省饥。	B～164
1877	德宗光绪三年	旱	●		四月至七月，大旱。	A～13
		冰　冻	△		十二月，大冰冻。	A2～85
1878	德宗光绪四年	水	●		全省八月大水，晚稻无收。	A2～85
1887	德宗光绪十三年	水	△		夏大水、冬雪冻害。	A4～109
		雪冰害	△			
1898	德宗光绪二十四年	旱	●		夏秋连旱。	A2～150
1904	德宗光绪三十年	冰　冻	▲		严冬，发生大冰冻，树木折断无数。	A～14
1905	德宗光绪三十一年	水	▲		夏澧州大水。	B2～105
1906	德宗光绪三十二年	水	●		春夏湖南霖雨二十日，大水灾。	A2～85
1908	德宗光绪三十四年	水	●		湘西北夏大水，安福多被淹。	A2～85
1909	宣统元年	水	●		六月中旬，沅、澧二水发大水。	A2～85
		饥	▲		饥民达数十万，树皮草根食尽。	
1910	宣统二年	饥	●		湖南大饥。	A2～85
1911	宣统三年	水	▲		夏季澧水发生大水灾。	B～166
		大　风	△		三月，大风，折断树木。	
		森林虫害	△		六月，发生松毛虫害。	A3～47
1912	民国1年	饥	△		饥荒。梅溪蒋家赈饥三日。	B～167
		森林虫害	△		六月，发生松毛虫害。	A3～47
1913	民国2年	水	△		四月、五月，水灾，八月秋旱。	A～109
		旱	△			
1914	民国3年	森林虫害	△		六月，发生松毛虫害。	A3～47
		畜　疫	●		秋季，发生牛流行热病。	A3～50
1915	民国4年	水	●		七月，临澧等地大水。	A2～85
		饥	●		各地大饥。	
1916	民国5年	水	▲		七月，降雨水灾。	A～109
1917	民国6年	地　震	△		一月二十三日至二十四日，发生微震。	A～16

注：1914，安福县改名为临澧县。

续表

公历	旧历	灾害种类	灾情等级	受灾乡镇数	灾害情况	资料来源代码
1918	民国7年	水	△		六月，渍灾空前，被灾十万人。	B～167
		森林虫害	△		六月，发生森林虫害。	A3～47
1919	民国8年	水	△		五至七月，大雨水灾。	A4～109
1921	民国10年	旱	▲		七月至九月，大旱。	A4～109
		森林虫害	△		六月，发生森林虫害。	A3～47
1922	民国11年	水	●		六月，四水上游同时发生山洪。	A2～85
1923	民国12年	大　风	▲		八月，龙卷风。	A2～85
1924	民国13年	旱	●		临澧县，以后连旱三年。	A2～85
		森林虫害	△		六月，发生森林虫害。	A3～47
1925	民国14年	旱	●		临澧等县皆久旱不雨。	A2～85
1926	民国15年	水	▲		七月，临澧发生大水灾蛟水横流。	A 2～86
		旱	▲		临澧等县旱。	
		农业虫害	△		六月，临澧县虫。	B～168
1927	民国16年	森林虫害	△		六月，发生森林虫害。	A3～47
1928	民国17年	旱	▲		临澧等县旱。	A2～86
1929	民国18年	水	▲		六月，水、旱、虫、风灾交侵，各县多连遭数灾，灾情惨重。临澧等县水灾。临澧等六十四县中灾之重大普遍，以本年为甚。	A2～86
		旱	▲			B～169
		农业农害	△			A2～86
		风	△			B～169
1930	民国19年	冰　冻	●		冻害，冰凝瓦结，牲畜死亡，河水亦冰。	A4～109
		森林虫害	△		六月，发生森林虫害。	A3～47
1931	民国20年	水	●		七月，澧水发生大水灾。	B～169 A～642
1932	民国21年	旱	▲		六月，旱灾禾稼损失七成半。	D～79
		龙卷风	●		龙卷风大作，房塌树倒	A1～102
1933	民国22年	森林虫害	△		六月，发生森林虫害	A3～47
1934	民国23年	饥	▲		春，荒惨重。	A～20
		旱	▲		夏秋，大旱。	
1935	民国24年	饥	●		大旱后饥荒，四区饿死数百人。	A～20
		水	●		七月五日，澧水发生特大洪灾。	A2～86
		旱	△		七月中旬至八月，临澧旱。	A～462
		畜　疫	△		四区发生牛炭疽。	A～462
		森林虫害	▲		六月，发生松毛虫害。	A3～47
1936	民国25年	饥	▲		大饥荒。	A2～169
		森林虫害	△		七月，发生松毛虫害。	A3～47
		龙卷风	●		八月，龙卷风灾害。	A1～102
1937	民国26年	森林虫害	▲		六月，全县松毛虫猖獗，累杀不止。	A～21
1938	民国27年	日军入侵			十一月二十二日，日军飞机3架来临澧上空侦察，曾在临澧上空低飞，复以机枪扫射，击伤群众万人。次年6月14日，日军飞机数十架，成群飞越县境。	A～485
1939	民国28年	森林虫害	△		六月，全县发生松毛虫害。	A3～47

续表

公　历	旧　历	灾害种类	灾情等级	受灾乡镇数	灾　害　情　况	资料来源代码
1940	民国29年	旱	▲		六月，虫旱交加。	A～22
		农业虫害	△			
1941	民国30年	水	△		五月后，受甲等水灾。	A～22
		旱	△		四月，无水插秧，七月至九月大旱。	
		疫　病	▲		发生天花病者。	A～626
1942	民国31年	疫　病	△		发生霍乱、赤痢等病。	A～626
		森林虫害	△		六月，发生松毛虫害。	A3～47
1943	民国32年	日军入侵			五月八日，日本侵略军由津市、澧县进犯澧水北岸的合口、新安、团山三乡，沦陷21天。十一月日军分四路入侵临澧全境。18日县城沦陷。12月12日收复县城。以后一次最为残暴：全县伤亡3489人，其中惨遭杀害1486人，物资损失总值751亿多元，其中烧毁房屋2413栋，值48.26亿元，掠劫粮食88598石，值3.54392亿元，屠宰耕牛3916头，值3.1328亿元，烧毁器物农具折值387.22亿元，其他猪、鸡、棉杂烟等折值309.76亿元。	A～22
1945	民国34年	旱	●		常德春夏，52日不雨大旱。	B～169
		农业虫害	▲		七月，螟虫危害。	A～173
		森林虫害	△		六月，全县发生松毛虫害。	A3～47
1946	民国35年	旱	▲		四月至七月，大旱。	A～24
		水	▲		八月，大水，冲毁佘市桥。	
		饥	●		四、七月间，全省大饥。	
		龙卷风	●		七月，狂风拨树，千年古树刮倒	A～102
1947	民国36年	疫　病	●		入夏，痢疾流行。	A～24
		农业虫害	▲		夏，杨板等地发生稻蝗虫害。	A～173
		森林虫害	▲		六月，全县发生松毛虫害。	A3～47
1948	民国37年	水	▲		五、六月，淫雨不止。全省大水。	A2～86
		农业虫害	△		七月，澧南各乡镇蝗虫危害较重。	A～24
		畜　疫	●		全县牛炭病。	13～24

临澧县灾害年表

（1949～2008年）

公历	灾害种类	灾害等级	受灾乡镇数	灾害情况	资料来源代码
1949	洪涝	●	120	五月至六月，发生流域重特大洪涝灾害，农作物受灾面积27.5万亩，成灾面积19.8万亩，绝收面积9.5万亩。	A～102
	疫病	△	120	发生血吸虫病。	A3～3
1950	洪涝	●	121	五月至七月，暴雨重特大洪涝灾害，农作物受灾面积38万亩，成灾面积31万亩，绝收面积10万亩。	A～27 D～79
	农业虫害	△	53	七月，发生稻苞虫灾害。	A～27 D～80
	低温冻害	△	121	十二月初，连续20天冰冻。	A～27
	疫病	△	121	发生天花、疟疾疾病。	A3～3
1951	洪涝	▲	95	七月十二日，发生重大洪涝灾害，农作物受灾面积25万亩，成灾面积17万亩，绝收面积7万亩。	B～172
	旱灾	△	121	七月至八月，旱灾，农作物受灾面积10.21万亩，成灾面积6.21万亩，绝收面积1.31万亩。	C～91
	疫病	△	121	发生麻疹病。	A3～3
1952	洪涝	▲	98	七月，连续3次发生重大洪涝灾害、冲毁耕地2.5万亩。农作物受灾面积26万亩，成灾面积18.5万亩，绝收面积5.33万亩。	B～172
	旱灾	△	121	2次大旱38天，农作物受灾面积10.1万亩，成灾面积7.2万，绝收面积2万亩。	B～172
	畜疫	●	8	夏季，澧水两岸暴发牛气肿疽。	A～28
	农业虫害	△	61	夏至秋季，境内发生虫害。	B～172
1953	旱灾	△	121	七月至八月，夏秋连旱50天，农作物受灾面积14.32万亩，成灾面积8.1万亩，绝收面积2.1万亩。	C～91 D～80
	洪涝	△	95	八月，发生洪涝灾害，农作物受灾面积16万亩，成灾面积12万亩，绝收面积4.5万亩。	B～20
	冰雹	△	121	四月，发生冰雹灾害。	D～80
	疫病	●	122	发生痢疾疫病。	A3～3
	畜疫	▲	65	四、五、六区发生牛气肿疽。	A3～3
1954	洪涝	●	122	五月至七月，发生重特大洪涝灾害，全县农作物受灾面积35.1万亩，成灾面积25.5万亩，绝收面积10.1万亩。	A～29 A3～89
	雪冻害	●	122	冬，全县特大雪冰冻。	A～30 A3～87
	疫病	△	122	发生麻疹疫病。	A3～3
	畜疫	▲	66	发生牛气肿疽。	A3～4
1955	疫病	●	122	六月，首次发现钉螺。	A～30 A～182
	洪涝	△	73	七月至八月，发生5次洪涝灾害。全县农作物受灾面积14万亩，成灾面积11.5万亩，绝收面积2.9万亩。	B～172
	农业虫害	△	68	夏至秋季，发生蝗虫灾害。	B～172
	旱灾	△	122	九月至十月，发生旱灾，农作物受灾面积13.1万亩，成灾面积7.6万亩，绝收面积1.9万亩。	B～172 C2～7
	畜疫	△	5	新安、彭市、九里等乡镇畜疫流行。	A3～4

续表

公历	灾害种类	灾害等级	受灾乡镇数	灾　害　情　况	资料来源代码
1956	疫　病	△	9	全县开展血吸虫大普查，发生麻疹病。	A～31
	旱　灾	△	20	六月至八月，发生干旱，农作物受灾面积 10.3 万亩，成灾面积 9.2 万亩，绝收面积 2.1 万亩。	C～91
	森林虫害	●	20	十一月至十二月，发生越冬松毛虫灾害。	D～80
	畜　疫	△	5	新安镇、杉板公社发生有耕牛吸血虫病。	A3～4
1957	洪　涝	△	17	七月二十九日至七月三十日，澧、道、澹水猛涨，全县农作物受灾面积 13.5 万亩，成灾面积 10.5 万亩，绝收面积 5.5 万亩。	A～32
	旱　灾	△	17	八月至九月，发生干旱，农作物受灾面积 10.2 万亩，成灾面积 9.1 万亩，绝收面积 2.1 万亩。	C～91 A～32
	疫　病	△	20	发生麻疹病。	A3～3
	森林火灾	▲	1	发生森林火灾 2 起。	A3～3
1959	农业虫害	△	15	四月，棉地地老虎虫灾。	A～174
	洪　涝	▲	15	六月三十日，发生重大洪涝灾害，农作物受灾面积 25.5 万亩，成灾面积 12.1 万亩，绝收面积 6 万亩。	D～80
	旱　灾	▲	15	七月至十月，连旱 100 日，农作物受灾面积 18.4 万亩，成灾面积 12.4 万亩，绝收面积 3.1 万亩。	A～33
	疫　病	△	15	发生麻疹病，流行性脑脊髓膜炎病。	A3～3
	畜　疫	△	5	官亭、陈二等公社发生耕牛饲料中毒。	A3～4
1960	旱　灾	●	15	七月至十月，连旱百日，农作物受灾面积 22.1 万亩，成灾面积 17.2 万亩，绝收面积 6.2 万亩。	A～34 D～101
1961	森林虫害	▲	9	三月至七月，新安等公社发生松毛虫害。	A～15
	旱　灾	▲	19	六月至七月，发生重大旱灾，农作物受灾面积 18.7 万亩，成灾面积 12.6 万亩，绝收面积 3.2 万亩，其中棉花成灾面积 2.6 万亩。	D～80
1962	洪　涝	△	17	七月十四日至十六日，发生洪涝灾害。农作物受灾面积 15.5 万亩，成灾面积 11.2 万亩，绝收面积 5 万亩。	C1～15
	疫　病	△	17	发生麻疹病。	A3～3
	畜　疫	△	17	全县发生猪喘气病。	A3～4
1963	冰　雹	△	19	五月八日，境内先后 3 次遭风暴、冰雹袭击。	B～20
	洪　涝	▲	19	五月至六月，发生重大洪涝灾害。农作物受灾面积 25.5 万亩，成灾面积 17.8 万亩，绝收面积 6.5 万亩。	A2～87 C2
	旱　灾	●	19	七月至九月，重特大旱灾，农作物受灾面积 23.2 万亩，成灾面积 18.1 万亩，绝收面积 6.2 万亩。	C1～91
	疫　病	△	18	发生麻疹病。	A3～3
	畜　疫	△	6	境内发生猪瘟。	A～181
	森林虫害	△	11	境内发生第二代松毛虫害。	A3～47
	森林火灾	△	1	发生一般森林火灾 1 起。	A3～3
1964	雪冻害	▲	19	二月二日至二月十日，全县大冰冻。	A～36
	洪　涝	▲	18	六月二十四日至六月三十日，发生重大洪涝灾害，农作物受灾面积 25.4 万亩，成灾面积 17.5 万亩，绝收面积 6 万亩。	A～37 A2～87
	旱　灾	△	19	八月至九月，发生旱灾，农作物受灾面积 10.1 万亩，成灾面积 5.2 万亩，绝收面积 1.8 万亩。	C～91

续表

公历	灾害种类	灾害等级	受灾乡镇数	灾害情况	资料来源代码
1965	森林虫害	▲	11	六月至七月，发生第二代松毛虫灾害。	D～80
	疫　病	△	15	发生麻疹、流行性乙型脑炎病。	A3～3
1966	洪　涝	▲	19	六月下旬，发生重大洪涝灾害，农作物受灾面积25.2万亩，成灾面积16.5万亩，绝收面积5.8万亩。	A2～87 D～80
	旱　灾	●	20	六月底至十月，发生100日重特大旱灾。农作物受灾面积24.1万亩，成灾面积18.9万亩，绝收面积6.2万亩。	D～80 A3～87
	疫　病	△	17	发生麻疹、流行性乙型脑膜炎病。	A3～3
	生产性事故	△	5	发生农业生产事故2次。	A3～17
1967	农业虫害	●	15	三月下旬，发生麦蚜虫害。	D～80
	疫　病	△	19	流行性脑脊膜炎、流行性乙型脑炎病。	A3～4
	生产性事故	△	1	发生农业生产性事故1次。	A3
1968	洪　涝	●	19	七月十六日晚，山洪暴发，发生重特大洪涝灾害，青山工程大坝冲垮。农作物受灾面积35.5万亩，成灾面积26.2万亩，绝收面积6.8万亩。	A3～87 A～38
	畜　疫	△	15	全县发生生猪喘气病。	A3～4
	生产性事故			发生农业生产事故2起	A3～236
1969	低温冻害	▲	19	二月十四日至二十一日，大冰冻。	A～39
	农业虫害	△	19	三月，发生小麦霉赤病。	A3～4
	洪　涝	△	17	六月二十三日至八月十一日，为新中国成立以来第三次洪涝灾害。农作物受灾面积16.5万亩，成灾面积11.5万亩，绝收面积6.1万亩。	B～173
	风　灾	△	4	七月十八日十三时至十四时，杉板乡公社、佘市公社、停弦渡公社发生龙卷风灾害。	A1～102
	畜　疫	●	19	全县点片暴发仔猪副伤寒病。	A3～4
	疫　病	▲	19	流行性乙型脑炎发病216例，死亡49人。	A3～3
	生产性事故	△	1	发生农业生产性事故1次。	A3～17
1970	森林虫害	●	17	七月至九月，全县发生松毛虫灾害。	D～80
	疫　病	●	19	发生麻疹病、流行性脑脊髓膜炎、流行性乙型脑炎。	A3～3
	生产性事故	△	3	发生农业生产性事故3次。	A3～18
1971	旱　灾	▲	19	七月至八月，发生重大旱灾，农作物受灾面积18.1万亩，成灾面积12.3万亩，绝收面积5.2万亩。	A～40
	雪冻害	△	19	十二月下旬，发生大雪冰冻。	A～40
	疫　病	●	19	流行性脑脊髓膜炎、流行性乙型脑炎病。	A3～3
	生产性事故	△	2	发生农业生产性事故2次。	A3～18
1972	雪冻害	▲	19	二月一日至十二日，全县发生重大雪冰冻。	A～40 A2～87
	旱　灾	●	19	五月至九月，连旱84天，农作物受灾面积23.9万亩，成灾面积18.5万亩，绝收面积5.9万亩。	D～80 A～41
	农业虫害	▲	19	五月至十月，全县发生水稻青黄矮病。	A～41
	疫　病	●	19	发生麻疹、流行性乙型脑炎病。	A3～3
	生产性事故	△	1	发生农业生产性事故3次。	A3～18
	地质灾害	△	1	停弦渡公社虎山大队发生泥石流地质灾害。	A3～19

续表

公历	灾害种类	灾害等级	受灾乡镇数	灾害情况	资料来源代码
1973	冰雹	▲	7	七月二十三日凌晨二时，澧北等乡镇发生冰雹灾害。	A2～88 A～41
	龙卷风	△	1	八月十四日十五时许，杨板公社发生龙卷风灾害。	A～41
	疫病	●	19	发生麻疹、流行性乙型脑炎病。	A3～3
	农业虫害	△	19	六月，发生稻飞虱虫害。	A3～4
	森林虫害	△	9	六月至九月，发生松毛虫害。	A～191
	生产性事故			发生农业生产事故2起。	A3～4
1974	冰雹灾害	△	1	四月十二日十六时十三分，九里公社泉水等6个大队发生冰雹灾。	A2～89 D～81
	龙卷风	△	3	六月十二日十六时至十七时，太浮、文家、陈二公社发生龙卷风灾害。	B～153
	旱灾	△	17	八月至九月，发生旱灾，农作物受灾面积9.4万亩，成灾面积8.3万亩，绝收面积2.2万亩。	C～91 C1～8
	疫病	●	19	发生麻疹、白喉、流行性乙型脑炎病。	A3～3
	生产性事故			发生农业生产事故3起。	A3～4
	交通事故			发生交通事故24起。	A3～20
1975	旱灾	△	19	七月至九月，发生旱灾，农作物受灾面积10.05万亩，成灾面积5.5万亩，绝收面积1.9万亩。	C～91
	疫病	△	19	发生麻疹、白喉、流行性乙型脑炎病。	A3～3
	生产性事故	△	1	发生农业生产性事故1次。	A3～19
	交通事故			发生交通事故38起。	A3～20
1976	龙卷风	△	3	七月二十日十五时三十分至十六时十分，佘市、望城、文家发生龙卷风灾害。	A2～102
	旱灾	△	19	八月至九月，连续干旱。农作物受灾面积10.2万亩，成灾面积9.1万亩，绝收面积1.9万亩。	C～91
	雪冻害	●	19	冬季，发生重特大雪冰冻灾害。	A2～89 A～44
	疫病	△	19	发生麻疹、流行性乙型脑炎病。	A3～3
	畜疫	▲	17	全县鸡瘟大流行。	A3～4
	森林虫害	△	12	七月至九月，发生松毛虫害。	A～191
	生产性事故			发生农业生产事故2起。	A3～4
	交通事故			发生交通事故47起。	A3～20
1977	低温冻害	●	19	一月，发生冻害。	A～44
	旱灾	△	19	八月至九月，发生干旱，农作物受灾面积10.02万亩，成灾面积5.5万亩，绝收面积1.4万亩。	C～91
	疫病	△	17	发生流行性乙型脑炎病。	A3～3
	生产性事故			发生农业生产事故1起。	A3～4
	地质灾害	△	1	二月十六日，青山水轮泵站发生滑坡地质灾害。	A3～25
	交通事故			发生交通事故42起。	A3～20
1978	旱灾	▲	19	七月至九月，发生重大旱灾，农作物受灾面积16.4万亩，成灾面积11.7万亩，绝收面积2.5万亩。	C～91
	疫病	△	17	发生流行性乙型脑炎病。	A3～3
	生产性事故	▲		发生工业生产事故1起。	A3～1
	交通事故			发生交通事故45起。	A3～3

续表

公历	灾害种类	灾害等级	受灾乡镇数	灾害情况	资料来源代码
1979	地震	△	7	二月十八日零时二十五分，临澧县发生里氏3.8级地震。	A2～89 A～46
	龙卷风冰雹	●	6	四月十七日十六时至十七时，佘市等6个乡镇发生特大龙卷风冰雹灾害。	D～81 A～46
	洪涝	△	17	六月下旬，发生山洪暴发发生洪涝灾害。农作物受灾面积15.5万亩，成灾面积10.5万亩，绝收面积6万亩。	B～174
	旱灾	▲	19	九月下旬到十二月，发生重大秋旱。农作物受灾面积17.2万亩，成灾面积12.5万亩，绝收面积3.2万亩。	A2～90 A～102
	畜疫	●	19	全县发生猪胃肠炎及肠梗阻病。	A3～4
	生产性事故			发生农业生产事故2起。	A3～4
	森林虫害	△	8	发生油茶叶峰和松针红蜡蚧病虫害。	A3～47
	交通事故			发生交通事故54起。	A3～3
1980	农业虫害	▲	16	四月，发生小麦虫害，七月至九月发生棉花病害，八月至十月发生水稻“百叶枯病”。	A～126
	洪涝	●	19	五月三十日至八月五日，发生特大暴雨洪水。农作物受灾面积35.5万亩，成灾面积26万亩，绝收面积10万亩，淹没农作物26万亩，淹没棉花3.4万亩。	A2～91 A～47
	畜疫	△	17	全县仔猪副伤寒流行。	A3～4
	生产性事故	●		发生工业生产事故1起，农业生产事故2起。	A3～1
	交通事故			发生交通事故46起。	A3～3
1981	洪涝灾害	△	19	六月二十七日，发生洪涝灾害。农作物受灾面积15.2万亩，成灾面积10.8万亩，绝收面积5.6万亩。	A2～91
	旱灾	▲	19	七月一日到九月九日，夏秋连旱69天。农作物受灾面积17.5万亩，成灾面积12.8万亩，绝收面积3.8万亩。	A2～91 D～81
	疫病	△	19	发生流行性乙型脑炎病。	A3～3
	畜疫	△	17	全县猪瘟流行。	A3～4
	生产性事故	●		发生工业生产事故2起。	A3～1
	交通事故			发生交通事故53起。	A3～3
1982	雪冻害	△	20	一月二十八日至三十一日，发生大雪冰冻害。	A2～91
	洪涝	▲	20	五月、六月，发生二次重大洪涝灾害，农作物受灾面积25.5万亩，成灾面积18.3万亩，绝收面积8万亩。	D～81 A2～91
	交通事故			发生交通事故82起。	A3～3
1983	畜疫	●	19	一月至三月，焦虫病流行。	A～50
	农业虫害	△	20	三月至四月，发生菌核病害。	D～81
	风灾	▲	3	四月十五日十三时、四月二十八时、五月十四日十八时，发生三次风灾。	A2～91
	洪涝	▲	20	六月二十六日，发生重大洪涝灾害，农作物受灾面积15.18万亩，成灾面积11.2万亩，绝收面积6万亩。	A2～90 A2～91
	森林虫害	▲	6	七月至八月，发生松毛虫害。	D～81
	冰雹	▲	1	八月七日下午五时至五时四十分，珠日桥发生重大冰雹灾害。	A2～92
	生产性事故			发生农业生产事故2起。	A3～4
	交通事故			发生交通事故63起。	A3～3

续表

公历	灾害种类	灾害等级	受灾乡镇数	灾害情况	资料来源代码
1984	旱　灾	△	18	七月至八月，发生干旱灾害。农作物受灾面积11.2万亩，成灾面积7.5万亩，绝收面积1.8万亩。	A2～92
	森林虫害	△	14	七月至九月，发生松毛虫、油菜叶锋、松针红蜡介。	A～191
	火　灾	△		三月五日上午，青山管理局办公楼配电开关板短路发生火灾。	A3～2
	交通事故			发生交通事故66起。	A3～3
1985	旱　灾	△	17	七月七日至九月十二日，发生干旱灾害，农作物受灾面积10.1万亩，成灾面积6.5万亩，绝收面积3.2万亩。	D～82
	畜　疫	△	20	一九八五至一九九零年，狂犬病在临澧县广泛流行。	A3～4
	森林火灾	△	2	发生森林火灾5起。	A3～5
	交通事故			发生交通事故65起。	A3～3
1986	旱　灾	△	15	四月至五月，发生春旱，农作物受灾面积10.5万亩，成灾面积6.8万亩，绝收面积2.5万亩。	A2～92
	洪　涝	△	17	七月十七日至七月十八日，发生暴雨洪涝灾害。农作物受灾面积15.5万亩，成灾面积10.8万亩，绝收面积5.8万亩。	A2～92
	安全事故	△	1	九月六日，九里茶厂、鞭炮厂发生爆炸事故。	A～42
	畜　疫	△	17	狂犬病流行。	A～166
	交通事故			发生交通事故130起。	A3～3
	火　灾			发生一般火灾11起，森林10起。	A3～4
	森林火灾			发生一般森林火灾10起。	A3～4
1987	冰　雹	△	7	四月十日，发生冰雹灾害。	B～175
	畜　疫	△	17	境内狂犬病流行。	A～160
	生产性事故	△		发生工业生产事故5起	A3～17
	交通事故			发生交通事故129起。	A3～3
	火　灾			发生一般火灾13起。	A3～3
	森林火灾			发生一般森林火灾8起。	A3～3
1988	旱　灾	●	17	二月至五月，发生重特大旱灾。农作物受灾面积49.5万亩，成灾面积21万亩，绝收面积9.1万亩。	A2～92 C～91
	疫　病	△	1	官亭乡岩龙村发生伤寒、痢疾病。	A～93
	冰　雹	△	4	七月三日下午五时十五分至三十六分，发生冰雹灾害。	A2～93
	洪　涝	●	17	八月十二日至九月九日，发生重特大秋汛，农作物受灾面积25.3万亩，成灾面积18.2万亩，绝收面积7.5万亩。	A2～93 A1～57
	畜　疫	△	17	境内狂犬病流行。	A3～4
	交通事故			发生交通事故108起。	A3～3
	火　灾			发生一般火灾8起。	A3～3
1989	农业虫害	▲	17	六月发生稻卷叶蝗害。	A3～4
	洪　涝	●	17	八月十二日、九月二日，二次暴雨发生洪涝灾害。农作物受灾面积35.8万亩，成灾面积25.5亩，绝收面积7.2万亩。	A2～93
	生产性事故	△		发生工业生产事故1起。	A3
	交通事故			发生交通事故131起。	A3～3
	火　灾			发生火灾11起，其中重大火灾2起，一般火灾9起。	A3～3

续表

公历	灾害种类	灾害等级	受灾乡镇数	灾害情况	资料来源代码
1990	洪　涝	▲	17	二月十九日至六月十四日，连续发生三次洪涝灾害，农作物受灾面积28.5万亩，成灾面积22.4万亩，绝收面积7.2万亩。	A2～94
	风　灾	▲	17	六月二十六日至八月七日，发生三次雷雨大风灾。	A2～94
	旱　灾	▲	17	七月二日至九月二十一日，连续干旱，农作物受灾面积18.3万亩，成灾面积14.5万亩，绝收面积6.2万亩。	A2～94 C～91
	农业虫害	△	17	八月，发生水稻蚊枯病。	A3～4
	森林虫害	▲	16	四月至六月，发生松毛虫害。	A2～170
	爆炸事故	●		十月二日，县物资局开发公司采购员蒋晓峰在骗得公司1.7万元巨款后，劫持厦门至广州班机企业潜逃国外，造成机毁人亡重大事故。	A3～1
	畜(水产)疫病	△	12	境内焦虫疽流行。9000亩养殖面积发生细菌性肠炎。	A～160
	交通事故			发生交通事故129起。	A3～1
	火　灾			发生火灾12起。其中重大火灾2起，一般火灾10起。	A3～3
1991	低温冻害	△	17	三月一日至五月十五日，低温阴雨发生倒春寒。	A2～94
	农业虫害	△	17	六月，发生稻飞虱。	A3～4
	洪　涝	●	17	七月一日至十一日，发生特大洪涝灾害，农作物受灾面积41万亩，成灾面积26.8万亩，绝收面积11.2万亩。	A2～94 A1～57
	旱　灾	●	17	七月十一日至十二月二十三日，发生连续166天的重特大旱灾，农作物受灾面积24.5万亩，成灾面积19.5万亩，绝收面积5.2万亩。	A2～94 C～91
	风　灾	△	6	八月二十五日下午五时十分至五十分，发生大风灾害。	A2～93
	低温冻害	▲	17	十二月二十五日至二十九日，发生冰冻灾害。	A2～94
	畜(水产)疫病	△	15	焦虫病流行。10000亩养殖面积发生烂鳃病。	A3～4
	生产性事故	▲		发生农业生产事故1次。	A3
	交通事故			发生交通事故80起。	A3～3
	火　灾			发生火灾8起，其中重大火灾1起，一般火灾7起，。	A3～3
	森林火灾			一般森林火灾1起	A3～3
1992	风　灾	△	6	四月二十日二十一时三十分至二十二时十分，发生龙卷风灾害。	D2～439
	龙卷风	▲	10	四月二十八日十九时三十分至二十时三十分，七月十九日十三时十五分至四十五分，发生二次龙卷风灾害。	D2～439 A1～59
	旱　灾	△	17	七月上旬到八月中旬，发生干旱灾害，饮水困难18677人。农作物受灾面积12.5万亩，成灾面积8.9万亩，绝收面积2.2万亩。	D2～439
	畜(水产)疫病	●	17	发生鸡传染性法氏囊病、焦虫病。16亩珍珠养殖面积发生病毒性蚌病。	A3～4
	生产性事故	●		发生特大工业生产事故1起。	A3～1
	交通事故			发生交通事故188起。	A3～3
	火　灾			发生火灾11起。其中重大火灾1起，一般火灾10起。	A3～3
	森林火灾			发生一般森林火灾3起。	A3～3

续表

公历	灾害种类	灾害等级	受灾乡镇数	灾　害　情　况	资料来源代码
1993	冰　雹	△	5	三月二十七日二时十五分至二十分，合口、新安、九里、官亭、杉板等乡镇发生冰雹。	A1～20
	冰　雹	▲	4	四月二十八日零点十分至三十五分，合口、停弦、杉板、文家等乡镇遭受冰雹。	A1～59
	洪　涝	●	17	七月二十三日，发生重特大洪涝灾害。农作物受灾面积35.1万亩，成灾面积25.2万亩，绝收面积10.1万亩。	A1～57
	畜　疫	▲	10	焦虫病和鸡瘟病在全县流行。	A3～4
	地质灾害	△	1	十一月十四日，新龙凤山水泥厂采石场发生崩塌地质灾害。	A3～1
	交通事故			发生交通事故113起。	A3～1
	火　灾			发生火灾6起，其中重大火灾1起，一般火灾5起。	A3～3
1994	旱　灾	▲	18	五月下旬至七月中旬，发生重大旱灾，农作物受灾面积17.8万亩，成灾面积14.2万亩，绝收面积5.2万亩。	D2～439
	龙卷风	▲	17	七月十一日十六时十二分至十七时，全县发生特大龙卷风灾害。	D2～439
	洪　涝	△	17	九月上旬至十月下旬连续40天阴雨，发生洪涝灾害，农作物受灾面积16.2万亩，成灾面积11.03万亩，绝收面积4.8万亩，	1994年工作总结
	畜　疫	△	17	全县鸡瘟流行。	A3～4
	交通事故			发生交通事故128起。	A3～3
	火　灾			发生一般火灾10起。	A3～4
1995	风　灾	△	1	三月十六日晚，太平村发生大风灾害。	A1～24
	农业虫害	△	17	六月，发生蚊枯病。	A3～4
	洪　涝	▲	17	五月三十一日至六月三日二十时、六月十三日二十时至六月十五日六时、六月二十一日至六月二十二日，全县发生洪涝灾害。农作物受灾面积35.8万亩，成灾面积25.2万亩，绝收面积10.2万亩。	D2～439 A1～25
	水产疫病	△	1	250亩养殖面积发生感染蚌疫病。	A3～13
	地　震	△	3	九月十一日三时十六分三十五秒和八时五八分四十一秒，柏枝乡发生了米L3.1和米L2.6级地震。	A1～59
	旱　灾	●	18	七月十日至十月二十日，发生特大干旱，农作物受灾面积25万亩，成灾面积20万亩，绝收面积10.8万亩。	D2～439
	地质灾害	△	2	六月十一日至七月十七日，修梅镇、文家乡分别发生山体滑坡和泥石流灾害。	A3～3
	生产性事故	●		发生特大工业生产事故1起。	A3～5
	交通事故			发生交通事故269起。	A3～3
	火　灾			发生火灾16起，其中重大火灾2起，一般火灾14起。	A3～4
1996	洪　涝	△	15	六月十四日至十六日，发生洪涝灾害。农作物受灾面积15.1万亩，成灾面积10.5万亩，绝收面积6万亩。	D2～439
	龙卷风	△	3	七月二十日九时五分至十时十五分，望城等3个乡发生龙卷风灾害。	D2～439
	地质灾害	△	2	五月二十九日至七月十七日，柏枝乡、新安镇发生山体滑坡和地面崩塌灾害。	A3～3
	水产疫病	△	1	250亩养殖面积发生感染蚌疫病。	A3～14
	生产性事故	▲		发生工业生产性事故1起。	A3～5
	交通事故			发生交通事故161起。	A3～3
	火　灾			发生火灾12起，其中重大火灾1起，一般火灾11起。	A3～4

续表

公历	灾害种类	灾害等级	受灾乡镇数	灾害情况	资料来源代码
1997	旱灾	●	18	元月至七月下旬，发生重特大旱灾，全县农作物受灾面积达48万亩，成灾面积28.5万亩，绝收面积2.2万亩。	A1～58
	洪涝	▲	18	七月一日至十一日，连降暴雨，发生重大洪涝灾害。农作物受灾面积25.8万亩，成灾面积18.2万亩，绝收面积10.4万亩。	A1～58
	地质灾害	△	3	五月二十六日至八月，烽火乡、修梅镇、停弦渡镇发生山体滑坡和崩塌地质灾害。	A3～1
	交通事故			发生交通事故98起。	A3～3
	火灾			发生火灾15起。其中重大火灾2起，一般火灾13起。	A3～4
	森林火灾			发生一般森林火灾3起。	A3～4
1998	倒春寒	△	18	三月十九日至二十六日，发生倒春寒。全县有32万亩油菜受到不同程度损害，其中20万亩减产20%，已播种的2万亩早稻种子有30%受损。	D1～20 A1～59
	龙卷风	▲	18	四月二十三日下午约十六时十五分至十六时五十分，全县发生重大龙卷风灾害。	A1～58
	洪涝	●	18	六月二十二日至六月二十四日，发生重特大洪涝灾害，农作物受灾面积32.5万亩，成灾面积25.8万亩，绝收面积9.5万亩。	A1～58
	水产疫病	△	2	500亩养殖面积发生中华鳋	A3～14
	地质灾害	△	6	五月七日至九月二十三日，停弦渡镇、佘市镇、修梅镇（2次）、杨板乡、新安镇、杉板乡（2次）发生山体滑坡、崩塌、地面塌陷灾害。	A3～3
	农业虫害	●	18	八月，发生蝗虫、棉铃虫害。	A3～4
	疫病	▲	1	八月，新安发生第一例霍乱患者。	A3～3
	交通事故			发生交通事故92起。	A3～3
	火灾			发生火灾16起。其中重大火灾1起，一般火灾15起。	A3～4
1999	洪涝	△	18	六月二十五日至二十九日，发生洪涝灾害。农作物受灾面积15.5万亩，成灾面积10.1万亩，绝收面积2.5万亩	A～32
	旱灾	△	18	九月至十月，发生旱灾，农作物受灾面积10.7万亩，成灾面积8万亩，绝收面积3.2万亩。	C～91
	森林虫害	▲	16	四月至七月，发生松毛虫害。	A2～170
	地质灾害	△	3	九月二十五日至十月十日，杉板乡、烽火乡、陈二乡分别发生山体滑坡灾害。	A3～3
	农业虫害	▲	17	七月，发生水稻蝗虫、棉铃虫害。	A3～4
	畜(水产)疫病	△	14	全县部分乡村发生牛疫。2000亩养殖面积发生水霉病。	A3～3
	交通事故			发生交通事故101起。	A3～3
	火灾			发生火灾11起其中重大火灾1起，一般火灾10起。	A3～4
2000	旱灾	▲	18	六月至七月十六日，发生重大旱灾，农作物受灾面积16.5万亩，成灾面积13.1万亩，绝收面积3.8万亩。	A3～71
	森林虫害	●	16	三月至四月，发生松毛虫害。	A2～170
	农业虫害	●	18	六月，发生水稻蝗虫、甜菜夜蛾虫害。	A3～4
	地质灾害	△	2	五月，太浮镇、杉板乡发生山体滑坡和地面塌陷灾害。	A3～3
	水产疫病	△	1	40000亩养殖面积发生白鲢出血病	A3～3
	生产性事故	▲		发生重大工业事故1起。	A3～3
	交通事故			发生交通事故133起。	A3～3

续表

公历	灾害种类	灾害等级	受灾乡镇数	灾害情况	资料来源代码
2001	冰　雹	△	5	四月八日，陈二乡、太浮镇、四新岗镇、文家乡、柏枝乡等乡镇发生冰雹灾。	D～324
	旱　灾	●	18	六月，中旬到九月发生重大旱灾，农作物受灾面积39.5万亩，成灾面积28.5万亩，绝收面积13.5万亩。	D～324
	农业虫害	▲	18	发生水稻蝗虫、棉铃虫。	A3～4
	地质灾害	△	1	九月，官亭乡发生山体滑坡地质灾害。	A3～3
	生产性事故	△		发生工业生产事故2起。	A3～1
	交通事故			发生交通事故104起。	A3～3
	火　灾			发生火灾3起。其中重大火灾1起，一般火灾2起。	A3～4
	森林火灾			发生一般森林火灾3起。	A3～4
2002	洪　涝	△	12	四月二十四日至五月十三日，七月二十三日至二十五日，发生洪涝灾害，农作物受灾面积11.5万亩，成灾面积10.5万亩，绝收面积4.5万亩。	A2～197
	冰　雹	▲	9	五月十四日十九时至十九时三十分，九个乡镇发生冰雹灾害。	A1～38
	农业虫害	▲	12	八月，发生蝗虫、棉铃虫害。	A3～4
	地质灾害	△	2	七月至八月二十八日，合口镇玉华陈湖石膏矿发生井下透水，地面多处塌陷地质灾害。	A3～3
	火　灾	△		三月二十六日，上午老正街红灯笼酒吧因电线短路引起火灾。	A3～3
	畜　疫	△	3	八月，发生羊痘疫病。	A3～3
	交通事故			发生交通事故108起。	A3～3
2003	洪　涝	●	18	七月八日至十三日，发生重特大洪涝灾害。农作物受灾面积32.5万亩，成灾面积26.3万亩，绝收面积15.6万亩。	A1～58
	农业虫害	▲	18	发生稻飞虱、棉铃虫害。	A3～4
	旱　灾	△	18	七月中旬至八月三十日，发生干旱灾害，农作物受灾面积10.5万亩，成灾面积8.2万亩，绝收面积3.2万亩。	A1～58
	地质灾害	▲	3	六月十八日至八月十二日，烽火乡将军山、官亭乡、九里乡分别发生山体滑坡和井下透水地质灾害。	A3～3
	生产性事故	●		发生特大工业生产事故2起，重大工业生产事故1起。	A3～1
	森林虫害	▲	14	四月至五月，发生松毛虫害。	A3～4
	交通事故			发生交通事故110起。	A3～3
	火　灾			发生火灾4起。其中重大为灾1起，一般火灾6起。	A3～4
	森林火灾			发生一般森林火灾2起。	A3～4
2004	洪　涝	△	11	六月二十三日十二时至二十四日十二时，发生洪涝灾害，农作物受灾面积13.2万亩，成灾面积10.1万亩，绝收面积4.2万亩。	D～30
	龙卷风	△	2	七月八日，九里、官亭乡遭受龙卷风灾害。	04～31
	地质灾害	△	2	五月至十月，九里乡和合口兴隆石膏矿分别发生山体滑坡和井水透水地质灾害。	A3～3
	疫　病	△	1	十月，合口发生急性血吸虫病新感染病例。	A3～3
	畜　疫	△	2	合口、停弦中学养殖场发生口蹄疫病，扑杀处理猪230头。	A3
	生产性事故	●		发生特大工业生产事故2起。	A3～1
	森林火灾	△	1	发生一般森林火灾1起。	A3～3
	交通事故			发生交通事故95起。	A3～3
	火　灾			发生一般火灾29起。	A3～4

续表

公历	灾害种类	灾害等级	受灾乡镇数	灾害情况	资料来源代码
2005	洪涝	△	18	六月中旬，发生洪涝灾害，全县农作物受灾面积13.2万亩，成灾面积10.1万亩，绝收面积3.5万亩。	A3～135
	旱灾	△	18	八月至十月，发生夏秋连旱，农作物受灾面积115万亩，成灾面积8.2万亩，绝收面积3.5万亩。	A3～136
	地质灾害	△	2	六月十二日至十月十六日，杉板精华石膏矿、杉板中学分别发生地面塌陷和山体滑坡地质灾害。	A3～3
	农业虫害	△	18	发生稻飞虱、卷叶螟害。	A3～4
	交通事故			发生交通事故78起。	A3～3
	火灾			发生一般火灾23起。	A3～4
	森林火灾			发生一般森林火灾1起。	A3～4
2006	龙卷风	△	3	五月五日凌晨一时十六分，望城、佘市等乡镇发生龙卷风灾害。	D～15
	旱灾	△	18	八月至九月，连续干旱，农作物受灾面积11.2万亩，成灾面积9.5万亩，绝收面积2.1万亩。	D～16
	农业虫害	△	18	七月，发生稻飞虱害。	A3～4
	地质灾害	△	1	九月十八日，佘市镇尖锋石膏矿发生地面塌陷地质灾害。	A3～3
	畜疫	▲	7	安福梅溪、九里、合口等地发生口蹄疫病，扑杀处理160头。九里邱桥，泉水5个村，四新岗、佘市、新安、合口零星发猪高热病，发病800头，死亡猪476头。	A3～17
	交通事故			发生交通事故78起。	A3～3
	火灾			发生火灾29起。其中重大火灾1起，一般火灾28起。	A3～4
	森林火灾			发生一般森林火灾1起。	A3～4
2007	雪灾	△	18	一月十五日晚，发生大雪灾害。	D1～17
	龙卷风	●	6	七月二十五日零时至三十分，杉板乡、新安镇、合口镇等乡镇发生重特大龙卷风灾害。	D1～10
	地质灾害	△	1	八月二十四日，修梅镇范家村发生山体滑坡地质灾害。	A3～18
	生产性事故	△	4	发生工业生产事故2起。	A3～19
	畜疫	△	3	五月，一中养殖场、十月，龙马畜牧公司分别发生猪高热病。	A3～20
	生产性事故			发生工业生产事故2起。	A3～4
	交通事故			发生交通故96起。	A3～15
	火灾			发生一般火灾31起。	A3～4
2008	冰雪灾	●	18	一月十二日至二十九日，发生特大冰雪灾害。	D1～26
	龙卷风	△	12	六月三日二十一时四十三分至二十二时二十分，四新岗、烽火、杨板、合口、官亭等乡镇发生龙卷风灾害。	A3～17
	地震			五月十二日十四时二十八分，因四川汶川里氏8.0级地震灾害波及死亡1人，倒塌房屋6间181平方米。	A3～18

临澧县自然灾害情况统计表

单位：次/年

公　历	朝代（时间）	时间（年）	发生灾害次数	其　中								
				旱灾	水灾	大风	冰雹	雪冻害	生物病害	地震	疫病	饥荒
前986～88	西周	867	89	30	16		5	7	13	9	1	8
89～311	秦汉	440	375	81	76	29	35	9	50	68	13	14
312～512	三国两晋	200	304	60	56	54	35	2	14	53	17	13
513～682	南北朝	169	315	77	77	33	18	20	17	40	17	16
683～712	隋	29	122	9	105	1	1		1	3	2	
713～902	唐	189	498	129	115	63	37	28	34	52	16	24
903～957	五代	54	151	26	111	2	3		6	3		
958～1277	宋	319	874	183	193	93	101	18	90	77	32	87
1278～1375	元	79	613	86	192	42	69	28	61	56	20	59
1376～1643	明	267	1011	174	196	97	112	16	94	165	64	93
1644～1728	清	84	357	65	62	30	41	23	30	53	23	30
小　计		2715	4709	920	1199	444	457	151	410	579	205	344
1729～1799		70	80	6	9				2	2	1	60
1800～1899		100	76	15	26	7	2	9	9	4	4	小计 404
1900～1999		100	282	46	50	24	9	14	85	3	30	地质 21
2000～2008		89	45	5	4	4	2	2	13		1	14
小计		279	483	72	89	35	13	25	109	9	36	95
合计		2994	5192	992	1288	479	470	176	519	588	241	439

注：①西周至清代《常德民政志》第160页，1729～2008年临澧县灾害年表。
②1800～1899年发生生物灾害9次，其中农业虫害8次，森林虫害1次。
③1900～1948年发生生物灾害25次，其中农业虫害6次，森林虫害16次，畜牧3次。

临澧县1949～2008年自然灾害种类统计表

单位：次/年

年份	发生灾害次数	旱灾	水灾	大风	冰雹	雪冻害	生物灾害			地震	疫病害	地质灾害
							农	林	牧			
1949	2		1								1	
1950	4		1			1	1				1	
1951	3	1	1								1	
1952	4	1	1				1		1			
1953	5	1	1		1				1		1	
1954	4		1			1			1		1	
1955	5	1	1				1		1		1	
1956	4	1						1	1		1	
1957	3	1	1								1	
1959	5	1	1				1		1		1	
1960	1	1										
1961	2	1						1				
1962	3		1						1		1	
1963	6	1	1		1			1	1		1	
1964	3	1	1			1						
1965	2							1			1	
1966	3	1	1								1	
1967	2						1				1	
1968	2		1						1			
1969	6		1	1		1	1		1		1	
1970	2							1			1	
1971	3	1				1					1	
1972	5	1				1	1				1	1
1973	5			1	1		1	1			1	
1974	4	1		1	1						1	
1975	2	1									1	
1976	6	1		1		1		1	1		1	
1977	4	1				1					1	1
1978	2	1									1	
1979	6	1	1	1				1	1	1		
1980	3		1				1		1			

续表

年份	发生灾害次数	旱灾	水灾	大风	冰雹	雪冻害	生物灾害			地震	疫病害	地质灾害
							农	林	牧			
1981	4	1	1						1		1	
1982	2		1			1						
1983	8		1	3	1		1	1	1			
1984	2	1						1				
1985	2	1							1			
1986	3	1	1						1			
1987	2				1				1			
1988	5	1	1		1				1		1	
1989	2		1				1					
1990	9	1	1	3			1	1	2[①]			
1991	8	1	1	1		2	1		2[①]			
1992	6	1		3					2[①]			
1993	5		1		2				1			1
1994	4	1	1	1					1			
1995	8	1	1	1			1		1[①]	1		2
1996	5		1	1					1[①]			2
1997	5	1	1									3
1998	14		1	1		1	1		1[①]		1	8
1999	9	1	1				1	1	2[①]			3
小计	214	32	32	19	9	12	16	12	32	2	27	21
2000	6	1					1	1	1[①]			2
2001	4	1			1		1					1
2002	6		1		1		1		1			2
2003	7	1	1				1	1				3
2004	6		1	1					1		1	2
2005	5	1	1				1					2
2006	5	1		1			1		1			1
2007	4			1		1			1			1
2008	2			1		1						
合计	259	37	36	23	11	14	22	14	37	2	28	35

注：①为水产疫病害。

临澧县1949～2008年自然灾害灾情数据统计表

一、灾情统计依据

以临澧县志、自然灾害灾情统计表、县人民政府和灾害管理部门灾情报告、报表，临澧县情手册、各类书刊数据为依据，综合评定灾情。

二、灾情等级划分

灾情一般分为三级：重特大灾害●；重大灾害▲；一般灾害△。

三、灾情统计方法

以年度为单位，以时间为顺序，统计干旱、洪涝、大风、大雪冻害、冰雹、农业生物灾害、地质灾害损失内容、数量、金额。

四、灾害统计时间

干旱、洪涝、大雪冰冻害、农业生物灾害，按年统计到月、日，大风、冰雹、地质（地震）等灾害统计到月、日、分。

五、受灾范围统计

乡镇（区）、村（居）委会的数量。

六、受灾人口统计

受灾户、人口、被困、转移安置、饮水困难、因灾死亡、伤病的人口数量。

七、灾情损失统计

1. 家庭财产损失指房屋、家具、产品、生产（饲养牲畜）生活用具损失数量及金额。

2. 农业损失统计指农作物、畜牧（禽）、水产、林（果）业等损失数量及金额。

3. 工业损失指国营、集体、个体工业企业厂矿、房屋、设备、原材料、产（半）成品等损失数量及金额。

4. 商业损失指国营、集体、个体商业企业、厂房、设施、成品损失数量及金额。

5. 交通损失指道路、水运、铁路等交通设施损失数量及金额。

6. 电力损失指输电、供电、设施、房屋、设备、线路等损失数量及金额。

7. 通信损失指邮电、电信、广播、电视、移动公司、联通公司通信设施、线路等损失数量及金额。

8. 水利工程损失指堤垸、水库、塘坝、机埠、排灌、水渠、涵洞等损失数量及金额。

9. 教育设施损失指中（职业中学）、小学的房屋、教学设备等损失数量及金额。

10. 卫生设施损失指县级（专业）医院、乡镇卫生院、村级卫生室的医疗房屋、设备、药品等损失数量及金额。

11. 城市灾害损失指县城及乡镇驻地水、电、气（暖）、路损失的数量及金额。

12. 抗灾救灾费用指因防灾抗灾采购物资和抗灾（防治灾害及疫病）的支出费用。

八、农作物灾情统计

农作物种植面积指粮食、棉花等作物播种面积。农作物受灾面积、成灾面积、绝收面积数据确定以原自然灾害灾情统计表、常德民政志、临澧县志、临澧县灾害年表为依据。按自然灾害灾情统计的规定，确定农作物受灾、成灾、绝收面积，按标准划分灾情等级。

1. 农作物损失统计标准：

（1）粮食、棉花损失统计标准：见《临澧县1949～2008年粮食、棉花灾害损失计算表》（表15—3）。

表15—3　　临澧县1949～2008年粮食、棉花灾害损失计算表

年份	粮食损失				棉花损失			
	单位（公斤/亩）	成灾减产率（%）	绝收减产率（%）	销售价范围（元/吨）	单位公斤/亩	成灾减产率（%）	绝收减产率（%）	销售价范围（元/吨）
1949～1955	150	35～45	75～90	180	7.5	35～45	75～90	600
1956～1960	150	35～45	75～90	180	7.5	35～45	75～90	600～800
1961～1965	150	35～45	75～90	180	7.5	35～45	75～90	800

续表

年份	粮食损失				棉花损失			
	单位（公斤/亩）	成灾减产率（%）	绝收减产率（%）	销售价范围（元/吨）	单位公斤/亩	成灾减产率（%）	绝收减产率（%）	销售价范围（元/吨）
1966～1970	150	35～45	75～90	180	7.5	35～45	75～90	800～1000
1971～1975	150	35～45	75～90	180	7.5	35～45	75～90	1000
1976～1980	150	35～45	75～90	180～200	7.5	35～45	75～90	1000～3000
1981～1985	150	35～45	75～90	200～500	7.5	35～45	75～90	3000～3600
1986～1990	296	35～45	75～90	500～820	58.5	35～45	75～90	4000～5400
1991～1995	296	35～45	75～90	820	58.5	35～45	75～90	6200～7800
1996～2000	296	35～45	75～90	820	58.5	35～45	75～90	8200～10000
2001～2007	296	35～45	75～90	1400	58.5	35～45	75～90	10600～14000

（2）其他作物损失统计标准：小麦损失按30公斤/亩，挽回损失按50公斤/亩计算，损失金额按50～150元/50公斤。棉花损失按2公斤/亩计算，挽回损失按3公斤/亩计算（到1985年止）。油菜损失按13公斤/亩计算，挽回损失按18公斤/亩计算，损失金额按25～60元/100斤计算。一般受灾面积按防治面积90%左右估算，不计算绝收面积。

冰雹灾害发生在4～7月，早、晚稻秧苗或早稻受损严重，损失统计按灾害等级计算。除史志（料）有记载外，一般不计算绝收面积。大雪冰冻害损失统计，以史志（料）为依据，按受灾时间确定损失范围和面积。倒春寒按油菜、秧田面积和损失程度计算灾害损失，冬季冻害作物按指麦、蚕豆等作物单产的20%～40%计算灾害损失。

（3）畜牧业灾害损失统计标准：1980～2000年计算标准：牛，500～2000元/头；猪，100～350元/头；羊，50～200元/头；鸡，5～25元/只统计。2001～2007年按市场价格统计。

（4）家庭财产灾害损失统计标准：1980～2000年计算标准：房屋倒塌按500～2000元/间计算；损坏按100～200元/间标准计算。2001～2007年后的房屋损失参照市场价格计算。

（5）林业灾害损失统计标准：按受灾时种植林种、受灾范围，参照林业市场价格估算损失金额。

2. 农作物灾害损失计算方法

（1）作物减产数量＝常年单产量×灾害损失比率；

（2）灾害损失金额＝当年销售均价×减产数量。

3. 农作物经济损失统计

农作物损失统计。受灾面积按受灾时种植作物种类、受灾时间、受灾范围，计算成灾（损失）面积（一般不计绝收面积），成灾损失数量计算标准，按当年度同类作物单产数量30%～40%计算，损失金额按当年度同类物（产品）销售价格标准计算，见（表15—3）。

（1）挽回损失数量（吨）＝常年单产量的5成（公斤）×受灾面积（亩）÷1000

（2）挽回损失金额（元）＝当年产品销售价格（元/吨）×挽回损失数量（吨）

（3）损失数量（吨）＝受灾损失数量（吨）＋成灾损失数量（吨）＋经济损失数量（吨）

受灾损失数量（吨）＝［受灾减产数量（公斤/亩）×受灾（减去成灾绝收）面积（亩）］÷1000

成灾损失数量（吨）＝［成灾减产数量（公斤/亩）×成灾面积（亩）］÷1000

绝收损失数量（吨）＝［绝收减产数量（公斤/亩）×绝收面积（亩）］÷1000

（4）损失金额＝当年（五年平均）产品价格（元/吨）×损失数量（吨）

（5）抗灾费用指绝收改种购种子款和防治病虫害药物等费用。粮食（水稻）绝收按2～25元/亩（11级）计算，药物防治按2～24元/亩（11级）计算。经济（棉花）种子改种按2.5～27.5元/亩（11级）计算，药物防治按受灾面积3～36元/亩（11级）计算，改种种子款和药物防治费等其他作物不计算。

（6）其他损失指因虫害导致次生灾害损失，史志（料）无记载不计算。

临澧县1949～2008年自然灾害灾情数据统计表(一)

单位:个、万户、万人、人、万亩、吨、万元

年月	灾情		受灾范围			人口受灾						农(林)业受灾										
	类别	等级	乡镇	村数	户数	人口数	被困数	转移安置	饮水困难	因灾死亡	因灾伤病	作物受灾	作物成灾	作物绝收	粮食 减产数	粮食 损失金额	棉花 减产数	棉花 损失金额	作物损失	林果业损失	畜牧损失	小计
194905	水	●	120		2.4	9.18	3.9	1.1	1.2			27.5	19.8	9.5	15060	278.5	124	7.47	285.9	350	500	1135.9
1950			121		11	42.51	3.7	1.1	2.8			68	50	10	22082	368	147	8.2	376.2	381	510	1267.2
195005	水	●	121		3.39	13.57	3.7	1.1	2.8			38	31	10	21660	289.8	147	8.2	298	351	505	1154
195007	虫	△	53		0.9	4.1						8	7		138	3.2			3.2			3.2
195012	冻	△	121		6.71	24.84						22	12		284	75			75	30	5	110
1951			121		3.14	12.57	0.5	0.5	2.5			35.21	23.21	8.31	16462	369.8	258	15.4	385.2	221	350	956.2
195107	水	▲	95		2.23	8.93	0.5	0.5	2.1			25	17	7	12540	225.7	93	5.5	231.2	201	300	732.2
195107	旱	△	121		0.91	3.64			0.4			10.21	6.21	1.31	3922	144.1	165	9.9	154	20	50	224
1952			121		5.62	24.1	0.6	0.5	2.6			46.1	35.2	7.33	20878	381.7	141	8.46	390.16	221.1	550	1161.26
195207	水	▲	98		2.32	9.19	0.6	0.5	2.2			26	18.5	5.33	14580	262	96	5.76	267.76	200	300	767.76
195208	旱	△	121		0.6	3.51			0.4			10.1	7.2	2	5698	108.9	45	2.7	111.6	20	50	181.6
195206	虫	△	61		2.4	10.2						10	9.5		600	10.8			10.8	1.1		11.9
1952	畜疫	●	8		0.3	1.2															200	200
1953			121		5.66	19.13			0.5			47.32	31.1	6.6	19610	359.2	252	15.12	374.32	120	400	894.32
195307	旱	△	121		1.28	2.11			0.5			14.32	8.1	2.1	5850	105.30	180	10.8	116.1	20	50	186.1
195308	水	△	95		1.43	5.22						16	12	4.5	9660	173.80	72	4.32	178.12	100	150	428.12
195304	雹	△	121		2.5	10.2						17	11		4100	80.1			80.1			80.1
1953	畜疫	▲	65		0.45	1.6															200	200

临澧县1949～2008年自然灾害灾情数据统计表(一)

单位:个、万户、万人、人、万亩、吨、万元

年 月	灾情		受灾范围			人口受灾						农(林)业受灾										
	类别	等级	乡镇	村数	户数	人口数	被困数	转移安置	饮水困难	因灾死亡	因灾伤病	作物受灾	作物成灾	作物绝收	粮食 减产数	粮食 损失金额	棉花 减产数	棉花 损失金额	作物损失	林果业损失	畜牧损失	小计
1954			122		10.07	40.32	3.5	1.1	5.1			70.1	43.5	10.1	23050	422.72	141	8.46	431.18	385	702	1518.18
195405	水	●	122		3.12	12.53	3.5	1.1	5.1			35.1	25.5	10.1	18540	333.72	141	8.46	342.18	350	500	1192.18
195412	冻	●	122		6.5	26.19						35	18		4510	89			89	35	2	126
1954	畜疫	▲	66		0.45	1.6															200	200
1955			122		14.39	12.43			0.5			30.8	22.8	4.8	14701	259.27	237	25.01	284.28	120	202	606.28
195507	水	△	73		12.5	5.1						14	11.5	2.9	9060	159.8	72	7.6	167.4	100	150	417.4
195506	虫	△	68		0.71	2.6						3.7	3.7		166	2.9			2.9			2.9
195509	旱	△	122		1.17	4.69			0.5			13.1	7.6	1.9	5475	96.57	165	17.41	113.98	20	50	183.98
1955	畜疫	△	5		0.01	0.04															2	2
1956			20		6.4	33			0.5			40.3	28.2	2.1	6675	131.64	160	16.8	148.44	470	53	671.44
195606	旱	△	20		1.4	5.1			0.5			10.3	9.2	2.1	6675	131.64	160	16.8	148.44	20	50	218.44
195611	林虫	●	20		4.9	27.5						30	19							450		450
1956	畜疫	△	5		0.1	0.4															3	3
1957			20		2.79	9.82			0.5			23.7	19.6	7.6	14940	262.4	230	24.2	286.6	120	200	606.6
195707	水	△	17		1.39	4.82						13.5	10.5	5.5	8340	147.1	70	7.4	154.5	100	150	404.5
195708	旱	△	17		1.4	5			0.5			10.2	9.1	2.1	6600	115.30	160	16.8	132.1	20	50	202.1
1959			15	118	8.5	32.9	0.7	0.4	6.8			50.9	31.5	9.1	18780	339.8	158.1	16.74	356.54	295	557.4	1208.94
195904	虫	△	15	64	0.5	2.3						7	7				42	4.3	4.3			4.3

临澧县1949～2008年自然灾害灾情数据统计表(一)

单位:个、万户、万人、人、万亩、吨、万元

年月	灾情		受灾范围			人口受灾						农(林)业受灾										
	类别	等级	乡镇	村数	户数	人口数	被困数	转移安置	饮水困难	因灾死亡	因灾伤病	作物受灾	作物成灾	作物绝收	粮食		棉花		作物损失	林果业损失	畜牧损失	小计
															减产数	损失金额	减产数	损失金额				
195906	水	▲	15	101	4.6	17.1	0.7	0.4	4.1			25.5	12.1	6	8880	159.8	56.1	5.94	165.74	200	300	665.74
195907	旱	▲	15	118	3.3	13.1			2.7			18.4	12.4	3.1	9900	180	60	6.5	186.5	95	255	536.5
1959	畜疫	△	5	10	0.1	0.4															2.4	2.4
196007	旱	●	15	118	3.65	14.31			8.1			22.1	17.2	6.2	15600	310	194	15.61	325.61	600	800	1725.61
1961			19	323	7.87	23.6			3.1			29.7	21.6	3.2	9900	199	193	15.61	214.61	810	240	1264.61
196106	旱	▲	19	313	3.37	13.5			3.1			18.7	12.6	3.2	9900	199	193	15.61	214.61	110	240	564.61
196103	林虫	▲	9	195	4.5	10.1						11	9							700		700
1962			17	323	2.5	9.46						15.5	11.2	5	8460	169.2	93	7.45	176.65	150	204	530.65
196207	水	△	17	289	2.2	8.16						15.5	11.2	5	8460	169.2	93	7.45	176.65	150	200	526.65
1962	畜疫	△	17	65	0.3	1.3															4	4
1963			19	324	16.73	65.30	0.9	0.5	11.2			77.84	55.8	12.7	33095	654.2	303	24.2	678.4	1952	1503.5	4133.9
196305	水	▲	19	324	4.95	17.65	0.9	0.5	3.1			25.5	17.8	6.5	12420	248.5	108	8.6	257.1	300	400	957.1
196307	旱	●	19	324	4.37	17.3			8.1			23.2	18.1	6.2	16275	325.7	195	15.6	341.3	800	1100	2241.3
196305	雹	△	19	215	4.3	17.85						15.14	10.4		4400	80			80	2		82
196307	林虫	△	11	121	3.01	12.1						14	9.5							850		850
1963	畜疫	△	6	72	0.1	0.4															3.5	3.5
1964			19	324	14.4	55.31	3.8	1.2	6.8			50.64	33.11	7.8	18593	371.6	273	22	393.6	525	750	1668.6
196406	水	▲	19	294	4.4	17.6	3.8	1.2	6.1			25.4	17.5	6	12240	241.2	93	7.5	248.7	500	700	1448.7
196408	旱	△	19	224	2.7	9.21			0.7			10.1	5.2	1.8	2775	55.4	180	14.5	69.9	20	50	139.9

临澧县1949～2008年自然灾害灾情数据统计表(一)

单位：个、万户、万人、人、万亩、吨、万元

年　月	灾情		受灾范围			人口受灾						农（林）业受灾										
	类别	等级	乡镇	村数	户数	人口数	被困数	转移安置	饮水困难	因灾死亡	因灾伤病	作物受灾	作物成灾	作物绝收	粮食 减产数	粮食 损失金额	棉花 减产数	棉花 损失金额	作物损失	林果业损失	畜牧损失	小　计
196402	冰冻	▲	19	324	7.3	28.5						15.14	10.41		3578	75			75	5		80
196506	林虫	▲	11	121	3.1	12.2						15	10							900		900
1966			19	318	10.04	35.34	0.91	0.41	11.4			49.3	35.4	12	28747.5	577.2	283	22.6	599.8	1100	1400	3099.8
196606	水	▲	19	318	4.92	17.5	0.91	0.41	3.5			25.2	16.5	5.8	11940	238	88	7	245	400	500	1145
196606	旱	●	19	318	5.12	17.84			7.9			24.1	18.9	6.2	16807.5	339.2	195	15.6	354.8	700	900	1954.8
196703	虫	●	15	297	7.82	30.1						3.7	3.7		1050	26.25			26.25			26.25
1968			19	324	6.7	26.89	3.9	1.3	6.3			35.5	26.2	6.8	17160	343	132	11	354	650	904.3	1908.3
196807	水	●	19	308	6.2	24.79	3.9	1.3	6.3			35.5	26.2	6.8	17160	343	132	11	354	650	900	1904
196806	畜疫	△	15	62	0.5	2.1															4.3	4.3
1969			19	384	24.3	95.5						49.3	28	10.3	19632	390	105	8.5	408.5	236	289	933.5
196906	水	△	17	245	3.7	14.7						16.5	11.5	6.1	9060	181.2	75	6	187.2	200	250	637.2
196902	冰冻	▲	19	319	8.1	33.7						16.2	4.7		4210	81			81	32	3	116
1969	风	△	3	65	1.3	6.8						10.1	5.5	3	4412	89	30	2.5	91.5	4	2	97.5
196903	虫	△	19	319	7.1	28.2						6.5	6.3	1.2	1950	48.8			48.8			48.8
1969	畜疫	●	19	121	4.1	12.1															34	34
197007	林虫	●	17	269	5.31	21.7						40	21							960		960
1971			19	317	13.38	50.73			3.3			37.2	22.4	5.2	14380	286.2	157.5	16.9	303.1	120	250	673.1
197107	旱	▲	19	296	4.4	15.08			3.3			18.1	12.3	5.2	10870	216.2	157.5	16.9	233.1	100	250	583.1
197112	冰冻	△	19	317	8.98	35.65						19.1	10.1		3510	70			70	20		90

临澧县1949～2008年自然灾害灾情数据统计表(一)

单位:个、万户、万人、人、万亩、吨、万元

年月	灾情		受灾范围			人口受灾						农（林）业受灾										
	类别	等级	乡镇	村数	户数	人口数	被困数	转移安置	饮水困难	因灾死亡	因灾伤病	作物受灾	作物成灾	作物绝收	粮食		棉花		作物损失	林果业损失	畜牧损失	小计
															减产数	损失金额	减产数	损失金额				
1972			19	321	24.46	101.96			8.9			54.2	37.3	13.9	30821	1239.3	450	45	1286.3	937.1	1005	3228.4
197205	旱	●	19	321	7.5	30.66			8.9			23.9	18.5	5.9	21650	1080	450	45	1125	900	1000	3025
197202	冰冻	▲	19	321	8.98	35.65						19.7	8.2		5431	83			83	35	5	123
197205	虫	▲	19	321	8.98	35.65						10.6	10.6		3740	76.3			76.3			76.3
1972	地质	△	1	1	0.0006	0.002								8					2	2.1		4.1
1973			19	340	16.24	59.91					38	33.92	26.72	0.5	6570	128.6			128.6	416.7	3	548.3
197307	雹	▲	7	89	2.41	9.3					38	6.12	5.12	0.5	3810	75			75	14.5	3	92.5
197308	龙风	△	1	3	0.12	0.41						0.8	0.6		160	3.2			3.2	2.2		5.4
197306	虫	△	19	340	9.8	35.4						7	6		2600	50.4			50.4			50.4
197306	林虫	△	9	124	3.91	14.8						20	15							400		400
1974			17	177	3061	13.2			0.7		26	17.2	13.8	3.6	10285	211.3	214	21.2	239.5	40.9	100	380.4
197408	旱	△	17	124	2.3	8.05			0.7			9.4	8.3	2.2	7335	152	180	18	170	40	100	310
197404	雹	△	1	6	0.21	0.85					26	0.9	0.8	0.3	850	17.1			17.1	0.9		18
197406	风	△	3	48	1.1	4.3						6.9	4.7	1.1	2100	49.2	34	3.2	52.4			52.4
197507	旱	△	19	119	5.51	9.6			0.9			10.05	5.5	1.9	4900	105	165	16.5	121.5	40	100	261.5
1976			19	371	26.4	100.07			1.1			59.8	39.4	2.6	12920	248.5	220	22	270.5	615	126.3	1011.8
197607	风	△	3	41	1.1	4.7						6.5	4.1	0.7	2850	53	40	4	57			57
197608	旱	△	19	123	2.4	9.1			1.1			10.2	9.1	1.9	6450	123.5	180	18	141.5	40	100	281.5
197612	冻	●	19	330	10.6	38.07						20.1	6.2		3620	72			72	15	6	93

临澧县 1949～2008 年自然灾害灾情数据统计表(一)

单位：个、万户、万人、人、万亩、吨、万元

年月	灾情		受灾范围			人口受灾						农（林）业受灾										
	类别	等级	乡镇	村数	户数	人口数	被困数	转移安置	饮水困难	因灾死亡	因灾伤病	作物受灾	作物成灾	作物绝收	粮食		棉花		作物损失	林果业损失	畜牧损失	小计
															减产数	损失金额	减产数	损失金额				
1976	畜疫	▲	17	215	5.2	21.1															20.3	20.3
197607	林虫	△	12	135	7.1	27.1						23	20							560		560
1977			19	320	14.4	50.03			1.2			29.82	10.9	1.4	6365	139.5	165	16.5	156	75	102	333
197708	旱	△	19	320	2.9	11.54			1.2			10.02	5.5	1.4	3525	71.5	165	16.5	88	40	100	228
197701	冻	●	19	320	11.5	38.49						19.8	5.4		2840	68			68	35	2	105
1977	地质	△	1		0.0006	0.002																
197807	旱	▲	19	245	3.61	12.05			3.3			16.4	11.7	2.5	9000	181	165	16.5	197.5	115	235	547.5
1979			19	340	14.13	54.26			3.5	13	620	48.74	33.55	11.7	49355	918.5	442	44.2	962.7	1144.9	488.2	2595.80
197904	龙风	●	6	87	1.5	7.17				13	620	9.04	5	2.5	30950	552	181	18.1	570.1	304.9	18	893
197906	水	△	17	105	2.82	10.94						15.5	10.5	6	8580	170	66	6.6	176.6	150	200	526.6
197909	旱	▲	19	225	3.7	14.03			3.5			17.2	12.05	3.2	9825	196.5	195	19.5	216	90	260	566
1979	畜疫	●	19	124	3.3	12.4															10.2	10.2
197907	林虫	△	8	79	2.81	9.72						7	6							600		600
1980			19	321	17.78	68.08	3.9	2.8	5.9	7	1168	54.4	38.1	10	51170	1029.2	296.2	254.5	1283.7	800	1110.1	3193.8
198005	水	●	19	254	5.99	23.66	3.9	2.8	5.9	7	1168	35.5	26	10	46840	929	251.2	250	1179	800	1100	3079
198004	虫	▲	16	321	10.2	39.32						18.9	12.1		4330	100.20	45	4.5	104.7			104.7
1980	畜疫	△	17	97	1.59	5.1															10.1	10.1
1981			19	8.23	7.81	30.73			3.6			32.7	23.6	9.4	18105	379	165	16.5	395.5	250	480.4	1125.9
198106	水	△	19	145	3.11	12.13						15.2	10.8	5.6	7980	169	93	9.3	178.3	150	200	528.3

临澧县1949～2008年自然灾害灾情数据统计表(一)

单位:个、万户、万人、人、万亩、吨、万元

年月	灾情		受灾范围			人口受灾						农(林)业受灾										
	类别	等级	乡镇	村数	户数	人口数	被困数	转移安置	饮水困难	因灾死亡	因灾伤病	作物受灾	作物成灾	作物绝收	粮食		棉花		作物损失	林果业损失	畜牧损失	小计
															减产数	损失金额	减产数	损失金额				
198107	旱	▲	19	189	3. 62	13. 2			3. 6			17. 5	12. 8	3. 8	10125	210	72	7. 2	217. 2	100	250	567. 2
1981	畜疫	●	17	112	1. 5	5. 4															30. 4	30. 4
1982			20	324	15. 7	59. 32	1. 3	1. 9	3. 9	1		35	22. 4	2	16897	468. 4	72	21	489. 4	402	603	1494. 4
198205	水	▲	20	201	4. 9	19. 7	1. 3	1. 9	3. 9	1		25. 5	18. 3	2	14280	428. 4	72	21	449. 4	400	600	1449. 4
198201	雪冻	△	20	324	10. 8	39. 62						9. 5	4. 1		2617	40			40	2	3	45
1983			20	324	18. 94	74. 52	1. 2	0. 8	3. 8		24	44. 26	33. 98	8. 1	11330	453. 8	483. 5	41. 2	495	1264. 2	644. 3	2403. 5
198306	水	▲	20	158	2. 91	11. 5	1. 2	0. 8	3. 8			15. 18	11. 2	6	9000	360	66	20	380	320	600	1300
198303	虫	△	20	324	10. 11	39. 92						12. 68	10. 1				416	20. 8	20. 8			20. 8
198303	风	▲	3	50	1. 61	6. 11					12	8	5. 29	2. 1	2240	90			90	4. 2	2. 3	96. 5
198307	林虫	▲	6	75	2. 41	9. 56						7	6. 5							900		900
198308	冰雹	▲	1	6	0. 25	0. 73					12	1. 4	0. 89		90	3. 8	1. 5	0. 4	4. 2	40		44. 2
198301	畜疫	●	19	132	1. 65	6. 7															42	42
1984			18	272	5. 11	19. 03			0. 8			17. 2	13. 5	1. 8	5575	278. 7	165	49. 5	328. 2	660	150	1138. 2
198407	旱	△	18	196	2. 7	9. 47			0. 8			11. 2	7. 5	1. 8	5575	278. 7	165	49. 5	328. 2	60	150	538. 2
198407	林虫	△	14	76	2. 41	9. 56						6	6							600		600
1985			20	328	2. 51	10. 17			0. 8			10. 1	6. 5	3. 2	10044	520	171	51. 3	571. 3	60	161	792. 3
198507	旱	△	17	196	1. 9	7. 87			0. 8			10. 1	6. 5	3. 2	10044	520	171	51. 3	571. 3	60	150	781. 3
1985	畜疫	△	20	101	0. 61	2. 3															11	11
1986			17	338	7	26. 7			0. 8			25. 55	17. 6	8. 3	27500	1393	674	202	1595	210	473	2278

临澧县1949～2008年自然灾害灾情数据统计表(一)

单位:个、万户、万人、人、万亩、吨、万元

年月	灾情		受灾范围			人口受灾						农(林)业受灾										
	类别	等级	乡镇	村数	户数	人口数	被困数	转移安置	饮水困难	因灾死亡	因灾伤病	作物受灾	作物成灾	作物绝收	粮食 减产数	粮食 损失金额	棉花 减产数	棉花 损失金额	作物损失	林果业损失	畜牧损失	小计
198604	旱	△	15	121	2.4	9.1			0.8			10.05	6.8	2.5	10508	544	160	48	592	60	150	802
198607	水	△	17	196	3.5	13.4						15.5	10.8	5.8	16992	849	514	154	1003	150	300	1453
1986	畜疫	△	17	121	1.1	4.2															23	23
1987			17	217	5.22	18.7						10	4		930	45			45	82	24	151
198704	雹	△	7	89	3.72	12.6						10	4		930	45			45	82		127
1987	畜疫	△	17	128	1.5	6.1															24	24
1988			17	336	18.61	73.78	3.6	2.2	9.5			78.4	40.7	16.6	82469	4152	1271	437	4589	1058	1312	6959
198802	旱	●	17	305	9.1	37.12			3.2			45.9	21	9.1	53499	2674	754	226	2900	900	1000	4800
198808	水	●	17	296	6.2	24.4	3.6	2.2	6.3			25.3	18.2	7.5	27730	1386	397	158	1544	100	286	1930
198807	雹	△	4	73	1.61	6.32						7.2	1.5		1240	92	120	53	145	58		203
1988	畜疫	△	17	125	1.7	6.4															26	26
1989			17	339	20.1	68.17	3.7	1.3	6.9			65.8	45.5	7.2	32408	2274.5	889	440	2714.5	700	900	4314.5
198906	虫	▲	17	328	11.2	41.67						30	20		2200	160			160			160
198908	水	●	17	325	8.9	26.5	3.7	1.3	6.9			35.8	25.5	7.2	30208	2114.5	889	440	2554.5	700	900	4154.5
1990			17	339	28.11	104.38	1.4	1.1	7.8			119.5	87.3	13.4	72613	5239	1837	917	6156	1218.5	885.5	8260
199002	水	▲	17	185	6.2	24.59	1.4	1.1	4.3			28.5	22.4	7.2	30200	2114	982	490	2604	300	600	3504
199007	旱	▲	17	191	4.3	13.89			3.5			18.3	14.5	6.2	26788	1875	754	377	2252	110	240	2602
199006	风	▲	17	328	9.1	35.2						40.1	20.2		12025	962	101	50	1012	8.5	5.5	1026
199008	虫	△	17	328	4.7	17.2						15.1	14.2		3600	288			288			288
199004	林虫	▲	16	189	2.01	10.3						17.5	16							800		800
1990	畜疫	△	12	114	1.8	3.2															40	40

临澧县1949～2008年自然灾害灾情数据统计表(一)

单位:个、万户、万人、人、万亩、吨、万元

年月	灾情		受灾范围			人口受灾						农（林）业受灾										
	类别	等级	乡镇	村数	户数	人口数	被困数	转移安置	饮水困难	因灾死亡	因灾伤病	作物受灾	作物成灾	作物绝收	粮食 减产数	粮食 损失金额	棉花 减产数	棉花 损失金额	作物损失	林果业损失	畜牧损失	小计
1991			17	340	48. 71	183. 34	4. 9	3. 5	13. 6	3	7382	127. 1	73. 2	16. 4	89894	6263. 6	1806	903	7166. 6	1882. 3	2371. 7	11420. 6
199107	水	●	17	301	8. 1	31. 6	4. 9	3. 5	7. 3	3	48	41	26. 8	11. 2	38704	3096	874	437	3533	1000	1300	5833
199107	旱	●	17	241	4. 9	18. 56			6. 3			24. 5	19. 5	5. 2	33300	1800	754	377	2177	850	1050	4077
199108	风	△	6	98	3. 41	11. 91						13. 6	6. 8		6900	496. 6	178	89	585. 6	2. 3	1. 7	589. 60
199106	虫	△	17	340	8. 6	32. 09						23	8		9800	784			784			784
199103	冻害	△	17	340	11. 2	42. 09						5	2. 1		780	55			55			55
199112	冻害	▲	17	340	11. 2	42. 09						20	10		410	32			32	30		62
1991	畜疫	△	15	61	1. 3	5															20	20
1992			17	340	12. 73	45. 88			0. 9			42. 6	17. 8	2. 2	23013	1691	780	467	2158	83. 6	292. 4	2534
199207	旱	△	17	210	2. 7	10. 47			0. 9			12. 5	8. 9	2. 2	13172	1048	638	382	1430	80	200	1710
199204	风	▲	16	327	8. 8	30. 9						30. 1	8. 9		9841	643	142	85	728	3. 6	2. 4	734
1992	畜疫	●	17	248	1. 23	4. 51															90	90
1993			17	341	13. 32	52. 79	3. 2	1. 8	5. 6	7	18	53. 1	29. 4	10. 1	37812	3022	865	519	3541	1130	1375	6046
199307	水	●	17	204	7. 61	30. 59	3. 2	1. 8	5. 6		13	35. 1	25. 2	10. 1	37288	2980	865	519	3499	1000	1300	5799
199304	雹	▲	9	114	3. 41	13. 7						18	4. 2		524	42			42	130		172
1993	畜疫	▲	10	105	2. 3	8. 5															75	75
1993	地质	△	1	3	0. 0012	0. 0049				7	5											
1994			18	341	20. 09	72. 34			6. 9			74. 1	34. 43	10	55869	4548. 8	2075	1221	5769. 8	302. 9	822. 1	6894. 8
199405	旱	▲	18	310	4. 6	18. 3			6. 9			17. 8	14. 2	5. 2	24864	1989	754	425	2414	100	300	2814

临澧县1949～2008年自然灾害灾情数据统计表(一)

单位:个、万户、万人、人、万亩、吨、万元

年月	灾情		受灾范围			人口受灾						农(林)业受灾										
	类别	等级	乡镇	村数	户数	人口数	被困数	转移安置	饮水困难	因灾死亡	因灾伤病	作物受灾	作物成灾	作物绝收	粮食 减产数	粮食 损失金额	棉花 减产数	棉花 损失金额	作物损失	林果业损失	畜牧损失	小计
199407	水	△	17	145	3.6	14.13						16.2	11.03	4.8	23413	1873	512	307	2180	200	450	2830
199407	风	▲	17	305	11.26	37.81						40.1	9.2		7592	686.8	809	489	1175.8	2.9	2.1	1180.8
1994	畜疫	△	17	89	0.63	2.1															70	70
1995			18	341	23.54	93.22	1.5	1.9	9.4			71.05	50.4	33.1	70691	6527.5	1542	923.5	7471.6	1401.5	1800.6	10673.7
199505	水	▲	17	310	7.8	28.3	1.5	1.9	2.7			35.8	25.2	10.2	36874	2949	819	491	3440	400	600	4440
199507	旱	●	18	323	5.6	21.84			6.7			25	20	10.8	32560	2604	714	428	3032	1000	1200	5232
199503	风	△	1	1	0.04	0.18						0.25	0.2		57	14.5	9	4.5	19	1.5	0.6	21.10
199506	虫	△	17	340	10.1	42.9						10	5		1200	960			960			960
199507	地质	△	2	2	0.0008	0.0028								12.1					20.6			20.6
1996			15	165	5.1	17.17						21	12.8	7.6	29319	2345.5	398	239	2586.6	202.4	301.5	3090.5
199606	水	△	15	125	3.9	12.41						15.1	10.5	6	28438	2275	314	188	2463	200	300	2963
199607	风	△	3	38	1.2	4.75						5.9	2.3		881	70.5	84	51	121.5	2.4	1.5	125.4
199606	地质	△	2	2	0.0027	0.0103								1.6					2.1			2.1
1997			18	339	16.4	65.44	1.8	1.1	7.7			73.8	46.7	28.5	108325	8665	1369	1095	9772.1	400	850	11022.1
199701	旱	●	18	320	10.5	42.14			3.8			48	28.5	12.2	69565	5565	754	603	6168	100	250	6518
199707	水	▲	18	301	5.9	23.3	1.8	1.1	3.9			25.8	18.2	10.4	38760	3100	615	492	3592	300	600	4492
199706	地质	△	3	3	0.0021	0.0088								5.9					12.1			12.1
1998			18	341	41.35	161.94	3.7	3.8	6.4		7567	95.3	62.9	16.6	49895	5804	2025	1603	7421.3	1090	1315	9826.3
199804	风	▲	18	341	11.25	43.82					150	44.1	30.1	4.1	2293	1880	635	491	2371	50	15	2436
199806	水	●	18	311	7.6	30.47	3.7	3.8	6.4		7417	32.5	25.8	9.5	40420	3314	750	600	3914	1000	1300	6214
199803	冻害	△	18	341	11.25	43.82						5	2.4		1200	120			120	40		160
199808	虫	●	18	341	11.25	43.82						13.7	4.6		5982	490	640	512	1002			1002

临澧县1949～2008年自然灾害灾情数据统计表(一)

单位:个、万户、万人、人、万亩、吨、万元

年月	灾情		受灾范围			人口受灾						农(林)业受灾										
	类别	等级	乡镇	村数	户数	人口数	被困数	转移安置	饮水困难	因灾死亡	因灾伤病	作物受灾	作物成灾	作物绝收	粮食		棉花		作物损失	林果业损失	畜牧损失	小计
															减产数	损失金额	减产数	损失金额				
199805	地质	△	8	8	0.0031	0.0113								3					14.3			14.3
1999			18	341	34.71	111.93			0.9			52.3	41.2	5.7	52261	4224	1273	1018	5242	1100	1050	7392
199906	水	△	18	301	4.5	13.11						15.5	10.1	2.5	29859	2388	615	492	2880	200	400	3480
199909	旱	△	18	120	4.3	13.1			0.9			10.7	8	3.2	16318	1338	318	254	1592	100	150	1842
199904	林虫	▲	16	189	9.51	21.1						13	12							800		800
199907	虫	▲	17	341	11.2	43.52						13.1	11.1		6084	498	340	272	770			770
1999	畜疫	△	14	240	5.2	21.1															500	500
199908	地质	△	3	3	0.0021	0.0078																
2000			18	341	24.25	79.35			3.7			48.7	33.2	6.4	27736	2274	2529	2022	4306.5	1160	400	5866.5
200006	旱	▲	18	317	3.5	13.1			3.7			16.5	13.1	3.8	23236	1905	458	366	2271	200	400	2871
200006	虫	●	18	341	11.24	43.55						18.1	8.1		4500	369	2071	1656	2025			2025
200003	林虫	●	16	189	9.51	22.7						14.1	12							960		960
200004	地质	△	2	2	0.0014	0.0055								2.6					10.5			10.5
2001			18	341	21.56	84.06			8.9	1		76.5	47.1	14.6	71278	3893	2466	2242	6136.6	1075	1200	8411.6
200106	旱	●	18	317	8.5	32.9			8.9			39.5	28.5	13.5	68279	3594	1266	1242	4836	1000	1200	7036
200104	雹	△	5	61	1.81	7.61				1		22	12.5		1210	121			121	75		196
2001	虫	▲	118	341	11.25	43.55						15	6.1		1789	178	1200	1000	1178			1178
200105	地质	△	1	1	0.0001	0.0005								1.1					1.6			1.6
2002			12	213	15.52	58.23						23.5	12.8	24.5	19360	1936	1190	970	3066	390	480	3936
200207	水	△	12	121	2.6	11.79						11.5	10.5	4.5	13570	1357	605	485	1842	300	400	2542
200205	雹	▲	9	112	4.31	14.1						6	2.3		1150	115			115	90		205

临澧县1949～2008年自然灾害灾情数据统计表(一)

单位:个、万户、万人、人、万亩、吨、万元

年月	灾情		受灾范围			人口受灾						农(林)业受灾										
	类别	等级	乡镇	村数	户数	人口数	被困数	转移安置	饮水困难	因灾死亡	因灾伤病	作物受灾	作物成灾	作物绝收	粮食 减产数	粮食 损失金额	棉花 减产数	棉花 损失金额	作物损失	林果业损失	畜牧损失	小计
200207	虫	▲	12	213	7.8	29.1						6			4640	464	585	485	949			949
200208	畜疫	△	3	125	0.8	3.2															80	80
200207	地质	△	2	2	0.0133	0.0495								20					160			160
2003			18	339	25.63	90.2	5.2	3.6	9		8948	71.1	54.4	19.8	55586	7774	4167	3207	10982.2	4246	5200	2.0428亿
200307	水	●	18	339	10.9	35.4	5.2	3.6	7.9		8948	32.5	26.3	15.6	34872	4875	3229	2429	7304	3296	4900	1.55亿
200307	旱	△	18	295	2.1	8.4			1.1			10.5	8.2	3.2	14414	2017	638	538	2555	150	300	3005
200304	虫	▲	18	213	7.8	29.1						18	14		6300	882	300	240	1122			1122
200304	林虫	▲	14	134	4.83	16.7						10.1	5.9							800		800
200307	地质	▲	3	3	0.0076	0.0683								1					1.2			1.2
2004			11	178	2.8702	12.001		0.03				13.9	10.8	4.4	13680	1912	658.7	658.7	2570.7	300	414	3284.7
200406	水	△	11	178	2.6	11.25						13.2	10.1	4.2	13570	1899	654	654	2553	300	400	3253
200407	风	△	2	6	0.27	0.75		0.03				0.7	0.7	0.2	110	13	4.7	4.7	17.7			17.7
200406	地质	△	2	2	0.0021	0.0083																
2004	畜疫	△	2	2	0.0002	0.001															14	14
2005			18	339	16.71	64.36			1.1			28.4	21.4	10	30960	4331	1293	1293	5627.3	420	650	6697.3
200506	水	△	18	178	2.6	11.1						13.2	10.1	3.5	13570	1897	655	655	2552	300	400	3252
200508	旱	△	18	196	2.5	9.58			1.1			11.5	8.2	3.5	14060	1968	638	638	2606	120	250	2976
200508	虫	△	18	339	11.61	43.59						3.7	3.1		3330	466			466			466
200506	地质	△	1	2	0.0011	0.0915								3					3.3			3.3
2006			18	339	15.36	61.67			0.9			28.3	21.5	3.6	24694	3456	640	639.7	4099.4	122.8	852.9	5075.1
200608	旱	△	18	197	2.5	9.8			0.9			11.2	9.5	2.1	15774	2208	618	618	2826	120	250	3196
200605	风	△	3	34	1.25	4.82						8.1	4.9		820	114	22	21.7	135.7	2.8	2.9	141.4
2006	虫	△	18	339	11.61	43.45						9	7.1		8100	1134			1134			1134
200605	地质	△	1	1	0.0022	0.0075								1.5					3.7			3.7

临澧县1949～2008年自然灾害灾情数据统计表(一)

单位:个、万户、万人、人、万亩、吨、万元

年月	灾情		受灾范围			人口受灾						农(林)业受灾										
	类别	等级	乡镇	村数	户数	人口数	被困数	转移安置	饮水困难	因灾死亡	因灾伤病	作物受灾	作物成灾	作物绝收	粮食 减产数	粮食 损失金额	棉花 减产数	棉花 损失金额	作物损失	林果业损失	畜牧损失	小计
2006	畜疫	▲	7		0.9	3.6															600	600
2007			18	339	18.68	52.7		0.03		1	56	47.06	24.35	2.49	650	63.7	2400	2475	3018.7	60	385	3463.7
200701	雪	△	18	339	15.9	43.1		0.03			10	40	20						480	50	20	550
200707	风	●	6	63	2.23	7.4				1	46	7.06	4.35	2.49	650	63.7	2400	2475	2538.7	10	15	2563.7
2007	畜疫	△	3		0.55	2.2															350	350
2007	地质	△	1	1	0.0001	0.0004																
2008			18	339	21.72	65.21		0.02			250	129	79.5	9.1		358		610	11468	1680	1841	14989
200801	冰雪	●	18	339	15.9	43.1					247	69	49.5						10500	1100	1700	13300
200806	龙卷风	△	12	113	5.82	22.11		0.02			3	60	30	9.1		358		610	968	580	141	1689
合计			18	339	754.34	3016.17	57.81	33.97	211.6	32	26097	2705.92	1776.45	487.83	159129.5	94993.05	38903	25007.53	131228.94	37821.9	40869.2	20.99亿

临澧县1949～2008年自然灾害灾情数据统计表(二)

单位:户、间、万元

年月	类别	家庭财产									水利设施损失	交通设施损失	工业企业损失	商业损失	电力设施损失	通信设施损失	教育设施损失	卫生设施损失	城市灾害	抗灾(安置)费用	直接经济损失
		房屋							其他损失	小计											
		损坏户数	损坏间数	倒塌户数	倒塌间数	小计户数	小计间数	损失金额													
194905	水	1700	5000	1100	2400	2800	7400	170	38	208	11.3	6	2	3			3	3			1372.2
1950		2000	6100	503	900	2503	7000	106	20	126	11.7	6	2	3			3	3		1.64	1423.54
195005	水	2000	6100	503	900	2503	7000	106	20	126	11.7	6	2	3			3	3			1308.7
195007	虫																			1.64	4.84
195012	冻																				110
1951		430	930	219	430	649	1360	30.3	10	40.3	11.56	3	1	1.5			1.5	2		10	1027.06
195107	水	430	930	219	430	649	1360	30.3	10	40.3	11.56	3	1	1.5			1.5	2			793.06
195107	旱																			10	234
1952		140	660	109	260	249	920	19.6	10	29.6	11.51	3	1	1.5			1	1		12.7	1222.57
195207	水	140	660	109	260	249	920	19.6	10	29.6	11.51	3	1	1.5			1	1		3	819.37
195208	旱																			8	189.6
195206	虫																			1.7	13.6
1952	畜疫																				200
1953		337	1230	160	570	497	1800	30.8	11	41.8	10.48	1	1	2			1	1		9	961.6
195307	旱																			7	193.1
195308	水	337	1230	160	570	497	1800	30.8	11	41.8	10.48	1	1	2			1	1		2	488.4
195304	雹																				80.1
1953	畜疫																				200

临澧县1949～2008年自然灾害灾情数据统计表(二)

单位:户、间、万元

年月	类别	家庭财产									水利设施损失	交通设施损失	工业企业损失	商业损失	电力设施损失	通信设施损失	教育设施损失	卫生设施损失	城市灾害	抗灾(安置)费用	直接经济损失
		房屋							其他损失	小计											
		损坏户数	损坏间数	倒塌户数	倒塌间数	小计户数	小计间数	损失金额													
1954		385	1160	72	148	457	1308	19	4	23	14.8	6	3	2			3	3		4	1576.98
195405	水	385	1160	72	148	457	1308	19	4	23	14.8	6	3	2			3	3		4	1250.98
195412	冻																				126
1954	畜疫																				200
1955		239	780	71	160	310	940	15.8	7	22.8	3.52	1.5	2	1.23			1	1		5	644.33
195507	水	239	780	71	160	310	940	15.8	7	22.8	3.52	1.5	1	1.23			1	1			449.45
195506	虫																			1	3.9
195509	旱												1							4	188.98
1955	畜疫																				2
1956													1							155	827.44
195606	旱												1							5	224.44
195611	林虫																			150	600
1956	畜疫																				3
1957		292	540	80	110	372	650	6.92	3	9.92	3.53	1	1	1			1	1		8	633.05
195707	水	292	540	80	110	372	650	6.92	3	9.92	3.53	1	1	1			1	1		3	425.95
195708	旱																			5	207.1
1959		261	530	52	130	313	660	11.8	8	19.8	4.92	3	4	3			2	2		8	1255.66
195904	虫																				4.3

临澧县1949～2008年自然灾害灾情数据统计表(二)

单位：户、间、万元

年月	类别	家庭财产·房屋·损坏户数	损坏间数	倒塌户数	倒塌间数	小计·户数	小计·间数	损失金额	其他损失	小计	水利设施损失	交通设施损失	工业企业损失	商业损失	电力设施损失	通信设施损失	教育设施损失	卫生设施损失	城市灾害	抗灾（安置）费用	直接经济损失
195906	水	261	530	52	130	313	660	11.8	8	19.8	4.92	3	2	3			2	2		4	706.46
195907	旱												2							4	542.5
1959	畜疫																				2.4
196007	旱												2	1						20	1748.61
1961													1	1						216	1482.61
196106	旱												1	1						16	582.61
196103	林虫																			200	900
1962		231	276	36	56	267	332	9.74	13.5	23.24	7.79	2	2	3			1	1		1	571.68
196207	水	231	276	36	56	267	332	9.74	13.5	23.24	7.79	2	2	3			1	1			566.68
1962	畜疫																			1	5
1963		407	956	76	156	483	1112	13.38	2	15.38	10.76	4	3	4	8	5	2	2		621	4809.04
196305	水	407	956	76	156	483	1112	13.38	2	15.38	10.76	4	3	4	8	5	2	2		8	1019.24
196307	旱																			12	2253.3
196305	雹																				82
196307	林虫																			600	1450
1963	畜疫																			1	4.5
1964		111	349	34	57	145	406	4.9	1	5.9	10.6	12	5	12	15	10	6	4		42	1791.1
196406	水	111	349	34	57	145	406	4.9	1	5.9	10.6	12	5	12	15	10	6	4		30	1559.2
196408	旱																			12	151.9

临澧县1949～2008年自然灾害灾情数据统计表(二)

单位:户、间、万元

年月	类别	家庭财产									水利设施损失	交通设施损失	工业企业损失	商业损失	电力设施损失	通信设施损失	教育设施损失	卫生设施损失	城市灾害	抗灾(安置)费用	直接经济损失
		房屋							其他损失	小计											
		损坏户数	损坏间数	倒塌户数	倒塌间数	小计户数	小计间数	损失金额													
196402	冰冻																				80
196506	林虫																			200	1100
1966		91	298	35	76	126	374	6.37	1	7.37	10.96	8	3	8	8	5	4	3		45	3202.13
196606	水	91	298	35	76	126	374	6.37	1	7.37	10.96	8	3	8	8	5	4	3		15	1217.33
196606	旱																			30	1984.8
196703	虫																			3	29.25
1968		432	996	198	278	630	1274	23.23	6	29.23	1300	12	5	12	15	10	6	4		21.7	3323.23
196807	水	432	996	198	278	630	1274	23.23	6	29.23	1300	12	5	12	15	10	6	4		20	3317.23
196806	畜疫																			1.7	6
1969		406	1033	67	170	473	1203	72.75	2.6	75.35	11.3	2	3	4	3	2	3	2		31.4	1070.55
196906	水	257	496	44	91	301	587	47.45	1.5	48.95	11.3	2	2	4	3	2	2	2		15	729.45
196907	风	149	537	23	79	172	616	25.3	1.1	26.4			1				1				125.9
196902	冰冻																				116
196903	虫																			5.4	54.2
1969	畜疫																			11	45
197007	林虫																			240	1200
1971																				20	693.1
197107	旱																			20	603.1
197112	冰冻																				90

临澧县1949～2008年自然灾害灾情数据统计表(二)

单位:户、间、万元

年月	类别	家庭财产									水利设施损失	交通设施损失	工业企业损失	商业损失	电力设施损失	通信设施损失	教育设施损失	卫生设施损失	城市灾害	抗灾(安置)费用	直接经济损失
		房屋							其他损失	小计											
		损坏户数	损坏间数	倒塌户数	倒塌间数	小计户数	小计间数	损失金额													
1972									2.1	2.1	6.5	1.6			3	3				34.1	3278.7
197205	旱																			30	3055
197202	冰冻														3	3					129
197205	虫																			3.8	80.1
1972	地质								2.1	2.1	6.5	1.6								0.3	14.6
1973		5167	12332	67	130	5234	12462	80.86	8	88.86			3		5	5	4	2		255.7	911.86
197307	雹	4567	10872	41	78	4608	10950	62.1	8	70.1			3		4	3	3	2		2	179.6
197308	龙风	600	1460	26	52	626	1512	18.76		18.76					1	2	1				28.16
197306	虫																			3.7	54.1
197306	林虫																			250	650
1974		1300	2846	89	243	1389	3089	42.86	1.1	43.96			1		2	1	1			17	446.36
197408	旱																			15	325
197404	雹	1180	2396	57	150	1237	2546	35.96		35.96			1		2	1	1			2	60.96
197406	风	120	450	32	93	152	543	6.9	1.1	8											60.4
197507	旱																			18	279.5
1976		180	670	17	51	197	721	5.7	0.5	6.2										265	1283
197607	风	180	670	17	51	197	721	5.7	0.5	6.2											63.2
197608	旱																			16	297.5
197612	冻																				93

临澧县1949～2008年自然灾害灾情数据统计表(二)

单位:户、间、万元

年月	类别	家庭财产									水利设施损失	交通设施损失	工业企业损失	商业损失	电力设施损失	通信设施损失	教育设施损失	卫生设施损失	城市灾害	抗灾(安置)费用	直接经济损失
		房屋							其他损失	小计											
		损坏户数	损坏间数	倒塌户数	倒塌间数	小计户数	小计间数	损失金额													
1976	畜疫																			9	29.3
197607	林虫																			240	800
1977				1	5	1	5	6		6										10	349
197708	旱																			10	238
197701	冻																				105
1977	地质			1	5	1	5	6		6											6
197807	旱																			12	559.5
1979		11200	23460	642	2490	11842	25950	404	92	496	20.96	3	18	14	19	23	15	6		218.5	3429.26
197904	龙风	10490	22000	621	2420	11111	24420	383	87	470			15	10	15	20	13	5		20	1461
197906	水	710	1460	21	70	731	1530	21	5	26	20.96	3	3	4	4	3	2	1		10	603.56
197909	旱																			19	585
1979	畜疫																			9.5	19.7
197907	林虫																			160	760
1980		6315	17211	6319	15256	12634	32467	1736.8	1200	2936.8	719.6	680	480	970	120	96	320	190		138	9844.2
198005	水	6315	17211	6319	15256	12634	32467	1736.8	1200	2936.8	719.6	680	480	970	120	96	320	190		120	9711.4
198004	虫																			10	114.7
1980	畜疫																			8	18.1
1981		129	312	163	378	292	690	32.48	10	42.48	26.9	18	12	20	18	12	12	8		60	1355.28
198106	水	129	312	163	378	292	690	32.48	10	42.48	26.9	18	12	20	18	12	12	8		20	717.68

临澧县1949～2008年自然灾害灾情数据统计表(二)

单位:户、间、万元

年月	类别	家庭财产									水利设施损失	交通设施损失	工业企业损失	商业损失	电力设施损失	通信设施损失	教育设施损失	卫生设施损失	城市灾害	抗灾(安置)费用	直接经济损失
		房屋							其他损失	小计											
		损坏户数	损坏间数	倒塌户数	倒塌间数	小计户数	小计间数	损失金额													
198107	旱																			10	577.2
1981	畜疫																			30	60.4
1982		589	1020	229	617	818	1637	77	15	92	16.2	8	2		5	4	2	1		12	1636.6
198205	水	589	1020	229	617	818	1637	77	15	92	16.2	5	2		4	3	2	1		12	1586.6
198201	雪冻											3			1	1					50
1983		3400	8066	750	1595	4150	9661	204.78	49.28	254.06	17.2	26	19		23	8	6	2		216.2	2974.96
198306	水	660	1531	635	1320	1295	2851	154.96	47	201.96	17.2	26	3		5	4	2	1		13	1573.16
198301	虫																			1.2	22
198304	龙风	230	415	85	200	315	615	33.72	1.28	35			1		16	3	3	1			155.5
198307	林虫																			200	1100
198308	冰雹	2510	6120	30	75	2540	6195	16.1	1	17.1			15		2	1	1			2	82.3
198301	畜疫																				42
1984																				130	1268.2
198407	旱																			30	568.2
198407	林虫																			100	700
1985																				35	827.3
198507	旱																			25	806.3
1985	畜疫																			10	21
1986		918	2434	117	360	1035	2794	72.51	27	99.51	15.3	6	2		4	3	2	1		51	2461.81

临澧县1949～2008年自然灾害灾情数据统计表(二)

单位：户、间、万元

年月	类别	家庭财产									水利设施损失	交通设施损失	工业企业损失	商业损失	电力设施损失	通信设施损失	教育设施损失	卫生设施损失	城市灾害	抗灾（安置）费用	直接经济损失
		房屋							其他损失	小计											
		损坏户数	损坏间数	倒塌户数	倒塌间数	小计户数	小计间数	损失金额													
198604	旱																			20	822
198607	水	918	2434	117	360	1035	2794	72.51	27	99.51	15.3	6	2		4	3	2	1		25	1610.81
1986	畜疫																			6	29
1987		1460	3596	95	180	1555	3776	89.1	10	99.1					2	1	2	1		16	272.1
198704	雹	1460	3596	95	180	1555	3776	89.1	10	99.1					2	1	2	1		10	242.1
1987	畜疫																			6	30
1988		259	769	252	546	511	1315	62.43	14	76.43	568.7	34	30	40	45	25	24	12		82	7896.13
198802	旱																			40	4840
198808	水	259	769	121	331	380	1100	44.63	11	55.63	568.7	34	30	40	30	21	24	12		30	2775.33
198807	雹			131	215	131	215	17.8	3	20.8					15	4				3	245.80
1988	畜疫																			9	35
1989		1594	5128	1042	3918	2636	9046	468.72	110	578.72	709	210	50	140	150	90	70	59		83.4	6454.62
198906	虫																			3.4	163.4
198908	水	1594	5128	1042	3918	2636	9046	468.72	110	578.72	709	210	50	140	150	90	70	59		80	6291.22
1990		1180	3125	475	1489	1655	4614	195.77	40	235.77	102.9	40	17	20	31.1	21.1	16	8		384	9135.87
199002	水	613	1461	277	889	890	2350	110.81	30	140.81	102.9	40	12	20	25	17	16	8		40	3925.71
199007	旱																			30	2632
199006	风	567	1664	198	600	765	2264	84.96	10	94.96			5		6.1	4.1					1136.16
199008	虫																			3	291
199004	林虫																			300	1100
1990	畜疫																			11	51

临澧县1949～2008年自然灾害灾情数据统计表(二)

位：户、间、万元

年月	类别	家庭财产									水利设施损失	交通设施损失	工业企业损失	商业损失	电力设施损失	通信设施损失	教育设施损失	卫生设施损失	城市灾害	抗灾（安置）费用	直接经济损失
		房屋							其他损失	小计											
		损坏户数	损坏间数	倒塌户数	倒塌间数	小计户数	小计间数	损失金额													
1991		12733	25761	2446	3901	15179	29662	876.55	604.4	1480.95	190	219	230	20	34	22	15	12		169.60	13813.15
199107	水	12321	24531	2431	3876	14752	28407	855.6	604.4	1460	190	119	230	20	31	20	15	12		118.2	8048.2
199107	旱																			30	4107
199108	风	412	1230	15	25	427	1255	20.95		20.95					3	2					615.55
199106	虫																			16.4	800.4
199103	冻害																				55
199112	冻害											100									162
1991	畜疫																			5	25
1992		1268	2143	1101	1721	2369	3864	204.25		204.25					3	2	2			12.1	2757.35
199207	旱																			2.1	1712.1
199207	风	1268	2143	1101	1721	2369	3864	204.25		204.25					3	2	2				945.25
1992	畜疫																			10	100
1993		6500	14000	303	529	6803	14529	290.6	21	311.6	134.7	80	47	50	42	18	46	30		145.2	6950.5
199307	水	5290	12600	213	359	5503	12959	224.9	16	240.9	134.7	80	45	50	40	17	45	30		120	6601.6
199304	雹	1210	1400	90	170	1300	1570	65.7	5	70.7			2		2	1	1			2	250.7
1993	畜疫																			10	85
1993	地质																			13.2	13.2
1994		1626	2591	1663	2304	3289	4895	269.26	26	295.26	67.6	20	6	13.2	10.1	5	10	6		95	7422.96
199405	旱																			30	2844

临澧县1949～2008年自然灾害灾情数据统计表(二)

单位:户、间、万元

年月	类别	家庭财产									水利设施损失	交通设施损失	工业企业损失	商业损失	电力设施损失	通信设施损失	教育设施损失	卫生设施损失	城市灾害	抗灾(安置)费用	直接经济损失
		房屋							其他损失	小计											
		损坏户数	损坏间数	倒塌户数	倒塌间数	小计户数	小计间数	损失金额													
199407	水	1170	1569	1507	1842	2677	3411	207.73	20	227.73	67.6	20	6	10	8	5	10	6		40	3230.33
199407	风	456	1022	156	462	612	1484	61.53	6	67.53				3.2	2.1					15	1268.63
1994	畜疫																			10	80
1995		720	1612	348	1366	1068	2978	162.23	18.7	180.93	91.9	40	24	30	25.6	17.5	30	12		98	11223.63
199505	水	621	1489	339	1350	960	2839	157.33	13	170.33	88.4	40	24	30	25	17	30	12		60	4936.73
199507	旱																			30	5262
199503	风	98	120	9	16	107	136	3.4	2	5.4					0.6	0.5				1	28.6
199506	虫																			7	967
1995	地质	1	3			1	3	1.5	3.7	5.2	3.5										29.3
1996		1912	3880	733	2152	2645	6032	305.25	54.1	359.35	68.7	21.6	12	20	10	6	16	6		32	3642.15
199606	水	1021	2190	338	1276	1359	3466	160.45	38	198.45	68.7	20	12	20	8	5	15	6		30	3346.15
199607	风	891	1690	395	876	1286	2566	144.8	13.2	158					2	1	1			2	289.4
199606	地质								2.9	2.9		1.6									6.6
1997		347	948	176	531	523	1479	23.85	17.3	41.15	88.1	40	24	30	25	17	30	12		90	11419.35
199712	旱																			50	6568
199707	水	345	943	176	531	521	1474	19.45	11	30.45	88.1	40	24	30	25	17	30	12		40	4828.55
199706	地质	2	5			2	5	4.4	6.3	10.7											22.8
1998		37266	99219	7350	12681	44616	111900	4045.9	5138.1	9184	2100	828.6	1660	700	780	550	430	200	153	243	26654.9
199804	风	11800	35000	1150	1980	12950	36980	1596	3613	5209		15	560		180	50	30			20	8500
199806	水	25460	64200	6200	10701	31660	74901	2433	1500	3933	2100	800	1100	700	600	500	400	200	153	190	16890
199803	冻害																				160
199808	虫																			33	1035

临澧县1949～2008年自然灾害灾情数据统计表(二)

单位:户、间、万元

年月	类别	家庭财产·房屋·损坏户数	家庭财产·房屋·损坏间数	家庭财产·房屋·倒塌户数	家庭财产·房屋·倒塌间数	家庭财产·房屋·小计·户数	家庭财产·房屋·小计·间数	家庭财产·房屋·损失金额	家庭财产·其他损失	家庭财产·小计	水利设施损失	交通设施损失	工业企业损失	商业损失	电力设施损失	通信设施损失	教育设施损失	卫生设施损失	城市灾害	抗灾(安置)费用	直接经济损失
199805	地质	6	19			6	19	16.9	25.1	42		13.6									69.9
1999		319	777	222	329	541	1106	60.27	32.6	92.87	67.06	20	12	20	8	5	10	6		371.80	8004.73
199906	水	315	765	222	329	537	1094	44.37	16	60.37	67.06	20	12	20	8	5	10	6		40	3728.43
199909	旱																			35	1877
199904	林虫																			260	1060
199907	虫																			16.8	786.8
1999	畜疫																			20	520
199908	地质	4	12			4	12	15.9	16.6	32.5											32.5
2000		2	5			2	5	8.5	151.6	160.1										2676	8702.6
200006	旱																			2331	5202
200006	虫																			75	2100
200003	林虫																			270	1230
200004	地质	2	5			2	5	8.5	151.6	160.1											170.6
2001		577	1502	47	83	624	1585	51.4	8	59.4			2		1	1	1			4986	1.3462亿
200106	旱																			4964	1.2亿
200104	雹	576	1500	47	83	623	1583	49.2	6.5	55.7			2		1	1	1			2	258.7
2001	虫																			20	1198
200105	地质	1	2			1	2	2.2	1.5	3.7											5.3
2002		7293	11221	20	70	7313	11291	187.15	66	253.15	97.8	60	41	25	31	22	30	20		83	4598.95
200207	水										97.80	60	40	25	30	21	30	20		40	2905.8
200205	雹	7289	11210	20	70	7309	11280	175.15	10	185.15			1		1	1				2	395.15

临澧县 1949～2008 年自然灾害灾情数据统计表(二)

单位:户、间、万元

年月	类别	家庭财产									水利设施损失	交通设施损失	工业企业损失	商业损失	电力设施损失	通信设施损失	教育设施损失	卫生设施损失	城市灾害	抗灾(安置)费用	直接经济损失
		房屋							其他损失	小计											
		损坏户数	损坏间数	倒塌户数	倒塌间数	小计户数	小计间数	损失金额													
200207	虫																			30	979
2002	畜疫																			11	91
200207	地质	4	11			4	11	12	56	68											228
2003		9792	26514	6268	14508	16060	41022	8469.1	6676.3	15145.4	5880	9950	3800	90	2000	2870	1200	800		1650	6.3808 亿
200307	水	9786	26500	6268	14508	16054	41008	8452	6648	15100	5880	9950	3800	90	2000	2870	1200	800		1200	5.839 亿
200307	旱																			50	3055
2003	虫																			50	1172
200304	林虫																			350	1150
200307	地质	6	14			6	14	17.1	28.3	45.4											46.6
2004		2158	4593	275	887	2433	5480	352.13	147.5	499.63	111.6	20	12	15	13.8	9.4	5	4		43	4018.13
200406	水	857	2290	180	580	1037	2870	210.33	18	228.33	110	20	12	15	12	8	5	4		40	3707.33
200407	风	1300	2300	95	307	1395	2607	138	20	158					1.8	1.4				2	180.9
200406	地质	1	3			1	3	3.8	109.5	113.3	1.6										114.9
2004	畜疫																			1	15
2005		1259	3169	450	1360	1709	4529	271.7	55.3	327	97.7	22	12	15	13	8	5	4		81	7282
200506	水	1257	3160	450	1360	1707	4520	267.2	32	299.2	96.6	20	12	15	13	8	5	4		50	3774.8
200508	旱																				2976
200508	虫																			31	497
200506	地质	2	9			2	9	4.5	23.3	27.8	1.1	2									34.2
2006		1210	2200	157	610	1367	2810	135.5	34.3	169.8										100	5344.9
200608	旱																			30	3226
200605	风	1210	2200	157	610	1367	2810	135.5	12	147.5											288.9
2006	虫																			50	1184
200605	地质								22.3	22.3											26

临澧县1949～2008年自然灾害灾情数据统计表(二)

单位:户、间、万元

年月	类别	家庭财产									水利设施损失	交通设施损失	工业企业损失	商业损失	电力设施损失	通信设施损失	教育设施损失	卫生设施损失	城市灾害	抗灾(安置)费用	直接经济损失
		房屋							其他损失	小计											
		损坏户数	损坏间数	倒塌户数	倒塌间数	小计户数	小计间数	损失金额													
2006	畜疫																			20	620
2007		4133	7430	705	1143	4837	8573	2502	60.1	2562.1			2072	50	320	242	20		10	90	8829.8
200701	雪灾	1510	2160	596	892	2106	3052	590	30	620			50	50	15	10	10		10	40	1355
200707	风	2622	5267	109	251	2731	5518	1910	30	1940			2022		305	232	10			40	7112.7
2007	畜疫																			10	360
2007	地质	1	3			1	3	2	0.1	2.1											2.1
2008		5400	8119	741	1765	6141	9884	2311.7	85	2396.7		1300	1490	1280	55	1245	20		250	119	23144.7
200801	冰雪	4125	5225	666	1507	4791	6732	2100	40	2140		1300	600	1280	20	1200	20		250	119	20229
200806	龙卷风	1275	2894	75	258	1350	3152	211.7	45	256.7			890		35	45					2915.7
合计		135668	317491	36075	79099	171743	396590	24546.94	14912.38	39459.32	12633.15	13718.3	10120	3625.43	3847.6	5364	2382.5	1435	413	14797.04	31.77亿

临澧县1949～2008年自然灾害灾情数据统计表（三）

单位：万元、万人、人、吨、万件、户、间

年份	灾害种类	救灾款物小计	救灾资金投入						救灾物资投入折款					口粮救济			衣被救济			伤病救济		倒房恢复		
			小计	中央救灾款	省级救灾款	地级救灾款	县级 救灾款	县级 因灾减免款	小计	中央物资投入折款	省级物资投入折款	地级物资投入折款	县级物资投入折款	已救济口粮人口	已安排口粮款	已安排口粮数量	已救济衣被人口	已安排衣被款	已救济衣被数量	已救济伤病人口	已安排救济款	已安排恢复住房款	已恢复住房户数	已恢复住房间数
1949		7.2	5.4		5.4				1.8				1.8		5.4			1.8					1000	1600
1950		6.9	6.9		6.9										6.9								400	600
1951		46.3	35.8		35.8				10.5				10.5		35.8			10.5					157	310
1952		21.5	18		18				3.5				3.5		18			3.5					75	156
1953		24.6	13		13				11.6				11.6		12.8			11.6				0.2	115	374
1954		51.3	27.9		27.9				23.4				23.4		24.4			23.4				3.5	61	120
1955		75.3	40.2		40.2				35.1				35.1		40.2			35.1					57	100
1956		32	16.9		16.9				15.1				15.1		16.9			15.1						
1957		44.9	26		26				18.9				18.9		20.3			18.9				5.7	72	80
1958		35.3	25.1		25.1				10.2				10.2		25.1			10.2						
1959		10.9	5.7		5.7				5.2				5.2		5.7			5.2					50	120
1960		26	19.9		19.9				6.1				6.1		19.9			6.1						
1961		18.7	12.4		12.4				6.3				6.3		12.4			6.3						
1962		16.2	12.7		12.7				3.5				3.5		11.8			3.5				0.9	34	50
1963		17.4	14.5		14.5				2.9				2.9		9.4			2.9				5.1	71	130
1964		58.6	48.4		48.4				10.2				10.2		41			10.2				7.4	31	47
1965		18.6	15.1		15.1				3.5				3.5		15.1			3.5						
1966		8.46	6.96		6.96				1.5				1.5		6.96			1.5					29	56

临澧县1949～2008年自然灾害灾情数据统计表(三)

单位:万元、万人、人、吨、万件、户、间

年份	灾害种类	救灾款物小计	救灾资金投入						救灾物资投入折款					口粮救济			衣被救济			伤病救济		倒房恢复		
			小计	中央救灾款	省级救灾款	地级救灾款	县级救灾款	县级因灾减免款	小计	中央物资投入折款	省级物资投入折款	地级物资投入折款	县级物资投入折款	已救济口粮人口	已安排口粮款	已安排口粮数量	已救济衣被人口	已安排衣被款	已救济衣被数量	已救伤病人口	已安排救济款	已安排恢复住房款	已恢复住房户数	已恢复住房间数
1967		10	10		10										10									
1968																							187	218
1969		26.31	20.1		20.1			23.9	6.21				6.21		16			6.21				4.1	64	152
1970		12	9.2		9.2			27.1	2.8				2.8		9.2			2.8						
1971		15.2	12		12			18.2	3.2				3.2		12			3.2						
1972		15.1	12.9		12.9			46.4	2.2				2.2		12.9			2.2						
1973		20.2	10		10			30	10.2				10.2		10			10.2		38			65	110
1974		26.3	14.2		14.2			21	12.1				12.1		13.8			12.1		26		0.4	71	143
1975		13.8	11.3		11.3			50.3	2.5				2.5		11.3			2.5						
1976		19.4	14.1		14.1			28.3	5.3				5.3		12.1			5.3				2	15	30
1977		24.4	18.2		18.2			33.8	6.2				6.2		18.2			6.2						
1978		83.1	77.9		77.9			31.1	5.2				5.2		77.9			5.2						
1979		33.1	29		29			68.7	4.1				4.1		6.1			4.1		620		22.9	512	1310
1980		263.6	248.4		246.8		1.6	126.1	15.2				15.2		127.4			15.2		2920		121	6010	13016
1981		89.6	82.4		82.4			62	7.2				7.2		67			7.2				15.4	151	239
1982		22.8	19.2		19.2			68	3.6				3.6		11			3.6				8.2	218	570
1983		59.8	54.7		54.7			60	5.1				5.1		31			5.1		24		23.7	690	1325
1984		28.5	21.8		21.8			31	6.7				6.7		21.8			6.7						

临澧县1949～2008年自然灾害灾情数据统计表(三)

单位:万元、万人、人、吨、万件、户、间

年份	灾害种类	救灾款物小计	救灾资金投入				县级		救灾物资投入折款					口粮救济			衣被救济			伤病救济		倒房恢复		
			小计	中央救灾款	省级救灾款	地级救灾款	救灾款	因灾减免款	小计	中央物资投入折款	省级物资投入折款	地级物资投入折款	县级物资投入折款	已救济口粮人口	已安排口粮款	已安排口粮数量	已救济衣被人口	已安排衣被款	已救济衣被数量	已救伤病人口	已安排救济款	已安排恢复住房款	已恢复住房户数	已恢复住房间数
1985		18.9	10		10			26	8.9				8.9		10			8.9						
1986		44.2	23.1		23.1			37	21.1				21.1		13.1			21.1				10	107	340
1987		53.7	38		38			35	15.7				15.7		38			15.7					95	178
1988		44.2	33		33			35	11.2				11.2		23			11.2				10	118	320
1989		49.2	31		31			45	18.2				18.2		16			18.2				15	1390	3860
1990		23	23		23			80							13							10	461	1420
1991		141.1	137.65		76.8	34.35	26.5	119	3.5				3.5		41.15			3.5		18548		96.5	1926	3100
1992		213	213		213			73							113							100	1078	1436
1993		147	147		147			110							135					18		12	118	335
1994		181	181		181			85							89							92	1089	2009
1995		97.2	97.2	97.2				104							57.7							40	400	1290
1996		29.8	29.8	29.8				71							19.8							10	325	1210
1997		53.9	53.9	53.9				107							31.9							22	173	521
1998		970.2	962	470		165	327	75	8.2				8.2		215			8.2		18693		747	5356	9524
1999		294	294	294				100							270							24	112	298
2000		250	250	250				61							250								2	5
2001		177	177	177				414							167							10	46	79
2002		156.6	149	149				486	7.6				7.6		143			7.6				6	20	70

临澧县1949～2008年自然灾害灾情数据统计表(三)

单位:万元、万人、人、吨、万件、户、间

年份	灾害种类	救灾款物小计	救灾资金投入						救灾物资投入折款					口粮救济			衣被救济			伤病救济		倒房恢复		
			小计	中央救灾款	省级救灾款	地级救灾款	县级		小计	中央物资投入折款	省级物资投入折款	地级物资投入折款	县级物资投入折款	已救济口粮人口	已安排口粮款	已安排口粮数量	已救济衣被人口	已安排衣被款	已救济衣被数量	已救伤病人口	已安排救济款	已安排恢复住房款	已恢复住房户数	已恢复住房间数
							救灾款	因灾减免款																
2003		926.34	919.14	510		55.14	354	444	7.2				7.2		65.14			7.2		22370		854	5976	17625
2004		91.8	87	87				275	4.8				4.8		68			4.8				19	250	744
2005		181	175	175					6				6		112			6				63	375	950
2006		193.8	189	189					4.8				4.8		165			4.8				24	120	400
2007		250	218	218					32				32		131			32		56		87	513	1180
2008		558	378	298			80		180		80		100		187			180		250		191	666	1665
合计		6428.31	5832.05	2997.9	1790.56	254.49	789.1	3507.9	596.31		80		516.31		3169.55			596.31		63563		2663	30851	69415

注:1、灾害减灾款未统计入救灾资金投入。

2、省、地(市)、县各级救灾资金投入统计资料不详;省、地(市)物资统计列入市级统计。

3、口粮救济数指当年度安排数。

4、衣被救济数指当年度救济数。

5、伤病救济数指救济统计数。

6、倒房恢复指安排重建资金数量,已恢复住房的户数、间数。

临澧县人民政府
关于印发临澧县 2003～2013 年减灾规划的
通　　知

临政发［2003］10 号

各乡、镇人民政府，太平工业经济开发区，县直各单位：

《临澧县 2003～2013 年减灾规划》已经县政府研究同意，现印发给你们，请遵照执行。

二〇〇三年八月二十五日

临澧县 2003～2013 年减灾规划

为进一步加强减灾工作，最大限度地减轻自然灾害损失，确保我县国民经济和社会发展“十五”计划以及 2010 年奋斗目标顺利实现，结合我县实际，特制定本规划。

一、自然灾害和减灾工作概况

（一）自然灾害基本概况

1. 灾害种类。按地球表面四大圈层内灾害的形成以及年内发生、发展过程，我县自然灾害种类主要有四大类：

（1）大气圈灾害。主要有干旱、寒潮、阴雨低温、大风、暴雨、雷暴、冰雹。干旱按季节分为春旱、夏旱、伏旱和冬旱，其中伏旱发生频率最高、时间最长、危害最大，出现频率达 80%左右。寒潮在秋、冬、春季均有发生，以春季最为频繁，对农作物危害较大。

（2）水圈灾害。主要有洪涝、泥石流和水土流失。洪涝有过境洪水型、本地暴雨型和混合型三种。4～9 月为洪涝灾害期，每年均有发生，有的地方甚至多次出现灾害。泥石流伴随暴雨洪涝灾害而发生，往往导致水土流失严重。

（3）岩石圈灾害。主要有滑坡、崩塌和地震。易发区域多集中在官亭、烽火、停弦、新安等乡镇。汛期暴雨是诱发滑坡、崩塌的主要因素。受洞庭湖基底断裂带诱发作用，我县未来存在发生破坏性地震的可能性。

（4）生物圈灾害。主要有生物病虫害和森林火灾。对农作物危害较大的生物病虫害有：稻飞虱、稻纵卷叶螟、螟虫、稻瘟病、棉花枯（黄）萎病、棉铃虫、斜纹夜蛾、甜叶夜蛾、柑橘溃疡病、瓜类枯萎病等；对森林危害较大的生物病虫害有：马尾松毛虫、蜀柏毒蛾。森林火灾主要发生于干旱高温时段和春末清明时期。

2. 灾害损失。近年来，我县洪涝、干旱、风雹等灾害发生频繁。年均受灾人口 14 万余人，约占总人口的 29%；房屋倒塌 1091 间，损坏 4332 间；农作物受灾面积 35000 公顷，成灾面积 24500 公顷，绝收面积 9610 公顷；农业直接经济损失 8000 万元。

（二）减灾工作概况

1. 主要做法。（1）减灾工作制度化。建立了政府统一领导、分级管理、分工负责的领导体制，形成了乡镇部门协调配合、社会各界广泛参与的工作机制。县里成立了救灾办公室，各乡镇（区）也相应设立了救灾减灾机构，负责全县防灾减灾工作。（2）减灾工作科学化、规范化。走科学减灾之路，增强了减灾实效；依法减灾，实现了减灾工作规范化管理。（3）减灾宣传经常化。大力宣传减灾工作的任务、目的和意义，推广普及减灾知识，增强全民减灾意识，为深入开展减灾工作打下了坚实的基础。

2. 基本经验。高度重视、加强领导，是减灾工作不断取得实效的重要前提；全民参与、群防群治，是做好减灾工作的可靠保证；统筹兼顾、突出重点，是减灾工作的重要原则；统一领导、分级管理、分工合作，是减灾工作的制度保证；加强法治、依法行政，是减灾工作全面开展的客观需要。

3. 存在问题。防灾减灾体系与经济和社会发展不相适应；农村抗旱服务体系不健全；地震、洪旱、防雷、防雹、生物灾害、森林火灾等灾害的监测力量不够，相关管理和制度建设还需完善；自然灾害评估技术和手段相对落后，减灾科技成果的转化应用亟需加强；自然灾害救援装备落后，应急抗灾救灾能力亟待增强；宣传教育滞后，干部、群众的减灾意识、风险意识有待提高。

二、减灾工作的指导方针和基本原则

（一）指导方针

以服务国民经济和社会发展为宗旨，以尊重自然规律和经济规律为前提，依据可持续发展理论，以政府组织为主导，社会广泛参与为主体，坚持依法治灾，科技减灾，切实增加投入，力争实现综合防治的最佳效益，确保人民生命财产安全和社会稳定，全面实现我县2003～2013年经济和社会发展目标。

（二）基本原则

——坚持服务于国民经济和社会发展，减灾工作与经济建设一起抓，为社会稳定和经济建设提供有力保证。

——坚持以防为主，防、抗、救相结合，不断增强减灾综合效益。

——坚持统一领导、统一规划、分级管理、分工合作，调动一切积极因素，群防群治，共同减灾。

——坚持统揽全局、突出重点、兼顾一般，集中有限的资源和资金，解决减灾工作中的重大问题，坚持减灾工作与生态环境保护、建设相结合，逐步改善生态环境。

——坚持科技减灾，加强减灾基础应用科学研究，加快科技成果转化，逐步应用推广减灾高新技术，提高综合减灾能力。

——坚持依法减灾、依法治灾，进一步完善各项管理制度，实现减灾工作规范化、制度化。

——坚持自力更生为主、国家扶助为辅，不断增强人民自防自救和抵御自然灾害的能力，提高人民的生活水平。

三、减灾工作的主要目标

（一）总体目标

以建设防灾减灾工程为重点，加快减灾科技成果转化，建立健全全县自然灾害监测预警和信息传输网络体系，不断完善减灾工作运行机制，逐步提高人民防灾减灾意识和能力。力争到2013年，全县自然灾害直接经济损失率比2003年末平均损失率下降30%，人员伤亡减少40%。

（二）具体目标

——洪涝、干旱。防洪：加大防洪工程除险保安力度，在规定的设防标准内，不垮一库一坑；防旱：充分发挥现有灌溉工程效益，在干旱死角地区兴修部分骨干塘坝，增加基础水量，确保干旱保证率达到80%以上。

——滑坡、崩塌。建立健全全县地质灾害监测预警和信息传输系统，对危害或隐患较大的滑坡和崩塌进行治理，及时搬迁险区内的居民和单位。加强城乡建设管理，坚持新建居民点和基础设施远离灾害危险区。

——地震。加强地震监测预报和信息传递，强化震前预防、临震或震后应急恢复重建工作。

——气象灾害。完善人工增雨、防雷、防雹工作体系，建成现代化的气象服务体系，增强天气预报能力，短期天气预报准确率提高3%，灾害性、关键性天气预报准确率提高5%。加强防雷设施的安全检测，防止因雷击给国家和人民生命财产造成较大的危害，加强建设项目的防雷管理，使新建、改建、扩建建（构）筑物遭受雷电灾害的损失减少50%。

——泥石流、水土流失。县域内60%的泥石流沟得到有效治理。水土流失得到有效遏制，泥沙年流失量减少50%以上。

——森林火灾。建立护林防火专业队伍，开展群防群治，森林火灾受灾率控制在现有林的0.2‰以内。

——农业生物灾害。控制迁飞性、流行性、暴发性和常发性病虫草鼠害的发生，农作物检疫率达100%，损失率控制在0.5%以内，疑难病虫草鼠害得到有效防治。

——森林病虫草害。现有林地年发生率控制在5%以内，成灾率在5‰以内，检疫率达90%，监测率达80%，防治率在90%以上。

——畜禽疾病灾害。家畜发病率控制在8%以内，家禽控制在20%以内；家畜死亡率控制在3%以内，家禽控制在8%以内；畜禽检疫率达95%，重大畜禽疫病得到有效防治。

四、减灾工作的主要任务

（一）组建好八项减灾体系

1. 防洪抗旱减灾体系。一是加强防洪工程设施体系建设。完成城关镇地区防洪护岸整治工程和澧水防洪堤工程建设，完成小II型水库和骨干堰塘的加固工程，增强蓄洪抗洪能力。加强对病险水利设施设备改造、更新、维修、养护，完善配套设施建设，努力引进和运用抗旱新技术、新设备，增强抗旱能力。二是组建防洪抗旱非工程体系。进一步完善防洪抗旱减灾机制，建立健全防汛抗旱组织机构，组建高效机动的防洪抗旱队伍，以完成大规模的抗洪抢险任务。建立健全各级抗旱服务体系，以县抗旱指挥中心为依托，逐步建立和完善乡镇及村的抗旱服务组织，科学规范地开展群众性抗旱服务工作。三是建立防汛抗旱信息自动交换和共享体系。提高防汛抗旱信息收集、处理、传输的速度和质量，确保防汛抗旱调度指挥决策的科学性、准确性、及时性。

2. 地质灾害减灾体系。制定地质灾害体系，落实各项防灾减灾措施；建立监测机构，在灾害易发区或暴雨区内实施重点监测；对官亭乡、烽火乡、新安镇、停弦渡镇等区域内的地质灾害易发区实行重点专项治理。

3. 气象灾害减灾体系。不断加大投入，加强基础设施建设，利用现代化科技成果，初步建立与我县经济发展相适应的气象灾害减灾体系。建立人工增雨作业队伍，利用现代化装备在官亭乡等地开设作业点，提高抗旱减灾的能力；加强雷电灾害预警系统的建设工作，提高雷电灾害预警和防雷减灾服务能力。

4. 地震灾害减灾体系。抓好重点区域和重点工程的抗震减灾基础设施建设，充分发挥科技与法制的作用，进一步完善“政府领导，分级管理，部门负责”的防震减灾工作体系。加强地震监测预报、震前防御、临震或震后应急以及恢复重建等工作，加快现代化防震减灾技术系统建设。

5. 森林火灾减灾体系。坚持“预防为主，积极消灭”的方针，按照“四网两化”即瞭望监测网、预测预报网、通信指挥网；森林阻隔网、防火队伍专业化、扑火工具现代化的具体要求，建立健全森林火灾减灾体系，落实森林防火责任制。

6. 森林病虫鼠害减灾体系。一是实行政府与行业双线目标管理，将森林病虫鼠害防治纳入年度绿化的检查考核内容，层层签订目标管理责任书，加强专项指导和检查，明确责任，落实措施，切实加强减灾工作。二是成立森林病虫防治检疫机构。按照国家标准站建设的要求，建立1个县森林病虫防治检疫站，并配备植物检疫员，主要对松毛虫、柏毛虫、竹蝗、松叶蜂、柏木叶蜂、松材线虫等30多种病虫害实施监测。三是加强病虫害预测预报，积极发展混交林，推广生物综合防治，强化森林植物检疫，预防病虫害传播等。

7. 农作物病虫害减灾体系。建成以县级病虫测报站为主体，乡镇测报点为补充的农作物病虫害监测预警系统。结合气象资料，建立病虫害数据库和主要病虫害预报模型。通过建立病虫害综合防治体系，使综合防治面达90%以上。

8. 动物疫病减灾体系。以县畜牧水产局动物防疫站为中心，乡镇农业站为补充，养殖专业大户为基础，完善动物疫病防疫减灾体系。养殖专业大户重点疫病防疫密度达到100%，一般农户达到95%。发生重大畜禽疫病，严格按照法律和技术规定，及时组织扑杀，减少灾害损失。

（二）完成三项减灾工程

1. 绿化造林工程。大力开展造林种草、封山育林、绿化荒山活动，实施天然林保护工程和退耕还林工程，搞活绿化工程，全面提高森林覆盖率，有效控制水土流失，到2013年，现有森林资源要得到有效保护，坡度大于25度的坡耕地必须退耕还林还草，实现林草营地封育。

2. 水土保持工程。按照统筹规划，标本兼治，分步实施的原则，完成水土流失治理面积345.65平方千米。全面实施水土流失的动态遥感监测，建立水土保持空间数据库，进一步加大对主要河岸、重点工程项目区域和蓄水工程集雨区的水土流失的治理力度。同时，继续实施"长治"工程，改善生态环境。

3. 防汛抗旱工程。以兴修水利工程为重点，建设一批重点骨干大中型水利工程，改造和新建一批小（微型）水利工程，切实提高防汛抗旱能力。全面推行蓄、集、引、提、节相结合的抗旱措施，尽力增加有效蓄水量，扩大农田灌溉面积，争取灌溉效率达到45%以上。

五、减灾工作的主要措施

（一）提高思想认识，加强组织领导

各级各部门要充分认识自然灾害严重危害性，认清未来10年减灾工作任务的艰巨性，牢固树立"防大灾，抗大灾"的思想，切实加强组织领导，全面落实减灾工作政府首长负责制，完善减灾工作目标管理责任制。要把防灾减灾作为经济可持续发展和社会全面进步的保障措施，纳入经济和社会发展总体规划，建立减灾安全保障机制，健全自然灾害应急指挥、调度、通信以及物资储备系统，完善群众性自救机制，形成社会各界广泛参与的防灾减灾局面。

（二）强化灾害监测，制定减灾规划

各级各部门要认真总结减灾工作经验，分析自然灾害发展规律，完善自然灾害监测预报系统，科学预测，及时预报。建立各种自然灾害监测站、点，畅通灾害信息收集、传递网络，建立重大自然灾害监测预警体系和科学的灾害评估系统。要结合本地的灾害实际情况，制定减灾规划和灾害应急预案，并将防灾减灾的重点项目纳入政府10年发展规划，认真组织实施。

（三）明确减灾重点，完善管理体制

坚持"统筹兼顾，突出重点，兼顾一般"的减灾工作方针，将我县减灾工作的重点放在澧水、道水流域沿岸防洪，刻木山地质灾害，病险水库，具有全局影响的重特大灾害的防治和重点工程项目抗灾能力的建设上。各级各部门要坚持从实际出发，制定有效措施，完善科学管理体制，围绕重点，建立综合减灾示范区，全面推动多灾地区的防灾减灾工作。

（四）利用科技成果，提高减灾能力

一是加强减灾科研工作。加强对自然灾害形成、发生和发展的规律，灾害对环境、经济和社会的影响以及相互作用的理论研究；加强对自然灾害的成因、危害、防治以及对策措施的应用研究；探索建立新形势下的自然灾害防治综合理论体系，走科技减灾之路。二是加快减灾科技成果转化。推进包括卫星遥感（RS）、地理信息系统（GIS）以及全球定位系统（GPS）等高新技术在减灾领域的广泛应用。减灾重点工程要使用新材料、新设备、新技术，提高减灾工程的科技含量。加快防灾减灾管理的现代化进程，实现防灾减灾工具、手段和设施的现代化，使科技成为推动减灾工作进步的原动力。

（五）健全法规体系，实施依法减灾

加强减灾工作的法制化建设，全面实现依法行政、依法减灾，认真贯彻国家减灾的法律、法规，建立健全减灾工作行政执法责任制，加强执法检查和监督。同时，积极开展减灾工作立法调研，为制定减灾工作和自然灾害管理的地方行政法规献计献策，促进完善减灾法规体系，实现减灾工作的制度化、规范化和法制化。

（六）拓宽资金渠道，增加减灾投入

建立以自救为主、政府投资为辅、社会

各界出资捐助为补充的减灾资金筹措机制，不断拓宽减灾资金渠道。建立健全自然灾害的社会保险机制，充分发挥社会保险的补偿作用。广泛开展“扶贫济困送温暖”、对口支援和社会捐助活动。积极发展红十字会、慈善事业，提高老人、未成年人、残疾人等社会特殊群体的抗灾能力，建立社会化的灾害救助救援机制。

（七）加强宣传教育，增强防灾意识

通过广播电视等多种形式，广泛开展减灾宣传，增强人民的防灾减灾意识。加强农村气象灾害和防虫防火科普知识宣传，提高农民的防灾意识；加强城镇防洪、防震和地质灾害的减灾宣传，提高居民的防灾抗灾能力；开展不同层次的减灾专业教育，提高防灾减灾管理人员的业务水平；开展灾害知识的普及教育，提高人民的识灾水平和临灾自救能力；加强生态环境保护与建设的宣传，减少人类不良活动诱发的自然灾害。

临澧县人民政府
关于印发《临澧县突发公共事件总体应急预案》的
通　知

临政发［2007］7号

各乡、镇人民政府，经济开发区管委会，县直各单位：

现将《临澧县突发公共事件总体应急预案》印发给你们，请认真组织实施。

二〇〇七年七月三日

临澧县突发公共事件总体应急预案

1　总则

1.1　编制目的

加强和规范对突发公共事件应急工作的管理，提高政府保障公共安全和处置突发公共事件的能力，最大程度地预防和减少突发公共事件及其造成的损害，保障公众的生命财产安全，维护国家安全和社会稳定，促进全县经济社会全面、协调、可持续发展。

1.2　编制依据

依据《湖南省突发公共事件总体应急预案》、《常德市突发公共事件总体应急预案》和有关法律、法规、规章，结合本县实际情况，制订本预案。

1.3　分类分级

本预案所称突发公共事件是指突然发生，造成或者可能造成重大人员伤亡、财产损失、生态环境破坏和严重社会危害，危及公共安全的紧急事件。

根据突发公共事件的发生过程、性质和机理，主要分为以下四类：

（1）自然灾害。主要包括水旱灾害、气象灾害、地震灾害、地质灾害、生物灾害和森林火灾等。

（2）事故灾难。主要包括工矿商贸等企业的各类安全事故，交通运输事故，公共设施和设备事故，核与辐射事故，环境污染和生态破坏事件等。

（3）公共卫生事件。主要包括传染病疫情，群体性不明原因疾病，食品安全和职业危害，动物疫情，以及其他严重影响公众健康和生命安全的事件等。

（4）社会安全事件。主要包括恐怖袭击事件，民族宗教事件，经济安全事件，涉外突发事件，群体性事件和严重危及公共安全的重特大刑事案件等。

上述各类突发公共事件往往相互交叉和

关联，某类突发公共事件可能和其他类别的事件同时发生，或引发次生、衍生、耦合事件，应当具体分析，统筹应对。

各类突发公共事件按照其性质、严重程度、可控性和影响范围等因素，一般分为四级：Ⅰ级（特别重大）、Ⅱ级（重大）、Ⅲ级（较大）和Ⅳ级（一般）。

1.4　适用范围

本预案适用于本县行政区域可能发生或者已经发生的各类突发公共事件的应对工作。

本预案指导全县的突发公共事件应对工作。

1.5　工作原则

（1）以人为本，减少危害。切实履行政府的社会管理和公共服务职能，把保障公众健康和生命财产安全作为首要任务，最大程度地减少突发公共事件及其造成的人员伤亡和危害。

（2）居安思危，预防为主。高度重视公共安全工作，常抓不懈，防患于未然。增强忧患意识，坚持预防与应急相结合，常态与非常态相结合，做好应对突发公共事件的各项准备工作。

（3）统一领导，分级负责。在县委、县人民政府的统一领导下，建立健全分类管理、分级负责，条块结合、属地管理为主的应急管理体制，在各级党委领导下，实行行政领导责任制，充分发挥专业应急指挥机构的作用。

（4）依法规范，加强管理。依据有关法律和行政法规，加强应急管理，维护公众的合法权益，使应对突发公共事件的工作规范化、制度化、法制化。

（5）快速反应，协同应对。加强以属地管理为主的应急处置队伍建设，建立联动协调制度，充分动员和发挥乡镇、社区、企事业单位、社会团体和志愿者队伍的作用，依靠公众力量，形成统一指挥、反应灵敏、功能齐全、协调有序、运转高效的应急管理机制。

（6）依靠科技，提高素质。加强公共安全科学研究和技术开发，采用先进的监测、预测、预警、预防和应急处置技术及设施，充分发挥专家队伍和专业人员的作用，提高应对突发公共事件的科技水平和指挥能力，避免发生次生、衍生、耦合事件；加强宣传和培训教育工作，提高公众自救、互救和应对各类突发公共事件的综合素质。

1.6　应急预案体系

全县突发公共事件应急预案体系包括：

（1）县突发公共事件总体应急预案。《临澧县突发公共事件总体应急预案》（以下简称《县总体应急预案》）是全县应急预案体系的总纲，是县人民政府应对本县突发公共事件的规范性文件和行动指南，是乡镇（区）人民政府和县直部门（单位）制订应急预案的参考文本，由县人民政府制订并公布实施，报市人民政府备案。《临澧县突发公共事件总体应急预案》框架图见附件7.2。

（2）县突发公共事件专项应急预案。县专项应急预案主要是县人民政府及其有关部门（单位）为应对某种类型或某几种类型突发公共事件制订的涉及数个部门（单位）职责的计划、方案和措施，由县有关部门（单位）牵头，相关部门（单位）协助制订，报县人民政府批准后实施。应急预案体系见附件7.4。

（3）乡镇（区）突发公共事件总体应急预案。乡镇（区）总体应急预案是各乡镇（区）人民政府根据《县总体应急预案》，为应对本行政区域突发公共事件制订的整体计划和规范程序，是乡镇（区）人民政府组织、管理、指挥、协调相关应急资源和应急行动的指南。乡镇（区）总体应急预案在县人民政府领导下，按照分类管理、分级负责的原则，由乡镇（区）人民政府制订发布。乡镇（区）总体应急预案报县人民政府备案。

（4）企事业单位突发公共事件应急预案。企事业单位应急预案是企事业单位、高危行业重点单位等根据有关总体应急预案、专项应急预案，为应对本单位突发公共事件制订的工作计划、保障方案和操作规程。企事业单位应急预案由各单位制订，报主管部门和有关应急管理办事机构备案。

（5）重大活动突发公共事件应急预案。举办大型庆典、会展和文化体育等重大活动，主办单位应当事先制订应急预案，报批准举办活动的政府部门审定和同级人民政府应急管理办事机构备案。各类应急预案应当根据实际情况变化，由制订单位及时修订并报上级审定、备案。各类应急预案构成种类应不断补充、完善。

2. 组织体系

2.1　领导机构

县人民政府是本县突发公共事件应急管理工作的最高行政领导机构。在县长的领导下，通过县人民政府常务会议研究、决定和部署本县突发公共事件应急管理工作，统一领导和组织指挥突发公共事件的应急处置工作。副县长和县人民政府其他领导按照工作分工和在县相关突发公共事件应急指挥机构中兼任的职务，负责相关类别突发公共事件应急管理工作。必要时派出县人民政府工作组指导工作。县人民政府副主任协助县人民政府领导处理有关工作。

2.2　办事机构

县人民政府办公室是突发公共事件应急管理的办事机构，设县应急管理办公室（县人民政府值班室），履行值守应急、信息汇总和综合协调职责，发挥运转枢纽作用；负责接收和办理向县人民政府报送的紧急重要事项；承办县人民政府应急管理的专题会议，督促落实县人民政府有关决定事项和县人民政府领导批示、指示精神；指导全县突发公共事件应急体系、应急信息平台建设；组织编制、修订《县总体应急预案》，组织审核县专项应急预案，指导应急预案体系建设；协调突发公共事件的预防预警、应急演练、应急处置、调查评估、信息发布、应急保障和宣传培训等工作。

2.3　工作机构

县有关部门（单位）依据有关法律、法规、规章和各自职责，承担相关类别突发公共事件的应急管理工作。负责县专项应急预案的制订与实施，贯彻落实县人民政府有关决定事项；承担相关应急指挥机构办公室的工作；及时向县人民政府报告重要情况和建议，指导和协助乡镇（区）人民政府做好突发公共事件的预防、处置和恢复重建工作。县有关部门（单位）在应急管理工作中的主要职责见附件7.1。

2.4　乡镇（区）机构

乡镇（区）人民政府是本行政区域突发公共事件应急管理工作的行政领导机构，负责本行政区域各类突发公共事件的应对工作。乡镇（区）人民政府要做好本行政区域各类突发公共事件应急处置的组织领导工作，其办事机构、工作机构及其职责可参照《县总体应急预案》，结合本地实际情况予以确定。

社区、村（居）委会应当协助上级人民政府做好突发公共事件应急工作。

2.5　专家组

县人民政府和各专项应急指挥机构根据实际需要建立各类专业人才库，聘请有关专家组成专家组，为应急管理提供决策建议，必要时参加突发公共事件的应急处置工作。

3. 运行机制

各级人民政府要建立应对突发公共事件的预测预警、信息报告、应急处置、恢复重建及调查评估等机制，提高应急处置能力和指挥水平。

各级人民政府应当加强应急管理机构建设，整合各方面资源，建立健全快速反应机制，形成统一指挥、分类分级处置的应急机制，提高应对突发公共事件的能力。

县人民政府要加强县应急指挥中心建设，建立统一接报、分级分类处置的应急平台，充分发挥应急指挥中心在应急救援工作中的骨干作用；加强农村应对突发公共事件能力建设。

突发公共事件应急管理工作流程示意图见附件7.3。

3.1　预测与预警

各级人民政府及有关部门（单位）要针对各种可能发生的突发公共事件，完善预测预警机制，开展风险分析，做到早发现、早报告、早处置。

3.1.1　预测预警系统

各级人民政府及有关部门（单位）要综合分析可能引发的各类突发公共事件的预测预警信息并及时上报。县人民政府办公室会同乡镇（区）人民政府、县有关部门（单位），整合监测信息资源，依托政府系统办公业务资源网及相关网络，建立健全突发公共事件预测预警系统。

3.1.2　预警级别和发布

根据预测分析结果，对可能发生和可以预警的突发公共事件进行预警。预警级别依据突发公共事件可能造成的危害性、紧急程度和发展势态，一般划分为四级：Ⅰ级（特别严重）、Ⅱ级（严重）、Ⅲ级（较重）和Ⅳ级（一般），依次用红色、橙色、黄色和蓝色表示。

各级人民政府及其部门（单位）要及时、准确地报告突发公共事件的有关情况，并根据突发公共事件的管理权限、危害性和紧急程度，发布、调整和解除预警信息。预警信息包括突发公共事件的类别、预警级别、起始时间、可能影响范围、警示事项、应采取的措施和发布单位等。涉及到跨区域的预警信息的发布、调整和解除，须报上级有关部门批准。预警信息的发布、调整和解除可通过广播、电视、报刊、通信、信息网络、警报器、宣传车或组织人员逐户通知等方式进行，对老、幼、病、残、孕等特殊人群以及学校等特殊场所和警报盲区应当采取有针对性的公告方式。

3.1.3　预警预防行动

进入预警期后，县人民政府及有关部门（单位）应当依据有关法律、法规、规章的规定，采取严格的防范控制措施，防止事态的发生、发展，并根据预警级别的实际需要采取以下措施：

(1) 实行24小时值班制度，加强信息监控、收集；

(2) 及时向社会发布可能受到突发公共事件危害的警告或者劝告，宣传应急和防止、减轻危害的常识；

(3) 转移、撤离或者疏散容易受到突发公共事件危害的人员和重要财产，并妥善安置；

(4) 要求各类应急救援队伍和人员进入待命状态；

(5) 调集所需应急物资和设备；

(6) 确保通信、交通、供水、供电、供气、供暖等公用设施的安全和正常运行；

(7) 法律、法规、规章规定的其他措施。

3.2　应急处置

3.2.1　信息报告和通报

突发公共事件发生后，县有关部门（单位）、事发地乡镇（区）人民政府要按照相关应急预案规定的分级标准，在组织抢险救援的同时，及时汇总相关信息并迅速报告。突发公共事件，必须在接报后30分钟内向县应急管理办公室（县人民政府值班室）口头报告，在60分钟内书面报告，不得迟报、漏报、谎报和瞒报。县人民政府在45分钟内向市应急管理办公室（市人民政府值班室）口头报告，90分钟内书面报告，同时通报有关地区和部门（单位）。县有关部门（单位）报送市政府主管部门的重大、特别重大突发公共事件信息，应同时或先行向县应急管理办公室（县人民政府值班室）报告。特殊情况下，事发地人民政府及有关部门（单位）值班人员可直接向市人民政府报告，并同时报告县人民政府。报告内容主要包括时间、地点、信息来源、事件性质、影响范围、事件发展趋势和已经采取的措施等。应急处置过程中，要及时续报有关情况。

县应急管理办公室（县人民政府值班室）要及时汇总上报突发公共事件的重要信息和情况，同时将县人民政府领导同志作出的处置突发公共事件的批示或指示传达给有关地区和部门（单位），并跟踪反馈落实情况。

乡镇（区）人民政府和县有关部门（单位）要及时掌握各类突发公共事件信息，对于一些事件本身存在比较敏感或发生在敏感地区、敏感时间，或有可能转化为重大、特别重大突发公共事件的信息，也应及时报送。

各相关部门（单位）要与毗邻区域加强协作，建立突发公共事件等信息通报、协调渠道，一旦出现突发公共事件影响范围超出本行政区域的态势，要根据应急处置工作的需要，及时通报、联系和协调。

突发公共事件涉及港澳台侨、外籍人员，或者影响到境外的，由县人民政府及县外事侨务、台湾工作等部门按照国家及省市有关规定上报市政府及有关部门。

突发公共事件涉及或者影响到本县行政区域外的，由县人民政府及时与所涉及或者影响的区县（市）人民政府取得联系，通报有关情况。

3.2.2 先期处置

突发公共事件发生后，事发地人民政府和有关部门（单位）要立即采取措施控制事态发展，组织开展应急救援工作，并及时向上级人民政府和有关部门（单位）报告。

事发地乡镇（区）人民政府和县有关部门（单位）在报告突发公共事件信息的同时，要根据职责和规定的权限启动相关应急预案，及时、有效处置，控制事态，并采取相应措施，密切注意和防止次生、衍生、耦合事件的发生。

县人民政府要建立并加强与武警、驻临单位、毗邻县市（区）的协同应急联动机制和网络。根据突发公共事件应急处置实际需要，按照有关规定协调有关部门（单位）参与突发公共事件先期处置工作。

突发公共事件发生单位和所在乡镇、村（居）委会、社区负有先期处置的第一责任，要组织群众展开自救、互救。相关单位必须在第一时间进行应急处置。

突发公共事件跨国（境）的，县有关部门（单位）要按照国家有关规定采取相应措施，控制事态发展，并按程序将有关情况及时报告县人民政府和市政府有关部门。突发公共事件跨县行政区域的，由县人民政府与有关联的区县（市）人民政府联合采取相应的应急措施。

3.2.3 应急响应

对于先期处置未能有效控制事态，或者超出乡镇（区）人民政府处置能力、需要县人民政府协调处置的突发公共事件，县相关应急指挥机构应及时提出处置建议，经县人民政府领导同志批准后启动县相关应急预案，必要时提请县人民政府常务会议审议决定。

3.2.4 指挥与协调

需要县人民政府处置的，由县人民政府相关应急指挥机构或县人民政府工作组统一指挥或指导、协调有关乡镇（区）、部门（单位）开展处置工作。主要包括：

（1）组织协调有关乡镇（区）、部门（单位）负责人、专家和应急队伍参与应急救援；

（2）制订并组织实施抢险救援方案，防止引发次生、衍生、耦合事件；

（3）协调有关乡镇（区）、部门（单位）提供应急保障，调度各方应急资源等；

（4）部署做好维护现场治安秩序和当地社会稳定工作；

（5）及时向县人民政府报告应急处置工作进展情况；

（6）研究处理其他重大事项。

事发地乡镇（区）人民政府负责成立现场应急指挥机构，在县人民政府相关应急指挥机构或县人民政府工作组的指挥或指导下，负责现场的应急处置工作。

需要多个县相关部门（单位）共同参与处置的突发公共事件，由该类突发公共事件的业务主管部门牵头，其他部门予以协助。

现场应急指挥机构应当配备专业技术人员，并设立专家组，充分发挥专家的咨询、参谋作用，确保指挥决策的科学性。

3.2.5 现场应急基本措施

应急预案启动后，相关应急指挥机构、现场应急指挥机构应当立即组织、调动应急救援队伍和社会力量，根据实际情况采取下列措施：

（1）组织营救和救治受害人员，疏散、撤离、安置受到威胁的人员；

（2）迅速消除突发公共事件的危害和危险源、划定危害区域、加强巡逻、维持社会治安；

（3）针对突发公共事件可能造成的损害，封闭、隔离或者限制使用等有关场所，中止可能导致损害扩大的活动；

（4）对现场加强监测，防止疫病、环境污染等次生、衍生、耦合事件的发生；

(5) 抢修被损坏的公共交通、通信、供水、供电、供气等基础设施，提供生活必需品、临时避难场所；

(6) 决定启用本级人民政府储备的应急救援物资和设备，必要时征收、征用其他急需的物资、设备，或者组织有关企业生产应急物资，组织运输企业运输应急救援人员和物资；

(7) 采取法律、法规、规章等规定的其他措施，包括依法限制公民某些权利和增加公民某些义务等。

3.2.6　紧急状态

发生或者即将发生特别重大突发公共事件，采取一般处置措施无法控制和消除其严重社会危害，需要宣布全县或部分地区进入紧急状态的，依法报市人民政府，经市人民政府提请省人民政府按照《湖南省突发公共事件总体应急预案》有关规定，作出决定后实施。

3.2.7　应急结束

突发公共事件应急处置工作结束，或者相关危险因素消除后，现场应急指挥机构予以撤销。

紧急状态的解除，由负责决定、发布或执行机构依据法定程序宣布。

3.3　恢复与重建

3.3.1　善后处置

各级人民政府和有关部门（单位）要积极稳妥、深入细致地做好善后处置工作。对突发公共事件中的伤亡人员、应急处置工作人员，以及紧急调集、征用有关单位及个人的物资，要按照规定给予抚恤、补助或补偿，并提供心理及司法援助。县有关部门（单位）按照规定及时调拨救助资金和物资。有关部门（单位）要做好疫病防治和环境污染消除工作。保险监管机构督促有关保险机构及时做好有关单位和个人损失的理赔工作。

3.3.2　调查与评估

县有关部门（单位）要会同事发地乡镇（区）人民政府，对突发公共事件的起因、性质、影响、责任、经验教训和恢复重建等问题进行调查评估，并向县人民政府作出报告。

县人民政府办公室组织县有关部门（单位）于每年第一季度对上年度发生的突发公共事件进行全面评估，向县人民政府汇报。

3.3.3　恢复重建

恢复重建工作按照属地管理的原则，由事发地乡镇（区）人民政府负责。

乡镇（区）人民政府和县有关部门（单位）在对受灾情况、重建能力以及可利用资源评估后，要认真制订灾后重建和恢复生产、生活计划，迅速采取各种有效措施，明确救助程序，规范捐赠管理，组织恢复、重建。

需要县援助的，由事发地乡镇（区）人民政府提出请求，县有关部门（单位）根据调查评估报告和受灾地区恢复重建计划，提出解决建议或意见，按有关规定报经批准后组织实施。

3.4　信息发布

突发公共事件的信息发布应当实事求是、及时准确。各级人民政府及其有关部门（单位）要在事件发生的第一时间向社会发布简要信息，随后发布初步核实情况、政府应对措施和公众防范措施等，并根据事件处置情况做好后续发布工作。

县人民政府负责处置的突发公共事件的信息发布，按照县委和上级的有关规定和《临澧县突发公共事件新闻发布应急预案》执行。县有关部门（单位）负责处置的突发公共事件的信息发布，由县有关部门（单位）会同县新闻主管部门负责。其他突发公共事件信息由事发地乡镇（区）人民政府组织发布。

4　应急保障

县有关部门（单位）要按照职责分工和相关应急预案，做好应对突发公共事件的人力、物力、财力、交通运输、医疗卫生及通信保障等工作，保证应急救援工作需要和灾区群众的基本生活，以及恢复重建工作的顺利进行。

4.1　人力资源

按照平战结合、警民结合、专兼结合、社会参与、规模适度、协调配合、指挥灵便、反应快速、应急有效的原则，构建突发公共事件应急救援队伍体系。

公安（消防）、民政救灾、医疗卫生、地震救援、矿山救护、防洪抢险、森林消防、环境监控、危险化学品事故救援、铁路事故、基础信息网络和重要信息系统事故处置，以及水、电、油、气等工程抢险救援队伍，是应急救援的专业队伍和骨干力量，应当随着经济社会的发展不断加强，充实现有专业应急救援队伍。

县有关部门（单位）和乡镇（区）人民政府要加强应急救援队伍的业务培训和应急演练，建立联动协调机制，提高装备水平；动员社会团体、企事业单位以及志愿者等各种社会力量参与应急救援工作。要加强以乡镇和社区为单位的公众应急能力建设，建立各类群众性的应急救援队伍，发挥其在应对突发公共事件中的重要作用。

县人民政府应当充分发挥公安（消防）、武警以及民兵、预备役部队在参与应急处置和支援抢险救灾工作中的骨干和突击队作用。公安（消防）、医疗卫生等突发公共事件的基本应急救援队伍，要按照有关应急指挥机构的指令，承担各类突发公共事件的抢险救援任务；各专业应急救援队伍除承担本专业抢险救援任务外，应当根据需要和有关应急指挥机构的指令，支援其他抢险救援工作。

4.2　财力保障

各级财政要保证突发公共事件应急准备和救援工作所需资金。企业应当设立本单位突发公共事件应急工作专项资金。

突发公共事件应急处置所需经费，按现行事权、财权划分原则，分级负担。对受突发公共事件影响损失较大的，县人民政府根据实际情况向省、市财政请求给予支持。对受突发公共事件影响较大的行业、企事业单位和个人，县有关部门（单位）要及时研究提出相应的补偿或救助政策，报县人民政府审批。

财政和审计部门要对突发公共事件财政应急保障资金的使用和效果进行监管和评估。

鼓励自然人、法人或者其他组织（包括国际组织）按照国家有关法律、法规的规定进行捐赠和援助。

支持各保险机构推广针对应急工作的险种；有关生产经营单位应当依法向保险机构办理法定保险；鼓励公民、组织购买财产保险和人身意外伤害等商业保险；企事业单位应当依法为从业人员办理有关社会保险。

4.3　物资保障

各级人民政府要建立健全应急物资监测网络、预警体系和应急物资生产、调拨及紧急配送体系，完善应急工作程序，确保应急所需物资和生活用品的及时供应。

县发改物价局要会同有关部门（单位）负责全县应急物资储备的综合管理工作，建立应急救援物资、生活必需品储备制度。县商务局及有关部门（单位）要按照职能分工，负责基本生活用品的应急供应及重要生活必需品如肉、糖等的储备管理工作。

县相关部门（单位）和乡镇（区）人民政府根据有关法律、法规、规章和应急预案的规定，做好物资储备工作。加强对突发公共事件应急储备物资的管理，防止储备物资被盗用、挪用、流散；一旦出现上述情况，应当依法查处并及时予以补充；对过期失效的应当及时予以更新。

4.4　基本生活保障

县民政局等有关部门（单位）要会同事发地乡镇（区）人民政府做好受灾群众的基本生活保障工作，确保灾区群众衣食住行及疾病的及时医治。

4.5　医疗卫生保障

县卫生局要会同有关部门（单位）根据应急预案和相关职责，建立医疗卫生应急专业技术队伍和保障系统，根据需要及时赴现场开展医疗救治、疾病预防控制等卫生应急工作，及时为受灾地区提供必要的药品、器械等卫生和医疗设备援助。红十字会等社会卫生力量应当在突发公共事件中积极参与医疗卫生救助工作。

加强公共卫生体系建设，形成疾病预防控制体系、突发公共卫生事件医疗救治体系、卫生监督体系，全面提高公共卫生管理和应急处置能力。

突发公共事件的应急医疗救治工作必须坚持以人为本、救死扶伤的原则，尽最大可能减少人员伤亡，并按照现场抢救、院前急救、专科救治的不同环节和实际需要组织实施应急救护。医疗急救机构负责院前急救工作；各级医疗机构负责后续专科救治工作；红十字会等社会团体和群众性救援队伍应当积极配合专业医疗救护队伍，组织群众参加现场卫生救护。

4.6　交通运输保障

各级人民政府要加强交通战备建设，依法建立紧急情况社会交通运输工具的征用程序，确保抢险救灾物资和人员能够及时、安全送达。县建设、交通、铁路等有关部门（单位）要保证紧急情况下应急交通工具的优先安排、优先调度、优先放行，确保运输安全畅通。

根据应急处置需要，有关部门（单位）要对事发现场及相关通道实行交通管制，开设应急救援“绿色通道”，保证应急救援工作顺利开展；道路设施受损时，有关部门（单位）应当迅速组织专业队伍进行抢修，尽快恢复，确保道路畅通。

4.7　治安维护

公安部门按照有关规定，参与应急处置和治安维护工作。要加强对重点地区、重点场所、重点人群、重要物资和设备的安全保护，预防和制止违法犯罪活动。必要时，依法采取有效管制措施，控制事态，维护社会秩序。突发公共事件发生地的基层政府和社区组织应当积极发动和组织群众，开展群防联防，协助公安部门实施治安保卫工作。

4.8　人员防护

县人民政府要按照平战结合的原则，根据本地经济社会发展以及不同突发公共事件的特点、现状及其发展趋势等实际情况，指定或建立与人口密度、城市规模相适应的应急避险场所；应急避险场所的建设，可与人防工程、公园、广场、文化体育场馆等公共设施的建设或者改造相结合。必要时，可以依法征用机关、团体、企事业单位的各类场所等作为临时避险场所。

各级人民政府要制定人员紧急疏散预案，完善紧急疏散管理办法和程序，明确各级责任人，确保在紧急情况下公众安全、有序地转移或疏散。

县人民政府有关部门要为涉险人员和应急救援人员提供符合要求的安全防护装备，采取必要的防护措施，严格按照程序开展应急救援工作，确保人员安全。

4.9　通信保障

县信息化、通信管理、广电等有关部门（单位）负责建立健全应急通信、应急广播电视保障工作体系，完善公用通信网，建立有线和无线相结合、基础电信网络与机动通信系统相配套的应急通信系统，确保通信畅通。已建或拟建专用通信网的单位，应当与电信部门及时沟通、协商，明确应急通信保障工作中各自的职责，确保紧急情况下的协同运作。

参与突发公共事件应急工作的县部门（单位）、应急保障专业队伍以及各应急指挥机构，应当至少确保1部专用固定电话24小时有人值守，并明确带班领导。

4.10　公共设施

有关部门（单位）要按照职责分工，分别负责煤、电、油、气、水的供给，以及废水、废气、固体废弃物等有害物质的监测和处理。

交通、通信、水利、人防、电力、管道等基础设施建设，应当充分考虑各类突发公共事件应急的需要并与之相适应。

5　监督管理

5.1　预案演练

县应急管理办公室（县人民政府值班室）应当协同相关应急指挥机构或县有关部门（单位）制订应急演练计划并定期组织综合性应急处置演练。

县人民政府要结合本地实际，有计划、有重点地组织有关部门对相关预案进行演练。基层应急管理单位应当积极组织本单位综合性应急处置演练和专项演练。

应急演练要从实战出发，深入发动和依靠公众，普及减灾知识和技能，切实提高应急救援能力。应急演练结束后应当对演练进行全面总结和评价。

5.2 宣教和培训

社会公众均应当学习应急管理知识。各级各类机构和社会组织都有普及宣传应急管理知识的责任。

县应急管理办公室（县人民政府值班室）要会同县有关部门（单位）组织加强应急管理教育培训，设立应急管理网页，加强民众防护和应急管理工作宣传。

县宣传、文化、广电等有关部门（单位）要通过图书、报刊、音像制品和电子出版物、广播、电视、网络等形式，广泛宣传应急法律、法规、规章和预防、避险、自救、互救、减灾等常识，增强公众的忧患意识、社会责任意识和自救、互救能力。县司法部门要把应急法律、法规、规章作为全民普法的重要内容。

县教育局要会同县有关部门（单位）制定学校应对突发公共事件的教育规划。在中小学生中普遍开展预防、避险、自救、互救、减灾等有关常识教育。

县人事部门应当会同县应急管理办公室负责建立健全应急法律、法规、规章和应急管理知识干部培训制度，把应急法律、法规、规章和应急预案等应急管理知识纳入干部教育培训内容。

县人民政府要针对本地区特点开展突发公共事件应急预案的宣传和教育培训工作。乡镇人民政府、社区、村（居）委会和企事业单位要加强应急常识的宣传和辅导。

各级各有关部门（单位）要有计划地对应急救援和管理人员进行业务培训，提高其专业技能。

5.3 责任与奖惩

突发公共事件应急管理工作实行行政领导负责制和责任追究制。

各级人民政府对突发公共事件应急管理工作中作出突出贡献的先进集体和个人要给予表彰和奖励。对在应急处置工作中伤亡的人员依法给予抚恤。

对迟报、漏报、谎报和瞒报突发公共事件重要情况或者应急管理工作中有其他失职、渎职行为的，依法对有关责任人给予行政处分；构成犯罪的，依法追究刑事责任。

6 预案管理

本预案由县人民政府制订，由县人民政府办公室负责解释与组织实施。县有关部门（单位）和乡镇（区）人民政府按照本预案的规定履行职责，并制订相应的应急预案。

县人民政府根据实际情况的变化，及时修订本预案。

本预案自发布之日起施行。

7 附件

7.1 县有关部门（单位）在应急管理工作中的主要职责

县人民政府办公室：负责全县应急管理日常工作，领导县应急管理办公室工作。

县发改物价局：负责全县应急体系建设规划编制工作；负责有关经济安全应急协调工作；会同有关部门安排应对突发公共事件重大建设项目；会同有关部门做好救灾粮储备、调拨和供应的组织、协调工作。负责经济安全中物价稳定应急工作；负责灾区物价稳定工作。

县工业局：负责电力、石油、铁路安全事故和医药用品保障等应急工作；协调交通、铁路、通信、电力、煤炭、石油、天然气、医药等部门做好其他应急工作中的交通、通信、煤炭、电力、石油、天然气、医药用品等保障工作。

县公安局、交警大队、消防大队、武警中队：负责火灾事故、道路交通事故、恐怖事件、公众聚集场所安全事故、群体性治安事件等应急工作；负责其他应急工作中的治安保障、交通管制和抢险救援工作。

县民政局：负责协调自然灾害救灾工作；核定、报告、发布自然灾害灾情；储备、管理、分配救灾款物，组织、指导救灾捐赠。

县卫生局：负责公共卫生事件应急工作；负责其他应急工作中的疾病预防控制、食品和饮用水卫生监督、受伤群众及抢险救援人员的医疗救治和医疗卫生保障工作。

县建设局：负责建设工程安全事故、供水供气事故应急工作；负责其他应急工作中的城镇供水、供气保障工作。

县城管执法局：负责应急工作中的公共交通保障工作。

县房地产管理局：负责牵头做好居住保障工作。

县国土资源局：负责地质灾害应急工作。

县交通局：负责水上交通事故、运输保障事件应急工作；负责其他应急工作中的公路、水路交通保障工作。

县农业局：负责农业生物灾害应急工作，做好灾区农业生产自救的指导工作。

县畜牧水产局：负责动物疫病应急工作。

县林业局：负责森林火灾、林业生物灾害应急工作。

县水利局、县防汛办：负责防汛抗旱，堤防、水库大坝安全事故应急工作；负责储备防汛物资。

县商务局：负责重要生活必需品肉、糖的储备管理和成品油保障应急工作；负责其他应急工作中的生活必需品等物资协调供应工作。

县信息化办：协调推进计算机网络与信息安全应急管理工作中的法规、标准及相关政策的起草工作，组织协调全县信息安全应急保障体系的建立。

县电信、移动、联通公司：负责公众无线电通信网络受到重大突发干扰的安全应急工作，负责其他应急工作中的无线电通信频率保障工作。

县财政局：负责应急工作中的经费保障工作；会同有关部门安排应对突发公共事件重大建设项目。

县人事局：负责公务员应急管理知识的教育培训工作和对应急工作中先进典型的行政奖励表彰工作。

县教育局：负责学生应急工作常识的教育工作；负责恢复灾后教学秩序。

县监察局：负责应急工作中监察对象违纪违法案件的查处。

县食品安全办：负责应急工作中的食品安全协调。

县食品药品监管局：负责应急工作中的食品药品安全。

县安监局：负责工矿企业、危险化学品企业生产安全事故应急工作；参与火灾、交通、国防科技工业军品生产、民用爆破器材等安全生产事故应急工作。

县质监局：负责特种设备安全事故应急工作；监督管理灾区产品质量。

县环保局：负责环境事件应急工作；负责其他应急工作中的环境保护工作。

县地震局：负责破坏性地震灾害应急工作。

县气象局：负责发布天气预报、灾害性天气警报，为防灾、抗灾、救灾提供服务。

县信访局：负责群体性上访事件应急工作。

县粮食局：负责粮食应急工作；负责其他应急工作中的粮食保障工作。

县工商局：负责维护灾区市场经营秩序。

县人民银行：负责组织、督促各保险公司开展应急保险推介和理赔工作。

县政府新闻办：负责应急工作中的宣传报道工作；会同有关部门（单位）负责向社会公众宣传普及应急知识。

县外事侨务办、县台办：负责涉外涉台事故应急工作；负责其他应急工作中的涉外涉台工作。

县人防办：负责人民防空应急工作。

县政府法制办：负责应急工作中的法制建设工作。

县人民武装部：负责组织民兵、预备役部队参加抢险救灾工作。

其他部门（单位）：按照职责做好有关应急工作。

7.2 临澧县总体应急预案框架图

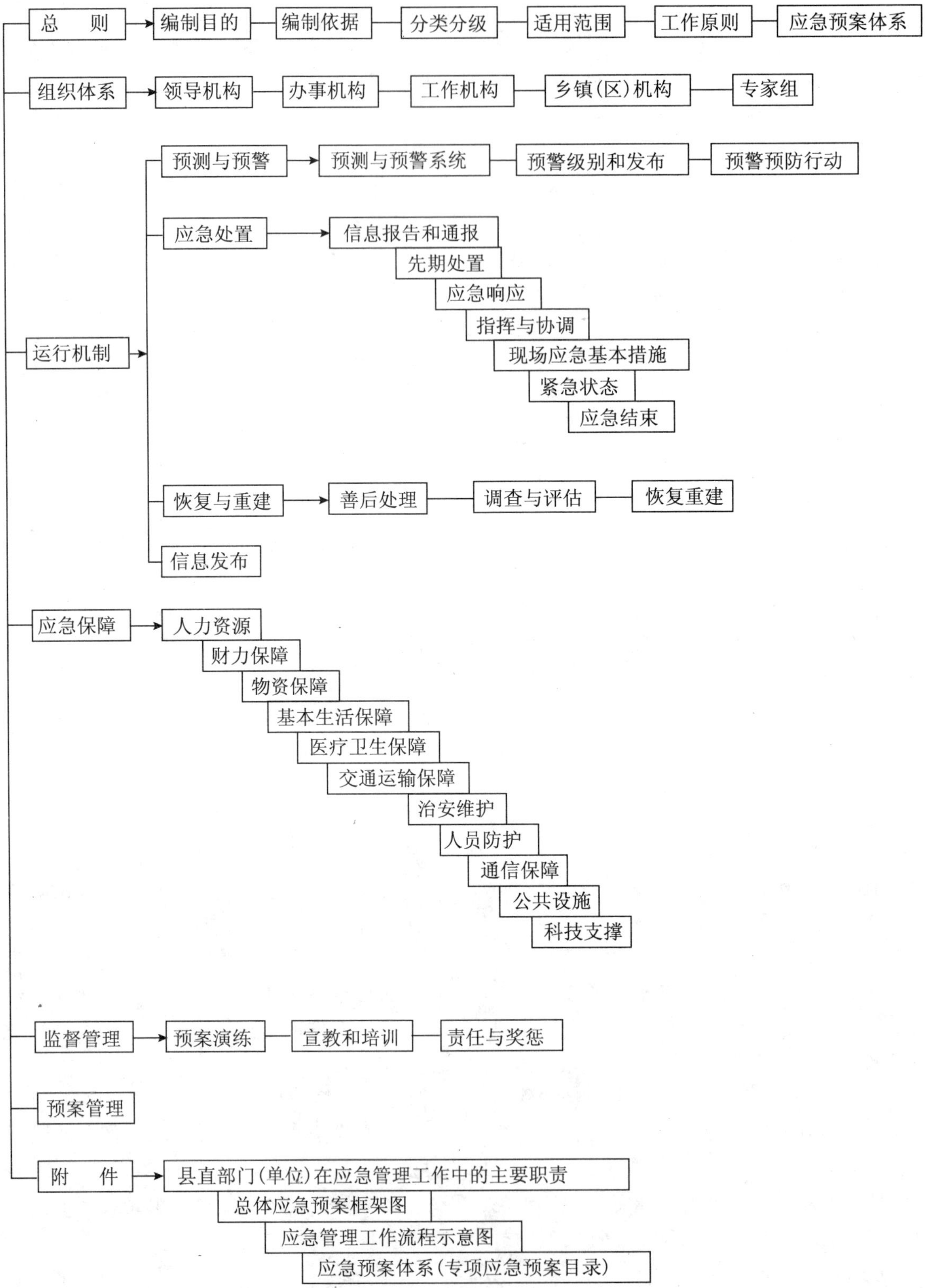

7.3　临澧县应急管理工作流程示意图

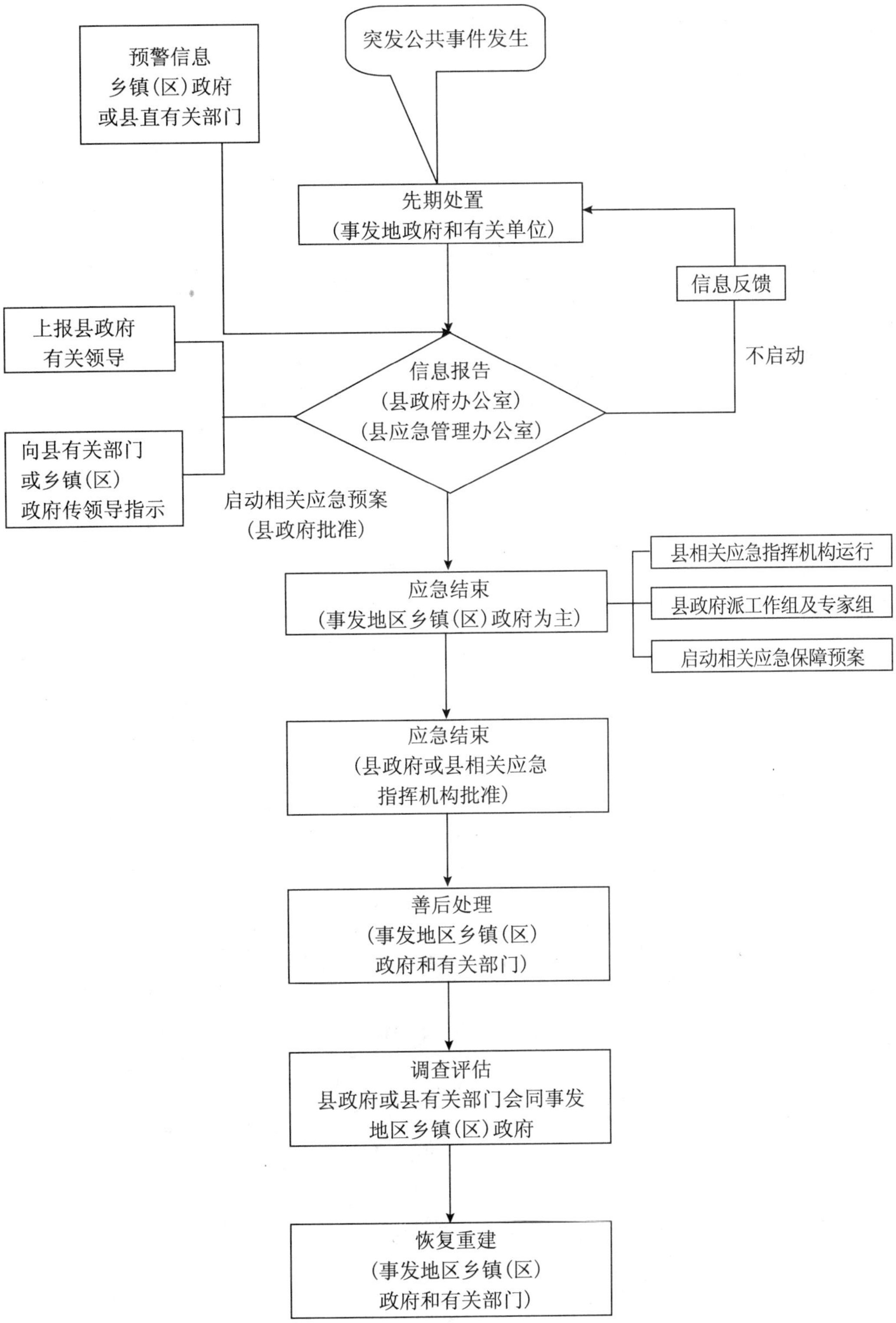

7.4 临澧县应急预案体系

- 临澧县突发公共事件总体应急预案
  - 县专项应急预案
    - 自然灾害类
      - 1 临澧县自然灾害救助应急预案
      - 2 临澧县防汛应急预案
      - 3 临澧县旱灾应急预案
      - 4 临澧县地质灾害应急预案
      - 5 临澧县地震应急预案
      - 6 临澧县森林火灾应急预案
    - 事故灾害类
      - 7 临澧县安全生产事故灾难应急预案
      - 8 临澧县突发环境事件应急预案
      - 9 临澧县处置电网大面积停电事件应急预案
      - 10 临澧县火灾事故应急预案
      - 11 临澧县通信保障应急预案
      - 12 临澧县公共场所安全事故应急预案
      - 13 临澧县供水事故应急预案
      - 14 临澧县供气事故应急预案
      - 15 临澧县特种设备安全事故应急预案
      - 16 临澧县道路交通安全事故应急预案
      - 17 临澧县旅游突发公共事件应急预案
      - 18 临澧县水上搜救应急预案
    - 公共卫生事件类
      - 19 临澧县公共卫生事件应急预案
      - 20 临澧县食品安全事故应急预案
      - 21 临澧县动物疫情应急预案
      - 22 临澧县突发公共事件医疗卫生救援应急预案
    - 社会安全事件类
      - 23 临澧县重大群体性事件应急预案
      - 24 临澧县处置恐怖袭击事件应急预案
      - 25 临澧县外涉台突发公共事件应急预案
      - 26 临澧县粮食应急预案
      - 27 临澧县突发公共事件新闻发布应急预案
      - 28 临澧县金融突发事件应急预案
  - 县部门应急预案
  - 各乡镇(区)应急预案
  - 企事业单位应急预案
  - 重大活动应急预案

7.5　临澧县专项应急预案目标

序号	名　称	编制牵头单位
1	临澧县自然灾害救助应急预案	县民政局
2	临澧县防汛应急预案	县水利局
3	临澧县旱灾应急预案	县水利局
4	临澧县地质灾害应急预案	县国土资源局
5	临澧县地震应急预案	县地震局
6	临澧县森林火灾应急预案	县林业局
7	临澧县安全生产事故灾难应急预案	县安监局
8	临澧县突发环境事件应急预案	县环保局
9	临澧县处置电网大面积停电事件应急预案	县电力局
10	临澧县火灾事故应急预案	县消防大队
11	临澧县通信保障应急预案	县信息化办
12	临澧县公共场所安全事故应急预案	县公安局
13	临澧县供水事故应急预案	县建设局
14	临澧县供气事故应急预案	县建设局
15	临澧县特种装备安全事故应急预案	县质量技术监督局
16	临澧县道路交通安全事故应急预案	县交警大队
17	临澧县旅游突发公共事件应急预案	县文化局、旅游局
18	临澧县水上搜救应急预案	县交通局
19	临澧县公共卫生事件应急预案	县卫生局
20	临澧县食品安全事故应急预案	县食品安全办、县药监局
21	临澧县动物疫情应急预案	县畜牧水产局
22	临澧县突发公共事件医疗卫生救援应急预案	县卫生局
23	临澧县重大群体性事件应急预案	县公安局
24	临澧县处置恐怖袭击事件应急预案	县公安局
25	临澧县涉外涉台突发公共事件应急预案	县外侨办
26	临澧县粮食应急预案	县粮食局
27	临澧县突发公共事件新闻发布应急预案	县政府新闻办
28	临澧县金融突发事件应急预案	县人民银行

临澧县人民政府办公室
关于印发《临澧县自然灾害救助应急预案》的
通　知

临政办函［2008］66号

各乡、镇人民政府，经济开发区管委会，县直有关单位：

《临澧县自然灾害救助应急预案》已经县人民政府同意，现予印发，请认真实施。

二OO八年七月二十四日

临澧县自然灾害救助应急预案

目　录

1　总则
1.1　编制目的
1.2　编制依据
1.3　适用范围
1.4　工作原则
2　应急指挥体系及职责
2.1　应急组织机构
2.2　应急组织机构职责
3　预防预警机制
3.1　预防预警信息
3.2　预防预警行动
3.3　预警级别发布
4　应急响应
4.1　Ⅳ级响应
4.2　Ⅲ级响应
4.3　Ⅱ级响应
4.4　Ⅰ级响应
4.5　信息报送和处理
4.6　信息发布
5　善后工作
5.1　灾害救助
5.2　恢复重建
5.3　总结评估
6　保障措施
6.1　资金保障
6.2　物资保障
6.3　通信保障
6.4　装备保障
6.5　人力资源保障
6.6　社会支持保障
7　监督管理
7.1　宣传、培训和演练
7.2　奖励与责任
7.3　监督检查
8　附则
8.1　名词术语解释
8.2　预案管理与更新
8.3　预案解释部门
8.4　预案实施时间

1　总则

1.1　编制目的

建立健全应对突发自然灾害紧急救助体系和运行机制，规范紧急救助行为，提高紧急救助能力，迅速、有序、高效地实施紧急救助，最大程度地减少人民群众的生命和财产损失，维护灾区社会稳定。

1.2　编制依据

《中华人民共和国公益事业捐赠法》、《国家突发公共事件总体应急预案》、《国家自然灾害救助应急预案》、《湖南省突发公共事件总体应急预案》、《湖南省自然灾害救助应急预案》、《常德市自然灾害应急预案》、《临澧县2003～2013年减灾工作规划》、《临澧县突发公共事件总体应急预案》等法律法规和有关规定。

1.3　适用范围

本预案适用于本县行政区域符合本预案分级标准的突发性自然灾害及其他突发公共事件造成重大人员伤亡、财产损失的救助工作。

1.4　工作原则

坚持以人为本，最大程度地保护人民群众的生命和财产安全；政府统一领导，分级管理，条块结合，以块为主；部门密切配合，分工协作，各司其职，各尽其责；依靠群众，充分发挥基层群众自治组织和公益性社会团体作用。

2　应急指挥体系及职责

县人民政府设立减灾委员会，负责本行政区域自然灾害救助和抗灾减灾工作。

2.1　应急组织机构县人民政府设立临澧县减灾委员会（以下简称"县减灾委"），由县人民政府分管副县长任主任，县人民政府办公室主任、县民政局局长、县发展改革物价局局长、县财政局局长任副主任，县民政局、县应急管理办公室、县发展改革物价局、县财政局、县农业局、县林业局、县水利局、县国土资源局、县建设局、县交通局、县卫生局、县公安局、县教育局、县科技局、县环境保护局、县广播电视局、县统计局、县地震局、县气象局、县人民武装部、县武警中队、县红十字会等单位负责人为成员。县减灾委办公室设在县民政局自然灾害救助中心，由县民政局分管副局长任秘书长。

2.2　应急组织机构职责

2.2.1　县减灾委

在县人民政府领导下，负责制定全县减灾工作方针、政策和规划；协调开展重大减灾活动，指导乡镇开展减灾工作；组织、协调全县抗灾救灾减灾工作；负责上级、境外、国际及外县（区、市）慰问团和核灾救灾工作组的有关接待工作。

2.2.2　县减灾委办公室

承担全县抗灾救灾减灾综合协调工作；协调有关部门听取受灾乡镇的灾情和抗灾救灾工作汇报；收集、汇总、评估、报告灾害信息、灾区需求和抗灾救灾工作情况，及时将灾情报告县人民政府和市民政局，并向县减灾委成员单位通报；协调有关部门落实对灾区的支持和帮助措施；召开会商会议，分析、评估灾区形势，提出对策；协调有关部门组成赴灾区联合工作组，协助、指导乡镇开展抗灾救灾工作。

2.2.3　县减灾委成员单位

县民政局：组织、协调救灾工作；组织核查并统一发布灾情；管理、分配中央、省、市和县级救灾款物并监督使用；组织、指导救灾捐赠；承担县减灾委办公室工作。

县发展改革物价局：安排重大抗灾救灾建设项目，协调落实项目建设资金和以工代赈资金。

县财政局：负责抗灾救灾资金安排、拨付和监督检查。

县农业局：组织重大农作物病虫草鼠害的防治工作督查，指导农业生产自救。

县畜牧局：组织重大动物疫病的防治工作。

县林业局：负责重大林业有害生物的监测和防治以及森林火灾的预防和扑救工作，指导灾后林业生产恢复。

县水利局：掌握、发布汛情、旱情，组织、协调、指导全县防汛抗旱抢险工作，负责灾后水利设施的修复。

县国土资源局：负责地质灾害监测、预警；协助抢险救灾，协调重大地质灾害防治的监督管理。

县建设局：组织制定灾后恢复房屋集中建设规划，帮助、指导灾后房屋和市政基础设施的抗震鉴定、修复、重建等工作。

县交通局：负责抗灾救灾人员、物资的公路运输和组织提供转移灾民所需的交通工具，抢修被毁公路、铁路。

县卫生局：组织抢救伤病员；开展疫情和环境卫生监测；实施卫生防疫和应急处置措施，预防和控制疫情的发生、扩散和蔓延；组织心理卫生专家赴灾区开展心理救助。

县信息化办：组织、协调灾区应急通信保障。

县公安局、交警大队：指导、协助维护灾区治安秩序，加强安全防范，保卫重点目标，打击违法犯罪；做好交通疏导和协助组织紧急疏散转移、解救群众的工作。

县教育局：帮助灾区恢复正常教学秩序，做好校舍恢复重建工作。

县科技局：安排重大抗灾救灾科研项目。

县环境保护局：组织、协调灾区环境污染情况的监测与评估。

县广播电视局：负责灾区广播、电视系统设施的恢复工作。

县统计局：协助分析灾害情况。

县地震局：负责地震现场监测和震情分析会商。

县气象局：负责气象灾害的实时监测、预警预报，做好救灾气象保障服务工作。

县人民武装部：组织、协调民兵和预备役部队参加抢险救灾。必要时，协助乡镇（区）人民政府（管委会）进行灾后恢复重建工作。

县武警中队：组织武警部队实施抗灾救灾，协助公安部门维护救灾秩序和灾区社会治安，协助转移危险地区的群众。

县慈善总会、红十字会：依法开展救灾工作和社会募捐，通过中国慈善总会、红十字总会，向境外和国际社会发出救助呼吁；根据捐赠者意愿，接收、管理、分发救灾款物并监督使用；组织红十字医疗队参与灾区伤员救治工作。

3 预防预警机制

3.1 预防预警信息

县民政局、县减灾委办公室收集整理灾害信息，并按照灾害信息管理的规定，发布预警信息。县气象、地震、国土资源、林业、农业等有关部门（单位）在发布气象灾害、地震趋势、地质灾害、林业生物灾害、森林火灾及农业生物灾害等预警信息时，应及时向县减灾委办公室通报。县减灾委办公室将各类灾害综合预警信息，及时向上级民政部门、县委、县人民政府以及县减灾委成员单位报告，并通报有关乡镇人民政府。

县减灾委办公室根据各灾害管理部门预警预报信息，结合预警地区的自然条件、人口和经济社会背景数据，进行分析评估，对可能受到自然灾害威胁的相关地区和人口数量及时进行灾情综合预警，制定灾害救助应急措施。

3.2 预防预警行动

根据灾情预警，自然灾害可能造成严重人员伤亡和财产损失，大量人员需要紧急转移安置或生活救助的，乡镇（区）人民政府（管委会）及有关部门（单位）应做好应急准备或采取应急措施。

3.3 预警级别发布

按照自然灾害发生的严重性和紧急程度，将预警分为一般（Ⅳ级）、较重（Ⅲ级）、严重（Ⅱ级）和特别严重（Ⅰ级）四级，颜色依次为蓝色、黄色、橙色和红色。当达到预警级别时，气象、地震、水利、国土资源、农业、林业等灾害预报部门按照有关规定及时发出预警，预测灾害的发生趋势及可能对特定区域内的群众生命财产造成的威胁或损失程度。

4 应急响应

根据突发性灾害的危害程度，设定四级响应启动县级应急预案，由县减灾委统一组织、协调抗灾救灾工作。

4.1 Ⅳ级响应

4.1.1 启动条件

（1）在本县行政区域内，一次灾害过程出现下列情况之一的：死亡 2 人以下；紧急转移安置 300 人以上 1500 人以下；倒塌房屋 30 间以上 100 间以下；农作物绝收面积达到耕地总面积 3％至 5％；灾害经济损失达到上年度国民生产总值 1％至 1．4％。

（2）事故灾难、公共卫生事件、社会安全事件等其他突发公共事件造成大量人员伤亡、需要紧急转移安置或生活救助。

（3）县人民政府决定的其他事项。

4.1.2　启动程序

县减灾委办公室在灾害发生后12小时内宣布进入Ⅳ级响应，并报告县减灾委秘书长（县民政局副局长）。

4.1.3　响应措施

县减灾委办公室组织、协调抗灾救灾工作。

（1）县减灾委办公室立即将灾情和救灾工作情况报告县委、县人民政府和市民政局，请求上级救灾主管部门给予支持。

（2）县减灾委办公室部署抗灾救灾工作。

（3）县民政局灾害信息管理系统确保与灾区乡镇（区）24小时联络。

（4）县减灾委办公室及时向县减灾委成员单位通报灾害信息；组织召开会商会，分析灾区形势，研究落实对灾区的抗灾救灾支持措施；灾情发生后12小时内，派出由县民政局领导带队的救灾工作组赶赴灾区，核查灾情，了解抗灾救灾工作情况，指导乡镇开展抗灾救灾工作，并报告县委、县人民政府和市民政局。

（5）如有需要，灾情发生后12小时内，县减灾委办公室完成向灾区紧急调拨救灾储备物资工作，协调交通等部门落实有关救灾物资的紧急调运工作，并报告县委、县人民政府和市民政局。

灾情发生后24小时内，县民政局与县财政局向市民政局、市财政局申请救灾应急资金。县民政局、县财政局按照应急资金拨付程序及时将救灾资金下拨到灾区，并监督基层救灾款物的规范使用和救灾应急措施的落实，及时报告县委、县人民政府和市民政局、市财政局。

（6）县减灾委办公室每2小时内与灾区乡镇（区）救灾办公室联系一次，必要时可直接与受灾村联系，及时掌握灾情和救灾工作动态信息。

灾害发生后12小时内，县减灾委办公室编发《临澧救灾快讯》，报送县民政局领导和县委办公室、县人民政府办公室、县防汛抗旱指挥部，并向市民政局、市减灾委报送灾情信息。

4.1.4　响应终止

灾情和救灾工作稳定后，县减灾委办公室确定Ⅳ级响应终止，并报告县减灾委秘书长（县民政局副局长）、市民政局。

4.2　Ⅲ级响应

4.2.1　启动条件

（1）在本县行政区域内，一次自然灾害过程出现下列情况之一的：死亡2人至3人；紧急转移安置1500人以上3000人以下；倒塌房屋100间以上300间以下；农作物绝收面积达到耕地总面积的5%至10%；灾害经济损失达到上年度国民生产总值1.5%至2.4%。

（2）事故灾难、公共卫生事件、社会安全事件等其他突发公共事件造成大量人员伤亡、需要紧急转移安置或生活救助。

（3）县人民政府决定的其他事项。

4.2.2　启动程序

县减灾委办公室在灾害发生后8小时内向县减灾委秘书长（县民政局副局长）提出启动Ⅲ级响应，由县减灾委秘书长（县民政局副局长）宣布进入Ⅲ级响应。

4.2.3　响应措施

县减灾委秘书长（县民政局副局长）组织、协调灾害救助工作。

（1）县减灾委办公室立即将灾情和救灾工作情况报告县委、县人民政府和市民政局，请求上级救灾主管部门给予支持。

（2）县减灾委办公室部署抗灾救灾工作。

（3）县民政局灾害信息管理系统确保24小时与灾区乡镇（区）联络。

（4）县减灾委办公室及时向县减灾委成员单位通报灾害信息；组织召开会商会，分析灾区形势，研究落实对灾区的抗灾救灾支持措施；灾情发生后8小时内，县人民政府领导率救灾工作组赶赴灾区慰问灾民，核查灾情，了解救灾工作情况，指导乡镇（区）开展救灾工作，并报告县委、县人民政府和上级民政部门。

（5）灾情发生后12小时内，县减灾委

办公室完成向灾区紧急调拨救灾储备物资工作，协调交通部门落实有关救灾物资的紧急调运工作，并报告县委、县人民政府和市民政局。

灾情发生后24小时内，县民政局、县财政局向市民政局、市财政局申请救灾应急资金。县民政局、县财政局按照应急资金拨付程序及时将救灾资金下拨到灾区，并监督基层救灾款物的规范使用和救灾应急措施的落实，及时报告县委、县人民政府和市民政局、市财政局。

（6）县减灾委办公室每2小时与灾区乡镇（区）救灾办公室联系一次，及时掌握灾情和救灾工作动态信息。

灾害发生后12小时内，县减灾委办公室编发《临澧救灾快讯》，报送县民政局领导和县委办公室、县人民政府办公室，并向市民政局报送灾情信息。

4.2.4 响应终止

灾情和救灾工作稳定后，由县减灾委办公室提出建议，县减灾委秘书长（县民政局副局长）确定Ⅲ级响应终止，并报告县减灾委副主任（民政局局长）和市民政局。

4.3 Ⅱ级响应

4.3.1 启动条件

（1）在本县行政区域内，一次自然灾害过程出现下列情况之一的：死亡3人以上8人以下；紧急转移安置3000人以上5000人以下；倒塌房屋300间以上500间以下；农作物绝收面积达到耕地总面积的10%至15%；灾害经济损失达到上年度国民生产总值2.5%至3.4%。

（2）事故灾难、公共卫生事件、社会安全事件等其他突发公共事件造成大量人员伤亡、需要紧急转移安置或生活救助。

（3）县人民政府决定的其他事项。

4.3.2 启动程序

县减灾委秘书长（县民政局副局长）在灾害发生后6小时内向县减灾委提出启动Ⅱ级响应建议，由县减灾委副主任（县民政局局长）宣布进入Ⅱ级响应，报告市减灾委并请求市级启动应急预案。

4.3.3 响应措施

县减灾委在市减灾委统一指挥下开展抗灾救灾工作。

（1）县减灾委立即将灾情和救灾工作情况报告县委、县人民政府和上级民政部门，请求上级救灾主管部门给予支持。县人民政府向市人民政府报告灾情和救灾工作情况。

（2）县减灾委部署抗灾救灾工作。

（3）县民政局灾害管理信息系统确保与灾区乡镇（区）24小时联络。

（4）县减灾委办公室及时向县减灾委成员单位通报灾害信息；组织召开会商会，分析灾区形势，落实对灾区的抗灾救灾支持措施；组织有关部门听取有关乡镇（区）的情况汇报；协调有关部门向灾区派出联合工作组。

灾情发生后6小时内，县人民政府领导率救灾工作组赶赴灾区，慰问灾民，核查灾情，了解抗灾救灾工作情况，指导乡镇（区）人民政府（管委会）开展抗灾救灾工作，并报告县委、县人民政府和市民政局。

（5）灾情发生后8小时内，县减灾委办公室完成向灾区紧急调拨救灾储备物资工作，及时协调交通部门落实有关救灾物资的紧急调运工作，并报告县委、县人民政府和市民政局。

灾情发生后18小时内，县民政局与县财政局向上级民政、财政部门申请救灾应急资金。县民政局、县财政局按照应急资金拨款程序及时将救灾资金下拨到灾区并监督基层救灾款物的规范使用和救灾应急措施的落实，及时报告县委、县人民政府和市民政局、财政局。

（6）县减灾委办公室每1小时与灾区乡镇（区）救灾办公室联系一次，及时掌握灾情和救灾工作动态信息。

灾害发生后8小时内，县减灾委办公室编发《临澧救灾快讯》，报送县民政局领导和县委办公室、县人民政府办公室、县防汛抗旱指挥部，县减灾委成员单位，并向市民政局、市减灾委报送灾情信息。

（7）县民政局、县减灾委办公室向社会

发布接受救灾捐赠公告，组织开展全县性救灾捐赠活动；设立救灾捐赠热线电话，主动接受社会各界的救灾捐赠；每日向社会公布灾情和灾区需求情况；及时下拨捐赠款物，对全县救灾捐赠款物进行调剂；定期向社会公布救灾捐赠的接收和使用情况。

4.3.4　响应终止

灾情和救灾工作稳定后，由县减灾委秘书长（县民政局副局长）提出终止建议，县减灾委确定Ⅱ级响应终止，并报告市民政局。

4.4　Ⅰ级响应

4.4.1　启动条件

（1）在本县行政区域内，一次自然灾害过程出现下列情况之一的：死亡 8 人以上；紧急转移安置 5000 人以上；倒塌房屋 500 间以上；农作物绝收面积达到耕地总面积 15%以上；灾害经济损失达到上年度国民生产总值 3.5%以上。

（2）事故灾难、公共卫生事件、社会安全事件等其他突发公共事件造成大量人员伤亡、需要紧急转移安置或生活救助。

（3）县人民政府决定的其他事项。

4.4.2　启动程序

县减灾委副主任（县民政局局长）在灾害发生后 4 小时内向县减灾委主任（县人民政府副县长）提出启动Ⅰ级响应建议，由县减灾委主任（县人民政府副县长）宣布进入Ⅰ级响应，报告市减灾委请求启动市级应急预案。

4.4.3　响应措施

县减灾委在上级减灾委统一指挥下开展抗灾救灾工作。

（1）县减灾委立即将灾情和救灾工作情况报告县委、县人民政府和上级有关部门，请求上级救灾主管部门给予支持。县人民政府向省、市人民政府报告灾情和救灾工作情况。

（2）县减灾委办公室设立紧急救援（综合）组、灾害信息组、救灾捐赠组、宣传报道组、后勤保障组，全面部署抗灾救灾工作，并报县委、县人民政府。

紧急救援（综合）组：检查督促乡镇（区）开展抗灾救灾工作；负责灾区群众生活安排和各项应急措施的制定与实施，拨付救灾应急资金，调配救灾储备物资，指导紧急救援工作；综合汇总灾害、救灾及捐赠情况，向省、市人民政府及相关部门报告救灾工作开展情况；负责拟定相关政策和措施，协调解决救灾工作中的有关问题。

灾情信息组：按规定时限掌握灾情，及时汇总、分析评估灾情数据，编发各类灾情和救灾信息；每日向县委、县人民政府、县减灾委主任、副主任和上级民政部门报告灾情信息，并向成员单位通报；负责专家组赴现场评估灾情和组织灾害损失评估工作。

救灾捐赠组：负责全县救灾捐赠工作，拟定救灾捐赠方案，设立捐赠热线电话，统一接收、管理、分配和公告救灾捐赠款物。

宣传报道组：组织新闻单位对灾情、救灾工作及捐赠工作进行报道，审查宣传报道材料，适时组织新闻发布。

后勤保障组：负责抗灾救灾后勤保障工作。

（3）县减灾委召开成员会议，决定抗灾救灾的重大事项。

（4）县人民政府领导率有关部门（单位）负责人赴灾区，现场指挥抗灾救灾工作。

（5）县减灾委有关成员单位每日 9：00 前向县减灾委办公室通报一次灾害信息和开展救灾工作情况。

（6）县民政局、县减灾委办公室组织开展救灾捐赠活动。

（7）灾害发生后 12 小时内，县民政局与县财政局向上级民政、财政部门申请救灾应急资金。县民政局、县财政局按照应急资金拨付程序及时将救灾资金下拨到灾区，并监督基层救灾款物的规范使用和救灾应急措施的落实，及时报告县委、县人民政府和市级民政、财政部门。

4.4.4　响应终止

灾情和救灾工作稳定后，由县减灾委副主任（县民政局局长）提出建议，县人民政府确定Ⅰ级响应终止，并报告上级民政部门。

4.5 信息报送和处理

灾情信息由民政局和减灾委办公室管理。

4.5.1　灾情信息报送内容

（1）灾情信息报送情况：灾害发生的时间、地点、背景，灾害造成的损失（包括人员受灾情况、人员伤亡数量、农作物受灾情况、房屋倒塌、损坏情况及造成的直接经济损失），已采取的救灾措施和灾区需求。

（2）灾害损失情况：受灾人口、因灾死亡人口、因灾失踪人口、因灾伤病人口、紧急转移安置人口、受淹城镇、饮水困难人口；农作物受灾面积、绝收面积、毁坏耕地面积；农业直接经济损失。倒塌房屋、损坏房屋、直接经济损失。

（3）因灾需救济情况：需口粮救济人口、需救济粮数量，需衣被救济人口、需救济伤病人口、需救济衣被数量；需恢复住房间数、需恢复住房户数。

（4）已救济情况：投亲靠友人口数量、借住房屋人口数量、搭建救灾帐篷和简易棚人口数量；已救济口粮人口、已安排口粮救济款、已安排救济粮数量；已救济衣被人口、已安排衣被救济款、已救济衣被数量、已救济伤病人口、已安排治病救济款、已安排恢复住房款、已恢复住房间数、已恢复住房户数。

4.5.2　灾情信息报送时间

（1）灾情初报。乡镇（区）人民政府（管委会）对本行政区域发生突发自然灾害，凡造成人员伤亡和较大财产损失的，应在第一时间了解掌握灾情，并在灾害发生后2小时内向县民政局、县减灾委办公室报告初步情况。对于造成死亡人口（含失踪人口）10人以上或其他严重损失的重大灾害，可同时上报省、市民政部门，省、市减灾委办公室和民政部。县民政局和减灾委办公室在接到乡镇（区）政府（管委会）报告后，在1小时内完成审核、汇总灾情数据工作，向市民政局和县委、县政府报告。

（2）灾情续报。在重大自然灾害灾情稳定前，乡镇（区）执行24小时报告制度。乡镇（区）办公室每天9：00前将前一天24时的灾情向县民政局和减灾委办公室上报，县民政局和县减灾委办公室每天10：00前向市民政局上报，特大灾情根据需要随时报告。

（3）灾情核报。乡镇（区）在灾情稳定后，应在2个工作日内核定灾情，向县民政局和减灾委办公室报告。县民政局和减灾委办公室在接到乡镇（区）报告后，应在3个工作日内审核、汇总灾情数据，将汇总数据［含各乡镇（区）灾情数据］向市民政局报告。

4.5.3　灾情核定

（1）县减灾委办公室要协调农业、林业、水利、财政、国土资源、地震、气象、统计等部门（单位）对灾情进行综合分析、会商、核定。

（2）民政、地震、气象、水利等部门（单位）视灾情程度，适时组织专家评估小组，通过全面调查、抽样调查、典型调查和专项调查对灾情进行专家评估，核实灾情。

（3）县民政局和减灾委办公室核定灾情后，要建立因灾死亡人口、倒塌房屋和需政府救济人口的台账，为恢复重建和开展生活救济提供可靠依据。

4.6　信息发布

4.6.1　信息发布遵循实事求是、及时准确的原则。

4.6.2　信息发布内容主要包括：受灾的基本情况、抗灾救灾的动态及成效、下一步安排、需要说明的问题等。

4.6.3　信息发布组织与审批

（1）发布的灾情信息，涉及人员伤亡、经济损失等自然灾害损失情况的，送县减灾委办公室审核；涉及水情、汛情和旱情的，送县水利局审核；涉及震情的，送县地震局审核；涉及山体滑坡、泥石流等地质灾害的，送县国土资源局审核；涉及台风和暴雨等灾害性天气的，送县气象局审核；涉及生物灾害的，送县农业局、县林业局、畜牧局审核；涉及军队内容的，送武装部审核。

(2) 信息发布实行归口管理，经县有关部门审核后，由县减灾委办公室会同县政府办，按照《临澧县突发公共事件新闻发布应急预案》有关规定执行。

5　善后工作

5.1　灾后救助

5.1.1　县民政局每年1月上旬和9月下旬分别调查春荒、冬令期间灾民生活困难情况，建立需政府救济人口台账。乡镇(区)在每年1月10日、10月10日前分别将春荒、冬令期间需政府救济人口等灾民生活困难情况报县民政局。

县民政局会同有关部门或专家赴灾区开展灾民生活困难状况评估，核实情况，制订春荒、冬令期间救济工作方案，确保受灾群众每人每天至少0.5公斤口粮。

5.1.2　根据乡镇(区)人民政府(管委会)向县人民政府的申请，结合灾情评估情况，县财政局会同县民政局下拨自然灾害救济补助费，专项用于帮助灾民解决春荒、冬令期间吃饭、穿衣等基本生活困难。

5.1.3　灾民救助实行《社会化发放》管理制度。对确认的需政府救济灾民，由县民政局统一打卡发放到户，灾民凭相关有效证件领取救济粮和救济金。

5.1.4　对有偿还能力但暂时无钱购粮的缺粮群众，实施开仓借粮。

通过开展社会捐助、对口支援、紧急采购等方式解决灾民的过冬衣被问题。

县发展改革、财政、农业等部门落实好以工代赈等政策，粮食部门确保灾区粮食供应。

5.2　恢复重建

5.2.1　灾后恢复重建工作应坚持“政府主导，分级管理、社会互助、生产自救”的救灾工作方针。灾民倒房重建由县、乡镇(区)人民政府(管委会)负责组织实施，采取自建、援建和帮建相结合的方式，以受灾户自建为主。建房资金通过政府救济、社会互助、邻里帮工帮料、以工代赈、自行借贷、政策优惠等多种途径解决。房屋规划和设计要因地制宜，合理布局，科学规划，充分考虑灾害因素。

5.2.2　灾情稳定后，县民政局和减灾委办公室立即组织灾情核定，建立因灾倒塌房屋台账。乡镇(区)在灾情稳定后2日内将本乡镇(区)因灾倒塌房屋等灾害损失情况报县民政局、县减灾委办公室。

县民政局、县减灾委办公室会同县有关部门(单位)或专家赴灾区开展因灾倒塌房屋等灾情评估，制定恢复重建工作方案，报县人民政府和市民政局。

5.2.3　根据乡镇(区)人民政府(管委会)向县人民政府的申请，结合灾情评估情况，县财政局会同县民政局下拨自然灾害救济补助费，专项用于灾民倒房恢复重建。

5.2.4　发展改革、教育、财政、建设、交通、水利、农业、卫生、广播电视、电力、通信、金融等部门，做好灾区教育、医疗、水利、电力、交通、通信、供排水、广播电视等设施的恢复重建工作。

5.3 总结评估

县减灾委办公室应针对灾害救助工作的各个方面，包括应急准备、应急响应、灾后救助和恢复重建等进行年度总结、分析、评估，总结经验教训，查找存在问题，修订完善预案。

6　保障措施

6.1　资金保障

6.1.1　按照救灾工作分级负责、救灾资金分级负担的原则，县、乡镇(区)人民政府(管委会)每年应安排救灾资金预算，并随着财力的增长，加大救灾资金投入力度。

6.1.2　根据实际资金情况，县民政局和财政局积极向市民政局和市财政局申请自然灾害救济补助资金，专项用于帮助解决严重受灾地区群众的基本生活困难。

6.1.3　救灾预算资金不足时，县财政局安排的预备费要重点用于灾民生活救助。

6.2　物资保障

6.2.1　县减灾委在全县建立1个县级物资储备库和8个乡镇级救灾物资采购点，储备库应储备必需的救灾物资。

县救灾物资储备库，每年年初应购置救

灾帐篷、衣被、净水设备等救灾物资。

6.2.2 建立救灾物资应急采购制度，签订救助物资应急购销协议，确保救灾应急需要。建立健全应急救援物资调拨和运输制度。灾情发生时，可调（征）各单位物资，救灾工作结束后，按有关规定给予补偿。

6.3 通信保障

6.3.1 自然灾害救灾信息网络应以公用通信网为基础，合理组建灾害信息专用通信网络。通信运营部门依法保障灾害信息畅通。

6.3.2 加强乡镇、县级灾害管理信息系统建设，确保县级1小时内准确掌握重大自然灾害信息。

以县电子政务统一网络平台为依托，发挥县民政局信息中心作用，建立部门间灾害信息共享平台，提供信息交流服务，完善信息共享机制。

6.4 装备保障

6.4.1 县有关部门（单位）应配备救灾管理工作必需的设备和装备。

6.4.2 县减灾委办公室应配备救灾必需的车辆、移动（卫星）电话、计算机、摄像（录像）机和全球卫星定位系统（GPS）等设备和装备。

6.5 人力资源保障

6.5.1 加强民政灾害管理人员队伍建设，乡镇（区）、县民政局、减灾委办公室应配备专职灾害管理人员。

6.5.2 县人民政府建立民政、卫生、水利、气象、地震、农业、林业、国土资源等专家人才库，组织灾害管理人员业务培训，重点开展灾情会商、赴灾区现场评估等工作。

6.5.3 县减灾委要培育、发展非政府组织和志愿者队伍，并充分发挥其在抗灾救灾工作中的作用。建立健全与军队、公安、武警、消防、卫生等专业救援队伍的联动机制。

6.6 社会支持保障

6.6.1 县民政局、减灾委办公室要建立和完善社会捐助的动员、运行和监督管理机制，规范突发自然灾害社会捐助工作程序。制定《临澧县救灾捐赠工作应急方案》，规范救灾捐赠的组织发动、款物接收和分配以及社会公示、表彰等工作内容。完善社会捐助表彰制度，为开展社会捐助活动创造良好的社会氛围。

6.6.2 县民政局要在已有18个社会捐助接收点的基础上，健全经常性社会捐助接收网络。

6.6.3 县人民政府及其有关部门要健全乡镇（区）对口支援机制。

军队、武警、民兵和预备役部队参加抢险救灾的保障，按照相关规定执行。

7 监督管理

7.1 宣传、培训和演练

7.1.1 乡镇（区）人民政府（管委会）及有关部门（单位）要大力开展宣传教育，增强公众防灾减灾意识，提高公众应急反应能力，最大程度地减轻灾害损失。减灾委要开展减灾进社区、进农村活动，利用各种媒体宣传灾害应急法律法规，宣传灾害预防、避险、避灾、自救、互救、保险的常识，增强公众的防灾减灾意识。

7.1.2 县减灾委办公室应组织对乡镇（区）灾害管理人员、各类专业紧急救援队伍、非政府组织和志愿者进行培训。

7.1.3 减灾委办公室会同有关部门（单位）定期在灾害多发地区，根据灾害发生特点，组织演习，检验并提高应急响应和指挥能力。

7.2 奖励与责任

7.2.1 对在自然灾害救助工作中作出突出贡献的集体与个人予以表彰或奖励。

7.2.2 凡有下列情形之一的，有关部门要根据情节轻重，按有关规定给予直接责任人员和主管人员警告、记过、降级或者撤职等行政处分，构成犯罪的应依法追究刑事责任：不按规定报告灾情或者虚报、瞒报灾情，造成严重后果的；在救灾工作中，领导、指挥严重失误或者不服从命令，使国家和人民生命财产遭受重大损失的；对如实反映灾情和揭发违法违纪行为者进行打击报复的；截留、克扣、私分、挤占、滥用、挪用、倒卖、贪污救灾款物的；在救灾工作中有其他违法违纪行为造成严重后果的。

7.3　监督检查

县民政局、县减灾委办公室、县应急管理办公室会同县有关部门（单位）对本案预案的实施情况进行监督检查，保障应急措施到位。

8　附则

8.1　名词术语解释

（1）自然灾害：指给人类生存带来危害或损害人类生活环境的自然现象，包括洪涝、干旱、台风、冰雹、雪等气象灾害，地震灾害，山体崩塌、滑坡、泥石流等地质灾害，风暴潮、台风等海洋灾害，森林火灾和重大生物灾害等自然灾害

（2）灾情：指自然灾害造成的损失情况，包括人员伤亡和财产损失等。

（3）灾情预警：指根据气象、水文、地震、国土资源等部门的灾害预警、预报信息，结合人口、自然和经济社会背景数据库，对灾害可能影响的地区和人口数量等损失情况作出分析、评估和预警。

8.2　预案管理与更新

本预案根据情况变化由县民政局、县减灾委办公室进行修订和完善。

8.3　预案解释部门

本预案经县人民政府批准后实施，由县人民政府办公室印发，县民政局、县减灾委办公室负责解释。

8.4　预案实施时间

本预案自印发之日起施行。

临澧县防汛应急预案

临防指发［2007］1号

一、防汛抗旱指挥机构

1. 县防汛抗旱指挥部组成人员：

指 挥 长：谭本仲

政　　委：黄清宇

副指挥长：刘开新　刘家建　祁春初　唐生孝　林德新　汪平安

副 政 委：董　岚　张方才　涂绪德　杨天生　黎卫平　张承猛　李先森

成　　员：易铜生　宁秀元　黄金荣　黄兴春　秦精锐　汪寿喜　黄　杰　刘朝年　张　帆　陈和平　王焕平　陈仲喜　王卫红　文振栋　曾菊芳

办公室主任：张兴平

2. 新合垸防汛分指挥部领导成员：

指 挥 长：李宏秋

政　　委：董　岚

副指挥长：黎卫平　毕金生　于二彩　唐汇发　卜兴炎　周常彩

3. 官亭水库防汛分指挥部领导成员：

指 挥 长：张方才

政　　委：杨天生

副指挥长：史训炎　陈德松　刘艺峰

4. 青山水轮泵站及灌区防汛分指挥部领导成员：

指 挥 长：祁春初

副指挥长：唐生孝　陈仲喜　陈校生

二、防汛抗旱目标

1. 遇建国以来最高洪水位加六级大风，确保新合垸安全；在确保水位内，确保一般堤垸不溃垸。

2. 遇校核暴雨洪水确保中小型水库不垮坝。

3. 遇特大干旱确保人民群众基本生活用水需要。

三、防汛作战实施方案

1. 动员级别与上岗领导

动员级别		初级动员	紧急动员	危急动员
标准	一次降雨（mm）	100	150	200
	新合垸向阳闸 水位（m）流量（m^3/s）	48．5/12000	49．5/15000	51．96/20000
	青山垸吴家场水位（m）	53．0	54．0	55．0
	洞坪垸青山主坝下水位（m）	50．6	51．6	52．6
	山洲垸十四组水位（m）	48．0	49．0	50．0
	关山垸老渡口水位（m）	46．0	47．0	48．0
	烽火垸烽火电站水位（m）	43．2	44．2	45．2
	望城金宝滩水位（m）	50．5	51．0	52．0
	水库水位（m）	正常水位	设计水位	校核水位
上岗领导	指挥部	汪平安	刘开新　李先淼 林德新　汪平安	黄清宇　谭本仲 刘开新　李先淼
	办公室	张兴平	王卫红　张兴平	林德新　汪平安 易铜生　宁秀元 王卫红　张兴平
	县级领导		分赴各自责任点	驻守各自责任点
	县直单位负责人		由县指决定 部分人员就位	全部到位

2．防汛级别劳力安排

动　员 级　别	工程类型				
	重点堤垸	中型水库	一般堤垸	小一型水库	小二型水库
初级动员	巡逻组	20～30 人	巡逻组	专人防守	专人防守
紧急动员	每 10 m1 人	400～500 人	每 10 m1 人	50～100 人	30～50 人
危急动员	每 m1 人	500～1000 人	每 5 m1 人	300～500 人	100～200 人

3. 县级领导、县直单位防汛责任地点安排

防守地点		县级领导	县直单位	责任人	技术员
新安	镇北	董　岚 毕金生 唐汇发	教育局 司法局 国土局 信用联社 卫生防疫站 8707	刘开民 周远明 龚元初 侯令槐 王治佐 蔡德友	杨　光
	洞坪垸	刘家建 雷立敬 曾晓东	财政局 粮食局 中储粮临澧库 供销社	黄新春 陈和平 王　平 王焕平	张文星
合　口		李宏秋 黎卫平 于二彩 卜兴炎 周常彩	建设局 公安局 电力局 交通局 政务中心 农开办 药监局 中医院	龚金科 黄金荣 张　帆 刘朝年 薛　浩 邵国超 孙　平 张腊林	谢爱国 汪新平
官亭水库 及官亭乡		张方才 史训炎	人大办 卫生局 人民医院 地震局 总工会 新华书店	熊进武 唐世浩 冉承茂 胡忠春 陈宇教 胡大明	张远发 王忠友
九　里		杨天生 陈德松	计生局 监察局 人事局 环保局 烟花局 团县委	彭耀忠 肖承银 马继红 王云才 杨书榜 林红华	李家东

续表

防守地点		县级领导	县直单位	责任人	技术员
停弦	山洲垸及水库	沈绍球 吴卫平	宣传部 法院 劳动局 移动公司 邮政局	汪寿喜 彭水明 乔光泉 汪泽雄 陈载平	严海明
	关山垸	李传荣 于乾政	商务局 6906 非税局	李显钟 文　平 林泽福	王忠林
杉　板		刘爱军	公路局 烟草局 民政局 房管局 石油公司	刘永春 江　群 于乾华 涂运华 戴波茨	何承忠
修　梅		陶明方 金桂兰	工业局 统计局 文化局 党　校	黄　杰 张文广 邢协桃 高金平	张昌年
杨　板		曾　莉	统战部 检察院 农机局 建　行	周晓然 苏基云 洪学文 宋承列	刘　庆
佘　市		贾柏枝 龚金宏	政府办 农业局 国税局 盐业公司 住房公积金管理部	叶正金 夏妍枝 李　智 谢剑波 李菊梅	单长淼
烽　火		杨华桥 张承猛 汪晓明	发展改革物价局 人武部政工科 工商局工　行 财保公司 审计局 残　联	刘茂梅 杨涤非 曾　遥 曾昭兰 潘卫国 陈集林 王　军	黄道钰 胡　志
柏　枝		朱金平 王承荣 蒋宗海	组织部 林业局 农发行 档案局 市场中心	秦精锐 陈继鑫 杨光华 汪建华 张子健	江　斌
望　城		黄福全	科技局 农经局 城管局	杨金波 刘道炎 罗伯海	周群策

续表

防守地点	县级领导	县直单位	责任人	技术员
望　城	黄福全	地税局 史志办	陈海霞 江时宜	周群策
太　浮	涂绪德	政协办 农税局 质监局 广电局 人　行 安监局	吴景华 杨富国 周　铁 田淑平 向际忠 黄玉忠	万　涛
四新岗	陈　华 刘正岚	畜牧水产局 农　行 编　办 能源办	田祖金 安　宇 戴竞成 涂运亚	苏小兵
陈　二	徐学英	政法委 交警队 中　行 科　协	辛　勤 荣兴东 宋广平 王炎鑫	苏新明
文　家	朱泽欣	县委办 移民局 征稽所 信访局	王先进 胡建喜 向林祥 林泽生	辛小和
安　福	张立君 毕楚生 朱光昶 闵泽国	妇　联 电信局 体育局 寿保公司 老干局	刘伍平 陈　勇 胡绍清 白玉芳 邵柏枝	石道舫
经济开发区	吴志泉			张昌年
青山　灌区	祁春初	农　办 青山局	陈校生 陈仲喜	田隆喜
青山　枢组	唐生孝			徐联高
指挥部	黄清宇 谭本仲 刘开新 李先森	县委办 政府办 组织部 农　办 水利局	易铜生 宁秀元 秦精锐 林德新 汪平安	张兴平 乔正平 肖永斌 江正明 郑有传
保卫组	刘再道	公安局	汪　云	
抢险组		水利局	王卫红 廖平安	石道舫
后勤组		水利局 交通局 粮食局 供销社	蒋谟平 张泽进	张显全 张建国 张研文 龚金莲

4. 防守责任单位及领导的主要职责

（1）组织汛期安全检查。包乡镇、包堤垸、包水库的县级领导及部门负责人，必须深入各自防守地点，进行防汛安全大检查。对险工险段、防汛物资储备、防汛抢险队伍准备、各种抢险预案及责任制要逐一查实，心中有数。

（2）督促病险工程处理。各防守地点主汛期前急需处理的病险工程，要按照县防指提出的处理方案，由防守责任单位及领导负责督办，并尽力给予支持。各有关单位要包到工程项目，确保处险方案落实。

（3）实地参与抗洪抢险。按县指挥部指令，迅速及时赶赴防守责任地点，实地组织抗洪抢险，没有县防指的统一调令，不得随意离岗，尽最大努力确保责任点防汛抗灾目标实现。

四、抗御特大洪水预案

1. 澧水流量达到15000秒立米时，全县进入防汛紧急状态。

2. 澧水流量15000～17500秒立米，道水达保证水位时的度汛预案：

（1）当青山垸吴家场水位达到确保水位55.0米。且预报水位继续上涨，及时组织垸内居民疏散转移；

（2）当洞坪垸青山主坝下水位达到确保水位52.6米，且预报水位继续上涨，及时组织垸内居民疏散转移；

（3）当山洲垸十四组水位达到确保水位50.0米，且预报水位继续上涨，及时组织垸内居民疏散转移；

（4）当道水金宝滩处水位达到确保水位52.0米，且预报水位继续上涨，有计划地组织安福地区部分单位和居民疏散转移；

（5）当烽火垸烽火河坝水位达到确保水位45.2米，且预报水位继续上涨，及时组织垸内村民疏散转移。

3. 澧水流量17500～20000秒立米时的度汛预案：

（1）当北干渠水位离渠顶0.5米并威胁渠堤安全时，新合垸北一撇东干分水闸迅速打开闸门泄洪；

（2）当合口向阳闸外河水位达49.5米时，北三撇迎春闸开闸分洪；

（3）官亭水库，当水库溢洪道下泄流量达120秒立米，水库水位继续上涨时，掘开南撇西堤进行分洪，通过蔡家溪撇入澧水；

（4）合口镇城区有可能被淹，澧水一线大堤出现溃垸性险情时，将实施内堤防守方案：

①当北一撇排入东干的洪水危及合口镇城区安全时，调集九里1000人及合口、官亭各500人在九合公路抢修子堤；

②当澧水在张公庙以下溃口时，在我县境内加三线设防，用编织袋加高子堤；当澧水在向阳闸至张公庙区间溃口时，在九合公路抢修子堤；

抢险劳力调集：澧北2000人，其中九里1000人，官亭、合口各500人；澧南5000人，其中修梅、杨板各700人，陈二、文家、佘市、安福、四新岗、柏枝各600人；

③207国道停弦渡镇白虎山路段被淹时，由修梅镇调集500人加高路面，确保抢险劳力及物资运输畅通。

4. 当澧水流量超过20000秒立米，合口向阳闸水位超过51.96米，澧水一线大堤出现特大险情，且预报水位继续上涨，在全力组织抗保的同时，按预案做好合口镇及总干以南村民，新安镇及索水河沿线村民向总干以北疏散转移的准备。

二〇〇七年四月二十八日

临澧县人民政府办公室
关于印发《临澧县地质灾害应急预案》的
通　知

临政办函〔2008〕37号

各乡、镇人民政府，经济开发区管委会，县直有关单位：

《临澧县地质灾害应急预案》已经县人民政府同意，现予印发，请认真实施。

二〇〇八年四月十六日

临澧县地质灾害应急预案

目　录

1　总则
1.1　编制目的
1.2　编制依据
1.3　适用范围
1.4　工作原则
2　应急指挥体系及职责
2.1　应急组织机构
2.2　应急组织机构职责
2.3　应急工作组
2.4　应急组织体系框架图
3　预防预警机制
3.1　信息监测与报告
3.2　预警
3.3　预警支持系统
3.4　预警级别及发布
4　应急响应
4.1　应急响应分级
4.2　应急响应行动
4.3　情况通报
4.4　特殊情况处理
4.5　信息共享和处理
4.6　指挥和协调
4.7　应急处置
4.8　应急人员安全防护
4.9　群众安全防护
4.10　社会力量动员与参与
4.11　信息发布
4.12　应急结束
5　善后工作
5.1　善后处置
5.2　社会救助
5.3　总结分析
6　应急保障
6.1　通信与信息保障
6.2　应急支援与装备保障
6.3　技术储备与保障
7　监督管理
7.1　宣传、培训与演练
7.2　奖励与责任
7.3　监督检查
8　附则
8.1　名词术语解释
8.2　预案管理与更新
8.3　预案解释部门
8.4　预案实施时间

1　总则

1.1　编制目的

及时、科学处置地质灾害，建立健全地质灾害应急机制，提高县政府应对地质灾害的能力，高效、有序地做好地质灾害应急处置工作，保障人民群众生命财产安全，维护公共利益和社会稳定。

1.2　编制依据

根据《地质灾害防治条例》（国务院令

394号)、《湖南省地质环境保护条例》、《湖南省地质灾害应急预案》、《常德市地质灾害应急预案》和《临澧县突发公共事件总体应急预案》等法律法规和相关规定制定本预案。

1.3 适用范围

本预案适用于全县行政区域地质灾害防范和应急处置。

1.4 工作原则

(1) 以人为本，预防为主。建立健全群测群防机制，最大程度地减少地质灾害造成的损失，把保障人民群众生命财产安全作为应急工作的出发点和落脚点。

(2) 依法规范，快速反应。依法应对和处置地质灾害，不断完善地质灾害应急处置机制，做到快速反应，及时处置。

(3) 分级负责，资源整合。建立健全地质灾害分级管理、条块结合、以县人民政府为主的应急管理体制，同时加强资源整合，建立统一、高效的应急平台。

2 应急指挥体系及职责

设立县地质灾害应急指挥机构，负责本行政区域地质灾害应急处置工作。

2.1 应急组织机构

县人民政府设立临澧县地质灾害应急指挥部(以下简称县地质灾害应急指挥部)，由县人民政府县长任指挥长，县人民政府分管副县长任副指挥长，县政府办、县国土资源局、县民政局、县人武部、县武警中队、县公安局、县交警大队、县建设局、县电力局、县教育局、县水利局、县地震局、县气象局、县卫生局、县农业局、县发改物价局、县交通局、县工业局、县财政局、县安监局、县广播电视局等单位负责人为成员。

县地质灾害应急指挥部办公室设在县国土资源局，由县国土资源局局长兼任办公室主任。

2.2 应急组织机构职责

2.2.1 县地质灾害应急指挥部

领导和指挥全县地质灾害应急处置工作，组织实施本预案，研究决定全县地质灾害应急处置重大问题，部署年度地质灾害应急处置工作；负责地质灾害信息的统一处理，及时向市政府及其有关部门报告，并请求援助；直接指挥小型地质灾害现场的抢险救援工作；完成省、市地质灾害应急防治指挥部和县人民政府交办的其他工作。

2.2.2 县地质灾害应急指挥部办公室

收集、综合地质灾害气象预报和险情、灾情等信息，提出防灾救灾建议；传达、落实县地质灾害应急指挥部的决定和指示；协调、指导和监督检查有关部门(单位)和专业技术机构的地质灾害监测预警、应急准备、应急处置和灾后恢复与重建工作；协调县地质灾害应急工作组和事发地人民政府的应急处置工作，组织有关部门(单位)和专家组会商灾害发展趋势，对灾害损失及影响进行评估；组织制定地质灾害应急对策和措施，组织地质灾害应急预案的修订和实施；汇总和整理地质灾害有关信息，负责地质灾害信息发布和宣传报道工作；完成县地质灾害应急指挥部交办的其他工作。

2.2.3 县地质灾害应急指挥部成员单位

县国土资源局：负责提供地质灾害发生实况、地质灾害监测等相关资料信息，组织应急调查和应急监测工作，预测灾害发展趋势，提出应急防治与救灾措施建议；组织专业技术和施工队伍，实施必要的治理工程，减缓和排除险情灾情发展；负责组织调查、核实险情灾情发生的时间、地点、规模、潜在威胁、影响范围以及诱发因素；组织应急监测，掌握实时险情灾情动态，及时分析、预测发展趋势；随时根据险情灾情变化提出应急防范的对策措施；及时发布应急防治与救灾工作进展情况。

县民政局：负责协助灾区有关部门(单位)做好避险和受灾群众的临时安置工作，妥善安排避险和受灾群众生活，加强对救灾款物分配和发放的指导、监督、管理工作。

县人武部、县武警中队：负责组织指挥部队、武警官兵赶赴灾区，救助遇险人员，进行工程抢险。

县公安局、县交警大队：负责协助灾区

人民政府动员受灾害威胁的居民及其他人员疏散并转移到安全地带，情况危急时，可强制组织避灾疏散；对被压埋人员进行抢救；对已发生或可能引发的次生灾害进行抢险，消除隐患；协助灾区人民政府及有关部门（单位）维护社会治安，制止、查处恶意夸大传播地质灾害灾情险情的违法犯罪活动；维护道路交通秩序，必要时对灾区和通往灾区的道路实行交通管制，保证抢险救灾工作顺利进行。

县建设局：负责采取有效措施，保护供水、供气等重要设施免遭损毁；组织抢修受损毁的供水、供气等设施，保障正常运行。

县电力局：负责采取有效措施，保护供电设施免遭损毁；组织抢修受损毁的供电设施，保障正常运行。

县教育局：负责组织修复受损毁校舍或应急调配教学资源，妥善解决灾区学生的就学问题。

县水利局：负责水情和汛情的监测以及地质灾害引发的次生洪涝灾害的处置；组织抢修受损毁的水利设施，保障正常运行。

县地震局：负责提供地质灾害所需的地震资料信息，对与地质灾害有关的地震趋势进行监测预测。

县气象局：负责提供地质灾害预警预报所需的气象资料信息，对灾区的气象情况进行监测预报。

县卫生局：负责组织协调医院开展医疗救治工作，做好灾区的疾病预防控制和卫生监督工作，预防和有效控制传染病的暴发流行和食物中毒等突发公共卫生事件的发生，并根据需要，为医院提供技术支持。

县畜牧水产局：负责组织灾区动物疫病的预防、控制和扑灭工作，加强动物疫情监测，切实采取有效措施，防止和控制动物疫病的暴发流行。

县发改物价局：负责重大救灾项目的协调安排和监督管理。

县交通局、县公路局和县火车站：负责采取有效措施，保障交通干线的安全，确保道路畅通；及时组织抢修损毁的交通设施，保证救灾物资运输。

县电信公司、移动公司等负责尽快恢复遭到破坏的通信设施，保障应急指挥通信畅通。

县商务局、卫生局、食品药品监管局负责协调灾区所需药品、医疗器械和卫生安全监测设备的紧急调用。

县财政局：负责应急防治与救灾补助资金的筹集和落实；做好应急防治与救灾补助资金分配及使用的指导、监督和管理等工作。

县安监局：负责组织矿山突发地质灾害应急抢险；对水电站大坝、矿山尾矿坝等的安全进行监督检查，消除可能发生的灾害隐患。

县政府新闻办公室、县广播电视局：组织新闻媒体进行地质灾害应急处置宣传报道和信息发布工作。

2.3　应急工作组

发生地质灾害时，县地质灾害应急指挥部应立即成立调查监测组、灾情评估组、工程抢险组、气象预报组、通信保障组、交通保障组、物资保障组、灾民安置组、资金保障组、医疗卫生组、治安保障组、宣传报道组等应急工作组。

调查监测组：由县国土资源局会同省403、413地质队组成。对灾害发生点地质灾害进行调查和动态监测，向县地质灾害应急指挥部办公室提供灾情、险情及变化情况。

灾情评估组：由县民政局牵头组成。进行实地调查，对地质灾害造成的人员伤亡、财产损失和影响范围进行评估，提出评估报告。

工程抢险组：由县人武部牵头，会同县武警中队、县国土资源局、县公安局、县交警大队、县建设局、县水利局、县交通局等有关部门（单位）组成。按应急处置方案，组织抢险救灾工作。

气象预报组：由县气象局牵头组成。提供气象和雨情预警预报。

通信保障组：由电信、移动等运营企业组成。尽快恢复被破坏的通信设施，保障抢险救灾通信畅通。

交通保障组：由县交通局牵头组成。尽快恢复被破坏的公路、铁路、港口和有关设施；优先保障抢险救灾人员、物资的运输和伤员、灾民的疏散。

物资保障组：由县发改物价局牵头，会同县商务局、县工业局、县建设局组成。负责调运粮食、食品和救灾物资，保障灾区生活必需品供应；采取措施恢复供电、供水、供气等系统工程，保障灾区水、电、气供应。

灾民安置组：由县民政局牵头组成。负责调配救济物品，保障灾民基本生活，做好灾民转移和安置工作。

资金保障组：由县财政局牵头，会同县民政局组成。负责应急资金以及应急拨款准备和应急救济款物发放。

医疗卫生组：由县卫生局牵头，会同县食品药品监管局组成。负责迅速组织医疗人员赶赴灾区，做好伤病人员的医疗救治；组织做好卫生防疫工作，帮助灾区采取有效措施，防止和控制传染病的暴发流行；及时检查、监测灾区饮用水源和食品；负责迅速向灾区提供所需的医疗药物及器械。

治安保障组：由县公安局牵头，会同县人武部、县武警中队组成。协助灾区做好治安管理和安全保卫工作，预防、制止、查处各种违法犯罪活动，维护灾区社会治安和道路交通秩序。

宣传报道组：由县政府新闻办、县广播电视局牵头组成。按照规定及时向社会报道灾情、险情等有关信息。

2.4　应急组织体系框架图（见附件）

3　预防预警机制

3.1　信息监测与报告

3.1.1　政府监测

每年汛期前，县地质灾害应急指挥部组织国土资源、建设、水利、交通、铁路等部门（单位）进行地质灾害隐患巡查，发现险情及时报告，并落实监测单位和监测人，进行日常监测。

3.1.2　群众报灾、报险

任何公民和组织均可以通过电话等各种形式向各级人民政府及有关部门（单位）、有关专业技术机构报告地质灾害信息。各监测单位或监测人发现地质灾害灾情或险情时，应按地质灾害分级标准分别报告乡镇（区）人民政府（管委会）、县地质灾害应急指挥部办公室和县人民政府。

3.1.3　地质灾害报告内容

主要包括灾害（险情）发生时间、地点、规模、类型、目前损失情况（人员伤亡、财产损失、道路设施损毁、影响范围等）、发展趋势、预测后果和已采取的措施等。

3.2　预警

3.2.1　接警

乡镇（区）分别设立接警中心，并公布接警电话。

3.2.2　处警

乡镇（区）接到发生地质灾害报警信息后，应迅速组织进行处置，并将情况即时报告县地质灾害应急指挥部办公室。县地质灾害应急指挥部办公室接警后，应初步核实灾情，及时进行分析评估，并报告县地质灾害应急指挥部，同时，县地质灾害应急指挥部办公室应立即派员赶赴事发地，进一步查明情况，指导、协助事发乡镇（区）妥善处置险情。重大情况，迅速报告县地质灾害应急指挥部和县人民政府，必要时，可先报告市地质灾害应急指挥部或省地质灾害应急指挥部，同时报告县人民政府。

3.3　预警支持系统

地质灾害气象预警系统支持区域性预警工作，由国土资源、气象等部门联合建设；基础调查巡查系统支持地质灾害隐患点的调查、监测以及防治督导工作，由县国土资源局会同县建设、水利、交通、铁路等部门（单位）共同开发建设；群测群防系统支持各监测点预警预报工作，由县人民政府组织建设；信息系统支持数据统计、资料汇总、更新、查询、预警分析等工作，由县国土资源局会同县建设、水利、交通、铁路等部门

（单位）共同开发建设。

3.4　预警级别及发布

3.4.1　地质灾害气象预警级别

地质灾害气象预警级别，根据《国土资源部与中国气象局关于联合开展地质灾害气象预警工作协议》分为5个等级。1级：可能性很小；2级：可能性较小；3级：可能性较大；4级：可能性大；5级：可能性很大。

3.4.2　地质灾害气象预警灾种

预警灾种为降雨诱发的区域性地质灾害，即滑坡、崩塌、泥石流等地质灾害。

3.4.3　地质灾害气象预警发布

地质灾害预警信息由县地质灾害应急指挥部办公室向全县各地质灾害隐患点和乡镇（区）、有关部门发布。

地质灾害气象预警预报在汛期每日进行不间断工作，只有等级3级以上时才向社会公众发布。即1级和2级为关注级，不向公众发布；3级为注意级，用黄色表示；4级为警报级，用橙色表示；5级为加强警报级，用红色表示。

3.4.4　地质灾害气象预警信息获取

（1）社会公众通过新闻媒体获取未来24小时地质灾害气象预报预警图文信息。

（2）预报灾害发生区域内的乡镇（区）人民政府（管委会）和乡镇国土资源中心所收到联合预报机构发出的未来24小时区域地质灾害气象预报预警图文信息的传真或电话。

（3）预报灾害发生区域内的群测群防人员，收到联合预报机构发出的未来24小时区域地质灾害气象预警预报手机短信。

（4）当预报预警级别为4、5级、气象台短时预报（1—6小时）降雨量大且持续时间长时，县预报机构随时用电话或手机短信息，向可能发生灾害的乡镇（区）、村委会、企业发布地质灾害预报预警信息。

3.4.5　地质灾害预警预防行动

（1）当预报级别为3级时，发生地质灾害的可能性较大，群测群防组织应通知基层群测群防监测人员注意查看隐患点变化情况。

（2）当预报级别为4级时，发生地质灾害的可能性大，群测群防组织应通知基层群测群防监测人员严密监测，观察降水量的变化，及时掌握变化情况。同时监测人员应将监测结果及时告知受灾害威胁对象，提示其注意防范，做好启动地质灾害应急预案准备。

（3）当预报级别为5级时，发生地质灾害的可能性很大，群测群防组织应通知基层群测群防监测人员加强巡查，加密监测隐患体和降水量的变化，密切关注是否出现地质灾害来临前的特征，一旦发生地质灾害来临时的特征，群测群防责任单位和监测人员应立即发布紧急撤离信号，并组织疏散受灾害威胁人员，撤离重要财产，并将有关重要信息快速报告上级主管部门。各级国土资源部门根据灾害级别启动相应地质灾害应急预案。

（4）当地质灾害气象预警预报漏报，而当地局部地区出现持续大雨或暴雨天气时，群测群防责任单位和监测人员应及时告知受灾害威胁对象，提请其注意防范；当发现临灾特征时，应立即组织疏散受灾害威胁人员，撤离重要财产，启动相应级别地质灾害应急预案。

（5）鼓励公民和单位通过电话等各种形式向各级人民政府、国土资源部门或有关专业技术机构提供地质灾害信息。

4　应急响应

4.1　应急响应分级

地质灾害按其危害程度和规模大小，分为小型（Ⅳ级）、中型（Ⅲ级）、大型（Ⅱ级）、特大型（Ⅰ级）四级响应。

4.1.1　小型地质灾害险情和灾情（Ⅳ级）

受灾害威胁需搬迁转移人数在100人以下，或潜在经济损失500万元以下的地质灾害险情；因灾死亡3人以下，或因灾造成直接经济损失100万元以下的地质灾害灾情。

4.1.2　中型地质灾害险情和灾情（Ⅲ级）

受灾害威胁需搬迁转移人数在100人以

上、500人以下，或潜在经济损失500万元以上、5000万元以下的地质灾害险情；因灾死亡3人以上、10人以下，或因灾造成直接经济损失100万元以上、500万元以下的地质灾害灾情。

4.1.3 大型地质灾害险情和灾情（Ⅱ级）

受灾害威胁需搬迁转移人数在500人以上、1000人以下，或潜在经济损失5000万元以上、1亿元以下的地质灾害险情；因灾死亡10人以上、30人以下，或因灾造成直接经济损失500万元以上、1000万元以下的地质灾害灾情。

4.1.4 特大型地质灾害险情和灾情（Ⅰ级）

受灾害威胁需搬迁转移人数在1000人以上或潜在可能造成的经济损失1亿元以上的地质灾害险情；因灾死亡30人以上，或因灾造成直接经济损失1000万元以上的地质灾害灾情。

小型地质灾害险情和灾情（Ⅳ级）由县人民政府确定，中型地质灾害险情和灾情（Ⅲ级）由市人民政府确定，大型地质灾害险情和灾情（Ⅱ级）、特大型地质灾害险情和灾情（Ⅰ级）由省人民政府确定。县地质灾害应急指挥部办公室收集、核实地质灾害信息后，提出建议，报县地质灾害应急指挥部审定后，由县人民政府报告上级人民政府，按照权限决定险情和灾情级别。

4.2 应急响应行动

4.2.1 Ⅳ级响应

小型地质灾害应急预案启动后，事发地乡镇（区）及有关单位组织有关人员迅速到岗到位，县地质灾害应急指挥部实施统一组织指挥救援，同时，将有关情况迅速报告县人民政府及其有关部门（单位）。必要时，请求市地质灾害应急指挥部给予支援。

4.2.2 Ⅲ级响应

中型地质灾害应急预案启动后，县地质灾害应急指挥部及其他有关人员迅速到岗到位，启动相应应急预案，在市地质灾害应急指挥部统一组织指挥下，配合做好具体应急处置工作，并将有关情况迅速报告市人民政府及其有关部门（单位），同时，报告县人民政府。必要时，请求省地质灾害应急指挥部给予支持。

4.2.3 Ⅱ级响应

大型地质灾害应急预案启动后，县地质灾害应急指挥部及其他有关人员迅速到岗到位，启动相应应急预案，在省、市地质灾害应急指挥部统一指挥下，做好具体应急工作。

4.2.4 Ⅰ级响应

特大型地质灾害应急预案启动后，县地质灾害应急指挥部及其他有关人员迅速到岗到位，启动相应应急预案，在省、市地质灾害应急指挥部统一指挥下，做好具体应急工作。

4.3 情况通报

地质灾害发生后，有关乡镇（区）及国土资源主管部门、专业技术机构应在接到信息后立即逐级向上报告，国土资源主管部门和专业技术机构应同时向同级人民政府、主管部门报告。报告的部门、时限、程序及内容等除按本预案有关规定外，还应按国家有关规定报告。有关乡镇（区）及部门（单位）不得谎报、瞒报、漏报和缓报。

4.3.1 发生小型（Ⅳ级）地质灾害，所在乡镇（区）应立即向县地质灾害应急指挥部办公室报告，县地质灾害应急指挥部办公室接报后，应在2小时内向县人民政府、24小时内向市地质灾害应急指挥部办公室报告，并负责组织调查和应急处置。县人民政府将调查报告报送市人民政府和市地质灾害应急指挥部办公室。

4.3.2 发生中型（Ⅲ级）地质灾害，县地质灾害应急指挥部办公室接报后，应在2小时内报县人民政府和市地质灾害应急指挥部办公室，同时报省地质灾害应急指挥部办公室，以后每24小时向市地质灾害应急指挥部办公室报告一次工作进展情况，直到应急结束。与此同时，在市地质灾害应急指挥部的指挥下，及时组织调查和进行应急处置，并将调查报告报送市人民政府和省、市国土资源行政主管部门。

4.3.3　发生大型（Ⅱ级）地质灾害，县地质灾害应急指挥部办公室接报后，应在1小时内报县人民政府和市地质灾害应急指挥部办公室，同时报省地质灾害应急指挥部办公室，以后每24小时向市、省地质灾害应急指挥部办公室报告一次工作进展情况，直到应急结束；与此同时，在省、市地质灾害应急指挥部的指挥下，及时组织调查和进行应急处置，并将调查报告报送市、省人民政府和市、省国土资源行政主管部门。

4.3.4　发生特大型（Ⅰ级）地质灾害，县地质灾害应急指挥部办公室接报后，应在1小时内报县、市人民政府和市地质灾害应急指挥部办公室，同时报省地质灾害应急指挥部办公室、省人民政府和国务院国土资源行政主管部门，以后每24小时向市、省地质灾害应急指挥部办公室报告一次工作进展情况，直到应急结束；与此同时，在省、市地质灾害应急指挥部的指挥下，组织调查和进行应急处置，并将调查报告报送省、市人民政府和国务院国土资源行政主管部门。

4.3.5　对于发现的地质灾害威胁人数超过500人，或者潜在经济损失超过1亿元的严重地质灾害隐患点，各级地质灾害应急指挥部办公室接报后，应在1日内将险情和采取的应急防治措施报省地质灾害应急指挥部办公室。

4.4　特殊情况处理

地质灾害跨乡镇（区）行政区域的，由乡镇（区）人民政府（管委会）与有关乡镇（区）人民政府（管委会）联合采取相应的应急措施；跨县行政区域的，由县人民政府与有关县、市（区）人民政府联合采取相应的应急措施；地质灾害跨部门的，同时启动相应专项应急预案，县地质灾害应急指挥部对应急处置工作进行协调。地质灾害发生后，有关部门（单位）应采取相应措施，密切注意和防止发生次生、衍生事件。

4.5　信息化共享和处理

4.5.1　信息采集和传输

县地质灾害应急指挥部应建立快速应急信息系统，以各级地质灾害应急指挥部设立的监测网络或互联网网站（页）为系统支持平台。现场应急救援指挥机构采用全天候全站仪监测设备、便携式手提电脑等现代设备，通过无线专业通信网络传输信息。县地质灾害应急指挥部办公室配置电话同步录音设备、传真机、互联网终端，利用公用通信网络建立通信联络。

地质灾害信息采集以灾害发生现场为基本范围。采集信息内容主要包括灾害发生区域或险情出现的地点、时间、影响范围、损失情况、危险程度、发展趋势以及已采取的主要措施。

采集方式以县地质灾害应急指挥部派出的调查监测组现场调查为主；根据灾害发生地现场实际情况，以固定电话、电传、E－mail为主要传输渠道；当有线通信中断或无移动通信信号时，应以远程无线专业网络或对讲设备为主要传输渠道向地质灾害应急指挥部传输灾情信息。

4.5.2　信息处置

县地质灾害应急指挥部办公室在接报后，应立即会同地质灾害专家组进行信息分析，得出分析结论，快速将结论按分级响应程序报送省、市地质灾害应急指挥部，同时将灾情险情信息在县人民政府网站（页）上发布。

4.6　指挥和协调

4.6.1　发生大型、特大型（Ⅱ、Ⅰ级）地质灾害灾情或险情时，县人民政府应启动本级预案，组成相应应急工作组，在市地质灾害应急指挥部统一指导、协助下进行应急救灾。

4.6.2　当大型、特大型（Ⅱ、Ⅰ级）地质灾害灾情或险情发生地处于水利水电工程枢纽区时，应急抢险工作由县水利局牵头，县地质灾害应急指挥部其他成员单位协助。

4.6.3　当大型、特大型（Ⅱ、Ⅰ级）地质灾害灾情或险情发生地处于交通沿线时，应急抢险工作由县交通局牵头，县地质灾害应急指挥部其他成员单位协助。

4.6.4　当大型、特大型（Ⅱ、Ⅰ级）

地质灾害灾情或险情发生地处于铁路沿线时，应急抢险工作由铁路部门牵头，县地质灾害应急指挥部其他成员单位协助。

4.6.5　当大型、特大型（Ⅱ、Ⅰ级）地质灾害灾情或险情发生地处于城市建设规划区时，应急抢险工作由县建设局牵头，县地质灾害应急指挥部其他成员单位协助。

4.6.6　当大型、特大型（Ⅱ、Ⅰ级）地质灾害灾情或险情发生地处于上述区域以外时，应急抢险工作由县国土资源局牵头，县地质灾害应急指挥部其他成员单位协助。

4.7　应急处置

4.7.1　发生大型、特大型（Ⅱ、Ⅰ级）地质灾害灾情或险情，事发地乡镇（区）人民政府（管委会）应迅速核实情况，并先行组织处置，开展自救和互救。

4.7.2　应急响应期间，各级地质灾害应急指挥部对应急工作组具有调动权，调动队伍数量视灾情和险情处置难易程度而定，各应急工作组成员单位不得以任何理由拖延应急救援工作。

4.7.3　各应急工作组按照县地质灾害应急指挥部指定的地点和时间集中，县地质灾害应急指挥部办公室根据灾情和险情迅速组织专家会商，研究确定应急抢险方案，并按照方案由县地质灾害应急指挥部作出部署，各应急工作组按照县地质灾害应急指挥部指示进行有序、高效的抢险救援工作。

4.7.4　县地质灾害应急指挥部办公室视灾情和险情处置需要，列出抢险救援专用工程设备、器械、物资、药品等计划清单，由乡镇（区）人民政府（管委会）本着就近原则，紧急调用其辖区内上述用品，以保障应急抢险工作。

4.7.5　当地质灾害严重危及社会稳定时，由县地质灾害应急指挥部协调请求武警及民兵预备役部队、公安机关参加抢险救灾和治安保卫工作。

4.8　应急人员安全防护

4.8.1　安全装备的发放和使用　各应急工作组应保障应急工作人员使用的车辆、大功率通信工具，及时向应急工作人员发放安全作业工具。医疗卫生组应准备好应急药品，并做好应急工作人员医疗保健工作。

4.8.2　人员进出灾害现场程序　调查监测组确定灾害体处于基本稳定时，其他救援工作组方可进入灾害现场；进入灾害现场前，要检查应急工作人员的安全装备是否齐全，并做好进入人员的登记，非应急工作人员不得进入划定的灾害警戒区。

4.9　群众安全防护

4.9.1　安全防护主要措施

治安保障组和灾民安置组迅速组织受灾害威胁群众转移到安全地带；工程抢险组负责消除水灾、火灾、爆炸、剧毒和强腐蚀性物质泄漏等次生灾害隐患；调查监测组迅速开展对地质灾害调查和监测预警，划定警戒区，设立警戒标志，禁止无关人员进入，防止灾情扩展；医疗卫生组迅速组织开展伤病人员的医疗救护，做好卫生防疫工作，防止灾后暴发疫情；治安保障组做好灾区群众宣传和治安保卫工作，保障社会秩序稳定。

4.9.2　基本生活保障措施

灾民安置组和物资保障组负责设置临时避难场所和救济物资供应点，做好救济物资供应、调配和管理，妥善安排灾民生活。工程抢险组、交通保障组和通信保障组负责抢修通信、供水、供电、供气、交通等重点工程。

4.10　社会力量动员与参与

4.10.1　动员的范围包括：紧急调用社会专业人士，如工程技术人员和施工人员、医务人员、驾驶人员、通信人员等；紧急调用个体、企业单位的物资设备，如房屋、交通工具、医疗器械、工程机械、生活用具等；发动企业、单位、群众捐物捐款，支援灾区；组织灾区人民群众生产自救。

4.10.2　动员的组织程序：根据抢险救灾实际需要，由县地质灾害应急指挥部提出动用社会力量的方案，经县人民政府批准后，由当地人民政府组织动员社会力量。

4.11　信息发布

地质灾害信息发布遵循实事求是、及时

准确的原则。县政府新闻办、县地质灾害应急指挥部办公室会同新闻部门做好信息发布工作。

4.12　应急结束

经地质灾害专家组论证认定地质灾害灾情或险情已被控制或消除后，县人民政府撤销划定的地质灾害危险区，应急响应结束。

5　善后工作

5.1　善后处置

县地质灾害应急指挥部办公室制订善后处置方案，由乡镇（区）人民政府（管委会）组织实施。处置方案应明确人员安置补偿、物资和劳务的征用补偿、灾后重建以及扶持政策等。因救灾需要，临时调用单位和个人的物资、设施、设备或者占用其房屋、土地的，应及时归还；无法归还或者造成损失的，应给予相应的补偿，妥善解决因处置善后工作引发的矛盾和纠纷。

5.2　社会救助

社会各界捐助的资金、财物统一由民政部门接收、登记，并提出分配方案，报县人民政府审定后分配。灾害发生后，县地质灾害应急指挥部办公室应及时向保险公司通报情况，有关保险公司应及时赶赴现场提供理赔等保险服务。工伤保险经办机构应及时为在应急处置工作中因工伤亡人员足额支付工伤保险待遇费用。

5.3　总结分析

应急结束后，县地质灾害应急指挥部办公室应及时组织调查，写出调查报告，报县人民政府办公室应急办备案。调查报告内容包括：灾害发生、发展过程，损失情况，应急抢险情况及结果，存在的问题、经验教训以及今后改进的意见等。现场处置完毕后，各级地质灾害应急指挥部办公室组织专业技术救援机构对应急处置工作进行总结，找出应急处置环节中的经验和教训，改进工作，提高应急处置能力。

6　应急保障

6.1　通信与信息保障

6.1.1　保障通信网络。应急抢险期间，通信管理部门应设立专职机构，指定专人，实行 24 小时值班。及时掌握各类通信设施的运行状况、通信设施损毁基本情况，研究治理恢复方案，并负责尽快恢复被破坏的通信设施，确保通信畅通。

6.1.2　建立应急指挥系统通信录。分级建立应急期间参加抢险救灾部门以及党政领导机关的计算机通信查询系统，公布各级地质灾害应急指挥部办公室及相关人员的电话，并保持通信畅通。

6.1.3　建立地质灾害现场通信系统。乡镇（区）和县地质灾害应急指挥部办公室设 24 小时值班电话，各应急工作组配备移动电话、无线上网设备和无线对讲设备，确保抢险救灾现场通信畅通。

6.2　应急支援与装备保障

6.2.1　现场救援和工程抢险保障

参与应急抢险的单位，应指定专用抢险应急车辆、设备等，并保持设备的完好状态，明确存放位置，确保快速调用。建立现场救援和工程抢险装备维护、保养和调用制度，实施定期监督检查。

6.2.2　应急队伍保障

在县地质灾害应急指挥部统一指挥下，应急抢险救灾队伍由各应急工作组组成，按照县地质灾害应急指挥部命令迅速赶赴现场。调查监测组、工程抢险组、医疗卫生组和灾民安置组为第一梯队，灾情评估组、气象预报组、交通保障组、物资保障组、通信保障组和治安保障组为第二梯队，资金保障组和宣传报道组为第三梯队。

6.2.3　交通运输保障

交通、交警、铁路等部门组织建立专业应急救援队伍，负责尽快恢复被破坏的公路、铁路、码头等有关设施；优先保障抢险救灾人员、物资的运输和伤员及灾民的疏散，必要时实行交通管制。

6.2.4　医疗卫生保障

卫生部门组织建立专业应急救援队伍，负责迅速集结赶赴灾区，开展伤病人员的医疗救护；组织开展卫生防疫工作；及时检查、监督灾区饮用水源、食品、药品安全；保障灾区所需的医疗药物与器械。畜牧部门负责组织灾区动物疫病的预防、控制和扑灭工作，加强动物疫情监测，采取切实措施，防止和控制动物疫病的暴发流行。

6.2.5 治安保障

公安部门、武警部队组织建立专业应急救援队伍，负责加强治安管理和安全保卫工作，预防和打击各种违法犯罪活动，维护社会治安和道路交通秩序，保障抢险工作顺利进行。

6.2.6 物资保障

按属地管理原则，乡镇（区）人民政府（管委会）做好救灾物资的储备工作。灾情发生后，民政、发改物价、商务、粮食等部门负责调运粮食、食品和救灾物资，保障灾区生活必需品供应；组织恢复供电、供水、供气系统等，保障灾区水、电、气的供应。

6.2.7 经费保障

救灾资金物资的来源包括中央、省、市下拨的救灾资金和物资、县财政预算的救灾资金、社会捐助资金和物资等。乡镇（区）负担的救灾经费应同市、县拨经费配套使用，并专款专用。当年专项资金不足时，乡镇（区）财政应给予保障。应急抢险期间，乡镇（区）人民政府（管委会）应及时安排抢险救灾必要资金，保障应急工作正常进行。

6.2.8 灾民安置救助保障

灾民安置，按照以当地为主安置的原则，实行集中安置和分散安置、临时安置和长期安置、集中建房和分散恢复相结合的办法。救灾款物实行专款专用、重点使用，确保紧急转移安置灾民的生活必需品救助，灾情稳定后重点安排灾民口粮救济、住房恢复。

6.3 技术储备与保障

县级建立地质环境监测机构，组成地质灾害专家组，建立专家数据库。完善地质灾害预警和应急救援信息系统，加强地质灾害预警、预测、救援方法与应急处置技术的研究和普及，为地质灾害防治和应急工作提供技术保障。

7 监督管理

7.1 宣传、培训与演练

广泛宣传地质灾害防治法律法规和防灾救灾知识，提高广大人民群众的防灾意识。定期开展各级领导、地质灾害应急管理者和救援人员专业知识、技能培训。选择典型场地，开展地质灾害应急救援演练，检验各应急救援队伍的快速反应能力、各应急保障部门的协作配合能力、指挥机构的紧急指挥能力和紧急动员能力，提高应急管理者、救援人员临战素质和群众自救互救能力。

7.2 奖励与处罚

对在地质灾害应急处置工作中作出突出贡献的集体和个人予以表彰奖励；对不认真履行职责、玩忽职守且造成严重损失的，有关部门（单位）依法给予责任人行政处分，触犯法律的，依法追究法律责任。

7.3 监督检查

县应急管理办公室、县国土资源局会同县有关部门（单位）对本预案实施情况进行监督检查，保障应急措施到位。

8 附则

8.1 名词术语解释

地质灾害：自然因素或人为活动引发的危害人民群众生命财产安全的山体崩塌、滑坡、泥石流、地面塌陷、地裂缝、地面沉降等与地质作用有关的灾害。

8.2 预案管理与更新

县地质灾害应急指挥部办公室、县国土资源局根据情况变化，对本预案进行修订和完善。

8.3 预案解释部门

本预案经县人民政府批准后实施，由县人民政府办公室印发，县国土资源局负责解释。

8.4 预案实施时间

本预案自印发之日起施行。

附　件：

全县突发地质灾害应急组织体系框架图

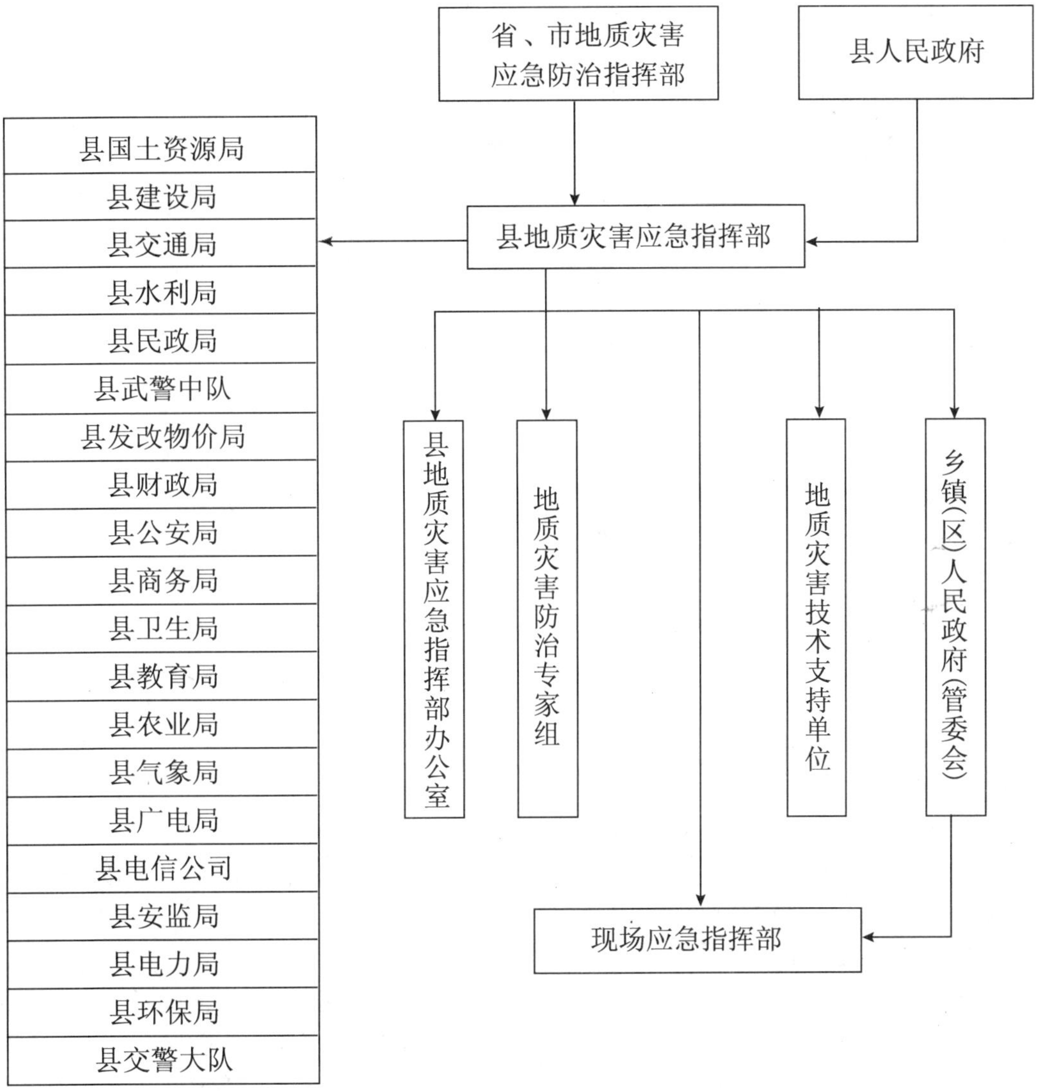

临澧县人民政府办公室
关于印发临澧县破坏性地震应急预案的
通　知

临政办发［2000］12号

各乡、镇人民政府，太平工业经济开发区，县直各单位：

现将《临澧县破坏性地震应急预案》印发给你们，请遵照执行。

二〇〇〇年十一月七日

临澧县破坏性地震应急预案

第一章　总　则

第一条　为对付破坏性地震的突然袭击，最大限度地减少地震灾害损失，根据国务院《破坏性地震应急预案》和省、市有关规定，结合我县实际，特制定本预案。

第二条　防震减灾工作贯彻预防为主、综合防御的方针，切实做好地震监测、震害预防、地震应急、抢险救灾与恢复重建四个环节的工作。

第三条　各乡镇人民政府和有关部门要加强防震减灾工作的领导，立足预防突发性地震灾害；制定、完善本地区、本部门的防震减灾和应急预案，并做好必要的救灾物资储备工作。

第四条　坚持“因地制宜、因时制宜、经常持久、科学求实”的原则，有效地开展防震减灾宣传工作。

第五条　县内发生4.0—4.9级地震，按二级预案行动。

第六条　县内发生5.0级以上地震按一级预案行动，采取强有力的措施，抓好抢险救灾工作。

第七条　全县任何组织和个人都有参加地震应急活动的义务。

中国人民武装警察部队和广大民兵是地震应急工作重要力量。

第八条　在防震减灾工作中，对成绩突出的单位和个人，应予表彰奖励；对玩忽职守，使国家和人民生命财产遭受重大损失者，应给予处分直至追究刑事责任。

第二章　应急组织机构与职责

第九条　县人民政府成立抗震救灾指挥部，县长任指挥长，分管防震减灾工作的副县长、县人武部部长、县科技局局长、县民政局局长担任副指挥长，建设局、农办、经委、计划局、商业局、供销联社、粮食局、电信局、卫生局、交通局、财政局、公安局、水电局、电力局、地震局、教育局、广播电视局、保险公司等部门的主要负责人为指挥部成员。下设办公室，办公室主任由县地震局局长兼任。

第十条　强烈地震或严重破坏性地震发生后，县抗震救灾指挥部立即进入紧急状态，指挥抗震救灾工作。办公室的主要职责是：组织协调抢险救灾工作；掌握灾情和地震动态，并及时报告县政府和市政府；处理其他涉及震灾工作；负责传达落实上级领导抗震救灾工作指示；随同县领导赴震区工作；负责上级慰问团的有关接待工作。

在震区成立抗震救灾现场指挥部，总指挥由县政府领导担任，副总指挥由县人武部和县政府办负责人、震区乡镇长担任，各工作小组组长为指挥部成员。

县直有关部门和驻军部队按职责分工，成立若干工作小组。

1. 震情监测组

组长：县地震局负责人

副组长：震区乡镇科技副乡镇长

主要职责：负责与上级地震部门保持联系，及时向指挥部通报地震信息；做好震情调查，监测余震活动，编写震情通报。

2. 抢险救灾组

组长：县人武部负责人

副组长：县武警中队负责人、震区乡镇武装部长

主要职责：调派部队和组织民兵营救伤员；抢救国家重要财物、文物；配合有关部门抢修道路、桥梁；帮助灾区人民恢复生产、生活。

3. 医疗卫生组

组长：县卫生局负责人

副组长：县医药局、震区卫生院负责人

主要职责：组织医疗、防疫队伍进入灾区，组建震区临时医院或医疗所；抢救、转运和医治伤病员；搞好防疫，控制疫情；筹集和储运急救物品、器械等。

4. 物资供给组

组长：县计划局负责人

副组长：县粮食局、商业局、供销联社负责人

主要负责：做好抗震救灾物资尤其是群众生活急需物资的组织、储备、调拨、供应、管理。

5. 通信组

组长：县电信局负责人

副组长：震区乡镇邮电所所长

主要职责：保证震区与县政府的通信联系；及时沟通现场指挥部上下之间的通信联络；组织力量抢修震区通信设备和线路，保证通信畅通。

6. 交通运输组

组长：县经委负责人

副组长：县交通局、县火车站、湘运临澧汽车运输公司负责人

主要职责：组织抢修受破坏的公路、桥梁、铁路；负责组织车辆运送救灾人员、伤员、救灾物资及外地援助物资的转运等。

7. 治安保卫组

组长：县公安局负责人

副组长：县交警大队、消防大队、震区派出所负责人

主要职责：维护震区社会治安；打击违法犯罪活动；维护交通秩序；负责灾区党政机关、机要部门、金融部门和救灾物资安全，负责火灾扑救和预防。

8. 生活安置组

组长：县民政局负责人

副组长：震区乡镇政府负责人、县保险公司

主要职责：负责震区群众的疏散安置和吃、穿、住等工作；制定救灾标准；发放救灾款、物；协助科技局做好灾情调查和统计工作；做好死难者的善后工作和孤老幼残人员的安置；做好接受社会各界援助款物工作；做好保险理赔工作。

9. 工程抢险组

组长：县建设局负责人

副组长：县水电局、电力局和震区乡镇政府负责人

主要职责：评价建筑物和工程设施的安全性能；组织震区重要水利、电力、供水、化工等设施的抢险修复工作和房屋建筑的抗震加固工作；提出恢复重建方案。

10. 宣传报道组

组长：县广播电视局负责人

副组长：县广播电台、电视台负责人

主要职责：负责抗震救灾工作宣传报道。广播电台、电视台等新闻单位根据抗震救灾指挥部提供的情况，按照有关现实及时向群众发布震情和灾情等有关信息，搞好防震抗震的宣传报道工作。

11. 生产自救组

组长：县农办负责人

副组长：县经委、教育局和震区乡镇政府负责人

主要职责：组织震区恢复生产，学校复课。

12. 财务管理组

组长：县财政局负责人

副组长：县审计局、民政局负责人

主要职责：筹集和统一管理抗震救灾经费；负责提出向上级政府申报救灾经费计划。

上述各工作小组应按照内紧外松的原则，及时落实有关人员，制定工作预案，一旦发生破坏性地震即能投入工作。

第三章　临震应急方案

第十一条　接到省人民政府发布的破坏性地震预报后，县政府立即召开县长紧急办公会议，部署抗震救灾工作，并向全县宣布进入临震应急期，同时做出如下反应：

一、12小时内由县长主持召开县抗震救灾指挥部全体成员会议，部署临震应急方案；

二、24小时内由县政府召开各乡镇（区）、县直各部门主要负责人会议，进行紧急动员，部署抢险救灾工作；

三、两天内要抽调精干力量组成县抗震救灾工作队，由县级领导带队下到各乡镇（区），协助当地政府搞好抗震救灾工作；

四、检查督促抗震救灾指挥部各工作组临震应急方案的实施；

五、随时保持上下联系，及时处理临震应急活动中发现的有关问题；

六、在临震应急期，县政府有权在本行政区域内紧急调用物资、设备、人员和占用场地，任何组织或者个人都不得阻拦。

第十二条　县政府宣布全县进入临震应急期后，县抗震救灾指挥部应做出如下反应：

一、12小时内指挥部全体成员及其所属各工作组工作人员全部到位，并召开紧急会议，部署抗震救灾工作；

二、24小时内向县政府报送临震应急具体方案；

三、两天内救灾物资、经费、药品、器械、车辆等全部到位；

四、检查督促各工作组实施临震应急方案；

五、随时保持与各工作组、各乡镇（区）及县政府的联系，及时通报信息和下达指令。

第十三条　抗震救灾指挥部各工作组在临震应急期应作出如下反应：

一、震情监视组

1.县政府宣布进入临震期后，立即进入紧急状态，实行全天24小时值班；

2.12小时内派出领导干部和专业技术人员赶赴地震观测点，加强震情监测；

3.各乡镇科技副乡镇长在两天内布置好10个临时地震观测点，加强地震前的宏观异常监测；

4.随时和上级地震部门保持联系，通报地震信息；

5.当好领导参谋，及时向指挥部汇报地震发展趋势。

二、抢险救灾组

1.24小时内召开人武部全体官兵及各乡镇（区）武装部长会议，部署全县抢险救灾工作；

2.两天内下到各乡镇组织当地民兵，搞好群众疏散工作；

3.3天内要将国家重要财物和文物转移到安全地方；

4.做好营救伤员的一切准备工作。

三、医疗卫生组

1.12小时内全体工作人员全部到位；

2.24小时内抢救伤员的药品、器械、设备等全部到位；

3.两天内下到各乡镇（区）协助筹建临时医院或医疗所，并开始进行防疫工作。

四、物资供应组

1.两天内抗震救灾物资组织到位；

2.下到各乡镇（区）检查抗震救灾物资落实情况。

五、通信组

1.立即进入战时状态，随时保证上下通信联络；

2. 24小时内做好通信设备和线路的抢修准备工作；

3. 两天内抢修人员到重点设备和线路守护，全天24小时不脱岗。

六、交通运输组

1. 24小时内全县救灾车辆和司机全部到位；

2. 两天内做好抢修公路、桥梁的准备，抢修人员到交通干线的桥梁守护。

七、治安保卫组

1. 24小时内迅速安排力量，在乡镇和城镇加强巡逻，维护好社会治安和交通秩序；

2. 两天内落实好首脑机关、机要部门、金融部门和救灾物资的保卫措施，保卫人员到岗守护；

3. 12小时内做好火灾扑救的一切准备工作，救火人员不离岗；

4. 严厉打击违法犯罪活动。

八、工程抢险组

1. 两天内做好工程抢险的人员、物资、设备等准备工作；

2. 3天内开始对重要水利、电力、供水设施进行加固和守护工作。

九、宣传报道组

1. 按照县政府的要求，及时向全县人民宣布进入临震应急期；

2. 向广大群众宣传抗震救灾知识。

十、生活安置组、生产自救组、财务管理组按照县抗震救灾指挥部的要求，迅速做好抗震救灾的各项准备工作。

第十四条 各乡镇（区）在进入临震应急期后12小时内召开紧急办公会议，研究部署抗震救灾工作；24小时内召开全县镇（区）广播大会，进行紧急动员；按照县抗震救灾指挥部的统一部署，迅速做好群众疏散安置及抗震救灾的人员、物资、经费、设备、药品等准备工作。

第四章 震后应急预案

第十五条 县内发生5.0级以上破坏性地震时，县人民政府按一级预案实施应急反应程序。

一、接报后，立即由县长主持召开县政府紧急办公会议，副县长、政府办主任、县抗震救灾指挥部成员及县人武部主要领导参加会议。

1. 听取科技局和有关部门震情和灾情的汇报；

2. 部署抢险救灾工作，根据震情和灾情，在局部或全县实行紧急动员；

3. 向市政府报震情和灾情及救灾情况，并请求国家救援；

4. 以县委、县政府的名义向震区发出慰问电。

二、县长立即赶赴震中区，成立抗震救灾现场指挥部，直接组织指挥抢险救灾工作。

三、县抗震救灾指挥部所辖各工作组迅速做好各项准备工作，在6小时内必须赶赴震区，按照各自的职责，紧张有序地开展救灾工作。

四、震区乡镇（区）全力以赴、按照指挥部的部署，组织抢险救灾工作。

五、非震区乡镇（区）立即进行紧急动员，迅速组织人力、物力支援灾区人民。在12小时内，由乡镇长带队的支灾工作队赶到震区现场指挥部，参加抢险救灾工作。

六、宣传报导组经请示县政府领导同意后，按有关规定播发地震灾情及损失情况的消息，并表示接收外援的意向。

第十六条 县内发生4.0—4.9级地震后，县政府按二级预案实施应急反应程序。

一、接报后，由分管抗震救灾工作的副县长，立即立持召开抗震救灾指挥部全体成员和人武部主要领导参加的紧急会议。

1. 听取县科技局和有关单位的震情和灾情汇报；

2. 部署震区抢险救灾工作，根据震灾情况，在局部实行紧急动员；

3. 向市政府报告震情和灾情及救灾工作情况，并请救国家支援；

4. 以县委、县政府的名义向震区发出慰问电。

二、副县长立即率县抗震救灾指挥部成员组成的工作组赶赴震区，指挥抢险救灾工作，慰问受灾群众。

三、县抗震救灾指挥部所属各工作组迅速赶赴震区，按各自的职责开展抢险救灾工作。

四、必要时，县政府动员非震区乡镇（区），组成抢险救灾工作队支援灾区。

五、宣传报道组经请示县政府领导同意后，按有关规定播发地震灾情及损失情况的消息。

第五章　附　则

第十七条　在县政府的领导下，县抗震救灾指挥部负责组织实施震区恢复重建工作。

第十八条　本预案由县地震局督促检查落实，并负责解释。

临澧县人民政府办公室
关于印发临澧县重特大安全事故应急处理预案的
通　知

临政办发［2003］1号

各乡、镇人民政府、太平工业经济开发区、县直各单位：

《临澧县重特大安全事故应急处理预案》已经县人民政府同意，现印发给你们，请遵照执行。

二〇〇三年一月十四日

临澧县重特大安全事故应急处理预案

第一章　总　则

第一条　编制依据。

根据国务院《关于特大安全事故行政责任追究的规定》（国务院令2001年第302号）和省人民政府《关于重大安全事故行政责任追究的规定》（省人民政府令2001年第148号），结合本县实际，特制定本预案。

第二条　编制目标。

建立高效集中统一的指挥系统，最大限度地降低重特大安全事故所造成的生命财产损失。

第三条　适用范围。

本《预案》适用于临澧县境内所有重特大安全事故的处理。

第二章　重特大事故主要诱因

第四条　灾害源及事故特点。

（一）自然灾害隐患。如森林火灾、山洪暴发、山体滑坡、泥石流等。

（二）工矿商贸企业事故隐患。

1. 矿山井上井下灾害，如火灾、水灾、顶板冒落、提升机连环断裂、地面塌陷、大面积塌方等事故；

2. 危险化学品生产、储存、运输与使用过程中发生的火灾、泄露、爆炸、中毒、窒息等事故；

3. 锅炉、压力容器、压力管道等设施爆炸事故，电梯、行车、塔吊等特种设备事故；

4. 烟花爆竹生产、储存运输过程中发生的爆炸、燃烧事故；

5. 石油库、油气站爆炸、火灾事故。

（三）水上交通事故隐患。澧水、道水等河流及部分水库渡口码头、客渡船、运输船营运作业，容易发生水上交通事故。

（四）公路交通隐患。207 国道、1836 省道和县、乡、村公路纵横交错，情况复杂，易造成各类道路交通事故。

（五）公众聚集场所的火灾、坍塌事故。

（六）各类危房和其他质量低劣的建筑物垮塌事故。

（七）水库中病险库易发生水库垮坝事故。

第三章　预警系统

第五条　预警系统报警电话。

（一）临澧县安全生产监督管理办公室，电话：5802069。

（二）临澧县公安局消防大队，电话：119。

（三）临澧县道路交通事故报警电话：122。

（四）临澧县“红十字”急救中心，电话：120。

（五）常德市矿山救护队，电话：5822449。

第六条　预警系统职责。

（一）监控全县重特大事故隐患。

（二）受理重特大事故报告。

（三）处理有关安全工作的群众来信来访。

（四）建立重特大事故 110、122 网络管理制度。

（五）及时向总指挥部及有关部门提供相关情况。

第四章　指挥机构

第七条　组织领导。

成立县重特大安全事故紧急救援总指挥部。总指挥部由下列人员组成：

（一）总指挥：县人民政府县长吴昂平，电话：5822411。

（二）副总指挥：县人民政府常务副县长杨华桥，电话：5803388；

副总指挥：县人民武装部政委饶南国，电话：5822623；

副总指挥：县委政法委书记邱兵泉，电话：58331169；

副总指挥：县人民政府副县长徐学英，电话：5801138；

副总指挥：县人民政府副县长毕金生，电话：5822425。

（三）指挥：由各部门行政主要负责人担任。

（四）副指挥：由各部门分管负责人担任。

（五）总联络员：县政府副主任黄杰，电话：5822416。

（六）副总联络员：县安委办主任李大喜，电话：5802069。

（七）联络员：由各部门安全股室负责人担任。

第八条　办公地点。

指挥部办公室设在县安全生产委员会办公室，电话：5802069。

第五章　抢险及救援力量

第九条　力量组织配备。

（一）事发单位首先保护现场，抢救伤员。

（二）专业队伍全力施救。

（三）公安部门保护现场，疏散人员，护送伤员，维护治安秩序，对可疑人员进行监控、调查、取证，根据需要设立和布防隔离区。

（四）部队、民兵、运力由现场总指挥调度。

（五）120 急救中心和其他医务人员现场抢救运送伤员。

（六）抢救完毕，清理现场，现场总指挥发布撤出警戒命令，做好移交，安全撤离。

（七）仍需保留的现场由现场总指挥安排力量看管，由调查组宣布撤离。

第十条 装备要求。

（一）抢险救护队伍平时保证装备良好，人员训练有素，战时出警迅速，招之即来，来之能战，战之能胜。

（二）所有参战人员要服从指挥，严守纪律，穿戴好个人防护用品，携带好救援装备、器材和工具。

第十一条 进入现场前注意事项。

（一）遇有毒气扩散事故抢险，所有车辆、人员必须停留在上风位置，抢救过程中，尽可能减少人员入围。

（二）入场前认真分析灾情，制定和实施科学的救护方案，防止灾情扩大。

第六章 救灾的责任主体

第十二条 救灾责任分工。

（一）火灾事故：消防部门为主，公安、电力、供水、交警等部门配合。

（二）矿山事故：企业主管单位和安全监督管理部门为主，当地乡镇政府、公安、国土、石膏办等部门配合。

（三）爆炸事故：公安部门为主，相关职能部门配合。

（四）道路交通事故：交警部门为主，交通、保险等相关部门配合。

（五）水上交通事故：交通、港航、港监部门为主，公安部门配合。

（六）楼房倒塌事故：危房以房地产部门为主，其他建筑物以建设部门为主，公安、消防、交通部门配合。

（七）危险化学品事故：企业主管单位和安全监督管理部门为主，公安、消防、交通部门配合。

（八）农机事故：农机部门为主，交警、保险部门配合。

（九）山洪及水利设施事故：水利部门为主，当地乡镇政府、公安、交通等部门配合。

（十）烟花爆竹事故：企业主管单位和当地乡镇政府为主，公安、消防、烟花办、保险等部门配合。

（十一）地质灾害事故：国土资源部门为主，公安部门配合。

（十二）其他类别事故：以所属主管部门为主，公安等有关职能部门配合。

第七章 防灾物资储备与征调

第十三条 各部门、各企业要加强对防灾物资的储备和保管，用于救灾后要及时补充到位。

第十四条 凡需动用国家储备物资救灾的，由总指挥调拨，有关单位应无条件服从。

第十五条 临时调拨物资由指挥长报告总指挥同意后，方可征调。

第八章 后勤保障

第十六条 重特大安全事故发生地行政主管部门保证抢救车辆及人员安全畅通，保证现场急救药品、器具充足，医护人员到位。

第十七条 重特大安全事故的救灾经费经总指挥批准，由县财政专项拨给。

第九章 善后处理

第十八条 重特大安全事故发生地行政主管部门原则上做到灾后不见灾，不发疫情，残流不扩散，环境不污染。

第十九条 进入现场的人员、设备、设施受污染的，必须进行全面消毒，经有关部门（卫生防疫、环保）监测后，方可离开现场，以防造成次生灾害。

第十章 事故调查与责任追究

第二十条 重特大安全事故调查处理按国家、省、市有关规定，由县人民政府组织相关部门，配合上级人民政府进行调查。

第二十一条 责任事故依照国家和省、市有关规定，由纪检监察部门进行追究，构成犯罪的移交司法机关追究刑事责任。

第十一章 附 则

第二十二条 本预案自发布之日起施行。

第二十三条 本预案由县安全生产委员会办公室负责解释。

临澧县人民政府办公室关于印发《临澧县重大动物疫情应急预案》的通　知

临政办发［2006］13号

各乡、镇人民政府，经济开发区管委会，县直有关单位：

《临澧县重大动物疫情应急预案》已经县人民政府同意，现印发给你们，请认真贯彻实施。

二〇〇六年九月二十九日

临澧县重大动物疫情应急预案

一、总　则

1. 为及时、有效地预防、控制和扑灭重大动物疫情，最大程度地减轻疫情的危害，保障我县养殖业健康发展，保护人民群众身体健康，促进社会经济发展，维护社会稳定，根据《中华人民共和国动物防疫法》、国务院《重大动物疫情应急条例》和《湖南省实施〈中华人民共和国动物防疫法〉办法》及有关规定，制定本预案。

2. 重大动物疫情应急工作坚持以人为本、统一领导、分级负责、分区警戒、平战结合的原则。应急处置工作由政府统一领导，按照属地管理、条块结合、以块为主的原则，分级启动应急预案。实行政府主要领导和有关部门主要负责人负责制，政府主要负责人是动物防疫工作第一责任人，政府分管领导是直接责任人。有关部门应当在政府统一领导下认真履行各自职责，通力协作。

3. 本预案适用于一般（Ⅳ级）动物疫情应急处理工作和响应特别重大（Ⅰ级）、重大（Ⅱ级）、较大（Ⅲ级）动物疫情应急处理工作。

二、组织指挥体系与职责

1. 应急指挥机构与职责

县人民政府设立防治重大动物疫病指挥部，分管副县长任指挥长，畜牧、农办、发改物价、监察、财政、公安、工商、交通、卫生、民政、科技、林业、气象、教育、商务、广电等相关部门为成员单位。指挥部具体职责是：研究决定全县防治重大动物疫病工作有关问题；统一指挥全县重大动物疫情的处置工作；部署和总结年度防治工作；具体实施本预案；督促有关部门、乡镇（区）人民政府（管委会）落实本预案。

2. 应急日常工作机构与职责

县防治重大动物疫病指挥部下设办公室，负责全县重大动物疫情处理的日常工作，县畜牧水产局局长兼任办公室主任，办公室设在县畜牧水产局。办公室的主要职责是：按指挥部决策，统一协调指挥疫情的控制和扑灭工作；收集和分析疫情信息及疫情发展态势、传播规律，并按规定上报疫情，及时提出启动应急预案的建议；组织调拨应急防疫物资；组织协调有关部门和乡镇（区）人民政府（管委会）实施预案。

3. 县防治重大动物疫病指挥部成员单位职责

县农村办：负责协调重大动物疫病防控工作。

县畜牧水产局：研究拟定全县重大动物疫情控制规划，研究制定技术对策；负责重大动物疫情监测和报告，依法划定疫点、疫区、受威胁区，提出封锁建议；负责动物及其产品检疫检验、执法监管、疫情监督和疫情管理工作；负责紧急免疫接种、消毒灭源、扑疫的技术指导和监督；负责建立应急防疫物资储备库以及防疫物资的组织供应；负责组织成立疫情处理预备队，培训防疫人员；负责防治工作的综合协调和县防治重大动物疫病指挥部的日常工作。

县发改物价局：负责组织编制和实施防疫物资储备、调运、防疫监督、疫情监测、检疫检验、预防控制、技术储备等基础设施项目建设规划。

县财政局：负责防治重大动物疫病的经费保障，将防治经费列入财政预算，保障应急处置经费；负责防治重大动物疫病经费的申报、及时审拨和监督管理工作。

县公安局：负责疫区安全保卫和社会治安管理，维护疫区正常社会秩序；协助做好疫区封锁、强制扑杀、各类违反动物防疫法律法规案件的查处和疫情发生时封锁哨卡的设站工作。

县商务局：负责牲畜定点屠宰行业管理，督促定点屠宰、产品加工、外贸出口等企业履行动物防疫义务，凭免疫标识和产地检疫证明收购屠宰动物，接受动物防疫监督机构对动物及动物产品的检疫和监督管理，主动、及时报告疫情，配合做好市场环节监督工作。

县工商局：负责动物及其商品流通环节的监督管理，配合动物防疫机构打击违法经营动物及其动物产品行为，严禁染疫动物和病害产品上市；发生重大动物疫病时，协助做好关闭、封锁市场等扑疫工作。

县交通局：负责协调疫区公路、水路封锁哨卡的设立，保证重大动物疫情应急处置期间的人流、物流畅通，优先运送防疫扑疫人员和物资；协助做好运输动物及动物产品的检疫、执法监督工作。

县监察局：负责协调发生疫情时封锁哨卡的设立和监察工作，及时查处重大动物疫情应急处置过程中的失职、渎职行为。

县科技局：负责重大动物疫病应急控制技术储备，安排科研项目。

县林业局：负责对陆生野生动物疫情的监测，协助做好扑疫工作。

县卫生局：负责重大动物疫情人间防治知识的宣传，高危人群的监测预防，疫情的预测、报告和病例的隔离治疗，协助做好扑疫工作。

县民政局：负责疫区受灾群众的安抚和救济以及应急处置人员因公伤残、死亡的抚恤。

县教育局：负责本系统畜禽饲养场所重大动物疫病防控，督促所属单位向动物防疫部门报告疫情，接受动物防疫机构监督管理，协助做好扑疫工作。

县气象局：负责提供疫区及周边地区气象资料。

县广电局：负责重大动物疫情的防治宣传，坚持正确的舆论导向，严格重大动物疫情防治信息、新闻的管理，做好重大动物疫情防治信息、新闻报道的审查工作。

4. 乡镇（区）应急机构与职责

乡镇（区）人民政府（管委会）设立相应的指挥机构和办公室，负责指挥和组织实施本行政区域内重大动物疫情的控制和扑灭工作，根据疫情发展态势，及时采取应急处置措施。

三、预警和预防机制

1. 县、乡镇（区）动物防疫机构建立健全重大动物疫情监测网络，村（居）委会明确重大动物疫情信息联络员，对重大动物疫情进行严密监测，及时向所在乡镇动物防疫站或县防治重大动物疫病指挥部办公室提供信息。

2. 县防治重大动物疫病指挥部办公室接到可疑疫情报告后，及时进行情况综合，研究分析危害程度，提出初步行动对策，将有关情况及时向指挥长报告，并逐级上报，由省防治重大动物疫病指挥部作出相应级别的预警，指挥长视情况召集指挥部成员会议，决策行动方案，发布指示和命令。

3. 预警级别分为一般（Ⅳ级）、较重（Ⅲ级）、严重（Ⅱ级）、特别严重（Ⅰ级），依次用蓝色、黄色、橙色、红色表示。

四、应急响应

（一）疫情报告

1. 疫情确认

县动物防疫机构根据其职责和权限，对重大动物疫情作出可疑、疑似等判定，逐级报请市指挥部、省指挥部、农业部指定的国家参考实验室检测确诊。

2. 疫情报告单位和责任报告人

动物防疫机构负责辖区内动物疫情监测和报告工作。乡镇（区）动物防疫员具体负责包片区内动物疫情报告工作，动物检疫员（包括水生动物检疫员）、动物防疫监督员和取得诊疗许可证的执业兽医有责任和义务及时向同级动物防疫机构报告疫情。村（居）委会主任为疫情报告第一责任人。

任何单位和个人发现发生或疑似发生重大动物疫情，要立即向当地动物防疫机构报告，当地动物防疫机构接到报告后，应立即派员赴现场核实，开展流行病学调查，并上报疫情。

3. 疫情报告程序和时限

乡镇（区）、县根据规定时限，逐级报告疫情。动物防疫机构在向上一级动物防疫机构报告疫情的同时，必须向同级畜牧兽医行政管理部门报告。畜牧兽医行政管理部门接到疫情报告后，要立即向同级人民政府报告。

4. 疫情报告内容

包括疫情报告的单位和个人、联系方式、疫情发生的时间、地点（行政村）、发病动物的种类和品种、日龄、存栏、发病和死亡数量、临床病变、流行病学调查、传播途径、养殖场（户）免疫接种情况、实验室诊断方法和结果、已采取的控制措施等（按照农业部统一的疫情报告规范格式逐项填写上报）。

5. 疫情报告形式

根据疫病病种和疫情状况，分别实行“快报”、“周报”、“旬报”、“月报”、“年报”制度。

6. 疫情报告管理

动物防疫机构要设置和公布疫情报告联系电话，明确专人负责疫情报告工作，并对每起疫情建立完整档案，妥善保管。

（二）疫情分级

突发重大动物疫情划分为：特别重大（Ⅰ级）、重大（Ⅱ级）、较大（Ⅲ级）和一般（Ⅳ级）四级。其中一般突发动物疫情（Ⅳ级）是指：

1. 高致病性禽流感、牲畜口蹄疫、猪瘟、鸡新城疫等一类动物疫情在本县行政区域内发生。

2. 二、三类动物疫病在本县行政区域内呈暴发流行。

3. 县人民政府畜牧兽医行政管理部门认定的其他一般突发动物疫情。

（三）应急响应

一般动物疫情（Ⅳ级）由县人民政府启动应急预案。

（四）应急处置

1. 基本应急

重大动物疫情发生后，事发地村（居）委会和乡镇（区）人民政府（管委会）必须迅速作出应急反应，组织辖区内有关单位和专业人员进行先期处置，立即控制好现场，防止疫情扩散。

疫情确诊后，县畜牧兽医行政管理部门立即派出技术人员赶赴现场，根据疫情流动特征、发生、发展规律，划定疫点、疫区、受威胁区、监控区，调查分析疫源，并向县人民政府报告疫情，提出启动应急预案和对疫区封锁的建议。县人民政府决定启动应急预案和发布封锁令，根据现场应急工作的需要，设立现场应急指挥部，落实疫区封锁、扑杀、消毒、免疫、人间疫情监测、无害化处理、疫源追踪、疫情监测以及应急物资等应急处置经费，并在技术、人员、物资、资金等方面给予疫情发生地应急支持。防治重大动物疫病指挥部成员单位按照各自的职责，做好应急处置工作。

根据疫情实际情况，县防治重大动物疫病指挥部要立即向市防治重大疫病指挥部报告预案启动情况，并及时将疫情防治情况通报乡镇（区）防治重大动物疫病指挥部。从事动物饲养、经营和动物产品生产、经营的单位和个人应当积极配合政府及有关部门做好应急处置工作。

2. 分区警戒

对疫区、受威胁区、监控区实行分区

警戒。

（1）疫区

①疑似病例确认后，按规定立即启动应急预案。应急指挥部立即对发病场点实行应急隔离控制和采取消毒措施，限制该场点相关人员和动物及动物产品的流动。

②根据疫区封锁令的有关规定，在疫区边界交通道口设立封锁消毒哨卡，对疫区实行封锁。关闭疫区相应动物和动物产品交易市场，禁止动物及产品出入封锁区，必要时，对相应动物实行圈养或在规定区域饲养、使役。应急处置期间，县人民政府、县防治重大动物疫病指挥部及动物防疫机构实行24小时值班，每日向市人民政府和市主管部门报告情况，重大情况立即报告。

③防治重大动物疫病指挥部根据疫情决定采取隔离、扑杀、销毁、消毒、紧急免疫接种等控制、扑灭措施。县动物防疫站做好疫情监测、流行病学调查、疫源追踪工作，要立即组织有关专家对扑杀、销毁进行技术指导，并组织实施检验检疫、消毒、无害化处理和紧急免疫接种。

④疫区内最后一头（只）发病动物、同群动物以及规定区域内的同类动物处理完毕后，经过一个潜伏期以上的监测，未出现新的病例的，经彻底消毒，验收合格后，由县人民政府决定解除封锁。

（2）受威胁区

①对所有易感动物进行应急强制免疫接种，并建立完整的免疫档案。

②进行防疫应急动员，加强检疫、消毒和动物疫情监测，及时掌握疫情动态。

③必要时，关闭市场，禁止相关动物和产品交易或调出受威胁区。

（3）监控区

①收集周边疫情动态，监测疫情动向，及时掌握疫情态势。

②根据具体情况，必要时采取紧急免疫、消毒、检疫等措施。

③必要时，对来自受威胁区的相关动物及其产品采取监控和限制措施。

（五）应急人员的安全防护

县、乡镇（区）防治重大动物疫病指挥部要储备一定数量消毒药品、消毒设备和防护服、手套等基本的个人防护用品，以备随时取用。加强对应急人员及物资进出疫区的管理，应急人员进入疫区必须做好自我防护，特别是一些重大人兽共患传染病，应急人员还应接种相应的疫苗、穿戴有生命支持系统或呼吸保护装置的特种防护服，定期进行血清学监测等。应急人员离开疫区前必须经过彻底消毒。

（六）新闻报道

1. 宣传报道

重大动物疫情处置工作的宣传报道坚持积极主动、客观准确、适时适度、稳妥把握的原则。各新闻单位要坚持正确导向，加强正面宣传，要严格按照有关主管部门发布的内容，及时正确进行报道，严禁传播有害信息。

2. 疫情发布

重大动物疫情由农业部统一向社会发布，或经农业部授权、省委宣传部审查，由省农业厅向社会发布。其他任何单位和个人不得对外发布疫情信息。

（七）应急响应的终止

突发重大动物疫情响应的终止需符合以下条件：疫区内所有发病动物、同群动物及动物产品按规定处理后，经过该疫病的至少一个以上潜伏期的监测，未出现新的病例。

Ⅳ级重大动物疫情由县畜牧水产局对疫情控制情况进行评估，提出终止应急措施的建议，报请县防治重大动物疫病指挥部批准后宣布，并向县人民政府和市畜牧水产局报告。

五、后期处置

县、乡镇（区）人民政府（管委会）要组织有关部门对因参与应急处理工作致病、致残、死亡的人员，按照国家有关规定，给予补助和抚恤；对参加应急处理工作的工作人员应给予适当补助；对应急处理期间应急调集、征用有关单位、个人的物资和劳务给予适当补偿；对扑杀动物和处置财产的补偿费用按国家规定适当给予补偿。

重大动物疫情应急状态结束后，要对疫情的应急处置情况进行总结，认真全面分析，总结经验教训，提出改进建议，形成书面报告，上报有关部门。

六、应急保障

重大动物疫情发生后，县人民政府应积极协调畜牧、卫生、交通、公安、工商、财政等部门，做好重大动物疫情处理的应急保障工作。

（一）通信和电力保障

在处置重大动物疫情应急状况时，县、乡镇（区）指挥部要坚持24小时值班，移动通信、对讲机、传真、值班电话要保持24小时通信畅通。正副指挥长、办公室主任及各成员单位负责人要随呼随通，确保指挥系统信息畅通、指挥科学、处置及时。电力部门应保证防治重大动物疫病的电力供应。

（二）应急队伍保障

组建重大动物疫情控制和扑灭处理预备队，预备队人员由乡镇（区）负责人和县畜牧兽医行政管理部门负责人，临床诊断技术人员、动物防疫员、动物检疫员、动物防疫监督员、动物疫病检验人员等专业技术人员，消毒、扑杀处理辅助人员，公安、卫生防疫人员（人兽共患病发生时）以及其他人员组成，人员要保持相对固定。

重大动物疫情发生后，按照县政府部署和扑疫要求，应急预备队分为疫情排查、紧急免疫、扑杀处理、封锁消毒、执法办案、物资保障、宣传教育等扑疫工作小组，进驻疫区现场，明确分工，责任到人，全面实施有关疫情处理工作。

（三）治安保障

公安部门要协助做好疫区封锁和强制扑杀工作，做好疫区安全保卫和社会治安管理。

（四）物资保障

建立县级重大动物疫情应急物资储备库。储备库设在县动物防疫站，储备库常年储备适量疫苗、消毒剂、器械、防护用品以及封锁设施和设备等。

（五）经费保障

按照分级负责的原则和有关规定，对应急防疫物资储备、重大动物疫病疫苗、疫情监测等经费列入财政预算，对扑杀动物补助及疫情处理等所需经费，根据当年实际发生情况，从防治重大动物疫病专项资金中予以安排和拨付。

（六）技术储备与保障

组建县防治重大动物疫病技术小组，负责疫病诊断、提供控制和扑灭重大动物疫情的技术决策建议。县动物防疫站按有关规定，负责重大动物疫病诊断、监测和技术指导工作。

七、宣传、培训和演习

畜牧部门加强重大动物疫病的科普知识宣传，依靠广大群众，把各项防疫措施落到实处。并对预备队成员进行系统培训。在没有发生重大动物疫情状态下，县防治重大动物疫病指挥部应定期举行演习，确保预备队扑灭疫病的实践能力。

八、表彰和责任追究

1. 表彰和奖励。在防治重大动物疫病过程中有突出贡献的，由县人民政府按照有关规定给予表彰和奖励。

2. 责任追究。执行本预案时，玩忽职守、失职、渎职，不服从统一指挥、调度，未认真履行工作职责，组织协调不力，推诿扯皮，物资、资金、措施落实不到位，以及工作中出现重大失误，造成严重后果的；隐瞒、缓报、谎报或授意他人隐瞒、缓报、谎报重大动物疫情的；违反国家有关规定发布重大动物疫情信息的；不按规定进行封锁、销售、运输疫区内易感动物及产品、动物遗传物质的；接受疫情调查时不讲实情，导致疫情传播扩散的；阻碍动物防疫机构依法扑疫的，按照有关规定追究相关领导和责任人的责任，情节严重构成犯罪的，依法追究刑事责任。

九、附则

1. 本预案由县人民政府制定，由县防治重大动物疫病指挥部负责解释，具体由县防治重大动物疫病指挥部办公室承办。

2. 本预案根据应急处置中的适用情况及法律法规修改情况及时修改完善。授权县畜牧水产局依据国家有关规定、制定、修改、审批单项动物疫病应急实施方案。

3. 本预案自公布之日起实施。

防灾抗灾救灾诗选

颂 “青山”

庞道沐（原湖南省人大常委会副主任）

青山葱葱，澧水潺潺。
安福儿女，气冲霄汉。
自力更生，治水办电。
改造山河，美化家园。
惠及子孙，美名盛传。

烽火堤垸工程有感

王孝忠（原临澧县委书记、湖南省水利厅厅长）

自古创业会战多，十万大军赴烽火。
银锄起舞惊天地，土车飞奔震山河。
始皇筑城俱往矣，炀帝开河太蹉跎。
我辈高奏志气歌，子孙万代永世乐。
烽火工地七八天，胜读经书好几年。
要问感慨从何来，唯有源泉际无边。

忆临澧九八年抗洪

刘春林（原临澧县委书记、现任常德市政协主席）

忆昔七月风雨狂，澧水滔滔涌巨浪。
多有险象惊心魄，洪流拍岸夜色茫。
且看旌旗映长堤，慷慨众志如铁墙。
义助安乡援南县，共保家园凯歌扬。

新年杂感

吴友云（原临澧县委书记、现任常德市委常委、统战部长）

自我来常德，寒暑已十年。
何能蒙不弃，数载主一县。
岂为稻粱谋，惟愿宏志展。
在路少饥馑，河清去水患。
大道通乡里，广厦千万间。
安危无所虑，最怕百姓怨。
一日几吐哺，长夜未整眠。
来时少年样，如今鬓已斑。
也曾哭途穷，狂歌对谗言。
赤心终不悔，苦中自甘甜。

乡 道

姚世伯（原湖南省公安高等专科学校党委书记）

昔日故乡道难行，坎坷泥垢怨声声。
今朝砼路通村组，老幼妇孺笑盈盈。

采桑子·农家

张元英（女，常德市人大常委会副主任）

稻香菱熟农家喜，天上秋风。心里春风，人面醉如花样红。

民丰物阜景亦美，门对花丛。壁挂金钟，袅袅炊烟院葱茏。

感 怀

沈习淼（常德市人民政府秘书长）

大地春回景色添，神州处处舞翩跹。
披荆斩棘图宏业，继往开来探宇寰。
物阜民丰昌德政，文韬武略有英贤。
三湘四水诗潮涌，改革迎来百业先。

重振青山书怀

周文清（常德市农业局局长）

当代愚公战青山，工农携手锁狂澜。
银锄翻飞擂战鼓，巨臂断流奏管弦。
百年伟业效大禹，八方惠援赖众贤。
除险保安万民乐，青山彪炳颂舜天。

感 言

黄清宇（中共临澧县委书记）

浮山道水结真情，重任承肩意纵横。
矢志爱民情切切，奉公勤政夜沉沉。
振兴临澧平生愿，改革春风热气腾。
除腐倡廉常记取，民间风雨总连心。

抒 怀

谭本仲（县人民政府县长）

登高览胜兴飞扬，临澧山乡胜故乡。
道水粼粼摇碧影，浮山莽莽播清香。
一身谨慎倡廉洁，十载辛劳图自强。
勤政为民心似镜，创新改革步康庄。

有 感

杨华桥（中共临澧县委常委常务副县长）

九州昌盛彩缤纷，临澧腾飞气象新。
姹紫嫣红花烂漫，赤橙黄绿色轻匀。
滨河大道添新景，闹市琼楼铺锦茵。
兴业引来天下客，民安国泰万家春。

“三农”感赋

朱泽欣（中共临澧县委常委副县长）

自古中华农为纲，中枢今日更弘扬。
免除赋税施良策，惠政黎民步小康。
引凤植梧兴改革，高科开发促辉煌。
求真务实抓根本，奉献毕生为梓桑。

雪患之感

李宏秋（中共临澧县委常委、政法委书记、公安局长）

雪丫何故逞淫威，一改娇娇破涕堆。
千里冰封音早断，万人路阻意如灰。
军民警察挺身出，冰雪天灾立马摧。
难尽诗吟空写念，惟期朗日送春归。

战　非　典

雷立敬（临澧县人大常委会副主任）

突传非典逞凶狂，举国惶惶罹祸殃。
华夏由来无此疫，杏林施治献良方。
城乡内外严查捡，党政军民着意防。
驱走瘟神功不没，运筹决胜赖中央。

烽火堤垸工地抒怀

吴志泉（县委调研员）

二十年来重会战，长堤卅里赛青山。
大军十万征烽火，众志成城保永安。

安福县城日日新

王宏忠（原临澧县人大常委会主任）

安福县城日日新，处处荡漾颂歌声。
市场商店呈异彩，街衢大道花木深。
休闲广场多幽美，轻歌妙舞怡人心。
道水建成风光带，两岸绿荫伴流清。
经济环境无限好，招商引资事业兴。
跃马扬鞭日千里，应倾科学决策人。

抗　洪①

——赞临澧党政领导实践“三个代表”

杨绪穆（原中共临澧县委常委、政法委书记）

党员不怕抗洪难，万险千辛只等闲。
澧水逶迤腾巨浪，官停磅礴座安然②。
孽龙扬浊堤垸漫，高垱挽危夜战寒③。
更喜蓄洪牵大泄④，平安淞澧尽开颜。

注：①指2003年7月7～11日一场特大洪水灾害；②指全水库；③高垱在合口境内险情危急万分，军民日夜奋战情景；④国务院命令渍澧南垸蓄洪确保淞澧大院百万亩百万人的生命财产安全。

忆二〇〇三年抗非典战斗

陈隆财（原临澧县人大常委会副主任）

回忆羊年非典起，中华大地漫延凶。
谈非色变寻常事，治病药空情理中。
党政军民齐努力，人财医物总通融。
瘟神送走黎民喜，安福全无患病公。

注：二〇〇三年是癸未年，属羊。

颂　安　福

李振湘（原临澧县政协副主席）

安福富饶今古名，恢弘建设播文明。
四时逸兴登高望，满目风光画卷呈。
旭日东升云雾散，浮山道水自钟灵。
仰观八景添新影，处处清风报太平。

抗洪救灾歌

吴大谟（原县政府调研员）

1991年7月，湘西北暴雨成灾（临澧亦在其内），党领导人民抗洪救灾，成绩显著，作此表感。

天倾西北雨滂沱，旬日沉沉下九河。
咆哮山洪如逸马，汹涌流黄毁田禾。
村落茫茫成泽国，庶黎嗷嗷淋高坡。
浮物狼藉飘祸水，哀声惨悴泣风波。
天教毕宿不作美，独有党心恤民疴。
抗洪号令迅雷起，万马千军战沅澧。
不怕风狂浪涛高，气压风涛镇蛟逆。
蛟逆潜影云水靖，救灾如火拯斯民。
五湖四海齐奋力，踊跃输将献爱心。
昔时灾祸遍哀鸿，而今雨露滋长春。
一曲战歌歌未竟，生产自救万废兴。
细数艰辛谁最力，处处口碑溢党情。

七律·烽火工程

于乾华

暴雨狂风猛如兽，洪魔恣肆山涧游。
毁坏家园禾无收，颠沛流离百姓愁。
卅里长堤卧沙洲，千年水患今日休。
万顷农田变乐土，防灾工程载千秋。

忆七九年抗龙卷风冰雹灾害

丁家明

龙卷风狂大地昏，孟春画景一时倾。
疮痍满目世人叹，败井残垣神鬼惊。
众志成城排世祸，同心同德建新村。
浮山脚下家重乐，道水旁边又返春。

烽火治洪有感

马宗秋

暴雨狂风如猛兽，江河横溢浪滔天。
千家万户遭洪祸，众口嗷嗷待哺填。
十万旌旗战水魔，军民合唱斗天歌。
以工代赈修堤垸，铁壁铜墙夹道河。
人民力量大如天，卅里长堤竣瞬间。
饮水思源铭肺腑，党恩的确重如山。

咏官亭水库

王作太

澹水湾湾入洞庭，常年涝患害苍生。
移山筑坝平湖造，防旱排洪无限情。

飙风冰雹灾事感赋

王季成

1979年4月19日16时许，临澧柏枝等六乡镇，遭受了一场罕见的特大龙卷风与冰雹袭击，造成了严重的破坏，死伤数十余人，其惨状目不忍睹。

天公何事祸人寰，驱遣乌龙躏大千。
冰怪喷珠隳稻麦，飙魔肆虐折松杉。
车翻舟覆山河恸，瓦碎墙坍日月寒。
满目怆然休太息，劫灾过后又春天。

抗灾有感　（古风）

王慕荣

风雨雷电急，查灾补损忙。
百姓疾苦临，民政救助长。

七九年洞坪溃垸见闻

史开均

淫雨连绵五十天，洞坪堤内浊浪翻。
鱼游棉地滋情乐，舟走村中任往还。
房屋全倾家尽毁，良田覆没水难乾。
党施恩惠救灾急，百废重兴万姓欢。

忆解放后澧水三次大洪灾

冉广源

泱泱河水洞庭流，祸福相行总不休。
雨顺风调棉稻硕，天灾人祸食穿愁。
巨洪三扰澧江岸，白浪一片房舍丢。
幸有党群齐努力，一方有难八方筹。

抗灾感吟　（古风）

汤秀玲

洪水肆虐家园毁，四面八方水连天。
紧急转移是首选，千方百计保平安。
民心牵动党中央，众志抗灾捷报传。

灾年感赋　（古风）

吉　辉

戊龙遭遇大天干，土地龟裂草自燃。
稻黍无收万民苦，荒郊饿殍愈万千。
旧时当局势炎凉，苛政如虎实难当。
农民绝望无生路，颠沛流离走他乡。
甲午遭逢水漫天，三湘儿女挽狂澜。
修筑大堤五千里，重建家园乐安然。

战　冰　雪

张兴荣

铺天盖地鹅毛雪，刺骨寒风冻雨淋。
四野冰封摧电塔，八方路断阻行人。
万千壮士齐排险，无数英雄勇献身。
通电通车歌党德，举杯酹酒吊忠魂。

有感于七九年抗拒冰雹龙卷风灾害

严奉锡

黑云翻墨昏沉沉，冰弹如鞭欲杀人。
遍地庄稼光有杆，连山林木丧无形。
层层领导亲询访，户户村民自更生。
原野重来添秀色，垅翻金浪坡流银。

古风·知青抗旱保苗

严若麟

七二年夏百日旱，沟港池塘底朝天。
做饭饮水有难度，发动“知青”找水源。
千里百担苗一亩，磨破肩膀鞋底穿。
有水抗到无水止，凿井吸泉保橘园。

七律·青山工程

李振炎

潇湘澧水万古流，千年水患百姓忧。
十年奋战斩恶水，青山泵站屹神州。
千里绿水重山游，万顷丘岗变沃土。
累累硕果映金秋，人居和谐添锦绣。

随感戊子年　（古风）

陈定生

寒冰冻雨漫潇湘，天崩地裂撼秦川。
望断故园辛酸泪，千古江山多磨难。
军民义重丹心照，众志成城破万艰。
华夏空前凝聚力，人间大爱感苍天。

抗洪救灾有感

杨介平

霹雳狂飙天欲坠，滂沱霖雨水无情。
南江[①]波涌无边浊，房舍田园恶浪平。
洪水无情党有情，战洪领导率先行。
八方四面争相助，重建家园日月新。
大军十万战银河，卅里铜墙锁水魔。
党政军民齐上阵，洼田百顷变金窝。

注：①“南江”指道水。

抗震救灾有感　（古风）

余　琼

苍生何故犯天颜，九载帝尧逢水患。
地裂山崩摧巴蜀，雷霆强震毁汶川。
一方有难八方助，千户遭殃万户援。
举国全力施援救，抗灾重建好家园。

抗灾尖兵颂

——献给全县水利工作者

周　仁

庄稼遭淹成水村，心潮起伏倍思沉。
根除灾害忘餐宿，勘测垸堤尝苦辛。
公仆情怀身许国，为民尽瘁献青春。
涝洪威胁永消失，沅澧人民颂党恩。

救灾保险好　（古风）

周序初

万古灾害伤财命，难有帝王济灾民。
如今革新春风起，“四项险种”[①]保安平。
公平迅速护民本，百万农户齐欢欣。
伤残病苦有保险，社会救助情更真。

注：①指农民房屋、农村劳动力意外伤害、使役耕牛、水稻保险项目。

忆八〇洪灾恢复有感

庞沐初

八〇洪魔“五泛滥”，澧水两岸均溃垸；
十万人群宿山野，数代家业龙宫见。
田园生产遭毁灭，公路桥梁齐折断；
集体经济受重创，全县损失六万万。
党的领导威力显，大灾之年有靠山；
先救灾民吃与住，适时播种忙田园。
秋冬组织总体战，堤垸抢修稳又坚；
交通设施齐恢复，灾民新村万家欢。

抗冰雪灾害感赋　（古风）

欧华兰

千里冰封车流阻，万里雪飘鸟兽藏。
十万客滞冰雪路，百万房屋遭雪殃。
京城电波传四海，十万军民抗冰忙。
百万援助御饥寒，融冰除雪美名扬。

调　笑　令

侯延栋

世界卫生组织于六月二十四日，在日内瓦宣布解除对北京的旅行警告，同时将北京从非典疫区名单中排除。对此，有感而吟。

非典，非典，疫害无形凶悍，飞身横祸人悬。全球卷入战歼，歼战，歼战，挥指神州脱患。

忆羊年抗灾

娄云祖

忆一九七九年抗龙卷风

难忘羊年龙卷风，石门临澧受灾同。
千山涧壑绿装尽，百里乡村宅舍空。
干部带头临一线，军民合力斗飙龙。
卅年已过英雄在，情景长留脑海中。

忆二〇〇三年抗洪救灾

又是羊年洪水汹，浮山道澧失娇容。
洞坪大垸汪洋里，烽火黉门泽国中。
多少党员挺身出，百千军警迎浪冲。
身家性命全难顾，只为人民立大功。

定风波·龙卷风写实

（1979 年）

姚长善

电闪雷奔暴雨连，人亡屋颓两相煎。冰雹漫空如石燕，惊险，癫狂龙卷毁家园。

回首当时心胆颤，遗怨，丰收图景变灾年。临澧干群多俊杰，情切，狂澜力挽见尧天。

移民新村 （古风）

胡良忠

依山傍水世代居，洪水恣肆家园摧。
千年水患要根除，综合治害景精微。
长街十里杨柳路，百式千户倒影随。
农工商贸联五洲，和谐浓彩放光辉。

读 《临澧灾害志》 有感

祝安顺

春夏秋冬弹指过，风霜雨雪变数多。
百年灾害修书卷，存史资政大风歌。

一九六三年大旱有感

夏明金

癸卯之年天大旱，农村人畜饮无源。
车车清水沿家送，党的恩情重若山。

七律·抗冰灾有感

涂炎杰

猪年大雪势汹汹，断绝交通立体封。
五岭乌蒙披鹤氅，三湘四水失娇容。
玉龙有意降灾难，民政诚心解困穷。
走户串村送温暖，天寒地冻党恩浓。

抗 龙 旋

黄梅林

白日犹如夜降临，风旋瓦砾乱纷纷。
瞬间庄稼不知去，树木剥光裸着身。
领导现场定度准，先安灾民再植新。
四方捐助齐勇跃，爱民作风万象春。

整修加固澧水大堤有感

萧学双

蜿蜒堤院似金带，缚住龙王笑口开。
喜见今朝杨柳绿，安居乐业福从来。

忆七九年龙卷风灾害

彭德初

1979 年夏秋之交，我县烽火、四新岗、文家、太浮一线突遭龙卷风灾害袭击。数万间房屋被砸，数万顷农田被毁，数十村民伤亡，数千头耕牛牲畜伤亡或失踪。县委政府及时组织全县党员干部民兵投入抗灾，采取积极措施，终于取得抗灾胜利。

走石飞沙暗日光，狂飙袭卷四新岗。
雹如卵石砸千宅，雨似倾盆淹百庄。
县委指挥临一线，村民自救尽千方。
老夫灾后曾前往，不见灾情不见荒。

赠《临澧灾害志》（古风）

傅冠元

世间何故多沧浪？敢向穹宫问帝王。
赐与子牙书无字，天机恐漏语未详。
今朝修志妖魔降，几代安生鬼魅惶。
亦幸孔明观天象，天灾人祸早预防。

丁亥腊月冰冻感赋

蓝品仙

天寒地冻雪茫茫，素裹银装鸟兽藏。
千里行人全受阻，万村屋宇被凝僵。
滞留旅客身难起，冰毁通途食缺粮。
党委亲民传指令，破冰送电暖心房。

新 村 颂

翟凌云

土砌瓦盖传祖辈，洪峰浪卷千家摧。
政府关爱新村建，百姓迁徙园林归。
高楼棋布家雀喜，绿树成荫轿车追。
老幼牵手花径走，香溢清远八月桂。

长令家园披彩虹

颜家庆

人定胜天非是梦，严防敢抗计尢穷。
高科预测减灾痛，社会保障多建功。
水旱冰雹能抵御，风魔地震尚行凶。
太平岁月时忧患，长令家园披彩虹。

渔家傲·澧北抗洪感赋

黎文兴

一九八〇年六月，澧北大洪灾，澧水经五次洪锋袭击，时为县委抗灾工作队成员，赴澧北抗灾两月，所见所闻所做以叙之：

暴雨倾盆心胆颤，惊涛骇浪民房险。人命关天魂魄断。汪洋现，灾情告急惊全县。

县委号召除水患，抗灾队伍捐温暖。冒雨顶风来奋战。齐声赞，家园重建同心干。

消防长城赞

——忆五七年县副食品加工厂失火

高继禹

一场大火毁斋坊，打破铜罗挑水忙。
今见消防民警队，汽车鸣笛雨倾狂。

安居，一个诗人的梦想在今天实现

（新诗）

刘宏波

可记得？
千年前的杜甫，
站在瑟瑟的秋风中为几间草屋悲吟？
“安得广厦千万间，
大庇天下寒士俱欢颜”。
伟大而无处栖身的诗人呵，你可知道，
你那被秋风所破的茅屋，
昨日已被定格在你永恒的诗篇里。

安居、安居！
延续了千年的梦想在今天实现，
一幢幢温暖漂亮的安居屋，
一张张久违了的“寒士”笑脸，
述说着一个心系人民政党的浓浓温情，
践行着一个和谐社会到来的诺言。

后　记

《临澧县灾害志》编纂历时两年，先后经过组建队伍、收集资料、撰写初稿、总纂合成、修改定稿、出版发行等阶段。2006年9月由县自然灾害救助中心正式组建编纂班子，收集资料。2007年3月，拟定《临澧县灾害志》篇目和成立灾害志编纂委员会，名誉主任黄清宇、主任谭本仲。4月30日，由县委常委、县政府副县长、县灾害志编纂委员会副主任刘开新主持召开由县直部门负责人、乡镇（区）办公室负责人参加的灾害志编纂工作会议，拉开灾害志修志工作帷幕。有修志任务的52个单位相继成立工作小组，配备修志人员110人左右，形成自上而下的修志网络，使修志工作得以顺利进行。9月完成《临澧县灾害志》评议稿，分送省、市民政部门征求意见后进行修改。重点解决整体性不强、社会经济篇幅和图表过多、语言不精练问题。10月完成《临澧县灾害志》送审稿，送常德市史志办公室、常德市国家保密局审核。11月送民政部救灾救济司、国家减灾中心评审。根据2008年1月发生特大冰冻雨雪灾害的实际，县灾害志编纂委员会的要求，将自然灾害续编至2008年，2008年5月6日组织专家评审定稿。县委书记黄清宇、县长谭本仲、副县长杨华桥、刘开新、朱泽欣对灾害志出版发行工作给予了高度重视和支持。

《临澧县灾害志》上起1729年，下迄2008年，包括临澧县两个多世纪的建置和自然地理历史、社会经济发展简史、防灾抗灾救灾通史。在编纂过程中，坚持以邓小平理论、“三个代表”重要思想和科学发展观为指导，以历史唯物主义和辩证唯物主义为基本理论，以党的十一届三中全会以来路线、方针、政策为依据，以用新观点、新方法、新材料、实事求是地记述临澧自然地理、社会经济和防灾抗灾救灾的历史和现状。全志除总述、大事记、灾害年表、自然灾害灾情数据统计表外，设建置、自然地理、社会经济、气象灾害、农业生物灾害、地质灾害、疫病灾害、战争、交通事故、火灾、生产性事故、防灾减灾、灾害救助、人物、附录共15章66节，约93.6万字。灾害志力求观点正确、内容丰富、资料翔实、体制完善、结构合理、文字规范，使之成为服务当代、惠及后世、不负前人、不愧后人高质量的灾害志。然而，由于灾害志尚无范例，年代久远，资料残缺，加之编纂者学识水平有限，错误和疏漏在所难免，敬请读者不吝赐教，予以斧正。

编纂《临澧县灾害志》是一项开创性工作，既是一项研究灾害管理理论的基础工程，又是一项探求临澧灾害规律的系统工程，更是一项践行灾害文化建设的综合工程。全体修志人员本着严肃认真的工作态度，全力以赴，默默笔耕，倾注了大量心血。志书既成，唯心知！由此我们体会到，要编纂确能存史、资治的专业志书，没有领导重视，没有社会各界支持，没有一支刻苦耐劳的修志队伍，是难以成功的。修专业志必有专业志向，修专业志须炼专业意志。

在编纂《临澧县灾害志》的过程中，临澧县委、县人大、县人民政府、县政协领导给予高度重视与支持，帮助解决人、财、物方面的困难。县直部门给予大力支持与配合。县档案局提供了大量资料，史志办帮助审定文稿，民政部救灾救济司、国家减灾中心、湖南省民政厅救灾救济处、常德市民政局救灾救济科对灾害志提出了宝贵意见。省、市地方志编审委员会、专家对灾害志编纂给予具体指导。同时还得到社会各界人士热情关注与支持，他们主动提供资料，审核改稿修志。县三毛电脑公司、创维婚纱影楼的胡力、史蓉、王金梅经理，为灾害志摄制彩色照片。

特别由衷感谢江苏南通玉春纺织品有限公司总经理张小春及全体员工对《临澧县灾害志》的资助出版。在此谨向一切重视、支持、关心《临澧县灾害志》编纂工作的单位和个人一并表示诚挚的谢意。